ISBN 978-0-364-07673-6
PIBN 11051068

1 MONTH OF
FREE
READING

at

www.ForgottenBooks.com

By purchasing this book you are
eligible for one month membership to
ForgottenBooks.com, giving you
unlimited access to our entire
collection of over 1,000,000 titles via
our web site and mobile apps.

To claim your free month visit:

www.forgottenbooks.com/free1051068

English
Français
Deutsche
Italiano
Español
Português

www.forgottenbooks.com

Mythology Photography **Fiction**
Fishing Christianity **Art** Cooking
Essays Buddhism Freemasonry
Medicine **Biology** Music **Ancient**
Egypt Evolution Carpentry Physics
Dance Geology **Mathematics** Fitness
Shakespeare **Folklore** Yoga Marketing
Confidence Immortality Biographies
Poetry **Psychology** Witchcraft
Electronics Chemistry History **Law**
Accounting **Philosophy** Anthropology
Alchemy Drama Quantum Mechanics
Atheism Sexual Health **Ancient History**
Entrepreneurship Languages Sport
Paleontology Needlework Islam
Metaphysics Investment Archaeology
Parenting Statistics Criminology
Motivational

Ernst Curtius.

Ein Lebensbild in Briefen.

Herausgegeben

von

Friedrich Curtius.

Mit einem Bildnis in Kupferätzung.

Berlin.
Verlag von Julius Springer.
1903.

Typograph-Maschinensatz von Oscar Brandstetter in Leipzig.

Einleitung.

———

Es gibt Gelehrte, deren geiſtige Bedeutung ſich in ihrer Wiſſenſchaft erſchöpft, bei deren Scheiden man ſich ſagen kann, daß, was ihr Leben für weitere Kreiſe werthvoll machte, in ihren Werken fortlebt. Mein Vater war nicht von dieſer Art. Sein perſönliches Weſen war von ſo eigenthümlicher Art und mit ſeiner Wiſſenſchaft ſo eng verflochten, daß ſelbſt die Beurtheilung ſeiner Arbeiten unvermeidlich die Farbe perſönlicher Zuneigung oder Abneigung annahm. Auch gab ſeine Perſönlichkeit ſeinen wiſſenſchaftlichen Ideen und Beſtrebungen eine Wirkung in die Weite und in die Ferne, von welcher der Verlauf ſeines Lebens Zeugniß gibt.

Die Züge ſeiner geiſtigen wie ſeiner leiblichen Phyſiognomie waren nicht hart und ſcharf, aber doch ſo geſättigt von Eigenheit, daß man nie verſucht war, ihn mit einem anderen Manne zu vergleichen oder auch nur zuſammenzuſtellen.

Nicht nur für die perſönlichen Freunde von Ernſt Curtius, ſondern auch für Alle, welche die Wiſſenſchaft zu ihm führte und führen wird, muß daher ein Bild ſeiner Perſönlichkeit werthvoll ſein, um ſo werthvoller, wenn es möglich iſt, die Striche dieſes Bildes ganz ſeinen eigenen Worten zu entnehmen, gewiſſermaßen ein Selbſtportrait ſeines geiſtigen Weſens vorzulegen.

Mit dieſem Gedanken habe ich, was von Briefen meines Vaters an mich gelangt iſt, geordnet und geſichtet und wage es, das Ergebniß dieſer Bemühung dem öffentlichen Urtheil zu unterbreiten.

Mein Vater war eine mittheilende Natur. Sich auszuſprechen, war ihm jederzeit Bedürfniß. Daher geben die Jugendbriefe an die Eltern und an eine Couſine, die dem Jünglinge Schweſter war, aus dem Mannesalter die Briefe an den Bruder Georg und aus

I*

ben letzten Jahren Briefe an die Gattin und Kinder reichen
Aufschluß über sein inneres Leben, seine wissenschaftlichen Bestrebungen und seine Beurtheilung von Fragen allgemeinen Interesses.
Briefe an einzelne Freunde ergänzen das Bild. Ernst Curtius
selbst pflegte Briefe nicht aufzuheben. Um so mehr kann man annehmen, daß die wenigen Briefe, welche er ausnahmsweise aufgehoben hat, ihm für sein eigenes Leben bedeutungsvoll schienen,
so daß sie als urkundliche Zeugnisse von Beziehungen, die ihm
besonders theuer waren, einen Platz in diesem Lebensbilde verdienen.
Hierher gehören z. B. Briefe Alexanders von Humboldt und vor
allem Briefe des Fürsten, dem die besten Jahre seiner Jugend gewidmet waren und dessen äußere und innere Entwickelung er
immer als eine ihn persönlich angehende Sache verfolgt hat.

Ich habe mich bei der Auswahl aus dem mir vorliegenden
Material bemüht die rechte Grenze einzuhalten, alles Ueberflüssige
auszuscheiden und Nichts aufzunehmen, was nicht von irgend einer
Seite das Leben und das Wesen meines Vaters zu beleuchten, das
Bild seiner Persönlichkeit lebendig zu machen geeignet ist. Wer
nur Notizen von zeitgeschichtlichem Interesse in diesen Blättern
sucht, wird finden, daß zu viel gegeben sei. Aber die Besprechung
von Vorkommnissen des täglichen Lebens, harmlose und humo-
ristische Mittheilungen über kleine Dinge lassen oft mehr als die
Erzählung wichtiger Ereignisse und die Besprechung ernster Fragen
das ganz Eigenartige, aller Beschreibung Spottende, einer Individualität erkennen. Wer Ernst Curtius kannte, wird ihn gerade darin
wiederfinden, und wenn die Gesammtheit des Gebotenen, wie ich
hoffe, ausreicht, um seinem Bilde Leben und Wahrheit zu geben, so
wird, wer meinen Vater nicht kannte, ihn aus diesem Buche wirklich kennen lernen.

Ich habe einige Briefe aus der frühesten Zeit aufgenommen,
weil sie die erste Entwickelung des Jünglings charakterisiren und
zugleich den Geist des Hauses, der Stadt und der Gesellschaft, in
der er groß wurde. Es war ein Geist der Freiheit und nicht
der Dressur, ein Geist ernsten Strebens und inniger Lebensfreude,
herzlicher Frömmigkeit und lebendiger Theilnahme an Allem, was
die Welt bewegte. Des Vaters imponirendes und zugleich herz-
gewinnendes Wesen spiegelt sich in der Ehrfurcht und dem Vertrauen, welche die Jugendbriefe des Sohnes erfüllen. In dem
Streben nach allseitiger Ausbildung des Geistes ein Sohn unserer

klaffischen Litteraturepoche, erfüllt von unermüblichem Lerneifer und voll Begeisterung für die antiken Dichter, wurde er in den schweren Prüfungsjahren von 1806 bis 1813 von den nationalen und religiösen Ideen der Freiheitskriege tief ergriffen und dauernd gefesselt. Als Student in Jena hatte er mit seinem Freunde Rechlin ein Trauerspiel geschrieben, dessen Widmung Schiller in einem liebenswürdig ermunternden Briefe annahm. Nach der furchtbaren Katastrophe, welche Blüchers Rückzug und hartnäckige Vertheidigung über Lübeck heraufführte, gehörte er zu den Männern, welche in dem schweren Schicksale der Vaterstadt eine ernste Mahnung zu religiöser Vertiefung sahen. Am 30. November 1806, als die Lübecker Kirchen, welche, seit der Eroberung der Stadt am 6. November, die Herberge von Verwundeten und Ge-fangenen gewesen waren, zum ersten Male wieder dem Gottes-dienst dienten, hielt der reformirte Pfarrer Geibel, der Vater Emanuel Geibels, eine Predigt über das Thema: „Ermunterung zur Verleugnung des ungöttlichen Wesens", welche die Zeichen der Zeit als Aufforderung zur Bethätigung einer lebendigen Reli-giosität deutete. Mein Großvater gehörte zu den Männern, welche diese Bewegung mit warmer Theilnahme förderten und gegen Spötter zu vertheidigen wußten. Von methodistischen Belehrungen war dabei nicht die Rede, daher auch nicht von einem Gegensatze zwischen den früheren litterarisch-ästhetischen Interessen und der neuen Belebung des religiösen Geistes. Aber hinfort war die Bibel das Licht und der Schatz des Hauses, das beherrschende Element der geistigen Atmosphäre, in welcher die Söhne heran-wuchsen.

In Ernst Curtius' Weltanschauung und Lebensauffassung war kein Zug, der nicht auf den Vater zurückginge. Charakteristisch für Beide war das Streben nach einer innigen Verbindung von wissenschaftlicher und praktischer Thätigkeit. Wie der Vater neben einem übermäßigen Pensum der mannigfaltigsten Verwaltungs-geschäfte bis in das Greisenalter an seiner eigenen Bildung fort-arbeitete, so war es andererseits dem Sohne nicht möglich, sich an dem Leben der Stubirstube genügen zu lassen. Vielmehr war ihm die Arbeit für praktische Bildungszwecke für die Verbreitung seines eigenen Bildungsideals Lebensbedürfniß.

Die charakteristischen Züge in dem Wesen des Vaters, Glaube, Vaterlandsliebe und Verehrung der Antike, sind in der Persönlich-

keit von Ernst Curtius zu einer Einheit verschmolzen, und eben
diese Persönlichkeit war ihre Einheit. Er selbst bezeichnet es im
Anschlusse an ein Wort im Wilhelm Meister als die eigentliche
Aufgabe des Lebens, daß der Mensch sich zu allen außer ihm
liegenden Dingen wie ein Künstler verhalte, der aus dem vor-
gefundenen Stoffe ein Werk seines Geistes macht. Dieser ethische
Gedanke, die allseitige und harmonische Ausbildung aller Kräfte
des Körpers und des Geistes, die Vollendung des ganzen Menschen
in Kunst, Wissenschaft und Leben war ihm die centrale Idee des
Hellenenthums. Daher war er niemals in Gefahr, durch die begeisterte Vertiefung in die Anschauungen antiker Kunst zu einer
einseitig ästhetischen Weltanschauung zu kommen. Jenes Ideal
begegnet sich ja bei aller Verschiedenheit der Weltanschauungen mit
der christlichen Forderung, daß es darauf ankommt, die eigene
Seele zu erretten. Auch die politische Gesinnung meines Vaters
war die einer durchgebildeten, selbstbewußten Persönlichkeit. Er
hatte die stärkste Empfindung davon, daß der Einzelne nur in der
Gemeinschaft seines Volkes, nur in der Unterordnung unter die
Ordnungen des Staates seine sittliche Aufgabe erfüllen kann, daß
nur „im Anschlusse an das größere Ganze das Beste, was Menschen
gelungen ist, zu Stande kommen konnte". Aber diese Unterordnung sollte nicht eine Unterdrückung und Verkümmerung, sondern
die freie Bethätigung und sittliche Vollendung des individuellen
Lebens sein. Darum waren ihm Königthum und Bürgerthum
keine Gegensätze. Gern ist er den Gedanken der Hellenen über
das Königthum nachgegangen, wie sie den Ausgangspunkt für
dessen Würdigung gerade in dem Gegensatze gegen orientalischen
Despotismus gefunden haben. Und so war ihm die Politik der
Hellenen auch darin vorbildlich, daß sie durch die allseitige Ausbildung des Bürgers die Macht des Staates zu begründen suchten.
„Athen," sagt er,*) „war der erste Staat, welcher es gewagt hat,
die freie Ausbildung des Menschen als die beste Vorbereitung des
Bürgers anzusehen. In Athen dachte man zu hoch von der geistigen
Bildung, um sie als Staatsmittel im Sinne einer konservativen
Politik zu verwenden, und man dachte vom Staate zu hoch, um
seinen Bestand von einer Verkümmerung der menschlichen Natur
abhängig machen zu wollen."

---

*) Alterthum und Gegenwart I S. 118.

Dieser Geist der Freiheit bestimmte die Stellung meines Vaters zu den Großen dieser Erde. Kaiser Wilhelm I. und seinem Hause war er mit einer ganz persönlichen Treue ergeben. Aber diese Treue schloß blinde Devotion und höfische Schmeichelei aus, und gerade durch die republikanische Unabhängigkeit und Selbständigkeit, mit der er den fürstlichen Personen, die ihn ehrten und liebten, gegenübertrat, bot er diesen, was sie am seltensten empfangen, eine rein menschliche, aus dem Herzen kommende, von allen Absichten freie Zuneigung, unbedingte Offenheit und Wahrhaftigkeit und einen freien, menschlich beglückenden Austausch der Gedanken und Empfindungen. Es konnte ihm nie in den Sinn kommen, seine Stellung zu Kaiser Wilhelm und seinem Sohne für irgendwelche persönlichen Interessen auszunutzen. Die leiseste Beimischung von Eigennutz würde ihm als eine Entweihung dieser Beziehungen und eine persönliche Herabsetzung erschienen sein. Aber eine wahre Freude war es ihm, wenn das Vertrauen, welches er besaß, für die Förderung großer Zwecke der Wissenschaft und Kunst fruchtbar gemacht werden konnte. Denn er glaubte nicht nur der Sache, sondern auch den Fürsten nicht besser dienen zu können, als wenn er auf Gebieten des Geisteslebens, die ihrer regelmäßigen Berufsarbeit fern lagen, ihnen den Weg wies, wo persönliches Eingreifen Schwierigkeiten beseitigen und ein großes Werk zu Stande bringen konnte.

Der Persönlichkeitsglaube, welcher die Lebensauffassung meines Vaters bestimmte, trat auch in seinen religiösen Anschauungen hervor. Er lebte in dem Glauben an den lebendigen Gott, der das Gebet seiner Kinder hört. Aus meiner Kindheit steht mir sein Bild vor Augen, wie er am hellen Sommermorgen in der Turnjacke, die er gern im Hause trug, am Fenster stehend aus der heiligen Schrift vorlas, dann, die Hände um das eben geschlossene Buch gefaltet, sein Haupt beugte und mit kurzen Worten des Danks, der Bitte und Fürbitte den Morgensegen schloß. Dies geschah ohne jede Absichtlichkeit, ohne Alles, was man religiöse Principien nennt, es war Natur und Wahrheit, ein reiner, freier Erguß seines im Göttlichen wurzelnden Innenlebens. Darum hörte man ihn nie von der Nothwendigkeit und Nützlichkeit christlicher Ueberzeugungen sprechen. Er redete nicht oft über den Glauben aber immer aus dem Glauben. Der Glaube war ihm eine angeborene Kraft der Menschenseele, deren Entwickelung und Be-

thätigung nothwendig für die Vollendung der menschlichen Persönlichkeit. Wo ihm bei Freunden Unglauben und Skepticismus entgegentrat, beklagte er das als einen anormalen Zustand, einen Defekt
des Innenlebens, ohne daß er sich je versucht fühlte, die theoretischen Deduktionen des Unglaubens mit philosophischen Argu-
menten zu bekämpfen. Denn es stand ihm fest, daß Gott nicht auf
dem Wege philosophischer Forschung zu finden sei, daß vielmehr
religiöses Leben nur dadurch entstehe, daß die dem Menschen angeborene Kraft durch die in der heiligen Schrift fortlebende geschichtliche Gottesoffenbarung entbunden und entwickelt wird. Darum war ihm tägliches Lesen und Forschen in der Bibel Lebensbedürfniß, und in den letzten schweren Wochen der Krankheit beklagte er Nichts tiefer, als daß die Abnahme des Augenlichts ihn
hinderte, allein in der Bibel zu lesen und sich an den großen
Worten des Paulus über den Glauben Abrahams aufzurichten.
Jede Förderung des Bibelverständnisses durch die moderne Theologie war ihm eine werthvolle Bereicherung des persönlichen Lebens,
und zweifelhaft wurde er an den Ergebnissen und der Methode
der Forschung nur dann, wenn ein, wie er glaubte, falscher Begriff von historischer Kritik dazu führte, alles Wunderbare, nach
den Alltagserfahrungen Unbegreifliche aus der Ueberlieferung zu
beseitigen.

Die letzten Aufzeichnungen meines Vaters, wenige Wochen vor
seinem Tode niedergeschrieben, sind der Anfang eines Aufsatzes, in
welchem er seine Auffassung von historischem Sinn und historischer
Bildung darzustellen wünschte. Es sind abgerissene Sätze, unvoll-
endete Perioden. Man sieht, daß das Auge nicht mehr kontrolirte,
was die Hand niederschrieb, daß die Natur den Forderungen des
Geistes versagte. Aber man sieht auch, welches die letzten Gedanken
waren, welche diesen Geist bis in die einbrechende Nacht des Todes
beschäftigten. „Man versteht unter historischer Bildung," heißt es
da, „einen angeborenen und durch Uebung geschärften kritischen
Blick, welcher bei Allem, was aus Gegenwart und Vergangenheit
entgegengebracht wird, das von dem gewöhnlichen Laufe der Dinge
Abweichende ins Auge faßt und deshalb die Ueberlieferung bezweifelt." Aber gerade dies Anstoßnehmen an dem Wunderbaren
scheint ihm eine einseitige und ungenügende Form des historisch-
kritischen Sinnes. „Der historische Sinn hat eine andere tiefer be-
gründete und umfassendere Bedeutung, einen mehr positiven

Charakter. Die Hauptsache ist, daß man nicht an den einzelnen Punkten haftet." Hier bricht die Ausführung ab. Aber man sieht wohl, wo sie hinaus wollte. Es sollte gezeigt werden, daß eine wahrhaft wissenschaftliche Beurtheilung der Ueberlieferung nur aus dem Ganzen, aus ihrem Geist und Wesen möglich sei, daß wer ihr nur von außen, ohne innere Betheiligung, gegenübertritt, den Maßstab für die Unterscheidung des Möglichen und Unmöglichen, des Aechten und Apokryphen nothwendig entbehrt und daher der Aufgabe der Wissenschaft nicht gerecht werden kann.

Da für meinen Vater die Religion persönlicher Verkehr mit Gott war, so konnte ihm der Gedanke nicht kommen, daß diese Beziehung mit dem Tode abschließe, daß ein Suchen Gottes durch ein langes Leben hindurch im leeren Nichts endigen sollte. Leugnung der Unsterblichkeit erschien ihm als eine seltsame Verirrung, nicht blos ein Widerspruch gegen die Verheißungen des Christenglaubens, sondern unvereinbar mit einer tieferen Erkenntniß und Würdigung der menschlichen Persönlichkeit.

Das Bild meines Vaters würde unvollständig sein, wenn seine Gedichte darin ganz fehlten. Die poetische Gestaltung von Anschauungen und Gefühlen, die ihn am tiefsten bewegten, war ihm von früher Jugend an bis in das hohe Greisenalter Lebensbedürfniß. Unter den Dichtern, die auf ihn eingewirkt haben, nimmt Platen die erste Stelle ein. Das Streben nach formvollendetem Ausdrucke war für meinen Vater durch den Begriff der Kunst gegeben. Daß eine rein naturalistische und möglichst krasse Verlautbarung von irgend welchen Anschauungen und Gefühlen als Poesie gelten könne, lag außerhalb des Bereichs dessen, was sein Denken erfaßte. Auch für das Verhältniß von Kunst und Natur, Kunst und Leben waren ihm die Griechen vorbildlich. Nicht das Leben sollte die Kunst überwältigen, sondern die Kunst das Leben verklären. Darum fühlte er sich so glücklich in seinem Antiquarium unter den Werken der antiken Kleinkunst. Ein Atemzug höheren Lebens sollte auch unser tägliches Leben durchbringen und jedes Gastmahl zum Symposion gestalten.*)

Dieser Gedanke der Verklärung alles Hohen und Tiefen, aller großen und kleinen Dinge des Lebens durch die Kunst war auch das Princip von meines Vaters eigenen Dichtungen. Bei der Aus-

---

*) Alterthum und Gegenwart I S. 130.

wahl war natürlich nicht eine rein ästhetische Beurtheilung, sondern das biographische Interesse maßgebend. Doch darf ich hoffen, daß manche poetische Gabe, welche bisher nur der Familie und den Freunden bekannt war, auch weitere Kreise erfreuen wird.

Eine gewisse Ungleichheit in den verschiedenen Theilen des Buches war bei der Natur des Materials nicht zu vermeiden. In dem vielbeschäftigten, oft ruhelosen Treiben der Berliner Jahre nahm Muße und Neigung zu eingehender Aussprache ab. Die Briefe werden kürzer, ihr Inhalt beschränkt sich mehr auf Thatsächliches, dessen Wiedergabe vielfach dem Zwecke dieses Buches nicht entsprochen hätte. Darum sind die Mittheilungen aus der Jugendzeit viel umfangreicher als die aus den späteren Jahren. Aber gerade dies Zurücktreten des individuellen Gemüthslebens hinter den Forderungen des Tages war die Signatur jener Zeit, und so ist auch das Schweigen hier beredt. Man wird finden, daß im hohen Alter das Bedürfniß nach Aussprache über die höchsten Lebensfragen und die tiefsten Empfindungen der Seele wieder stärker hervortritt und der Grundton, auf den dieses Leben gestimmt ist, in seinen Schlußaccorden harmonisch ausklingt.

Die Freunde meines Vaters wird, wie ich hoffe, sein Bild in diesem Buche wie ein Gruß der Treue aus einer unvergessenen Vergangenheit erfreuen. Ob es möglich ist, daß seine Gestalt in einer seinen Anschauungen und Idealen fremden, vielfach feindlich gestimmten Zeit neue Freunde gewinne, ist eine Frage, über die ich keine Muthmaßung wage. Unter allen Umständen wird man die Darstellung eines so reich und vielseitig entwickelten Menschenlebens, das in der Ideenwelt der Freiheitskriege wurzelt und bis in die Gegenwart hineinreicht, als einen werthvollen Beitrag zur Geschichte der deutschen Bildung im neunzehnten Jahrhundert würdigen.

Straßburg, im Juli 1902.

Friedrich Curtius.

Inhalt.

Erstes Kapitel.

Schule und Universität. 1830—1836.

An den Bruder Theodor.*)

Lübeck, 7. Januar 1830.

Zum neu angetretenen Jahre, geliebter Bruder, wünsche ich Dir von Herzen alles Gute, das Dein akademisches Herz verlangen kann, möge Dir die goldene Zeit, in der Du stehst, alle ihre Genüsse und eigenthümlichen Vortheile in vollem Maße spenden!

Du hast gewiß das neue Jahr in Gesellschaft froher Mitstubiosen, dampfender Pfeifen, klingender Becher und der Göttin Freude begonnen. Mich hatte Professor Ackermann zu dieser Feier eingeladen, dort waren wir mit einer kleinen Gesellschaft lobesamer Schüler recht fidel und höchst ungeniert, der Herr Professor war wie ein commilito und füllte die Gläser so reichlich mit Punsch, Rheinwein und herrlichem Burgunder, daß beinahe 2c. Den Neujahrstag machte ich eine Schlittenfahrt und beendete froh in einem frohen Cirkel bei uns den Tag.

Doch bei Erwähnung dieses Festes gedenke ich der Weihnachtsfeier, an deren Tage auch Du, lieber Theodor, wohl oft nach einer Luftreise auf den Flügeln der Phantasie bei uns im Geiste weiltest und am traulichen Weihnachtsabend Deinen Platz an der wohlgesegneten Abendmahlzeit einnahmst, kindlich zufrieden am schönen Reis Dich labtest in der Hoffnung auf den noch schöneren Karpfen. Was nun die Gaben des heiligen Christ betrifft, so wurden diesmal

---

*) Damals Student in Göttingen. Ernst Curtius, geboren am 2. September 1814, war damals fünfzehn Jahre alt.

meine Studien besonders gesegnet. Der liebe Vater schenkte mir
den guten Horaz von Bothe. Dann hat er für mich auf das sehr
geschätzte Lexicon Dammii Homerico-Pindaricum subskribirt, von
Dr. Scheller herausgegeben. Ein großes, überschwengliches Weihnachtsgeschenk, das der liebe Gott uns Allen hat zu Theil
werden lassen, ist wahrlich die Genesung des lieben Bruders.*)
Schon gewinnt er täglich neue Kräfte und auf seinen eingefallenen
Wangen erblüht schon die Rose der Gesundheit. Eben wegen dieser
gefährlichen, Gottlob gewesenen, Krankheit mußte in dieser Weihnacht unser Theater**) ruhen und sich in seiner düsteren Boden-
kammer auf Fastnacht trösten. Ich aber voll theatralischer Begierde
bestieg am Ende vorigen Jahres in eigener Person die Bretter
und bekleidete den ehrenvollen Posten eines Liebhabers in der
„Großmama“, einer der weniger mißlungenen Kotzebue'schen Possen.
Die Großmama spielte Victorine.***) In der Familienreihe bei
Boissonets am 13. December überraschten wir die Gesellschaft,
welche Nichts ahnte, sehr, und um diese Ueberraschung nicht töbtlich
zu machen, mußte ich sie mit einem Prolog auf das zu Erwartende
vorbereiten. Allgemeiner Beifall wurde uns zu Theil. Auf unserem
Marionettentheater gedenken wir den Hamlet wieder zu publiciren.

Was sagst Du zu meinem Plan, mich ganz der alten Litteratur
und ihrem Verständnisse zu widmen? Welch ein Quell des reinsten,
herrlichsten, göttlichsten Lebensgenusses ist die klassische Litteratur,
wie erfreulich und belehrend ist ein scharfes Eindringen in das
hehre Alterthum und das Auffassen des wahrhaft Schönen in seinen
edelsten Denkmälern! Und wie anziehend, wie geisteslabend sind
ihre beiden Haupthülfswissenschaften, die Alterthumskunde im
engeren Sinne und die Geschichte der Völker, Wissenschaft und
Kunst! Wahrlich Alles vereinigt sich, dies Studium so verlockend
als möglich zu machen für jeden die Wissenschaft Liebenden. Aber
die Musen sind spröde Damen. Sie wollen keinem Anderen den
reichen Schatz ihrer Genüsse und Freuden öffnen als der durch
viele Anstrengung den Standpunkt erklimmt, von wo er ihren
nahen, blendenden Blick ertragen kann. Und, laß es mich Dir auf-

---

*) Paul Werner Curtius, geboren 23. April 1808, starb als Pastor in
Altengamme am 28. September 1838.
**) Ein Marionettentheater, mit welchem regelmäßig zu Neujahr eine
Aufführung veranstaltet wurde.
***) Die Cousine Victorine Boissonnet.

richtig gestehen, noch fühle ich bei weitem nicht jenen Fleiß in mir, den eine tüchtige philologische Bildung schon früh erfordert. Ich treibe wohl eifrig, was mich anzieht, aber Bieles lasse ich weniger beachtend liegen. Ausdauer fehlt mir noch, und soll ich den Sonntag tanzen, so werfe ich schon Freitag Abend den Cicero in die Ecke. Dennoch hoffe ich, daß mit den Jahren und der hoffentlich zunehmenden Charakterfestigkeit auch Ausdauer und Fleiß wachse. Was mir besonders fehlt, ist ein guter Freund, der auf ungefähr gleichem Standpunkt wissenschaftlicher Bildung stehend in freundschaftlichem Gedankenaustausche auf mich wirkte. Denn wenn ich auch mit erwachsenen Männern wie Professor Ackermann und Kandidat Michelsen in einem genauen, bildenden Verhältnisse stehe und besonders mit Letzterem bei Lesung der Iliade oft über wichtige Dinge spreche, gleiches Streben nach gleich weitem Ziele, gleiches Alter und gleiche Stimmung kann nur die Jugend mit wohlthätigem Bande verknüpfen. In meiner Klasse sehe ich keinen, dem ich mich näher zu verbinden wünschen könnte. Jetzt lese ich bei Professor Ackermann mit seinen drei studieren wollenden Zöglingen Terenz und Plautus, mit Bater aber des Horaz ars poëtica, die wir vielleicht heute noch beenden werden.

An den Vater.

9. Mai 1831.

Ich habe jetzt eine höchst interessante und zugleich sehr bildende Lektüre an Schlegels dramaturgischen Vorlesungen, die gewiß recht dazu geeignet sind, Geschmack an tieferem philologischem Studium zu entwickeln. Jetzt, da der liebe Bruder*) mit seinem Examen fertig ist, beginne auch ich immer mehr Genuß und Vortheil von seinem Umgange zu gewinnen. Ich kann Gott nicht genug danken, daß er mir einen so treuen, christlichen Bruder zum Führer und rathenden Freunde gerade in dieser Zeit meines Lebens zugesellt hat. Besonders seit diesem Zusammenleben ist in mir auch die Lust an theologischen Beschäftigungen immer stärker geworden, und wenngleich eine gediegene philologische Bildung und einst die Wirksamkeit eines tüchtigen Schulmannes mir noch immer für meine Zukunft als schönes Ziel vorschwebt, so wird doch eine theologische

---

*) Paul Curtius.

Bildung und besonders eine wissenschaftliche Beschäftigung mit der heiligen Schrift nicht minder mein Streben sein. Es hat mich oft der Gedanke wunderbar tief ergriffen, wenn ich Geibel*) oder Lindenberg oder Andere voll frommer Begeisterung das Evangelium verkünden hörte: wie herrlich, wie über Alles erhaben dies Geschäft doch sein müßte, wie das Zeugniß von Gottes Liebe in Christo auch den Zeugenden in seiner Ueberzeugung sichern müsse. Doch warum sollte mich jetzt schon die Wahl zwischen zwei so nahe verwandten Fächern irgendwie quälen, das wird mir zur rechten Zeit klar werden. Zuvörderst aber will ich kräftig fortarbeiten, daß ich gedeihen möge an Leib und Seele, daß ich vor Gott und Euch Allen wohlgefällig lebe und tüchtig werde zu allem Guten.

An Victorine Boissonnet.

31. Oktober 1831.

Zwei Tage nach Eurer Abreise führte uns Dr. Pauli Alexander von Campe**) zu. Du kannst benken, daß wir uns nicht lange fremd blieben, schon benselben Abend waren wir wie alte Freunde. Und wer sollte ihn auch nicht sogleich lieb gewinnen, wenn man in sein offenes, kindliches Auge blickt.

An dem Direktor Jakob***) hat unser Lübeck und namentlich unsere Schule einen großen Schatz gewonnen. Er ist ein Mann von Geist und Talenten, von ausgezeichneter Gelehrsamkeit und offenem, sanftem, christlichem Gemüthe. Sein Bestreben als Lehrer geht dahin, zu uns in ein Freundesverhältniß zu treten, uns recht geistig anzuregen zu kräftiger Selbstthätigkeit und harmonischer Ausbildung aller Talente und Kräfte und uns vor Einseitigkeit zu bewahren. Ganz besonderen Werth legt er auf offene, vertrauliche Mittheilung und forderte uns gleich auf, bei jedem inneren Zweifel, bei jeder Ungewißheit uns ihm anzuvertrauen. Gestern war ich als Deputirter der Turnanstalt, deren eifriger Gönner er ist, bei ihm,

---

*) Emanuel Geibels Vater, Prediger an der reformirten Kirche in Lübeck.

**) Geboren am 11. Mai 1814 in Bückeburg, besuchte das Katharineum in Lübeck, wo er bei seinem Oheim, dem Oberappellationsgerichtsrath Dr. Pauli wohnte, starb als Geheimer Oberregierungsrath in Bückeburg am 8. Juni 1884.

***) Friedrich Jakob 1792—1854. 1831 Direktor des Katharineums in Lübeck.

und alsbald führte er mich in ein ſo intereſſantes Geſpräch über
deutſche Dichtkunſt hinein, daß ich mich über eine Stunde mit ihm
unterhielt ... Mit welcher Freude gehe ich in ſeine Lektionen:
in jeder hört man ſo unendlich viel Neues und Wahres, bringt
jedesmal neue und fruchtbare Gedanken und Kenntniſſe nach Hauſe.
In ſeiner Religionsſtunde habe ich ihn am liebſten gewonnen. Hier
zeigt er ſich uns weniger als Gelehrten und mehr als Menſchen
und Chriſten und hier wahrlich noch achtungswerther. Durch dieſen
Mann hat nun mein ganzes Leben eine andere Richtung genommen.
Ich bin mit der Schule ganz ausgeſöhnt, und ſie iſt der Mittelpunkt
meines wiſſenſchaftlichen Lebens, das dadurch einen ganz anderen
Impuls erhalten hat. Es iſt doch ein herrlicher Beruf der Lehrer-
beruf, und gewiß der allerſchönſte, mag er der Jugend, der Gemeinde
oder den Heiden gewidmet ſein .... Eifrig treibe ich jetzt das
Hebräiſche. Geſtern habe ich mit Paul die Geſchichte Joſephs aus-
geleſen. Es iſt doch ſchön, das ganze Wort Gottes in ſeiner Urſprache
verſtehen zu können. Jetzt, liebe Victorine, habe ich Dir wohl hin-
reichend von meinem kleinen Ich erzählt. Ich würde mich wundern,
daß man ſo viel davon ſchreiben kann, hätte ich nicht neulich einen
dicken Quartband über die Naturgeſchichte der Mücke geſehen!

An den Vater.

30. Mai 1832.

... Seit unſerem Gartenaufenthalt hat ſich für meine Muße
ein Gegenſtand gefunden, der mich ſehr anzieht, die Botanik. Die
Bekanntſchaft, bis jetzt freilich nur ſehr flüchtige Bekanntſchaft mit
der genannten Wiſſenſchaft hat auf mich nicht geringen Eindruck
gemacht, indem ſie theils uns gerade das Naturreich erkennen lehrt,
zu dem nach meinem Gefühle der Menſch ſich beſonders hingezogen
fühlt, theils aber auch das ganze, weite, mir bis jetzt ganz fremde
Gebiet der Naturwiſſenſchaft dem Geiſte näher führt. Schon lange
trug ich in mir ein großes Verlangen, mit der herrlichen Schöpfung,
der treuen Offenbarung eines liebenden Gottes, mich näher auch
im Einzelnen bekannt zu machen. Ich fühlte faſt eine Art Scham
in mir, daß ich den Einrichtungen der väterlichen Güte ſo ganz
fremd ſei, zu deren Betrachtung wir doch ſo natürlich hingewieſen
ſind. Mir ſagte mein Bewußtſein, daß ich gewiß noch wärmer und
tiefer die liebende Weisheit Gottes erkennen würde, wenn ich ihre

Spuren, soweit es der Blick der Sterblichen vermag, zu verfolgen
suchte. Diese Gefühle wurden immer lebhafter in mir, besonders
auch während meines Altonaer Aufenthalts, wo durch den Anblick
so reizender Naturschönheiten mein Geist und Herz ganz in Anspruch genommen wurden. Ich suchte, in Lübeck angekommen, alsbald Gelegenheit, meine noch ganz dunkle und unbestimmte Neigung zu befriedigen, und es ward mir diese bald zu Theil zu meiner
großen Freude, theils durch unseren Gartenaufenthalt, theils durch
Umgang mit Freunden, welche mir in der Erreichung meiner
Wünsche sehr förderlich sein konnten. Unser Gärtner Paulig und
besonders seine beiden sehr geschickten Söhne kamen mir, ehe ich
noch meine Wünsche recht ausgesprochen hatte, mit dem freundlichsten Anerbieten entgegen, mir behülflich zu sein, in die Pflanzen-
kunde mich einzuführen. Sie priesen mir den Genuß, den ich nach
Ueberwindung der ersten Schwierigkeiten davon haben würde,
zeigten mir ihre Herbarien und halfen mir, ein solches selbst anzulegen. Auf der anderen Seite verdanke ich die erste Einführung in
die Botanik der Bekanntschaft eines jungen Apothekers, Cassius,
den ich recht liebgewonnen habe. Er ist begeistert für diese Wissenschaft und freute sich ungemein, bei mir so plötzlich eine ähnliche
Begeisterung entstehen zu sehen. Jeden Sonntag Morgen um fünf
Uhr gehen wir zusammen aus und sammeln Blumen und Gräser
und können uns oft nicht satt freuen über die Schönheit einer
kleinen, verachteten Wiesenblume oder die kunstvolle Einrichtung
eines Grashalms, und dann wird es im Herzen so warm und
Thränen freudiger Rührung drängen sich hervor. So etwas, mein
theurer Vater, solchen Genuß, solche Erhebung hat mir, ich gestehe
es Dir, noch kein Bücherstudium gewährt und kann es mir nie
gewähren, und damit habe ich Dir offen gestanden, was mir auf
dem Herzen lag, daß die Bekanntschaft mit der Botanik mich meiner
Neigung zur Büchergelehrsamkeit entfremdet hat. Andere würden
dies zu unterdrücken gesucht haben, und, konnten sie es nicht,
wenigstens es vor den Eltern verborgen haben, denen so sehr daran
liegen muß, daß ihre Söhne, so lange sie die Schule besuchen,
ungetheilt und mit ganzer Liebe die Schulstudien behandeln. Ich
habe Dir mit kindlichem Vertrauen mich aufgeschlossen und mich
Dir geschildert, wie ich mir vorkomme, und das mußt Du ja auch
wünschen. Wenn ich an den herrlichen Maitagen aus unserem
Fenster hinausblickte, selbst zwischen Büchern vergraben, und in

Feld und Garten die Leute so fröhlich arbeiten sah und die zarten Pflänzchen so sorgfältig und liebevoll pflegen, so ergriff mich fast Unmuth über mein Geschäft und eine unendliche Sehnsucht hinaus, um unter Gottes freiem Himmel zu studieren, seine Weisheit und keine Menschenweisheit zu erforschen und staunend ausrufen zu können: Schmecket und sehet, wie freundlich der Herr ist!

An den Vater.

4. December 1832.

Es wird Dich freuen, lieber Vater, von mir selbst zu hören, daß ich vorigen Freitag das Stipendiatenexamen bestanden habe. Unsere Lehrer äußerten sich befriedigt über das Resultat, nur in der Mathematik wollte es nicht recht gehen, da Herr Große, mit der Weise des früheren Unterrichts unbekannt, etwas zu schwer fragte. Der Direktor zeigte auch hierbei seine große Humanität und Milde. Auch die herzlichen Worte, die er uns zum Schlusse sagte, in denen er uns der Zufriedenheit unserer Lehrer mit unserem ernsten Streben und ihrer Theilnahme an unsern Schicksalen versicherte und zu unermüdetem Vorwärtsstreben aufforderte, gingen uns recht zu Herzen. Ich kam mit recht frohem, dankbarem Herzen nach Hause. Eine Stufe ist erreicht, wohl fühle ich, bei früher gleichmäßigerem Fleiße könnte ich schon weiter sein, aber ich habe sie doch erreicht, und wenn ich mit stets ernsterem Willen weiter strebe, so wird Gott mein Streben segnen und Etwas aus mir machen zu seinem Ruhme und zu Deiner Freude, mein theurer Vater. Das ist mein heißes Gebet und gewiß auch das Deinige. O daß Du es erlebtest, Deine Söhne alle in nützlichem Kreise kräftig wirken zu sehen, daß wir Deine Stütze und Freude im Alter würden, Dein Trost im Tode! Mein Ziel ist schön, mein Wille ist ernst und das Weitere stelle ich Gott anheim.

An Victorine Boissonnet.

Bonn, 4. Mai 1833.

Endlich fühle ich Ruhe genug in mir und bin von außen ungestört genug, um Dir schreiben zu können. Eben komme ich von einem einsamen Spaziergange am Rheinufer. Der wunderliebliche

Sommerabend, der Blick auf die blauen Berge, das friſche Grün
der Natur und der reiche Blüthenduft haben meine Seele beruhigt
und wohlthuenden Frieden in ſie geſenkt. So will ich zu Dir reden,
meine Freundin, und Dir aus der Ferne meinen innigen Freundesgruß ſenden, als wenn ich Deine Hand hielte und in Dein Auge
blickte.

Die Stunde des Abſchiedes von geliebten Weſen iſt ungeheuer
ſchwer und herzzerreißend, ich habe es gefühlt in ſeiner ganzen
Herbheit; aber es liegt doch etwas Süßes und Tröſtliches darin,
in den letzten Augenblicken des Zuſammenſeins noch einmal ſich
dauernde, treue Liebe verſichern zu können, und keine Worte klingen
länger nach als die geſprochenen Scheideworte unſerer Freunde.
Darum war es mir ſchwer, von Dir nicht Abſchied genommen zu
haben, von Dir, die Du mit allen meinen ſüßeſten Jugenderinnerungen ſo innig verbunden biſt, deren treue Schweſterliebe mir
ſo freundlich entgegentrat, als ich zu denken und zu leben begann,
und ſeitdem in allen meinen Freuden und Leiden ſo treu an meiner
Seite ſtand. Gott wird Dir's lohnen, Du liebe, treue Seele, er
weiß, wie Du auf mein jugendliches Gemüth eingewirkt haſt, wie
Du meinen Sinn dem Edlen und Göttlichen zugelenkt und viel
Zartes und Schönes in meiner Seele erweckt haſt. Der Abſcheu
vor allem Rohen und Gemeinen, der in mir iſt, iſt wahrlich nicht
mein Verdienſt. Nur der Gnade Gottes, die mich ſo reich in meinen
Jugendjahren geſegnet hat, danke ich dieſen Sinn; und darum darf
ich mich deſſen weder rühmen, noch die Tauſende verdammen, denen
er fehlt, dieſer köſtliche Schatz. Denn ich weiß nicht, wer ich wäre,
wenn ich Euch nicht gekannt hätte. Ich wäre nicht ich ohne das.
Eure Liebe macht mich unendlich reich und ſtolz und rein, um
Euretwillen muß ich alles Schlechte haſſen.

An den Vater.

Bonn, 11. Mai 1833.

Faſt 14 Tage lebe ich nun ſchon in Bonn, ſchon ziemlich ein-
gebürgert in meinen neuen Verhältniſſen. Konnte ich mir früher
doch nie denken, wie ich ohne Euch, ohne die Lieben, in deren Mitte
ich mich ſo ganz glücklich und befriedigt fühlte, leben würde, und
jetzt bin ich mitten in dieſem neuen Leben, ferne von Euch, herausgeriſſen aus einer Lage, der ich mit meinem ganzen Daſein an-

gehörte, und in eine neue, ganz fremde Region plötzlich versetzt. Ich komme mir recht wie ein Wanderer vor, und mein früheres Leben gestaltet sich mir zum Bilde, wie eine eben verlassene Gegend. Wie ein freundlicher Thalgrund schwebt es mir vor, der durch die Oeffnung der Berge die reizendste Ansicht gewährt, und zögernd nur gehe ich den neuen Thälern und Höhen entgegen und blicke oft zurück, immer befürchtend, daß beim weiteren Vorwärtsschreiten eine freundliche Ecke, ein duftiger Baum, eine liebe Rasenbank, eine wohlbekannte Hütte nach der andern entschwinde. Aber ich gehe ja nicht leer von Euch. Nein, in dem Bewußtsein von Euch geliebt zu sein, von Euren Segenswünschen wie schützenden Engeln begleitet zu werden, trage ich einen köstlichen Schatz mit mir, den mir kein Räuber entreißen, kein Neid und keine Scheelsucht verkümmern kann, und darum will ich muthig vorwärts schreiten, sind doch dieselben Himmelssterne unser Aller Leiter und führen doch alle Wege zu einem Endziele.

Seit ehegestern ist eine neue Epoche in meinem Bonner Leben eingetreten durch die endliche Ankunft meiner lang ersehnten Kiste, welche freilich nicht im besten Wohlsein, sondern an heftigen Gliederquetschungen leidend von Köln hier eintraf. Jetzt bin ich erst eigentlich heimisch hier geworden und gemüthlich eingerichtet; bis dahin war mein Leben noch sehr voll peinlicher Unruhe und Erwartung. Jetzt hoffe ich mich bald an ein bestimmt geregeltes und ruhiges Leben zu gewöhnen, was zum Gedeihen des inneren und äußeren Menschen gehört. Seit ehegestern sind nun alle Kollegien im Gange. Brandis *) begann zuletzt; das philologische Seminar wird Montag beginnen. Ich höre nun von 8—9 die kleinen paulinischen Briefe bei Bleek,**) von 10—11 Persius und von 11—12 das Seminar — alles fünfstündig; von 4—5 Geschichte der alten Philosophie bei Brandis, viermal die Woche; von 5—6 Theologie der Griechen bei Welcker,***) sechsmal; und zweimal die Woche, Montags und Donnerstags von 6—7 Sophokles Aias bei Klausen.†)

Meine Empfehlungsbriefe habe ich alle besorgt und bin fast überall sehr freundlich aufgenommen. Zu Professor Klausen gehe

---

*) Der Philosoph Christian August Brandis, 1790—1867.
**) Der Theologe Friedrich Bleek, 1793—1859.
***) Friedrich Gottlieb Welcker, 1784—1868.
†) Der Philologe Rudolf Heinrich Klausen, 1807—1840.

ich sehr gern. Brandis nahm mich sehr freundlich auf. Er erinnerte sich an Paul und bat mich, ihn zu grüßen.

Meine Wohnung hat wie alle menschlichen Dinge, ihre guten und schlechten Seiten. Zu diesen gehört die ziemlich theure Miethe von 5 Thalern, während Viele für größere Stuben nur 4 Thaler geben, ja zuweilen nur 3. Dann ist der Weg zum Kolleg tüchtig weit, was bei der Unhörbarkeit der Bonner Stadtuhren und der außerordentlichen Hitze unangenehm ist. Doch habe ich für diese Mißstände reichlichen Ersatz in der großen Gutherzigkeit und Zuverlässigkeit meiner Wirthsleute und in der wunderschönen Aussicht. Die Abende sind besonders herrlich, wenn die sinkende Sonne die Bergspitzen und ihre ehrwürdigen Ruinen vergoldet. Bis zum Drachenfels kann ich den Rhein verfolgen; mit einem Fernrohre könnte ich die Fremden auf dem Drachenfels wie auf dem Godesberge betrachten. Unter meinem Fenster ist immer ein lebendiges Treiben, besonders an Markttagen, wenn die Landleute mit ihrem Vieh, und die Frauen, den Kopf in weiße Tücher gehüllt, mit ihren Körben auf der fliegenden Brücke aus der Umgegend kommen. Auch das Dampfschiff gewährt zweimal des Tags um halb 10 Uhr des Morgens und um 6 Uhr des Abends einen ergötzlichen Anblick; wenn es eben vorüber ist, hört man den Rhein rauschen, wie die Ostsee, und es klingt, als erzählte der alte Strom unwillig seinen Usern von der Frechheit der Menschen. Seit acht Tagen habe ich mir ein Klavier gemiethet. Denn so ungern ich auch die Ausgaben der ersten Zeit so bedeutend vermehrte, so sehr war es mir doch Bedürfniß. Auch ist es mir nothwendig, wegen der Gesangübungen im Museum unter Leitung des Professors Breidenstein, welche nächste Woche beginnen werden. Pfingsten hoffe ich nach Düsseldorf zum Musikfeste reisen zu können.

Heute um 6 werde ich mit Müller nach Siegburg gehen, um Jakobi*) zu besuchen. Mittwoch waren wir in Rolandseck, Nonnenwerth und Königswinter, von wo wir zu Schiffe herabfuhren. Die Luft ist hier außerordentlich warm, gestern habe ich daher schon baden können. In der nächsten Woche werde ich nun recht ordentlich anfangen können zu arbeiten und regelmäßig thätig zu sein, ich freue mich sehr darauf, nach so langer Zeit der Unruhe.

---

*) Der Irrenarzt Karl Wigand Maximilian Jakobi, Sohn des Philosophen, 1775—1858, seit 1825 Direktor der Irrenanstalt in Siegburg.

An Victorine Boissonnet.

Bonn, 1. Juni 1833.

Einen schönen, herrlichen Mai habe ich nun schon am Rheine verlebt, ein schönes Pfingstfest an seinen Ufern gefeiert. Feste zu feiern, versteht freilich die Welt nicht mehr, aber hier findet man noch Anklänge wahrer Festesfreude, nicht in den Concertsälen voll geputzter Herren und Damen, die nach jeder gelungenen pièce die Handschuhe ausziehen und klatschen, sondern in den Städtchen und Dörfern. Gestern vor 8 Tagen machte ich mich auf, das Musikfest zu bereisen. In einem vollgedrängten Nachen fuhr ich nach Köln, von da um 12 Uhr auf dem übermäßig gefüllten holländischen Dampfschiffe nach Düsseldorf. Den Concerten und Concertproben habe ich gewissenhaft beigewohnt und viel Genuß davon gehabt. Das Schönste von Allem war unstreitig das große Oratorium von Händel, Israel in Aegypten. Es ist die erste Musik, die mich wirklich begeistert hat, und da ich sie dreimal hörte, konnte ich dem Fluge des Künstlers etwas folgen. Sie besteht aus 2 Theilen, der erste schildert die Bedrückung Israels, die Plagen Aegyptens und den Auszug, der zweite das Loblied Mosis. Die herrlichen Chöre, in seltener Vollendung aufgeführt, machten ungeheuren Eindruck. Ich begreife nicht, wie die Menschen immer klatschen und Bravo rufen konnten, als wenn sie einen Taschenspieler vor sich hätten, als wenn die Kunst nur darauf ausginge, Beifall einzuernten, und nicht die innersten Tiefen der Brust wunderbar anregte.

Der zweite Abend begann mit der schönen Beethovenschen Pastoralsymphonie, welche auf eine reizende Weise den ganzen Kreis ländlicher Empfindungen darstellt. Es folgte die Ouvertüre zur Leonore und zuletzt die bekannte Cantate von Winter: „Die Macht der Töne".

Am Dienstag Morgen war ein drittes Concert. Das Schönste aus Israel in Aegypten wurde wiederholt. Die Krone des Festes war Madame Decker aus Berlin. Mendelssohn-Bartholdy erntete für sein Direktorium viele Schmeicheleien und ward durch Gedichte, Medaillen, Bekränzung geehrt. Die Aufführung selbst war wirklich über jeden Tadel erhaben, die Solostimmen und Chöre ausgezeichnet schön, die Zahl der Singenden war 275, auch die Instrumentalpartie war sehr bedeutend, 62 Violinen, 18 Violoncelle, 13 Contrabasse 2c. Am Dienstag Abend war großer bal paré in Anwesenheit

des Düsseldorfer Hofes (Prinz Friedrich). Ich war dort, führte sogar
eine Dame hin, und tanzte ganz wacker mit den Töchtern der Rhein-
lande, von denen viele sehr anmuthig und liebenswürdig sind. Ein
Major sorgte für Ordnung des Tanzes bei der Uebermenge von
Menschen. Furchtbar war es anzusehen, wie das erste Paar den
Ball eröffnete. Mit Todesverachtung stürzte es in das schwarze
Gewimmel, lange suchte man es umsonst, bis es endlich siegreich
durchbrang und sein Märtyrerthum den Nachfolgenden die Bahn
gebrochen hatte. Das Fest hat mir sehr großen Genuß gewährt.
Aber wenn ich so das Ganze betrachtete und die einzelnen Menschen
beobachtete, so machte der Gedanke mich oft fast wehmüthig, daß
diese ganze Feier doch jeder eigentlichen Festweihe entbehre, es
kam mir vor, als wollten die Menschen sich einmal recht Mühe
geben, fröhlich zu sein, und sie könnten es nicht. Ich besuchte die
Gemäldegallerie und auch die Professoren an der Akademie und
konnte durch sie in die Ateliers gelangen, wo viel Schönes war.
Im ganzen habe ich von Düsseldorf einen recht freundlichen Eindruck mitgenommen.

An Victorine Boissonnet.

23. Juni 1833.

Bis zu den Sommerferien muß ich noch tüchtig schuften. Wegen
des kurzen Semesters wird die Zahl der Stunden jetzt schon vermehrt, außerdem bin ich durch Privatarbeiten und besonders durch
Lektüre sehr beschäftigt. Aber diese stete Anregung in Vorträgen
sowie in Gesprächen, diese mannigfache Anschauung ist mir sehr
angenehm und die wahre Würze meines Lebens. Kleine Wanderungen gewähren die angenehmste Zerstreuung. Meine Menschen-
kenntniß erweitert sich täglich, und wenn ich auch noch Keinem mich
eng anschließen konnte, so habe ich doch Manche kennen gelernt,
die ich wegen ihres ernsten Forschens, ihres biedern Sinnes sehr
hoch schätzen muß und deren Gespräche mir die größte Freude
gewähren. Meine Bekannten sind fast alle Theologen, unter denen
ein sehr schöner Eifer herrscht, besonders durch den trefflichen Professor Nitzsch*) angeregt. Von meinen Kollegien kann ich noch nicht
viel Näheres sagen, doch darf ich eigentlich kaum noch von Kollegien

---

*) Karl Immanuel Nitzsch, 1787—1868.

sprechen, da ich mich noch gar nicht entschieden einer Wissenschaft
zugewandt habe, sondern zunächst nur philosophische Bildung im
Augenmerk habe, wie sie aller Wissenschaft zu Grunde liegt.

Montag.

Ich habe den gestrigen Nachmittag unter Bekannten recht froh
zugebracht. Der Regen verbot spazieren zu gehen und da versammelte man sich um den Kaffeetisch. Ich habe jetzt außer den
Bremern und durch ihre Vermittelung manche andere Bekanntschaft gemacht. Dazu gehörte auch die gestrige Gesellschaft, eine
Mixtur von Rhenanen, Westphalen, Mecklenburgern und Lübeckern,
von jeder Art ungefähr zwei. Diese bunte Mischung macht natürlich das Gespräch sehr interessant in Hinsicht des Gegenstandes wie
auch der Sprache, da Jeder seine Muttersprache oder seinen Dialekt
als den schönsten erweisen will. So waren wir denn auch gestern
ganz froh miteinander, und die Herzen schlossen sich im traulichen
Gespräche auf. Du würdest aber nicht wenig erschrecken, wenn Du
(nach Erklimmung dreier Treppen, an welchen als Seelenretter
mehrere Taue befestigt sind) in dies Zimmer getreten wärest, in
dessen engen Räumen besagte neun Studios rauchend versammelt
waren um den unversiegbaren Kaffeeborn, in dem Jeder sich in
dem ihm zugetheilten Raum möglichst bequem und häuslich einzurichten suchte. Das Nachspiel zu Faust von Rosenkranz ward vorgelesen, es gefällt mir sehr.

Weißt Du noch, wie wir einst so ernsthaft über Burschen- und
Landsmannschaften disputirten und wie Du Dich so entschieden
für jene erklärtest und mir sagtest: „Ja Ernst, dann mußt Du ein
Bursche werden!" Ich glaube, ich könnte Dich in einen Prozeß ver-
wickeln, wenn ich das anzeigte, so furchtbar wird jetzt gegen alles
Burschenthum geeifert. Fast wöchentlich sind Listen von relegirten
Burschen zu lesen, ja denke Dir den Greuel, daß selbst die früher
in diesen Verbindungen waren, da sie noch ganz andere Bedeutung
hatten, daß selbst verheiratete Leute in Untersuchung gezogen werden.
Es kann einem das Herz zerreißen, so manche mit voller Jugendkraft
und edler Begeisterung begonnene Laufbahn so plötzlich abgeschnitten
zu sehen. Denn das ist gewiß, daß jene Menschen im Durchschnitt
besser sind, als die Anderen. Denn diese hüten sich wahrlich nicht
aus Ehrfurcht für die väterlichen Gesetze vor solchen Uebertretungen,
sondern weil sie gar nicht fähig sind, für eine Idee sich zu begeistern

und ihr Opfer zu bringen, weil sie in ihrer flauen Zufriedenheit
am glücklichsten sind. Freilich waren die letzten Burschen nicht
mehr von dem alten Sinn belebt; ihnen war Nichts geblieben, als
ein thörichtes Schelten gegen das Bestehende. Aber das Traurigste
in dem Allen ist doch dies schreckliche Mißtrauen, welches überall
umherschleicht und überall Spuren von Hochverrath und Meuterung
erkennen will. Denke Dir, daß eine Zeit lang gar keine Pässe nach
Heidelberg gegeben, ja keine Briefe von hier dahin gelassen wurden.
Ja wahrlich, wer jetzt sein Glück, seinen Himmel nicht in der Brust
hat, der soll es braußen nicht finden! Aber wenn es brinnen warm
ist, dann braucht man auch nicht zu klagen, sondern kann die nur
beklagen, die im Weltgetümmel ihre Freuden suchen. In Landsmannschaften einzutreten, kann mich hier auch Nichts reizen. Nur
der zehnte Theil ist in Verbindungen und diese beschränken nur
die akademische Freiheit, statt sie zu fördern. Das Schlimmste dabei
ist doch in der That dies leichtsinnige Verletzen des an Eidesstatt
gegebenen Handschlages, sich in keine Verbindung zu begeben, die
nicht von der Regierung bestätigt ist.

An den Vater.

Bonn, 10. Juli 1833.

Soeben, theure Eltern, erhalte ich Euren Brief, den Herr Wurm,
der sich das Geschäft nie nehmen läßt, mir brachte mit den Worten:
„Da habe ich gute Medicin." Ich leide nämlich seit Freitag an
bösen rheumatischen Kopf- und Zahnschmerzen; alle gewöhnlichen
Mittel, wie Kamillenthee, Kräuterkissen, spanische Fliegen und
Schonung haben nichts geholfen; gestern legte ich auf des Arztes
Rath ein Senfpflaster auf den linken Arm, was mir heute, besonders
die Nacht, Linderung verschafft hat.

Die letzten Tage abgerechnet, geht es mir recht wohl, und ich
merke mit Freude, wie ich täglich mehr ins Studieren hineinkomme.
Sei von meinem ernsten Streben überzeugt, theurer Vater, und
besorge nicht, daß ich zu viel Zerstreuungen habe. Ich lebe nach
dem Urtheile meiner Freunde fast zu eingezogen. Aber es kommt
mir darauf an, mich im Anfange vor vielen Zerstreuungen zu hüten
und mich möglichst bald in die neue Weise des Studierens hinein zu
versetzen. Bonn ist gerade dazu sehr vorzüglich; denn ohne daß
es wie Berlin durch Menge und Allseitigkeit der Mittel, Kenntnisse

zu erwerben, überrascht und das ungeübte Auge verwirrt, bietet
es doch genug, um den meisten Ansprüchen zu genügen und den
Eifer zu erwecken, möglichst gediegene Gelehrsamkeit zu erstreben.
Ueberdies ist es sehr leicht, sich ferne zu halten von den Zerstreuungen und Verirrungen des lauten Studentenlebens, woran die
bei weitem kleinste Anzahl Theil nimmt. Und in der That sind
jetzt die Verbindungen und Corps von der Art, daß Jeder von wissenschaftlichem Eifer und sittlichem Ernste sie fliehen muß als Gesellschaften, in denen Trägheit, Rohheit und Sittenverderbniß herrscht.
Unter den übrigen Studenten herrscht aber ein recht schöner Geist
der Sittlichkeit, des Eifers für Wissenschaft und reiner Fröhlichkeit. Von dieser Art habe ich wenigstens Viele gefunden, und unter
solchen Menschen lebt sich's wohl gut. Es sind meistens Theologen,
die mit Liebe und Verehrung an dem trefflichen Nitzsch hängen.
Unter den Philologen habe ich noch wenig erfreuliche Bekanntschaften gemacht, am wenigsten unter den preußischen, bei denen
man leider sehr häufig ein fast mechanisches Anhäufen todter Kenntnisse findet ohne Leben und Geist, nur um das Examen machen zu
können. Ich benutze die Bibliothek recht fleißig, und zunächst wähle
ich meistentheils allgemein philosophische Schriften, als Einleitung
theils in die eigentliche Philosophie, theils überhaupt in die gesammte gelehrte Bildung und in die Alterthumswissenschaft. In
Bezug auf letztere studiere ich die Ansichten ihres eigentlichen Be-
gründers, des großen Wolf, in dessen Museum der Alterthumswissenschaft viel Treffliches sich vereinigt findet.

Heinrichs*) Persius ist ein treffliches Kolleg. Er hat den Dichter
mit unermüdlichem Fleiße behandelt und mit bedeutendem Scharfsinn, und seine Exegese zeigt deutlich, wie er so durchaus eingegangen
ist in den Geist des originellen Satirikers und ihn recht aus sich selbst
erklärt. Welckers Vorlesung aber ist in jeder Beziehung vortrefflich.
Seine Ansichten über die Mythen der Griechen sind ebenso neu
als geistreich und anziehend, wie denn überhaupt seine ganze Weise
in Behandlung der Philologie mir ungemein gefällt. Er unterscheidet sich darin sehr von Naeke**) und Heinrich, daß diese nur
historisches Wissen haben, Welcker aber philosophisch durchgebildet

---

*) Karl Friedrich Heinrich, 1774—1838, der Leiter des philologischen
Seminars.

**) August Ferdinand Naeke, 1788—1838, neben Heinrich Leiter des
philologischen Seminars.

und voll des reinsten Interesses für alles Schöne und Wahre, auch der Philologie ein frischeres Leben einzuhauchen, eine mehr allseitige Anwendung zu geben vermag. Er hat eine ganz andere innere Anschauung von dem gesammten Nationalsein der alten Welt und besonders von dem der alten Hellenen. Bei ihm kann man recht Lust und Liebe gewinnen für Alterthumswissenschaft, und Alle, die auch nur wenige Stunden bei ihm hospitirten, behaupten, nie etwas Interessanteres gehört zu haben. Brandis behandelt die alten Philosophen mit außerordentlicher Gründlichkeit. Nur ist zu befürchten, daß er bei weitem nicht das vorgesetzte Ziel erreicht; noch sind wir bei Pythagoras. Seine Vorlesung erfordert recht ausdauernden Fleiß, denn ich wüßte Nichts, was schwerer im Zusammenhange aufzufassen und zu behalten wäre, als die Systeme der alten Philosophen, wie sie nach spärlichen Fragmenten zusammengestellt sind. Es ist aber sonst die Geschichte der Philosophie ein Studium, das mich außerordentlich interessirt, und ich bin sehr froh, auf eine so treffliche Weise, wie unter Brandis, darin eingeführt zu werden. Jetzt hat Brandis seine Montag Abende eröffnet, wozu er auch mich sehr freundlich einlud; es werden dort sehr unterhaltende und lehrreiche Gespräche geführt.

Es sind kürzlich aus Berlin sehr strenge Befehle gekommen, und nächstens soll, wie ich höre, das akademische Gericht aufgehoben und die Studentenschaft unter die Civilbehörde gestellt werden. Auch gegen Duelle, deren noch immer ziemlich viel vorfallen, soll streng eingeschritten werden. Bis jetzt sind die meisten Regierungsbefehle noch sehr wirkungslos geblieben.

An Victorine Boissonnet.

Bonn, 3. August.

Wenn Du je am 3. August auf preußischem Grund und Boden standest, wirst Du wissen, meine liebe Victorine, daß dieser Tag vor 364 anderen das Glück voraus hat, den gefeierten König Friedrich Wilhelm III. zuerst hienieden begrüßt zu haben. Eben komme ich zurück aus dem Festgetümmel. Vor dem Kölner Thor war Ulanenparade und Gesang. Fast zwei Stunden habe ich mich dort zu Ehren des Königs mit meinen Bekannten herumgedrängt, doch habe ich nicht viel Festesfreude heimgebracht. Es war Alles meinem

Herzen so fremd, keine freundlichen Gesichter grüßten mich, kalt und stumm drängte man sich an einander vorüber, rechte Freude fand ich auch außer mir nicht, in die ich hätte einstimmen mögen, es war Alles so öde und leer! Darum eilte ich sobald als möglich nach Hause in mein liebes Thurmstübchen, statt mich in der Aula bei einer lateinischen Rede des Professors Augusti*) von neuem zu Ehren des Königs zu langweilen.

Wenn ich bedenke, wie das Studentenleben ist und wie es mir vorschwebte — himmelweiter Unterschied. Je mehr nun aber mein Idealbild verlöscht, desto unbefangener erkenne ich wieder das Gute meiner jetzigen Lage. Es muß einst freilich ganz anders gewesen sein, unendlich viel schöner und herzerhebender; ich wollte, ich wäre in den Zeiten Student gewesen und schriebe Dir daraus Briefe der Begeisterung und Jugendwonne. Jetzt hat man nur noch Mühe, das bischen Feuer in sich zu bewahren, statt daß, wie ich hoffte, es überall Nahrung finden und in reicher Vereinigung himmelhoch auflodern sollte. Ach, da ist fast keine Spur von frischem Jugendmuthe, Frohsinn, Lebendigkeit; hier wie überall Ueberdruß, Langeweile, Trägheit, Geckenhaftigkeit und Jämmerlichkeit aller Art. Ich möchte, daß ich später andere Erfahrungen machte. Doch zu etwas Anderem und Erfreulicherem will ich Dich führen, und zwar — auf einen Ball, die Vorfeier des königlichen Geburtstages, dem ich gestern beiwohnte auf Einladung von Professor Brandis. Du siehst, was ich für ein loyaler Unterthan bin und was für Opfer ich meinem Könige bringe. Die Vorbereitungen wurden mir etwas sauer, und so geschah es, daß ich erst ein Viertel vor 8 Uhr hinkam. Das war nun ein bedeutender Fehler, da ich wohl vermuthen konnte, die Damen würden sparsam gesäet sein. Als ich kam, waren alle Damen durch und durch engagirt. Ich resignirte schon ganz auf die Freuden der Welt und freute mich, zu finden, daß mich der linke Schuh etwas drückte. Ich betrachtete mir die Büste des Königs, die mit Lorbeeren bekränzt, in schönem Lichte zwischen Blumen stand, beäugelte mir die Gesellschaft in Begleitung meines Hutes, der statt einer Dame meinen Arm nie verließ — so ist es hier Sitte, die Tänzer greifen nach jedem Tanze in lächerlicher Aengstlichkeit nach ihrem Hute — vereinigte mich umsonst mit einigen Leidensgefährten, das Verbot des Hospitirens umzustoßen, unterhielt mich

---

*) Johann Christian Wilhelm Augusti, Theologe, 1771—1841.

mit einigen gesetzten Damen — indeß ging ein Walzer nach dem
anderen vorüber, die schönen Galoppwalzer umschwirrten mich so
einladend, ich sah die Studiosen aller vier Fakultäten in eifrigster
Thätigkeit vereinigt — ich mußte mit aller meiner Tanzlust stille
bastehn — da hörte ich einen Wagen und mit ihm neue Hoffnungen
heranrollen, ich eilte an die Thüre, Mehrere, denen Mutter Natur
leider gleich scharfe Ohren und gleich tanzlustige Beine verliehen
hatte, mit mir. Gespannt schauten wir dem Eingang entgegen,
schon dachte ich mir das Schreckliche, vier bärtige Studenten eintreten zu sehen — aber gesegnet seist Du, guter Rutschkasten, gesegnet die Asche Deines Erfinders — herein schwebte ein weibliches
Wesen, schön und schlank, mit schwarzen Haaren und Augen versehen, einfach aber vornehm gekleidet — ich stand vorne im ersten
Feuer, aber zurückziehen konnte ich mich nicht ohne Schimpf, ich
beschloß daher den Angriff zu Ehren des Königs und der akademischen Freiheit zu wagen. Schon stand die Schöne im Saale, ich
durfte nicht zögern und es war ein Moment, daß ich auf sie zu-
schritt, bücklings sie begrüßte und um die Ehre bat, den Cotillon ꝛc.
Sie sagte mir ihn freundlich zu und wer war glücklicher als ich!
Ich ließ nun in Ruhe zwei Tänze vorübergehen, sah meine Dame
zum Entzücken schön in der Française tanzen, und endlich erfuhr
ich, daß sie aus Köln sei, Frau von Struensee heiße und Polizei-
präsidentin sei. Das war mir im Grunde gar nicht recht, noch
weniger aber, daß unerwarteter Weise das Abendessen vor den
Cotillon fiel. Man saß zu meinem Aerger zwei Stunden bei Tische.
Der Rektor schloß mit einem speech (den er aber nicht so revolutionär endete, wie der Redner des vorigen Jahres: „Es lebe Friedrich Wilhelm IV.“). Als man aufgestanden, spähte ich ängstlich nach
meiner Dame — sie war nirgends zu finden — und bald darauf
hörte ich Jemand erzählen, die fremde Dame sei gleich nach dem
Essen heimgefahren. Welche ungeheure Ironie des Schicksals, die
mit den liebsten Wünschen der Sterblichen Ball spielt! Meine
Freude am Tanz war vorbei, nur um satirische Nachreden zu vermeiden, hofpitirte ich zweimal und lief dann nach Hause, grade
als die schwarz-weißen Fahnen zu wehen anfingen in den Tanz-
reihen. Würdest Du es mir verdenken, wenn so bittere Erfahrungen
meine Tanzlust unterdrückt hätten? Aber im Gegentheil ist meine
Tanzlust eher geweckt, und ich werde sie dem Schicksal zum Trotz
nicht unterdrücken.

Jetzt lese ich Byron, liebe Victorine, und zwar den dritten Gesang, wo die Rheinreise beschrieben wird und vorher die Waterloo-Schlacht. Ich lese ihn mit Delius,*) der die neueren Sprachen ausgezeichnet kennt und viel poetische Gabe hat, hierin ist er der Einzige unter meinen Bekannten.

Von einem herrlichen Anblick muß ich Dir noch erzählen — wie am Abend des 3. August auf den Burgen die Feuer brannten zu Ehren des Königs. Besonders der Drachenfels sah köstlich aus, man glaubte die alte Burg brennen zu sehen und träumte sich in die Zeiten der ersten Zerstörung. Besonders als bei Einbrechen der Nacht die Berge selbst entschwanden, nahmen sich diese feurigen Massen wunderbar aus. Es ist jetzt ein rechtes Studenten-Wanderwetter, so frisch und frei ist die Luft und so weit der Himmel; ich habe rechte Sehnsucht, die Welt jenseits der sieben Berge zu sehen. Es ist wirklich eine fatale Einrichtung, daß das Wandern Geld kostet.

An den Vater.

10. August 1833.

Ich habe mich jetzt mit meinen philologischen Privatbestrebungen besonders dem alten Homer zugewandt und lese täglich ein Bestimmtes darin, um ihn im Zusammenhange aufzufassen und so den Geschmack für das wahrhaft Antike recht in mir zu beleben. Welcker u. A., mit denen ich darüber gesprochen, billigten mein Unternehmen sehr und munterten mich kräftig dazu auf, aus dieser Quelle aller antiken Geistesbildung zu schöpfen.

Unter meine vorzüglichsten Wünsche gehört jetzt ein anregender Umgang und wissenschaftlicher Verkehr mit jungen Philologen; daran fehlt's mir im ganzen sehr. Die Theilnehmer am Seminar sind wirklich größtentheils recht arm an geistiger und lebendiger Auffassung der Alterthumswissenschaft, deren Zweck mehr als bei anderen Wissenschaften zur inneren Anschauung kommen muß, da er eigentlich nicht recht wissenschaftlich und allgemein anerkannt aufgestellt ist. Ich habe Manches gerade hierüber gelesen, und Wolfs Bestimmungen sind meisterhaft; doch kann man sie wohl kaum allgemein hinstellen, schon wegen der Einseitigkeit, in welcher jener

---

*) Nicolaus Delius, 1813—1888, geboren in Bremen, Professor in Bonn 1855—1888, Shakespeareforscher.

2*

große Geist doch befangen war, indem er die neue Zeit und zumal das Hauptelement derselben gar nicht anzuerkennen wußte und mitten in der christlichen Welt eigentlich ganz außer ihr, ein kalter Heide, dastand.

Der Kollegienschluß ist auf den 21. September festgesetzt; doch wird wohl früher geschlossen werden. Welcher wird am wenigsten sein Endziel erreichen, auch Brandis kaum. Letzterer ist jetzt in seinem Elemente, beim Aristoteles. Die Darstellung der platonischen Lehre, muß ich gestehen, hat meinen Erwartungen nicht entsprochen. Mich däucht, sie müßte lebendiger und farbiger geschildert werden. Bei Aristoteles aber ist das durchaus systematisch fortschreitende und entwickelnde Verfahren recht an seiner Stelle. Bleek wird auch die vorgesetzten Paulinischen Briefe nicht beendigen; den Philipper- brief wird er im Wintersemester publice lateinisch lesen. Heinrich wird mit seinem Persius schon diese Woche zu Ende kommen, viel- leicht nimmt er dann noch eine juvenalische Satire hinzu. In der ersten Woche im September werden dann wohl die Meisten schließen. Viele reisen schon in 8 bis 14 Tagen. Trotz der heftigen Unruhen in der Schweiz zieht Vieles dorthin. Die Ausfertigung der Reisepässe hat unglaublich viel Schwierigkeiten; sie müssen in Berlin unterschrieben sein.

An den Vater.

Bonn, 18. November 1833.

Du erkundigst Dich nach der Wahl meiner Kollegia, und ich hätte in der That bald vergessen, daß ich Euch noch nichts Definitives darüber geschrieben habe. Es hat sich mir nicht Alles so gefügt, wie ich gewünscht hätte, besonders was die Lage der Stunden be- trifft. Den Aristophanes bei Naeke hatte ich mir zu fest vorgenommen zu hören, um mich durch die Stunde 9—10 abschrecken zu lassen, und doch wird dadurch der ganze Morgen dem Selbststudium ent- zogen, zumal da ich von 11 bis 1 auch Vorlesungen höre. Sonst gereut es mich keineswegs, das mir oft gerühmte Kolleg belegt zu haben, denn Naekes Uebersetzung und Interpretation des schweren, aber bei gründlichem Eindringen außerordentlich interessanten Dichters, in dem sich die Blüthe attischer Eleganz und attischen Witzes darstellt, sind vortrefflich; nur sein übermäßiges Citiren ermüdet oft. Er geht tief und befriedigend auf den Sprachgebrauch

und die Denkweise des Aristophanes ein und beweist ein vieljähriges
Studium. Von 11—12 ist das Seminar — bei Heinrich Horazens
Oden, bei Naeke die Poetik des Aristoteles — in dem ich wider
Erwarten schon zum sodalis ordinarius avancirt bin. Von 12 bis
1 Uhr höre ich dreistündig griechische Syntax bei Klausen. Es war
mir sehr Bedürfniß dies zu hören bei der großen Mangelhaftigkeit
der gewöhnlichen Grammatiken in Bezug auf Anordnung des Materials. Auch giebt Klausen viel Gutes, was durch persönliche Unterhaltung mit ihm noch gewinnreicher wird. Doch wird sein Werth
so verkannt, daß auch in diesem Kolleg gewöhnlich nur zwei Zuhörer sind. Das muß ihn sehr kränken, seine unangenehme Vor-
tragsweise ist Schuld daran. Von 4—5 höre ich fünfstündig Brandis
über Geschichte der christlichen Philosophie, die mich im allgemeinen
mehr anspricht als die Geschichte der alten Philosophie. Besonders die
Einleitung war sehr lehrreich und voll fruchtbarer Ideen über den
Unterschied der alten und neuen Philosophie und das Verhältniß
der Spekulation zur Offenbarung. Brandis ist ein christlich denken-
der Mann, und als solcher löst er leicht und klar manche hieher
gehörigen Probleme. Des Montags Abends wird bei ihm die
nikomachische Ethik des Aristoteles gelesen; heute zuerst, ich bin
begierig, wie es damit gehen wird. Gewöhnlich sind die Abend-
gesellschaften bei den Professoren nicht sehr erfreulich, denn die
Gesellschaft besteht größtentheils aus so heterogenen Substanzen,
daß selten an eine zusammenhängende geistreiche Unterhaltung oder
auch nur an Gemüthlichkeit zu denken wäre. Oft muß man bis zum
Ekel die fadesten Schwätzer anhören. Bei Ansetzung einer festen
Lektüre werden sich wohl schon eher die aussondern, welche wirklich
Interesse für die Sache haben. Von 5 bis 6 Uhr liest Welcker fünfstündig die griechischen Alterthümer. Die Einleitung war sehr schön.
Er hat noch eine jugendliche Begeisterung für hellenisches Alterthum, und all sein Streben geht dahin, solche in uns zu wecken. In
dieser Beziehung sind seine Vorträge unschätzbar, wenn man auch
sonst zuweilen ein recht klares und scharfes Eingehen in den Gegenstand, wie man es wünschte, vermißt. Er läßt aber absichtlich viel
zu thun übrig. Mittwochs und Sonnabends 6—7 Uhr liest er philologische Encyklopädie, welche ich natürlich nicht vorüber gehen lassen
konnte. Es ist gewiß von großem Werthe, sie bei einem tüchtigen
Manne zu hören. Es ist eine sehr schwere Vorlesung; denn es ist
wirklich eine befremdende Erscheinung, daß noch immer die Philo-

logie kein eigenes, bestimmtes Gebiet erreichen kann, wie die übrigen
Fakultätswissenschaften. Die Summe der Vorlesungen hat sich gegen
meinen Wunsch so aufgesummt. Es thut mir leid, keine Theologie
hören zu können; aber die Religionslehre von Nitzsch fällt mit
Welcker zusammen. Zu einem Kolleg bei Bleek hatte ich keine Zeit,
obwohl ich die Einleitung in das Neue Testament gerne gehört
hätte der Sache wegen, aber Bleek ist wirklich nicht der Mann,
welcher Einem Freude am theologischen Studium machen könnte.

Eben komme ich zurück von Brandis. Ich habe recht angenehme
Abendstunden verlebt, denn es hatte sich heute ein kleinerer, mehr
harmonirender Kreis versammelt, und Brandis erzählte uns mit
so viel Wärme von dem großen Stagiriten, welcher der Mittelpunkt
seines ganzen philosophischen Lebens ist, daß es mir recht zu Herzen
drang. Ach, wenn man nur die Schätze des weisen Alterthums so
in sich aufnehmen könnte, wie man es wünscht, wenn einem mehr
und mehr Ahnungen seiner Herrlichkeit aufgehen! Nachher kam die
Rede auf Niebuhr, und auch da ist es wirklich rührend, Brandis anzuhören, wie er das Andenken des Mannes ehrt. Ist auch nach
Lübeck das hier neulich erschienene und bald zum Stadtgespräch
gewordene Buch des Geheimraths Schulz gedrungen, worin er gegen
Niebuhr und Savigny zu Felde zieht, und jenen zunächst als Opfer
der jetzigen verkehrten Zeit, als ihr brauchbarstes Werkzeug, als
Ursache der neuen Revolutionen, kurz als Demagogen anklagt und
gutmüthig bedauert?

Mein Privatstudium koncentrire ich diesen Winter ganz auf's
griechische Alterthum und besonders auf Homer, von dessen genauer
Kenntniß doch alle Einsicht in griechische Sprache, Sitte und Weisheit ausgehen muß. Diese Lektüre eifrig betrieben macht mir viel
Freude; das Gefühl mehr und mehr in ihm zu finden, erfreut mich
sehr und spornt mich zu immer neuem Studium an. Außerdem
suche ich immer möglichst viel zu lesen, ich habe das im Sommer
zu sehr versäumt. Jetzt erkenne ich die Wichtigkeit ausgedehnter
Lektüre. Mit dem Bremer Delius, einem sehr talentvollen Menschen, lese ich viel zusammen; auch habe ich unter anderen Philologen
manche recht angenehme Bekanntschaft gemacht. Unser geselliger
Verkehr in unserem Hôtel de Lubec erfreut mich sehr; des Abends
haben wir jetzt uns vorgenommen regelmäßig von 9—10 Uhr zu
lesen, zunächst Sachen von Fichte und Schelling.

An Victorine Boissonnet.

Bonn, 7. December.

Gestern, also der 6. December, war ein sehr inhaltsreicher Tag, an dem wir nichts als dummes Zeug und Kinderspäße gemacht haben, es war nämlich der berühmte Nickelstag, der Fest- und Lärmtag der Katholiken in dieser Gegend. Bis 11 Uhr waren wir solide und vernünftig im Kolleg gewesen, aber da ergriff uns wie eine ansteckende Krankheit die Wuth, den Tag solenn zu feiern.

Sechs an der Zahl zogen wir auf den Markt, kauften uns In-strumente, als da sind Trompeten, Violinen u. A. und kleine Ge-schenke, zogen auf die Stuben unserer Bekannten und machten ent-setzlichen Lärm. Nach Tisch kamen wir wieder zusammen, um uns zu berathen, wie wir am Abend Delius, dessen Namenstag es ist, überraschen wollten. Das tollste Zeug wird verabredet. Um 8 Uhr versammeln wir uns, 3 Chargirte in feierlich abenteuerlichem An-zuge mit Hut und Degen voran, dann 5 Bonner Musikanten und hinterdrein die Schaar seiner Freunde — so zogen wir auf seine Stube. Müller als Deputirter hält eine plattdeutsche Rede, dann wird ihm ein Feiercarmen überreicht, und beim Vivatrufen fallen die Musikanten ein, die vor der Thüre standen. Delius hatte von dem Allen Nichts geahnt, aber er wußte unsere Aufmerksamkeit zu würdigen in Wort und That; denn bald deckte und füllte sich der Tisch, und Flaschen des trefflichsten Rheinweines spazierten fleißig hinauf und hinab. Wir ließen uns das wohl gefallen und feierten noch Nickel, als schon längst kein Nickel mehr war. Weitere Aus-führung wirst Du mir erlassen. Es ist wirklich gut, sich zuweilen ein bischen auszurasen, man ist nachher ein desto frommeres Schaf. Man erstirbt sonst ganz bei der ernsten gravitätischen Wissenschaft und vergißt ganz, daß man noch nicht 20 Jahre alt ist und daß zumal bei jetziger Zeit die Gefahr, zu viel zu lernen, größer ist, als die, zu wenig zu lernen; dieses kann man ja immer noch nachholen, aber wie soll man das Zuviel wieder los werden!? Die Kenntnisse, die man sich erwirbt, sind doch meistentheils wie Lasten, die sich auf den kleinen Menschengeist hinlagern, eine über die andere wird darauf gewälzt — daher muß man dann bei den Gelehrten gewöhn-lich so lange suchen, ehe man den Geist findet, und sieht man recht genau zu, so ist oft gar nichts mehr da, er ist ganz weggedrückt. So läßt ein zu rechter Zeit eintretender Ausrasungsproceß vom

philoſophiſchen Standpunkte aus ſich gewiß begründen und in ſeiner
moraliſchen Nothwendigkeit nachweiſen.

An die Eltern.

Bonn, 2. Januar 1834.

In dieſer Zeit des Jahrlaufes, welche Freude und Ernſt lebendig in der Seele anregt, waren meine Gedanken oft bei Euch im
theuren Elternhauſe. Dort haben wir alle jene ernſt-freudigen Feſt-
gefühle zuerſt empfunden, dorthin kehren ſie auch in der Ferne
immer wieder zurück, und nie habe ich Euch mehr vermißt, als in
dieſer Feſtzeit, um Euch wie ſonſt dieſe Gefühle ausſprechen zu
können und in Euren Zügen dieſelbe Freude und Rührung glänzen
zu ſehen, die mein Herz bewegt. Aber auch nie habe ich mich in
ſo inniger, feſter Verbindung mit Euch gefühlt und daraus ſo viel
Troſt und Freude gewonnen. Gott erhalte mir dies Gefühl; er
vereinige uns zur guten Stunde wieder mit einander froh und geſund und ſeiner Liebe vertrauend. Sylveſter Abend waren wir in
trautem Freundeskreiſe auf der Baumſchule zuſammen. Draußen
brauſte ein fürchterlicher Sturm, uns aber war Allen recht warm
und heimlich zu Muthe, wie wir um die dampfende Punſchbowle
verſammelt über Vergangenheit und Zukunft redeten und jeder
ſeine Pläne, Abſichten und Lebenshoffnungen ausſprach, deren
ſchönſte Erfüllung gewiß Alle Allen wünſchten. Und in welcher
Lebensperiode iſt wohl die Mahnung, welche die Feier des Jahres-
ſchluſſes an den Menſchen ergehen läßt, ſo ernſt, ſo bringend, als in
dieſer Bildungszeit, wann iſt jeder Schritt ſo erfolgreich, die ge-
wiſſenhafte Benutzung der Zeit ſo hohe Pflicht, wann tritt der Seele
die ganze Aufgabe des Lebens ſo bedeutſam und inhaltsſchwer entgegen, als in der Zeit, in welcher der Jüngling ſich vorbereiten ſoll,
um in wenigen Jahren mit männlicher Kraft und Beſonnenheit
den erwählten Lebensberuf zum Heile ſeiner Mitbürger und zur
Ehre Gottes erfüllen zu können? Auch ich gedachte mit Ernſt an
die unendliche Wichtigkeit dieſer Zeit und mußte mich freilich überzeugen, daß ich ſie noch ganz anders hätte benutzen können und benutzen müßte, daß es mir noch ſo ſehr an Klarheit fehlt im Allgemeinen meines Studiums und an Ausdauer und Sorgfalt im Einzelnen. Nur an Liebe zur Wiſſenſchaft, das konnte ich mir ſagen,
und an lebendigem Intereſſe für Geiſtesbildung habe ich im letzten

Jahre gewonnen und, dadurch stark, hoffe ich die Schwierigkeiten, deren sich immer mehrere zeigen, je tiefer man einbringt, mit Hülfe Gottes glücklich zu überwinden und so nicht nur zum Besitze einer Menge von todten Kenntnissen, sondern zu einer gediegenen inneren Durchbildung zu gelangen. Die Philologie scheint mir die bildendste Wissenschaft zu sein, sie regt am allseitigsten an, übt die verschiedensten Geisteskräfte, und das ist denn doch das Ziel einer wahren Bildung, daß alle Keime entwickelt werden und Frucht bringen.

Die Geschichte der christlichen Philosophie bei Brandis steht in genauer Berührung mit der historischen und philosophischen Seite der Theologie, zumal in der Darstellung der patristischen Lehren. Ich habe mit großem Interesse besonders den Augustinus kennen gelernt, einen Mann, den man so verschieden und sehr häufig in furchtbarer Entstellung schildern hört. Brandis stellt ihn sehr hoch als ersten Gründer eines christlich-philosophischen Systems, das er freilich nur begonnen hat, indem er später ausschließlich der Lösung einzelner Probleme sich zuwandte. Brandis ist außerordentlich genau und gibt ungemein viel, so daß es wirklich nicht möglich ist, seine Vorlesung jetzt schon so zu benutzen, wie sie benutzt werden kann und soll, denn dann könnte man damit schon ganz allein alle seine Zeit ausfüllen. Seine Hefte werden aber für die ganze Studienzeit eine Fundgrube sein, welche man so leicht nicht erschöpft. In diesen Tagen gerade habe ich mir Classens tüchtige Schrift de primordiis grammaticae Graecae angeschafft und sie mit Vergnügen gelesen. Durch Klausens Vorlesung über griechische Syntax war ich besonders darauf geführt. Die griechische Grammatik muß ich überhaupt noch sehr tüchtig durcharbeiten; auf der Schule wurde dafür fast Nichts geboten. Klausen gibt viel Gutes; natürlich auf vollständige Aufzählung aller einzelnen Fälle kann er sich nicht einlassen, aber er weist genügend die Grundgesetze der griechischen Satzverbindung nach. Und wie reich und lohnend ist das Studium der griechischen Sprache, welcher doch wirklich keine gleichkommt an gesunder Durchbildung und Entwicklung aller ihrer Elemente. Die grammatische Richtung unserer Zeit scheint sich fast ganz der allgemeinen philosophischen oder auch vergleichenden Grammatik zuzuwenden, was dann freilich später auch für die Kenntniß der klassischen Sprachen von Nutzen sein wird, und daher schon hat der Philologe gewiß die Verpflichtung, auch diesen neuen Zweig der

Sprachforschung kennen zu lernen, worin sich ihm dann wieder ein neues, weites Feld öffnet. Denn will er hier nicht blos Dilettant bleiben, so muß er selbst auf Erlernung möglichst vieler Sprachen ausgehen, besonders aber auch Sanskrit lernen. Hier ist unter Professor Lassen, glaube ich, ziemlich gute Gelegenheit. Ich habe unendlich viel Lust, dies Alles zu lernen, wenn ich nur Zeit und Kraft genug hätte. Wenn ich aber nun gar noch Theologie mit dem weiten philologischen Studium verbinden soll, so weiß ich wirklich nicht, wie das anzufangen ist, ohne Gefahr zu laufen, in Allem eine oberflächliche Kenntniß nur zu erlangen und dann eine sehr klägliche Rolle zu spielen, was ich doch nicht gerne wollte. — Mit Professor Klausen komme ich ziemlich viel zusammen, neulich war ich zum Thee bei ihm. Er hat ausgezeichnete Kenntnisse, so daß es sehr zu beklagen ist, daß er durch Mangel an äußerem Lehrtalente einen so geringen Wirkungskreis hat.

An Victorine Boissonnet.

Bonn, 14. Januar 1834.

Meine Lektüre ist jetzt Jean Paul. Da ich weniger lesen kann, als sonst, lese ich auch bedächtiger und gewiß mit mehr Nutzen. Seine Kometen habe ich beendet. Der erste Band hat mir ungemein viel Genuß gewährt; im zweiten fließen die Quellen des Witzes offenbar viel ärmer. Jetzt bin ich beim Titan. Ich habe jetzt eigentlich zuerst Jean Paul kennen gelernt. Mein Lieblingsschriftsteller könnte er nie werden, wird ihm auch wohl nicht viel darum zu thun sein; es kommt mir fast vor, als habe er sein Dichtungstalent verkannt. Seine Lektüre ist selten wohlthuend, wie doch die Poesie wirken soll. Durch einen hier studierenden Engländer von viel Geschmack und tüchtigem Wissen bin ich auf den Shakespeare geleitet, und ich fühle wenigstens eine unendliche Lust in mir, diesen Dichter der Dichter zu lesen und zu studieren. Solche Lust kann man freilich nicht in dem Maße, wie man wünschte, befriedigen, so gewiß man sich auch die größten Vortheile davon versprechen könnte. Jetzt lese ich Romeo und Julia mit Toinbee; ich will Dir später mehr darüber schreiben, es ist höchst interessant. Den Abstand des Shakespeare von Byron habe ich in seiner ganzen Größe erkannt. Mein Engländer ist freilich zu sehr gegen Byron eingenommen; aber im ganzen muß ich ihm doch beistimmen. Letzten Sonnabend war ich

in Siegburg. Außer Jakobis zog uns (d. h. Alexander und mich)
ein Bückeburger Arzt Namens Herrmann dahin, der uns vorher
schon in Bonn besucht hatte, ein sehr liebenswürdiger, einfacher
Mensch. Wir gingen am Sonnabend Morgen bei herrlichem Wetter
dahin. Es war fast wie im Frühling, und wirklich findet man hier
schon Knospen an den Bäumen. Nachmittags machten wir noch mit
Herrmann einen schönen Spaziergang und gingen dann zu Jakobis,
wo sich ein gemüthlicher Theeabend etablirte. Die Frau*) ist sehr
unterhaltend und liebenswürdig, sie hat ganz die Claudiussche Gemüthlichkeit. Es wurde viel von Lübeck gesprochen, von dem sie
sehr viel hält, und ich war natürlich auch nicht faul, die liebe Vaterstadt zu rühmen und zu preisen. Ich lobte besonders die norddeutsche Sitte im Vergleich mit dem hiesigen Leben und Treiben,
und man stimmte mir sehr bei. Auch von Caspar Hauser wurde viel
gesprochen. Nachher gingen wir noch auf Herrmanns Stübchen,
welches im Gebäude der Anstalt ist, und waren dort sehr froh. Es
ist das freilich ein eigner Gedanke, mitten im Hause des Jammers
und Elends. Sonntag marschirten wir zurück bei schlechtem, stürmischem Wetter. Dergleichen Touren ausgenommen, verfließt mein
Leben in einem ziemlichen Einerlei, wenigstens was seine äußere
Seite betrifft.

17. Januar.

Gestern war bei Professor Brandis, unserm jetzigen Magnificus,
Ball, und ich bin recht vergnügt gewesen bis 3 Uhr diese Nacht. Es
kann Dich jetzt freilich nicht, wie sonst, interessiren, mit welchen
Damen ich getanzt und worüber ich mich mit ihnen unterhalten
habe. Solche Privatbälle sind recht hübsch hier, die öffentlichen
aber wegen Uebermasse von Herren unausstehlich. Es war lustig
anzusehen, wie gegen das Ende die ehrbarsten und feierlichsten
unserer Professoren, von einem fröhlichen, fast bacchantischen Taumel
ergriffen, ins Tanzen und Springen kamen. Wir Tänzer waren
gerade Alle gut bekannt mit einander, und das trug sehr viel dazu
bei, die Sache amüsant zu machen; denn man findet sonst wohl
nirgends so viel gêne als zwischen Studenten, die sich nicht kennen.
Traurig genug! Ach, es sieht überhaupt auf den deutschen Universitäten traurig und jämmerlich aus, es wird täglich mehr von Ehre
gesprochen und täglich mehr Affenblut darum vergossen und es ist

---

*) Tochter von Mathias Claudius.

täglich weniger da, aber desto mehr negative Ehre, Schande und
Jämmerlichkeit. Wäre ich doch 18 Jahre früher Student gewesen!!

An Victorine Boissonnet.

Bonn, 22. Februar 1834.

Heute Morgen hörte ich den herrlichen Nitzsch predigen, und
seine Worte drangen mir tief ins Herz. „Haltet an am Gebet"
war sein Text, dessen Erläuterung er an das vorher verlesene Evangelium vom Kananäischen Weibe anknüpfte. Nitzsch ist ein ausgezeichneter Mann. Seinen Predigten wirft man den Katheberton
vor. Freilich fehlt ihm das Talent, sich leicht auszudrücken, was
bei der unglaublichen Fülle von Gedanken, die ihm zuströmt, leicht
erklärlich ist. Aber bald setzt man sich hierüber hinweg und labt
und stärkt sich an dem wunderbar reichen Inhalt seiner Worte, an
der Tiefe der Gedanken, an ihrer Wahrheit und Anwendbarkeit.
Jede Predigt ist außerordentlich lehrreich; stets neue Seiten der
Betrachtung weiß er den Wahrheiten des Christenthums abzugewinnen. Augenblickliche Rührung sucht er nicht zu erregen, er selbst
steht immer durchaus ruhig da, und so mögen wohl Manche dazu
kommen zu sagen, er spreche zu wenig zum Herzen. Auch seine
eigentlichen Ermahnungen sind sehr kurz, sie bestehen in wenigen
Worten, die aber desto tiefer eindringen. Alles liegt bei ihm im
Gehalt der Worte. Durch ihn habe ich eine ganz neue Vorstellung
von dem Reichthum des Christenthums erhalten. Während man
bei so manchen Predigern eine Einförmigkeit und ein stetes Wieder-
kehren derselben Gedanken, noch dazu solcher, wie sie sich Jedem
ergeben, bemerkt, ist er immer neu, jede Predigt entwickelt neue
Schätze . . . . Je mehr ich mich mit allgemeinen Fragen über
Wissenschaft, Religion, Bestimmung des Gelehrten u. s. w. beschäftige, desto mehr verwickele ich mich schon hier in Widersprüche und
Zweifel, und doch muß die Gewißheit über dergleichen erste Fragen
des Lebens und der Wissenschaft zu allem Ferneren die Basis werden.
Unzählige studieren freilich in den Tag hinein, aber das werden
nur Handwerker. Ich glaube jetzt, daß jeder wissenschaftlich Gebildete Theologe sein, d. h. auch das Christenthum auf wissenschaftlich systematische Weise zu erfassen suchen muß, weil sonst ein Miß-
verhältniß in seiner Bildung entsteht, insofern er die andern
Gegenstände der menschlichen Forschung ergründet und nur bei

der Religion auf dem natürlichen Standpunkte bleibt. Daraus entsteht, wie ich glaube, viel Gleichgültigkeit.

Es ist hier jetzt ganz wie Frühjahr. Ich habe schon meinen Flaus
weggehängt, mir ein Stöckchen gekauft und mache Verse wie im Mai.
Der Kreuzberg und die daran grenzende Höhe bis zu den Gobes-
berger Ruinen werden oft besucht, und wenn's dann noch nicht genug
ist, setzt man über den Rhein, um nach Heisterbach zu gehen, oder
wandert nach Rolandseck, wo es Einem immer schön und neu vorkommt. Vor dem alten Zolle — man denke! — ist jetzt ein eisernes
Gitter aufgeführt, das zugeschlossen wird, gerade wenn der Mond
aufgeht. Neulich sind wir da sechs Mann hoch hinübergeklettert,
denn gerade jetzt fiel es Allen ein, wie schön da oben ein Mondschein-
abend anzusehen wäre... Ich schreibe auf Delius' Zimmer, wo ich
als Krankenwärter die Nacht wache. Er hat uns seit einigen Tagen
viel Sorge gemacht, und auch der Arzt wußte gar nicht, was er aus
der Krankheit machen sollte. Seit einer Stunde ungefähr scheint er
endlich zu schlafen und zwar so ruhig und fest, daß ich jetzt bestimmt
eine glückliche Wendung der Krankheit hoffe. Auf der Universität
schwer zu erkranken, ist wahrlich recht traurig. Denn die Sorgfalt,
welche man in der Heimath genießt, kann man ja hier nicht finden.
Doch sind dies Gelegenheiten, die Freundschaft zu erproben, und
man kann dabei doch in der That erfahren, daß es noch viele treue,
warme, anhängliche Herzen gibt. Ich bin eigentlich zum ersten
Male in meinem Leben Krankenwärter: o welch eine Freude ist es
doch, dem Kranken eine Erquickung zu reichen, und wenn er mich
dann so dankend anblickt oder mir die Hand streichelt, kommen mir
die Thränen in die Augen. Aber es ist mir auch recht ernst zu
Muthe in dieser späten Stunde neben dem Bette des kranken Freundes, dessen schwache Athemzüge das einzige sind, was ich höre.

An Theodor Curtius.

Bonn, 3. Mai 1834.

Für zwei Briefe habe ich Dir zu danken, geliebter Bruder, mit
denen Du mich hier erfreut hast. Schon wollte ich Dein Göttinger
Schreiben beantworten und Dir zugleich meinen Glückwunsch zum
überstandenen Examen abstatten, an dessen Erfolge ich nicht zwei-
felte, als Dein zweiter Brief meinen Glauben zur Gewißheit machte.
Es muß ein schönes Gefühl sein, mit dem Du jetzt rückwärts und

vorwärts schauen kannst, ein Gefühl voll Vertrauen und Hoffnung,
dem Du Dich mit ganzer Seele überlassen kannst. Mögen alle Deine
Hoffnungen und Pläne wahr werden! Jetzt ist der Punkt da, wo
Du gerüstet in die Schranken trittst und das Leben seine volle Bedeutung für Dich gewinnt. Bunt genug sieht's aus, und auch der
kühnste Segler mag wohl ängstlich dem gefährlichen Wellenspiele
entgegensehen, aber er wird mit fröhlichem Gottvertrauen die
Fahrt beginnen, das Schiff ist ja wohl gerüstet, lustig läßt es
Wimpel und Flaggen spielen und strebt hinaus mit schwellenden
Segeln. Wohl mag jede Generation ihre Zeit als eine besonders
bedeutungsvolle betrachten, wie es in der menschlichen Natur so
weise begründet ist, und wollte Gott, daß wir jeden Tag, an dem
wir leben, für einen kritischen, entscheidenden hielten, aber daß
die Zeit, für die wir zu arbeiten berufen sind, mit besonderem Rechte
auf solchen Namen Anspruch macht, das beweist die Tagesgeschichte
mit unzweideutigen Thatsachen. Unsere Zeit ist eine suchende; überall
spricht eine wüste, unbestimmte Unzufriedenheit sich aus, die in
eine grundlose Zerstörungssucht ausartet. Daß solche Stimmung
durch äußere Maßregeln unterdrückt werden könne, wird wohl Keiner
ernstlich glauben. Daß aber der jetzige Zustand ein höchst trauriger
ist und nur als Uebergangsperiode betrachtet werden darf, ist ebenfalls gewiß. Also kommt Alles darauf an, das Streben der Zeit
zu leiten und das unstäte, blinde Suchen nach Anderem und Neuem
zu einem vernünftigen, sicheren Streben nach einem erkannten
Besseren zu machen. Darum werden jetzt alle Forderungen, welche
an den gelehrten Stand, als ein vernünftig begründetes Institut,
gemacht werden können und sollen, in voller Strenge gemacht. Es
ist daher dringender als je unser Beruf, vor allem nach klarer
Durchbildung zu streben. Blos aufgehäuftes Wissen kann doch nie
geistig einwirken. In den Gebildeten des Volkes sollen die Gegensätze, die feindselig sich gegenüber stehen, durchgekämpft sein, sie
sollen nicht Partei nehmen, sondern über den Parteien stehen und
sie ausgleichen, so wird die Revolution, in der die moderne Zeit
begriffen ist, eine Reformation werden, in welcher der vernünftige
Theil des Volksbewußtseins, dessen Repräsentanten die Gelehrten
sind, über den unvernünftigen, leidenschaftlichen, die Masse, siegt
und zwar so, daß sie diesen durchdringt und sich assimilirt. Diese
Reformation soll aber eine allseitige sein, darum soll sich jetzt der
gelehrte Stand ganz besonders als ein Ganzes, eine Einheit be-

trachten und sich im Mittelpunkte aller Wissenschaft, in der Philosophie vereinen und sich dieser Einheit stets bewußt bleiben. Diese
Philosophie darf dann aber nicht, wie es jetzt so oft geschieht, Sache
des spekulirenden Verstandes bleiben und Eigenthum Einzelner,
sondern, wie es in der alten Welt war, muß sie das Leben in allen
seinen Richtungen durchbringen, und zu dem Zwecke muß sie sich
unmittelbar an die Religion anschließen und christlich werden.
Solche Forderungen scheint die stürmische Zeit aufzustellen, wenn
sie ruhig und friedlich werden soll. In das alte Geleis aber wird
sie nie zurückkehren, und wer wird denn das wünschen? Es gilt
vielmehr, dem bewegten Strome ein neues Bett zu graben, wo er
mächtiger dahin strömen kann und den ewigen Himmel klarer
wiederspiegelt. Wie lange mag aber daran gearbeitet werden? Viel
Hindernisse sind allerwege, und die zum Werke Muth und Kraft
haben, verderben Alles durch Unverstand und Unbesonnenheit. Aber
wir müssen wahrlich von Herzen wünschen und beten, daß es besser
werden möge — denn es ist doch jetzt wirklich ein unseliger Zustand
bei der allgemeinen unzufriedenen Stimmung der Gemüther, es
ist allenthalben wenig Glück. Alles was unsere Zeit leistet, trägt
etwas Krankhaftes an sich. Selbst die meisten der so sehr bedeutenden
wissenschaftlichen Leistungen sind ungesund. Bei einzelnem Eminenten ist immer viel Halbes, Uebertriebenes dabei. Selten ist
Ebenmaß, gleichmäßige Durcharbeitung und Harmonie zwischen
Form und Inhalt, wie sie nur aus einem freudigen und friedlichen
gemüthlichen Streben hervorblühn. Der jetzige Eifer gleicht oft
einer Verzweiflung, mit der sich die Menschen, auf alles Andere
resignirend, auf dies Eine werfen, um sich selbst und ihr Bewußtsein darin zu verlieren. Doch haec hactenus. Wenn Du das Geschriebene werth hältst, mir einmal wieder darüber zu schreiben,
lieber Bruder, so soll mich das sehr freuen. Der Gegenstand ist
wichtig genug. Wie kann man seine Stellung und seinen Beruf in
der Zeit erkennen, wenn man die Zeit selbst nicht kennt und beurtheilt, auf der anderen Seite ist dies aber auch die schwierigste
Aufgabe des Gebildeten.

Am Rhein ist es jetzt ganz herrlich. Der Frühling hat sich in
seiner vollen Pracht eingestellt und seit 8 Tagen haben wir das
herrlichste Wetter. Das hat zu vielen Vergnügungen Anlaß gegeben, und aufrichtig gestanden, bin ich noch sehr wenig zum fleißigen
Arbeiten gekommen. Mit den neuen Ankömmlingen haben wir die

schönen Punkte durchwandert, haben manche herrliche Tour rhein-
aufwärts gemacht und sind am Abend dann fröhlich heimgefahren
auf dem spiegelglatten Wasser an den grünen Bergen und Höhen
vorüber, unter Gesang und Klang — das sind herrliche Fahrten;
da werden denn etliche Flaschen guten Weines ins Schiff geladen
und dann im jubelnden Chor gesungen „Am Rhein, am Rhein, da
wachsen unsre Reben, gesegnet sei der Rhein", das läßt sich hier
köstlich singen. Jetzt genieße ich zuerst recht mit ganzer Seele die
herrliche Gegend, denn im vorigen Frühling und Sommer fühlte
ich mich nicht glücklich in der neuen Lage, auch war der damalige
Freundeskreis nicht der angenehmste. Jetzt ist er recht schön und
ich gehöre ihm mit ganzer Seele an und werde ihm ewig
angehören. Aus Frankfurt*) habe ich noch Nichts wieder gehört.
Der dortige Aufenthalt war mir recht angenehm. Je mehr
ich übrigens Süddeutschland kenne, desto weniger gefällt es
mir und desto weniger wünsche ich dort einst zu wohnen.
Jetzt aber wird es durch die politischen Reibungen und unangenehmen Verhältnisse, über die natürlich ohne Aufhören gesprochen
wird, gar unleidlich. Es ist an sich schon betrübend, dort die verschiedenen kleinlichen, undeutschen Interessen zu sehen, wie sie bei
Groß und Klein sind, da findet man Nassauer, Hessen, Badener,
Preußen, und alle nennen sich Patrioten, aber Deutsche findet man
nicht, an deutsches Interesse denkt kein Mensch. Ja es ist nicht blos
Gleichgültigkeit dort, sondern entschiedenes Widerstreben und Feind-
seligkeit. Ich habe Leute triumphirend erzählen hören, wie jetzt
wieder Oesterreich und Preußen uneins wären oder zwischen diesen
und jenen Höfen Mißhelligkeiten eingetreten wären u. dgl. So wird
in Süddeutschland der Schmerz besonders angeregt, der sonst dem
Norddeutschen ebensowenig fremd bleiben kann, darüber nämlich,
daß bei dem Mangel jedes einigenden politischen Bandes das
deutsche Volk zerfällt und bald nicht mehr sein wird. Spricht man
doch schon ganz durchgehends so, daß jeder Theil des Landes die
übrigen Ausland, Fremde nennt, also auf eine Linie mit Rußland
und Frankreich stellt. Nach einem vielleicht letzten Aufleben deutschen
Nationalsinnes zu einer heldenmüthigen Vertheidigung des Vater-
lands, ist dieser Sinn gesunken und sinkt fortwährend. Und geschieht

---

*) Wo der Vater zeitweilig wohnte, als Vertreter Lübecks am Bundes-
tage.

dem Verfall irgendwie Einhalt? Ein Institut ohne Volksthümlichkeit und Ansehen, ein Ministerkongreß thut's doch wahrlich nicht. Es
müßte, wenn es besser werden sollte, etwas an der Spitze stehen,
wofür jeder Deutsche sich begeistern, Leib und Leben hinopfern
könnte, und das kann nur eine Persönlichkeit, ein Mensch sein —
es liegt im Nationalcharakter der Deutschen, daß sie sich an einen
Menschen, eine Familie wahrhaft anschließen. Sie streben, sie sehnen
sich darnach. Ein schöner Beweis von dieser Fähigkeit ist die treue
Anhänglichkeit auch der Neu-Preußen an ihren König, die Franzosen lieben in Napoleon nur ihren Nationalruhm, aber die Deutschen können wirklich Jemanden lieb haben, und in dieser Liebe zu
Einem Haupte würde das Volk sich wieder einigen und sammeln.
Wie herrlich sprach sich unter den Deutschen auch zu den trübsten
Zeiten die Kaiserliebe aus, wie war der Verletzer der heiligen
Majestät in allen deutschen Gauen verflucht und verhaßt! Für diese
Nationalliebe haben nun die Deutschen Nichts, sie sind darum getäuscht und betrogen und das Gefühl erstirbt allmählich. Darum ist
die Sehnsucht nach einem Haupte nicht so thöricht, als sie gewöhnlich verschrieen wird. Sie hat ihren guten, sicheren Grund. Wie
dieser Wunsch aber je erfüllt werden könnte, ist wohl nicht abzusehen.
In Frankfurt habe ich zum ersten Male in meinem Leben über diesen
Gegenstand nachgedacht, die alten Kaiserbilder riefen solche Gedanken in mir hervor. Aber allerdings beweist gerade die wunderbare Uebereinstimmung zwischen der Zahl der deutschen Kaiser und
der Bildernischen deutlicher als sonst in der Geschichte, daß geschehen
mußte, was geschah. Glaube ja nicht, lieber Bruder, daß meine
Gedanken oft bei solchen politischen Gegenständen verweilen, noch
viel weniger, daß ich davon spreche mit meinen Freunden. Ueber
Politik schwatzen ist das Leichteste, darüber reden das Schwerste auf
der Welt. Nur zufällig kam ich dazu, Dir mitzutheilen, was mir
in Frankfurt durch den Kopf ging.

An den Vater.

Bonn, 5. Juli 1834.

... Du siehst, lieber Vater, für entschieden an, daß ich zum Herbste
nach Göttingen ziehe. Ich gestehe, daß ich in der letzten Zeit wieder
geschwankt habe, doch bin ich zu dem bisherigen Plane zurückgekehrt.
Freunde schrieben mir begeistert aus Berlin und meinten, der Glanz

und Reichthum dieser Universität müsse Alles überwiegen, doch ist
Göttingen besonders in den mich zunächst interessirenden Fächern
so vortrefflich, daß es wohl neben Berlin Berücksichtigung verdient.
Der Geist der Göttinger Studentenschaft war mir stets eine Haupt-
bedenklichkeit. Ich habe genug davon erfahren, um ihn beurtheilen
und hassen zu können. Doch das muß überwunden werden. Dürfte
ich ganz meinem Herzen folgen, so bliebe ich in Bonn. Schon der
Gedanke, von hier scheiden zu müssen, wird mir schwer. Ich erkenne
jetzt sehr wohl die großen Annehmlichkeiten dieser Universität, auf
der man besser als auf irgend einer anderen den Mittelweg zwischen
gänzlicher Zurückgezogenheit und übermäßiger Zerstreuung gehen
kann, auf welchem allein die wahre Freude zu finden ist. Auch ist
das Verhältniß zu den Professoren im ganzen hier besser als
anderswo. Es sind gerade hier so manche Männer, die in jeder
Beziehung liebenswürdig und verehrenswerth sind, die in einem
reichen Herzen Liebe zu Wissenschaft und Kunst, zu allem Edlen und
Schönen so rein und menschlich ausgebildet und ein Leben voll
großer Erfahrungen in naher Berührung mit den größten Männern der Zeit verlebt haben und dabei so fromm und einfach geblieben sind, daß man nicht weiß, ob man sie mehr lieben oder
hochachten soll. Ich denke hier zunächst an Brandis und Bethmann-
Hollweg, bei dem ich gestern einen sehr interessanten Abend zubrachte. Brandis erkennt man bald in seiner Liebenswürdigkeit,
weil er so kindlich und offen ist. Hollweg ist ungleich schwerer zu
beurtheilen. Aber jetzt bin ich wieder ganz für ihn und verehre in
ihm einen tief religiösen und ausgezeichnet reisen, gebildeten Mann.
Auch herrscht unter den Professorenfamilien das schönste Verhältniß
gegenseitiger Liebe und Achtung, und ich dachte oft, wenn ich mir
eine recht angenehme Zukunft ausmalen wollte: ich möchte wohl
Professor in Bonn sein! Indem ich der anderen trefflichen Männer
in Bonn gedenke, muß ich Dir doch von dem Unglück des armen
Ernst Moritz Arndt schreiben, der seinen jüngsten Knaben von
9 Jahren vor 8 Tagen verloren hat. Er ertrank beim Baden; zwei
Stunden unterhalb Köln fand man die Leiche, nachdem man lange
die Rheinufer durchsucht hatte. Es war schrecklich anzusehen, wie
der verwaiste Vater so trostlos in die Wellen sah, die seinen Liebling verschlungen hatten. Der heftige Strom und die jähen Un-
tiefen machen den Rhein für einen kleinen Knaben höchst gefährlich.
Sonst leistet das Rheinbad herrliche Dienste in diesem so anhaltend

heißen Sommer, der den Weinbauern die schönsten Hoffnungen erregt. Die Reben sind ungewöhnlich voll und kräftig.

Täglich fühle ich es mehr, wie schwer das Studiren doch ist, und oft wird mir das Bewußtsein recht drückend, wie unendlich wichtig diese Zeit ist und wie wenig man doch ihren Ansprüchen genügt, nicht aus Mangel an Willen, sondern aus Unverstand, aus Mangel an Uebersicht und Einsicht. Viel leichter wird freilich die Sache, wenn man an einen Kreis von Erkenntnissen sich streng bindet, nur zu einer Art praktischer Thätigkeit sich tüchtig zu machen strebt. Aber, wenn es einem am Herzen liegt — und wer kann dieses Streben unterdrücken — alle Keime des Geistes zu pflegen und dem Bedürfniß nach Streben und Forschen sich hinzugeben, das eben in das unendliche All der Erkenntniß und der Wissenschaft weist, wer findet da Anfang und Ende, wem wird in dem dunklen Labyrinthe nicht oft recht bange ums Herz, wer möchte nicht oft wünschen, ganz heraus geblieben zu sein und im unmittelbaren, einfachen, vollen Lebensgenusse ein Leben des Glaubens und der Liebe festgehalten zu haben! Doch der Mensch ist nicht der Schöpfer seines Berufes und diese Erde ist nicht der Ort der Beruhigung und des Sichgenügenlassens, sondern des Sehnens und Strebens. Möge nur meinem Auge nie der Stern entschwinden, der den Hoffenden still und sicher dahin geleitet, wo aller Welt Heil und Friede geboren ist. Was würde auch aus dem Menschen, wenn er ohne mancherlei Anfechtung, ohne Qual und Zweifel, stets seines Zieles gewiß dahin gehen könnte!

An den Vater.

Bonn, 28. Juli 1834.

. . . Reisen und auch nur kurze Abwesenheiten außerhalb der Ferien sind jetzt mit Schwierigkeiten und Kosten verbunden. Die Legitimationskarte gilt nur fünf Stunden im Umkreise und Pässe werden während der Kollegia nur auf einen besonderen Erlaubnißschein von Hause ertheilt. Doch muß ich Boissonnets[*)] vor ihrer langen Reise noch einmal sehen und hoffe, wenn es nicht anders geht, durch Brandis' Verwendung Erlaubniß zu einer Reise

---

[*)] Victorine Boissonnet brauchte wegen eines langwierigen Leidens eine Kur in Ems und reiste von da mit ihren Eltern für den Winter nach Italien.

nach Ems zu erhalten. Es ist wirklich himmelschreiend, wie wir
Studenten chikanirt werden. Fast alle 8 Tage wird uns etwas Neues
entzogen und nicht etwa akademische Vorrechte, sondern jetzt geht
es schon an die natürlichsten Menschenrechte. Man sieht wirklich
nicht, wo das hinaus will. Haß, Bitterkeit und Mißtrauen muß ja
auch die friedlichsten Gemüther ergreifen. Doch über diesen Punkt
muß man Viel oder Nichts sprechen.

An Theodor Curtius.

Bonn, 18. August 1834.

Dein Brief hat mir viel Freude gemacht, ich habe viel Verwandtes und Ansprechendes darin gefunden, denn es war Vieles
aus recht heimathlichen Eindrücken unmittelbar hervorgegangen.
Du hast Recht, wenn Du das Glück rühmst, früh weibliche Seelen
in ihrer Zartheit und Lieblichkeit kennen zu lernen, und Jeden arm
nennst, dem es fremd blieb. Es wird uns viel dadurch aufgeschlossen
und mancher Einseitigkeit vorgebeugt. Wie lebhaft Du Dich in die
frühere Periode Deines Heimathlebens zurückgesetzt fühltest, begreife ich ganz, liebster Bruder, auch den Kontrast beider Lagen,
dessen unangenehme Seite Du in Deinem Briefe schilderst, übrigens
gewiß die angenehme nicht verkennend. Du hast Recht. Die Zeit
ist die allerglücklichste, da man halb Kind, halb Jüngling noch im
Vaterhause weilt und in glücklicher Gegenwart auch in der Zukunft
nur Glück sieht, da der Geist erwacht und voll frischer Morgen-
gedanken den ersten Gestirnen der Wahrheit entgegenjauchzt. Das
ist die eigentliche Zeit der Freude, der wahren, anspruchslosen
Freude, denn sie begehrt weiter nichts Aeußerliches, weil sie sich
selbst genug ist. Wie ganz anders wird's auf der Universität! Wie
sind die gewöhnlichen Studentenfreuden so unendlich künstlich und
unecht! Wie widerlich ist dieses Haschen nach immer neuen Genüssen,
wobei das Herz immer öder und leerer wird und so oft in gänzlicher
Erschlaffung und Unfähigkeit zu jeglicher Ermannung zu Grunde
geht. Wie schlecht es mit der wahren Freude unter den Studenten
bestellt sei, zeigt sich schon in dem vielen Aeußerlichen, zu dem das
Bewußtsein des Ungenügens seine Zuflucht nimmt, in dem Lärmen-
den und Pomphaften, im Renommiren, und das gilt gerade für
guten Ton und wahre Burschensitte. Leute, die nur davon hören

ober die Sache nur von weitem ansehen, stellen sich etwas ungeheuer Nobles darunter vor.

Ich kann Dir nicht sagen, wie sehr diese Geschichten mich jetzt anekeln, da auch gar kein Geist, keine Bedeutung darin geblieben ist, nichts Jugendliches, Frisches, Lebendiges. Ich glaube, daß es früher besser gewesen ist, ich glaube wirklich an eine schönere Vergangenheit des akademischen Lebens, wo es in Reinheit und Adel der Gesinnung geblüht hat, vielleicht einer der selteneren Fälle, wo das Gute in der Welt geherrscht hat. In Göttingen wird's mir in diesen Beziehungen wohl nicht gefallen können. Dort thront noch der moderne Verbindungsgeist, den ich, soweit ich ihn kenne, einen Teufelsgeist nennen muß. Wenn die Jugend in Wollust versinkt, wenn die niedrigste Ausschweifung keine Schande mehr ist und nur im Schlechten gewetteifert wird, lieber Bruder, dann muß es ja dahin kommen, und es ist dahin gekommen, daß alles Geistige und Bedeutende, alle Begeisterung und Rührung, ja jedes gedachte und gefühlte Wort sich verbergen muß, um nicht verhöhnt zu werden. Es hat mir tief ins Herz hinein weh gethan, als ich mich allmählich von diesem Verderbnisse, das im Mark der deutschen Jugend haust, überzeugen mußte. Aber man darf sich hier nicht täuschen und weder seinen Hoffnungen noch dem herrschenden Geiste schmeicheln; es muß ja auch gehaßt werden auf Erden, ebensowohl als geliebt, und je heller das Licht, desto schwärzer der Schatten.

An die Eltern.

Frankfurt, 9. September 1834.

... Die letzten Tage in Bonn waren so sehr bewegt und in Anspruch genommen, daß ich nicht zum ruhigen Schreiben kommen konnte. Ich schob es daher nach Frankfurt auf, da ich erfuhr, ich müßte unumgänglich über hier reisen, um mir die Visa der Gesandten für meine weitere Reise zu verschaffen, welche jetzt in Baiern und Oesterreich durchaus erfordert werden. Wie schwer mir der Abschied von Bonn ward und mit wie wehmüthigem Blicke ich noch zuletzt das herrliche Siebengebirge beschaute, das will ich Euch nicht weiter vormalen, theure Eltern. Die Aussicht, fürs erste noch in schönen Gegenden bleiben zu können, milderte den Schmerz. Donnerstag Abend waren wir Bonner Freunde zum letzten Male beisammen. Delius und ich wurden unter Abschiedswünschen und

Gesängen in den Postwagen geleitet, denn um halb 11 fuhren wir
ab, um den andern Morgen in Koblenz zu sein.

Um halb 7 Uhr am Freitag ging das Dampfschiff aus Koblenz.
Das Wetter war köstlich, die Fahrt himmlisch. Delius und ich saßen
den ganzen Tag vorne am Bugspriet des Schiffes und sogen alles
Schöne, das an uns vorbei schwebte, recht gierig ein, und jeder
entzückte Blick auf die sommergrünen Ufer mit ihren Burgen und
Schlössern und trotzigen Felsen wurde ein stiller Abschiedsseufzer,
eine Klage, daß Trennung und Wechsel das einzige Bleibende im
Erdenleben sei. In Bingen besuchten wir den Niederwald. Nachdem wir ein Stündchen im Tempel gesessen hatten, gingen wir nach
Rübesheim zurück, und während der Ueberfahrt nach Bingen badete
ich zum letzten Male im Rheine, gerade in der Mitte zwischen
Bingen und Rübesheim, wo Main und Rhein, nachdem sie lange
gegen einander fremd gethan haben, sich brüderlich vereinen.

Um 3 Uhr gingen wir aufs Dampfschiff. Die Nacht blieben
wir in Mainz und am Sonntag Mittag kamen wir hier an, von
wo Delius gleich nach Kassel weiter gereist ist. Mein Paß ist gehörig mit Stempeln und Visa's geschmückt und ich bin so gut
legitimirt, wie es nur irgend möglich ist. Es ist aber sehr nöthig,
denn ein Student muß immer beweisen, daß er kein Spitzbube ist.

Abschied von Bonn.
1834.

O, denk noch oft der Stunden,
Wenn Du wirst ferne sein,
Die schnell uns hingeschwunden
Bei Rolandseck am Rhein.

Gedenk der heil'gen Wogen
Wie sie vorübergehn,
Da, wo die alten Bogen
Auf grünen Bergen stehn.

Sieh oft der Fluth entsteigen
Das Kloster, ernst und mild,
Weiß schimmert's in den Zweigen,
Der ew'gen Ruhe Bild.

Und drüben sieh die Riesen,
Die sieben Helden stehn,
In Liedern weit gepriesen,
Im Burgenschmuck so schön.

Sag', wo ich Schön'res finde
Unter des Himmels Dom,
Als diese stillen Gründe
Am heil'gen Rheinesstrom.

Da quillt von jedem Hügel
Der Traube edles Blut,
Und jeder trägt ein Siegel
Der Vorwelt, groß und gut.

O, laß es nie entgleiten
Dies Bild aus Deiner Brust.
Und denk' in Einsamkeiten
Daran mit stiller Lust.

An die Eltern

von der Ferienreise nach dem Schwarzwald und Tirol.

Freiburg, 17. September 1834.

... Am Montag fanden wir gute Fahrgelegenheit durch die ziemlich öde Gegend bis Kehl, wo wir früh genug ankamen, um schon um Mittag nach Straßburg hinübergehen zu können — und nun verlangt keine Beschreibung des Eindruckes, den das Münster auf mich machte. Zuerst wird man versteinert über das Unendliche, Ungeheure solches Baues, dann wird man begeistert und entzückt über die Kunst und zuletzt — so ging's mir wenigstens, möchte man weinen, daß diese Krone deutscher Kunst, dies Unterpfand der Herrlichkeit unserer Väter, das Parabestück einer feindlichen Grenzfestung ist. Dem ganzen deutschen Lande nach Osten und Westen, sollte dies ein Heiligthum sein, um das sie sich versammeln; darum kann man auch nach allen Seiten wohl 4 Meilen weit den Münster ragen sehen. Und nun ist er mit dem ganzen Elsaß seinem Volke gestohlen und schaut jetzt wie zum Hohn und Spott weithin über die deutschen Gauen. Wir kamen nicht dazu, irgend etwas Anderes zu sehen in Straßburg, und was giebt's denn neben dem Münster? ...

An die Eltern

Erlangen, 17. Oktober 1834.*)

... Von München könnte und möchte ich gerne Bogen voll schreiben, obgleich wir nur drei Tage dort waren. So viel Entzückendes, Herrliches haben wir dort gesehen.

München ist überreich an Kunstschätzen; es ganz zu würdigen, hätten Wochen nicht ausgereicht. Wir beschränkten uns auf eine kleine Auswahl des Schönsten, um dies gründlich zu sehen. Mir ist dabei viel Neues aufgegangen und der innige Wunsch entstanden, wenn es sich irgend machen läßt, noch einmal mich dort länger aufzuhalten. Denn München ist gewiß einzig und hat auf der Welt seines Gleichen nicht. Was gerade so große Freude macht und der Stadt diesen Vorzug giebt, ist, daß es hier mit der Kunst recht voller Ernst ist, während es so oft nur Spielereien

---

*) Vom Ende der Tiroler Reise.

und Dilettantereien sind. Das Schönste und Merkwürdigste von
Allem, was München hat, ist die Glyptothek. Wir waren während
der 3 letzten Tage des Oktoberfestes dort und darum standen uns
die Schätze alle Tage auf. Die Vormittagsstunden brachte ich
immer in der Glyptothek zu, in der ich, da ich gerade diesen Sommer
Kunstgeschichte gehört habe, unendlich viel zu sehen und zu lernen
hatte. Sie machte mir den Abschied am allerschwersten. Die Kompositionen von Cornelius, die er mit seinen Schülern in den Festsälen der Glyptothek ausgeführt hat, sind Euch gewiß bekannt, und
hier ist es gerade der Geist der Erfindung und Anordnung, der am
meisten erfreut. Das zweite großartige Unternehmen ist die Pinakothek. Wir gingen durch die Säle, mit deren Dekorirung man
jetzt beschäftigt ist, ließen uns über den Plan des Ganzen belehren
und sahen auch die einzelnen schon ausgeführten Freskomalereien
in dem neben den Hauptsälen herlaufenden Gange, welche Scenen
aus dem Leben der Künstler in geschichtlicher Folge darstellen sollen.
Professor Brandis hatte mich einem Münchener Künstler empfohlen,
Namens Herrmann, dessen Bekanntschaft mir ungemeine Freude
machte. Er ist ein wahrer Künstler und ein vortrefflicher, bescheidener, frommer Mensch. Ich brachte einen köstlichen Abend bei ihm
zu, und am folgenden Tage machte er uns die große Freude, uns
selbst in der neuen Residenz umherzuführen, was uns den größten
Genuß gewährte. Der König hat den hübschen Gedanken gehabt,
die Zimmer seines neuen Schlosses ausmalen zu lassen mit Gruppen
aus den deutschen und griechischen Dichtern nach historischer Anordnung. Wie können wir uns unsrer Zeit freuen, in der wieder
solche Kunstleistungen an den Tag kommen.

Ueber den Weg zwischen München und Nürnberg ist natürlich
gar Nichts zu sagen, wir legten ihn zu Wagen zurück in 2½ Tagen,
denn zu Fuße diese Wüsten zu durchmessen nach einer Reise durch
Tirol ist unmöglich. Nürnberg ist Dir, lieber Vater, und den Brüdern bekannt, und Euch wird diese köstliche Stadt gewiß ebensowohl
zugesagt haben, wie mir jetzt. Wie mir scheint, muß besonders den
Lübecker recht viel Verwandtes und Heimathliches in der alten
Reichsstadt ansprechen, die freilich an Kunstschätzen unser Lübeck
noch übertrifft. Hier vor den Bildern Dürers, Kranachs, Holbeins
und der niederländischen Meister habe ich zum ersten Male einen
recht tiefen Eindruck deutscher Kunst gefühlt. Ich war oft bis zu
Thränen gerührt, wenn ich lange solch ein Bild angesehen hatte,

ohne daß ich recht wußte, was mich so ergriff, und ich weiß noch nicht, ob es die christliche oder die deutsche Kunst ist, die so aufs Gemüth wirkt. Aber es wird einem so warm und weich ums Herz und man fühlt sich dem Meister so nahe, obgleich ihn so lange schon die Erde deckt und er nur durch Farben zu uns redet. So empfindet man in einer Glyptothek nicht. Bei den Werken alter Kunst sieht man nur, was da ist, sie hat bei ihrer menschlichen Vollendung, wie die ganze griechische Welt, die bestimmteste Beschränkung. Sie ist vollkommen verständlich und klar, und es ist Nichts versucht, was nicht auch durchaus durchgeführt und deutlich gemacht werden konnte. Aber bei christlichen Kunstwerken sieht man mehr, als was da ist. Die ganze Gegenwart, welche dem Griechen Alles war, drunter und drüber ist nur Schatten und Bild, ist dem Christen nur ein Anfang, dessen Vollendung der Zukunft angehört, die nur der Glaube erleuchtet und die Sehnsucht erfaßt. Deshalb mußte in allen seinen Leistungen und besonders in den Kunstleistungen, welche die unmittelbarsten sind, dieser Charakter des Anfänglichen, Unvollendeten, aufwärts Weisenden sich offenbaren. Man fühlt mit dem Künstler, was er sagen möchte, und das ist's, was das Gemüth so ergreift. Wenn ich unverständlich schreibe, so verzeiht's mir. Versteht Ihr mich aber und findet Ihr Sinn darin, so sagt mir doch, ob's wahr ist.

Hier suchte ich gleich Köppens*) auf. Er wie seine Frau nahmen mich mit großer Herzlichkeit auf. Es geht mir vortrefflich in Erlangen. Wenn man sich 6 Wochen in der Welt umhergetrieben hat, kommt's einem recht angenehm vor, einmal wieder irgendwo recht warm zu sitzen und so gehegt und gepflegt zu werden, wie ich es hier werde. Gestern Abend war einmal wieder Theeabend mit kleinen Butterbröden. Gespräche über unser Lübeck machten die Sache gar gemüthlich. Zu Tische war ich heute mit Herrn Hofrath auf einer Art Picknick in einem ziemlich anmuthig gelegenen Wirthshause vor dem Thore, wo ich fröhliche Leute traf, auch die Bekanntschaft des hiesigen Rektors und Professors Döberlein machte. Rückert ist noch verreist. Auch war die ganze juristische Fakultät dort, nämlich ein Hofrath Bucher.

---

*) Friedrich Köppen, geboren 1775 in Lübeck, Professor der Philosophie in Erlangen und Jugendfreund des Vaters.

An Theobor Curtius.

Göttingen, 25. Oktober 1834.

Wie freundlich ich in Erlangen aufgenommen bin und wie angenehme Tage ich dort verlebt habe, habt Ihr in meinem Briefe gelesen.

Am Sonntag Nachmittage hatte ich noch die große Freude, Friedrich Rückert zu sehen, der Tags zuvor von seiner Reise zurückgekehrt war. Sein Bildniß ist im vorigen Musenalmanach sprechend ähnlich, obgleich doch in seinem Gesichte das Sanfte und Schwärmerische nicht so sehr vorherrscht. Sondern vor allem tritt einem der tiefe Ernst seiner Züge entgegen, welcher durch seine hohe Gestalt und sein schönes, herabwallendes Haar ein außerordentlich würdevolles, ich muß sagen königliches Gepräge erhält. Man erkennt gleich in ihm den echten deutschen Biedermann, dem jede Schmeichelei und jede Redensart fremd ist. Ja in unserer kratzfüßelnden Zeit mag wohl Manchem sein Wesen rauh und barsch erscheinen. Aber bald zeigt sich bei ihm die wahre Milde und Sanftmuth des Gemüths, die dem Dichter jedes unverdorbene Herz gewinnen muß. Sobald er hörte, daß ich mich mit Sanskrit beschäftigt hätte, kam er hierauf zu sprechen und ließ nicht davon ab, so gerne ich auch über Anderes ihn hätte hören mögen. Doch hat mich der Besuch sehr erfreut. Den Abend brachten wir am Köppenschen Theetische sehr angenehm zu, ich fühlte mich wie zu Hause dort.

Donnerstag Morgens um 3 Uhr langte ich bei Sturm und Regen in der Georgia Augusta an. Ich habe ein sehr freundliches Zimmer mit drei Fenstern und daneben eine Schlafkammer, zwei Treppen hoch. Die Gothmarstraße ist sehr reinlich und gehört zu den stilleren, Herbarts Fenster liegen mir schräg gegenüber. Müller wohnt in der Nähe. Auch zur Bibliothek habe ich nur wenige Schritte, und durch die Allee kann ich auf sehr angenehme Weise gleich zum Thore gelangen. Für den Preis von 6 Louis finde ich meine Wohnung ungemein gut. Meine Aufwärterin, Justine, scheint alle Vorzüge der Göttinger Stubenmädchen zu besitzen, sie ist schon bei Jahren, verständig und umsichtig. Göttingen ist ganz so, wie ich mir es dachte und — als Göttinger — mir wünschte. Es hat einen ehrwürdigen Charakter, der sich, ich weiß wahrlich nicht, worin, ausspricht, aber ich glaube doch nicht, daß ihn meine Phantasie erst hineinlegt, zugleich auch etwas pedantisch und großväter-

lich, wie so ein alter gepuderter Gelehrter, der sich über Nichts
mehr ärgern kann, als wenn die jungen Leute nicht ganz denselben
Weg wieder machen wollen, den er im Schweiße seines Angesichts
zurückgelegt hat, sondern durch andere Erfahrungen klug gemacht
und durch ein glückliches Ingenium begünstigt, das Ding anders
anzugreifen wissen und schneller zum Ziele kommen.

Sonntag, 26. Oktober.

Der Unterschied zwischen Bonn und Göttingen ist groß. Hier
ist Alles viel besser für den Studenten eingerichtet, die Leute sind
tausendmal dienstfertiger und devoter, die Wohnungen sind durchgängig viel gemüthlicher, man braucht für Nichts selbst zu sorgen
und wird viel reeller behandelt, als in Bonn. Viel trägt dazu bei,
daß Göttingen schon durchaus norddeutsch ist. Dieser norddeutsche
Charakter trat mir recht überraschend entgegen, da ich auf die
schnellste Weise wie mit einem Schlage aus Süddeutschland hierher
versetzt bin. Ehegestern hat mich Bergmann immatrikulirt, ein
seiner Weltmann. Bekannte habe ich schon in Menge getroffen, und
Alle sind ungemein fleißig geworden, die Füchse ausgenommen.

An den Vater.

Göttingen, 29. Oktober 1834.

Die Ruhe und Stille schmeckt mir nach dem Wanderleben vortrefflich. Bei Dr. Thöl habe ich die herzlichste Aufnahme gefunden.
Er besuchte mich gleich, nachdem ich bei ihm gewesen war, und lud
mich ein, ganz in locum meines Bruders einzutreten, ich freue mich
sehr auf seinen näheren Umgang. Nie habe ich über Jemanden ein
so einstimmiges Lob gehört, was auf einer Universität und gar
bei einem jungen Docenten sehr selten ist. Durch ihn werde ich
auch ins Museum eintreten. Daß Du den Professor Müller kennen
gelernt hast, freut mich sehr. Um ihn wird sich zunächst mein wissenschaftliches Treiben drehen. Ich brachte ihm einen Brief von Klausen
und Gruß von Welcker, und da nun als Drittes Deine Empfehlung
hinzutrat, so ward mir denn auch ein sehr freundlicher Empfang.
Ich werde sehr darnach streben, mich diesem ausgezeichneten Manne
näher anzuschließen, wozu er mich selbst aufforderte. Ich denke
beide Kollegien bei ihm zu hören, Antiquitäten und Pindar. Freilich hörte ich Ersteres schon bei Welcker, aber mein Interesse ist

besto größer. Ins Seminar werde ich wenigstens diesen Winter
nicht gehen. Ich muß jetzt vor allen Dingen Zeit für mich haben
zum emsigen Arbeiten, dies ist aber gänzlich unmöglich bei vielen
Kollegien. Darum will ich mich jetzt auch noch gar nicht mit deutschen
Studien befassen, wofür drei so ausgezeichnete Männer hier sind.
Darum kann ich auch nicht das herrliche Kolleg von Dahlmann über
vaterländische Geschichte hören, und darum würde ich auch — wenn
es nicht Dein ausdrücklicher Wunsch wäre — diesmal kein theologi-
cum hören; denn das Bedürfniß ist gar zu lebendig in mir, mich
auf Etwas zu koncentriren, mich in Etwas zu versenken. Es wird
sonst Nichts aus mir bei meiner angeborenen Neigung zum Umher-
flattern.

An Victorine Boiffonnet.

Göttingen, 23. Januar 1835.

Hier ist kein Rolandseck und Nonnenwerth — aber doch ist's
schön in einiger Entfernung. Das Werrathal ist sehr schön, und alte,
berühmte Burgen laden zu allerliebsten Touren ein. Es gefällt mir
überhaupt recht wohl hier, wenn ich auch ein so gemüthliches Zusammenleben wie am Rheine entbehre. Auch an weltlichen Freu-
ben fehlt's nicht. Ich habe schon mehrere hübsche Bälle erlebt und
meine ziemlich steif gewordenen Beine wieder zu zierlichen Sprün-
gen und Schritten geübt. Es hat mir wirklich Freude gemacht, einmal wieder mit gebildeten Mädchen bekannt zu werden und mit
ihnen mich unterhalten zu können. Es fehlt mir sonst an aller
Familienbekanntschaft, was ich ungern entbehre. Man kann hier
Jahre lang mit einem Professor speziell bekannt sein, ohne zu wissen,
ob er Frau und Kinder hat. Die Göttinger Studentenschaft behagt
mir gar nicht. Es ist keine rechte Freude da. Die Menschen bilden
sich nur ein, daß sie froh wären, und glauben es, solang sie nichts
Besseres kennen. Ich kenne aber etwas Besseres, und darum sagt
mir wenig zu, was man gewöhnlich als Studentenfreuden preist.
Aller Freude einzige Quelle ist ein Herz voll Liebe. Ohne das ist
die Natur nur eine Naturaliensammlung und sind die Menschen
fremdartige Wesen, mit denen der Hunger uns verbindet. Das eine
Wort Liebe faßt die ganze Aufgabe des Menschen in sich, Liebe aber
und Freude ist Eins. Ach, daß ich's im Denken und Thun immer
festhalten könnte, was mich in meinen besseren Stunden so feurig
durchdringt. Was ist leichter und doch so schwer, als Liebe behalten!

An den Vater.

Göttingen, 4. März 1835.

Dahlmann habe ich lange nicht gesprochen. Er hat sich neulich durch Dr. Thöl entschuldigen lassen, daß er mich nicht mehr einlade, seine Frau sei gar zu schwächlich und für alle Gesellschaft unfähig. Seine Vorlesungen höre ich außerordentlich gern. Sie sind klar und gediegen, durchdrungen von dem Geiste edler Unparteilichkeit und sittlicher Würde. Ein solcher Lehrer der Geschichte kann ungemein viel auf einer Universität wirken. Diese Wissenschaft fesselt auf ihrem Gebiete noch am meisten, während sonst Jeder seinen Fakultätsstudien nachläuft und mit peinlicher Genauigkeit alles Fremdartige absondert. In Göttingen ist das ganz besonders Sitte.

An die Eltern.

Göttingen, 1. April 1835.

Wir haben nun schon 8 Tage Ferien, und ich gedachte nicht anders, als den Rest gleich ruhig hier zuzubringen. Da erhielt ich ehegestern einen Brief von Campe, der mich aufs herzlichste zu seinen Eltern einladet, ich möchte hinkommen, sobald ich wollte. Ich hatte eben beschlossen, die zweite Hälfte der Ferien, wo es gewiß schon recht schönes Reisewetter wäre, darauf zu verwenden, als ein zweiter Brief ankommt von Delius aus Bremen, der mir die absolute Nothwendigkeit auseinanderzusetzen sucht, daß ich unverzüglich mich auf die Post setzte und zu ihm reiste, da er mich mit seiner Familie täglich erwartete. Es war immer sein inniger Wunsch gewesen, mich eine Zeit lang in Bremen zu haben, es hat sich diesmal mit seiner Reise sehr schnell gemacht und daher auch diese schnelle Entscheidung verlangende Einladung. Mein erster Gedanke waret Ihr, geliebte Eltern, ob Ihr es gern sähet. Aber lange konnte ich nicht schwanken. Es ist doch wirklich für einen Studenten Nichts wünschenswerther, Nichts dienlicher, als die Ferien in Familienkreisen zuzubringen; und von mir seid Ihr gewiß überzeugt, daß es nicht eitle Vergnügungssucht ist, die mich treibt, die Einladungen anzunehmen, sondern die Liebe zu meinen Freunden, und auch daß ich nun nicht die ganze Ferienzeit in leeren Zerstreuungen zubringen, sondern besonders in Bremen auch ernstere Beschäftigungen nicht vergessen werde.

Bremen, 8. April 1835.

Ich eile heute, Euch vor allem zu berichten, daß ich seit dem
4. April in der Schwesterstadt Bremen weile, im Hause des Aelter-
mannes Delius, durch dessen und seiner Familie herzliche Aufnahme, wie durch so mancher lieben Bremer Gastfreundschaft mir
schon ganz heimisch hier geworden ist, so daß ich immer mehr mich
des plötzlichen Entschlusses freue und auch im Herzen immer gewisser werde, daß Ihr mich in den Ferien an keinem besseren Orte
wissen könnt. Sonnabend langte ich in diesem lieben Hause an,
von meinem Freunde an der Post schon empfangen. Es ist ein
großes, prächtiges Haus bei der Stephanskirche, hart an die Weser
stoßend, auf die man vom Wohnzimmer und dem Balkon eine erquickende, fröhliche Aussicht hat. In diesem Hause waltet der Aelter-
mann Delius; er ist durch und durch Geschäftsmann — ein Dutzend
Schiffe bringen ihm die überseeischen Schätze — aber nicht so sehr,
daß er nicht ein sehr liebenswürdiger Familienvater wäre und voll
inniger Herzensgüte. Seine Frau ist vor zwei Jahren gestorben,
ihr Andenken wird in einem großen Kreise verehrt, und noch immer
lebt eine stille Trauer um ihren Verlust in der Familie. Fünf
Kinder sind hier jetzt im Hause vereint; der älteste ist mein Freund
Nikolaus, er soll am meisten der Mutter gleichen, die er auch unbeschreiblich verehrt.

Ich bin schnell bekannt geworden und fühle mich außerordentlich glücklich unter ihnen, denn es herrscht im Hause ein holder
Geist der Liebe und Eintracht, und von störender Förmlichkeit ist
keine Spur. Gleich am Sonntage erhielten wir eine Aufforderung
zu einer Weserfahrt. Ein Vetter Louis Delius, ein junger lustiger
Kaufmann, forderte uns auf, ihn nach Bremerhafen zu begleiten.
Seit zwei Jahren hatte ich kein erträglich großes Schiff gesehen,
jetzt sah ich den Hafen und die Rhede voll stattlicher Dreimaster, ich
sah vor mir wieder eine ziellose Wasserfläche und schwankte wieder
einmal auf salzigen Wellen. Das machte mir unendliche Freude.
Wir stiegen mit den jungen Kaufleuten auf mehrere Schiffe, aßen
mit Seeleuten und hörten von Nichts als von Seereisen sprechen.
Nachmittags traten wir die Rückfahrt an. In Vegesack angelangt,
traf ich am Ufer meinen Bonner Freund Hasenkamp, der mich und
Delius schnell überredete, die Nacht dort zu bleiben; ja wir blieben
bis gestern Mittag in dem freundlichen Vegesack, das mit seinen
hohen Ufern gar hübsche An- und Aussichten bietet und sogar etwas

an Flottbeck erinnert. Jetzt werde ich wohl einige ruhige Tage verleben. Die Vormittage bis 11 Uhr zum Lesen oder Schreiben
verwandt; die freien Nachmittage auf Rosenthal zugebracht, dem
geschmackvollen Landgute des Aeltermanns.

Es kommt mir hier so heimathlich vor, daß ich gar nicht in der
Fremde zu sein glaube. Auch wird der Lübecker hier gar nicht als
Fremder angesehen. Es ist wirklich etwas Schönes um dies schwester-
liche Verhältniß zwischen Lübeck und Bremen und daß die reiche
mächtige Schwester gar nicht stolz ist gegen das Schwesterchen im
Ostseewinkel.

An die Eltern.

Bückeburg, 29. April 1835.

Seit Sonnabend bin ich hier in Bückeburg bei den lieben
Campes, bei denen sich's herrlich wohnen läßt. Besonders die Frau
von Campe ist so ausgezeichnet, so liebenswürdig, daß schon ihr
Umgang allein mir den Aufenthalt hier ungemein genußreich macht
und mit ihr recht traulich zu sprechen mir die größte Freude ist.
Auch mit meinem lieben Alexander wieder täglich zu verkehren,
macht mir große Freude. Wir machen täglich Wanderungen durch
die herrliche Berggegend, die mir nach der Bremischen Oede wie ein
Paradies erscheint. Die Wälder sind schon ganz köstlich, das junge
frische Buchenlaub drängt sich mächtig hervor, die Vögel singen
schon ganz tapfer, ganze Scharen leichter Rehe fliegen vorbei, und
die köstlichen Aussichten ins anmuthige Weserthal haben mich innig
ergötzt. Frau von Dietrich hat mich sehr herzlich aufgenommen.
Wir aßen Sonntag Mittag bei ihr, und am Montag gab sie einen
allerliebsten Ball, auf dem wir bis drei Uhr tanzten. Der gesellige
Ton gefällt mir recht wohl. Ehegestern waren wir bei Frau v. Ulen-
stein, bei der auch der Hof war. Der Fürst ist jetzt in Ludwigslust.
Die Fürstin ist eine schöne Frau, die sich sehr freundlich mit mir
unterhielt. Die Jugend ward in ein Nebenzimmer versammelt, wo
unter Anderm auch schwarzer Peter gespielt ward. Ihro Durch-
laucht Prinzessin Mathilde erhielten an diesem Abend einen tüchtigen
Knebelbart. Uebermorgen früh werde ich mit Otto Langenfeld, der
auch in Göttingen studiert, in einem Einspänner, der einen
jungen Herrn von Landsberg herbringen soll, in meine akademische
Heimath zurückkehren, und nach so vielen geselligen Freuden freue
ich mich auf mein stilles Stübchen.

An den Vater.

Göttingen, 7. Juli 1835.

Ich sehe immer mehr ein, wie gut ich that, zwischen Bonn und Berlin einen Aufenthalt in Göttingen einzuschieben. Müller eine Zeit lang täglich zu hören, ist ein unschätzbarer Gewinn, denn als Lehrer ist er unvergleichlich. Die Klarheit seiner Entwickelung, die Anmuth und Lebendigkeit seines Vortrags, die Fülle und Gediegenheit seines Wissens bezaubert täglich von neuem und erweckt immer neue Begeisterung für das Feld der Wissenschaften, auf welchem er mit seinem ungemein begabten Geiste ein ganz neues Leben anzuregen wußte. Gerade in der Philologie schleppte sich früher von Geschlecht zu Geschlecht ein so mattes, todtes Wissen fort, eine unzusammenhängende Masse von unzähligen Einzelheiten. Unsere Zeit begnügte sich aber nicht nach dem Beispiele früherer, dies Kapital in demselben Zustande mit einigen Zusätzen den kommenden Generationen zu übergeben. Sie hat dies Aggregat von Kenntnissen und Notizen zu einem lebensvollen wissenschaftlichen Ganzen zu gestalten angefangen, sie hat das Ziel höher gesteckt und ein weit tieferes Quellenverständniß gelehrt, und unter den Männern, welchen die Wissenschaft ihre Regeneration verdankt, hat gewiß Keiner mit soviel Erfolg gewirkt, wie Müller. Grimms Litteraturgeschichte bietet ungemein viel Interessantes, und Alles, was er gibt, ist das Resultat eigener Forschung. Nur ist zu bedauern, daß er sich ein so ungeheures Feld, wie die deutsche Litteratur mit Einschluß aller wissenschaftlichen Leistungen, in einer vierstündigen Sommervorlesung zu durchmessen vorgesetzt hat. Wie viel gäbe ich darum, wenn er nur die Geschichte der schönen Litteratur vorgenommen hätte! Wie herrlich würde er da ausführen und belehren können, wo er jetzt nur andeutet und die Wißbegierde erregt!

Von meiner Harzreise habe ich an Georg geschrieben. Sie hat mir viel Freude gemacht und recht erquickt lehrte ich zur Arbeit zurück. Jede Berggegend ist unendlich interessant, und fehlt dem Harz gleich das Mächtige einer Alpengegend, sowie der romantisch poetische Charakter der Rheinufer, so hat er doch Lieblichkeiten genug, um einer achttägigen Wanderung hinlänglichen Stoff zu bieten und Auge und Herz mannigfach zu ergötzen. Der Brocken freilich ist und bleibt der lange Herr Philister und wird sich in seinen alten Tagen schwerlich mehr ändern, so viele Gelegenheit er auch hätte,

etwas burschikos zu werden. Den Preußen wird er so auch am
liebsten sein. Aber merkwürdig ist's doch, daß Jahr für Jahr eine
solche Unzahl von Menschen hinaufkeucht und sich keinen Schweiß
verdrießen läßt, nur um sich von dem grämlichen Alten prellen
zu lassen, der jährlich seine Nebelkappe tiefer über die Ohren
zieht.

Die Reitkunst kultivire ich mit Eifer und Liebe, und schon kann
ich, der ängstlichen Sorge, in gehöriger Entfernung vom Fußboden
zu bleiben, ziemlich überhoben, dem feineren Theile der Kunst, der
Lenkung und Behandlung des Pferdes mich zuwenden.

An den Vater.

Göttingen, 9. August 1835.

Heute am Sonntage denke ich viel an Euch, denn es ist mir
eine liebliche Aussicht, nach so vielen Studentensonntagen wieder
eine Reihe Familiensonntage zu feiern. Hier steht's nun gar schlimm
um die Sonntagsfeier. In dem hochgelehrten Göttingen ist nicht
ein einziger erträglicher Prediger, seit Julius Müller uns verlassen
hat. Will man eine christliche Predigt hören, so muß man nach dem
kleinen schmutzigen Dorfe Geismar gehen, wo ein einfacher, schlichter
Geistlicher mit einbringender Beredsamkeit und heiligem Eifer lehrt.
Aber auch diese Erbauung muß man mit Anhörung sehr langer und
unerträglich schlechter Kirchengesänge erkaufen. Wie viel besser
war's hierin in dem katholischen Bonn, und wie viel besser wird's
gar in Berlin sein! Dies und vieles Andere wiegt das unangenehme
Gefühl, mit dem ich von Göttingen scheide, gänzlich auf. Sonst
freilich bliebe ich gerne noch hier und würde mit dem größten
Nutzen länger hier verweilen. Aber mit Berlin verglichen, fesselt
Göttingen mich doch nicht mehr, und die freudige Hoffnung auf die
reiche wissenschaftliche Ausbeute, welche Berlin bietet, ist viel größer
und mächtiger als meine Anhänglichkeit an die Georgia Augusta.
Unter allen ihren Mängeln ist aber gewiß der größte, daß es hier
für philosophische Ausbildung an Anregung und Mitteln fehlt. Bei
Herbart habe ich für mich Nichts finden können und bei den Anderen
noch weniger, und doch verzichtet man gerade in diesem Fache am
ungernsten auf lebendiges Wort und die begeisternde Gegenwart
eines Lehrers von imponirender Persönlichkeit.

Curtius, Ein Lebensbild.

An die Eltern.

Berlin, 3. November 1835.

Ich benutze den frühen Morgen, Euch von meiner Ankunft und meiner Existenz hierselbst kürzlich Nachricht zu geben. Sonnabend Abend um 7 schieden wir aus dem liebenswürdigen Altonaischen Kreise mit schwerem Herzen. Der Abgang der Post verspätete sich und wir konnten noch fast eine Stunde auf dem Jungfernstieg auf und ab wandeln und bei köstlichem Abend die leuchtenden Paläste in der Alfter sich spiegeln sehen. Die Reise bot natürlich nichts Interessantes dar. Gestern Morgen um 6 Uhr waren wir in Spandau, nach 7 entfalteten sich die erften Herrlichkeiten in Charlottenburg; um acht Uhr zogen wir durchs Brandenburger Thor in die breiten Straßen ein, die allerdings einen neuen, imposanten Eindruck auf mich machten. Doch Hamburg ift mir noch zu nah und gegenwärtig, erfreulich entzückend war der Eindruck nicht. Der ganze Vormittag ging nun über Besehen von Wohnungen hin. Endlich siedelte ich mich, des Suchens überdrüffig, in der Kanonierstraße No. 29, zwei Treppen hoch, an. Das Zimmer ift sehr nett, geräumig und hat eine Kammer. Die Preise sind sehr hoch; ich muß 8 Thaler monatlich zahlen. Das Schlimmste aber ift, daß die Leute so unzuverläffig und in der Regel so schlecht und verdorben sind. Man kann sich an Alles gewöhnen, aber schwerlich daran, täglich mit Menschen zu verkehren, welche einen moralischen Widerwillen erwecken. Ich weiß übrigens nichts Schlimmes von meinen Leuten, ich will das Beste hoffen, aber unheimlich sind sie mir. Unheimlich ift mir überhaupt noch Alles. Aber das kann ja unmöglich anders sein, wenn man aus der traulichen Vaterstadt in eine große Residenz kommt. Heute werde ich Koffer und Kiften erhalten und mich einzurichten suchen. Immatrikulirt werde ich auch hoffentlich heute noch. Die Weitläufigkeiten bei Allem sind entsetzlich. Ich will mit Kraft die unangenehmen Gefühle bekämpfen, die mich bestürmen und alles Gute von der Zukunft hoffen.

An Victorine Boiffonnet.

Berlin, 4. November 1835.

Das Unangenehme der erften Tage hier wurde sehr vermindert durch das Wiedersehen vieler Freunde, die unter den wechselnden Verhältnissen bie alte Liebe bewahrt hatten. Es gestaltet sich ein schöner, reicher Bund, der gerade hier, wo aller äußere Schein wegfällt, um so innerlicher und segensreicher sein wird. In dieser Hoffnung bin ich sehr glücklich und setze mich hinweg über Vieles, das mich sonst sehr unangenehm berührt. Es fühlt hier Jeder, wie viel man einander sein kann. Die äußere Dürre führt zu den inneren Quellen des Glücks und der Freude, und so blüht, glaube ich, die Blume der Freundschaft nirgends schöner als in den Sandsteppen Berlins.

Ich hege die schönsten Hoffnungen; möge die Erfahrung sie bestätigen!

Meine studentischen Verhältnisse sind jetzt geordnet, mein Zimmer in löblicher und erfreulicher Ordnung, und manche neue Bekanntschaften sind eröffnet, welche Freude und Gewinn versprechen. Ganz besonders habe ich mich gefreut, den Professor Trenbelenburg kennen zu lernen, der durch sein gediegenes, ernstes Wesen mir das Bild eines wahren Gelehrten, wie ich ihn mir wünsche, vor Augen stellt. Jugendliches Feuer ist mit männlicher Reife in ihm gepaart; man merkt's ihm an, wie heiliger Ernst es ihm um seine Sache ist und wie er für wahre Wissenschaft lebt und webt. Es kommt mir vor, als müßte und würde ich mich ihm recht eng anschließen, und die Herzlichkeit, mit der er mich aufgenommen, hat die schönsten Hoffnungen in mir erweckt. Ein solches Verhältniß thut mir gerade recht noth. Beim Universitätsgebäude werden täglich neue Wiedersehen gefeiert; was lange getrennt war, sieht sich hier plötzlich vereint und tausend alte Erinnerungen werden neu. Alles nimmt sich freilich hier anders aus, alles Burschikose fehlt. Statt der früheren bärtigen Gestalten mit transparenten Flausröcken, mit Mützen und langen Pfeifen sieht man hier seine Herren mit hohen Hüten, zierlichen Stutzbärtchen und kleinen Spazierstöckchen, voll Ernst und Ehrbarkeit einherschreitend. Kaum noch bilden sich nach geschlossenen Kollegien muntere Gruppen. Jeder eilt rasch vom Auditorium wieder an den Arbeitstisch und kümmert sich wenig um seinen Nächsten. Oder stellen sich auch wohl alte Bekannte zusammen, so geht's so sittsam und ruhig her, daß man nicht junge Studenten, sondern bejahrte Geschäftsmänner zu sehen glaubt. Für uns ist Sang und Klang vorbei — scheint Jeder zu fühlen und mit mehr oder weniger Resignation dem frischen Jugendleben zu entsagen. Wer aber recht sang- und klangliebend ist, der empfindet's schwer und dem erscheint bies sittsame, artige Wesen, das der gute König von seinen Fenstern

4*

aus mit stillem Wohlgefallen betrachten mag, als ein erzwungenes, unnatürliches und ungesundes Wesen. Doch fehlt's Gottlob nicht an Geist und Leben, wenn es auch nicht in natürlicher, blühender Farbe hervortritt.

Die vortreffliche Göttinger Kost und Aufwartung muß man hier ganz vergessen. Die Leute sprechen es hier mit Trotz aus, daß ihnen wenig an uns Studenten gelegen sei und sie sich nicht viel Mühe darum gäben. Doch das verschmerzt sich leicht und hat sogar sein Gutes. Aber unerträglich ist der gänzliche Mangel an Vertrauen unter den Bewohnern Berlins und der ewige Zwang, der daraus entspringt, immer auf der Hut zu sein, sich immer von Dieben und Spitzbuben umlagert zu glauben. In der ersten Stunde meines hiesigen Etablissements erfuhr ich das. Ich dachte natürlich nicht daran, mich in der eigenen Stube abzuschließen, sondern ließ den Schlüssel draußen stecken. Als ich wieder ausgehe, ist der Schlüssel fort und meine erste Ausgabe in Berlin ist, neues Schloß und Schlüssel machen zu lassen, um die Pläne des Schlüsseldiebes zu vereiteln. Den anderen Tag wurde ich von einem Arbeitsmann schmählich betrogen, der mir bei meiner Kiste eine sein und detaillirt aufgesetzte Rechnung brachte, die ganz und gar erlogen war. Ich mußte den Kerl gleich verklagen und gestern war er in der reuigsten Stimmung hier und bat um Verzeihung, daß er aus Versehen zu viel gefordert hätte. Du kannst Dir denken, liebe Victorine, wie entsetzlich unangenehm solche Erfahrungen als Begrüßungen in einer Stadt, in der man Jahre zubringen will, mir sein müssen. Doch will ich auch diese Erfahrungen von der besten Seite nehmen und hoffen, daß sie eben durch die Vorsicht und Lebensklugheit, zu der sie auffordern, mich im Künftigen schützen.

An den Vater.

Berlin, 18. November 1835.

Meine Kollegia befriedigen mich im ganzen sehr. Des Morgens um 8 Uhr höre ich Lachmanns deutsche Grammatik, eine gründliche und gediegene Vorlesung, wohl die beste dieses ausgezeichneten Gelehrten, der mit besonderer Liebe und so großem Erfolg gerade dieses Feld bearbeitet. Zweimal in der Woche nehme ich an seinem Seminar Theil, wo auch manches Gute vorkommt. Böckhs Seminar ist des Sonnabends 10—12; es wird die Antigona

erklärt. Sonſt höre ich des Vormittags Nichts und habe dadurch
eine Reihe ſchöner Arbeitsſtunden gewonnen. Um 1 Uhr gehe ich
in die Reſtauration, um 2 Uhr entweder ins Muſeum oder zu
Bopp, der dreiſtündig in ſeinem Hauſe Sanſkrit vorträgt. Ich treibe
es mit Eifer und Liebe und werde darin durch Delius beſtens unter-
ſtützt. Dann höre ich Religionsphiloſophie bei Erdmann, der mich
durch ſeine Schärfe und Klarheit ungemein feſſelt und anregt; ich
hoffe ſehr viel von ihm. Von 4—5 höre ich Steffens' Anthropologie,
eine Vorleſung, deren Ruhm zwar ſehr im Sinken iſt, die mich
aber doch im höchſten Grade intereſſirt. Man muß Steffens nur
nehmen, wie er iſt, und nicht von Allen Alles verlangen, dann wird
man gewiß die große Anregung und Belebung, welche aus ſeiner
begeiſterten Rede ſtrömt, dankbar anerkennen. Bei Trendelenburg
konnte ich diesmal Nichts hören. Er hat hier ſehr großen Beifall
und nimmt den Hegelianern gegenüber eine ſehr würdige und bedeutende Stellung ein. Er iſt im Geſpräche ſehr mittheilend und
belehrend.

An Victorine Boiſſonnet.

Berlin, 19. November 1835.

Die ſchönen, klaren Wintertage, in denen ſich die weite, mächtige Stadt, beſonders des Abends, wenn man die langen, ſchnur-
geraden Straßen entlang ſieht und die verletzende Einförmigkeit
im einzelnen verſchwindet, beſonders gut ausnimmt, haben aufgehört und das trübe, regneriſche Wetter macht das trauliche Stübchen zum liebſten Aufenthalte. Es ſieht jetzt ſo nieblich in unſerem
Haushalte aus, daß ich wünſchte, Du könnteſt einen Blick hinein
thun. Unſere Wirthsleute weiſen ſich als gutgeartete, Sauberkeit
und Ordnung liebende Menſchen aus, und ſchon der Wunſch, im
Beſitze ſeines ganzen Eigenthums zu bleiben, treibt dazu an, jedes
Ding an ſeinem paſſenden und wohlverwahrten Orte zu halten.
Zwei hohe Fenſter führen uns reichlich Licht und Sonnenſtrahlen
zu, welche die hellen, heiteren Wände freundlich aufnehmen. Die
Möbel ſind ſehr elegant, unſer Ofen zeichnet ſich nicht nur durch
praktiſche Tüchtigkeit, ſondern auch durch ſchlanke, ſchöne Formen
unter den meiſten ſeines Geſchlechts vortheilhaft aus. Das ſchönſte
Geräth des Zimmers aber iſt das Klavier, das mir immer bereitwillig ſeine Harmonien ſpendet, wenn die Seele verſtimmt iſt, das

fich freundlich meiner Stimme anschmiegt, wenn ich meine Lieder
finge. Dann gelingt's mir schnell, aus der Gewöhnlichkeit des all-
täglichen Lebens, die das Gemüth zu gleichgültigen und matten
Stimmungen hinabzerrt, mich wieder emporzuschwingen in die
lichten Regionen der Kunst und des Gefühls, in das, wie in das
ewige Meer, alle Richtungen und Gedanken münden, in welchem
der Mensch sich am menschlichsten fühlt — fühlt, denn ein anderes
Wort gibt's nicht, Gefühl ist die erste, einfachste, größte Thätigkeit
des Menschen — und seine eigentliche Sprache ist der Gesang,
darum ist auch Singen gar nichts Künstliches, wenn man nicht, wie
man sollte, die Kunst als das eigentlich wahre Element des menschlichen Lebens auffaßt.

Unser häusliches Leben stellst Du Dir doch nicht recht vor,
wenn Du meinst, daß die Geschäfte des praktischen Lebens
Alexander überlassen wären und ich wie ein gelehrter Ehemann
mich bei der Sache verhielte. Ich habe noch nicht die Mängel
und Einseitigkeiten eines Gelehrten, wie ich auch noch nicht seine
Vorzüge und Tugenden besitze. Ich bin überhaupt gar nicht so un-
praktisch, wie die Leute glauben und wie ich selbst glaubte, so lange
ich noch gar keinen Grund hatte, praktisch zu sein. Ich bin hier
des Morgens gewöhnlich der Erste aus dem Bette. Es wird Licht
angesteckt, dann das im Ofen Abends vorher aufgeschichtete Holz
entzündet, dann wird Wasser gekocht in einer kleinen Gießkanne,
welche durch Spiritus erhitzt wird, wobei ich freilich zuerst viel
Ungeschick bewies, übergoß und die Flammen durchs ganze Zimmer
laufen ließ, so daß der aufwachende Campe nur ein blaues Flam-
menmeer sieht und in halber Traumangst mit der Wasserflasche
aus dem Schlafzimmer herbeieilt. Das Feuer wird an seinen Platz
zurückbeschworen, und während der nöthigen Vorbereitungen zu
einem geordneten Tagesleben und Tageswerke erhitzt sich Ofen und
Wasserkessel. Letzterer wird in die Kaffeekanne geleert und ein
wohlschmeckendes und alle Schläfrigkeit verscheuchendes Gebräu zu
Stande gebracht, das während der Morgenarbeit in langen Zügen
genossen wird. Um 8 Uhr greife ich zu Mantel und Hut und ziehe
durch die Französischestraße, Friedrichsstraße und Linden in die
Universität, wo uns Professor Lachmann auseinandersetzt, wie die
deutsche Sprache sich von dem allgemeinen Sprachstamme abgelöst
und sich durchs Gothische, Althochdeutsche und Mittelhochdeutsche
selbständig entwickelt hat. Die Untersuchungen sind an und für sich

ziemlich trocken, doch hat es sein großes Interesse, und mir ist gerade
jetzt der Sinn aufgegangen für die Betrachtung der Sprachformen
als solcher und der Trieb erwacht, das immer mehr als ein geord-
netes, in sich nothwendiges Ganze zu betrachten, was zuerst als ein
Chaos von Willkürlichkeiten erscheint. Dann gewinnt die Sprache
ein ganz neues Interesse, wir versetzen uns auf wissenschaftlichem
Wege in die Zeit zurück, die in unbewußter Genialität die Sprachen
bildete, dem Gedanken das Zeichen, dem Geiste die Form erschuf.
Das Gefühl für ihre Nothwendigkeit und Zweckmäßigkeit hat sich
nie ganz verloren, sonst hätten die Sprachen noch ganz andere Um-
wälzungen erfahren, aber es ist verdunkelt und darum im Verlaufe
der Zeiten viel verkannt und entstellt, und es ist das Schicksal aller
Sprachen, daß die Fehler mehr überhand nehmen, als das Gute.
Wir müssen jetzt auf die alten Formen zurückkehren und aus ihrem
ursprünglichen Zustande, soweit wir diesen erfassen können, die Gesetze erkennen, welche das sprachbildende Volk unbewußt befolgte.
Das erste große Nationalgedicht jedes Volks ist seine Sprache, und
wie man seiner Muttersprache mehr und mehr inne wird, so auch
seiner Volksthümlichkeit. Zuerst freilich macht die Betrachtung der
Sprachentwickelung einen niederschlagenden Eindruck, denn zumal
bei der deutschen Sprache ist die Entwickelung ein fortwährend zu-
nehmendes Verbleichen und Abschwächen der alten vollen, melo-
dischen Formen. Doch auch dagegen hat die Wissenschaft Trost und
Beruhigung. Dies bezeichne Dir im allgemeinen den Standpunkt,
von dem aus ich mich für diesen Zweig der Sprachforschung interessire. Von 9 bis 1 bin ich gewöhnlich ruhig zu Hause; dann bin
ich immer allein und studiere mit ganzem Ernste. Schriftsteller
lesen und verstehen ist dabei die Hauptsache. Um 1 Uhr gehe ich
zum Essen, wenn ich nicht vorher einen Besuch mache, oder genauer
zu sagen, 5 Minuten vor 1 gehe ich zu Tische. Diese Pünktlichkeit,
zu der ich mich sehr ungerne bequeme, hat ihren Grund darin,
daß um 1 Uhr der Andrang so ungeheuer ist, daß man halbe Stunden warten kann, ehe man dran kommt. Der Lärm, das ewige
Rufen der hungernden Studenten, das Hin- und Herrennen der
Kellner, das Umwerfen von Tellerthürmen, das laute Gespräch der
Speisenden, das Fordern und Schelten gibt dem Ganzen einen
chaotischen Charakter und nimmt alle Gemüthlichkeit und Ruhe, die
doch beim Essen heilsam und nothwendig ist. Denke Dir, wie peinlich es ist, wenn man eben anfängt, seine Suppe zu essen und sich

schon ein bleicher, hungriger Theologe, der eben unbefriedigt aus
Neanders Kolleg kommt, der die Speisung der 5000 erklärt hat,
hinter den Stuhl stellt und jeden Bissen, den man zu sich führt,
darauf ansieht, ob's nicht bald der letzte sei. Nach Tische geht man,
mit seinen Bekannten geschaart, unter den Linden auf und ab und
moquirt sich über die Berliner Welt. Das Bessere erwählt man
allerdings, wenn man ins Museum geht, von dem ich mir freilich
mehr versprochen habe, als ich finde; denn besonders die Sammlung
der Antiken enthält so wenig Ausgezeichnetes, daß das Gebäude
offenbar besser ist, als das, was drin ist. Besonders das Innere
des Gebäudes, mehr noch als der äußere Anblick, der aber imposant
wirkt, ist sehr großartig. Gleich nachdem man die vielen Stufen
erstiegen und die doppelte Säulenreihe vor der Thüre durchschritten
hat, tritt man in eine Rotunde, welche dem, der das Pantheon nicht
gesehen hat, herrlich und großartig erscheint.

Bedeutender als die Antikensammlung ist die Gemäldegallerie,
welche im zweiten Stocke aufgestellt ist, auf sehr sinnreiche, belehrende
Weise geordnet. Ich habe sie noch wenig betrachtet, werde es aber
mit Eifer thun. Am besten kenne ich schon die Sammlung alter
Vasen, welche in einer Art von Souterrain aufgestellt ist und sehr
viel Veranlassung zu Betrachtungen und Untersuchungen gewährt.
Die meisten der Darstellungen sind nur schnell hingeworfen und
rühren mehr von Handwerkern als von Künstlern her. Doch sind
fast alle höchst sinnreich und poetisch gedacht und mit großer Genialität ausgeführt. Von dem blinden Dr. Müller*) habe ich Dir,
glaube ich, noch gar nicht geschrieben und doch ist mir diese Bekanntschaft sehr lieb und interessant. Er ist ein rührend liebenswürdiger
Mann, so von Herzen bemüthig und bescheiden, so voll Liebe und
voll geistigen Strebens, so frei und edel, daß ich ihn gleich liebgewonnen habe. Er ist unverwüstlich heiter und still, und doch wie
schwer ist sein Beruf; er gibt täglich 7 bis 9 Privatstunden, muß
sich täglich fast durch ganz Berlin führen lassen und hat nur wenige
Stunden, die er bei seiner Frau und seinen Kindern zubringen kann,
und zum Studium bleibt ihm wenig Zeit. Er will so gerne an der
Universität dociren, man legt ihm aber zuviel Schwierigkeiten in
den Weg und hat ihm alle Hoffnung auf Beförderung abgeschnitten,
weil ein Blinder doch nie für die Universität gelehrt und belesen

---

*) Siehe die biographische Skizze in „Alterthum und Gegenwart",
Bd. II S. 323.

genug sein würde. Das erscheint mir als eine schändliche Einseitigkeit. Seine Frau lebt ganz für ihn und in ihm und seinen lieblichen
Kindern. Du hättest das Schauspiel sehen sollen, wie sie am ersten
Abend, als ich da war, aus dem Nebenzimmer in ihren Hemdchen
hereinsprangen, um dem Vater Gute Nacht zu sagen, und er sie auf
den Schooß nahm und herzte und die Kleinen so mitleidig in die
starren Augen des Vaters guckten — es war ein wunderbar rührender Anblick. Ich will ihn oft besuchen und will ihm auch vorlesen;
mir ist in seiner Nähe, bei seiner Milde und stillen Heiterkeit ungemein wohl.

An Victorine Boissonnet.

Berlin, 18. December 1835.

Alle Dienstag pflege ich von 5—7 in die Proben der Singakademie zu gehen, was ein Privilegium der Mitglieder der Mittwochsgesellschaft, d. h. der kleinen Akademie, ist. Meine eigene
Singewuth ist übrigens sehr klein geworden; denn man hört hier
wirklich so viel Meisterhaftes, daß man ganz beschämt und niedergedrückt wird, wenn man sein kleines Talentchen daran mißt und
auch zu dessen Ausbildung nicht kommen kann. Ich habe nun noch
besondere Schicksale mit meinem bischen Stimme. Denn als Rungenhagen mich ausprobirt, erklärt er meine Stimme für Tenor und
behauptet, ich hätte mich bis dahin in einer ganz falschen Sphäre von
Tönen bewegt und müsse mir jetzt die höheren Töne erwerben, was
nicht fehlen würde. Professor Pölchau fällte dasselbe kunstrichterliche
Urtheil, und so quäle ich mich jetzt immer mit meiner Kehle herum, um
ihr noch einige Höhe herauszupressen; aber bis jetzt mit schlechtem
Erfolge. Darum bin ich sehr kleinmüthig geworden. Wenn Du meinst,
daß ich mich gar nicht mit Philosophie beschäftige, so muß ich wohl
im letzten Briefe bei Aufzählung meiner Kollegia zufällig gerade
das ausgelassen haben, welches mich jetzt am meisten und inner-
lichsten beschäftigt: die Religionsphilosophie bei Dr. Erdmann,
einem Kurländer, der schon eine Zeit lang Prediger war, jetzt aber
hier docirt. Er ist ein ungemein philosophischer Kopf und gewiß
der bedeutendste Anhänger des Hegelschen Systems, das hier noch
immer das herrschende ist und Vielen eine Maske, hinter der sie
ihre Hohlheit verbergen. Doch hat es auch hier seine heftigsten
Gegner, und besonders wird die Hegelsche Religionsphilosophie jetzt

gewaltig angegriffen. So sehr sie auch selbst behauptet, eine christliche zu sein und in ihren Resultaten mit den christlichen Dogmen übereinstimmt, wird ihr doch vorgeworfen, daß sie den wahren Gehalt der Offenbarung vernichtet. Neander besonders ist ein leidenschaftlicher Eiferer gegen alle Hegelei.

Noch habe ich kein Urtheil in dieser Sache, aber ich sehe die Nothwendigkeit ein, hier selbstständig zu stehen, und strebe ernstlich darnach. Es ist eine schwere Aufgabe, bei der ich oft verzage. Ganz verschieden ist der Eindruck von Steffens' Vorlesung. Er hat seine Ansichten nie zu einem System vereinigt, es sind geistreiche Blicke in die Tiefen der Natur und des Menschenlebens, mit einer hinreißenden Lebendigkeit vorgetragen. Mich zieht die ganze Persönlichkeit des Mannes außerordentlich an und ich sauge seine begeisterten Worte mit wahrer Seelenlust ein. Er ist ein wahrer Redner für die Jugend, und ich lasse mir die Freude an ihm nicht verkümmern durch die vielen Vorwürfe, die man ihm macht, daß er nämlich zu wenig sichere, positive Resultate gebe. Mich däucht, die Anregung, wie er sie gibt, ist das Positivste, was ein Mensch dem anderen bieten kann. Auch bringt immer die Stimme der begeisterungsfähigen Jugend durch das Geschrei seiner Verkleinerer hindurch und feiert ihn mit Liebe und Dankbarkeit. Am Weihnachtsabend erhält er von der Schaar seiner Verehrer einen Pokal. Berlin steht schon ganz im Weihnachtsschmucke da und die reichen Läden und Ausstellungen sehen wahrlich stattlich aus, aber die rechte Weihnachtsfreude leidet doch unter dieser Pracht und allem dem äußeren Schimmer. Heute Vormittag werde ich mit Alexander zu Lisco gehen. Ich wollte, ich könnte mit Euch zu Geibel gehen, denn hier habe ich noch nie recht Befriedigung im Gottesdienst gefunden. Vor allem stören mich schon die kleinen Löcher von Kirchen, in denen die geputzten Menschen aufs schrecklichste zusammengedrängt sind. Alle Feierlichkeit wird dadurch vernichtet. Auch habe ich noch wenig gehört, was mir recht zusagte. Auch der höfische Anstrich der Predigten verleidet und verkümmert den Eindruck. Doch habe ich natürlich noch nicht Alle gehört; viele ausgezeichnete Prediger lassen sich jetzt gerade nicht hören, wie z. B. Theremin. Nach der Kirche ist Probe von Glucks Iphigenie, die in einem Privatcirkel aufgeführt werden soll.

Heute Abend ist Figaro in der königlichen Oper; es wird gewiß ausgezeichnet gut. Endlich sind jetzt die Pariser Tänzerinnen fort-

gereift, vor denen keine gute Oper aufkommen konnte. Das Herrlichste, was ich hier auf dem Theater gesehen habe, war die Iphigenie
von Madame Crelinger. Es war einzig großartig. Das Theater
hat einen ungeheuren Reiz für mich, und ich habe Mühe, ihm gehörig zu widerstehen. Ueberhaupt hat man in Berlin immer Neues
und Anziehendes nach allen Seiten, und das menschliche Begehrungs-
vermögen findet überall Anregung. Besonders anlockend sind die
schönen Bilder, welche dem Vorübergehenden von unzähligen Läden
aus ein Halt zurufen.

An dieselbe.
                                        Berlin, 11. Januar 1836.

Gestern, Sonntag Mittag, war ich beim Staatsrath Nicolovius*)
und lernte dessen überaus liebenswürdige Familie kennen. Seine
Tochter Florchen, eine große, edle Gestalt mit sehr bedeutenden,
wenn auch nicht ganz regelmäßigen Zügen und schwarzen Augen und
Haaren, ist vor kurzem verheirathet und lebt jetzt ganz in der Nähe
ihres schon lange verwittweten Vaters. Sein Sohn ist auch vor
kurzem verheirathet mit einer sehr hübschen, blonden, singenden
Danzigerin; diese beiden Paare waren bei dem Vater und bildeten
die liebenswürdigste Familiengruppe, die sich denken läßt.

Als Beiwerk existirt da noch als Pflegerin des Alten eine Ver-
wandte von Schleiermacher, sehr nett und gescheut. Es ist eine
wahrhaft klassische Familie; sie stammt direkt von Göthes Schwester
ab, Jakobi und Claudius spielen auch hinein, Schleiermacher gehörte
ihr nahe an. Es herrscht dort eine sehr freie, unbefangene und
gewürzte Unterhaltung, wie man sie in Berlin sonst selten findet,
und an der ich mich wahrhaft erbaute. Nach Tische wurde gesungen;
Constanze, die Schwiegertochter, sang vortrefflich die köstlichen
Lieder von Curschmann, und ich mußte auch geben, was ich konnte.
Nirgends wird man schneller mit einander bekannt als am Klaviere,
und bald konnte ich mir gar nicht denken, daß ich zum ersten Male
in diesem Kreise weilte. Ich wollte, daß die Leute mich öfter zu
sich beriefen, was, wenn ich ihnen ein Tausendstel so gut gefallen
habe, wie sie mir, nicht ausbleiben wird. Ich habe hier neulich

---

*) Georg Heinrich Ludwig Nicolovius, 1767—1839, Direktor im Mi-
nisterium Altenstein. Seine Gattin war die Tochter von Goethes Schwester
Cornelie Schlosser.

einen alten Bonner Bekannten wiedergefunden, von Schack, den
Sohn des mecklenburgischen Bundestagsgesandten. Ich hatte ihn
schon für todt gehalten, weil er nach der letzten Nachricht, die ich
von ihm hatte, ohne Hoffnung in Paris krank lag. Denke Dir daher
meine Ueberraschung, als ich ihn plötzlich hier beim Essen treffe
und von ihm höre, daß er nicht aus dem Reiche der Schatten, sondern
direkt aus Italien kommt und erst vor drei Wochen Rom verlassen
hat. Er hat zur Erholung den ganzen Sommer verreist, hat zuerst
die Schweiz und Südfrankreich, dann Italien bis zur Südspitze gesehen und hat alle Eindrücke frisch und lebendig bewahrt. Berlin
ist ihm fürchterlich, und darum versetzt er sich gerne in die schöne
Vergangenheit, deren Bilder ich mit ihm anschaue. Auch ihm ist
Rom von Allem das Schönste, auch an Naturschönheit; seine Wanderung über die Sabinerberge beschreibt er mit köstlichen Farben.
Neapel hat seiner Idee nicht entsprochen. Ich werde wahrscheinlich
viel mit ihm verkehren, und ich sauge immer mit durstigen Zügen
ein, was von Italien kommt. Für Beschäftigung mit alter Kunst
habe ich hier mehrfache Anregung, theils durch das Museum selbst,
das herrliche Vasen und auch gute Statuen hat, theils durch Professor Gerhard,*) der hier jetzt Vorlesungen hält. Er hat sich ganz
der alten Kunst gewidmet und lebt für gewöhnlich in Italien.
Sonderbar, daß sich bei Delius das Interesse für bildende Kunst
mehr und mehr verliert, obgleich wir in Bonn zuerst mit gleichem
Enthusiasmus dafür entbrannten, von Welckers Wort entzündet.
Ihm wird die vergleichende Grammatik immer mehr zur Hauptsache und er hat hiefür auch das entschiedenste Talent. Ich habe nie
einen Freund gehabt, der mich so sehr in fortwährender Spannung
gehalten, mein Interesse so auf stets neue Weise angeregt hat, wie
Delius. Sein Wesen wird immer räthselhafter, je tiefer ich es zu
ergründen glaube, und ich glaube, er selbst kann mir die Räthsel
nicht lösen. Sein geistiges Wesen spricht mich auf eine merkwürdige
Weise an, seine Nähe läßt mich nie in einer gleichgültigen, flauen
Stimmung, sondern macht mich immer lebendig und aufgeregt,
aber es ist mir oft ungemüthlich und unheimlich und ich werde von
unerklärlichen Gefühlen bewegt. Er erhält mich in stetem Wechsel
von Betrübniß und Freude. Ich weiß nicht, wie ich ihn entbehren

---

*) Friedrich Wilhelm Eduard Gerhard, 1795—1867, seit 1833 „Archäo-
log des kön. Museums", seit 1843 Professor an der Universität.

soll. Wir sind hier sehr viele Hansestädter und im allgemeinen von
gutem Vernehmen unter einander, wie sich dies alle Montag Abend
bewährt, wo wir in ziemlicher Zahl uns in einem netten Lokale
nach 8 Uhr bei gutem Baierischen Biere versammeln, das heißt auf
kürzere Weise, wir haben eine Bierkneipe aufgethan. Die Hamburger
halten sich meistens fern von uns, aber die Bremer und Lübecker,
wozu auch Viele gehören, die blos auf unserer Schule gewesen, und
Manche, die auf andere Weise in unseren Kreis gezogen sind, halten
gut zusammen, und das Hanseatenlied, besonders der Vers von der
Ostsee Brausen erschallt montäglich aus vielen, begeisterten Kehlen.
Die Dienstag- und Mittwochabende sind von fünf bis sieben Uhr
gewöhnlich der Akademie gewidmet. Dienstags wird das herrliche
Oratorium David vom frühverstorbenen Bernhard Klein zur Auf-
führung vorbereitet. Mittwochs singen wir theils kleinere geistliche
Sachen, theils aus dem Saul von Händel.

An den Bruder Georg.

Berlin, 24. Januar 1836.

So hübsch Berlin sich ausnimmt beim Schnee, so häßlich bei
dem jetzigen regnichten Wetter, wo ein Schmutz auf den Straßen
und Plätzen ist, den man in einer Residenz nicht erwarten sollte.
Es ist hier um so empfindlicher, im Kothe zu gehen, da man in der
bei diesem Geschäfte nöthigen Vorsicht und Behutsamkeit immer
durch die Sorge gestört wird, von herbeistürmenden Equipagen vernichtet zu werden. In dies Dilemma des Erhaltungs- und Rein-
lichkeitstriebes wurde man heute besonders oft gebracht, weil wegen
der Feier des Ordensfestes ein unendliches Fahren aufs höchste ge-
zierter Equipagen stattfand. Die General-Ordens-Kommission soll
diesmal wieder ungemein thätig gewesen sein und vielleicht kommt
man schon in wenigen Jahren im Preußischen dahin, daß jeder gute
Preuße sein Band im Knopfloche hat. Es ist schade, daß dies
Ordensfest doch so wenig Volksfest ist, obgleich der Bischof Eilert
es unter diesem Namen vor Gott und Menschen feiert. Es ist auch
nicht einmal in dem Sinne volksthümlich, daß das Volk sich wenigstens als Zuschauer freuen könnte an der Pracht seiner Koryphäen.
Weder an dem Gottesdienste, noch an der Tafel werden Zuschauer
geduldet, es wird Alles wie tiefes Mysterium behandelt. Auch
sind schon, wie ich höre, die alten Ritterkostüme aus ökonomischen

Gründen seit mehreren Jahren abgeschafft. Wie denn überhaupt das
Poetische des Königthums und eines Hofstaats mehr und mehr zurück-
tritt und wenig von Glanz und Herrlichkeit zu schauen ist. Der
König regiert von seinem kleinen Eckzimmer aus und nicht vom
Throne herab seine Länder, und nicht ein goldenes Scepter, sondern
eine gewöhnliche Gänsefeder in der Hand. Seine Befehle vollzieht
er durch Namenszug, keine Herolde tragen sie unters Volk. Den
königlichen Wagen erkennt man nur an der Schnelligkeit, mit der
er dahin fährt, damit Niemand Zeit habe, die Gesichtszüge Sr.
Majestät zu studieren; deshalb erscheint er auch nie in der
königlichen Loge, sondern in einer kleinen Bühnenloge, wo er
sich hinter einer vorgezogenen Gardine trefflich verbergen
kann. Das alte graue Schloß ist noch das einzige recht Königliche, und mit stiller Freude wandere ich oft durch dessen weite
Hofräume und schaue mir die herrlichen grauen Mauern an. Sonst
kann ich hier an den Gebäuden wenig Freude finden, und das kann
gewiß Keiner, der von Kindheit an gothische Bauten hat betrachten
können und sie unwillkürlich im Sinne hat bei der Anschauung
ähnlicher Werke. So muß wirklich das, was hier unter dem Namen
eines Domes existirt, lächerlich oder widerlich erscheinen. Fast am
liebsten ist mir unter den neuen Bauten das Brandenburger Thor,
das einen klaren, griechischen Eindruck macht.

Ich habe mich in der letzten Zeit besonders mit den attischen
Rednern beschäftigt, um so durch die Bekanntschaft mit dem griechischen Rechte und die Einsichten, die Einem hier in das gewöhnliche
Leben der Alten geöffnet werden, ein immer deutlicheres Bild vom
athenischen Leben mir zu entwerfen. Aber abgesehen von diesem
realen Zwecke ist diese Lektüre, besonders die des Demosthenes, auch
des Aischines und Lysias sehr erfreulich und sehr bildend.

Die heilige Sanskritsprache hat mir viel Zeit genommen, das
ist wahr; doch ist's gewiß keine verlorene Zeit. Denn schon die Erlernung einer solchen Sprache ist nützlich, und nun zugleich diese
Blicke in ein so merkwürdiges Land, wie das alte Indien ist. Das
Sanskritstudium hat sehr viel Anziehendes, ohne Zweifel, besonders
für den, den der Ehrgeiz treibt, nach einem berühmten Namen zu
ringen oder der den Beruf in sich fühlt, die Wissenschaft durch neue,
massenhafte Entdeckungen zu förbern. Der findet keinen besseren
Platz, als die Urwälder am Gangesstrome, wo sich auch mit gewöhnlichen Instrumenten viel schaffen läßt. Die klassische Philo-

logie steht auf einem ganz anderen Standpunkte; da läßt sich nicht
viel mehr entdecken; auch sind für die jüngere Generation nach den
Leistungen eines Böckh und Müller für die Hauptsache allem Anschein nach nicht viel Lorbeeren mehr zu pflücken. Aber nach meiner
Ansicht bietet darum diese Wissenschaft desto reineren geistigen Gewinn dar.

An Victorine Boissonnet.

Berlin, 3. Februar 1836.

Der Sonntag, ein schöner, heiterer Wintertag, ward mir ein
rechter Sonnentag für mein Herz. Wir gingen den Nachmittag,
wie gewöhnlich, in ziemlich bedeutender Schaar, meist Bremer, nach
Charlottenburg, wo des Sonntags Nachmittags eine unendliche
Menschenfülle in ein Haus zusammenströmt. Dort verplaudern wir
eine Stunde und freuen uns des bunten Getümmels. Auf dem Hin-
und Herwege durchtoben wir gewöhnlich auf eine ziemlich ausge-
lassene und manchem guten Berliner anstößige Weise den Thiergarten — kurz der Sonntagnachmittag wird aufs gewissenhafteste
dazu benutzt, die Glieder wieder gelenk zu machen und die Brust
wieder an freiere Landluft zu gewöhnen. Wie nehmen die Tage
schon zu, wie eilt die Natur den lichten Jahreszeiten entgegen —
mir ist wunderlich dabei, ich kann mich nicht darauf freuen, ich
fühle mehr als je den Trieb, den fliegenden Wochen Fesseln anzulegen; mir ist, als hörte ich die Stunden und Tage an mir vorüber-
rauschen mit verhöhnendem Lärme und ich stünde da mit offenen
Armen, um Wolken zu haschen. Ich habe bisher fast nur in Gegenwart und Vergangenheit gelebt, jetzt tritt die Zukunft näher an
mich, bald lockend, bald ängstlich, aber immer dunkel und keinen
Haltpunkt dem irrenden Blicke gewährend. Ich habe wohl zuweilen den Trieb und es ist ja auch so Sitte bei den Menschen,
Schritte zu thun, um dies Dunkel zu zerstreuen und die terra in-
cognita nach menschlicher Macht auszubauen — aber es gelingt mir
damit wenig und ich komme immer wieder dahin, ruhig zu harren
des, das kommen soll, und in einer Manchem unbegreiflichen Gleichgültigkeit immer nur das zu thun, was ich für den gegenwärtigen
Standpunkt thun zu müssen glaube.

An den Vater.

Berlin, Februar 1836.

Daß ich Dir wegen der Dienstpflicht so große Ausgaben verursacht habe, war mir sehr verdrießlich zu hören. Ich glaubte die
Zeit noch ferne und hoffte, daß dann immer noch auf bessere
Weise würde Rath geschafft werden können. Ich konnte mir nicht
denken, daß gerade die Jahre bestimmt seien, in denen doch Jeder,
den nicht Schwäche oder besondere Umstände fesseln, in der Fremde
verkehrt. Sollte es denn in kleineren Staaten, für die doch die allgemeinen Verordnungen so unverhältnißmäßig drückend sind, nicht
möglich sein, etwas mehr die Einzelnen zu berücksichtigen und Ver-
legung der Dienstzeit zu gestatten — oder könnten nicht, wenigstens
die Unterthanen kleinerer Bundesstaaten, in einem anderen Kontin-
gente ihre Dienstpflicht erfüllen dürfen? — Doch verzeih, lieber
Vater, daß ich es unternehme, Dir von Verbesserungen der Militär-
ordnungen vorzuschwatzen; ich mußte nur meinem Unmuthe etwas
Luft machen darüber, daß ich Euch auf die Weise Kosten verursache,
daß Ihr für mich wie für einen Invaliden bezahlen müßt, während
ich die gesundesten Arme und Beine habe und Nichts lieber möchte,
als ein Jahr lang die Flinte zu führen oder Roß und Säbel zu
schwenken. Doch es ist ja Nichts mehr zu ändern, das Geld ist hingegeben, wofür ein Miethling meine Stelle vertreten wird, und mir
bleibt Nichts übrig, als mich desto tiefer in die Bücher zu verkriechen
und die mir so theuer erkaufte wissenschaftliche Muße um so höher
anzuschlagen. — Wegen des Sanskritstudiums brauchst Du, glaube
ich, nicht zu fürchten, daß es mich zu sehr von klassischen Studien
entferne. Bis jetzt ist noch nicht zu befürchten, daß eine mehr als
allgemeine Kenntniß des Alt-Indischen mich dem klassischen Boden
entfremde. Freilich habe ich ziemlich viel Zeit auf Grammatik und
Lektüre verwandt. Aber hätte ich weniger darauf verwandt, so wäre
alle diese Mühe verloren gewesen. So habe ich doch von dem grammatischen Bau der Sprache ein lebendiges Bild und von ihrer
Syntax und einem Theil ihrer Litteratur einen frischen Eindruck
erhalten. Ich habe entschiedenen Gewinn davon und kann nun auch,
wenn ich's nöthig finde, mich wieder mehr davon zurückziehen; denn
ich habe einen Grund gewonnen, auf dem ich zu beliebiger Zeit
weiter bauen kann. Zu besserer Zeit aber konnte ich dies Studium
nicht beginnen, das mir schon in seinen ersten Anfängen mannig-

fach belohnend gewesen ist. Ich sitze jetzt gewöhnlich ganz allein
mit Professor Bopp zusammen, und da läßt er mich denn immer
möglichst viel lesen und interpretiren, so daß wir seit Weihnacht
ben einen Band seiner Episoben größtentheils durchgelesen haben.
Dabei kommt benn auch manche hübsche Bemerkung für allgemeine
Grammatik vor, und Bopp ist überhaupt so sehr bereitwillig, zu
geben soviel er kann, daß mir seine sonst so sehr als ledern ver-
schrieenen Stunden ganz lieb sind.

An Victorine Boissonnet.

Berlin, 7. März 1836.

Ich erkenne es bankend und preisend an am heutigen Tage,[*]
daß Gott mir einen Vater gegeben hat, der mir in jeder Beziehung
ein Bild männlicher Tüchtigkeit sein kann. O wie herrlich steht er
mir vor Augen — seine feste Gestalt, sein ernstes Gesicht, dessen
starke Züge durch die Freunblichkeit seines Blickes gemilbert werden.
Er ist mir das Vorbild eines christlichen Hausvaters. Das habe ich
biesmal in ganzer Stärke empfunden, als ich zuerst wieder mit
ben Meinen am Tische saß und Vater die Hände faltete und für
uns betete, wie ergriff mich das mit ungewohnter Rührung, mir
brangen die Thränen in die Augen und ich wußte mich kaum zu
fassen. Die ganze Herrlichkeit eines christlichen Familienlebens trat
mir vor Augen. Und nun diese unermübliche Thätigkeit als Staatsmann, dies Resigniren auf eigene Anerkennung, was nur zu gut
angebracht ist in unserer Vaterstadt, dies lebendige Interesse für
alles Einzelne seiner Geschäfte und endlich dieser offene Sinn für
alles Herrliche in Wissenschaft und Kunst, welcher unter aller der
Geschäftigkeit nicht gebeugt wird. Dieser Eifer für alles Geistige,
wie und wo es sich regt, und bei aller Tüchtigkeit und Verbienst die
kindliche Demuth — ja das ist sein Größtes, das ist die Krone, die
Glorie seiner Vortrefflichkeit. „He is a man, take him for all in all",
das gilt wahrhaftig von ihm, denn sein Wesen ist so vollständig
und so aus einem Gusse, seine Persönlichkeit so sicher und fest aus-
geprägt, wie es jetzt immer seltener wird, bei der zunehmenden
Verwischung eigenthümlicher Inbividualitäten. Wie bewältigt fand
ich mich immer neben ihm, und doch auch wieder gehoben. Seine

---

[*] Dem Geburtstag des Vaters.

Curtius, Ein Lebensbild.

Nähe war mir immer erbaulich, wie ich es diesmal erst recht empfunden habe. Solch ein Gefühl ift zu groß, um in Worten gefaßt
zu werden. Es hat nur in Gefinnung und That feinen analogen
Ausdruck, und es ift mein wärmfter Wunsch, daß ihm immer heller
auf diefe Weife meine Dankbarkeit entgegentrete und daß fein Vorbild mehr und mehr ein leuchtender Stern meiner Lebensbahn
werde! Und wie köftlich glänzt ihm zur Seite der Stern der mütterlichen Liebe, der unvergleichlichen Zärtlichkeit eines nur im Wohle
der Kinder athmenden Mutterherzens — ja auf diefe beiden Sterne
will ich immer mehr meine Blicke heften und nach ihnen meine
Schritte lenken. Sie führen Blick und Herz zum Himmel. Alle Liebe
zu den Eltern ift wefentlich religiös.

Das Halbjahr ift pfeilfchnell verfchwunden und bedeutende Veränderungen werden in meinem Leben eintreten. Alexander wird
schon heute über acht Tage uns verlaffen und nach Bückeburg gehen.
Unfer Verhältniß ift ein fehr trauliches und gemüthliches. Aber
schwerer wird mir der Abschied von Delius, den ich mit tiefer Wehmuth scheiden fehe. In dem Verhältniß mit ihm habe ich die eigentlich göttliche Weihe der Freundschaft ahnen gelernt, und es hat eine
Wichtigkeit für mein Leben, die ich erft mehr und mehr einfehe.
Geftern war ich wieder bei Nicolovius, deffen Familie fehr herzlich
sich gegen mich bezeigt hat. Geftern wollten fie mich gar nicht los-
laffen; ich mußte dort effen, Kaffee, Thee und Abendeffen einnehmen,
fobaß ich mich allmählich ganz heimisch fühlte. Nach Tifche gingen
wir auf verborgenen Wegen des Thiergartens fpazieren bei dem
herrlichen Frühlingswetter. Berlin war ein ganz neugeborenes,
alle Mäntel verfchwunden, die Linden und der Thiergarten voll
Spaziergänger und Alles voll neuen Lebens. Der Geheime Rath
Nicolovius ift der Begleiter des Grafen Stolberg, mit dem er ziemlich lange in Italien gewefen ift. Er ift mir der liebfte von der
ganzen Familie. Er hatte herrlichen alten Rheinwein in bunklen
Römern, und am Schluffe der Mahlzeit rief er mir zu: „Es lebe das
gute Lübeck und der treffliche Syndicus!" und die Gläfer gaben
schönen, lauteren Klang. Geftern Vormittag war die lange vorbereitete Aufführung der Gluckfchen Iphigenia bei der Hofräthin
Hecker, einer Wittwe, die zwei mehr als erwachfene Töchter hat,
beren eine, Virtuofin auf dem Fortepiano, die ganze Oper begleitete.
Sie hat in Penfion eine ganz junge Gräfin Cäcilie von Baffewitz,
eine junge Dame, die Oftern konfirmirt wird, aber schon viele

Köpfe in Verwirrung gebracht hat. Sie ist hübsch von Angesicht, stolz gewachsen, sehr lebendig, dabei mit allen möglichen Talenten übersäet, sie zeichnet, malt, singt, spielt, tanzt und, ich glaube, strickt auch zum Entzücken. Darum wird sie endlos gefeiert. Interessanteres könnte ich Dir allerdings über die Singakademie erzählen. Besonders über den Faust in der Komposition des Fürsten Radziwill, auf welche die Berliner ganz versessen sind und die auch herrliche Sachen enthält, die sich nun allerdings nicht leicht beschreiben lassen. Jetzt wird die Bachsche Passion eingeübt nach dem Evangelium Mathäi. Meine Musik verstummt mehr und mehr vor dem Herrlichen, das ich höre. Ich sehe auch, daß ich so nicht ordentlich fortkommen kann aus Mangel an musikalischem Talente. Ich werde oft so unmuthig über alles Mißlingen, daß ich besser thue, mir diesen Aerger zu sparen; ein ewiges Stehenbleiben im Unvollkommensten kann der Mensch nicht vertragen.

An die Eltern.

Berlin, 21. März 1836.

... Bald bin ich von genauen Bekannten gänzlich verlassen und in dieser Beziehung steht mir ein trauriges Osterfest bevor, zumal da ich am Sonnabend die schreckliche Plage des Umzuges habe, welche diesmal Keiner mir tragen hilft. Man hat gerade in Berlin die Freuden eines wahren Freundesumgangs sehr nöthig, um sich aufrecht zu halten, und darum könnt Ihr mir's nicht verdenken, wenn mir zuweilen recht wehmüthig zu Sinn ist.

An den Vater.

Berlin, 29. März 1836.

Ich habe jetzt endlich eine neue Wohnung gefunden bei einer Frau, die mir sehr vortheilhaft bekannt ist durch Bremer Freunde, welche bei ihr gewohnt haben. Sie kostet sechs Thaler und ist in der Mauerstraße, eine Treppe hoch. Ich hatte schon ein anderes, sehr hübsches Stübchen am Gensdarmenmarkte gemiethet, aber die Wirthsleute zeigten sich bei näheren Berührungen in einem so unvortheilhaften Lichte, daß ich nur froh war, auch mit einigen Aufopferungen, von ihnen loszukommen. Man kann in dem verdorbenen Berlin nicht vorsichtig genug sein.

5*

An Victorine Boissonnet.

Berlin, am Mittwoch nach Palmarum.

Die letzten Tage haben mir viel Trübes gebracht, das heißt, sie haben mir viel Liebes genommen, und ich war eine Zeit lang so grundmelancholisch, daß Du Dir gratuliren kannst, den in dieser Laune an Dich geschriebenen Brief nicht bekommen zu haben. Es war mir schmerzlich, gerade in dieser heiligen Zeit so unfrei und unfroh zu sein, und ich habe des Unmuths Last von der Seele gewälzt und nur der Wehmuth süße Qual mir zur Gefährtin behalten, da ich in meiner Einsamkeit doch der Gesellschaft bedarf. Sonntag Morgen um 7 Uhr war die Scheidestunde in einer kleinen, abgelegenen Straße Berlins, wo der Hauderer sein Quartier hatte, der die Freunde in dreien Tagen nach Dresden hinbringen wollte. Du denkst Dir übrigens leicht meine Lage hier schlimmer als sie ist, wenn ich Dir sage, daß ich von meinen nächsten akademischen Freunden gänzlich verlassen bin. Mir ist jetzt gerade eine Periode der Einsamkeit recht willkommen. Ich habe in der letzten Hälfte des Winters gar zu viel Zerstreuung gehabt. Ich meine nicht gerade immer Vergnügungen, sondern ich war in solchem Wechsel von ernsten und heiteren Beschäftigungen, daß ich zu wenig zu mir selbst kam. Du wunderst Dich gewiß, wenn ich Dir sage, daß ich gestern Abend vielleicht nach vier Wochen zuerst wieder allein zu Hause war. Jetzt thun mir die schönen, stillen Vormittage unendlich wohl.

Freilich, wie viel herrlicher, wenn ich von den entrissenen Freunden mir den einen hätte zurückbehalten können und mit ihm diese Einsamkeit theilen. Ich denke, wir bleiben nicht lange getrennt, in jungen Jahren ist alles möglich. Zunächst haben wir zu Ostern eine Zusammenkunft in Bremen verabredet, die nun freilich sehr problematisch ist, da in die Zeit wahrscheinlich die Krisis meiner äußeren Verhältnisse fallen wird. In der Singakademie haben wir herrliche Sachen gehabt; besonders die Bachsche Passion nach Mathäus. Unsere Iphigenie hat noch mehrere sehr hübsche Gesellschaften nach sich gezogen, besonders die letzte am vorigen Freitage, welche sich in einen kleinen Ball auflöste, wobei ich mich herrlich ergötzte. Jetzt bin ich mit einer Aufführung der Glocke beschäftigt. Aber ich will entschieden im Sommer weniger Zerstreuung haben und ich will manche Bekanntschaft aufgeben. In den Ferien werde ich gute Ruhe haben.

.

An den Vater.

Berlin, 11. April 1836.

Die neue Wohnung behagt mir sehr wohl, einige Unannehmlichkeiten abgerechnet, die sich des Sommers fast in allen Berliner
Quartieren wieder einfinden und von denen man gerne schweigt.
Außerdem ist nur noch die etwas hühnerstiegenartige und mehr
zum schnellen Hinab- als Heraufkommen eingerichtete Treppe zu
tabeln, sonst bin ich sehr zufrieden, besonders daß ich endlich einmal
wieder an brave, theilnehmende Wirthsleute gekommen bin, die
des Abends freundlich „Gute Nacht" sagen und des Morgens nach
dem Befinden fragen und denen ich ohne Bedenken jeden Augenblick mein Vermögen anvertrauen könnte, was diesen Augenblick
ziemlich viel sagen will. Auch revidirte die Frau Schwartz im Anfange, da sie merkte, daß ich etwas unordentlicher Art sei, immer
die Schlösser in und am Zimmer, und Abends, wenn ich ausgehe,
fragt sie immer, ob ich den Hausschlüssel bei mir hätte. Eine solche
Frau ist meine Wirthin, die Ehegattin des Kleidermachers Schwartz,
eines alten, würdigen Handwerkers mit einem schwarzen Käppchen
und weiß kattunenem Schlafrocke, der neulich bei Gelegenheit eines
Landbrodes, das er mir brachte, über die vortreffliche Bäckerei der
Lübecker aus Erfahrung sprach. Der kleine Schneiderbursche steht
mir immer zum Auslaufen bereit, was ich natürlich nicht oft benutze, und die etwaigen Blessuren an Wäsche oder Kleidungsstücken
sind immer, ehe ich's merke, wieder gutgemacht. Diese angenehmen
häuslichen Verhältnisse haben sehr dazu beigetragen, daß mir in
diesen Ferien — den Anfang abgerechnet — sehr wohl zu Muth
war. Ich fühle mich in meiner Stube und bei den Büchern so behaglich, daß ich meine Familienbekanntschaften auch fast ganz vernachlässigt habe. Es ist ein köstliches Gefühl, sich so ganz mit voller
Hingebung in den Gegenstand des Nachdenkens versenken zu können
und dabei Zeit und Stunde ganz zu vergessen. In der Kollegienzeit
kommt man zu diesem Genusse nie, da ist der ganze Tag in Stunden
eingetheilt, und ein Schlag mehr oder weniger von der Thurmuhr,
die mich sonst weiter gar nichts angeht, entscheidet, ob ich in meinen
Gedanken bleiben kann oder sie plötzlich abreißen muß, um die
Stiefel anzuziehen und nach den Linden zu laufen. Jetzt ist's mir
so ganz gleich, wie oft mein Nachbar, der Dreifaltigkeitsthurm,
seinen ehernen Mund aufthut und die Zeiten ausruft, ich wollte ihm

die Mühe gern ganz schenken. Mein Nachbar links ist der Prinz
Karl, der jetzt nach dem ersten verunglückten Versuche zum zweiten
Male nach Petersburg gereist ist, um sich bei der bevorstehenden
Entbindung seiner Gemahlin nicht über die Gratulationen ennuhiren
zu müssen. So wohne ich hier zwischen Kirche und Staat, zwischen
Christenthum und Weltlust. Wenn Schleiermacher noch predigte, wie
wollte ich dann meinen Nachbarn rechts in Ehren halten und wie
bedeutungsvoll würde dann sein Geläute in meine Fenster schallen,
das mich jetzt nur zu Marheinekes gezierten, marklosen Predigten
einladet. Ich wandere jetzt gewöhnlich einen weiten Weg zur Kirche,
denn ich gehe ungefähr ³/₄ Stunden, um zur Parochialkirche zu
kommen, wo Arndt predigt, der mir bis jetzt als der bedeutendste
Prediger Berlins erscheint. Theremin habe ich freilich noch nicht
gehört. Mittwoch wird Tholuck hier in der neuen Kirche predigen.

Der Thiergarten macht mir viel Freude. Es wird ganz lieblich
jetzt darin und man findet so allerliebste, abgeschiedene Bänke, sobald man eben aus dem Thore heraus ist. Da kann man sich ganz
getrost und ungenirt ein Stündchen hinstrecken und lesen oder in
die Wolken schauen, nur in weiter Ferne sieht man die Equipagen
auf den Chausseen dahinfahren. So habe ich schon sehr glückliche
Stunden verlebt.

An die Eltern.

Berlin, 25. April 1836.

Ehegestern hörte ich Theremin; er übertrifft an allseitiger
Vollendung Alles, was ich von Kanzelrednern gehört habe, eine
schön gebaute, leicht fließende Rede, nie ermüdend, immer neu
Gedanken und Form gestaltend, klar und durchsichtig, und der Vortrag, alle Aeußerlichkeiten bis zum Geringsten, ganz meisterhaft.
Es ist ein wahrer Ohrenschmaus — und wenn die Predigt das sein
soll, so ist er der Redner aller Redner. Auf mich hat er wenigstens
den Eindruck gemacht, daß ich Nichts tadeln konnte, als daß er zu
glatt sei, daß er zuviel auf Vollendung der Form wende. Gottes
Wort will sich nicht in so sein gehaltenes Gewand fügen und Beides
läßt sich nicht zu gleicher Zeit festhalten. In dem wegen seiner
Prediger so gefeierten Berlin bin ich erst recht inne geworden, wie
schlimm es doch im ganzen mit den Predigten steht. Es werden sehr
viele tüchtig gedachte und kunstreich gearbeitete Reden gehalten,

aber es sind keine Volksredner da, deren Worte wie die der Apostel
zweischneidige Schwerter sind und die Menschen aufschrecken aus
ihrer Heilsgleichgültigkeit. Die Predigten sind fast alle wie für den
Druck gehalten. Ich habe jetzt einen solchen Widerwillen gegen die
wohldisponirten und nach gleichmäßigen Abschnitten gegliederten
Reden der meisten Prediger, daß es mir oft die Andacht stört. Der
Gebildete freut sich der schönen Wendungen und Anwendungen und
vertauscht so sich unbewußt das kirchliche Interesse mit einem ästhetischen. Darum liegt manches Gift in sonst wackeren Predigten.

An die Eltern.

Berlin, 4. Mai 1836.

Seit Montag sind die Vorlesungen eröffnet und eröffnen sich
im Laufe dieser Woche. Ich habe noch wenig Kollegienfeuer und
verlasse ungern des Morgens meine ruhige, kühle Stube, um auf
sonnigem und staubigem Wege in die Hörsäle zu gelangen. Professor
Trendelenburg ist als Ehemann glücklich hier angelangt. Ich habe
ihn neulich gesprochen und mich sehr an seiner Unterhaltung gefreut. Seine Frau habe ich noch nicht gesehen. Ich bin sehr begierig auf seine Pädagogik, die er des Nachmittags lesen wird, ob
er mir diese Disciplin lieb machen kann. Dr. Erdmann, dessen Psychologie ich zu hören gedenke, soll, wie man sagt, an Billroths Stelle
nach Halle versetzt werden. Emanuel Geibel ist Sonnabend angekommen und gefällt sich hier bis dahin sehr gut. Ich habe mich
herzlich gefreut, ihn wiederzusehen, und hoffe, daß unser Zusammenleben gute Früchte trage. Er ist voll Saft und Kraft, und wenn seine
Kraft auch noch oft mehr ins Breite und Weite geht, als in sicherer
Tiefe sich sammelt, so wird das gewiß besser werden und bei tieferem
Studium und ernsterer Auffassung des Lebens auch die Weihe der
Kraft nicht ausbleiben.

Nächstens wird hier von der Akademie zu Beethovens Gedächt-
nißfeier die Beethovensche Messe, eine ungeheuer schwere Musik,
aufgeführt werden; der Ertrag wird für ein Monument des großen
Meisters in Bonn verwandt werden. Wir kleinen Akademisten sind
auch zur Theilnahme aufgefordert worden.

Neulich, am preußischen Bußtage, ward im Opernhause von
der königlichen Kapelle die Schöpfung in ausgezeichneter Vollendung aufgeführt, ich habe etwas so Vollkommenes nie gehört. Bei

Lecocqs, die sehr eifrige Musikfreunde sind, üben wir jetzt an der
Gluckschen Armide. Sie haben ein herrliches Lokal und gute Mittel
zur Ausführung, wie sie auch eine Glucksche Oper verlangt. Ich
habe große Freude an all diesen musikalischen Genüssen, die auch
nicht wirkungslos an Ohr und Herz vorüberklingen. Rungenhagen
weiß immer sehr passend und hübsch die Musikstücke auszuwählen
und an die Gegenwart anzuknüpfen. Oft schließt er sich den kirchlichen Festen an bei den Uebungen der Akademie. Heute sangen wir
aus dem Frühling von Haydn, und dabei glänzte der blaue Himmel
so freundlich in die hohen Fenster hinein, daß wir mit wahrer Lust
und Begeisterung sangen.

Berlin ist jetzt sehr in Bewegung wegen der vielen hohen Herr-
schaften, die theils hier sind, theils erwartet werden. Man bereitet
gewaltige Manöver vor und man hört an allen Orten pfeifen und
trommeln. Auch hat am 1. Mai der große Springbrunnen, der, wie
Proserpina, ein halbes Jahr unter der Erde ruhte, seine überirdische
Laufbahn angetreten, und der mächtig aufsteigende Wasserstrahl ist
in der That ein tröstlicher Anblick für die von Sonne und Staub
mißhandelten Menschen, die sich mit wahrer Leidenschaft hinan-
drängen, sobaß eigene Aufseher am Wasserbassin stehen, um Unglück
zu verhüten. Der Blick vom Innern des Museums durch die Rotunde
und die Säulenreihe auf die Fontaine, die zwischen grünen Beeten
sich erhebt und einen Theil des Schlosses dünn verdeckt — dieser
Blick ist wirklich großartig und der Hauptstadt eines Königsreichs
würdig.

An Victorine Boissonnet.

Berlin, 15. Mai 1836.

Emanuels Ankunft hat für mich Epoche gemacht. Wir sind viel
zusammen und leben uns gut in einander ein. Wir sind sehr verwandten und sehr verschiedenen Geistes, und gegen die mich oft
heimsuchende grübelnde Kleinmüthigkeit ist seine lebensmuthige
Frische ein heilsames Gegengewicht. Das Selbstbewußtsein des
Talents ist eine gefährliche Klippe, denn sie wird leicht Eitelkeit,
wie bei allen nicht selbst erworbenen Vorzügen. Er wird gewiß die
Klippe vermeiden, wenn er mehr und mehr den Kern des Lebens
erfaßt und mit einer tieferen, ernsteren Richtung sein Talent sich vermählt. Sollte dies geschehen, so wie ich's ihm wünsche und hoffe,
dann wird er gewiß viel Bedeutenderes produciren, als jetzt, da

ihm die Poesie noch zu sehr ein Spielwerk ist. Er fängt schon an, mehr aus dem Leben zu greifen, und das ist gewiß der rechte Weg, während es mir ein Abweg zu sein scheint, in rein erdichteten Anschauungen idealisirter Gegenden schwärmend sich zu verlieren, wie in seinen Venetianischen Liedern. Er las mir in diesen Tagen seine Novelle vor, die er mit Niebuhr gemacht hat. Sie enthält vortreffliche Schilderungen. Es ist in der That der Samen der Dichtkunst weit verbreitet in den Herzen der Jugend, und es sollte mir viel leichter sein, unter meinen Bekannten die sanglosen, als die Legion der sangbegabten aufzuzählen, und so ist das Verhältniß, glaube ich, überall in Deutschland. Der Waldstrom ist von den Bergen herabgekommen und hat sich nun im Thale in viele kleine Arme getheilt, in denen Himmel und Blumen sich gerne spiegeln. Die Welt wird frisch und bunt dadurch, aber das mächtig Ergreifende ist dahin.

Hier in der Stadt ist jetzt ein sehr bewegtes Treiben. Zu Ehren der beiden französischen Prinzen wird eine große Heerschau sein, wozu viele Truppen zusammengezogen werden. Alle Häuser liegen voll Soldaten. Das ist das Höchste von Festlichkeit in jetziger Zeit, einige tausend Maschinenmenschen aufziehen zu lassen. Mich widert dies hoffärtige Soldatenspiel im Grunde der Seele an. Denn ist's nicht ein Spiel?

Die Bückeburger Prinzessinnen sind auch hier. Man sagt ihnen nach, sie spekulirten auf den französischen Königsthron. Die Prinzen sehen nett aus, sie werden ungemessen gefeiert. Die Plätze im Theater sind mit Gold bezahlt und das Volk umjubelt ihren Wagen. Das Schicksal spielt doch wunderliche Spiele den Fürsten.

An den Vater.

Berlin, 2. Juni 1836.

Ein Berliner Sommer gehört nicht zu den erfreulichen Konstellationen. Wer nicht von früh auf resigniren gelernt hat, muß hier Vieles vermissen. Man merkt hier, wie dem Menschen Naturfreude mehr als Genuß, wie sie ihm Bedürfniß sein kann und ihr gänzlicher Mangel eine große Leere in ihm zurückläßt. Doch wird man ja anderweitig entschädigt, und was für den Körper Nachtheiliges entstehen könnte, wird ein Ausflug im Herbste, wenn er sich einrichten läßt, wieder gut machen. Das Semester ist gewaltig

kurz; auch ſind meine Vorleſungen nicht ſehr bedeutend. Böckhs
Metrik iſt zuweilen ſehr langweilig, weil es überhaupt ſeine Sache
nicht iſt, Theorien klar und bündig zu entwickeln, auch die Haupt-
ſachen mir ſchon bekannt ſind. Erdmanns Pſychologie iſt mir ein
recht intereſſantes Kolleg, wenn es auch nicht ſo ſehr ausgezeichnet
iſt. Trendelenburgs Pädagogik iſt recht anregend und belehrend.
Er iſt hier jetzt ſehr hübſch eingerichtet; ſeine Frau iſt ſehr liebenswürdig, ich war noch ehegeſtern Abend bei ihnen. Profeſſor Gerhard, der jetzt Berlin ganz gegen Rom vertauſcht zu haben ſcheint,
unterhält meine Liebe für archäologiſche Studien. Er iſt höchſt mittheilend und bereit zu jeglicher Auskunft. Ich komme jetzt auch mit
einigen Anderen des Sonnabends Nachmittags zu ihm zur Uebung
in eigener Beurtheilung und Auslegung alter Kunſtdenkmäler. Die
hieſige Vaſenſammlung gibt beſonders reichen Stoff zu Unterſuchungen.

An Victorine Boiſſonnet.

Berlin, 8. Juni 1836.

Ich lebe in ſeltſamen Zuſtänden jetzt; alle meine Wünſche, meine
erſten Anſprüche ans Leben kehren ſo unbefriedigt von den gegebenen Verhältniſſen zurück, daß ſie, tief im Herzen koncentrirt,
mein ganzes Leben und Daſein zu einem ſtürmiſchen Verlangen
nach anderen Umgebungen und Verhältniſſen machen. Bekämpfen
kann ich dieſe Stimmungen nur durch die angeſtrengteſte Thätigkeit. Aber ſobald die aufhört, bricht der gehaltene Unmuth los in
grenzenloſer Verachtung der hieſigen Exiſtenz und innigem Verlangen nach anderen Menſchen und Gegenden, und dies ſteigert ſich
bis zur peinlichſten Unbehaglichkeit. Wie iſt mir dann Alles ſo fatal!

> Wie ſind die breiten Gaſſen,
> Die Plätze mir verhaßt,
> Wo Staub in Wolkenmaſſen
> Den Wandrer blendend faßt,
> Und wird ſein Auge helle,
> Was ſchaut der arme Wicht?
> Ach! Bäume ſelbſt und Quelle,
> Gab uns der Himmel nicht —

ſondern der große Springquell, welcher vor dem Muſeum ſpringt,
zum Ergötzen aller Sterblichen, wie die erhöhte Schlange den ver-
peſteten Israeliten, dieſer Springquell wird durch eine Dampf-
maſchine in die Höhe gequält, welche blos an Heizung täglich
6 Thaler koſtet.

> O! traget mich von hinnen,
> Gedanken, ungesäumt,
> Da wo bei hellen Zinnen
> Der Rhein vorüberschäumt,
> Da will ich ruhn und schauen
> Ins blaue Himmelszelt
> Und will dem Himmel trauen
> Und seiner schönen Welt.

Liebe Victorine, mir sind jene einfach großen Natureindrücke zu sehr Bedürfniß geworden, als daß mir ein Berliner Sommer gefallen könnte. Nur Eines ist mir jetzt von unschätzbarem Werthe, nämlich der tägliche wissenschaftliche Verkehr mit zwei Freunden, von denen der eine, ein Stralsunder, Namens Kruse,*) der andere ein Livländer ist und Bergmann heißt. Beiden verdanke ich viel Anregung und ich schätze und liebe sie beide von Herzen. Es sind ausgezeichnete Naturen und ich bin stolz auf ihre Freundschaft; der Eine ist mir mehr durch sein eigenthümliches, geistvolles Wesen, der Andere mehr durch sein gereiftes Urtheil und seine große Klarheit und Umsicht werth und bedeutend. Beide leben ganz der Wissenschaft und das Beispiel ihres Fleißes hat mich ungemein angespornt. Ich arbeite jetzt mehr als je und wundere mich darüber, wie wenig Erholung der Mensch bedarf. Vor fünf bin ich gewöhnlich auf und bis auf die späteren Abendstunden bin ich fast unausgesetzt beschäftigt. Nachtheile habe ich noch nicht davon empfunden. Recht wohl und frisch kann man freilich unmöglich in Berlin sein, wenn man auch noch so faul wäre.

In voriger Woche hatte ich die ungemeine Freude, die Gluck-sche Iphigenie auf Tauris im Opernhause zu hören, recht gut aufgeführt. Sie machte einen riesenhaften Eindruck auf mich, wie ich ihn nie in einer Oper erhalten habe. Ich hatte keine Idee von einer solchen dramatischen Wirkung der Musik. Es sind wahrhafte Musiktragödien diese Gluck'schen Opern, und die Mozart'schen sind mir jetzt wie Tändeleien dagegen. Aus unseren Winterversammlungen waren mir die Töne wohlbekannt, aber das Ganze trat mir in einer Größe entgegen, die ich bei einer Privataufführung nicht ahnen konnte. Ich brenne vor Verlangen, Gluck näher kennen zu lernen. In der Akademie haben wir wieder den Faust, welchen die Berliner nie genug bekommen können, und dann die Beethovensche Messe gehabt. Ich gehe des Dienstags regelmäßig

---

*) Der Dramatiker und Journalist, spätere Chefredakteur der Kölnischen Zeitung, Heinrich Kruse, 1816—1902.

dahin und habe große Freude daran. Meine eigene Musik ruht jetzt
sehr. Ich wollte Stunden nehmen, aber es ist nicht zu Stande gekommen, und jetzt bin ich gar acht Tage schon ohne Klavier. Doch
sehe ich, daß ich es nicht entbehren kann und hier am allerwenigsten.

Am letzten Sonntage machte ich eine kleine Landpartie mit
dem Dr. Müller und seiner Familie nach Schöneberg, einem Dorf
an der Potsdamer Chaussee, wo einige Gärten sind! Der liebe
Müller freute sich unendlich an der frischen Luft — ich hätte ihn
fast beneidet um seine Blindheit; denn die Steppen weit und breit
machten mich ganz melancholisch und doch mußte ich den guten
Leuten zu Gefallen mich wenigstens einigermaßen befriedigt stellen.

An die Eltern.

Berlin, 30. Juni 1836.

Mir ist die letzte Zeit glücklich verstrichen in angenehmem
Wechsel von ernster Anstrengung und geselligen Erholungen. Die
Sonnenhitze war freilich oft kaum zum Aushalten und benahm auch
dem wackersten Arbeiter wohl oft Lust und Muth, zumal da man
hier erfrischender, schattiger Spaziergänge entbehrt. Doch auch hier
fehlt's nicht ganz an Naturfreuden und sommerlichen Genüssen, und
man erkennt recht, daß soweit es blauen Himmel und grüne Bäume
und Wasser gibt, der Empfängliche auch immer an der Natur sich
freuen kann. Hier lernt man es, jeden Baum, jede grüne Wiese
schätzen. Des Morgens um 5 gehe ich regelmäßig mit zwei Freunden, Bergmann und Kruse, vors Thor nach einem Garten, der eine
kleine Viertelstunde von meiner Wohnung entfernt ist. Dort haben
wir ein stilles grünes Plätzchen, wo wir oft bis gegen 10 Uhr zu-
sammensitzen und schon viele Meisterwerke griechischer Muse, besonders des Aristophanes, gelesen haben. Das macht uns viele Freude
und schafft uns gut vorwärts in der Uebersicht der griechischen
Litteratur und in der Aneignung ihres Geistes. Auch lateinisch wird
zuweilen als Intermezzo eingeschaltet, so jetzt einige Plautinische
Komödien. Mein Zimmer selbst ist gut kühl zu erhalten. Des Abends
ist das Baden in der Spree eine Hauptbelustigung, die freilich etwas
umständlich ist, zumal, wenn man, wie wir, lieber oberhalb der
Residenz bei Stralau, als unterhalb baden will, aber doch sehr belohnend. Da sind niedliche Böte, breites, stilles Wasser und schöne,
grüne Ufer mit Landhäusern und fröhlichen Menschen geziert. Ein

Bremer Freund hat sich kürzlich ein Segelboot gekauft, das jetzt bald im Stande ist und nächstens, in hanseatischen Farben schimmernd, seine Fahrten beginnen wird. Diese Erholungen, die Bewegung des Ruderns sowohl, als das Baden an den warmen Mondabenden im Kreise lieber Freunde sind meine wahren Erquickstunden in Berlin. In Familiencirkel gehe ich sehr selten. Die heißen Theestunden sind gar zu unangenehm. Beckers besuche ich zuweilen, da sie sehr schön im Freien wohnen.

Durch Professor Gerhard bin ich zu genaueren archäologischen Studien sehr angeregt. Er ist der gefälligste Gelehrte, den ich gesehen habe. Oft bringe ich halbe Tage auf seinem Zimmer zu, um seine Kupferwerke und Sammlungen zu benutzen, und auch sein Rath und Ermunterung fehlt nie. Er hat mich auf ein Thema gewiesen, dessen nähere Sondirung jetzt mich ganz beschäftigt; es betrifft den Dreifuß-Raub des Herakles, einen sehr häufigen Gegenstand auf Vasen und Reliefs, über dessen kunstmythologische Bedeutung sich vielleicht viel Neues sagen läßt. Finde ich das Thema fruchtbar und handlich, so wäre es ein hübscher Dissertationsstoff, der im Winter verarbeitet werden könnte. Sonst habe ich schon andere Gegenstände ähnlicher Art. Die Wahl wird sich bald entscheiden. Mit entschiedener Neigung wende ich mich dem Theile der Alterthumswissenschaft zu, welcher das religiöse Leben der Griechen und dessen Ausdrücke in redender und bildender Kunst betrifft. Es fehlt dort noch sehr an klaren Grundzügen. Hauptfragen sind unerörtert, während viel Detail bis aufs Geringfügigste erschöpft ist. Du wirst gewiß diese meine Richtung nicht tadeln, lieber Vater, weil sie nicht unmittelbar mit den Examensaufgaben zusammenfällt. Führt mich doch dieses Studium in den eigentlichsten Kern des Alterthums und verlangt es doch eine Uebersicht der Litteratur, welche nur durch viel Lesen erreicht werden kann. Dem Ziel eines Philologen, wie seine Aufgabe jetzt gestellt ist, kann mich daher kein Studium sicherer entgegenführen. Berlin ist für archäologische Studien doch immer ein sehr günstiger Ort, besonders die Vasensammlung ist unschätzbar. Da das Sehen hier die Hauptsache ist, muß man schon darum die Gelegenheit, welche man dazu in Hauptstädten hat, treulich benutzen. Freilich entsteht auch hier lebhaft der Wunsch, reichere Museen zu besuchen und besonders Gegenden, welche die Geschichte selbst zu Museen der köstlichsten Ueberreste des Alterthums bestimmt hat. Mag nun dieser Wunsch Erfüllung finden

ober nicht, jedenfalls gibt es kein Studium, das so gut vorbereitete,
um mit Nutzen für sich und Andere jene Reise machen zu können,
als eben das archäologische.

An die Eltern.

Leipzig, 17. August 1836.

. . . Allerdings ist vom objektiven Standpunkte das unmäßig
frühe Schließen der Kollegien in Berlin nicht zu rechtfertigen, doch
wer ein Jahr lang ohne Unterbrechung dort gesessen hat, wird sich
schwerlich über diese Abnormität beklagen, sondern möglichst gut
dieselbe zu benutzen suchen. So auch ich. Dazu kommt, daß gerade
jetzt der Himmel so blau und weit wurde, daß doch bei der allgemeinen Reiseunruhe der Einzelne unmöglich widerstehen und emsig
bei den Büchern bleiben konnte. Besonders aber forderte mich zum
schnellen Fortreisen die Aussicht auf, mit guten Freunden zusam-
menwandern zu können.

Von Potsdam sind wir mit der Schnellpost geeilt und so im
Nu aus dem staubigen, öden Berlin nach dem anmuthigen Leipzig
versetzt, wo wir gestern Vormittag anlangten, nachdem wir ehegestern Abend Potsdam verlassen hatten. Gestern Nachmittag waren
wir im Rosenthal außerordentlich vergnügt. Es war dort voll
fröhlicher Menschen, die einen ganz anderen Eindruck machen, als
die Berliner Menge. Den Abend brachten wir im Auerbachschen
Keller zu auf eine dieses historischen Platzes würdige Weise. Wir
waren durch ein zahlreiches Zusammentreffen von Hanseaten —
mehreren Bremer Kaufleuten, zum Theil sehr liebenswürdigen
Leuten — besonders heiter gestimmt.

Heute Morgen hörten wir einige Docenten, die noch sehr eifrig
im Gange sind. Winers Exegese der Korintherbriefe gefiel uns sehr,
dann hatte ich die große Freude, Gottfried Hermann zu hören. Er
hat eine höchst ausgeprägte, interessante Persönlichkeit. Er ist klein
und hager, aber Energie und das Bewußtsein geistiger Ueberlegen-
heit spricht sich in seinem ganzen Wesen aus. In seinen Zügen
möchte man eher einen Feldherrn, als einen Gelehrten unserer Zeit
erkennen. Er ist gewiß in seiner Polemik gegen die neuere, universelle
Richtung der Philologie einseitig, und es ist zu bedauern, daß er
sich ihr nicht mehr anschließen oder sie wenigstens anerkennen kann
— aber wahrlich in dieser seiner Einseitigkeit ist er Meister. Klarheit, Schärfe, Eleganz des Ausdrucks, Herrschaft über die Sachen

hat er in bewundernswürdigem Maße. In diesen rein formellen
Seiten der Wissenschaft überstrahlt er seine Gegner gewiß und diese
Vorzüge sind wenigstens gerade die blendendsten. Das neue Universitätsgebäude ist recht geschmackvoll, noch hübscher ist die neue Buch-
händlerbörse. Die freundlichen Gärten haben uns heute noch sehr
erfreut und ich bedauere wirklich, daß wir schon morgen früh Leipzig
verlassen. Gern hätte ich hier noch einige Bekanntschaften gemacht.
Doch fehlte es dazu an Ruhe.

An die Eltern.

Dresden, Ende September 1836.

Während Eurer Reise habe ich hier in der Schießgasse ein
ruhiges, stilles Leben geführt, oft recht einsam, dann aber auch
durch durchreisende Freunde angenehm variirt. Ich habe mit Muße
Dresdens Herrlichkeiten angeschaut, täglich bin ich in seinen Kunst-
sälen umhergewandelt, und ich kann jetzt mit dem Bewußtsein, nicht
umsonst hier gewesen zu sein, von dem schönen Dresden Abschied
nehmen und mich in die Berliner Winterquartiere zurückbegeben.
Wohl wird's mir schwer, mich von all den schönen Madonnen-
gesichtern zu trennen, die mich an jedem Morgen begrüßten und
mich oft recht warm und selig gemacht haben. Aber ich muß mich
doch begnügen, die schönen Züge im Gedächtnisse festzuhalten, und
meine Lieblingsbilder sitzen schon ziemlich fest darin. Sonst aber
gefällt mir Dresden nicht recht mehr. Bei der winterlichen Witterung wird es mir hier zu ungemüthlich. In den schönen Elbgärten
kann man nicht mehr sitzen, die Musiker erregen auch mehr durch
ihre verfrorenen Gestalten, als durch ihre Töne Rührung — kurz
Dresden hat seine Anmuth und seine Reize verloren. Bekannte habe
ich nicht mehr hier, Bücher als Ersatz mangeln auch, daher wird
mir's Niemand übel deuten, wenn ich in den nächsten Tagen nach
Berlin zurückkehre, wohin mich auch — ich kann's nicht leugnen —
ein heimathlicher Zug treibt.

Das fehlte überhaupt meinem Dresdener Leben, daß ich weder
alte Freunde länger bei mir gehabt, noch neue Bekanntschaften von
Interesse gemacht habe. Die Menschen sind's eben auch, die mich
nach Berlin ziehen.

Mit desto größerer Ruhe konnte ich aber die Eindrücke der

kunstreichen Stadt in mich aufnehmen und verarbeiten, und die
Menge von Kunstanschauungen, die ich hier eingesogen habe, und
die ersten Dämmerungen einer Ein- und Umsicht in Bezug auf die
Entfaltungen und verschiedenen Höhenpunkte der neueren Kunst —
das sind die Schätze, die ich mit mir aus Dresden davontrage und
wofür ich gerne die dicken Perlen des grünen Gewölbes liegen lasse.
Man muß eine solche Sammlung geschaut haben, um einmal recht
von der Bewunderung des Göttlichen in der Kunst durchglüht zu
werden, von der alles Wissen und Erkennen ausgehen muß. Und
dazu gibt's doch wohl diesseits der Alpen keinen schöneren Platz
als vor der Madonna di San Sisto. Hier feiert die Kunst ihre Verklärung, hier ist sie über alle Schulen erhaben, hier ist das über-
schwenglichste Gefühl völlig zur Gestalt gediehen. Ich muß auch
immer mit ihr anfangen und schließen. Wohl kommen mir zuweilen
andere Bilder interessanter, hinreißender vor, besonders die Correg-
gios. Seine Lichttöne, in welche die Formen zerfließen, üben eine
zauberische Gewalt. Aber der Raphael bleibt doch das Höchste, und
kein Bild vermag mich so innerlich still zu erwärmen und mir
Frieden einzuhauchen. Eine herrliche Sammlung ist die der Kupfer-
stiche, welche in größter Vollständigkeit alle Meister enthält und
dabei eine eigene Sammlung für die Geschichte der Kupferstecher-
kunst und dann einen einzigen Schatz an Handzeichnungen und
Originalstichen großer Künstler. Besonders an Dürerschen Original-
werken ist ein bedeutender Reichthum. Zu diesem Schatze kann man
aber nur Dienstags gelangen, an welchem Tage 12 Billette aus-
getheilt werden, so daß man schon um halb 7 Uhr früh an des
Inspektors Thürgriff stehen muß. Die Tempel der Kunst stecken
alle so voll Wucherern, daß es eine Schande ist. Das grüne Gewölbe
gehört zu den langweiligsten Instituten. Die Schätze, von den
polnischen Krönungsinsignien bis zu den fratzenhaften Kirschkernen
— werden nur durch die großen Summen interessant, welche dabei
ausgesprochen werden. Dresdens Merkwürdigkeiten sind wirklich
unzählig, wie man schon darnach beurtheilen kann, daß hier Menschen ein eigenes Gewerbe daraus machen, Gesellschaften zusammen-
zubringen zum gemeinschaftlichen Besehen. Das Dresdener Theater
ist sehr gut. Gestern trat die Schröder-Devrient nach zweijährigem
Urlaub zuerst wieder als Romeo auf. Sie hat ein eminentes Talent
und ist als Schauspielerin noch größer benn als Sängerin. Wenn
sie bis Sonntag noch auftritt, muß ich darauf warten.

An die Eltern.

Berlin, 29. September 1836.

Sonntag Abend hatte ich den großen Genuß, die Devrient in Fidelio zu sehn, denn das Auge ergötzt sich an der Grazie und dem Ausdrucke ihrer Bewegungen fast noch mehr, als das Ohr an ihrem Gesange. Am Montag Morgen durcheilte ich noch einmal die Antikensäle und die Gallerie und um 12 Uhr Mittags setzte ich mich auf die Post, wir waren 4 Passagiere und wurden an der preußischen Grenze einig, zusammen Extrapost zu nehmen, so waren wir schon am Dienstag nach 1 Uhr in Potsdam und fuhren schon um halb 3 Uhr nach Berlin. Hier angekommen, fand ich zu meinem Schrecken mein Zimmer in der größten Verwirrung. Eine lange Krankheit meiner Wirthin hatte die Ausmalung verzögert. Ich mußte also trotz meiner bedeutenden Ermüdung umherlaufen, um bei Freunden Nachtquartier zu suchen. Bei dem wunderherrlichen Abende war aber natürlich Alles ausgeflogen. Ich suchte lange umsonst, bis ich endlich bei meinem Stubennachbar aufgenommen wurde. Trotz dieses sehr unangenehmen Empfanges hat Berlin bei diesem Wiedersehen einen besseren Eindruck gemacht, als ich nach den Dresdener Genüssen erwartete; die Einfahrt von Potsdam her ist in der That sehr freundlich. Gestern mußte ich mich den ganzen Tag umhertreiben, ich war in der Kunstausstellung, welche jetzt schon gegen 1500 Kunstgegenstände umfaßt, und suchte die hier weilenden Freunde auf. Heute ist mein Zimmer schon wohnlich; bei dem herrlich warmen Wetter trocknet's schnell. In den ersten Oktobertagen wird wahrscheinlich mein Freund Kruse Euch einen Gruß von mir bringen. Es ist eine der edelsten Naturen, die mir begegnet sind. Er muß Euch gefallen. Er hat sich immer nur zu sehr von größerer Geselligkeit zurückgezogen; aber bei Euch wird er gewiß bald seine Scheu ablegen. Ich habe schöne Tage mit ihm in Dresden verlebt, und wir werden für die letzte Zeit unserer Studien recht verbrüdert bleiben.

An Victorine Boissonnet.

Berlin, 10. Oktober 1836.

Die Kunstausstellung hat für einige Zeit Berlin belebt. Es sind über 1500 Kunstprodukte schon ausgestellt, wozu täglich neue kommen — nun denke Dir, was es zu kritisiren gibt und welch eine Menge scharfsinniger und gefühlvoller Phrasen im Umlauf ist.

Schon darum sind mir jetzt alle gewöhnlichen Berliner Gesellschaften
zuwider, und ich muß mich ärgern, wenn man nun gar viel Rühmens
davon macht, daß das allgemeine Gespräch jetzt einen so würdigen
Mittelpunkt erhalten hätte. Ich kam nun unmittelbar aus der
Dresdener Gallerie in die Ausstellung, und da war ich wohl zu verwöhnt und ungerecht; besonders die eitle Farbenpracht der Neueren
fiel mir zu stark in die Augen gegen die stille anspruchslose Würde
jener alten klassischen Werke. Aus der Masse von Bildern und
Zeichnungen traten mir auch bald zwei Cartons von Overbeck hervor, welche sich gleich als grundverschieden von den neueren Leistungen durch eine klassische Einfalt und Klarheit und eine raphaelische
Innigkeit bekunden. Man glaubt, es hätte ein alter Meister der
aufblühenden Malerkunst gemalt, und so kommt Overbeck mir immer
vor, als gehöre er gar nicht unserer Gegenwart an, als habe ihn
sein Genius fortgetragen über die wechselnden Interessen und Richtungen des Augenblicks, und darum haben zwar seine Bilder nicht
das lebendig Ergreifende und Pikante, wie die der Unruhe und den
Stürmen des Lebens näher stehenden und ihnen entsprungenen
Bilder, aber dafür athmen sie einen Frieden und eine Stille, wie
sie im leidenschaftlichen Streben der Zeit nicht besteht und wie sie
nur aus einem lauteren Gemüthe entspringen kann, das schon im
Himmel Heimath gemacht hat. Wann werde ich den Meister Friedrich einmal von Angesicht begrüßen können, oder werde ich es je?
Seine beiden Zeichnungen stellen Salomons Urtheil und die Ver-
stoßung der Hagar dar; noch wird ein Oelgemälde von ihm versprochen. Es sind aus Italien herrliche Landschaften und Scenen
— am ehesten aber würde ich Dich zu einem vortrefflichen Panorama
Roms führen, das jetzt hier aufgestellt ist. Man sieht die ganze
Stadt aufs herrlichste vor sich ausgebreitet, und man glaubt, es
bedürfe weniger Schritte, um mitten in der Stadt zu sein. Die
Illusion läßt man sich schon gefallen. Du kannst denken, daß ich
mein 8. Semester mit einer besonderen Gravität und sonderlichen
Vorsätzen antrete, um allen Ernstes dem Ziele näher zu kommen,
das vorläufig zu erreichen steht. Die noch übrigen Ferientage werden eifrig benutzt, um eine Arbeit über scenische Darstellungen auf
alten Vasen womöglich in dieser Zeit zu vollenden für meine beiden
archäologischen Gönner Professor Gerhard und Dr. Panofka.*)

---

*) Theodor Panofka (1801—1858), seit 1835 in Berlin, seit 1843 Pro-
fessor an der Universität.

An Sophie Wattenbach.*)

Herbst 1836.

.... Mit H .... habe ich viel verkehrt. Er hat mit großem Vertrauen alle seine Klagen gegen mich ausgeschüttet. Ich habe ihn aufzurichten versucht, aber konnte natürlich durch Worte Nichts ausrichten. Es gibt nichts Traurigeres für einen Jüngling, als klagende Unthätigkeit und Verzagtheit. Gott! als wenn der Mensch noch Zeit zu klagen hätte! Daran, glaube ich, hat man gerade den besten Maßstab für die inneren Fortschritte, ob der Blick immer mehr vorwärts sich richtet, immer seltener um sich und hinter sich unsicher abirrt, ob der Wille immer energischer wird und Gedanken, welche zu Thaten drängen oder selbst Thaten sind, unser ganzes Innere zu erfüllen und alles Andere zu verdrängen im Stande sind. Liebe Sophie! wenn man sich vorgesetzt hat, nicht mit der Masse dahin zu träumen, mehr bestimmt als bestimmend, wenn man den Gedanken gefaßt hat, aus seinem Leben etwas zu bilden, ein Ganzes, ein Kunstwerk, in welchem ein Gedanke lebt, ist's dann nur möglich, sich bei Kleinigkeiten aufzuhalten, welche doch meist der Grund der Klagen sind? Das ganze Weltwesen liegt vor uns wie ein großer Steinbruch vor dem Baumeister, der nur dann diesen Namen verdient, wenn er aus diesen zufälligen Naturmassen ein in seinem Geiste entsprungenes Urbild zusammenstellt. Erinnern Sie sich dieser Worte aus Wilhelm Meister? Ich las sie dieser Tage und sie ergriffen mich so, daß sie mir immerfort in der Seele widerhallen, so klar sprechen sie das aus, was mir seit längerer Zeit in der Brust lag. Sind es nicht riesenhafte Worte? Ist es nicht ganz der Goethe, wie ihn Bettina gezeichnet hat, der den Lorbeer gepackt hält und ruhig ordnend in die Welt blickt, die seine Welt ist? Glücklicher Dichter, der die Zauberformel der Schöpfung hat! bei dessen Seitenklängen sich Stein an Stein symmetrisch fügt, während der ärmere Geist mühsam hackt und gräbt, und schaut doch nie ein Ganzes! Aber es kann doch Jeder bauen, und wenn es kein Kölner Dom wird, so kann es doch ein Tempelchen werden zu Gottes Ehre. In dem Vertrauen will ich jedes Zagen unterdrücken. Das Höchste gewollt zu haben wird nie gereuen.

---

*) Eine Jugendfreundin in Lübeck, Schwester des Historikers Wilhelm Wattenbach.

An Victorine Boissonnet.

Berlin, 3. November 1836.

Neulich war hier große Hofreboute zu Ehren der neuver-
mählten anmuthigen Prinzessin Elisabeth. Mir wurde ein Billet
durch Professor Trendelenburg zu Theil, und ich glaubte Zeit und
Geld daran wenden zu müssen, um einmal ein solches Residenzfest,
wie es nur bei Vermählung einer Prinzessin gefeiert wird, zu erleben.

Das ungeheure Opernhaus war zu einem Ballsaal verwandelt.
Die Größe, Decoration und Erleuchtung der Räume waren wirklich
imponirend — aber sonst ein wüstes Maskengedränge ohne Charakter, witzlos und freudlos; das Volk war bei seinem Könige zu
Gaste, aber nur ein paar Theetische mit Garbisten umstellt, standen
in den Ecken des Saales, und man riskierte viel um wenig, wenn
man sich hineindrängen wollte. Der Hof saß in seiner Loge auf-
gepflanzt und zog von Zeit zu Zeit als Procession von Dominos
in steifer Haltung durchs Parterre. Ich stellte als Grieche Betrachtungen an über diese kalten Feste, dies eitle und doch so mühselige
Geschäft der Vergnügungen, dies Mißlingen aller Freude in der
hochgebildeten norbischen Hauptstadt und schlich um Mitternacht
heim. Besser als die Maskensäle gefallen mir die Kunstsäle Berlins,
die noch immer sich erweitern und füllen. Gestern sah ich noch viel
Neues, besonders Bilder von Düsseldorfern, deren Ankunft durch
Ausstellungen auf der Reise verzögert ist. Leider stört das große
Gedränge sehr den Genuß. Das Bild, welches Aller Urtheil für sich
vereinigt und das man immer von einem Kreise O und Ach rufender
Damen umringt sieht, ist der nach Shakespeares Richard III. bar-
gestellte Tod der Söhne Eduards von Hildebrandt. Und es ist wahr,
es ist ein sehr gelungenes, sehr rührendes Bild. Denke Dir die
beiden Knaben im unschuldigen Schlummer auf dem Bette hingestreckt. Es ist in der Mittagsstunde, der ältere ist in ruhiger Lage,
der jüngere an der Brust des Bruders ihn umfassend eingeschlafen,
das reizendste Bild kindlicher Anmuth, Unschuld und Zärtlichkeit.
Gebetbuch und Rosenkranz liegen neben ihm auf dem Lager. Hinter
demselben erscheinen die Mörder, der vordere den Schlaf belauschend
und schon das Bettkissen zum Ersticken hebend, der andere steht
zaubernd zurück, das Ganze ist mit der größten Weisheit angelegt,

lein Effekt ist überboten und so wird wirklich dies Bild zu einem recht vollendeten, milb und warm ergreifenden.

Die Virtuosität dieses Meisters bewährt ein andres ganz kleines Bildchen, welches vier Chorknaben darstellt, knieend, mit ebenso mannigfachen Ausdrücken in den kindlichen Gesichtern, der Eine ist recht ernst und tüchtig beim Gebet, der Andere sieht mit schwärmerischem Auge zum Himmel, der Dritte blickt zerstreut dem Beschauer zu und der Letzte ist in Gedanken träumend versunken. Ich wollte, ich könnte Dir das Bildchen schenken. Es müßte sich köstlich in einem nicht zu großen Zimmer über dem Arbeitstischchen einer jungen Dame ausnehmen. Es ist viel tiefe, stille Poesie in dem kleinen Bilde. Von Overbeck ist jetzt noch ein Oelgemälde angekommen, ein Sposalizio, umgeben von singenden Engeln. Der fromme, selige Ton des Ganzen muß jedes empfängliche Gemüth ansprechen, sonst ist nicht zu leugnen, daß eine gewisse herbe Manier hier besonders stark hervortritt. Darin erscheinen ihm verwandt die Schadow'schen Bilder, zu welchen jetzt ein großes Altarbild, die Kreuzabnahme, gekommen ist.

Zweites Kapitel.

Griechenland. 1837—1840.

___

Ueber die Veranlassung der Reise nach Griechenland schreibt Curtius in seinem Aufsatze, der dem Andenken von Johannes Brandis gewidmet ist:[*])

„Im Jahre 1837 folgte der Vater einem durch Schelling vermittelten Rufe des Königs Otto von Griechenland, der einen deutschen Gelehrten zu wissenschaftlichen Vorträgen und zur Berathung in Universitätsangelegenheiten in seiner Nähe haben wollte. Im Januar des genannten Jahres trat die ganze Familie in einem zu diesem Zwecke gekauften Postomnibus mit einem fast vollständigen Hausrath versehen die damals noch sehr ungewöhnliche Reise an, welche zu Lande bis Ancona führte, dem einzigen europäischen Hafen, welcher durch Dampfschifffahrt mit der Küste Griechenlands in Verbindung stand. Ich war seit mehreren Jahren dem Brandis'schen Hause befreundet und wurde, während ich in Berlin studirte, von dem Vater Brandis aufgefordert, ihn nach Griechenland zu begleiten, um im Verein mit den Eltern für den Unterricht der Söhne zu sorgen."

An die Eltern.

Altona, 21. December 1836.

Obgleich erst seit 3 Tagen unterwegs auf meiner Reise über Kiel—Hamburg nach Athen kann ich Euch doch schon allerlei Schönes und Erfreuliches melden. Am Sonntage werdet Ihr Eure Reisenden sehr bedauert haben, und allerdings gab uns der tolle Einfall, einen

___

[*]) Alterthum und Gegenwart Bd. II, S. 278.

offenen Wagen zu nehmen, dem entsetzlichsten Wetter preis. Um ein Uhr kamen wir weiblich durchgeschüttelt und durchgenäßt in Eutin an. Auf einem halb offenen Wagen setzten wir die Reise fort und obgleich ich hier wieder ganz im Regen saß, hat doch gerade mir allein die Fahrt Nichts geschadet. Nachdem ich Forchhammer*) am Morgen schon kurz gesprochen hatte, holte er mich um 12 Uhr ab, und wir gingen bis 2 bei neblichter, aber nicht unangenehmer Luft am Hafen spazieren nach Düsternbrook zu, wobei er mir viel von seinen Reisestudien erzählte.

Die Krone des ganzen Tages war der Abend bei Preller,**) welcher Forchhammer und Nitzsch***) eingeladen hatte.

Wir saßen bis nach Mitternacht zusammen. Die Elemente gelehrter und gemüthlich einfacher Unterhaltung vereinigten sich auf eine seltene Weise. Es wird mir ein unvergeßlicher Abend sein. Nitzsch ist der liebenswürdigste Gelehrte, den man sich denken kann. Mit patriarchalischer Ruhe präsidirte er bei allen Gesprächen und leitete immer leise ins rechte Gleis. Forchhammer focht mit jugendlichem Eifer ein Paradoxon nach dem anderen durch, und Preller gab zu Allem seine, geistvolle Bemerkungen. Die allerliebste Frau Doktorin sorgte dafür, daß das Gespräch, wenn es zu abstrus zu werden drohte, wieder zu anmuthigeren, leichteren Gegenständen sich wandte.

Am anderen Morgen um 7 Uhr fuhr ich ab. Ganz allein in sehr bequemer Chaise fuhr ich wie im Fluge quer durchs holsteinische Land und war um fünf Uhr in Hamburg.

An Victorine Boissonnet.

Bremen, am 1. Weihnachtstage 1836.

Die Ueberfahrt über die Elbe war für einen December merkwürdig schön. Ein sanfter Wind führte uns hinüber, die Sonne ging herrlich unter. Die unzähligen Fenster von Hamburg und Altona glühten wunderbar im Abendrothe, und eine Reihe lieblicher

---

*) Den Archäologen Peter Wilhelm Forchhammer (1801—1894), seit 1836 Professor an der Universität Kiel.

**) Ludwig Preller, 1809—1861, damals Privatdocent in Kiel, 1838 bis 1843 Professor in Dorpat, zuletzt Oberbibliothekar in Weimar.

***) Gregor Wilhelm Nitzsch, 1790—1861, seit 1827 Professor der Philologie in Kiel.

Erinnerungen zog erquickend durch meine Seele. Nachher, als die Stadt verschwand, ging der Mond auf in voller Pracht, es war ein milder, schöner Abend. Nach 5 kamen wir in Harburg an. Anderthalb Stunden ungefähr blieb ich dort, dann stieg ich in den Wagen, der mit lauter Seemännern gefüllt war. Das wurde zuweilen unangenehm, sonst ging Alles gut von Statten und ich freute mich der mondhellen Nacht, in die ich, im Mantel eingewickelt, still hinausblickte und dabei unter anderem auch die Entdeckung machte, daß das eigentlich Angreifende der Nachtreisen nicht das Wachen, sondern das Schlafen ist, nämlich jener Halbschlummer, welcher verstört und krank macht.

Um Mittag kamen wir am Osterthore an. Nach einigen Stunden kam Nicolaus von Bremerhafen zurück; ich war bald wieder unter den Meliern zu Hause und begriff kaum, wie ich je Bedenken tragen konnte, des Freundes Bitten zu willfahren.

An dieselbe.

Göttingen, 28. December 1836.

Hier habe ich für die kurze Zeit noch recht viel beschickt; vormittags war ich bei Thöl und bei Hausmanns*) und einigen jüngeren Bekannten. Nachmittags sprach ich Müller, der mir manches Interessante mitgab, auch den trefflichen Wilhelm Grimm, und zuletzt war ich noch eine Zeit lang bei Dahlmann und seiner Frau, deren herzliches Gespräch mich sehr erquickte. Jetzt ist's sechs Uhr. Bis neun Uhr bin ich noch hier mit Alexander und einigen Anderen zusammen, dann im Postwagen nach Cassel und übermorgen Mittag in Frankfurt.

An die Eltern.

Augsburg, 6. Januar 1837.

Endlich ein ruhiger, gemüthlicher Abend. Wir sind freilich erst wenige Tage aus Frankfurt fort, aber doch wie unendlich viel hat sich für uns in diesen begeben, so daß ein ruhigerer Aufenthalt in einer größeren Stadt schon sehr erwünscht kommt. Unendlich viel könnte ich daher Euch berichten von dem Augenblicke an, da wir im

---

*) Der Mineraloge und Geologe Johann Friedrich Ludwig Hausmann (1782—1859) war der Bruder von Frau Brandis.

Begriff, mit Glanz aus dem Schwanen davonzufahren, im Hof-
thore mit unserem hochbepackten Wagen festrannten, durch alle einzelnen Momente unserer viertägigen Winterreise hindurch bis zu
unserer Ankunft im weißen Lamme zu Augsburg, wo der Postillon
wiederum, im Carriere hineinfahrend, uns auf eine bedenkliche
Weise zwischen unten und oben festklemmte. Denkt Euch unseren
ganzen Aufzug. Der Wagen mit drei Sitzreihen und einer Thür
innen und außen vollgepackt, das scharfe Winterwetter und den —
zumal in den gebirgigen Gegenden des Mains — hohen Schnee,
denkt Euch die Zahl der Reisenden, die Menge der Kinder und,
so gut es gehen will, die Beschaffenheit der Uebrigen, denkt Euch
dies und was sonst dazu gehört, und Ihr seht ein, wie viel Merkwürdiges, Beschwerliches und wie viel Komisches diese Tage geboten
haben müssen, besonders mir, der ich soeben unter diese Gesellschaft
getreten war. Wahrlich, auf solcher Reise selbst wird es einem erst
klar, was es heißt, im Januar mit Familie eine Reise von Bonn
nach Athen anzutreten. Doch bis dahin ist Alles gut gegangen. Es
sind Alle, obwohl mehr oder weniger erkältet, doch erträglich gesund,
und ein frischer Muth, der eine festere Basis als Leichtsinn hat,
herrscht in unserem Wagen. Die Eltern sind dabei am meisten zu
bewundern, wie sie sich immer in heiterer Laune erhalten. Auch die
Kinder halten sich merkwürdig gut. Eine allerliebste Kinderwelt,
in der ich schon ganz zu Hause bin. Der Aelteste hat eine große Lust
am Lernen und Lesen, bedarf mehr des Zaums als des Stachels.
Bernhard ist leichterer Art, munterer und beweglicher. Aber wie
liebenswürdig die Kleinen sind, ist schwer zu beschreiben. Hänschen
ist eben sechsjährig, ein unbeschreiblich anmuthiger blonder Knabe
voll Phantasie und Poesie. Die Kinder haben gewiß alle poetische
Gemüther, aber gewiß selten findet man in den Jahren so bestimmte
poetische Anschauungen, so frappante Vergleiche, so originelle Ein-
fälle. Wenn ihn Etwas entzückt, so singt er's heraus in ganz einfachen, rührenden Worten — und Alles entzückt ihn, weil ihm Alles
noch so neu und überraschend ist. Dies Kindergemüth zu pflegen,
soll mir eine heilige Pflicht und Freude sein — und wie wenig
kann man doch einem solchen Kinde, das so reich ist, geben im Vergleiche zu dem, was man von ihm lernt. Ein wie frommes Gemüth
der Kleine hat, seht Ihr daraus, daß er nach dem Hausbrande in
Bonn einen Brief an den lieben Gott in großen lateinischen Lettern
aufsetzte, worin er ihm für die Erhaltung der Seinigen dankte. Der

kleinste dreijährige ist ein fehr schöner Knabe, mit ganz dunkeln Augen und langen schattigen Wimpern. Oft wandelt mich, wenn ich die lieblichen Kinder um mich habe, die Furcht an, ob sie mit ihren zarten Leibern wohl die Reise und die Veränderungen des Klimas werden ertragen können.

Jda Hengstenberg ist ein ganz vortreffliches Mädchen; wir sind unter diesen Umständen natürlich fehr schnell miteinander bekannt geworden und wir stehen auf dem freundschaftlichsten Fuße. Sie ist eine Schwester des Berliner Professors, aber diesem fehr wenig ähnlich, sondern groß, stark und blühend, man sieht ihr gleich an, daß sie keine verwöhnte Stadtdame, sondern in ländlicher Umgebung aufgewachsen ist. Mit der Professorin stehe ich mich gut, es muß sie wahrhaftig Jeder, der für echten Menschenwerth Sinn hat, hochschätzen. Ihr Fehler ist nur, wenn es anders einer ist, daß sie bei ihrem unendlichen Eifer zu lernen und zu lehren oft zu weit geht und das Leben zu peinlich nimmt, indem sie jedem Momente desselben etwas Bedeutendes aufdrängt. Mir aber erscheint sie als eine vortreffliche Mutter und Gattin, selbstvergessen und unermüdet thätig, immer lebendig und anregend und vom Christenthum lebendig durchdrungen. Wenn ich von ihrem Gatten etwas Neues sagen wollte, so müßte ich ihm Schlimmes nachsagen — und das möchte ich nicht, wenn ich's auch könnte.

Das also sind die Menschen, mit denen ich zwei Jahre, denen es gewiß nicht an mancherlei Schicksalen fehlen wird, täglich zusammenleben werde, und mit Freuden sehe ich bestätigt, was mir gleich gewiß war, und mir den Entschluß zur Reise so leicht machte, daß ich nicht viele Familien würde finden können, die ich unter solchen Umständen so gern begleitete, als diese. Es ist eine Familie im wahren Sinn, von einem Geiste, einer Liebe beseelt, und ihr nahe anzugehören, ist eine fortwährende Erhebung und Stärkung.

Unser Wagen ist fehr bequem und fährt so eben, daß man mit Bequemlichkeit lesen kann. Langeweile tritt nie ein. Des Morgens wird regelmäßig zuerst ein Gesang gelesen, dann ein Kapitel aus der Bibel. Nachher nehme ich mit den Knaben, die bei mir auf der ersten Bank sitzen, allerlei vor, natürlich ganz zwanglos, sodaß bei jedem irgendwie interessanten Punkte der Unterricht leicht abgebrochen wird, auch leicht zum allgemeinen Gespräche sich umgestaltet.

Unser gemeinsames Studium ist das Italienische, worin ich durch das Lehren schnell fortgeschritten bin. Auch wenn's dunkel wird, unterhalten wir uns sehr gut. Dann übernimmt Brandis gewöhnlich den italienischen Unterricht, oder wir singen auch zusammen. Ida Hengstenberg hat eine sehr hübsche Stimme. Die schlimmsten Momente der Reise sind Ankunft und Abreise im Dunkeln, da immer ziemlich viel Sachen herausgenommen werden müssen. Natürlich suchen wir jüngeren Begleiter den älteren dies möglichst zu erleichtern, doch wollen diese die Mühe ungern abgeben. Hier wird unser Wagen gottlob etwas leichter gemacht. Das ist vortrefflich; denn nicht nur, daß wir mehrmals in den Gasthöfen festrannten und fast vor jedem Thore der vielen kleinen Reichsstädte zitterten, wir hatten auch mehrmals große Angst, als es stark bergauf ging und die Pferde schon anfingen, ihre Dienste zu versagen. Dennoch hat eine solche Winterreise nicht allein unangenehme Seiten. Wir haben wahrlich die herrlichsten Anblicke gehabt. Der Purpurschimmer einer schneebedeckten Landschaft, die krystallisirten Bäume, die Wälder von Edeltannen, die den Schnee wie einen Schmuck trugen, herrliche Abend- und Morgenröthe verherrlichten unsere Reise.

An Victorine Boissonnet.

Ancona, 18. Februar 1837.

Du willst, daß ich Dir noch einen selbständigen Brief schreibe, ehe Meere uns trennen. Wie gerne erfülle ich Deine Bitte. Mein Herz ist so voll und möchte mit Sturmwindstönen Euch zurufen, wie wohl ihm hier ist am Busen des Adriatischen Meeres, das unter meinen Füßen die griechischen Wellen an das italische Land trägt, das sie, vom silbernen Mondstrahl beglänzt, freudig begrüßen. Sanft und freundlich liegt das Meer vor uns und schaukelt nur leise die Schiffe im Hafen, wie zum Schlafe sie wiegend. Der Leuchtthurm auf der Spitze der Landzunge strahlt wie ein freundlicher Stern, und droben am Himmel ist ein wunderbares Roth gelagert, das sich allmählich nach Osten hinüberzieht, daß meine Augen nicht satt sich sehen an diesem Wunder. Der Hafen, rechts von der Erbzunge geschlossen, wird links von einer Bergreihe begrenzt, die sich in den schönsten Linien ins Meer erstreckt. Die Stadt selbst ist stufenweise im Halbmonde aufgebaut, an einen hohen Berg sich lehnend, der auf seinem schneegewohnten Haupte ein altes Camalbulenser Kloster trägt, wo hundertjährige Greise in heiliger Abgeschiedenheit leben.

Ich hatte mir nichts Sonderliches von Ancona versprochen, und
nun ist's so überraschend herrlich, und auch der Himmel, der uns
die letzten Tage arg benebelt und beregnet hatte, so idealisch klar
über diesem Paradiese, daß das Herz jubelt und singt:

„Schmecket und sehet, wie freundlich der Herr ist! Preiset mit
mir den Herrn und lasset uns mit einander seinen Namen erhöhn!"
nach dem 34. Psalm, den wir heute im Wagen mit einander gelesen
haben.

Florenz habe ich gesehen mit allen seinen Schätzen, freilich nur
8 Tage lang, aber diese wurden auch so vortrefflich angeordnet,
unsere Augen so weise geleitet und das innere Auge so fein geöffnet,
daß wir wahrlich recht viel in Florenz gesehen haben. Es ist oft
Redensart, aber bei mir wahrhaftig nicht, wenn ich sage, daß ich die
Menschen, mit denen ich reise, täglich aus tieferem Herzensgrunde
lieben und verehren muß. Von allen anderen Vorzügen abgesehen,
haben sie gerade für das Reisen so vortreffliche Eigenschaften, wie
man sie bei älteren Leuten selten findet. Sie sind immer zu Allem
aufgelegt. Kleine Unannehmlichkeiten erhöhen den guten Humor,
mannigfache Gespräche grünblicher Art verhindern die Leere und
den Ueberbruß, die so oft das Reisen verkümmern. Besonders muß
ich hierin Frau Brandis die Ehre geben und sie bewundern, wie sie
trotz aller Sorgen um die kleinen Kinder, die wie Kletten an ihr
hängen, immer zu Allem, auch zu dem Außerordentlichen aufgelegt
ist und Dergleichen immer anregt und fördert, niemals hemmt.
Das merkwürdigste Beispiel war unsere Mondscheinwanderung nach
Cortona, der alten berühmten Etruskerstadt, auf einer recht bedeutenden Anhöhe gelegen, welche daher auch die Poststraße vermeidet und am Fuße vorbei nach Camuscia eine gute Viertelmeile
hinter dem Berge von Cortona, führt. Wider Erwarten kamen wir
erst bei einbrechender Dämmerung am Berge an. Trotz dessen
stiegen wir aus und machten den steilen Weg zu Fuße, nachdem
wir des Mittags schon in Arezzo viel umhergewandert waren. Auf
der Höhe angelangt umwanderten wir einen großen Theil der alten
kolossalen Stadtmauer, die sich im Mondscheine riesenhaft ausnahm. Dann gingen wir in die Stadt, besahen die Gebäude der
Piazza, und in einem Café gestärkt, gingen wir noch in eine
Kirche, wo wir bei Fackelbeleuchtung einige Bilder von Luca Signorelli, dem Lieblinge des Professors, und einen alten Sarkophag betrachteten. Dann gingen wir fröhlich hinunter nach Camuscia, wo

die Anderen uns erwarteten und wir bei vortrefflichem Mahle den Geburtstag des Professors feierten. Das ist so ein Bild aus unserem Reiseleben, liebe Victorine, das deren so viele darbietet, die ich Dir abmalen möchte. Daß wir auf Rom verzichten mußten, obwohl wir ihm bis auf 20 Stunden Wegs nahe kamen, darüber glaubst Du mich vielleicht betrübter als ich bin. Mit diesem Dampfschiffe hinüberzugehen, war bei weitem das Vernünftigste, und dann konnte die noch übrige Zeit für Italien, da einmal die lächerlichste Quarantäne in Verona uns acht Tage bannte, nicht besser angewendet werden, als es geschehen ist. Wir hätten andernfalls viel mehr Zeit verreist, unterwegs sehr wenig gesehen und nur vier bis fünf Tage für Rom gehabt. Denn schnell können wir ja einmal nicht reisen. Darum nenne ich es weise, wenn der Professor, obwohl er selbst am meisten litt, da ihm auch einige Tage in Rom unendlich lieb sein mußten, für Florenz, das er in vieler Hinsicht für reicher als Rom hält, eine einigermaßen genügende Zeit festsetzte. Welche Genüsse Tag für Tag in diesem Florenz! Welch eine Stadt! welche Gebäude, welche Wunder in Farbe, Marmor und Erz birgt sie in ihrem Schooße!

An den Vater.

7. März 1837.

So feiere ich denn Deinen Geburtstag in Korinth! Unsere Reise ist mannigfach verzögert. Die letzten Reisetage waren in vieler Hinsicht die beschwerlichsten, aber auch die interessantesten.

Am 4. März schifften wir uns in Patras ein. Zwanzig junge Insulaner, meistens Hydrioten, waren unsere Matrosen, ein Seeheld von Modon und Navarino unser Capitän — ganz prächtige Leute. Es war herrliches Wetter, aber schlechter Wind, so daß wir uns kümmerlich durch Rhion und Antirrhion durchlavirten und bei einbrechender Nacht Anker auswarfen, an der moreischen Küste nicht weit über Lepanto hinaus. Es war ein sehr lustiger Tag. Alle waren wohl und begeistert durch die schönen Küsten und die interessante Besatzung. Wir stiegen aus und zogen in einen Chan, ein vom Staate unterhaltenes Unterkommen für Reisende, zwei Häuser zum Schlafen und ein drittes mit einer Art Laden. Alle drei aber nur aus Myrthen- und Platanengezweigen geflochtene vier Wände, die Gegend sehr sumpfig, die Küsten ganz mit Myrthen bedeckt. Wir machten Feuer in einem Raum, lagerten uns rund herum in sehr bunt, sehr

amüsant gemischtem Kreise, aßen Hühnerpasteten und tranken
Chpernwein, sangen griechische Lieder und feierten einen der
interessantesten, einen wahrhaft romantischen Abend in dieser
Myrtenhütte. Um Mitternacht ließen wir uns an das Schiff
zurückrudern, um bei verändertem Winde gleich bereit zu
sein. Die Familie schlief in der Cajüte. Ich war stolz darauf,
neben dem Capitän auf dem Verdeck zu schlafen. Um sechs Uhr
lichteten wir die Anker ohne viel Hoffnung weiter zu kommen.
Aber sobald das geschehen war, erhob sich der günstigste Wind,
der uns schnell am Krisäischen Meerbusen an Parnaß und Kithairon
vorüber führte. Akrokorinths Felsmassen immer vor uns. Eine
herrliche Fahrt, obwohl viel plötzlicher Windwechsel und Unwetter
in dem tückischen Golfe uns beunruhigten. Aber was für Seeleute
sind diese Griechen! Leider hatten wir nicht immer freie Umsichten,
aber im ganzen konnte man doch beide Küsten wohl erkennen. Wir
fuhren mit Blitzesschnelle am Vorgebirge Holmiai vorbei und landeten gegen Abend in Lutraki, dem westlichen Hafen des Isthmos,
aus einem einzigen Hause und einigen Trümmern bestehend. Doch
waren mehrere Schiffe da, Waaren lagern unter freiem Himmel und
eine Menge Kameele sind beschäftigt, diese von Lutraki nach Kalamaki
zu transportiren. Vom alten Lechaion sind nur die warmen Quellen
da; ohne mitgebrachten Vorrath könnte man hier verhungern,
das alte Lechaion scheint versandet. Es war ein schöner Abend, der
Hafenmeister wußte für alle Rath zu schaffen. Am anderen Morgen
wurden die Sachen ausgeschifft, auf Kameele gepackt und nach Kalamaki abgeführt, wohin Herr Professor sie begleitete; wir Anderen
ließen uns nach Korinth hinüberrudern. Nie hat etwas dieser Art
mich wehmüthiger ergriffen, als Korinth und seine Umgebung;
Alles kahl und öde, in der Stadt sieht man vor zerfallenen Häusern
nicht die bewohnten, wohin man sieht und tritt, Schutt und Steine.
Eine schlechte Locanda, die noch dazu überfüllt war und uns fast
nichts darbieten konnte. Dietrich und ich gingen gestern Nachmittag
noch hinaus auf Akrokorinth. Man geht anderthalb mühsame Stunden. Die Festung umfaßt drei Spitzen, einst ein ungeheures Werk,
jetzt ein großer Schutthaufen, in welchem eine Garnison von 8 bai-
rischen Soldaten liegt. Aber eine solche Aussicht gibt es auf der
Welt nicht mehr. Die Brandung zweier Meere hat man zu seinen
Füßen, links den ganzen Korinthischen Meerbusen mit Parnaß,
Helikon, Kithairon, vor sich den Isthmos und die Berge von Megara,

rechts das Aegäische Meer mit Salamis und Aegina und den Küsten
von Attika und Morea. Heute Nachmittag besuchten wir mit dem
Strabo die niederen Gegenden. Es wimmelt hier von Resten griechischer Skulptur, auch außer dem dorischen Tempel. Morgen geht
unsere Karawane nach Kalamaki, und von da wohl zu Lande nach
Athen.

An die Eltern.

Athen, 17. März 1837.

Von unseren äußeren Begebnissen bis Korinth seid Ihr schon
unterrichtet. Wir waren zweimal auf Akrokorinth und suchten uns
auch unten einigermaßen zu orientiren. Das Meiste weist freilich
auf die Römerzeiten, auf die späte Nachblüthe Korinths hin. Einen
so jammervollen Eindruck hat uns kein Ort hinterlassen, doch fanden
wir nirgends lustigere und geputztere Griechen. Am anderen Morgen
begann unsere eigentliche Landreise. Wir bildeten mit unseren Reit-
und Packpferden und einigen Begleitern, die sich uns angeschlossen
hatten, eine stattliche Karawane. Die Pferde gingen leicht und sicher
und Allen gefiel diese Beförderung sehr wohl. Wir zogen auf dem
größtentheils schon chaussirten Wege quer über den Isthmos, der
bekanntlich seit Alters dürr und unfruchtbar ist und auch neuen
Kulturversuchen getrotzt hat. Der jetzige jenseitige Hafen Kalamaki,
ein paar hölzerne Gebäude, nicht weit vom alten Schoinus, ist ungemein interessant durch die Nähe der Hafenmauern und des Posei-
donheiligthums, des ewig denkwürdigen Lokals der isthmischen
Spiele, deren Terrain wir ganz deutlich überblicken konnten. Die
deutlichen Reste vom Tempel und vom Amphitheater und die einzige
Lage der Ebene am Meere und der allmählich aufsteigenden Küste
lassen keinen Zweifel.

Wir blieben die Nacht in einem kleinen Orte, dessen barbarischer
Name mir entfallen ist, vom Vornehmsten des Dorfes gastlich auf-
genommen, mit dessen Familie wir uns freundschaftlich ums Feuer
setzten, die köstlichsten Meerfische zu Nacht speisten und dann auf
hartem Lehmboden uns zur Ruhe legten mit Ochs und Esel in einem
Raum gepaart. Diese echtgriechischen Reiseabende waren unendlich
interessant. Wir haben uns seitdem oft gratulirt, einen Theil der
Reise zu Lande gemacht zu haben; denn wer zu Wasser nach dem
Piräus kommt und in Athen wohnt, bekommt keine Idee von
Griechenland, er lernt nicht die jammervolle Verwüstung kennen,

aber auch nicht dies herrliche Landvolk mit seiner patriarchalischen
Würde in seiner unbeschreiblichen Genügsamkeit und Zufriedenheit.
In diesen fensterlosen, niedrigen Hütten leben zufrieden Eltern,
Kinder und Enkel zusammen, die sich von etwas Feldbau und Vieh-
zucht nähren und mancherlei bewundernswürdige Geschicklichkeit, besonders im Schnitzen und im Weben baumwollener Tücher haben.
Am anderen Morgen hatten wir noch zwei Stunden bis zum Anfange
der am skironischen Felsen sich hinziehenden schmalen und sehr abschüssigen Straße, welche bei schlechtem Wetter sehr gefährlich ist.
Wir hatten gottlob gerade an diesem Tage das herrlichste Wetter,
unsere Pferde kletterten mit bewunderungswürdiger Sicherheit auf
dem Felspfade umher, und wir konnten sorglos unsere Blicke weiden
an dem herrlichen Meere und seinen Inseln und den ferneren Küsten,
die mit Aegina den Meerbusen fast zu schließen scheinen. Auch unser
Zug nahm sich malerisch genug aus. Mittags erreichten wir, durchs
Skironische Thor uns etwas landeinwärts wendend, Megara, dessen
fruchtbare, ölreiche Ebene sehr überraschend sich plötzlich vor uns auf-
that. Megara ist auch noch wenig mehr als ein Trümmerhaufen,
unter dem die wenigen neuen Wohnungen verschwinden. Alterthümer sind hier noch wenig entdeckt worden. Hinter Megara zogen
wir wieder hart am Meere hin, die Küste von Salamis nahe zur
Rechten. Sie ist felsig und leer bis auf ein reiches Kloster und dessen
nächste Umgebung, dem auch die Oelpflanzungen des gegenüberliegenden megarischen Ufers gehören. Es ward dunkel, ehe wir
Eleusis, jetzt Levsina, erreichten, wo uns eine gastfreundliche Familie
ein großes Zimmer einräumte. Am folgenden Morgen war es
schwül und regnicht; doch konnten wir das eleusinische Lokal einigermaßen betrachten, eine sehr liebliche und fruchtbare Niederung, eine
heitere Landschaft ohne mystischen Anstrich. Von den merkwürdigen
Tempeln hat sich viel erhalten, was aber in Trümmern über einander
liegt. Hier ließe sich gewiß viel schaffen. Auch Inschriften, auf
Schenkungen bezüglich, fanden wir, zwei ziemlich erhaltene Gewand-
statuen der schönsten griechischen Arbeit, welche unbemerkt am Wege
stehen. Die Menschen waren sehr freundlich, besonders die Frauen,
welche hier in ihrem Zopfschmucke mehr als gewöhnlich zum Vorschein kamen und sich sehr amüsirten, unseren Damen das Spinnen
und Weben zu lehren. Um Mittag reisten wir ab, ein Theil zu
Pferde, ein Theil zu Nachen, da man zu Wasser einen großen Um-
weg abschneiden kann. Auf dem halben Wege — die heilige Straße,

deren alte Geleise noch hie und da sichtbar sind, ist jetzt großentheils schon zu einer vortrefflichen Chaussee gemacht — trafen wir wieder zusammen, und um drei Uhr sahen wir von der Höhe der Bergreihe Athen mit der Akropolis hell und klar vor uns liegen, zunächst vor uns den großen Oelwald. Ihr könnt denken, wie uns zu Muth war. Wir durchschnitten den Wald, tränkten unsere Pferde im Kephisos und ritten gegen fünf Uhr beim Theseustempel in die Stadt ein, wo schon vorläufiges Quartier für uns bestellt war. Seit Dienstag sind wir in die eigene Wohnung eingezogen, welche eine sehr gesunde Lage hat, nahe am Fuße der Akropolis, wenige Schritte vom Windtempel, mit schöner Aussicht vom glatten Dache des Flügels, auf dem man sich Abends und Morgens ergehen kann. Man hat den mannigfaltigsten Umgang liebenswürdiger deutscher Familien, besonders Ulrichs,*) englische Missionare, die hier in Palästen wohnen, Gelehrte, besonders Dr. Roß**) und Gennadios, den Gymnasiarchen, unseren Nachbarn, alte Kriegshelden, wie Kanaris, und höchst interessante griechische Beamte.

Alle Sitten und Sprachen bestehen neben einander, man besucht sich, holt sich ab und lebt gleich sehr cordial mit einander. Man lebt einfach, doch kann man für Geld Alles haben. Die Stadt ist lebendig bewegt, überall wird gebaut. Altes und Neues ersteht zugleich, ein lebendiger Hauch weht wieder über Athen, wo in der Welt könnte jetzt ein junges Blut lieber sein wollen, als in Athen!

An die Eltern.

Athen, am 2. Ostertage 1837.

Ihr waret gewiß in den letzten Feiertagen meiner Nähe gewiß, Geliebte, und wenn Ihr, wie ich voraussetzte, am Charfreitage mit Georg zum Abendmahle gegangen seid, so haben wir an demselben Morgen die Feier begangen. Es war am Freitage, als zuerst wieder ein angestellter Geistlicher die apostolische Lehre in Athen predigte — ein recht denkwürdiger Tag, dessen Bedeutung uns Alle und

---

*) Heinrich Nicolaus Ulrichs, geboren 1807 in Bremen, war seit 1837 Professor der lateinischen Sprache an der Universität in Athen, wo er 1843 starb.

**) Ludwig Roß, 1806—1859, damals Oberconservator der Alterthümer in Athen. Mit den Architekten Schaubert aus Breslau und Christian Hansen aus Dänemark leitete er die Ausgrabungen auf der Akropolis.

besonders auch unseren wackeren Freund, den Hofprediger, tief ergriff. Wir waren zur Theilnahme eingeladen und wir nahmen auch
an der Abendsmahlfeier Theil, welche nach dem Wunsche der Königin
gleich am Freitage gehalten wurde. Mich erfreute und erbaute dabei
noch besonders der Gedanke, daß auch Ihr mit dem lieben Bruder
zu gleicher Zeit am Altar standet. Wie daher die Feier mich Euch
nahe brachte, so bewirkte sie auf der anderen Seite auch ein innigeres
Verhältniß zu der Familie, als deren Glied ich an der Feier theil-
nahm.

Wir haben uns nun in unserer Wohnung, welche nur um ein
Zimmer zu klein ist, eingewohnt. Sie liegt schon ziemlich hoch an
der Akropolishöhe hinauf, ist daher sehr gesund und bietet von
unserem Vorzimmer, in dem wir frühstücken und essen, einen schönen
Blick über das untere Athen und die landeinwärts gelegenen Berge
und Flächen. Ein vorspringender niedrigerer Theil unserer Wohnung trägt ein flaches Dach und ist ein vortrefflicher Raum für
frühe Morgen- und späte Abendbewegungen; frisches Wasser, vom
Hymettos stammend, quillt im Hofe, und die Entfernung von den
Hauptstraßen gibt unserer Behausung einen stillen, ländlichen Charakter. Bis jetzt ist's noch angenehm kühl. Der Akropolisfelsen fängt
uns die Strahlen weg, aber auch, was im Sommer unangenehm
sein wird, den Meerwind. Wir sind jetzt schon im Mittelpunkte einer
angenehmen und mannigfachen Geselligkeit. Es besucht sich hier
Alles ungenirt in den Abendstunden, und wie sich erwarten ließ,
ist das Haus von Brandis bald zum Centrum für die gebildetsten
Athener geworden. Zunächst freilich herrschen noch die Fremden
vor, aber mehr und mehr kommen auch Griechen. Brandis fesselt
Alle durch seinen Geist und seine liebenswürdige Sitte, und es ist
eine Freude, ihn in solchen Kreisen zu sehen, wie wohl, wie glücklich
er sich fühlt. Seine Ankunft muß Epoche machen für die gelehrte
Bildung des jungen Griechenlands, das so begierig jeden Samen
in sich aufnimmt. Schon ist er mehrfach um Vorträge gebeten worden, und eine griechische Pausaniasgesellschaft wird sich am Sonnabend zuerst in unserem Hause versammeln. Des Morgens früh er-
übrige ich kaum eine Stunde zum Lesen. Um sieben Uhr kommen
die Kinder, gegen halb neun Uhr frühstücken wir; von neun bis
halb elf Uhr unterrichte ich. Dann besuche ich die Schule, um Griechisch zu lernen. Sie ist ganz öffentlich; die Lehrer sind wackere
Männer und mir größtentheils schon wohl bekannt. Die hiesige

Jugend, zu der sich auch viele Erwachsene, besonders Geistliche, ge-
sellen, ist talentvoll und wißbegierig. Die Stunden von zwölf bis
zwei Uhr werden beliebig angewandt. Von zwei Uhr bis gegen
Tischzeit sind die Knaben bei mir; gleich nach vier Uhr essen wir
und machen dann regelmäßig einen Spaziergang. Nach dessen Beendigung habe ich mit dem Professor griechische Stunde, und Abends
ist gewöhnlich Besuch bei uns, so daß nur wenig spätere Abendzeit
mir übrig bleibt für meine Beschäftigungen, die natürlich mannigfacher und bringender Art sind. Zunächst habe ich mich mit allem
Eifer auf das Neugriechische geworfen. Man hat zuviel Gelegenheit,
deutsch zu sprechen, doch bin ich schon soweit, daß ich mit Gebildeten
mich ziemlich verständige. Mit dem Volke hält's ungleich schwerer.
Dann erfordert ja auch der Unterricht Vorbereitung, da ich bis
jetzt noch in allen Zweigen unterrichte, bis die Knaben in die Schule
gehen können; endlich meine philologischen Studien, die freilich am
schlimmsten wegkommen. Das Corpus Inscriptionum und Pausanias
nebst Consorten liegen auf meinem Tische, aber kommen sehr selten
von ihrer Stelle. Das ist mir recht unangenehm, da man hier so
unendlich viel Reiz zum Studiren hat. Doch ich muß Geduld haben,
einstweilen suche ich auf Wanderungen und im Gespräche möglichst
zu lernen; dabei kann ich nicht genug zwei liebenswürdige Landsleute rühmen, den Oberarchitekten Schaubert und Hansen, einen
jüngeren Architekten, die lange auf der Akropolis studirt haben, und
mich sehr liebreich umhergeführt haben. Am Ostersonntag waren
wir zuerst im Piräus, Lorenzen war gerade oben, er begleitete uns
hin und führte uns dort umher, ein liebenswürdiger, lebendiger
und anerkannt geschickter Mann, der mit rechtem Beruf und Freudigkeit in Griechenland arbeitet. Er hat den Molo gebaut und durch
Ableitung der Sümpfe viel Feld gesund gemacht, das er jetzt unter
Colonisten — meistens Insulaner — vertheilt. Der Hafen liegt voll
von großen Schiffen; man zählt täglich sechs ankommende. Eine
treffliche Chaussee, die lebhaft befahren wird, führt zu der neu und
hübsch gebauten Stadt. Wir waren nur zwei Stunden unten, konnten daher nur im allgemeinen das Terrain übersehen, das Feld
mit den griechischen Gräbern, die unendliche Ausbeute geben würden, und die Befestigung des Hafens, die beiden Thürme am schmalen
Eingange und die schroff am Meere aufsteigenden, in den Fels
fassenden, perikleischen Mauern, welche hier jegliche Landung ver-
wehrten und welche mit den langen Mauern gleich oberhalb des

Piräus in Verbindung standen. Auf der Akropolis schreitet die Restauration bewundernswürdig fort. Pittakis, wenn er auch keine Inschriften lesen kann, leitet sie doch mit vielem Eifer. Jetzt baut sich das Erechtheion wieder auf, und die nächsten Tage werden wahrscheinlich auf die einfachste Weise lang bestrittene Probleme über die Einrichtung dieses complicirten Heiligthums lösen. Wenn noch der große türkische Thurm abgebrochen ist, wird die Halle mit ihren beiden Seitenflügeln — einst Gemäldegallerien — frei und klar bastehen. Die Marmorsäulen haben eine unvergleichliche, goldbraune Farbe; ganz weiß können sie so schön nicht gewesen sein, und hier an Ort und Stelle fühlt man die Zweckmäßigkeit der Polychromie, worauf auch die deutlichsten Farbenreste führen. Wo Alles in so grellen Farben schimmert, wie hier in Attika, konnten die Tempel nicht farblos sein, die mit der umgebenden Natur in fast räthselhafter Weise harmoniren.

In unserem Hause geht es wohl, nur die Professorin leidet an Kopfschmerzen, den Folgen einer zu angreifenden Zeit. Ich fühle mich täglich wohler und freier. Herr Professor, der schon zweimal Vorlesungen gehalten hat, trug mir auf, Euch zu sagen, daß wir uns gut mit einander vertrügen. Dabei drückte er meine Hand und hielt sie lange in seiner.

Am Ostermontage suchten wir im panathenäischen Stadium Ostereier und waren sehr vergnügt. Unsere Theeabende sind meistens sehr unterhaltend. Wir haben gewöhnlich die Zimmer voll und man unterhält sich deutsch, französisch und griechisch. Athen ist ein zweites Babel, seit der Revolution hat das Französische das Italienische verdrängt. Von Griechen sahen wir schon Kanaris, Kolokotronis bei uns und manche andere Helden der Revolution, die an eine große Vergangenheit erinnern, die man nur zu leicht unter dem vielen Neuen vergißt. Aber gerade jetzt ist der schönste Punkt, noch leben die alten Marathonomachen und zugleich keimt das Neue auf. Griechenland ist werdendes Land, das fühlt sich so köstlich, wenn man aus dem alten Europa kommt. Hier sind lauter Knospen, die in eigenthümlich frischer Kraft hervorquellen. Ich gehe jetzt täglich in die Schule und freue mich, dort die hellenische Jugend kennen zu lernen. Einen liebenswürdigen Griechenknaben werde ich mit meinen beiden Zöglingen theilweise zusammen unterrichten.

Jeder Tag ist hier so anregend, so reich, daß ich oft bange werde, ob es nicht zu viel wird. Aber ich fühle mich desto frischer und kräftiger. Man ist hier auch munterer und elastischer, jeder Athemzug elektrisirt.

An die Eltern.

Am letzten April, dem griechischen Ostersonntage, unter dem Schall von Flinten- und Kanonenschüssen, welche seit Mitternacht unaufhörlich das „Christos anesti" verkünden, welches der Gruß des heutigen Tages ist und mit einem freudigen „alithos anesti" und einem Bruderkusse erwiedert wird, bei regnerischem Wetter, welches unsere Hymettostour vereitelt hat, Mittags gegen zwölf Uhr beginne ich diesen Brief in Athen an Euch, meine innig geliebten Eltern und Geschwister, um ihm dem Dampfschiffe mitzugeben, welches mir die heutigen Briefe so schön schnell überbracht hat. Wir haben hier jetzt die schönste Jahreszeit, obwohl sie ungewöhnlich unbeständig ist. Wir hatten eine lange Erdbebenperiode, in der wir fast täglich ein paarmal sanft geschüttelt wurden, während auf Hybra und anderen Inseln die Leute im Freien zu wohnen gezwungen wurden. Seit einigen Wochen ist die Luft wieder leicht und klar, die täglichen Seewinde spielen wieder von Mittag bis Abend über die Hügel Attikas, und mit Ausnahme einiger Regentage, die wir aber dankbar hinnehmen, ist es immer wunderschön, d. h. man geht ohne Belästigung in der Mittagssonne spazieren und möchte sich ewig solche Temperatur wünschen, während die Griechen in ihren dicken Kapotten gehen und, wenn sie einen Ofen haben, einheizen. Die größte Tour, die ich gemacht habe, war nach dem Pentelikon am vorigen Sonntage mit Dr. Roß, dem Oberarchitekten Schaubert, dem königlichen Anwalte bei der heiligen Synode Manussi und Professor Gerhard, meinem verehrten Lehrer aus Berlin, dessen Anwesenheit durch eine von den ionischen Inseln gegen uns angeordnete Quarantäne, wegen eines in Messenien gestrandeten türkischen Schiffes, verlängert ist. Das Wetter schien ungünstig, daher blieben auch Mehrere zurück; aber wir ritten gutes Muthes davon auf der Königsstraße, die zu den neu eröffneten Steinbrüchen führt.

Beim Schloßbau vorüber und um den Lykabettos herum reitend, den stattlichsten von den unmittelbar die Stadt überragenden Bergen, durch Ambelokipi, eine von den baumreichen, saftigen Oasen, wahrscheinlich Alopeke, den Demos des Sokrates, kamen wir in

zwei Stunden an den Fuß des Pentelikongebirges, den die Alten
wahrscheinlich unter dem „Brilessos" verstanden. Sonst ließe sich das
Uebergehen des „Pentelikon", welcher Name nur vom Demos und
Marmor vorkommt, bei Aufzählung der attischen Berge nicht erklären. Unten am Fuße ist eine Niederlassung von Steinarbeitern,
in der Nähe ein wunderliebliches altes Kloster, wie es deren mehrere
sehr schöne in der Umgebung gibt. Anderthalb Stunden brauchten
wir bis zum ersten großen Steinbruche, dem einzigen jetzt wieder
zum Schloßbau benutzten, wo viele deutsche Arbeiter angesiedelt
sind. Eine Baierin von den Alpen nahm uns auf und bereitete ein
frugales griechisches Frühstück, d. h. Oliven, Brob, Käse und Wein.
Wir bestellten uns bei ihr Suppe und Lammbraten, ließen unsere
Pferde grasen und gingen auf die Spitze des Pentelikon, die wir
langsam gehend und oft bei Einzelnem verweilend, in anderthalb
Stunden erreichten. Der Berg sieht aus, als wenn er ganz von
Marmor wäre. Ueberall strahlt das glänzende Weiß hervor, und
der viele Glimmerschiefer, womit der Marmor durchzogen ist, gibt
ihm einen seenhaften Silberglanz. Bäume nur hie und da, Oliven,
immergrüne Eichen, Lorbeerbäume, aber desto reicher kommen die
schönsten Blumen zwischen den Marmorfelsen heraus. Die attische
Flora ist wunderbar reich, alle Blümchen tragen den lebhaftesten
Farbenschmuck und manche, bei uns nicht duftende, verbreiten hier
die schönsten Gerüche. Der Hymettos ist von allen Bergen der duf-
tigste, aber auch die unbebauten Landstrecken, welche man ja nirgends weit aufzusuchen hat, sind von duftigen Kräutern überdeckt.
Das Pentelikon ist voll von Spuren des Alterthums; die großen,
senkrecht gehauenen Steinbrüche treten fast wie Kunstwerke entgegen. Man sieht die Spuren der Steinsägen und der alten Meißel,
mit denen sie die ungeheuren Steine losarbeiteten, man liest Buchstaben und sieht selbst kleine Tempelrisse von unbeschäftigten Händen
eingekratzt. Man sieht die breiten Wagenfurchen, welche von den
höheren Steinbrüchen die Marmorblöcke in die Werkstätten des
Pheidias und Praxiteles lieferten. Nahe am Gipfel selbst entdeckten
wir eine Art von Felsenmauer, welche wohl Demosgrenze gewesen
sein mag. Es macht sich Keiner einen Begriff, wie voll hier Alles
ist von Spuren altgriechischer Betriebsamkeit. Man braucht die
Orte nicht aufzusuchen, man kann beliebig anfangen, den Felsen,
auf dem man gerade steht, zu untersuchen, oder den Schutt hinweg
zu räumen. Daher denn auch bei jedem Hausbau alte Fundamente

zum Vorschein kommen. Dann gehen die Kunstfreunde zum Astynomos und lassen dem Bauen Einhalt thun, man besieht sich die Marmorstücke, holt heraus, was an Architektur oder Plastik leicht heraufzuschaffen ist, und nach 3 Tagen wird weiter gebaut und Alles ist wieder verschwunden. So ging es neulich mit einem Monumente, das Aller Aufmerksamkeit in Anspruch nahm, in welchem Roß das von Pausanias citierte Monument des Eubulides erkannte. Man hätte um jeden Preis weiter graben müssen, aber es fehlte an Geld. So sah ich gestern unten in der Erde saubergelegte Marmorplinthen freigelegt, zu denen wieder alte dorische Säulenschafte zum Fundamente benutzt waren.

Doch zum Pentelikon zurück, da ich einmal angefangen habe, Euch diese Wanderung zu beschreiben. Wir kehrten um drei Uhr in unsere Station zurück, wo die Tirolerin uns einen Lammbraten und Harzwein vorsetzte. Um vier Uhr zogen wir mühsam unsere Pferde den steilen Pfad hinunter, wandten uns unten rechts von der Chaussee ab und ritten parallel mit dem Pentelikon auf schmalen oder gar keinen Pfaden über die duftige Ebene bis an das liebliche Gartendorf Marusi, wo ich zuerst die lieblichsten Nachtigallen unter schattigen Bäumen mit Entzücken hörte. Einzelne dieser attischen Dörfer sind unbeschreiblich schön. Es blüht jetzt Alles auf einmal, alle Blumen und Bäume. Vor jedem Hause sahen wir die Familie im Kreise auf der Erde gelagert und über den schimmernden Bäumen den bunklen, wolkenlosen Himmel — es war bezaubernd schön.

Noch schöner ist Kephisia, das wir im starken Trabe — die griechischen Pferde sind unermüdlich — in ³/₄ Stunden erreichten. Es ist der berühmte attische Demos, in dessen schattiger Zurückgezogenheit einst schon Herodes Attikus seine schönsten Tage verlebte. Hier ist Alles voll schattiger Gärten, und am Kephisos entlang, der am Abhange des Pentelikon nach dem Parnes zu entspringt, hatten auch die alten Athener ihre fruchtbarsten Felder, welche ihnen die Spartaner in der Dekeleischen Periode jährlich zerstörten. Man sieht den Ort der Spartanischen Festung sehr deutlich drohend über der reichen Ebene liegend. Auch hier und da eingemauerte Reliefs machen das liebliche Dorf interessant. So üppigen Baumwuchs, wie in Kephisia findet man wohl sonst in Attika nicht, blühende Granatbäume mit dickem Epheu sind ein herrliches Bild. Auch die Blätter und Früchte treibenden Feigenbäume zieren sehr.

Von da ritten wir schnell nach Athen zurück, über Patifia auf der andern Seite des Lykabettos herumreitend.

Da habt Ihr eine Beschreibung eines attischen Rittes, der nicht länger als von halb 9 bis 7 des Abends dauerte und doch einen Schatz von Erinnerungen und Erfahrungen fürs Leben darbot. Ich habe dabei, glaube ich, nichts als das Beste vergessen, nämlich die Aussicht von oben herab auf Marathons schöne und ewig denkwürdige Ebene, zu der sich der Pentelikon in den schönsten Hügeln hinabsenkt, auf die böotischen Berge, auf den Euripos und Euböa und die schöne runde Bucht der attischen Halbinsel. Sunion wird durch den Hymettos verdeckt, aber die ganze attische Fläche und die Häfen mit den Schiffen und die kleineren Gebirge, die sich aufs Meer hinziehen, geben ein schönes, wahrhaftig ein sehr schönes Bild. Wir hatten freilich kein sehr günstiges Wetter, dafür aber ein schönes Schauspiel von Wolkenzügen, welche die Winde wie Vorhänge vor der Landschaft auf und zu zogen.

Jetzt ist die eigentliche Zeit für größere Touren. Die Hitze würde schon drücken, wenn nicht regelmäßig bei steigender Sonne ein lieblicher Luftzug vom Meere sich aufmachte und so lange fächelte, bis die Abendkühle ihn überflüssig macht.

Wie die Berge Attikas jeden Augenblick Farbe und Ansehen wechseln, so ist auch das Leben hier ein leichteres, beweglicheres, mannigfaltigeres. Unser geselliges Leben ist nicht überladen, aber höchst interessant. Des Dienstags haben wir immer große Soiree, Abends sitzen bis Mitternacht die Gelehrten des jungen Athens bei uns, höchst liebenswürdige Leute. Wir selbst gehen selten des Abends aus, was gegen die Neigung des Professors ist. In der Regel haben wir beide zusammen mit einem griechischen Lehrer Pharas aus Keos, unserem Lehrer und Hausfreunde, griechische Unterhaltungen. Die Anwesenheit Gerhards war mir sehr erfreulich. Ihr wißt, daß ich in Berlin in recht nahen Beziehungen zu ihm stand. Er ist jetzt wieder abgereist und hat nur einen kurzen Streifzug durch Griechenland gemacht. Dieser ist freilich wider seinen Willen verlängert worden. Er mußte in vollem Maße das Unglück Griechenlands fühlen, die Schwierigkeit der Kommunikation, die lange Quarantäne, die bei den geringsten Anlässen verdoppelt wird. Der Arme muß jetzt wahrscheinlich mit dem langsamen österreichischen Packetboote über Triest nach Neapel gehen. Auf seine Veranlassung feierten wir am 21. April, dem Tage der Palilien, die Geburtsfeier

Roms durch ein Symposion in der Akademie in dem Landhause
eines reichen Griechen, der nicht grundlos behauptet, seinen hübschen
Garten auf dem Grundstücke des Platon angelegt zu haben. Es war
ein sehr interessantes Fest, nur zu sehr dem Maßstabe moderner
Schwelgerei angepaßt, und ich vermißte ungern eine Probe kopai-
scher Aale und hymettischen Honigs. Alle, die für Wissenschaft Sinn
haben, waren geladen; auch mehrere Gesandte und die Minister.
Das junge Volk der Künstler und Gelehrten war ungemein lustig,
ich habe schon viele liebe Freunde darunter, obwohl alle viel älter
sind. Aber Griechenland erhält jung. Ein liebenswürdiger Architekt Hansen aus Kopenhagen ist mir fast am genauesten befreundet;
ich erschrak, als ich neulich hörte, er sei 36 Jahre alt, ich hatte ihm
ebensoviel 20 zugetraut. Wir waren ausgezeichnet lustig, sangen
bei schönstem Rhein-, Cypern- und Champagnerwein deutsche Bur-
schenlieder, zogen Abends Arm in Arm fröhlich nach Athen zurück
und werden dies seltene Fest gewiß Alle im Andenken behalten.
Brandis' lieben Geselligkeit. Die interessantesten Athener besuchen
gern unser Haus, das den Gelehrten einen lange vermißten Mittelpunkt verleiht. Er scheint mit seinem Wirkungskreise zufrieden und
lobt unseren jungen König sehr, bei dem er täglich mehrere Stunden
ist. Es muß sich auch Jeder an diesem Otto freuen, so nobel und
bescheiden und ernst zeigt er sich überall — und besonders, wenn er
die zarte Königin neben sich hat, so ist es ein rührender Anblick.
Der Himmel segne dies Königspaar, das unter den braunen, bärtigen, gewaltigen Griechen so zart und unschuldig dasteht. Ich sah
es nie schöner, als am griechischen Osterfeste, in der Nacht vom
Sonnabend auf Sonntag, wo die Anzündung des heiligen Feuers
dargestellt wird. Es war der Kirche gegenüber eine Tribüne errich-
tet, auf welcher die Majestäten und ihr Gefolge standen. Sie waren
im griechischen Kostüme und sahen bei dem Fackelglanze wie ein
Feenkönig und Königin aus. Der Archiereus von Athen bringt
aus der Kirche die Kerze, welche nach der Bedeutung des Symbols
im Grabe Christi sich entzündet hat. Zuerst zündet der König seine
Kerze an, es folgen die Anderen und das ganze Volk, Keiner ohne
Kerzen — damit beginnt das Osterfest.

Die Kinder sind gesund. Die ältesten schreiten gut vorwärts. Ich
unterrichte sie des Morgens 3 Stunden und des Nachmittags 1½
Stunden, was mich gar nicht angreift. Ein junger Anatolier, Perikles Oikonomides, nimmt des Nachmittags am Unterricht Theil;

dann erzähle ich ihnen die griechische Geschichte in der Landes-
sprache oder lese die Fabeln des Phaidros und vergleichen mit ihnen.
Unser Perikles ist ein ausgezeichneter Kopf, er ißt täglich mit uns
und macht mir die größte Freude. Die griechische Jugend ist voll
schöner Talente, voll Wißbegierde und Ausdauer. Es ist eine Freude,
in der Schule den Lehrstunden beizuwohnen.

An die Eltern.

Athen, 1. Juni 1837.

Wir sind seit 14 Tagen in einem neuen Hause, wo wir wie auf
dem Lande wohnen und zugleich in so großen und geschmackvollen
Räumen, wie sie nur ein verwöhnter Europäer fordern kann. Wir
wohnen frei und hoch im äußersten norböstlichen Flügel der Stadt,
wo lauter neue Häuser stehen und die durch Bildung und Stand ausgezeichnetsten Athener wohnen. Wir haben nicht mehr das interessante Treiben des griechischen Volkes so nahe. Man sieht hier fast
nur ein fränkisches Publikum, ist aber dafür auch von manchen Unannehmlichkeiten frei, welche die zu große Nähe des griechischen
Volkes mit sich bringt. Wir haben eine herrliche Rundsicht über
Athen und auf die Akropolis und ihre Tempel, im Hintergrunde
Salamis und das Meer, dann auf den anderen Seiten der Parnes
und Hymettos in ganzer Ausdehnung und die Spitze des Pentelikon.
Wenn man so beschreiben will, wird man erst recht des ungemeinen
Reichthums hiesiger Aussichten sich bewußt, die sich bei jedem
Schritt, den man vorwärts oder rückwärts thut, den man höher oder
tiefer steht, wunderbar verändern. Einige kleine Anfechtungen der
jetzt beginnenden Hitze abgerechnet, sind wir Alle wohl und munter;
besonders hat sich meine Person größtentheils eines ungewöhnlichen
Wohlbefindens zu erfreuen gehabt. Nur kann ich nicht dem Klima
so sehr widerstreben, daß ich nicht oft in den Mittagsstunden einer
Abspannung unterläge, die mir Anfangs unerträglich war, in die
ich mich aber jetzt finden lerne als in eine Naturnothwendigkeit.
Wir bequemen uns jetzt, einer nach dem andern in den Mittagsstunden zu schlafen und dafür Abends und Morgens zu gewinnen.
Doch herrschen hierüber wie in allen anderen Punkten bei den
Aerzten die entgegengesetztesten Meinungen. Einige widerrathen,
Andere halten den Mittagsschlaf für nothwendig, um gesund zu
bleiben. Heute ist des Königs Geburtstag. Der Donner der Kano-

nen, welche am Hymettos verstärkt wiederhallen, weckte uns um
5 Uhr. Gestern Abend waren Herr und Frau Brandis auf dem
Schlosse, wo einige französische Stücke aufgeführt worden sind. Die
Scene war durch Bettschirme konstruirt, die nicht einmal gleiche
Höhe und Farbe hatten. Es ist wahrlich aller Anerkennung werth,
wie sparsam König und Königin sind für ihr eigenes Vergnügen;
überhaupt gewinnt das Herrscherpaar immer mehr die Herzen aller
Guten. Es wagt Keiner, trotz der ungeheueren Zungenfrechheit der
Athener, den König zu lästern, der auch in seiner Erscheinung etwas
so Mildes, Ernstes und Unschuldiges hat, als wenn der Hauch des
Bösen ihn gar nicht berührt hätte. Und so auch die Königin, welche
in ihrer einfachen Kleidung gar lieblich ist. Wir sind sonntäglich
in einem kleinen Kreise um sie versammelt zu gemeinsamem Gottesdienste, welchem sie stets mit großer Theilnahme beiwohnt. Daß
wir einen solchen Prediger haben, der unser liebster Freund und
jetzt unser Tischgenosse ist, gehört zu den besonderen Segnungen, die
uns zu Theil geworden sind. Heute Mittag aßen Dr. Kork mit seiner
Frau bei uns; wir hatten sie zur gemeinsamen Feier des Tages
eingeladen. Die Frau ist die ausgezeichnetste Griechin, die ich kennen
gelernt habe, mit der auch ich jetzt in einem wahrhaft freundschaftlichen Verhältnisse stehe. Ich besuche sie oft und rechne die Stunden
der Unterhaltung mit ihr zu meinen angenehmsten. Sie spricht
vortrefflich griechisch, hat in Konstantinopel klassische Bildung erhalten und ist jetzt unser aller Lehrerin. Sie gehört auch unserem
Glauben an, obgleich sie sich nicht von der griechischen Kirche getrennt hat. Sie hat, obwohl noch sehr jung, doch viel erfahren und
daher bei aller jugendlichen Beweglichkeit einen Ernst und eine
Tiefe des Gemüths, welche ihrer Anmuth die Krone aufsetzt. Es ist
das innigste Verhältniß zwischen ihr und unserem Hause, eine wahre
Wahlverwandtschaft, welche uns gegenseitig beglückt. Gestern Abend
war die Stadt erleuchtet. Das A und O erschien in tausend Farben
und Kränzen an den Häusern und das athenische Volk schien sein
Glück anzuerkennen. Der König fuhr noch spät durch die Straßen.
Unser Nachbar, der österreichische Gesandte, Herr von Prokesch,*)
zeichnete sich durch seine trefflichen Raketen aus. Athen hat wirklich recht von Glück zu sagen im Vergleich mit dem übrigen Griechenland, welches mannigfach heimgesucht ist. Erst die Erdbeben,

---

*) Anton Graf von Prokesch-Osten (1795—1876), seit 1834 in Athen.

welche den armen Hydrioten das Einzige, was sie sich gerettet haben, ihre Häuser, zerstört haben, dann die Pest auf Poros, welche jetzt, nachdem sie 75 Opfer fortgerafft hat, abzunehmen scheint, welche aber bei der Nachlässigkeit der Behörde im Hafen zu Poros leicht nach dem Piräus und Athen hätte kommen können. Man konnte selbst den König in Gefahr glauben, da er gerade seine neue Corvette besucht hatte, die eben aus dem angesteckten Poros kam — aber es hat sich keine Spur hier gezeigt. Die kräftigsten Maßregeln haben das Ungeheuer bewältigt. Doch wird dieser Vorfall den Kredit der griechischen Quarantaineanstalten wieder für lange Zeit herabsetzen. Auch von dem dritten Uebel, woran das arme Griechenland noch sehr leidet, war Athen frei. Der Peloponnes ist durch Klephten, welche aus dem bei einiger Sorgsamkeit unentfliehbaren Fort von Nauplia entwischt sind, unsicher, Rumelien durch den Auswurf des thessalischen Krieges, aber unsere Stadt erfreut sich des besten Friedens. Vor 8 Tagen geschah durch polizeiwidrige Pulverbewahrung eine Explosion in der Stadt, die Alle erschreckte, aber die Gefahr ward auch hier abgewandt. Doch die Zeitungen erzählen Euch ja so viel Neues von Athen. Auch von unserem Panepistimion werdet ihr das Nöthige wissen. Es wird in diesen Sommermonaten wenig geleistet werden. Ueberhaupt darf man das Personal nicht zu genau mustern, der Tüchtigste von Allen ist wohl Roß. Ich kann in diesem Sommer auf keine Weise Theil nehmen. Im Winter wird es mehr der Mühe werth sein, und dann werde ich auch mehr Zeit haben. Zunächst bin ich nur von Roß aufgefordert, die, welche am philologischen Seminar im nächsten Winter Theil nehmen wollen, im Lateinischen, worin Alle sehr schwach sind, zu unterrichten. Die Eröffnung war doch eine recht ergreifende Feierlichkeit, und so schwach diese neuen Anfänge sind, so können sie doch zu etwas Großem führen.

Sonntag Morgen.

Gestern war es wieder recht drückend. Es bleibt schon zu Hause des Tages, wer nicht gezwungen ist, auszugehen. Nach Tische wird gewöhnlich erst musicirt an einem vorläufig von Dr. Röser geliehenen Fortepiano. Wir singen geistliche Lieder mehrstimmig, und es ist ein Fest für das ganze Haus, wenn ein neues Stück eingeübt ist. Herr Meyer*) ist immer dabei, auch zuweilen die allerliebste Pro-

---

*) Der Hofprediger der Königin Amalia.

fefforin Ulrichs. Man ißt hier in Athen so wenig, daß nach Tisch
zu singen gar keine Beschwerde macht. Die größere Freiheit von
sinnlichen Bedürfnissen ist ein Vorzug des hiesigen Lebens. Man
kann bis fünf ohne Hunger existieren, ohne etwas anderes als Kaffee
und gegen Mittag ein Stückchen Brob mit Oliven, Apfelsinen oder
Datteln zu genießen. Auch die Mittagsmahlzeit ist schnell beendet,
man ißt sehr wenig Fleisch, fast nur Lammfleisch, und meist nur
Vegetabilien. Reis ist ein Hauptnahrungsstoff. Um halb sieben Uhr
ist es angenehm zu gehen, aber auch dann muß man sehr langsam
gehen; bei rascherem Gange ist man gleich ganz in Schweiß. Dann
ist die allgemeine Promenadenzeit, und rings um die Stadt schlen-
dern in nachlässig gravitätischem Gange die Griechen mit einander
umher oder sie sitzen in der Straße vor den Kaffeehäusern. Andere
sieht man gemeinsame Spiele machen, meist sehr einfache, besonders
ein Wettkampf im Fortschleudern bedeutender Steine — aber Alles
in Gruppen und durchweg durch Farben und Gestalten malerisch, und
dabei eine solche Ruhe und Bedächtigkeit des Lebensgenusses, wie
man in unserem Norden vergebens sucht. So gingen die Alten auch
spazieren, und darum mische ich mich so gerne unter diese wandeln-
den Gruppen der Griechen. Dabei hat man den Anblick des schönsten
Sonnenunterganges, welcher hier zwischen den Extremen des grell-
sten Feuerroths und des tiefen Blaus in allen Regenbogenfarben
spielt. Ein unbeschreibliches Schauspiel, besonders die scharfen Bergformen auf dem lichten Goldgrunde. Um die Zeit ziehen denn auch
die Landleute mit Pferden und Eseln in die Dörfer. Sie tragen
weiße, wollene, zottige Mäntel, die das Martialische ihrer Gestalt
noch mehr heben. Um die Brunnen sind dichte Gruppen versammelt.
Einige waschen, Andere tränken Pferde, Esel oder Kameele, und noch
Andere benutzen blos die gute Gelegenheit zur Unterhaltung. So
ist das Auge, wohin es sich wendet, beschäftigt, von allen Reizen
der Gegend abgesehen. Gestern war es noch früh genug, den Lykabettos zu besteigen. Ich führte den Professor erst zu einem Mosaik-
fragmente auf dem breiten Wege, der hinaufführt, wo man auf
mehreren Stellen über dem kahlen Felsboden eine Kalkdecke findet
und darin Marmorsteinchen eingelegt, an denen man noch die blaue
Farbe wahrnimmt. Wir kletterten hinauf und freuten uns der Aussicht, die wir lange nicht gehabt hatten. Die Professorin und Hänschen blieben unten und fanden die schönsten Passionsblumen auf den
Felsen. Auch wir fanden in den Felsenritzen die schönfarbigsten

Blumen; benn im Verhältniß zum Himmel trägt hier auch auf der Erbe Alles lebhaftere Farben. Das fiel mir neulich selbst am bunten Leibe einer Wespe auf. Oben sand ich noch in der Kapelle ein Stück Inschrift eingemauert, das Bruchstück eines Psephisma, auf öffentlichen Gottesdienst bezüglich, leider zu verstümmelt, um ein Resultat über den oben gehaltenen Dienst zu gewinnen. Man muß sich hier dem Inschriftenstubium hingeben; es ist, wenn man die ersten Schwierigkeiten überwunden hat, die größte Freude, aus den verwitterten Schriftzügen lebendige Kunde aus der alten Welt zu gewinnen, und kein Studium trägt so reiche Früchte und öffnet so viel neue und echte Quellen.

Heimgekehrt vom Lykabettos hatte ich die Freude, Frau Kork nach Hause zu begleiten. Am neuen Schloßbau vorbei führt ein angenehmer Weg fast ganz außerhalb der Stadt zu ihr. Abends versammelte sich die Pausanias-Gesellschaft, oder jetzt Theophrast-Gesellschaft, nach der gestern begonnenen Lektüre der „Charaktere", die sich so vortrefflich zu einer gemeinsamen, erquicklichen Unterhaltung eignet, zumal, da sie Gelegenheit darbietet, alle neuen Sitten, Sprichwörter, Ausbrücke zu vergleichen, wofür besonders der treffliche Gymnasiarch und Universitätsprofessor Gennadios vorzüglich ist.

Gestern waren zwei Herren zum ersten Male da, durch deren Theilnahme die Sonnabendabende sehr gewinnen werden, der Procureur bei der Synode, Manussis, und der jetzige Kultusminister Polizoides, beide von deutscher, seiner Bildung. Es war ein sehr hübscher Abend. Es wurde aus Gründen weniger politisirt und es sloß die angenehmste wissenschaftliche Unterhaltung, durch eine kurze, gehaltreiche Einleitung, die Herr Professor auf die Bitte der Anderen aus dem Stegreife über den Theophrast hielt und durch die beiden ersten Stücke desselben veranlaßt. Wir kommen immer erst sehr spät zu Bette. Heute wollte ich früh auf die Akropolis; aber es regnete. Ich hoffte nach der Kirche gehen zu können; aber nach dem Morgenregen brannte die Sonne so gewaltig, daß ich trotz Malthefer Strohhut und Regenschirm nicht Lust hatte, hinaufzugehen und mich lieber hersetzte in unsere kühlen Zimmer, um Euch zu schreiben. Die Königin trauert wieder, sie sah im weißen Kleide mit schwarzem Bande gar schön aus.

Am Mittwoch Morgen.

Sonntag und Montag war es sehr heiß; gestern sehr angenehm
wegen eines kühlenden Nordwindes, den man schon an seinem satt-
samen Getöse erkennen kann, weshalb denn auch der Boreas in die
gewundene Muschel stößt. Ich ging gleich nach Tische mit Dietrich
in den botanischen Garten, der bei der alten Akademie angelegt ist.
Die Güte des Bodens ist hier ganz vorzüglich, und es scheint fast
unglaublich, daß diese schönen Anlagen erst seit einem Jahre bestehen. Der Inspektor und jetzige Professor der Botanik Dr. Fraas*)
ist ein sehr wackerer Mann von großer Thätigkeit. Die schönen
Maulbeerbäume bieten reichlichen Schatten, und man fängt an, den
Garten als Vergnügungsort zu besuchen. Ich ging noch von da auf
die Akropolis, denn ich hatte bei dem kühleren Tage recht das Bedürfniß, weiter zu gehen. Brandis' waren oben, auch Roß, Schaubert
und Hansen. Es ist an Inschriften, architektonischen und plastischen
Ueberresten viel gefunden, die Säulen von der Südseite des Erechtheion sind sämmtlich da, von bemalten Felderdecken wieder ein
sehr merkwürdiges Exemplar.

Die Nordhalle des Erechtheion wird man herstellen können, auch
für die Westseite ist viel Material gefunden, und der Torso einer
Karyatide, welche man jetzt aufgegraben hat in zwei Stücken, beweist, daß die Römerin eine untergeschobene ist, denn es bleibt nur
noch für die Elginsche ein Platz übrig. Hätte nur Elgin die nördliche
Ecksäule der Ostfronte stehen gelassen, so könnte man hoffen, der alten
Polias ihr Haus ziemlich wieder einrichten zu können, die Südwand
steht zur halben Höhe. Ueber den Boden des Heiligthums und über
seine Treppen kann man noch nicht ins Klare kommen, da der Grund
fast ganz weggeräumt ist. Ein kolossaler Pferdeleib ist zum Vorschein gekommen, niedliche Reliefs und einzelne interessante Inschriften, von denen ich schon ein paar für Böckh abgeschrieben habe.

An die Eltern.

Athen, 22. August 1837.

Jetzt, meine Lieben, kann ich Euch ganz wieder mit dem alten
Muthe und Frohsinn schreiben, nachdem wir eine allerdings ge-

---

*) Karl Fraas (1810—1875), damals Direktor der Hofgärten, des von
ihm angelegten botanischen Gartens und der Staatsbaumschule und Professor der Botanik in Athen, hochverdient um die Förderung der Baumkultur
in Griechenland.

trübtere Periode durchgemacht haben. Wir mußten darauf gefaßt
sein, und wie gnädig sind wir davongekommen, ohne alle Gefahr
und Angst, selbst von häufiger Wiederkehr verschont. Ich hatte mich
am längsten von aller Anfechtung der Hitze frei gehalten und
glaubte, über Alles hinweg zu sein, als mich wahrscheinlich infolge
einer Erhitzung ein Fieber packte, das aber von der gelindesten Art
war. Dr. Röser befreite mich schon am zweiten Tage davon durch
einen Aderlaß. Die Frau Professor sorgte für mich, wie eine zweite
Mutter, unendlich liebreich und aufopfernd. Ein paar Tage darauf
wurde die Einladung des braven Apothekers Mahn,*) der uns in
seinem großen Hause, das er einsam bewohnt, Zimmer anbot, dessen
Gastfreundschaft mich mit den Knaben schon oft beherbergt hatte,
angenommen. Ich mußte wie ein lahmer Kranich zurückbleiben.
Erst nach 8 Tagen konnte ich nach dem Piräus nachfolgen, und
zwar erschien ich da in der jämmerlichsten Gestalt, aber sobald ich
nur an die See kam, ging es Tag für Tag zusehends besser. Nach
acht Tagen war ich fast ganz hergestellt, und im seligen Gefühle
wiederkehrender Gesundheit und Jugendkraft genoß ich in vollem
Maße die noch übrigen drei Wochen unseres Seelebens. Mit Sonnenaufgang, wo möglich etwas früher, um Windstille auf dem Meere
und den herrlichen Anblick der auf den reinsten Goldgrund gezeichneten Formen der athenischen Berge und Hügel zu haben, wartete
meiner ein junger, wackerer Moreote, der mich mit seiner Barke
hinausführte ins Meer, wo ich frisch in den Wellenschlag mich
hineinstürzte — oder wenn ich die Knaben bei mir hatte, in die
westlich an den Piräus sich anschließende und mit ihm durch eine
Mauer verbundene Bucht, wo ich an sicheren Stellen die Knaben
schwimmen lehrte. Weil sie offen ist, gewährt diese Bucht ein angenehmeres und wirksameres Bad als Munychia und Phaleron.
Diese Fahrten wurden oft mit Untersuchungen der Hafenmauern
begleitet, wozu wir Zeit hatten, da die Damen erst um 8 Uhr vom
Phaleron heimkehrten, wo das Badehäuschen umgeben von Felsen
und gigantischen Befestigungstrümmern, so romantisch wie möglich liegt. Die Höhen gewähren Aussichten, die nicht zu beschreiben
sind. Nach dem Frühstücke folgten die ernsten Beschäftigungen. Ich
blieb mit den Kindern bis zwölf Uhr; mit Dietrich habe ich dort
die Odyssee begonnen. Es folgte ein Obstfrühstück, Feigen, Trauben

---

*) Im Piräus.

und Wassermelonen, welche durchaus gesund sind und ungemein erquickend; die Zuckermelonen vermeidet man. Dann eine wohlthätige Mittagsruhe, bis man sich zur Mahlzeit versammelte, die aber dem Klima gemäß ganz frugal war, Fleisch während der Hitze als Ausnahme. Ich habe viele Wochen keinen Bissen Fleisch gegessen; aber herrliche Fische von allen Größen und Arten, je größer, desto besser. Oft sah ich 2 Männer an einem schleppen, den sie an einer Stange auf den Schultern trugen und der mit dem Schwanze fast die Erde berührte. Nach Tisch leichte Beschäftigung und, wenn kein Besuch angemeldet war, um 5 Uhr Spaziergang oder öfter Spazierfahrt. Wir haben sehr schöne Touren am herrlichen Gestade gemacht, alle die kleinen Buchten gemustert, welche in unendlicher Mannigfaltigkeit den Strand schmücken und durch zahlreiche Reste in Fels und Mauerwerk interessant sind. So machten wir mit Entzücken die Fahrt um die Munychische Halbinsel, an deren Spitze das sogenannte Themistoklesgrab ist, ein Sarkophag im Felsgrunde ausgehauen, der jetzt von jeder größern Welle durchspült wird und seines doppelten Deckels beraubt ist. Die Lage ist ungemein poetisch und die Professorin ward immer über meine historischen Zweifel böse. Daneben liegen riesenhafte Säulenstücke, die wohl zum Versenden bestimmt waren. Der Munychische Hafen liegt am geschütztesten und geschlossensten, innen mit deutlichen Spuren der in Fels gegründeten Schiffshäuser. Endlich der kleine, allerliebste Phalerische Hafen, dessen Kreisform durch mächtige Mauern vollendet ist, welche in zwei sich nahe gegenüberstehende Thürme auslaufen. Da hören die Befestigungen auf und östlich zieht sich sanft die Phalerische Rhede bis zum milde vorspringenden Kap Kolias, das einst ein Tempel schmückte, jetzt eine zerfallene Kapelle, welche nun den Badenden Erfrischungen darbietet. Unten stehen zwei hölzerne Buden, wo die Majestäten nebst Gefolge inmitten ihres Volkes baden. Ebenso schön sind die Fahrten nach der andern Seite des Piräus. Zuerst ist da mein kleiner Badehafen mit höchst interessanten Mauerresten, etwas landeinwärts viele Gräber, die uns an Scherben manche hübsche Ausbeute gegeben haben. Die dritte Bucht westwärts vom Piräus ist der merkwürdige Diebshafen. Dem draußen Vorbeifahrenden erscheint er als ganz flache Bucht, doch zieht sie sich tief ins Land, das in schroffer Klippenform drüber hängt. Die Kinder singen Fische, Seekrebse und eßbare Muscheln. In einer Schlucht zieht sich vom Ende der Bucht ein Pfad gen Athen,

ich glaubte die klaffifchen Diebe noch dahin fchleichen zu fehen und
darunter manchen hungrigen Megareer. Wir fuhren noch weiter
bis zum Stuhle des Xerxes, deffen Lage — Pfyttaleia gerade gegenüber — mir unzweifelhaft erfcheint, eine kleine fich fanft erhebende
Anhöhe mit vollem Ueberblick über das Schlachtfeld. Wir über-
ftiegen das über diefem Hügel gegen Salamis zu fich erhebende
Gebirge, nach Herodot unzweifelhaft der Aigalos, deffen Verhältniß
zum Korydalos mir aber noch nicht klar ift. Es war für unfere
Damen eine böfe Tour, aber belohnend mit reichen Ueberblicken
über das thriafifche Gefilbe, das heilige Eleufis, den Kithairon. Wir
verfolgten unferen Weg von Lutraki her, und waren feelenvergnügt
über das Gelingen. Auf böfen Wegen eilten wir zum Strande. Aber
fchon find alle Glieder an diefe Wege gewöhnt. Nähere Befchrei-
bung würde als lügenhaft erfcheinen und meine Berichte in Miß-
kredit fetzen; Kleider und Schuhe werden regelmäßig zu Schanden
dabei! Unten angekommen überrafchte uns Fräulein Jda durch
heimlich mitgebrachte Trauben und Feigen, und der fchönfte Wind
trug uns fchnell in den Hafen zurück bei köftlichem Monbfchein. Dort
freilich hatte Herr Profeffor, der biesmal wider Erwarten gekommen
war, unfer ängftlich geharrt, da er wirklich ohne Grund um die
Seinigen in ewiger Angft fchwebt. Defto kühner und unternehmens-
luftiger ift die Frau Profefforin, die zart und leife mich mütterlich
zu leiten verfteht und mich durch unzählige Zeichen ihres Wohlwollens immer inniger an fich und ihre Familie hinanzieht. Grade
im Piräus war fie ungemein wohl und eben darum unbefchreiblich
milde und liebenswürdig. Der Profeffor kam immer nur zu flüchtigen Befuchen. Seine eigentlich heiteren, freien Stunden find viel
feltener jetzt, obgleich er wohl fcheint. Er entbehrt natürlich Bieles,
er fühlt fich häufig verletzt, die perfönlichen Angriffe fchamlofer
Zeitungen, die ihn als flüchtigen Abenteurer bezeichnen und Hegel
(sic) herberufen haben wollen, kümmern ihn am wenigften, mehr
bekümmert ihn Anderes. Am letzten Sonnabend kam er zu uns und
holte uns — feine Frau, Dietrich, Johannes und mich — zu einer
Fahrt nach Salamis ab, wohin wir fchon einmal in anderer Gefell-
fchaft gefahren waren. Wir blieben die Nacht in bem unfern der
nach Attika gekehrten Bucht gelegenen Ambelaki, wo wir fchon die
Bekanntfchaft einer wackeren Familie gemacht haben, bei der wir
unter einer Laube von trockenem Gebüfche, das der Monbftrahl lieblich durchbrach, herrlich fchliefen. Am Sonntag ganz früh gingen

wir, von unserem Gastfreunde und seinem Maulthiere begleitet, der
höchsten Spitze zu. Oben überraschte uns das frische Grün junger
Fichten, deren Menge schon vor Alters der Insel den Namen Pityussa
verschaffte, und auf der Spitze hatten wir eine köstliche Aussicht
über die wunderliche Insel, deren Gestalt — einem Thiere ähnlich,
das viele Beine ohne Rumpf hat —, sich nur durch spätere Trennung vom Festlande, in Analogie mit den vielen anderen Halbinseln
der Küste, erklären läßt. Herrlich sind die Buchten der Südspitze der
Insel, auf die wir hinabschauten, wo die älteste Stadt lag, herrlich
der Blick auf Aegina und Morea, auf das Meer, auf Helena und die
Patroklosinsel. Ueber Laurion ragen die Berge von Keos hervor.
Es folgt die reiche Umgegend Athens von seinen Häfen bekränzt,
Eleusis mit den niedlichen Pharmakusen, Megara ist ganz deutlich
und im Hintergrund der fast immer benebelte Isthmos mit Korinth,
ganz hinten die Formen der Berge Arkadiens. Salamis war glücklich unter den Türken; es lieferte Pech für des Sultans Flotte und
hatte dafür besonderen Schutz. Griechische Soldaten während der
jammervollen Zeit nach Kapodistrias' Tode haben die ganze Insel
mit Feuer und Schwert verwüstet. In Ambelaki sind noch die langen
Reihen der alten Hausmauern, die jetzt die Hofmauern bilden für
das an einer Seite wieder eingeklebte Häuschen. Wir gingen mehrere Stunden bis Kuluri, dem Hauptorte, der an der Seite des
Isthmos ½ Stunde nur von Ambelaki liegt, auf geradem Wege. Der
Ort hat einige Schiffe — aber liegt am heißen Felsen gänzlich
schattenlos und macht den ödesten Eindruck. Der tiefe Golf erscheint
ganz abgeschlossen durch die epidaurische Küste wie ein Schweizer
Landsee. Albanische Tracht, Sprache und Sitte herrscht vor. Der
Hitze wegen machten wir uns um Mittag wieder auf, statt zu ruhen,
besahen unterwegs Tempelruinen an der Bucht nach Eleusis aus
parischem Marmor, die ich der Athenaia Skiras dedicirte, und erfrischten uns in Ambelaki. Wegen des zu starken Südwestwindes
mußten wir Eleusis aufgeben. Wir besahen noch genau die Mauern
der Stadt Salamis, welche an unserem Landungsplatze lag, fast alle
Winkel der Landmauer mit Thürmen und Thoren, die Lage der
Akropolis und die deutlich erhaltenen Hafenmauern.

An die Eltern.

Athen, 24. September 1837.

Am 20. August kehrten wir zurück an den Fuß des Lykabettos, in der Meinung, jetzt der größten Hitze entgangen zu sein. Darin täuschten wir uns. Sobald die Nordetasien, die diesmal bis zu Ende unseres August anhielten, nachließen, trat eine Zeit der drückendsten Hitze ein, besonders, wenn der dürre Lips vom Isthmos her wehte, der Blumen und Gräser zu Asche macht, so daß sie berührt zerfallen, und die Brust peinlich zusammenzieht. Alles litt an Mattigkeit und Kopfweh. In den letzten Tagen des August machte ich mit dem Professor, der gerade Geschäfte in der neuen Militärkolonie Herakli hatte, und Dietrich eine Tour in den Parnes. Aufwärts folgten wir dem Bette des Kephisos, welches, mit Oleander gefüllt, ganz roth aussieht. Man erkennt das Wasser blos an seiner befruchtenden Kraft. Denn während sonst fast gar nichts auf dem verbrannten Erdboden steht — den Wein ausgenommen —, stehen hier Oleandermassen in dichtester Fülle. Dieser Oleander blüht vom Mai an noch immer fort. Wir besuchten das interessante Lokal von Menidi in der Gegend von Acharnai, wo noch jetzt ungewöhnlich plumpe Kohlenbrenner ihr Wesen treiben. Die Gegend ist voll von Tempelresten. Ein schönes Gewandstück lag in einem Sumpfe, um einen Uebergang zu bilden. Von da zogen wir auf dem alten, kürzeren Wege, der nach Theben führte und noch führt, in's Gebirge. Auf dessen Vorhöhe liegt Chasia. Von da geht's in einer wahrhaft romantischen Schlucht unter einer mächtigen Felswand, die, wie fast aller Stein, marmorartig ist und in dem schönsten Roth sich oxydirt. Unterhalb sind die Berge mit den schönen sammtgrünen Fichten bewachsen, von denen so manche der Inseln Pityussa heißen. Die Nacht brachten wir in einem gastlichen Kloster zu, das sehr seltsam in die Schlucht hineingebaut ist. Auf der anderen Wand zieht sich eine Wasserleitung nach Eleusis, der wir noch oft begegnet sind. Am anderen Morgen wanderten wir über einige Schluchtenwände und gelangten zu einer geringen Anhöhe, welche zwischen zwei hohen Felswänden schließend in der Mitte liegt. Rechts geht der Pfad nach Böotien. Auf der Anhöhe stehen die Mauern des Bergschlosses Phyle. Die Seite nach Böotien ist allein durch die Natur unüberwinlich, die anderen Seiten mit trefflichen Quadermauern geschirmt; die Ausdehnung ist sehr unbedeutend, die Mauern stehen noch über 2 Mann hoch und in die Lücken ist üppiger Epheu hineingewachsen, ein schönes, ergreifendes Bild. Man sieht den Thrasybulos und seine verbannten Brüder bastehen und mit Grimm nach der unterjochten Vaterstadt hinschauen, man verfolgt seinen Weg längs dem Korybalos nach Munychia hin. Unser Mönch, der uns den Weg gezeigt hatte, traktirte uns mit frischem Ziegenkäse von den Klosterheerden (à propos eine Ziege kostet hier 3 Drachmen, und welch schöne Thiere) und wir trennten uns, auf näherem Weg nach Chasia zurückkehrend. An meinem Geburtstage feierten wir im Freundeskreise den Hochzeitstag des Professors. Die erste Woche unseres Septembers war die heißeste des ganzen Jahres; ich meinestheils litt fast gar nicht daran, zumal, da ich mit Kochen und Molesworth, welche seit dem 23. August hier sind und allmählich sich hier erholt haben, und mit Schmidt, dem Lehrer bei Rudhardt, eine Tour nach Aegina machte, wo der andere Theil der Familie schon gewesen war. Dort lebten wir bei Professor Köppen aus Kopenhagen, einem sehr wackeren jungen Manne, der mich schon oft eingeladen hat, da er im ehemaligen Kapodistriasschen Gouvernementshause große Räume bewohnt. Jetzt ist das Kabetteninstitut nach dem Piräus versetzt. Man fährt immer des Abends nach Aegina. Die Aussicht von Aegina ist entzückend. Die vulkanische, großartig gebildete Halbinsel Methana liegt wie das Siebengebirge. Am 8. war ich im Tempel des — ich wag' es noch nicht zu entscheiden — panhellenischen Zeus. Die Aussicht ist unbeschreiblich schön auf den attischen Küstenstrich und auf die Cykladen. Ich habe viel am Tempel gelernt, auffallend waren mir drei monolithe Säulen unter den 23 zu finden, wir fanden Farben und interessante Sachen. Aber über der herrlichen Lage vergaß man immer wieder im Boden zu wühlen. Auf den Oros — so heißt noch die höchste Spitze — kamen wir der Hitze wegen nicht, so sehr ich's wünschte dort oben das Heiligthum des Panhellenios zu finden, wohin Niemand kommt. Es ist noch ein Tempel da, unweit der Stadt, wahrscheinlich der Aphroditetempel, den aber mit seinen Umgebungen Russen und Nordamerikaner verbaut haben, nur eine Säule steht. Sehr interessant ist die Aeginetische Nekropolis; wir stiegen in ein Grab mit Treppen und ausgemalten Wänden. Es sind viele geöffnet und daraus ist das Aeginetische Vasenkabinet gebildet, das aber noch sehr klein ist, d. h. zwar viele, aber kleine Gefäße enthält. Einzelne schöne Gärten ausgenommen — in

einem berſelben ſah ich zuerſt einen köſtlichen Orangenwald — iſt
die Inſel waſſerarm und daher ſehr ſchlecht bebaut und öde, obgleich
überall Spuren der ausgebreitetſten Kultur des Alterthums ſind.
Terraſſen ziehen ſich bis an die Gipfel der Berge Aegina's, Feigen
und Weintrauben ſind ausgezeichnet. Hier iſt auch etwas Intereſſantes aus dem Mittelalter, nämlich eine Stadt, aus Piratenfurcht
wie ein Neſt an einen hohen Fels gebaut und ſpäter erſt, vor zwei
Generationen, wieder verlaſſen.

Die Nordſeite der Inſel iſt ſehr anbaufähig, die Südſeite lauter
Fels. Am 10. Morgens kamen wir wieder im Piräus an und denken
ſeitdem noch mit viel Freude an die ſchönen Tage in Aegina. Ein
Inſelleben hat etwas ſehr Poetiſches. Auch die Fahrten auf den
griechiſchen Kaïken ſind ſehr intereſſant. Man hat da ein ſehr un-
bequemes Nachtlager, aber intereſſante Umgebung, einen ſtattlichen
Kapitän, der Ungeheures erlebt hat und in aller Unbefangenheit
davon zu erzählen weiß, und reiſende griechiſche Kaufleute, mit
denen man während der Nacht ſich wohl unterhalten kann, ſie ſind
meiſt lehr- und lernbegierig. Man muß nur damit anfangen zu
erklären, daß man kein Bavareſi iſt und daß die Bavaria nur ein
kleiner Theil von Germania iſt, obgleich auch dieſer Name ſeinen
guten Klang für die Griechen verloren hat, ſeit der Xenokratie. Es
iſt ein bedenkliches Zeichen, daß die Hinneigung zu Frankreich und
die Abneigung gegen Deutſchland ſo ſehr zunimmt. Die jungen
Leute ſind nicht zu bewegen, Deutſch zu lernen, dagegen iſt das
Franzöſiſche eine zweite Landesſprache, und in den feinen Cirkeln
findet man Paris ganz leibhaftig abgeſpiegelt. Die Phanarioten
haben es darin weit gebracht. Man hat hier Uebung im Franzöſiſchen — ſonſt iſt mir's ekelhaft. Auch Engliſch ſpricht man viel. Die
Familie des Mr. Leafs, des hieſigen Reſidenten der Bibelgeſellſchaft,
iſt uns ſehr befreundet. Es wird jetzt nahe beim neuen Schloſſe, an
dem, je nachdem gerade Geld da iſt, eifrig oder ſchläfrig gearbeitet
wird, eine engliſche Kirche gebaut. Auch eine Metropolitankirche
wird gebaut werden nach dem Plane unſeres Freundes, des genialen
Landſchaftsmalers und Architekten Lange aus Darmſtadt. Hanſen
wird die Univerſität bauen. So kommt viel Neues in Athen zum
Vorſchein, deſto weniger Altes. Die Arbeiten auf der Akropolis ſind
jetzt ſchon viele Monate ausgeſetzt. Nur bei Häuſerbauten zeigt ſich
gewöhnlich Etwas.

Ueber die hieſigen Verhältniſſe im allgemeinen ließe ſich natür-

lich Vieles schreiben, doch ist's meines Berufs nicht. Was Du, lieber
Paul, von einer hier zu hoffenden Annäherung der verschiedenen
Glaubensparteien schreibst, scheint jetzt entfernter als je. Die kirchlichen Verhältnisse sind in der traurigsten Lage, der religiöse Zustand bejammernswerth. Man spürt den Sonntag nur an den
bunteren Kleidern und belebten Kaffeehäusern. Die Geistlichkeit tritt
mit Maßregeln hervor, die beklagenswerth sind. Von den Schritten
des neuen Patriarchen werdet Ihr wissen, alle Thätigkeit der Missionen ist gelähmt, die treffliche Uebersetzung des alten Testamentes
verketzert. Neulich wurde ein Angestellter Simon, weil er die
Schwester seiner Brudersfrau geheirathet, in den Bann gethan und
dieser ohne die gesetzliche Meldung bei der Regierung plötzlich in den
Kirchen verlesen. Ehen zwischen Griechinnen und Fremden werden
nur, falls diese sich taufen lassen, gestattet. Die junge Frau des
Professors Fabrizius ward auf einmal vom Sakramente ausgeschlossen.

Seit Anfang des griechischen Septembers hat sich das Wetter
geändert; es hat sich diesmal ohne Regen abgekühlt, die Luft war
auf einmal wunderbar geklärt, man geht jetzt munter und frisch im
Sonnenschein spazieren und bewegt sich mit ganzer Frische. Man
findet es sogar des Morgens herbstlich frisch, obgleich wir neulich
18° Reaumur auf dem Thermometer hatten. Brandis hat jetzt viele
Reiselust. Jeden Sonntag machen wir Touren, wozu sich dann oft
mehr als ein Dutzend Pferde zusammenfinden, Frauen und Kinder,
alle beritten. So waren wir in den letzten Tagen in Wari am
Hymettos in der merkwürdigen Pansgrotte voll Skulptur und Inschriften, in Eleusis, wo wir vieles uns Unbekanntes fanden, besonders ein herrliches Mosaik, und uns ziemlich viel Münzen zusam-
menkauften, die da zahllos zum Vorschein kommen. Zuletzt besuchten wir die Steinbrüche des Hymettos, die bewunderungswürdig
sind. Die Geschicklichkeit der Alten war unendlich groß. Man arbeitete die Steine gleich in bestimmten Maßen und Winkeln los,
daher die Wände der Brüche wie Kunstwerke dastehen. Bei dieser
gestrigen Tour war auch Ritter dabei, der eine Inselreise gemacht
hat, und morgen sich wieder aufmacht, um den Norden des Peloponnes zu bereisen, nach 8 Tagen zurückkehrt, um von hier mit
Brandis und, ich weiß nicht, wie Vielen von uns, den Parnaß und
die Thermopylen zu besuchen. Dann wird er noch ein paar Schluß-
tage für Athen gewinnen und über Konstantinopel heimkehren.

Seine Anwesenheiten in Athen sind Feierzeiten für uns. Jedenfalls werden wir in diesem Herbste noch Manches von Griechenland sehen. Mittelst des neuen Dampfschiffes kann man leicht auf die Inseln kommen. Jetzt sind Gottlob alle Qualen der Hitze vorbei, alles Ungeziefer verschwunden, man ißt und trinkt wieder. In den letzten Tagen hatten wir starke Gewitter, die hier immer erst dann eintreten, wenn die Luft bedeutend gekühlt ist. Bis jetzt haben wir Regen und Gewitter nur in zwei Nächten gehabt, so daß man nur die angenehmsten Folgen genießt, die frische Luft, die Erlösung vom Staube, der unerträglich war, und das neue Grünwerden der Erde, welche einen zweiten Frühling feiert. Die Zeit der Weinlese ist hier ohne solenne Feierlichkeit, die Esel tragen schaarenweise den neuen Wein in Ziegenfellen, deren Haare nach innen gekehrt sind, in die Stadt zum Weinhändler, der ihm sein Quantum Harz zutheilt.

An die Eltern.

Athen, 12. Oktober 1837.

Ritter war von seiner Inselreise mit Roß und Finlay zurückgekehrt, um von hier nach kurzer Frist zu einer peloponnesischen Reise wieder aufzubrechen. Die wenigen Tage hatten wir den verehrten Mann fast immer in unserer Mitte und da ich am Morgen seiner Abreise noch bei ihm war, sagte er mir, wie gerne er mich zum Begleiter hätte. Ich hatte an diese Reise gar nicht gedacht, nur an die spätere nach dem Parnaß — aber dies Wort ging mir zu Herzen, und da in vieler Hinsicht jetzt meine Abwesenheit leichter einzurichten war, so entschloß ich mich schnell, von der lieben Frau Professor aufgemuntert, während Herr Professor selbst Ritter auf dem heiligen Weg begleitete, — diesem nach Eleusis nachzureiten. Wie konnte ich die Gelegenheit vorüberlassen, einem solchen Manne ein erwünschter Reisegefährte zu sein! Ich traf ihn noch in Eleusis, konnte ihm dort schnell das Merkwürdigste zeigen, und wir zogen dann weiter zusammen nach Megara, wo wir noch Zeit hatten, die dort jetzt vereinigten und unter Schloß und Riegel gebrachten Antiken zu sehn, worunter einige schätzbare Fragmente, obwohl gerade die erhaltensten zu der Klasse von fabrikmäßig gearbeiteten Grabfiguren gehören, die man in Griechenland ziemlich häufig findet. Beim schönsten Morgenwetter ritten wir am 26. durch die fette Megarische Ebene, und entzückend war der Anblick, da wir beim

Skironischen Thore anlangten und den Saronischen Golf mit seinen
schön geformten Inseln und Küsten auf einmal erblickten. Der Weg
war einst recht gut, und man sieht noch einige stattliche Substruktio-
nen und Wagenspuren, aber er ist mehrfach zerstört worden in alten
und neuen Kriegen, man hat die jüngere Anschwemmung, welche
den Fuß des Kalkgebirges überdeckt und auf deren Höhe der Weg
hingeführt war, an einzelnen Stellen hinabgeworfen, wo jetzt
schroffe Rutschwände nackt hervortreten und den Wanderer zwingen
auf holprigen Felstreppen bis zum Meer hinabzusteigen. Der Isthmos gab zu belehrender Mittheilung Veranlassung, da Ritter überall das Geologische besonders im Auge hat. Der Morgen des dritten
Tages war Akrokorinth bestimmt, wo wir beim schönsten Morgen-
lichte jene ungemeine Aussicht, eine der wenigen schon im Alterthum berühmten, genossen. Ich war zum dritten Male oben, aber
zum ersten Male sah ich klar die beiden Meere zu Füßen. Auch den
Peirenebrunnen sah ich zuerst, der gleich unter dem Gipfel entsprin-
gend oben durch Treppen erst zugänglich gemacht und mit einer
Tempelfronte geschmückt war, was man jetzt nur in der Tiefe entdeckt, da die Quelle als Ziehbrunnen überbaut ist. Unten am Meere
in den Gärten des früheren Bey quillt sie hervor. Mittags brachen
wir auf und zogen durch die fruchtbare, an Oel- und Korinthen-
pflanzungen reiche Ebene zwischen Korinth und Sikyon über den
Nemea- und Asoposfluß nach Wasiliko, das vom Meere entfernter
liegt auf der ersten der Höhenreihen, die sich terrassenförmig zum
Kyllene hinaufbauen, auf dem Plateau, wo einst die Citadelle, später
die Stadt Sikyon selbst lag. Uns überraschte die große Menge von
architektonischen Resten, uns entzückte die romantische Lage der
Stadt, von der man, gerade zum schönsten Landschaftsbilde abgeschlossen, Parnaß und Helikon mit der Bucht von Krisa vor sich sieht.
Ich habe keine so landschaftliche Aussicht in Griechenland gesehen,
es freute mich, auch hier mit einigen alten Sikyoniern meinen
kleinen Münzschatz bereichern zu können. An die das Plateau be-
schließenden Höhen liegt angelehnt ein schönes Theater, mit zwei
ganz erhaltenen gewölbten Zugängen. Man reitet etwas weiter,
passirt die alten Stadtmauern, und plötzlich liegt das reichste Thal
vor Augen, in das ein steiler Weg zum Theil noch mit altem
Pflaster hinabführt. Ein Bach rieselt laut durch das dichteste Gebüsch von Lentiscus, Myrthe, Oleander, Erdbeerbäumen, Platanen.
Wer von Attikas kahlen Bergen hierherkommt, glaubt in ein Zau-

berland zu kommen. Hier ist Segen und Lebensfülle. Wir blieben
die Nacht in Suli, schon auf einer bedeutend höheren Terrasse gelegen. Den Korinthischen Golf behält man natürlich immer im Auge.
Auf bösen Gebirgswegen gelangten wir am folgenden Tage nach
Trikkala, einem schon sehr hoch gelegenen Orte unmittelbar am nördlichen Fuße des Kyllene, wo wir die liebenswürdigste Gastfreiheit
erfuhren. Es wohnt hier die Familie Notaras, zur Venetianer Zeit
eine der ersten, noch jetzt sehr begütert; zwei alte Brüder haben da
eine Art von Supremat. Tags darauf gingen wir über den Kyllene,
von jetzt an durch bewaffnete Albanesen, welche die Demarchen uns
mitgaben, begleitet, die wenigstens unserem Zuge ein abenteuer-
liches und malerisches Ansehen gaben. Der Kyllene ist rings von
langen, tiefen Thälern umgeben, die größtentheils einst Seen waren,
am größten der Pheneos, an dessen Rand wir zunächst anlangten
— aber seit zwei Jahren ist er kein See mehr, noch sieht man deutlich an den Bergen umher einen weißen Ring, der den Wasserstand
bezeichnet, aber jetzt sammelt sich kein Wasser mehr, sondern das
noch in vielen Kanälen herzufließende Wasser verliert sich in drei-
zehn Katabothren, wovon vier eigentliche Felsenschlünde, die andern
nur Abzugslöcher sind. Jetzt ist man fortwährend beschäftigt, durch
Erweiterung und Vergitterung der Katabothren einer neuen An-
füllung zuvorzukommen. Das ehemalige Seebett ist natürlich das
fruchtbarste Ackerland, seit den zwei Jahren ist es schon voll geworden von Weinbergen und Maisfeldern, und wir glaubten nirgends süßere Feigen gegessen zu haben. Viele merkwürdige Traditionen knüpfen sich an dieses Lokal. Im ganzen galt es immer
für ein glückliches Zeichen, wenn der See ablief. Sein gänzlicher
Ablauf stimmte daher sehr gut für unseren König, zu dem einst eine
Gesandtschaft kam, um zu melden, daß man Geister als geharnischte
Männer die Löcher wieder stopfen sehe. Die alte arkadische Stadt
Pheneos lag auf einer Halbinsel ins Meer vorgestreckt, jetzt ein
ganz üppiger Rebenhügel, an dem noch kyklopische Mauerreste
durchschimmern. Das jetzige Phonia ist ein reiches Dorf, aber ungesund und wie die herrlichsten Gegenden ganz von Albanesen
bewohnt, die häßlich und dumm sind, man kommt da kaum mit dem
Griechischen durch. Hinter Phonia sahen wir das Styxwasser herab-
kommen, dessen herrlicher Quell aber noch jetzt verschrieen ist, kein
Grieche trinkt davon. Ueber das Geronteion stiegen wir zum Stymphalischen See hinab. Die frühere Ausdehnung beweist ein alter

Damm, der noch wohlerhalten durch das Land führt. Jetzt steht auch hier nur wenig Wasser, das meiste stürzt durch einen Felsenschlund, der wie ein großes Maul sich aufthut, in unabsehliche Tiefe brausend hinab. Die Gegend ist öde und schauerlich. Stymphalos liegt wie Pheneos, nur ist sein Hügel schroffer und felsiger, auch hat er viel mehr Stadtreste. Es war im ganzen Thale eine so feuchtkalte Luft, daß wir uns freuten, als wir wieder herauskamen. Ritter erkrankte unterwegs, obwohl ganz vorübergehend. Ueber einen breiten Bergrücken stiegen wir hinab zum Asoposthale, wo das schöne Phlius auf seinem Hügel noch zu spüren ist. Höchst frappant sind alle Situationen alter Städte. Man bedarf gar keiner Ruinen, die Anschauung des Terrains ist schon sehr lehrreich. Von Hagios Georgios, einem dem alten Phlius nahe liegenden Orte, zogen wir am zweiten Oktober nach dem Thale von Nemea, wo noch einige Säulen des Jupitertempels stehen und viele zerstreute Reste liegen. Auf den Weg von Korinth nach Argos einlenkend, wanden wir uns allmählich aus dem Gebirge heraus und sahen plötzlich, wie Orest einst, die fruchtbare Ebene des alten Argos vor uns liegen, aus der die Larissa von Argos gleich bedeutsam hervorragt. An den letzten Hügelreihen liegen, ehe man die Ebene erreicht, die majestätischen Baureste von Mykene, die ungeheuren Citadellenmauern mit dem Löwenthore und das Atreische Schatzhaus. Es schwindelt einem, wenn man das graueste Alterthum plötzlich in so naher Gegenwart vor sich sieht. Ritter machte mich auf Vieles aufmerksam, wofür ich ihm immer danken werde. Hier sind wahrlich keine Anfänge roher Kunst, sondern ausgebildeter Styl eines seltsamen Geschlechts von Menschen. Das ganze Mykene nennen die Leute jetzt blos Agamem; in der Nähe ein Chan „zu den beiden Atriden". Argos hat auf seiner Akropole noch uralte Inschriften und Mauern, sonst ist es eine sehr freundliche mit Cypressen geschmückte Stadt mit herrlicher Aussicht auf das Meer und Nauplia. Wir fuhren von Argos nach dem Quell des Erasinos, der hier unterhalb einer herrlichen Felsenhöhle auftaucht, nach den Alten der Abfluß des Stymphalischen Sees. Nahe dabei ist das alte palamidhische Gebirge, wahrscheinlich das Polyandreion von Kenchreai, höchst wunderbar und interessant. Aegypten spiegelt sich hier ab in Natur und Kunst. Seit ich in Argos gewesen, lasse ich mir meinen König Danaos nicht weghypothesieren. Durch die reiche Inachosebene, wo die Danaostöchter Baumwolle ernteten, gingen wir zur τειχιόεσσα Τίρυνς, die sehr be-

quem an der Chaussee nach Nauplia liegt. Gewaltige Ruinen in
weniger sorgfältigem kyklopischen Style mit seltsamen verdeckten
Gängen. Dann das moderne Nauplia, neapolitanisch gelegen, nur
zu eng zwischen Fels und Meer eingeklemmt, die einzig städtisch
gebaute Stadt Griechenlands, eine gewaltige Festung durch den un-
ersteiglichen Palamidhi, der von oben bis unten von Kaktus
bewachsen ist. Der Weg nach Epidauros führt an schön erhaltenen
Argolischen Kastellen vorbei, die aber namenlos sind, und am
Hieron des Asklepios, dem weltberühmten, wo in einem lieblichen
stillen Thale das Theater liegt, das einzige in Griechenland
mit erhaltenen Sitzreihen, wie alle griechischen an einen Hügel
freundlich angeschlossen, der aber, der Steinlast müde, durch Büsche
ihre Fugen zu sprengen gesucht hat. Tempel, Inschriftensteine,
heilige Quelle — Alles dies zu einem romantischen Ganzen verbunden, gibt ein so lebendiges, wehmüthiges Bild vom Alterthume,
daß man sich kaum losreißen kann, um auf einem schönen Pfade,
wo so viele Elende einst zum Asklepios getragen wurden, auf die
große Straße nach Epidauros zurückzukommen, das, noch an der
Stelle des alten liegend, jetzt ein jämmerlicher Ort ist. Wir wollten
noch Troizen und die merkwürdige vulkanische Halbinsel Methana
besuchen, aber das hellenische Dampfschiff, worauf wir gerechnet
hatten, blieb aus. Wegen anhaltender Nordwinde konnten wir nicht
nach Attika hinübersegeln, mußten also auf bösen Gebirgspfaden
wieder nach dem Isthmos reiten. An den Bädern der Helena vorbei,
erreichten wir nach mancherlei Abenteuern in der Nacht Kalamaki,
machten anderen Tags den starken Ritt bis Eleusis, und Sonnabend
Morgen war ich wieder in meinem Athen und im Kreise der geliebten Menschen, denen ich auf das innigste angehöre, nach denen
ich mich an jedem Tage meiner Abwesenheit sehnte, obwohl ich auch
da so glücklich war. Ja, geliebte Eltern, verdient habe ich es nicht,
aber ich danke meinem Gotte für seine unaussprechlichen Gnaden
und bitte nur, daß mich sein Segen nicht verweichliche und schwäche.
Denn des Lebens Ernst wird nicht ausbleiben. Ritter war wie ein
liebender Vater gegen mich, ein Mann voll der reinsten Harmonie.
Wissenschaft und Religion haben sich in ihm durchdrungen. Er ist
jetzt mit Brandis zum Parnasse. Am 23. will er fort über Konstantinopel.

An Victorine Boissonnet.

Athen, 27. Oktober 1837.

Eine rauhe, kalte Aequinoktialzeit voll Wind und Regen, deren
erste Proben wir noch in Argos hatten, hat gerade die Tage, an
welchen Ritter und Brandis ihre Reise nach Böotien und Phokis
ausführten, sehr unerfreulich gemacht.

Uns fror ganz ernstlich und man sah Feuer in den Kaminen.
Jetzt hat das Wetter ausgestürmt. Statt des schneidenden Boreas
der lieblichste Zephyr, die leichteste, schöne Luft, ewig blauer Himmel,
der den ganzen Menschen elektrisirt. Die Erde ist wieder grün, die
Wasser sind stärker. Zum ersten Male sah ich gestern im Ilisosbett
ein fließendes Aermchen, das aber gar zu bescheiden neben den Baum-
und Weinpflanzungen hinfließt, welche den größten Theil des Bettes
ausfüllen. So erscheinen die meisten griechischen Flußthäler jetzt
nur als fruchtbare Ravins, die mit grünen und rothen Farben das
öde Land durchziehen. Langsam hebt sich der Anbau auch hier, aber
es wird lange dauern, bis Attika diesen Charakter verliert, welcher
den aus dem Peloponnes Wiederkehrenden sehr frappirt. Im
Steigen ist besonders durch ganz Griechenland die Baumwollen-
kultur, doch hat man noch nicht die perennirende. Auch pflanzt man
mit Eifer Maulbeerbäume und man wird bald an die maulbeer-
reiche Lombardei erinnert werden. Das Drehen der Baumwolle ist
die gewöhnliche Beschäftigung der Frauen, tausendmal malerischer
als unser Stricken. Wie bedauere ich, keine Künstlerhand zu haben,
um solche Scenen und Figuren festzuhalten, wie man sie hier im
gewöhnlichsten Leben sieht. Man wird fortwährend dazu aufgefordert, denn die Griechen sind malerisch in Allem, was sie thun. Wenn
ich Jemanden beneide, so ist es unser genialer Künstler Lange,*)
ein Darmstädter, der eine Mappe von griechischen Landschaften und
Genrebildern gesammelt hat, welche durchzusehen der höchste Genuß
ist. Er ist jetzt beauftragt mit dem Plan zur Metropolitankirche,
denn er ist von Hause aus Architekt und erst hier zum Landschafts-
malen begeistert worden. Zum Vorstand der Metropolitankirche
hat man den gelehrtesten Griechen, den würdigen Oikonomos aus-

---

*) Ludwig Lange, 1808—1868, ging mit seinem Lehrer Rottmann 1834
nach Griechenland und wurde 1835 Professor der zeichnenden Künste am
Gymnasium zu Athen.

erſehen, dem man bis dahin nichts Würdiges anbieten konnte, da er eine bedeutende ruſſiſche Penſion hat. Ein herrlicher Greis, wie ein Magus des Orients, in einem langen weißen Bart. Sein Sohn und ſeine Tochter haben deutſche Bildung. Letztere iſt ein ſehr originelles, mir noch etwas räthſelhaftes Weſen. Neulich machten wir Beſuch und fanden das Fräulein umgeben von vielen Herren, die auf dem Divan herumſitzend mit langen Pfeifen ihr vorrauchten. Es ſah kurios aus. Dieſe intereſſante Familie lebte bis dahin in Nauplia und iſt erſt kürzlich nach Athen gezogen, wo immer mehr ſich aus allen Theilen das gebildete, oder bildungſuchende griechiſche Publikum verſammelt. Die Univerſität wird in dieſer Beziehung von größter Wichtigkeit ſein und viele Familien aus Aſien herüberziehen. Noch immer wohnt ein Theil der reichſten, angeſehenſten griechiſchen Familien im Auslande, weil es noch immer an Kredit und Vertrauen fehlt zum Beſtande des jungen Königreichs, an dem doch im Lande Keiner zweifelt, trotz der vielen Mängel und Uebelſtände. Das iſt der Hauptſchaden, den die Athener Ephemeriden anrichten, die man im Auslande als Organe bedeutender Volksparteien anſieht. Jetzt kommt wieder neue und außerordentliche Unruhe in unſer bewegtes Leben. Es ſind vier hohe Prinzen mit vielem Gefolge vom ruſſiſchen Lager im Piräus angekommen. Sie werden in der Quarantäne gehalten, in welche durch Unvorſichtigkeit eine Menge Menſchen mit hineingezogen worden ſind, ſogar der Hygionom Boburis ſelbſt. Der König hat nicht Platz genug ſchaffen können für alle Gäſte, und ſo geſchieht es, daß Prinz Adalbert von Preußen*) in unſer Haus kommen wird auf die Einladung des Profeſſors. Das gibt wieder eine entſetzlich bunte Zeit.

Athen, 26. November 1837.

Gleich nach Ritters Abreiſe kam die Prinzenſchaar an, welche ganz Athen in Bewegung ſetzte und beſonders auch unſer Haus, da Prinz Adalbert bei uns wohnte. Ich zog in der Zeit mit den beiden Aelteſten zum Dr. Kork und ſeiner liebenswürdigen Frau. Sie iſt

---

*) Prinz Adalbert von Preußen (1811—1873) folgte 1836 einer Einladung des Zaren nach Südrußland und fuhr dann mit dem Erzherzoge Johann auf einem öſterreichiſchen Kriegsdampfer von Sebaſtopol über Conſtantinopel, Smyrna, Athen, Korfu bis Trieſt.

meine eigentliche griechische Lehrerin, denn der Wunsch und Trieb, mich ihr immer mehr ausdrücken zu können, setzt alle meine Kräfte in Bewegung, und ihr verdanke ich, daß ich Fortschritte mache und daß mir das Lernen so große Freude macht. Sie ist in den wohlhabendsten Verhältnissen groß geworden, theils in Konstantinopel lebend, theils auf ihrem Gute bei Prussa. Beim Anfang des Aufstandes ist sie mit den Ihrigen nach Odessa geflüchtet, und seitdem sind vielfache herbe Schicksale über sie ergangen. Sie kann unendlich viel erzählen und ist auch wirklich, wie Wenige ihres Volkes, durch schwere Erfahrungen und evangelisches Christenthum zu einer hohen Vortrefflichkeit gereift. Im ganzen sieht man es der Gegenwart Griechenlands nicht an, welch eine Vergangenheit ihr unmittelbar vorangeht, wie sie erkämpft ist. Wäre das nicht so entsetzlich schnell vergessen, so könnte nicht so viel Flachheit und Eitelkeit, so viel Lug und Trug, so wenig Ernst und Liebe vorhanden sein.

Heute vor 14 Tagen machten wir eine Entdeckungsreise über das Lykabettosgebirge. Eigentlich trug diesen Namen gewiß nur der eine majestätische Berg, an dessen Wurzel wir wohnen, doch steht dieser in Verbindung mit einer sehr erheblichen Hügelreihe, welche sich von Norden nach Süden, die Ebene schneidend, gelagert hat. Diese durchwanderten wir zum Theil, bestiegen die Höhen, auch hier Felskuppen auf breiten Erdbasen, und wurden durch großartige Aussichten überrascht. Die Höhe war hoch genug, um auf der einen Seite über die Senkung des Korybalos, durch die der heilige Weg hindurchgeht, ein Stückchen der Bucht von Eleusis zu sehen und auf der andern Seite zwischen Hymettos und Pentelikon hindurch die hohen Bergspitzen von Euböa. Meine Zeit ist jetzt mehr als sonst in Anspruch genommen. In den Stunden, in denen meine Knaben die Schule besuchen, kommt ein junger Spartaner zu mir, um Lateinisch zu lernen. Jetzt bin ich wieder aufgefordert, einem jungen, sehr gebildeten Griechen Antoniades, der schon eine Zeit lang bei der Gesandtschaft in Konstantinopel angestellt war, lateinischen Unterricht zu geben. Solche Gelegenheiten ergreife ich mit Freuden. Wenn auch dadurch für andere Studien Zeit verloren geht, so lerne ich doch Griechisch. Ich möchte vor allem gern mit einer mehr als oberflächlichen Kenntniß des Neugriechischen Griechenland verlassen — und wer weiß, wie lange wir noch bleiben? Es ist hier Alles so vorübergehend und ungewiß. Wir haben Athen schon oft einem großen Gasthause verglichen.

Auf der Akropolis steht jetzt unter Hansens Aufsicht die nördliche Halle des Erechtheions aus dem Schutte auf, — ein Muster-
bild schlanker, zierlicher, lustiger Verhältnisse. Leider wurden die
Arbeiten sehr oft wegen gänzlicher Geldebbe unterbrochen. Es wäre
so sehr zu wünschen, daß auswärts Geldmittel für Ausgrabungen
in Athen zusammenkämen, vielleicht kommt durch Gerhards und
jetzt durch Ritters Verwendung etwas derart zu Stande. Jetzt kommen fast nur bei Hausbauten Alterthümer zum Vorschein und zwar
besonders in unserer Gegend, an der östlichen Stadtgrenze, wo viele
hübsche Häuser gebaut werden. Zuletzt hat Domnando, ein Wlache
von Geburt, der lange in Frankreich gelebt hat, ein höchst gelehrter
Mann, jetzt Professor der Naturwissenschaften, Fundamente graben
lassen, und da ist denn eine ganze Menge von Gräbern gefunden, ein
Stück der Stadtmauer, vier Brunnen, ganz nahe bei einander, die
das schönste Wasser enthalten und mit einander durch mannshohe
Gänge unterirdisch in Verbindung stehen, vielleicht, um das alte
Solonische Gesetz gegenseitiger Wassermittheilung zu erfüllen. Die
Gräber sind zu beiden Seiten der Mauer aus römischer Zeit, theils
armer Leute, blos aus großen gebrannten Ziegeln gebildet, ein
glatter, viereckiger bildet die Grundlage, ein gewölbter, bei noch
ärmlicheren Gräbern zweitheilig, steht darüber; zu Kopf und zu
Fuß sind sie zuweilen geschlossen, zuweilen auch ganz offen. Gewöhnlich finden sich auch in diesem einige Andenken der Liebe, wenn
auch nur ein kleines Thränenfläschchen. In einem ärmlichen Grabe
fand sich in Thon gebildet ein ganz kleines, tempelartig konstruirtes
Grabmonument, in welchem eine sitzende Frau dargestellt war — da
man nicht im Stande war, der Verstorbenen wirklich ein solches
Monument auszuführen, gab man ihr als Zeichen des guten Willens
wenigstens das Thonmodell davon in ihr ärmliches Ziegelgrab. Auch
ein großer Sarkophag war gefunden. Domnando lud zu dessen
Oeffnung die Majestäten, den Hof und die anwesenden Prinzen ein,
für die auf dem höheren Erdreiche Teppiche gelegt und Stühle gesetzt
waren. Zu ihren Füßen stand der marmorne Sarg und rund herum
viele gestörte Todtenstätten. Es sah aus, als sollte ein Todtengericht
gehalten werden. Der Sarkophag stand noch halb in der Erde, nur
von oben frei gedeckt; man fing an zu arbeiten, der Deckel war fest
durch Blei geschlossen. Der Erzherzog Johann prüfte das Blei und
rühmte es. Endlich wurden die Keile untergeschoben und der schwere
Deckel hob sich. Auch das flaufte der anwesenden Gesichter drückte

doch eine gewisse Empfindung aus, als die Todtenluft aus dem
Grabe hervorbrang. Dann brängte sich Alles hinzu, und sieh, es
waren die Reste eines jungen Mädchens, um deren Brust ein Kranz
von Goldplättchen gelegt war. Der Leib selbst war in Goldstoffe gekleidet, wovon noch viele schöne Goldfäden übrig waren. Eine Menge
von Ringen lag darin, kostbare, aber nicht von schönster Arbeit.
Domnando präsentirte sie auf einem Teller der Königin zur Auswahl. Die Goldplättchen vertheilte er unter seine Freunde. Später
wurde der ganze Larnax herausgehoben. Man sah schon aus dem
Deckel und dem doppelten Verschlusse, daß der Sarkophag zum
zweiten Male benutzt war; jetzt sah man unten verkehrt die Inschrift
eines männlichen Namens. Es war also dieser Stein ursprünglich
bei einem Grabmonument angewandt, wahrscheinlich erst später
ausgehöhlt und dann, wie eine große Oeffnung unten am Steine
beweist, als Wasserbassin benutzt; beim Tode der Letztbegrabenen
aber, die eines reichen Mannes Kind gewesen sein muß, hat man bei
vielleicht bringenden Umständen keinen neuen Sarkophag machen
können, sondern von einer Quelle dies Behältniß genommen und
einen rohen Stein darauf gewälzt. Auch die Art der Schmückung
des Leichnams läßt auf eine tumultuarische Beerdigung schließen.
Jetzt wird der Stein wieder unter einer Quelle in Domnandos Garten stehen. Dies war allerdings ein besonders reicher Fund. Dem
Herzog von Leuchtenberg, der dadurch große Lust zu Grabungen
bekommen hatte, ging es übler. Er ließ erst am Diphylon graben und
fand ganz arme Gräber. Dann ließ er mit bedeutenden Kosten einen
hohen Tumulus am Hymettos aufgraben und fand gar nichts, also
wahrscheinlich war man auch hier wie, ich glaube, oft zu voreilig
bei der Hand, wo man einen Hügel von künstlicher Konstruktion
sieht.

Sonst geschieht entsetzlich wenig für Archäologie, und selbst die
wenigen Sachkundigen sind zu uneins. Hier kann einmal wegen
Parteiungen nichts Großes gedeihen. Es ist jetzt ein archäologischer
Verein zusammengetreten aus lauter Griechen, mit Pittakis an der
Spitze — lauter unwissende Menschen. Jetzt sind auch die Aegine-
tischen Alterthümer hier. Der Theseustempel ist so voll, daß man
kaum hineingehen, viel weniger die Einzelheiten betrachten kann.
Schon lange spricht man vom Bau eines Museums, aber damit geht
es wie mit dem Bau der Metropolitankirche und vielen anderen
schönen Sachen.

Curtius, Ein Lebensbild.

An die Eltern.

Athen, am 1. Weihnachtstage 1837.

Möchtet Ihr so heiter und ungetrübt das köstliche Fest der
Geburt unseres Heilandes gefeiert haben, wie wir es gestern und
heute gethan haben. Gestern Abend war große Bescheerung. Einige
unserer nächsten Hausfreunde waren eingeladen, Dr. Korf mit seiner
Frau, Manussis, einer der gebildetsten Griechen, Psaras, Lehrer am
Gymnasium, unsere beiden piräischen Gastfreunde Mahn und
Lorenzen, endlich unser lieber Hofprediger Meyer. Wir kamen erst
Alle im Studirzimmer des Professors zusammen und sangen ge-
meinschaftlich mit den Kindern „Vom Himmel hoch, da komm' ich
her", dann ging es in den großen erleuchteten Saal, wo ich mit
Fräulein Ida eine Art grüner Laube eingerichtet hatte, da wir
keinen richtigen Tannenstamm hatten bekommen können. Wir hatten
eine Menge Lorbeergebüsch und Oleanderlaub und zwei kleine Fich-
tenbäumchen, damit wurde der Saal recht hübsch dekorirt. In der
Mitte im Hintergrund ein Christusbildchen, unter der Laube die
Geschenke für die Kleinen und umher im Zimmer die Angebinde für
die Größeren. In der Mitte des Zimmers standen die Puppen als
Pallikaren angekleidet, mit den albanesischen Trachten, welche den
beiden Mittleren bescheert waren — auf die niedlichste Weise war
Alles von der Professorin angeordnet und der Jubel allgemein. Ich
fand ein allerliebstes Stammbüchlein für griechische Freunde, be-
stickt mit den Mustern eines Eleusinischen Mosaiks, das wir zusammen besehen hatten, von der Hand der Professorin, Ihr könnt
denken, ein wie theures Geschenk für mich! Der Professor schenkte
mir die Werke von Montesquieu. Darnach hatte Ida Hengstenberg
ein glänzendes Tischchen aufgestellt, um mit kleinen allerliebsten
Handarbeiten ihre Hausgenossen zu bescheeren. Endlich klingelte es
noch laut im Zimmer der Knaben, und auch die hatten uns allen
schriftliche, oder Handarbeiten mit vielen Lichterchen zurecht gelegt.
Nun glaubte man, es sei zu Ende — da gehen wieder die Thüren
zum Nebenzimmer auf und die Professorin sitzt da im Helleniden-
kostüm, rudernd, wie im Schiffe und stellt sich nun, die athenische
Sprachverwirrung meisterhaft persiflirend, als sei sie in größter
Verlegenheit, die vielen Adressen an den Mann zu bringen. Nun
folgte eine Menge von den amüsantesten, witzigsten Adressen, die
sämmtlich die Professorin geschrieben hatte, mit einer wahrhaft

bewundernswürdigen Fülle von Liebe, Geist und Witz. Alle waren entzückt über diese Scherze, und es war rührend, diese einträchtige kindliche Freude Aller zu sehen, die, so verschiedener Herkunft und Sitte, so wunderbar zusammengebracht waren, deren Manche zum ersten Male ein solches Weihnachtsfest erlebten, andere mit großer Rührung langentbehrte Jugenderinnerungen auffrischten.

Seit vier Wochen haben wir rechten attischen Winter gehabt, d. h. die denkbar schönsten Tage mit kalten Sturmtagen wechselnd. An letzteren ziehen wir uns Alle in die beiden Vorzimmer zusammen um unsere beiden Oesen. Ein deutscher Hauptmann, zugleich Chef der polytechnischen Schule, hat eine Ofenfabrik gegründet und schon sind daraus viele sehr gelungene Exemplare hervorgegangen, ohne daß noch ein griechischer Name dafür existirt.

Seit einigen Tagen läuft die alte Kalirrhoe wieder und ist als Enneakrunos zu erkennen. Auch hat sich durch Graben gezeigt, daß der Jlisos gar nicht verschüttet ist und unten ganz fröhlich dahinfließt. In seinem Bette entstehen jetzt die schönsten Gärten. Heute vor acht Tagen waren wir zur Taufe der kleinen Jrene Ulrichs. Die Mutter ist außerordentlich lieblich und viel bei uns. Rudharts*) werden noch bis März bleiben, und ihre großen Sonnabendssoiréen, die wir zuweilen besuchen, werden noch fortdauern. Die Töchter kommen öfters zu uns. Politische Neuigkeiten gibt es ohne Ende. Man hat auch für nichts Anderes Sinn. Es herrscht hier kein litterarischer Fleiß. Es gibt keine Litteratur, es ist nur das Ereigniß des Tages, das die Menschen beschäftigt. Minister des Kultus und der inneren Angelegenheiten ist jetzt der wackere, treffliche Glarakis. Gott gebe, daß er eine lange Verwaltung habe!

An die Eltern.

Athen, 24. Januar 1838.

Wir beschlossen das Jahr froh und herzlich. Eine interessante Männergesellschaft, die wir am Sylvestertage bei uns hatten, zerstreute sich und wir brachten den Abend allein zusammen zu. Es war ja auch das Jahresfest unseres jetzigen Kreises, und wir schauten bewegt auf das Jahr zurück, das so dunkel einst vor uns lag.

---

*) Ignaz von Rudhart, 1790—1838, hatte am 21. Dezember 1837 sein Amt als griechischer Ministerpräsident und Minister des Auswärtigen niedergelegt.

Das Jahresende war kalt, und der Schnee kam oft bis in die
Ebene. Zum griechischen Weihnachtsfeste hatte Frau Korf schon seit
lange eingeladen. Ihre liebenswürdige, von schweren Schicksalen
verfolgte Familie Philalethes, war da versammelt; wir wurden
aus Scherz ganz orientalisch mit Kaffee und Weihrauch bewirthet,
dann wurden Worte dargestellt, endlich mußten wir Brandisschen
Leute nach dem Klange einer Zither uns kleine Geschenke suchen,
die sämmtlich unsere liebe byzantinische Freundin gearbeitet hatte.
Mich hat sie durch eine Perlenuhrlitze sich verbunden. Das Weihnachtsfest wird bei den Griechen Mikra-Pascha genannt und
höchlich gefeiert, besonders durch eine endlose Menge von Besuchen,
die sich bei allen großen Festen wiederholen und unbeschreiblich
langweilig sind. Das Wetter war sehr lieblich, und ich machte mit
Dr. Kochen,*) Roß und Phindikles eine Wanderung nach Marathon
in Begleitung eines Dieners und Packpferdes. Wir nahmen den
bequemsten Weg über Kephisia um den westlichen Fuß des Pentelikon.
Aber auch dieser ist sehr beschwerlich und in so engen Pässen schließ-
bar, daß dem hier Wandernden die Leitung des Hippias sehr seltsam
vorkommt, zumal, da in der Ebene selbst für Reiterei wenig Terrain
ist. Die nördlichen Vorberge des Pentelikon sind sehr steil und un-
wegsam. Der erste Blick aber auf die Ebene, den schönen Meerbusen,
der, von Kynosura begrenzt, aufs schönste sich ins Land hinein-
schwingt, und auf Euböa, dem sich in weiterer Ferne Andros, Tenos
u. a. anschließen, dieser Blick von dem letzten Vorberge, an dessen
Fuß das Kloster Wrana und die südliche Hälfte der Marathon-Ebene
liegt, gehört zu dem Bezauberndsten, was ich in Griechenland sah.
Die ausgezeichnete Lage des Klosters Wrana macht mich sehr geneigt,
das alte Marathon dahin zu versetzen. Es sind dort viele einzelne
Reste, doch auf so fruchtbarem Boden bleibt nie viel zusammen. Das
Interessanteste für uns war die Untersuchung einer schwer zugäng-
lichen, aber im Innern weiten und mit wundersamen Gebilden an-
gefüllten Stalaktitenhöhle, welche ganz der Panshöhle, wie sie
Pausanias beschreibt, entspricht, so daß ich auch trotz der weiteren
Entfernung vom Schlachtfelde nicht an der Identität zweifle. Unterhalb die stattliche sagenberühmte Makaria, die oft ganz allein dem
Marathon-Flusse Wasser gibt, jetzt wohl dem größten in Attika,
der sich ein Bett von lauter hellschimmernden Marmorsteinen vom

---

*) Archäologe, starb zu Athen am 1. Januar 1839.

Pentelikon heruntergeholt hat. Kaltes Boreaswetter bewog uns, Rhamnus aufzugeben. Der nördliche Theil der Ebene ist besser angebaut und macht nicht den tief melancholischen Eindruck, wie die andere Hälfte, wo nur nomadische Wlachen ihre Heerden treiben und nur die vielen Adler, welche das Schlachtfeld zu lieben scheinen, daran erinnern, was diese öde Gegend einst war, die städtereiche attische Tetrapolis, über welche eigene Bücher geschrieben waren. Wir gingen am vierten Tage früh vom Dorf Marathon fort und kamen, stark gehend, schon gegen vier Uhr in Athen an. Hier fand ich zu meinem Schrecken fast unser ganzes Haus krank; die Mutter und die Kinder, erstere am schwersten, waren von einer Influenza nach einander ergriffen worden. Doch ist Alles ohne Gefahr überwunden. Ich hatte große Freude daran, die Frau Professorin in dieser Zeit etwas pflegen zu können, besonders durch Vorlesen machte ich ihr Vergnügen. Ich las und lese mit ihr den Fallmereier, der in der Hauptsache abgeschmackt und voll von Widersprüchen, doch höchst interessante Partien des griechischen Mittelalters enthält. Am letzten Sonntage machten wir wieder die erste gemeinschaftliche Tour zu Wagen und zu Pferde nach dem Piräus, wo wir unsere Freunde besuchten, ein französisches Linienschiff „Le Trident" besahen und die bedeutenden neu aufgedeckten Reste der Piräusmauern betrachteten, welche sich um die Stadt herum nach dem Hafen ziehen in einer Breite von 14 Fuß und in unregelmäßigen Entfernungen mit gewaltigen runden Thürmen besetzt. Der Rückweg bei dem herrlichsten Abendhimmel war ungemein schön. Am Montage hatten wir wieder unsere gewöhnliche Abendgesellschaft. Unser Flügel bildete den Mittelpunkt. Es spielte besonders der blinde Sohn des hiesigen holländischen Konsuls Travers, welcher lange im spanischen Amerika sich aufgehalten hat und ein sehr gebildeter, vielfach belehrender Mann ist. Hier lernt man guten Umgang recht schätzen, da im allgemeinen Verkehr die Geselligkeit so leer und schal ist und in lauter eigennützigen Interessen oder blinder Parteisucht untergeht.

Auf der Akropolis wird fortwährend am Erechtheion gearbeitet. Wenn auch die Mauern fürs erste nicht ihre volle Höhe erreichen und wegen der Verstümmelung der Quadern große Lücken lassen, so gewinnt doch der Eindruck des Ganzen. Die Mittel sind so beschränkt, daß Alles Stückwerk bleibt. Türkische Bomben und Lord Elgin haben zu entsetzlich gehaust. Auch eine Karyatide, deren Rumpf man vor

einiger Zeit fand, wird jetzt behauptet und kann bald wieder ihr
Gebälk tragen. Neulich hat eine Schaar athenischer Karrenführer
für 700 Drachmen übernommen, den Schutt zwischen Parthenon
und Erechtheion fortzuschaffen. Dadurch wird das Ansehen der
Akropolis sehr gewinnen. Später wird die Räumung des Weges
von den Propyläen bis zum Parthenon ähnlich verbungen werden.
Auch kann da noch Manches an den Tag kommen, am meisten hoffe
ich auf Metopen. Die alten Pulvermagazine werden zu Museen
eingerichtet, die aber sämmtlich — die herrlichen Friesskulpturen
des Niketempels und einer vor demselben einst stehenden Brustwehr ausgenommen — nur Bruchstücke geringeren Werthes und
chromatisch wichtige Stücke nebst vielen allerliebsten Bronce- und
Thonarbeiten enthalten. Das Niveau des Parthenon scheint erreicht
zu sein, doch ist auffallend die sorgsame Behandlung der Basis aus
Porosstein unterhalb der drei großen Stufen des Tempels, welche
doch noch nicht sichtbar sein konnten. Neulich bewunderte ich zuerst,
durch Freund Hansen aufmerksam gemacht, die halberloschenen
byzantinischen Freskomalereien im Innern der Parthenon-Cella.
Nächstens wird man die in christlicher Zeit erbauten hohen Pfosten
an der Westseite abbrechen, und dabei werden auch Inschriften herab-
kommen, die man jetzt nur hoch in der Thüre sitzen sieht. Es wurde
sehr richtig im Ministerium des Innern bemerkt, daß der Parthenon
jetzt keiner Thüre bedürfe. Der Hypäthralbau des Parthenon wird
durch Stücke der inneren Cornichen deutlicher, die in verjüngtem
Maßstabe die äußere Architektur des Tempels wiedergeben. Das
große inmitten der Cella nicht mit Marmor bedeckte Quadrat,
jetzt größtentheils durch die Kapelle der heiligen Sophia, der
christlichen Athena, bedeckt, scheint mir den Platz eines griechischen
Altars, der vor der Bildsäule stand, nicht den der Bildsäule
selbst zu bezeichnen, da er sub divo war. Doch ist die Theorie
des Hypäthralbaues noch ungemein räthselhaft. Auf dem großen
östlich vom Parthenon gelegenen, dem Hymettos zugewandten
Theile der Burg sieht man jetzt aus der Ecke hervorstehen mehrere
gewaltige unkannelirte Säulentambours pentelischen Steines, an
denen auch noch die zur Transporterleichterung stehen gelassenen
Knäufe nicht abgearbeitet sind. Diese Stücke liegen im Kreise
rund herum auf einem mit Marmorstückchen bedeckten Niveau,
also auf dem der alten Steinhauerwerkstätten. Bei näherer Untersuchung erweisen sich diese Säulentambours als schadhaft. So sucht

und findet man immer Neues auf diesem denkwürdigsten Platze der Geschichte. Vieles belohnt gleich durch frappante Aufschlüsse, Anderes muß nur als Bemerktes ins Gedächtniß eingetragen werden, um bei gelegentlichen Analogien seine Erklärung zu finden. Jedenfalls aber übt sich Auge und Sinn an der einfachen Herrlichkeit der alten Kunstformen, deren Betrachtung den Geist hinwegführt über die Interessen einer kleinlichen Welt, die nirgends kleiner ist, als am Fuße der athenischen Akropolis.

Glücklich wer hier ganz im Reiche des Alterthums leben kann und vom Neuen auch nur das betrachtet, was ihn an das Alterthum erinnert. Der neue Palast steigt mächtig empor. Er beherrscht ganz Athen. Die Zahl der Millionen mag ich nicht nennen, die er gekostet hat, da noch so unendlich dringende Bedürfnisse des Volkes gar nicht berücksichtigt sind. Das Allerbedenklichste der gegenwärtigen Verhältnisse liegt in dem fanatischen Eifer der Synode, welche Schritt für Schritt dem Ziele einer neuen Hierarchie entgegengeht, welche nur dem erwünscht sein kann, welcher innere Zwietracht und heillose Schwäche des jungen Königreichs wünschte. Himmelschreiende Lügen werden gedruckt über Luther und Andere. Jetzt gilt's der neuen Bibelübersetzung und den unendlich segensreich wirkenden amerikanischen Schulen. Neulich hat sich ein junger deutscher Forstmann im Spercheios taufen lassen. O, was für Geschichten könnte ich erzählen von den griechischen Pfaffen, von grauenhaften Machinationen und schandbarer Spielerei, die mit dem Heiligsten getrieben wird. Gott helfe dem armen verlassenen Volke! Heute Abend kamen Manussis und Baron Stengel, der Sekretär des Königs, der einzige Bayer, der sich hier verheirathet und ganz dem Lande und Könige gewidmet hat. Themata des Gespräches, wie sie sich gewöhnlich wiederholen, waren ungeheure Mißgriffe der Regentschaft, Unverschämtheit der Synode, die nichts zu thun hat, sich alle Tage drei Stunden versammelt, 25 Bisthümer u. s. w. haben will, unverantwortliche Prellerei bei königlichen Miethen und Ankäufen von Seiten der griechischen Kapitalisten, beiläufige Musterung des Staatsrathes, Nutzen und Schaden des fremden Militärs, die große Geldfrage u. s. w. Zum 6. Februar geht der Hof nach Nauplia zum Feste der Landung des Königs. Der Professor wünscht, die Reise zu machen, wie Viele ihn begleiten, ist noch ungewiß.

Wenn doch einmal ein hanseatisches Schiff herkäme, so könntet Ihr mich mit Kleidern versorgen, und ich würde dagegen Santorin-

ober Samoswein schicken. Wie würde man bei uns als feinste Dessert-
weine zu schätzen wissen, was man hier täglich in Biergläsern trinkt
und trinken sieht! Es fehlt nur noch an der gehörigen Trauben-
sonderung, um den köstlichsten Wein der Welt zu produciren. Könnte
man nicht mit dem neu ernannten preußischen Gesandten, der wohl
noch in Berlin ist, Verbindungen anknüpfen? Ist denn wirklich nicht
daran zu denken, unsere Vaterstadt in Verkehr mit dem Piräus zu
setzen?! Alle Holzarbeiten, besonders ordinäre Möbel, würden auf
der Stelle verkauft werden. Ein Hamburger Schiff war vorigen
Sommer in Aegina. Sollten keine Lübecker Handelshäuser Lust
haben, hier Verbindungen anzuknüpfen? Freilich sind gerade die
größeren Handelsherren, von denen unser und des Königs Hausherr
wohl der Reichste ist, niedrige Menschen. Könnte ich doch einen
Dienst solcher Art meiner Vaterstadt leisten!

An Victorine Boissonnet.

Athen, 26. Januar 1838.

Kenntest Du Athen, Du würdest Dir leicht erklären können, welchem Wechsel von Empfindungen, von Genüssen und Entbehrungen,
von Jubel und Betrübniß, man hier ausgesetzt ist, je nachdem man,
seine nächsten Herzensbedürfnisse vergessend, sich in Betrachtung
der Vergangenheit versenkt, oder an der wunderbar großartigen
Natur sich erfreut, oder, wieder ganz Mensch, eine erquickende, erfreuende Gegenwart sucht, nach einer fröhlichen Entwicklung, belebendem Verkehre, anregender Gemeinschaft sich umsieht.

Unvergeßlich reiche Eindrücke verdanke ich den Alterthümern.
Es ist ein unbeschreiblich hoher Genuß, umringt von den größten
Kunstwerken, sich in die Zeit, welche sie schuf, zu versetzen, und dies
himmlische Klima, dieser klare Himmel, diese entzückenden Blicke
über Land und Meer, das interessante Treiben eines südlichen Volkes
— Alles dies macht ja das Leben unendlich werth, aber bei
alledem kann ich, mein Auge nicht verschließen gegen die Gebrechen
des jetzigen Athens, und ich kann mich nicht ganz, wie ein hoch-
müthiger Phantastikus, über den Schmerz hinwegsetzen, den der
Anblick des großen sittlichen Elends in mir erregt. Der Konflux
von Fremden, die meistens, wie alle hier feilstehenden Manufaktur-
waaren, der Auswurf ihres Landes sind (die Zahl derer, welche
höheres Interesse nach Griechenland geführt hat, ist verhältniß-

mäßig gering), hat das Volk sehr verdorben. Es hat sich nicht mit Ruhe und Stetigkeit herausarbeiten können; Unwissenheit und Afterbildung, Aberglauben und Atheismus stehen sich schroff gegenüber. Es ist keine Religion da, nur Ceremonienbienst, darum sind Geiz und Selbstsucht schamlos emporgewuchert. Wie es besser werden soll, ist schwer zu sehen. Könntest Du in unser freundliches Familienleben hineinschauen, wie bald wärest Du bei uns zu Hause. Die Knaben sind mir ans Herz gewachsen, sie sind immer um mich. Ohne pädagogische Kunstgriffe habe ich sie stets in Gehorsam und Fleiß erhalten, und der Dank der Eltern für meine Dienste, die mir nie ein Opfer gekostet haben, war mir eine Belohnung, die mich unbeschreiblich glücklich gemacht hat. Muß ich auch manche Privatbeschäftigung aufgeben, so fühle ich doch, wie ich lerne in jeder Lehrstunde. Daneben mache ich auch den Turnlehrer, wie im Sommer den Schwimmlehrer, und mit den Knaben zu spielen wird mir nicht schwerer, als zu lehren. Auch bleibt für die Musik noch Zeit, und gern lüde ich Dich ein zu den Duetten, die ich mit Fräulein Ida singe. Sie ist ein liebes Mädchen, treu und wahr, immer dienstfertig, immer aufopfernd und das Höchste fest und sicher im Auge behaltend. Unsere Königin ist die holdeste Frau in Griechenland. Ihr Gruß beseeligt. Ich liebe die Fürstin, wie die guten Bildsäulen in einiger Entfernung, darum habe ich mich noch allen Aufforderungen, bei Hofe zu erscheinen, entzogen. Doch habe ich ihr schon zum Gesange gespielt in ihrer Kapelle.

An die Eltern.

Athen, 26. Februar 1838.

Wir haben einen herrlichen Januar gehabt, mild und klar, wie bei uns der Mai in gesegneten Jahren. Auch im Februar waren der Frosttage nur wenige, wo wir uns um den Ofen versammelt haben. Gleichwohl erkälten sich die Menschen hier merkwürdig viel wegen der schnellen Uebergänge der Temperatur, welche fast einzig und allein vom Winde abhängen. Sie zu beobachten gewinnt an Interesse je mehr und mehr, und wider Willen, ja trotz eines nicht geringen Widerstrebens von Seiten tiefgewurzelter Schulvorstellungen werde ich gezwungen, Geschichten griechischer Mythologie täglich vor meinen Augen vorgehen zu sehen. Eine ganz ungeahnte Poesie umspielt mich dann auf einsamen Spaziergängen. Am Jlisos wandelnd, der jetzt ganz munter sein tiefes Bett durchrieselt, sehe ich den Boreas mit der Nymphe ringen. In frühen Morgenstunden sehe ich die Nebel wie dichte Hüllen von den Felsen sinken, und ich muß an die schönen Schwestern denken, die sich herabstürzen von der Burg. Ich fühle in wenigen Minuten die Luft verändert, es kommt der Nordwind von Thrakien, so fehlt auch seine Tochter nicht, die Chione, die von der entführten Oreithyia geborene. In wenig Stunden, oder am anderen Morgen sind die Gipfel der drei hohen Berge mit Schnee bedeckt. Ich verdanke Forchhammer viel. Sein Buch wird auch hier sehr verketzert, ich liebe es aber, obgleich ich mich bei weitem nicht von Allem überzeugen kann und besonders seine Etymologien für sehr schwach halte. Auch kann ich die ursprüngliche Grundidee und den wesentlichen Inhalt der Mythen nicht so zusammenwerfen.

Am Freitag machten wir eine Wanderung nach dem Euch schon bekannten Hymettos-Kloster. Es war ein himmlischer Tag; die Mandelbäume, die wilden Apfelbäume — alles in vollem Blüthen-schnee, die Erde besät mit kleinen Blümchen — denn wir leben schon im Anthesterion, obgleich der Gamelion faktisch etwas hinübergreift in den Anthesterion. Dort saßen wir in dem reizenden Klosterhofe, zwischen grünen Rosenbüschen, Lorbeer und Mandeln, das war auch ein unvergeßlicher Tag.

Archäologisches gibt es nicht zu berichten aus Athen. Die Arbeiter sind aus Mangel an Geld fortgelaufen. Im Erechtheion ist Einiges gefunden, das aber noch geheim gehalten wird. Der König umfährt die Küsten und zeigt seine schöne Königin wie eine Anadhomene dem jubelnden Volke. Es laufen rührende Berichte ein. Brandis war mit seiner Frau 14 Tage verreist nach Argolis und Achaia, sie sind sehr glücklich ehegestern zurückgekehrt. Fräu-lein Ida und ich lebten hier mit den Kindern ganz fröhlich und einträchtig zusammen. Es ist mir eine recht denkwürdige Zeit, deren Andenken mir theuer bleiben soll. Seit Brandis' Rückkehr ist nun entschieden, was einige Wochen unentschieden, aufs höchste spannte. Der holländische Generalkonsul Travers hat sich um unsere liebe Hausgenossin beworben. Gestern erhielt er ihre Hand. Er ist ein vortrefflicher Mann, verwittwet und Vater mehrerer Kinder. Wir glauben Alle, daß Ida sehr glücklich werden wird, und wenn wir auch nicht ohne Wehmuth an den unserem traulichen Kreise bevorstehenden Verlust denken, so sind wir doch Alle des Dankes

und der Freude voll. Es ist ein ungemein liebes Mädchen. Ich
habe in den letzten 14 Tagen noch recht ihr reines Gemüth kennen
gelernt. Eben begleitete ich sie zur Frau Kork, und sie trug mir
innige Grüße nach Hause auf. Wir waren uns besonders dadurch
einander werth, daß wir von unserer Heimath zusammen sprachen,
wozu sonst weder sie, noch ich, Gelegenheit hatte. So kennt sie
denn auch Euch alle wohl, und darum nehmt freundlich ihren Gruß
auf, den sie als glückliche Braut Euch sendet. Gott hat hier wunderbar gefügt, und ich habe zu vielfacher Erbauung dies Ereigniß
erlebt. Travers ist Konsul der Niederlande und Dänemarks für
Griechenland. Er hat lange Zeit in Süd-Amerika zugebracht, auch
in Norwegen. Er hat eine sehr vielseitige Bildung, und ich weiß
den Umgang des vortrefflichen Mannes sehr zu schätzen. Er ist
sehr wohlhabend und wird 1840 nach Holland heimkehren.

In den letzten Tagen haben wir den athenischen Karneval
erlebt, weniger Prunk, aber mehr volksthümliche Freude, als in
Italien. Es sind wahrhaft bacchische Scenen, Vasengemälde erscheinen hier als Lebensbilder. Das schwärmerische Klingen der
Zither erscholl vom Morgen bis in die laue Nacht hinein. Am
ersten Tage hatte sich alles Volk um die Säulen des Olympischen
Zeus gelagert und auf den Höhen umher, um ihr erstes Fasten-
speisen gemeinschaftlich zu halten. Es waren gewiß 6000 Menschen
in der schimmernden Tracht und mit dem malerischen Talente der
Griechen, die einzeln oder in Gruppen immer die schönsten Tableaus
bildeten. Heute war großes Festmahl bei uns zu Ehren des Brautpaares und zugleich Feier unserer Landung in Griechenland und
daneben Geburtstagsfeier. Die Glückseligkeit unseres Bräutigams
ist rührend; ihm ist auch ein überschwengliches Glück zu Theil geworden. Unsere beiden Familien verschmelzen sich jetzt. Er hat
als Sekretär seines Konsulates einen jungen Baron de Testa, der
sehr meine Aufmerksamkeit in Anspruch nimmt.

An die Eltern.

Athen, 16. März 1838.

Auf unserer Akropolis wird jetzt wieder gegraben und zwar der
Aufgang zu den Propyläen gereinigt. Es kommen mehr und mehr
Marmorstufen zum Vorschein und das Ansehen des Ganzen ge-

winnt sehr. Das Interessanteste aber, was seit langer Zeit zum
Vorschein gekommen ist, ist ein Basrelief*), über Lebensgröße, sehr
flach, aber fleißig gearbeitet, in der Mesogaia gefunden, welches
einen Krieger darstellt, in Profil aufrechtstehend, einen Speer haltend, mit einem Helme, dessen Bügel eingesetzt war; der Kopf ist,
wie das Ganze im streng äginetischen Style, von dem spitzen Barte
fehlt ein Stückchen, ebenso die Spitze der Lanze, sonst ist das Bildwerk ganz vortrefflich erhalten, und zwar mit den merkwürdigsten
Farbenverzierungen. Der Grund des Reliefs hat eine rothe Farbe
gehabt; der Panzer war schwarz, aber auf demselben laufen drei
parallele Farbenstriche mit verschiedenen Verzierungen, der unterste
ein Mäander. Vor der Brust war ein Medusenhaupt in grellen
Farben gemalt. Auf dem Oberarme sieht unter dem Panzer ein
faltiges Stück des Unterkleides hervor, auch mit einem schmalen
Saume, der aber ohne Rücksicht auf die Falten gerade darüber
hin gemalt ist, ebenso fällt der Chiton unter dem Panzer in steifen
Falten über die Lenden. Zum Schutze des Unterleibes war ein
Metallstreif eingesetzt. Die Beine stehen steif, eins vor dem andern.
Die Beinschienen sind mit rother Farbe angedeutet. Die Lanze steht
gerade neben dem Manne, die Spitze ist abgebrochen. Die Basis
war grün.

.

An die Eltern.

Athen, 25. März 1838.

Der Morgen strahlt mit einer Herrlichkeit in mein Zimmer
herein, die ich Euch beschreiben zu können wünschte. Ich sehe aus
meinem Fenster gerade den Lykabettos vor mir, der durch seine
schöne geniale Gestalt, seine prächtige rothe Felsenfarbe, welche jetzt
durch das Grün der seinen Fuß umringenden Weinberge noch mehr
gehoben wird, mich täglich entzückt. Rechts davon sehe ich einen Theil
des Hymettos, und zwischen beiden Bergen schaut das Haupt des
Pentelikon herüber, in seiner reinen, ernsten Form. Wir hatten
lange unfreundliche Witterung —, aber seit acht Tagen erfreuen
wir uns einer Klarheit der Luft, wie sie ganz besonders dieser Jahreszeit eigen ist. Sonnabend vor acht Tagen war der erste dieser
Tage. Man konnte sich nicht zu Hause halten. Ich machte mit

---

*) Die bekannte Aristionstele.

Kochen und Elliffen*) einen Ritt durch den Oelwald, längs des Kephisos, der jetzt mit munteren Wellen durch dichtes Gebüsch hindurchrauscht, nach Menibi, einem der größten attischen Dörfer nach dem Parnes zu, wahrscheinlich das alte Paionidai. Sichere Spuren des alten Acharnai, einst des glänzendsten aller attischen Demen, suchten wir auch diesmal vergebens. Wegen der Fruchtbarkeit des Bodens sind alle Spuren verschwunden. Im Oelwalde hat man gewiß noch die Gestalt des alten Attika erhalten, sobald man sich die Kapellen in kleine ionische Tempelchen umgebildet denkt. Es ist dort ungemein lieblich, die üppigste Vegetation, ein großer Garten, hie und da Mühlen, und durch die Oelbäume hindurch die schönsten Blicke auf die Tempel der Akropolis. Dort feierte ich den Erstling dieser herrlichen Frühlingstage, mich vergessend vor Entzücken, daß ich zu Hause durch mein Ausbleiben fast Unruhe erregte. Die folgenden Tage habe ich meistens auf der Akropolis gefeiert, denn eine Feier ist mir wahrlich jeder schöne Tag, den ich oben erlebe. Ich erinnere mich nie, mit solcher Klarheit die Züge der Peloponnesischen Berge, die Schluchten des Arachneion, die Gipfel des Kyllene, welche noch Schnee tragen, Hydra und alle die fernsten Punkte gesehen zu haben. Um Athen, wo man jetzt kaum ein unbebautes Plätzchen entdecken kann, sieht das Land durch das frische Grün der Gerste und die schon großblätterigen Reben besonders bunt und erquicklich aus.

Unsere Architekten sind jetzt mit genauen Messungen des Parthenon beschäftigt, und zu dem Zwecke sind Leitern angebracht, um die Einzelheiten der Säulen, des Gebälks, Triglyphen und Metopen mit ihren kleinen Ornamenten genau zu untersuchen. Diese vortreffliche Gelegenheit, sich von Einzelheiten des Prachtbaues zu unterrichten, welche dem Auge des unten Stehenden entgehen, habe ich nun auch fleißig benutzt. Besonders beschäftigt mich jetzt der Versuch, auf eine neue Art Inschriften zu lesen. Es sind nämlich zwischen den vergoldeten Schilden, welche einst die Fronten, wenigstens die Ostfronte des Parthenon, geschmückt haben, in metallenen Buchstaben Namen — wahrscheinlich der Weiher — befestigt gewesen. Die Schilder und Buchstaben haben Zeiten und Tyrannen fortgeschleppt, aber wie der Ring der Schilde, so sind auch die Löcher der Buchstaben erhalten und ist die Möglichkeit da, aus diesen

---

*) Adolf Elliffen, 1815—1872, seit 1852 Sekretär der Göttinger Bibliothek, freisinniger Politiker, Philologe und Historiker.

Löchern zu lesen. Ich habe mich wenigstens überzeugt, daß drei Reihen leicht zu trennen sind, und einige Buchstaben springen in die Augen. Die Buchstaben sind fußlang.*) Auch von den Farbenresten habe ich mich vermittelst der Leiter näher unterrichten können. Besonders an der Westfronte ist der Mäander auf dem Leisten unter der Triglyphe in der Zeichnung deutlich erhalten und Spuren des rothen Grundes. Ebenso über den Tropfen blaue Palmetten von ungemeiner Zierlichkeit. Je mehr dem das Ganze Beschauenden die höchste Einfachheit und Einfalt der Verhältnisse entgegentritt, desto mehr findet der das Einzelne Untersuchende künstliche und schwierige und aufs höchste stubirte Verhältnisse. So zeigt sich jetzt, daß keine einzige Säule des Parthenon perpendikulär steht, sie sind alle nach innen geneigt, und zwar so, daß die Fläche des untersten Tambours etwas schräge ist, worauf dann die anderen mit graden Flächen aufgebaut sind, so daß oben die Abweichung ungefähr $1/700$ Meter beträgt. Göttliche Morgenstunden habe ich in den letzten Tagen da erlebt, zumal da ich mit den wackeren und mir sehr befreundeten Architekten Alles gleich durchsprechen kann und so vielfache Belehrung von ihnen erhalte. Es sind Schaubert, jetzt Ministerialrath im Baufache, Hansen, Hofer und ein mexikanischer Architekt, der von seiner Regierung auf Reisen geschickt ist — also ein Schlesier, ein Däne, ein Ungar, ein Mexikaner und ein Lübecker — das sind die Bestandtheile dieser des Morgens um den Athenatempel versammelten Gesellschaft. So verbindet sich Kunst und Wissenschaft. Die Ausgrabungen gehen sehr langsam. Oft laufen die Arbeiter auf einmal fort wegen rückständigen Soldes und kommen erst wieder, wenn sie hören, daß Millionen im Piräus angekommen sind. Man könnte ungeduldig werden, besonders beim Erechtheion, in Betreff dessen man nun so lange schon in peinlicher Spannung lebt, von jedem nächsten Tage Licht erwartend —, wenn nicht auf diesen heiligen Tempelstätten das Gemüth immer zu sehr von Bewunderung und ruhiger Ehrfurcht gehoben und still gemacht würde. Indessen ist die Eintheilung des Hauptgebäudes jetzt ziemlich klar, nur die Art der Terrainausgleichung noch nicht. Die Tiefe des Pandroseions, des westlichen Theils mit der Fensterwand, ist durch neu entdeckte

---

*) Die Inschrift ist vor wenigen Jahren gelesen; sie wurde im Jahre 61 n. Chr. zu Ehren Neros dort angebracht.

Antenbasen gegeben. Aber das Souterrain, die Grabbehausung des Königs Kekrops, der Platz des Oelbaums, der Salzquelle, der ewigrauschenden — Alles das ist noch dunkel.

An die Eltern.

Athen, 26. April 1838.

... Und nun Emanuel? Also der mir zuletzt in den Postwagen nachrief: „Ich komme Dir bald nach", der kommt nun wirklich und mir wird zu alle dem vielen Segen meines hiesigen Aufenthaltes noch die Freude, einen Freund, einen alten, lieben Jugendgenossen an mein Herz drücken und mit ihm leben zu können. Ich war von der russischen Gesandtschaft schon mehrmals angegangen worden, die Erziehung des kleinen Phanarioten zu übernehmen, sobald mein jetziger Beruf zu Ende ginge. Ich hätte mich nie dazu entschlossen, aber die Stellung mag, wenn sie anfangs auch manche Schwierigkeiten und namentlich für Emanuel viel Unangenehmes mit sich führen wird, auch sehr vortheilhafte Seiten haben. Mit dem nächsten Dampfschiffe habe ich ihn also zu erwarten, aber denkt Euch, daß ich nun gerade dann nicht hier sein werde, sondern nach einer schon lang gemachten Verabredung auf einer Reise nach Lakonien, Messenien und Elis. Es ist mir so schmerzlich, mir die Freude versagen zu müssen, meinen Freund am Piräus zu bewillkommnen, daß ich die Reise ändern würde, wenn ich allein reiste. Aber schon bin ich seit längerer Zeit mit einem Architekten aus Mexiko, Gomez de la Fuente, und jetzt seit gestern mit dem Rektor Greverus*) einig geworden, eine Reise in die Morea zu machen. Jedenfalls werde ich dafür sorgen, daß er von Landsleuten am Hafen empfangen und womöglich zuerst zu Brandis geführt wird, damit er doch die Freude hat, von einer herzlichen deutschen Familie in Athen empfangen zu werden. Die Hochzeit von Ida ist am zweiten Ostertage gefeiert worden. An diesem und dem vorigen Tage war unser Haus mit langen Myrthenguirlanden und allem Schmucke des attischen Frühlings geziert. Es war eine Hochzeitsgesellschaft, aus allen Nationen zusammengesetzt. Wegen der Verbindungen des Herrn Travers waren auch

---

*) Johann Paul Ernst Greverus, 1789—1859, Rektor und Professor am Gymnasium in Oldenburg, reiste 1837 und 1838 in Griechenland.

der spanische Gesandte, der sardinische, neapolitanische u. s. w. eingeladen. Dennoch sangen wir ein deutsches Hochzeitslied, von dem
ich Euch gerne ein Exemplar sendete, wenn ich nicht selbst der
Verfasser wäre.

Der Parthenon hat mich in letzter Zeit am meisten in Anspruch
genommen. Die mir befreundeten Architekten bei ihren Arbeiten
begleitend, habe ich Manches in diesem Fache lernen und interessante Einzelheiten beobachten können, die noch nie früher beobachtet sind. So groß der Eindruck der Einfachheit für den Beschauer
des Parthenon ist, ebenso sehr drängt sich dem näher Analysirenden
ein Staunen auf über das unendlich berechnete, komplicirte der
einzelnen Verhältnisse. Es verschwinden dann alle anscheinend geraden Linien, alle vermeintliche Perpendikel und rechten Winkel.
Wenn diese Resultate neuester Forschung über Neigung der Säulen,
Kurvenlinien des Gebälks u. s. w., die noch gewissermaßen als
schwere, erschreckende Fakta bastehen, von einem tüchtigen Architekten
wissenschaftlich behandelt werden, so wird das Epoche machen in der
Architektur.

Als Gegenstück zu Eurer patriotischen Feier könnte ich von der
diesjährig zuerst eingerichteten Feier des Anfangs der Revolution
am 6. April erzählen, wo alle benachbarten Demen mit ihren Demarchen und Fahnen auf einige Tage nach Athen kamen und hier
im Freien enthusiastische Tänze aufführten. An solchen Tagen
möchte man sich den schönsten Hoffnungen überlassen. Auf dem
Lykabettos war von Holzscheiten ein Kreuz gelegt, welches, ein
schönes Symbol der griechischen Freiheit, die ganze Nacht über
der Stadt brannte. Das griechische Volk, besonders das Landvolk
in seiner Freude ist hinreißend liebenswürdig, der Tanz ist Ausdruck tiefer wahrer Empfindung, man kann ihm stundenlang
zuschauen.

An die Eltern.

Athen, Sommer 1838, nach der Reise in den Peloponnes.*)

Kaum weiß ich noch, wo ich mich und meinen lieben Gefährten
gelassen habe, mich däucht aber auf dem Messenischen Meerbusen,

---

*) Der erste Teil der Berichte über die Reise in den Peloponnes,
welche am 28. April begonnen und am 20. Mai beendigt wurde, ist nicht
angekommen. Die Reisebegleiter waren der Uebersetzer Shakespeares und

in der köſtlichſten Vollmondnacht, die ich in Griechenland erlebt
habe, im Anblick des rieſigen Taygetos in den traulichſten Ge-
ſprächen, während unſere Bootsleute immer umſonſt die Prima
erwartend, nicht ermüdeten, jedem Lüftchen die Segel zu öffnen
und mit gleichmäßigem Ruder über den Golf uns hinüberzuar-
beiten, zur Erholung dann und wann ihre ſchnarrenden Ritor-
nelle anſtimmend, die ſich in unbezeichenbaren Tonbrüchen bewegen, geſeßlos und unharmoniſch und doch durch ihren ſchwär-
meriſchen Charakter etwas Reizendes, Rührendes haben. Wir
ſchliefen darüber ein. Das Geräuſch des Ankerwerfens weckte uns.
Die himmliſche Nacht, die wir — wie oft fiel mir dies Wort
Goethes ein, — von allen Segen der Geſtirne umwittert — zugebracht hatten, entwich, und hinter den ſchroffen, paradoxen Tay-
getosſpißen meldete ſich die Sonne. Wir waren am Ankerplaß
von Kalamata, einigen Bretterhütten zur Aufnahme von Fremden
und Waaren. Wir gaben unſeren Bootsleuten für das bewunderungswürdige, ausdauernde Arbeiten das Doppelte des geringen
ausbedungenen Lohnes. In dreiviertel Stunden waren wir in
Kalamata. Die Stadt iſt hübſch aufgebaut, eine Akropolis mit den
Ruinen des fränkiſchen Kaſtells, die Häuſer liegen ſämmtlich
zwiſchen Orangengärten. Es iſt der reizendſte Ort im Peloponnes.
Die goldenen Heſperidenäpfel lachen Einem überall ſo freundlich
entgegen, und auch griechiſche Gaſtfreundlichkeit begrüßte mich nie
in einem lieblicheren Gewande. Ich lief gleich zum Poſtbeamten,
um mir vor der gewöhnlichen Stunde den von Frau Brandis
erwarteten Brief zu erwerben. Ich traf einen ſehr würdigen Greis,
der, ſeine lange Pfeife rauchend, in dem Garten, der ſein aller-
liebſtes Haus umgab, auf und ab ging. Er empfing mich ſehr
herzlich, gab mir gleich ſeine Pfeife und ſagte, der Brief warte
längſt auf mich. In einer halben Stunde ſollte ich doch wieder-
kommen, dann ſollte ich den Brief finden und zugleich ſeine Familie
kennen lernen. Ich kam. Die Mutter war im Zimmer mit ihren
Kindern, einem jungen Alexandros und einer ſehr lieblichen Tochter

---

und Molières, Graf Wolf Baudiſſin (geboren zu Kopenhagen am 30. Januar
1789, geſtorben zu Dresden am 4. April 1878 und der mexikaniſche Architekt
Gomez de la Fuente. Der Rektor Greverus, der ſich angeſchloſſen hatte,
kehrte in Tripolißa um. Die Reiſenden gingen zu Schiffe nach Epidauros,
von da über Nauplia, Tiryns, Argos, Mykenä nach Tripolißa, dann durch
Arkadien, Lakonien und die Maina nach Tſimova, wo eine Barke zur Fahrt
über den meſſeniſchen Meerbuſen gemiethet wurde.

Theano. Der Brief lag auf dem Tische unter einem Blumen-
bouquet. Erst sah ich nur ihn, doch als ich ihn gelesen und dadurch ganz beruhigt war, sah ich mich auch weiter um, und es
gefiel mir herrlich in diesem Hause, das fenster- und lichtreich,
überall von Gärten umgeben war und herrlichen Düften. Man
begrüßte mich wie einen Bekannten, als hätte man mich erwartet.
Die Mutter erzählte von früheren, glücklicheren Zeiten, ehe Ibrahim
zerstört habe. Die Kinder aber schauten mit rührender Freude
der griechischen Zukunft entgegen, als wenn gesund und frisch der
junge Baum emporschösse. Es lag Alles vor ihnen im Rosenlichte,
erleuchtet durch den Reflex der alten Zeit, deren Helden ihnen
sehr befreundet waren. Wir saßen in einer allerliebsten Garten-
laube, da mußte ich von Athen erzählen, von allen Tempeln und
Säulen, von der Pnyx und von allen Herrlichkeiten Griechenlands,
die ich gesehen. Wie flammten die jungen Angesichter und wollten
immer mehr, und erzählten auch, was sie gelesen. Besonders
wußte die schwarzäugige Theano von allen Fahrten des Aristo-
menes zu erzählen. Es war hinreißend, — doch die Sonne stieg
schon über die Orangenbäume hinauf, ich wußte, man wartete, ich
verwünschte in Gesellschaft gereist zu sein und schied mit schwerem
Herzen. Nur der, welcher weiß, wie selten solche Unschuld unter
den Griechen gefunden wird und wie reizend sie dann ist, kann
mein Entzücken über diese Kinderseelen begreifen. Es wurde mir
schwer, meinen Unmuth zu bekämpfen, zumal da mein nächster
Gang zum Kassirer ging, einem dicken Geldmenschen, um Geld
einzukassiren, wobei ich lange stehen mußte. Die Pferde standen
bepackt da. Als ich schon zu Pferde war, kam noch der alte,
würdige Kyriakos, mir Lebewohl zu sagen und um einen Brief
bittend nach glücklicher Rückkehr. Kein Theil von Griechenland
ist so gut bebaut, wie diese Ebene des Pamisos, die Makaria, d. h.
selige Ebene. Man sieht viele Dörfer, alle Felder sind mit hohen
Kaktushecken umzäunt; der Pamisos, wie alle griechischen Ströme
fast unbebrückt, machte bedeutende Schwierigkeit, und nachdem wir
lange nach einer Furth gesucht hatten, mußten unsere Pferde
dennoch ein Stückchen schwimmen. Während wir im Rücken den
Taygetos hatten, der auf der messenischen Seite ein viel milderes
Ansehen hat, hatten wir vor uns zwei Berghäupter von ausgezeichneter Form, einzeln sich über der Ebene erhebend, wie ein
paar Hörner des Landes — es waren Ithome und Eua. Beide

Berge sind ungefähr in der Mitte ihrer Höhe durch einen Sattel
verbunden. Nicht weit von diesem Sattel liegt das schöne Kloster
der Panagia auf Morea, mit einer ungemein schönen Aussicht
über die Ebene und den Pamisos bis zu den arkadischen Gebirgen.
Das Kloster selbst ist von schönen Cypressen umgeben und ist noch
ziemlich stark bewohnt. Mit einem sehr mundfertigen Mann, der
eine lange Reihe von Jahren in Oberägypten gesteckt hatte, gerieth
ich in heftige Disputationen über Missionen und Kirche. Er meinte,
es fehlte den Griechen nur an Geld, Bücher zu drucken. Am
folgenden Morgen stiegen wir über Jthome, zwischen Eua und
Jthome, in die Höhe. Sowie man die Einsattelung erreicht,
trifft man auf die Ruinen der Stadt Messene, welche den westlichen Abhang einnimmt, aber in ihren Mauern das ganze riesige
Berghaupt Jthomes einschließt. Wir stiegen von diesen ersten
Rücken der Befestigung, dem lakonischen Thor, rechts auf Jthome
zu auf einem steilen, unbetretenen Wege mit Gebüsch, worin Pferde
weideten. Auf der Spitze steht das Urkloster Wurkano, dessen
Kolonie das untere Kloster ist. Es ist noch wohl erhalten und
steht auf den mächtigen Fundamenten des alten Tempels des Zeus
Jthomatas. Welche Erinnerungen weihen diesen Berg, Aristo-
bemos' und Epaminondas' tragischer Untergang und dann wieder
nach Jahrhunderten der Festglanz der Wiederbelebung und der
Rückkehr der Götter und Menschen! Oben sieht man noch große
Werkstücke aus der Aristobemischen Zeit. Wir stiegen dann hinunter
in das schöne Thal, jetzt von pflügenden Landleuten durchzogen,
einst ganz von der prächtigen Stadt eingenommen, deren Mauer-
ring man auch gegenüber auf den Höhen sich hinziehen sieht. Ein
kleiner Theil des Thales ist von einem elenden Dorfe Mavromati
eingenommen. Es macht eine überraschende Freude, den Ideen
der Alten in Benutzung des Lokals so Schritt für Schritt folgen
zu können. Sie suchen sich immer ein wellenförmiges Terrain, um
für die Tempel Höhen, für die Stadien Thäler, für die Theater
Hügelwände zu haben. Das Stadion in Messene muß sehr schön
gewesen sein. Es ist das Thal eines der vielen niedlichen Bäche,
die Rundung, welche schließt, ist künstlich. Der Bach fließt darunter
durch und rauscht munter unter der linken Sitzreihe her. Eine
Kolonnade umgab das ganze Stadion. Wir setzten uns in Verbindung mit den jungen Landleuten, die uns Manches zeigten.
Einer erbot sich, uns „Gurunia" zu zeigen, Schweine, und zeigte

uns ein verstecktes Stück mit Reliefs, eine Eberjagd darstellend.
An zierlicher Mauerarbeit ist Messene reicher als irgend ein anderer
Ort. Die Steine sind meistens mit flachem Rande verziert und in
der Mitte gebaucht. Nachdem wir uns die alte Stadt anschaulich
gemacht hatten, kehrten wir zum Fuß des Ithome zurück, wo eine
schöne Quelle hervorsprudelt, dieselbe, die den Stadionbach bildet.
Es ist wohl die Klepsydra, wo die Nymphen des Zeuskindes warteten;
höher ist keine zu finden. Südlich davon vereinigt sich mit ihr
die Arsinoe, darnach kann man auch die Agora bestimmen. Neben
der Quelle ist das Theater. Wir brachen auf, da das best Erhaltene vom ganzen Messene auf unserer Route lag, und kamen
auf ein schönes Marmorpflaster, das in ein Thor leitet. Es ist
ein Doppelthor. Man kommt durch den ersten Eingang in ein
schönes Oval mit Quadern belegt, neben dem Thore, zwei Fenster
und in der Mitte zwei Nischen für Statuen, dann ein zweites,
wohlerhaltenes, wenig verjüngtes Ausgangsthor, an welches zu
beiden Seiten sich wohlerhaltene Mauerstücke anschließen. Rechts
dem Herausgehenden schließt sich an die Mauer ein schön erhaltener
Thurm von 24 Assisen ungefähr, mit zwei Thüren im Niveau
der Mauerhöhe, auf der ein bedeckter Gang lief, mit zwei Etagen,
unten Schießscharten, nach der feindlichen Seite abgeschrägt, oben
Fenster von ungefähr zwei Quadratfuß mit den Spuren der Kram-
pen für eiserne Fensterladen. Mit meinem Freunde, dem Architekten, ward Alles hübsch in Metern abgemessen, und ich lernte
von ihm manche Feinheit der Konstruktion einsehen. Wir ritten
weiter, und da wir uns umsahen, war uns, als hätten wir eine
blühende hellenische Stadt hinter uns. Es treten gerade zwei
Hügel so zusammen, daß man den Mangel an Fortsetzung der
Mauern gar nicht wahrnimmt, es fehlt nur der Posten, ein messeni-
scher Mann im rothen dorischen Mantel, der einem ein „Wer da"
entgegenruft. Wir lenkten um den westlichen, nicht bewaldeten
Fuß des Ithome, und kamen in die stenyklarische Ebene, die zweite
schöne Ebene Messeniens, vom Mavrozumenos durchströmt. Die
Sonne sank. Wir blieben in einem schlechten Dorfe Konstantinoi,
dem elendesten Nachtquartier unserer Reise. Das Arkadische Thor
hatte uns zu lange aufgehalten. Am anderen Morgen durchritten wir die reiche stenyklarische Ebene, den Arkadischen Gebirgen
zu, deren Vorberge wie ein Theater uns aufnahmen. Man verläßt
die Ebene; ein steiler, von Eichen beschatteter Weg führt hinauf,

weiter aber Platanenwald. Den Berg Eira ließen wir rechts liegen, dann stiegen wir die Neda hinab, dem arkadisch-messenischen Grenzstrome, der, von hohen Bergen umgeben, sich sehr schön ausnimmt. Zur Linken hatten wir Pavlitza, das alte Phigaleia, dessen Akropole noch viele alte Mauern trägt, gerade vor uns einen mächtigen Berg des Kotilion, von dem der Limax schäumend herniederstürzt. Von Dragogi begleitete uns ein Bauer in die immer wildere, obere Gegend. Das Klima wird rauher, statt der Erde nackte, wie Zähne, hervorstehende Felsen, die Eichen sind so weit zurück mit den Blättern, daß sie erstorben scheinen. Endlich, wo alles Leben aufzuhören scheint, sieht man nahe der Spitze am Wege liegend, einige Säulenstücke, ein paar Schritte weiter und man hat einen schönen Apollotempel vor sich, vom Peristyl fehlt nur die herabgerollte Ecksäule, die Architrave sind fast vollständig. Nach unserem Theseustempel kennt Griechenland kein besser erhaltenes Monument. Den messenischen Meerbusen und das sicilische Meer sieht man von dieser Tempelstätte.

Später. Fortsetzung.*) Es war mein Wunsch und Reiseplan, von Andritzena, der freundlichen, durch Nüsse und Mandeln ausgezeichneten Bergstadt, so schnell als möglich ins Alpheiosthal zu gehen über Heraia nach Olympia. Aber das wenig bewohnte, stark bewaldete Flußthal war damals ein Aufenthaltsort vieler Klephten, welche mit den arkadischen Revierförstern im kleinen Krieg leben und die Fähren des Ruphia zerstört hatten. Wir mußten also am linken Ufer bleiben, und zwar wegen des starken Regens, der gerade am Sonntage, dem ersten griechischen Mai, fiel, ziemlich fern von dem Flusse auf den Höhen uns haltend. Es goß in Strömen vom Himmel. Doch feierte das in seiner Freude unverwüstliche Landvolk die Ankunft des Mai mit Tänzen unter freiem Himmel auf einem hochgelegenen Palaio-Kastro, wo fröhlicher Gesang weit erscholl, während wir mit unseren Pferden in dem aufgelösten Boden kaum vorwärts konnten. Abends, als wir in das heilige Elis eintraten, vor dem die schroffen arkadischen Felsformen zurückbleiben, ward es wunderschönes, stilles Wetter. Wir mußten in dieser höchst fruchtbaren, aber menschen-

---

*) Abgedruckt von R. Weil, Geschichte der Ausgrabung von Olympia, S. 105f. (in Topographie und Geschichte von Olympia, herausgeg. von F. Adler, E. Curtius, W. Dörpfeld, P. Graef, J. Partsch, R. Weil. Textband. Berlin 1897).

leeren Gegend in Kreftena, einem anmuthigen Dorfe, bleiben, unterhalb beffen der Selinus, ein munterer Bach, dem Alpheios
zueilt. Hier müffen wir in der Nähe des Xenophontifchen
Landguts gewefen fein. Wir konnten nicht lange nachfuchen. Auch
find gewiß nicht die Ruinen des Paufanias zu fehen, wie denn
Elis überhaupt fehr ruinenarm ift, denn es ift das einzige fteinarme
Land in Hellas. Auch waren die Eleaten wegen der Heiligkeit
ihres Landes nicht zu Steinbauten und Befeftigungen, die immer
am längften gebaut haben, genöthigt. Dagegen verfpricht Elis
den Grabenden fehr viel, weil das weiche, tiefe Erdreich fchützend
das Vorhandene in fich aufnehmen konnte. Wir waren jetzt ganz
nahe bei Olympia, aber wir mußten ftromabwärts bis zur Fähre,
fo langweilig auch diefer Weg ift und fo intereffant es gewefen
wäre, den anderen, von Paufanias befchriebenen, von Skillus über
das Typaion zu machen. Am herrlichften Morgen — der Himmel
war, wie oft nach Regentagen in Griechenland, mit unvergleichlich
zartem Cirrusgewölk gefchmückt — zogen wir weiter der See zu
durch einen Pinienwald. Wir trafen wenige, aber reiche Dörfer,
das Land wird großentheils von Bewohnern des Hochgebirges, die
auf einige Monate in die Ebene kommen, mit Mais und Wein
bebaut. Das Meerufer ift fehr unfchön, langgeftreckte Salzfeen
ziehen fich neben der See hin, durch einen fchmalen Erdftreif ge-
fondert, worin fchöne Fifcherei ift. In dem nächften diefer Seen,
dem von Aguleniza, liegt eine lange Infel, worauf einft die ganze
Bevölkerung der Umgegend geflohen war vor Ibrahims Landheer.
Davon erzählten die Einwohner viel. Bald hinter Aguleniza kamen
wir an den Alpheiosftrom, den vielbefungenen, den ich fröhlich
begrüßte. Doch ift er nicht fehr fchön, imponirt nur durch das
in Griechenland entzückende Fluthen und Raufchen einer größeren
Waffermenge und feine Breite. Während der Ueberfahrt las mir
mein Agogiat, ein hübfcher, fchwarzlockiger Burfche, der einmal
Anagnoftes gewefen war, aus meinem Thukydides vor, freilich,
ohne viel zu verftehen. Herrlich ift der Blick von hier landeinwärts
nach dem fchneebedeckten Pholoegebirge. Bei diefer Gelegenheit
erzählte mir ein anderer unferer arkadifchen Agogiaten, daß er
dort bis zur Ankunft des Königs als Klephte gehauft habe, wie
fie herabgeftiegen wären und die reichen Landbefitzer mißhandelt
und geplündert hätten. In einem Lande, wo der Adel eigentlich
ein Räuberadel und die Staatsräthe des Reiches gewefene Klephten

sind, darf das nicht befremden. Aber man darf sich nicht täuschen
über das Gewerbe, worin keine andere moralische Schranke geachtet ward, als daß man Leute derselben kleinen Provinz ver-
schonte, denn diese nennen sie Patriotä.

Wir kamen früh nach Pyrgos, das anmuthig gelegen und
belebt ist. Ich holte mir einen Brief von der Post, meldete mich
beim Gouverneur, und da wir noch nach Olympia wollten, suchte
ich schnell die versprochene Begleitung zu verschaffen. Aber die
aufgebotenen Bürger hatten schlechte Lust, die Reisenden bewaffnet
zu begleiten —, sie zögerten immer und ließen uns auf die lang-
weiligste Art von Stunde zu Stunde warten. Wir faßten die verschiedensten Reisepläne, da man uns vor dem Pholoe warnte, und
hatten besonders Lust, uns bei Glarentza einzuschiffen, um nach
Missolungi zu fahren, aber Alles hatte Schwierigkeiten, und wir
saßen recht unmuthig im Kaffeehaus zwischen diesen übel aus-
sehenden Moreoten, als ein schöner Mann in griechischer Förster-
uniform auf uns zukam, sich als einen polnischen Edlen und
hiesigen Oberförster Dubnitz vorstellte und uns in seine Förster-
wohnung und zu einer kleinen Landparthie einlud. Alle Noth
war vorbei. Wir hatten die freundlichste Aufnahme, es fanden sich
mehrere Deutsche und einige Griechen, und nach einer Stunde hatte
ich die Ehre, die neuvermählte Dame des Hauses, eine Insulanerin,
nach einem Garten zu begleiten, wo wir uns unter Citronen-
bäumen auf einem Rasenplatze um ein am Stock gebratenes Lamm
lagerten. Es war ein sehr lustiger Abend. Anderen Morgens
früh entschlossen wir uns doch, dem alten Plane der Gebirgsreise
treu zu bleiben. Statt der entschieden sich weigernden Landmiliz
ging ein wackerer Forstwächter mit uns. Wir zogen wieder dem
Alpheios zu und gingen dann am rechten Ufer über kleine Erd-
hügelreihen. An der zweiten liegt Phloka, ein hübsches Dorf,
hinter dem man steil hinunter steigt in ein liebliches Thal, dessen
Fluß eine Mühle treibt. Es ist der Kladeos, man folgt seinem
Wasser, trifft schon bei der Mühle und dann weiter römische
Mauern, dann nach wenigen Schritten öffnet sich das Thal in das
Alpheiosthal. Man kommt durch einen Paß zwischen zwei Hügeln,
der höhere links, das Kronion, rechts ein Hügel in Tumulusform
mit zwei Pinien, diesen nennen die Griechen jetzt Antilalo. Das
ist Olympia, die Ebene zwischen Alpheios und Kladeos, die heilige
Altis. Die von den Franzosen aufgegrabenen Fundamente des

olympischen Tempels sind wenige Schritte von diesem Hügel, dem Alpheios zu, gelegen. Man kann jetzt in Olympia wenig mehr thun, als sich dieses Thal ansehen und seine Lokalität einprägen und mit Pausanias und eigener Phantasie mit dem früheren Schmucke zu zieren suchen. Das Thal ist weit und anmuthig, aber nicht sehr ausgezeichnet. Die jenseitige Wand ist hübsch grün, von kleinen Bächen unterbrochen. Vom Kronoshügel hat man die beste Uebersicht über die hügelige Ebene, in der gewiß jede der Erhebungen eins der vielen Heiligthümer trug. Die Franzosen haben blos einen kleinen Anfang mit dem glänzendsten Erfolge gemacht. Das Kronion ist der ausgezeichnetste Hügel, der von der rechten Reihe am meisten vorspringende und höchste, er ist mit Pinien bewachsen. Die Ausdrücke über seine Höhe bei Pindar sind sehr übertrieben, einen höheren findet man nicht, um seine Ausdrücke zu rechtfertigen. In der Reihe des Kronion mehr strom-aufwärts ist eine kleine Thalöffnung, die wohl das Olympische Stadion gewesen sein mag, doch sind die Formen hier sehr täuschend und veränderlich. Der Alpheios hat viel Land an- und fort-geschwemmt. Deutlicher ist an einer Terrasse, dem Alpheios zu sich öffnend, der alte Hippodrom. Außerdem westlich vom Tempel noch ein altes byzantinisches kirchliches Rundgebäude mit Bögen auf Pilastern ruhend, in der Erde steckend. Man scheidet von Olympia sehr unbefriedigt. Das Lokal selbst macht keinen großen Eindruck, doch war es mir eine Freude, auf dem Kronoshügel Pindarische Oden zu recitiren und mir von verschiedenen Welt-gegenden her die Roßzüge und Maultiere kommend zu denken. Baudissin aber sowohl wie ich fanden die Luft so drückend, daß wir matt und müde wurden. Es bleibt fast unbegreiflich, wie in dieser Niederung in heißester Jahreszeit die Griechen so arbeiten, rennen und ringen konnten.

Wir kehrten dann wieder ins Kladeosthal zurück, wo mehrere Tumuli sich am Flusse erheben. Es steigt schnell an und verengt sich. Das reizendste Thal, das man sich denken kann, fast ununter-brochen eine Laube von Platanen, zwischen welche sich ernster der Lorbeerbaum flicht. Der Quelle nahe hatten wir eine herrliche Aussicht aufs Meer, besonders das Kap Katakolo und die Festung von Zante. Man sieht deutlich die Quelle des Kladeos, welche aus einem türkischen Brunnen strömt. Oberhalb der Quelle kommt man auf eine große Hochebene, auf welcher das einst große, als

Sitz reicher Türken ausgezeichnete, jetzt verlassene Lala liegt. Wir gingen mit unserem Forstwächter nach Duka, einem ganz abgelegenen, in einem großen Eichenwalde versteckten Dorfe, wohin nie ein Fremder gelangt, und fanden bei dem Revierförster Aufnahme. Wie gänzlich vernachlässigt sind diese Gebirgsdörfer: Keiner konnte die schriftlichen Verhaltungsbefehle vom Ministerium und Gouverneur lesen. Wir erhielten zum Schutze drei Forstwächter, der eine war ein Bulgare, der bei vieljährigem Aufenthalt das Griechische nicht gelernt hatte. Wir durchschritten die Hochebene von Lala, erstiegen die Hügelreihe, welche sie begrenzt, und gelangten so wieder auf eine Ebene, die zweite Terrasse des Pholoegebirges, wo man auf eine großartige Weise den ganzen westlichen Gebirgshang Arkadiens übersieht und gerade vor sich die Gipfel vom Pholoe oder Olonosgebirge. Hier, bei einer einsamen Kapelle des heiligen Georgios, schloß sich uns noch ein langer Zug an, ein Kaufmann, der seine junge Frau nach seinem Wohnort führte, mit stattlichem Gefolge. Sie waren über das Geleit, das wir ihnen bieten konnten, sehr erfreut, und so zogen wir in langem Zuge drei Stunden lang eben fort durch einen Eichenwald, die verrufenste Passage. Man läßt die Gipfel links liegen und wendet sich rechts zum Erymanthos hinab. Der berüchtigte Eichenwald ward zurückgelegt ohne die mindeste Anfechtung, vielmehr in glücklichster Laune. Am Ende lagerten wir auf einem schönen, blumigen Hügel zum Frühstück. Die Griechen haben eine unbeschreibliche Virtuosität, schöne Gruppen zu bilden; unsere bunte Gesellschaft, aus allen Ständen zusammengesetzt, bildete deren besonders schöne. Baudissin konnte sich nicht genug an diesen malerischen Scenen ergötzen.

Der gute Weg hatte jetzt ein Ende. Es ging hinab in das schroffe Thal des Erymanthos, der auch in den Alpheios mündet. Er ist ganz verschieden vom Kladeosthal, hat trotz des geringen Bächleins mächtige Felswände und deshalb sehr beschwerliche Wege. Langsam ging es mit den Pferden vorwärts, und so langten wir erst gegen 5 Uhr in Tripotamo an. Die Landschaft ist echt arkadisch. Wie der Name sagt, treffen dort drei Flußthäler zusammen, indem fast einander gegenüber zwei schöne Bergströme in den Erymanthos münden. Wir setzten über den einen, den Aroanios, welcher mit dem Erymanthos ein Dreieck schönen Landes begrenzt, auf welchem ein einsames Nonnenkloster steht, von

Ibrahim zerstört und jetzt nur von einer veralteten Nonne und einem Geistlichen bewohnt. Hier stand einst die Stadt Psophis, deren ausgezeichnete Lage uns Polybios zugleich mit ihrer Belagerung beschreibt. Man sieht noch bedeutende Mauerreste an dem Rande der beiden Flußufer. Ich stieg auf die Akropolis, welche sich ziemlich steil über dieser dreieckigen Ebene erhebt, man bemerkte alte Terrassen und Befestigungen. Die Spitze des Berges ist von einem Thurm eingenommen, tief unten die grüne Flur mit dem stillen Kloster in der Mitte, rechts und links das großartige Erymanthosthal, in welchem dieser Ort eine liebliche Episode bildet, im Rücken das Thal des Aroanios, voll Weiden und Heerden und mit munterem Wasser, steil sich hinaufziehend, bis es durch die hohe Masse des Pholoe geschlossen erscheint. Da oben saß ich, sah in der Abendsonne die Schneegipfel der arkadischen Berge glühen, und unten ließ ich den König Philippos die Stadt belagern. Seine Makedonier haben die Hügel des jenseitigen Ufers besetzt, von wo man ganz die Stadt übersehen kann. Die Psophier trotzen auf ihre Flüsse und Mauern, da bringen plötzlich die Feinde über die Brücke des Aroanios in die Stadt hinein, und Alles flieht, durch die unerwartete Schwenkung überrascht, auf die Burg. Als die Makedonier in wüthendem Sturmlauf auch diese genommen hatten, stieg ich, da die Nacht wie ein Dieb kam, halb gehend, halb fallend zum Kloster hinunter, matt und zerschlagen, aber innerlichst befriedigt und durch unvergeßliche Eindrücke bereichert. Die Nonne konnte uns keinen Wein geben, so machten wir uns in unserer Zelle Punsch, wozu Graf Baudissin die Materialien bei sich führte.

Am anderen Morgen verließen wir das Kloster, wo noch vier Säulen des alten Psophis benutzt sind, und ritten den Erymanthos weiter hinauf bis zum Bug des Erymanthosgebirges, oder vielmehr der Lampeia, denn so hieß der Theil der Erymanthoskette, wo der Erymanthos entspringt. Da oben ist ein herrlicher Umblick zurück in das tiefe Thal und nach Norden auf den Zug des Kyllenegebirges. Hier ist die Wasserscheide zwischen dem Sicilischen Meere und Korinthischen Golf.

Wir stiegen in das Thal der Kalawryta, welches ansehnlich breit und sumpfig ist und offenbar einst Seebett war, und gelangten nach Kalawryta, das, auf einem Hügel gebaut, gewiß der Platz einer alten Stadt, sehr wahrscheinlich des unmusischen Kynoitha,

des aus Polybios berüchtigten, einnimmt. Es ist auch zur Züchti-
gung spurlos verschwunden; nur die Quelle, welche Pausanias
nennt, ist noch da und hat der Stadt den Namen gegeben. Der
sehr gebildete Gouverneur Levendi, früher in russischen Diensten,
bewirthete uns sehr freundlich. Hier ereigneten sich die Anfänge
des griechischen Aufstandes.

Am Freitag zogen wir weiter nach der Grenze Achaias hinauf
zum Kloster Megaspelaion, erst dem sich verengenden Thale folgend,
dann rechts hinaufsteigend auf den Berg, wo dies seltsamste aller
Klöster liegt, das wirklich so fabelhaft aussieht, als wenn es Jemand
geträumt hätte. Auf steilem Berggipfel ist eine große Höhle, vor
dieser ist eine Mauer aufgeführt, etwa 65 Fuß hoch. Zwischen
Mauer und Höhlenwand befinden sich die großen Vorrathskammern,
die ungeheuren Weinfässer, die Werkstätten, Quellbrunnen des
reichen Klosters, auf der Mauer fangen die Wohnungen der Mönche
an, die nun wie kleine Nester an den Felsen angeklebt sind in
unzähliger Menge. Es sind noch immer einige Hundert Mönche
darin, viele Fremdenwohnungen und eine Kirche, wo ein Bild der
Maria, von der Hand des Apostels Lukas, sich befindet. Oberhalb
des Klosters sind noch starke Befestigungsthürme; Ibrahim hat es
nicht einnehmen können. Es ist da die herrlichste Luft, Ueberfluß
an Allem, die Umgebung des Klosters der schönste Rosengarten.
Die Mönche sind sehr freundlich, aber ungebildete und faule Bäuche.
Im menschenarmen Griechenland kommt einem dies besonders em-
pörend vor, wo so viele Strecken keinen Geistlichen haben, gar nicht
anzugeben wissen, was sie glauben. Ich sah die Bibliothek durch,
die aber ganz unbedeutend ist. Am Mittag verließen wir das
Megaspelaion. Auf demselben Wege hinuntergehend und dann am
anderen Ufer aufsteigend, kamen wir bald auf den Rücken des
Ufergebirges, wo sich auf einmal eine überaus herrliche Aussicht
über den Korinthischen Golf und die Berge von Rumelien eröffnete.
Von da stiegen wir nun, fortwährend Parnaß und Helikon vor
Augen, hinunter und gelangten durch den großen Bergriß an das
Meer, das Thal, oder vielmehr das Grab von Bura, denn wie ein
Grab ist diese ungeheure Berglücke gebildet von zwei steilen Fels-
wänden und angefüllt mit gewaltigen Felstrümmern. Bura fiel
zu gleicher Zeit mit Helike, jenes durch Erdbeben, dieses durch die
Wellen verschlungen. Es ist eine denkwürdige Stelle. Abends
blieben wir in dem reichen, hübschen Städtchen Wostiza, dem

alten Aigion. Die Quellen, von denen Pausanias sagt, fließen noch munter dahin, sonst gibt es nichts Altes.

Sonnabend Abend fuhren wir bei stürmischem Wetter aber schnell nach Lutraki und passirten den Isthmos. Jenseits war ein Schiff segelfertig, und Sonntag Nachmittag waren wir im Piräus.

An Georg Curtius.*)

Piräus, 25. Juni 1838.

So habe ich denn in drei Wochen eine Reise durch die Morea vollendet, welche freilich für ein speciell archäologisches und topographisches Interesse viel zu schnell war, aber für geographische Kenntniß des Landes und anschauliche Belebung der griechischen Geschichte mir von unbezahlbarem Werthe. Nach der Rückkehr wohnten wir vier Wochen in Kephisia, dem schönsten Landsitze, wo wir zum ersten Male Gelegenheit hatten, mit rechter Muße die griechische Vegetation, wie sie unter günstigen Umständen gedeiht, kennen zu lernen. Wir wohnten im Quellgebiete des Kephisos, und wenn hier im Lande schon wenige Tropfen, die aus den Felsen sickern, gleich dem Boden ein ganz anderes Aussehen leihen, wie mußte auf diesem quellburchströmten Lande Alles grünen und blühen. Ich kenne keinen Ort in Attika, dem kapellenreichen, wo so viele kleine Heiligthümer beisammen stehen, deren keines ohne Marmorstücke und ionische Architektur ist. In dem dichten Oelwalde fand ich immer wieder bis zum letzten Tage neue Kapellen, zum Theil mit Inschriften, die meistentheils dem Zeitalter des Herodes Attikus angehören. Die Lage seiner Villa, die Du vielleicht aus seines Schülers, des Aulus Gellius anmuthiger Beschreibung kennst, läßt sich nach einigen Resten noch bestimmen. Wie häufig wird man in Attika an diesen merkwürdigen Mann erinnert, dessen Leben, soviel ich weiß, noch immer nicht speciell behandelt worden ist und doch den Stoff zu einer ganz allerliebsten Monographie geben würde. Mein kephisischer Aufenthalt, welcher mir die schönste Muße gewährte, um meine Reisefrüchte zu ordnen und aufzuspeichern, ward besonders dadurch verschönert, daß bald nach uns auch Emanuel Geibel mit der Familie des russischen Gesandten ankam. Nun brachten wir täglich die schönen Morgen- und Abendstunden in dieser herrlichen Natur zusammen zu. Wie oft, wenn

*) Der damals in Bonn studirte.

wir so unsere Heerden zusammengethan und vorauf geschickt hatten
und selbst Arm in Arm nachfolgten, wie oft mußten wir uns da
einander verwundert ansehen, ob es denn auch wirklich wahr sei,
daß wir beiden Fischsträßer*) hier zusammen wandelten. Er erkrankte darauf an einer Ruhr, vor der man hier immer auf der
Hut sein muß, und so brachte ich die letzten Tage meist an seinem
Bette zu. Als ich ihn verließ, litt er nur noch an Mattigkeit.
Seine Stellung ist von der meinigen grundverschieden. Die Eltern
seiner Zöglinge wollten gerne jeglicher Sorge um die Kinder ledig
sein. Emanuel ist daher mit fortwährender Aufsicht beschwert,
und das will viel sagen bei Knaben, die jeden Augenblick erwarten,
dumme Streiche machen zu können. In dem Hause herrscht ein
flauer diplomatischer Gesellschaftston und überhaupt ein dem Lande
und seinen Interessen so fremder Geist, daß auch ihm dadurch die
Freuden eines Aufenthalts in Griechenland sehr verkümmert werden.
Doch er hat auch viel Angenehmes und dabei guten Muth. Jetzt
werden wir uns selten sehen.

Donnerstag Abend — es war wider die Gewohnheit des
attischen Junius ein starkes Gewitter — verließen wir unser liebes
Kephisia und blieben die Nacht und den folgenden Tag in Athen.
Ich benutzte den Tag, um das lang entbehrte Vergnügen zu genießen, die Akropolis zu besteigen. Ich stieg erst ganz früh Morgens
hinauf, ging dann, da ich hörte, daß meine Freunde, die Architekten, am Theseion beschäftigt waren, dahin. Es war auch der
Architekt des Herrn Raoul Rochette da, welcher hier jetzt zu einem
sehr großartigen Werke sammelt und zeichnet und auf einmal das
ganze neugriechische Verheimlichungssystem über den Haufen ge-
stoßen hat. Die nähere Untersuchung der Theseionsäulen gibt
dieselben Resultate, wie beim Parthenon. Die Inklination ist
dieselbe. Ich stieg diesmal auf das Dach, notirte mir die Signa-
turen der quadratischen Kassettensteine, stieg auch auf die östliche
Mauer und untersuchte die Vertiefungen und sonstige Spuren der
Giebelfiguren. Dann kam ein Herr aus Altona, der von ungefähr
nach Athen gekommen war, ein höchst fideles, freies Gemüth,
Matthiesen genannt, und erbat sich Geleit auf die Akropolis.
Hansen, mein mexikanischer Freund Fuente und ich gingen trotz
der Mittagshitze mit ihm und hielten Gesammtrevue über alle

---

*) Die elterlichen Häuser standen in Lübeck in der Fischstraße.

Schätze. Das Graben geht entsetzlich langsam. Man brauchte nur
spätere Gebäude abzubrechen, um die kostbarsten Steine zu finden,
aber auch das geschieht nicht. Dennoch war ein neuer Fund von
Interesse beim Aufräumen der Propyläen gemacht worden, ein
halbes gut erhaltenes ionisches Kapitäl der Propyläen, das zum
ersten Male möglich macht, die innere Säulenordnung der Propyläen genau zu konstruiren.

Jetzt wohnen wir im Piräus, in einem etwas gebrechlichen, aber
eine herrliche Aussicht beherrschenden Hause am Isthmos der Halb-
insel Munichia. Gerade unter unserem Hause verfolgt man noch
deutlich die Straßen, Häuser, Höfe der alten Piräusstadt. Meine
Mußestunden verwende ich jetzt oft auf Uebersetzungen alter Dichter.
Der wiederholte Besuch in Mykenä hat mich zur Nachbildung der
Elektra*) des Sophokles angefeuert. Ich weiß mich mehr und
mehr so einzurichten, daß ich ziemlich viel Zeit für mich habe.
Ueber Deine wissenschaftlichen Arbeiten laß mich recht viel hören.
Welcker ist Dir gewiß die Hauptsache, wenn anders Dein Herz
nicht zu ausschließlich dem grammatischen Theile der Wissenschaft
zugethan ist. Welcker ist wirklich von griechischem Geiste angehaucht.
Das wird mir hier in Attika klar; hier fühle ich mich mehr als
je für seine Lehren dankbar.

Wir gehen der heißesten Zeit entgegen; die Etasien fangen
stürmisch an. Kannst Du Dir diese Tage dauernder Stürme bei
ganz wolkenlosem Himmel vorstellen? Ein frühes Bad härtet
gegen die niederschlagende Hitze ab. Die Abende sind unvergleichlich
milde, still und erhaben.

An Victorine Boissonnet.

Piräus, 10. Juli 1838.

. . . Zwei Dänen sind jetzt meine werthesten Freunde in Athen,
Hansen der Architekt, und Köppen, Professor der Geschichte am
Kadetteninstitute, das seit vorigem Herbst von dem jetzt kläglich
veröbeten Aegina hierher verlegt ist und dessen Lehrer, zum Theil
treffliche Männer von interessanten Schicksalen, sehr dazu bei-

---

*) An der Uebersetzung der Elektra hat Ernst Curtius seit dem
Sommer 1838 sein ganzes Leben hindurch, in jeder Zeit der Muße, gearbeitet, und gedachte noch wenige Wochen vor seinem Tode zu dieser
Lieblingsbeschäftigung zurückzukehren. Er hat die Arbeit nicht abgeschlossen,
weil ihm die metrische Wiedergabe der Chöre niemals genügte.

tragen, das Leben hier zu heben. Die meisten sind Thessalier, Epiroten, Makedonier. Dort ist der Sitz reinster griechischer Bevölkerung, daher hat das freie Griechenland seine wackersten Männer, während es selbst mehr als die anderen noch türkischen Provinzen von einem Mischvolke bewohnt wird, auf welches jene mit Verachtung hinblicken. Jene griechischen Küsten, besonders am Schwarzen Meere, sind noch ganz unbekannt, und es ist mir höchst interessant, von solchen Männern Erkundigungen einzuziehen, deren Werth die Leute selbst beim Mangel an historischem Interesse nicht zu schätzen verstehen. Außerdem bringt der Hafen hier eine Menge von Nationen herbei, von denen wenigstens Franzosen, Engländer und Oesterreicher in der Geselligkeit auftreten. Ein Theil des athenischen beau monde lebt immer auf den fremden Kriegsschiffen. Besonders beschäftigen die großen englischen Fregatten, die einander ablösen. Jetzt ist es der Bellerophon, der sich durch schöne Töchter auszeichnet, welche wie Meernymphen bei Salamis hausen und durch Sirenengesang hinauslocken. Das Schiff ist zu stolz, mit den kleinen Schiffen im Piräus zu liegen. Die einsamen Felsklippen vor Salamis, das alte Perserschlachtfeld gefallen ihm besser. Die Franzosen zogen leider gerade bei unserer Ankunft fort nach Asien zu, eine lange Reihe stolzer Kriegsschiffe. Ganz Frankreich ist jetzt aus dem Piräus verschwunden. Der Piräus ist wohl wirklich einer der buntesten Häfen. Ganz vorn am Molo liegen in dichtem Mastenwald alle die kleinen Insel- und Küstenfahrer der Griechen, dann ferner die griechischen, französischen, österreichischen Dampfschiffe und die größeren Kauffahrteischiffe, noch weiter die Kriegsschiffe. Wir wohnen jetzt auf der Landenge zwischen Munichia und Piräus, in der Mitte der alten Hafenstadt, deren Häuserfundamente gerade unter und neben unserem Hause zu übersehen sind, im jetzigen Chiotenviertel im zweiten Stocke eines für Griechenland sehr hohen, sonderbaren Eckhauses, welches gesondert von allen Häusern einsam dasteht. Es ist so schlecht gebaut, daß ein Nagel, den man zum Bilderaufhängen einschlägt, von der Straße aus sichtbar ist. Doch die Räume sind groß und ziemlich anständig, es ist sehr lustig und kühl und es arbeitet sich hier sehr gut. Aus meinem Zimmer sehe ich das weite, offene, blaue Meer, die Fahrstraße nach Keos und den nördlichen Kykladen, und fast immer schimmern schneeweiße Segel auf dem tiefen Meerblau. Dahin und auf die ganze munichische Halbinsel geht meine

Fenster, und landeinwärts sehe ich die Hügel von Athen, die Front des Parthenon und die ganze athenische Ebene bis zum Pentelikon. Aus meiner geöffneten Thüre aber sehe ich das ganze Piräusbassin und Salamis. Dabei bringt die frische Seeluft überall herein und erquickt Herz und Sinne, — wie sollte ich dabei nicht von Herzen zufrieden sein. Dazu kommt die schönste Muße zu studiren, die nur durch Besuche zuweilen beschränkt wird, die aus dem von Hitze und Ungeziefer geplagten Athen sich hierher flüchten, oder die ich mit der Professorin hier machen muß bei den visitentollen Griechen.

Die Hitze des Tages wird wenig gefühlt in diesen luftigen Räumen, und so kann ich jetzt gut durch die heißen Stunden hindurch arbeiten, was in Athen fast unmöglich ist. Des Abends wird mit der Frau Professorin gelesen, oder wir haben einen kleinen Kreis bei uns, in dem musicirt wird. Wie wohl thut Einem in Griechenland eine solche wissenschaftliche Ruhe, durch angenehme Geselligkeit verschönt, während sonst noch immer wilde Parteien das Volk wie die Gebildeten trennen und Vertrauen und Freude stören. Seit der Minister Glurukis, früher unser Hausfreund, das Departement des Innern und des Kultus hat, scheint die russische Partei entschieden zu siegen, wie die letzte Gouverneurwahl zeigt. Der geistigen Freiheit des jungen Griechenland stehen schwere Proben bevor, und es kann Einem oft jetzt recht dunkel werden. Glücklich, wer daran in einem zurückgezogenen, aber segensreichen Berufe nicht zu denken braucht. Brandis leidet natürlich viel mehr darunter. Einen um den anderen Tag pflegt er zu uns herauszukommen. Des Nachmittags ist oft Besuch da, besonders das holländische Konsulat. Iba, von der ich so oft geschrieben, ist als Mutter außerordentlich reizend und anmuthig; des Sonntags bin ich gewöhnlich ihr Gast, dann singen wir die alten Lieder zusammen. Emanuel führte ich gleich dahin, und er fühlte sich sehr angezogen.

Platens Nachlaß ist heraus; hoffentlich langt er hier bald an. Ich lese Platens Gedichte hier mit einer Freude, die ich in Deutschland nicht kannte. Man bekommt in Griechenland einen ungeheuren Respekt vor Formvollendung und Abscheu vor formlos vergeudeten Talenten. Geibel brachte Brentanos Gockel, Hinkel und Gackeleia her; solche Geschichten gefallen hier doch schlecht. Meine liebsten Stunden widme ich jetzt poetischen Nachbildungen griechischer Poesien. Brandis und seine Frau bilden das Forum der Kritik, und ihr Beifall ist mir sehr schätzbar. Sieh, liebe Freundin, so

lebe und webe ich hier im Piräus und lasse meine Blicke über das
Meer gleiten, wo die Welttheile sich begegnen und ihre Schätze
austauschen, im stillen, glücklichen Familienkreise, ich könnte oft
wünschen, daß es noch lange so bliebe; ich bleibe im Herzen derselbe und begreife nicht, wie des Menschen Kern durch Reisen und
Sehen verändert werden kann. Ich gedenke Deiner und Sophiens
mit warmer Freundschaft und bitte um Gleiches bei Euch.

An die Eltern.

Hermupolis, 19. August 1838.*)

Am 3. August habe ich Euch gemeldet, daß wir auf dem
Sprunge waren, eine Kykladenreise zu machen mit der ganzen
Familie; wir wollten dabei Wind und Wetter lenken lassen, doch
mußten wir uns gleich in unserem Plane auf die nördlichen Kykladen
beschränken, weil es bei den jetzt schon herrschenden Nordwinden
große Schwierigkeiten haben kann, von Naxos, Paros, Santorin
wieder heraufzukommen. Diese Reise ist nun unter Gottes Schutze
glücklich beendet, d. h. wir haben Syra erreicht, von wo uns das
Marseiller Dampfschiff in den nächsten Tagen zum Piräus zurück-
führen wird. Wir leben hier in der sehr liebenswürdigen Familie
des Herrn Robertson aus New-York, der schon seit acht Jahren
als Missionar in Griechenland wirkt und jetzt in Syra eine Schule
leitet. Er hat einst mit Brandis in Rom, dann in Oxford nahen
Umgang gehabt; heimgekehrt, hat er mehrmals aus dem Innern
der Vereinigten Staaten, wo er an verschiedenen Stellen Lehr-
ämter bekleidete, Nachricht von sich gegeben, und dann, nach langer
Unterbrechung des Verkehrs, haben sich die beiden Freunde hier
wiedergefunden. Er ist ein frommer, begabter, vielfach gebildeter
und höchst liebenswürdiger, kindlicher Mann, seine Frau eine ungemein thätige, treffliche Mutter. Eine Reihe schöner Kinder
schmückt das Haus; das älteste, eine eben erwachsene Tochter Elisa,
ein sehr liebliches Mädchen. Wir wohnen hart am Hafen dieser
belebten Handelsstadt, welche jetzt der Haupthandelsplatz im Archipelagus ist, wie einst Korinth, später Delos, Vermittlerin zwischen
Europa und Asien. Die Stadt ist nicht älter als die Revolution,
die Einwohner sind sämmtlich Fremde, die meisten aus Ipsara

---

*) Beendet im Piräus.

Curtius, Ein Lebensbild. 11

und Smyrna hierher geflüchtet, und haben, ohne die Absicht zu
bleiben, etwas Handel angefangen. So entstand schnell, ohne
sonstige Begünstigung, die Unterstadt von Syra, während in der
Oberstadt, welche von jener eine Viertelstunde entfernt liegt, auf
eine imposante Weise, die amphitheatralische Lage der Stadt
krönend, die eigentlichen Syrier, die Landsleute des Eumaios,
wohnen, sämmtlich lateinische Christen. Der Anblick von der See
ist sehr stattlich, sonst ist die Insel ein schattenloser, öder Felsen
ohne Dörfer und Landvolk und, wie mir scheint, ganz ohne Alterthümer, außer den Spuren eines alten Eisenbergwerks oberhalb
der Stadt. Hermupolis wächst zusehends, Schiffe aller Nationen
sind im Hafen zusammengedrängt. Hier, wie auf einigen anderen
Inseln, zeigt sich ein Wohlstand und eine Thätigkeit, welche die
glücklichste Zukunft verheißen. Will man Griechenland von seiner
lieblichen Seite kennen lernen, muß man nicht das Festland bereisen, wo so viel Elend überall entgegentritt, wo man die spärliche
Bevölkerung der Griechen so vielfach gesunken, vermischt und verdorben findet und von wilden Parteiungen zerrissen. Das Insel-
griechenland muß man aufsuchen, wo ein begüterter Bauernstand
in reizenden Dörfern wohnt, in aller Sitteneinfalt, unkundig der
Intriguen der Hauptstadt, unvermischt mit fremdem Blute, lernbegierig, gutmüthig, gastfrei. Freilich sind die Eilande sehr verschieden. Viele sind übermäßig dürr und nähren ihre Einwohner
auf das kümmerlichste, andere, sonst berühmte und bevölkerte, sind
jetzt ganz menschenleere Felsen, so die gefeierte Delos. Dagegen
sind die Thäler von Naxos, Tenos, Andros u. a. Paradiese mit
allen Wohlthaten der Natur gesegnet.

Am 4. August bestiegen wir das Schiff eines Kapitäns aus
Ipsara, Kalliope, ein sogenanntes Mystiko, das heißt ein Schiff
mit zwei Masten, an denen die Segelstangen schräg befestigt sind.
Diese sind die eigentlichen Piratenschiffe. Sie gehen gut, besonders
bei halbem Winde, und es ist wirklich staunenerregend, wie sie
durch die Beweglichkeit ihrer Segel bei fast ganz konträren Winden
ihren Lauf fortsetzen. Ein angenehmer Fahrwind geleitete uns
längs der attischen Küste nach Sunion. Von all den Demen freilich,
die sich Strabo auf dieser Fahrt nennen ließ, ist nichts mehr aufzuweisen, als etwa die alten Salzwerke von Halai, Spuren und
der Name von Anaphlystos. Gegen Abend fuhren wir bei der
Patroklosinsel und Belbina vorbei, beide öde. Letztere, schön ge-

formt, wurde einmal von Aegina aus kolonisirt, doch hat es nicht
angeschlagen. Wir warfen Anker in der Bucht südlich von Sunion,
und wie die großen Segel zurückgezogen wurden, ging gerade der
Vollmond über dem Vorgebirge und seinen weißen Marmorsäulen
auf. Wir waren alle feierlichst ergriffen von diesem großen Schau-
spiele, das sich wohl nicht beschreiben läßt. Der schroffe Felsen mit
schäumender Brandung, darauf der schöne, glänzende, heitere
Tempel in seiner göttlichen Ruhe. Wir stiegen noch den Abend
aus, trotz der Gerüchte von Klephtengesindel, das hier hausen sollte,
und bewandelten den heiligen Berg, blieben Nachts im Hafen und
gingen mit Aufgang der Sonne noch einmal an das Land. Mich
beschäftigten, außer den ja vielfach beschriebenen Tempelruinen
selbst, die anderen Anlagen, die Propyläen und die Anlagen auf
dem gegenüber, landeinwärts gelegenen Hügel, wo ein großer
Tempelbezirk zu erkennen ist, da thronte vielleicht einst Poseidon
neben der Athene. Einige Morgenstunden widmeten wir der Athene
Sunias, dann schifften wir an der heiligen Helena, jetzt nur von
Heerden betreten, hinüber nach Keos, wohin wir schnell gelangten,
freilich bei stark gehendem Meere. Denn auf das schnellste verändert sich das Aegäische Meer von spiegelgleicher Ruhe zu hohem
Wellengang, daher denn auch die Alten schon das Wort von Aix
ableiten wollten, denn wirklich wie Ziegen springen die Wellen
an den vielen Felsklippen herauf. Ich blieb der einzige Gesunde
und konnte dadurch helfen und erleichtern. Der Hafen von Keos
(Tzia) ist vortrefflich, fast geschlossen, es ist die Lage des alten
Koresia, einer der vier Städte der Insel, deren einst jede ihre
eigenen Silbermünzen schlug; jetzt hat sie nur eine Stadt. Sie
liegt eine Stunde vom Hafen. Der Weg führt steil bergan durch
schöne Weingärten, mit Mauern umgeben, über welche die Obst-
bäume herüberragen. Die Stadt hat lauter niedrige Häuser, nahe
an einander mit glatten Dächern; die Straßen sind sehr eng und
dunkel und voll von Schweinen, die auf allen Kykladen zum Andenken an ihren göttlichen Landsmann mit besonderer Liebe gepflegt werden. Desto schöner ist es oben auf den Häusern; die schön
geebneten, reinlichen Dächer dienen des Abends zu Versammlungen
der Freunde, man bringt Stühle, Pfeifen, Kaffee hinauf, und da
die Häuser sehr nahe an einander stehen, steigt man von einem
Doma zum anderen, die beste Art, die Stadt zu durchwandern.
Wir waren im Hause unseres Freundes Pfaras, wo wir den Sonn-

tag und Montag das Leben der Keoten kennen lernten. Es ist
da ein sehr gemüthliches Familienleben. Die Sippschaften wohnen
nahe beisammen und in Gütergemeinschaft. Die Frauen dominiren,
sie waren einst berühmt und sind noch durch Geist und Schönheit
ausgezeichnet. Das Klima ist vorzüglich, so auch die Früchte und
an dem Wasser loben die Keoten die verdauende Kraft; auch theilten
wir ihren guten Appetit. Die Aussicht von der Stadt nach Attika
und Euböa ist herrlich. Sonntag Nachmittag besuchten wir den
Löwen, den durch Bröndstedt berühmten und verschönerten. Er
ist aus dem Schiefer, aus dem Keos und die meisten Kykladen bestehen, und dafür noch sehr ausbrucksvoll, hat aber viel vom Regen
gelitten. Am Montag durchsuchten wir die Stadt, die vom alten
Julis einige Tempelgrundmauern, einige Wasserbehälter und Inschriften aufzuweisen hat, dabei blieb aber viel Zeit übrig, um die
verschiedenen Sorten von Trauben, Feigen und Melonen zu untersuchen, deren Genuß auf den Inseln ganz unschädlich ist. Nachmittags nach 3 Uhr zogen wir aus auf Pferden und Maulthieren
nach Hagia Marina, auf der südlichen Seite der Insel, dort steht
der bei Bröndstedt gut gezeichnete und beschriebene Thurm, der
besterhaltene des griechischen Alterthums, mit vier Stockwerken,
erhaltener Treppe, Balkon, Zinnen. Wir blieben die Nacht im
Kloster, in dessen Mauern jetzt der Thurm steht; die Thüre und
Fenstereinfassung von Marmor eingelegt. Dienstag ritten wir
über die Berge der Insel, welche Eichen tragen, Balanibia, die zum
Gerben dienen. Gegen Mittag kamen wir zu den Ruinen von
Karthaia. Die Lage ist sehr wild, wenig Raum für Straßen und
Wohnungen, gewaltige Stadtmauern und verschiedene Tempel-
terrassen. Unser Schiff war uns nachgekommen. Wir nahmen
Abschied von den freundlichen Insulanern und schifften uns ein.
Der Wind führte uns nach Thermia, dem alten Kythnos, einer
armen, öden Insel mit etwas Wein und Oel, der die Natur zum
Ersatz warme Quellen von großer Heilkraft verliehen hat. Jetzt
ist ein ganz modernes Badehaus gebaut. Die Ruinen der alten
Stadt sind auf der anderen Seite der Insel. Wir haben sie nicht
gesehen, sondern gingen noch den Abend an unser Schiff, den Wind
abwartend, ob er uns nach Andros oder nach Naxos führen würde.
Es ward Südwind und führte uns gen Andros an der Insel Gyaros
vorbei, welche aus Strabo als eine elende Fischerinsel, aus Juvenal
aber als römischer Verbannungsort bekannt ist. Auch wir wurden

vor Gharos durch Windstille gebannt und ruderten mühsam dem
Fleno, dem Paß zwischen Andros und Tinos zu, passirten diesen
in der Nacht, und erst am anderen Morgen erhob sich starker Nord-
wind, bei dem wir unter vielen Volten mit Mühe in den südlichsten
Hafen von Andros einliefen. Hier ging uns eine neue Welt auf.
Eine tiefe Meeresbucht von den fruchtbarsten, von Dörfern und
Bäumen besäten, Bergwänden umgeben. In einem dieser Dörfer,
Arbonia, ist ein früherer Diener aus unserem Hause angesessen.
Dieser kam zum Hafen herunter, und wir wurden feierlichst mit
vielen Leuten in sein schönes Dorf geleitet, wo wir ein paar Tage
in großem Wohlleben zubrachten. Ich machte mich von da auf
zu einer Wanderung durch die Insel, die ich mit einem Wegweiser
ohne Gepäck, ohne Gefahr aufs anmuthigste zurücklegte. Paläo-
polis ist der Sitz der alten Stadt. Ihre Trümmer füllen einen
schönen Bergabhang, an welchem das Wasser herunterstürzt zwischen
Myrten und dicken Lorbeerbäumen. Die Gebäude waren aus
Schiefer; ein Stadtthor steht noch unversehrt. Viele Reste von
Statuen sind da, aber meistens auf das schmählichste zu Grunde
gerichtet, eine Apollostatue*) ist ziemlich erhalten und gehört zu
Griechenlands schönsten Bildwerken Lysippischer Periode; hoffentlich wird sie bald nach Athen gebracht. Ich fand dort einen eben
aufgefundenen Stein mit einem Hymnus auf die Isis in Hexa-
metern, über 100 Verse lang, ein wunderlich mystisches, spätes Gedicht, von dem ich das Leserliche abgeschrieben habe. Auch in
Gavrion, dem alten Hafen, wo jetzt Arboniten wohnen, aber gänzlich
von den Hellenen getrennt, bei diesen dienend und arm, steht ein
alter, ehrwürdiger Thurm hellenischer Vorzeit. Ich kehrte mich
nach der Stadt, die an der östlichen Küste liegt, mit genuesischem
Kastelle, welche weiter nichts Merkwürdiges hat, als ein sehr ausgezeichnetes philanthropisches Erziehungsinstitut, welches Theophilos Kairi lenkt, der auf eine hier ganz beispiellos uneigennützige
Weise lebt und lehrt, und auf eine zahlreiche Jugend, die aus allen
Gegenden zusammenströmt, begeisternd wirkt. Er lebt und wirkt
wie ein alter Philosoph, ich bin durch die Stunden, die ich bei ihm
zubrachte, tief ergriffen worden. Eine Stunde von der Stadt liegt
ungefähr in der Mitte der Insel, und daher so genannt, das Dorf
Mesoria, der Hauptort eines herrlichen, üppigen Thales, das sich

---

*) Seit der Auffindung des Praxitelischen Hermes als Replik dieser
Statue erkannt.

von Meer zu Meer durchzieht. Der Hauptschmuck ist ein großer
Reichthum an Cypressen. Es wird kein anderes Bauholz gebraucht.
Wir wohnten dort im Hause des Demarchen, der im blühendsten
Wohlstand lebt. In der Nähe fand ich in Lamyra eine Inschrift,
die, mit Mühe aus einem verwischten Steine erlesen, mich lehrte,
in wie später Zeit — denn die Buchstaben weisen auf das dritte
bis vierte Jahrhundert nach Christus hin — alte politische Formen
hier fortbestanden und genaue Beziehungen mit asiatischen Griechen.

Auf sanfteren Wind wartend, blieben wir noch einen Tag im
großen Kloster der Panagia Panachrantos auf dem Rücken der
Berge, welche das Thal von Mesoria und das von Aebonia trennen,
besuchten von da ein Palaiokastro venetianischer Zeit, wo wir
vielen Zeichen der Johanniterritter begegneten, und schifften uns
endlich nach sechstägigem Aufenthalte sehr befriedigt von Andros
ein. Der köstlichste Wind führte uns noch an dem schönen Tinos
vorbei, das viel Marmor und daher viel feinere Formen hat, als
Andros; noch desselben Vormittags legten wir in S. Nicolo an,
jetzt berühmt durch seine Panagia als Wallfahrtsort, einst durch sein
Poseidonheiligthum. Seine Kirche ist die schönste Neu-Griechen-
lands. Welch anderes Leben hier, als in Andros! Dort sind die
Leute herzlich, offen, einfach, nur mit ganz lokalen Interessen beschäftigt, etwas täppisch, in Tino wegen der langen Venetianer-
herrschaft — daher auch viele Lateiner — ist Alles mehr gewitzigt,
fränkisch gekleidet und gesinnt, mit allen Parteien der Residenz
bekannt. Das Volk ist betriebsam, der Boden ist dürrer, aber der
Wein besser; bedeutende Seidenarbeiten, besonders in Handschuhen.
Wir sahen uns tagsüber in Tinos um, machten angenehme Bekanntschaften mit den dortigen Konsuln, fuhren aber des Abends noch
nach Delos, an Mykonos vorbei, und lagen auch um Mitternacht
schon in dem Hafen zwischen Delos und Rheneia. Die heilige
gefeierte Delos! — es ist eingetroffen, was sie fürchtete, wenn der
Gott Apollo sie verlassen würde: sie ist die einsamste und die aller-
verachtetste geworden. Ja, noch Schrecklicheres: für pestangesteckte
Schiffe ist dort die Quarantäne eingerichtet. Unermeßlich reich ist
das kleine Eiland an Resten alter Kunst, bei jedem Schritte tritt
man auf ein Stück parischen oder tinischen Marmors. Aber die
Grundlagen der alten Tempel sind durch vieles Durchwühlen des
Bodens verschwunden. Die herrlichste aller Aussichten ist auf der
Spitze des Berges Kynthos, eine sehr geringe Erhebung, aber Granit.

Auch die Johannesinsel haben wir von Delos voll Rührung geschaut. Ein kyklopisches Thor, ein herrliches Theater, eine Nau-
machie, große Wasserbauten, Stoen — man sieht unendlich viel
auf den kleinsten Raum zusammengedrängt, denn die ganze Insel
läuft man in drei bis vier Stunden ab. Ich danke gerührt für
diesen schönen geistigen Genuß, auf Delos gewesen zu sein, und
mit dem lieben Brandis habe ich es herrlich, herrlich genossen,
wir harmoniren darin von Grund der Seele.

Donnerstag Abend verließen wir Delos und fuhren dem jetzigen
merkantilischen Mittelpunkte der Kykladen zu, wo wir am Freitag
Morgen anlangten. In Syra blieben wir, weil das griechische
Dampfschiff vom König in Beschlag genommen war, bis zur Abfahrt des französischen Dampfschiffes am Dienstag Abend, welches
uns in acht Stunden in den Piräus brachte. Unsere sonst schöne
Rückfahrt trübte das traurige Ereigniß, daß wir in der Nacht ein
armes Schiffchen in den Grund bohrten, wobei mehrere Menschen
ihr Leben verloren. Es war ein schauerliches Ereigniß. Uns aber
hat der Herr gnädig behütet und reich mit Freude gesegnet. Möchte
ich es recht erkennen!

An die Eltern.

Piräus, 13. September 1838.

Gewiß sind diese Reisen, um bedeutende wissenschaftliche Resultate zu bringen, zu flüchtig, dazu muß man ganz anders reisen.
Aber sie sind immer im höchsten Grade lehrreich, allgemein bildend
sowohl als auch für philologische Studien, und wenn ich an einzelnen Punkten oft einen heftigen Schmerz nicht unterdrücken
konnte, nicht nach Belieben verweilen und untersuchen zu dürfen,
so bin ich doch im ganzen von dem Glücke dieses Griechenland-
lebens fortwährend zu sehr ergriffen, als daß ich unzufrieden sein
könnte; auch sind die Vortheile, welche aus dem Leben in dieser
Familie hervorgehen, so groß, daß es gottlos wäre, statt dessen ein
einzelstehendes Dasein zu wünschen, das mit vielen Gefahren und
Entbehrungen verknüpft ist. Und wie lehrreich und erhebend ist
die stete Nähe der vortrefflichen Eltern und ihr freundschaftliches
Gespräch, wie förderlich der Unterricht der beiden zu allem Guten
eifrigen Knaben, deren Fortschritte in den alten Sprachen sehr
erfreulich sind. Der älteste liest geläufig schon Homer, Herodot,

Virgil, Livius, also kann ich die Lehrstunden durchgängig als
Lernstunden gebrauchen. Jetzt unterrichtete ich auch den dritten,
an Phantasie besonders reichen Knaben, Johannes, im Neugriechischen, worin er rasche Fortschritte macht. Außerdem hat die letzten
Sommermonate unser junger griechischer Freund ganz bei uns
zugebracht, den ich täglich im Lateinischen unterrichtet habe, wobei
Uebersetzung der Metamorphosen in das Neugriechische und Alt-
griechische — zum Theil metrisch — eine vortreffliche Uebung gewährte. Dabei noch jeden Morgen Seebad und Schwimmunter-
richt, welcher für die Aeltesten den erfreulichsten Erfolg gehabt hat,
und des Abends Lektüre mit Frau Brandis, — doch habe ich noch
Zeit gehabt zu Privatstudien, und ich hoffe einst, Euch von der
Fruchtbarkeit der Mußestunden im Piräus zu überzeugen. Ich bin
in meinem Leben nie so fleißig gewesen, wie in diesem griechischen
Sommer. Ich habe nicht geglaubt, daß man so viel thun könne,
ohne ganz ungesellig zu werden, aber es ist natürlich, wenn man
seine Studien wie Vergnügen auslaufen lernt. Nach meiner Erfahrung ist es sehr schlimm, daß man Student wird, ohne vorher,
wenn auch nur kurz, in einer abhängigen und beschränkten Lage
gewesen zu sein. Der Werth der Zeit kann gar nicht eingepredigt,
es muß erlebt werden. Wir werden bis zum ersten griechischen
Oktober im Piräus bleiben; ich muß in dieser Zeit noch einmal die
Topographie der Häfen genau durchnehmen, um darüber aufzu-
zeichnen, was möglich ist ohne Nachgrabungen. Bald wird das
alte Terrain von Chioten und Hydrioten überbaut sein. Dann
nach Athen, wo wir hart an der Akropolis wohnen werden. Die
letzten Monate müssen noch viel eintragen. Dann werde ich auch
mit Geibel recht zusammen sein können, den ich jetzt nur so selten
sehen kann.

Dienstag: Oldenbourg versorgt uns zu Zeiten mit neuen
Büchern des Vaterlandes. Vor nicht lange kamen Platens Gedichte,
d. h. seine gesammelten lyrischen Gedichte, mit vielen neuen ge-
biegenen Sachen. Seine Hymnen habe ich hier mit ungemeiner
Freude gelesen und wieder gelesen. Vor allem aber hat mich tief
ergriffen und füllt und trägt noch immer meine Gedanken das
Niebuhrsche Werk,*) das ja gewiß bei Euch viel gelesen und viel

---

*) Die „Lebensnachrichten" über Barthold Georg Niebuhr, welche 1838
bis 1839 erschienen.

besprochen wird. Ich habe kein Buch gelesen, das mich bald bis
zur Verzweiflung gemüthigt und dann wieder geistig so gestärkt
und erbaut hat, wie dies Werk, ein wahrer Schatz für die nach-
geborene deutsche Jugend. Die Hitze ist seit acht Tagen durch eingetretene Gewitter gebrochen. Das Wetter ist jetzt ganz idealisch
schön, und der neue Anblick eines wolkigen Himmels erfreut und
gewährt sehr schöne Farbenschauspiele. Die Klarheit ist ungemein
groß; vom Parthenongiebel sah ich gestern Akrokorinth und den
Kyllene dahinter ganz deutlich, und ehegestern, von Emanuel heim-
fahrend, konnte ich die Schluchten des Kithairon verfolgen. Oben
geschieht wenig; beim Dionysostheater hat man einige Sitze frei-
gemacht und Gräben gezogen, welche orientiren. Das Innere der
Propyläen ist gereinigt von türkischen Pulverkammergewölben, und
bei der Gelegenheit sind viele herrliche ionische Voluten in jämmer-
lichster Verstümmelung gefunden, die den sechs inneren Propyläen-
säulen angehören.

An die Eltern.

Athen, 25. Oktober 1838.

Vor acht Tagen sind wir aus dem Piräus wieder nach Athen
gezogen. Wir sind dem Piräus sehr dankbar. Seine reinere,
leichtere Luft hat uns vor manchen Beschwerden beschützt, das
herrliche Bad an jedem Morgen am Schlußthurme der Munichia,
das rege Hafenleben, die täglich mehr hervortretenden Spuren
der alten Befestigungen, Heiligthümer und Straßen, der herrliche
freie Horizont mit so denkwürdigen Bergen, Ebenen, Gewässern,
Inseln, endlich die ungestörtere Muße und ein lieber Freundeskreis — Alles dies hat uns den Piräus sehr lieb gemacht, und mit
großer Freude werden wir stets dieser ungetrübten, durch die
Kykladenepisode geschmückten, Sommermonate gedenken. In die
letzten Zeiten unseres Hafenlebens fiel die Anwesenheit des Geheimrath Link,*) der gerade zur Feier meines Geburtsfestes, wozu die
liebe Frau Brandis meine besten Freunde eingeladen hatte, zum
Nachtische, als wir mit köstlichem Santorinweine anstießen, herein-
trat. Links Gegenwart brachte viele interessante Gegenstände der

---

*) Der Naturforscher Heinrich Friedrich Link (1767—1851), damals
Professor in Berlin.

Archäologie, welche in das Naturfach einschlagen, worin Link in
großartiger Weise Meister ist, zur Sprache, aus der Flora Attikas,
über die Metamorphosen der luftausgesetzten Marmorflächen, welche
dem Laienauge so leicht in tausend Farben spielen, über alten
Bergbau, Schicksale der griechischen Vegetation u. a. m. Mein
ältester Schüler, dessen Element eigentlich Naturkunde werden wird,
ist sehr gefördert und erfreut worden durch Links Gesellschaft. Wir
badeten zuletzt am 6. Oktober, an dem ich noch mit meinen meer-
gewohnten Knaben eine archäologische Schwimmfahrt im Phaleron-
hafen machte, in dessen einsam erhabener Natur wir einen ganzen
Tag zubrachten, alle alten Befestigungen durchsuchend. Wir machten
auch im Piräus täglich Spaziergänge. Nach Entschwinden der Hitze
mit ihren mittelbaren und unmittelbaren Qualen haben wir bis
auf den heutigen Tag, an dem bis jetzt zur Mittagsstunde die
Sonne noch nicht geschienen hat, sondern Regen fällt, ein herrliches,
Seele und Leib erquickendes und hebendes Wetter gehabt. Als
die Bäder aufhörten, sehnten wir uns hinein, zumal, da auch viele
gute Freunde jetzt aus den Sommerretraiten wieder nach Athen
gekehrt waren, besonders Travers aus Aegina. Wir wohnen jetzt
wieder draußen in der Reihe neuer Häuser zu Füßen des Lykabettos
mit dem köstlichen Gegenüber der Akropolis, in einem Hause mit
den beiden gelehrtesten Neugriechen Pharmakydes, dem tapferen
Gegner des Oikonomos, und Manussis. Der Professor ist seit dem
8. Oktober mit dem Könige verreist.

Unser Leben ist jetzt in Athen sehr angenehm, es war mir, als
kehrte ich aus einer Verbannung zurück. Ich war seit April kein
athenischer Einwohner gewesen. Ich fange jetzt meinen Unterricht
um 7 Uhr an, um 8 Uhr wird gefrühstückt; um 12 Uhr bin ich mit
allen Lehrstunden fertig, in denen ich immer viel Freude und eigene
Belehrung finde; dann gehört der ganze Tag mir. Um eins frühstücken wir, darnach ist die schönste Zeit für Tempel, Inschriften und
andere Marmorstudien. Wenn es dämmert, setzen wir uns zu
Tische; und die Abendstunden werden getheilt zwischen dem Arbeits-
tische und einer Geselligkeit, welche nie langweilig ist, da bei uns
gottlob keine Soiréés stattfinden. Gewöhnlich bin ich mit Emanuel
zusammen, und wir sind uns hier einander sehr viel. Seine
Produktionen haben außerordentlich gewonnen; ich habe große
Freude an seinem reichen Talente.

An die Eltern.

Athen, ben 11. November 1838.

Meine geliebteften Eltern! Jch erhielt Eure Briefe alle auf
einmal, unb der Schmerz der furchtbaren Ueberrafchung*) warb
durch Nichts gemildert, weder durch vorbereitende Sorgen, wie fie
wohl durch die Anbeutungen in Euren Briefen hätten erwedt
werden können, noch durch eine Vorbereitung von Seiten meiner
theuern Hausgenoffen. Als der Profeffor in mein Zimmer trat,
hatte ich fchon mit freudiger Haft die als zweite beftimmte Brief-
fenbung erbrochen unb hatte gleich, fchnell ben Inhalt durchlaufenb,
die ganze nieberbeugende Gewalt der Trauerbotfchaft erfahren.
Wohl mußte ich den Verluft am fchwerften empfinden. Mir ift
Nichts zu gut gekommen von der Friede verbreitenben Nähe des
feligen Bruders, ich habe nicht mit Euch Sorge unb Furcht theilen
bürfen, keinen Troft in der Gemeinfchaft um ben Entfchlafenen,
keine Erhebung aus ben Zügen bes Entfchlafenen. Jhr faht fchon
feit dem Frühjahre ben Bruder langfam fortwandeln bem Himmel
zu, ich bachte nichts bergleichen. Keine bunkle Ahnung gewann in
mir Raum, ich bachte nur an bes Bruders erfüllte Wünfche, an die
glücklichen Eltern unb unferen gefegneten Hausftanb unb malte
mir die Freude bes Wiederfehens bis in bas Kleinfte aus. O Gott,
es ift fchrecklich, bann auf einmal zu hören, dein Bruder ift feit
Monaten geftorben unb begraben. O Geliebte, bas ift ein ungeheurer Schmerz, aus bem ich mich kaum ermannen konnte, weil er
wie ein Gewappneter mich in aller Schwäche überfallen hatte. Man
eilt in die Trauertage zurück, man benkt, man müßte eine Ahnung
gehabt haben, aber der ftumpfe Geift hatte keine Fühlfäben für
die Ferne, unb am Begräbnißtage feierten wir ben Geburtstag
unferer Frau Brandis. Doch ich fanb Mittel, meinen Schmerz zu
bänbigen. Jch konnte mich ausweinen in ben Armen der vortrefflichen Brandis, die wie Eltern theilten unb fühlten. Nachher
ging ich ins Freie, unb unter bem blauen Himmel wurbe mir weiter
unb wohler. Taufenb Dank für Eure ausführlichen Nachrichten!
Diefe Ausführlichkeit hat für ben Fernen wunderbare Troftkraft,
fie entfchäbigt einigermaßen für ben Verluft perfönlicher Gegen-

---

*) Durch ben Tod bes älteften Bruders Paul Werner.

wart. Darum bitte, sendet mir noch manches Einzelne von meines
theueren Bruders letztem Wirken, und vor allem bald die Predigten
des Verstorbenen. Rührend ist die treue Amtsthätigkeit bis vor
die Pforten des Todes, rührend die ganze Geschichte seines nahenden
und eintretenden Endes — und nach Ueberwindung des ersten
Schreckenschmerzes mußte ja die Veranschaulichung seines seligen
Abscheidens meinen Schmerz auf die Weise lindern, wie er bei Euch
Allen gemildert und verklärt erscheint. Sollte einmal der Tod
eintreten in unser irdisches Familienleben, es konnte nicht milder,
erbaulicher geschehen. Einschlafen im Heiligthume galt zu allen
Zeiten für eine Gnade der Götter; so dürfen und sollen auch wir
des Bruders Entschlafen als eine ihm erwiesene Gnade betrachten,
und sollen wir ihn lebend nicht mehr unter uns halten, so sei uns
sein Andenken desto heiliger, sein Tod ein Sakrament, in dem wir
uns neu verbinden, bei dem wir uns Alle einander das Bekenntniß
wiederholen, daß wir denselben Grund der Hoffnung haben, auf
den er gebaut hat, und daß wir in dem Herrn Christo, in welchem
er gestorben ist, auch selig zu enden hoffen! Uns, seinen Brüdern,
sei vor allem sein Beispiel theuer und heilig! Ich bekenne mit
Freuden, daß der Keim des ernstesten Strebens, wie es in den
besten Stunden mich beseelte, von ihm in mich gelegt wurde, da er,
von der Universität heimkehrend, mich gerade im Anfange der ersten
Entwickelung antraf und durch Wort und Beispiel mich den Geist
jener echten Wissenschaftlichkeit kennen lehrte, den er in sich trug.
Wie sehr strebte sein Geist nach Allseitigkeit, wie ging er ein auf
die verschiedensten Richtungen der Wissenschaft, und wie blieb er
dabei treu dem Mittelpunkte seines Lebens. Er wollte Alles blühen
und angebaut sehen zur Ehre Christi, und wie oft stärkte er mich
in der Absicht, daß es recht an der Zeit sei, daß auf allen Lehr-
stühlen die Ehre Gottes verherrlicht werde. Möchte es mir vergönnt sein, in seinem Geiste fortzustreben und als Lehrer auch
Seelsorger zu sein, der wirklich die Seele mit Lebensbrod versorgt.
O, käme über uns, seine Brüder, eine Kraft der Weihe zu einem
erhöhten Streben voll Früchte der Liebe und des Glaubens!

Am Montage. Seit ehegestern, da ich die Trauerbotschaft erhielt, ist meine Seele schon viel ruhiger geworden. Die Natur ist,
wenn auch nicht Quelle des Trostes, doch mächtig, das Herz zu
erleichtern — und nirgends mehr, als hier, wo wenige Schritte
auf einsame und hochgelegene Orte führen, wo man ist.

hebenden Einsamkeit sich fühlt und der Blick über Meer und Land
dem getrübten Auge wohlthut. Ich kehrte gestärkt zurück, und es
war mir angenehm, die des Morgens versäumten Lehrstunden des
Nachmittags nachzuholen. Nachmittags vor Tische ging ich noch
mit den Knaben zum Kolonos, dem griechischen Verklärungshügel
des Todes. Abends kam Emanuel wieder, und ein Brief von Freund
Kruse aus Kurland erfreute mich. Gestern zur Morgenandacht -
wozu wir aus dem Bunsenschen Gesangbuche auswählen — hatten
wir wunderbarer Weise den Tag vorher das alte Lied: „Jerusalem,
du hochgebaute Stadt" bestimmt. Wir sangen es mit tiefer Rührung
und beteten dann mit einander, und dann umarmten sie mich,
Eltern und Kinder, und trösteten mich. Nachher gingen wir zur
Kirche, welcher die Königin zuerst wieder beiwohnte. Ihr wißt,
wie theuer mir die Freundschaft des Pfarrers Mayer ist, ich hatte
ihm oft von unserem Paul erzählt. Ich brachte die Abendstunden
bei ihm zu und theilte ihm Alles mit. Nach der Kirche machte ich
mit dem mir sehr werthen Professor Köppen einen Spaziergang.
Des Mittags waren wir schon längst zu Travers geladen. Ich ging
gerne zu diesen trefflichen Menschen, die mir besonders befreundet
sind, und sie nahmen es als ein Zeichen wirklicher Freundschaft
an, daß ich an dem Tage kam. Ich gebe Euch, Geliebte, eine
Chronik dieser Tage, weil ich sie so ganz bei Euch, mit Euch verlebte, und weil auch Ihr gewiß aus jenen Tagen von mir wissen
wollt, da ich die Trauerbotschaft erhalten habe.

Montag Abend. Eben geht Emanuel von mir, mit dem ich
hier viel zusammen lebe und arbeite. Ich bin in ihrem Hause mit
zuvorkommender Freundlichkeit aufgenommen worden. Und jetzt,
meine Geliebten, schließe ich diesen Brief mit einer Schilderung, von
der Euch diese Zeilen den Eingang zeigen können. Möchte mein
Herz sich nie sträuben gegen das schwere Gefühl im Entbehren
an den zur Seligkeit hinübergegangenen Seelen. Wer sollte nicht
in ein gleiches Ende beten.

Leben, 11. December 1832.

Den 17. November trat ich eine lange beschriebene Reise nach
dem Parnasse an, die ich jetzt, obgleich ich immer noch schreiben
und zwar die schlechte Witterung, wie im

nach dem heiligen Demetrios zu dauern pflegt, welche der Grieche
den Kleinsommer nennt.

Das ist die fröhlichste Zeit, die Scheuern gefüllt, der junge
Wein fängt an sich zu klären, die Oliven werden eingemacht und
die junge Saat kommt schon wieder aus dem Boden. Es ist die
Zeit der Hochzeiten, und in Stadt und Dorf ziehen jeden Sonntag
viele Brautzüge nach dem Takte schnarrender Lauten und Violinen
umher. In der Zeit hat sich die Luft nach den ersten stürmischen,
naßkalten Herbsttagen wieder geklärt, die Sonne triumphirt, und
da hier wenig Laub abfällt, dagegen die Erde, durch die Regenzeit,
erfrischt, grüner als je erscheint — möchte man viel eher durch
einen Zauber in einen neuen Frühling versetzt zu sein glauben, als
am Schlusse des Novembers zu stehen. Zum Reisen gibt's keine
bessere Zeit. Wir versäumten freilich ihren Anfang und durften
uns daher nicht beklagen, wenn zuweilen ein Regentag uns in
räucherigen Chanen einsperrte und in unergründlichem Schmutz die
Beine unserer Pferde vergrub. Die Zeit meiner Abreise war bestimmt durch die Rückkehr eines jungen Architekten Laurent aus
Dresden, welcher seit einigen Monaten in Kastri beschäftigt war,
um den dortigen Landbesitz auszumessen. Es ist nämlich der Plan,
das Dorf zu kaufen und das alte Delphi aufzugraben. Dessen
Rückkehr dahin bestimmte meine Abreise. Uns schloß sich ein
Schweizer Landschaftsmaler an, der von der Donau her über den
Balkan gekommen ist, aus gänzlich unbekannten Gegenden Make-
boniens und Thessaliens hübsche Schilderungen und Bilder mitgebracht hat, und mir als ein tüchtiger Mensch sehr lieb geworden
ist. So war unsere Gesellschaft gut zusammengesetzt, und am
Sonnabend Abend verließen wir mit unseren Reit- und Packpferden
Athen, wo einst aus dem Dipylon die Alten auf dem heiligen Wege
nach Eleusis wallfahrteten. Der Weg wird jetzt wieder recht hübsch
durch die grünen Gärten, die zu beiden Seiten sich erheben. Die
Sonne ging unter, als wir den Oelwald verließen und zum Korydalos anzusteigen anfingen. In sternheller Nacht wandelten wir
vom Kloster, welches in der Schlucht liegt, zum Meere hinab und
längs der schön ausgerundeten Bucht nach Eleusis. Die Gegend
hat wirklich einen religiösen Charakter, und unter feierlichem Nacht-
himmel ergriff mich dies besonders; die Marmortrümmer schimmern
durch die Nacht, dagegen verschwinden die jämmerlichen Wohnungen
des heutigen Lebsina, und der Eindruck wird reiner und erhabener.

Sonst sind die Nächte bei griechischen Herbst- und Winterreisen
sehr lästig durch ihre Länge, da es gänzlich an Mitteln fehlt, sich
eine gemüthliche Existenz zu verschaffen, da es weder Tisch, Stuhl
noch Beleuchtung gibt. Man lagert sich mit der Familie ums
Feuer und trifft im besten Falle einige Leute, die einem Schlacht-
scenen erzählen oder Lieder vorsingen und dergleichen. Oft ist's
auch sehr langweilig. Am Sonntag Morgen vor 6 Uhr ging ich
noch in eine griechische Kirche, wo beim Kerzenschein die schön ge-
kleideten Albaneserinnen, besonders wenn sie beim Kreuze sich
tief zur Erde neigten, gar schön sich ausnahmen, während die
trefflichen Worte der griechischen Liturgie auf die unwürdigste
Weise in einem dem Lesenden wie dem Hörenden unverstandenen
Tone hergesprochen werden. Dann zogen wir durch die Thriasische
Ebene auf der neuen Chaussee, welcher zum Theil noch trefflich
gefügte Quadern des alten Weges zu Grunde liegen, dem Kithairon
zu. Der Anbau der fruchtbaren Ebene nimmt zu, doch viel Land
liegt noch wüst. Das Land wird dann hügelig, auf den Höhen
liegen albanesische Dörfer. Junger Anwuchs der schönen Meer-
pinie, des eigenthümlich griechischen Baumes, der nicht den prächtigen Wuchs der italienischen Pinie hat, aber ein ganz besonders
schönes Grün und lieblichen Duft, schmückt die sonst so öde Gegend,
in welcher häufig die Spuren altattischer Ortschaften sich zeigen,
gewöhnlich durch einige aus alten Ruinen erbaute, dann wieder
verfallene und in letzter Zeit wieder ganz kümmerlich aufgebaute
byzantinische Kirchen und eine Masse von Scherben und Bausteinen
bezeichnet. Nichts Bedeutendes ist hier übrig, als nur die Ecke
eines viereckigen Thurmes, die sich sonderbarer Weise in voller
Höhe erhalten hat. Die Situation ist sehr auffallend, in einer
Niederung, welche durch den jetzt stagnirenden Eleusischen Kephisos
sumpfig gemacht wird. Dergleichen viereckige Thürme kommen
zuweilen vor ganz ohne eine ausgezeichnete, beherrschende Lage.
Nach ungefähr fünf Stunden Weges kommt man an die eigentliche
Wand, welche der Kithairon hier längs der Grenze zieht, eine
kahle, öde, unförmliche Grenzwand; wie überhaupt dies Gebirge
sehr unlieblich und unwirthlich ist, auch vor Zeiten der Sitz keines
heiteren Gottesdienstes, sondern des finsteren Demeterbienstes und
bacchantischer Raserei und die Wiege der Oedipodeischen Greuel
war. Noch jetzt begegnen sich hier die Heerden von den Ortschaften
des Peloponneses und die böotischen. Attika erscheint hier so ge-

schloſſen, daß man gar nicht weiß, wie man durchkommen ſoll.
Endlich entdeckt man eine Schlucht, aber zugleich auf dem Hügel
vor derſelben die Mauern und Thürme einer alten Feſtung; es
iſt Eleutherai, die alte Grenzfeſte gegen Böotien, dem es urſprüng-
lich angehörte. Nur durch einen ſchmalen Iſthmos mit dem Ge-
birgsſtocke verbunden, liegt der Hügel frei da, rings abſchüſſig.
Der alte Weg führt von der attiſchen Seite hinauf, die Rechte der
Aufſteigenden iſt den Geſchoſſen der Vertheidiger freigeſtellt. Vom
doppelten Thore liegt noch die ausgeſchweifte Corniche auf den
Pfoſten. Gegen Böotien iſt eine ſchöne Reihe von Mauern und
Thürmen erhalten. Ins Erdgeſchoß der Thürme geht eine Thüre
vom Innern der Feſtung. Zum oberen Stockwerke führt eine
an die Mauer angelehnte Treppe; die Entfernung der Thürme iſt
weniger als Pfeilſchußweite. Im Innern ſteht noch auf dem
höchſten Punkte des Hügels ein größerer Thurm mit intereſſanter
Verbindung ſchiefwinkliger und rechtwinkliger Bauart, der ſtärkſte
Beweis gegen alle die, welche in den ſchiefen Winkeln gleich die
Schrift uralter Zeiten ſehen und beſtimmte Zeitepochen aufſtellen
wollen. Am Abend war im Chan das luſtigſte Leben. Die Arbeiter
an der Gensbarmeriekaſerne, welche dort gebaut wird, meiſtens
Inſulaner, drängten ſich zuſammen, tranken und ſangen. Als wir
uns unter ſie miſchten, ihnen ihre Lieder nachſangen, wurden ſie
in einem Maße begeiſtert, daß ihr Tanz und Feuer ein Bild der
wildeſten Orgien wurde. Ein Vortänzer ſuchte den anderen zu
überbieten und ließ ſich nicht eher verbrängen, bis er ganz matt
hinſank.

Am nächſten Tage hatten wir auf der Höhe der Bergwand den
erſten, überraſchenden Blick über die böotiſche Ebene, zu unſeren
Füßen das hügelige Aſoposthal. Weiter kündigt ſich in einem
großen Nebelmeere das Bett des Kopaiſchen Sees an, der von
den mannigfaltigſten Berggruppen rings umgeben wird. Außerdem ragen noch die Berge von Euböa über dem böotiſchen Küſten-
lande hervor, und das Ganze bildet ein herrliches Bergpanorama.
Der Weg führt gerade auf die Mauern von Plataiai zu, die man,
obgleich ſie ganz verfallen ſind, ſchon aus der Ferne erkennt. Große
Grabhügel, welche am Wege aufgeſchüttet ſind, erinnern an die
Bedeutung des Ortes, dem man ſich nähert. In einem Chane, der
nahe an der Südoſtmauer und aus den Ruinen derſelben gebaut
iſt, findet man Unterkommen. Die Mittagsſtunden verwendeten wir

auf die Untersuchung des Lokales der schicksalsvollen Stadt. Mit
einem Architekten zu reisen ist in Griechenland sehr ersprießlich,
da man durch Hülfe seiner Kenntnisse und Instrumente leicht zu
einer planmäßigen Auffassung des Lokales gelangt. Plataiais
ganzer Mauerkreis liegt deutlich vor Augen. Er bildet ungefähr
ein gleichschenkliges Dreieck, dessen Basis, dem Thale zugekehrt,
auf einem felsigen Rande steht, während die Schenkel in spitzem
Winkel der schroffen Kithaironwand zulaufen. Der untere Theil
ersetzt die Akropolis, noch durch eine besondere Mauer abgesondert.
Von der nördlichen Mauer weiter der Ebene zu erkennt man eine
alte Gräberstraße. Westlich quillt die alte Quelle noch und versammelt hier die Einwohner des oberhalb gelegenen Dorfes. Nicht
weit davon stehen ungeheure Sarkophage, aus Kalkstein, plump
und schmucklos, ich weiß nicht, durch wen aus der Erde gehoben,
und geben dem ganzen Orte einen Todtencharakter. Der Umfang
ist sehr groß, die Erde dicht mit Scherben bedeckt, sodaß man kaum
begreift, wie sich das mühsame Pflügen hier verlohnt. Aber das
findet man in ganz Griechenland. Gerade die Lokale alter Städte
werden aufs emsigste verarbeitet, trotz aller Hindernisse. Der fetteste
Boden, ganz gemacht für den Ackerbau, liegt brach. Plataiai macht
den trübsten Eindruck der Veröbung, man sieht den ganzen Umfang,
den Plan der Anlage, die Züge der Straßen — aber Nichts erhebt
sich irgend bedeutend über der Erde. Alles vernichtet und zer-
bröckelt, und kein Baum, kein Strauch mildert diesen Todten-
eindruck. Wir hatten uns ziemlich müde gelaufen, als die Sonne
sich zu neigen begann, und mußten noch nach Thespiai gelangen.
Wir durchritten das alte Schlachtfeld und das Asoposthal und
kamen in das Hügelland, das vom Helikon sich nach Böotien erstreckt. Leuktra ist der halbe Weg. Ein planirter und terrassirter
Hügel, an dem zwei Kirchen stehen, bezeichnet die Stadt; man hat
in diesem Hügel gegraben, ohne Etwas zu finden. Abends kamen
wir nach Thespiai, wo wieder ein Chan inmitten der alten Stadt
liegt, die wir am folgenden Morgen untersuchten. Des schönen
Bodens wegen ist hier Alles viel mehr durchwühlt und unkenntlich
gemacht. Die Lage, dem nahen Helikon gegenüber, der von allen
Bergen Griechenlands der anmuthigste ist, ist außerordentlich schön
und der edlen Thespier werth. Viele Reste der schönsten Architektur
sind theils in kleinen Kapellen aufbewahrt, theils liegen sie auf
den Aeckern umher, oder dienen an sumpfigen Stellen, um trockenen

Fußes durchzukommen. Von hier den Helikon zu bereisen, wäre
eine sehr anziehende Aufgabe. Gerade über Thespiai liegen mehrere
Dörfer, und dort sind bei einer Kirche, die von immergrünen Eichen
umgeben ist, an die Bäume angelehnt, einige ganz vortreffliche
Basreliefs zu sehen, Grabsteine, eine Frau im Hautrelief mit flach
angedeuteten Flügeln, ein Jüngling, betrübt zu einem Hunde her-
absehend, welcher schmeichelnd den Kopf seiner rechten Hand ent-
gegenstreckt, ein Reiter mit eingelegter Lanze — das sind die
schönsten Stücke dieses reizendsten aller Museen. Von dort geht es
nun durch ein schönes Hügelland, das zum Helikon gehört, dem
Kopais zu. Unterwegs begegnete uns ein langer Nomadenzug von
Walachen, die zum Winter mit ihren Roß-, Ziegen- und Schaf-
heerden nach Attika herabzogen, ein Volk im rohen Naturleben,
mit eigener Sprache, die viel dem Lateinischen gleicht, ohne Religion.
Die Männer reiten, die Kinder auf das Pferd gebunden, die Frauen
wandern und tragen Wasserfäßchen auf dem Nacken. In das
Kopaisthal kamen wir bei dem alten Haliartos, der Stadt des
Poseidon, die einst auf einer Halbinsel in den See hineinreichte.
Nach der Seeseite fallen die Felsen schroff ab. Viele uralte Mauerreste bezeichnen den Umfang der alten Stadt. Unter den Trümmern
ihrer Tempel fanden wir keinen Marmor, auch hier Grabmonumente
rings um die Stadt. Von da wanderten wir am Ufer des Sees,
der jetzt größtentheils ein mit hohem Schilfe bewachsenes Moor
ist, nach Lebadeia, immer am Fuße des Helikon, der hier sein Vorgebirge zum See schickt. Die Sage von der Giftlosigkeit der helikoni-
schen Schlangen hat sich noch in wunderbarer Form erhalten, es
sei nämlich durch das Blut einer Jüdin, welche an einem schlangen-
reichen Orte ermordet worden, fortan das Gezücht unschädlich gemacht. Abends spät erreichten wir Lebadeia, eine sehr eigenthümliche Stadt in einer höchst romantischen Lage unter schroffen Felsen,
aus denen die Herkyna, ein wilder Bergstrom, gleich mit großer
Wasserfülle hervorbricht und die Stadt durchrauscht, welche deshalb
zu Manufaktur und Fabriken mehr Aufforderung hat und sich
dadurch auszeichnet. Die engen Straßen, der Bazar, die Minarets
geben der Stadt ein türkisches Ansehen. Das venetianische Kastell,
der Bergstrom und seine Mühlen wecken vaterländische Erinnerungen. Nicht weniger interessant ist Lebadeia in Bezug auf das
Alterthum, die Herkyna, noch immer mit schönen Platanen geziert,
trennte einst den Hain des Trophonios und die Stadt. Die Herkyna

selbst kommt nicht mehr aus der alten Stelle, wo einst die Kore den Stein hob, aber sie floß vor nicht undenklicher Zeit noch von dort, bis die Milordi, so sagen die Leute, das Wasser von dort vertrieben hätten. Dort ist die Grotte des Trophonios und die Kammer für die zum Todtenorakel sich Vorbereitenden und Fastenden, mit Bänken nebst vielen Nischen und Inschriften, Alles im natürlichen Felsen. Die ganze Gegend voll schroffer Felsblöcke und Felsspalten, trägt den Charakter des schauerlichen Gottesdienstes, der hier einheimisch war. Weit über der Herkyna steigt eine Felsschlucht in die Höhe mit einer Grotte, welche auch Spuren alter Bearbeitung trägt und jetzt wieder ein Kapellchen hat, zu welcher die Leute durch eine Kette sich hinaufziehen. Man kann dem Pausanias in Lebadeia sehr gut folgen. Auch den Platz des Orakels kann man angeben, aber dieser ist leider dicht mit Häusern bedeckt, unter denen wahrscheinlich unversehrt das von Pausanias wunderlich beschriebene, thesauronähnliche Gebäude erhalten ist. Folgt man dem alten Wegweiser, so kommt man auf die Höhe, wo weitherrschend, dem Parnaß gegenüber, der größte griechische Tempel des Zeus-König in schönster Situation lag, und daneben der Tempel der Kore. Beide ließen sich bei geringen Grabungen vollständig ausmessen. Ich kenne keine imposantere Lage. Ueberhaupt hat mich diese Gegend mit ihren Alterthümern ganz vorzüglich angezogen, und über den Trophonios könnte man wohl noch Manches von Interesse ans Licht stellen. Jedenfalls geht die alte Inschrift über der Höhle auf den Hades, als Eubulos. Man nahm hier eine Oeffnung der Unterwelt an, und das ganze Orakel ist — wie die durchgängige Parallele der vorkommenden Ceremonien und Namen zeigt — ein Todtenorakel. Wir brachten den ganzen Tag daselbst zu und ritten gegen Abend, um doch etwas vorzurücken, nach Chaironeia, das auf einem Felsen über einer ganz ebenen Fläche liegt, die einst auch ein Seethal war. Der kolossale Löwe, das Denkmal der Thebaner, welcher lange verschüttet war, dann ausgegraben und nachher von wilden Griechen, die Geld darin suchten, zerschlagen wurde, ist ein schönes Kunstwerk — dessen Restauration neuerdings angeregt worden ist; es fehlt kein Glied. An dem zweizackigen Felsen, welcher die alte Stadt trug, sieht man die Mauern noch deutlich. An seinem Fuße ein schönes, aber kleines Felsentheater. In der Ebene einiges römische Bauwerk. Von da geht es nun direkt dem Parnasse zu, den man schon lange als eine

ungeheure Bergmasse, fast in Form eines Halbkreises, denn es
traten hier keine Gipfel hervor, im Auge gehabt hat. Man kommt
durch Panopeus, wo Prometheus Menschen bildete, und dann
nach Daulis, welches wunderschön auf der ersten Terrasse, auf
einem Vorhügel des Parnasses liegt, unmittelbar unter steilen Bergwänden. Die alte unbezwingliche Burg von Daulis kostete auch mich
bei der brennenden Decembersonne viele Schweißtropfen, wofür
mich die alten, herrlichen Mauern entschädigten, welche in sehr
verschiedenen Manieren gebaut sind. Diese Ungleichheit der Bauart
ist mir auf dieser Reise sehr merkwürdig entgegengetreten. Man
muß daraus doch auf viele kleine Kriege schließen, welche zerstört
und theilweise zu neuem Aufbau gezwungen haben. In Daulis
blieben wir die Nacht; hier änderte sich das Wetter, wie uns der
Schweizer schon am Morgen in Chaironeia aus den besonders gezeichneten Rosenfingern der Morgenröthe geweißsagt hatte. Am
Freitage war es kühl und regnicht, und bei trübem Himmel machte
uns der Dreiweg, wo die Straßen nach Theben, von Delphi und
von Korinth noch jetzt zusammentreffen, einen besonders wilden
Eindruck. Man muß sich unwillkürlich die Mordthat des Oedipus
hier lebendig ausmalen. Die Gegend ist jetzt etwas wirthlicher
geworden durch einen großen Chan, welcher nach Delphi zu über
der Schiste gebaut ist. Man ist schon in der Schlucht, welche später
als Plaistosthal ganz durchgeht und den Parnaß vom Kirphis
sondert, obgleich es sonderbar ist, zwei so zusammengehörige Berg-
massen als zwei verschiedene zu bezeichnen. Zwei Stunden weiter
kommt man zu der Perle der griechischen Dörfer, dem wein-, weiber-
und luftberühmten Arachowa, wo alle Produkte der Parnaßgegend
am schönsten gedeihen. Der beste neugriechische Stamm, der edelste
an Sprache, Sitte und Gestalt, wohnt am Parnaß, und die Quintessenz davon im schönen, hochgelegenen Arachowa, dem alten
Anemoria. Heftiger Regen trieb uns in die gastfreien Häuser,
dann wanderten wir auf schönem, hohem Wege zwischen Weingärten
Delphi zu, wo wir, wie weiland Brennus und seine Gallier, unter
Donner und Blitz am Freitage gegen Abend anlangten.

Im Hause des Demarchen war bald Donner und Blitz vergessen. Wir kamen in eine allerliebste Familie, deren vorzüglichster
Schmuck die älteste Tochter Maria war, ein Mädchen von so großer
Anmuth, Naivität und Gesundheit, daß ich mich fast ihretwegen
um das Dorfschreiberamt in Delphi beworben hätte, denn mit

diesem Amt pflegt auf dem Lande die Hand der Demarchentochter verbunden zu sein. Ich lebte vier Tage in Delphi, unvergeßliche Tage, die auch der Himmel wieder, obwohl nur unterbrochen, besonnte. Man kann alle Welt vergessen in diesem gemüthlichen Felswinkel. Die Häuser von Kastri liegen gerade auf dem alten Tempel des pythischen Apollon, dessen mittägliche Stufe von schimmerndem pentelischen Marmor zwischen den Hütten durchscheint. Ebenso entdeckt man zwischen zwei ärmlichen Hütten einen Theil der prächtigen Theaterrundung und überall Spuren von Tempelsteinen und beschriebenen Marmorblöcken. Ehe man von Arachowa her in den eigentlichen delphischen Winkel kommt, hat man zur Rechten die Gräber, erst am weitesten draußen römische Marmorsarkophage, darunter einen prachtvollen mit Löwenjagd im Basrelief und auf dem Deckel in Hautrelief, wunderschön gearbeitet, eine Matrone halbaufgerichtet, mit der Linken auf einem schön verzierten Kissen lehnend, lebensmüde. Später die griechischen Gräber, sämmtlich in lebendigem Felsen und zwar hier durchgehend gewölbt. Dazu sind meistens herabgefallene Massen benutzt, welche oft an den verschiedenen Seiten drei bis vier solcher Grabhöhlen haben. Ein alter Delphier hat bei seinem Grabe in dem Felsen eine festgeschlossene und vernagelte Doppelpforte. Diese hat später ein Blitz gespalten, welcher nach der Sage einen davorstehenden heidnischen Priester erschlug, der die Mutter Gottes lästerte. Dann bei der Kastalia angelangt, ist man im eigentlichen Delphi. Ein wunderschöner Platz der kastalische Quell, unmittelbar darüber die himmelhohen Felsen, und abwärts die sanften Abhänge, welche, durch das heilige Quellwasser benetzt, von den schönsten Oelbäumen dicht bedeckt sind, dazwischen ein stilles Kloster unter den Mauern des alten Gymnasions. Von dort geht man hinauf und gelangt in wenigen Minuten zu einer zweiten Quelle, es ist die Kassotis, aus der die Priesterin Begeisterung trank. Sie hat noch heutzutage ihren alten Lauf mitten durch das Tempellokal, ihr Wasser sickert unter der Tempelstufe durch. Auch bewässert sie noch heute einen Lorbeerbaum, einen ehrwürdigen Nachkömmling des alten Propheten-Haines. Geht man weiter nach dem westlichen Ende der theater-ähnlichen Rundung des delphischen Lokals, so kommt man wieder in eine Gräberstraße und auf einen Vorsprung, von wo man einen herrlichen Blick nach dem Meere hat, nach dem alten Hafen der Delphier, wo einst von allen Gegenden die Schiffe landeten mit

ben siegerstrebenden Rossen und Maulthieren. Dort oben war
der Versammlungsort der Amphiktyonen. Du kannst Dir meine
Freude nicht vorstellen, mit welcher ich die Spuren der Alterthümer
hier aufsuchte, da ich über alles Erwarten zu sicheren Resultaten
gelangte und zu einer klaren Anschauung des alten heiligen Ortes.
Und wenn ich so den Tag hindurch mit meinem Architekten gesucht
und gemessen hatte, dann erfreute mich des Abends die fröhliche
Geselligkeit jener einfachen Landleute. Es war gerade Heiraths-
zeit, und zum Sonntage wurden drei Hochzeiten vorbereitet. Dazu
gehört immer ein Cyklus von Festlichkeiten, der vierzehn Tage in
Anspruch nimmt. Wir gingen mit unserem Demarchen zu den
Brautgesellschaften. Die Musik besteht aus einer dumpfen Trommel
und einer gellenden Hirtenpfeife. Die Männer sitzen um kleine
Bänke umher, die mit Speisen und Wein gefüllt sind. Der Haupt-
witz ist das Gesundheittrinken; zuerst das königliche, dann das
Brautpaar, dann die Fremden u. s. w. Jeder Trinkende hält gewöhnlich eine kleine Anrede an seine Zechgenossen und dann trinkt
er während lauter Musik langsam sein Glas aus, je langsamer,
desto besser. Die Frauen singen im Nebenzimmer um die Braut
herumstehend. Viel schöner aber noch sind die Festzüge bei Tage,
voran immer die Tumba und die Pfeife, dann zwei Burschen, die
jedem Begegnenden aus ihrer hölzernen Flasche Wein zu trinken
geben, dann ein Kreis von jungen Leuten, welche die Braut begleiten und bei jedem freieren Platze einen Ringeltanz um sie
halten. Besonders feierlich ist der Zug am Morgen des Hochzeits-
tages. Dann geht er zur Kassotis hinauf; die Braut, von zwei
Matronen geführt, scheint kaum vorwärts kommen zu können; aus
den Häusern, vor denen sie vorbeigeht, wird sie mit Reis beworfen,
und sie selbst bleibt vor Jedem, dem sie begegnet, stehen, verneigt
sich tief, küßt seine Hand, verneigt sich noch einmal, dreht dann
langsam und geht weiter. So wurde mir dreimal an jenem Vormittage von anmuthigen Bräuten die Hand geküßt. In der Quelle
wäscht sie ihr Gesicht, und dann gießt sie Jedem, der hinzutreten will,
Wasser über die Hände, und der Gewaschene spritzt ihr damit in das
Gesicht; zuletzt wirft sie Kupfermünzen in den Brunnen, und die
Jungen stürzen kopfüber hinein, um das Geld zu holen. Ich konnte
nur einige Scenen der parnassischen Hochzeitsfeier erleben.

Am Sonntage machte ich eine schöne Tour nach dem Meere
zu, wo ein wunderliebliches Gartendorf Chryso liegt, der schönste

Sommeraufenthalt, den man wünschen kann. In Griechenland
wünsche ich immer reich zu sein, um Landhäuser zu bauen, ich
wüßte so viele schöne Stellen. Von da ritt ich nach Salona, durch
einen herrlichen Oelwald, dessen Oliven die schönsten im Lande
sind. Am Montag kehrte ich nach Kastri zurück; am Abend war
Fastnacht vor den großen Weihnachtsfasten. Unser Demarch gab
ein Mahl, wo wir bis spät in die Nacht zusammen griechische Lieder
sangen. Am anderen Morgen nahm ich wehmüthig Abschied von
den guten Delphiern. Der Demarch ließ es sich nicht nehmen,
uns auf die Korykische Grotte zu begleiten. Wir stiegen gerade über
Delphi an den Felsen in die Höhe, auf einer alten Felstreppe mit
Ruhebänken, einem ungeheuren, mit Unrecht so unberühmten, Werke
der Alten. Die Korykische Grotte — ein bei Alten und Neuen so
berühmter Ort — ist eine ungeheure Stalaktitengrotte. Das Schönste
ist die Aussicht über den Korinthischen Golf, den man vom Isthmos
bis zu den ionischen Inseln übersieht. Später bekamen wir starkes
Schneewetter, und zum ersten Male hatte ich die Freude, in
Griechenland eine beschneite Landschaft zu sehen. Durch schöne,
wasserreiche Gegenden mit vielen Spuren des Alterthums, stiegen
wir hinab in das Kephisosthal und längs der südlichen Abhänge
des Parnaß wieder nach Böotien. Undurchdringliche Sümpfe
zwangen uns, wieder über Chaironeia und Lebadeia zu gehen,
von da nach Theben und von da in anderthalb Tagen nach
Athen zurück.

Athen, Anfang Januar 1839.

Der letzte Monat brachte ungewöhnlich viel Kälte und Nässe,
die ganze feine Welt hustete und schnupfte wie bei uns, und kleine
rheumatische Fieber spuken noch immer wie Plagegeister umher.
Die Ungeduld, mit der man hier dergleichen erträgt, erhöht das
Uebel. Für mich war der Jahresanfang ganz besonders ernst.
Denn ich brachte den ganzen Neujahrstag am Bette eines Sterbenden*) zu, und als ich nach Mitternacht wieder hinging, stand ich
vor einer Leiche. Es war mir eine neue, tiefergreifende Lebens-
erfahrung. Sonst segnet mich Gott mit Freude und Gesundheit
und Geistesfrische, und ich habe keinen anderen Kummer, als daß
das bunte Athen viel zu sehr meine Zeit zersplittert. Doch lebe ich
im ganzen ruhig und gehe vorwärts. Die Säle des russischen

---

*) Des Archäologen Dr. Kochen.

Ministers ausgenommen, wohin ich zu Tisch oder Tanz zuweilen
freundlich geladen werde, verkehre ich nur in kleinen, wirklich
erfreuenden geselligen Kreisen. Auch hat sich jetzt ein enger Kreis
junger Freunde gebildet. Zuerst gewannen Geibel und ich einen
lieben Freund an dem Neffen der Brandis, Hausmann,*) und dann
trat zu uns der Doktor Rockinas, ein Chiote voll deutscher Bildung,
der mir besonders durch gemeinsame Studien des Griechischen sehr
werth geworden ist. Wir vier sind des Abends viel und fröhlich
zusammen. Emanuel kommt dann oft mit finsterem Löwengesichte
zu uns herein und will von den Unthaten seiner Buben erzählen.
Doch gelingt es uns gewöhnlich, ihn kirre zu machen, noch öfter
ist er selbst der Belebende, Erheiternde. Bleiben freilich kann er in
dieser Stellung nicht, obwohl die Excellenzen Alles thun, um seinen
Käfig mit den Zeichen ihrer Huld zu schmücken. Aber er kann
es sehr gut aushalten, und er wird sich später nicht über dieses
russische Joch beklagen.

An die Eltern.

Athen, 26. Februar 1839.

Am sechsten feierten wir das Ankunftsfest des Königs, es war
der allerherrlichste Tag, und des Abends war Illumination und
Feuerwerk, schöner als je. Schon am vierzehnten wurde Amaliens
Ankunft gefeiert, freilich nur mit halbem Aufwande von Feier-
apparat, aber am Sonntage darauf war ein Wettrennen in der
Ebene zwischen Athen und der Akademie, wo nach der Stadt zu
leichte Hügel aufsteigen, an denen sich das Volk gruppirte, auf
der anderen Seite Häuser mit platten Dächern für Zuschauer.
Zwischen den Griechen, welche auf den Hügeln in malerischen
Gruppen sich niedergelassen hatten, streiften lustige Fastnachts-
masken in den buntesten Kostümen und erhöhten den Reiz des
Schauspiels. Der Hippodrom war eine große Ellipse, der Anfang
der Bahn unter dem Balkon des Königs und der Königin, welche
nachher den Siegern die Preise austheilte. Weit schöner aber, als
dies Rennen, welches, wie mich Kenner versichern, auf der Lüne-
burger Haide viel schöner gehalten wird, war das folgende Schauspiel, das Gerid-Werfen, ein türkisches Kampfspiel. Es wurde von

---

*) Karl Hausmann (1818—1848), welcher als junger Kaufmann in
Athen lebte.

ben vornehmsten Pallikaren in vollstem Waffenschmucke ausgeführt.
Man wirft sich mit hölzernen Lanzen im schnellsten Jagen, und wer
geworfen hat, entflieht auf das schnellste. Die herrlichen Pferde,
welche durch prächtiges Anspringen und rasche, leichte Wendungen
sich vor unseren auszeichnen, die prachtvollen Kostüme, theils schim-
merndes Weiß, theils lange, dunkelrothe oder blaue Röcke, die
stolze Haltung der Reiter, die laute Theilnahme des Volkes und
endlich der blaue Himmel und die herrliche Landschaft — Alles
dies gab dem orientalischen Turnierschauspiele einen solchen Zauber,
wie für mich, die Paraden der Lübeckischen Bürgergarde ausgenommen, nie ein anderes öffentliches Spektakel gehabt hat. Es war
dies zugleich der letzte Tag der Fastnacht. Alle Tage der vorigen
Wochen zogen Maskenzüge durch Athen, zum Theil Tagesbegeben-
heiten persiflirend, z. B. die Auffindung eines bekreuzten Eies,
ein Mirakel, das viel Aufsehen machte und von den fanatischen
Priestern benutzt wurde; des Abends leuchteten helle Feuer auf
allen Gassen, um welche die Männer und Kinder saßen oder tanzten.
Am Sonnabend Abend führte ich meine Knaben zu einem Kinder-
fastnachtsballe bei Katakazis.*) Auch wir wurden von der Ver-
kleidungswuth hingerissen und trugen allerlei Kostüme von Alba-
nesern, Rumelioten und Insulanern. Am Montage, am ersten Tage
der großen Fasten, wo Fleisch, Fisch, Käse, selbst Oel verboten ist,
findet regelmäßig ein Volksfest an dem Zeustempel statt. Beide
Ilisosufer sind dann den ganzen Tag voll von griechischen
Familien, welche essen, trinken, tanzen und singen. Auch wir zogen
mit unserem Frühstücke hinaus und lagerten uns an dem steilen
Ufer des Ilisos, den man jetzt rauschen hört und fließen sieht.
Nach Mittag zogen König und Königin durch das Volk, das sich
um sie drängte, und die ganze Gegend jubelte.

Auch aus unserem häuslichen Leben wüßte ich manches Anmuthige zu erzählen. Vor allem erfreut mich das musikalische
Leben, das seit Hausmanns Hiersein bei uns aufgegangen ist. Das
erste, was wir ausführten, war zur Feier des Brandisschen Geburtstages am 13. Februar. Die Knaben spielten einige Scenen
aus den Phönissen. Dann sangen wir Geibels Rheinweinlied, von
Mosche komponirt, freilich nur mit dünnem Chore, aber mit desto
vollerem Enthusiasmus. Die Komposition ist vortrefflich, und dies

---

*) Dem russischen Gesandten.

zwiefache Produkt Lübeckischer Muse entzündete alle deutschen
Herzen. Vielleicht freut es den Komponisten, von seinem Triumphe
in Athen zu hören. Außerdem haben wir ein regelmäßiges Quartett,
Sonntags bei Brandis, Mittwochs bei den lieben Travers. Nach
so langer Entbehrung empfinde ich unbeschreibliche Freude an der
Musik. Dienstags wird gewöhnlich bei Herrn von Prokesch musicirt,
dessen Frau eine wahre Virtuosin auf dem Klavier ist. So sind
die Abende meistens gesellig angewandt. Die Abende, die man zu
Hause bleibt, sind selten. Dann lesen wir zusammen, jetzt den
zweiten Band von Niebuhrs Briefen. Wie unendlich wehmüthig
sind die Briefe von Rom. Vorher lasen wir Gervinus' Historik,
ein klassisches Schriftchen. Sonst sind wir arm an neuer Litteratur,
besonders fehlen alle litterarischen Zeitungen.

Meine Zeit für archäologische Studien ist leider immer sehr
beschränkt, doch thue ich, was ich kann, und lerne immer Dies und
Jenes. Eine, wenn auch nur kurze Zeit allein in Griechenland
leben zu können, ist freilich mein sehr warmer Wunsch, und besonders dann, wenn in dieselbe Müllers Anwesenheit fiele. Diesem
müßte ja auch die Nähe eines der Sprache und des Landes im
allgemeinen kundigen Philologen wichtig sein. Sonst aber sehe
ich es doch als gewissermaßen nothwendig an, in Deutschlands
wissenschaftliches Leben zurückzukehren, obgleich ich mich oft wie
eingewurzelt fühle im griechischen Boden.

Athen, ben 27. April 1839.

Brandis denkt Anfang Juli zu reisen — ob nichts dazwischen
kommt, wer kann es wissen? Doch man ist jetzt entschlossen und
verhandelt schon die eisernen Bettstellen. Was aus mir wird,
das muß ich von dem Inhalte Eures nächsten Briefes erwarten.
Ich wiederhole, daß ein verlängerter Aufenthalt in Griechenland,
der aber nicht in ein Hängenbleiben, wie bei so vielen Deutschen,
ausarten soll, mir höchst erfprießlich erscheint. Ich kann hier jetzt
etwas Ordentliches arbeiten und mich auf eine Weise nützlich
machen, wie ich es in Deutschland schwerlich können würde. Brandis
hat mich schon längst aufgefordert, eine Bearbeitung des Leake*)

---

*) W. M. Leake, [1] The topography of Athens with some remarks on
    its antiquities. London 1821.
  [2] Travels to the Morea. 3 Voll. London 1830.
  [3] Travels in Northern Greece. 4 Voll. London 1835.

zu unternehmen. Das kann ein verdienstliches Werk werden, und
ich habe vorläufig um zu sehen, ob man wohl ein solches Buch an-
bringen könne, nach Berlin geschrieben, einen kurzen Plan an
Reimer übersandt mit einigen Zeilen von Brandis begleitet, und
habe außerdem an Professor Ritter geschrieben. Sollte Reimer
oder ein anderer Buchhändler unter annehmlichen Bedingungen
den Verlag übernehmen, so wird dadurch größtentheils mein hiesiger
Aufenthalt bestritten werden können. Denn wenn ich mit unge-
theilter Muße daran arbeite, so wird es rasch vorwärts gehen und
in Jahresfrist sich vollenden lassen. Dabei würde ich sehr viel
lernen, würde ein Jahr würdig angewandt haben und dann mit
etwas mehr Aussicht nach Deutschland zurückkehren, dem ich immer
mit ganzer Seele zugethan bleibe. Das Bedürfniß nach einem
solchen Buche ist da, und da es sich meistens auf Benutzung fremder
Resultate stützt, ist es schwer, es schlecht zu machen, zumal da ich
die Gegenstände kenne, oder noch kennen lernen kann, und da ich
mitten unter den besten Quellen bin und durch mancherlei guten
Rath unterstützt werde. Wie sollte es nicht im höchsten Grade
lockend für mich sein, wenn sich mir so die Aussicht eröffnet, ein
Jahr voll wissenschaftlicher Thätigkeit in Griechenland verleben
zu können mit meinem Herzensfreunde zusammen, mit dem ich
schon Manches gemeinschaftlich gearbeitet habe, das einer balbigen
Vollendung entgegensieht. Ich werde auch Gelegenheit haben, durch
Unterricht Einiges zu verdienen, sobaß, wenn der Buchhändler
ordentlich zahlt, der eigentliche Kostenaufwand unbedeutend
sein wird.

An die Eltern.

Athen, 29. Mai 1839.

Endlich habe ich des geliebten Bruders Nachlaß gelesen, seine
treffliche Antrittspredigt, in welchem sich das ganz vom Göttlichen
durchdrungene Gemüth so herrlich abspiegelt und seine halb vollendete letzte Predigt, deren letzte Worte noch so trost- und muthvoll
vorwärts deuten — Gott, wer wünschte nicht, so zu sterben, ganz
unerwartet, und ganz vorbereitet, ohne der Erde und ihrem Berufe
zu entfremden, ein gereifter Himmelsbürger! Der Auszug aus
Müllers Briefe, welchen ich durch Herrn Rath Bluhmes Güte erhalten, hat mich sehr überrascht und erfreut, denn wie konnte ich

erwarten, daß er meiner so freundlich gedenken würde und gar
meiner Reisebegleitung so viel Werth beilegen würde.

An Ottfried Müller in Göttingen.

Athen, 12. Mai 1839.

Hochverehrtester Herr Hofrath! Die gütigen Aeußerungen,
welche in Ihrem durch die Güte des Herrn Oberappellationsgerichts-
raths Bluhme mir im Auszuge mitgetheilten Briefe über mich
enthalten sind, ermuthigen mich, mich selbst schriftlich an Sie zu
wenden, in einer Angelegenheit, die mir selbst am Herzen liegt.
Die Nachricht von Ihrer jetzt bestimmten Reise nach Griechenland
ergriff mich im höchsten Grade. Ich mußte nach den auf öffentlichem
Wege uns zugekommenen Nachrichten annehmen, daß Sie unmittelbar Ihren Weg hierher nehmen würden, und obgleich ich
nicht die einem verlängerten Aufenthalt hierselbst entgegenstehenden
Schwierigkeiten verkannte, glaubte ich doch, es möglich machen zu
können, Ihre Ankunft abzuwarten. Denn in Ihrer Gesellschaft
Griechenland zu bereisen, was ich bis dahin nur in sehr beschränktem
Maße zum Gegenstande meiner Nebenstudien machen konnte, dem
meine volle Kraft und Zeit zuzuwenden und von Ihnen freundlichst
geleitet an Ort und Stelle das griechische Alterthum studiren zu
dürfen, das erschien mir als die Krone meines ganzen griechischen
Aufenthaltes. Zugleich hoffte ich im Stillen und mit heimlicher
Freude, daß es mir vielleicht gelingen würde, mit meiner durch
längeren Aufenthalt erworbenen Gewandtheit in Sprache und
Landessitte und durch einige Ortskunde, die Frucht mehrfacher
Streifzüge durch das griechische Land, Ihnen einigen Nutzen gewähren zu können, und Ihnen so einen kleinen Theil des Dankes,
den ich Ihnen schuldig bin, zu erstatten. Obgleich ich gleich auf
das entschiedenste befürworten muß, daß Sie in Ihrem gütigen
Wohlwollen, verehrter Herr Professor, den Vortheil, den Ihnen
meine Begleitung etwa gewähren könnte, zu hoch anschlagen. Denn
wenn Sie bedenken, daß ich ohne specielle Vorbereitung hierher
kam, daß ich hier fortwährend und ohne Unterstützung mit dem
Unterrichte von drei Knaben verschiedenen Alters beschäftigt war,
so werden Sie ermessen, daß meine Kenntniß vom griechischen
Lande und Volke, wenn ich auch immer Augen und Ohren offen
hielt, sehr lückenhaft bleiben mußte. Dennoch hoffte ich, in kurzer

Muße viel nachholen zu können, und harrte nun in gespannter Erwartung der Antwort auf meine Anfrage über Ihre Pläne entgegen.

Da wurde mir die Mittheilung aus Ihrem Briefe, welche einerseits durch überraschende Freundlichkeit mich hoch beglückte und meine Wünsche befeuerte, andererseits aber auch zugleich ihre Unausführbarkeit darzulegen schien. Unter diesen Umständen ergriff ich von neuem einen Gedanken, mit welchem ich mich schon lange beschäftigt hatte, nämlich mit Benutzung aller bisherigen Erfahrungen, und besonders auf Leake basirend, eine genaue und wohlgeordnete Beschreibung von Griechenland zusammenzustellen. Das Bedürfniß darnach ist vorhanden im deutschen Publikum. Leake ist Wenigen zugänglich, er ist weitläufig und schwer zu benutzen, und endlich vielfach zu berichtigen.

In Griechenland muß ein solches Werk abgefaßt werden, um fortwährend alle Entdeckungen, alle Arbeiten der Geometer, alle hier verbreitete Ortskunde zu benutzen. Sollte es mir gelingen, einen Buchhändler für dieses Unternehmen zu gewinnen, so wären meine Wünsche erreichbar, ich könnte meinen Aufenthalt verlängern, mit der belehrendsten Arbeit beschäftigt, und dann um Vieles besser vorbereitet, Sie auf Ihrer Reise begleiten. Ich habe darüber an Reimers einen kurzen Prospectus gesandt, und zugleich an Herrn Professor Ritter, mit dem ich einen Theil von Morea bereiste, geschrieben. Ob Reimer darauf eingehen wird, bezweifle ich, trotz der begleitenden Zeilen des Professor Brandis, welcher mich sehr zu diesem Unternehmen aufgefordert hat. Vielleicht würden nun Sie, hochgeehrtester Herr Hofrath, wenn Sie von der Wichtigkeit eines solchen Buches überzeugt sind, und wenn Sie mir zutrauen, daß ich hier an Ort und Stelle und unterstützt durch manche hier ansässige Gelehrte, sowie durch eigene Anschauungen etwas Brauchbares zu leisten im Stande wäre, die Güte haben, mit Reimer oder einem anderen Buchhändler die Sache zu besprechen. Wenn das Buch gelingt, dann würde es jedem gebildeten Reisenden als praktischer Führer dienen können, aber auch als wissenschaftliches Handbuch auf Universitäten und Gymnasien. Dann würde ein reichlicher Absatz zu erwarten und der Buchhändler im Stande sein, ein anständiges Honorar zu geben, wodurch mir ermöglicht werden würde, meine ungetheilte griechische Muße diesem Werke zutheilen zu können.

Drei Vierteljahre würden genügen, die Arbeit in ihrer ersten

Gestalt zu vollenden. Dann dürfte ich sie Ihnen vorlegen und sie könnte dann gleich praktisch Werth oder Unwerth bewähren. Könnte dieser Plan ausgeführt werden, den ich Ihnen mit einem Vertrauen vorlege, zu dem mich die wohlwollenden Aeußerungen Ihres Briefes ermuthigten, so würde ich zu meiner Freude gleich eine Gelegenheit in Händen haben, mit aller Lust etwas der Wissenschaft Förderliches beginnen zu können, und wie gerne träte ich unter Ihren Auspicien in die Bahn! Da Professor Brandis in der Mitte des Juli Athen zu verlassen entschlossen ist, so müßte ich Sie freilich ersuchen, auf dem Ihnen leichtesten Wege der Vermittelung mir baldigst einen Wink darüber zukommen zu lassen, was Sie über den vorgelegten Plan denken.

Ottfried Müller an den Oberappellationsgerichtsrath Bluhme
in Lübeck.

Göttingen, 31. Mai 1839.

Mein theurer Freund! Nach dem bekannten Grundsatze, daß man durch Wohlthaten die Menschen nur immer begieriger nach neuen macht, wird es Sie nicht wundern, daß ich Sie mit der den jungen Curtius und mich betreffenden Angelegenheit, deren Sie sich mit so vieler Güte angenommen haben, von neuem behellige. Zur Abkürzung der Verständigung schicke ich den Brief von Curtius mit. Der darin entwickelte Plan hat meinen ganzen Beifall, ich halte ein solches Buch für ein wahres Bedürfniß. Ich glaube, daß, wenn es nicht stärker als etwa zwei Bände wird, es auch in Deutschland ein zahlreiches Publikum finden wird, wie die ungleich stärkeren Werke der Engländer in England; ich bin endlich, besonders nach der Lesung der mir gütigst mitgetheilten Reiseberichte überzeugt, daß Curtius vollkommen die Gaben und Kenntnisse besitzt, um ein solches Buch anziehend und gründlich auszuarbeiten. Eine andere Frage ist, ob sich auf der Stelle ein Buchhändler dazu finden wird, namentlich ob Reimer darauf eingehen wird, aber mir scheint, daß dies eine Nebenfrage ist, denn daß ein Buchhändler in Deutschland sich finden wird, der ungefähr 500 Thaler Honorar für so ein Werk zu zahlen bereit ist, daran zweifle ich keinen Augenblick. Auch werde ich gerne mit Empfehlungen das Meinige thun. An Reimer kann ich nicht gut deswegen schreiben. Aber ich will indessen mit den hiesigen Buchhändlern sprechen. Die Frage ist nur, ob Curtius auf die sichere Aussicht hin, nach seiner Rückkehr nach Deutschland die Reisekosten so bezahlt zu erhalten, sich in Athen wird erhalten können.

Diese Frage kann nur in Lübeck, in der trefflichen Familie Curtius entschieden werden. Wie sehr es mich erfreuen würde, wenn es gelänge, brauche ich nicht zu wiederholen. Ich denke eine kleine Expedition zu Stande zu bringen. Ich hoffe einen Zeichner mitnehmen zu können, auch werden mich Dr. Schöll mit noch einem Freunde begleiten. Kommt nun Herr Curtius noch hinzu, so können wir schon etwas unternehmen, was nur vereinten Kräften gelingen kann. Ich habe, wie man zu sagen pflegt, große Rosinen im Sack. Irgend ein Fund, eine neue, wichtige Bestimmung eines Lokals, oder so etwas, würde dann auch für Curtius' Werk ein gutes Prognostikon sein.

An Theodor Curtius.

Piräus, 27. Juni 1839.

... Gestern Abend war unser Quartett bei uns zu Tische. Als der Mond anfing zu scheinen, fuhren wir alle mit Travers' und Anderen in zwei Gondeln auf dem Meere und sangen bis nach 10 Uhr. Die deutschen Volkslieder hallten wider an den hölzernen Mauern der russischen, englischen und französischen Schiffe und schwebten über den Spiegel des Hafens zu der festlich glänzenden Hafenstadt hinüber. Dann brachten wir der „Hebe" ein Ständchen, der Hamburgischen Brigg, deren rothe Flagge nahe unter unseren Fenstern weht. Die schönen Hamburger Möbel finden allgemeine Bewunderung, aber wenig Käufer. Die Ladung war übel gewählt. Ordinäre, aber anständig und haltbare Mobilien würden glänzend abgehen. Die vortrefflichen Viktualien sind schnell verkauft worden. Cigarren mittlerer Güte wären auch ein vortrefflicher Artikel, hier bekommt man keine gute Cigarre unter 20 Lepta, das sind zwei lübische Schillinge. Auch ist das Schiff zur Unzeit gekommen, denn jetzt gibt es keine Korinthen, Rosinen, Feigen, man kann der Hitze wegen keinen Wein laden und das Oel ist auch nicht so reichlich, wie nach der Ernte; all diese Gegenstände würden gute Rückfracht bilden. Ehegestern Nachmittag ging ich nach Athen, wo ich bis Sonntag Nachmittag bei Emanuel in seiner neuen, niedlichen Wohnung blieb, nahe am Monument des Lysikrates.

Der Senator Gildemeiſter iſt vor vierzehn Tagen abgereiſt und hat
für Euch einen Brief und einige Kleinigkeiten mitgenommen. Möge
Alles glücklich Euch erreichen. Mit der „Hebe" hoffe ich Euch ein
Kiſtchen zukommen zu laſſen. Wie gerne ſchickte ich ein Fäßchen
feurigen Inſelweins, doch leider kann man jetzt es nicht riskiren.
Von den edelſten Weinen von Samos, Kypros, Naxia, Santorin
bekommt man kaum theureren Wein, als für 70—80 Lepta die
Oka, welche zwei gewöhnliche Flaſchen hält. Einige der ſtarken
Inſelweine haben die vorzügliche Eigenſchaft, mit Waſſer vermiſcht
nicht wäſſerig, ſondern wie ein anderer leichter Wein zu ſchmecken.
So gibt ¹/₃ Naxos und ²/₃ Waſſer Moſelwein, ähnlich der von
Skiathos.

Jeden Morgen bade ich wieder um 5 Uhr mit den Knaben,
denen jetzt kein Meer zu tief iſt. Dabei ſtudieren wir zugleich die
frutti di mare, die ſeltſamen Muſcheln, Seekrebſe, Seeigel, Polypen,
an denen das Meer hier ſo reich iſt. Unſer Bootsmann fängt ſie
mit einem neptuniſchen Dreizacke, oder mit einer netzförmigen
eiſernen Schaufel. Dabei nennt er uns die Namen, unter denen
auffallend viele alte, aus den Gaſtmählern und Naturgeſchichten
bekannte, lehrt uns die guten und ſchlechten Arten unterſcheiden
und die Art des Fanges, und ich arbeite auch zuweilen eine Stech-
muſchel vom Meeresgrunde los. Des Tages über gehe ich ſehr
ſelten aus. Des Mittags zwei Stunden Sieſta und mit Sonnenuntergang beginnen die Freuden der Geſelligkeit. Zuweilen kommt
auch Geibel herunter, und wir fahren ſpät auf dem Meere.

An die Eltern.

Piräus, 29. Juli 1839.

Am 27. Juni habe ich an Theodor geſchrieben. Seitdem haben
wir recht viel erlebt. Ich erwähnte damals ſchon des Unwohlſeins
des kleinen Ariſtides.*) Die Amme war unpäßlich, das Kind nahm
etwas ab; unglücklicher Weiſe war gerade in den Tagen ein unerträglich heißes Wetter mit zehrender Tramontana — kurz,
das Kind erkrankte. Es geſchieht alles Mögliche. Als die Aerzte
keine Mittel mehr haben, eilen die Eltern mit dem Kinde nach
Kephiſia, um es durch Luftveränderung zu retten — umſonſt, nur
noch einmal lächelt es draußen unter den grünen Bäumen, ſchon

*) Ein in Athen geborenes Kind von Brandis.

am britten Tage nach dem Erkranken, bem 28. Abends, starb das
liebliche Kind, unser Aller große Freude, ber Eltern spätgeborener
geliebter Sohn. Mir war es ganz wie ein Brüderchen. Vom Tage
nach ber Geburt an habe ich es täglich auf bem Arme gehabt und
alle Künste gelernt, um ihm sein himmlisch süßes Lächeln abzugewinnen. Besonders beim Spielen und Singen war bas Kind
immer so glücklich. Kennern wollte seine zu weiße Haut nicht
gefallen, und eine gewisse Schwäche im Rücken war nicht zu verkennen. Sonst war es voll Lebenslust. Wir sind noch immer voll
schmerzlicher Wehmuth. Die Mutter zeigte bei tiefer Betrübniß
und großer körperlicher Schwäche die Macht echten Glaubens und
selbstüberwindender Liebe. Sonntag Morgen fuhr ich mit den
zurückgebliebenen Knaben hinaus. Das Kind war schon am Abend
vorher beerbigt worden. Zwei Tage verlebten wir in der tröst-
lichen ländlichen Umgebung bei blühenden Myrthen, Granaten und
Oleanbern. Montag Abend fuhren wir zum Grabe, bekränzten es
und kehrten bann zum Piräus zurück zu bem gewohnten Lebens-
gange. Brandis war aber gleich entschlossen, jetzt sobald wie
möglich aus Griechenland fortzukommen — und bas soll mit bem
nächsten Dampfschiffe geschehen. Jetzt muß ich auch baran glauben,
obgleich es mir noch nicht recht in ben Kopf will. Sie gehen nach
Ancona und von da wieder über Florenz langsam hinauf nach bem
transalpinischen Vaterlande. Daß ich sie mit großer Sorge ziehen
lasse, ist natürlich. Die Uebersiedelung einer so großen Familie
aus bem heißen griechischen Sommer in deutschen Winter ist immer
eine bebenkliche Sache. Nun, bas muß man Gott anheimstellen.
Ich werde die Auktion besorgen und bann mit Geibel nach Kephisia
ziehen. Dort ist Luft und Wasser am schönsten, bort kann ich
ruhig meine größeren Arbeiten beginnen. Brandis' haben mir
schon versprochen, mich mit allem Nöthigen zu meiner Haushaltung
auszurüsten, als ba ist eisernes Bett, Matratze, Bettzeug, Mobilien.
An Büchern werde ich großen Mangel leiden — aber ich muß mich
burchhelfen, so gut ich kann; ich werde mit Lakonien und Messenien
anfangen, wo ich außer Leake und ben anderen Nachrichten, bie
ich hier bekomme, auch einige Erfahrung zusehen kann. Mit
Emanuel passe ich sehr gut zusammen, wir ergänzen, beleben,
fördern uns gegenseitig.

Ottfried Müller.

Göttingen, 4. August 1839.

Ihr Unternehmen ist gewiß vollkommen zeitgemäß und ein wahres Bedürfniß. Schon ein kritischer Auszug aus Leakes 8 bis 9 Bänden würde in Deutschland sehr willkommen sein. Wieviel wird aber bei Ihnen hinzukommen. Stellen Sie sich nur die Aufgabe nicht zu umfassend und geben Sie dem Buche eine handliche Form, wie sie unser auf den Gebrauch der Schulmänner berechneter Buchhandel verlangt, so bin ich überzeugt, daß sich mit unseren Buchhändlern ein Ihren Wünschen ganz entsprechender Kontrakt darüber schließen läßt.

Ich freue mich sehr der Aussicht, mit Ihnen und dem trefflichen Professor Roß zusammen mich in Athen und Griechenland selbst recht genau orientiren zu können. Ich bin voll Begierde, auf die Untersuchungen über die Topographie der Stadt selbst einzugehen, die jetzt im Schwunge sind. Ich habe, halb und halb zur Vorbereitung, eine Abhandlung über den Markt von Athen verfaßt, die ich mitbringen will, sie soll erst dort ihren Schluß erhalten. Ende Februar oder Anfang März werde ich von Italien aufbrechen und dann geradenwegs nach Athen eilen. Im Oktober und November würden mich Briefe von Ihnen, wenn Sie mir noch eine Nachricht über Ihre Verhältnisse zukommen lassen wollen, in Rom antreffen. In der freudigen Aussicht, Sie bald auf dem Boden der geliebten Stadt, des ewig jungen Athens, zu bewillkommnen, mit herzlichem Gruße

der Ihre

C. O. Müller.

Ernst Curtius an die Eltern.

Piräus, 11. August 1839.

Es ist ein Tag der höchsten Verwirrung, denn morgen reisen Brandis' ab. Seit acht Tagen bin ich im Packen und Verauktioniren mitten drin und wenig zur Ruhe und Besinnung gekommen. So schmerzlich mir die Trennung von den lieben Brandis' ist, so wünschte ich doch für sie und mich, daß wir erst um 24 Stunden weiter wären und das Dampfschiff sie glücklich davontrüge. Die gute Frau entwickelt Riesenkräfte in ihren verwickelten Verhältnissen, aber welche Abspannung muß dieser ungewöhnlichen An-

spannung folgen? Doch dies muß man Gott anheimstellen. Morgen
um 4 Uhr bin ich also aus einem Verhältnisse ausgetreten, das
mir so unendlich wichtig war! Brandis' haben mich gütigst mit
allerlei Hausrath ausgestattet, Bett, Matratze, Leinzeug, Hand-
tüchern, zwei Tischen, Schrank, Stühlen, Bücherbrett und vielen
Büchern, die mir werthvoll sind, sodaß wenig anzuschaffen bleibt.

Mittwoch Abend. Im Gewirre des Montags, da ich für Brandis' viel zu besorgen hatte, um ihnen die Einschiffung zu erleichtern,
habe ich diesen Brief an Euch, Geliebte, ganz vergessen abzugeben.
Indessen werdet Ihr durch Emanuels Brief über mich beruhigt
sein und Euch den Grund des Ausbleibens meines Briefes vielleicht
von selbst erklärt haben.

Brandis habe ich in den letzten Tagen wenig gesehen, er war
meistens in Athen bei den Majestäten, und er hatte die große Befriedigung, den Universitätsorganismus fast ganz mit dem König
zu vollenden. Er war in den letzten Tagen sehr wohl. Gott gebe
den Theuren allen Segen; vielfach bedenklich ist dieser Umzug —
aber warum sich Sorgen machen! Auf jeden Fall ist Brandis
glücklich, aus dem griechischen Kabinette heraus zu sein und wieder
ins freie wissenschaftliche Leben einzutreten. Auch für die Kinder
ist die Heimkehr von größter Wichtigkeit.

An die Eltern.

Naxos, 6. September 1839.

Die wenigen Tage nach Brandis' Abreise hatte ich in Athen
bei Geibel zugebracht, wo ich auch meine Habseligkeiten unter-
gebracht habe. Am Donnerstag, dem 15. August, packten wir unsere
kleinen Reisebedürfnisse zusammen; Mittags fuhren wir zum Piräus
und aßen bei Freund Travers zu Mittag in aller Ruhe und Fröhlichkeit, bis der Ruf, daß das Dampfschiff schon in Bewegung sei, uns
aufschreckte — es war ein eitler Schreck; doch fanden wir das Schiff
schon ganz gefüllt und zur Abfahrt bereit. Es ist das kleinere der
zwei griechischen Dampfschiffe, der „Maximilianos"; seine Maschine
gehörte einst dem „Hermes" an, der im Kriege gedient hat. Sie
ist für ihren jetzigen Schiffskörper etwas zu klein und befördert
nicht sehr schnell. Dafür ist es desto wohlfeiler, für vier Drachmen
gelangt man nach Syra. Mit erster Morgenhelle kamen wir nach
Thermia, vor dessen Hafen wir hielten, um zwei Bootsladungen

13*

von Brunnengästen abzusetzen — dann eilten wir, vom Winde unterstützt, rasch der Nordspitze der Insel Syra zu und fuhren noch an
den Felsen der Ostseite vorbei, bis wir zwischen der Leuchtthurms-
insel und der Stadt in den Hafen hineinfuhren. Der schönste Standpunkt für Syra ist derjenige, wo man noch nicht nahe genug ist,
um die Lücke zu bemerken zwischen Ober- und Unterstadt und wo
die ganze Masse der weißen glatten Häuser mit den Kuppeln dazwischen einem ununterbrochenen Amphitheater gleicht. Im Hafen
selbst, wo man die Stadt en face hat, macht sich diese kahle Lücke,
welche die Lateiner und Griechen trennt, störend bemerkbar. Wie
wir mit unseren Sachen durch die gedrängten Schiffsbäuche durch-
fuhren, erkundigten wir uns nach Gelegenheiten für Naxos, und
da wir nur ein Schiff fanden für den anderen Tag, gingen wir
ans Land und entsagten schon der Hoffnung, noch an demselben
Tage aus dem langweiligen Syra fortzukommen. Da kommt,
während wir noch aßen, ein Schiffer in unser Wirthshaus und
meldet, daß er segelfertig nach Paros wäre, ob wir Lust hätten
mitzufahren. Wir bedachten uns nicht lange. Ein frischer Nordwind versprach uns in wenig Stunden hinüberzuführen, und wir
hatten die große Annehmlichkeit, daß unser Schiffer nur auf uns
wartete. Nichts kommt an Anmuth einer Segelfahrt auf dem
Archipelagos gleich bei günstigem Winde. Das himmelblaue Meer,
die schönen Inseln zu allen Seiten, die muntere Schiffsgesellschaft
und dieser poetische Hauch, der auf dem ägäischen Meer und seinen
Kindern, den Inseln, ruht — Alles dies verleiht diesen Fahrten
einen unbeschreiblichen Zauber, welcher freilich bei längeren, ungünstigen Fahrten in sein ärgstes Gegentheil umschlägt. Unsere
Gesellschaft bestand aus Pariern, und wir lernten schon die Liebenswürdigkeit dieses Inselvölkchens vorläufig kennen. Während wir
gemüthlich unter einander schwatzten, flog unsere kleine „Sakalera"
dem schön gezeichneten Paros zu, das schon durch den Abel seiner
Formen den köstlichen Inhalt verräth, welchen seine Gebirge hegen.
Der Wind ward wie gewöhnlich gegen Abend schwächer, und unsere
Ankunft im Hafen verzögerte sich bis 11 Uhr. Im Städtchen schlief
schon Alles. Durch das Rufen der Schiffsleute wurde es lebendig,
und nun rief man uns allerlei Fragen zu, woher wir kämen und
was es Neues gäbe. Die Eine rief, ob ihr Jannaki, die Andere, ob
ihre Marie mitgekommen wäre — endlich kam auch der Hygionom
mit einer Laterne ans Ufer; der Kapitän rief ihm zu, daß er

Milordi — „königliche Menschen" — an Bord hätte, und wir erhielten noch die Erlaubniß, ans Land zu steigen. Der alte Hygionom
sah unsere Pässe, gab uns dann die Hand und sagte uns ein herzliches Willkommen. Aber wohin jetzt um Mitternacht in der ganz
fremden Stadt, wo an kein Wirthshaus zu denken ist? Doch ehe
wir noch darüber nachdenken konnten, hatte schon einer unserer
Begleiter mit seiner Mutter unsere Sachen auf den Armen und
bat uns mitzukommen, wir folgten schweigend durch die schweigen-
den Straßen, bis wir die Treppen zu einem Hause hinaufstiegen
und in ein großes, hohes Gemach mit zwei Kanapees und alter-
thümlichen Möbeln eintraten, wo uns zwei alte Leute freundlich
willkommen hießen. Es dauerte wenig Minuten, daß man uns die
Betten zurecht machte und uns ein Abendessen von Brod, Wein
und Fischen vorsetzte. Geibel war so erstaunt über diese Behandlung, daß er den schlimmsten Verdacht hatte und eines nächtlichen
Ueberfalls gewärtig Alles zur Vertheidigung anschickte. Aber diese
Insulaner sind die friedlichsten, unschuldigsten Leute von der Welt.
Ihre Freundlichkeit ist nicht ganz ohne Eigennutz, und man hat
hier keine Prügel zu befürchten, wenn man die Mühe der Leute
belohnt — aber sie sind auch mit einer kleinen Entschädigung
reichlich zufrieden. Am anderen Morgen traten wir nun unsere
Wanderung an. Denkt Euch ein kleines Städtchen an einem unbe-
deutenden Hügel heraufgebaut über dem Strand des Meeres,
welches in einer großen runden Bucht tief ins Land hineingreift,
ein Städtchen von engen Straßen, an beiden Seiten Häuser von
purem Marmor, oder wenn auch nicht alle von Grund auf aus
Marmorstücken gebaut sind, so trifft man doch kaum eines, wo
nicht die Fensterbrüstungen und die Schwellen und Pfosten der
Thüre aus schön gehauenen Stücken blendend weißen Marmors
mit Geschmack zusammengesetzt wären. Zu den besseren der Häuser
führen breite Marmortreppen hinauf, welche vor der Thüre eine
Terrasse bilden. Ueber der Terrasse hängt ein Dach, von Reben
umsponnen, welche entweder die ganze Façade bekleiden oder mit
starken Aesten bis zum gegenüberliegenden Hause reichen und die
schweren Trauben niedersenken. Die Straßen selbst sind fast durchweg mit Marmor gepflastert und trotz der vielen Schweine, welche
auf allen Kykladen die Wege füllen, reinlich und sauber. Alle diese
Marmorsteine sind natürlich nur Reste des alten Paros, denn seit
der alten Zeit ist kein Stein mehr aus den Brüchen gewonnen

worden. Das Wunderbarste aber an Marmorfülle ist das Kastell,
welches die Venetianer auf der Höhe des Hügels gebaut haben,
von dem troß des Bombardements der russischen Flotte unter
Orlow noch bedeutende Thürme und Mauern stehen, und Alles
dies aus hellenischen Tempelruinen, abwechselnd eine Lage von
Säulentambours, die wie Kanonen hart an einander liegen, und
darauf Marmorbalken, so ein ums andere bis zu bedeutender Höhe.
Der Thurm hat wohl über 80 Fuß Höhe. Wir zählten an sichtbar
daliegenden Säulenstücken 150, alle desselben Durchmessers. Dazwischen befinden sich auch Inschriftensteine. Alles benußte man.
Aus einer Schanze über dem Meere schaut ein Löwenkopf schönster
Arbeit hervor, zur Rechten sich mit aufgesperrtem Rachen wendend.
Die Säulen sind fast alle unkannelirt; man sieht jedoch (wie in
Rhamnus), wo oben und unten die Kannelüre angefangen war. In
Beziehung auf die Konstruktion bemerkte ich, daß hier überall außer
dem viereckigen Loche in der Mitte des Säulendurchschnittes noch
ein zweites, kleineres angebracht war zur inneren Verbindung
der Cylinder unter einander, was ich nur hier gesehen habe. Ob
hier der Tempel der Demeter Thesmophoros war, darüber will
ich keine Untersuchungen anstellen, sondern dafür nur die Sage der
Insel anführen, daß hier der Gott Paris verehrt worden sei, der
der Insel den Namen gegeben habe. Am Strande fanden wir einen
vieleckigen Marmor mit verschiedenen Inschriften, welche sich aber
alle darauf beziehen, daß die erste Schur von parischen Jünglingen
dem Asklepios und der Hygieia dargebracht wird. Auch dieser Stein
war aus Habsucht und Geldburst von dem thörichten Eigenthümer
zerschlagen. Es hatten ihn nämlich die Engländer heimlich fortschleppen wollen und nachher große Summen dafür angeboten —
daher meinte denn der Mann, es müsse wohl noch mehr als die
paar Buchstaben daran oder darin sein. Wir ließen uns an den
Fundort führen, und dort auf einem schönen Hügel westlich von
der Stadt fanden wir auf einem Weinberge zwei hübsche alte
Brunnen mit schönem Wasser, das aus dem Marmorfelsen bringt,
ein Stierrelief, und auf der Höhe, wo jeßt eine Windmühle steht,
den Boden des alten Tempels des Asklepios und der Hygieia, von
dem ich nicht weiß, ob er schon bekannt ist. Hinter der Stadt
steigt anmuthig das Gebirge empor voll kleiner, schimmernder Landhäuser, welche im Sommer bewohnt werden, wenn zuweilen bei
anhaltendem Nordwind die Gesundheit der Stadt leidet. Wir

gingen oberhalb der Stadt herum zum anderen Ende, wo der
Stolz der Parier, die große Panagiakirche steht, wo am sommerlichen Panagienfeste, Mariä Himmelfahrt, die große Panegyris
gefeiert wird. Wir traten in den stillen Vorhof, wo einige Familien-
gräber von schönen Cypressen beschattet werden. Von dort sahen
wir die Sonne gerade hinter den pittoresken Felsen, welche vor
dem Eingang des Hafens hervorragen, goldroth untergehen. Am
Sonntag früh besahen wir das Innere der Kirche, wo noch schöne
alte Säulen stehen und manches Prachtstück von parischem Marmor
aufbewahrt ist. Wir schlenderten durch das Städtchen und konnten
uns nicht sattschauen an den nieblichen Wohnungen, Gallerien,
Treppen, Brunnen und an den schönen Mädchen von Paros, welche
über den marmornen Brüstungen lehnend zwischen den Rebgewinden
wunderlieblich die beiden fremden Wanderer anschauten und
grüßten. Ich machte noch eine Wanderung um die ganze Bucht,
um mich von der Lage und Ausdehnung des alten Paros und von
den Hafeneinrichtungen zu unterrichten, und gegen Abend verließen
wir mit einem Maulthier, das unsere Sachen trug, das Städtchen,
das unvergeßlich unserem Herzen sich eingeprägt hat. Wir stiegen
dem Hauptgebirge der Insel zu, welches sich gerade in ihrer Mitte
gipfelt und nach allen Seiten Landzungen und Vorgebirge ins Meer
sendet, daher keine Insel so hafenreich ist wie Paros. Es war ein
herrlicher Weg; hinter uns der schönste Rückblick auf unser Marmor-
städtchen, zur Seite Gärtchen und herrliche Palmengruppen, denn
Paros ist die Palmeninsel von Griechenland. Bis jetzt hatte ich
immer nur einzelne Palmen gesehen; unendlich schöner nimmt sich
der Palmenbaum in Gruppen aus, wenn sich eine Krone an die
andere reiht und um den schlanken, kahlen Stamm junge Bäumchen
heranwachsen. Das nahe Ziel unseres Marsches war das Kloster
des heiligen Minos, der Wohnsitz eines reichen Gutsbesitzers
Damias, dessen Vorfahren schon lange in diesem schönen Besitze
waren, deren vorletzter sich hier klösterlich einrichtete und eine
niebliche Kirche baute, das Ganze aber auch durch starke Mauern
zu einem kleinen Fort machte. Wir fanden die freundlichste Aufnahme. Die Besitzer, ein junger Ehemann mit seiner schönen Frau,
erfreut, in ihrer Abgeschiedenheit etwas von der großen Welt zu
hören, saßen mit uns vor den Mauern des Gebäudes. Vor uns
lag der hohe Gipfel des Gebirges Marpessa, größtentheils ganz mit
Wein bepflanzt; um uns her eine stattliche Olivenpflanzung. Von

allen Seiten kehrten die Arbeiter und die beladenen Saumthiere
aus den Feldern zurück, und in der lieblichsten Abendkühlung
plauderten wir, bis der Mond aufging und die schöne Berggegend
erleuchtete. Nach einer fröhlichen Abendmahlzeit fanden wir in
einer gewölbten Zelle reinliche Betten. Am anderen Morgen besuchten wir die nahen Steinbrüche, welche mit zu der Besitzung
unseres Wirthes gehören, jetzt freilich ein todter Schatz, aber für
künftige Zeiten, wenn Handel und Wegebau fortschreitet und vor
allem durch eine Nationalbank die Unternehmungen erleichtert
werden, eine Fundgrube und Quelle großen Wohlstandes. Es
sind zwei verschiedene Schachte; nicht wie auf dem Pentelikon steile
perpendikuläre Wände, sondern in den Berg tief hineinführende
horizontale Gänge, deren Mündungen große geräumige Höhlen
bilden; man kann nur mit Fackeln hineinsteigen, wie denn auch
der Stein in alten Zeiten bei Lampenlicht gebrochen wurde und
davon seinen Namen Lychnites erhielt. Es liegen noch Lampen-
trümmer auf dem Boden umher. Man glaubt in dem Palaste eines
Berggeistes zu sein; auf allen Seiten glänzt beim Fackellichte der
weiße Marmor. Der obere Schacht führt wohl eine halbe Stunde
bergeinwärts, der zweite, eine Viertelstunde tiefer liegende, öffnet
sich zu einer sehr geräumigen Höhle, welche den Hirten und Heerden
in kalten Nächten eine sichere Wohnung gewährt. An der Seiten-
wand dieser Höhle bei dem alten Eingang findet sich auf einer
Marmorfläche ein sehr altes Relief eingehauen. Die Arbeit ist
flach, zum Theil noch steif, aber eine reiche, phantastische Komposition. Der Gegenstand ist nicht leicht zu erklären, da der Zahn
der Zeit und die habgierige Faust der Engländer, welche das Relief
losmeißeln wollten, Vieles zerstört haben, doch stellt es ohne Zweifel
eine bacchische Festlichkeit dar in zwei Abtheilungen über einander.
Zwischen den Hauptfiguren blicken allerlei Fratzen und zwerghafte
Ungethüme hervor, und rechts von der Hauptdarstellung, wie auf
einer kleinen Nebentafel, ist eine anbetende Familie, aus Großen
und Kleinen bestehend, den Figuren des Bildes zugekehrt, eine
frappante Analogie mit den Darstellungen auf christlichen Kirchen-
bildern. Als Unterschrift liest man „Abamas Obryses Nymphas“
in schönen griechischen Zügen; die vierte Reihe haben die Engländer
vernichtet. Von hier stiegen wir auf holperigen Bergpfaden der
Ebene zu. Am Abhange liegt ein reizendes Dorf Kostos mit einer
allerliebsten Kirche und vielen Fruchtbäumen. Die Kirchen auf

ben Inseln würden noch viel schöner sein, wenn man sie nicht durchgängig von oben bis unten mit Kalk überzöge, welcher den fleißigen
Bau, wodurch sich die älteren griechischen Kirchen auszeichnen, und
das schöne Material gänzlich verdeckt. Aber welch ein Unterschied
zwischen diesen stattlichen Kirchen und den kleinen engen Kapellen
des Festlandes, welche meistens nach mehrmaliger Zerstörung nur
so nothdürftig wie möglich wieder hergestellt worden sind. Nachmittags kamen wir im Demos Marmora an, oder wie er jetzt
genannt wird (nach dem unglückseligen Grundsatze, lauter klassische
Namen einzuführen, welcher die Quelle endloser Verwirrung ist)
Marpessa. Es umfaßt zwei hübsche Dörfer und eine reiche Ebene
mit einem Hafen, welcher von Paros die nächste Ueberfahrt nach
Naxos gewährt. Wir hatten im unteren Dorfe eine sehr freundliche Aufnahme gefunden, und da mich kurioser Weise der Minister
des Innern in seinem Empfehlungsschreiben einen gelehrten Professor genannt hatte, genoß ich bei den Honoratioren großen Respekt.
Unglücklicher Weise fiel es dem oben wohnenden Demarchen ein,
herunter zu schicken und uns zu sich einladen zu lassen. Es war
dies ein sehr langweiliges, französisch parlirendes Männchen,
welches mit den naxischen Nobili zusammenzuhängen sich rühmte,
aber sich sonst nicht sehr honorig benahm. Sein Schwiegervater,
der Hygionom, langweilte uns auch mit seiner Freundlichkeit und
stellte uns seine vier Töchter vor, welche sich vor uns hinsetzten
und Strümpfe strickten — eine Kunst, die zu meiner Verwunderung
von allen Frauen auf Paros geübt wird. Es war zu starker Nordwind, um überzufahren. Wir blieben also die Nacht bei dem
Demarchen, machten am anderen Tage einen Maulthierritt durch
die schöne Umgegend und stiegen gegen Mittag zum Hafen hinunter. Wir glaubten dort Alles zur Ueberfahrt fertig zu finden
— aber der Kapitän hielt den Wind für zu stark und war fort-
gegangen — so mußten wir den halben Tag am öden Meeresstrand
zubringen im Schatten einer kleinen Kapelle des heiligen Nikolaos.
Ein armer Mann, der dort haust, kochte uns zu Mittag — Berg-
schnecken! Gegen Sonnenuntergang kam der Bootsmann und
brachte Eier, Wein und Brod mit; wir beendeten schnell unser Mahl
und stiegen in die kleine Barke. In zwei Stunden waren wir schon
nah am Ufer von Naxos, das Meer war ungewöhnlich phosphorisch
und glänzte von unzähligen Funken; der Wind war still, aber die
Wellen schlugen noch heftig gegen die Felsen, der Mond beleuchtete

unfer weißes, schwellendes Segel, vor uns die hohen naxischen
Gebirge, hinter uns Paros mit seinem weitscheinenden Kloster des
heiligen Antonius, welches über dem Hafen, den wir verlassen
hatten, auf steiler Höhe liegt (einst als Kastell der letzte Besitz der
Benetianer auf Paros), nach Süden mit reichen Bergformen die
nahe Insel Niko, und nach Norden hinauf die Kykladen in däm-
mernder Ferne. Wir mußten noch zwei Stunden rudern, um zur
Chora der Insel zu kommen; ich schlief ein beim einförmigen Ruderschlage und erwachte, als wir an der Brücke von Naxia anlegten.
Die Stadt mit dem Kastro, ein Hügel, ganz von weißen, glatten
Häusern dicht bedeckt, nimmt sich im Monblicht prachtvoll aus.
Wir gingen ans Land und schliefen die Nacht auf unseren Decken
im Café, das am Hafen liegt. Am anderen Morgen nahm ich ein
herrliches Seebad, und dann gingen wir durch die engen, schmutzigen,
steilen Gassen der Stadt hinauf zum Kastro. Man geht noch heute
durch die alten Thore ein und sieht über den Thüren die alten
venetianischen Wappen, und es wohnen noch heute die Enkel der
alten Benetianer in den Häusern, aber es ist still und todt, die
großen Räume zeugen von der alten Pracht, aber das schöne Ge-
täfel ist zerfallen, die Mauern gestützt, die Kleider und Kinder
schmutzig und zerlumpt. Wir gingen ins Kapuzinerkloster, wo uns
der padre Agostino, ein Sicilianer, freundlich bewillkommte, uns
zwei Zimmer einräumte und in jeder Beziehung väterlich für
uns sorgte. Wir holten unsere italienischen Worte wieder hervor
und wurden bald mit dem ehrwürdigen padre die besten Freunde.
Dort lebten wir in ruhiger Muße bis zum Sonntage; den Tag
über wurde gelesen und geschrieben. Die herrliche kühle Luft, das
vortreffliche Wasser, die gute Nahrung stärkten und erfrischten uns
nach dem athenischen Sommer. Des Abends machten wir Spaziergänge durch das Weichbild der Stadt. Naxos liegt an einem
ziemlich schlechten, dem Nordwinde sehr ausgesetzten Hafen, der
durch einen antiken Molo etwas mehr gesichert ist. Doch ist dieser
jetzt sehr zerfallen. Nördlich vom Hafen liegt eine kleine Insel,
auf welcher sich ein großes Thor von Marmor erhalten hat, einfach aus drei Marmorbalken konstruirt, die beiden Pfosten haben
19 Fuß Höhe, die Oeffnung der Pforte ist 11 Fuß breit. Die Leute
glauben von jedem alten Gebäude, daß es ein Königspalast gewesen
sei, und nennen daher die Insel Palatia. Sonst ist Nichts erhalten,
nur erkennt man ungefähr aus den Lücken der gestohlenen Mauer-

steine, daß hier ein Tempel stand von etwa einer Länge von 78 Fuß und 48 Fuß Breite. Der Eingang ist von Westen. Die Insel war, wie es scheint, durch eine Brücke mit dem Festlande verbunden, und es läuft darauf eine alte griechische Wasserleitung zu, welche zwei Stunden von der Stadt zwei Bäche aufnimmt. Sie ist auf einer Steinunterlage von Ziegeln gebaut, drei Fuß hoch; an einigen Ziegeln sieht man noch alte Fabrikzeichen. Unweit der Insel ist ein alter Brunnen, den die Leute den Ariadnebrunnen nennen, ein großes, schön gemauertes Gewölbe mit zwei Oeffnungen. Er wird sehr verehrt, aber das Wasser nur zum Waschen gebraucht; daher ist er der Versammlungsort der Naxierinnen, welche an Schönheit ihren westlichen Nachbarinnen nachstehen! Das Volk der Stadt ist überhaupt sehr unliebenswürdig, ebenso wie ihre Stadt selbst, ohne Arbeitsamkeit, Wohlstand und Zufriedenheit. Ebenso wenig gefallen mir die Lateiner in Kastro; sie verachten die Griechen und sind doch mit sich und ihrer Geistlichkeit immer im Streit, jeder dritte Mann, dem man begegnet, ist ein duca oder conte, doch haben sie vom alten Adel Nichts als den Stammbaum und die Abneigung gegen Arbeit. Sie verkaufen nach und nach ihre Besitzungen, und die Nachkommen der Herzöge des Archipelagos betteln jetzt bei uns um ein paar Drachmen.

Es war am Sonntag Nachmittag, am 25. August, da wir unsere Wanderung durch die Insel antraten. Eine frische Tramontana gewährte uns die lieblichste Kühlung, und wir wanderten rüstig neben unserem Saumthiere und unserem Führer her nach dem nördlichen Theile der Insel. Ein Lehrer an der Kadettenschule, ein Nürnberger, war unser Begleiter. Es war nur ein Spaziergang von anderthalb Stunden auf einem hübschen, hochgelegenen Pfade längs des Meeres mit steter Aussicht zur Linken auf die nördlichen Kykladen; besonders der Kynthos auf Delos in schönster Klarheit. Nach mehreren kleinen Ravins bildet endlich das Gebirge, weit zurücktretend, ein schönes, ebenes, amphitheatralisch eingeschlossenes Thal, ein Thal, welches ganz mit Citronen- und Orangenbäumen wie mit einem Walde bedeckt ist. Es ist das Thal von Engares; zwei Dörfer des Namens liegen an den Felsabhängen. Die ganze tiefe Ebene ist bedeckt mit Gärten, zwischen denen kaum ein schmaler Weg bleibt, und die Gärten selbst wieder sind so dicht wie ein Wald der edelsten Bäume. Wir besuchten den schönsten, dessen Eigenthümer uns den Schlüssel gegeben hatte.

Rund um den Garten führt der herrlichste Weingang; die Rebstöcke armdick. Ein hübscher Sitz war unter einem ungeheueren Nußbaum eingerichtet, ein anderer über dem großen Wasserbassin, auf dem eine Brücke war. Diese Wasserbehälter sind in Griechenland immer die Hauptzierde der Gärten. Alles Uebrige ein Dickicht von Orangen, Pomeranzen, bitteren und süßen, Citronen, Bergamotten. So heißt eine Citronenart, welche sich durch besonderen Duft auszeichnet und einen um die Frucht sich herumziehenden eingedrückten Kreis. Auch Früchte, die dem übrigen Hellas fast unbekannt sind — Aepfel, Birnen, Pflaumen — sind hier im Ueberflusse. Das Kleinod aber der naxischen Früchte ist der Cedratbaum oder Cedranat, eine citronenähnliche Frucht, aber sehr groß, oft 10—12 Pfund schwer, sie gedeiht hier am allerbesten und ist ein bedeutender Ausfuhrartikel für die ganze Levante, wo man davon Konfitüren macht, welche am Morgen nüchtern zu essen ein wahrer Genuß ist. Den Baum sah ich nie höher als 6—7 Fuß. Die ersten süßen Orangen brachten die Jesuiten hierher, die zwei Bäume heißen Abam und Eva und haben jetzt eine unzählige Nachkommenschaft. Abam ist verdorrt — aber die Wittwe setzt das Geschäft fort. In einer kleinen Hütte bei sehr guten Leuten schliefen wir die Nacht und zogen am anderen Morgen wieder an das Meer und dann längs des Meeres, schon etwas westlich gewandt, weiter. Die Gebirgsrücken sind wie immer öde, aber jede Schlucht, in die wir hinabstiegen, empfing uns mit dem schönsten Quellwasser und mit dem Schatten eines Platanenwaldes, untermengt mit Oleander, welcher hier noch blüht, während er in Attika schon Mitte Juli verblühte, und zwar steht er hier wie ein Baum dreifacher Manneshöhe. So kamen wir über Höhe und Thal bis Mittag nach einem etwas tieferen Thale mit einem kleinen Hafen. Das ganze Thal ist in Terrassen mit Wein und Oel bedeckt. In der Höhe des Thals steht ein einzelner Thurm mit kleinen Fenstern, Zinnen und einer niedrigen, eisenbeschlagenen Thüre, zu der man auf einer Leiter steigt. Von da führt ein Weg zwischen Myrthengebüsch herunter in zehn Minuten zu einer Terrasse mit zwei Riesenplatanen, unter welchen eine saubere, niedliche Kirche der Panagia steht. Es ist darin ein wunderthätiges Bild, welches im Meere aufgefischt worden ist. Neben der Kirche sprubelt eine weit verehrte und berühmte Quelle, deren Wasser wenigstens eine ungemein verbauende Kraft hat. Der ganze Ort heißt Agia. Ich habe nie etwas Reizenderes gesehen; es war gerade der Festabend vor dem Feste der Assumtion und Ende der vierwöchentlichen Fasten. Aus allen Dörfern waren sie versammelt und tanzten Reigentänze unter den Platanen. An einer derselben waren die Böcke angebunden, die morgen geschlachtet werden sollten. Der ganze Ort nebst Kirche und Thurm gehört einem reichen Geistlichen Oikonomos, der uns in seinen Thurm einlud, mit biederer Freundlichkeit sein bestes Zimmer einräumte und Alles für uns that. Abends hielt er Liturgie, theilte geweihtes Brod und Kerzen aus — und in wenigen Sekunden war die ganze Seite des Berges mit kleinen Feuern besäet, welche durch das dichte Grün leuchteten. Am anderen Morgen nach durchtanzter Nacht hörten die Fasten auf. Die Hirten hielten Fleischmarkt, und bald drehten sich Hunderte von Spießen mit Ziegen- und Schafffleisch über dem Feuer. Wir aber dankten unserem lieben, braven Wirthe und gingen ostwärts über bedeutende Felshöhen, bis wir in drei Stunden zu einem breiteren Thale hinabstiegen, auf dessen Fels- wand wir eine Inschrift lasen, welche die Marken des Apollogebiets bezeichnet.

Von da stiegen wir abwärts zu den Marmorbrüchen und er- blickten plötzlich in einer langen Vertiefung, wie in einem un- geheueren Sarge liegend, einen Marmorkoloß von 33 Fuß Länge, schon ganz vom Felsen gelöst. Ausgeführt ist nur das Gesicht und der Bart, im übrigen ist nur die Gestalt angedeutet. Anliegende Arme, bewegungslose Haltung, enggeschlossene Füße bei langem Gewande. Es ist ein halb ägyptisches, uraltes Bildwerk, die Leute nennen es den „Gott Apollona", und daher heißt jetzt das ganze Thal Apolline. Eine alte Niederlassung war hier. Man fand hier noch ein anderes alterthümliches Bildwerk, welches der König Ludwig hat. Am Hafen sind Spuren eines Molo und auf der gegenseitigen Höhe Trümmer alter Befestigung. Auch der Koloß, ein Dionysos, war gewiß nicht auf weiten Transport berechnet. Es muß hier ein sehr alter Ort gelegen haben. Das Kastro ist das festeste in ganz Naxos. Von Apolline gingen wir landeinwärts auf den Hauptstamm der Gebirge zu, welcher breitheilig ist. Der östliche ist der Koronis, der zweite Phanari, der dritte der Berg Zea — alle drei Namen von alter Bedeutung. Im ersten haben wir die berühmte Nymphe; der zweite Name ist entstanden aus Pan-Ares nach alter Inschrift, der dritte ist der Zeusberg, welcher in dem Centrum der Insel sein Haupt erhebt. Wir überstiegen

das Joch zwischen Koronis und Phanari, wo man nach Asien hinüber eine großartige Aussicht hat, und kamen spät Abends nach
Aperanthos, dem größten und reichsten Dorfe am westlichen Abhange des Phanari, berühmt durch seine schönen Frauen, durch
Käse und den wasserfarbenen Bachuswein oder Nektar, die Blüthe
aller griechischen Weine, der nur hier wächst auf bedeutender Höhe.
Die Trauben waren noch alle sauer. Von Aperanthos machte ich
am nächsten Tage einen Ausflug nach dem südlichen Theile der
Insel, wo in einer sonst öden, nur von Heerden besuchten Gegend
ein alter prächtiger hellenischer Marmorthurm steht, rund, aus der
besten Kunstzeit und wohlerhalten, bis auf das obere Ende, wo
er, sich stark verjüngend, mit einem Steine bedeckt gewesen zu sein
scheint. Aus der einen Thüre sieht man gerade auf die Insel
Nios. Ueber der Thüre ist ein Fenster, und vor demselben sieht
man die Spuren eines Balkons. Der Thurm hat einen Durchmesser
von 30 Fuß. Die Treppe läuft, größtentheils wohlerhalten, inwendig im Gebäude herum, indem die Treppenstufen nur ganz
einfach in die Marmorquadern hineingefügt sind, ohne weitere
Unterstützung. Die Mauern sind inwendig mit kleinen Steinen
ausgefüttert, aber die Wände nach außen und innen sind wohl-
gefügte Marmorquadern. Der Thurm steht inmitten eines Hofes,
der von antiken Mauern umgeben ist. Ein Brunnen mit zwei
Mündungen, einige Marmorgräber — sonst sieht man in der Nähe
keine Spuren alter Bewohnung. Die Naxioten nennen diese Gegend
Chimaron und den Thurm „Thurm des Achilleus". Von hier ging
ich mit meinem Begleiter auf den Berg des Zeus hinauf; er wurde
hier, wie eine Felsinschrift besagt, als Zeus-Meilichios verehrt.
Lauter Marmormassen, aber nicht wie auf Paros durchgängig
schneeweiß, sondern viel buntes Gestein dazwischen. Auf dem Gipfel
des Zeusberges ist die großartigste Aussicht, die ich gesehen habe.
Der ganze Archipelagos liegt ihm zu Füßen. Außer den bekannteren
und oft genannten Kykladen sieht man die Sporaden und Samos,
weiter hinunter dämmert das Festland von Asien, die Hochgebirge
von Karien, der Ida von Kreta, und im ganzen zählt man ungefähr
44 Inseln. Mein Begleiter, der immer zu Fuß gelaufen war, schlief
neben mir ein, und ich saß wohl eine gute Stunde oben auf dem
Schlußsteine des Zeusberges, und sah entzückt die reiche Insel, das
kleine Sicilien unter mir und das ganze weite Inselmeer. Ich
dankte Gott für diesen Genuß — und konnte mich schwer zum Fort-

gehen entschließen, bis die Sonne hinter Paros zu sinken drohte, und wir hinabeilen mußten, damit uns nicht auf den bösen Felspfaden die Nacht überraschte, welche noch immer wie ein Dieb kommt. Ich blieb die Nacht wieder in Aperanthos, und am anderen Tage vor Sonnenaufgang ritt ich mit demselben Maulthiere die Höhe hinunter in das schöne Thal unter dem Zeusberge, welches gerade die Insel schneidet und von allen das schönste ist, besäet mit hübschen Dörfern und Villen. Das Hauptdorf heißt Dahmalea. Ich fand dort einige kleine Antiquitäten, und kaufte ein kleines zweihenkeliges Thongefäß, welches mit uralten Pfeilspitzen hier in einem Grabe gefunden war. Von Dahmalea ist es noch anderthalb Stunden, bis man am Epanokastro, einer Burg des Mittelalters, vorbei in die große fruchtbare Ebene Langhabi kommt. Durch diese, längs der alten Wasserleitung, gelangte ich schnell zur Stadt, wo beim Kapuziner die Freunde meiner harrten. Seitdem haben wir noch einige kleine Ausflüge gemacht. Ich war noch einmal in Dahmalea und brauchte dort einen ganzen Tag, eine Inschrift abzuschreiben, welche an einer sehr schlimmen Stelle, als Oberschwelle einer Thüre, im Innern einer alten Kirche des heiligen Georgios angebracht ist. Ich ward für die Mühe belohnt durch die Entzifferung einer noch unbekannten Inschrift, enthaltend ein Register der verschiedenen Serapisfeste, deren Feier gerade in die Zeit der Abhängigkeit der Insel von den Rhodiern fällt. Die folgenden Tage lebten wir ruhig im Kloster, in welches sich gerade der hier anwesende Bischof von Smyrna mit einem Dominikaner einquartiert hatte. Es waren nämlich seit lange ärgerliche Streitigkeiten unter der römischen Geistlichkeit; sie zu schlichten wurde der Smyrnaer Bischof beordert, und so wurde acht Tage lang der hiesige Klerus im Kapuzinerkloster zu gemeinsamen Unterredungen versammelt. Wir mußten daher für die Zeit ausziehen, und zogen in das Kloster der Lazaristen, eine französische Mission, welche den Jesuiten gefolgt sind. An meinem Geburtstage gingen wir nach Melanas, einem reizenden Dorfe, dort schlummerte ich in der Mittagsstunde unter dichten Orangenbäumen, den schönsten, die in Naxos sind. Des Nachmittags wanderten wir in den herrlichsten Gärten, wie man sie sich nur im Traum vorstellen kann. Seitdem lebten wir ruhig unter dem Schutze der Lilien im Jesuitenkloster, welches 1626 gegründet wurde. Ein großes Gebäude, auf dem Gipfel des Hügels gelegen. Wir haben ein sehr niedliches

Zimmer und haben die herrlichsten Spaziergänge in den weiten,
hallenden, marmorgedeckten Gängen des Klosters. Es sind nur
zwei Missionare hier, ein Franzose und ein Spanier, welche auch
eine französische Schule halten. Eine hübsche Kirche grenzt an das
Gebäude, eine große Terrasse bietet einen herrlichen Blick über die
reiche Ebene von Naxos. Man lebt hier so wohlfeil wie möglich.
In Athen kostet der Tag das Doppelte. Wir haben eine herrliche
Muße und arbeiten fleißig. Ich habe mich außer meinen Arbeiten
über das alte Griechenland sehr bemüht, über das Mittelalter
Quellen zu sammeln. Ich habe einige Manuskripte mit werthvollen
Notizen gefunden, obgleich noch lange nicht genügend, um eine
Geschichte der Herzöge von Naxos zu schreiben. Ueber die Familie
der Sanudo, welche zuerst gleich nach 1204 das Herzogthum des
Archipelagos erwarb, habe ich leider Nichts gefunden, als die interessante Geschichte von der Ermordung des Letzten dieses Geschlechtes;
dann folgte das Geschlecht der Crispi, von diesen existirt noch heute
eine Familie, bei der ich einen weitläufigen Stammbaum gefunden
habe. Ihren letzten Herzog verriethen die Griechen an den Sultan,
der sie dafür unter die Gewalt eines Juden Joseph Nazy brachte,
von dem ich ein Pergament gefunden habe, von 1577 aus seinem
herzoglichen Palaste datirt. Die Griechen waren von dem Regen
in die Traufe gekommen und baten wieder um ihren alten lateinischen Herzog, aber damit war es vorbei, und nur als Viceherzog
des Juden regierte hier ein Coronello. Die letzte Crispi ist jetzt
an einen Coronello verheirathet und lebt mit den vier bildschönen
Kindern, zwei Knaben und zwei Mädchen, denen man den Adel
gleich ansieht, in der bittersten Armuth. Wir beklagten, nicht reich
zu sein, um etwas für den ältesten Knaben, den Sprößling der
Herzöge, thun zu können, der voll Geist und Schönheit hier im
Elende zu verderben droht. Heute am Sonntage, dem 8. September, gehen wir wieder zu unserem Padre Agostino hinüber —
es ist dort nicht so sein und sauber wie hier bei den Lazaristen,
aber dafür erfreut uns die treuherzige, biedere Freundschaft unseres
ehrwürdigen padre. Es wird uns schwer, wegzufinden von dem
schönen Eilande, wo wir so ruhig und schön zusammenleben. Wir
theilen viele Arbeiten, philologische und poetische — denn auch zu
letzteren verführt mich mein poetischer Freund, und des Abends
lesen wir uns unsere Verse vor. Unser Meister, den wir täglich
lesen und bis ins Einzelne studieren, ist Graf Platen. Bekannt-

schaften haben wir hier wenig von Interesse gemacht; die adeligen Herren sind langweilig, die anderen meistens sehr roh. Vom Kastro ist keiner liebenswürdiger als der schwedische Konsul Grimaldi, der einen sehr gut gemeinten Eifer für Antiquitäten hat. Unten in der Stadt lebt noch eine alte venetianische Familie, die der Koktos, welche aber als griechisch-katholisch immer mit den Nobili des Kastro in Streit lag. Dies ging so weit, daß endlich ein Koktos auf dem Heimwege vor seinem Gute von den Nobili von oben überfallen wurde. Kein Schwertstreich wollte in seinen Kopf einbringen, endlich war er überwältigt. In einem Kloster der Koktos sah ich den Kopf, ein Wunder von starken Knochen, bedeckt von Streichen, deren einer so tief eindrang, daß man in die Scharte den Finger legen kann — doch nicht durchbohrt. Er mußte gesühnt werden und es fiel als Opfer ein alter Coronello, den man für den Hauptthäter hielt. Um diese Zeit kam ein Johanniter mit einer Fregatte nach Naxos. Er besuchte das Haus der Coronello, fand die Tochter in tiefer Trauer. Er verliebte sich in sie und beschloß, die Rache zu übernehmen. Er schiffte seine Mannschaft aus und belagerte die Koktos in ihrem befestigten Kloster. Diese entfliehen bei Nacht und lassen nur ein kleines weibliches Kind im Kloster. Der Johanniter schickt sein Kreuz zurück und heirathet die Coronello. Die kleine zurückgelassene Tochter aber wird später die Gemahlin eines Barozzi, und so das Mittel der Versöhnung zwischen den Familien. An dergleichen Historien ist die Geschichte von Naxos sehr reich, leider aber finde ich wenig schriftliche Tradition. Es ist das erste Mal, daß mich das Mittelalter in Griechenland lebhaft interessirt. Es ist dies ein weites, offenes Feld; ich möchte gerne wissen, ob man in Venedig hoffen kann, über die Inseln Quellen zu finden. Ich zweifle kaum und würde gern auf der Heimreise mich dort darnach umsehen. Das wäre einmal etwas recht Neues, eine Geschichte des Mittelalters in Griechenland zu schreiben. Man müßte freilich die Quellen von allen Seiten zusammensuchen. Ich stehe mit einigen Insulanern in Verbindung und hoffe noch nachträglich einige Notizen zu erhalten.

Der Knabe von Naxos.

Was weint der Knabe, was ist ihm geschehen?
Auf Trümmern weilt er, fern vom Jugendkreis,
Es fliegt sein braunes Haar im Windeswehen
Um die gebräunte Wange. Still und heiß

Rinnt seine Thräne, lang' hab' ich's gesehen, —
Ob ich kein Mittel für den Kummer weiß?
Komm her, Du lieber Knabe, komm und sage
Die Schmerzen mir, auf daß ich mit Dir klage.

Ihr seid wohl arm? Doch war't Ihr es nicht immer,
Mir scheint, in Deinen Augen könnt' ich lesen
Manch harte Kunde von verblich'nem Schimmer,
Von bessern Zeiten, als es jüngst gewesen.
Ja, das ist Herzeleid. Doch zage nimmer,
Vergiß, was hinten liegt. Auf frischen Bahnen
Da winken Dir des neuen Glückes Fahnen.
Doch Du bleibst stumm an diesen Thurm gelehnt?

Was gilt er Dir? Was fesselt Dich an ihn?
Du siehst das Meer nicht an, das blau sich dehnt,
Die weißen Segel nicht, die unten zieh'n.
Nicht ist's die Heimath, die Dein Herz ersehnt,
Die Ferne nicht, die Deinem Blick erschien.
Ein andres mußt Du hier verloren haben.
Ist's dieser Thurm, wo man Dein Glück begraben?

Der Herzogthurm! Ja, nun enthüllt es sich.
Du kennst die Männer, welche hier einst wohnten.
Du bist der Enkel, und es hungert Dich,
Wo sie in Herrlichkeit und Fülle thronten,
Wo sie im Ahnensaale königlich,
Mit reichem Danke die Vasallen lohnten,
Wo sie der Masten Wald im Hafen zählten
Und zum Gemahle Kaisertöchter wählten!
Welch eine Zeit! Nicht als ein Unterpfand
Von fremder Gunst empfingt Ihr Eure Ehren,
Nicht sollte eines Fürsten gnäd'ge Hand
Den stolzen Purpurmantel Euch bescheeren,
Nein, freie Männer zogt aus fernem Land
Ihr muthig aus auf eignen Kriegsgaleeren,
Der Löwe flog voran im Siegesfeuer,
Ein kurzer Kampf — das Inselreich war Euer!

Ihr schwang't, so weit die griech'schen Meere branden,
Das heilige Schwert mit goldbehelmten Muth,
Wo Kreuz und Halbmond gegenüber standen,
Flog Euer Banner vorn in Kampfesgluth.
Ihr war't die Brustwehr allen Christenlanden,
Ein fester Damm der unheilvollen Fluth,
Des Ritterthumes auserwählte Streiter.
So sprachet Ihr: Bis hierher und nicht weiter!

Und Du der Enkel! Weine nur, mein Kind,
Ja, weine nur, daß Du so spät geboren.
Mit Deinen braunen Locken spielt der Wind,
Es ist Dein Blick zum Herrschen auserkoren,

Fürst vom Geschlecht und wie ein Fürst gesinnt,
Doch alles Andere rettungslos verloren.
Du bist der frische Zweig an dürrem Stamme,
Bist zwischen Asch' und Staub die letzte Flamme.

Ich wollte trösten — doch ich kann es nicht,
Du klagest nicht um eitel Gold und Güter,
Du warst bestimmt zu einem stolzen Licht,
Zu hoher Würden ehrenfestem Hüter.
Und jetzt erweckt Dein blasses Angesicht
Nicht einmal Mitleid edlerer Gemüther,
Wie eine Blüthe tief im Winterschnee
Bist Du gefallen, keiner fühlt Dein Weh.

Kann eins Dich trösten — Du bist nicht allein.
Es ist der Welten wandelbar Verhängniß,
Es soll kein menschlich Glück von Dauer sein,
Der Keim des Todes ruhet im Empfängniß.
Im großen Weh vergiß die eig'ne Pein,
Gott stärke Dich und lind're Dein Bedrängniß.
Jetzt geh', geh' heim in Deine dunkle Kammer
Und sprich der Mutter Trost in ihrem Jammer.

Sonntagmorgen auf dem Kastro von Naxos.

O hallt, ihr Glockentöne,
Ihr wecket eine schöne
Erinnrung, hell und klar,
Ihr tragt mich durch die Weiten
Dahin, wo ich vor Zeiten
Ein wundersel'ger Knabe war.

In früher Sonntagsstunde,
Da macht' ich oft die Runde
Auf unserm Lindenwall:
Noch Alles still und sachte,
Nur eine früh erwachte
Tonreiche Nachtigall.

Da tönet, leis begonnen,
Beim ersten Strahl der Sonnen
Ein tiefer, ernster Hall,
Und zu des Tages Weihe
Beginnen nach der Reihe
Von Thurm zu Thurm die Glocken all.

Und bald ein Meer von Klängen,
Als ob die Himmel sängen,
Schwebt auf der alten Stadt,
Klingt durch die duft'gen Bäume
Und durch der Schläfer Träume
Bis fern zum dunkeln Waldespfad.

Bald wird es brinnen rege,
Es füllen sich die Wege,
Es strömt zum Gotteshaus;
Und von des Hauses Schwelle,
In frischer Morgenhelle,
Tritt ein geliebter Greis heraus.

Doch schweigt, ihr Kirchenglocken,
Es kann dem süßen Locken
Mein Herz nicht widersteh'n,
Es füllt ein warmes Sehnen
Das Auge mir mit Thränen,
Wann werden wir uns wiederseh'n?

Abschied von Naxos.

Leb' wohl! mein Naxos! Sieh', es schwellt gelinde
Das Segel sich und führet mich von hinnen;
Noch seh' ich drüben Deine weißen Zinnen
Und gebe diesen letzten Gruß dem Winde.

Hab' Dank für jede Lust! Gleich einem Kinde,
Dem leicht und ohne Harm die Stunden rinnen,
Hab' ich bei Dir gelebt, und dies Gewinnen
Es ist des Glückes schönstes Angebinde.

Wann werden wieder zu so holdem Frieden,
Zu Lust und Lieb' mich duft'ge Gärten laden,
In welchen glüht die Frucht der Hesperiden?

O blühe, stille Wohnung der Najaden,
Und bleibe gern vom lauten Markt geschieden
Dir selbst genug, Du schönste der Kykladen.

Am 13. September veränderte sich endlich das schöne Nord-
wetter. Es trat Südwind ein, und gleich war der Himmel mit
Wolken bedeckt, die sich in Blitzen und Regen entluden. Unser Schiffer
wollte nicht im Regen gehen — so verspäteten wir uns und versäumten den Wind, der uns noch auf das Dampfschiff hätte liefern
können. Wir kamen erst Sonnabend Mittag an und mußten nun
bis zum nächsten Freitag in Hermupolis bleiben, wo wir voriges
Jahr aus gleichen Gründen acht Tage gelegen hatten. Doch jenes
amerikanische Haus war inzwischen nach Konstantinopel über-
gesiedelt, und wir lebten in der ersten Zeit ziemlich verlassen ohne
uns befriedigende Gesellschaft. Dazu kam ein schlechtes, theures
Logis und eine kleine, mir auf der Meernacht angeflogene Erkältung, um uns den hiesigen Aufenthalt unangenehm zu machen.

Doch in den letzten Tagen geht es besser. Wir haben ein kleines,
freundliches Zimmer gefunden im oberen Stadttheile, und einen
besonderen Glanz gibt unserem Leben die erneute Bekanntschaft
mit Herrn Sanderski, der jetzt Direktor der hiesigen großen, von
England unterhaltenen allelobidaktischen Schule ist. Er erzählte
uns diesmal sein ganzes Leben, welches in christlicher Beziehung
außerordentlich interessant ist. Er lebt jetzt, glücklich verheirathet,
in einem stillen, segensreichen Wirkungskreise. Er hat den wahren
Hafen gefunden. Außerdem muß Syra, obgleich seine beschränkte
Lage auf dem öden Felsen die Fremden in Verzweiflung setzen
kann, durch seine herrliche Aussicht, seinen steigenden, lebendigen
Verkehr und das sichtliche Wachsen des Wohlstandes erfreuen. Am
20. verließen wir Syra auf dem „Maximilianos"; wir hatten
die herrlichste Fahrt, und Sonnabend früh um 9 Uhr traten wir
schon in Travers' Haus im Piräus ein, wo wir gottlob Alles wohl
fanden, obgleich wir hier sowohl wie in anderen Häusern viel
klagen hörten über die unerträglichen letzten fünf Wochen, die wir
unter Gottes Gnade so leicht, so genußreich und nützlich voll-
bracht hatten.

An die Eltern.

Athen, 25. September 1839.

Von der Kykladenreise innerlich gestärkt, sitze ich wieder zu
den Füßen der Akropolis, auf das angenehmste und billigste eingerichtet, im Genusse der schönsten Muße und voll Lust zur Arbeit,
die nicht mißlingen kann. Vielleicht werde ich auch einige Stunden
übernehmen — doch begreift Ihr, daß ich unter meinen gegenwärtigen Umständen nur sehr gut honorirte annehmen kann. Wir
wohnen fürs erste aufs allerbilligste, da wir von einem anderen
Deutschen zwei Stuben übernommen haben, wofür wir nur 15 Drachmen monatlich zahlen. Unsere Wohnung liegt dicht unterhalb des
Monumentes des Lysikrates neben der des Quartiermeisters Rupp,
eines braven Offiziers, der uns mit gutem Essen und Trinken versorgt. Vom Familienumgange hat man hier wenig Freude; das
Traverssche Haus ist das einzige, wo mir recht wohl ist, und besonders sind es die Gespräche mit der vortrefflichen Iba, welche
mir einigermaßen das ersetzen, was ich je länger, je mehr schmerzlich vermisse. Mit dem Doktor Roß, der sehr liebenswürdig sein

kann, stehe ich in sehr freundschaftlichem Verkehr. Unseren Prediger
habe ich noch nicht persönlich kennen gelernt. Rechte Erbauung
finde ich jetzt nur im stillen Lesen der heiligen Schrift, und ich
hoffe zu Gott, auch diese nächste Zukunft, die so neue, wichtige
Ansprüche an mich macht, recht zu ergreifen und zu benutzen. Ich
bin zunächst mit dem Peloponnes beschäftigt und bringe das bei
Leake u. A. zerstreute Material in Ordnung. Es ist eine Arbeit,
die mich immer bei frischem Muthe erhält, weil sie auch ohne viel
Talent und Gelehrsamkeit unter den mich begünstigenden Umständen nicht unfruchtbar bleiben kann.

                    An Victorine Boissonnet.

                                        Athen, 19. Oktober 1839.

    Ueber die Kykladenreise habe ich nach Lübeck weitläufig ge-
schrieben. Ich aber sage Dir, daß ich nie eine solche stille Wonne
des Daseins empfunden habe, wie in den Gärten von Naxos, und
daß — zumal in Begleitung meines Dichterfreundes — ein poetischer
Hauch auf unserer ganzen Reise ruhte. Hier in Athen leben wir
ganz ruhig. Des Morgens bis halb zwölf Uhr wird gearbeitet.
Dann frühstücken wir. Von zwölf bis ein Uhr gebe ich Unterricht,
und zwar wieder einer kleinen Miß, Kitty Leaves, im Griechischen
und in der Geschichte, und des Nachmittags um 5 Uhr ihren beiden
älteren Schwestern Deutsch. Es sind freundliche Blondinen, und
die Lehrstunden sind mir rechte Erholungsstunden. Des Abends
treiben wir gewöhnlich Musik. Hausmann, der auch neben uns
wohnt, dirigirt vortrefflich. Wir singen Quartetts und Solos in
bunter Reihe. In Familien gehe ich fast nie, nur bei Travers' und
bei Leaves' bin ich eigentlich „Hausfreund".

                    An die Eltern.

                                        Athen, 30. November 1839.

    ..... An unserem Essen nimmt jetzt auch unser wackerer
Freund Krauseneck Theil, ein junger Kaufmann der seltensten Art.
Des Abends kommen gewöhnlich unsere Freunde auf der Ruppsburg zusammen. Zwei Abende, Mittwoch und Sonnabend, sind
für Quartett und Musik bestimmt. Montags haben wir einen
ästhetischen Abend, wo eigene Produktionen vorgelegt und Preis-

aufgaben für Novellen, Märchen, Gedichte gestellt werden. Unsere Künstler Kretzschmer und Hochstätter liefern kleine Skizzen, Hausmann, unser Virtuos, komponirt. Unser Kreis ist klein, aber doch reich und mannigfaltig. Oft kommen auch unser verehrter Schaubert, Hansen, Professor Herzog, Dr. Wendtlandt, Leutnant Tiedemann*) aus Heidelberg, und der treffliche Maler Kretzschmer aus Stettin, dem es zuerst gelungen ist, unsere reizende Königin ähnlich zu malen, in unseren kleinen dramatischen Darstellungen ein ausgezeichneter Komiker.

Das Interesse der Hauptstadt ist an ein merkwürdiges Ereigniß gekettet. Theophilos Kairi war bis jetzt durch seinen tabellosen Wandel, seine Gelehrsamkeit und Verdienste als Lehrer des großen Waiseninstituts auf Andros ohne Zweifel der geachtetste, bewundertste aller Griechen. Erst Freiheitskämpfer, hatte er dann sein ganzes Leben mit bewundernswürdiger Aufopferung dem Unterrichte gewidmet. Dieser wird nun plötzlich des Unglaubens bezichtigt, auf einem Kriegsschiffe nach Athen geholt, vor die Synode gestellt, und hier sagt er allerdings aus, er könne nicht alle Dogmen der morgenländischen Kirche begreifen und darum auch nicht annehmen, übrigens sei es sein heißester Wunsch, die Mysterien der Religion zu verstehen. Darauf will die Synode ihn in den Bann thun; dieser ist aber vorläufig vertagt und Kairi einstweilen in ein Kloster auf Skiathos geschickt, damit ihm Bedenkzeit werde, seine Irrthümer zu bereuen. Ihr könnt Euch denken, welch ein Aufsehen diese Geschichte machen muß. Nur Wenige halten es mit der Synode, die Meisten sehen in ihren Schritten den Anfang einer Inquisition und betrachten Kairi als Märtyrer der Gewissensfreiheit, zumal da unter den gebildeten Ständen eine unselige Freigeisterei um sich greift, eine Nachäffung dessen, was Frankreich im Anfange seiner Revolution durchgemacht hat. Es ist ein trauriges Zeichen der hiesigen religiösen Zerfallenheit. Auf der einen Seite dummer Fanatismus — so wurde Kairi vorgeworfen, daß er das Dasein vernünftiger Wesen auf anderen Planeten gelehrt habe — auf der anderen Seite flacher Rationalismus und halbe Aufklärung.

Es sind jetzt mehrere ausgezeichnete Engländer hier. Am letzten

---

*) Geboren 1808, † 1849 als badischer Revolutionär, damals in griechischen Diensten. A. D. B. Band 38, S. 278.

Sonntag hatte ich die Freude, in der englischen Gesandtschafts-
kapelle, wohin ich jetzt gewöhnlich gehe, einen sehr ausgezeichneten
Redner, Mr. Pierson, zu hören. Seine Predigt war mir eine lang
entbehrte, unvergeßliche Anregung. Der englische Kultus war mir
Anfangs sehr befremdlich, und so muß er Jedem sein, der an die
Passivität unserer Gemeinden gewöhnt ist. Jetzt aber, muß ich
gestehen, sagt er mir sehr zu. Ich finde die Litanei und besonders
das laute Einreden der Gemeinde vortrefflich und höchst anregend.
Auch kommt dazu, daß Mr. Leaves, ein Mann, den ich sehr verehre, mit großer Würde und Einfachheit die Gebete vorträgt. Der
abendliche Gottesdienst findet im Hause von Leaves statt. Er
hatte mich diesmal besonders aufgefordert, weil ein anderer eng-
lischer Geistlicher, Mr. Grimshaw, predigen wollte, ein ehrwürdiger
Greis, der Dir, theurer Vater, wohl aus den Annalen der englischen Bibelgesellschaft bekannt ist, zu deren Gründern er gehört.
Ich fand fast dieselbe Gemeinde wieder beisammen, und der Geistliche, welcher Tags zuvor erst von beschwerlicher Reise angelangt
war, hielt eine warme, herzliche Rede. Der Gemeinsinn, der
Religionseifer der Engländer hat meine größte Achtung gewonnen.
Ach, leider stehen wir Deutschen, wie wir uns in Athen zeigen,
darin sehr zurück, und da ist wohl nicht die Gesinnung allein schuld.
Es will auch dies mit praktischer Verständigkeit angefaßt werden,
und darin sind uns die Engländer überlegen.

An die Eltern.

Weihnachten 1839.

In den Weihnachtstagen bin ich recht froh gewesen und will
nun heute — ich schreibe am Freitag — wieder ans Werk gehen.
Ich weiß wohl, ich könnte noch mehr arbeiten, aber es gibt jetzt
wirklich Tage, wo der Himmel so blau und die Luft so göttlich
schön ist, daß man, einmal ausgeflogen, gar nicht wieder nach
Hause finden kann. Auch ist das Geheimniß in Griechenland gesund
zu sein kein anderes, als der Muße zu pflegen und bei guter Laune
zu bleiben. Das eigentliche „Ochsen" ist eine barbarische Erfindung
und ist im schönen Hellas nicht einzuführen, hat es doch schon bei
uns so Viele an Geist und Körper verkrüppelt. Zum Geburtstage
unserer holdseligen Königin machte Geibel ein vortreffliches kleines
Stück, das wir Sonnabend Abend auf der Ruppsburg aufführten.

Das Ganze war Ironie. Im Anfang ward eine arkadische Schäferwelt im Opitzischen Styl dargestellt, Damon hatte nicht Besitz genug,
um seine geliebte Phyllis zu heirathen; da kommt ein reisender
Milordo und freut sich sehr dieser arkadischen Welt, steuert Damon
aus, und der herzukommende Apollon kopulirt sie nach der Arie
„Oh Isis und Osiris" mit veränderten Worten. Endlich kommt
ein reisender Archäologe und beweist dem Apollon und der ganzen
Schäferwelt ihre Nichtexistenz, worauf der Gott stolz das Land
verläßt, Damon und Phyllis in Thränen zerfließen und der Archäologe triumphirend zurückbleibt. Es war ein lichtes, hübsches Stück,
der Titel „Die letzten Arkadier".

Seht, so lebt man in Athen. Es hat sich Alles so hübsch jetzt
gestaltet, Altes und Neues wirkt so durch einander, und der athenische Decemberhimmel wirkt so elektrisch auf alle Gemüther, daß ich
ein „on ne vit qu'à Athènes" kühn aussprechen würde, wenn ich
nicht ein Lübecker wäre.

Ottfried Müller.

Rom, 25. December 1839.

Ich schreibe Ihnen, mein werthester Freund, diese Zeilen noch
von Rom, eben im Begriffe, nach Neapel abzugehen, wo ich mit
meinen Reisegefährten den Januar zubringen und dann den
Februar auf Sicilien verwenden will, um mit dem März die Reise
nach Griechenland anzutreten. In Beziehung auf diese denke ich
ganz den Rathschlägen Ihres Briefes vom 29. November, für den
ich Ihnen herzlich danke, zu folgen, und mit dem französischen
Dampfschiffe von Malta nach Syra und Athen zu gehen, da ich
es auch in jeder Hinsicht für das Beste halte, mich erst in der
Hauptstadt einzurichten und orientiren zu lassen, ehe die verschiedenen Reisen nach dem Peloponnes, dem nördlichen Griechenland und Smyrna, unternommen werden. Sollte indeß die Ueberfahrt sich verzögern, oder ungewöhnlich früh gutes Wetter eintreten, so würde ich es mir auch gefallen lassen, mit einer Reise
durch den Peloponnes anzufangen und in dem Fall Ihr gütiges
Anerbieten eines Zusammentreffens in Patras mit Freuden annehmen. Doch möchte ich den ersteren Plan als den wahrscheinlicheren und regelmäßigeren vorläufig hinstellen, den zweiten nur
als eine durch die Umstände hervorgerufene Abweichung. Hinsicht-

lich der Zeit werde ich meine Reise in Griechenland nicht über den
September hinaus ausdehnen können, und doch möchte ich sie
räumlich so gern auch über Thessalien und die Gegenden zwischen
Smyrna und Sardes erstrecken. Inwiefern dies aber möglich sein
wird, werde ich, wie so vieles Andere, erst bei näherer Besprechung
mit Ihnen sehen. Wie Vieles sich, wenn man ganz dafür lebt,
in beschränkter Zeit beschicken läßt, habe ich schon in dem bisherigen
Abschnitte unserer Reise in Etrurien und Rom gesehen.

Wie begierig ich bin, in Griechenland selbst mich über griechische
Topographie und Denkmäler zu instruiren und instruiren zu lassen,
und wie sehr ich dabei auf Ihre gütige Theilnahme vertraue,
kann ich nicht genug sagen. Ihr Werk liegt mir dabei so am
Herzen, daß ich die Publikation desselben bei meinen eigenen litterarischen Plänen immer schon als geschehen voraussetze, und in vielen
Dingen darauf historisch weiter zu bauen rechne. Ein Buchhändler
wird dazu sicherlich nicht fehlen, wenn das Werk erst in einer bestimmten Gestalt und meßbarem Umfange vorliegt.

Die besten Empfehlungen von meinem Freunde Schöll. Ich
sehe mit Freuden dem neuen Jahre entgegen, das mich nach
Griechenland und in so interessante Kreise führen soll, wie sie sich
bereits in Athen gebildet haben. Meine freundlichsten Grüße an
Herrn Professor Roß.

Mit herzlicher Ergebenheit
Der Ihrige
Müller.

An die Eltern.

Athen, 26. Januar 1840.

. . . . . Gerade im Anfange dieses Jahres war, wie Ihr wohl
in den Zeitungen vernahmt, Athen in großer Bewegung wegen
Entdeckung einer Verschwörung, deren Absichten und Statuten noch
immer nicht recht dem Publikum bekannt geworden sind, da der
Prozeß der Arretirten noch nicht vor den Assisen gewesen ist. Der
russische Einfluß ist fürs erste gebrochen. Solltet Ihr übrigens die
geringste Unruhe empfinden, so kann ich Euch versichern, daß man
hier gänzlich beruhigt ist. Waren auch die Absichten in der That
schändliche, so war es doch keineswegs der Ausbruch einer Volksstimmung, sondern unreife Pläne einiger unzufriedener, schlechter

Subjekte. Das Volk ist ruhig und friedliebend; es ist kein Gedanke an ein gespanntes Verhältniß zwischen Inländern und Aus-
ländern, und jetzt spricht kein Mensch mehr von der athenischen
Vesper, sondern von der athenischen Oper. Mit Blitzesschnelle ist
ein Opernhaus erbaut worden mit drei Bogenreihen, vortrefflichen
Dekorationen und einigen guten Subjekten, und ich traute meinen
eigenen Augen nicht, als ich heute vor acht Tagen in ein hübsches
Theater eintrat und bei vollem Orchester Lucia di Lammermoor
hörte. Ein solcher Abzugskanal für das politisirende Volk ist sehr
ersprießlich.

Professor Forchhammer war nach seiner Rückkehr aus Aegypten
oft mit uns zusammen. In diesen letzten Tagen habe ich mit ihm
eine Tour in die attische Mesogaia gemacht. Das warme, herrliche
Wetter begünstigte uns so sehr, daß diese kleine Reise zu den ge-
lungensten gehört, die ich jemals gemacht habe. Donnerstag Nachmittags brachen wir auf und ritten um das Nordende des Hymettos
nach Markopulo, wo wir sehr freundliche Aufnahme fanden. Der
Demarch war ein sehr jovialer, treuherziger Mann. Er hielt Forchhammer wegen seines Backenbartes durchaus für einen Kalogeros
(Mönch) und meinte, der müßte hübsch zu Hause bleiben. Er führte
es als ein unglaubliches Gerücht an, daß die Leute bei uns keine
Schnurrbärte trügen, und konnte sich gar nicht in den Gedanken
finden, daß man sie sich abrasire. Am Freitage durchsuchten wir
die Gegend des alten Brauron und anderer attischer Gaue, welche
hier herum lagen; schönes, fruchtbares Land, von jungem Pinien-
gehölze bedeckt, aber jetzt so menschenleer, daß wir fast die ganzen
Tage in einer blühenden Wüste umherritten und mit Mühe noch
zum Abende ein Dorf erlangten. Desto dichter neben einander
sind die Spuren alter Bewohnung, und es gelang uns, manche
belohnende Ausbeute in diesen ziemlich unbekannten Gegenden
zu machen, welche sich hinter dem Hymettos und bis in die südlichen Vorberge des Pentelikon erstrecken. Dabei ein ganz idealisches
Reisewetter, des Mittags zuweilen zu warm, da seit Weihnacht
fast unausgesetzt der reinste Himmel ohne Wolken sich über Attika
wölbt. Heute Abend regnet es endlich zum Segen des Landes; ein
Landmann fragte mich ganz dringend, ob ich nicht wüßte, warum
denn der liebe Gott keinen Regen sende. Gestern Abend im Dunkeln
kehrten wir heim. Forchhammer hat Scharfsinn und gute Gedanken; leider geht er viel zu weit. Ich habe für die Topographie

von Attila verhältnißmäßig viel in diesen zweieinhalb Tagen gelernt. Ich hoffe etwas Gutes zu Stande zu bringen, wenn ich
nach meinen neuen systematischen Vorstudien mit Müller und
Schöll die Reise durch Griechenland mache; diese Reise ist aber eine
nothwendige Bedingung, denn die flüchtigen Exkurse, die ich früher
machen konnte, genügen nicht, um eine lebendige Schilderung des
merkwürdigen Landes zu entwerfen, und eine bloße Kompilation
aus früheren Reisewerken will ich nicht liefern.

Heimwärts.

Wollt mich nicht im Süden halten,
Bin ein deutsches Kind,
Sehne mich nach meiner alten
Heimath, wenn dort auch mit kalten
Lüften braust der Wind.

Zwar, ich leb' hier ohne Reue,
Wo man griechisch spricht,
Schön ist Eure Himmelsbläue,
Schöner doch die deutsche Treue
Und ein deutsch' Gesicht.

Mir behagt dies bunte Treiben
Und des Südens Pracht,
Wo sich Ost und Westen reiben,
Doch zu längerem Verbleiben
Ist es nicht gemacht.

Deutsche Männer, deutsche Frauen
Muß ich um mich seh'n,
In die lieben, offnen, blauen
Deutschen Augen muß ich schauen,
Die mein Herz versteh'n.

Da fließt froh das Wort vom Munde,
Da erklingt Gesang,
Wandelt durch die Freundesrunde
In der frohen Feierstunde
Der Pokal entlang.

Drum, wenn noch ein Jahr entschwunden,
Griechenland, ade!
Frisch den Ranzen aufgebunden
Und den Weg nach Haus gefunden
Ueber Land und See!

An die Eltern.

Athen, 14. Februar 1840.

In den letzten Tagen sind die Grabungen an der Nordseite des Parthenon wieder eröffnet, und es fand sich gleich eine Metopenplatte, welche freilich sehr verstümmelt ist, aber doch nicht unwichtige Farbenreste hat und den Beweis liefert, daß auch an dieser Seite Kentaurenkämpfe dargestellt waren. Auch vom Friese fand man einige kostbare Bruchstücke und einen alten Brunnen, der hart unter den Tempelstufen in den Felsen gehauen worden ist.

Meine Arbeiten sind munter vorangegangen. Bis zum Frühjahre sind der Hauptsache nach meine Vorarbeiten beendet, das heißt die Zusammenstellung der bedeutendsten Resultate der neueren Reisenden, mit meinen Tagebüchern verglichen, und besonders aller Stellen aus den alten Geographen und Historikern. Ich habe Alles so auf große Bogen angemerkt, daß jede kleine Bemerkung, die mir auf der Reise aufstößt, nach Besprechung mit Müller, an ihrem Platze eingerückt werden kann und so einer späteren Zeit blos die Zusammenfassung und Darstellung übrig bleibt, womit ich jetzt meine Zeit nicht verlieren darf. Nebenbei habe ich einzelne Punkte in Attika, besonders den Piräus, näher durchforscht, und ich hoffe Müller bald nach seiner Ankunft eine Monographie über die attischen Häfen vorlegen zu können, mit manchen neuen Resultaten, von denen die meisten schon von ihm beifällig aufgenommen worden sind, und mit einer genauen Aufnahme des Terrains, wozu Schaubert und Hansen mir bestens geholfen haben. Nur das abscheuliche Wetter hat unsere Arbeiten in den letzten Wochen sehr zurückgehalten. Im ganzen darf ich mir doch gestehen, daß diese verflossenen Herbst- und Wintermonate im Vergleich mit früheren Zeiten recht inhaltsreich gewesen sind, daß ich viel mehr mit meiner Kraft und Zeit anzufangen gelernt habe und eigentlich zum ersten Male recht in den Gang eigener Forschung hineingekommen bin. Ihr wißt wohl, geliebte Eltern, daß ich damit nicht prahlen will, und Ihr könnt Euch wohl denken, trotz dieses Bekenntnisses, daß ich weit entfernt bin, mit meinen eigenen Leistungen zufrieden zu sein. In wenig Wochen wird nun Alles anders sein. Emanuel will entschieden fort, und ich mag ihn nicht zurückhalten. Ich kann mir es gar nicht denken, daß ich ihn so bald missen soll, da wir uns hier so lange Zeit Alles waren, was nur ein Freund dem anderen sein kann. In der letzten Zeit war er oft verstimmt und voll schwerer Gedanken; die Reise wird ihm wohlthun, und es wäre reiner Eigennutz, wollte ich ihn halten, denn Athen kann ihm nicht das bieten, was er eigentlich sucht und bedarf. Die Geselligkeit ist ihm hier zu arm. Sobald ich allein bin, werde ich zu Travers ziehen, der neulich mir sehr freundlich sagte, er habe gefunden, daß er eine hübsche Stube gar nicht gebrauche und sie daher gleich für mich bestimmt habe, wenn ich sie haben wollte. Nächster Tage kommt eine niederländische Fregatte mit einem Prinzen hierher.

Ueber politische Dinge ließe sich viel sagen. Griechenland ist in eine neue Bahn getreten, Rußland zum Trotz. Es sieht jetzt Vieles besser aus, seit Theocharis, ein echter Freund deutscher Bildung, an der Spitze des Innern und des Kultus steht.

An die Eltern.

Athen, 24. März 1840.

Meine Arbeiten sind rasch vorwärts gegangen. In den letzten vier Wochen habe ich die mir noch am wenigsten bekannten Provinzen von Westgriechenland beendet, wo Pausanias uns verläßt und wir fast nichts als gelegentliche Marschrouten bei Polybios, Livius und Thukydides haben. Dieser Theil ist auch noch am wenigsten bereist worden und erfordert ganz besondere Studien. Thessalien nehme ich jetzt nur flüchtiger durch, da ich nicht weiß, ob es einen integrirenden Theil meiner Hellas ausmachen wird. Attika wird demnächst entworfen werden, der Peloponnes jedoch als erster Band erscheinen, da ich gern mit Nordgriechenland so lange warten möchte, bis die über Attika von Roß und Leake zu erwartenden Schriften zur Benutzung vorliegen. Meine Arbeit über die Häfen liegt zum Theil lateinisch ausgearbeitet vor mir und wartet einerseits auf die Vollendung der geometrischen Aufnahme des Terrains, die ich mit Schaubert begonnen, andererseits auf Müllers Entscheidung, in welcher Form sie abzufassen ist, da Müller mir damals anbot, von Athen aus eine Monographie dieses Inhalts in die deutschen Pressen zu befördern.

In den letzten Tagen bin ich wenig zum Arbeiten gekommen wegen der holländischen Fregatte „De Rhyn", welche vor acht Tagen mühsam in die enge Mündung des Piräus hineinlavirte und seit-

dem das Travers'sche Haus und mich, als den Hausfreund, vielfach in
Anspruch nahm. Ich habe die Ehre gehabt, den Prinzen Heinrich
der Niederlande, den zweiten Sohn des Prinzen von Oranien, hier
herumzuführen. Am vorigen Sonnabend fuhr ich mit ihm und
seinen Offizieren nach Eleusis, um ihn als Hierophant in die
dortigen Mysterien einzuweihen. Unglücklicher Weise blieb es aber
nicht bei der Einweihung, sondern es wurde eine Einweichung
daraus. Denn wie die Holländer überall Unglück haben, so mußte
es gerade in Strömen regnen. Der warme Regen löste die Schnee-
massen des Kithairon mit solcher Geschwindigkeit, daß in wenigen
Stunden der eleusinische Kephisos, der sonst kaum in zwei oder drei
kleinen Rillen ins Meer sickert, zu einem mächtigen Gewässer an-
schwoll, das in zwei großen Strömen die Straße überfluthete und
sich brausend in den Meerbusen ergoß. Wir kamen im ersten Wagen
glücklich hindurch, aber der zweite Wagen blieb in einem Loche
stecken, das man bei der allgemeinen Ueberschwemmung nicht hatte
sehen können. Die Marineoffiziere mit ihren weißen Hosen, blauen
Röcken mit goldenen Knöpfen und Epaulettes mußten sich von den
herbeieilenden Eleusiniern auf den Rücken nehmen und ins Trockene
tragen lassen. Einer, ein dicker strammer Holländer, verlor das
Gleichgewicht und fiel ins Wasser. Der Prinz und der Kommandant
lehnten sich aus ihrem Wagen heraus und wollten sich über diesen
Schiffbruch todt lachen. Der Prinz ist ein liebenswürdiger junger
Mann von 20 Jahren, von Kindheit an zur Marine bestimmt, von
dem Kommandanten etwas sehr herrisch behandelt und dadurch
eingeschüchtert. Er hat schon alle niederländischen Kolonien besucht und erzählte recht hübsch, sobald er seines lästigen Mentors
frei war. Ich mußte dem Prinzen vom Bord seiner Fregatte vom
Piräus aus den Hergang der Salaminischen Schlacht beschreiben,
und zwar in französischer Sprache, denn obgleich Prinz Heinrich
recht gut Deutsch versteht, hat er einmal Ordre, auf dieser Reise
nur holländisch oder französisch zu sprechen. Es gelang mir wirklich,
den jungen Seehelden für die bataille zu interessiren; er belugte mit
einem Teleskope das Schlachtrevier und besah mit Aufmerksamkeit
eine kleine Karte der Insel Salamis und der gegenüberliegenden
Küsten, die ich für ihn gemacht hatte, mit den Stellungen der persi-
schen und griechischen Flotte. Unter den Offizieren — einer Auswahl der Besten zur Begleitung des Prinzen — habe ich sehr angenehme Bekanntschaft gemacht. Bei Travers' war jeden Tag

offene Tafel, und ich nahm oft Theil. Besonders mit einem Herrn Kattendyke bin ich genauer bekannt geworden. Ich habe ihm die Alterthümer hier erklärt und mir von ihm über Indien und die Sundainseln erzählen lassen, die mir so ganz bekannt geworden sind. Heute mache ich noch einen Besuch auf dem Schiffe; morgen wird es wahrscheinlich nach Konstantinopel absegeln.

Aus Eurem nächsten Briefe werde ich erfahren, ob mein inniger Wunsch, den ich Georg recht ans Herz gelegt habe, erfüllt ist, näm- lich, daß Vater an seinem Geburtstage durch unser kleines Büch- lein*) überrascht wurde, und ob es Euch Allen Ueberraschung und Freude gewährt hat. Ich bin begierig, darüber zu hören. Wir haben Alles daran zusammen gemacht, und Alles in Gedanken an unsere Vaterstadt. Das Büchlein ist ein wahres Denkmal unserer Freundschaft und unseres innerlichen Zusammenlebens in Griechen- land: auf Tempelstufen sitzend oder auf antiken Architraven haben wir die Stücke ausgewählt und durchgesprochen, und der Plan, Euch damit zu überraschen, erhöhte die Lust der Beschäftigung. Ich werde wie ein Kind jauchzen, wenn ich höre, daß uns der Plan gelang und daß Ihr, geliebte Eltern, Euch an diesen Blüthen griechischer Dichtung erquickt habt. Wollt Ihr uns recht was Angenehmes sagen, so findet in den Uebersetzungen einen Anhauch griechischer Darstellung, welcher nur unter griechischem Himmel ge- lingen könnte. Jedenfalls hoffe ich, daß dies Büchlein oft durch- blättert werden kann und nicht zu seinem Schaden.

Reim und Strophe.**)

Willst Du ein warmes Gefühl ausströmen in leckem Gesange,
Daß es die Hörenden schnell wirkend und mächtig ergreift,
Immer gebrauche den Reim, der bahnt sich tief in die Herzen
Und läßt lange darin hallendes Echo zurück,
Und Dir horchet das Volk und es dankt Dir mancher, daß kunstreich
Du im Wort freigabst, was ihm die Seele bewegt.
Doch soll edel und klar aushallen ein großer Gedanke,
Der nach langem Bedacht Dir in dem Haupte gereift,
Wahr, vollständig und frei von jedem bestechlichen Schmucke,
Wähl' Dir ein rhythmisches Maß, wie es der Grieche geübt.
Zwar nicht klingt's vielstimmig um Dich im Munde des Volkes,
Doch oft sinnt es Dir nach, dankend, ein edles Gemüth.

---

*) Klassische Studien von Emanuel Geibel und Ernst Curtius. Bonn bei Eduard Weber. 1840.
**) Diese Verse mögen hier Platz finden, da sie den mit Geibel ge- meinsam betriebenen poetischen Studien entstammen.

Donnerstag Abend. Ein schöner Tag. Ich war auf das holländische Schiff eingeladen und fuhr um 1 Uhr nach dem Piräus, Leibarzt Röser und Krauseneck gingen mit; wir wurden von den Offizieren sehr herzlich empfangen, obwohl sie sich schon zur Abfahrt rüsteten. Während Röser mit dem Schiffsarzte über die Behandlung skrophulöser Krankheiten sprach, bewirthete mein Freund Huyssen de Kattenbyle uns mit dem trefflichsten Rheinwein. Wir waren eine Stunde sehr vergnügt zusammen und verabredeten zum Schlusse ein Rendezvous auf dem Kölner Musikfeste 1841. Ich habe seit der Bekanntschaft mit diesen Offizieren des „Rhyn" allen Respekt vor der niederländischen Marine. Ich beurlaubte mich bei meinem schweigsamen Prinzen und dem Kommandanten, und wir ruderten an das Land bei dem wundervollsten Wetter. Gleich darauf spannte sich der „Eurotas", ein riesiges französisches Dampfschiff, vor den „Rhyn" und führte ihn in weniger als zwanzig Minuten vor die Mündung des Hafens. Die Russen, Franzosen, Engländer und Griechen, welche sämmtlich stattliche Repräsentanten im Piräus haben, donnerten dem Holländer ihren Abschiedsgruß zu, während die Fregatte ihre Segel aufspannte und bei sanftem Südwestwinde stolz am Piräus vorüber dem Bosporus zueilte. Nachher besahen wir zwei Reliefs, welche in dem Momente, da sie heimlich eingeschifft werden sollten, von der archäologischen Polizei aufgespürt und zurückgeholt worden sind. Es sind zwei Grabsteine, von denen aber der eine sowohl durch treffliche Arbeit, wie auch durch Neuheit, oder vielmehr durch Bereicherung der gewöhnlichen Darstellung mich im höchsten Grade erfreute. Rechts sitzt die Verstorbene, wehmüthig auf ihren Gemahl hinblickend, der ihr links gegenübersteht und sie bei der rechten Hand faßt. Zwischen beiden, etwas zurückstehend, eine männliche Figur, die ein kleines Wickelkind der Frau, welche im Kindbette gestorben zu sein scheint, hinhält. Rechts von derselben stand noch eine Figur, von der man aber Nichts sieht, als eine Hand, welche sie hinter dem Kopfe der Frau nach dem des Kindes ausstreckt; alles Andere ist fortgebrochen. Merkwürdig, daß der Kopf des Kindes mit einer spitzen Nachtmütze bedeckt ist. Vorgestern fand man in der Scene des alten Theaters eine Silenstatue im Zottelkleide, einen Knaben auf der Schulter haltend, dessen Kopf fehlt, welcher indeß eine Maske über die Schulter des Alten ganz parallel mit dessen Kopfe hält, d. h. auf der linken Schulter sitzt der Knabe, an der rechten Seite des Silen-

kopfes schaut die Maske vor; die Arbeit ist gut, aber nicht erster
Qualität.

An die Eltern.

Athen, 13. April 1840. Sonntag Morgen.

Geliebte Eltern und Geschwister. Obgleich ich erst vor vierzehn
Tagen Euch geschrieben habe, und gegenwärtig alle Hände voll zu
thun habe, so muß ich Euch doch gleich verkünden, was mich so
lebhaft bewegt und als eine große Epoche meines Lebens mir
erscheint. Heute vor acht Tagen ist Müller angekommen. Am Montag Morgen sah ich von meinem Schreibtische aus drei Männer in
die Ruppsburg eintreten. Rupp weist sie herüber, und in wenigen
Minuten trat, wenn auch lange erharrt, doch den Augenblick gänzlich
unerwartet und überraschend, Müller in unsere Wohnung, durchaus gesund, frisch, liebenswürdig und wie sonst durch Blick und
Wort seine Umgebung elektrisirend. Er war zuerst zu mir gekommen und hat sich mir gleich auf eine Weise hingegeben, die mich
wahrhaft rührt. Den ersten Tag hatte ich freilich viel Angst.
Als ich sah, wie er die Sachen anfaßte, mit welcher Fülle von Geist
und Wissen er das Kleinste an seinen Ort zu bringen wußte, fühlte
ich mich ganz vernichtet und zerschlagen, aber seine milde Freundlichkeit hat mich bald ganz anders zu ihm gestellt. Er betrachtete
mich gleich ganz als zu den Seinen gehörig. Meine Lehrstunden
habe ich mir in die Frühe gelegt und dann den ganzen Tag mit
ihm auf der Akropolis zugebracht, oder auch im Theseion. Wir
haben zusammen die Inschriftstücke an einander gesetzt und zusammen gelesen, und vor den alten Schriftzügen selbst erklärte er
mir die bisher unklaren Stellen. Täglich besprechen wir die alten
Bauten, die Skulpturen, die Färbung, die topographischen Punkte
mit einander, und denkt, was ich dabei lernen muß! Besonders
da Müller immer mittheilend und anhörend ist, auf Alles eingehend,
— doch es wäre mir unmöglich, Euch darzustellen, wie segensreich
und belebend er auf mich wirkt.

Schöll*) ist ein herzlicher, lieber junger Mann von entschiede-
nem Geiste und voll Talent, wie es seine Arbeiten über griechische
Poesie beweisen. Er ist mit uns ganz ein Freund und Alters-

---

*) Gustav Adolf Schöll, 1805—1882, Philologe und Litterarhistoriker,
damals Privatdocent und Lehrer der Mythologie und Kunstgeschichte an
der Akademie der Künste in Berlin.

genoſſe, und wenn wir um 4 Uhr zum gemeinſamen Mahle von
der Akropolis herunterſteigen, pflegt er ganz ſeine Philologie aus-
zuziehen und ſprudelt von luſtigen Einfällen. Unſere Mahlzeiten
ſind prächtig, wahre attiſche Sympoſia, auch Profeſſor Göttling*)
aus Jena iſt dabei, ein luſtiger Thüringer, und Müller kann dann
ganz unbefangen und luſtig ſein. Es iſt ein beſonderes Glück, daß
unmittelbar vor Müllers Ankunft die ſo erfolgreichen Grabungen
nördlich vom Parthenon begannen, und daß jetzt mehr als je
gefunden iſt und täglich gefunden wird. Wir haben eine neue
Metope der Nordſeite und drei mehr oder weniger erhaltene Fries-
platten, die erſte ein Stück des Opferzuges, wo vier Widder von
ſchönen Jünglingen geleitet werden, die zweite aus dem Zuge der
Muſiker, ein Sänger, mit ſchön verzierter Phorminx, die dritte
mit einer Darſtellung von Männern ohne beſonderes Attribut, die
mit einem ganz eigenthümlichen Geſtus der vorgeſtreckten Rechten
dem Panathenäenzuge folgen. Außerdem viele kleinere Bruchſtücke,
Fragmente von gemalten Marmorreliefs und beſonders Inſchriften
von dem größten Intereſſe für alte Kunſt, für den Handel u. ſ. w.,
ſodaß, wenn Müller auch nicht hier wäre, die attiſche Archäologie
doch außerordentlich belebt ſein würde. Und jetzt, wie viel ſchöner,
da er da iſt? Es iſt die allergrößte Hoffnung, daß in der nächſten
Zeit noch viel gefunden wird. Müller kann mir nicht oft genug
ausſprechen, wie ſelbſt ſeine Erwartungen weit von der Wirklichkeit Athens übertroffen worden ſind, und wie wohl und heimiſch
er ſich hier fühlt, und Alle geſtehen, daß doch in ganz Italien
und Sicilien Nichts mit Athen zu vergleichen wäre — ſie verſtehen
es herauszufühlen.

Schöll und Emanuel ſind nach Kephiſia; der kleine Göttinger
Maler**) ſitzt auf unſerer Loggia, um die Akropolis zu zeichnen,
welche Müller von hier aus beſonders merkwürdig erſchienen iſt.
Auf nachher hat ſich Müller bei mir angemeldet, wahrſcheinlich, um
einige Beſuche mit mir zu machen, oder Monumente der Unterſtadt
zu beſehen, da die Akropolis heute dem Volke offen und daher zu
belebt iſt. Wir werden wenigſtens noch drei Wochen hier bleiben.
Ehegeſtern Abend war gerade das Quartett zuſammen, da bewog
ich die Freunde, in ſchöner Mondnacht vor Müllers Fenſter zu
gehen, und wir ſangen ihm als Ständchen „Integer vitae", das

---

*) Karl Wilhelm Göttling, 1793—1869, Philologe in Jena.
**) Der von Müller mitgebrachte Zeichner Reiſe.

herrlich über die schweigende Athenastraße schallte. Ja, geliebte
Eltern, ich habe viel, viel Freude, der Himmel meint es gut mit
mir — ich weiß nicht, wie ich es verdient habe. Gott gebe, daß
ich mich nicht undankbar und unwürdig zeige!

An die Eltern.

Megara, 9. Mai 1840.

Die letzte Zeit in Athen war im höchsten Grade interessant; die
vielen Untersuchungen mit Müller angesichts der alten Tempel
und Inschriften haben mich reich belehrt. Auch hatten wir mehrere
hübsche Feste, von der Gesammtheit oder von einzelnen der athenischen Gelehrten unseren deutschen Herren gegeben. Ehe ich fort-
reiste, brachte ich alle meine Habseligkeiten zu Travers', die ein
niedliches Zimmer ganz zu meinen Diensten gestellt haben. Ich
wollte, ich könnte den vortrefflichen Leuten für ihre Freundschaft
recht danken.

Heute zogen wir beim herrlichsten Wetter um den eleusinischen
Golf herum. Mir war freilich Alles mehrfach bekannt, doch entzückte mich die stille, schöne Meerlandschaft. Mit Müller Alles an
Ort und Stelle zu besprechen, ist ein großer Genuß. Schöll ist mir
ein rechter Freund geworden, voll Gemüth und Geist, jugendlich
empfänglich für alles Schöne. Müller ist, wenn auch nicht eigentlich
herzlich, doch im höchsten Grade gütig, freundschaftlich und besonders mittheilend gegen mich. Carl Hausmann reist auch mit
uns, wir bilden einen Zug von sechs Pferden. Wir kommen eben
von den beiden megarischen Akropolen zurück, um nach einigen
Ruhestunden — denn die Mittage sind schon sehr warm — unseren
Weg nach dem Hafen anzutreten. Morgen in aller Frühe brechen
wir auf, um über die Skironischen Felsen nach dem Isthmos
zu gehen.

An die Eltern.

Athen, 23. Juni 1840.

Von Megara, aus dessen Chane ich Euch schrieb, zogen wir
weiter auf der mir wohlbekannten Straße nach Korinth mit Besichtigung des mir noch unbekannten Felsens Kenchreai, dann in
das Innere der Morea über Tenea nach Argos. In der Argolis
verweilten wir drei und einen halben Tag, in denen ich manches

mir Unbekannte jah; bejonders haben wir vielleicht zuerjt über
das Heraion, das berühmte Heraheiligthum zwijchen Mykene und
Nauplia genauere Unterjuchungen gemacht. Sobann auf mir neuen,
hijtorijch höchjt interejjanten Wegen durch die Kynuria und über
den Parnon nach Sparta, bejjen Umgebungen wir zwei Tage lang
durchforjchten, dann jtromaufwärts, durch das obere Eurotasthal
nach Megalopolis, in bejjen Ruinenlabyrinthe wir den vierund-
zwanzigjten zubrachten. Vom Alpheios wieder in die Berge, über
Lykojura nach der alten hochberühmten Fejtung Eira an den Quell-
flüjjen der Neda, von wo wir über das Gebirge birekt nach dem
Apollotempel in Bajjai gelangten. Dann hinunter nach Phigaleia,
über die Neda nach Jthome. Jch machte von der alten Brücke aus
einen Streifzug, ben die anderen, am Erfolge zweifelnd, nicht mit-
machten, und hatte die Freude, die bisher ganz unbeachteten Ruinen
der altmejjenijchen Stadt Anbania aufzufinden und zu unterjuchen.
Kalamata diesmal links lajjend, gingen wir nach Korone und
Navarin, mir ganz neue Gegenden, wo wir jehr interejjante Ausbeute machten, dann hinauf durch das jandige Elis und längs des
durch die jchönjten Ufer jtrömenden Alpheios nach Olympia und
Heraia. Von hier machten wir einen Durchjchnitt quer durch
Arkadien. Die große Hochebene rechts lajjend, gingen wir über
das alte Gortys, über Dhimitana und Bytina nach Orchomenos,
von da über Stymphalos und Phlius längs des Ajopos nach Sikyon,
und trafen am fünfzehnten wieder in Korinth ein, einige Stunden
vor den Majejtäten. Am folgenden Tage entjchlojjen wir uns plöß-
lich, um nicht in Megara wieder von den Herrjchaften eingeholt zu
werden, in Kalamaki ein Schiff zu nehmen, und jo gelangten wir,
nachdem wir den größten Theil der Nacht in einer Bucht vor
Salamis vor Anker gelegen hatten, Mittwoch Morgens, gerade
als die Sonne über dem Pentelikon aufjtieg, in den Hafen des
Piräus. Bei der Einfahrt in die Hauptjtadt empfing uns freilich
Staub und Gluthhiße auf das widerwärtigjte, doch balb wurden
dieje erjten Eindrücke durch die liebreiche Herzlichkeit aufgewogen,
mit welcher ich im Traversjchen Hauje empfangen wurde. Dort
wohne ich jeßt in einem hohen, geräumigen, kühlen Zimmer, das
nach Norden belegen ijt, als ein Glied der Familie mit allen möglichen Bequemlichkeiten und Annehmlichkeiten. Des Morgens
jchicken jie mir das Frühjtück auf das Zimmer, wo ich in aller
Muße und Ruhe meine Arbeiten bejchicke. Um 11 Uhr frühjtücken

wir im Saale zusammen, um 4 Uhr wird gegessen und ich bin
ein- für allemal erwartet. Ihr könnt denken, geliebte Eltern, wie
dankbar ich für diese außerordentliche Gastfreundlichkeit bin. Wie
schwer und kostspielig würde es für mich gewesen sein, bei diesem
wechselnden Aufenthalte hier in Athen Unterkommen zu finden,
jetzt kann ich meine Mittel ganz allein auf die so unendlich er-
sprießlichen Reisen mit Müller verwenden und finde zugleich nach
den Strapazen der Reise die schönste Erholung und Erquickung
im Schooße einer braven, liebenswürdigen Familie. Das Werk,
dessen würdige Ausführung für die nächsten Jahre alle meine
Zeit und Kraft in Anspruch nehmen wird, ist schon durch die
peloponnesische Reise wesentlich gefördert. Müller hat mich ein
für allemal ermächtigt, alle Resultate unserer gemeinschaftlichen
Untersuchungen und Gespräche aufzunehmen. Freilich wird so allmählich etwas Anderes daraus, als eine Bearbeitung des Leake,
und darum geht es natürlich auch langsamer. Doch sollte ich
glauben, bis zum nächsten Sommer den ersten Band über den
Peloponnes und die Inseln fertigbringen zu können. Die Bogen
mit den vorläufigen Entwürfen begleiten mich überall auf den
Reisen.

An Victorine Boissonnet.

Delphi, den 17. Juli 1840.

Eine unruhige, vielbewegte Zeit hat mir zum Schreiben an
meine Freunde wenig Muße gelassen. Erst die Anwesenheit Müllers,
dem ich durch gegenseitiges Bedürfniß zum täglichen Begleiter
wurde, und dann die Trennung von meinen Freunden Krauseneck
und Geibel, mit denen ich mich so ganz zusammengelebt hatte. Die
folgende Zeit war ganz dem archäologischen Treiben gewidmet.
Vierzehn Tage darauf wurde die peloponnesische Reise angetreten.
Nach vierzig Reisetagen kamen zehn Ruhetage in Athen, und dann
ging es wieder trotz Sonnenbrand und Sonnendürre hinaus nach
Rumelien, wo wir hier zuerst am Parnasse im Delphischen Tempel-
bezirke Ruhe finden. Es war nämlich von Anfang an Müllers
Plan, hier genauere Nachforschungen anzustellen. So haben wir
uns gleich für acht Tage niedergelassen und leben ganz gemüthlich.
Von Sonnenaufgang bis 10 Uhr wird gezeichnet, gemessen, kopirt,
dann eine gründliche Siesta gehalten und gegessen und bis 4 Uhr
pausirt. Meine hochgelehrten Begleiter, welche natürlich die griechi-

sche Sonne mehr angreift, als mich, den schon viermal von ihr
Gebrannten und Gebräunten, liegen noch in den Armen des Schlaf-
götzen, während ich mit rechter Seelenlust mich zu Dir wende, um
mich ganz dem süßen Gedanken hinzugeben, daß ich mich wirklich
mit Dir unterhalte, mit Dir Worte der Freundschaft wechsle von
Delphi nach Lübeck, wo Du Deines wandernden Vetters freundschaftlich gedenkst. Du wirst es Dir schwerlich denken können, daß
gerade in dieser letzten Zeit, welche inhaltsreicher, fesselnder für
mich war, als irgend eine vorhergehende, mein ganzes Wesen mehr
als je mit der Heimath und mit Gedanken der Rückkehr beschäftigt
gewesen ist. Besonders habe ich auf diesen Reisen mit Schöll, an
dem mir der Himmel einen neuen Freund zugeführt hat, viel über
Deutschland geredet, entweder auf dem Wege neben ihm reitend,
oder des Abends vor dem Einschlafen, unter dem milden griechischen
Himmel hingestreckt. Wenn auch oft die schmerzhaften Eindrücke,
mit denen mich die Heimath empfangen wird, lebhaft vor die Seele
treten, so freue ich mich doch unbeschreiblich auf diese Zeit des
längeren Zusammenlebens als auf eine Zeit der innigsten geistigen
Erquickung und Erbauung. Denn das Herz darbt in Griechenland,
während Geist und Verstand reiche, grüne Weiden findet. Mit vollen
Zügen will ich dann jene heimathlichen Freuden genießen, mich ganz
dem edelsten Genusse der Geselligkeit hingeben, wenn auch andererseits ich fest überzeugt bin, daß der an die Vorzüge der begünstigten
Südländer Gewöhnte sich schwerer mit jener behaglichen Zufriedenheit zurecht finden wird, als ein Anderer, der keine andere Sonne
als die seinige kennt. Aber soll man sich eine solche wunschleere
Philisterzufriedenheit wünschen?

So schrieb ich in Delphi; hier in Athen am 9. August entfalte
ich dieses Blättchen wieder und denke mit Schauder den Ereignissen
nach, die mich seitdem betroffen. Du ersparst mir die traurige
Mühe, theuere Victorine, Dir den ganzen Hergang zu berichten.
Ich habe es schon in mehreren Briefen thun müssen, von denen
gewiß der eine oder andere Dir zukommen wird. Kurz, noch in
Delphi erkrankte der Hofrath Müller, aber ohne sehr beunruhigende
Symptome, sonst wären wir gleich zu Schiffe nach Athen gegangen;
die letzten Tage der Reise waren für mich Tage der fürchterlichsten

Angst. Am zweiten Tage nach unserer Ankunft in Athen starb der große Mann und jetzt liegt er schon acht Tage auf dem Kolonischen Hügel begraben, während die Gattin mit fünf Kindern die Tage und Stunden zählt bis zum Augenblick der langersehnten Vereinigung. Was ich an dem Manne verloren habe, das kann ich Dir in diesen Zeilen nicht aussprechen; aber das glaube mir, noch immer ruht eine Last trauriger Gedanken auf meinem Herzen, das sich nicht freudig erheben kann. Mir ist, als sei ich plötzlich viele Jahre älter geworden, und düster umflort erscheint mir die ganze Welt. In meinem wissenschaftlichen Streben bin ich durch Müllers Tod so verwaist und verlassen, daß ich nur zitternd jetzt auf der angefangenen Bahn fortgehe wie ein Blinder, der vom Führer mitten auf dem Wege verlassen worden ist. Fühlte ich mehr Kraft in mir, so hätte ich jetzt große Aufgaben zu übernehmen.

An die Eltern.

Piräus, 7. August 1840.

Gott hat mich gnädig vor allen Gefahren bewahrt und mich unter den Gluthstrahlen der Julisonne, welche diesmal fürchterlich waren, kräftig und wohl erhalten, — aber was für jammervolle Tage ich durchlebt habe, und welch ein schauerliches Unglück uns hier betroffen hat, das muß der traurige Inhalt dieser Zeilen sein. Unser theuerer Lehrer und Meister ist ein Opfer seines unermüdeten Eifers geworden, wir haben den letzten Sonntag, den 2. August, Karl Ottfried Müller auf dem Hügel der Akademie zur Ruhe bestattet.

Ich muß, so schwer es mir wird, Euch den ganzen Hergang unserer Reise ruhig erzählen. Am letzten Juni verließen wir Athen, diesmal, da Hausmann fehlte, nur vier an der Zahl mit fünf Pferden. Müller hatte sich in den letzten Tagen mit der Durchzeichnung des großen Schaubertschen Stadtplanes so anhaltend beschäftigt, daß er schon am ersten Reisetage sich ermattet und angegriffen fühlt. Jedoch that ihm die Reise wohl. Wir zogen in kleinen Tagereisen von Marathon nach Rhamnus, Oropos, Tanagra, Theben, wo wir den 5. Juli rasteten. Dann setzten wir unsere Reise um die Ufer des kopaischen Sees fort, jedoch mit der größten Vorsicht, unsere Nachtquartiere auf entlegeneren, höheren

Punkten auswählend, sodaß wir nur einmal, unweit Orchomenos, in der Nähe des Sumpfes übernachteten. Dies war nicht zu vermeiden, da Orchomenos ein Hauptpunkt für uns war, und ich kann kaum den Aerzten glauben, welche in dieser Nacht den Ursprung eines versteckten Sumpffiebers suchen. Von da gingen wir wieder in die Gebirgsgegenden, besuchten Abai und Elatea, gingen über die Abhänge des Kallidromos nach Thermopylai und Herakleia und dann über den Oeta hinab in das alte Land der Dorier. Müller war freilich immer etwas abgespannt im Vergleich mit der früheren Reise und überließ es uns zuweilen, allein schwierige Punkte zu besuchen, allein ich freute mich eher darüber, indem ich darin eine weise Vorsicht für seine Gesundheit zu erkennen glaubte, zu welcher ich ihn so oft umsonst aufgefordert hatte. Ueber den Chan von Grawia gingen wir nach Salona und von da nach kurzem Aufenthalt nach Delphi. Hier war Müllers Plan, acht Tage zu verweilen, und ich erwartete gewiß, daß diese Ruhe ihm wohlthun würde. Wir hatten ein ganz erträgliches Zimmer und freundliche Bewirthung. Die Ausgrabungen gingen in den ersten Tagen auf das glücklichste vorwärts. In neun Fuß Tiefe fanden wir im Tempelbezirk die merkwürdigsten Spuren alter Souterrains, und zu gleicher Zeit ließ Müller eine Polygonalmauer, den Unterbau der Tempelterrasse, freilegen, worauf sich etwa vierzig alte Inschriften, größtentheils sehr lesbar, fanden. Diese ersten Tage des delphischen Aufenthaltes mit ihren reichen, überaus pünktlichen Erfolgen, waren die letzten hellen Tage seines Lebens. Er ließ die ganze Mauer in ihrer Steinfügung von Reise zeichnen, die einzelnen Steine und Inschriften wurden numerirt und registrirt, und wir drei begaben uns jetzt ans Werk, diese noch ganz unbekannten Inschriften zu entziffern und niederzuschreiben. Des Abends wurde das Geschriebene verglichen und besprochen, die Lücken ergänzt und das Zweifelhafte zu einer neuen Besichtigung der Urschrift angestrichen. So arbeiteten wir ein paar Tage fort. Aber trotz der kühleren Bergluft fühlten wir uns Alle nicht recht wohl. Schöll bekam sein Fieber wieder. Müller und Reise fühlten sich matt, und auch ich war von Leibschmerzen geplagt. Die Ausgrabung der Mauer war bis zum Ende vorgerückt. Der Eckstein selbst war in dem Graben liegend und bei gänzlichem Mangel an Hebeinstrumenten nicht gut fortzuschaffen. Müller hatte interessante Anfänge auf diesem Steine gefunden und ließ es sich nicht

ausreden, selbst den ganzen Stein zu kopiren. Zu diesem Zwecke
mußte er lange in der unbequemsten, gebückten oder liegenden
Stellung schreiben. Ich bat ihn drei-, viermal um die Erlaubniß,
ihn abzulösen, aber er wollte dies nicht und vollendete auch die
Abschrift, fühlte sich aber gleich darauf so erschöpft, daß mir damals
zuerst um ihn bange wurde. Nachdem er den ganzen Tag geruht
hatte — ich glaube, es war der zweiundzwanzigste — kam er den
folgenden Tag wieder zu den Inschriften. Ich blieb ihm zur Seite
und bemerkte bald, daß er gleich nach den ersten Leseversuchen
schwindlig wurde, sodaß ihm sein Buch aus den zitternden Händen
fiel. Von der Zeit an gab er das Schreiben ganz auf, bat mich,
einzelne Stellen auf den Steinen noch zu vergleichen, und überließ
es Dr. Schöll und mir, den Rest zu kopiren. Da er kein Fieber
hatte und gut und viel schlief, beruhigte ich mich wieder über seinen
Zustand und trug kein Bedenken, von Delphi aus meinen Plan,
statt des mir wohlbekannten Weges über Daulis und Chaironeia,
den anderen über Stiris und Ambrysos einzuschlagen, den Freitag
und Sonnabend auszuführen. Am Sonnabend Abend traf ich
wieder mit meinen Begleitern in Lebadeia zusammen, wo wir den
Sonntag rasteten. Müller brachte den ganzen Tag auf seinem
Lager zu und ließ sich blos des Abends von uns ein halbes Stündchen herumführen, er klagte über Mattigkeit. Montag früh brachen
wir auf nach Haliartos, denn er ließ sich bereden, von jetzt an
den nächsten Weg nach Athen einzuschlagen, statt der verabredeten
Reise über den Helikon.

Es war ein schrecklich heißer Tag, der Weg führt im Sumpf-
thale des Kopaissees; wir mußten langsam reiten und langten
erst bei starker Hitze am ersten schattigen Obdach an. Obgleich
Müller auf das äußerste erschöpft war, konnten wir doch unmöglich
an dem ungesunden Orte die Nacht bleiben und ritten in später
Abendstunde nach Thespiai. Am Dienstag Morgen ritten wir noch
auf den benachbarten Hügeln zu den Reliefs, welche Ihr, wie diesen
ganzen Weg, aus meinem Reiseberichte kennt. Hier schrieb er noch
schöne, geistvolle Bemerkungen nieder in festen, sicheren Zügen, hier
besprachen wir noch zusammen die Landschaft des Helikon, die sich
dort ausbreitet, doch merkte ich wohl, wie schwach sein Kopf sein
mußte, da er nicht mehr auf die topographischen Fragen einzugehen vermochte. Schöll und ich brachten den Tag in den thespi-
schen Ruinen zu, den Abend brachen wir nach Plataiai auf. Es

wurde ihm schon so schwer, auf dem Pferde zu sitzen, daß immer zwei neben ihm gehen mußten. Sobald wir im Chane angekommen waren, fiel er in einer Art von Betäubung nieder, sodaß wir ihn auf sein Lager tragen mußten. Des Nachts stand er auf, von innerer Unruhe gepeinigt. An seinen Antworten merkte ich schon, daß er fortwährend in bewußtloser Betäubung war, und hatte viel Noth, ihn zu beruhigen. Es war eine schauerliche Nacht für mich. Reise war auch krank am Fieber. Wir mußten den anderen Morgen nothwendig nach Kasa (Eleutherai), dort hoffte ich Menschen zu Müllers Pflege zu finden, von unseren Agogiaten nämlich waren auch zwei erkrankt und der eine, der beste von ihnen, nach Athen vorangeschickt. In Kasa hatten wir Aussicht, Müller in einem Wagen weiterschaffen zu können. Die drei Stunden Weges bis dahin waren schwere, angstvolle Stunden, die letzte Stunde mußten wir ihn wie einen Ohnmächtigen an den Armen halten; er verlor alles Bewußtsein und schwankte haltlos hin und her. In Kasa fanden wir sehr freundschaftliche Hülfeleistung bei den griechischen Gensdarmen und den baierischen Soldaten, die dort ein Lager haben. Mein Erstes war, einen berittenen Boten nach Athen zu expediren mit einem Briefe an den dortigen Moirarchen der Gensdarmerie, worin ich ihn bat, einen vierspännigen Wagen zu schicken, und mit einem zweiten an den Leibarzt Röser, damit er selbst, oder ein anderer Arzt kommen möge. Wir wußten inzwischen mit dem Kranken nichts Besseres zu thun, als kalte Umschläge um seinen Kopf zu legen, was der Arzt später auch sehr billigte. Die ersten Stunden in Kasa waren sehr angstvoll, da er sich immer von seinem Lager aufraffte und in dunklen, unbestimmten Phantasien fortwollte. Auf meine Frage, wohin er wollte, antwortete er mir mehrmals, er sehe eine Inschrift, zu welcher er gehen müßte. Gegen Abend wurde er viel ruhiger, wir gaben ihm etwas warme Suppe und Limonade, sein Puls ging voll, aber nicht fieberhaft. Die Umschläge wurden gar nicht warm an seinem Kopfe. Die Nacht schien er einen gesunden Schlaf zu haben, und des anderen Morgens war er ganz bei Bewußtsein, äußerte sein Bedauern, von Plataiai Nichts gesehen zu haben, und war unzufrieden, daß wir seinetwegen unseren Reiseplan aufgegeben hätten. Er nahm wieder seine Uhr und Boussole zu sich —, ich muß gestehen, ich gab mich ganz der freudigen Meinung hin, daß sein Zustand nur eine Folge der Reisestrapazen sei und bei dauernder Ruhe vorübergehen würde.

Gleich nach Sonnenaufgang meldeten die Gensdarmen, daß der
Wagen von Athen sich zeige; ich eilte ihm entgegen und fand den
trefflichen Röser darin, dem der König, sobald meine Briefe angekommen waren, Urlaub für die Reise und den bequemsten der
königlichen Wagen gegeben hatte. Röser stellte sich, um Müller
nicht zu beunruhigen, als wenn er zufällig des Weges gekommen
wäre. Er hatte eine Menge kühlender Erfrischungen bei sich, die
dem Kranken wohlthaten. Uns befreite seine Ankunft aus unserer
schrecklichen, angstvollen Rathlosigkeit. Freilich erklärte Röser den
Zustand für sehr bedenklich, er erkannte darin den Anfang eines
nervösen Gallenfiebers, aber wie hätten wir nicht hoffen sollen,
daß der Kranke jetzt unter den Händen geschickter Aerzte glücklich
die Gefahr bestehen sollte. Röser erklärte, daß er noch denselben
Tag nach Athen geschafft werden müsse. Schöll und ich gingen zu
Pferde voran, um dort Einrichtungen zu treffen. Wir verließen
Müller bei klarem Bewußtsein und kamen gegen Abend, Donnerstag
den 30., nach einem sehr angenehmen Ritte in Athen an. Ich stieg
bei Travers' ab, besorgte noch einige Aufträge des Leibarztes und
ging des anderen Tages früh in die Müllersche Wohnung, wo Röser
die Nacht um 2 Uhr mit dem Kranken angekommen war. Dort
fand ich schon vier Aerzte am Bette des Kranken versammelt. Der
Zustand Müllers hatte sich bald nach unserer Abreise von Kasa
wieder verschlimmert; ein neuer, stärkerer Paroxysmus war eingetreten, in gänzlicher Bewußtlosigkeit war er nach Athen gekommen, und der Arzt hatte schon während der Fahrt sein Ver-
scheiden gefürchtet. Die einzige Hoffnung der Aerzte beruhte noch
darauf, durch starke Chinindosen das Fieber zu brechen, das ver-
steckt, aber bösartig an ihm zehrte, aber es war vergeblich. Am
Sonnabend trat ein neuer Paroxysmus ein, und in der darauf
folgenden Ermattung entschlief er des Nachmittags 10 Minuten
vor 4 Uhr im 43. Jahre seines Lebens, nachdem man alle möglichen
Reizmittel umsonst angewendet hatte.

Schöll und ich — der Maler, immer noch krank, durfte gar
nicht einmal den Tod wissen — hatten jetzt das traurige Geschäft,
für das Begräbniß und die Hinterlassenschaft zu sorgen, und doch
danke ich dem Himmel, daß ich durch diese Geschäftigkeit den
schrecklichen Gedanken gewaltsam entrissen wurde. Wir zeigten
zunächst der Universität den Todesfall an, und diese ließ uns alsbald nach einer Sitzung des akademischen Senats wissen, daß sie

die Bestattung übernehme und auf dem Hügel des Platon ein Felsengrab besorgen würde, um später darauf ein Monument zu errichten. Der englische Konsul übernahm die Sorge für die Hinterlassenschaft.

Nachdem am Sonntag Nachmittag die Sektion vorgenommen war, in welcher sich zeigte, daß das Gehirn des Verstorbenen in einem völlig erweichten, aufgelösten Zustande war, wurde gegen Abend das Begräbniß vollzogen. Studenten trugen den Sarg auf den Wagen, die vier Dekane gingen an den vier Ecken des Sarges, alle Gesandten, die ganzen Personale des Hofes, der Universität, der Schulen, die meisten Deutschen, viele Griechen folgten, ein unabsehlicher Zug. Bei Sonnenuntergang ließ man den Sarg in die Gruft hinab. Der Hofprediger hielt eine deutsche Rede, dann der treffliche Professor Joannu eine griechische, die Militärmusik begleitete den Trauerzug. In klarer, stiller Mondnacht kehrten Schöll und ich vom Grabe des theuren Lehrers heim, am meisten der unglücklichen Wittwe mit den fünf Kindern gedenkend, die des Mannes frohe Rückkehr in Ohlau erwarteten.

Dies, geliebte Eltern, ist der treue Bericht von den trauervollen Ereignissen der letzten Tage. Was ich um den Kranken für Angst und Sorge ausgestanden habe, und welchen Schmerz ich um den Todten fühle, der ich in den letzten Monaten mich mit meinem ganzen Dichten und Trachten ihm angeschlossen hatte, und in der dauernden Vereinigung mit ihm das Glück meiner Zukunft sah, das könnt Ihr Euch denken. Zu meiner Zerstreuung und Erfrischung schien mir Nichts wünschenswerther, als ein Aufenthalt am Meere. Sobald daher die wichtigsten, dringendsten Angelegenheiten mit Schöll in Athen besorgt waren, folgte ich der Einladung der treuen Freunde Köppen und Lorenzen, in deren Hause ich jetzt ruhige, erquickliche Tage verlebe, durch frisches Seebad jeden Morgen erquickt. Die Hitze hat bedeutend nachgelassen. Zur Zeit, da Ihr diesen Brief empfangt, wird die Trauerbotschaft sich durch Deutschland und Europa verbreiten. Damit sie wenigstens gleich in aller Wahrheit und Vollständigkeit den Verehrern des Verstorbenen zu Ohren komme, muß ich auch Euch, geliebte Eltern, bitten, das Eurige zu thun, und besonders nach Bonn an Brandis, auch vielleicht an andere nahe Orte einen Auszug meines Briefes zu schicken. Es ist meine Absicht, nach Göttingen an Professor Schneidewin, nach Lübeck an Oberappellationsgerichtsrath Bluhme, nach Rom an das Institut zu schreiben. Schöll übernimmt die schwere Pflicht, an

die ihm bekannte Wittwe zu schreiben, die bei ihren Schwieger-
eltern in Ohlau lebt.

Ueberdenke ich jetzt die ganze Zeit der Anwesenheit Müllers,
so wird mir zur Gewißheit, daß nicht einzelne Momente der letzten
Reise Ursache seines Todes sind, sondern die übermäßige Anstrengung während seines ganzen Aufenthaltes, und zwar besonders
in Athen selbst. Er hatte einen fast leidenschaftlichen Eifer für
seine Studien, der ihn Alles vergessen ließ, und es war ihm physisch
und psychisch unmöglich, sich in jenes ruhige Ebenmaß der Lebens-
art zu finden, welches in heißen Südländern für die Gesundheit
nothwendig ist. Das ewig unermüdete Jagen und Trachten verzehrt hier zu schnell die Lebenskräfte. Dazu kam, daß das ungewöhnlich nasse, kalte Frühjahr heuer ihn taub machte gegen alle
Warnungen, das Klima betreffend. Er wurde dadurch verleitet
zu einer gewissen Geringschätzung der griechischen Sonne, die nach
dem kalten Frühjahr desto plötzlicher ihre Gluthen entfaltete. Auch
hatte er die fixe Idee, daß sein Kopf von Natur eisenhart sei, und
trotz meines dringendsten Flehens — denn jeder mit dem griechischen Klima Bekannte zittert unwillkürlich, wenn er einen unbedeck-
ten Kopf sieht — war er viel zu wenig achtsam darauf, seinen Kopf
immer bedeckt zu halten. Durch Röser wird ein offizieller Kranken-
bericht nach Deutschland gesandt werden. Ja, geliebteste Eltern,
Griechenland sollte für mich eine Schule mannigfacher Erfahrungen
sein. Ich bitte Gott, daß er mir Kraft gibt, Alles dankbar hin-
zunehmen, aber mehr als je ist meine Sehnsucht nach Euch, nach
dem Vaterlande gestiegen; je ernster mir das Leben erscheint, desto
mehr verlangt mich nach den geistigen Stärkungen und Erquickun-
gen, welche nur eine glückliche Gemeinschaft gewährt.

An die Eltern.

Athen, 25. September 1840.

Ich schrieb Euch zuletzt vor vier Wochen mit demselben Dampfschiffe, auf dem Schöll abreiste. Die erste Septemberwoche lebte
ich ruhig für mich beschäftigt. Am zehnten trat ich eine kleine
Reise an längs der Südküste Attikas nach dem Tempel auf Sunion
und von da durch die Mesogaia zurück. Das Auffinden mehrerer
Inschriften lohnte den kleinen Ausflug; ich habe sie schon nach Rom
übersandt. Wir hatten damals so kühles Wetter, daß wir auch

des Mittags ohne Beschwerde durchritten. Seitdem ist die Hitze
wieder gestiegen, dabei starke Nordwinde, die des Abends sehr kalt
sind. Man muß sehr vorsichtig sein. Ich beschränke mich jetzt
hauptsächlich auf schriftliche häusliche Arbeiten und werde wohl
zu keiner größeren Tour mehr in Griechenland kommen. Ich muß
auch mein Geld zusammenhalten. Zugleich mit dem Eurigen erhielt
ich einen sehr schönen, rührenden Brief der Frau Hofräthin Müller:
tiefer Schmerz und doch eine würdige Haltung, klar und verständig.
Ich habe auf ihren Wunsch den ganzen hiesigen Nachlaß übernommen und für ein Schiff, das von hier nach Amsterdam geht,
gepackt. Nur die Manuskripte wollte ich nicht einer so langen
Seereise anvertrauen, sondern werde sie mit mir nach Italien
nehmen, um sie von dort zu Lande zu schicken. Die Frau schreibt
sehr herzlich an mich und wünscht, daß ich sie in Göttingen besuche.
Im Oktober kehrt sie zurück.

An Frau Brandis in Bonn.

30. September 1840.

Die vielen Herbstkrankheiten in den Provinzen haben meine
Wanderungspläne sehr gekreuzt, denn Sie können denken, daß ich
vorsichtig geworden bin. Euböa werde ich aufgeben, zumal da
ich durch Ulrichs Nachricht davon habe. Nach Poros und Trözen
hoffe ich noch zu kommen, wenn die Fieber vorüber sind. Ich habe
manche kleine Touren in Attika gemacht. So ritt ich ehegestern mit
Laurent über Menidi, wo Gräber, Wasserleitungen, Skulpturen
gefunden sind, nach Phyle. Wir maßen die Festung aus, schliefen
in der Panagia und stiegen anderen Tages in die Ebene hinab, die
sich zwischen Parnes und Korybalos ausbreitet. Wir gingen dann
durch den Paß, eine niedere Hügelreihe, die von einem Gebirge
zum anderen hinüberspielt. Ueber diese Hügelreihe zieht sich eine
wohlerhaltene alte Mauer, eine gute Stunde weit mit vortretenden
Ecken und kleinen Pforten in den Senkungen. Auf den Höhen
herrliche Aussichten nach beiden Ebenen. Von dort ritten wir links
in einem Längenthale des Korybalos fort, welches oberhalb der
Rheitoi sich öffnet. Ein alter Weg führte uns an hellenischen
Mauern vorüber, gerade beim Heiligthum der Aphrodite auf die
große Straße. Beim Aphroditetempel fanden wir ein dorisches
Kapitell und verschiedene Inschriften ex voto.

Pittakis gräbt jetzt auf Nio. Vor dem Theseion langte gestern
die kolossale Nike an, welche bisher als eine Amphibie, halb im
Wasser, halb auf dem Lande bei der Nisaia lag. Auf der Burg
wird nicht gegraben. Pittakis läßt indessen alle die Hände, Füße,
Köpfe, besonders die abscheulichen Kaiserfratzen auf langen Tischen
in den Propyläen nicht aufstellen, sondern mit hölzernen Döbeln
einkeilen. Ein wahrer Greuel der Barbarei. Man glaubt im Vor-
hofe eines Ali Pascha zu sein. Die arme, geschändete Götterburg!
Das Ministerium Psocharis zeichnet sich dadurch aus, daß nichts
Böses, aber auch nichts Gutes geschieht. Ein Handelsvertrag mit
Belgien ist geschlossen. Für die Schulen geschieht leider Nichts,
das Gymnasium in Nauplia ist noch immer aufgelöst, die Universität
noch immer wie vorher.

An die Eltern.

Athen, 28. Oktober 1840.

Einen Ausflug nach Phyle machte ich mit Laurent, einem
talentvollen Architekten. Später machte ich mich allein auf, um
die mir unbekannten Gegenden der Diakria, des nördlichen gebirgigen Theiles von Attika, zu untersuchen und zugleich einer alten
Einladung von Mr. Finlay zu folgen, der ein schönes Gut in der
Nähe des alten Aphidna besitzt und selbst über diese Lokalitäten
sehr gut geschrieben hat. Er ist ein reicher, schottischer Edelmann,
kam als Philhellene nach Griechenland, verließ als Major den
Dienst, sobald die Freiheit gesichert war, und lebt seitdem als
Privatmann auf seinen Besitzungen in seinen geschichtlichen Studien
mit einer Armenierin, die er aus Konstantinopel entführt und geheirathet hat. Er ist ein Mann von Geist und war auch Müller
befreundet. Ein Brief über dessen Tod an Colonel Leake ist in
mehreren englischen Blättern abgedruckt worden. Ich las ihn im
Morning Chronicle. Sir Edmund Lyons war so gütig, mir das
Blatt früh zuzuschicken. Von Liosa aus, so heißt das Finlaysche
Gut, besuchte ich Aphidna, dessen Burg in uralten Mythen so
verherrlicht wird, auch Sphendale, wo Mardonios seine Reiterei
aufstellte, und kehrte nach dreitägigem Aufenthalte mehrfach durch-
näßt von nordischen Regengüssen, in meine gemüthliche Konsulats-
wohnung zurück.

An näheren Freunden bin ich jetzt verwaist, doch tröstet mich dafür der belehrende Umgang mit Männern wie Roß, Ulrichs, Finlay, Schaubert, da ich ja in diesen letzten Wochen keinen anderen Zweck habe, als durch Austausch mit sachkundigen Männern meine Kenntniß Griechenlands noch möglichst zu erweitern.

In politischer Hinsicht ist Athen jetzt höchst interessant. Die ganze französische Flotte lag bis heute vor Salamis, ein grandioser Anblick. Die Nachrichten vom Kriegsschauplatze*) kommen Schlag auf Schlag. Englische, französische, deutsche Zeitungen kommen hier zusammen, und so wenig ich mich auch in diese Sachen vertiefen kann, führt doch der hiesige Aufenthalt unmittelbar in die orientalischen Verwickelungen ein. Man steht dem Schauplatze so nahe und lebt mitten in den Parteien für und wider. Der Aufbruch der französischen Flotte mag der Anfang großer Begebenheiten sein.

Sobald Schaubert seine dringendsten Ministerialgeschäfte erledigt hat, werden wir schnell unsere Arbeit im Piräus beenden. Dann noch eine kleine Fahrt nach dem noch immer unerreichten Poros, und ich bin zum Abschiede von Griechenland fertig. Ich denke zu Lande nach Patras zu gehen und dann direkt nach Ancona. Ithaka sähe ich sehr gerne, doch muß ich es in dieser Jahreszeit wohl aufgeben, es ist weitläufig und kostbar. Das ist das Aergerliche bei Studien dieser Art, daß dabei von äußeren Mitteln so viel abhängt. Man sieht oft, daß wichtige Fragen der Wissenschaft kurz und schnell entschieden werden könnten, wenn man im Stande wäre, entlegene Punkte zu erreichen, gehörige Begleitung, Arbeiter u. s. w. hätte. Die Engländer haben im ganzen viel weniger geistige Befähigung, fremde Länder zu sehen und zu beschreiben, als die Deutschen, aber durch ihre Geldmittel sind sie Gründer der griechischen Topographie geworden. Doch bleibt immer ein guter Theil unbestrittener Besitz der Intelligenz, der nicht um Guineen feil ist, und so wird auch uns armen deutschen Kirchenmäusen immer noch ein Plätzchen offen bleiben, wo wir unsere Gelehrsamkeit auskramen können. Ein schönes Unternehmen, das von Deutschland ausgehen müßte, wäre eine Bereisung Griechenlands, nicht des Königreichs nur, sondern aller Länder, wo man Griechisch

---

*) Dem Kriege zwischen Mehemed Ali und der Pforte, in welchem Frankreich Anfangs für Mehemed Ali Partei nahm.

rebet, in sprachwissenschaftlicher Beziehung, um die verschiedenen
Dialekte zu untersuchen. Ich habe Kunde, daß man in wenig
bekannten Orten, wie auf Nikaria, in Thälern von Kreta, fast ganz
Altgriechisch spricht, — da ruhen noch Schätze für die Kenntniß der
griechischen Sprache, die kaum geahnt, viel weniger angerührt sind.
Eine zwei- bis dreijährige Rundreise auf den Inseln und Küsten
des Aegäischen und zum Theil auch des Schwarzen Meeres von
einem der neugriechischen Sprache Kundigen unternommen, könnte
bedeutende Resultate liefern.

An Victorine Boissonnet.

Athen, 12. November 1840.

Empfange, liebe Victorine, meinen letzten Gruß und Brief
aus der Stadt der Pallas Athene, aus dem Lande des Sonnen-
scheins, der Heimath der Kunst. Schilt mich schwach und unmänn-
lich, aber verzeihe mir, wenn ich mit tiefer Bewegung den Tag
herankommen sehe, wo ich den sonnigen Tempelzinnen, den Bergen
und Küsten Lebewohl sagen soll, die ich so lange mit jugendlicher
Liebe angeschaut habe, deren Verständniß mir allmählich aufgegangen ist, zwischen denen mir die alten Zeiten der Griechen
lebendig geworden sind. Es ist keine Kunst, von Griechenland mit
leichtem Herzen zu scheiden und sich wohlgemuth auf das Dampfschiff zu setzen, wenn man nach flüchtiger Bekanntschaft, mit anmuthigen Bildern bereichert, Hellas verläßt, oder gar nur im
neuen Griechenland, der verzerrten Nachbildung europäischer Kultur,
gelebt hat, aber wer fast vier Jahre, und welche vier Jahre!
im Lande gelebt, Freuden und Schmerzen dort erfahren hat, wer
seine Berge und Thäler forschend durchwandelte, seine Meere durch-
schiffte und treulich den Spuren alter Zeit nachfolgte, um den
Charakter zu erkennen, den das Land der Geschichte und die Geschichte dem Lande aufgedrückt hat, wem auf diese Weise Land
und Volk an das Herz gewachsen ist, dem vergib, wenn er weinend
in das Schiff steigt.

Vor wenigen Tagen habe ich meine letzte Reise in Griechenland
beendet, es war ein reich belohnender Ausflug nach der Insel
Poros. Ich hatte Gelegenheit, auf einem königlichen Kutter hin-
überzufahren. Am 28. verließ ich den Piräus, und ein frischer
Nordwind trug unser leichtes Schiff in sieben Stunden quer über

den Saronischen Meerbusen an Aegina vorüber nach dem Eilande, welches vor dem östlichen Ende der Halbinsel von Argolis liegt. Poros, das alte Kalauria, war in uralten Zeiten der Mittelpunkt einer mächtigen Bundesgenossenschaft, jetzt ist es der Sitz der griechischen Seepräfektur. Im Hause des Georgios Tombasis, des Intendanten der Schiffswerfte, fand ich eine herzliche Aufnahme, besuchte von dort aus den Poseidontempel, in dessen heiligem Bezirke Demosthenes sein Leben endete, machte eine viertägige Reise auf das Festland, dessen gegenüberliegendes Ufer, durch eine ganz schmale Meerenge von Poros getrennt, zu den reizendsten Gegenden Griechenlands gehört. Die schönsten Gärten ziehen sich hart an das Meer, in dessen Wellen die schweren Feigen- und Citronenäste hinabhängen. Ein dichter Wald von Citronen und Orangen, der einzige jetzt in Griechenland, zieht sich an die Höhen hinauf, von denen frische Bäche durch die edle Walbung herabströmen. Freilich ist es auch eine der ungesundesten Gegenden, die man mit größter Vorsicht bereisen muß. Das schönste Herbstwetter begünstigte mich; es fehlte nicht an interessanten Funden und Ergebnissen, da diese Gegenden wenig besucht werden, besonders die vulkanische Halbinsel Methana, und so gehört diese Reise zu den angenehmsten, die ich in Griechenland gemacht habe. Vom Festlande der Morea zurückgekehrt, verlebte ich noch zwei Tage in der Familie Tombasi und kehrte dann, mit manchen neuen Kenntnissen bereichert und mit einem großen Korbe voll Citronen, Citronat und Orangen, auf dem „Kastor" nach Athen zurück in das Haus meiner niederländischen Freunde.

An die Eltern.

Rhede von Patras, 18. December 1840.

Ein heftiger Regen hat mich von einem Spaziergange durch Patras an Bord des Dampfschiffs zurückgetrieben. Vier Stunden wenigstens, wenn nicht noch länger, bei unfreundlicher Witterung werden wir hier bleiben, und so habe ich mich in die Kajüte begeben, um diesen Brief an Euch zu beginnen, welchen ich von Ancona gleich abschicken will. Heftiger Regen strömt auf das Verdeck herab und alle Berge Moreas und Rumeliens sind schwarz umzogen. Es ist traurig, so von dem schönen Griechenland scheiden zu müssen. Meine Landreise nach Patras mußte ich aufgeben

wegen des unerhört schlechten Wetters während der ganzen ersten
Hälfte des December. Dadurch wurde natürlich auch mein letzter
Aufenthalt in Athen sehr verbittert, und mit Ungeduld erwartete
ich das Dampfschiff, um von dem Sturme und Regen lieber auf
dem Meere herumgeschaukelt, als auf meine vier Wände in Athen
beschränkt zu sein. Das Dampfschiff kam drei Tage zu spät. Ich
hatte daher reichlich Zeit, bis zu dessen Abgange alle meine Sachen
in Ordnung zu bringen. Das Travers'sche Haus ausgenommen,
hatte ich keinen schweren Abschied zu nehmen, meine eigentlichen
Freunde sind mir ja alle nach Deutschland und Italien voraus-
gegangen. Doch wurden mir noch von manchen Seiten Beweise
von Wohlwollen und Freundschaft gegeben, die mir Freude machten.
Mittwoch, den 16., Nachmittags fuhr ich nach dem Piräus; die
lieben Travers' begleiteten mich hinunter. Kurz vor Sonnenuntergang griffen die Räder in das Wasser, und bald waren Athen
und Piräus in Nacht und Nebel hinter mir versunken. Ein seltsames Gefühl, sich so fortschleppen zu lassen mit dämonischer Gewalt!
Man kommt sich wie ein Packet vor, welches durch die Welt ver-
schickt wird. Das Wetter begünstigte uns sehr. Als ich eine Stunde
vor Sonnenaufgang auf das Verdeck stieg, bogen wir schon um
das Vorgebirge Malea herum, Cerigo links lassend. Um 11 Uhr
hatten wir die Höhe von Tainaron, die Schneegipfel des Taygetos
blieben uns lang im Gesichte. Dann nahmen wir eine etwas
nördlichere Richtung von Kap Matapan an, welches mit ab-
geschnittenen Felswänden gigantisch in das Meer vortritt. Zur
Rechten erschienen in weiter Ferne die arkadischen Gebirge über
der messenischen Ebene. Um 3 Uhr waren wir der Festung Koron
gegenüber, bald darauf passirten wir das dritte Kap des Peloponneses, hart unterhalb der kleinen Insel Venetico, welche wie
ein halb eingestürzter Pudding aussieht. Dann durch den Kanal
zwischen dem Festlande und den Inseln Sapienza und Cabrera,
hart an Modon vorbei, das wir gerade um 5 Uhr, vom Tische auf-
stehend, vor Augen hatten. Das Meer war ruhig wie ein See,
und das Dampfschiff ging mit solcher Schnelligkeit vorwärts, daß
wir schon gegen 6 Uhr vor Patras ankamen. In den Frühstunden
zeigte sich das herrliche Bergpanorama in schönster Klarheit: über
Patras die schroffen, schneebedeckten Gipfel des Panachaikon, drüben
die lokrischen und aitolischen Berge, welche, hart an das Meer
vortretend, die Katiskala bei Naupaktos bilden, und draußen Zante

und Ithaka. Nach dem Frühstücke ging ich an Land, besuchte den
mir aus Athen und Naxos bekannten Gouverneur Ambrosiades und
ging dann auf das Kastell hinauf, bis das hereinbrechende Regenwetter es räthlich machte, mich in die gemüthliche Kajüte des
„Barone Eichhoff" zurückzuziehen und auf dessen breiten, wohl-
gezimmerten Rücken den Regen niederprasseln zu lassen. Und so
liege ich denn wieder auf derselben Stelle, vor derselben Stadt,
wie im Februar 1837, damals kommend, an der Thüre Griechenlands neugierig hineinguckend, jetzt scheidend von dem Lande, das
mir so viel Freuden und Schmerzen gebracht hat, und mit Wehmuth
allen den Ereignissen nachsinnend, die sich in diesen vier Jahren
zusammengedrängt haben. Nun mit Gott vorwärts, geliebte Eltern!
Jeder Schritt, den ich jetzt weiter thue, ist auch ein Schritt näher
zu Euch; ich scheide gerne von Griechenland, ich bin hellasmüde,
heimathverlangend.

Korfu, 19. December 1840.

Gestern Abend sind wir noch spät abgereist. Erst war es still,
später auf offener See zwischen Ithaka und Paxos bis gegen Korfu
wurden wir tüchtig geschaukelt. Im Kanal zwischen Korfu und
Albanien hatten wir wieder eine schöne, ruhige und schnelle Fahrt.
Um 10 Uhr warfen wir Anker unter der Citadelle. Ich eilte auf
das Land und suchte im neuen Universitätsgebäude den mir vom
früheren Aufenthalte in Korfu bekannten Asopios auf, mit dem
ich zwei sehr interessante Stunden zubrachte, das schöne Gebäude
musternd, in einigen Vorlesungen hospitirend, in denen sehr gut
vorgetragen wurde, und über griechische Angelegenheiten mich
unterhaltend. Asopios hat mir ungemein gefallen. Der Abschied
von ihm war mir ein neuer Abschied von Griechenland. Die Stadt
machte diesmal einen sehr schlechten Eindruck. Ich schreibe dies
auf hohem Meere, zwischen Dalmatien und Italien, mehr um mir
die Zeit zu vertreiben, als in der Hoffnung, Euch etwas Unter-
haltendes mittheilen zu können, weshalb ich für die Charakter-
losigkeit meines Stiles und meiner Feder um Verzeihung bitte.
Man bemerkt in vielen Stücken die wohlthätige Energie einer
starken Regierung, besonders, wenn man aus dem Königreiche
kommt, aber das Volk ist ein elendes Mischvolk, weder in Sprache
noch Sitte mit sich selbst eins. Die Engländer bauen, um die Insel
mehr und mehr in ihren väterlichen Schutz zu nehmen, ein Fort

nach dem anderen. Gegen 2 Uhr begab ich mich wieder an Bord,
schrieb ein paar Zeilen an Travers, da das nach Athen gehende
Lloydbampfschiff gleich nach unserer Abreise in Korfu ankommen
mußte, und vor 3 Uhr ging es schon weiter in das Adriatische Meer
hinaus, erst eine Zeitlang längs der türkischen Küste, dann quer
hinüber. Wir hatten wieder eine Nacht voll Sturm und Regen.
Doch schlief ich trotz der Unheimlichkeit des Zustandes ein paar
Stunden ganz ruhig. Heute haben wir heiteren Himmel und
Nordwind, der in der Abria nie so schlimm ist, als der „Notus, quo
non arbiter Hadriae major".

Bis gegen Abend sahen wir noch in weiter Ferne einen Streif
dalmatischen Landes Cattaro, Ragusa, Meleda, morgen, so Gott
will, italienisches Land.

Montag Morgen. Bord des Dampfschiffes Angesichts der italienischen Küste vor Kap Gargano.

Bis hinauf gegen Ancona lauter schneebedeckte Berge. Graue
Winterwolken zogen darüber hin, und die kalte Tramontana geht
mir durch Mark und Bein. Das Meer ist ruhig, und ich habe die
Nacht in meiner Koje so gut geschlafen, wie man nur auf dem
Lande schlafen kann.

Ancona, Dienstag Morgen.

Gestern Abend um 6 Uhr fuhren wir in den Hafen ein. Heute
Morgen kam der Guardiano an Bord. Im schauberhaftesten Regenwetter wurde ich auf der Schaluppe des Schiffes mit meinem Ge-
päcke ausgesetzt und ins Lazareth gebracht. Ein ungeheueres Gebäude, das einen viereckigen Hof einschließt, auf einer Insel durch
eine Zugbrücke vom Lande getrennt. In diesem enormen Gebäude
hause ich nun mit meinem Wächter — ganz allein. Ich habe ein
sehr nettes Zimmer und gutes Bett. Meine Bücher liegen schon
auf dem Tische, ein lustiges Feuer brennt im Kamin, und ich
werde die zehn Tage schon durchbringen. Aber es wird mich sehr
viel kosten, da ich ganz allein bin und alle die Ausgaben ungetheilt
tragen muß. Die Aengstlichkeit, mit der man hier wie die leib-
haftigste Pest behandelt wird, ist grenzenlos abgeschmackt und lächerlich. Ein frostiges, einsames Fest werde ich hier begehen, geliebte
Eltern. Aber ich feiere es im Geiste mit Euch, in der festen Gewißheit, daß ich in den vier Jahren der Trennung Euch um kein Haar-

breit entfremdet worden bin, nein, Euch viel enger und fester verbunden bin, und daß mich jetzt keine stürmischen Wellen von Euch
trennen, sondern daß ich jeden Augenblick durch schöne, friedliche,
gebahnte Gegenden in wenig Wochen zu Euch eilen kann. Dies
ist der letzte zerstochene Brief, den Ihr von mir erhalten werdet.
Gutes Omen! Lebt wohl, lebt wohl! Euer an dem Ellbogen
Italiens ausgesetzter, pestverdächtiger, gefangener, aber allzeit
getreuer Sohn.

         An die Eltern.

Terni, 3. Januar 1841.

Diesmal war für mich der Jahresabschnitt in der That auch
ein Lebensabschnitt, ein neuer Aktus. Nach zehntägiger Zwischen-
pause rollt der Vorhang von neuem auf, und St. Peter steht jetzt
im Hintergrunde. Die Quarantäne kam mir wie eine Fastenzeit,
eine geistige Vorbereitung vor, ich fastete auf Rom. Es kam mir
fast nothwendig vor, eine solche Pause einzuhalten, und so habe
ich denn auch in großer Zufriedenheit meinen Arrest abgesessen in
dieser weitläufigen Einsamkeit. Ich habe sehr viel gearbeitet, meine
griechischen Sachen ordnend, ergänzend und mich auf Rom besonders durch Lektüre des Titus Livius vorbereitend. Viel ge-
schwatzt habe ich mit meinem Guardiano, einem sehr possierlichen
Männchen, der mir versicherte, er sei als Zwilling geboren und
daher so dünn geblieben und esse darum auch nur die Hälfte von
dem, was ein Anderer esse. Von meinen Portionen verschlang er
freilich immer die größere Hälfte. Kurz, abgesehen von der ärger-
lichen Unsinnigkeit der ganzen Einrichtung, von den großen Un-
kosten, welche man hat, um seinen aufgedrungenen Wächter zu
bezahlen, und für alle Bedürfnisse des Unterhalts, die weit herbei-
geschleppt werden müssen, habe ich die zehn Tage nützlich und
angenehm zugebracht. Am Letzten des Jahres wurde ich über die
Brücke geleitet, welche dies Sanitätsfort mit dem Festlande verbindet, und so der Welt, der Menschheit rein zurückgegeben. Nur
für eine Stunde wollte ich in Ancona bleiben, um 9 Uhr sollte
mein Vetturin vor dem Thore auf mich warten. Unerwarteten
Aufschub aber gab meine kleine Bücherkiste. Ich wurde damit vom
Thore zur Dogana, von dort zum Santo Uffizio geschickt, wo ein
Dominikaner, der Vorsitzende der Inquisition, die Bücher mit mir

durchging. Sie wurden alle kauscher gefunden. Also zurück auf
die Dogana, wo die Bücher noch einmal ausgepackt und gewogen
wurden, und nach Erlegung von 1½ Stubo ertheilte man mir
gütigst die Erlaubniß, die 50 Pfund Bücher mit mir zu nehmen.
Meinen Reisegefährten, einen Possidente aus Rieti, von mehr als
sabinischer Sitteneinfalt, zugleich Schweineverkäufer, fand ich
natürlich in Verzweiflung, als ich endlich um ½11 Uhr zur Vettura
zurückkehrte. Wir gingen Gottlob nicht über Loreto, sondern über
Osimo und Monte Fano durch reizende, gesegnete Gegenden nach
Macerata, wo ich im Wirthshause zum Einhorn in das Jahr 1841
hinüberschlief. Wie wundersam einem halb Gräcisirten dies Reisen
im Wagen, von Wirthshaus zu Wirthshaus, zuerst vorkommt, glaubt
Ihr kaum. Und dann die ganze Art des Anbaues, die Natur des
Bodens, dieser Verkehr, die Masse von Menschen und Dörfern
— welch ein Abstand gegen Griechenland! Von Macerata gingen
wir am 1. über Tolentino bis an den Fuß der Hauptkette der
Apenninen. Am 2. über den Col fiorito, auf dessen Gipfel ich
gern ein Paar Schlittschuhe gehabt hätte. Die kleinen Seen waren
spiegelglatt. Mittags waren wir in Foligno. Dort treffen sich
drei Straßen. Diesmal schlug ich die südwärts führende ein. Durch
eine schöne Ebene, ein kleines Nebenthal des großen Tiberthales,
neben einem sanften Bache, wahrscheinlich dem Clitumnus, kam ich
in 4—5 Stunden nach Spoleto. In der Mitte steht hart am Wege
der in einer Mühle verbaute Clitumnustempel. Spoleto ist eine
düstere Stadt; ich habe sie nämlich nur bei Nacht gesehen, lang-
gestreckt an eine ziemlich steile Anhöhe hinaufgebaut. Von den
Mauern dieser alten Umbrerstadt, die den Unterbau des Kapuzinerklosters bilden, habe ich im Mondschein Einiges gesehen. Sonst
habe ich von der Merkwürdigkeit des Ortes nur den Vino belle
Grotte und die Oper kennen gelernt. Das Städtchen von kaum
8000 Einwohnern hat eine ganz gute, z. Th. brillante Oper. Mit
der Morgendämmerung ging es fort durch die Ebene über den
zweiten Apenninenrücken, „La Somma" genannt. Es war das
schönste Wetter „l'estate dei natali". Oben genoß ich die Aussicht
auf die schönen Thäler nach Perugia und in das Thal der Nera.
Der Eintritt in dies gesegnete Thal bei Terni ist bezaubernd
schön. Heute Mittag kam ich hier in der „Fortuna" an und machte
mich gleich auf, den Wasserfall zu besuchen. Ein toskanischer Kaufmann, ein braver Florentiner, mit echt „toskanischem bibrirtem

Konsonantenhauch", begleitete mich, der Kellner der „Fortuna"
führte uns. Fünf Miglien gingen wir das Nerathal aufwärts auf
der neuen Straße nach Rieti und Neapel durch die Abruzzen, deren
Schneegipfel im Hintergrunde stehen, und kamen in die große
Hochebene, welche einst der Velino überschwemmte. Tiefe Stalak-
titengrotten zeugen, wie das Wasser hier gewirthschaftet. Die
Römer hatten den großen Gedanken, den Fluß durch ein breiteres
und abschüssiges Bett abzuleiten, und, nachdem man zu verschiedenen Zeiten andere Regulationsversuche gemacht hat, sodaß
man im ganzen drei verschiedene Belinusbette hat, fließt der Fluß
wieder in der alten cava Curiana und schießt mit ungeheuerer
Schnelligkeit durch seine künstliche Felsbahn, bis er auf einmal
an einer jähen Tiefe von beinahe 700 Fuß anlangt. Der ganze Fluß
— und es ist ein Fluß, der zur Winterszeit z. B. der Nahe Nichts
nachgibt — stürzt wie eine Schaummasse mit Donner hinunter,
während ein Viertel vielleicht der Wassermasse in seinem Nebel
aufsteigt, in den die Sonne den schönsten Farbenbogen hinein malt.
Ich habe in meinem Leben nichts Wundervolleres gesehen. Dabei
unten die herrlichste Vegetation und die schönste Felsbildung. Diese
Caduta von Terni ist ein Punkt, ebenso schön in malerischer Beziehung, wie interessant in historischer und physischer Hinsicht. Nach
dem nassen December war der Fluß ganz besonders wasserreich
und das Schauspiel großartig. Unterhalb des Wasserfalles, wo es
glatteste, gingen wir auf einer natürlichen Brücke über das untere
Bett des Belino, das er hier in einem Niveauunterschied von
237 Metern wiederfindet, und am rechten Ufer der Nera zurück.
Ein Theil des Weges nach Terni ist eine Orangenallee. Mit
Sonnenuntergang kehrten wir zurück. Das Thal von Terni, das
schon die Alten wie ein anderes Tempe priesen, ist wunderbar
schön. Morgen geht es mit Sonnenaufgang weiter dem Tiber zu.
Morgen Abend in Civita Castellana und übermorgen Nachmittag,
so Gott will, in Rom.

An die Eltern.

Rom, vom Kapitol, 7. Januar 1841.

Ich bin in Rom, auf dem Kapitole, gastlich empfangen von
edlen, alten und neuen, Freunden, in deren Mitte mir ein neues,
an geistiger Förderung reiches Leben aufgeht. Ich bin voll Dankes

und Freude und weiß nicht, wie ich auf einem Briefbogen Alles
das aussprechen soll, was ich Euch mittheilen möchte. Denn wo
reichen Worte, und gar geschriebene Worte aus, wenn auf einmal
alle die Erinnerungen der größten Weltbegebenheiten, durch den
Anblick ihres Schauplatzes lebendig gemacht, und zugleich die reichste
unmittelbare Gegenwart in ein kleines Menschenherz sich hineindrängen. Aber was aus der Masse innerer Bewegungen am klarsten
und hellsten sich hervorthut, das ist der wärmste Dank gegen Gott
und demnächst gegen Euch, theure Eltern, durch deren Güte mir
so unaussprechlich viel Schönes zu Theil wird. Ich weiß wohl, ich
bin dessen nicht werth, aber ich will thun, was ich kann, um die
Zeit meines römischen Aufenthaltes würdig zu benutzen und nicht
blos an gelehrten Notizen reich, sondern innerlich belebt und
gefördert zu Euch heimzukehren.

In Terni trat während der Nacht Scirocco ein, mit Sturm
und Regen. Um 5 Uhr Morgens fuhr ich in der bis Rom ge-
mietheten Caratella ab. Am linken Ufer der Nera, die letzten Abhänge des Umbrischen Apennin hinunter, führt der Weg, die alte
Flaminia, durch schöne Thäler, von denen ich aber diesmal Nichts
genießen konnte. Bei Narni läßt man die Nera rechts und geht
über Otricoli gerade auf den Tiber zu. Während der Mittagsruhe
in Otricoli stieg ich trotz Regen und Sturm eine Miglie hinunter
zum Lokale des alten Ocriculum, dessen Amphitheater, Bäder und
andere Backsteinruinen freilich einen aus Athen Kommenden nicht
sehr begeistern können. Dann rollt man schnell den sanft abschüssigen Bergweg hinunter dem Tiber zu, welcher sich hier hart
an dem Fuße der Berge hinschiebt. Der Ponte felice, eine Pracht-
brücke Sixtus' V., führt hinüber, wichtig auch dadurch, weil von
hier der Fluß, eben durch die Nera bereichert, schiffbar wird. Die
große Ebene des alten Latium, nur hie und da von kleinen Berg-
wellen sanft durchzogen, macht einen majestätischen Eindruck, zumal wenn man seit vier Jahren keine Ebene solcher Art gesehen
hat. Von hier bis kurz vor die Thore Roms lauter Weideland,
ohne Anbau und Baumwuchs. Gegen Abend kamen wir nach Civita
Castellana, zur Linken den isolirten Berg S. Oreste lassend, den
Soracte des Horaz, der aber keinen Schnee trug. Mir war er
merkwürdig wegen seiner frappanten Aehnlichkeit mit dem athenischen Lykabettos. Civita Castellana liegt auf einer Höhe, die durch
natürliche Felswände zur Festung gemacht ist und in der Geschichte

der alten Völkerschaften eine Rolle gespielt haben muß. Es ist
gewiß die alte Burg von Falerii, während die Ruinen unten bei
Santa Maria bi Faleri der späteren römischen Kolonisation angehören. Mit Einbruch der Nacht langten wir in Nepi an, wo
wir in einem sehr schlechten Wirthshause mit verschiedenen von
Rom kommenden Reisegesellschaften zusammentrafen, darunter
Italiener jeden Standes, Mönche, Soldaten, Geistliche, Kaufleute
— alle vor dem Riesengebäude des Kamines, in das ganze Eich-
bäume gestürzt wurden, malerisch gruppirt. Die neuesten Opern
wurden durchgesungen und zum Theil dargestellt; ein buntes Getümmel, für einen Fremden ein ergötzliches Schauspiel. Anderen
Morgens war das Wetter etwas klarer. Hinter Monterosi kommt
man wieder über eine isolirte Hügelgruppe, die Wände uralter
eingestürzter Bulkane, dann geht es in der Ebene ununterbrochen
fort, Alles wüste und öde. Aber es geht ja Rom entgegen, und
barum ist es keine Wüste, keine Einöde, sondern eine Campagna.
Bei jedem Migliensteine schlägt das Herz in schnellerem Tempo,
besonders nachdem man Beji und die benachbarte letzte Poststation
bella Storta, wo ich meinen Vetturino mit Orvieto regalirte, verlassen hat. Beim sogenannten Grabe des Nero, beim fünften Steine,
setzte ich mich in das Cabriolet hinaus, obwohl mir der Wind den
Regen ins Gesicht schlug, und von jetzt entfaltete sich mit jedem
Schritte vorwärts die ungeheure Stadt. Vom Ponte Molle, zwei
Miglien vor der Stadt, tritt man schon in eine Vorstadt ein, und
bald erscheint die Porta del Popolo im Hintergrunde. Die Geschäfte am Thore und an der Dogana wurden in nicht zu langer
Zeit beendet, und ich blieb meinem Gelöbniß treu, mich durch
dergleichen Sachen moderner Barbarei ein- für allemal in Italien
nie verstimmen, ärgern oder stören zu lassen. Nach einigen Sonnen-
blicken, welche mir die Piazza del Popolo erhellt hatten, neuer Regen.
In der Dogana miethete ich mir einen Wagen, packte meine Sachen
hinein und jagte auf das Kapitol, den Monte Caprino, wo mich
Abeken*) erwartete. Er hatte schon zwei Tage zu Hause gesessen
und empfing mich mit Jubel. Einige Minuten darauf kam Hausmann herauf, der mich im Vorübergehen erkannt hatte und dem
Wagen im Laufe gefolgt war. Abeken hatte Alles für mich her-

---

*) Wilhelm Ludwig Abeken, 1813—1843, Archäologe, Schüler Gerhards,
seit 1836 in Rom.

gerichtet, ein Zimmer mit Balkon, von dem man den Tiber zur
Rechten und geradeaus den Palatinus, Aventinus u. f. w. sieht.
Nach kurzem Gespräche trat ein Mann herein, in dem ich zu
freudiger Ueberraschung Professor Hollweg aus Bonn erkannte.
Mehr als Alles aber freute mich zu hören, daß Gerhard noch hier
wäre. Gegen 5 Uhr, zur Eßstunde, trafen wir ihn in einer Trattoria,
wo die Kapitoliner zusammen speisen. Er war ungemein liebreich
und herzlich, und während der Heilige-drei-Königsabend mit Trompeten und Jahrmarkt gefeiert wurde, saßen wir in herzlicher Freude
bei einander. Bald darauf kam auch der wackere Hochstätter, einer
der ausgezeichnetsten deutschen Architekten hier. Im traulichen
Gespräche mit meinem Abekino — so heißt mein Freund zum Unterschiede von Abekone, seinem Vetter, dem Gesandtschaftsprediger —
endete der unvergeßliche Tag meiner Ankunft in Rom. Gestern
Mittag erlaubte das schlechte Wetter Nichts mehr als einige Besuche
zu machen, zuerst bei Dr. Braun, dem ersten Sekretäre unseres
Institutes; dann verunglückte ein Spaziergang nach dem Monte
Pincio, und der Regen trieb uns in das Hotel des hannoverschen
Gesandten Kestner,*) dem mich Abeken vorstellte. Auch er empfing
mich mit einer unbegreiflichen Freundlichkeit und lud mich gleich
mit den Kapitolinern auf heute zu Tisch ein. Er ist der allerein-
fachste, gemüthlichste Mann, den man sich denken kann. Nachher
ging ich zum Prediger Abeken, der auch wie ein König wohnt im
Palazzo Caffarelli und an des großen Niebuhr Stehpulte arbeitet,
ein lebendiger, geistvoller Mann, belesen in einem seltenen Grade.
Auch hier wurde ich wie ein alter Bekannter empfangen. Im Vorübergehen machte ich die Bekanntschaft des Herrn Weber aus Hamburg, mit dem uns der Regen zufällig unter dasselbe Säulendach
getrieben hatte, und bei dieser Gelegenheit tauschten wir allerlei
heimathliche Nachrichten aus. Um 5 Uhr war unter Gerhards
Auspicien ein gemeinschaftliches Mahl jenseits des Tiber in der
Genzola verabredet worden, wohin die Improvisatoren zu kommen
pflegen. Wir führten es trotz des Regens aus. Am Theater des
Marcellus vorüber, das ich mit Ehrfurcht begrüßte, über die Tiberinsel und die Doppelbrücke zogen wir zusammen dahin; die Trattoria
liegt in der Nähe einer anderen, in welcher Goethe seine Elegien

---

*) August Kestner (1777—1853), der Sohn von Goethes Jugendfreunden
Johann Christian Kestner und Charlotte Buff, seit 1817 hannöverscher Gesandter am päpstlichen Hofe.

dichtete. Heute Morgen blieben wir ruhig zu Hause. Alle Bücher
und Karten, die ich nur wünschen kann, stehen mir stündlich zu
Gebote, und dabei die vortrefflichste mündliche Belehrung. In
einem Nebengebäude ist die Bibliothek und das Lokal des Institutes,
dessen Versammlung ich morgen zum ersten Male beiwohne. Das
herrliche Werk über Rom*) mit Ernst und Methode durchzuarbeiten,
ist meine nächste Aufgabe. Außerdem habe ich meine speciellen
griechischen Pläne nicht aus dem Auge verloren und hoffe hier und
da etwas Verstecktes aufzustöbern. Es ist wohl schwer, hier immer
recht klar und bestimmt zu bleiben. Ich fühle mich ganz berauscht.
Das einfache, klare, bescheidene, kleine Athen und dies unermeßliche Rom, die Welt von Geschichte. Und welch ein Unterschied des
Lebens! Während das Leben in Athen eigentlich eine fortwährende
Entsagung ist, ist hier wahrlich ein geistiger Luxus im höchsten
Grade. Während ich auf der einen Seite sehe, daß mit Freundlichkeit und Interesse aufgenommen wird, was ich aus Athen mit-
bringe, so spüre ich anderseits auch mit Schrecken, wie weit ich
in vielen Stücken zurückgeblieben bin in jener klassischen Barbarei,
und wie viele Ergebnisse der Wissenschaft gewonnen sind, von denen
ich Nichts wußte. Ich habe hier viel nachzuarbeiten.

An die Eltern.

Rom, 28. Januar 1841.

Ich blieb noch acht Tage auf dem Kapitole bei meinem Freunde
Abeken, dessen Verdienste um mich ich nicht genug rühmen kann.
Trotz des schlechten, nassen Sciroccowetters benutzte ich doch die
klassische Lage meiner Wohnung, um mich auf dem Forum und
in der Umgegend, den Stammsitzen des alten Roms, einheimisch zu
machen. Der folgende Sonntag war der erste heitere Tag. Den
Vormittag besuchte ich den Gottesdienst und wurde tief ergriffen
durch die einfach würdige Feier. Trefflicher Gesang und eine
gehaltvolle Predigt des älteren Abeken über die auch für uns
bestehende Geltung des Epiphaniasfestes. Darnach machte ich mit
den Freunden einen Spaziergang nach der Villa Pamfili, die durch
herrliche Aussichten, reizende Piniengruppen und blumenreiche

---

*) Die „Beschreibung der Stadt Rom" von Platner, Bunsen, Gerhard
und Röstell, mit Beiträgen von Niebuhr, welche 1830—1843 in drei Bänden
bei Cotta erschien.

Grasplätze und Anlagen Jeden entzücken muß. Ueber S. Pietro
in Montorio und die Aqua Paolina, die Platen verherrlicht hat,
kehrten wir heim. An diesem Tage ist mir Roms Herrlichkeit aufgegangen. Die Linien des Albanergebirges sind unvergleichlich
edel und schön, und die an seinen Fuß sich anschließende Campagna
ist großartig wie ein Meer. Das Meer selbst erscheint zuweilen
durch den Reflex der Sonne als schmaler Silberstreif. Den Abend
brachten wir bei Kestner zu, welcher seiner Mutter Geburtstag
feierte. Er hat uns eine Vorlesung der Goetheschen Briefe versprochen. Kestner steht zu allen jungen Norddeutschen in einem
Patriarchenverhältniß. Er ist ungemein edel und gut und so anspruchslos und einfach, daß er uns selbst auf unseren Stuben besucht.

Am Montage musterte ich zuerst das Kapitolinische Museum,
natürlich nur übersichtlich, unter Abekens Leitung. Besonders interessant waren mir, außer den weltberühmten Meisterwerken dieser
Sammlung, dem sterbenden Fechter, dem Satyr u. A., die Bruchstücke des alten Planes des Forum und die frappante Kopie eines
kürzlich in Athen ausgegrabenen Faunes. Uebrigens hinderte mich
das trübe, schmutzige Wetter sehr in meinen Expeditionen. Dienstag
erst sah ich Overbeck, nachdem ich endlich, den Plan in der Hand,
den Palazzo Cenci gefunden hatte. Er hat mich sehr herzlich
empfangen; von der schweren Prüfung, die ihn betroffen, sprach
er mit Ergebung und Demuth. Er sagte, wenn es ihm auch vergönnt wäre, seinen Sohn wieder zu erhalten, er würde ihn doch
droben lassen, da habe er es doch besser. Er hängt noch recht innig
an unserer Vaterstadt. Von seinen Sachen sah ich diesmal noch
Nichts, da ich nur kurz bleiben konnte. Am Mittwoch machten wir
einen Spaziergang nach Monte Mario, wo man wohl von allen
Punkten bei Rom den reichsten Ueberblick über die ewige Stadt
hat. Man verfolgt den ganzen Tiberlauf und übersieht einen
großen Theil der Apenninen.

Es war ursprünglich meine Absicht, mit Hausmann zusammen
zu wohnen. Doch sah ich bald ein, daß ich dadurch in meinen
Arbeiten sehr gestört werden würde, da er sehr gesellig lebt. Auf
dem Kapitol war gerade keine Wohnung. Denn die von Abeken
mir zugedachte hat noch immer Gerhard inne, der nicht fortfinden
kann und auf das liebenswürdigste mit uns verkehrt. So suchte
und fand ich denn ein Stübchen auf der Piazza Barberini, freilich
weit von meinen Kapitolinern, aber Hausmann, Hochstetter und

anderen Freunden benachbart. Ich zahle mit Aufwartung fünf
Skudi. Ich habe den stattlichen Palast der Barberini vor Augen.
Zu meinen Füßen arbeitet der Triton, unter den Berninischen
Fontainen nicht die schlechteste. Auf dem mittleren, ungepflasterten
Theile des Platzes lagern fast den ganzen Tag römische Stiere in
malerischem Phlegma vor ihren Wagen. Donnerstag Morgen zog
ich ein. Nachmittags gab ich mir mit Abeken ein Rendezvous, und
wir traten die Reise nach dem Batikan an, Hausmann, Blessig und
Hochstetter wie gewöhnlich unsere Gefährten. Wir speisten erst in
der sogenannten Benvenuto-Cellini-Trattoria und traten dann in
den unermeßlichen Palast der Kunst ein. Abeken wollte mir auch
hier für diesmal nur einen Ueberblick geben, und so wurde ich
von einem Saale in den anderen geschleppt, von den Meisterwerken
der alten Skulptur zu den Rafaels und von da noch in die Bibliothek
von Saal zu Saal, sodaß ich am Ende unter diesem raschen Wechsel
der gewaltigsten Eindrücke ganz unwohl wurde. Dazu kam dies
Gewirre von Fremden, die sämmtlich auf zwei Wochentage beschränkt sind, und die kalte, dumpfe Luft im Batikanischen Palaste
— kurz, was ich für heilige Schauder der Kunst gehalten, wurde
zu Fieberschaudern, die bald einer Hitze des Kopfes wichen. Ich
achtete dessen nicht. Wir gingen noch in den St. Peter und fuhren
dann zusammen zurück. Abends gab Hochstetter ein kleines Fest
beim Bildhauer Batsch und wollte mir nicht erlauben, zu Hause zu
bleiben. Am Freitage ging alles gut. Es war Institutsversamm-
lung, in welcher über den Fries des Niketempels in Athen, über
etrurische Gräber und den neu aufgegrabenen Artemistempel in
Syrakus viel Interessantes verhandelt wurde. Sonnabend Morgen
aber kehrten plötzlich meine längst vergessenen vatikanischen Fieber-
schauer zurück, und das traurige Faktum stand fest, daß ich ein
römisches Wechselfieber hatte. So auf einmal mich in meinen Unternehmungen gehemmt zu sehen, war ärgerlich genug. Ein trefflicher,
lieber deutscher Arzt, Dr. Hartmann, behandelte mich und schnitt
das Fieber ab, nachdem ich vier Anfälle bestanden hatte. Der
Umstand jedoch, daß sie nicht ganz regelmäßig kamen, läßt mich
hoffen, daß es kein eigentliches klimatisches Wechselfieber war,
obgleich Hartmann es so nennt, sondern eher ein kleines Flußfieber,
da ich mich während der nassen, kalten Wintertage leicht erkälten
konnte. Es ist zu warm, um mit einem schweren Mantel, und zu
kalt, um in einfachem Rocke zu gehen. Wer also nicht so glücklich

ist, ein Mittelding zu besitzen, ist leicht einer Erkältung ausgesetzt.
Ueber acht Tage mußte ich das Zimmer hüten, hatte aber viel
freundlichen Besuch. Außer den Freunden, die täglich kamen, kam
auch der treffliche Overbeck zweimal zu mir, und erwies mir die
liebenswürdigste Theilnahme, ferner Herr Weber aus Hamburg,
in dessen liebenswürdiger Familie ich gerne verkehre. Ein sehr
angenehmes Haus, in das mich Kestner eingeführt hat, ist das des
badischen Geschäftsträgers Maler, eines sehr unterrichteten, Kunst
liebenden und übenden Mannes, der auch eine höchst liebenswürdige
Frau hat. Sehr peinlich sind mir natürlich die Vorsichtsvorschriften
des Arztes, und doch gehorche ich, um nicht Rückfällen ausgesetzt
zu sein. Ich hüte mich noch immer vor Morgen- und Abendluft und
vor Kirchen und Galerien, so sehr ich auch in der Kenntniß der
Museen vorwärts kommen möchte. Die Mittagsstunden der letzten
Tage habe ich benutzt, den Aventin, den Palatin und die Tiberufer
zu durchstreifen, meistentheils menschenleere, öde Räume innerhalb
der Stadtmauern des neuen Roms. Gestern kam ich auf den Monte
Testaccio, wo man das unermeßliche Rom herrlich übersieht. Die
Pyramide des Cestius wird jetzt ganz ausgegraben. Von da ging
ich quer über den Aventin zum Ponte rotto, den Resten der ein-
gestürzten palatinischen Brücke, von wo man eines der schönsten
römischen Stadtbilder hat. Die interessantesten Monumente sind
in der Nähe des kleinen Vestatempels, Victorinens Liebling, und
des sogenannten Tempels der Fortuna virilis, welcher mir von allen
Gebäuden des alten Roms fast am besten gefällt. Der Abend war
so schön, daß ich mich vor ihm nicht fürchten zu müssen glaubte,
und so ging ich mit Abekino noch auf den Palatin in den Garten
des Kapuzinerklosters Bonaventura. Dort steht ein Palmbaum,
ein Abkömmling aus Jerusalem, und macht, wenn man im Garten-
pförtchen steht, den Mittelpunkt zu dem schönsten aller Bilder, welche
die Natur gemalt hat. Man hat den cypressenreichen Cölius gerade
vor sich mit seinen schönen Gebäuden; links das Thal des
Kolosseums, das von der untergehenden Sonne vergoldet wurde,
im Hintergrunde die schneebedeckten Sabinerberge, zur Rechten die
Campagna und unter sich die verlassenen Hügel und Thäler der
alten Roma, wo nur einsame Kirchen und Klöster zwischen Feldern
und Weinbergen sich erheben. Eine unaussprechliche Wehmuth ruht
auf diesen Theilen der Stadt; man kann sich daran nicht satt sehen,
und ich möchte sagen, so schön Rom auch gewesen sein mag in

seinen augustinischen Glanztagen, schöner als jetzt kann es nie
gewesen sein. Mir würde selbst das Forum nicht gefallen, wenn
es bastände, wie Bunsen es restaurirt hat.

Die Zeit, welche ich auf das Zimmer beschränkt war, habe ich
natürlich bestens benutzt, um mir die Resultate der römischen
Topographie auf litterarischem Wege möglichst anzueignen, ein
Studium, das nicht nur an und für sich von der höchsten Wichtigkeit ist, sondern mich auch für die Topographie der griechischen
Städte, deren Analogie ich immer im Auge behalte, wesentlich
fördert. Sobald ich dies einigermaßen zu Ende gebracht habe, will
ich mich noch mit dem Wesentlichsten aus der Geographie Mittel-
italiens beschäftigen, um mir die Wohnsitze der Stämme, welche
mit dem jungen Rom in Berührung kamen, anschaulich zu machen.
Dazu habe ich im Institute alle Hülfsmittel und an Abeken einen
Führer, der mir überall halbe Mühe erspart. Dafür lese ich mit
ihm Pausanias. Bei Kestner soll ein Aristophanesabend eingerichtet
werden. Außerdem arbeite ich für die Schriften des Instituts
einige Kleinigkeiten aus. Ob ich einige specielle Zwecke für meine
griechischen Arbeiten erreichen werde, kann ich noch nicht entscheiden;
darunter verstehe ich besonders die Bekanntmachung der Handschriften und Handzeichnungen des berühmten Baumeisters San
Gallo, der ungefähr 1460 Griechenland bereiste. Sie liegen in der
Bibliothek des Palazzo Barberini, welche seit jenem berüchtigten
Diebstahl schwer zugänglich ist. Vielleicht gelingt es mir doch noch,
den Schatz zu heben, wovon ich mir für die Wissenschaft den größten
Gewinn verspreche. Ob ich freilich in kurzer Zeit das Manuskript
werde ausbeuten können, oder ob ich es Anderen überlassen muß,
kann ich jetzt nicht beurtheilen, da die ganze Sache noch im weiten
Felde ist. Auch in den Schätzen des Palazzo Chigi hoffe ich noch
Einiges für Hellas zu finden.

An Victorine Boissonnet.

Rom, 8. Februar 1841.

Es war keine kleine Prüfung, daß ich gleich nach meiner Uebersiedelung zur Piazza Barberini dem römischen Fiebergotte an-
heimfiel, aber ich muß es dankbar anerkennen, daß ich so leicht
und, was selten ist, ohne Rückfälle, davongekommen bin und nachdem mir noch einige Zeit lang eine Schwäche der Füße anklebte, jetzt

wieder frisch und gesund mich herumtummele. Und seitdem genieße
ich Alles doppelt. Rom läßt sich nun einmal mit keiner Stadt der
Welt vergleichen, und seine Größe läßt sich durch keine Beschreibung
erreichen. Es will empfunden sein, welche Weihe Natur und Geschichte diesen sieben Hügeln mitgetheilt haben. Gerade jene
Wunder, welche der Beschreibung am meisten Stoff geben und in
den Itinerärs die meisten Seiten füllen, die Plätze, Paläste,
Brunnen, die einzelnen alten Monumente und Kirchen sind es
nicht, welche der Stadt ihren eigenthümlichen Reiz geben, die sind
alle auch anderswo zu finden, und meist viel schöner — aber dies
ungeheuere Ensemble in aller seiner Verwirrung, dies Gesammtbild von Alt und Neu, von Leben und Zerstörung, das wie eine
aufgerollte Weltgeschichte vor Augen liegt, das ist das unbeschreiblich
Große in Rom. Man steht auf dem Bulkane und fühlt unter den
Füßen die dämonischen Gewalten, die ein Jahrhundert nach dem
anderen hingestürzt; man fühlt das Leben der Menschheit wie sein
eigenes Leben und erbebt vor dem Ernst der Geschichte. Und wie
schließt sich diesem ernsten Bilde die Stadt, die Umgegend so würdig
und feierlich an. Die ruhigen Formen der fernen Berge, deren
Fuß in die unabsehbare Ebene wellenförmig ausläuft. Nirgends
habe ich so sehr den verschiedenen Einfluß der Beleuchtung empfunden wie hier. Bei hellem Tageslichte läßt Rom kalt. Man
freut sich, all das einzelne Schöne aus alten und mittelalterlichen
Zeiten zu erkennen, zu verstehen und zu prüfen, man freut sich
auch der Blicke auf das Gebirge, wenn im scharfen Lichte und
Schatten sich die Abhänge der Albanerberge zeigen. Aber das Bild
der Stadt selbst ist zu unruhig, es erscheint des Einzelnen zu
viel, um einen Gesammteindruck zu haben. Aber wenn die Sonne
hinter dem Janiculum und den Pinienwäldern von Villa Pamfili
sinkt und ein dämmerndes Abendlicht sich über die Hügel des alten
Roms und die Ufer des Tiber legt, dann hebt sich das Alte und
Große, dann wachsen die Formen der Hügel und der großen Gebäude zu gigantischen Umrissen, das kleinliche Einzelne verschwindet,
eine großartige Ruhe tritt in das Bild. Mein Lieblingsplätzchen
ist der Hof des Kapuzinerklosters Bonaventura, auf dem Palatin.
Dort steht ein Palmbaum und breitet in flachem Bogen seine Blätter
über das schönste Bild aus, das je ein Menschenauge genossen
hat. Dort habe ich oft mit Abeken halbe Stunden gestanden, wenn
das Ave Maria von den Klöstern und Kirchen der benachbarten

Hügel läutete, und wir standen und gingen ohne ein Wort sprechen
zu können, vom Eindruck dieser Landschaft überwältigt. Ganz
andere Bilder wieder im Monblichte, besonders am Tiber, wenn
man vom Ponte Sisto herüber und hinunter schaut; da bilden sich
aus den elendesten Häusern, die sich hart am Ufer erheben, großartige Gruppen, über die sich wieder in abgeschlossener, stiller,
selbstbewußter Pracht der Palazzo Farnese erhebt — oder vom
Ponte rotto die Tiberinsel — das Schönste aber bleibt doch, in heller
Nacht das Forum auf und ab zu wandeln. Dann ist man nicht
mehr auf dem campo vaccino, das Treiben des Tages ist verklungen,
die schmutzigen Hütten verschwinden, die alten Gebäude beherrschen
wieder das Forum; die beiden Häupter des Kapitols, die Höhen
von Araceli und von Monte Caprino, treten entschiedener hervor,
die Rückmauer und die Unterbauten des Senatorenpalastes, von
den beiden Aufwegen eingefaßt, begrenzen den Raum des Forum
und der Tempel; auf dem Palatin heben sich die alten Kaiser-
mauern, und die Triumphbögen mit dem glänzenden Pflaster warten
auf einen neuen Pompeius.

9. Februar.

Was nächst meinem Fieber mich am meisten in meinen römischen
Unternehmungen gehemmt hat, ist das abscheuliche Wetter. So
groß hatte ich mir den Unterschied doch nicht gedacht. Wir hatten
entweder sehr rauhe Tramontana oder trüben Scirocco mit vielem
Regen. Während man in Athen auch die allerklarsten Tage bei
dem Südwestwinde haben konnte, ist das hier ganz undenkbar,
wie denn überhaupt die zu große Herrschaft und Thrannei der
Winde ein Uebel des römischen Klimas ist. Die eine Hälfte der
Bevölkerung leidet bei der Tramontana, die andere beim Scirocco.
Niemals ist Alles zufrieden. Und so angenehm mir auch der
letztere ist, mit seinem warmen, weichen Hauche, einer geistigen
Abspannung kann man sich doch nicht erwehren und ist des Abends
todtmüde. Ist nun auch der römische Himmel nicht der griechische,
der gerade in diesen Monaten Alles, was der Mensch unternimmt,
begünstigt und verklärt, so hat man dafür schon das einzige,
wahre Surrogat, das einer angenehmen, belehrenden und erfreuenden Geselligkeit. Die wohl zu unterscheidende Zweiheit von
Abekens wirst Du schon aus früheren Briefen erlernt haben. Der
Prediger ist ein Mann von viel Verstand und Bildung, ein guter

Prediger und der belebendste Gesellschafter. Auch hat er die gute
Eigenschaft, ein Pferd zu besitzen und solches gerne seinen Freunden
zu Ausflügen in die Campagna zu geben. Sein Vetter ist vor allen
Freunden hier mir der vertrauteste und liebste und der, dem ich
am meisten verdanke. Der alte Legationsrath Kestner erweist uns
viel Gutes. Er läßt sich gerne besuchen und zeigt dann immer gar
schöne Sachen. Seine Zimmer sind voll schöner Gemälde und
seltener kleiner Antiken, besonders Bronzen und Terracotten, und
seine Mappen enthalten Sammlungen der interessantesten Portrait-
köpfe, die er nach dem Leben gezeichnet hat. So hat er auch unseren
Ottfried Müller zum letzten Male gezeichnet. Heute zeigte er mir
das Bild seiner Mutter in hohem Alter. Der Goethesche Briefwechsel ruht als ein herrliches Vermächtniß in seinen Händen. Ich
weiß nicht, ob man die Ansicht der Verwandten billigen soll, welche
seine Veröffentlichung verhindert. Goethe gehört in allen Stadien
seiner Entwickelung dem deutschen Volke an.*)

Unser herrlicher Overbeck hat mir viel Freundlichkeit erwiesen.
Neulich führte er mich in sein Studium, wo er mir eine kleine
Skizze seines Frankfurter Bildes**) zeigte und erklärte. Er betrachtet es als das Hauptwerk seines Lebens, und es ist ja auch
die ganze Fülle seiner Ueberzeugungen darin niedergelegt. Seine
gedruckte Erklärung ist hier wie in Deutschland der Gegenstand
vieler Beleuchtungen gewesen und die Veranlassung manches lieb-
losen Urtheils. Ich fühle ihm Alles, was er gesagt, tief nach, und
stimme ihm von Herzen bei, wenn er gegen die jetzt so überschätzte
Genremalerei auf christlichen Ernst der Kunst bringt; aber es thut
mir leid, daß er zu weit gegangen ist und in einer Einseitigkeit,
zu der so leicht eine lebendig ergriffene Ueberzeugung führt, ein
Urtheil ausgesprochen hat, welches so leicht sich angreifen läßt und
welches seiner eigenen Gesinnung eigentlich so fremd ist. Denn
was gibt es Unchristlicheres und dem Geiste unserer Religion mehr
Entgegenstehendes, als über eine ganze Zeit und Alle, die ihr
angehören, ein Urtheil der Verdammung auszusprechen und ihre
entschiedene Verachtung zu fordern? Aber man muß bedenken,
es sind nicht die Worte eines Philosophen, der sich von jedem Aus-

---

*) Die Veröffentlichung, seit 1833 vorbereitet, erfolgte erst 1854.
**) Das für das Städel'sche Institut bestellte Bild: „Triumph der
Religion in den Künsten", dessen Gedanken Overbeck in einer besonderen
Schrift erläuterte.

drucke Rechenschaft gibt, sondern eines für seine Sache begeisterten Künstlers, und Overbeck selbst würde, glaube ich, seinen Ausspruch nicht vertreten in allen seinen Konsequenzen. Seit dem Tode seines Sohnes lebt er ganz zurückgezogen und leidet selbst viel an den Nerven. Es ist gut, sagt er, daß man erinnert wird, daß man noch auf Erden wandelt. Er ist mit Bestellungen überladen und hat mehrere kleine Bilder fertig, eine Wiederholung des Hamburger Bildes im kleinen, den Tod Josephs in den Armen Christi, als Vorbild des Todes des Gerechten, und dann ein Madonnenbild. Hast Du wohl die Fresken unseres theueren Meisters gesehen in der Casa Bartholdi auf dem Monte Pincio?*) Wie schön ist der Verkauf des Joseph dargestellt, wie reich und lebendig die Gruppe! Ich hatte mir eigentlich vorgenommen, mich vor den Gemälden hier zu verschließen, um mich vor zu großer Zerstreuung zu bewahren, aber wer kann es durchführen? Doch beschränke ich mich sehr in diesen Genüssen und durchwandle nur selten, aber mit welcher Freude! die Säle des Palastes Borghese und des Vatikans.

Daß der Vatikan so entsetzlich weit ist, ist ohne Frage ein rechtes Uebel, zumal da ich einmal nicht vertragen kann, lange in Museen zu bleiben. Denn kein Zustand ist mir verhaßter, als jener Zustand der Abspannung, nach einer Reihe verschiedenartiger Kunstgenüsse, wo man sich immer noch zu neuer Empfänglichkeit zwingen will. Es ist doch eigentlich ein recht trauriges Princip, die Gemälde aus den Kirchen zu holen und in die Säle der Paläste zu bringen, wo sie neben vielen anderen sich gegenseitig stören. Wie bös würden auch die alten Meister darüber sein! Ich habe mir oft gewünscht, z. B. daß die Transfiguration noch in S. Pietro in Montorio wäre. Welch einen Genuß von Natur und Kunst hätte man dann auf jenem einzig schönen Platze beisammen, und wieviel tieferen Eindruck würde das Bild dort machen.

An die Eltern.

Rom, 20. Februar 1841.

Das Wetter ist fortwährend meinen römischen Wanderungen sehr hinderlich, sodaß ich noch immer mehr als ich wünschte auf den litterarischen Theil der römischen Alterthumskunde beschränkt

---

*) Jetzt in der Nationalgallerie in Berlin.

wurde. Auch habe ich für meine griechischen Studien Einiges
gethan. Ein Aufsatz über die messenische Stadt Korone wird im
Bullettino abgedruckt werden, sobald sich die Pressen des Instituts
vom Karneval erholt haben. Der Eintritt in die Barberina ist
mir vergönnt worden. Der Gewinn, welchen die Handzeichnungen
des Meisters Antonio gewähren, freilich weit unter den gehegten
Erwartungen; er kompilirte wahrscheinlich nur aus dem Journal
des Chriacus von Ancona, das Vorhandene zu sichten und mitzutheilen bin ich gerade beschäftigt. Auch die Vergleichung der
italienischen Häfen, deren Untersuchungen jetzt sehr im Schwunge
sind, mit ähnlichen Anlagen Griechenlands fördert mich. Endlich
hoffe ich noch Einiges von den Sammlungen der Chigi.

Sonntag machte ich die erste weitere Wanderung in der Campagna nach Roma vecchia, Cecilia Metella und Tavolata mit
Blessig, Hausmann und Hochstetter. Die Wanderung war sehr belehrend und erfreulich, aber ich mußte dafür büßen; denn nachdem
ich Montags der Eröffnung des Karnevals und Abends einem
Harfenkonzerte beigewohnt hatte, bekam ich Dienstag wieder einen
Fieberanfall, freilich nur leicht und der unschuldigsten Art, sodaß
ich schon gestern wieder ausging. Schlimmer fast als das Fieber
selbst ist das viele Chinin. Der Arzt räth, sobald das Wetter sich
macht, auf einige Tage ins Albanergebirge zu gehen, was sehr
leicht zu bewerkstelligen ist.

An die Eltern.

Rom, 16. März 1841.

Ein herrlicher Frühlingstag ging mit der Sonne des 7. März
über Rom auf. Ich hatte zu diesem theueren Tage*) schon lange
die nächsten meiner Freunde eingeladen. Wir hatten einen Wagen
nach Albano bestellt und fuhren in der Frühe des Morgens aus
der Porta S. Giovanni dem blauen Albanergebirge zu; Abeken,
Hochstetter, Hausmann, Busse, ein wackerer Kupferstecher, im Wagen,
Blessig begleitete uns zu Pferde. Rechts von der Straße, welche
am Fuße des Albanergebirges mit der Via Appia zusammenfällt,
liegen die Ruinen von Bovillae, von denen die wichtigeren Reste
im Vorbeigehen archäologisch, architektonisch und malerisch, je nach
den verschiedenen Talenten der Mitglieder, behandelt wurden. Dann

---

*) Des Vaters Geburtstag.

stiegen wir zu den Höhen hinan und erreichten das Städtchen
Albano, das am Abhange jenes wunderbaren Bulkans liegt, des
römischen Besuvs, der hier in Urzeiten aus den Fluthen des Meeres
auftauchte und jetzt vereinzelt im Meere der Campagna dasteht,
Asche und Lavaarme wie Wurzeln und Fasern nach allen Seiten
ausbreitend. Nach einem kleinen ländlichen Festmahle, bei dem
des theueren Vaters Gesundheit in vino delle grotte kräftig ge-
trunken wurde, stiegen wir von Albano höher das Gebirge hinan.
Mit jedem Schritte breitet sich herrlicher die Campagna aus mit
ihrem Rom, ihren grünen Wellenhügeln und unabsehlichen Monumenten und Aquädukten, und daneben das große blaue Meer, mit
fernen weißen Segeln, das ich mit Entzücken wieder begrüßte.
Wenige Schritte weiter und man tritt an den Rand des hier einst
zusammengestürzten Bulkankegels, Meer und Campagna verschwinden, und man hat zu seinen Füßen einen stillen, dunkeln Waldsee.
Die steilen Ufer rings umher von wildem Gestrüpp verwachsen,
die sich in der stillen Fluth spiegeln, gegenüber, wo sich des alten
Bulkans Krater am höchsten erhalten, der Monte Cavo, auf dessen
Abhang einst Albalonga sich gemächlich lagerte, gegen des Sees
Anschwellung durch abgeschroffte Felsabhänge geschützt. Jetzt steht
dort ein Kloster in ernster Einsamkeit. Ein unvergleichlich poetischer
Platz, schön durch sich selbst, schöner noch durch den plötzlichen Gegen-
satz, in der Geschichte der Natur wie der Menschheit gleich denk-
würdig. Dies war der See, der abgeleitet werden mußte, wenn
Veji fallen sollte, und noch heute steigt man in den felsgehauenen
Kanal hinein, durch den die alten Römer das Wasser durch das
Gebirge in die Campagna führten. Die Rückkehr nach Rom war
unvergleichlich. Der Mond wanderte durch die Arkaden der dem
Wege folgenden Wasserleitung neben uns hin. Wir waren alle
von des Tages Schönheit tief ergriffen. Die Freunde nahmen an
der Feier den innigsten Antheil.

    Außer meinen Umzügen in der unermeßlichen Stadt, die
natürlich des Tages größere Hälfte in Anspruch nehmen, beschäftigt
mich zu Hause das Studium der italienischen Sprache, in der ich
jeden Morgen mit einem Römer lese und schreibe. Meine haupt-
sächlichste Lektüre aber ist Niebuhr, in dessen Forschung mich ein-
zuleben ein Hauptgewinn meines Aufenthaltes hier sein wird.
Auch habe ich eine Zusammenstellung griechischer Inschriften begonnen, deren Bearbeitung freilich vielfach unterbrochen wird.

Mittwoch. Heute Nachmittag war ich mit Abeken und Hochstetter im Tullianum, einer der ältesten erhaltenen römischen Bauten, am und eigentlich im Fuße des kapitolinischen Berges, oberhalb des Forum, einst der innerste Theil des römischen Gefängnisses, in dem die Catilinarier endeten und Jugurtha verschmachtete. Ein schauerlicher, gräßlicher Ort. Man hat neuerdings viel darüber geredet. Forchhammer aber hat die ganz neue Ansicht aufgestellt, es sei ursprünglich ein Brunnenhaus gewesen, wie dies auch der Name besage, der ganz falsch auf Servius Tullius gedeutete. Es ist dies eine von den Sachen, die Forchhammer mit glücklichem Scharfblicke getroffen hat. Wir haben heute Alles recht gründlich mit unserem Baumeister untersucht, man sieht deutlich, daß Petrus nicht erst während seiner Haft die Quelle dort hervorgerufen hat, sondern daß diese die ursprüngliche Veranlassung des ganzen durch ein flaches Gewölbe in zwei Stockwerke getheilten Quaderbaues ist; freilich kostet es die Kirche ein Hauptwunder. — Donnerstag Morgen. — Gestern Abend hatte uns Kestner bei sich versammelt zu Ehren Gerhards; wir waren sehr vergnügt. In Kestners schönen, mit alter und neuer Kunst geschmückten Zimmern ist es Einem immer sehr wohl. Blessig hatte ein Gedicht auf Gerhard gemacht. Wir tranken auch auf Karl den Großen, den Vorgänger der nach Rom strebenden, wandernden, erobernden deutschen Jugend. Die Steinplatte im St. Peter, auf der knieend Karl die römische Kaiserkrone empfing, betrachtet man doch mit Rührung. Es ist mir überhaupt ein ganz besonderer Genuß, in den Kirchen die verschiedenen historischen Monumente alter Zeiten zu durchmustern, besonders die Grabmonumente mit ihren oft ganz vortrefflichen Inschriften. Kaiser und Fürsten geistlichen und weltlichen Standes, Ritter, Künstler und Gelehrte, die wie der berühmte Platina in Sa. Maria Maggiore auch im Grabe noch um ungestörte Ruhe bitten, reden da den sinnend Weilenden an in kurzer, ernster Sprache. Rom nahm von jeher flüchtige, durch Wahl oder Zwang ihres Thrones verlustige Fürsten gastfreundlich bei sich auf, wie jetzt neuerdings die Königin von Spanien und Don Miguel, mit dem ich häufig zusammengetroffen, so vor Zeiten die Königin von Schweden, die Königin von Cypern, die Königin von Bosnien, die ein einfacher Leichenstein in Araceli deckt. In derselben Kirche, welche auf dem Platze der römischen Akropolis steht, ist die vortreffliche Kapelle von Pinturicchio mit dem Leben des heiligen Bernardino von Siena,

in Fresko dargestellt. Welch eine schöne Sitte jener Zeiten, die
Seitenkapellen der Kirchen so ausmalen zu lassen! Aehnlich ist
in S. Clemente die Kapelle des Masaccio mit dem Leben der heiligen
Katharina, welche jedoch durch spätere Ueberarbeitung noch mehr
als jene gelitten hat und nicht zu vergleichen ist mit der Masaccio-
kapelle in Sta. Maria del Carmine in Florenz.

Wanderungen in den Albanerbergen.

Das liebliche Frühlingsfest der Annunziata rief diesmal alle
wanderlustigen Römer hinaus zum Jahrmarkte von Grotta Ferrata.
Im vorigen Jahre war durch den wunderlichsten Anachronismus,
dessen sich die Altbürger Roms erinnern, das ganze Fest verschneit
worden. Diesmal dagegen strahlte die Welt im schönsten Frühlingswetter, dessen Dauer eine milde Tramontana verbürgte. Alle
Posti in den Frascatanerwagen waren schon Tags zuvor in Beschlag
genommen und in aller Frühe des Tages war die Straße mit Wagen
und Pferden bedeckt, als wolle Rom, des alten Platzes, den es seit
2600 Jahren behauptet, müde, in seine ursprüngliche Heimath, die
Berge Albalongas, zurückkehren. Mich führte ein glücklicher Zufall
mit Dr. Heise in dieselbe Vettura, in der wir gegen 9 Uhr in Frascati
anlangten. Nur die Privatfuhrwerke lenkten vorher in den direkten
Weg nach Grotta Ferrata ein. Wir dagegen, lustig der Wagenhaft
entsprungen, wanderten durch Frascati durch die heute sämmtlich
geöffneten Villen den schönsten aller Wege dem Jahrmarkte zu.
War auch das junge Laub nur im ersten Aufsprießen, so boten doch
Lorbeerbäume und Steineichen Grün und Schatten genug, und
die anderen Bäume sahen in ihren Blätterknospen schon gar lieblich
aus. So malt Raphael auf den Hintergründen seiner heiligen
Bilder die Bäume stets im ersten, zartesten Grün. In den hohen
Alleen, welche zum Kloster hinaufführen, wogte das bunte Landvolk
durch einander. Auf den Wiesen umher war der Viehmarkt; die
feineren Waaren standen in den Höfen der Gebäude feil. Mit Mühe
gelangten wir in die Kirche und von dieser in eine Seitenkapelle,
welche Domenichino mit Freskogemälden geschmückt hat, die ihres
Verdienstes halber und wegen ihrer vortrefflichen Erhaltung Aufmerksamkeit verdienen. Sie stellen die Geschichte des Klosters dar.
Zu Ende des 10. Jahrhunderts, da die Klöster des südlichen
Italiens von den Sarazenen, den Herren Siciliens, unaufhörlich

zu leiden hatten, zog der fromme Nilus sich mit seinen Mönchen nach Gaëta zurück, wo ihn Otto III. traf und nach Rom einlud. Nach des Kaisers frühem Tode erhielt Nilus für sich und seine Klosterbrüder dies schöne Land von den Grafen Tusculums, wo sie die nach der verschlossenen Grotte, in der ein Marienbild ruht, genannte Abtei bauten. Die Begegnung des Kaisers und des Abts ist der Gegenstand des einen Hauptbildes. Im kaiserlichen Gefolge hat Domenichino seine eigenen Züge und die seiner Kunstgenossen Guido· und Guercino verewigt. Die anderen Fresken stellen einzelne Wunderthaten des Heiligen dar. Unter anderem sieht man den Aufbau des Klosters. Nilus ist beschäftigt, des Architekten Plan zu mustern, als einige Säulen des Hofes zu wanken beginnen und vielen Arbeitern Verderben drohen. Auf des Heiligen Wink bleiben sie jedoch in einem Winkel von 10 Graden stehen. Die griechische Abkunft des Klosters kündet sich noch in vielen byzantinischen Ueber- und Inschriften an, auch bewahrt die Bibliothek griechische Handschriften von Werth. Die angeschriebenen Sprüche sind nicht nur den Mönchen, sondern selbst den Antiquaren Roms unverständlich geworden. Ueber dem Eingang steht: „Wenn ihr zu dieses Hauses Thor eintreten wollt, müßt ihr verbannen eitler Sorgen Trunkenheit, auf daß euch drinnen euer Richter gnädig sei." Verschiedene Reste alter Skulptur beweisen, daß auch die Alten diesen schönen, wasser- und baumreichen Abhang des Gebirges zu Landsitzen benutzt haben. Doch ist die Meinung, daß Ciceros tusculanische Villa hier gelegen habe, neuerdings mit Recht widerlegt worden. Da er mit den Tusculanern wegen der Bewässerungsgräben im Proceß war, wie er selbst in seinen Briefen erwähnt, kann sein Landsitz nicht so entlegen gewesen sein.

Des Staubes und Getümmels müde, gingen wir gegen Mittag auf einsamen Pfaden oberhalb des Klosters nach Frascati zurück, wo alle Wirthshäuser und Kneipen so überfüllt waren, daß wir mit Mühe vor dem Thore in der Osteria al Buon Gusto ein Plätzchen fanden, um etwas Brod, Schinken und Wein zu genießen. Wir deklamirten gerade auf das kräftigste Goethe und Horaz, als ein Schwarm deutscher Herren und Damen in unseren Schlupfwinkel einbrang. Es waren Webers und die Klenzische Familie aus Neapel. So fand ich nach langen Jahren zum ersten Male wieder hier im Buon Gusto in Frascati Lübeckische Frauen. Auch Dr. Wagner, der nie fehlt, wo guter Wein ist, stellte sich ein. Gegen Abend sahen wir von dem hohen Balkone der Villa Albobrandini die Wagen im Wettlaufe gen Rom heimkehren. Blessig und ich übernachteten bei einem Frascataner, nachdem wir zum nächsten Tage mit Webers, welche auch auf mehrere Tage bleiben wollten, eine Eselexpedition auf die Höhe des Gebirges verabredet hatten.

In aller Frühe waren wir schon beritten und steuerten auf den kegelförmigen Gipfel zu, welcher die ganze Gegend beherrscht. Von dem äußeren Höhenrande, in dem auch Frascati liegt, steigt man in eine Hochebene hinab, welche die mittleren höchsten Gipfel umgibt. Steil führt dann der Weg nach Rocca di Papa hinauf, dem höchsten, weit sichtbaren Städtchen des Gebirges, in dem Niebuhr die Burg von Albalonga erkennen wollte; durch die schönsten Waldwege gelangt man an die Wurzeln des höchsten Kegels des Monte Cavo. Die Ebene unter ihm nennt das Volk nach alter Sage Campo d'Hannibale. Ein uralter Fahrweg führt noch heute den Wanderer auf die Höhe, wo die Latiner ihre Bundesopfer dem Jupiter darbrachten; in den Peperinstücken des Klosters liest man noch die Buchstaben N. V.: „Numinis via". Der Gipfel, der gewiß durch Kunst geebnet ist, trägt jetzt ein Kloster der Passionisten. Die Aussicht ist unbeschreiblich schön, wie sich von einem Gipfel erwarten läßt, der so entschieden sich inmitten einer so großartigen Ebene erhebt. Erst zu den Füßen die Gruppen des Gebirges mit den stillen Seen und Seethälern; dann das ganze ungeheuere Tiberthal mit den begrenzenden Bergen, über welche wieder die Hauptkette des Apennins mit Schneehäuptern ragt. Sardiniens Berge wollten sich nicht zeigen, desto deutlicher aber das Vorgebirge der Circe, das ich freudig begrüßte, inselgleich, wie es die Dichter sahen. Inmitten der Hochebene steht eine stattliche Buche, eine seltene Erscheinung unter diesen Sternen. Vom Bundestempel Latiums liegen die großen Travertinquadern traurig umher. Man konnte noch die Mauern der Cella und die Säulenstellung verfolgen, als im Jahre 1783 Heinrich Stuart, Herzog von York, Kardinalbischof von Frascati, bei Wiederherstellung des Klosters die heiligen Tempelreste mit vandalischem Fanatismus zerstörte. Auf abschüssigen Pfaden stiegen wir auf der anderen Seite vom Gipfel herab, nach dem kleineren der beiden noch erhaltenen Seen, dem Lago di Nemi. Der Weg ist hier, wie im ganzen Gebirge, von schönster Mannigfaltigkeit. Bald reitet man zwischen grünen, blumigen Wiesen, bald im Walde zwischen ernsten Steineichen,

balb in Hohlwegen zwischen hohen Lavawänden; besonders bei
Nemi sind ungeheuere Felsblöcke von Lava. Nemi, das alte Nemus,
von dem heiligen Haine der Diana so genannt, welche hier wie in
Tauris mit blutigen Menschenopfern gefeiert wurde, liegt hoch
am Rande des Sees, der ein freundlicheres, milderes Ansehen hat,
als der Albanersee. Reizend ist der Blick auf das gegenüberliegende
Genzano, besonders von der schönen Laube im Garten Praschi, wo
wir frühstückten. Mit dem Tempel und seinem greulichen Dienste
zerfiel der Ruhm des alten Nemus, nach gewöhnlichem Wechsel
war es im Mittelalter eine Ritterburg der Frangipani. Jetzt liegt
zwischen den verfallenen Bergmauern ein freundliches, heiteres
Landstädtchen; vor allem diesem Wechsel aber und vor aller Geschichte erhob sich dort, wo jetzt der See so still und ruhig glänzt,
ein feuerspeiender Bergkegel, von dessen Kräften noch heute die
weit verstreuten Lavafelsen und Aschenhügel zeugen. Nach einigen
ruhigen Stündchen brachen wir von unserem lieblichen Sitze auf
und kehrten über den Fuß des Monte Cavo nach Frascati heim.
Abends wurde mit Webers gelesen und geplaudert.

Sonnabend wollten die anderen Freunde nachkommen, Abeken,
dem das Fieber wieder hart zugesetzt, Hochstetter und Hausmann,
der uns zur Feier eines mütterlichen und brüderlichen Geburtstages
auf diesen Tag zu Gast geladen hatte. Wir benutzten den Nachmittag, um durch die Albobrandinische Villa und die Rufinella
nach der alten Burg von Tusculum zu steigen. Erinnerungen alter
Zeiten knüpfen sich an diese ehrwürdige Stelle. Ein halbes Jahr-
tausend vor Rom, erzählt die altverbreitete Sage, gründete ein
Sohn des Ulysses und der Circe hier eine feste Stadt; der Name
bezeugt etrurische oder wohl wahrscheinlicher tyrrhenische Abkunft.
Dann soll es zur Blüthezeit Albalongas dieser Stadt unterthan
gewesen sein, bis es sich nach dessen Zerstörung unter eigenen
Gewaltherren so glänzend erhob, daß Tarquinius seine Herrschaft
nicht besser stützen zu können glaubte, als durch Verschwägerung
mit Mamilius, Thrannen von Tusculum; zu ihm flüchtete auch der
Vertriebene und brachte ein Heer gegen Rom in Bewegung, dasselbe, welches an den Wurzeln der tusculanischen Berge beim See
Regillus geschlagen wurde. Ein See, der freilich entwässert wurde
und daher als See nicht mehr vorkommt, wahrscheinlich die heutige
Valle di San Isidoro. Später lebten Rom und Tusculum in so
brüderlicher Eintracht, daß auf die bloße Nachricht vom Aufstande

des Herbonius der damalige tusculanische Diktator Lucius
Mamilius ungerufen den Römern zu Hülfe kam, um das Kapitol
wieder zu gewinnen. Ebenso vertheidigten die Römer wieder ihre
Bundesstadt gegen die Aequer, welche von den Bergen herüber
kamen und am Algibus gelagert die Aecker Tusculums oft ver-
wüsteten. Wie dies Verhältniß sich änderte, in welchen Veranlassungen Tusculum sich den latinischen Städtevereinen gegen Rom
anschloß, läßt sich in der Ferne der Zeiten nicht ermessen; genug,
es theilte das Schicksal der Unterworfenen, aber in Andenken alter
Freundschaft blieb es auch als Municipium vorzugsweise begünstigt.
Später tauchte die Stadt nur bei einzelnen Gelegenheiten wieder
auf, wie da Hannibal auf der latinischen Heerstraße gegen Rom
ziehend vor den Thoren Tusculums vergebens Einlaß verlangte.
Gegen die Kaiserzeiten hin beginnt es dieselbe Rolle zu spielen,
die es bei veränderten Mitteln und Geschmacke noch jetzt spielt,
ein Landstädtchen, von prächtigen Villen umgeben, welche den
reichen Geschäftsmännern Roms im Sommer Schatten, Bergluft
und Muße gewährten. Im Mittelalter gab die alte Burg einem
Grafengeschlechte Sitz und Bedeutung, welche durch treue Anhänglichkeit an die deutschen Kaiser und stete Fehden mit Rom sich
auszeichnete. Erst gegen Ende des 15. Jahrhunderts beugte es sich
unter den römischen Stuhl, und die Ringmauern der Burg wurden
so gründlich niedergerissen, daß was von Alterthümern vorhanden
ist, dem alten Tusculum angehört. Die Königin von Sardinien
ist die Besitzerin und hat auch hier bedeutend graben lassen. Von
Canina, ihrem Architekten, wird dieser Tage ein ganzer Foliant
über Tusculum erscheinen. Die Akropolis der alten Stadt, welche
viele griechische Erinnerungen in mir belebte, ist die Felskuppe des
von Frascati sanft absteigenden Berges, durch natürliche Abhänge
fest. In diesen Felswänden sieht man noch manche Spuren der
ältesten Bewohnung, das Wichtigste ist ein mannshoher, gewölbter,
mit Peperinquadern ausgemauerter Kanal, der 200 Schritte in den
Berg hinein zu verfolgen ist. Vor demselben aber ist eine viereckige Kammer, in der, wie es scheint, das Wasser des Kanals sich
sammelte. Sie ist durch gegen einander gestemmte, zugeschnittene
Steinblöcke spitzbogenförmig überdeckt. Das gleichzeitige Vorkommen der beiden Arten von Ueberdachung ist eine zur Wider-
legung einseitiger kunsthistorischer Theorien wichtige Thatsache.
Außerdem möchten nur noch einige im Felsen ausgehauene Gräber

und Nischen und die alte Straße, von der bedeutende Stücke unversehrt erhalten sind, der selbständigen Zeit Tusculums angehören.
Aus der römischen Zeit sind bedeutende Ruinen vorhanden, vor
allem ein, wenn auch kleines, doch sehr vollständiges Theater, das
sich aus den letzten Nachgrabungen erhalten hat, nachdem schon
die früheren, von Lucian Bonaparte veranstalteten, werthvolle
Statuen hier gewonnen hatten.

Gleich nach der Rückkehr von den Albanerbergen schrieb ich
das Obige nieder, geliebte Eltern, aber in der Unruhe und unter
den vielen Ansprüchen des römischen Lebens brachte ich es nicht
zu Ende, darum hier nur kurz ein Abriß von den folgenden Tagen.
Am Sonntage machten wir einen herrlichen Ritt nach dem Emissare
des Albanersees, Kastell Gandolfo und dann über Albano hin
nach dem schönen Aricia, das mit demselben Namen wie zu der
ältesten Zeit am Rande seines trockenen Seethales liegt. Webers
bewirtheten hier die deutsche Jugend, die sich an diesem Tage
in einer Anzahl von zehn um sie versammelt hatte. Auf der
Rückkehr wandten wir uns oberhalb Albanos rechts und ritten
über Palazzuolo an der Burg von Albalonga hin, nach Frascati
zurück. Montag war regnicht. Abeken und ich wollten uns nicht
nach Rom hineintreiben lassen und führten in stiller Zweisamkeit
ein angenehmes Hausleben fort, wobei wir Properzens letzte Elegie
übersetzten. Dienstag gingen wir nach Monte Porzio, dem freundlichen Städtchen, das einem Cato seinen Namen zu verdanken scheint.
Nachmittags besuchten wir noch einmal Tusculum und genossen
bei Sonnenuntergang eine wunderbare Aussicht über Gebirge und
Ebene.

Mittwoch verließen wir unser liebes Städtchen und zogen
selbander auf kleinen Pferden quer durch die Campagna, durch das
Thal, das einst der Regillussee bildete, und über Burg und Tempel
des alten Gabii in das Sabinergebirge nach Tivoli. Beim schönsten
Wetter umwanderten wir die Schlucht des Anio, dem der jetzige
Papst, um das Städtchen sicher zu stellen, ein neues Bett gab,
von dem er schäumend in die Tiefe fällt; andere Arme stürzen
von den Seitenwänden als Kaskatellen zwischen immergrünem
Dickicht herunter. Unter denselben stand ein Wald von Blüthen-
bäumen, da liest sich der Horatius gut. Auch besuchten wir die
Villa des Mäcenas, zu der man noch heute auf demselben Pflaster
geht, auf welchem die alten Poeten zu dem Tische ihres Gönners

wallfahrteten. Den Sonnenuntergang sahen wir vom Dache der Villa d'Este, der prächtigsten Villa, die je im Rokokostile ausgeführt ist. Unter ihren Cypressen dichtete Ariost. Jetzt ist Alles öbe, verwachsen und verfallen. Am anderen Tage wanderten wir durch die Villa Hadrians, eine Welt von Ruinen, von denen leider die Kasematten der Prätorianer und nicht Akademie und Lyceum am besten erhalten sind. So kehrten wir den Abend des 1. April auf der Via Tiburtina heim. Unterwegs sieht man die Travertinlager, die der Fluß absetzt. Abeken wie mir hat die Bergluft ungemein wohlgethan; ich habe keine Spur von Fieberdisposition.

Die stille Woche habe ich nie in solcher Unruhe zugebracht, das hat sein Unheimliches. Man ist jetzt fast die ganzen Tage beim Papste zu Gaste. Der Moment des Segensspruches hat etwas Gewaltiges, ihm folgte die Fußwaschung und Bewirthung der Pilger. Heute Abend Lamentationen von Palästrina und nach erloschenen Lichtern das Miserere von Allegri. Wenn man so etwas festhalten könnte!! Auch die Gestalten des Michelangelo sahen unvergleichlich großartig aus beim hereinfallenden Abendlichte. Erhaberenes hat die Kunst nie geschaffen, als diese Sibyllen und Propheten.

Am Morgen des Charfreitages um 7 Uhr schließe ich diesen Brief, theure Eltern, um nach unserer stillen Kapelle hinaufzuwandern und dort in einfachem Gottesdienste den Tod des Gekreuzigten zu feiern. Im St. Peter bleibt das Herz todt. Montag halten wir Kommunion. Mein protestantisches Bekenntniß war mir nie lebendiger als hier in Rom.

Heute über acht Tage werde ich wahrscheinlich der ewigen Stadt mit Thränen Lebewohl sagen, dem herrlichen, gemüthlichen Rom! Nur der Gedanke, daß ich zu Euch eile, tröstet mich für manche schwere Entsagung.

Sonnabend Morgen. Gestern Morgen um 8 Uhr vereinigte sich das protestantische Häuflein auf dem Kapitol. Nachher gingen wir in die Sistina, wo die päpstliche Kapelle in diesen Tagen ihre Triumphe feiert. Die Passionsmusik von Palästrina hat mich sehr erfreut, über Alles aber gehen die Improperien, die Vorwürfe, die Christus seinem undankbaren Volke macht. Es ist das Höchste von herzzerschmelzenden Harmonien. Außer der Sistina merkte man Nichts von Festtag. Alle Werkstätten in voller Thätigkeit, während am geringsten Marienfeste Alles feiert. Gestern Abend war Vorzeigung der Reliquien in St. Peter. Heute war ich im Lateran, wo Juden und Türken getauft wurden, dann in Villa Massimi, welche Koch, Schnorr und Overbeck mit wunderschönen Fresko-bildern geschmückt haben. Morgen hat uns der Prediger Abeken zu Tisch zu sich geladen; er reist binnen kurzem nach Deutschland.

An die Eltern.

Venedig, 2. Mai 1841.

Ich habe hier schon interessante, lehrreiche Tage verlebt. Ich wohne in einem Hause, welches am Ende der Riva begli Schiavoni liegt und den ganzen schönen Quai, die Piazzetta, den Dogenpalast, die schönsten Kirchen und Inseln der unvergleichlichen Stadt be-herrscht, sodaß ich des Morgens beim Erwachen mir jedesmal die Augen reibe und von Feengebäuden zu träumen wähne. Denn soviel man auch von Venedig hört von Kindheit auf, man kann es sich doch nicht so phantastisch, so außerordentlich, so schön denken, wie es wirklich ist. Mit Dr. Stieglitz*) und einem elsässer Freunde habe ich heute eine Gondeltour gemacht. Wir sahen S. Giorgio maggiore, S. Redentore, Palladios Meisterwerk mit unaussprech-lich schönen Giovanni Bellinis, S. Sebastino mit dem schönsten Bild des Paolo Veronese, den man erst hier würdigen kann. Dann fuhren wir zusammen nach dem Lido hinaus, dem ursprünglichen Ufersaum, welcher jetzt, in verschiedenen Inseln lang sich hin-ziehend, Lagune und offenes Meer trennt, und heimkehrend sahen wir uns noch das Kloster der Armenier an, das auf kleiner Insel einsam liegt. Abends wandelte ich mit den Freunden auf der Piazza und der Riva, wo ganz Venedig auf und ab wogte, während draußen die Lichter der Gondeln zauberhaft schwankten. Gesang und Zitherspiel schallt aus allen Ecken. Morgen früh gehe ich wieder auf die Bibliothek, wo der liebenswürdige Abbate Betis mit größter Bereitwilligkeit mir Alles zu Gebote stellt. Wenn es mein Zweck sein könnte, über das Mittelalter, und zwar das frän-kische Mittelalter, im Archipelagos zu sammeln, so wollte ich in sechs Monaten das interessanteste Buch zu Stande gebracht haben. Ueber das Alterthum finde ich freilich wenig Notizen in den zahl-reichen Relazioni über die einzelnen Inseln. In der Manuskripten-

---

*) Der Schriftsteller Heinrich Wilhelm August Stieglitz, 1801—1849, der sich damals in Venedig niedergelassen hatte.

sammlung der Familie Correr habe ich ein Schriftchen über Athen gefunden, das interessante topographische Notizen enthält, wichtig für die Restauration der Giebelfelder des Parthenon. Griechische Skulpturen habe ich in Venedig viel mehr gefunden, als ich erwartet hatte, sie sind zum Theil wenig bekannt und doch der Aufmerksamkeit werth. Große Freude hat mir die Anschauung eines weiblichen kolossalen Kopfes gemacht, der ohne Zweifel in die Giebelgruppen des Parthenon gehört; er ist im Besitze des Herrn Weber.*) Die meisten Reisenden sind natürlicher Weise von den Werken des Mittelalters und der späteren Zeiten so in Anspruch genommen, daß sie jene griechischen Alterthümer Venedigs nicht recht würdigen. Auch wollen diese aufgesucht sein.

Dr. Stieglitz lebt schon zwei Jahre hier, ist sehr zu Hause in der Geschichte der Stadt und erzeigt mir viele Freundschaftsdienste.

An die Eltern.

München, 17. Mai 1841.

Mein Aufenthalt in Venedig verlängerte sich ohne meine Schuld. Eine nächtliche Gondelfahrt zog mir eine kleine Erkältung zu, welche mich bis zum 12. Mai dort festhielt. Dann reiste ich in zwei Tagen, um Padua und Vicenza zu sehen, nach Verona. Dort benutzte ich den 14. Mai, um in Begleitung des unermüdlich gefälligen Grafen Orti die Alterthumsschätze der Stadt zu mustern, und setzte mich dann gegen Abend in den Courierwagen. Sonnabend Morgen waren wir schon in Bozen, um Mitternacht hielten wir gerade vor dem Posthause auf der Höhe des Brenners, und am Sonntag in aller Frühe fuhren wir in Innsbruck ein. Dort blieb ich nur wenige Stunden, und abermals 24 Stunden führten mich auf bekannter Straße über den Zirlberg, Mittenwalde, Partenkirchen heute früh nach München, wo ich Rasttag mache.

Ihr könnt Euch denken, wie seltsam ein so plötzlicher Uebergang aus Italien nach Deutschland auf mich wirken mußte. Noch zogen meine Gedanken unwillkürlich nach der Zauberstadt Venedig und lebten in der poetischen Schönheit des Markusplatzes, noch stand aus letzter Anschauung die schöne Piazza Bra von Verona mir vor Augen, wo an der einen Seite das riesige Amphitheater

---

*) Er kam später in den Besitz der Familie des Grafen Laborde in Paris.

in dunkler Stille Wacht hält, auf der anderen in glänzend er-
leuchteter Reihe die Eisbuden ihre Schätze ausstellen, die bunte
Welt sich in langen Zügen in der Abendkühle ergeht, unter unauf-
hörlichem Zitherspiele und Gesang, alles heitere Lebenslust athmend
— und nun auf einmal, nachdem das südliche Tirol, das den
immer schroffen Gegensatz einigermaßen vermittelt, in einer Nacht
durchflogen ist, die Bierprosa von Alt-Bayern. Mir wurde ganz
bange zu Muthe, wie ich zum ersten Male in Partenkirchen in
eine solche Bierkneipe trat und die unendlichen Tische mit all den
ernsten, feierlichen Gesichtern besetzt sah, welche bei ihrem Maße
Bier und ihrer kurzen Pfeife dasitzen, als wären sie von Amts
wegen dazu bestellt. Freilich treten auch die erfreuenden Seiten
des Uebergangs von Italien nach Deutschland gleich hervor, offene
Redlichkeit und Bescheidenheit, Eigenschaften, denen ich gewiß alle
Gerechtigkeit widerfahren lasse.

Morgen werde ich Münchens Kunstschätze zu mustern anfangen,
denn so sehr ich auch ohne Aufenthalt zu Euch eilen möchte, so
hielt ich es doch für Unrecht, zum zweiten Male München zu sehen,
ohne rechten Gewinn an Geschmack und Kenntnissen mitzunehmen.

Heute Vormittag denke ich erst einige Stunden der Glyptothek
zu widmen und dann Schubert und Thiersch zu besuchen. Durch
Ersteren hoffe ich auch Schellings Bekanntschaft zu machen. Ich
habe schon manche alte Freunde hier wiedergefunden, andere hoffe
ich noch zu finden, und manche neue Bekanntschaft zu machen, sodaß
ich bei dem hiesigen Reichthum an alter und neuer Kunst einige
recht gewinnreiche Tage zu verleben hoffe. Keinesfalls mehr als
acht, sodaß ich von heute an in vierzehn Tagen bei Euch sein kann.

An Heinrich Kruse.

Lübeck, 12. Juli 1841.

.... Jetzt arbeite ich an meiner Dissertation „de portubus
Athenarum" mit einem neuen Plane der Häfen. Ich suche darin
der alten Burg Munychia ihren rechten Platz zu geben, die Häfen
selbst richtig zu ordnen, die physische Konstruktion des ganzen
Hafengebietes und die verschiedene Eintheilung und Bewohnung
desselben in den verschiedenen Epochen darzustellen. Ich gäbe
was darum, wenn die dumme Dissertation fertig wäre und ich
an meine größere topographische Arbeit gehen könnte. Was ich

bis jetzt litterarisch geleistet, findest Du im Bulletino der letzten
Jahre. Dieser Tage fand ich unter meines verstorbenen Bruders
Kollegienheften ein nach Niebuhr geschriebenes über alte Geographie. Mir ist, als hätte ich einen Schatz gehoben. Ich brüte
oft über einzelnen, göttlich hingeworfenen Wortbrocken des unsterblichen Mannes. Wenn ich d e m meine Anschauungen über griechische
Staaten und Städte hätte vorlegen können! Niebuhr ist mir in
der Wissenschaft das Ideal, das aber mehr mein ganzes Herz
erfüllt mit Sehnsucht und Wehmuth, als daß es mir wie ein
erreichbares oder nahbares Ziel vor Augen stände. Nun, was
hilft's! ich will ruhig fortarbeiten. Jedenfalls fühle ich, daß ein
ganz anderes Leben in meine Alterthumsforschung hineingekommen
ist. Meine hellenischen Anschauungen sind wie klare Bächlein, mit
denen ich das Feld meiner Philologie frisch und grün erhalte.
Ich interessire mich jetzt so m e n s c h l i c h für alle das Leben der
Alten in Natur und Kunst betreffenden Fragen.

Drittes Kapitel

Berlin 1841—1856.

Georg Curtius an seine Eltern.

Berlin, 16. Oktober 1841.

Wir benutzen die erste Post, Euch von unserer glücklichen Ankunft und häuslichen Niederlassung Kunde zu geben.

Verabredetermaßen traf ich Ernst in Hamburg an der Post. Wir hatten noch Zeit, uns in einem Pavillon mit Speise und Trank zu stärken, und bestiegen erst um 3 Uhr die preußische Post, die mit Passagieren und Gütern ungewöhnlich besetzt war. Wir kamen daher sehr langsam vorwärts, und namentlich dauerte es auf den Stationen immer sehr lange, bis wir fortkamen. Unsere Gesellschaft war sehr mittelmäßig, ein gebildetes Judenpaar, ein in England bereister Kaufmann, ein schweigender Student. Ernst erregte durch seinen Feß sowohl in Hamburg wie im Postwagen große Sensation. Donnerstag erst, um 12 Uhr Vormittags langten wir hier an und fuhren, nachdem wir unsere Sachen glücklich aus dem Gewirr gerettet hatten, zu Wattenbach,*) der schon am Morgen für uns Kaffee gekocht hatte. Den Nachmittag gingen wir auf das Suchen aus und fanden endlich ein sehr passendes Logis neben meiner früheren Wohnung (Dorotheenstraße 41, 3 Tr.). Es besteht in

---

*) Der Historiker Wilhelm Wattenbach (1819—1897) gehörte mit seinen Schwestern Sophie (1808—1866), Caroline, der Gattin von Johannes Classen, und Cäcilie (1815—1883), seit 1831, wo die Familie nach Lübeck gekommen war, zu den nächsten Freunden des Hauses Curtius.

brei Zimmern nach vorn, zwei ziemlich großen, bie wir als Wohn-
stuben, und einem britten, das wir als Schlafstube benutzen. Unsere
Wirthin scheint guten Willen zu haben, sie freute sich sehr, zwei
Brüder zu beherbergen. Mit Wilhelm Wattenbach, unserem Nachbar, werden wir natürlich viel zusammen sein, auch wohl mit ihm
gemeinsam arbeiten. Delius trafen wir auch gleich. Von Bekannten haben wir nur ben Professor Müller aufgesucht, ber herzlich
grüßen läßt.

(Fortgesetzt von Ernst Curtius): Die Reise war recht unangenehm, die ersten Eindrücke Berlins, ich kann es nicht leugnen,
schrecklich öde und herabstimmend. Wie kann es auch nach so lang
entbehrten und gründlich genossenen Freuden der Heimath anders
sein. Ich habe noch wenig Leute gesehen. Das Wetter ist schauder-
haft; ich habe seit langer Zeit wieder den ersten Schnupfen. Heute
war ich braußen bei Jakob Grimm, der mich recht liebreich aufnahm.
Die Anderen waren nicht zu Hause. An geschmackvollen Häusern
hat Berlin allerdings sehr gewonnen, Grimms wohnen sehr hübsch.

Nächstens werde ich mehr zu schreiben haben. Unser guter
Müller war außerordentlich liebenswürdig und bot mir gleich
zwei Hofmarschallstöchter zum Unterricht an in der Geographie.
Er grüßt Euch Alle mit großer Anhänglichkeit. Auch Gerhard grüßt.

An bie Mutter.

Berlin, Mitte November 1841.

Länger barf ich nicht säumen, Deinen Brief zu beantworten,
für ben ich Dir tausend Dank sage. Ihr müßt mir jetzt schon verzeihen, wenn ich nicht viel schreiben mag und über meine jetzigen
Zustände lieber schweige als rede. Ich kann ja noch nichts Erfreuliches berichten und habe so viel in mir durchzukämpfen, davon
sich auch nicht schreiben läßt. Meine Dissertation ist bis auf einige
kleine Zuthaten fertig und abgeschrieben. Wahrscheinlich noch in
dieser Woche werde ich einmal nach Halle hinübergehen und mir
das Terrain betrachten. Uebrigens ist man stark beschäftigt, einen
Philologen als Extraordinarius dahin zu setzen. Recht wahrscheinlich ist, daß man Schöll borthin beordern wird; auch von
Haupt in Leipzig ist die Rede. Glänzende Aussichten sind in
Halle nun auch gewiß nicht.

Ueberhaupt aber sind meine akademischen Lebenspläne, seit
ich hier in Berlin bin, schon oft sehr erschüttert worden. Es ist
hier förmlich das Lieblingsthema aller Professoren, die traurigen
Zustände der Privatdocenten zu schildern und alle abzumahnen,
welche nicht in der Lage sind, Erfolge abwarten zu können, Hindernisse und Schwierigkeiten aufzudecken. Darin sind die Leute überhaupt sehr beredt und ausführlich. Nach gutem positiven Rath
und Aufmunterung sieht man sich auch hier vergeblich um, und so
habe ich mich trotz großer Freundlichkeit von vielen Seiten doch
in der Beziehung getäuscht gefunden. Eichhorn, den ich auf einige
Minuten sprach, redete mir zu, nach Halle zu gehen. Lachmann und
Böckh sind beide sehr wenig geeignet, einem jungen Manne Muth
einzusprechen. Ersterer besonders schildert Alles so schwer wie
möglich, Geheimrath Schulze desgleichen. Ranke sagte sehr richtig,
die akademische Laufbahn sei die sicherste von allen, aber man
müsse sehr viel Geduld haben. Kurz, was man darüber hört, ist
gerade dazu gemacht, um Einem Alles, was man noch von gutem
Muthe mitgebracht hat, zu nehmen. Daß ausgezeichnete Kraft
sich immer Bahn bricht, gesteht Jeder zu, aber wer darf die sich
zutrauen? ich wenigstens nicht. Auf der anderen Seite das Oberlehrerexamen zu machen u. s. w. ist auch eine sehr weitläufige
Sache. Da steht man als Ausländer vielen Anderen nach, muß
sich noch eine Zeitlang auf eine Prüfung vorbereiten, in welcher
man nach allem Möglichen gefragt wird, nur nicht nach dem, worin
man zu Hause ist, wird dann zu einem Probejahre kommandirt
und erlangt endlich eine kleine Schulstelle, wenn es gut geht nach
anderthalb Jahren.

Viel Heil ist nirgends zu erwarten, und daß mir der Gedanke,
noch längere Zeit ohne Wirkungskreis zu bleiben, in dieser Zeit
oft recht schwer auf die Seele gefallen ist, könnt Ihr Euch wohl
vorstellen. Ich habe ein unbeschreibliches Bedürfniß nach einer
bestimmten Berufspflicht, in deren treuer Erfüllung ich das einzige
Mittel sehe gegen den quälenden Wechsel von Stimmungen. Gott
weiß, wie lange das noch dauern mag und wieviel ich noch bis
dahin durchzukämpfen habe! Sonst leben wir Brüder hier in
treuer Gemeinschaft zusammen, und ich freue mich unbeschreiblich
an dem stillen, treuen Gemüthe unseres lieben Georg. Es wäre
schön, wenn wir noch so etwas beisammen bleiben könnten, lange
wird es schwerlich dauern. Unser Freund Wilhelm lebt Alles

treulich mit durch. Er ist in seinen Studien gründlich und umfassend, ich freue mich außerordentlich an seiner Tüchtigkeit.

Von Besuchen halte ich mich ziemlich fern. Gestern Abend war ich zu Krausenecks*) geladen, wo auch Professor Müller war. Die Generalsfamilie ist unbeschreiblich liebenswürdig; er ein alter Krieger, der die ganze Geschichte unseres Jahrhunderts in der Vorderreihe mit durchgefochten hat, stolz in edlem Sinne, lebendig erzählend. Ihn und seine würdige Frau umgeben drei blühende Töchter, durchaus einfach und liebenswürdig und höchst anmuthig. Ehe der Alte kam, wurde von unserem gemeinsamen Freunde und unserem Athener Zusammenleben erzählt, von dem ihnen eine Menge Detail bekannt war. Nachher bildeten die Freiheitskriege den Kern der Unterhaltung. Nach der Gesellschaft traf ich unsere Freundschaft beim bayrischen Biere, an dem sie sich nach dem Genusse von Orpheus und Eurydike erquickten. Heute habe ich Ritter zuerst gesehen, der erst gestern aus England heimgekehrt ist. Er war sehr herzlich gegen mich, und ich freue mich sehr darauf, ihn bald einmal mit mehr Ruhe zu sprechen. Mit seinem Schwager, dem wackeren Professor Kramer, bin ich auch schon mehrmals zusammengekommen.

Es ist viel Vortreffliches hier, und es ist gewiß als ein rechtes Lebensglück zu betrachten, wenn Jemand bei längerem, ruhigem Aufenthalte das Alles recht ausbeuten kann. Von Grimms habe ich Euch geschrieben. Bei Beckers waren wir neulich zu einer sehr kuriosen Gesellschaft geladen, die meist aus geschiedenen belletristischen Frauen bestand. Heute war ich im Dom, Ehrenberg predigte. Es wird jetzt sehr gut dort gesungen, das zieht mich an. Sonst kann ich mich an diesen Dompredigten nicht erbauen, sie sind zu geleckt und hofmäßig.

Die nächsten Tage benutze ich, um meine Dissertation ganz zu vollenden. Gegen Ende der Woche werde ich sie wohl unter den Arm nehmen und nach Halle fahren.

Von allen Plänen der sicherste scheint immer der zu sein, jetzt zu promoviren und bis Ostern das Oberlehrerexamen zu machen, worauf man wohl durch Verwendung erreichen kann, das Probejahr an einem Berliner Gymnasium zu machen. Dieses Jahr könnte ich dann ganz meinen griechischen Arbeiten zuwenden, da

*) General Wilhelm Krauseneck, 1775—1850, damals Chef des Generalstabs der Armee.

nur ein ganz geringer Theil meiner Zeit durch Stunden in Anspruch genommen ist. Auch wäre ja dann immer noch die andere
Laufbahn nicht verwehrt.

Nun, der Himmel mag wissen, wie sich die Dinge gestalten!
Es ist nicht leicht, immer guten Muth zu behalten — und doch ist
es von Allem die Hauptsache.

An die Eltern.

Halle, 16. December 1841.

Ich wollte Euch unmittelbar nach dem überstandenen Examen
schreiben, doch sind einige Tage darüber hingegangen, besonders
weil ich glaubte, über Einiges bald Bestimmtes schreiben zu können.
Auch ist ja ein solches Doktorexamen nicht der Art, daß man auf
seinen Ausgang sonderlich gespannt zu sein brauchte. Es wird Euch
indessen angenehm sein zu erfahren, daß ich dasselbe am vergangenen Mittwoch Nachmittags glücklich und nach dem Zeugnisse
der Examinatoren nicht unrühmlich bestanden habe, mich also jetzt
schon mit dem neuen Titel schmücken könnte, wenn ich nicht nach
vollendetem Drucke der Dissertation dieselbe in öffentlicher Disputa-
tion vertheidigen wollte. Dies wird leider nicht vor Mittwoch,
dem 22., geschehen können.

Mein Schriftchen über die Häfen von Athen, welches dem
Professor Meier wohlgefallen hat, ist unter der Presse. Ein hiesiger
Buchhändler Heinemann hat es unter den Bedingungen in Verlag
genommen, daß ich einstweilen die Hälfte der Druckkosten über-
nehme. Es werden 560 Exemplare gedruckt, 350 zur Versendung.
Der etwa sich ergebende Ueberschuß (?) wird zwischen Autor und
Verleger getheilt. Das Ganze wird wenig über drei Bogen aus-
machen.

Die Lithographie wird hier gemacht. Ich zweifle sehr, ob sie
gut wird, jedoch war es bei der Kürze der Zeit nicht möglich, sie
nach Berlin oder Leipzig zu schicken.

Zum 24. werde ich jedenfalls wieder in Berlin sein, wo ich
dann den theueren Bruder empfangen werde. Georg, denke ich,
kommt zur Promotion herüber. Wenn die Elbschifffahrt im Gange
ist, könnten wir alle drei hier zusammentreffen. Zu Weihnachten
erhaltet Ihr mein Diplom. Ich wollte, ich könnte Euch etwas
Besseres schicken. Vor einem Jahre saß ich in der Quarantäne in

Ancona; was liegt für eine Zeit dazwischen! Jetzt bin ich wieder
in einer quarantäneartigen Warteanstalt. Gott gebe, daß es nicht
zu lange dauert. Das Schlimmste bei solchen Zuständen ist immer,
daß man darin gezwungen ist, so viel an sich selbst zu denken und
sich mit seiner eigenen Person zu beschäftigen, während an jedem
Berufe das Schönste ist, daß man sich selbst in ihm vergißt, sich
ganz an ihn hingibt.

Zum Neujahrsabend 1842.*)

Seib uns in frohem Kreise heut willkommen.
Die Bretter seht Ihr wieder aufgebaut,
Die Helden wieder ihrer Nacht entnommen,
Erwacht des Festspiels langverschollnen Laut.
O zürnet nicht dem freundlichen Bestreben,
Zu schmücken dieses Jahres ernsten Schluß;
Wo Ernst und Scherz sich gern die Hände geben,
Da ruht des Lebens edelster Genuß.

O Keiner kann mit heißerem Begehren
Um Segen flehen für die Vaterstadt,
Als der nach langem, schmerzlichem Entbehren
Der Heimath Schwelle wiederum betrat.
Der ganze Schatz der altbewährten Treue,
Der ganze Segen seiner Jugendzeit,
Kommt über ihn und füllt sein Herz aufs neue
Mit heißer Liebe und mit Dankbarkeit.

Drum gönnet ihm, daß er an diesem Tage,
Der wie ein Janus vor- und rückwärts blickt,
Euch seinen Festesgruß entgegentrage:
Heil mit Euch Allen, die Ihr uns beglückt!
Und — weil kein Theil sich kann vereinzelt freuen,
Das Kind nicht lachen, wenn die Mutter weint —
Heil unsrer Stadt, der freien, guten, treuen,
Sie blühe fort, so lang' die Sonne scheint!

Georg Curtius an die Eltern.

16. Januar 1842.

. . . . Seit Theodors**) Abreise ist nun für uns wieder eine
ruhigere und fleißigere Zeit eingetreten. Unsere Stuben, die wir,

---

*) Der Neujahrsabend wurde in dem Vaterhause in Lübeck regel-
mäßig mit einer Aufführung auf einem Marionetten-Theater gefeiert.
**) Theodor Curtius hatte die Brüder nach Berlin begleitet.

während wir den Bruder hier herumführten, nur sehr spärlich mit
unserer Gegenwart erfreuten, gewöhnen sich jetzt wieder, uns
öfters bei oder richtiger in sich zu sehen. Wattenbach kommt
wieder Abends zu uns zu gemeinsamer Lektüre um den runden
Tisch, jetzt noch öfter als früher, da er in seiner Stube bei dem
jetzigen kalten Wetter zu erfrieren droht, während wir ihm immer
ein behaglich warmes Zimmer bieten können. Statt des Demosthenes lesen wir jetzt den Euripides, der sich besser gemeinsam liest
als ein Redner. Nachher trinken wir dann gewöhnlich Thee mit
einander, und darauf bleiben uns noch einige Stunden für Einzel-
studien. Ernst ist jetzt im ganzen heiterer als vor der Promotion,
quält sich nicht mehr so mit Sorgen für die Zukunft und treibt
fröhlicheren Muths allerlei für das Oberlehrerexamen vorbereitende
Studien neben Bearbeitung seiner griechischen Ausbeute.

Ganz Berlin ist jetzt mit einer Schneedecke überzogen, man
sieht kaum einen Wagen auf der Straße, Alles bewegt sich in
Schlitten. So macht die Stadt einen recht großartigen Eindruck,
so lächerlich sich die zahlreichen, auf Schleifen gestellten Droschken
ausnehmen, die auch als Schlitten fungiren müssen.

Ernst Curtius. (Fortsetzung desselben Briefes.)

Von dem neu gestifteten Vorlesungsvereine,*) um den sich jetzt
die Gespräche der eleganten Welt bewegen, werdet Ihr gehört
haben. Savigny nennt die Vorträge ein gesprochenes Pfennigs-
magazin. Der erste Vortrag behandelte einige noch weniger bekannte Säugethiere des südlichen Afrika. Die Damen haben eifrig
nachgeschrieben und waren nun beim Nachhausegehen in der eigenen
Lage, daß ihnen die unbekannten Säugethiere bekannt und die
bekannten unbekannt waren. Steffens hat gestern über nordische

---

*) Siehe Wegeles Biographie Friedrichs von Raumer in der A. D.
B. Bd. 27, S. 410: „Im Jahre 1841 gründete der Unermüdliche, der das
öffentliche Interesse und das Bedürfniß der Bildung auch der niederen
Klasse niemals außer Augen ließ, zum Besten der Einrichtung von Volks-
bibliotheken jene populären Vorträge in der Singakademie, welchen dann
ein so außerordentlicher Erfolg zu Theil geworden ist, wie achselzuckend
auch viele seiner gelehrten Kollegen das Vorhaben anfangs beurtheilten,
und die den äußerst fruchtbaren Anstoß überall in Deutschland gegeben
haben."

Mythologie gelesen. Schelling bocirt immerfort und kehrt sich an
Nichts, obgleich die Meinungen über ihn sich sachte wenden. Trenbelenburg behauptet, daß er glaube, es sei in der vierten Vorlesung etwas vorgekommen, das er verstanden habe, übrigens könne
er sich darin irren. Nun denkt Euch das große Auditorium Tag
für Tag gedrängt voll, die ersten Bankreihen von Professoren
gefüllt, einer gelehrter als der andere, aber Alle sperren den Mund
auf und verstehen Nichts. Das ist aber Schelling ganz recht, er
liest einen Bogen nach dem anderen ab, und Keiner wagt ihm zuerst
zu sagen, daß er die Geschichte nicht verstehe. Wenn er nun so
eine Reihe von Stunden eine Masse der verwickeltsten spekulativen
Probleme abgehandelt hat, nimmt er sie alle zusammen, nennt
dies Konvolut a und geht nun mit dieser neuen Einheit in einer
Art von Differentialrechnung in die zweite, dritte und höhere
Potenzen hinauf, und das wird so Mode in Berlin, daß man schon
in der Kinderstube überall von a in der zweiten Potenz sprechen
hört. Bei Gelegenheit der Verlobung von Schellings Tochter mit
dem jungen Eichhorn hat Trenbelenburg ihm sehr naiv gesagt,
jetzt sehe man doch, wozu es gut gewesen, daß er nach Berlin
gekommen sei.

Der Gedanke, in Berlin bleiben zu können, hat etwas sehr
Lockendes für mich. Mehr als vieles Andere fesselt mich das
Museum; auch sind hier wirklich so viele bedeutende Männer,
welche mir wohlwollen. Ein Wohlwollen, welches jetzt freilich
nur in Rathschlägen sich aussprechen kann, aber sobald ich mir
einmal Ansprüche erworben habe, ganz gewiß sehr förderlich sein
wird. Auch bewegt man sich viel freier und strebt muthiger nach
dem Ungewissen, wenn man etwas Gewisses hat. So Gott will,
soll das Unangenehme sämmtlich im Winter abgemacht werden,
und wie einen neuen Frühling meines Lebens will ich den Frühling
begrüßen, der mich wieder frei von lästigen Schererelen in das
Reich der Wissenschaft und Kunst hineinfliegen läßt. Jetzt bin ich
stark beschäftigt, einige griechische Inschriften für das Rheinische
Museum zu bearbeiten, in acht Tagen hoffe ich die erste Sendung
machen zu können. Ich muß jetzt schon dahin streben, daß die
Leute von Zeit zu Zeit Etwas von mir zu lesen haben. Das ist
der sicherste Weg, und ich bin ja in der glücklichen Lage, statt alter
Kamillen ganz frischen, neuen Aufguß geben zu können. Wenn
ich nur das Talent hätte, schneller zu arbeiten!

An Victorine Boissonnet.

22. Januar 1842.

Gestern Abend bin ich von einem „verre d'eau" berauscht nach
Hause gekommen. Es war eine reizende Aufführung, und ich bin
in das Stück ganz vernarrt. Es ist der schönste Champagner in
dramatischer Form, ganz Geist und Leben und alle Lebensgeister
auf das lieblichste anregend. Man amüsirt sich wie ein Kind, in
alle die Hofintriguen hineinzuschauen, so ganz au fait zu sein in
Angelegenheiten, von denen das Schicksal von halb Europa abhängt. Man glaubt im Hintergrunde den Erbfolgekrieg zu sehen,
die fliegenden Siegspaniere des Herzogs von Marlborough, dessen
Ruhm die ganze Welt erfüllt — aber das ist Alles nur Nebensache,
Kleinigkeit, Bagatelle gegen die Herzensangelegenheiten zweier
Damen, die sich in ihren wohlwollenden Gefühlen für einen jungen
Gardeoffizier kreuzen — und die Weltgeschichte nimmt eine andere
Wendung. Es gibt kein hübscheres Gebiet für das höhere Lustspiel, und es ist dumm, daß wir Deutsche Nichts können, als solche
Lustspiele aus dem Französischen übersetzen. Wie schlecht es mit
unseren dramatischen Talenten bestellt ist, hat neulich der „Kolum-
bus"*) gezeigt, auf den ganz Berlin gespannt war, der aber im
ganzen so wenig befriedigt hat, daß man ihn nur anstandshalber
noch ein paar Mal wiederholte. Unsere Bühne ist ja im ganzen,
wie es scheint, im Verfall, aber doch ist nicht zu verkennen, daß
jetzt in Berlin nicht nur einige bedeutende Talente sind, sondern
man gibt auch gute Stücke, so gute Stücke, daß ich mich des
Morgens immer fürchte, an den bekannten Lindenbäumen vorüber-
zugehen, welche das Privilegium haben, den Musen und Grazien
zu dienen und die von angeklebten, buntfarbigen Zetteln so scheckig
aussehen, daß man die natürliche Farbe der Rinde nicht mehr
erkennt. Neulich sah ich den „Clavigo" und war überrascht von
der scenischen Wirkung des Stückes, überrascht von dem echt
Tragischen und der milden Versöhnung des Schlusses. Seidelmann
spielte den Carlos auf eine so vollendete Weise — wäre ich König,
ich hätte dem Manne auf der Bühne den Schwarzen Adlerorden
umgehängt. Mehr als Sänger und Sängerinnen gelten jetzt die
langen Finger des Herrn Liszt, den die Leute auf eine ganz
wahnsinnige Weise verehren. Er spielt allerdings mit einem ganz

---

*) von Werder.

eigenen, unheimlichen Feuer, in einer Art von Exaltation, aber
echte Kunst ist es doch nicht, und seine Kompositionen sind schwach.
Du siehst, ich stehe in Opposition zu dem in Berlin herrschenden
Geschmack, und Du wirst mir zugeben, ein junger Mann in der
Residenz, der sein Glück zu machen wünscht, kann nichts Besseres
thun, als überall sich auf die Opposition zu stellen. ... Ich
habe es wahrhaftig nie darauf angelegt, gelehrter oder gescheiter
zu erscheinen, als ich bin. Von Kindesbeinen an aber verfolgt mich
dies, daß die Leute zu viel aus mir machen und natürlich auch
von mir verlangen. Nun, ich will es nur für ein Glück ansehen,
es gibt wenigstens frischen Muth und frischen Antrieb, obgleich
es mich oft lächert, wenn die Leute mich für gelehrt halten und
meine Dissertation, welche ich in Druck zu sehen mich schämte,
lobwürdig finden als eine Probe von Erudition. Das einfache
Resumé davon ist, daß es gar nicht so schwer ist, in der gelehrten
Welt fortzukommen, die Anderen sind am Ende auch nicht so
unbändig gelehrt, wie sie aussehen. Und darum muthig vorwärts!
Wohl hast Du Recht, wenn Du mich einem vertriebenen Adam
vergleichst — aber das wahre Paradies ist nicht sowohl der Süden
Europas und das Gestade des Mittelmeers, als die Jugend des
Lebens, aus der man, sei es jung oder alt, heraustritt, sobald man
das Leben nicht mehr als Wanderer anschaut, sondern als Suchender,
Bittender hinzutritt und, statt sich im Leben zu vergessen, für
die eigene Individualität sorgen und Unterkommen erstreben muß.
Da fallen die Locken der Jugend; der Glanz des Lebens, die unbefangene, unbewußte Freude sind dahin, und was auch der Mann
dafür eintauschen mag, ich glaube nicht, daß eine Entschädigung
denkbar ist. Sieh, aus dem Paradies bin ich vertrieben, und
darum konnten mir meine Freunde wohl verzeihen, wenn Unmuth
und Verdruß im Anfange meines hiesigen Aufenthaltes mich be-
lagerten und zuweilen eroberten.

„Du hast's erreicht, Octavio."

O Macht der Residenzluft,
Geheimnißvolle Kraft,
Bist stärker als die Lenzluft,
Die doch auch Wunder schafft.

Wie mancher kostet Lenzluft
Und wird doch kein Poet,
Doch in der Residenzluft
Wie's da dem Dichter geht!

Er kommt mit stolzem Gange
Ins Brandenburger Thor:
Gemach, gemach! nicht lange
Spielst du den Matador.

Der Pegasus wird leise,
Ja leise eingejocht
Und zieht nach Ochsenweise
So sehr das Herz ihm pocht.

Das Lockenhaar, das wilde,
Das schneidet man Dir ab,
Der Leier zart Gebilde
Wird zum Magisterstab.

Der Dichter ist verloren,
Er sinkt zur Ruhestatt,
Draus hebt sich neugeboren
Der Schulamtskandidat.

An die Eltern.

9. Februar 1842.

... Eichhorn rieth mir, zunächst das Examen pro facultate
docendi zu machen, und fügte ganz von selbst hinzu, eine Unterstützung für wissenschaftliche Arbeiten könne er mir leicht an-
gedeihen lassen. Anderen Tags machte ich meine schriftliche Eingabe an das Ministerium und erhielt gestern einen Brief von Eichhorn mit der Nachricht, daß er die Königliche Kommission ermächtigt
habe, mich zur Prüfung zuzulassen. Heute Morgen war ich bei
dem Direktor derselben, um mich ihm vorzustellen, morgen oder
übermorgen reiche ich meine Zeugnisse, Diplom und Dissertation
nebst einem umständlichen curriculum vitae ein und erwarte dann
in Geduld den Termin der Probelektionen und der mündlichen
Prüfungen, die zwei Tage dauern.*)

Gestern Abend war ich bei Kuglers.**) Liebenswürdige Menschen! Leider erliegt er fast dem Andrange schriftstellerischer
Arbeiten, die er aus pekuniären Rücksichten nicht abweisen darf.
Auf diese Weise leistet er nicht, was er könnte, und reibt sich allmählich ohne rechte Lebensfreude auf. ... Ich lese jetzt mit großer
Freude Trendelenburgs „Logische Untersuchungen". Das ist einmal
ein Buch voll Muth und Freiheit, tüchtig und charaktervoll, wie
er selbst, dem Feinde gerade zu Leibe gehend in ehrlichem Kampfe.

An Victorine Boissonnet.

15. März 1842.

... Ich bin nun mit Gottes Hülfe wieder ein Stadium weiter
im Leben vorwärts gekommen. Die reichsten Lebensaussichten
eines königlich preußischen Schulamtskandidaten liegen im Morgenrothe weit ausgebreitet vor mir, und ich kann jetzt, fürs erste

---

*) Sie fanden am 11. und 12. März statt.
**) Der Kunsthistoriker Franz Theodor Kugler (1808—1858), damals Pro-
fessor an der Akademie der Künste. A. d. B. Bd. 17, S. 307.

wenigstens, ganz meinen Lieblingsstudien mich hingeben. Wenn jetzt nichts Ordentliches aus mir wird, so bin ich ganz allein schuld daran. Die äußeren Bedingungen scheinen sich nach Wunsch zu gestalten, und ich bin eigentlich recht sehr damit zufrieden, fürs erste in Berlin zu bleiben. Ich habe hier für meine Arbeiten alle Muße und alle Hülfsmittel, und auf der anderen Seite reiche Gelegenheit, mich unter Menschen der verschiedensten Art herumzutummeln, und so auf alle Weise zu lernen und vorwärts zu kommen. Gestern Abend war ich bei Twestens, bei denen ich sehr gern bin. Twesten*) ist ein Mann von außerordentlichem Verstande, sein Gespräch fesselnd und belehrend, auch mit der Frau und der Tochter Agnes kann man sich recht gut unterhalten, und viele interessante Leute finden sich dort ein. Heute Abend soll ich Geibels Zeitstimmen vorlesen. Sie werden von Manchen als Morgenröthe oder Wachtelruf eines neuen Tages deutscher Poesie betrachtet. Vom „Roderich" ist neulich eine Scene im Salon gedruckt worden und von einer Aufführung in Frankfurt die Rede gewesen. Die gedruckten Partien hatten sehr hübsche Stellen, aber ermangelten des dramatischen Kolorits. Der Spanier, der Maurenkönig — sie deklamiren Alle auf dieselbe Weise. Ach, die unglückselige Zeit! daß man nur kritteln, nur verwerfen, nur kopfschütteln kann! Wo ist ein Mann, dem man mit feuriger, liebender Anerkennung den Lorbeer reichen könnte; es gibt so viele berühmte, so wenig große Männer! Man weiß so viel, man kann so wenig!

An die Eltern.

1. April 1842.

Inzwischen bin ich nicht nur am französischen Gymnasium eingetreten, wo ich von nächster Woche an drei Stunden Latein in der Tertia und zwei Stunden Deutsch in Quarta unterrichten werde, sondern bin auch von Boeckh ohne weiteres zum Mitgliede seines pädagogischen Seminars gemacht worden, was mir zunächst 160, dann 200 Thaler einträgt, eine Summe, welche, wenn man bedenkt, daß ich gar nichts dafür zu thun habe, doch recht bedeutend ist. Ostersonntag war ich bei Meineke**) zu Mittag mit Lach-

---

*) Der Theologe August Christian Detlev Twesten (1789—1876).
**) Der Philologe August Meineke (1790—1870), von 1826 bis 1857 Direktor des Joachimsthalschen Gymnasiums.

mann*) und Bergk.**) Meineke ist außerordentlich liebenswürdig
und heiter, trotz seines häuslichen Unglücks, seine Frau ist stellen-
weise geistesabwesend. Montag Abend war eine sehr ausgezeichnete
Gesellschaft bei Twestens, wo ich auch Heinrich Ritter aus Göttin-
gen***) kennen lernte. Hengstenbergs†) waren auch da.

An dieselben.

16. Mai 1842.

Der Hamburger Brand hatte Alles aus dem gewohnten Geleise
aufgeschreckt; man kommt jetzt allmählich wieder hinein. Hier
hat die Stimmung sich auf das merkwürdigste gewendet. Die Berliner haben in ihrer Philisterhaftigkeit an der edelen Haltung Ham-
burgs Anstoß genommen. Besonders das erste Blatt des Korre-
spondenten hat die Leute irre gemacht; statt Klagen und Bitten
lesen sie den Ausdruck eines ungeschwächten Selbstvertrauens, den
sie nur als Hochmuth auffassen können. Dadurch ist natürlich der
Eifer zu helfen, welcher — zur Ehre der Stadt sei es gesagt —
wirklich erstaunlich groß war, sehr erkaltet. Etwas Schuld haben
die Hamburger wohl. Man konnte wirklich kaum wissen, ob sie
Hülfe in Anspruch nähmen oder nicht. Jedenfalls, wenn sie fremder
Beiträge fortdauernd bedürftig sind, haben sie nicht klug gehandelt.
Denn sie würden, wenn sie neben dem Ausdruck fester Zuversicht
auf den vorhandenen Nothstand hingewiesen hätten, eine dauernde,
lebendigere Theilnahme erreicht haben. Doch auf jeden Fall hat
sich bei dieser Gelegenheit in unseren Landen ein kräftiger Gemeinsinn gezeigt, über den man sich nur innig freuen kann. Heute sind
die Dampfschiffe mit den abgesandten Lebensmitteln zurückgekehrt,
und man weiß nicht, was man mit den vielen tausend Broden
beginnen soll.

Das schöne Pfingstfest habt Ihr gewiß bei dem herrlichen
Wetter recht genossen. Hier kann man an Festtagen Nichts an-

---

*) Der Philologe Karl Lachmann (1793—1853).

**) Der Philologe Theodor Bergk (1812—1881), seit 1842 Professor
in Marburg, 1843 mit einer Tochter Meinekes vermählt.

***) Der Philosoph Heinrich Ritter (1791—1869), seit 1837 Professor
in Göttingen.

†) Der Theologe Ernst Wilhelm Hengstenberg (1802—1869), seit 1828
Professor in Berlin.

fangen, denn dann ist der Thiergarten von früh bis spät mit
Menschen angefüllt. Das schöne Wetter macht hier mehr wehmüthig, als froh.

Ich studire jetzt Hieroglyphen und lese ägyptische Weisheit.
Der Umgang mit Lepsius, dem berühmten Archäologen Aegyptens,
hat mich dazu begeistert. Es ist, von wissenschaftlichen Resultaten
abgesehen, höchst unterhaltend, sich im Lesen der Hieroglyphen zu
üben, es ruht ein so eigener, poetischer Zauber auf dieser Bilder-
schrift. Schade, daß der Inhalt selbst wenig poetisch und mannigfaltig ist.

An dieselben.

Juni 1842.

Mein verehrter Freund, der Prediger Berny*) aus Paris, reist
in der ersten Hälfte des Juli durch Thüringen nach Frankfurt, den
werde ich begleiten und mit ihm Jena, Weimar, Gotha besuchen. Berny ist in dem verwöhnten Berlin während seines Aufenthaltes so sehr Gegenstand allgemeiner Verehrung geworden, daß
man von vielen Seiten seine Abreise mit Trauer herannahen sieht.
Er ist auch bei Hofe mit großer Auszeichnung aufgenommen worden,
und der König hat sich neulich nach Tische so lange mit ihm
unterhalten, daß er darüber die Minister und die Kabinettsräthe
zu entlassen versäumt hat, infolgedessen der preußische Staats-
organismus beinahe in Stockung gekommen wäre.

Gestern war ich mit Berny in einer interessanten Gesellschaft
bei Frau von Quast, Hengstenbergs Schwiegermutter. Unter
Anderen war auch Hassenpflug dort, ein in der Gesellschaft sehr
angenehmer Mann, welcher nach so vielen wechselvollen Fügungen
in seiner ehrenvollen, aber von politischem Einfluß entfernten
Stellung — er ist Geheimer Obertribunalsrath — sehr auf seinem
Platze zu sein scheint. Jedenfalls hört man keine Stimmen mehr
gegen ihn.

---

*) Vgl. über Eduard Berny: Ludwig Spach, Moderne Kulturzustände
im Elsaß, Bd. II S. 29. Er war zuerst Advokat am Appellhofe zu Colmar,
studirte dann Theologie und wurde 1835 von Mülhausen an die Kirche
der Billettes zu Paris berufen. „Die Verschmelzung französischer und
deutscher Bildung erreichte in ihm ihren Gipfelpunkt," sagt Spach. Er
genoß das besondere Vertrauen der Herzogin von Orleans. Berny starb
1854 bei einer Gastpredigt in Straßburg auf der Kanzel.

An dieselben.

26. Juli 1842.

Ich reiste am 6. mit Lepsius nach Halle, wo auch Bernh sich
einstellte. Am 7. reisten wir über Weißenfels nach Naumburg,
dessen reizende Saale-Ufer gewissermaßen die Schwelle von Thüringen sind. Des alten Geheimraths Lepsius Mittheilungen halfen
uns den Bau des herrlichen Doms verstehen und bewundern. In
der Nacht vom 7. zum 8. kamen wir in Jena an und schauten am
Morgen die Sonnenfinsterniß aus der Sonne an, welche selbst
eine ewige Sonnenfinsterniß ist. Das Saalethal ist reizender und
mannigfaltiger, als ich mir gedacht hatte, die vielen kleinen Quer-
thäler, welche das große Thal schneiden, die baumreichen Wiesen
in der Tiefe, die kahlen Kalkfelsen, welche über dem mit Dörfern
reich geschmückten Fuß der Höhen sich erheben, bieten dem Auge
überall ein Panorama der größten Formenfülle dar. Jena ist der
Lage nach eine Muster-Universität, im Herzen von Deutschland,
im Einheitspunkte deutscher Sitte. In dem am meisten zerstückelten
Theile des Vaterlandes, liegt es doch wieder in so stiller, friedlicher
Abgeschiedenheit, von keiner großen Heerstraße berührt, sodaß Niemand fast, als wer der Wissenschaft angehört, in das freundliche
Thal herniedersteigt. Wir waren fünf Tage dort. Dahlmanns*)
Haus, in dem auch Gervinus weilte, war uns freundlich geöffnet;
er selbst, der sonst den trüben Ernst eines Verbannten auf der
Stirn trägt, war heiterer, als ich erwartete. Bernhs belebende
Persönlichkeit that auch ihm innerlich wohl. Von den vielen herrlichen Wanderungen, die wir zusammen gemacht haben, kann ich
nicht ausführlicher erzählen. Die schönste ging nach Dornburg
in zahlreicher Gesellschaft. Auch ein ländliches Fest, das uns Göttling auf seinem Weinberge gab, verdient rühmlicher Erwähnung.
Besonders gern war ich bei dem wackeren Frommann und seiner
liebenswürdigen Frau; ich saß oft in ihrem reizenden Garten. Es
wird mir ganz sehnsüchtig zu Muthe, wenn ich jetzt aus der Dorotheenstraße an jene Tage zurückdenke. Man hat ja Zeiten, in
denen man denkt, ein stilles, friedliches Leben zwischen Freunden
und grünen Bäumen wäre das schönste Ziel, in solchen Zeiten kann
ich mich recht nach Jena sehnen, denn wie unendlich mehr Lebens-

---

*) Dahlmann lebte seit 1838 in Jena. Im Herbste 1842 wurde er
nach Bonn berufen.

freube, wieviel mehr Herzlichkeit und Einfachheit ist dort. Am
12. einspännerten wir von Jena fort, Mittags in Weimar, dem
Wittwensitz der Musen, Abends in Erfurt, wo wir mit Freude und
Rührung das Augustiner-Kloster besahen. Die Erfurter Erinnerungen an Luther sind darum die ergreifendsten, weil sie an die ent-
scheidendste Epoche seines Lebens, an die Zeit seines ersten Kampfes
und Sieges erinnern. Am anderen Morgen sahen wir den Dom,
der mit der Stiftskirche zusammen gleichsam das Kapitol von Erfurt
bildet. Nachmittags waren wir schon in Gotha; der alte, würdige
Perthes*) war gerade anwesend. Ich besuchte Direktor Rost, Hofrath Hekert, der mich freundlich im Schlosse herumführte und mir
die Bibliothek und das Münzkabinett zeigte. Anderen Tages aßen
wir bei Herrn von Zech, Schellings Schwiegersohn, fuhren Nachmittags nach Reinhardsbrunn und gingen von dort nach Friedrichroda. Bis in die Nacht hinein plauderten wir dort an Perthes'
gastfreiem Tische, in tiefstem Dunkel geleitete uns der 72jährige
Greis auf einem schmalen Waldpfade nach Reinhardsbrunn zurück,
wo wir schliefen. Am nächsten Morgen um 6 Uhr war er wieder
bei uns, und wir gingen zusammen auf den Abtsberg. Den Mittag
waren wir schon in Eisenach, besahen die Wartburg, deren Haupt-
gebäude jetzt aus den Entstellungen der letzten Zeit in alter Schönheit wiederhergestellt wird. Wir aßen oben zu Mittag, dann trennte
ich mich von Berny, der nach Eisenach hinunterging, um den Eil-
wagen dort zu treffen, während ich mit Professor Jacobs aus
Gotha — Lehrer am Joachimsthale in Berlin — von der Wartburg in das Gebirge hineinwanderte auf der Höhe fort. In ununter-
brochenem, frischem Laubgehölze führt der Weg über die hohe
Sonne nach Altenstein und Liebenstein. In dem nieblichen, aber
jetzt sehr verlassenen Badeorte blieben wir die Nacht. Am 16. stiegen
wir durch das Drusenthal auf den Inselsberg hinauf. Nachmittags
waren wir wieder in Friedrichroda. Den Sonntag blieb ich in
Gotha, sah den alten, ehrwürdigen Jacobs und seine Familie.
Sein Sohn Emil, ein ausgezeichneter Maler, war mir aus Griechenland bekannt. Sonntag Abend fuhr ich nach Stadtilm, von wo
ich mich am anderen Morgen zu Fuß aufmachte und nach Paulin-

---

*) Friedrich Perthes (1772—1843) hatte nach dem Tode seiner ersten
Frau Hamburg verlassen und 1822 in Gotha ein neues Verlagsgeschäft
für Geschichte und Theologie gegründet. Während des Sommers lebte
er in Friedrichroda.

zelle marschirte. Die Reste der alten Klosterkirche sind sehr schön.
Der schönste Theil der ganzen Wanderung war der von Paulin-
zelle nach Schwarzburg und das Schwarza-Thal hinab nach Rudolstadt. Hier hat die Thüringer Waldgegend einen so ernsten, großartigen Charakter, wie sie ihn sonst nicht erreicht. Von Rudolstadt
führte mich ein anmuthiger Weg an der Saale, vorüber an dem
imposanten Leuchtenberg, in das Thal von Jena zurück. In
Jena verweilte ich noch ein paar Tage. Am 22. fuhr ich fort.
Bei Camburg verließ ich Chaussee und Wagen und ging zur Saale
hinunter zur Rudelsburg und von da über Kösen nach Schulpforta,
wo ich den Nachmittag in der Kobersteinschen Familie zubrachte.
Professor Koberstein*) führte mich in der ganzen Anstalt herum
und begleitete mich Abends auf einem schönen Waldwege bis in
die Nähe von Naumburg. Sonnabend Morgen fuhr ich nach Merse-
burg, blieb dort einige Stunden bei Marcus Niebuhr**) und wanderte gegen Abend nach Halle hinein. Sonntag Morgen nach einem
herrlichen Wellenbade hörte ich Tholuck predigen. Nachher hatte
ich die Freude, die Wittwe sowie die Eltern und Geschwister von
Ottfried Müller zu sprechen und viel Ergreifendes, aber auch viel
Tröstliches mit ihnen zu verhandeln. Die Mutter konnte weniger
den neu erregten Schmerz bekämpfen, als die Wittwe, welche sich
sehr zu beherrschen wußte. Montag Morgen sah ich noch Einiges
von den Kunstdenkmälern in Halle und war besonders überrascht
von der Schönheit eines wenig gekannten Altarbildes in der Ulrichs-
kirche, welches im Innern des Schrankes vortreffliche, in Holz
geschnitzte Hautreliefs enthält, Mariä Krönung mit verschiedenen
Seitenfiguren in reichen Farben und Vergoldung. Gegen 12 Uhr
verließ ich Halle. In diesen Steppen lernt man dem Himmel
für Erfindung der Eisenbahn danken. Um 6 Uhr waren wir am
Anhalter Thore. Um 8 Uhr ging ich zu Grimm, wo ich eine Gesellschaft zu Ehren Sievekings***) versammelt fand. Jetzt nach dem
erquickenden Zwischenspiele der Thüringer Reise geht die ernste
Arbeit wieder an. Jeder neue Eintritt in Berlin will überwunden

---

*) Der Germanist und Litterarhistoriker August Koberstein (1797 bis
1870), seit 1820 in Schulpforta.
**) Marcus Niebuhr (1817—1860), später Kabinettsrath Friedrich
Wilhelms IV.
***) Der Hamburger Syndikus Karl Sieveking (1787—1847), seit 1830
Bundestagsgesandter, mit Wichern Gründer des „Rauhen Hauses".

sein, selbst nach kurzer Entfernung. Ein kurzer Weg durch die stinkenden Straßen der Hauptstadt ermattet mehr als eine Tagereise auf den frischen Höhen des Gebirges. Doch was hilft's? Nur muthig vorwärts, und sieht mir oft auch Alles dunkler aus, als ich möchte, ich will hoffen, daß es bald Licht wird.

An dieselben.

August 1842.

Jeder, der jetzt nicht in Berlin weilt, hat Grund, seinem Schöpfer zu danken. Man mag gar nicht sprechen, nicht ausgehen, man muß Nase, Mund, Augen und Ohren zuhalten vor Staub, Gestank und Getöse. An Spazierengehen ist gar nicht zu denken, weil man vor Staub das Brandenburger Thor nicht finden kann. Emanuel Geibel ist noch bei mir, ich habe herzliche Freude an ihm. Ich lasse mich an ihm nicht irre machen, und ein jedes Wiedersehen gibt mir die feste Ueberzeugung, daß er tüchtig und brav ist. Man kann ihm bei uns seine Wunderlichkeiten nicht verzeihen, und damit thut man ihm großes Unrecht. Er ist nun einmal kein Mensch, wie die meisten Anderen sind, und darum will er anders gemessen sein. Aber wir sind in unserem Urtheile leider oft so, daß wir unserem Nächsten eher wirkliche Fehler, ja Laster nachsehen, als Verstöße gegen gesellschaftliche Formen. Emanuel hat tüchtig gearbeitet. Er ist im Spanischen sehr zu Hause und hat eine Fülle der schönsten Dichtungen eigener und fremder Muse vorräthig. Er bildet sein Talent fleißig aus, und das ist zunächst sein Beruf, freilich ein sehr schwerer und schlüpfriger und selten dauernd beglückender, aber er muß diese Bahn gehen, davon bin ich überzeugt. Für seinen „Roderich" bieten sich hier recht gute Aussichten dar. Gestern war ich in der Elisabeth-Kirche und hörte Gerlach. Es ist mir wichtig, jetzt alle drei Brüder zu kennen. Den Oberst traf ich neulich bei Hengstenbergs, er ist jetzt nach Berlin versetzt und einer der nächsten Freunde des Königs. Die drei Brüder Gerlach interessiren mich ungemein, sie sind die Männer des Tages, um unter diesem Könige zu steigen, sie sind Hofleute, und zwar höchst geistreiche, streng biblische und durchaus freimüthige Männer.

An Victorine Boissonnet.

17. August 1842.

Wenn die Ostseewellen vertraulich an Deinen Fuß sich drängen, so gedenke Deines in Berlin eingesargten und eingeäscherten Freundes und grüße sie von mir und sage ihnen, daß ich mich nach ihnen sehne, wie weiland König Richard Löwenherz nach der Küste Albions. Fünf elende Stunden, die Keinem nützen, halten mich hier zurück, wo man reine Luft um theuren Preis verkaufen könnte, wenn sie aufzutreiben wäre. Nenne mich nicht ungenügsam — einen solchen Sommer mit solchen untadelhaft auf und nieder gehenden Sonnen fern von der See und gerade hier zubringen zu müssen, das ist hart. Alles ist lebensmatt und langweilig hier. An Freundschaft darbe ich. Der Abschied von Verny hat eine große Lücke in meinem Leben gerissen. Waitz hat sich verlobt und ist natürlich ungenießbar. Die Anderen sind fort nach Aegypten, London u. s. w. Ein Freundeskreis wie der, welchen wir zu den Füßen der Göttinger Minerva bildeten, bleibt in Deutschland ein frommer Wunsch. Ueberhaupt kann ich den Gedanken nicht unterdrücken, als sei das Beste dagewesen, als gleiche mein Leben einem abgestandenen Champagnerglase, der Schaum, die Blüthe ist fort, und nur einzeln steigen noch aus der Tiefe die Erinnerungen auf. Aber hoffentlich irre ich mich.

An die Eltern.

2. Oktober 1842.

Gestern wohnte ich den öffentlichen Prüfungen im Joachimsthale bei und freute mich der in jeder Beziehung tüchtigen Leistungen. Meine nach Maßgabe jetziger Verhältnisse rasche Anstellung ist Gegenstand des Gesprächs geworden. Ich kann mich nicht in dem Maße darüber freuen, wie es viele Andere thun würden, wenn sie nach jahrelangem Harren eine solche Stelle erhaschen. Wahrhaftig, es ist kein Hochmuth, kein Ehrgeiz oder Eitelkeit, es ist vielmehr der Zweifel, ob ich zu einer so vorwiegend pädagogischen Thätigkeit die rechten Fähigkeiten habe, welcher mich oft traurig und mißmuthig macht. Ich bin aber fest überzeugt, daß, wenn ich erst in der Thätigkeit drin bin, diese schon etwas Beruhigendes und Erfreuliches haben wird. Ich freue mich jedenfalls auf die Gelegenheit zur Selbstprüfung und Selbsterkenntniß. Die Zahl

der Alumnen soll sich auf 130—140 belaufen, von benen man ein
Sechstel fortwährend zu beaufsichtigen hat, und Alle zusammen
einen Tag in der Woche. Es soll jetzt nicht der beste Geist in
der Jugend sein; die Lehrer klagen sehr. Freitag werde ich zuletzt
im Seminar sein, wo der ausgearbeitete Theil meiner anecdota
Delphica kritisirt werden wird. Diese Arbeit zum Druck fertig zu
machen, soll meine nächste Sorge sein.

An die Eltern.

11. Oktober 1842.

Meine Anstellung am Joachimsthal ist in diesem Augenblick
wieder zweifelhaft geworden. Meineke selbst war unvorsichtig
genug, zuerst und am meisten davon zu reden, ehe noch die Angelegenheit ihren Geschäftsgang vollendet hatte. Die Bestätigung
des Oberschulkollegiums ist gewöhnlich bloße Form, aber dieses
Mal ist sie nicht unmittelbar erfolgt. Es sind verschiedene Bedenken laut geworden, es sind ältere Kandidaten da, namentlich
einer, der vor acht Jahren sein Examen gemacht hat, u. s. w.

Boeckh hat meine delphische Arbeit sehr gut aufgenommen,
Wilhelm Besser*) hat aus freien Stücken mir angeboten, sie in
Verlag zu nehmen.

An die Eltern.

Ende Oktober 1842.

Ich schrieb Euch neulich von den unerwartet eingetretenen
Umständen, welche meine Anstellung am Joachimsthale hinaus-
zuschieben drohten. Es kam, wie sich erwarten ließ. Der neue
Adjunkt ist schon eingeführt. Ich meines Theiles habe mich über
das Aergerliche der Sache hinweggesetzt, auch Euch wird sie
nicht weiter verdrießen. Ich habe jetzt den griechischen Unterricht
in Untertertia, einer Klasse, die über 50 Schüler hat, außerdem
Deutsch und Französisch in Untersekunda 4 Stunden, zusammen 10.
Jene vier Stunden bekomme ich honorirt, sonst habe ich nur die
Seminar-Einnahme und weiß noch nicht recht, wovon ich leben soll.

---

*) Der Buchhändler Wilhelm Besser (1808—1848), der Gründer der
Besserschen Buchhandlung, welche ein Sammelplatz der Berliner Gelehrtenwelt war, vermählt mit Auguste Reichhelm.

An Victorine Boissonnet.

16. Oktober 1842.

Ich habe allerlei Freude und Kummer gehabt. Eine große Freude war mir der Besuch meines theuersten Freundes, des jüngeren Abeken, mit dem mich das ewige Rom verbunden hat. Leider hat ihn Rom und römisches Fieber auf eine Weise, die mich tief ergriffen, ermattet und geschwächt. Fast vierzehn Tage lebte ich ganz mit ihm und römischen Freunden, eine Freude, die fast zu schwer erkauft wird durch den schmerzlichen Rücktritt aus der Erinnerung in die Wirklichkeit. Ach, daß das Herz immer so weichlich und zärtlich bleibt, daß es sich nie mit dem äußeren Leben auszusöhnen versteht!

> Nein, ich will darum nicht habern
> Mit dem Gotte, der mich schuf,
> Daß mir glühet in den Adern
> Trieb zu doppeltem Beruf.
>
> Folg' ich seinen leisen Zügen,
> Wird mich doch, mag's auch verziehn,
> Meine Hoffnung nicht betrügen
> Und das Ziel nicht ewig fliehn.
>
> Nur nicht lässig, selbstbeschauend,
> Nur nicht eitel und verkehrt,
> Nur vor Müh' und Kampf nicht grauend,
> Wenn der Kampf auch lange währt.
>
> Herr, o Herr, gib Deinen Segen,
> Herr, mein Gott, ich laß Dich nicht,
> O verbirg auf meinen Wegen
> Birg mir nicht Dein Angesicht!

An die Eltern.

31. Oktober 1842.

So sehr ich mir auch mehr Muße wünschte, so macht mir doch der Unterricht Freude. Der liebe Gott hat es gar hübsch so eingerichtet, daß mit der steigenden Schwierigkeit der Aufgabe auch die Freude des Gelingens steigt, und auf diese Weise kommt der Mensch eigentlich nie zu kurz. Es ist nicht leicht, über 50 Schülern die Elemente der griechischen Grammatik einzupauken; aber wenn es einmal ordentlich geht, so ist das auch eine Freude, die man sich, ohne sie zu kennen, gar nicht vorstellen kann. Die Sekundaner

machen mir nur Freude, sie zeigen einen hübschen, wissenschaftlichen
Sinn. Jetzt, da ich als Vicarius Homer mit ihnen lese, habe ich
Gelegenheit, ihnen allerlei Neues und Frisches aus Griechenland
mitzutheilen, was sie in hohem Maße ergötzt. Man muß die
Jugend nur durch die Sache zu packen wissen, dann kann man
sie führen, wie man will.

Von Gesellschaften habe ich mich mehr zurückgezogen, doch
fehlt es nie daran. In voriger Woche wurde Dahlmann bei
Grimm und Twesten gefeiert, auch in der „Gesetzlosen", wo ich
Wilhelm Bessers Gast war. Jetzt wird auch, als neu angekommenes
lumen, Puchta*) gefeiert. Eine neue, mich sehr anziehende Bekanntschaft ist die Wittwe des Professors Klenze,**) welche mit der
Professorin Klausen zusammenwohnt neben Grimms in der weltberühmten Lennéstraße, wo nur „ungeheuer interessante und
liebenswürdige" Leute wohnen dürfen, nach einer neu heraus-
gekommenen Polizeivorschrift. . . . Was soll ich Euch sonst aus
Berlin schreiben? Soll ich Euch schildern, wie selbst ein ehrsamer
Schulmeister durch die zauberhafte Anmuth der Fanny Elster in
Entzücken versetzt wird? Die große Tänzerin macht, wie weiland
die böse Helena, selbst alte Graubärte zu Narren, sie ist in hohem
Grade bewunderungswürdig.

An Victorine Boissonnet.

November 1842.

Die stärkere Bewegung, welche durch das Land geht, zeigt sich
im kleinsten Kreise. Auf mich macht sie einen sehr wehmüthigen
Eindruck, weil man so wenig Reines und Tüchtiges erkennt. Schreier
gelten für Helden, mit Herwegh treiben sie Abgötterei, weil er eine
wüste, negative Richtung zum Schaden seines großen Talentes
in die Poesie hineingezogen hat; dem Dr. Jacoby schenken sie eine
goldene Bürgerkrone, weil er zwei Broschüren gegen die Regierung
geschrieben hat. Guter Gott, sind wir dahin gekommen, daß wir
das für Bürgertugend ansehen! Herwegh ist übrigens eine schöne,
einnehmende Jünglingsgestalt und hat sich hier, um seinen Versen

---

*) Georg Friedrich Puchta (1798—1846) wurde 1842 Savignys Nach-
folger an der Universität.
**) Des Juristen Clemens August Karl Klenze (1795—1838), welcher
als Professor in Berlin gestorben war.

noch mehr Metall zu verleihen, in aller Geschwindigkeit mit der
Tochter eines reichen Juden verlobt.*)

Unter den jungen Damen, denen ich in Gesellschaft begegne,
ist Marie Eichhorn die anmuthigste, die in schönster Jugendblüthe
prangt und vortrefflich mit sich sprechen läßt. Mittwochs öffnen
sich die Salons des Ministers, dann präsidirt sie in dem einen,
die Mutter in dem anderen der größeren Gemächer. Eichhorn ist
der allerliebenswürdigste Minister, den man sich denken kann, desto
mehr muß man bedauern, daß die fortwährenden Angriffe und
Verleumdungen ihn zusehends verstimmter und älter machen. Man
bewegt sich in diesem Cirkel mit viel Freiheit. Zu den liebenswürdigsten Personen, die man da sieht, gehören Pertz und seine
Frau, eine höchst originelle Engländerin, welche in beiden Sprachen
vortrefflich zu reden weiß. Am meisten zieht es mich immer in
die Lennéstraße hinaus, wo in einer Reihe geschmackvoller Häuser
eine Elite der liebenswürdigsten Menschen traulich beisammen wohnt.
Die Perle ist das Grimm'sche Haus. Jacob Grimm ist mir das Ideal
eines deutschen Gelehrten, und ich bedauere oft, daß meine Studien
so fern von seinem Gebiete liegen. Er ist wie ein Kind so unschuldig, unbefangen und demüthig, ohne Arg und Falsch.

Ueber Geibels „Roderich" verlautet Nichts; ich fürchte sehr,
daß wenigstens so bald Nichts daraus wird. Auch ist das Werk
gerade als Bühnenstück so schwach, daß ich mir durchaus keinen
Erfolg davon verspreche. Man hört den Versen an, wie der Autor
sie sich einzeln vorgelesen hat, ob sie auch schön klingen. Ich
wollte, Emanuel bliebe in Lübeck. Es ist ein schöner Gedanke, daß
eine Stadt, wie die unserige, ihren laureatus hat, der den freudigen
und schmerzlichen Stimmungen seiner Mitbürger mit seinen Klängen
folgt, ihre Feste erhöht, ihre Gefühle ausspricht. Es zieht mir
oft wie ein schöner Traum durch die Seele, wie unser Lübeck sich
entwickeln könnte, wie das Leben in unserer Stadt sich gestalten
könnte, wenn die Jugend, welche jetzt verbannt ist, heimkehrte und
in gemeinsamem Bunde zur Erhöhung des geselligen und öffentlichen Lebens wirkte. Wie viel könnte da geschehen! Wer wollte
nicht die Aussichten, welche ihm die Fremde bietet, um den Preis
hingeben, um seine Vaterstadt sich ein Verdienst zu erwerben, das
dauernd von Geschlecht zu Geschlecht fortleben würde!

*) Georg Herwegh (1817—1875) verlobte sich 1842 in Berlin mit
Emma Siegmund.

An bie Eltern.

Berlin, 11. Januar 1843.

So liegt die ganze Zeit unseres traulichen Zusammenlebens wieder abgeschlossen hinter uns. Ich sitze wieder von Exercitienbergen umringt in der Heilig-Geist-Straße, und da wie gewöhnlich die Reise selbst zu einem Punkte in der Erinnerung wird, so ist mir zu Muthe wie einem Fische, der plötzlich aus einem Wasser in anderes, aus süßem in bitteres versetzt ist. Die Fahrt nach Hamburg konnte bei der Gesellschaft, deren ich mich erfreute, nur eine sehr angenehme sein, trotz des Schneegestöbers. Am Freitag Morgen ging ich zu Collmann, der in einem der wunderbar erhaltenen Häuser neben der neuen Börse wohnt, um von dem flachen Dache desselben die große Feuerstätte zu überschauen. Der Schnee auf den Ruinen erhöhte den Eindruck der Verwüstung. Es bleibt noch immer ein Anblick, den sich keine Phantasie ohne Anschauung ausmalen kann, eine solche Wüstenei im Herzen einer Stadt, deren gedrängte Straßen sich wie im Kranze herumziehen. Den schrecklichsten Eindruck der Zerstörung machen die Fleete, welche mit ihren zerstörten Usern wie Waldbäche zwischen den Schutthausen fließen. Aber so groß diese Wüstenei ist, es wird doch schwer, sich vorzustellen, daß 30000 Menschen dort haben wohnen können.

Meineke empfing mich sehr freundlich und hat auch die Einrichtung getroffen, daß die beiden Cötus, die ich bei dem griechischen Unterricht vereinigt hatte, wieder getrennt sind. Ich habe nur noch den ersten jetzt von 32 Schülern, und dadurch nicht geringe Erleichterung. Ich kann nicht leugnen, daß in mir die Abneigung gegen die Abjunktur und der Wunsch nach wissenschaftlicher Muße immer lebendiger wird. Der Unterricht gewährt mir nicht die Befriedigung, welche mich entschädigen könnte für die Verzichtleistung auf eigene Forschung.

Gestern Abend war ich in einer allerliebsten kleinen Gesellschaft bei Bessers mit Grimms, Pertzens, Mr. und Mrs. Austin. Letztere Dame ist eine durch litterarische Unternehmungen höchst ausgezeichnete Engländerin; sie hat unter Anderem Rankes Päpste übersetzt. Sie ist Großmutter, aber dennoch von frischem Aussehen und hat eine sehr schöne Figur. Sie hatte Jacob Grimm dermaßen in Beschlag genommen, daß Niemand sonst zu ihm gelangen konnte.

Ueber hiesige öffentliche Verhältnisse weiß man nichts Anderes, als daß die früheren Gerüchte falsch waren. Eichhorn betrachtet sein Ministerium wie ein Krieger seinen Posten, er weicht gewiß nicht. Aber der große Widerstand macht ihn immer gereizter, heftiger und, so viel ein Mann der edelsten Gesinnung sein kann, despotischer. Er sieht in jedem Widerstreben Partei, die zu bekämpfen ist.

An den Bruder.

5. Februar 1843.

Oftern wird das Joachimsthal, dessen Klauen mich schon lange zu ergreifen drohen, mich unwiderstehlich packen. Meineke's Plan ist, ich solle alsdann mit dem Gehalte eines jüngsten Abjunkten eintreten. Das sind die rosigen Aussichten, die mir der Frühling verspricht!! Soll ich indeß einmal schulmeistern, dann jedenfalls am liebsten am Joachimsthal! Erstens des Direktors halber, der doch wirklich ein großartiger Mann ist, durchaus edel in seiner Gesinnung, jugendlich, lebendig und in hohem Grade leutselig und zugänglich. Zweitens der anderen Kollegen halber, unter denen schon jetzt mir einige sehr lieb sind. Drittens, weil ich hier von Anfang an mehr in oberen Klassen und mit philologischem Unterricht werde beschäftigt werden. Aber sonst ist freilich die Alumnenaufsicht eine schreckliche Zugabe — und sitze ich erst einmal drinnen, so ist für Fortsetzung der topographischen Arbeit lange keine Aussicht.

In meinem Zimmer prangt jetzt ein stattlicher Flügel, den mir die treffliche Professorin Klenze zur Benutzung überlassen hat. Es gibt nichts Angenehmeres für einen Schulmann, als nach Beendigung einiger Lehrstunden ein halbes Stündchen zu spielen und dadurch die Mißklänge, die man dann und wann heimträgt, in Harmonie aufzulösen.

An den Vater.

16. Februar 1843.

Ihr wißt, wie theuer mir der jüngere Abeken*) war. Die erste nähere Verbindung veranlaßte unser athenisch-römischer Briefwechsel, welche zur herzlichsten Freundschaft während des herrlichen

---

*) Siehe Seite 251. Abeken starb am 29. Januar 1843 zu München.

römischen Winters wurde, da ich erst 14 Tage auf seiner Stube
wohnte, dann täglich mit ihm verkehrte, oft schon angstvoll an
seinem Fieberlager stand. Erst nach seiner Rückkehr glaubte ich
sicher sein zu können. Als er hier in Berlin war, fand ich ihn
schwach und hinfällig, wir glaubten, ein Winter in München würde
seine Nerven stärken — und nun ist auf einmal sein junges, hoff-
nungsvolles Leben abgerissen. Von einem in seltener Weise ausgestatteten Brüderpaare fast gleichen Alters der zweite, dessen
Tod die Eltern in einer Jahresfrist betrauern. Der Vater schrieb
furchtbar lakonisch einem Freunde hier: „Auch Wilhelm hat uns
verlassen." Mir tönen immer die letzten Worte nach, die er zu
mir gesprochen: „Ich fühle mich so einsam in der Welt, laß uns
zwei recht zusammenhalten." So will ich wenigstens sein Andenken, über welches bald die Wogen einer aufgeregten Gegenwart
hinrauschen werden, in Treue und Liebe festhalten. . . . Jetzt ist
es 6 Uhr, meine Schülerarbeiten habe ich alle auf den Abend verschoben, um 8 Uhr erwartet mich Besser, bis dahin müssen noch
40 griechische Extemporalien korrigirt werden.

An den Vater.

Anfang März 1843.

Es bietet sich mir gerade eine vortreffliche Gelegenheit dar,
um Dir zu Deinem Geburtstage außer den herzlichsten Glückwünschen ein Gericht für Euren Mittagstisch zu senden. Ich weiß,
Du schätzest die kleinen Erdenkinder, die einzige Zierde, mit welcher
Gott den trockenen Boden der Mark geschmückt. Er erschuf sie erst
in Veranlassung einer Deputation märkischer Bürger, welche nicht
mit Unrecht über stiefmütterliche Behandlung klagten; die schaffende
Kraft war schon zu Ende, daher wurden sie so klein. Gott that jedoch
sein Möglichstes, ihnen inneren Werth zu geben, daher ihre Süße
und ihr Aroma. . . . Mir geht es wohl. Ich habe sehr viel zu
thun. Der Druck der Delphica geht vorwärts, außerdem habe ich
einen Vortrag in der archäologischen Gesellschaft zu halten und
schreibe für das Seminar eine linguistische Abhandlung.

An den Vater.

15. März 1843.

Es ist in der letzten Woche ein so bedeutender Entschluß in mir
fest geworden, daß ich es für meine Pflicht halte, mit Dir so bald

als möglich mich darüber zu besprechen. Ostern habe ich nun mein
Probejahr beendigt, eine Stelle am Joachimsthal wird wider Erwarten nicht balant, ich habe jetzt nichts Anderes zu thun, als wieder
ein halbes Jahr vor der Thüre des Gymnasiums zu liegen und zu
warten; dazu habe ich keine Lust, es ist Zeit, jetzt nach etwas
Anderem zu ringen als nach dem, was zu erreichen keine Mühe
mehr kostet. Du weißt, wie die eigene Stimme und die Stimme
einsichtsvoller Freunde mich immer zum akademischen Berufe bestimmten. Eine nicht unverständige Vorsicht bewog mich, erst allen
den Anforderungen zu genügen, welche die Ansprüche an ein Lehramt in gelehrten Schulen bedingen. Das Vertrauen eines der ausgezeichnetsten Schulmänner bürgt dafür, daß ich nicht ohne Glück
mich bewerben würde um jedes Lehramt. Der Rückzug ist gedeckt,
eine vollständige Niederlage unmöglich, jetzt gilt es, um die Palme
des Sieges zu ringen. Es ist daher mein Entschluß, welcher nur
der väterlichen Bestätigung bedarf, um aufzuhören, ein bloßer
Entschluß zu sein, meine in Druck begriffene delphische Schrift,
sobald sie beendet ist, der hiesigen Fakultät einzureichen und mich
hierselbst zu habilitiren. Trendelenburg ist gerade Dekan der philosophischen Fakultät und freut sich meines Entschlusses und wird
Alles thun, ihn zu befördern und zu begünstigen. In der Fakultät
selbst sind die gewichtigsten Stimmen für mich. Es ist gegenwärtig
kein einziger Docent für alte Litteratur und Kunst von besonderer
Bedeutung an der hiesigen Universität — nach menschlichem Dafür-
halten sind die Aussichten günstig, und ich kann hoffen, in einigen
Jahren eine Professur zu erhalten. Die Hauptsache ist, ich habe
auf einmal, wie durch göttliche Eingebung, ganz von innen heraus
das schönste Vertrauen, daß es mir gelingen werde. Der gefaßte
Entschluß beflügelt und beseelt mich. Das neue Ziel, das ich
mir gesetzt habe, steht mir glänzend vor Augen — Gott wird mich
in dieser muthigen Begeisterung erhalten.

Der erste entscheidende Schritt, den ich thue, wird die Resignation auf die Abjunktur sein, welche augenblicklich noch nicht ausgesprochen zu werden braucht. Aber ich bin doch entschlossen dazu,
ich weiß, daß Andere diesen Pflichten besser als ich genügen.

Am 9. habe ich in der archäologischen Gesellschaft einen Vortrag
über den Theseustempel gehalten. Die zahlreiche Versammlung
war recht befriedigt. Gerhard will den Vortrag für seine neu ge-
stiftete archäologische Zeitung haben.

An ben Bater.

26. März 1843.

Zunächst bin ich ganz damit beschäftigt, den Druck meines Buches möglichst zu fördern. Bier Bogen Text sind gesetzt, ein Bogen mit den Inschrifttafeln. Morgen erhalte ich den ersten Aushängebogen. Besser gibt vortreffliches Papier, der Kupferstich, die Lithographie, der Holzschnitt sind in Arbeit, und ich habe eine eigene Freude daran, in den verschiedenen Werkstätten der Kunst mich umzusehen und bei dem Betriebe des eigenen Geschäfts zugleich manches Andere nebenbei zu lernen. Die letzte Feile des Manuskriptes gibt natürlich auch immer noch mancherlei zu thun, zumal genügt der Ausbruck so oft nicht, auch wächst mir das Material immer noch unter den Händen an. So sand ich erst vor wenigen Tagen eine Freilassungsurkunde auf einem ägyptischen Papyrus im schlechten Griechischen des vierten Jahrhunderts nach Christus. In vergangener Woche habe ich mich daran gemacht, ihn zu lesen (er ist noch nicht gelesen worden), es ist mir in der Hauptsache schon geglückt, und die Mittheilung und Erklärung dieser Urkunde wird als Anhang beigegeben werden. Ich habe im ganzen eine kindliche, vielleicht kindische Freude an dieser ganzen Publikation, theils weil ich in jeder Beziehung mit den Hülfsmitteln dazu ausgerüstet bin und Alles so gut wie möglich machen kann, theils aber auch, weil es mir Freude macht, der litterarischen Welt etwas Neues barbieten zu können aus dem Alterthume, und zwar etwas, das gar nicht auf unsicheren Hypothesen beruht, welche morgen ein Anderer mit wahrscheinlicheren Vermuthungen überbieten kann, sondern auf treuer, fleißiger Benutzung urkundlicher Dokumente. Endlich aber freut es mich, damit dem Andenken meines großen Lehrers ein kleines Denkmal setzen zu können.

Mittwoch erhielt ich den angekündigten Besuch meines Freundes Litzmann*) aus Halle. Seinetwegen ging ich den Abend mit zu Eichhorn. Doch war es wegen eines Hoffestes sehr leer, und darum hatte ich seit langer Zeit endlich einmal wieder Gelegenheit, etwas länger mit ihm zu reden. Ich wiederholte ihm mündlich meinen Dank für seine Unterstützung meiner Arbeit. Er äußerte ein lebhaftes Interesse für die Unternehmung. Ich sprach ihm zu-

---

*) Der Mediciner Carl Litzmann, ein Lübecker Schulfreund, damals in Halle, war später Professor in Kiel.

gleich meine jetzigen Pläne aus, so kurz und gedrängt wie möglich, und als er mein gutes Vertrauen zur Sache bemerkte, wiederholte er mehrmals: „Nun, das freut mich recht," — „freilich," setzte er hinzu, „ist das eine ganz andere Laufbahn." Ich dachte in meinem Herzen: ach, wenn es nur überhaupt eine Lauf- und keine Stehbahn ist! Es war ein recht gemüthlicher Abend. Jeder brachte zu Markte, was er hatte, und ich mußte auf die Bitte von Fräulein Marie griechische Lieder singen.

Donnerstag und Freitag waren in der Schule Examenstage, bei denen es viel zu thun gab. Meineke war mit den schriftlichen und mündlichen Leistungen meiner Griechen wohl zufrieden. Es hatten einige ganz fehlerfrei geschrieben.

An die Eltern.

1. Mai 1843.

In den Osterferien wimmelt Berlin von fremden Gelehrten. Es war mir interessant, Karl Friedrich Hermann*) kennen zu lernen. Großen Genuß hat mir die Aufführung der Gluck'schen „Armida" gewährt. Das ist wirklich die imposanteste Oper, die man sich denken kann. Sie ist hier mit außerordentlicher Pracht in Scene gesetzt. Die Schröder-Devrient gab die Armida. Auch Mozarts Don Juan auf der italienischen Bühne vorgetragen zu hören im Originaltexte mit ununterbrochener Musikbegleitung war sehr interessant.

Ich lebe gesund und thätig, die stillen Vormittage in meinem gemüthlichen Zimmer nach Kräften ausbeutend, oft die schönen, kühlen Bibliotheksäle durchmessend, gegen Abend Boccia spielend unter schönen, grünen Bäumen mit liebenswürdigen jungen Damen u. s. w.

An den Vater.

24. Juni 1843.

Endlich kann ich Dir meine Anekdoten überreichen; mögen sie glücklich in Deine Hände kommen und Dein großväterliches Wohlgefallen erwerben.

Meine Habilitationsrede hat gut gefallen, ich hatte 60—70 Zuhörer, darunter Männer ersten Ranges wie Grimm, Lachmann, Meineke u. s. w.

---

*) Der Philologe Karl Friedrich Hermann (1804—1855), seit 1842 Professor in Göttingen.

Tags darauf erhielt ich von einer Anzahl Studenten die Aufforderung, sobald als möglich anzufangen, und so habe ich denn
den „commilitonibus ornatissimis Topographiam Atticam bis per
hebdomadem" offerirt, fange Montag Abend um 6 Uhr an und habe
bis heute fast noch zu gar keinen Vorbereitungen kommen können.
Ich gehe mit vollen Segeln vorwärts. Der Herr gibt mir guten
Muth, so wird er auch Gedeihen geben, so viel es gut ist.

An die Eltern.

26. Juni 1843.

Was die angeregte Frage wegen eines Besuches in Lübeck
betrifft, so wird wohl vor Weihnachten Nichts daraus werden.
Sommerferien habe ich nun gar nicht, denn unsere Joachimsthal-
Ferien nehmen gerade den ganzen Juli ein. Die Universitätsferien
werden Mitte August anfangen. Die Michaelisferien werde ich
schwerlich Zeit haben. Weihnachten aber, so Gott will, komme ich
zu Euch und führe Euch auf dem Marionetten-Theater die Schicksale und Abenteuer eines Privatdocenten auf, ein seltsames Zauber-
spiel, mit dem ich mich schon längere Zeit in Gedanken beschäftigt habe.

An Georg Curtius.

4. Juli 1843.

. . . Meine ersten Vorträge — ich habe deren jetzt drei gehalten
— haben gefallen. Ich habe den Leuten plötzlich Lust zu alter
Geographie erweckt und habe gleich mitten im Semester ein Auditorium von 20—30 Zuhörern. Ich lese jetzt dreistündig, Montags,
Donnerstags, Sonnabends, von 6—7 Uhr Abends. In den drei bis
jetzt gehaltenen Vorlesungen habe ich einen Ueberblick über die
verschiedenen Theile und Landschaften von Hellas gegeben und
komme jetzt speciell zu Attika. Leider bin ich seit fast acht Tagen
durch einen beinahe krankhaften Zustand von Ermattung und Unlust
zur Arbeit, der mit Kopf- und Magenbeschwerden verbunden ist,
in meinem Streben sehr behindert und zurückgehalten. Hoffentlich
wird es bald besser, sonst gehe ich davon.

An die Eltern.

13. Juli 1843.

Ich bin inzwischen mit ganzer Lust in die akademische Thätigkeit eingetreten. Besonders erfreut es mich, daß recht ausgezeichnete

junge Philologen, die schon ihre Studien vollendet haben, selbst
Baumeister u. A., es nicht verschmähen, mich über Attika sprechen
zu hören, und daß ich dieselben von der Art meiner Darstellung
befriedigt und angezogen sehe. Das ist mehr, als ich erwarten
durfte. Ich selbst arbeite mit unbeschreiblicher Lust für diese Vorträge und fühle, welch ein Glück es ist, das Beste, was man hat,
geben zu dürfen, ich fühle, wie bei diesem Bestreben alle edelsten
Kräfte im Menschen angeregt und geübt werden und eine innere
Durchbildung dadurch erzielt wird, welche ein Unterricht unter-
geordneter Art nicht in dem Maße herbeiführt. Andererseits aber
erkenne ich den Gewinn, welchen der Schulunterricht mir als Vor-
übung eingebracht hat. In der Klasse gewöhnt man sich, so zu
sprechen, daß das Wort die Hörenden unmittelbar packt und ergreift, man kann nicht anders als in persönlichem Verkehr mit
den Zuhörern stehen. Das fehlt den meisten akademischen Docenten,
welche den Studenten ihr Heft in die Feder diktiren. Ich hoffe
mir diesen Sommer einen Kern für die Wintervorlesung zu bilden.
Hier ist viel Terrain, gebe der Himmel mir Kraft, es zu erobern!
Eichhorn, der mein Buch sehr günstig entgegennahm, sprach sich
wiederholt dahin aus, die Berliner Universität bedürfe eines jungen
Nachwuchses gerade für Philologie und Archäologie. Ganz ähnlich
sprach Johannes Schulze, vortragender Rath für die Universitäten,
als ich ihm ehegestern mein Buch überreichte. Man klagt mit Recht
darüber, daß die Kunstschätze Berlins für die Universität nicht den
gehörigen Nutzen bringen, man wünscht, daß wieder Kunstgeschichte
mit vollen Hörsälen gelesen werde. Dadurch wird natürlich mein
Plan, auf die griechische Kunst mich mehr und mehr einzulassen,
sehr bekräftigt. Denn ich erkenne selbst den Mangel hier. Ich
wandere daher im Museum aus und ein, ich habe mir eine große
Tafel mit Staffeln angeschafft, um mich im Architekturzeichnen zu
üben, und sollte dies auch Alles nicht zum Ziele führen, so fühle
ich mich wenigstens in dem Streben begeistert und glücklich.

An die Eltern.

21. Juli 1843.

Mit meinen Vorträgen geht es gut vorwärts. Recht geistreiche,
liebe junge Leute, zum Theil auch Juristen, z. B. der junge
von Maurer aus München, schließen sich mit Liebe an mich an
und versichern mir, daß das Alterthum, von dieser unmittelbaren

Seite aufgefaßt, für sie einen Reiz gewinne. Ich habe jetzt die frohe Hoffnung, hier an der Universität einen segensreichen Beruf zu finden, wenn Gott mir Kraft und Gesundheit erhält, und welch einen unaussprechlichen Reiz hat es, sich selbst einen Kreis zu bilden, eine Berufssphäre zu schaffen.

Heute beginnt nun wieder die Schule, und zu meinem Grauen sehe ich deutsche und französische Schulhefte zwischen meinen Kollegienblättern über Attila.

An Victorine Boissonnet.

> Lübeck, 23. September 1843.

... Sonnabend, den 19., kam ich auf dem Dampfschiffe nach Hamburg, Sonntag Mittag schwankte ich auf hohem Außensitze der Diligence nach Lübeck herein, der alten, trauernden Vaterstadt, welcher im gegenseitigen Wohlwollen und Vertrauen die letzte Zierde und Krone durch ein böses Geschick abhanden gekommen ist. Lübeck macht mich sehr traurig. Aber mich tröstet und erfreut des Meeres unvergängliche Hoheit, das freundlich ländliche Trave- münde, die rüstige Gesundheit meiner Eltern, des Bruders neu begründetes Glück*) und die ganze Lieblichkeit des Familienlebens,

Seit ich aus dem Reich des Wissens in den Kreis der Liebe trat,
Aus der Residenz des Königs in die alte Vaterstadt,
Seit ich gegen märk'sche Wüsten frischen Ostseehauch vertauschte
Und den Ostseewogen wieder, meinen alten Freunden, lauschte.

An die Eltern.

> Berlin, 30. September 1843.

... Mein Hamburger Aufenthalt wurde durch den Entschluß, mit dem Dampfschiffe zu gehen, noch um einen ganzen Tag verkürzt. Doch bereue ich den Entschluß nicht, obgleich unsere Fahrt 48 Stun- den dauerte. Der Passagiere waren wenige, daher die Bewegungen der einzelnen desto ungehemmter; ich fand im Hamburger Buch- laden meines verstorbenen Freundes Abeken „Mittelitalien", die andächtige Lektüre desselben war auf dem „Falken" meine Haupt-

---

*) Theodor Curtius, hatte sich zum zweiten Male vermählt mit Cäcilie von Schloezer.

beschäftigung. Außerdem hatte ich, wie gewöhnlich, das Glück
ausgezeichneter Reisegesellschaft. Lichtenstein*) ist ein alter, vortrefflicher Herr, er ist sehr liebenswürdig und mittheilend und
weiß einem wißbegierigen Laien aus dem reichen Schatze seines
naturhistorischen Wissens viel Hübsches in freier Form mitzutheilen.
Es ist mir kein geringer Reisegewinn, mit diesem Mann in ein
vertrauliches Verhältniß getreten zu sein. Das Fahrwasser ist
sehr schlecht, wir saßen unzählige Male fest, doch schnitt der Falke
mit seinem scharfen Kiele überall durch und ging zu Lande fast
ebenso gut wie zu Wasser. Die Haveluser, die ich zum Theil biesmal zuerst bei Tage sah, sind nicht ohne Interesse, besonders die
beiden alten Städte Havelberg und Rathenow, welche mit schönen
kirchlichen Gebäuden auf Uferhöhen malerisch liegen und zugleich
in ihrer ganzen städtischen Anlage dem Vorüberfahrenden ihre
Geschichte kundthun. Als nämlich auf den Höhen germanische
Christen Stadt und Dom gründeten, blieben die alten wendischen
Einwohner am Ufer des Flusses von jenen getrennt in langer
Häuserreihe längs des Wassers wohnend als Fischer und Schiffer.
Die alte Trennung ist in der Stadtanlage und auch zum Theil
wohl noch in Sprache und Sitte geblieben, wie z. B. auch bei den
Halloren in Halle, und man erblickt noch heute im interessanten
Gegensatz neben den Häusergruppen um den Dom geschaart, mit
manchem herrlichen alten Giebel, unten durch bedeutende Zwischen-
räume getrennt die langen, einförmigen, kirchlosen Reihen bauer-
mäßiger Fischerhäuser. Bei Rathenow fährt man aus der Havel
heraus, welche alte Mühlengerechtigkeiten unschiffbar machen, in
einem engen Kanale, der ungefähr einen Fuß breiter ist als das
Dampfschiff, im Halbkreise um die Stadt herum, ebenso bei Brandenburg. Nachts um 2 Uhr kamen wir in Potsdam an, und um
½7 Uhr ging der erste Bahnzug. Berlin ist, die große Ruine in
seiner Mitte abgerechnet,**) wie sonst, und ich fühle mich gern wieder
in seinen Mauern und in seiner wissenschaftlichen Atmosphäre. Die
Professorin Klenze ist von einem schweren Krankheitsanfalle, der
sie dem Tode nahe brachte, wieder einigermaßen genesen. Sonst
geht's den Freunden und Bekannten hier wohl, und ich bin überall
mit rechter Herzlichkeit wieder begrüßt worden. In guter Ge-

---

*) Der Zoologe Martin Heinrich Karl Lichtenstein (1780—1857), seit
1811 Professor in Berlin.
**) Das abgebrannte Opernhaus.

nossenschaft gehe ich mit gutem Vertrauen dem nächsten viel ver-
sprechenden und viel verlangenden Winter entgegen.

An dieselben.

9. Oktober 1843.

... Eine schöne, stille, fruchtbare Arbeitswoche liegt hinter mir,
die ich fast ganz zwischen meinen Wänden und Büchern zugebracht
habe mit Ausnahme einiger gesellig verlebter Abende. Ich habe
noch die nach längerem Umherschweifen gewöhnliche Zärtlichkeit
für die Abgeschiedenheit der Studirstube, welche mir meine treffliche Frau Redlich immer so sauber hält, daß ich und Andere unsere
Freude daran haben. Es kommt aber auch darauf an, die stillen
Ferientage recht auszunutzen. Ich bin noch gar nicht einmal zu
den Vorbereitungen auf meine Kollegien gekommen, sondern bin
fürs erste noch dabei, eine kleine Sammlung attischer Inschriften
(Inscriptiones Atticae nuper repertae) für das Seminar zu bearbeiten,
sie Boeckh vorzulegen und dann gelegentlich drucken zu lassen. Ich
habe jetzt schon einige Praxis in Behandlung der griechischen Inschriften, und es geht mir damit rasch von der Hand. Ehegestern
Abend war ein sehr hübscher Kreis bei dem Professor Wiese,*) der
mir gegenüber wohnt, versammelt, Braun zu Ehren, dem Sekretär
des archäologischen Instituts. Auch zwei Gothaer Archäologen
waren da, Meineke, Kramer und viele treffliche, liebenswürdige
Männer, mit denen wir bis nach Mitternacht über Rom u. f. w.
auf das lebendigste uns unterhielten. Gestern, Sonntag, holte mich
Wilhelm Wattenbach ab in die Nikolaikirche, die älteste und schönste
Kirche Berlins, wo Jonas predigte. Ich fange an, diesen Mann
sehr lieb zu gewinnen. Er redet gewaltig und einfach und in der
besten Gesinnung, er macht seinem Prophetennamen keine Schande.
Wir gingen mit Bessers aus der Kirche, kauften uns mit diesen bei
dem besten Bäcker, Herrn Karchow in der Breiten Straße, frische
Hörnchen, es war ja Sonntag Nachmittag, und erlebten dann bei
Tische den gewaltigen Hagelsturm, der den Tag zur Nacht machte.
Nach Tische bei Stehely, wo wie gewöhnlich über die athenische
Revolution gesprochen und gestritten wurde. Abends nach einigen
Arbeitsstunden hinaus in die Lennéstraße, und welche Freude dann,

---

*) Der spätere Leiter des preußischen Gymnasialwesens war damals
Professor am Joachimsthalschen Gymnasium.

wenn man aus dem dunkeln Thiergarten, wo der Sturm die Ulmen beugt, die hellen Bogenfenster des Grimmschen Hauses winken sieht und dann in den gaftlichen, traulichen Kreis, der oben versammelt ist, eintritt. Wilhelm Grimm saß mitten im Kreis und las seines Bruders Briefe aus Italien vor, den letzten aus Venedig, einen an seine kleine Nichte geschriebenen aus Neapel. Grimms waren gerade einmal Alle recht wohl, Bessers und Homeyers waren da. Der Heimgang war herrlich. Der Sturm jagte die Wolken, und der Mond stand so frieblich dahinter. Ich begleitete Bessers nach Hause. Nach solchem Abende greift man am Montage die Arbeit recht frisch wieder an.

An dieselben.

29. Oktober 1843.

. . .. Ich habe über mein Griechenland viel gelesen und gesammelt, namentlich auch naturwissenschaftlicher Art, soweit Stoff dieser Art doch auch in eine allgemeine Chorographie hineingearbeitet werden muß. Bei der Gelegenheit habe ich bemerkt, daß ich durchaus Geologie studiren muß, und werde solche in diesem Semester bei einem Kollegen, Dr. Gumprecht, hören.

Gestern Abend war ich mit Wilhelm Wattenbach bei Lichtenstein. Der alte Geheimrath, dessen nähere Bekanntschaft ich dem Elbfalken verdanke, ist höchst gemüthlich und unterhaltend. Er kennt nicht blos die Thier-, sondern auch die Menschenwelt vortrefflich, nördlich und südlich vom Aequator. Heute Mittag war ich ganz allein bei den lieben Meinekes, deren Tisch, von sieben vollwangigen Kindern umringt, ein herrlicher Anblick ist. Der Direktor hat sich unter seinen weißen Haaren eine solche Jugendkraft bewahrt, daß es eine wahre Lust ist, mit ihm zu reden. Er theilt mir auch aus seinen Studien immer das Neueste mit und geht mit lebhaftem Interesse auf die meinigen ein. In letzter Woche sah ich auch den herrlichen Ritter in meinem Stübchen, meinen liebevollen, väterlichen Gönner. Er ist von den Karpathen und aus Graz ganz verjüngt zurückgekehrt und kam zu mir heraufgestiegen, um mir einen Brief an Alexander von Humboldt zu bringen, bei dem er mich einzuführen wünschte. Eine solche reine, anspruchslose Güte bei so viel Wissen und einem solchen Ruhm findet man in dem Maße bei keinem anderen Gelehrten vereinigt, nur Brandis ist darin eine ähnliche Natur.

An Georg Curtius.

3. November 1843.

... Ich lebe am Vorabende eines großen Tages. Morgen um 3 Uhr werde ich mein Privatkolleg beginnen und habe noch tüchtig dazu zu arbeiten. Donnerstag beginne ich den Pausanias zu lesen. Zu beiden Kollegien sind schon Meldungen eingelaufen, also zu Stande wird es kommen. Auf dem Gymnasium gebe ich jetzt nur zwei Stunden die Woche, Virgil in Obersekunda; also von der Seite habe ich ein bequemes Leben. Dagegen beginnen die Einladungen stark, und es bedarf bedeutender Energie, nicht alle Abende sich rauben zu lassen. Gewöhnlich bin ich des Abends abgearbeitet. Eine angenehme Zugabe zu meinem Winterleben ist der Umgang mit Kurd von Schloezer,*) der heiter, lebendig und höchst unterhaltend ist. Er schließt sich sehr freundschaftlich an mich an. Der Sommernachtstraum erfreut hier alle fühlenden Gemüther, die Elfenwirthschaft ist reizend.

An denselben.

21. November 1843.

... In meinem Privatum sind zwölf regelmäßige Zuhörer, einige Gäste, und dann und wann einige Hospitanten, die so herangelaufen kommen, des Ofens oder des Lehrers halber. Es ist freilich noch viel Platz frei in Nr. 8, Boeckhs Auditorium, aber ich bin doch zufrieden, die Hörenden sind mir gewiß.

An die Eltern.

10. December 1843.

... Mit meinen Arbeiten geht es überall gut vorwärts; ich sage es mit der freudigsten Dankbarkeit, wie ich mit jedem Tage fast die Freude des wachsenden Gelingens und des leichteren Gelingens empfinde. Die Theilnahme der Studenten an meinen Vorlesungen ist bis jetzt noch im Wachsen begriffen; es haben sich manche an mich angeschlossen, und ich bedauere Nichts mehr, als daß meine

---

*) Der spätere preußische Staatsmann Kurt von Schloezer (1822 bis 1894), zuletzt Gesandter beim Vatikan, kam damals als Student nach Berlin. Seine Schwester hatte sich vor kurzem mit Theodor Curtius vermählt.

Verhältnisse es verhindern, mehr mit denselben in Verkehr zu
treten. Das ist der einzige Nachtheil meiner kleinen Wohnung,
den ich empfinde. Vorigen Mittwoch Mittag erhielt ich eine Einladung zu Alexander von Humboldt, der erst seit kurzem mit dem
Hofe nach Berlin zurückgekehrt ist. In seinem Billete legte er mir
gleich einige Fragen in Bezug auf griechische Naturgegenstände vor,
und als ich bei ihm war, fragte er mich nach der Naturbeschaffen-
heit der Oertlichkeiten griechischer Quellen bis auf den Boden aus
und bat mich, ihm über die besprochenen Gegenstände einen kurzen
Aufsatz zukommen zu lassen. Er schreibt jetzt eifrig an seinem
großen Werke „Kosmos" und ist gerade in der Untersuchung über
die Erdrinde. Dabei ist es ihm wichtig, nachweisen zu können,
daß es Quellen gibt, welche seit mehr als tausend Jahren ganz
aus denselben Felsspalten fließen. Zu diesem Behufe hat er nun
meine Gelehrsamkeit requirirt. Die Aufgabe macht mir mehr
Mühe, als ich glaubte. Uebrigens war er sehr freundlich und
forderte mich zu öfterem Besuche auf. Ich habe in der einen Stunde,
die ich ununterbrochen mit ihm sprach, Unvergeßliches von ihm
gelernt. Die Punkte, wo Geologie und Alterthumswissenschaft sich
begegnen, sind es jetzt besonders, welche mein Interesse auf sich
ziehen. Auch den Ritterschen Forschungen folge ich mit größtem
Interesse. Ritter schreibt jetzt an einer Geschichte der für Griechenland wichtigsten Bäume, des Oelbaums, der Feige, Platane, Cypresse.
Welch ein Segen, daß ich nach Berlin gekommen bin. Wem geistiges
Leben die Hauptsache ist, der schwelgt hier an immer vollen Tischen.
Gestern Abend haben wir die dritte Feier des Winkelmann-Festes
im Jagorschen Saale mit Festmahl und Vorträgen begangen. Es
war eine sehr hübsche Feier von mehr als sechzig Gelehrten und
Künstlern. Nach Gerhard und Panofka hielt ich einen Vortrag über
die Verbindung von Bildwerk und Schrift und den künstlerischen
Charakter der Steinschriften bei den Griechen.

Freund Kurd geht es vortrefflich hier. Er versteht das Leben
von seiner ernsten und seiner heiteren Seite auszubeuten, und
darum gefällt ihm Berlin. Er ist einer der wenigen jungen Leute,
die hierher kommen, ohne jene alten Klagen über Berliner Sand
u. s. w. abzuleiern, welche bis zum Ekel wiederholt werden, als
ob der Mensch von Gras und Kräutern lebte. Kurd muß es in
einer Stadt wie Berlin mehr und mehr gefallen, auch nehmen Leute
wie Ritter und andere Gelehrte großes Interesse an ihm und

feinen hiftorifch-geographifchen Studien. Auf biefem Felbe begegnen wir uns auch.

An die Eltern.

Anfang Januar 1844.

... Ich ftudire, lefe, fchreibe munter vorwärts. Jetzt arbeite
ich meine Akropolis-Vorlefung aus, die mir viel Mühe macht, weil
es fchwer ift, für die kurze Zeit das rechte Maß zu finden bei einem
reichen Gegenstande; ich laffe ein Blatt ftechen mit architektonifchen
Anfichten.

Am letzten Donnerftag gaben wir fämmtlichen Docenten der
Univerfität den Studenten einen Ball und Souper, ein fehr großartiges Feft von 4—500 Perfonen in den prächtigen Feftfälen des
Englifchen Haufes. Lachmann machte fich als Rektor fehr gut, es
bildete fich für den Abend eine hübfche Annäherung zwifchen Studenten und Profefforen.

An den Bruder.

4. Februar 1844.

... Meine Vorlefungen gehen munter vorwärts. Pertz räumt
mir zur Vorzeigung großer Kupferwerke das Expeditionszimmer der
Bibliothek ein, was ich fchon benutzt habe und nächften Sommer
häufig benutzen werde. Der Katalog ift fchon gedruckt, darin herrliche Titel von Vorlefungen, z. B. Dr. Helferich wird einmal wöchentlich unentgeltlich die Frage erörtern: „Was ift der Geift der Gegenwart und was will er?" Märcker lieft Rhetorik nach feinem Buche:
Die Willensfreiheit des Menfchen im Staatsverbande! Geftern las
Encke über das Weltall — das war eine ganz wundervolle Vor-
lefung, lauteres Gold, Encke ift einer der liebenswürdigften und
durchgebildetften unferer Gelehrten; vor acht Tagen Raumer über
die Jungfrau von Orleans, für den, welchem die neu gefundenen Proceßakten unbekannt waren, höchft intereffant. Nächften
Sonnabend um 5 Uhr 10 Minuten werde ich Unglücklicher nun auf
das Katheder fteigen, dem preußifchen Regentenhaufe vis-à-vis in
einer glänzenden Verfammlung von 950 Menfchen. Mir wird das
Herz etwas pochen, aber hoffentlich wird es gut gehen. Ich habe
ehegeftern bei Müllers, geftern Abend bei der Klenze Probevorlefung
gehalten und wurde durch freundliche Acclamation belohnt.

Alexander von Humboldt.

10. Februar 1844.

Ich hatte mir eine besondere Freude daraus gemacht, um Sie, theuerster Herr Doktor, zu hören, zum ersten Male einem Vortrage in der Singakademie beizuwohnen. Ihr interessantes, klares Kupfer regte mich doppelt an. Nun muß ich Ihnen, seit zwei Tagen an Schnupfenfieber bettlägerig, mein lebhaftes Bedauern ausdrücken. Ich hoffe, Sie lassen Ihre Akropolis bald drucken.

Kurd von Schloezer an Theodor Curtius in Lübeck.

Februar 1844.

Aus den Zeitungen hast Du hoffentlich schon erfahren, daß Ernst am vorigen Sonnabend eine Rede über die Akropolis gehalten hat, die ganz Berlin in Aufregung gebracht hat und die, wie die Spenersche Zeitung sagt, ebenso gelehrt wie interessant war. Ich erlaube mir zu allem diesem noch den nöthigen Kommentar zu liefern, da Ihr in dem Nest Lübeck Euch doch keinen Begriff machen könnt, was das sagen will, Berlin, die Hauptstadt des Königreichs Preußen mit so und so viel Tausend Seelen in Aufregung bringen. Ich halte mich hierbei an die strengste Wahrheit, Uebertreibungen oder Lügen kennt mein unschuldiges Herz nicht.

Es war am Sonnabend, dem 10. Februar, Abends 5 Uhr, als sich in den Gassen und auf den Plätzen Berlins ein Rennen, Laufen, Fahren, ein Gewühl der Menge erhob, daß man anfänglich glaubte, ein schweres Unglück, Feuer, der herannahende Feind brächte diese Bewegung hervor. Alles stürzte mit größter Eile den Linden zu. Die königlichen Equipagen hatten unerachtet des unaufhörlichen Schreiens der Kutscher kaum Platz, durch die Menge zu kommen, bewußtlos lief Alles durcheinander, eine Todtenstille herrschte in den abgelegenen Vierteln der Stadt, denn Alles, Jung und Alt, Greise, Kinder, Weiber hatten die Wohnung verlassen, während Unter den Linden ein Schreien war, daß man selbst die Worte der heransprengenden Gendarmen, die Ordnung geboten, nicht hören konnte. Nur dann und wann hörte man die Frage: „Welchen Platz haben Sie?" oder „Sitzen Sie auf dem Balkon?" — „Ich habe Numero 1530" u. dgl. Bei dem Saale der Singakademie, der links von den Linden ab liegt, machte die Menge Halt. Hier war eine

Schwadron von Gendarmen aufgestellt, die die Menschen abhielt,
daß sie in ihrer Aufregung nicht das Haus stürmten. An den
Thüren standen Wärter, denen Eintrittskarten vorgezeigt wurden,
und nach einer halben Stunde verlor sich die Menge in den weiten
Sälen der Singakademie. Hier fing nun ein neues Stoßen und
Drängen an. Die Wenigsten konnten in der Aufregung ihre Plätze
finden, die Damen schrien, baten um Hülfe, einige halb ohnmächtige
wurden herausgebracht. Selbst in der königlichen Loge herrschte
die größte Unordnung. Der König, der Prinz von Preußen, Prinz
Adalbert, Prinz Waldemar, der ganze Hof war versammelt, selbst
die Königin, kaum von ihrer langen Krankheit genesen, hatte sich
heute zum ersten Male herausgewagt. Unter allem diesem Lärmen,
Drängen, Rufen, Schreien stand ein Mann ruhig in der Mitte
des Saales auf einer kleinen Erhöhung. Das sonst wüste, un-
ordentlich um sein Haupt wallende Haar war heute ausnahmsweise
fein gekämmt, frisirt, sein blendend weißes Halstuch hob die edeln
Züge dieses Jünglings, in denen sich ein Gemisch von äußerer
Ruhe und innerer Aufregung zeigte. Schöne Glacé-Handschuhe
zu 25 Sgr., die heute ausnahmsweise weiß waren und nicht die
Spuren des langen Gebrauchs trugen, bedeckten die zarten Fäuste,
mit der einen hielt er seinen Hut, mit der anderen ein Blättchen
Papier. Unverwandten Blickes sah er nach der ihm gegenüber
befindlichen königlichen Loge. Plötzlich ließen sich der König und
seine hohe Gemahlin nieder! Im ganzen Saale herrschte die tiefste
Ruhe. Durch den König war das Zeichen zum Anfang gegeben.
Jetzt bestieg der junge Mann, in dem gewiß jeder unseren Ernst
erkennen wird, die für ihn bestimmte Rednerbühne. Er entfaltete
das Papier; mit leiser Stimme begann er zu reden, aber die tiefe
Ruhe, die unter der eben noch so bewegten Menge herrschte, ließ
auch den Fernstehenden deutlich jedes Wort hören. Wie ein Kaiser,
nein, wie ein junger Gott stand der edle Jüngling da. Tausende
von Lorgnetten waren auf ihn gerichtet, die Damen waren wie
verrückt. Die einen weideten sich am Anblicke seines Antlitzes,
während die anderen, besonders die älteren Damen, mit größter
Aufmerksamkeit dem Vortrage folgten, um nur keines seiner Worte
zu verlieren. Die schöne Tochter des Ministers Eichhorn, Frau
von Ladenberg, Frau von Schelling saßen hart am Fuße des
Katheders, sie alle waren wie bezaubert durch den himmlischen Vortrag. Da mochte wohl in dem Herzen mancher Jungfrau der

Wunſch rege werden, ihn, den Angebeteten, den Ihrigen nennen
zu können, an ſeiner Seite die ſchönſten Tage des Lebens hin-
zubringen.

Immer lebhafter wurde ſein Vortrag, immer feuriger ſeine
Rede. Anfänglich, in der erſten Befangenheit, hatte er viel nach dem
Papier geſucht, um den richtigen Ausdruck zu finden, aber immer
freier wurde allmählich ſein Vortrag. Endlich warf er das läſtige
Koncept bei Seite, und nun entfaltete ſich die ganze Kraft ſeiner
Rede. Wie bezauberte er die ganze Verſammlung! Kein Geflüſter
der ſonſt ſo ſchwaßſüchtigen Berlinerinnen unterbrach die Ruhe.
Alles hörte und ſtaunte. Bald beſchrieb er in den lieblichſten
Formen das Feſt der Panathenäen, bald deutete er ſinnreich die
hohe Beſtimmung der Bauwerke griechiſcher Kunſt, bald das eherne
Standbild der Göttin, die er in ihren ſchönſten Formen uns vor-
führte, wie es aus der Meiſterhand des Phidias hervorgegangen
war. Kurz, die todten Steinmaſſen wurden durch ihn belebt,
gleich einem lebenden Bilde ſtand die hohe Akropolis da! Endlich
ſchloß er ſeine Rede. Jetzt ſtürmte Alles auf ihn zu, um ihm zu
danken, mit ihm, dem Helden des Tages, wenn auch nur wenige
Worte zu reden. Die Schweſter des Miniſters von Thiele bat ihn,
ſeine Rede dem Druck zu übergeben. Die Prinzeſſin von Preußen
berief gleich den Profeſſor Lachmann zu ſich, um ſich nach dem
intereſſanten jungen Manne auf das angelegentlichſte zu erkundi-
gen. Alte Generäle traten, mit Thränen in den Augen, vor den
Jüngling und drückten ihm warmherzig dankend die Hand. Eine
ſchöne, eine poetiſche Stimmung beherrſchte die ganze Verſammlung.

Seit mehreren Tagen wird in Berlin von nichts Anderem
geſprochen, als von Curtius und der Akropolis. In allen Ge-
ſellſchaften, in allen Kreiſen iſt es der Gegenſtand der Unterhaltung.
Einige Lithographen haben ſehr hübſche Anſichten der Akropolis
herausgegeben, die reißend Abſatz finden und womit ſie eine herrliche Spekulation machen. Alle Mütter erzählen ihren Kindern
von der Akropolis. Curtius' Ruhm iſt begründet.

Ernſt Curtius an die Eltern.

16. Februar 1844.

... Es iſt mir mit meinem Vortrage über Erwarten gut
gegangen, ich habe ganz Berlin für die Akropolis in Flammen geſetzt,

und man hat Nichts an mir getadelt, als daß meine Schlußreverenz, die ich der königlichen Loge machte, nicht tief genug ausgefallen sei. Man sah den steifen Nacken eines Republikaners. Uebrigens ist mein Vortrag auch höchsten Orts gut aufgenommen worden, und namentlich hat die Prinzessin von Preußen sich sehr huldvoll über Inhalt und Vortrag ausgesprochen. Ich sprach sehr frei und hatte keine Spur von ängstlicher Befangenheit. So wenig auch dieser Erfolg unmittelbar in mein Schicksal eingreift, so kann er mir doch sehr nützlich werden, man interessirt sich wenigstens für mich. Ich wurde gleich darauf zu Eichhorn geladen, welcher sich sehr freundlich aussprach. Auch hat der Minister mir dieser Tage zur Unterstützung meiner gelehrten Arbeiten eine Remuneration von 100 Thalern aus der Kasse seines Ministeriums angewiesen, um meine Finanzen wieder etwas auf einen grünen Zweig zu bringen.

An Victorine Boissonnet.

25. Februar 1844.

Ich sende Dir eine kleine Abhandlung, von der ich wünsche, daß sie Dir gefallen möge. Ich habe lange den Wunsch gehegt, Dir einmal so etwas vorlegen zu können. Dies ist so eine Blüthe vom Baume der Wissenschaft, den wir im Schweiße unseres Angesichts aufziehen und pflegen. Berliner Frauen und Jungfrauen haben gern dem Vortragenden zugehört, möchten meine liebenswürdigen Landsmänninnen und namentlich Du ebenso gern den gedruckten lesen! Aber schreibe mir recht offen, wie meine Archäologie Dir geschmeckt hat. Du hast einen offenen Sinn für die Kunst, wie ich sie auch im Alterthume aufzufassen suche, als die Dienerin des Kultus, den Ausdruck des Gottesdienstes. Die Heiden waren viel frommer als wir, ihr Staatsleben, ihr Privatleben, ihre Kunst waren von der Religion geweiht, während sie bei uns am Ende selbst aus ihrem eigensten Gebiete, der Theologie, hinausgedrängt wird.

... Gestern war ein schöner Tag, ein Tag, wo in der kalten, wüsten Residenzstadt die innigste Liebe und Verehrung recht mächtig sich zeigte. Es war Wilhelm Grimms Geburtstag, das Haus den ganzen Tag über voll von Festbesuchern, und am Abend zogen über 200 Studenten mit Fackeln vor das Haus. Es sah herrlich aus, wie die Feuer durch den Thiergarten leuchteten; die Gebäude der

Lennéstraße strahlten wie Marmorpaläste. Vor dem Hause bildete
sich ein großer Halbkreis, dahinter der erleuchtete Wald, dann die
prächtigen vierstimmigen Männergesänge, darauf bei der tiefsten
Stille der von dem Wortführer den Brüdern dargebrachte Festgruß,
das donnernde Hoch, die begeisterte Antwort der Grimms, die mit
uns oben auf dem Balkon standen, endlich der Abzug mit Sang
und Klang — Alles gelang auf das herrlichste. Wir blieben bis
spät Abends bei Grimms, deren Zimmer sich mit Studenten an-
füllten, die mit Punsch geaßt wurden. Es war eine Fülle von
Männern und jungen Leuten, Staatsräthe, Professoren, Studenten,
Gymnasiasten. Dazwischen huschte die Bettina herum und die
kleine wunderbare Gisela. Solche Säle kann man nur in Berlin
füllen. Diese Mannigfaltigkeit kommt Einem oft wie eine Fast-
nachtssitzung vor, so bunt, so wunderlich ist sie, und doch Alles wahr
und wirklich. ... Dieser Tage war hier eine vollständige Zeichnung von Kaulbachs neuestem Bilde, welches Du wohl kennst: die
Zerstörung Jerusalems durch Titus. Das Bild machte sehr viel
von sich reden, ich finde aber seine Hunnenschlacht besser und vermisse die eigentliche Reinheit und Unbefangenheit der Komposition
noch mehr als in den früheren Sachen Kaulbachs. Ich fürchte, er
ist nicht auf dem Wege zur Kunstvollendung begriffen. Ich finde
überall zu viel Absicht, zu viel Pathos, es soll Alles zu viel sein
und vorstellen, was doch nicht ausgedrückt ist. Hier übrigens findet
Kaulbachs Werk die allergrößte Anerkennung, und ich wage kaum
meine Zweifel an seiner Vortrefflichkeit laut werden zu lassen.
Es ist auch so viel Gedanke und Kraft in dem Bilde, aber mit
keinem Aufwande von Geist läßt sich jene Naivetät der Darstellung
erreichen, welche die unbewußte Gabe des echten Genies ist und
das Kennzeichen der echten Kunst. Für solche Schöpfungen, scheint
es, ist unsere Zeit zu verworren, zu unfriedlich.

Alexander von Humboldt.

                                        29. Februar 1844.

Es wird mir eine sehr angenehme Pflicht sein, theuerster Herr
Doktor, Ihren ungemein interessanten Aufsatz über die Akropolis
(ich habe ihn soeben gelesen) noch heute Abend dem Könige zu
übergeben. Sie können versichert sein, daß ich Ihre Ansichten und
die schöne Ausbeute Ihrer Delphica bei jeder Gelegenheit hervor-

heben werde mit dem lebhaftesten Wunsche, einem Manne Ihrer
Kenntnisse und Ihres Talents nützlich zu werden.

Ernst Curtius an den Vater.

4. März 1844.

Mein theurer Vater! Nach meiner Berechnung muß Dich dieser
Brief an Deinem Geburtstag erreichen. Möge er Dich kräftig und
wohl finden und mit uns Gott dankend für die Segnungen, mit
denen er Dein Alter krönt. Welche unaussprechliche Freude ist es
für Deine Söhne, Dich noch immer in voller, ungeschwächter Thätigkeit zu erblicken, Dich zum Vorbilde zugleich und zum Zeugen ihrer
Bestrebungen zu haben. Möge Gott es so eine Weile erhalten,
und troß der verschiedenen Orte und der verschiedenen Berufskreise
werden wir doch immer mehr die Einheit des Geistes empfinden,
in dem wir arbeiten, jeder an seinem Theile. Seit ich mit Verstand und Einsicht wirke, habe ich immer das im Auge behalten,
nie Deiner unwürdig zu denken oder zu handeln, denn anderes
haben wir ja Nichts, um Dir Deine Liebe zu danken.

Meine Akropolis ist das erste Produkt meiner Muse, mit dem
der Buchhändler gute Geschäfte macht. Sie geht reißend ab und
liegt auf den Nähtischen aller empfindenden Berlinerinnen. Mir
hat sie für die erste Auflage vier Friedrichsb'or eingebracht. Ich
habe ein Exemplar dem Könige gesandt und zwei dem Prinzen
von Preußen, dem Protektor des wissenschaftlichen Vereins, und
der Prinzessin von Preußen. Der Kammerherr der Letzteren —
ich habe natürlich beide den dienstthuenden Kammerherren geschickt
mit Briefen an diese — hat mir zwei Tage darauf im Auftrage
der Prinzessin sehr freundlich gedankt mit dem Bemerken, die
Frau Prinzessin hoffe mir nächstens persönlich höchstihren Dank
auszusprechen zu können.

Heute habe ich Lachmann zum Geburtstage ein Exemplar
meiner Akropolis übersandt mit der Inschrift: Carolo Lachmann,
Rectori universitatis nostrae magnifico, natalem feliciter reducem
testibus huius Cecropiae Diis ac Deabus pie atque reverenter gratu-
latur Ernestus Curtius quondam Atheniensis.

Gedenkt in Huld Eures
Ernst Curtius,
beeibigter Translateur für das Neugriechische am hiesigen
Kammergericht.

An Georg Curtius.

20. März 1844.

... Ich habe heute mein Privatum geschlossen, das mit seinen
vierzehn Zuhörern doch immer ein Anfang fausti ominis genannt
werden kann. Auch habe ich gegründete Hoffnung, daß meine
Kunstgeschichte im Sommer zu Stande kommen wird. Durch meine
Akropolis habe ich doch Terrain gewonnen. Neulich war ich bei
dem Prinzen von Preußen zu Mittag, wo dieser und die Frau
Prinzessin sich sehr huldreich gegen mich benahmen.

Ich habe von Eichhorn verschiedene Beweise seines Wohlwollens
erhalten und zweifle nicht, daß er, sobald er kann, mich vorwärts
bringt. Aber dauern kann es noch etwas. Und einstweilen brauche
ich nur jährlich immer mehr Geld. Doch habe ich jetzt den besten
Muth von der Welt und wünschte Dir vor allem ein Gleiches.
Nur frisch und fröhlich vorwärts, die Stirne dem Sonnenschein
und Sturme entgegen!

An Sophie Wattenbach.

Palmsonntag 1844.

... Daß meine „Akropolis" noch über den Kreis der Hörer
hinaus nah und fern freundlichen Anklang findet, ist eine Freude,
die mich sehr überrascht und beglückt. Es ist doch eine ganz andere
Sache, wenn man einmal in den Kreis der ganzen lesenden Welt
hinaustritt, als wenn man von dem besseren und schöneren Theile
derselben durch lateinische Floskeln sich absperrt oder durch sonst
unverständliche Rede. Das Beste und Schönste jeder Wissenschaft
muß doch einmal Gemeingut werden. Dadurch erhält es erst seinen
Werth, wie das Gold, wenn es aus den Händen der Bergleute in
das Leben übergegangen ist und hier den Verkehr belebt und die
Kräfte weckt.

An die Eltern.

19. April 1844.

... Die Ferien gehen oder sind schon zu Ende. Drüben am
Gymnasium docire ich schon wieder die Aeneide von 2—3 Uhr. An
der Universität werde ich den 6. Mai meine Vorlesung über Geschichte
der Kunst bei den Griechen und Römern beginnen. Es ist nicht das
Vertrauen auf Kenntnisse, sondern das Vertrauen auf die Schön-

heit des Gegenstandes, auf die Fülle der Hülfsmittel und auf die Kraft warmer Mittheilung, das mich hoffen läßt auf ein Gelingen der Vorlesung. Die Vorbereitung dazu führt mich täglich in die schönen Räume des Museums, in dem jetzt eine reichhaltige Sammlung von Gyps-Abgüssen aufgestellt ist. An unserer Universität sind drei angestellte Lehrer der Kunstarchäologie, darunter auch Gerhard, aber alle drei bringen kein ordentliches Kollegium zu Stande. Während also auf der einen Seite in keinem Fache hierselbst weniger an Beförderung zu denken ist, so ist auf der anderen Seite hier einem jungen Manne Gelegenheit geboten, ein Kollegium zu occupiren, welches, ordentlich gelesen, nach und nach ein Hauptkollegium der Universität werden müßte. Darum habe ich jetzt gleich den Versuch damit machen wollen, wenn ich auch darin nur als entschiedener Rival befreundeter Männer auftrete, werde mich aber sonst vorzugsweise an alte Geographie und Geschichte halten, ein Fach, das gerade an unserer Universität gar nicht vertreten ist.

Obgleich ich von Theater und Concerten aus leicht begreiflichen Gründen mich ziemlich fern halte, so lockte mich doch zu sehr der Ruf der Milanollos, um zu widerstehen. Das Spiel der beiden Schwestern hat mich in hohem Grade erfreut. Ich war mit Kuglers und Hitzigs zusammen, und wir beschlossen den musikalischen Genuß mit einem gemeinsamen Souper im Café Royal, es war eine sehr ergötzliche Unterhaltung. So fehlt es dem hiesigen Leben nie an anmuthiger Mannigfaltigkeit. Die Ferienzeit brachte allerhand Fremde her, Droysen aus Kiel, dem ich einige Partien meiner Topographie vorlas, Jahn aus Greifswald, mit dem ich viel zusammen war. Besondere Freude war es mir, meinen Freund Heinrich Kruse wiederzusehen, den ich seit 1837 nicht gesehen hatte.

An den Bruder.

7. Mai 1844.

Ich bin augenblicklich in voller Thätigkeit. Gestern Nachmittag um 4 Uhr habe ich meine griechische Kunstgeschichte begonnen vor anständig besetzten Bänken. Morgen beginne ich mein Publicum über Pausanias. Uebermorgen halte ich in der archäologischen Gesellschaft einen Vortrag über die Topographie des alten Korinth. Du siehst, daß ich nicht faul bin, sondern rüstig mein Tagewerk bestelle.

An die Eltern.

9. Juni 1844.

... Meine Pfingstreise ist glücklich ausgeführt. Pfingstabend reiste ich ab. In kaum zwölf Stunden flog ich von Berlin nach Stettin, von Stettin nach Swinemünde, von Swinemünde nach Heringsdorf. Drei volle Tage lebte ich dort in dem einsamen Fischerdorfe, das nur für zwei Monate sich mit moderner Welt belebt. Auf hohem Seeufer, an dessen Fuße die Welle nagt, liegen die Fischerhütten, dazwischen einige Häuser, und unter diesen, fast am Rande des hohen Ufers, das schöne Klenzesche Haus. Der verstorbene Professor hat Heringsdorf gewissermaßen entdeckt. Gleich hinter dem Dorfe, einige tausend Schritte vom Ufer, zieht sich ein dichter Buchenwald, mit Tannen und Eichen untermischt, hier und da von grünen Wiesen unterbrochen. Es ist wunderlieblich in dem Buchendickicht, sonnig und hell, von ferne hört man die Wellen brausen und sieht den weißen Schaum durch das Laub durch. Wie ich am ersten Morgen aufwachte, glaubte ich auf einem Schiffe zu sein. Man sieht fast Nichts als Meer gegen Norden, nur rechts ein Vorsprung der Küste von Wollin. Das stille, häusliche Wesen that mir wohl. Wir feierten recht einmüthig Pfingsten, wir machten die herrlichsten Spaziergänge im Walde, freilich immer ohne die Frau Klenze, die fast gar nicht gehen kann, wir lasen und sprachen viel Hübsches zusammen. Frau Klenze ist eine seltene Frau, voll innerer und äußerer Anmuth, trotz ihrer Schwäche belebend und anregend, voll Liebe und voll christlicher Weisheit und mit offenem Sinne für alles Schöne, wo es auch wohnen mag. Sie hat durch den genauen Umgang mit Schleiermacher eine Weihe und Reise des Geistes erhalten. Schon allein für ihre vielen Mittheilungen über Schleiermacher müßte ich der edlen Frau ewig dankbar sein. Frau Klausen führt das Haus. Die beiden jungen Mädchen, die Klenzesche Tochter und die Nichte Hedwig Delbrück, bilden ein sehr niedliches Paar. Jene hat vom Vater eine große Energie, viel Verstand und Charakter, diese hat alle jungfräuliche Anmuth und Zartheit einer Blondine. Der Gegensatz des freien Seeufers und seiner schönen Wälder mit der Luft und Aussicht der Heiligengeiststraße, der Gegensatz des stillen, friedlichen, ländlichen Familienlebens mit dem bunten, lauten, ungemüthlichen Treiben der Residenz that mir unaussprechlich wohl, ich fühlte mich geistig und leiblich als einen ganz anderen Menschen und kehrte nicht ohne Wehmuth in mein einsames Stübchen zurück, und damit in das nothwendig verkümmerte Leben eines Gelehrten.

Jetzt liegt die Heringsdorfer Idylle weit hinter mir, und ich arbeite im Schweiße meines Angesichts. Meine Kunstgeschichte geht munter vorwärts. Wenn auch die Theilnahme daran nicht so bedeutend ist, wie ich gehofft hatte, so habe ich doch keine Ursache zu klagen. Es wird überhaupt nicht viel gehört in diesem Semester. Als Publicum lese ich in Form eines Privatissimum, d. h. auf meinem Zimmer, alle Mittwoch Nachmittag von 4—6 Pausanias und erkläre jetzt die Beschreibung der Gemälde des Polygnot in Delphi, ein Hauptaktenstück für die Archäologie der Malerei. Zum nächsten Semester habe ich nun angekündigt gratis: De situ et monumentis Athenarum, privatim: Historia populorum antiquorum inprimis Graecorum. Ich habe es mit schwerem Herzen gethan, denn die Vorbereitung erfordert so ungeheure Arbeiten, daß ich gar nichts daneben werde thun können. Am liebsten möchte ich mich den nächsten Winter ganz auf meine Topographie beschränken und nichts Anderes thun. Ich bin jetzt bei der Ausarbeitung von Messenien, habe auch schon die kartographischen Arbeiten mit Herrn Mahlmann eingeleitet, mit dem ich nach Entwurf des allgemeinen Flußnetzes wöchentlich zusammenkommen werde zu gemeinsamer Ausführung einer großen Karte der peloponnesischen Halbinsel. Meine Verhandlungen mit Perthes sind so gut wie ins Reine gebracht, doch ist noch kein Kontrakt unterschrieben.

An den Vater.

28. Juni 1844.

... Denke Dir, daß ich für den Winter ein neues und sehr ehrenvolles Anerbieten erhalten habe. General von Unruh, Militärgouverneur im Hause des Prinzen von Preußen, schrieb mir sehr verbindlich, daß er mich zu sehen wünsche und nur durch Krankheit abgehalten sei, zu mir zu kommen. Ich gehe hin, werde von dem würdigen Manne mit großer Herzlichkeit aufgenommen und höre von ihm, daß der junge Prinz jetzt heranwachse und namentlich für die alten Sprachen eines belebenden, anregenden Unterrichts bedürfe; er sei so lange mit trockenem Elementarunterrichte geplagt worden, er müsse jetzt die Sache von einem höheren Standpunkte kennen lernen. Man habe sich viel nach einem Manne

umgesehen, der in dieser Beziehung von entscheidendem Einflusse
auf den Prinzen sein könne, und man habe keinen besseren finden
können; ich schiene gerade der rechte dazu, wenn ich nur Lust dazu
hätte. Ein solches Anerbieten kann ich nicht ablehnen, es geht
von der Prinzessin aus, es ist eine Aufgabe, die von hoher Bedeutung sein kann, wenn ich sie aufzufassen weiß. An der Ausbildung eines Thronerben einflußreichen Antheil nehmen zu können,
ist ein Beruf, den man nicht so zurückweisen kann. Kurz, wenn
ich auch erst in den nächsten Tagen Bescheid geben werde, so bin
ich doch entschlossen und werde mich bereit erklären, einen Theil
des Unterrichts zu übernehmen, etwa acht Stunden wöchentlich.
Meine Freiheit bleibt unversehrt, und mein Geldbeutel wird hoffentlich etwas voller werden. Mit dem Prinzen zusammen wird ein
junger von Zastrow erzogen. Ich weiß, daß man aller Orten
Erkundigungen über mich eingezogen hat, hier wie in Bonn u. s. w.
Meinete erzählte mir neulich ganz verwundert, er habe für den
Minister des Auswärtigen, Herrn von Bülow, ein Attest über mich,
namentlich über meine Gesinnung, ausstellen müssen.

An denselben.

10. Juli 1844.

Was mich im höchsten Grade bewegt, ist der Umstand, daß
ich deutlich sehe, wie man damit umgeht, mich womöglich ganz
heranzuziehen an den Prinzen. Herr Godet geht fort, man will
den Prinzen einem Anderen übergeben, einem Deutschen, einem
Gelehrten, das ist ein Faktum. Ebenso faktisch ist, daß man mehrmals bei mir hat anfragen lassen, ob ich wohl geneigt wäre, ganz
als Gouverneur einzutreten, auch ging offenbar die gestrige Ver-
handlung darauf, mich zu keilen. Ein eigentlicher Antrag ist
natürlich nicht erfolgt, da dem immer eine Erklärung der Bereitwilligkeit von mir vorausgehen müßte. Ihr seht ein, geliebte
Eltern, was für ein Entschluß dazu gehört, vier bis fünf Jahre
sich ganz einem Knaben hinzugeben, jedem anderen Berufe zu entsagen, seine Freiheit zu verkaufen. Das war also auch mein erstes
Gefühl, meine erste Antwort: dazu tauge ich nicht, das geht nicht!
Nun suchte man aber gleich einzulenken mit der Bemerkung, daß
mir sehr viel Muße bleiben würde zum Arbeiten u. s. w. Jetzt
stehen die Sachen so, daß ich allerdings nicht rund das Anerbieten

abgeschlagen habe, daß ich aber deutlich genug zu verstehen gegeben
habe, man müsse mir ganz andere Bedingungen machen, als die
früheren; ich müsse mein wissenschaftliches Leben fortführen können
u. s. w. Dann könne man zu näheren Verhandlungen schreiten.
Ich meinerseits glaube kaum, daß man sich darauf einlassen wird.
Man will beides vereint haben, einen Mann, der sich dazu her-
gibt, den Prinzen auf Schritt und Tritt zu begleiten, und der
zugleich durch sein wissenschaftliches Leben auf ihn einen wohl-
thätigen Einfluß ausübt. Der Prinz ist weich, hingebend und an-
schmiegend, aber auch zu heftigen Aufwallungen hinneigend. Es
ist von unabsehbarer Bedeutung, wer von jetzt bis zum 18. Jahre
ihn leitet und umgibt. Es ist schwer, eine gleich hohe Aufgabe zu
finden, ja, fast möchte es scheinen, der ungesuchte Ruf, einen solchen
Knaben zu erziehen, dürfe nicht abgelehnt werden, wenn man sich
nicht entschieden untüchtig fühlt.

An denselben.

13. Juli 1844.

Was ich erwartete, ist eher eingetroffen, als ich glaubte, meine
geliebten Eltern! Gestern Abend bat mich der General zu sich
und machte mir definitiv den Antrag, die Stelle eines Gouverneurs
bei dem Prinzen Friedrich Wilhelm zu übernehmen.

Da stehe ich nun mit meiner armen Seele vor diesem Riesen-
entschlusse, von dem mein ganzes Leben abhängt. Auf der einen
Seite das Vertrauen des königlichen Hauses, der hohe Beruf, die
äußere Sicherung meines Lebens, die, nach menschlicher Art zu
reden, glänzenden Aussichten — auf der anderen Seite meine
Freiheit, meine Wissenschaft. Ich habe den Ruf nicht gesucht:
Während Hunderte aufgeboten haben, was sie nur konnten, um
diese Stellung zu erreichen, ist er zu mir in mein Stübchen
gekommen, ohne daß ich eine Ahnung von der ganzen Sache hatte.
Jedermann hat die Pflicht, seinem Leben so viel Bedeutung und
Inhalt zu geben, als möglich ist. Kann mir auch innerhalb vier
bis fünf Jahren bei einem erfreulichen akademischen Wirken eine
Aufgabe von gleich hoher Wichtigkeit zufallen und im besten Falle
gelingen, als die Ausbildung eines Thronerben in seinem aller-
wichtigsten Lebensalter, eines Prinzen, der liebenswürdig ist
und bildsam wie Wachs? Von dem Gesichtspunkte aus, daß Nie-

manb eine Gelegenheit darf vorübergehen laſſen, um ſein Leben
aus einer bedeutungsloſen Gegenwart herauszureißen, kann ich
auf keine andere Aufgabe harren. Die Verantwortung iſt groß,
aber ſie iſt getheilt, ſie ruht officiell auf dem Militärgouverneur.
Viel zu thun gibt es nicht, alſo auch viel Muße, aber freilich eine
Muße, auf die Niemand rechnen kann, die ich jeden Augenblick
hinzugeben mich bereit halten muß, jedes Winkes der Hoheiten
gewärtig, zu jedem Opfer gerüſtet. Geliebte Eltern, Ihr könnt
denken, in welcher Aufregung ich bin, wie ſehr mich die Gedanken
umherjagen. . . . Ihr ſeht, daß ich mich im ganzen zur Annahme
hinneige, was in mir ſich ſträubt, iſt Bequemlichkeit und Egoismus.
Aber noch ſtürmt es ſo in mir, daß ich Gott anflehen muß, doch
in der nächſten Woche zu einem ruhigen, friedlichen Entſchluſſe
zu kommen.

An denſelben.

22. Juli 1844.

Ich erhielt Euren Brief, der mich tief bewegte, in dem Augenblick, da ich das Schreiben ſiegelte, in welchem ich meine Erklärung
an General von Unruh überſandte; ich wußte ja, was Ihr ſchreiben
würdet. Deſſelben Tages, Freitags, ging ich zum General von Unruh und erklärte ihm mündlich — der Brief kam ſeltſamer Weiſe
erſt während des Beſuchs an — daß ich es für meine heilige Pflicht
halte, dem hohen Rufe zu folgen, und ich hoffte, daß während des
Berufes Muth und Kraft wachſen würden. Es war für mich und
den General ein feierlicher Augenblick. Er ergriff dankend meine
Hand und ſagte mir dann, er ſei von den hohen Eltern ermächtigt
— denn bis jetzt hatte er pro forma nur aus ſich geſprochen — mir
definitiv den Antrag zu machen und Alles mit mir abzuſchließen.

Der Rubicon iſt überſchritten, was für ein Land ich mir jenſeits
erobern werde, Gott weiß es! Ich habe Tage und Nächte keine
Ruhe gehabt vor meinen Gedanken, ſo lange ich klügelte und rechnete
und gegen einander abwog, alle Gründe der Klugheit, alle Für
und Wider — aber wie ich mit all dem Abrechnen zu Ende war
und nicht aus noch ein wußte, da hat mir Gott auf meine Bitte
den Gedanken in das Herz gegeben, der mich mit einem Zauber-
ſchlage aus dem Banne jenes quälenden Zweifels befreite, den
Gedanken, daß ich gar kein Recht habe, meine Kraft zu verweigern,
hinter den Büchern zu ſitzen, wenn das volle, große Leben ruft,

unb zu ſagen: Hier iſt's bequemer, hier will ich bleiben. . . . Wie
reich an innerlichen Erfahrungen ſind dieſe acht Tage des Kampfes
geweſen! Unb geht ſchon aus dieſen mein Herz ſtärker unb reicher
hervor, um wie viel getroſter kann ich nicht die Bahn ſelbſt betreten, deren Schwelle ſchon von Segen trieft! Ich bin vollkommen
ruhig unb entſchloſſen unb weiß, baß ich gehen würde, wenn ich
nur mein täglich Brob im Schloſſe erhielte.

An Victorine Boiſſonnet.

Frankfurt a. M., 19. Auguſt 1844.

. . . Geſtern war ich bei meiner holben Gebieterin.*) Wir
ſaßen tête-à-tête unb ſprachen viel Ernſtes zuſammen durch, ſolche
Angelegenheiten, in benen ſich jeder nur als Staub unb Erbe fühlt.
Ich ehre die Frau außerordentlich, und das unverdiente Vertrauen,
das ſie mir zuwendet, beſchämt unb rührt mich. Das Geſpräch
hat mich ſehr geſtärkt und gehoben, unb ich freue mich auf alle
die Opfer, die ich zu bringen haben werde. Die Prinzeſſin babet
noch in Homburg, ich war zu Tafel bei ihr, wir waren nur ſieben
Perſonen, barunter auch der Prinz Friedrich, der Düſſeldorfer.
Morgen wird ſie bei bem preußiſchen Geſandten ſein, bort werbe
ich ſie ſehen, und auch Vater, ben ſie burchaus kennen lernen wollte,
wird ihr bort bekannt werden. Ich habe ihr ausführlich von allen
meinen Familienverhältniſſen erzählen müſſen. Freitag Morgen
reiſe ich mit den Eltern zuſammen ab, aber in der Zeil trennen
ſich unſere Wege, ba beſteige ich die Malepoſte und bin, ſo Gott
will, Sonntag Morgen in Paris. Die Prinzeſſin iſt um ſo intereſſanter, ba ſie gerade jetzt in einer rechten Entwickelung begriffen
iſt, die entſcheidend für ihr Leben iſt. Jung und ſchön unb geiſtvoll,
war ſie am Weimarſchen Hofe verzogen, und verwöhnt trat ſie in
ihre nun ſo wichtige Stellung ein. . . . Nachdem ihr der Rauſch
der erſten Jugendfreude verflogen — unb wie raſch ſind die
Freuden der Fürſten ausgeleert — iſt es ernſter und ernſter in ihr
geworden. Die unendlichen Schwierigkeiten, mit benen in unſerer
Zeit die Stellung der Fürſten, namentlich der preußiſchen, verknüpft iſt, ſind ihr nahe getreten, und wer will es ihr verargen,
wenn die Angſt vor der bunkeln Zukunft die freubige Hoffnung

---

*) In Homburg.

meist überwiegt. Um sich selbst ist sie wenig besorgt, und ich
glaube, der Gedanke, ob und wann sie die Krone empfangen werde,
beschäftigt sie wenig. Aber ihre Lebensfrage ist die Erziehung
ihres Sohnes. Daß der stark an Geist und Leib aufwachse, um
den ungeheueren Aufgaben der Zeit entgegentreten zu können, das
ist der Gegenstand ihrer Gedanken unablässig, sie lebt ganz in der
Zukunft des Sohnes, sie selbst sucht und wählt für ihn, und es ist
ihr reines, persönliches Vertrauen, das die Leitung und Vollendung
dieser Erziehung in meine Hände legt. Dieser Umstand und der
andere, daß der Knabe selbst mir ein ganz entschiedenes Vertrauen
zugewandt hat, tragen sehr zu meiner Ermuthigung bei, und ich
hoffe und wünsche Nichts sehnlicher, als daß auch der Vater, der
freilich im ganzen mehr die alten, soldatesken Grundsätze in der
Erziehung der brandenburgischen Prinzen wird aufrecht zu erhalten
suchen, in der Hauptsache mit seiner Gemahlin übereinstimmen wird.

An die Eltern.

Paris, 25. August 1844.

... In Mainz ward nach einem kleinen Frühstück die malle
bestiegen, eine zweisitzige Kutsche, vorne Konbukteur und Postillon
im Coupé. Ich war seltener Weise diesmal der Einzige, der sich
nach Paris eingeschrieben hatte. Bei dem klaren Wetter genoß ich
die Schönheit des Rheinthales und dann die gesegneten Gegenden
von Rheinhessen und Rheinbayern, wo man lange den Donners-
berg nahe zur Rechten hat. Man wird aber in seinen Freuden sehr
gestört durch die abscheulichen Wege im Bayerischen. In Homburg,
der bayerischen Grenzstadt, 20 Minuten Rast zum Abendessen —
dann durch ein Stückchen Preußen, wo um Saarbrücken herum
die Hüttenwerke wunderbar durch die schwarze Nacht leuchteten.
¹/₂1 Uhr in Forbach, wo ich in die Wachtstube französischer Soldaten
geführt wurde, die mich visitirten. Dann zu einem commissaire
de police, der mir einen provisorischen Paß ausstellte. In der
Wirthsstube, wo halb deutsch, halb französisch gelärmt und Karten
gespielt wurde, hatte ich eine Stunde zu warten und wurde dann
in die französische Malleposte abgeholt. Es ist ein leichter Wagen,
eine Halbchaise mit geschliffenen Fenstern, die ganz genau schließen,
der Sitz sehr geräumig. Da ich der Einzige war, konnte ich mich
der Länge nach ausstrecken und lag wie im Bette. Der Konbukteur

fitzt oben auf bem Wagen, der Poftillon auf einem kleinen Bocke unb
regiert mit einer langen Peitſche die raſtlos jagenben vier Pferde;
bergauf, bergab — geht es beinahe immer im Galopp. Der
Poftillon trägt einen blauen Kittel mit einem blanken Matrofen-
hute, beim Regen ſchlägt er einen hellen Tuchmantel um; ſo ſitzt
er faſt ſchwebend vor dem Reiſenden, immer lärmend durch Ruſen,
Pfeifen, Peitſchenknall. Sowie man an der Station iſt, wirft er
die Peitſche hinunter, dann die Zügel unb ſpringt hinab. In derſelben Minute kommen bie anderen Pferde heraus mit 3—4 Leuten,
die Pferde immer ſehr wild, es geht nie ohne vieles Geſchrei unb
Schelten ab, aber immer mit der größten Schnelligkeit. Morgens
¼8 Uhr fuhren wir in Metz ein. Ich erwachte bavon, baß in der
oberen Wagenetage der Konbukteur dem Thorwächter meinen Namen
vorbuchſtabirte; die Poſterpedition hielt hier wohl eine halbe Stunde
auf. Dann in raſchem Fluge burch Verbun und St. Ménshoub
nach Chalons, wo eine halbe Stunde geraſtet unb recht gut zu
Mittag gegeſſen wurde. Es wurde immer bunkler unb regnichter,
unb ſo konnte ich von den ſchönen Uſern der Marne nur wenig
ſehen. Epernah macht einen ſehr freundlichen Eindruck. In Château-
Thierry wurde etwas Bouillon genoſſen, unb von da wurde ich halb
ſchlafend, halb wachend weitergefahren. Bei hellem Monbſcheine
konnte ich um 3 Uhr bemerken, wie die Landhäuſer immer dichter
ſich an einander reihten unb aus ben Vorſtädten allmählich Paris
vor meinen ſchlaftrunkenen Augen erwuchs. Unabſehliche Per-
ſpektiven von Gaslichtern künbigten mir zuerſt die Reſidenz an.
Durch die ſtillen Straßen zogen lange Reihen von Gemüſewagen,
welche für ben nächſten Tag die Tiſche füllen ſollten. Endlich
fuhren wir in ben inneren Poſthof. Es ſchlug gerade 4 Uhr, unb
um dieſelbe Zeit fuhren von drei anderen Seiten große Diligencen
herein. Ich ließ mir gleich einen Wagen holen, unb um ¼5 Uhr
hielten wir vor der Thüre des unſcheinbaren, aber reinlichen unb
anſtändigen Hôtel de Londres. Ich ſuchte mir eine Stube im
zweiten Stock aus zu 40 Francs, klein, aber hell unb freundlich,
gut möblirt, mit Marmortiſch unb -Kamin, ein gutes Bett im
Alkoven, der ſich in Form einer Wand ſchließt. Ich ſchlief darin
gleich einige Stunden ſehr gut. Um 10 Uhr erkundigte ich mich
nach Vernhs Kirche. Es gibt zwei Kirchen für die protestants de la
confession d'Augsbourg; ich wählte auf gut Glück die eine neu
erbaute große Kapelle in der Rue Chauchat unb zog nun gutes

Muths aus meiner kleinen Augustinerstraße aus in das tobende
Paris. Ich ging über den Pont du Carouffel, der in drei kühnen
Bogenschwingungen über den Fluß setzt, dann am Louvre vorbei
in die Rue de Richelieu und lernte so gleich einen Theil der aller-
belebtesten Gegenden kennen, bis ich endlich gerade zur rechten
Stunde, um 11 Uhr, die lutherische Kapelle auffand, in der sich
eine ziemlich starke Gemeinde versammelte. Denkt Euch, wie ich
mich freute, als Freund Verny die Kanzel bestieg und mit feuriger
Beredsamkeit über das Wunder Christi an dem Stummen und
über die Bedeutung des Hephata sprach.

Nach dem Gottesdienste zog ich mich in mein Stübchen zurück,
da ich von der Nachtfahrt Kopfschmerzen hatte, und ging erst gegen
5 Uhr wieder aus, zunächst um Nahrung zu suchen. Ich suchte mir
diesmal das glänzendste Lokal aus, das ich finden konnte, da ich
die Rue Rivoli, längs der Gärten der Tuilerien entlang ging.
Durch die schönsten Spiegelglaspforten trat ich ein in die Poissonne-
rie anglaise, einen wahren Feenpalast mit Springbrunnen, spiegel-
bedeckten Pfeilern, kühnen, zierlichen Wendeltreppen, kleinen
Blumengärten, Gemälden u. s. w. Sowie ich Platz nahm, wurde
mir ein Buch überreicht, in rothes Leder eingebunden, enthaltend
den Speisevorrath; z. B. zwei Seiten eng gedruckt poissons, die
einzelnen Rubriken wie gibier, volaille mit entsprechenden Bildern
erläutert. Es wird Einem ganz Angst, wenn man das Essen
mit solchem Ernste behandelt sieht. Meine Tafel kostete mich
gerade 5 Francs. Es gibt gewiß noch andere, kostbarere und
prächtigere cafés restaurants. Ich wanderte dann durch die Gärten
der Tuilerien über die Place de la Concorde nach den Champs
Elysées hinaus. Die Gebäude einzeln und genau betrachtet, sind
meist nicht sehr korrekt und schön gebaut, aber zusammen bilden
sie ein großartiges Ganzes, die Paläste, die öffentlichen Gebäude,
die Triumphbögen, die Kirchen, die Obelisken, vor allem die
herrlichen Brücken, die ich nirgends so schön gesehen habe.
Und welch ein point de vue, wenn man auf dem Concordien-
platze steht und hat gerade vor sich den schimmernden Triumphbogen von der Barrière de Neuilly, hinter sich zwischen den Baumgruppen die Tuilerien, rechts in der Mitte stattlicher Gebäude
die Madeleine, und links jenseits des Flusses die Deputirtenkammer.
In dem Punkte, wo sich diese vier Gesichtslinien schneiden, erhebt
sich mit seinen uralten Runen der monolithe Obelisk des Sesostris,

von vier Sphinzen von Granit umgeben. Ueber 1¹/₂ Jahrtausende vor Christo ist jener Obelisk beschrieben, und jetzt steht er da im Centrum des herrlichen Paris!

Um 7 Uhr ging ich über den Pont be la Concorde nach Bernys Wohnung. Ich traf ihn mit den Seinen und blieb bis ¹/₂11 Uhr in seinem traulichen Stübchen; er hat eine sehr liebe Frau, eine treuherzige, deutschgesinnte Elsässerin, und eine Tochter von ungefähr 12 Jahren. Wie wohl thut es mir, geliebte Eltern, mitten in der großen, fremden Stadt einen so traulichen Kreis zu haben, in dem ich Alles besprechen kann. Berny ist so voll Geist und Gemüth, so überströmend von Liebenswürdigkeit, daß mich die Pariser Reise nicht gereuen würde, wenn ich auch nur ihn hier hätte.

An dieselben.

Paris, 8. September 1844.

... Heute vor vierzehn Tagen schleuderte mich die Malleposte in diese unbekannte Welt hinein — und jetzt bin ich hier schon ganz heimisch. Ich mache meine Wege ohne Verirrungen, ich weiß in den Cafés, Restaurants und Läden Bescheid. Ich kenne die gelehrte Welt von Paris, soweit sie mich näher interessirt, ich habe viel Wichtiges gelernt und erlebt und mir schon in diesen vierzehn Tagen Kapitalien eingesammelt, die sich gut verzinsen sollen. Freilich, die Erwartung, hier gar nicht von meiner Zukunft hören und sprechen zu müssen, ist vereitelt. Denn die Nachricht von meiner Berufung ist in die französischen Journale übergegangen. „Nos journaux parlent de vous," das war gewöhnlich eine der ersten Phrasen Derer, die ich besuchte. Neulich fand ich sogar ganz zufällig im Corsaire neben heftigen Ausfällen auf Guizot auch ein Artikelchen über mich und einen calembourg, der nicht übel ist. Es heißt darin: „Le docteur Curtius est chargé de débarbouiller l'héritier du roi de Prusse. Curtius a toujours été attaché aux figures de cire." Es zieht nämlich ein Mann unseres Namens in Holland und Frankreich mit Wachsfiguren umher. So habe ich zu leiden von der Licenz der Pariser Presse. Von allen Merkwürdigkeiten im einzelnen abgesehen, ist es wichtig und im höchsten Grade ergreifend, auf dem Boden zu stehen, auf dem sich gewissermaßen die ganze neueste Weltgeschichte abgespielt hat. Was

für Erinnerungen drängen sich in den Straßen der Stadt, in den
Umgebungen! Hier ein Denkstein für ein Opfer der Julitage,
dort führt eine düstere Cypressenallee zu der Chapelle expiatoire,
wo man das öffentlich gemordete Königspaar einst verscharrt hatte
und jetzt täglich Messe liest für das Blut, das noch nicht gesühnt ist;
dort das Louvre, das prächtige Denkmal einer blühenden, wohlbegründeten Königsherrschaft, und darauf, wie zum Hohne, die
Juliflagge, die selbst von den altersgrauen Thürmen von Notre-
Dame weht, gleichsam zum Zeichen, daß des Volkes Souveränität
über Alles geht, als wenn, um ihr Emblem hoch über Paris empor-
zuhalten, die Alten diese Thürme aufgeführt hätten. Nimmt man
dazu die Ueberreste des Empire, die Kaiserstatuen, die Kaiserbrücken,
Kaiserobelisken und Triumphbögen, an die sich nun die afrikanischen
Siegesbauten anschließen — so tritt Einem die neueste Weltgeschichte
in einer erschütternden Weise entgegen und man empfindet Alles
in unmittelbarer, persönlicher Nähe. Fast noch mehr ist dies in
den Umgebungen der Stadt der Fall, auf den Schlössern der Fürsten,
die das Seine-Ufer begrenzen, mitten in einer reichen, schönen
Natur. Mein erster Ausflug war nach St. Cloud, wo inmitten
herrlicher Gärten voll schattiger Alleen, frischer Brunnen, herrlicher Terrassen mit weiten Fernsichten auf die Seine-Ufer das
verhängnißvolle Schloß liegt, in dessen Mauern die Valois den
Bourbons Platz machten, die Republik dem Kaiserthume, das Kaiser-
thum der Restauration, und diese endlich dem gegenwärtigen Zustande der Dinge — „l'ordre des choses actuel", so nennen die
Franzosen ihre Gegenwart, wohl wissend, wie wenig dieselbe eine
Bürgschaft der Dauer in sich trägt. Das Schönste aber, was ich
in dem Umlande gesehen habe, ist St. Germain en Laye, hoch über
der Seine gelegen, auf mächtigen Terrassen, von denen man die
Seine weit übersieht, die durch ihre gewaltigen Krümmungen unterhalb Paris der ganzen Landschaft einen eigenthümlichen Charakter
gibt. Der Gedanke, den die Dichter unter Louis XIV. in mannigfachen Variationen vorgetragen haben, liegt sehr nahe, daß der
Fluß sich nicht trennen könne von den Herrlichkeiten der königlichen
Stadt und immer zurückzukehren suche. Gleich hinter der Terrasse
beginnt ein dichter, herrlicher Wald. Ein Theil des alten Bour-
bonenschlosses, in dem Louis XIV. geboren, ist jetzt in ein Wirthshaus, „Pavillon Henry IV", verwandelt. In der Kirche ruht Jacob II.
mit einer von Louis XVIII. gemachten lateinischen Inschrift. Wenn

man auf der Terrasse steht, vor dem Walde über den dreifachen
Seinefluß hinsieht, so taucht aus der Masse von Grün in der
Ferne ein weißer, spitzer Kirchthurm auf, die Kathedrale von
St. Denis, in deren Gewölben die Könige Frankreichs ruhen.
Louis XIII. konnte den Anblick nicht leiden, ihn störte das memento
mori; er verließ die reizende Schöpfung seiner Ahnen und begann
die Bauten in den öden Flächen von Versailles. Kindische Todes-
furcht ist der Ursprung aller dieser Herrlichkeit. Ich hatte keine
Ursache, St. Denis zu meiden, und so ermüdend und unerfreulich
die Fahrt durch die langen Straßen und Vorstädte ist, so sehr hat
mich im Innersten bewegt die schöne Kathedrale mit ihren Fürsten-
grüften. Die Revolution hatte in fürchterlicher Wuth das Dach
der Kirche, ihre Gräber und Altäre zerstört, jetzt wird Alles sorg-
sam hergestellt. Die Kirche ist, wie die wenigen gothischen Kirchen,
die ich in Frankreich gesehen habe, darin von den deutschen verschieden, daß das Innere eleganter und heller ist. Die großen
Rosetten an beiden Kreuzarmen sind wohl erhalten. Die Fenster
im Hauptschiffe nehmen die ganze Breite zwischen den Pfeilern
ein, sodaß gar keine Mauer da ist. Unter den Fenstern ein zierlicher Umgang. Auch gehen in St. Denis wie in Notre-Dame die
Säulenhallen hinten um den Chor herum. Die Krypte stammt
aus der Zeit Karls des Großen, Portal und Thürme aus dem
12. Jahrhundert, das Innere des Doms aus dem Ende des 12. Jahrhunderts. Nur durch besonderes Glück ist dies herrliche Denkmal
der Zerstörung entgangen, welche 1795 förmlich dekretirt war,
nachdem man die Gebeine der Könige hinausgeworfen hatte. Jetzt
ist Anerkennung und Studium mittelalterlicher Denkmäler in
Frankreich Mode geworden. Möchte diese Mode mehr und mehr
eine tiefere Richtung gewinnen! Dann könnte die Wissenschaft
nach und nach eine Versöhnung zwischen der isolirten Gegenwart
und der Vergangenheit herbeiführen, eine Versöhnung, deren das
wunde, aufgeregte Frankreich so sehr bedarf.

Meinen Geburtstag habe ich an den Ufern der Loire gefeiert.
Der treffliche Herr Hase,*) der mit einer beispiellosen, gänzlich
unmotivirten Freundlichkeit und Herzlichkeit mich in den Umgebungen herumgeführt, mich mit Büchern versehen, mich vielfach

---

*) Der Philologe Karl Benedict Hase (1780—1864) lebte seit 1802 in
Paris und war seit 1832 Conservateur en chef au département des manu-
scrits an der Königlichen Bibliothek.

belehrt, mich wiederholt aufs herzlichste traktirt hat, hatte mich
zu einer Fahrt nach Orleans eingeladen. Des Morgens um 7 Uhr
war ich schon bei ihm; um 8 Uhr waren wir in dem Embarcadère
von Orleans, am südöstlichen Stadtende, bei dem Jardin des
Plantes, und fuhren an der Seine hinauf durch ein reiches, fruchtbares Land, wo hier und da noch auf den Höhen Ruinen von
Burgen stehen, vor deren Rittern die Könige in Paris zitterten,
in 3½ Stunden nach Orléans. Hases Haushälterin, Mlle. Joé,
war mit uns, und während diese im Gasthause uns ein Diner
zurüstete, ging ich mit Hase in die Kirche, deren Inneres sehr schön
ist. Die Pfeiler haben gar keine Knäufe, daher das Auge lauter
ununterbrochene schwungvolle Linien findet. An die gothische
Kirche hat Henry IV. im Geschmacke seiner Zeit Portal und zwei
Thüren aufbauen lassen. Wir erstiegen den einen und hatten nun
den großartigsten Ueberblick über das Loirethal und ein gutes
Stück von der région du centre de la France. Anmuthig sind die
Krümmungen des Flusses, wo er nach Ambroise und Tours hin
abfließt. Sonst fehlt es ganz an charakteristischen Formen. Man
sieht eine weite, weite Ebene, nach Norden sehr fruchtbar, südlich
von der Loire ein weit ärmeres Land, in dem nur wie eine Oase
die Umgegend des Loiret sich auszeichnet. Zu Füßen hat man die
düsteren Schieferdächer der alten Stadt, deren Straßen menschenleer sind wie die von Lübeck. Sie hat sich noch nicht von der
Aufhebung des Edikts von Nantes erholen können. Jetzt wird
Orleans ein Centralpunkt französischer Eisenbahnen. Schon baut
man eine Brücke über die Loire, welche den midi de la France mit
dem Norden verbinden soll, die wichtige Straße „où Paris la cité
suprème etc. tend ces bras maternels vers ses filles aimées sur le
sol de la France abondamment semées," wie es in einem schönen
Gedichte von Guiraud heißt, und weiterhin:

> „entre toutes les sœurs c'est toi qui la première
> devais près de ton fleuve attirer son regard,
> Orléans qui des lys relevais la bannière
> un moment inclinée aux pieds de tes remparts etc.

Nach einer trefflichen Mahlzeit, welche wir zu Dreien im Gasthause
des Loiret einnahmen, fuhren wir über die Loire hinüber nach den
Quellen des Loiret, einem Wunder der Welt. Eine Quelle sprudelt
mit so außerordentlicher Wasserfülle aus der Erde, daß man eine
halbe Stunde unterhalb des Ursprungs schon mit großen Kähnen

fahren kann. Es ist ein wiedergeborener Fluß, eine Natur-
erscheinung, die an ähnliche in Griechenland und anderen Ländern
des Mittelmeeres erinnert. Um diesen Loiret, der in verschiedene
Arme sich theilt, liegen die allerschönsten Gärten, die herrlichsten
Baumgruppen, welche das tiefe, klare Wasser beschatten, „un bocage
enchanteur", um recht französisch in Frankreich sich auszudrücken.
Auf dem Rückwege besahen wir die Statue der pucelle an dem Thore,
da sie den Ausfall gethan (jetzt mitten in der Stadt), und bald
lagen die Thürme der Kathedrale wieder hinter uns, und wir fuhren
in gerader Linie nach Norden zurück. Um 11 Uhr war ich wieder
in meiner Wohnung, herzlich dankbar für den reichen Tag.

... Wie mir nun Paris selbst gefällt, fragt Ihr? Die Antwort ist nicht so leicht gegeben. Nach Allem, was man bei uns von
Paris spricht, was man als articles de Paris sieht und kauft, denkt
man zunächst eine durchweg elegante Stadt zu finden, rein, geschmackvoll, modern. Aber in solchen Erwartungen wird man sehr
getäuscht. Paris ist eine alte, häßliche, schmutzige Stadt mit engen,
dunkeln Straßen, schmalem Trottoir, häßlichen, grauen Häusern,
die durch geschmacklose Schornsteine verlängert unermeßlich in die
Höhe ragen und oft nur bestimmt scheinen, die zahllosen Annoncen
in kolossalen Lettern hoch empor zu tragen. Selbst die Quais in
der Stadt sind schmutzig und häßlich, nur die Brücken sind fast
durchgängig schön. Man findet im ganzen wenig hübsche Privat-
häuser, es ist gar keine Privatarchitektur in Paris vorhanden. Ein
Haus wird wie das andere nach einem hergebrachten Schema gebaut, unten Boutiquen, dann nach oben so und so viel Piècen mit
einem ganz herkömmlichen Arrangement. Schon das Uebermaß
der Läden zerstört die Architektur der Häuser wie den Eindruck im
ganzen, und dann diese Masse von Aushängeschildern, vor denen
man gar kein Stück freie Mauer sieht. Die neuen Straßen, die nach
einem Plane ausgeführt sind, sind ganz anders, aber die sind meist
sehr einförmig und langweilig, wie die Rue Rivoli und die Straßen
um den Vendôme-Platz und die Madeleine. Die Boulevards machen
freilich durch ihre Volksmenge einen bedeutenden Eindruck, aber
im einzelnen ist nichts Hübsches da. Die öffentlichen Gebäude sind
fast durchgängig in einem großartigen Stile angelegt, aber die Umgebung ist oft auf das überraschendste vernachlässigt. So stehen
zwischen den Tuilerien und Louvre einige Reihen der allerscheuß-
lichsten Häuser, thurmhohe, formlose Ungeheuer, die Einem immer

in die Augen fallen. Zwischen der öftlichen Front des Louvre, die
vielleicht eines der edelften Bauwerke in Paris ift, und der alten,
ehrwürdigen Kirche St. Germain l'Auxerrois — auf der eigentlichen Place du Louvre — fieht man die widerlichen Ruinen der
allergefchmacklofeften Häufer, auch haben alle Hauptftraßen hier
im Herzen des königlichen Paris ein finfteres, fchmutziges Ausfehen.
Alfo wie fehr täufcht fich der, welcher eine neue, elegante Modeftabt
zu finden fucht! Freilich, wenn man dergleichen Täufchungen abgemacht hat, dann lernt man nun auch wieder mit voller Gerechtigkeit die ftäbtifche Herrlichkeit von Paris anerkennen. Auch die
alte Stadt, die ältefte, die cité auf der Seine-Infel imponirt durch
ihre Maffe; die Infel läuft nach beiden Enden keilförmig zu, gleicht
alfo, wie die Tiberinfel, einem Schiffe; mächtige Subftruktionen
vervollftänbigen diefe Form. Steht man nun auf dem Pont des
Arts oder dem Pont Royal, fo erfcheint diefe gedrängte Maffe
unzähliger Häufer beinahe wie ein ungeheueres Gebäude, von den
uralten Thürmen der Notre-Dame gekrönt, die eine Seite oft vom
hellften Sonnenlichte erleuchtet, die andere in fchwarzem Dunkel,
und wo beide fich vereinigen, der ehrwürdige Pont Neuf, unter
dem fich die äußerfte Spitze der Infel als ein Garten in die Seine
hineinzieht. Auch das Leben an und auf der Seine zu fehen, ift
im höchften Grade intereffant, eine durch einander brängende Ge-
fchäftigkeit. Von Gebäuden hat keins einen fo großartigen, über-
rafchenden Eindruck auf mich gemacht, wie das Palais Royal. Das
Ganze, fo groß wie es ift, aus einem Guffe, fertig und abgefchloffen.
Aus dem Menfchengewühl und Wagengeraffel der engen Rue
St. Honoré tritt man in die weite borifche Halle und gelangt dann
durch die Galerie Orléans, einen mit Glas gedeckten und mit
Spiegel-Boutiquen eingefaßten Gang, in den großen Garten mit
feinen Statuen, Springbrunnen, Lindenalleen, von Gebäuden rings
eingefaßt, die auf Arkaden ruhen — und in diefen Arkaden nun
prangt hinter glänzenden Spiegelfcheiben Alles, was Kunft und
Induftrie erfunden und die Natur gefchaffen hat, um das Leben
des Menfchen zu fchmücken, fein Auge zu ergötzen, feinen Gaumen
zu kitzeln, feiner Eitelkeit zu fchmeicheln. Alles das ftrahlt hier in
üppiger Verfchwendung. Im Garten luftwandeln die Leute zwifchen
fpielenden Kindergruppen und erpichten Journallefern. Das Ganze
hat einen freundlichen, friedlichen, anmuthigen Charakter, es ift
kein Gebränge, Alles bewegt fich à son aise auf und nieder, kein

Staub, kein Getöse, kein Schmutz, und des Abends entzündet sich
ein Meer von Gasflammen, das den Fremden bezaubert. Ich habe
nirgends etwas Aehnliches gesehen als dies Palais Royal, diesen
großen Gesellschaftssaal der Residenz, la capitale de Paris, wie man
sonst sagte. Jetzt hat sich das Leben mehr nach den Boulevards
hingezogen. Die Fora der alten Welt müssen viel Aehnliches gehabt
haben, d. h. im kaiserlichen Rom und in den Hauptstädten der Nachfolger Alexanders. Ich esse jetzt gewöhnlich im Palais Royal, wenn
ich mein eigener Wirth bin, doch bin ich in der letzten Zeit fast täglich
eingeladen. Da man erst um 6 oder 7 Uhr ißt, so kann man den
Vormittag gehörig benutzen. Ich kann die edle Freundlichkeit der
hiesigen Gelehrten nicht genug rühmen. Bei Letronne lernte ich
Didot kennen, der mich gleich zu sich einlud, da er gern junge
Gelehrte, namentlich deutsche, bewirthet. Ich kann nicht leugnen,
daß die unverhohlene Anerkennung des deutschen Geistesstrebens
mir um so mehr Freude macht, als zum Gegentheile die hier ansässige Brut des s. g. jungen Deutschlands verleiten könnte.

Gestern aß ich bei Verny mit den Hofdamen der Herzogin. Der
liebe herrliche Verny! Wenn er auch nur in Paris wäre, nichts
Anderes und Niemand sonst — ich würde zufrieden sein. Sein
trauliches Stübchen, wie theuer ist es mir schon geworden! Heute
um 11 erwartet mich der Graf Pourtalès-Gorgier, um mir seine
Sammlungen zu zeigen. Heute Abend soll ich bei Ortolon essen,
morgen in Passy bei dem Comte Portalès, Pair von Frankreich.

Paris ist jetzt öde — und doch, wenn man zuerst herkommt,
so hat man auch jetzt das ganz neue Gefühl, in einer Hauptstadt
zu sein, in einer Stadt, wo sich das Leben eines so großen Reiches
koncentrirt, wovon das Leben wieder ausströmt in alle Theile —
fern im Hintergrunde die überseeischen Provinzen und die Kämpfe
der Armee, von der jeden Abend neue Botschaft ankommt, in den
Theatern ausgerufen und in den Cafés besprochen wird. Dabei ist
das ganze Volk wie ein Mann, so verschieden auch die Parteien sein
mögen, und Alle durchbringt ein Gefühl bei dem Wort „la France“.
Es erregt Bewunderung und Staunen, zu sehen, wie hier Alles in
dem Staat aufgeht. Die Gebäude des Empire haben etwas gewaltsam Imponirendes; wer kann ohne Staunen den „arc de
triomphe“ betrachten; aber die Masse nur imponirt; im einzelnen
ist die Architektur und namentlich die Skulptur unerfreulich, abgeschmackt. Der rechte hohe Geist der Kunst ließ sich nicht bannen

durch des Herrschers Gebot, man vermißt in diesen Schöpfungen
den Athem der Frömmigkeit, der Liebe. Darum ist es so frostig in
der Madeleine, darum ist das bewunderungswürdige Pantheon so
kahl und öde, darum sind die großen historischen Kompositionen
an den Monumenten ganz ohne die höhere Weihe einer echten
Kunst, ohne alle Poesie, nur Deklamation — denn wie armselig ist's,
wenn am Deckengemälde des Pantheon ein Engel eine weiße Tafel
hält mit kolossaler Inschrift „la France", und ein anderer eine
Tafel „Charte"! Kunst und Poesie ist in Abstraktion untergegangen;
die Motive der Kompositionen sind so dürftig, wie das ewig sich
wiederholende: „la France reçoit l'hommage des beaux arts" und
dergl., und wer kann sich begeistern für eine Marmorstatue, unter
welcher geschrieben steht „l'ordre public"!

                    An dieselben.

Paris, 27. September 1844.

. . . Die hohen Laubgewölbe des Tuileriengartens sind noch
in voller Pracht. Gestern habe ich mehrere Stunden dort mit
Vernys zugebracht, auf- und abwandelnd unter herzlichen Gesprächen. Vor uns tummelte sich die bunte Pariser Welt, Hunderte
von Kindern spielten und sprangen herum; dazwischen dichte
Gruppen ernster Zeitungsleser. Nachher behielten Vernys mich
zu Tische bei sich. Von ihnen ging ich in das Théâtre français, dem
ich viele Stunden der anmuthigsten Unterhaltung verdanke. Nachdem sich daselbst der Oedipe die Augen ausgestochen, spielte man den
Avare. Ich bin in einem Entzücken über diesen Molière. Ich bekomme hier erst einen Begriff von seiner Komik, ich kann keinem
Theaterzettel widerstehen, auf dem sein Name steht. Ich bin sogar
aus lauter Begeisterung für Molière und das Théâtre français noch
gar nicht in die große Oper gegangen. Dienstag ist die erste Aufführung in der Italienischen Oper, dorthin denke ich doch zu
gehen, wenn nicht ein Stück von Racine gegeben wird. Die klassische
Tragödie auf dem Théâtre français kennen zu lernen, ist natürlich
vom höchsten Interesse für mich gewesen. Ich habe hier eine Reihe
von Stücken von Corneille und Racine gesehen und die Rachel
bewundert! — aber in dieser Tragödie ist doch nun einmal Manches
veraltet, es mundet nicht Alles. Dagegen Molière ist durch und
durch frisch, unsterblich, jung und liebenswürdig, daran veraltet

nichts Wesentliches, so lange das Menschengeschlecht mit seinen Thorheiten dasselbe bleibt.

Bonn, den 10. Oktober 1844.

Am Tage, nachdem ich Euch geschrieben, dampfte ich in aller Frühe nach Rouen, auf der neuen vorzüglichen Eisenbahn, durch den Wald von St. Germain, durch Poissy und Mantes, dann längs und zum Theil durch die mehr und mehr ansteigenden Seine-Ufer, deren Felshöhen mit Wald und Ritterburgen geschmückt sind, kommt man in wenigen Stunden in die ehrwürdige Hauptstadt der Normandie, das ernste, alterthümliche Rouen, wo zwischen den Gebäuden des Mittelalters der regste Gewerbefleiß wuchert. Man ist in einer ganz anderen Welt als in Paris, in einer kälteren, feuchten Luft, zwischen lauter gothischen Monumenten, an einem Hafen voller Seeschiffe, der mit dem Ocean steigt und fällt, zwischen blonden Menschen, die in Sitte und Sprache, wie in den Namen ihrer Ortschaften germanische Abkunft verrathen. Man ist im thaten- und lieberreichen Lande der Normannen. Ich habe nirgends schönere gothische Monumente in solcher Fülle beisammen gesehen, wie in Rouen. Die Kirchen sind außerordentlich geschmückt, sie sind, im Innern wenigstens, vollständig ausgebaut, reich an geschichtlichen Denkmälern und vor allem an Glasmalereien vom 11. bis 14. Jahrhundert, deren Vergleichung mir zum ersten Mal einen Blick in die Entwicklung dieser Kunst eröffnet hat. Am anderen Morgen traf ich meinen unvergleichlichen Gönner Hase an Bord des stattlichen Dampfschiffes „La Normandie"; wir fuhren, leider bei trübem Wetter, die Seine hinab, die sich zwischen zwei Vorgebirgen, dem von Havre und dem von Notre-Dame de Grace bei Honfleur, wie durch ein großes Triumphthor in den Ocean ergießt. Die Seine-Mündung wimmelte von Schiffen. Die Höhen über Havre, welche gegen das Meer abfallen, gewähren eine stattliche Aussicht. Dort oben liegt Ingouville, eine kleine Stadt von Landhäusern der reichen Kaufleute und Kapitäne. Dieses Ingouville ist sehr schön! Wir logirten in einem großen Etablissement „Frascati", Wirthshaus und Bade-Anstalt, musterhaft und großartig. Hase traktirte mich fortwährend, trotz aller Vorstellungen, auf der ganzen Reise, er nennt das „faire les honneurs de la Normandie". Die Rückfahrt nach Rouen geschah beim schönsten Wetter, und jetzt erst strahlten die Seine-Ufer in vollem

22*

Glanze, mit den vielen Dörfern, Kirchen, Klöstern, den reichen,
grünen Triften. Man geht mit der steigenden Fluth ebenso rasch
hinauf als hinunter. Diese Fluth geht gerade bis Rouen, dem
dadurch die Möglichkeit einer Station für Seeschiffe wird. Während
der Ebbe liegen diese ganz trocken längs dem Quai. Ich habe die
Seine recht kennen gelernt, von Veltin bei Fontainebleau, wo sie
ein dünner Bach ist, den man mit Dampfnußschalen mühsam be-
fährt, bis zu der Vermählung mit dem Meere, das seine Wellen
ihr zweimal den Tag bis Rouen entgegenspült, um seine Braut
einzuholen. — — Noch drei Tage in Paris, — — Abschied genommen, — es ist ja gut, wenn man nicht ohne Theilnahme weiter-
zieht. Der Abschied von Berny wurde mir recht schwer. Der gute
Hase hatte sich so freudig an mich geschlossen, daß er mir mit
Thränen in den Augen sagte, wie schmerzlich es ihm wäre, daß
ich fortginge. Am Abend fand ich noch von ihm eine Rolle mit
Ansichten von Paris und Orleans, die wir zusammen gesehen,
40 bis 50 Blätter, und allerlei seltene Broschüren, ein werthvolles
Geschenk. Am 3. Oktober, Abends 5 Uhr, jagte mitten durch die
gedrängten Straßen eine hohe Diligence zur Barrière St. Martin
hinaus. Oben im zweiten Stockwerke, ungefähr 20 Fuß über dem
Pflaster, saß in der Ecke Euer Sohn, und sah mit ängstlicher Bewunderung auf den Postillon und sein wildes Sechsgespann hinunter. Frühstück in Cambray, Mittags in Valenciennes, gegen
Abend in Brüssel. Sonnabend Vormittag sah ich das Rathhaus,
Ste. Gudule, und die Sammlungen. Nachmittags 4 Uhr schon in
Mecheln, dem Mittelpunkt der Eisenbahnen. In Belgien lernt man
erst, was Eisenbahnen sind, wenn sie zu einem System ausgebildet
sind. Die alten Kirchen in Mecheln beschäftigten mich den Nachmittag. Sonntag Morgen fuhr ich nach Brügge, in das reiche
Flander-Land. Welche Fülle von Geschichte tritt Einem hier entgegen! Brügge ist das belgische Lübeck, ernst und schön, eine stolze
Wittwe, eine Stadt mittelalterlicher Paläste, in der Alles anders
geworden, bis auf das unermüdliche Glockenspiel und die Werke
der Bau- und Malerkunst. Von der Höhe des Belfried sah ich den
Leuchtthurm von Ostende, das ganze reiche, berühmte Land. Ich
sah das anmuthigste aller Museen, die kleine Kapelle des Johannes-
Hospitals, wo der genesende Memling seine schönsten Werke als
Pflegegeld gemalt hat, Gemälde, die sich außerordentlich frisch
erhalten haben, und die mich lebhaft an unser Dombild erinnerten.

Die Brügge'schen sind alle in kleinerem Maße, die feinste Miniatur. Ich sah in Notre-Dame die Gräber Karls des Kühnen und der Marie von Burgund und die Reste des Burgundischen Palastes und zog dann wieder zurück nach Gent, das größer ist als Brügge und sich mehr im ganzen erhalten hat, daher auch die Stadt ein viel moderneres Ansehen hat. Sie ist von Kanälen durchschnitten und voll von Bäumen und Gärten, eine sehr anmuthige, freundliche Stadt. Abends war ich im glänzenden Theater, wo mir der Kontrast zwischen den französischen Belgiern in den Logen und im Parterre und dem flämischen Publikum auf der Gallerie, das sich aufs ungezogenste aufführte, sehr auffallend war. Montag wanderte ich den ganzen Vormittag in der Stadt umher. Herrlich ist das Bild von der Höhe des Beffroy. Alle städtischen Gebäude verkünden die alte Größe der Geburtsstadt Karls V., der zu Franz I. sagte: „Je mettrais votre Paris dans mon gant." Der Eingang zum Fischmarkt ist ein wahres Triumphthor, das Schloß der alten flandrischen Grafen in einzelnen Zimmern zu erkennen. Der Gewerbefleiß belebt noch einigermaßen die breiten Straßen, aber es fehlt doch der rechte Schwung, den Fabriken fehlen die Kolonien. Belgiens Städte können jetzt nur von Deutschland und deutscher Zukunft Etwas erwarten, denn sie haben gleiche Interessen, wie die deutschen Städte. Es ist mir außerordentlich viel werth, diese alten Städte kennen gelernt zu haben. Ich kehrte nach Mecheln zurück und fuhr Abends noch nach Löwen, besuchte dort am Dienstag Morgen das Hôtel de ville und die Kathedrale, — dann schon um ¹/₂9 nach Lüttich in das Land der Wallonen, das um die Maas die schönsten Hügel aufwirft. Auf zwei gesenkten Flächen schleudert sich der Bahnzug ins Maasthal hinab. Man sieht Wunder auf Wunder, Tunnels, Viadukte, ungeheuere Dämme, und umher die schönste, reizendste Gegend. Dienstag Abend war ich in Aachen. Gestern Morgen besuchte ich den Krönungssaal, betrachtete mit heiligem Schauer das Grab Karls des Großen, bestieg die nahen Höhen, welche die schöne Stadt beherrschen, fuhr um ¹/₂1 fort, war um ¹/₂4 Uhr in Köln, und gegen 6 Uhr in Bonn.

An den Bruder Georg.

Berlin, November 1844.

... Im ganzen kann ich nur mit lebendigem Danke anerkennen, daß ich Alles ungleich leichter, angenehmer, erfreulicher

gefunden habe, als ich erwarten konnte. Schon sind mir alle
Verhältnisse geläufig, der schwere Anfang glücklich überwunden.
Der junge Prinz hat mir sein warmes, liebenswürdiges Herz mit
großem Vertrauen entgegengetragen, sein Gespiele, ärmer an ge-
müthlichem, poetischem Sinn, ist an Verstandesbildung weit voraus und sehr hoffnungsvoll. Der General, mit dem allein ich
in fortwährenden amtlichen Berührungen stehe, erweist sich als
rechter, echter deutscher Ehrenmann, es ist auch noch keine Möglichkeit eines Mißverständnisses dagewesen. Die Eltern haben mich
von Anfang an würdig und vertrauenerweckend behandelt. Die
Mutter, mit der ich täglich zu sprechen Gelegenheit habe, ergreift
jede Gelegenheit, mir gefällig zu sein. Mein äußeres Leben ist
besser, angenehmer, gesunder als je zuvor; die Beschränkungen
desselben drücken mich nicht. Was die Hauptsache ist, die Natur
des Prinzen gibt mir alle Hoffnung zu einem segensreichen Wirken
— also warum sollte ich nicht mit frohem Muthe der Zukunft
entgegensehen. Meine Bestallung als Professor*) ist auch ein
positiver Fortschritt. Ich bekleide jetzt mein Amt als ein be-
urlaubter königlicher Diener, als das Mitglied eines öffentlichen
wissenschaftlichen Instituts. Mein geselliges Leben ist sehr vereinfacht. Das thut mir wohl. Viele Leute halten mich für unnahbar.
bar. Um so freier suche ich meine Leute aus. In dieser ganzen
Woche bin ich nur zwei Abende bis 9 Uhr an das Haus gebunden,
die anderen Tage bin ich von 4 Uhr ab mein eigener Herr. Ich
kann recht viel arbeiten, habe aber noch Nichts gethan, das der
Rede werth ist. Jetzt soll es angehen, da ich so ziemlich in meinem
Zimmer eingerichtet bin.

Neulich fragt mich ein alter Bekannter, der lange Nichts von
mir gehört hatte: „Sag' einmal, was bist Du jetzt eigentlich?"
Ich sagte: „Eine Ausgabe des Curtius in usum Delphini."

Heute hat Alexander von Humboldt mich besucht, damit
renommire ich ungeheuer. Er erzählte mir viele anmuthige Sachen.
Nächstens kommt sein Kosmos heraus, darin komme ich auch vor.

An Theodor Curtius.

9. December 1844.

. . . Ich wünsche, daß Dein preußisches Interesse, welches in
der preußischen Staatszeitung eine tägliche, wenn auch dürftige

---

*) Am 6. November 1844.

Nahrung erhält, sich recht frisch erhalte. Es wird eine Zeit kommen, wo das Wohl des Vaterlandes abhängt von der Gesinnung des nichtpreußischen Deutschlands gegen den preußischen Staat. Möchten unsere Kräfte und auch unsere Stadt nicht zu lange ausgeschlossen bleiben von jenen lebendigen, allgemeinen Vaterlandsinteressen, deren würdige Vertretung dem Auslande gegenüber unseres Staates Ruhm ist.

Unseres — sage ich nicht ohne Stolz, denn seit ehegestern habe ich dem Könige Treue geschworen als öffentlicher Lehrer der Universität, und auf meinem Galahute prangt unter goldener Schnur die schwarz-weiße Cocarde.

Mein Gehalt beträgt 800 Thaler, dazu ein monatlicher Zuschuß von 4 Thalern, und am Ende des Jahres in Aussicht gestellte Vergütung für Unterricht, sodaß das ganze über 900 bis 950 Thaler betragen mag. Meine Pension hat der König auf 600 Thaler bestimmt. Da ich eigentlich Alles frei habe, scheint jenes Einkommen bedeutend, und es ist auch reichlich. Nur habe ich im Anfange große Ausgaben. Mein Hofhabit allein kostet mich mit Degen gegen 100 Thaler, sodaß ich eine Schneiderrechnung von gegen 300 Thalern habe.

An Georg Curtius.

December 1844.

Gestern war ein brillantes Winkelmannsfest. Ich sende Dir ein Kärtchen von Messenien, das meinem Vortrage zu Grunde lag und mit gewohnter Generosität vertheilt wurde. Ich schloß den bunten Reigen der Festvorträge, an die sich ein Festmahl anschloß, welches von einer sehr stattlichen Gesellschaft in Wintermänteln abgehalten wurde. Ich hatte die Freude, zwischen zwei lieben Gästen, Besser und Kurd, zu sitzen, und wir unterhielten uns sehr gut, Männern wie Meineke, Grimms, Lachmann, Gerhardt gegenüber. Sonnabend*) war auch ein großer, historischer Tag, über den Du schon genug gelesen haben wirst. Ich hatte hinter meinem kleinen Herrn und neben dem kleinen Erbprinzen von Dessau einen herrlichen, geräumigen Platz, um das wunder-

---

*) Sonnabend, den 7. December 1844, wurde das nach dem Brande neu erbaute Opernhaus eröffnet, wobei die, von Rellstab gedichtete, von Meyerbeer komponirte Oper „Ein Feldlager in Schlesien", von dem Komponisten dirigirt wurde.

bare Schauspiel zu genießen, das doch in hohem Maße imponirend
war. Ein wahrhaft königliches Fest. Außerdem werden unsere
Arbeitstage durch kleine Feste nur zu oft unterbrochen, sodaß
über Einförmigkeit nicht zu klagen ist.

Georg Curtius an seine Eltern.

Dresden, 8. Januar 1845.*)

. . . Ich nutzte die Zeit möglichst, um mich von Ernsts Verhältnissen genauer zu unterrichten. Ich wurde gleich dem General
von Unruh vorgestellt, der mir sehr wohl gefiel. Er ist ein biederer,
treuherziger Mann, der durchaus nichts Hofschranzenartiges an
sich hat. Auch den kleinen Prinzen sah ich schon am Freitag, der
mir weniger bei der für ihn etwas verlegenen Vorstellung gefiel,
als am folgenden Tage, an welchem der General mich zu Tische
geladen hatte. Ich saß neben dem Prinzen, es war Niemand
sonst eingeladen. Der Prinz hat etwas sehr Gutmüthiges und
Herzliches in seinem Wesen und schließt sich offenbar an Ernst sehr
an. Sein Gespiele, Zastrow, scheint ein sehr interessanter und
aufgeweckter Knabe zu sein. Sonnabend wurde ich dann auch der
Prinzessin vorgestellt, die schon lange Ernst gesagt hatte, daß sie
mich zu sehen wünsche. Um 12 Uhr waren wir beschieden. Ernst
staffirte mich schleunigst mit einer weißen Weste und Halsbinde
aus, und so zogen wir durch den langen Korridor in das eigentliche Palais hinüber. Es war mir ganz unheimlich in den ungeheueren Prachtzimmern, durch die uns der Kammerdiener führte.
Die Prinzessin war sehr freundlich, sprach mit großer Anerkennung
von unserem Institut,**) fragte mich, ob ich denn gern in Dresden
sei, wobei ich nicht verfehlte, meinen dringenden Wunsch, in Berlin
zu leben, auszusprechen. Dann fing sie an, mit Ernst über die
Erziehung ihres Sohnes zu sprechen auf eine sehr verständige
Weise. Ich habe hier genug Mütter über Erziehung reden hören,
aber wenige so hübsch wie die Prinzessin. Wir waren wohl eine
halbe Stunde da, das Stehen wurde meinen republikanischen Beinen
etwas sauer, endlich kam noch der Prinz von Preußen, der auch
ein paar Worte sprach. Dann entfernten sich Beide, die Prin-

---

*) Nach einem Weihnachtsaufenthalt in Berlin.
**) Georg Curtius war Lehrer an der Blochmannschen Erziehungs-
anstalt in Dresden.

zeſſin aber ſagte zu Ernſt, er ſolle mich ja überall herumführen, denn ſie wünſche, daß ich Alles kennen lerne. So zogen wir denn noch eine Weile in ben fürſtlichen Gemächern umher. Es iſt mir ſehr lieb, mir nun von Ernſts Verhältniſſen ein klares Bild machen zu können, und ein burchaus erfreuliches. Denn wenn es auch im Laufe der Zeit nicht an kleinen Mißverhältniſſen fehlen ſollte, ſo iſt boch ſeine Stellung im ganzen eine ſehr bebeutenbe und glückliche, in bie er ganz paßt und worin er etwas Schönes zu leiſten hoffen barf.

Ernſt Curtius an ben Bruber.

20. Januar 1845.

... Seit Deiner Abreiſe habe ich ungeſtört meinem Berufe gelebt, in bem es ja immer manchen Kampf und manche Mühe gibt, boch geht es vorwärts und ich habe guten Muth. Der General iſt geſund, munter, liebenswürbig. Ich arbeite Tag für Tag an meinem Hellas fort, langſam das große Werk förbernb. Nur einen einzelnen Theil, wie Meſſenien, ganz fertig zu machen, iſt außerorbentlich ſchwer. Es iſt eine ſolche Maſſe des Materials zum erſten Male zu bewältigen. ... Geſtern am heiligen Orbens- feſte aß ich bei Trenbelenburgs zu Mittag, ich hatte mich bei ihm ben Abend zuvor angemelbet, ba wir uns in ber Singakabemie trafen unb einen höchſt gelungenen Vortrag des Herrn Georg Wilhelm von Raumer hörten über bie perſönlichen Beziehungen des großen Guſtav Abolph zum Brandenburgiſchen Hauſe, ſeine Incognitobewerbungen um bie ſchöne Marie Eleonore, bie biplo- matiſchen Schwierigkeiten, ſeine ſpätere Anweſenheit mit bem Heere, ſein ungebulbiges Drängen zum Beſten ber Sache des Evangeliums u. ſ. w. Es war viel Demüthigenbes barin für ben proteſtantiſchen Stolz des Zollernſchen Hauſes unb eine gute Veſperprebigt für bie üppige Pracht des Krönungsfeſtes. Von Trenbelenburg ging ich zu Müllers. Ich traf ihn noch immer leibenb, aber heiter. Abenbs 5 Uhr war eine hübſche Geſellſchaft bei Kuglers. Kugler feierte ſeinen Geburtstag unb ſeine Erhebung zum Ablerritter.

An Victorine Boiſſonnet.

27. Januar 1845.

Für mich hat ein ganz neues Leben begonnen ſeit ber letzten Kriſis meiner Verhältniſſe. Früher ſo formlos bas Gebiet meiner

Thätigkeit, jetzt ein so bestimmtes Ziel. Dadurch ist eine gewisse
Ruhe und Bestimmtheit in mich gekommen. Zum ersten Male
trennt sich in meinem Leben Geschäft und Muße, Pflicht und
Erholung, Haupt- und Nebensache, und ich fühle, wie gesund das
dem ganzen Menschen ist. Seit ich meine Berufspflichten oft nicht
ohne harte Selbstverleugnung erfülle, hat die Wissenschaft einen
neuen Reiz für mich bekommen. Je mehr ich denke, daß Alles,
was ich lerne, einem Anderen zu gute kommen soll, der auf mich
angewiesen ist, desto begieriger fasse ich im Leben und Lernen,
in Büchern und Welt Alles auf und suche es gleich in eine bestimmte, klare Form zu bringen. Da ich nun nicht, wie sonst, für
Philologen und junge Gelehrten einsammele, so habe ich jetzt nach
langer Vernachläſſigung wieder angefangen, mich im ganzen Gebiete des Schönen und Wissenswürdigen umzuthun, und außer
meinem Fache vielerlei zu lesen in deutscher und fremder Litteratur, aus Vergangenheit und Gegenwart. Ich danke Gott, daß
mein Geist noch elastisch genug zu solchem abwechselnden Ausdehnen und Zusammenziehen geblieben ist, ich fühle mich gesund
und belebt dabei. Auch habe ich durch ein im ganzen viel regel-
mäßigeres und einfacheres Leben Zeit gewonnen. Je mehr ein
Prinz die Fülle der Belehrung entbehrt, welche aus einem unbefangenen Leben der Jugend zuſtrömt, desto mehr muß ich, als
sein Weisheitsbronnen, für ihn mich vollpumpen. Und wie gern
thue ich Alles für ihn! Je mehr sich das junge Gemüth an mich
anschließt, je mehr sich der Wunsch der Mutter zu erfüllen scheint,
ich möchte ihm ein Freund fürs Leben werden, an dem er zum
Leben hinanwachse, je mehr tägliche That mich fühlen läßt, daß
meine Arbeit gesegnet ist, desto dankbarer bin ich für diese Stellung,
in die ich berufen bin. Alles einzelne Lernen ist mir noch Nebensache, aber ihn wach und lebendig zu machen, ihn fühlen zu lehren,
was für Keime in einer unsterblichen Seele liegen, und daß sie
ihre Flügel nicht zum Kriechen, sondern zum Fliegen hat, darauf
gehen alle meine Gedanken hin, und schon spürt er, wenn mich
nicht Alles täuscht, den Anhauch einer frischen Morgenluft. Der
General und ich sind wie die erste und zweite Kammer, welche die
Fortbildung einer Nation, jede von ihrem Standpunkte, beaufsichtigen. Jener mit allen Ansprüchen heiliger Legitimität sagt:
Ein Prinz muß dies können und muß das können — ich sage:
Er muß erst können können, erst Kraft haben, etwas Ordentliches

zu wollen, und jene allgemeine Gymnastik des Geistes, die den entwickelten Menschen von dem unentwickelten unterscheidet, er muß erst ein ganzer, voller Mensch werden und dann meinetwegen ein brandenburgischer Prinz nach den Statuten des Hohenzollern-Hauses. Eine solche freie Erziehung, die zunächst Nichts sucht als allseitige Entwicklung und Lösung der Kräfte, begegnet zwar noch manchem Widerspruche. Wie die Frauen gern am Einzelnen hängen bleiben, so klagt auch die Mutter: Mein Sohn kann dies noch nicht und kann das noch nicht — als wenn es darauf ankäme. Zum Glücke werde ich in der Hauptsache nicht gestört, die Mutter wird getröstet, der General gewonnen, und das Königskind blüht in geistiger Freiheit auf.

Gestern, am Sonntage, der hell und heiter aufging, waren wir den ganzen Tag im Freien. Wir fuhren nach Potsdam und Glienecke über Babelsberg, wo großartige Wasserbauten gemacht werden, um uns den Sommer zu verschönen. In Glienecke besuchten wir zu Tische einen würdigen alten Herrn, Regierungsrath von Türk, der dort ein Waisenhaus leitet, ein Genosse Pestalozzi's. Gleich unter dem Hause die schöne Havelbucht, in der gelaufen wurde. Ich sah meinen Prinzen hier zum ersten Male in einem Privatkreise zwischen ganz einfachen, fast bäuerlichen Leuten, und ich freute mich herzlich zu sehen, wie einfach und unbefangen und fröhlich er war, keine Spur eines steifen Zurückhaltens. Gott erhalte ihn so! Auch lieben ihn alle Menschen, welche ihn so kennen.

Mein geselliger Umgang ist nicht gestört. Nur bin ich allerdings viel mehr zu Hause und mit meiner Zeit viel sparsamer. Am willkommensten sind mir jetzt solche Soiréen, wie die Eichhorn-schen Mittwoche. Da kommt man und geht man, wenn man will, und trifft immer eine Menge von Leuten, mit denen man sehr gern zusammentrifft. Auch die Gesellschaften, wie sie von den Professoren und Akademikern gegeben werden, wie ehegestern bei Pertz, sind wirklich so ausgewählt und mannigfaltig, daß man ein Tölpel sein muß, um nach jahrelangem Verkehre in diesem Kreise nicht diese geselligen Freuden sehr hoch anzuschlagen und nicht wahrhaft belebt und erquickt heimzugehen, um in seinem Abendgebete dem lieben Gott dafür zu danken, daß es Einem so unmäßig viel besser geht, als man jemals verdient hat oder jemals zu verdienen meinen könnte.

An den Bruder.

Anfang März 1845.

... Ein Unwohlsein des Generals hat mich wieder 8—10 Tage in ununterbrochenen Dienst gebannt. Jetzt benutze ich jeden Augenblick zu meinen Arbeiten, heute hoffe ich endlich mein Manuskript über Messenien fertig zu machen und werde dann gleich zu Lakonien übergehen. Habe ich erst drei Provinzen erobert, so ist schon Etwas gethan. Auch sammele ich während der Ausarbeitung reichlichen Stoff zu einer Einleitung über Natur und Geschichte der Halbinsel, wie sie noch nicht geschrieben worden ist. Möchte unser guter Vater es noch erleben, daß jeder von uns mit einem Werke hervorrückt, das unserem Namen Ehre macht! Die schwerste Aufgabe bleibt Arkadien, dessen stille Waldthäler vom Lichte der Geschichte so wenig erhellt sind.

Mein Leben ist ein angenehmer Wechsel von stiller Zurückgezogenheit und belebendem Verkehr, mitunter von Erziehungsbeschwerden etwas getrübt. Da mir der Zutritt der königlichen Logen auch ohne Dienstkleidung gestattet worden ist, so genieße ich jetzt zum ersten Male das Theater, da ich, wenn es mir einfällt, dasselbe in der bequemsten Weise besuchen kann. Mit Bessers verkehre ich täglich. Uebermorgen werden die Menächmen im königlichen Schauspielhause aufgeführt.

An denselben.

22. März 1845.

In meinem Berufe habe ich manche schwere Stunde, doch sind es nur Stunden, höchstens Tage, wo ich die Hoffnung verliere. Die manchen schönen Genüsse, die dabei abfallen, weiß ich sehr zu schätzen; der General sucht auf das väterlichste mir Alles zu verschaffen. Heute ist des Prinzen von Preußen Geburtstag; wir hatten drüben zweifache Cour, die durch das plötzliche Erscheinen Sr. Majestät abgekürzt wurde. Gestern habe ich einmal wieder mit dem König gesprochen in der Singakademie, wo der Tod Jesu aufgeführt wurde. Trotzdem weiß ich Dir über den Stand der wichtigsten Staatsfragen nichts Neues mitzutheilen.

An Heinrich Kruse.

19. Mai 1845.

... Die frische That, die helle Geistesgegenwart, welche täglich und stündlich von mir gefordert wird, trägt mich hinweg über allerlei Grübeleien und Verstimmungen. Die That überall in ihrer Unmittelbarkeit ist das siegreiche Alexanderschwert, das alle Knoten des Lebensräthsels rasch auflöst. Du lachtest mich oft aus, wie ich anno 36 zu Erdmanns Füßen Hegelsche Philosophie bewunderte. Du hattest Recht, der Süden hat mich dem Leben der That wiedergegeben. Ich habe auch in Glaubenssachen viel mit mir und der Welt herumgekämpft, ich fühle noch das Gift in mir, das ich aus der Gegenwart gesogen, dasselbe, das fast ohne Widerstand die Universitäten durchbringt, den Götzendienst des thatlos beschaulichen Gedankens. Der Glaube ist eine That, Du bedarfst eines Gottes, credere aude, Du hast ihn praktisch erfaßt, und keine Gewißheit geht über dies praktische Haben des persönlichen Gottes. Aber sowie Du außer der That stehst, sowie Du einseitig — denn das Beste in Dir ruht — im Gedanken nachstrebst, da geht es nicht mehr. Darum findet auch gar keine wissenschaftliche Verständigung statt, darum sind alle Widerlegungen von Strauß' Leben Jesu matt und unglücklich, die That läßt sich nicht bemonstriren.

An den Bruder.

9. Juni 1845.

Seit acht Tagen ist mein Generalissimus auf Reisen und ich der alleinige Gouverneur, Haushofmeister u. s. w., also von Morgens ½6 bis Abends ½10 Uhr in Anspruch genommen. Außerdem trieb es mich gerade in diesen Tagen, meine Topographie von Sparta fertig zu machen, sodaß ich in jeder Hinsicht ganz ordentlich gearbeitet habe. ...

Diese acht Tage sind in vieler Beziehung sehr merkwürdig für mich gewesen. Ich habe viel mit der Mutter des Prinzen verhandelt, ich habe einmal die ganze Verantwortlichkeit, die ganze Schwierigkeit des Amtes auf meinen Schultern gefühlt, ich habe mir Vieles, was man sich gern verhehlt, offen gestehen müssen. Es geht mit den Fortschritten langsam. Nun will die Mutter immer, daß Etwas geschehen soll, daß geholfen werden soll durch diese oder jene Maßregel. Mit klarem Verstande erkennt sie die Mängel

nur zu scharf, aber es fehlt ihr die ruhige Weisheit, welche die
Grenzen menschlicher Hülfe erkennt. Ich ehre diese edle Ungebuld,
die sie in der Seele ihres Sohnes empfindet, aber ich leide recht
barunter. Dem General vertraut sie nicht mehr ganz, ich soll ver-
mitteln, aushelfen, kurz ich habe mich durch unzählige Schwierigkeiten burchzuschlagen. Nun, es ist wenigstens eine tägliche Uebung
in Selbstüberwindung, Geistesgegenwart u. s. w. An Freude fehlt
es ja auch nicht, und von benen, die der Beruf durch innere Befriedigung gewährt, abgesehen, macht es mir Freude, mit den
Knaben täglich Touren zu machen; namentlich waren wir in diesen
Tagen viel zu Pferde. Zu Pferde kann man wirklich in kurzer Zeit
hübsche Gegenden erreichen, wo auf Waldhöhen am Wasser sich
Natur im Primitivzustande erhalten hat, und das ist eigentlich,
was der Mensch bebarf, ob es etwas Schönes ist oder nicht, das
ist verhältnißmäßig gleichgültig.

In dieser Woche habe ich den Text zu einigen attischen Monumenten zu schreiben, welche ich in der Archäologischen Zeitschrift
publiciren will auf Gerhards Wunsch. Es ist einmal Bebürfniß
bei mir, neben größeren Arbeiten einige kleinere rasch und rund
abzuarbeiten.

Wenn es überall meine Natur wäre, mir für die Zukunft
Sorgen zu machen, so wäre allerdings Grund da. Namentlich bekümmert mich des Generals Gesundheitszustand sehr, es wird täglich
unwahrscheinlicher, daß er sein Amt zu Ende führen wird. Doch
dafür wollen wir Gott sorgen lassen und nur jeden Tag mit fester,
reicher, männlicher Hand die Saat ausstreuen, welche uns anvertraut ist; ob sie aufgeht, wann sie aufgeht, ist nicht unsere Sache.
Der Landmann bleibt ja auch nicht neben der Furche stehen und
benkt: „Es kommt doch Nichts heraus." Nein, er wartet auf Sonne
und Regen.

An benselben.

Babelsberg, 2. Juli 1845.

. . . Viel Zeit habe ich nicht. In Berlin dachte ich, hier braußen
würde ich Zeit im Ueberflusse haben, und doch auch hier sauft sie
an Einem vorüber. Aber man lebt einfacher, freier, menschlicher
hier. In mein gewölbtes Zellenfenster wiegt ein großer Nußbaum
seine Blätter hinein, barüber der herrlichste Himmel, und gleich
bahinter rauscht die Havel oder ruht, wie jetzt, ein majestätischer

Wafferfpiegel. Der Babelsberg ift wahrhaftig großartig und die Havelufer zum Theil fo herrlich fchön, daß man gar nicht darüber hinaus will und kann, fchön durch Wafferflächen und fteile Waldhöhen und eine wunderbare Einfamkeit. Diefe Einfamkeit, Stille, Keufchheit der Natur — nenne es, wie Du willft — ift für mich das Höchfte, und die vermißt man oft an den brillanteften Punkten im Elbthale, felbft im Rheinthale und bleibt kalt. Der Sommer läßt fich gut an. Ich fchwelge in Luft und Waffer und habe die Güter des Landlebens nie fo genoffen, wie jetzt. Dazu kommt die größte Freiheit von äußerem Zwange. Die Prinzeß ift lange fort, der Prinz ift heute abgereift, um die Anderen bekümmern wir uns wenig. Auch die Einfamkeit, die Ferne des Berliner Umganges plagt mich nicht. Ich liebe eigentlich mit einer Art verftedter Leidenfchaft die ländliche Einfamkeit und denke an die Zeit, da ich auf mein Sabinum fchreiben kann: „Hoc erat in votis." Ich denke, das thun wir noch noch einmal zufammen. Mit dem Unterrichte geht es auch viel beffer auf dem Lande, als in der Behrenftraße.

Am 10. Juli reifen wir ab, über Berlin, Stettin, Swinemünde, Rügen, nach Travemünde und Lübeck, wo wir etwa acht Tage bleiben werden, dann über Kiel nach Hamburg, und bis zum 1. oder 2. Auguft nach Potsdam zurück. Ich verfpreche mir recht viel von der Reife, die ganz mein Werk ift, für den Prinzen.

Ein Frühlingsgruß aus Babelsberg.

Wohl war ins Land gekommen
Schon lang der liebe Lenz,
Mir blieb die Bruft beklommen
Im Lärm der Refidenz.

Ich fchleppte meine Tage,
Gott weiß, wie es gefchah.
Ich glaubte kaum der Sage,
Der Lenz fei wirklich da.

Doch jetzt mit einem Male
Geöffnet ift die Bruft,
Mit jedem Sonnenftrahle
Erwärmt von neuer Luft.

O, welch ein frifches Leben
In jedem Athemzug,
Hoch über den Waffern fchweben
Die Wolken in freiem Flug.

Im weiten Spiegel glänzet
Der Himmel treu und blau,
Sein fchönes Bild bekränzet
Laubwald und Wiefenau.

Und in den großen Räumen
So heil'ge, ftille Ruh,
Nur heimlich flüftert den Bäumen
Der Wind fein Grüßen zu.

Frei fteigt die Seele wieder
Zu ihrem Gott empor
Und wortelofe Lieder
Ringen fich leife hervor.

O komm aus trübem Staube
In diefe frifche Welt,
Wo über dichtem Laube
Blauet des Himmels Zelt.

Die Schmerzen und die Plagen
Die singen die Bögel fort,
Es jagt die trüben Klagen
Der Wind von Ort zu Ort.

O sieh, am grünen Strande
Berborgen liegt der Kahn,
Wir lösen ihn sacht vom Lande
Wir folgen dem Silberschwan.

O welch ein fröhlich Gleiten
An lieblichen Ufern vorbei
Es klingt von beiden Seiten,
Als sänge die Lorelei.

O komm, es glänzt die Sonne,
Es strahlet allerwärts.
Für wen ist all' die Wonne,
Wenn nicht fürs Menschenherz?

An denselben.

Aus Lübeck, Ende Juli 1845.

Seit ehegestern lebe ich als Sohn, Bruder, Vetter, Freund und Mensch in Lübeck und bin jetzt im Begriffe, nach Travemünde wieder hinunterzufahren.

Der Aufenthalt ist lieblich und erquickend. Das Leben bekommt dem Prinzen sehr gut, er ist frisch und fröhlich, er gewinnt Liebe zum Lübecker Bürgerthum und Achtung vor dem holsteinischen Bauernstande und freut sich vor allem seiner Freiheit. Uebermorgen kommen wir Alle zur Stadt. Kleines Diner auf der Lachswehr.*) Sonntag Nachmittag in Israelsdorf, hoc erat in votis. Montag und Dienstag Wagrische Reise Lütjenburg, Panker u. s. w. Donnerstag Alle in Lübeck, Sonntag, den 18., über Lübeck nach Hamburg. Classen kommt zweimal die Woche und hält freien Vortrag über die Geschichte Lübecks und seiner Umlande. Unser Lübeck ist schön, liebenswürdig, und es weht ein frischer Geist durch alle Wohn-, Schlaf- und Schreibstuben. Emanuel fährt heute Abend mit Classen und mir hinüber.

An Victorine Boissonnet.

Babelsberg, 27. Juli 1845.

... Nachdem wir Rügen durchwandert hatten, führte uns in herrlicher Mondnacht Kapitän Böhme auf seiner kleinen „Düna" in 22 Stunden nach Travemünde. Sonnabend kamen wir an. Auf hohem Meere erblickte ich zum ersten Male die Spitzen der Thürme Lübecks. Theodor kam mit dem Lootsen zu uns, Vater gleich nach der Landung. Sonntag die herrlichste Brandung. Mittags fuhr ich mit den Knaben nach Lübeck, besah die Kunstausstellung, früh-

---

*) Dem Landhause der Familie Boissonnet, wo der Vater Curtius Sommerwohnung genommen hatte.

stückte bei Theodor, in deſſen hübſchem Flügel es Allen gar wohl
geſiel, dann eilte ich voran, die harrende Mutter zu umarmen,
und begrüßte dann auf der Schwelle des Vaterhauſes meinen
Zögling. Nach einer Wanderung um den Wall ſuhren wir nach
Travemünde zurück, wo wir in der erſten Etage des Behrenſchen
Eckhauſes herrlich wohnten. Montag Mittag machte ich mich los,
überraſchte die Eltern zu Mittag und blieb bis Dienſtag Vormittag
ruhig mit ihnen zuſammen. Dann kam unſere Geſellſchaft von
Travemünde, wir beſahen zuſammen die Kirchen u. ſ. w. An der
Wipper-Brücke beſtiegen wir ein bewimpeltes Schiff, ſuhren zur
Lachswehr und wanderten hinauf zum Finkenberge, wo die Eltern
ein Mahl bereitet hatten. Das herrliche Sommerwetter, die volle
Pracht des Laubes zierten Euren Garten, wir Alle waren voll Dank
für Eure Gunſt, und Euch wird es freuen, daß Eure Villa in Eurer
Abweſenheit ſo viel Freude verbreitet und Segen. Nach Tiſch
ſpielten wir Boccia. Die Eltern ſuhren voran zur Stadt, wir
ſaßen lange in der Hütte zuſammen mit Wattenbachs, gingen dann
langſam durch die Lachswehr; es kam mir ſeltſam vor, wie ich
Cäcilie zwiſchen meinen Zöglingen gehen ſah. $\frac{1}{2}$9 Uhr kletterten
wir in die Fiſchſtraße hinauf, eine Ouvertüre, bei der auch Vater
mitſpielte, empfing uns. Darauf folgte „König Violon“, Kaſperle
hielt Prolog und Epilog. Theodor hatte Alles aufs beſte arrangirt.
Nachher ſangen und ſpielten wir noch, und als ich meine Geſellſchaft Abends in das Hôtel du Nord brachte und der Nachtwächter
dabei ſang, war Alles hochbeglückt. Den nächſten Tag, Mittwoch,
ging ich früh mit den Knaben nach Moislin, dann reizendes Früh-
ſtück bei Theodor, dann Bibliothek u. A., bis wir auf mehreren
Stuhlwagen um 3 Uhr nach Rieſebuſch hinausfuhren, wo uns die
Eltern empfingen. Wir aßen dort unter dem Buchengewölbe,
ſpielten „letztes Paar heraus“ und „blinde Kuh“. Wilhelm Pleſſing,
Cäcilie Wattenbach u. A. waren dabei. Vom Rieſebuſch ſuhren wir
nach Travemünde zurück, aus dem Gehölze wehten noch lange die
Schnupftücher uns nach. Donnerstag nach dem Bade ſuhren wir
nach Eutin, von da zu Fuß nach Plön und weiter nach Preetz
und längs der Schwentine nach Kiel, wo ich ein paar Stunden mit
alten Freunden zuſammen ſein konnte. Sonnabend gegen Abend
kamen wir nach Hamburg. Geſtern, Sonntag, haben wir die Elbe
bis Blankeneſe genoſſen, dann haben wir auf dem Hamburger Berge
die Buben gemuſtert, dann Tivoli, Theater u. ſ. w. Bis Donners-

tag blieben wir. Der Himmel begünstigte unsere Kreuz- und Quer-
fahrten, und wir werden im ganzen recht befriedigt nach dem
Babelsberg heimkehren, wo zwei schwere Monate meiner warten.
Der Herr wird mir ferner helfen, der mein bischen Kraft noch
nicht hat zu Schanden werden laffen. Aber schwer ist es, das
glaube mir, und auf dornenlofen Rofen wandelt kein Prinzen-
erzieher.

An Kurd von Schloezer.

Babelsberg, 2. September 1845.

... Daß Du unfer Lübecker Prinzenleben nicht mit erleben
konnteft, bleibt ewig schade. Du hätteft Gelegenheit gehabt, Dir
einen unvergänglichen Platz im Herzen Friedrich Wilhelms zu
erobern. Und unfer guter Theodor — was hat der sich für Mühe
gegeben! Die Curtiusschen Dejeuners haben aber auch glänzenden Effekt gehabt, faft mehr als die Kirchen und der alte Memling;
es war ungeheuer patent und doch so nobel einfach. Der Prinz
fagte nachher zu mir: „Ihr Bruder ist wohl fehr reich?" Er war
ganz felig, weil er da wie ein Großer effen und trinken konnte.
Auch meine Eltern fagten ihm fehr zu, und wenn ich von einem
Reifeeindrucke einen bauernden Erfolg verspreche, so ift es das zwei-
bis breitägige Zusammenleben mit unferer Familie, in der „dem
jungen Fürftenfohne", wie sich die Allgemeine Preußische Zeitung
ausdrückt, das Bild einer anständigen Bürgerfamilie zum erften
Male entgegentrat. Seit jener merkwürdigen Episode meines
Lebens, der Prinzenreife durch Norbalbingien, lebe ich nun schon
einen Monat hier auf dem Babelsberg. Du kennft die Lage unferes
Schlößchens unten am Waffer, zwischen hohen Bäumen. Nahe
vorüber ziehen täglich Dutzende von großen Segelböten die schöne
Havel hinauf und hinab. Eine schönere Landexiftenz habe ich niemals gehabt, frische Luft, frisches Bad, dazu Pferde und Wagen,
und in Abwesenheit meines Generals und der prinzlichen Herr-
schaften völlige Unabhängigkeit. Es fehlt nur Freiheit und Muße.
Die habe ich wenig gehabt, natürlich sind die Knaben den ganzen
Tag auf mich angewiesen. Also zu Arbeiten bin ich wenig gekommen, und die schönen Bilder Griechenlands liegen noch immer
wie ungeborene Kinder an meinem Herzen und quälen mich und
sich mit ahnungsvoller Gegenwart. Jetzt verändern sich allmählich
die Umstände, der Prinz ist zurückgekehrt, bald kehrt auch, zum Em-

pfange der Kaiserin, die Prinzessin zurück. Statt des stillen Jdylls beginnen die Hofscenen, des Abends ist dann gemeinsamer Thee auf dem Schlosse, wo viel gelesen und gesprochen wird; ich habe mit dem Prinzen von Preußen jetzt zuerst lange Gespräche gehabt. Es kommt mir oft noch schnurrig genug vor, wenn ich mich des Abends an der prinzlichen Tafel sehe und da mein Theil mit raisonnire über die Fragen der Jetztzeit.

Des Lebens Kampf.
(Zum 18. Oktober 1845.)*)

Wenn auch des Kriegers Degen
Ausruhet lange Zeit
Und goldner Friedenssegen
In jedem Thal gedeiht:
Noch sind wir nicht die Meister,
Ein Kampf noch glühet scharf,
Das ist der Kampf der Geister,
Der nimmer ruhen darf.

So lange noch das Böse
Fortwuchert in der Welt,
So lang' man spricht: „Erlöse
Uns, Herr, so Dir's gefällt,"
So lange will das Gute
Erstritten sein mit Macht
Und nur mit heißem Blute
Gewinnt man eine Schlacht.

So lang' die Lüge schleichet
Mit heimlichem Verrath,
So lang der Wahn nicht weichet,
Der uns in Banden hat,
So lange ruft die Wahrheit:
Wer will mein Streiter sein,
Auf daß in voller Klarheit
Aufgeh' mein heller Schein?

Wohl freut's den Mann zu reiten
Im dicken Pulverdampf,
Doch mit sich selbst zu streiten
Das ist der härt're Kampf.
Da hilft kein wildes Toben,
Kein Muth des Augenblicks,
Still lenkt ein Gott von oben
Die Waage des Geschicks.

Nun gilt's ohn' Unterlassen
Im Geiste wach zu sein,
Lebendig zu umfassen
Das rechte Heil allein
Und alle Eitelkeiten
Der Welt zu unserm Fuß,
Das ist das rechte Streiten,
Darin man siegen muß.

Und zu dem Kampf der Waffen?
Das ist ein frischer Muth,
Der ernste Trieb, zu schaffen,
Was bleibend ist und gut.
Ein hohes Gottvertrauen
In aller Kampfesnoth,
Das macht dem Feinde Grauen,
Der in und um uns droht.

Zu treten in die Reihe
Mit diesem Ritterkleid
Das ist die rechte Weihe
Der heil'gen Jugendzeit.
Dann gibt der große Meister
Des Kampfs den Ritterschlag,
Zu schaun im Kampf der Geister
Des Sieges frohen Tag.

So wollen wir uns rüsten
Und stehen auf dem Plan,
Auch wenn wir kämpfen müßten
Die ganze Lebensbahn.
Steil ist und eng begrenzet
Der rechte Siegespfad,
Und Niemand wird bekränzet,
Der nicht gekämpfet hat.

*) 14. Geburtstag des Prinzen.

An Heinrich Kruse.

24. Oktober 1845.

... Das Hofleben bringt zwar manches Lästige mit sich, aber
es verschafft auch manches Angenehme. Die Prinzessin ist stets
voll Huld und Güte. Sie zieht mich zur Tafel, wenn sie Gäste hat,
die mich interessiren können, an den Theeabenden lese ich ihr vor,
und manches tiefer eingehende Gespräch knüpft sich daran. Humboldt ist so gütig, sich meiner überall anzunehmen; mitten im
Getümmel der Hofleute flüstert er mir Worte reicher Belehrung
ins Ohr, und nicht ohne Befriedigung sehe ich jene auf den von
Humboldt so ausgezeichneten, plebejischen Erzieher hinblicken. Neulich, als wir auf kleinem Dampfschiffe nach Paretz fuhren, beschäftigte er sich darauf mit einem arabischen Geographen und
lispelte mir lange von der Unschuld und Anmuth des arabischen
Ausdrucks vor Muhameb. Von öffentlichen Dingen mag ich nicht
sprechen, viel weniger schreiben. ... Ich wollte, daß Deutschland
sich nach außen bethätigte, während des Friedens in Kolonisation.
Dann würde dies unselige, krankhafte Aufzehren eigener Kraft in
religiösen und politischen Theorien ein Ende nehmen. Mit ger-
manischer Kraft den Orient wieder erwecken, das ist mein Lieb-
lingsgedanke.

An die Eltern.

Berlin, 3. November 1845.

... Draußen hatten wir zuletzt noch recht hübsche Tage. Die
Prinzeß war allein und sah uns oft bei sich. Des Abends las
ich ihr die Abassiden von Platen vor, ein Gedicht, das ich, je öfter
ich es lese, besto entschiedener als eine der schönsten Blüthen deutscher Sprache liebe, auch aus Consciences vlämischem Stillleben,
übersetzt von Diepenbrock, einem wegen seiner großen Anmuth
sehr empfehlenswerthen Büchlein. Den letzten Sonntag hatten
wir noch ein großes Knabenfest und fuhren dann um 5 Uhr in
dichter Gesellschaft in Berlin ein. Die Prinzessin kam erst Donnerstag. Dienstag aber, den 28., am Jahrestage meiner Inauguration
auf dem Babelsberge, erhielt ich nebst einem sehr hübschen Uhr-
gehäuse folgendes Handbillet der Prinzessin:

„Der Tag, der einen neuen Abschnitt des Lebens bezeichnet,
ist dem Geburtstag insofern ähnlich, als er wie jener in dem

eigenen Gefühle und in dem Gefühle befreundeter Wesen eine
innere Feier veranlaßt, die sich bei Letzteren gern auch durch
äußere Zeichen kund thut. Als ein solches, wie wohl gering und
klein, möge Ihnen beifolgendes Andenken am morgenden Tage
Zeugniß geben von der innigen Anerkennung, die ich Ihrem
treuen Eifer und Ihrer Hingebung für meinen Sohn gewidmet
habe. Möchte eine öftere Wiederkehr dieses Tages bei Ihnen
von einer zunehmenden Befriedigung in Ihrem Berufe begleitet sein!"

Wahrhaftig, ich müßte ein hölzerner Klotz mit Rindsleder überzogen sein, wenn mich solche zarte Güte nicht rührte und beglückte.
Ich schrieb am 29., um ihr auch meinerseits ein Zeugniß meines
Interesses zu geben, einen kleinen Aufsatz, worin ich meine jährigen
Erfahrungen zusammenfaßte, das in dem Jahre Gewonnene nam-
haft machte und meine Ansichten über die fernere Ausbildung aus-
einandersetzte. Ich habe darin auch sehr offen unter den schädlichen und zu vermeidenden Einflüssen Manches bezeichnet, was
von der Mutter selbst ausgeht, und vor allem auf konsequentes
Einverständniß aller bei der Erziehung Betheiligten gedrungen.
Ich habe mehr Umgang, mehr Freude, mehr Anregung gewünscht.
Den Aufsatz brachte ich ihr, als ich am Freitag zu ihr ging, um
ihr für das Geschenk zu danken. Sie sagte mir beim Empfange,
ich hätte ihr keine größere Freude machen können; nachher habe
ich sie noch nicht gesprochen, doch ich fürchte keine üble Wirkung,
denn ich habe noch nie bemerkt, daß sie uneigennützigen Freimuth
übelgenommen hat, vielmehr sie verlangt ihn mit allem Ernst.
Mit meinem Prinzen geht es jetzt recht gut, und dann bin ich
immer wie ein Laubfrosch hoch oben auf der Leiter meines guten
Humors und schaue fröhlich in die Welt hinaus. Gestern sah ich
mit rechter Freude, wie der Prinz mit seinen Freunden Pertz,
Meinecke, Passow u. A. durch die Straßen hinaus nach der Hasen-
haide wanderte, wo wir mit zahlreicher Turnjugend Barlaufen
spielten. Er fängt jetzt an, sich unter seinen Gespielen wohl zu
fühlen, früher war er unter ihnen so unbeholfen. Natürlich, man
lud ihm immer nur drei bis vier Junker ein, und die wußten Nichts
anzufangen. Man betrachtet jetzt den Prinzen mit steigendem
Interesse, seine Gestalt zieht immer die Blicke auf sich, man findet
Festigkeit und Güte in ihm und seine Züge belebter. Humboldt,
mit dem ich bei der Prinzeß aß, sagte mir, wie vortheilhaft sich

der Prinz seit einem Jahre in seinen und Anderer Augen verändert habe. Ihr könnt Euch denken, mit welcher Beschämung
ich Alexander von Humboldt als Vertreter einer solchen Ansicht
bei Hofe sehe.

Alexander von Humboldt.

21. Februar 1846.

Ich habe, theuerster Freund, den König gestern früh an das
Herzogthum Naxos schriftlich erinnert wie an die Freude, die ihm
Ihr früherer Vortrag gemacht. Heute habe ich (sehr diplomatisch)
wieder geschrieben und die schöne Karte eingeschickt. Eben läßt mir
der König sagen, er werde Ihrer Vorlesung (wie ich) beiwohnen.
Ich hoffe, daß keine „Sarmaten" dazwischen treten.

Freundschaftlichst

Ihr

A. von Humboldt.

Georg Curtius an die Eltern.

4. März 1846.

Noch bildet Ernsts Vorlesung über Naxos, die Ihr gewiß auch
mit Vergnügen lesen werdet,*) das Stadtgespräch. Sonntag las
Ernst sie der Prinzessin vor, Geibel und ich waren dazu auch geladen nebst dem General und einigen Damen. Die Prinzessin war
ganz entzückt und unterbrach sogar den Vortrag durch laute Aeußerungen des Beifalls. Sie sprach lange davon und trug mir beim
Weggehen auf, ich sollte Euch doch von dem Morgen und der Vorlesung schreiben.

In diesen Tagen ist Ernst durch das erneute Unwohlsein des
Generals wieder ganz gebunden und ziemlich unglücklich.

Ernst Curtius an die Eltern.

4. Mai 1846.

. . . Gestern Abend war große Soirée beim Prinzen. Raoul
Rochette, mein Pariser Gönner, war auch da. Der Kronprinz von
Bayern fragte mich nach Georg, von dessen Leistungen Humboldt
ihm mit großer Lebendigkeit erzählt hatte. Es war recht hübsch

---

*) Alterthum und Gegenwart III, S. 254.

geſtern Abend, und ich finde immer, daß man doch mit den Vornehmen ganz einfach verkehren kann, und die, mit denen man es
nicht kann, läßt man links liegen. Savigny iſt faſt immer da,
auch Olfers, Meyerbeer und Rauch. Es war ein hübſches Zu-
ſammentreffen, daß gerade nach Georgs maiden speech*) unſer
Diner ſtattfand, wobei wir ihm auf ſeine Laufbahn zutrinken
konnten unter lebhafter Betheiligung ſeines, ſo Gott will, einſtigen
Königs.

Georg Curtius an ſeine Eltern.

12. Juli 1846.

Donnerſtag habe ich Babelsberg recht genoſſen. Es war Waſſer-
korſo, und der Prinz lud mich ſo freundlich ein, daß ich nicht
widerſtehen konnte. Das Wetter drohte erſt mit Regen, war dann
aber wundervoll. So ſetzten denn Ernſt und ich uns mit dem
Prinzen und Zaſtrow in eines der prinzlichen, von drei ſtattlichen
Matroſen in rothen Jacken geruderten Boote und trieben uns
einige Stunden lang in dem bunten Gewimmel herum. Der Prinz
verwarf dreihundert Blumenſträuße und erhielt noch mehr. Es
war eine förmliche Blumenkanonade, wobei man oft recht tüchtige
Würfe ins Geſicht bekam. Zwei Dampfſchiffe und die kleine Fregatte mit Muſikchören bildeten Mittelpunkte, um welche ſich die
Schaaren ſammelten. Es war eine Luſt, die kindliche Freude des
Prinzen zu beobachten. Zum Schluſſe war ein hübſches Feuerwerk
in Glienecke. Ich blieb die Nacht in Babelsberg und erquickte mich
mit Ernſt noch ſpät an der lauen Luft, während am Horizonte helle
Blitze aufloderten und entfernter Donner uns endlich in den
Schlummer rollte. Freitag um 10 Uhr kehrte ich zurück. Es war
mir ſehr lieb, Ernſt ſo recht in ſeinem häuslichen Treiben zu ſehen.
Sein Verhältniß zu den Knaben iſt ein herrliches, wirkliche, freie
Liebe und Zuneigung von ihrer Seite. Ernſt war wehmüthig
geſtimmt, daß dies ſtille Landleben nun ein Ende hat. Denn noch
an demſelben Tage kam auch er zur Stadt und trat Sonnabend
Morgen ſeine Reiſe an. Dieſe geht über Frankfurt a. O. nach
Muskau, von da nach Görlitz, in deſſen Nähe das Gut des Herrn
von Zaſtrow liegt. Dort verweilen ſie einige Tage und laſſen

---

*) Georg Curtius hatte ſich als Privatdocent in Berlin habilitirt
und am 29. April ſeine Antrittsvorleſung gehalten. An demſelben Tage
war er bei dem Prinzen eingeladen.

Rudolf zurück. Dafür macht ein anderer Freund, Bayer, die Reise
mit, die dann weiter in das Riesengebirge und bis in die Graf-
schaft Glatz geht, zurück wieder über Schönberg, Dresden u. s. w.
Der Hauptmann von Natzmer, geographischer Lehrer des Prinzen,
steht Ernst zur Seite.

Ernst Curtius an Victorine Boissonnet.

Babelsberg, 6. August 1846.

Seit gestern Abend weile ich wieder in dem Eichenschatten
meines lieben Babelsberg, erfrische mich an ruhiger Sammlung,
nachdem des Bunten so viel an meinem Auge vorübergegangen
ist, und danke Gott, daß er uns gnädig geführt und Allen, namentlich meinem Prinzen, die Reise sichtlich gesegnet hat. Er ist frischer
und kräftiger heimgekehrt und hat Land und Leute kennen gelernt.
Ich selbst habe viel mehr gefunden, als ich erwartet hatte. Das
Großartigste war die Wanderung im Hochgebirge des Riesen-
kammes, der sich in sammetgrünen Abhängen in das reiche Thal
hinabsenkt, das Unterhaltendste das Leben an dem abenteuerlichen
Hofe von Kamenz, das Anmuthigste der Aufenthalt auf dem Schön-
bergschen Gute, das in der reichgesegneten Lausitz sich ausbreitet,
im Kreise der freundlichen und glücklichen Familie von Zastrow.
Die letzten Tage waren zu glühend, namentlich Dresden machte
nicht den vollen Eindruck. Schön war die Reise durch die südlich
helle, warme Nacht bei Jüterbogk, wo wir die Berliner Eisenbahn
erreichten. . . .

An den Bruder.

22. August 1846.

Hier geht Alles gut. Ich habe ruhige Tage und interessante
Abende verlebt. Wir lesen jetzt wieder des Abends, und die
Prinzessin findet an Wieland, dem Schmied, ein sonderliches Wohl-
gefallen. Lies doch das Gedicht! Ohne Kenntniß des deutschen
Epos ist es unmöglich, von dem griechischen umsichtig zu urtheilen,
das Verhältniß von Sage und Volksgedicht wird erst hier klar.
. . . Rex geht nach Venedig, dann spielen wir hier für einige Wochen
König. Neulich machte ich mit Waagen auf Befehl des Prinzen
eine kunsthistorische Rundfahrt in den königlichen Anlagen, und
habe bei der Gelegenheit viel Schönes gesehen. Man staunt, was

Alles geschieht. Mit Waagen habe ich auch den alten Tieck besucht, der mit seiner vertrockneten Gräfin bei Sansfouci wohnt und auf seiner herrlichen Loggia den Fürsten preist, der ihm sein Alter verschönert. Er war liebenswürdig und geistreich. Ich arbeite rüstig fort und strebe darnach, im neuen Lebensjahre über die Olenischen Felsen in das Land der Achäer hinüberzuklettern.

Georg Curtius an die Eltern.

Berlin, 10. Oktober 1846.

In diesen acht Tagen war ich zweimal in Babelsberg, zuerst Sonntag Nachmittag. Der junge Prinz, in einem Kreise von zwölf frischen Jugendgespielen, war äußerst liebenswürdig. Er überragte sie alle, wie Diana ihre Nymphen. Eben hatte der eine das Lied „Schleswig-Holstein meerumschlungen" mitgebracht, und dies wurde nun sofort nach Ernsts Klavierspiel angestimmt und eingeübt. Zwölf jugendliche Kehlen und dazu die nicht ganz jugendliche des guten, jetzt sehr kräftigen und heiteren, Generals hörte ich hier im prinzlichen Palais dasselbe Lied singen, das wenige Wochen vorher aus den Kehlen von 5000 holsteinischen Patrioten einer Militärmacht von 800 Mann entgegenscholl. Donnerstag war ich wieder in Babelsberg mit Lepsius und dem berühmten Bildhauer Rauch, denen nebst noch einigen Anderen der Prinz ein kleines Diner gab. Der alte Rauch, der einen Kopf hat so schön, wie ihn Phidias nur erfinden konnte, ist ein munterer, prächtiger alter Mann, der uns auf unserer Fahrt hin und zurück viel Schönes erzählte.

Ernst ist sehr wohl und weniger gebunden als sonst. Noch vor dem 18., dem Geburtstage des Prinzen, wird die Prinzessin zurückerwartet.

Ernst Curtius an Heinrich Kruse.

7. December 1846.

Eine Abhandlung über hellenische Wasserbauten habe ich jetzt zum ersten Male zum Druck gegeben und darin über eine ganze Klasse von Monumenten, die man so gut wie gar nicht gewürdigt hat, einen Ueberblick entworfen. Ich habe darin gezeigt, daß die Griechen wie jedes wahre Kunstvolk nicht bei den idealen Aufgaben der Kunst anheben, sondern erst die praktischen Lebens-

aufgaben erledigen. Bei uns ist es anders. Bei uns ist die Kunst
ein Eingeführtes, ein Luxus. Darum baut man ein Museum ums
andere und kann es dabei vor Gestank und Schmuz in den belebtesten Straßen nicht aushalten.

Ich wollte, daß dergleichen praktische Rückblicke auf hellenische
Zustände Eindruck machten! Die Leute wollen es nie glauben, in
welcher Barbarei sie leben.

Ernst Curtius an Victorine Boissonnet.

28. December 1846.

Man kann nicht mehr Weihnachtsgetümmel durchleben, als
ich es gethan habe. Donnerstag Abend von ½5 Uhr an erst bei
dem jungen Prinzen, dann bei dem General, dann um 6 Uhr
bei der Prinzessin, um 8 Uhr im königlichen Schlosse, aus dessen
Glanzmauern ich mich noch um ½10 Uhr zu der guten Frau
Klenze schlich, um dort in später Mitternachtstunde im traulichen
Kreise den heiligen Abend zu beschließen. Am Weihnachtstage
war bei Zastrows Bescheerung und nachher bei Bessers. Gestern,
Sonntag Nachmittag, leitete ich die große Kostümprobe unserer
Jugend, darnach, um ½10 Uhr, mußte ich zur Prinzessin in eine
große Soirée, und heute habe ich alle Hände voll zu thun, um die
abendliche Vorstellung zweier Lustspiele würdig vorzubereiten.
Unser Turnsaal ist zum Theater umgeschaffen, und unser Schul-
zimmer hängt voll Garderobe. Um ½7 Uhr versammelt sich bei
uns ein auserwähltes Publikum, der Prinz von Preußen, der
Privatdocent Georg Curtius u. A., um der Aufführung des „Oberst
von 18 Jahren" und der „Zerstreuten" beizuwohnen. In all dem
Gewirr hält es fast schwer, die einfache, gute Weihnachtsfreude
festzuhalten in einem treuen Herzen, doch habe ich das Meinige
gethan, um bei dem Geräusche und Glanze äußerer Art die einfache und gemüthliche Seite zur Geltung zu bringen. Darum hatte
ich für die Prinzessin zwölf Gedichte mit einer Widmung sauber auf-
geschrieben, und als die reiche Bescheerung in ihren Festsälen,
deren marmorweiße Wände von Kerzenschein strahlten, vollendet
war, überreichte ich ihr diese wenigen Papierblätter und bat sie,
nach all dem Glanze diese einfache Huldigung gütig aufnehmen zu
wollen. In den Verhältnissen, wie die meinigen, ist es mir dann
und wann Bedürfniß, etwas mehr zu thun, als was befohlen und

gewünscht wird. Darum versuchte ich es mit dieser kleinen Weihnachtsfreude, und ich habe es nicht bereut. Denn die Prinzessin
war auf das innigste durch diese Aufmerksamkeit gerührt. Schon
eine Stunde darauf, als ich sie im Schlosse sah, eilte sie auf mich
zu und dankte mir aufs neue, nachdem sie das erste Gedicht (Fran-
cesco Coronello) gelesen hatte, und seitdem habe ich die schönsten
Beweise, wie innig und lebendig sie Alles aufgenommen und aufgefaßt hat. Verdenke mir es nicht, daß ich Dir dies Alles so
haarklein erzähle. Du wirst mir keine kleinliche Eitelkeit vor-
werfen, es ist mir wie ein Triumph, den ich errungen, und jetzt
weiß ich, warum mir Gott diese geringe Dosis Poesie gegeben. Du
kannst glauben, daß oft finstere Geister die Herzen der Großen erfassen, und wenn sie dann ein einfaches Lied, wie ein Davidsspiel,
vertreiben kann, so kann in Minuten einer höheren, wärmeren,
heiligeren Stimmung ein unabsehbarer Sieg liegen. Kurz und
gut, allerlei Verstimmungen, Widersprüche, Härten, unter denen
auch ich zu leiden hatte, sind wenigstens temporär beseitigt, und
es ist mir gelungen, in einem des Höchsten empfänglichen Herzen
eine edle Freude zu entzünden.

Ich wollte, Du könntest jetzt einmal in mein Arbeitszimmer
treten! Es kommt mir wie ein Tempel vor, seit die schönsten
Raphaels seine Wände schmücken. Denke Dir, mußte ich nicht ganz
stolz werden, als ich im Schwarm des Hofgesindes in den Weih-
nachtssaal eintrat und zwischen allem Tand des Luxus und der
Bequemlichkeit die edelsten Gaben der Kunst auf meinem Tische vereinigt sah! Drei große Bilder des göttlichen Raphael, und die
mir vor allem theure Vierge au poisson, wo der gebissene Knabe
vom Engel geleitet am Thron der Maria niederkniet, vor deren
Schooße der Christusknabe sich mitleidig niederbeugt, und als Seiten-
stück die heilige Margarethe aus dem Louvre, die zwischen Drachen
und Molch, die Palmen in der Hand tragend, mit leiser, unaus-
sprechlicher Anmuth hindurchschreitet, ein Bild von der tiefsten
Poesie. Endlich eine der schönsten Kompositionen Raphaels: Glaube,
Liebe, Hoffnung, drei Medaillons, jedes von zwei Engeln eingefaßt,
eine, in Grisaille gemalte Predella in einem vorzüglichen Kupfer-
stiche. Um mich mit alter Kunst zu erfreuen, hat die Prinzessin
mir dazu ein sehr hübsches, antikes Thongefäß der hiesigen Sammlung mit der Gruppe zweier sich schaukelnder Mädchen in gelungener
Nachbildung geschenkt, und endlich hat sie mir einen großen Fuß-

teppich in meinem Zimmer ausbreiten laſſen, auf daß ich mit
warmen Füßen die Kunſtwerke anſchauen könne. Du kannſt benken,
wie ſehr mich die ſinnigen und herrlichen Gaben erfreut haben.
Auch habe ich dabei Gelegenheit, auf des Prinzen Geſchmack ein-
zuwirken. Neulich ſahen wir bei Cornelius den erſten vollenbeten
Carton des Campo Santo. Es reift hier manches Große im Stillen,
und es iſt eine rechte Freude, dieſe Kunſtſchöpfungen in unſerer
Stadt in ihrem Werden zu begleiten. Ich führe den Prinzen, ſo
oft es geht, in die Werkſtätten des bilbenden Geiſtes, damit er jebe
höhere menſchliche Thätigkeit hochachten und verſtehen lernt.

Widmung des Weihnachtsftraußes.

O zürne nicht, ein armer Mann
Steht harrend an ber Pforte,
Er iſt nicht feſtlich angethan,
Er bietet Nichts als Worte.
Geblendet iſt ſein Angeſicht
Von dieſes Feſtes Blüthe,
Doch hoffet er mit Zuverſicht
Auf Deine reiche Güte.

Er dachte zweifelnb hin und her
Und wollte ſich nicht zeigen,
Doch läßt ſein Herz, von Danke
　　　　　　　　ſchwer,
Ihn nimmer ruh'n noch ſchweigen,
Und was aus ſeiner Bruſt heraus
Entſproßt in warmen Stunden,
Er hat es Dir zum Weihnachtsſtrauß
Geſammelt und gebunden.

Du gibſt ſo viel, o weiſe nicht
Von Dir die kleine Gabe,
Wohl wieget leicht ein arm Gebicht
Und eines Sängers Habe.
Doch ſiehſt Du nicht auf Werth und
　　　　　　　　Klang,
Dich feſſelt nicht das Neue,
Der Grund, aus dem das Lied ent-
　　　　　　　　ſprang,
Das iſt ein Herz voll Treue.

Drum laß den armen Mann herein
Und nimm den Strauß entgegen,
Dann ſtrahlt ein neuer, heller Schein
Auf ſeinen Lebenswegen.
Vielleicht, daß einſt die Stunde naht,
Die Gott ihm aufbewahret,
Wo ſtatt des Wortes reife That
Sein Streben offenbaret.

Georg Curtius an die Eltern.

　　　　　　　　　　　　29. December 1846.

Geſtern war Hoffeſt bei dem jungen Prinzen. Es wurden zwei
Luſtſpiele aufgeführt, der „Oberſt von 18 Jahren“, aus dem Franzöſiſchen von Schneider, und die „Zerſtreuten“ von Kotzebue. Der
Prinz ſpielte im erſten Stücke die Hauptrolle recht gut. Eine
zahlreiche Geſellſchaft war eingelaben, unter Anderen auch Humboldt. Die Prinzeſſin ſchenkte den Thee. Sie war ſehr liebenswürdig und heiter. Als ſie nach Beendigung der Stücke die Runde
machte, hatte ich Gelegenheit, etwas länger mit ihr zu ſprechen über
Dahlmanns Geſchichte der franzöſiſchen Revolution. Ernſt hat

sie am Weihnachtsabend durch einige Gedichte sehr erfreut, die er ihr, sauber abgeschrieben, überreichte. Es waren aber auch allerliebste Sachen. Geibel liebt die Prinzessin sehr, sie unterhält sich immer sehr lange und eifrig mit ihm. Heute war ich schon wieder im Palais zu dem Lehrerdiner beim jungen Prinzen, das alljährlich in den Weihnachtsferien stattfindet. Ernst weiß den steifen Ton, der unter solchen Umständen leicht einreißt, immer durch heitere Scherze zu beleben.

Georg Curtius an die Eltern.

6. Februar 1847.

Heute vor acht Tagen gab Ernst einen kleinen Thee bei dem Prinzen, wobei Kurd ihm zuerst vorgestellt wurde. Es waren außerdem nur noch Geibel und ein sehr liebenswürdiger Mann dort, ein Landschaftsmaler Gurlitt aus Altona, nebst uns Brüdern.

3. März 1847.

Ueber das gestrige Fest bei Ernst haben wir an Theodor geschrieben. Ich möchte, Ihr könntet das einmal mit ansehen! Ernst weiß doch Alles möglich zu machen und dem Anscheine nach etwas steife Verhältnisse mit der Würze der ungezwungensten Geselligkeit zu durchdringen.

Sonntag Lätare 1847.

Lätare das ist: freue Dich,	Beseligen der Liebe Glück
Drum freue sonder Reue Dich.	Und Deines Freundes Treue Dich.
Vor Allem, was die Seele trübt,	Und drückt des Grames Wolkenlast,
Vor Angst und Zweifel scheue Dich!	So sprich zu ihm: Zerstreue Dich,
Erquicken soll der Erde Grün,	Der Lenz ist da, die Sonne strahlt,
Des Himmels heit're Bläue Dich,	Mein froher Muth, erneue Dich!

Ernst Curtius an die Eltern.

11. April 1847.

Ich habe heute eine große, wichtige Erfahrung gemacht. Ich habe den König und sein Volk einander gegenüber gesehen, ich habe seine inhaltschweren Worte mit meinen eigenen Ohren vernommen, und das ganze Räthsel dieser jetzigen Zustände ist mir mit einer erschreckenden Nähe vor die Seele getreten. Um 9 Uhr fuhren wir, der General, Rudolph und ich, im Galawagen und natürlich auch im Galakostüm in den Dom. Der König kam zu

Fuß in Begleitung seiner Adjutanten; er trat ungewöhnlich fest auf und grüßte die stehende Menge. Ein schöner Feiergesang des Domchors begann den Gottesdienst. Wir standen gedrängt in der prinzlichen Loge, drüben war von allen Gesandten nur einer, der Württemberger. Die Kanzel war vor dem Altare aufgestellt, und Ehrenberg redete über die Worte: „Welchen der Sohn frei macht, der ist recht frei." Die Rede war gut, aber kalt, und in ihrem Schlusse mit Anwendung auf die das Schiff der Kirche füllenden Abgeordneten etwas schulmeisterlich. In das Altargebet war die Fürbitte für den Landtag mit aufgenommen. Gegen 11 Uhr fuhren wir in das Schloß, wo sich in einigen Parterregemächern die Prinzessin von Preußen und die minderjährigen Prinzen und Prinzessinnen versammelten. Nach 11½ Uhr meldete man uns, daß es Zeit sei, und nun ging das ganze cortège der Prinzeß durch zahllose Gemächer über Treppen und Gänge zu den Tribünen des weißen Saales, wo unter sechs ionischen Bogenhallen für die Prinzen, Fürstlichkeiten und Diplomaten Plätze eingerichtet waren, die mittlere Loge, aus welcher ein Purpur herabhing, für die Prinzeß von Preußen und ihr Gefolge. Die nächste zur Linken hatte die Herzogin von Sagan, als preußische Standesherrin. Es wogte noch lange unten im Saale auf und nieder; man merkte Allen die große Spannung an, mit der man den König erwartete. Endlich begab sich Alles zu Platz, die Provinzen stellten sich strahlenförmig vor dem Throne auf, und nach einigen vorbereitenden Zeichen erscholl es endlich: „Seine Majestät der König" mit lauter Heroldsstimme. Die ältesten Generäle erschienen mit den Kroninsignien, und sowie der König sich zeigte, vernahm man ein gleichzeitiges starkes, mannhaftes Hoch. Der König bestieg den Thron, an dessen Stufen das Reichspanier, das Scepter u. s. w. hingestellt wurden. Die Rede mußte Alle, die ein Herz haben, tief ergreifen, sie wurde vollendet gut gesprochen, ruhig, vernehmlich und dann wieder voll hoher Begeisterung. Es mußte Jeden tief ergreifen, wie er so plötzlich aufstand und, die Hand ans Herz gelegt, feierlich aussprach: „Ich und mein Haus, wir wollen dem Herrn dienen." Jedes Wort klang hell in jeder Ecke des lautlosen und gedrängten Festsaales. Aber ich leugne es nicht, die Rede hat mich nicht nur mit tiefer Bewunderung, sondern auch mit schweren Besorgnissen erfüllt. Bewundert habe ich den Heldenmuth der Rede, die edle Offenherzigkeit, die christliche Demuth. Wer sieht nicht gern einen

solchen ritterlichen, christlichen König, der seinem Gotte Rechenschaft
gibt von seinem Thun und aller Welt Trotz bietet! Aber, wer
kann ohne Sorge die Folgen bedenken! Es glaubt die Welt nicht
mehr an das Königthum, für das er lebt und kämpft, und die
geharnischte Rede gegen Alles, was an Konstitution, Repräsentativ-
verfassung und Charte erinnert, läuft Allem, was die Zeit beseelt,
zuwider. Täuscht mich nicht Alles, so ist nach dieser Thronrede
der Bruch größer als zuvor. Sie bot wenig Vermittelung und
wenig Versöhnendes; sie stellte als Vollendung auf, was die meisten
selbst als Anfang nicht wollten gelten lassen. Mir soll es immer
denkwürdig bleiben, einen in der Geschichte so seltenen, vielleicht
unerhörten, Augenblick mit erlebt, einen König so bedeutsam, so
heldenmüthig und gewaltig zu seinen vereinigten Ständen reden
gehört zu haben. Der weiße Saal, bis jetzt für Festglanz und
Maskenscherz bestimmt, wird nun das Feld des ernstesten Kampfes;
ein König für sein übermenschliches Kronrecht begeistert, ein Volk
mit kecken, selbstbewußten Ansprüchen einer ganz modernen, allen
mittelalterlichen Ideen abholden Richtung. Ich konnte über die
Schulter der Herzogin von Sagan den ganzen Saal herrlich übersehen und jeder Bewegung des Königs folgen. Um 1 Uhr waren
wir zu Hause.

Mein junger Prinz war von der ganzen Begebenheit sehr
ergriffen, ihm war zum ersten Male der König als streitender
Fürst entgegengetreten, und aus seiner Rede selbst mußte ihm
deutlich werden, was für Mächte ihm entgegenstehen. Bis heute
hatte ich geglaubt, daß auch meines Zöglings Zukunft sich leichter
und friedlicher gestalten würde, als es jetzt den Anschein hat.
Berlin ist eine ganz andere Stadt, man fühlt sich in einer Hauptstadt, in der die Geschichte gemacht wird. Alle Welt ist in fieber-
hafter Spannung. Jeder weiß, daß etwas Außerordentliches sich
begeben wird.

Georg Curtius an die Eltern.

11. April 1847.

... Kurd und ich kommen soeben vom Mittagessen bei dem
Prinzen, wozu wir allein heute geladen waren. Der junge Prinz
war sehr bewegt von dem Erlebten, aber heiter und liebenswürdig
wie immer.

Die Aufführung der Geibelschen „Seelenwanderung"*) ist vorigen Mittwoch recht gut von Statten gegangen. Die Knaben spielten allerliebst, der Prinz lebhafter und freier als sonst. Geibel erntete Lob und Anerkennung.

Ernst Curtius an Victorine Boissonnet.

Anfang April 1847.

... Mir sind die Stunden die heiligsten, da ich im stillen Gespräche die Tiefen der jugendlichen Seele erforsche, welche meiner Leitung anvertraut ist. Dort liegen die Quellen meines Glücks. Doch erfreut es mich auch, wenn meine Herrin gütig gegen mich ist, wenn sie mich, wie es morgen vor acht Tagen geschah, zu dem Diner der vorlesenden Gelehrten einladet, an dem ich 1844 ihr zuerst vorgestellt wurde, und sie dann mit freundlichem Ausdruck zu mir sagt: „Ich feiere heute den Jahrestag unserer Bekanntschaft." Wie Du die Schneeglöckchen begießest, die in Deinem schönen sonnigen Garten ihre Köpfchen herausstrecken, so lausche und suche ich nach den Blüthentrieben in menschlichen Seelen, und jauchze innerlich, wenn ich ein Schwellen und Drängen wahrnehme, und bitte zu Gott, er möge Allem steuern, was die Blüthenentfaltung hemmen könnte.

An Sophie von May.**)

Zum 5. Oktober 1847.

Jedes Blatt, das bebt und sinket
Wenn des Herbstes Stürme wüthen,
Weissagt Denen, die's versteh'n,
Von des nächsten Frühlings Blüthen.

Jeder Stern in schwarzer Nacht
Ist der Tagessonne Bote,
Bis die Königin erscheint,
Angethan mit Morgenrothe.

Jede dunkle Grabesschlucht
Ist ein Thor, das hell und offen
Uns den Himmel schauen läßt
Und die Auferstehung hoffen.

Seh'n wir so in Nacht und Tod
Nichts als Licht und Leben tagen,
Dürfen wir am frischen Grab
Auch den Gruß der Freude sagen.

---

*) Das später „Meister Andrea" genannte Lustspiel wurde für die Aufführung durch den Prinzen Friedrich Wilhelm und seine Freunde gedichtet. Alterthum und Gegenwart Bd. 3, S. 232.
**) Erzieherin der Prinzessin Louise von Preußen. Das Gedicht ist ein Glückwunsch zum Geburtstag nach einem schweren Verluste, den Sophie von May in ihrer Familie erlitten hatte.

Jener Freude, die allmählich In und über Allem währet, Die im Schmerz zum Himmel steigt, Die in Thränen sich verkläret,	Die besteh'n wird bis am Ende, Alle Zeit, verlacht, verweinet, Von der Wiege bis zum Sarg Wie ein Athemzug erscheinet.

Georg Curtius an die Eltern.

31. Oktober 1847.

Ernst ist mit den Seinigen Mittwoch zur Stadt gegangen, doch gleich mit einigen Widerwärtigkeiten empfangen. Der General liegt still zu Bett an einem Erkältungsfieber. Ernst selbst war einige Tage unwohl in ähnlicher Art, ist aber jetzt wieder hergestellt. Der Prinz meinte, er müsse allein das Haus regiren. Ernst wird übermorgen seine Vorlesungen anfangen und wird von den mannigfaltigsten Sorgen und Beschäftigungen in Anspruch genommen. Es wird Theodor interessiren, daß Pero hier mit seinen Daguerreotypen großes Glück gemacht hat. Er hätte auf dem Babelsberg zu keiner günstigeren Zeit ankommen können, denn die Prinzessin war gerade höchstselbst mit dieser Kunst eifrig beschäftigt, infolge eines Apparates, den der König dem jungen Prinzen zum Geburtstage geschenkt hat. Gestern vor acht Tagen war ich Zeuge der angestrengtesten, aber ziemlich vergeblichen Bemühungen, vom General kam blos das Johanniter-Kreuz zum Vorschein. Sonntag hat Pero die prinzliche Familie in die größeren Feinheiten der Technik eingeweiht. Seine Bilder aus Lübeck haben dem Könige sehr gefallen, und dieser hat ihn vorläufig beauftragt, einige mittelalterliche Backsteinbauten in der Mark aufzunehmen. Also wieder ein Lübecker, der hier sein Glück macht.

Ernst Curtius an den Bruder.

13. Februar 1848.

... Nehmen wir immerhin diese gewaltige Regung auf und unter dem Throne für ein gutes Wahrzeichen! Sie verbürgt uns mehr als Wort und Siegel die Gewißheit des Fortschritts. Ich begrüßte, wir begrüßten alle das, was wir geschehen glaubten, mit freudiger Begeisterung. So wenig ein Mensch wissen kann, ob ein so ungeheurer Schritt Glück oder Unglück bringe, so denke ich mir doch, daß eine so großherzige Fürstenthat von Gott gesegnet sein wird.*) Seien wir aber bei der Verzögerung nicht ungerecht

---

*) Gemeint ist jedenfalls das Zugeständniß der Periodicität des Landtags, welches am 6. März den vereinigten Ausschüssen des Landtags verkündet wurde.

gegen ben, ber ſich wohl zu beſinnen hat, ehe er ſeine ererbte Macht
bazu gebraucht, mit einem Schritte die Bahn, auf der das Vaterland groß geworden iſt, zu verlaſſen. Wer will nicht vorwärts,
wer will nicht bauen und beleben — aber wo ſind die Männer,
welche die Form zu finden wiſſen und den Uebergang aus dem
Alten in das Neue?! Wie wenig das Princip, das in abstracto der
Göße des vernunftloſen Pöbels iſt, Heil bringt, das lehrt die Erfahrung. In konſtitutionellen Staaten werden jeßt die heiligſten
Menſchenrechte am meiſten mit Füßen getreten. Je mehr das
Princip theoretiſch durchgebildet iſt, ſehen wir, wie in Frankreich,
Unſittlichkeit, Schwäche, Verderben jeder Art zunehmen. Man
wendet ſich mit Etel von den Verhandlungen ab, wie ſie z. B. jeßt
in der zweiten Kammer in Paris vorkommen; es iſt nur Spiegel-
fechterei und perſönliche Leidenſchaft, weder Ernſt noch Geſinnung.
Wem das Alles durch den Kopf geht, der muß fühlen, daß es nicht
das Princip iſt, das ſelig macht, ſondern daß Alles davon abhängt,
daß mit einer weit über den Parteien ſtehenden Weisheit die Entfaltung aller noch ſchlummernden oder gehemmten Kräfte ſicher
fortgeleitet wird. Wer bebt da nicht vor den entſcheidenden
Schritten, ſo ſehr er auch von deren Nothwendigkeit überzeugt iſt!
Preußen iſt bis jeßt Jahr für Jahr vorwärts gegangen, und in
dieſem allmählichen Fortſchritte liegt eine Bürgſchaft für ſeine
Berechtigung jenen plötzlichen Reformen gegenüber, durch die
unſeren anderen Staaten eine Verfaſſung wie eine Müße über die
Ohren gezogen worden iſt. Das ſind ſolche tobtgeborenen Weſen,
die weder Garantien geben für Rechtszuſtände, noch dem öffentlichen Leben Schwung und Wahrheit verleihen. Exempla sunt
odiosa. Ich bin wahrhaftig kein Verehrer unſeres status quo, aber
er wird auch als Stufe zu mißgünſtig von Denen betrachtet,
welche im Beſiße einer Verfaſſung weder ſich mit derſelben glücklich,
noch Andere ohne dieſelbe unglücklich ſehen. Wir haben doch in
Preußen jeßt die freieſten und geordnetſten Preßverhältniſſe, die
rückhaltloſeſte Anerkennung des perſönlichen Verdienſtes in allen
Ständen und Altern, die ſorgſamſte Pflege aller höheren menſch-
lichen Intereſſen ohne Beeinträchtigung der materiellen. Die
öffentliche Meinung hat mehr Einfluß als in Bayern. Endlich,
was das Wichtigſte, die Regierung mit ihrem Haupte an der Spiße,
will Nichts als weitere Entfaltung der ſtaatlichen Einrichtungen;
es beſteht durchaus keine Starrheit, kein gehäſſiger Gegenſaß. Ver-

hüte nur Gott alle Verstimmung, wie sie edleren Geistern wohl
kommen kann bei dem Geschrei von dem radikalen Judenpack und
dessen Genossen, denen Nichts heilig ist, wie diesem Pruß.*) Spott
ist nur dann nobel und poetisch, wenn er von oben herab kommt.
Steht der Mann aber nicht über der Sache, sondern unten und
bellt von da gegen Alles an, so ist das unwürdig und unsittlich
und trotz der Nachahmung von Aristophanes und Platen Nichts
weniger als Poesie.

An Victorine Boissonnet.

11. März 1848.

Deine Worte haben mich innerlich beruhigt in diesen Tagen
geistiger Aufregung, die sich leicht bis zur Muthlosigkeit steigert.
Namentlich haben Briefe aus Köln, nach denen die Sache ruch-
loser, gewaltthätiger Auflehnung schon zu siegen scheint, mich tief
erschüttert. Um so mehr danke ich Gott, daß ich jetzt viel ruhiger
bin. Die Art, wie unser König seine vereinigten Ausschüsse entlassen hat, die edelen Abschiedsworte, die das Gepräge voller Wahrheit tragen, der versöhnende Eindruck, welchen die Worte auf alle
Abgeordneten machten, die mit freudigen Gesichtern gleich nach
dem Abschiede in unser Palais kamen, um dem Prinzen und der
Prinzessin ihre Treue zu bezeugen — Alles dies, in der Nähe betrachtet, gab wieder Freudigkeit und Muth und Vertrauen zum
deutschen Volk. Bis jetzt haben wir aus den Provinzen noch keine
schlechten Nachrichten; mit jedem Tage ist viel gewonnen, denn
der wahnsinnige Taumel, welcher von der Seine her unser Volk
angesteckt hat, wird allmählich verrauschen, und das Organisiren
revolutionärer Parteien scheint mir doch nicht Sache der Deutschen
zu sein.

Wir leben in ängstlicher Spannung. Die Truppen sind fort-

---

*) Robert Eduard Pruß (1816—1872). Siehe Allgemeine deutsche
Biographie Bd. 26, Seite 680: „Gewaltiges Aufsehen erregte nicht nur
beim Publikum, sondern auch höheren Orts die nach Form und Inhalt
aristophanische, d. h. Alles, was im Staat, in der Litteratur, der Philosophie
u. s. w. den Ingrimm oder den Hohn des Dichters herausforderte, geißelnde
Komödie „Die politische Wochenstube" (1845 in Zürich — aus guten
Gründen — gedruckt und verlegt)." Die Strafverfolgung wegen Majestäts-
beleidigung wurde durch eine Kabinettsordre Friedrich Wilhelms IV. niedergeschlagen.

während zum Ausrücken gerüstet, aber es ist vollständige Ruhe, und wir danken Gott für jeden gewonnenen Friedenstag.

Gestern wurde endlich das noch zu den Zeiten der Orléans gefaßte Projekt der Aufführung von Geibels „Seelenwanderung" ausgeführt; der König hatte sich den Mittag dazu angemeldet. Die Königin konnte wegen Unwohlsein nicht kommen. Die Jugend hatte an der Aufführung ihre Freude. Sonst war Alles ernst und in gedämpfter Stimmung. Der Anblick des Königs und die freundlichen Worte, die er mit mir sprach, rührten mich tief, er war wie verwandelt, ernst und weich gestimmt. Man sah ihm an, daß er in seinen heiligsten Gefühlen verletzt war und in eine dunkle Zukunft blickte. Er unterhielt sich mit Geibel lange und sehr freundlich. Abends war Gesellschaft beim Prinzen von Preußen, in der die Rossi sang.

Georg Curtius an die Eltern.

16. März 1848.

. . . Bis Montag war hier Alles vollkommen ruhig. Mehrere Versammlungen wurden trotz des abscheulichen Wetters vor den Zelten im Thiergarten gehalten und eine Adresse an den König votirt, die man zunächst der Versammlung der Stadtverordneten überreichte, Alles ohne Einschreiten der Polizei. Da aber am Montag die Stadtverordneten diese sehr extravagante Adresse verwarfen und eine viel gemäßigtere aufsetzten, beschloß jene meist aus Arbeitern, Barbiergesellen und jüdischen Litteraten bestehende Menschenmenge, sich aufs neue zu versammeln, um sich direkt an den König zu wenden. Dies verhinderte die Polizei, und nachdem es infolge dieses Verbots zu Thätlichkeiten gekommen war, bot man die schon längst in den Kasernen bereit liegende bewaffnete Macht auf, etwa 10000 Mann. Berlin glich am Montag Abend einem Lager. Ueberall sah man bedeutende Abtheilungen Kavallerie und Infanterie theils unter dem Hohngeschrei der Menge sich bewegend, theils ruhig aufgestellt. Es kam an mehreren Orten zu Reibungen, namentlich wurde auf dem Schloßplatze wiederholt scharf eingehauen, sodaß mehrere Personen gefährlich, einige tödtlich verwundet sind. Es scheint leider, als ob die Officiere hie und da mit roher Erbitterung verfahren sind, namentlich auch gegen die Studenten, die sehr aufgebracht sind. Am Dienstag war während des

Tages kaum eine Bewegung zu bemerken, die Erklärungen des
Königs hatten auf den verständigen Theil der Bevölkerung einen
sehr günstigen Eindruck gemacht. Abends war in unserem Stadt-
theil eine solche Stille, daß selbst Damen ausgingen und wir
Abends nach 11 Uhr von Bessers aus die beiden Fräulein Reichhelm*) zu fünfen scherzend bis in ihre sehr entfernte Wohnung
in der Anhaltstraße begleiteten, ohne daß auch nur die mindeste
Störung der Ruhe bemerkt wurde. Dennoch ist es an jenem Abend
in der Brüderstraße wieder hart hergegangen. Namentlich ist ein
in der That ganz unschuldiger Handschuhmacher vor der Thür seines
Hauses niedergehauen, indem er in das Getümmel fliehender Auf-
rührer gerieth, die von Dragonern verfolgt wurden. Um die Spuren
des Blutes sammelte sich gestern von früh an eine immer größer
werdende Menschenmenge. Auch vor dem Schlosse war es gedrängt
voll. Zu Thätlichkeiten aber ist es erst am Abend gekommen. Die
Brüderstraße und einige benachbarte Gäßchen waren das Terrain,
wo wieder ein Haufen toller Menschen sich der bewaffneten Macht
widersetzte. Man ging über eine Ziehbrücke, zog diese auf und
bombardirte von da aus das Militär mit Steinen, sodaß dieses
endlich schießen mußte. Man spricht von vierzehn Verwundungen
und drei Todten. Leider hat auch dies dem unsinnigen Treiben
noch kein Ziel gesetzt. Die Erbitterung gegen die Soldaten ist im
Steigen begriffen. Heute am Tage war Alles in gewohnter Bewegung. Die Menge zog sich aber von 3 Uhr an bei der Universität
zusammen in dem Wahn, daß die Studenten von da aus Etwas
unternehmen würden. Wieder derselbe Charakter, abscheuliche Gesichter, darunter hie und da ein halbbetrunkener Redner, nirgends
eine Spur von angesehenen Bürgern. Man versuchte es, durch
eine schnell organisirte Bürgerschaar, mit weißen Binden um den
Arm, die Leute zum Weggehen zu bewegen; auch die Studenten
hatten sich zu einer Sicherheitswache angeboten. Aber der Pöbel
verhöhnte diese Leute, riß ihnen die Binden vom Arm. So mußte
denn wieder Blut fließen. Die Menschen drängen sich vor der
Hauptwache und machen Miene, sie zu stürmen. Eine Aufforderung, sich zu zerstreuen, wird mit Hohn aufgenommen. Der kom-
mandirende Leutnant läßt dreimal trommeln und pfeifen, das
Zeichen, daß geschossen werden soll, worauf ein an jeder Straßen-

---

*) Amalie und Clara Reichhelm, die Schwestern von Auguste Besser.

ecke zu lesender Aufschlag aufmerksam macht. Als auch das nicht
hilft, läßt er acht Mann vortreten, kommandirt Feuer, und es
stürzen wieder Mehrere nieder, worunter leider mehrere Neugierige
gewesen sein sollen. Dies geschah um 7½ Uhr. Jetzt ist der Platz
gesäubert und man hört Nichts von Thätlichkeiten.

Im Palais des Prinzen von Preußen, wo ich eben eine Stunde
bei Ernst war, liegen mehrere Kompagnien Infanterie; die prinzliche Familie ist zum Könige auf das Schloß gefahren.

Ihr seht, geliebte Eltern, das ist ein unheimlicher Zustand,
über den ich Euch Nichts verhehle, damit Ihr nicht schlimmeren
Gerüchten Glauben schenkt. Eine ernstliche Gefahr für die Monarchie
und die öffentliche Sicherheit ist, glaube ich, nicht vorhanden, da
alle Verständigen seit der Einberufung des Landtags hierin den
einzigen Weg des Fortschritts erblicken. Die Unruhstifter sind
Kommunisten, tolle Kerle, die Nichts zu verlieren haben. Leider
ist die Arbeitslosigkeit sehr groß, Handel und Gewerbe stocken, und
eine Menge handfester Kerle hat Zeit, sich herumzutreiben. Schon
seit Wochen hörte man von den Wühlereien unter diesen Menschen,
die ein Arbeiterministerium verlangen und dergleichen Thorheiten
mehr. Das Militär ist vollkommen zuverlässig, vielleicht zu eifrig.
Was können da diese wenigen Hundert Unsinniger und Unbewaff-
neter ausrichten?

Der Prinz von Preußen wollte mit seiner Gemahlin zu Ende
dieser Woche nach Köln gehen. Infolge der hiesigen Unruhen ist aber
die Abreise auf unbestimmte Zeit verschoben. Auf die königliche
Familie machen die Vorfälle einen sehr traurigen Eindruck. Der
König soll sehr niedergeschlagen sein, und auch das weiche Gemüth
des jungen Prinzen ist tief verletzt. Ernst hat es in solcher Zeit
schwer, und er ist oft recht niedergeschlagen. Und man kommt nicht
zur Ruhe, da jeder Tag Neues bringt.

19. März, Morgens 9 Uhr.

Wenn Ihr diese Zeilen erhaltet, werdet Ihr wohl schon von
dem gräßlichen Ereigniß gehört haben, das seit gestern Nachmittag
aus dem lautesten Jubel und der Hoffnung auf ein glückliches
Deutschland uns in das größte Elend zu stürzen droht. Gestern
Morgen wurden successive die Proklamationen vertheilt, in denen
der König Alles verheißt, was die größten Ansprüche nur erwarten
konnten, die Menge drängt an das Schloß, ihm ein Hoch zu bringen.

Jubelnd brängt man sich an das dicht von Truppen besetzte Schloß, die Truppen werden von einigem Pöbel insultirt, sie holen Hülfe, es fallen zwei Schüsse und der Sturm bricht los. Im Nu gleicht die Stadt einem Schlachtfeld. Bürger und Studenten schließen sich der Bewegung an, Rache schreiend für diesen „Treubruch". Die Barrikaden wurden die ganze Nacht vom Militär beschossen, zum Theil mit Kanonen und Kartätschen. Ich ging, sowie ich die Sache erfuhr, zu Ernst, um ihn auf die drohende Gefahr aufmerksam zu machen. Von da eilte ich an meinen Posten in die Universität und suchte das Meine zu thun, um die bis zur äußersten Wuth aufgeregten Studenten zu beschwichtigen. Vier Stunden blieb ich dort an Trendelenburgs Seite und ging dann zu Besser, die Frau ist in Hamburg. Da hütete ich während der Schreckensnacht das Haus, da Besser nicht hatte nach Hause kommen können. Jetzt bin ich mit ihm bei Anton,*) der wie Kurd und Besser gesund ist. Wir waren eben bei Ernst. Er ist bei dem jungen Prinzen, der die Nacht in seinem Hause zugebracht hat, nachdem er vorher auf dem Schlosse war. Eben wird eine Proklamation des Königs angeschlagen, worin er die Berliner beschwört, die fast an allen Straßenecken errichteten Barrikaden einzureißen, in welchem Falle das Militär sofort zurückgezogen werden solle. Die Soldaten, die heldenmäßig gekämpft haben, sind im Besitze des Schlosses und des ganzen Stadttheils von der Dorotheenstraße bis zur Krausenstraße. Das Schießen hat seit 4 Uhr aufgehört. Aber was kommen wird, weiß Niemand. Daß die entsetzliche Erbitterung sich sogleich beruhige, ist durchaus nicht zu erwarten.

20. März 1848.

Nur mit wenigen Worten berichte ich heute von dem gestrigen Tage. Wir können Gott danken, daß es so abgegangen ist. Um 12 Uhr zog der König das Militär zurück und gewährte völlige Amnestie. Am Nachmittage besetzte die neu konstituirte Bürgergarde alle Wachen. Den Abend Illumination und überall Freudenschüsse. Gottlob ist es bis heute gut gegangen. Arnim steht an der Spitze des neuen Ministeriums, der Polizeipräsident Minutoli, ein sehr beliebter Mann, an der Spitze der Bürgergarde.

Der junge Prinz ist mit Ernst gestern nach Potsdam gegangen,

---

*) Ein Vetter aus Lübeck, Anton Gütschow, der in Berlin Medicin studirte.

wo sie zunächst bleiben werden. Prinz und Prinzessin von Preußen
sind gestern Abend noch hier gewesen.

So viel, theure Eltern, Euch zu beruhigen. Ich muß auf die
Universität, wo die Studenten Bewaffnung wünschen, die ihnen
wohl auch gewährt werden wird. Trotz der fürchterlichen Eindrücke
der Schreckensnacht muß man sich sammeln und handeln.

Ernst Curtius an den Bruder.

Potsdam, 20. März 1848.*)

Heute Abend, den 20., sind wir noch hier im Potsdamer
Schlosse. Ich fürchte, die nächsten Zeiten bringen uns nur noch
weiter von einander. Ich kann mir nicht einbilden, daß wir wieder
in Berlin einziehen werden. Auch hier fühlt man sich nicht sicher,
und wir wissen nie, wo wir des Abends unser Haupt hinlegen
werden.

Ich bitte Dich, darauf zu denken, wie am besten mein Besitz
an Büchern, Bildern, Wäsche ꝛc. geborgen werden kann. Grüße die
Freunde! Gott sei mit Dir und mit uns!

Georg Curtius an die Eltern.

Berlin, 22. März, Morgens 8 Uhr.

Der König zeigt sich groß in dieser für ihn furchtbaren Zeit.
Seine persönlichen und Familienverhältnisse vergessend, versucht er
es, sich an die Spitze der Bewegung zu stellen. So ist es auch Pflicht
jedes Bürgers, der einen gesunden Arm hat, sich um ihn zu schaaren
und die konstitutionelle Monarchie nach Kräften zu unterstützen und,
wenn es sein muß, gegen ihre Feinde zu vertheidigen. Es ward mir
schwer, zu dieser Erkenntniß zu gelangen. Montag Morgen, als ich
auf dem Palais des Prinzen von Preußen das Wort „National-
eigenthum" las, gab ich alle Hoffnung auf und beschloß, zu Euch
zu reisen. Aber ich habe solche Emigrationsgedanken aufgegeben

---

*) Ausführliche Berichte über die Erlebnisse während der Märztage
sind nicht vorhanden. Im Kalender sind notirt:
Sonnabend, den 18. Um 3 Uhr beginnt die Revolution.
Sonntag, den 19. Um 12 Uhr Abzug der Truppen, um 7 nach Potsdam.
Montag, den 20 Spandau.
Dienstag, den 21. Pfaueninsel.
Freitag, den 24. Berlin. Potsdam.

und mir den Nachmittag in der Universität meinen Säbel um-
geschnallt. Fast alle Docenten nehmen an der bewaffneten Schaar
Theil. Ich bin in einer Rotte mit meinen tüchtigsten Zuhörern,
und einer von ihnen ist unser Rottmeister. In der Nacht vom
Montag auf Dienstag haben wir auf dem Schlosse und der Kom-
mandantur Wache gehabt und sind fast die ganze Zeit auf den
Beinen gewesen, um die unsinnigen Gerüchte, die man ausgesprengt
hatte, zu widerlegen. Gestern war ich zu erschöpft und aufgeregt,
um Euch zu schreiben, besonders da der Tag wieder so wichtige
Dinge brachte. Der König hat sich durch seine Rede vor der Universität viele Herzen wieder erobert. Das Vertrauen ist gestiegen.
Männer wie Alexander von Humboldt zeigten sich und wurden mit
Hurrah empfangen, Alle mit der schwarzrothgoldenen Cocarde. Die
gleichfarbige Fahne weht auf dem Schlosse und allen öffentlichen
Gebäuden. Selbst die Officiere sollen heute diese Farben annehmen.
Gestern Nachmittag erhielt ich einige Zeilen von Ernst aus Potsdam mit der Bitte, ihm gleich Antwort zu senden. Ich fuhr statt
dessen selbst mit Kurd hinüber. Potsdam ist ganz voll von Truppen.
Im Schlosse in der Stadt trafen wir in großen altmodischen
Zimmern an einem Kaminfeuer Ernst, den General, die Generalin
und die Prinzen. Der Anblick war erschütternd. Am meisten gefaßt fand ich den Prinzen; er war tief bewegt, aber in einer festen,
schönen Stimmung. Der General und die Generalin waren noch
ganz in alten Täuschungen befangen, wer könnte das auch anders
erwarten! Ernst ist noch sehr erschüttert, aber unsere Mittheilungen haben ihn doch beruhigt. Den Gedanken an eine weitere Flucht
haben sie vorläufig aufgegeben.

Ernst Curtius an die Eltern.

Potsdam, 23. März 1848.

In der Nacht des 18., da Berlin zum Schlachtfelde wurde,
wurden wir, Familie des Prinzen von Preußen, obdachlos und
gelangten nur nach den abenteuerlichsten Kreuz- und Querzügen
hierher nach Potsdam, wo wir bleiben werden. Der von der Volks-
wuth geächtete Prinz irrte von Versteck zu Versteck, um den auf
ihn gerichteten Dolchen zu entgehen.

Georg Curtius an die Eltern.

Berlin, 26. März 1848.

Ernst kann mit seinem Prinzen ruhig in Potsdam bleiben, an eine Verfolgung und Anfeindung, wie man sie in den ersten Tagen der neuen Ordnung fürchtete, ist nicht mehr zu denken.

Ernst kam Donnerstag Abend herüber und fuhr den anderen Tag Morgens wieder zurück.

Wir suchten ihm wieder Muth zu machen. In Potsdam ist er leider unter lauter Emigranten und Officieren, deren verbissene Stimmung das Unglücklichste und Nichtsnutzigste von der Welt ist. Natürlich ist Ernsts Lage unter diesen Umständen sehr betrübt, er kann nicht handeln, er muß harren und das edle Gemüth seines Prinzen fortwährend pflegen, daß nicht Haß und Erbitterung die jugendliche Seele verstimme.

30. März 1848.

Ernst ist von Büchern und anderen Sachen fast ganz abgeschnitten, nur seine Kleider und Wäsche und die allernothwendigsten Manuskripte hat er glücklich fortgebracht. Alles Uebrige liegt, wie er es verließ, in seiner verschlossenen Stube, und es ist nicht erlaubt, etwas fortzubringen außer, was man in die Tasche stecken kann. Natürlich wird ihm später Alles wieder zurückgegeben, da nur das Eigenthum des Prinzen eingezogen wird. In Potsdam bewegt Ernst sich mit dem Prinzen täglich im Freien, auch ist zu einer Besorgniß für jetzt kein Grund vorhanden.

13. April 1848.

Von Ernst höre ich nur dann und wann durch kleine Briefe, die wir wechseln. Das Unwohlsein des Generals hindert ihn herüberzukommen. Es thut mir weh, so oft ich daran denke, wie Ernst durch seine Stellung dahin gebracht wird, fast nur das Düstere in den Bewegungen dieser Zeit zu sehen. Könnte man nur ihn und seinen Prinzen aus diesem abscheulichen Potsdam wegbringen, wo der Adel und die Officiere sich über ihren verlorenen Einfluß abhärmen. Das ist jetzt der unseligste Ort in ganz Deutschland. Der arme Ernst hat da schwer zu tragen, und, was schlimmer ist, er wird der neu beginnenden Zeit fremd, die freudige Hingebung für das Große, das in ihr liegt, und hartnäckigen Widerstand gegen das Böse fordert, das das Große zu vernichten trachtet.

Ernst Curtius an die Eltern.

Potsdam, 20. April 1848.

Nach der Konfirmation*) war Diner bei dem Könige. Zum ersten Mal seit der Revolution saß ich in Mitte des Hofstaates. Die Kammerherren trugen ihre Schlüssel wie sonst auf den treffenreichen Rockschößen, die Leibjäger standen mit unverminderter Würde hinter den Stühlen, — es war mir zu Muthe wie unter Mumien. Ich sprach den König einen Augenblick und hatte das Glück, ihn in einem solchen Momente zu sehen, da seine edle Menschennatur, sein volles Gefühl auf das liebenswürdigste hervortrat.

Georg Curtius an dieselben.

Berlin, 21. April 1848.

Ernst war hier, und wir verlebten den Sonntag sehr munter zusammen. Kurd und ich überzeugten uns, daß Ernst selbst seine an sich so peinliche Lage durch Scherz und Munterkeit sich zu erleichtern weiß. Unser geselliges Leben liegt jetzt sehr darnieder, besonders durch Bessers Krankheit. Er litt schon seit Wochen an einem Brustübel, es war aber fast ganz beseitigt. Nun aber ist eine Lungenentzündung daraus geworden. Die Gefahr ist zwar glücklich beseitigt, aber es ist noch lange die größte Vorsicht nöthig.

Ernst Curtius an dieselben.

Potsdam, 2. Mai 1848.

Gestern war unser großer Wahltag. Berlin war merkwürdig ruhig, obgleich nur Unmündige, Bescholtene oder Frauenzimmer auf den Straßen gingen und die Wachen von Gymnasiasten besetzt waren. Keiner kann sich verhehlen, daß die gegenwärtige Ruhe nur scheinbar ist, nur eine Pause zwischen verschiedenen vulkanischen Eruptionen. Die Angst liegt wie ein Alp auf den Gemüthern. Die Wahlversammlungen hatten alle einen ganz demokratischen Charakter, der gewesene Fürstbischof von Breslau saß neben dem Arbeiter. Von allen Notabilitäten unseres Bezirks wurde keine berücksichtigt. Gewerbetreibende und Bürgerwehrhauptleute hatten die Stimmen.

Unser Regierungskommissar hielt uns vor, daß wir den Grundstein zu einer Verfassung für Jahrtausende legten. Ich glaube noch

---

*) Der Prinzessin Charlotte, späteren Herzogin von Meiningen.

nicht an die neu sich gebärenden Verfassungen. Wo so mit dem
Alten gebrochen ist, entsteht nicht so leicht etwas Neues. Es erscheint
mir als ein frommer Wahn, daß durch die Frankfurter Maitage
auf einmal ein großes einiges Deutschland zusammengesprochen
werden sollte. Wir werden zusammengeschmolzen werden im Kriegs-
tiegel.

An Sophie Wattenbach.

Potsdam, 14. Mai 1848.

. . . Zwei qualvolle Tage haben wir erlebt. Denn das unvermittelt eingetretene Zurückberufungs-Dekret mußte gleich mehr
Angst als Freude erwecken. Vorgestern schickte mich die Prinzessin
nach Berlin, um dort die Stimmung zu beobachten. Ich brachte
wenig Gutes heim, alle Furien der Revolution schienen wieder los-
gebunden, das große, wüste Babel machte einen fürchterlichen Eindruck auf mich. Die Steine flogen wieder gegen das Palais, und
Leute, die zu Gunsten des Prinzen sprachen oder nur zur Gerechtigkeit und Billigkeit aufforderten, wurden unter den Linden verfolgt.
Gestern scheint sich nun die Stimmung schon gebessert zu haben.
Das Volk hat so viel gesunden Sinn, sich der terroristischen Bevor-
mundung der Klubs entschieden zu widersetzen, und so ist auch
die vom politischen Klub unter Führung des neugewählten Volks-
vertreters Jung angeregte Massendemonstration unterblieben. Das
Ministerium steht fest da, und so ist diese Gefahr überwunden, und
wie das Gute unsere Zeiten mit sich bringen, daß man Gott für
jeden entlastenden Athemzug bankt, so ist man auch jetzt wieder
froh, bis neue Tage neue Sorgen heranführen, und die bevorstehende Rückkehr des Prinzen wird unserem Hause Angst genug
bringen. Aber Muth weckt Muth, und der deutlichen Gefahr ins
Auge sehen, ist viel leichter, als im Unklaren herumtappen und mit
Gespenstern kriegen. Die Momente der höchsten Entscheidungen
werden sich nun rasch folgen und, Gott sei Dank, wir werden bald
klar sehen, wie es steht. Wenn unser Preußen bei dem bestehenden
Wahlgesetze und der daraus erwachsenden Nationalversammlung
stehen bleibt und neue Wurzeln in den aufgewühlten Boden schlägt,
dann können wir wieder muthig vorwärts steuern, dann ist Preußen
noch zu großen Dingen berufen. Aber wenn man auch noch jung
und frisch genug ist, um den Gedanken an eine glorreiche Zukunft
Preußens mit starkem Herzen festzuhalten, erwarten darf man ver-

nünftiger Weise wenig, man muß gefaßt sein, das schöne, stolze
Gebäude zerfallen zu sehen, und Gott danken, wenn nur seine
Trümmer die Bauglieder eines neuen Deutschlands werden. Aber
beruht nicht auch Deutschlands ganze Hoffnung darauf, daß Preußen
bleibe, ein starker, fester Kern? Die Wahlresultate haben unsere
Hoffnungen sehr herabgedrückt. Verwegene, in sich unklare Häupter
der anarchisch-demokratischen Partei — die findet man, aber edle
Vorkämpfer bürgerlicher Freiheit und Ordnung wie Vincke vermißt
man. . . . In wenigen Tagen ziehen wir nach Babelsberg hinaus.
Ich freue mich auf die stille Natur, die allein von allem Irdischen
treu bleibt und mit rührender Naivetät mit ihren tausend Blüthen
in die Welt gekommen ist, als wenn Alles wie sonst wäre. Berlin
macht in seiner fieberhaften Aufregung einen fürchterlichen Eindruck,
ich kehre immer ganz verstört von meinen dortigen Wanderungen
zurück. Es muß nächstens zu einer wirklichen, materiellen Niederlage
der anarchischen Partei kommen, die Bürgerwehr muß durch energi-
schen Gebrauch der Waffen sich deren würdig zeigen, eher kommen
wir nicht aus diesen entsetzlichen Zuständen heraus. Hier in unserer
stillen Zurückgezogenheit vergißt man auf Stunden, wie es in der
Welt aussieht. Wir sind oft ganz vergnügt zusammen, und die
Prinzessin zeigt eine geistige Kraft, welche Staunen erregt. Mein
junger Zögling erfreut mich durch den festen Ernst, mit dem er
den Zeiten ins Auge sieht. Er steht auf dem wahrhaft sittlichen
Standpunkte, indem er nach Kräften sich tüchtig zu machen sucht
für das, was die Zeit verlangt. Was für Geschicke schweben um
sein jugendliches Haupt. Von den Einen wird er zur Kaiserkrone
bestimmt, die Anderen verstoßen ihn und sein Haus. . . . Während
ich schreibe, ist meine Sonntagsruhe, in der ich den Brief begann,
sehr gestört worden durch die von Berlin kommenden Nachrichten.
Der Entschluß, das Ministerium zu stürzen, ist bei der anarchischen
Partei immer fester geworden. Man will eine bewaffnete De-
monstration gegen Camphausen machen, ein Theil der Bürgerwehr
ist muthlos und unentschieden. Es ist also möglich, daß eine Bande
Berliner das Landesministerium vertreibt. Dann ist der Bürgerkrieg da, denn solchen Terrorismus der gottlosen Hauptstadt können
die Provinzen nicht dulden. Gott helfe uns aus aller dieser Noth!

Georg Curtius an die Eltern.
Berlin, 24. Mai 1848.

Ernst kommt sehr oft zur Stadt, häufig mit Aufträgen der Prinzessin. So war er noch eben auf fünf Minuten bei uns. Sonntag besuchte ich ihn mit Kurd, Abel und Wattenbach. Wir machten einen herrlichen Spaziergang im Park von Sanssouci, der uns wahrhaft erquickte. Hernach wurden Kurd und ich zum Thee bei der Prinzessin geladen. Manche steife Hofsitte ist jetzt abgeschafft; in unserer gewöhnlichen Tracht saßen wir am Theetisch mit der Prinzessin, ihren Kindern, dem General u. s. w. Es ging ganz bürgerlich her, ja sogar sehr munter. Kurd zog alle Schleusen seines Humors auf zum größten Wohlgefallen der Prinzessin, die ihm über seinen Choiseul*) sehr viel Schönes sagte. Kurd war ganz entzückt über diesen Abend. Die Prinzessin ist aber auch eine bewunderungswürdige Frau, die nie den Muth verliert und den Ereignissen mit einer Sicherheit ins Angesicht schaut, die Erstaunen erregt. Besseres Befinden bessert sich nur sehr allmählich. Er liegt noch immer zu Bett und ist sehr schwach. Selbst das Fieber ist noch immer nicht verschwunden.

Ernst Curtius an die Eltern.
Babelsberg, Juni 1848.

Montag Abend, den 5. Juni, erhielten wir Weisung, des anderen Tages nach Magdeburg zu fahren, dem Prinzen von Preußen entgegen — die Mutter mit den beiden Kindern, Fräulein von May, Gräfin Oriolla, Graf Pückler und ich.

Um 1 Uhr kam der Prinz von Braunschweig her; er wurde auf dem Bahnhofe freudig empfangen. Er war außerordentlich bewegt, als er heraufkam und denselben Kreis wieder beisammen fand, von dem er auf der Pfaueninsel unter so schrecklichen Umständen Abschied genommen hatte. Er begrüßte darauf die Behörden, Stabsofficiere und Führer der Bürgerwehr, welche im Saale versammelt waren. Er erklärte, wie er aus England heimkehre voll Liebe für die freien Institutionen, die man nun auch im Vaterlande gründen wolle. Man könne nicht freier sein als in England, aber dort herrsche die höchste Achtung vor dem Gesetze, so müsse es auch bei uns sein, und zur Herstellung dieser gesetzlichen

---

*) Schloezers damals erschienene Schrift: „Choiseul und seine Zeit."

Freiheit wollen sich Alle verbinden u. f. w. Ich blieb in seiner Nähe
während aller Reden und freute mich der einfachen, klaren Worte;
nichts Persönliches, nichts Gereiztes war dabei. Dann ging er
hinunter zu der harrenden Menge und sprach dort lange in der
Mitte derselben. Nachher trat er auf vieles Rufen mit Frau und
Kindern auf den Balkon des Gebäudes. Nach der Tafel gingen
wir durch die Stadt. Der Sohn führte seine Mutter, ich folgte
mit der kleinen Prinzeß und den Damen. Die Straßen, in denen
wir gingen, füllten sich, Alles drängte sich traulich heran, alle Fenster
voll freundlicher Gesichter und wehender Tücher, vielfacher Jubelruf. In diesem fröhlichen Gedränge blieben wir über eine Stunde
und wurden, wie im Triumphe, nach Hause gebracht. Zweimal
mußte das Volk die Familie noch auf dem Balkon sehen.

Am anderen Morgen Erwachen durch Gesang eines Männer-
chors, Abreise unter Hurrahruf, auf dem Wege Deputationen aller
Arten u. f. w. Dem jungen Prinzen, der überall mit großem Interesse betrachtet wurde, war, als ob er träumte. Denn zuletzt hatte
er das Volk auf den Barrikaden feuernd gesehen, seinem Vater
fluchend, und jetzt dieser Triumphzug!

An demselben Tage, wo dann der Prinz in der Nationalversammlung erschien — dem 8. Juni — begann der Streit um die
Anerkennung der Revolution, dessen Entscheidung die Stadt in
neue Aufregung versetzt hat. Hier draußen ist überall Friede und
Freude, wo der Prinz sich zeigt, Jubel und Ehrenpforten. Gestern
Abend, den 10., gab man eines der großartigsten Feste, die ich je
gesehen. Ganz Potsdam kam mit Böten und Fackeln heraus-
gefahren und lagerte sich um den Babelsberg herum. Vom Schlosse
aus sah man nur ein Feuermeer und darunter die weite, ruhige
Wasserfläche, darin sich die Gluth spiegelte. Wir stiegen um
$^{1}/_{2}$10 Uhr ins Schiff und fuhren mitten unter die Böte. Der Anblick war unbeschreiblich schön. Tausende schwangen die Fackeln
und sangen und riefen mit voller Begeisterung. Der Prinz stand
hoch und ernst am Steuer seines Schiffes und redete bei lautloser
Stille zu der ihn rings umgebenden Flotte. Unter allen Umständen,
die eintreten könnten, so schloß er, würden wir und würden sie
Alle treu bleiben dem Könige und dem Vaterlande, und dann brachte
er selbst ein Lebehoch dem Könige aus, das einen unendlichen Wider-
hall fand. Dann wurde Retraite geblasen und die ganze Feuer-
flotte schwebte friedlich der Stadt zu, bis auch der letzte Schimmer

am Horizonte verglommen. Mein junger Prinz stand selig neben
seinem Vater und sah mit verklärten Zügen die jubelnde Menge.
Die Menschen sahen in der Aufregung und bei dem Fackelglanze
so schön und malerisch aus, im Hintergrunde die dunkeln grünen
Ufer und der Babelsberg im Mondesglanze, dabei die mildeste
Nacht! Wir gingen schwatzend zum Schlosse herauf, die Prinzessin
trat zu mir und sagte: „Ist es möglich, diese Kontraste zu fassen?"

Georg Curtius an die Eltern.

Berlin, 17. Juni 1848.

Den zweiten Pfingsttag verlebte ich idyllisch mit Ernst und
Kurd auf dem Babelsberg. Das Wetter war herrlich, wir Alle
froh, nicht in Berlin zu sein. Wir aßen in dem Wirthshause von
Glienicke unter schönen Bäumen zu Mittag und überließen uns
hernach, ins Gras gestreckt, Stunden lang traulicher Unterhaltung.
Gegen 10 Uhr ruderten wir auf prinzlicher Gondel nach Potsdam,
wobei uns auch der junge Prinz eine Zeit lang begleitete. Dienstag
hatte Berlin auch noch sein Festkleid an. Denn die Demagogen
und ihre Schaaren feiern wie andere Leute. Abends war ein starkes
Gewitter. Der Hagelschlag hat besonders bei Potsdam großen
Schaden gethan. Die Straßen Berlins standen voll Wasser, sodaß
man Stunden lang nicht ausgehen konnte. Auf der Havel ist viel
Unglück geschehen. Es war, als ob der Himmel die gottvergessenen
Menschen einmal wieder mahnen wollte, daß es eine höhere Macht
gibt als Ministerien, Volks- und Nationalversammlungen. Aber
das hat keinen Eindruck gemacht. Am Mittwoch war die Nationalversammlung von starken Bürgerpikets umstellt. Die unsinnigsten
Gerüchte waren verbreitet, z. B. daß die Russen in Köpenick wären.
Tobende Volksmassen drängten gegen das Zeughaus, sodaß schon
um 2 Uhr die Bürger mehrmals mit gefälltem Bajonnet angreifen
mußten. Ernst war den Tag in der Stadt. Wir besuchten zusammen Kaulbach im neuen Museum, wo der herrliche Mann trotz
allen Zeitendranges ruhig an seinem Thurmbau zu Babel fort-
arbeitet. Der Gegenstand ist ihm unter der Hand zeitgemäß geworden, denn wir leben wahrlich auch in einer Zeit der Sprach-
und Begriffsverwirrung. Keiner versteht, keiner traut dem anderen.
Beim Zurückkehren aus den herrlichen Hallen des neuen Pracht-
gebäudes, das für diese Zeiten nicht taugt, fanden wir eine große
Aufregung vor. In mehreren Gegenden der Stadt kam es am

Nachmittag zu Thätlichkeiten. Als um 7½ Uhr der Andrang des
Volkes zu arg wurde, ließen sich einige Bürger verleiten, ohne
Befehl zu schießen. Ein Mensch fiel todt nieder, einige wurden verwundet. Dadurch entstand die größte Erbitterung. Man schrie
Rache und begann Barrikaden zu bauen. Ich war gerade auf der
Straße und eilte zu Bessers, wo auch Ernst war. Dann holte ich
meine Waffen und stellte mich mit meiner Rotte in der Universität
auf. Wir hüteten dort bis tief in die Nacht den Eingang, was sehr
nöthig war, weil eine Menge von Gesindel eindringen wollte,
besonders auch, um die dort untergebrachte Leiche zu sehen. Ihr
wißt nun schon aus den Zeitungen, was weiter geschah. Besonders
aus Mangel an Führung vermochte die Bürgerwehr ihren Posten
nicht zu behaupten. Zwischen 11 und 12 Uhr gerieth das Zeughaus,
ohne daß weiter ein Schuß fiel, in die Hände des Pöbels, der die
Gewehre daraus begierig raubte. Große Bleivorräthe wurden uns
zur Bewachung in die Universität gebracht. Es war eine schreckliche,
unheimliche Nacht. Ein großer Theil der Studenten ist ganz wahnsinnig und hält es durchaus mit der Aufhetzerei. Ein heranrückendes
Linienregiment machte um 1 Uhr dem Skandal am Zeughause ein
Ende, glücklicher Weise ohne Blutvergießen. Die Bürger scheinen
sich denn doch ihrer Feigheit und Haltungslosigkeit zu schämen,
sie zeigen etwas mehr Energie. Man hat eine Anzahl von Personen
verhaftet, und in diesen Tagen ist die Stadt ganz ruhig.

Dem guten Besser hat die neue Aufregung wieder sehr geschadet. Aus seiner Krankheit entwickelt sich mehr und mehr ein
dauerndes Leiden. Jetzt hat sich sogar wieder Fieber eingestellt.
Der Arzt wünscht, daß er sobald als möglich auf das Land gehe.
Ich gestehe, daß mir sein Zustand sehr bedenklich ist. Ihr könnt
Euch denken, wie dadurch mein tägliches Leben getrübt und gestört wird.

Ernst Curtius an Heinrich Kruse.

Babelsberg, 19. Juni 1848.

... Ich habe gerade die Nacht von Donnerstag auf Freitag
in Berlin erlebt. Ich sah die Schloßgitter im Triumph des Pöbels
fortgetragen, ich sah die Massen gegen das Zeughaus stürmen, die
Fackeln schwingend, die Fenster zertrümmernd, und, wie endlich
die Pforten aufsprangen, den scheußlichsten Haufen hineinstürzend
und dann wieder herauskommend, Knaben die Mützen voll Spitz-

kugeln, mit umgehängten Säbeln, den schönsten Flinten — es war
das gräßlichste Revolutionsbild, schlimmer als die Märznacht, die
doch ihre heroischen Seiten hatte, hier nur die ekelhafteste Ge-
meinheit.

An die Eltern.

Babelsberg, 25. Juni 1848.

... Der Skandal am Zeughause hat auf die Stimmung der
revolutionären Hauptstadt einen heilsamen Einfluß gehabt. Es
hat, wie immer die Sünde, wenn sie zur Reise kommt, eine Menge
flauer Gemüther aus ihrer Gleichgültigkeit aufgeschreckt, die Regierung zur Energie geweckt und ihr neue Sympathien geschafft
und für den Augenblick die Macht der Revolution gebrochen.

Aber das Heilsame dieses Umschwungs wurde sehr durch die
darauf folgende Ministerkrisis geschwächt. Schwerin konnte sich
mit Hansemanns steigendem Einflusse nicht vertragen. Der König
wollte ihn nicht lassen. Er fühlte wohl, daß mit Schwerin aus dem
Ministerium der Mann ausscheide, welcher den unter allen Umständen treuen Royalismus repräsentirte. Am Abend des 18. —
es war ein unvergleichlicher Sonntag Abend — waren Schwerins
zum Abschiede bei uns. Die Tochter Schleiermachers war der
Prinzessin eine theure Freundin geworden, über deren wohlthuenden Einfluß ich große Freude hatte. Auch mir ist die Bekanntschaft der edeln Frau ein Schatz meines Lebens geworden.
Der Abschied war sehr wehmüthig. Schwerin ahnte nicht, daß
seinem Austritte die Zertrümmerung des ganzen Ministeriums
folgen würde. Gleich nach seinem Abschiede kam Schleinitz als
neuer Minister. Arnim hatte Vertagung der Nationalversammlung
gefordert. Tags darauf entschloß sich Camphausen fortzugehen,
und mit ihm verließ wieder ein guter Genius den bedrohten Thron
von Preußen.

Heute Abend kam das neue Ministerium von Sanssouci hierher
und wurde durch Hansemann — Auerswald war noch nicht da
— dem Prinzen vorgestellt. Es sind gewiß tüchtige Männer darunter. Auerswald soll ein guter Redner sein und ein Mann der
Kraft. Schreckensteins Energie ist allgemein geachtet. Ich fürchte
nur, die Elemente des Ministeriums sind zu verschieden, um lange
beisammen zu bleiben. Man hat Männer der Rechten und Linken
vereinigt, um eine bedeutende Majorität zu gewinnen. Wenn man
es nur nicht mit beiden Seiten verdirbt!

Die Republikaner wachsen täglich an Zahl und Kühnheit. Selbst in Potsdam hielten neulich die Demokraten eine Versammlung und legten offen Rechenschaft ab von ihrem siegreichen Fortschreiten, ganz Süddeutschland sei für die Republik, in Berlin rechne man auf 60000. Das Frankfurter Parlament trage den Todeskeim in sich, es werde auseinandergehen, und an seine Stelle werde dann der demokratische Verein treten, der Berlin zu seinem Vororte erwählt hat. Unabläffig wird daran gearbeitet, den Rest von An-hänglichkeit an das königliche Haus zu zerstören, und was kann augenblicklich die Krone thun, um für sich zu gewinnen? Sie ist zu einer Passivität verdammt, welche den Glauben an sie unter-gräbt, und keine Persönlichkeit ist da, um den verblichenen Glanz zu heben. ... Ich bin vielleicht nicht ganz unnütz hier. Ich fühle doch die Pulsschläge der Gegenwart lebendiger in mir als die Meisten der Umgebung, und wenn ich Abends beim Thee die Zeitun-gen vorlese, so benutze ich jede Gelegenheit, die Stimme der Zeit hörbar zu machen. Doch liegt etwas merkwürdig Unbewegliches in Fürstennaturen, sie brechen, aber sie biegen sich nicht leicht. Die Prinzessin bedarf nicht der Aufklärung, nur der Beruhigung und Beschwichtigung, denn es stürmt oft zum Entsetzen in ihrem groß-artig leidenschaftlichen Gemüthe. König und Königin sind milde und gut, die Glorie des Märtyrerthums schwebt unsichtbar um ihre Häupter. Sonnabend waren sie hier. Der König sprach mit mir über wissenschaftliche Dinge, die ich schriftlich mit Humboldt ver-handelt hatte. Mich rührten seine freundlichen Worte, ich habe ihn nie so geliebt wie jetzt.

Wie man in dieser Zeit jede frohe Stunde mit doppelter Freude ans Herz drückt, so kann ich auch nicht dankbar genug sein für die Freuden unseres geselligen Babelsbergs. Wir haben die schönen Tage recht genossen. Es ist Jugend und Lebensluft genug vor-handen, um für Augenblicke alle Sorge zu vergessen. Alle Kreise ziehen sich enger und traulicher zusammen, der Ernst der Zeit hat aus einem Hofstaate eine Familie gemacht, und das Gefühl gegen-seitiger Anhänglichkeit wird uns stark machen für Alles, was kommt.

Georg Curtius an die Eltern.

Berlin, 8. Juli 1848.

Heute Nacht ist eingetreten, was wir lange fürchteten und endlich hoffen mußten. Unser lieber Besser ist sanft eingeschlafen.

Dienstag schien es schon zu Ende zu gehen. Es trat ein bewußter Augenblick ein, den ich gerade erlebte. Besser nahm ziemlich klar von Allen Abschied, er war ganz erfüllt von überirdischen Gedanken. Dann fiel die Nacht des Todeskampfes wieder über ihn, bis er endlich erlöst ward. Die Frau und die Schwägerin Amalie waren so aufgerieben von diesen Leiden, daß sie nicht immer bei ihm sein konnten. Wir unterstützten sie also. Eine Nacht wachten Ernst und Kurd bei ihm, die letzte ich mit seinem treuen Bedienten. Gottlob, daß es nun aus ist. Ernst ist im Testament zum Vormunde des Kindes ernannt, wir erwarten ihn stündlich.

Was wir an dem Besserschen Hause verlieren, wißt Ihr. Ein edles, reiches Gemüth ist hinübergegangen, ein schöner Kreis von Freunden zerrissen. Auch dies ist ein Opfer, das die Zeiten forderten. Denn in der Krankheit ängstigte ihn fortwährend die Sorge um den Staat, in seinen Phantasien redete er noch davon. Die schlimme Wendung der Krankheit trat infolge des Zeughaussturmes ein.

Ernst Curtius an den Bruder.

Babelsberg, 20. Juli 1848.

... Ueber den Waffenstillstand kann ich nur einer Meinung mit Dir sein; ich bin sehr gebeugt dadurch. Doch muß man, um gerecht zu sein, immer entschiedener darauf bringen, das Verhängnißvolle, außer menschlicher Macht Liegende dabei in Erwägung zu ziehen. Man muß bedenken, daß nach Ansicht unserer Staatsmänner nur die Wahl war zwischen dem Waffenstillstand auf diesen Basen und einem europäischen Kriege — ob die Ansicht richtig, können wohl nur sehr Wenige entscheiden — und dann, daß es doch bedenklich wäre, gegen die entschiedenen Sympathien des preußischen Volkes sich in einen solchen Krieg hineinzustürzen. Ich verlange wahrlich nicht, daß man gleichgültig bei dieser Schmach sein soll, aber billig soll man sein.

Georg Curtius an die Eltern.

Berlin, 24. Juli 1848.

... Gestern war ich mit Kurd in Potsdam. Wir konnten Ernst nur flüchtig sehen, da er um den Prinzen sein mußte, waren aber lange mit Frau Besser zusammen. Ihr, ihrer Mutter und ihrem Kinde hat Ernst eine kleine Wohnung an der Havel, dem Babels-

berg gegenüber, gemiethet, wo sie recht friedlich einige Wochen
zubringen kann. Die ländliche Stille und liebliche Gegend thun
der guten Frau sehr wohl. Ernst besucht sie fleißig und sucht ihr
den Aufenthalt so angenehm wie möglich zu machen.

Es herrscht hier in der Stadt eine fast unheimliche Ruhe. Das
Stocken aller Geschäfte und die Abwesenheit so vieler Familien ist
schuld daran.

Ernst Curtius an den Bruder.

Babelsberg, 29. August 1848.

Ihr habt gewiß von mir Nachrichten erwartet, um über die
von neuem drohenden Zustände bei uns gewissere Kunde zu erlangen, als sie die Zeitungen gewähren können. Ich wollte Euch
an jedem der letzten Tage schreiben, aber theils fühle ich mich hier
am friedlichen Havelstrande zu sehr außerhalb der Tagesbegeben-
heiten, theils ist Alles wieder in so heilloser Gährung, daß man
nie weiß, wann der Augenblick da ist, den Stand der Dinge zu
schildern, da ihn die nächste Stunde umwerfen kann. Die Char-
lottenburger Prügelei erweckte die Wuth der Demokraten, bei denen
sich wieder gleichzeitig in den verschiedenen Hauptstädten die Kassen
mit Geld und die Herzen mit Gift und Galle angefüllt haben. Die
Bill über die Volksversammlungen, die zahmste, die je ein
Ministerium vorgebracht hat, steigerte die Wuth, außerdem einige
Verhaftungen, Konfiskation von Pulver und Waffen, Haussuchungen
u. dgl. Die Maschinenbauer wurden von Held bearbeitet, der Hand-
werkerverein protestirte gegen die Polizei, und unter den Zelten
erhitzte sich die Menge beim Anhören von Reden, die an Wuth alles
Frühere überboten. Es erheben sich Männer, die mit hinreißendem
Fanatismus von der erhabenen Mission des Volkes reden, sodaß
vernünftige Menschen, z. B. Regierungsräthe, sich in den Arm
kneifen müssen, um nicht selbst vom Taumel einer wahnsinnigen
Begeisterung hingerissen zu werden. Da kommt ein Alter mit
schneeweißem Haar auf die Tribüne gestürzt, er sei mit Mühe den
Schergen der Gewalt entronnen, vielleicht würden sie ihn hier
greifen, aber sein letzter Athemzug gehöre dem Volke, mit dem er
vielleicht in diesen Tagen sterben oder siegen werde. Sie seien das
von Gott berufene und gesalbte souveräne Volk, um die neue Weltordnung einzuführen, wer in diesem Kampfe blute oder falle, dem
sei die ewige Seligkeit gewiß. „Der Fürst" habe sie acht Jahre

lang geknechtet, sie würden immer von neuem verrathen und betrogen. Ein Anderer zeigt ein großes Volksconcert für heute an.
Alle möchten erscheinen, das sei ihre Pflicht; zum Concerte gehörten
Instrumente, die solle jeder mitbringen, sie müßten auf Alles gefaßt
sein und gerüstet. Die Ekstase der Redner reißt Alles hin. In
den Versammlungen der Villa Colonna werden Eide geleistet, kurz,
es wird die politische Raserei aufs höchste getrieben, sodaß kein
Zweifel ist, die Führer wollen in den nächsten Tagen die bearbeiteten
Volksmassen zu Thaten gebrauchen.

Alles sieht mit feierlichem Ernste einem blutigen Kampfe entgegen, man zweifelt nicht am Siege der Ordnung und hofft dann
Ruhe und Frieden. Dabei gerathen Ministerium und Reichsver-
sammlung in immer größere Mißachtung. Binckes Wahl ist nicht
durchgesetzt, Temme mit Jubel wiedergewählt, Bornemanns Wahl
annullirt, Schramm gewählt. Das Versammlungsgesetz ist so gut
wie durchgefallen, ein neues Aufruhrgesetz soll von der Versammlung vorgelegt werden, der Rechten sind die Vorschläge des Ministeriums zu schwach und matt, sie fühlt sich ohne Führung, die
Linke protestirt aus Princip. Die Partei der Gutsbesitzer unter
Bülow-Kummerow wird immer lecker, Rechte und Linke machen
mit ihr Opposition gegen das Ministerium. Nun ist Below zurück,
die Waffenstillstandsbedingungen werden schlecht sein, daran wird
sich mit neuer Kraft die demokratische Partei erheben. Ach Gott,
vom Himmel sieh darein! so muß man ausrufen, denn alle Menschenweisheit ist zu Ende. Nun ist wohl wahr, daß die Bürgerschaft im
ganzen sicher ist, ihr Chef energischer als je. Auch wird ein Kampf
gegen die Anarchie nicht zweifelhaft sein, unsere Jäger zogen gestern
nach Berlin in die Kaserne der Neuchateller und säuberten emsig
ihre Büchsen, aber fast noch mehr als ein Kampf ist das Ausbleiben
desselben und eine Fortbauer dumpfer Gährung zu besorgen, in
der Alles zur Auflösung reif wird. Das Schicksal des Versamm-
lungsgesetzes stellt die gänzliche Schwäche der Regierung klar vor
Augen. Um ihr unzweifelhaftes Recht, staatsgefährliche Versammlungen in den Straßen der Stadt zu verbieten, bettelt sie bei dieser
Kammer und kann selbst damit nicht zu Stande kommen. Die
Linke soll sich sehr verstärkt haben und will nun Waldeck ans Ruder
bringen. Die Gesetzesvorlagen des Ministeriums über Gemeinde-
verfassung u. dergl. sind dabei so radikaler Art, daß sie die Revolution permanent zu machen drohen; die Männer der Rechten können

gar nicht mitgehen. Das ist der Fluch von diesem heillosen
Kokettiren mit der Linken in Berlin wie in Frankfurt, man zerstört
sich jede Partei und nimmt den wahren Freunden des Staatswohles
jeden Anhalt. Der König läßt sich Rosts Königsreisen vorlesen
und mich durch Alexander von Humboldt über Zusammensetzungen
griechischer Wörter, die man in Sanssouci nicht versteht, befragen.
Der Prinz von Preußen steht ernst und fest im Hintergrunde und
wartet auf seine Zeit, denn am Ende kann doch nur das Schwert
den Knoten zerhauen. Hier geht es sonst Allen wohl, und das
herrlichste Sommerwetter der letzten Tage erquickt die Herzen, die
sonst voll Jammer und Trauer sind. Mein junger Prinz macht mir
Freude durch seinen wachsenden Eifer für alles Gute. Ich habe
die Ueberzeugung, daß er nie etwas Unedles thun wird. Er geht
mit Gottvertrauen Allem entgegen, was die Zukunft ihm im dunkeln
Schooße bereitet.

Ich schließe diesen Brief Dienstag Nachmittag 5 Uhr. In einer
halben Stunde fahre ich mit dem Prinzen in die Friedenskirche,
um dort geistliche Musik von der Rossi u. A. zu hören. Gleichzeitig
beginnt im Hofjäger das demokratische Concert. Below ist heute
mit dem Waffenstillstand in der Tasche nach Sanssouci gefahren.
Kein Diplomat hat sich mit der Sache befassen mögen, nur Below
und Wildenbruch haben unterhandelt. Die dänische Regierung soll
mit dem Terrorismus des Kopenhagener Pöbels entschuldigt haben,
daß sie keine anderen Bedingungen gewähren könne, das wird noch
einen Spektakel geben. Mir ist kein Gedanke jetzt schrecklicher, als
daß wir zum Winter nicht nach Berlin gehen werden. Gott gebe,
daß es bis dahin besser werde; ich sehe aber keine Rettung. Die
unheimlichen, frieblosen, dummen Massen machen die Geschichte,
nichts Erhebendes geschieht, wir haben keinen Staat, keine Kirche,
keine Kunst, keine Litteratur, es ist eine elende Wirthschaft und die
Primaner und Studenten des 20. und der folgenden Jahrhunderte
werden sich mit Ekel von unserer Epoche fortwenden. Alles wahre
Heil und Glück wird mehr und mehr im Mikrokosmus der Familie,
in den engen Kreisen der Freundschaft und Liebe zu suchen sein,
welche die Religion erwärmt und Poesie und Wissenschaft erfrischen.
So ist's auch mein Bestreben, in unserem Zusammenleben hier, begünstigt von ländlicher Stille, jene wahren Freuden des Lebens zu
pflegen, und wir erleben zu Wasser und zu Lande frohe Stunden,
die Welt, so lange wie es geht, vergessend. . . .

Zeitgedichte.

Mein Volk.
Mai 1848.

Mein deutsches Volk so groß und stark,
Welch Gift verzehrt Dein edles Mark,
Welch Zauber hat Dich umgewandt?
Ich suche Dich im eignen Land.

Mein Volk ist tapfer, treu und wahr
Und seinen Muth stählt die Gefahr.
Jetzt sitzt der Gute feig zu Haus,
Die Lüge schreitet frech heraus.

Mein Volk das ehret Gott den Herrn
Und gibt fürs Recht sein Leben gern,
Doch dieses neigt sich dem Verrath
Und lächelt zu der Frevelthat.

Mir schießt das Blut ins Angesicht,
Das ist mein Volk, mein deutsches, nicht,
Sein Blick ist irr', es kocht sein Blut
Entflammt in wälscher Fiebergluth.

Wer stahl Dir Deinen edeln Ruhm?
Wer schändete Dein Heiligthum?
Und unsrer Freiheit reines Kleid
Wer hat es mit Verrath entweiht?

O Herr, Du Hort in Noth und Glück,
Gib mir mein deutsches Volk zurück!
Das Vaterland ist in Gefahr,
Drum gib uns Männer fest und klar!

Entfach' in uns den heil'gen Zorn,
Daß wir nicht scheuen Kreuz und Dorn!
Das Banner hoch, wir folgen nach,
Zu tilgen unsres Volkes Schmach.

Das Leben war zu weich und zart,
Die harte Zeit will andre Art,
Drum, tapfre Jugend, sei bereit
Und gürte Dich zu scharfem Streit!

Die Freiheit ist auch unsre Braut,
Doch jene, der vor Frevel graut.
Zur Freiheit führt ein enger Pfad,
Ein rein Gewissen, reine That.

Wir schwören auf Gesetz und Recht,
Wir hassen, was gemein und schlecht.
Wir fluchen jeder Tyrannei,
Wir wollen bleiben deutsch und frei.

Wir bleiben treu, wenn Alles weicht,
Bis uns der Tod die Lippen bleicht,
In unsrer Mitte tragen wir
Der deutschen Ehre Reichspanier.

Der Segen der Zeit.
Sommer 1848.

Jetzt ist nicht Geld und Gut zu mehren Zeit,
Es ist zu darben, zu entbehren Zeit,
Und festzustehn mit klarer Geisteskraft
In dieser dunkeln, glaubensleeren Zeit.
Es gilt den Kampf um unser Vaterland,
Drum ist mit Muth sich zu bewehren Zeit.
Und wenn Ihr treu ausharret bis ans Ziel,
Wird auch die Zeit der Noth zur Ehrenzeit.
Drum ist von allem eiteln Schein und Tand
Zum Ewigen sich hinzukehren Zeit.
Ja, freier schlag' und voller Euer Herz,
Das sei der Segen dieser schweren Zeit.

Triumphiret das Gemeine,
Lieb' ich treuer nur das Reine,
Schließe jede Geisteslust
Inniger an meine Brust.

Drei Sonette an Alexander von Humboldt zum 79. Geburtstage.

14. September 1848.

1.

Du bist wie einer jener milden Sterne,
Die in die Nacht ihr göttlich Licht verstreuen,
Daß sich an ihm die Menschenkinder freuen,
Und seine Bahn der Schiffer von ihm lerne.

Wer zählt, wie Viele jedes Abends gerne
An seinen Strahlen Lust und Muth erneuen,
Er leuchtet ruhig allen seinen Treuen
Und ahnet kaum der eignen Wirkung Ferne.

So wandl' auch ich in Deines Lichtes Segen,
Und wenn ich an Erinn'rung mich zu laben,
Nachsinnend folge meinen Lebenswegen,

So tritt mir leuchtend unter allen Gaben,
Die mir geworden sind, ein Glück entgegen,
Das schöne Glück, mit Dir gelebt zu haben.

2.

Ich hab' mich längst entwöhnt von bittern Klagen,
Denn zum Erdulden ist der Mensch geschaffen,
Die Noth erst lehrt ihn, sich emporzuraffen,
Und seine Kraft erstarkt in bösen Tagen.

Doch Eines weiß ich, das ist schwer zu tragen,
Das macht die beste Manneskraft erschlaffen,
Und stumpfet ab des Gleichmuths schärfste Waffen,
Das ist, wenn wir an unserm Volk verzagen.

Da dieser Schmerz die Seele mir durchschnitten,
Schaut' ich auf jener großen Männer Reigen,
Die wir mit Stolz gehegt in unsrer Mitten.

Ich schaut' auf Dich. Das Volk, dem Du zu eigen,
Dem Du der Weisheit Bahn vorangeschritten,
Kann sich nicht lange Deiner unwerth zeigen.

3.

So lange der Natur unendlich Leben
Sich vor mir schwang in räthselvollem Ringe,
Ein maßlos Vieles, das ich nie durchdringe,
Stand ich davor in ängstlichem Erbeben.

Doch Dir gelang's, den Schleier aufzuheben,
Da Du erspähet auf des Geistes Schwinge
Den weisen Haushalt der erschaff'nen Dinge,
Sah' ich im All nur Geist und Freiheit weben.

So gehn wir selbst durch dunkle Jahresgänge
Und spähn vergebens nach der Ordnung Lichte,
In räthselvoller Schickungen Gedränge.

Doch sinkt auch hier der Nebel einst, der dichte,
In Wohllaut lösen sich die Uebelklänge
Und herrlich tagt der Kosmos der Geschichte.

An den Bruder.

Babelsberg, 10. September 1848.

Wir stehen mitten in der furchtbarsten Krisis, und jedes warme
Herz ist von den peinlichsten Sorgen bewegt. Die Abstimmung
am Donnerstag ist unter dem Terrorismus des Kastanienpublikums
zu Stande gekommen. Die Centralen bereuen schon ihre Schwäche.
Der König hat sich fest und entschieden gezeigt, er hat die Demission
der Minister zweimal zurückgewiesen und es ihnen zur Pflicht gemacht, einstweilen noch zu bleiben. Sie werden morgen der Kammer
die königliche Botschaft vorlegen, in welcher, soviel ich weiß, den
Uebergriffen der Versammlung entschieden entgegengetreten wird.
Inzwischen sucht man nah und fern einen Minister, man spricht
sogar von Radowitz und Vincke, man will Beckerath für Hansemann.
Vielleicht kann auch Eichmann Ministerpräsident werden. Man
will keine Minister aus der Versammlung, dafür ist auch die Rechte,
mit der Milde im Namen des Ministeriums verhandelt hat. Die

Rechte wird die Botschaft des Königs willkommen heißen. Was wird die Linke thun? Unterliegt sie, so wird ihre Partei losbrechen. Siegt sie, so wird die Versammlung aufgelöst werden, wofür immer mehr Stimmen laut werden; dann bricht in den Hauptstädten der Kampf aus, und das flache Land wird von neuem aufgewühlt werden. Alles ist auf einen baldigen Kampf gefaßt. Es sind viel Truppen zusammengezogen worden, auf deren Macht man zählen kann. Gott gebe, daß es nicht zum Aeußersten komme!

Kurd hat mir fleißig aus Frankfurt geschrieben. Es scheint, daß sich die fanatische Wuth über den Waffenstillstand legt, daß wenigstens die Gemäßigten zur Besinnung kommen. Aber wer weiß, was wird! Es ist Wahnsinn, um den Waffenstillstand die Einheit Deutschlands preiszugeben und den Bürgerkrieg heraufzubeschwören.

Man kann sich eigentlich nur noch durch den Telegraphen schreiben, denn alle Augenblicke stellen sich die Sachen anders, sobaß jeder Brief nach einigen Stunden unwahr wird. Möchte es meinen Befürchtungen auch so gehen!

Heute zogen im friedlichsten Sonnenschein die vereinigten Handwerkervereine von Brandenburg und Magdeburg über den Babelsberg und huldigten dem Prinzen und der Prinzessin mit Liedern und Hurrahs! Der König fühlt sich wieder und ist heiter, auch der Prinz ist kräftig. Die Leute mit alten Preußenherzen gehen zähneknirschend umher und grämen sich über die Schmach des Vaterlandes. Es war gräßlich, zu hören, wie ein Demagog Donnerstag Abend vor der Singakademie rief: „Nicht wahr? Ihr laßt die Leute von der Rechten ruhig nach Hause gehen?" Es ist weit mit uns gekommen! Gott bessere es!

An Kurd von Schloezer.

Babelsberg, Anfang September 1848.

... Ich reiche Dir voll Freude die Hand von der Havel zum Mainstrande, auf daß wir fest zusammenhalten in diesen Zeiten, in denen noch Manches zusammenstürzen wird, ehe etwas Festes gegründet werden kann. Wir wollen unsere Herzen offen erhalten jedem edlen Gefühle der Gegenwart, aber nicht wanken und schwanken in unseren Ueberzeugungen, sondern uns zu Denen halten, die treu sind. Treu wollen wir auch ihr sein, der ersten preußischen

Fürstin, die ihren Sohn dem deutschen Vaterlande erzogen hat, und wollen ihre und ihres Sohnes Rechte vertreten, wo es gilt. Wir müssen doch, der Völker wegen, mit aller Kraft unserer Seele wünschen, daß das Fürstenrecht den Kampf bestehe, daß unter dem Schutze weise beschränkter Scepter das Gute und Schöne im Vaterlande blühe, daß der edelsten Kraft des deutschen Herzens, der Treue, ein lebendiger, persönlicher Gegenstand bleibe, der die weitzerstreuten Menschen zu Bürgern eines Vaterlandes zusammenhält, der auch die beschränkten Seelen über den platten Egoismus erhebt und mit einem Anfluge von Poesie und Begeisterung auch die Steppen der Uckermark belebt. Das wird doch zu wenig anerkannt, welch ein Schatz und Palladium einem Volke die lebendige Idee des Königthums ist, welch eine Sünde es ist, es darum zu betrügen, wie arm ein Volk ist ohne angeborene Fürsten. Diese Seite des deutschen Volkslebens ist allerdings in der Paulskirche wenig zur Geltung gebracht worden. Der Vorzug des Königthums vor dem entfürsteten Volke ist immer nur bedingungsweise geltend gemacht worden, im Hintergrunde immer diese Primanerweisheit von der allein vernünftigen Staatsform der Republik. Die zaghafte Schonung, mit der Leute wie Gagern das Königthum behandelt haben, hat ihm fast mehr geschadet als die erbittertsten Angriffe der Gegner auf der Tribüne und den Barrikaden.

Ich fahre jetzt mit meinem jungen Prinzen dreimal wöchentlich nach Berlin bis zu seiner Konfirmation, die Ende des Monats erfolgen wird. Die Mutter will gern, daß er nachher noch eine kleine Reise macht, vielleicht nach dem Rheine. Ich hatte den Vorschlag gemacht, schon zum Winter mit ihm nach Bonn zu gehen, um dort seine Schulstudien zu beendigen und dann dort zu studiren, damit er nicht zu sehr in brandenburgischer Familientradition aufwachse. Aber das scheint für jetzt unmöglich. Die Blicke werden sich wohl mehr und mehr auf ihn richten. Ich erkenne doch, wie ausgezeichnet er in vieler Hinsicht begabt ist, wie rein und edel sein Herz, wie sicher sein Takt ist, wie gut er mit den Menschen umzugehen versteht, ein wie festes Gerechtigkeitsgefühl ihm angeboren ist. Aber er müßte bald hinaus, um sich möglichst frei entwickeln zu können.

Unsere inneren Zustände sind leider noch sehr im Argen. Die Erneuerung jenes unsinnigen Schulzischen Antrages wegen des inquisitorischen Verfahrens mit den Officieren hat Alles aufgeregt. Walbeck tritt mehr und mehr in den Vorbergrund. Das Kastanien-

publikum verspricht thätige Hilfe, die Rechte läßt sich immer noch
durch die namentliche Abstimmung einschüchtern, vielleicht wirft
der Donnerstag unser Ministerium über den Haufen. Inzwischen
sollen die Arbeiten an dem Verfassungsentwurf in den Abtheilungen
guten Fortgang haben, ihre Resultate gehen nach rechts hin über
den Kommissionsentwurf hinaus.

An den Bruder.

Babelsberg, 16. September 1848.

Je schmerzlicher ich oft Dein klares, beruhigendes Gespräch
entbehre, desto mehr treibt es mich zum Schreiben, wenn es auch
kaum möglich ist, in Krisen, wie die gegenwärtige, kaltblütige, lange,
raisonnirende Episteln zu schreiben. Manches von meinem letzten
Briefe hat sich nicht bestätigt, so geht's ja immer. Auerswald fuhr
noch am Sonntag Abend zum Könige, die Minister zogen noch am
letzten Abends mit ihrem Entschluß zurück, sie zogen es vor, ihren
Nachfolgern das energische Vorgehen zu überlassen, und so erfolgte
am Montage Nichts, was eine bedeutende Aufregung hervorrufen
konnte. Das Ministerium Auerswald dankte mit einer ziemlich
matten Erklärung ab, welche weder die Linke verletzen, noch die
Rechte ermuthigen konnte, und es ist seitdem eine Art Waffenstillstand eingetreten, der mit schwüler Luft über der Hauptstadt des
unglücklichen Preußen lagert. Die Versuche der Linken, ohne Vertretung der Regierung zu tagen, sind freilich vereitelt, es ist viel
von Reue im Centrum die Rede, doch wissen wir, was darauf zu
geben ist. Gestern Abend ist Beckerath nach Berlin gekommen, und
heute, Freitag, Abend hat Auerswald die Nachricht nach Sanssouci
gebracht, daß Beckerath auf die Vorschläge eingegangen sei; er selbst
ist in Berlin geblieben, um dort das Terrain kennen zu lernen.
Es soll nun der Versuch gemacht werden, die Versammlung in ihre
Schranken mit Entschiedenheit zurückzuweisen, die schleunige Förderung des Verfassungswerkes zu fordern und zu diesem Zwecke die
Majorität der Kammer zu gewinnen. Ob der Crefelder Mennonit
dieser Aufgabe gewachsen ist? Man bezweifelt es sehr und verspricht sich wenig von diesem Ministerium, das doch recht eigentlich
berufen ist, die Krone zu retten. Ja, man verdenkt es Beckerath,
daß er sich an diese Aufgabe wagt; man traute ihm genug Selbsterkenntniß zu, um davon zurückzubleiben. Ich habe kein Urtheil

darüber, aber wenig Muth. Der Glaube an einen Gewaltschritt,
der dem Unwesen der Nationalversammlung ein Ende macht, befestigt sich immer mehr; die Hausfrauen in Berlin kaufen ein für
die Belagerungszeit. Mit dem Umzuge in das Schauspielhaus soll
das Drama beginnen. Inzwischen wird das Dogma von der Unauf-
lösbarkeit der Versammlung nach Kräften geprebigt, von einem
großen Theile der Berliner Bürgerwehr natürlich angenommen,
und man hat kaum den Muth, sich die Scenen zu denken, welche
wir nächstens vielleicht erleben müssen. Noch scheint freilich die
anarchische Partei vor allen gewaltsamen Konflikten zurückzubeben,
sie arbeitet aber im Stillen mit ungeheuerer Energie und leider
mit unleugbarem Erfolge. Ihr Hauptaugenmerk ist das Heer.
Die Auftritte in Potsdam, so sehr sie übertrieben werden, haben das
Traurige, daß sie wirklich von Soldaten ausgegangen sind. Die
Dummheit eines Majors bei Vertheilung von Geld für Bravour
in den Märztagen hat die erste Veranlassung gegeben. Nun sind
freilich die Schuldigen schnell von jedem Verbrechen zurückgetreten
und haben sich reuig gezeigt, aber es ist immer ein sehr bedenkliches
Symptom einer an verschiedenen Orten beginnenden Demoralisa-
tion der Truppen. Die Demokraten haben wieder viel Geld. Sie
holen die Soldaten in Droschken von den Kasernen ab, traktiren
sie und locken ihnen dann, wenn sie betrunken sind, das Versprechen
ab, im Falle des Kampfes nicht zu schießen u. s. w. In den demokratischen Versammlungen sieht man immer mehr Soldaten und
Unterofficiere, man macht sie auf ihr kümmerliches Leben aufmerksam, zeigt ihnen, daß sie selbst Officiere werden müßten u. s. w.
Die Kriegsreserve ist unzufrieden, um Nichts und wieder Nichts ein-
berufen zu sein, und die Rekruten bringen den Geist der Anarchie
aus den Städten und Dörfern mit. Seit den letzten 14 Tagen
haben wir nur Trauriges erlebt; man sieht nur Symptome der
Auflösung, und von allen guten Preußen ist Friedrich Wilhelm IV.
vielleicht der einzige, welcher noch immer wohlgelaunt erscheint.
Die Prinzeß ist in sehr schmerzlicher Aufregung, und auch den
jungen Prinzen muß ich auf alle Weise zu beruhigen suchen, doch
ist er gefaßt und neigt nur dazu, Alles zu schwarz anzusehen. Der
Arme! Nun soll in 14 Tagen seine Konfirmation sein. Wir fahren
dreimal die Woche zur Stadt. Die Thorwache ist im Honneurs-
machen sehr eifrig, heute präsentirte einer in der Reihe ohne Hut,
den er in der Geschwindigkeit nicht hatte finden können. Die Bürger-

mehr ist und bleibt gräßlich; sie trägt, als Kind der Revolution, recht das Gepräge der Liederlichkeit und Würdelosigkeit an sich. Morgen früh wird nun das erste Bataillon des Kaiser Alexander-Regiments*) in Potsdam eingeholt und im Lustgarten vor dem Könige vorbeimarschiren.

Sonnabend Mittag.

Heute um ½9 Uhr ritt ich im Gefolge des Prinzen von Preußen nach dem Lustgarten und dann die Nauener Straße entlang dem ersten Bataillon vom Alexander-Regiment entgegen. Guirlanden waren quer über die Straße gezogen, alle Fenster spendeten Blumen, die Bajonette trugen Sträuße und Kränze, die gebräunten Krieger zogen in ernster Würde ein, von lebhaften Hurrahs begrüßt. Es war einmal wieder ein schöner Augenblick; man fühlte, was es heißt, ein Vaterland haben, man fühlte, was es sein könnte, und viele Ehrenmänner sah ich die Augen voll Thränen. Mein junger Prinz begrüßte die Soldaten mit großer Liebenswürdigkeit, wie er denn überhaupt mehr und mehr eine Leutseligkeit und liebliche Herzlichkeit entwickelt, welche unwiderstehlich auf die Leute wirkt. Ich habe rührende Beweise davon. Im Lustgarten wurden die schönen Eindrücke schon vielfach gestört. Es wimmelte dort von schlechtem Gesindel. Des Königs Pferd wurde vom Blumenwerfen wild, er wurde sehr verdrießlich und schalt laut und heftig in die Menge hinein. Es entstand eine ängstlich gedrückte Stimmung. Wenige hörten die Anrede des Königs an die Truppen.

Beckerath hat sich bis jetzt noch nicht in Sanssouci gezeigt. Gestern Abend war Konferenz bei Milde. Das von Beckerath entworfene Programm des Ministeriums hat dem Könige durchaus nicht gefallen. Ich fürchte, am Dienstag wird noch kein Ministerium da sein. Der General ist sehr elend, die Aerzte sind sehr bedenklich. Er will nun entschieden nach der Konfirmation fort, und es geht nicht anders. Aber jetzt eine neue Wahl! Wie sollen wir aus allen diesen Verwickelungen herauskommen? Mein lieber Georg, Du weißt, ich bin gern fröhlich, aber ich kann nicht anders, als Euch mein bekümmertes Herz ausschütten, denn wer kann den Schmerz um unser theures Vaterland gleichgültig tragen, und mich hat nun das Schicksal so gestellt, daß ich den bitteren Kelch unserer

---

*) Welches aus Schleswig-Holstein zurückkehrte.

öffentlichen Leiden recht aus erster Hand trinken und das Unheil-
bare unserer Zustände immer vor Augen haben muß.

Unter. den Eichen.

16. September 1848.

Wenn ich in betrübtem Sinn
Bittre Thränen möchte weinen,
Wandl' ich sachte für mich hin
In den grünen Eichenhainen.

Und es kommet ungesehen,
Wie der Thau vom Himmel regnet
Ueber mich ein Friedenswehen,
Das mich tief erquickt und segnet.

Und voll hoher Zuversicht,
Daß ich selbst darüber staune,
Hör' ich, wie's im Innern spricht
Hell und gut mit froher Laune:

Sollt' auch jeder Hoffnung Licht
Nach und nach vor uns erblassen,
Unser Gott, der wird uns nicht
Und der darf uns nicht verlassen.

Mag in Sturmesnacht verweh'n
Alles was nur eitel Spreu ist,
Desto fester wird besteh'n,
Wer da ausharrt und getreu ist.

Und das Volk, das Du erwählt,
Trägst Du immerbar am Herzen,
Seine Thränen sind gezählt,
Und Du lauschest seinen Schmerzen.

Folgest ihm mit Hirtenblick,
Wenn es sich vom Weg verirrte,
Führst mit leiser Hand zurück
Und beruhigst das verirrte.

Nun wohlan! in Deine Hand
Leg ich mit getrostem Muthe
Mein geliebtes Vaterland
Und mein Volk, das treue, gute.

Fröhlich glüht mein Angesicht,
Daß ich dies vermag zu fassen,
Unser Gott verläßt uns nicht
Und er darf uns nicht verlassen.

Also hab' ich still gelauscht,
Wie die Friedensboten kamen,
Und durch meine Eichen rauscht
Ein geheimnißvolles Amen.

Georg Curtius an die Eltern.

Berlin, 22. September 1848.

Mit Ernst sprachen wir fast nur über die Greuel in Frankfurt,*) von denen sich der Blick mit Entsetzen abwendet. Ich habe
aber eine Ahnung, daß das der Punkt ist, wo man umkehrt. Wo
nicht, so sinkt Deutschland in Barbarei. Ernst blieb bis 7 Uhr hier,
wir theilten uns in ein Billet der Nationalversammlung, sodaß er
bis 1 Uhr, ich von 1—3 Uhr da war.

Ernst Curtius an Kurd von Schloezer.

27. September 1848.

Ein guter Theil der Frankfurter Helden ist bei uns eingezogen.
Sie haben ihre Verwundeten mitgebracht. Montag war Alles auf

---

*) Die Ermordung von Lichnowsky und Auerswald am 18. September.

ben Kampf vorbereitet, zahllose rothe Mützen wogten durch die
Straßen. Da gelang es Pfuel, eine Versöhnung mit der Versammlung zu Stande zu bringen, welche, ohne die Krone zu kompromittiren, besser ausfiel, als man erwarten konnte. Ich freute mich,
daß es in dieser von dem früheren Ministerium verpfuschten Angelegenheit nicht zum Bruche gekommen ist, obgleich ich Viele über
feige Nachgiebigkeit jammern höre. Jetzt hat das Ministerium die
Hände frei und kann vorwärts gehen. Viel Vertrauen kann es aber
nie einflößen. Pfuel ist eine Ruine, und ein bedeutendes Redner-
talent hat sich noch nicht am Ministertische gezeigt. Man will mit
starken Tumultgesetzen u. dgl. vorgehen, man kann aber kaum auf
eine ansehnliche und dauernde Majorität rechnen. Einstweilen ist
die Krisis hinausgeschoben, und dabei haben die Demokraten, die
Alles auf gestern vorbereitet hatten, Zeit, Geld und Gelegenheit
verloren. Aber wie es eigentlich besser werden soll — ich begreife
es nicht und sehe mit banger Sorge dem Winter entgegen. Freitag
ist des jungen Prinzen Konfirmation in Charlottenburg. Er hat
in diesen Zeiten eine große Kraft der Ruhe und Fassung bewährt
und ich hoffe zu Gott, daß er für seine schwere, sorgenvolle Jugend
noch einmal entschädigt werden wird. Die Mutter ist leider in
einer Aufregung und Erbitterung, wie ich sie nie gesehen habe.

Heute, Mittwoch, war ich den ganzen Vormittag in Berlin
und habe es ruhiger gefunden, als es seit lange war. Die Masse
der Bevölkerung neigt sich entschieden mehr zu Ruhe und Versöhnung hin, während die Demokraten immer mehr alle Fassung
und alles Maß verlieren. Wer hinter Barrikaden ficht, hat sich
ums Vaterland verdient gemacht. Es ist nicht anders möglich, als
daß am Ende nur Bösewichter und Wahnsinnige das demokratische
Heerlager bilden und daß diese sich selbst in ihren Untergang stürzen.
Heute langten hier die Nachrichten von den Kölner Barrikaden an.
Man wird allmählich ganz stumpf gegen dergleichen Hiobsposten,
und man beruhigt sich mit dem leidigen Troste, daß die Geschwüre
aufbrechen müssen, ehe der Körper gesund wird.

An die Eltern.

30. September 1848.

... Die gestrige Feier hatte einen ungewöhnlich feierlichen
Charakter, der junge Prinz war in einer so edelen Stimmung, so
durch und durch erwärmt von der Wahrheit, die er bekannte, so

liebevoll gegen uns Alle, die wir seine Jugend gepflegt haben, daß
er uns Allen eine große Freude gemacht hat. Er antwortete in der
Prüfung fest und klar, aber mit einer von innerer Bewegung zeugenden Stimme, die zahlreiche Versammlung war von der Feier tief
ergriffen. Der alte Ehrenberg sprach auch mit ergreifender Kraft
seinen Segen über das jugendliche Haupt. Nichts aber hat mich
mehr ergriffen, als die tiefe Bewegung des Vaters. Er war gegen
mich von einer rührenden Herzlichkeit, und unmittelbar vor der
Einsegnung, da der General und ich mit dem Prinzen zusammen
waren, kam er zu uns herein, umarmte uns weinend und sagte
dann zu seinem Sohne: „Mein Sohn, wenn die Stunde kommt,
wo Du weder aus noch ein weißt, so halte Dich an Deinen Gott,
den Du heute bekennst.“

Heute feiern wir den Geburtstag der Prinzessin. Es war ein
wundervoller Vormittag, so sommerlich warm und dabei die Landschaft so duftig, daß man sich gar nicht satt sehen konnte. Um
$\frac{1}{2}2$ Uhr fahren wir zusammen in die Garnisonskirche zur Vorbereitung. Morgen werde ich mit zum Abendmahle gehen, an
welchem außer den nächsten Verwandten auch der König Theil
nehmen wird.

In der Wüste.

Zum Geburtstage der Prinzessin von Preußen. 30. September 1848.

Ob auch wir durch Wüstensand
Vierzig Jahre wandern müssen,
Bis wir endlich angelangt
An des heil'gen Landes Flüssen?

Oder ob durch Wunderkraft,
Wenn die Nächte sind am längsten,
Plötzlich uns ein Gott befreit
Aus den ungefügen Aengsten?

Eines weiß ich felsenfest,
Daß die Nacht nicht länger währet,
Wenn der Morgenstern erscheint
Und die Welt mit Glanz verkläret.

Dann verschwindet Lug und Trug,
Der die Menschen hält umsponnen,
Wie im Herbst der Morgenduft
Bald im Sonnenlicht zerronnen.

Und sowie es ringsum tagt
In den weiten, hellen Räumen,

Raffet sich das Volk empor
Aus den bösen, schweren Träumen.

Nun erkennen sie den Wahn
Und das Joch, an dem sie trugen,
Seh'n erschreckt der Wunden Blut,
Die sie selbst einander schlugen.

Und sie kehren nun zum Herrn,
Dessen Tempel sie verlassen,
Und der Friede ziehet ein
In der Städte frohe Gassen.

Fürst und Volk umschlinget dann
Alter Liebe Band aufs neue,
Und sie schwören fest vereint
Sich ein Bündniß heil'ger Treue.

Selbst in dies gelobte Land
Mit den Freunden einzuwandern,
Sei es mir und Dir gewährt,
Sei es vorbehalten Andern —

Nur wie Moses möcht' ich noch
Von dem Berge niederschauen
In des Friedens Parabies,
In die gottbeglückten Auen.

Und dann wollt' ich auch wie er
Mit getrostem Muthe sterben,
Fröhlich, daß die Jüngeren
Uns'rer Väter Land erwerben.

An Kurb von Schloezer.

6. Oktober 1848.

Dein reicher Brief mit der lebendigen Schilderung unserer Centralzustände, die täglich für uns Alle interessanter werden, hat hier großen Anklang gefunden. Die Anerkennung preußischer Tüchtigkeit im übrigen Deutschland ist in gegenwärtigen Zeiten noch das einzig Erfreuliche. Ich habe mich herzlich gefreut, darauf hinweisen zu können, und so in die gebrückten Stimmungen unserer hiesigen Kreise einige Lichtblicke hineinführen zu können. Obgleich es auch mir nicht klar wird, wie es bei uns besser werden soll, so sehe ich doch ein, daß Muthlosigkeit aller Uebel schlimmstes ist, und kämpfe nach Kräften dagegen an. Einen neuen Hoffnungsschimmer gibt die Wahl Binckes, der hoffentlich annehmen und, mit seinen Frankfurter Erfahrungen ausgerüstet, hier die Rechte ordnen, führen und begeistern wird. Beim Bürgerwehrgesetze sind freilich die Anträge der äußersten Linken durchgefallen, aber die Versammlungen fahren fort, gräßlich pöbelhaft zu sein. Die Linken überschreiten jedes Maß, sie opponiren gegen die Beschlüsse, sobald sie in der Minorität bleiben, ein Theil der Bürgerschaft unterstützt sie. So wird wahrscheinlich die schließliche Verlesung und Annahme des Bürgerwehrgesetzes am nächsten Montage Unruhen hervorrufen. Dabei ist jedoch die Regierung so sehr im vollsten Rechte, daß man nur wünschen kann, daß es über diesen Punkt zu einem Konflikte komme. Von den Studenten sind ungefähr noch 120 zusammen im Studentencorps, die auch gegen die infolge des Gesetzes nothwendige Auflösung protestiren. Die Anmeldungen zum nächsten Semester sind sehr sparsam.

Die Konfirmation ist heute vor acht Tagen glücklich von Statten gegangen, in Charlottenburg, dem Hauptquartier des Prätorianergenerals Wrangel. Alle Lehrer und alle jungen Freunde des Prinzen waren zugegen. Am anderen Morgen kam der König zu uns und hing dem General einen Orden mit Brillanten um. Dann nahte er mir und gab mir erst seine Tabakdose und dann eine rothe Kapsel und darin — das Unvermeidliche. Verachte mich darum

26*

nicht, mein guter Schwager, ich bin wahrhaftig unschuldig. Ich habe es Georg auf eine schonende Weise beizubringen gewußt.

Unsere Existenz wird um so peinlicher, je mehr es gegen den Winter geht und die Entscheidung des Wohnsitzes heranrückt. Den Gedanken an einen Potsdamer Winter kann ich kaum ertragen.

Ernst Curtius an den Bruder.

Oktober 1848.

... Das Ministerium Brandenburg steht noch immer wie eine Wetterwolke am Himmel; es wird eine fürchterliche Krisis erfolgen, ich kann kein Heil erwarten. Am Ende verlernt man Hoffen und Fürchten, und ich arbeite Argolica. ...

An denselben.

7. November 1848.

Wir harren in ängstlicher Spannung auf das, was kommen mag. Wir waren ja einig darüber, daß jetzt alle Konsequenzen gezogen werden mußten, weiter ist auch Nichts geschehen. Das Gesetz muß einmal wieder gelten, sonst geht die Entsittlichung des ganzen Volkes reißend vorwärts. Bassermann hat Alles, was die Regierung thut, gebilligt. Die Deutsche Zeitung und die Kölner Zeitung forderten dasselbe. Es ist der Kampf des Guten und Bösen. O bitte, bleibt recht gemäßigt und ruhig und mäßige und beruhige nach allen Seiten.

An denselben.

November 1848.

... Mein Herz ist sorgenschwer und ich habe immer die Angst, von Dir entfernt, mit meinen Meinungen und Gedanken von den Deinigen mich zu trennen. Wir müssen in der Hauptsache eins sein. Es ist der Kampf, der verzweifelte Kampf gegen die Revolution. Siegt diese, so geht Alles unter, was uns theuer ist. Der König mußte diesen Kampf unternehmen, seine Sache ist gerecht, ohne den Kampf wäre der Thron stückweise zerpflückt worden. Die Handlungen des Ministeriums sind konsequent,*) an welchem Punkte

---

*) Am 8. November wurde Graf Brandenburg zum Ministerpräsidenten ernannt, am gleichen Tage wurde die Nationalversammlung nach Brandenburg verlegt und bis zum 27. vertagt, am 11. November die Berliner Bürgerwehr aufgelöst, am 12. der Belagerungszustand für Berlin verkündigt, am 5. December die Nationalversammlung aufgelöst und die Verfassung oktroyirt.

wollteſt Du den Faden abſchneiden? Es gilt den letzten Verſuch,
dem Geſetze Ehrfurcht zu verſchaffen. Mißlingt es, ſo iſt unendlich
viel verloren, aber daſſelbe wäre auch ſonſt, nur langſamer verloren gegangen. Ich weiß, es iſt ſchwer, inmitten einer von lügen-
haftem Pathos hingeriſſenen Menge klarſehend zu bleiben, aber iſt
es doch die nächſte und höchſte Pflicht. Es fragt ſich nicht, ob die
Regierung dieſe oder jene Dummheit gemacht hat, ſondern ob man
ſich ihrem heiligen Endzwecke, die Anarchie niederzuwerfen, an-
ſchließen will, oder ob man der Revolution in die Hände arbeiten
will. Denn wahrhaftig, nicht die Gemäßigten, die jetzt mit ihrem
„geſetzlichen Widerſtande" ſich und Andere belügen, werden die Oberhand behalten, ſondern ſie werden von dem Terrorismus der Revolution niedergetreten werden. Dies Dilemma muß man den
Leuten klar machen, die ſo kurzſichtig ſind und glauben, daß ſie
vermeintlichen Uebergriffen der Krone heroiſch entgegentreten, während ſie ihre und ihres Landes Zukunft zu Grunde richten. Darüber müſſen den Leuten die Augen aufgehen, ſie müſſen ſich dem
vorübergehenden Terrorismus des ſtrengſten Geſetzes unterwerfen,
um dem unberechenbaren Terrorismus des Pöbels zu entgehen. Ich
trauere tief über die greuliche Verwirrung in unſerem Vaterlande,
aber ich bin ruhig, da ich ſehe, daß auf der einen Seite die unver-
antwortlichſte Ungeſetzlichkeit, auf der anderen die ſtrengſte Beobachtung des Geſetzes und der uneigennützigſte Zweck iſt. Darum war
ich nie ein entſchiedenerer Royaliſt als jetzt.

An die Eltern.

Potsdam, 26. November 1848.

Ungeheuere Tage ſind wieder über unſere Häupter hinweg-
gegangen, und da ich innerhalb derſelben grauen Schloßmauern
wohne, die den König umſchließen, und da ich in ſteter perſönlicher
Berührung mit dem Prinzen von Preußen ſtehe, deſſen ſtarker Wille
in dieſen Tagen mächtig eingewirkt hat, da ich täglich die bangen
Zweifel und Sorgen der Prinzeſſin theile und mit ihrem Sohne,
über deſſen Zukunft in dieſen Entſcheidungsſtunden gewürfelt wird,
jede Sorge und jede Freude gemeinſchaftlich durchlebe, ſo ſind für
mich alle Fragen des Tages Herzensangelegenheiten, wenn auch
nicht das Wohl des Vaterlandes dabei auf dem Spiele ſtände. Ich
bin aber, Gott ſei Dank, aus allen dieſen heißen Tagen, da es oft
ſchwer war, die Gedanken in Ordnung zu halten, feſter, klarer und

ruhiger hervorgegangen. Mir ist das Recht und die Pflicht der Krone zu dem gethanen Schritte zur Gewißheit geworden. Mit Georg haben mich diese inhaltschweren Tage auch inniger verbunden und nie hat mich das Gefühl der innigsten Uebereinstimmung mit ihm mehr beglückt als in dieser Zeit.

Der König ist körperlich und geistig ein anderer Mann geworden, seine Haltung ist wieder fest und sicher, sein Wille klar. Er gibt im Gespräche zu, daß viele Gute an ihm hätten irre werden können. Er macht sich keine Illusionen, er liest auch die vielen oppositionellen Adressen. Der Prinz von Preußen ist ernst und milde gestimmt, ich möchte, daß Viele mit mir Zeuge gewesen wären, wie er Gott gedankt hat, daß in Berlin die Bekämpfung der Anarchie so unblutig hat bewerkstelligt werden können, wie er nichts als Gesetz und Ordnung hergestellt sehen wollte.

Heute sind wir vierzehn Tage in dem großen Schlosse, in dessen labyrinthischen Räumen wir endlich einige passende Zimmer gefunden haben, von lauter Bildern und Reminiscenzen hohenzollernscher Vorzeit umgeben. In Berlin ist unser Hinterschloß Kaserne geworden, in unserem Saale ist eine Marketenderbude.

An den Bruder.

30. November 1848.

Das waren wieder ein paar Tage echten Hoflebens. Die Riesencour gestern Mittag*) hatte einen sehr anständigen Charakter. Um 3 Uhr aß der Hof in den Zimmern Friedrichs des Großen, an einzelnen Tischen vertheilt. Am Mitteltische saß der „bewaffnete Reaktionschef" Brandenburg, der „Bluthund" Wrangel und die „Camarilla", Gräfin Dönhoff. Brandenburg brachte die Gesundheit des Brautpaares aus. Ich amüsirte mich ganz herrlich zwischen dem Hofgesinde, das jetzt wieder obenauf ist und immer vom „Phantom der Anarchie" spricht. Man kann jetzt merkwürdige Studien in Potsdam machen. Prinz Carl ist auf einmal Teutone geworden und hat die Zulassung von Simson und Hergenhahn erlangt, die der König nicht hat sehen wollen wegen des unglückseligen „wir haben verlangt, daß der König u. s. w." Dabei haben sich Prinz Carl und Prinzeß von Preußen zum ersten Male wider Wissen und Wollen in ihrer Politik gegenseitig unterstützt. Heute haben wir

---

*) Feier der silbernen Hochzeit des Königspaars am 29. November 1848.

einen großen Ritt gemacht mit dem Prinzen Friedrich Carl und dem kleinen Dessauer Erbprinzen, der nieblich ist wie ein Märchenprinz.

An benselben.

11. December 1848.

Der Würfel ist gefallen, wir bampfen übermorgen früh nach ~~urückehren.~~

enburg und

t der Prinz

Verlagsbuchhandlung von Julius Springer

in Berlin N., Monbijouplatz 3.

Oktober 1901.

über 1848.

erschien:

ich durch die

Leuten wie

n Repräsen-

Bürgerwehr-

talien und die Italiener.

ig geistreich

Betrachtungen und Studien

geftern ben

über die

ilte mir die

ichen, wirthschaftlichen und sozialen Zustände Italiens.

Von

mit, bessen

Theben auf-

P. D. Fischer.

hat sie vor-

Ergebnissen

Zweite Auflage.

ein Schuft

Neueste aus

Preis M. 7,—; elegant in Halbleder gebunden M. 9,—.

mar ist sehr

ie tragen ba-

❤❤❤

jerrscht aber

Es ist ein

Verfasser will es Freunden und Besuchern von Italien

Jena wird

rmöglichen, sich über die politischen, wirthschaftlichen

tegrität von

zialen Zustände des Landes, das ein Ziel der Sehnsucht

gthum. Wib-

gebildeten Deutschen ist, ein Urtheil zu bilden. Auf

langjähriger eigener Wahrnehmungen und mit Benutzung

Gymnasiums

reichen statistischen Materials entwirft der ehemalige

taatsfekretär des Reichs-Postamts ein zuverlässiges und

Berlin, wo er

ition in Jena.

einen großen Ritt gemacht mit dem Prinzen Friedrich Carl und dem kleinen Dessauer Erbprinzen, der nieblich ist wie ein Märchenprinz.

An denselben.

11. December 1848.

Der Würfel ist gefallen, wir dampfen übermorgen früh nach Weimar ab. Wir sollen Sonnabend oder Sonntag zurückkehren. Denn in der folgenden Woche zieht Rex nach Charlottenburg und ist der Prinz

---

ruhiger hervorgegangen. Mir ist das Recht und die Pflicht der Krone zu dem gethanen Schritte zur Gewißheit geworden. Mit Georg haben mich diese inhaltschweren Tage auch inniger verbunden und nie hat mich das Gefühl der innigsten Uebereinstimmung mit ihm mehr beglückt als in dieser Zeit.

Der König ist körperlich und geistig ein anderer Mann geworden, seine Haltung ist wieder fest und sicher, sein Wille klar. Er gibt im Gespräche zu, daß viele Gute an ihm hätten irre

wer
viele
und
wär(
Ana:
als

laby·
fund
scher
gew(

cour
3 U[
zeln(
tion(
rilla
Bra(
Hof(
der
Pot(
und
der
habe
Carl
Wo[

einen großen Ritt gemacht mit dem Prinzen Friedrich Carl und dem kleinen Dessauer Erbprinzen, der niedlich ist wie ein Märchenprinz.

An denselben.

11. December 1848.

Der Würfel ist gefallen, wir dampfen übermorgen früh nach Weimar ab. Wir sollen Sonnabend oder Sonntag zurückkehren. Denn in der folgenden Woche zieht Rex nach Charlottenburg und wir — so heißt es — nach Berlin. Auf jeden Fall ist der Prinz von Preußen ganz geneigt dazu.

An denselben.

Weimar, 15. December 1848.

Ich grüße Dich und Kurd von Herzen und kann Dich durch die Nachricht beruhigen, daß es mir hier sehr gut geht. An Leuten wie Preller, Sauppe,*) dem kleinen Pfiffikus, Froriep, dem Repräsentanten eines ernsten, würdigen Bürgerthums, der im Bürgerwehrrocke kurirt, arbeitet, ißt und schläft, Schöll, dem ewig geistreich tändelnden Hofrathe, habe ich meine Freude gehabt und gestern den ganzen Tag in ihrer Mitte zugebracht. Sauppe theilte mir die Ergebnisse seiner vortrefflichen Studien über Hyperides mit, dessen neuerdings auf Papyrusschnipseln im ägyptischen Theben aufgefundene Fragmente er jetzt herausgeben läßt. Er hat sie vortrefflich zusammengeleimt und unter anderen schönen Ergebnissen auch die Bestätigung dafür gefunden, daß Hyperides ein Schuft war und Demosthenes ein Ehrenmann. Dies ist das Neueste aus dem Großherzogthum Sachsen-Weimar-Eisenach. Weimar ist sehr loyal. Altenburgische Kavallerie und sächsische Artillerie tragen dazu bei, den Patriotismus kräftig zu erhalten. Es herrscht aber zwischen Weimar und Jena eine große Spannung. Es ist ein Glück, daß die Städte so weit auseinanderliegen. In Jena wird Wibmann**) verehrt, in Weimar verflucht. Die Integrität von Wibmanns Charakter ist die Parteifrage im Großherzogthum. Wib-

---

*) Der Philologe Hermann Sauppe, damals Direktor des Gymnasiums in Weimar.

**) Dichter und konservativer Politiker, 1844—1848 in Berlin, wo er als Publicist im Sinne der Regierung wirkte, seit der Revolution in Jena. Wibmann war ein Freund Geibels.

mann ist die Seele des Volksvereins, er hat jetzt Bibel und Gesang-
buch bei seinem Lehren zu Hülse genommen und schließt jeden Vortrag mit Gebet. Er hat Froriep wegen Verleumbung verklagt. Ich
wurde über Widmann an verschiedenen Orten strenge vernommen.

Heute werde ich von meinen Freunden wohl Nichts sehen, da
ich den ganzen Tag den entblätterten Hof von Weimar schmücken
helfen soll.

Morgen ziehen wir vielleicht nach Eisenach. Schon die Vor-
spiele der Gebirge, diese Höhen um Weimar entzücken mich, und nie
fühlte ich lebhafter, daß es doch außerhalb Berlins schöne Striche
in Deutschland gibt, und daß man, um Mensch zu bleiben, nicht
zu lange in der Mark bleiben muß.

Zur Weihnachtsfeier im Palais des Prinzen von Preußen.

24. December 1848.

Was glänzen dieses Saales Wände,
Der düster war so manchen Tag?
Was regen sich geschäft'ge Hände,
Wo Alles still und traurig lag?

O sieh! die Liebe regt die Herzen,
Sie löst den düstern Zauberbann,
Die Liebe zündet ihre Kerzen,
Die hellen Freudenlichter an.

Daß keine Ecke dunkel bliebe,
Durchleuchten sie das ganze Haus,
Wie heil'ger Weihrauch ist die Liebe
Und treibt die bösen Geister aus.

Es flieh'n die finsteren Dämonen,
In Schatten sinkt das Reich der Nacht,
Wo Lieb und Treu beisammen wohnen,
Da wird zunicht der Hölle Macht.

Und ob noch manche Wunde klaffe,
Noch drohe mancher schwere Krieg,
Die Liebe ist die einz'ge Waffe,
Die uns verbürgt den vollen Sieg.

O segne, Geist des Herrn, die Hallen,
Dann sind wir fröhlich alle Zeit,
Laß Deine Friedenslüfte wallen,
Mach unf're Herzen hell und weit!

Ob wir dann geh'n auf sanften Gleisen,
Ob uns die Donnerwolke droht,
Wir wollen Dich in Allem preisen,
In Glück und Lust, in Noth und Tod.

Drum vorwärts ohne Furcht und Grauen,
Was hinten liegt, sei abgethan,
Wir wollen fröhlich vorwärts schauen,
Die Zukunft nur gehört uns an.

Dann ist der Tag gebenedeiet,
Den uns zur Freude Gott gemacht,
Und dieses Haus ist neu geweihet,
Das ist die rechte Weihenacht!

An die Eltern.

Potsdam, 2. Weihnachtstag 1848.

Wir fuhren am Weihnachtsabend um 12 Uhr von Potsdam nach
Berlin. Um 6 Uhr erglänzten die hohen Fenster, die so lange
finster und öde gewesen waren, und es war wirklich tief ergreifend,
wie der Prinz und seine Gemahlin die Schaar ihrer Hausgenossen
in den weißen Saal führten, den sie mit ihren Geschenken reicher
denn je angefüllt hatten. Rudolf als junger Gardeofficier war
dabei, und außerdem war Wrangel zu der Feier eingeladen, der sich
wie ein Kind freute und immer mit der großen und mit der kleinen
Prinzeß die muntersten und zierlichsten Scherze wechselte. Die
kleine, die uns vorher schon beschenkt hatte, hüpfte und sprang
mit der liebenswürdigsten Glückseligkeit herum. Es war, als ob
alle unheimlichen Erinnerungen aus dem durch das Verbrechen des
Volkes gezeichneten Hause entwichen und alle guten Geister wieder
einzögen. Mögen sie bleiben!

Jeder fand seinen Tisch im Saale bedacht. Der Oberbefehls-
haber der Truppen in den Marken fand auf seinem, mit reinlicher
Serviette bedeckten, Tische ein großes, einsames Schwein, doch kein
gewöhnliches, etwa ausgestopftes Mutterschwein, sondern ein aus
Bronze mit wunderbarer Naturwahrheit gearbeitetes borstiges
Naturprodukt, dessen stille Größe und, trotz der geschliffenen Hauer,
freundliche Unschädlichkeit vielleicht auf die Milde des Belagerungs-
zustandes hindeutete. In diesem Sinne habe ich mich wenigstens
bei häufiger Anfrage „Wozu dieses Schwein?" ausgesprochen. . . .
Was mich mehr als die Fülle der Geschenke freute, war die große
Herzlichkeit und Güte der Eltern meines Zöglings, der immer mehr

die Freude aller Derer wird, die mit Liebe und Hoffnung auf ihn
blicken. Je mehr er aus den vielfältig drückenden Verhältnissen
seiner Kindheit sich selbständig emporarbeitet, desto mehr Liebe und
Achtung erwirbt er sich, und wenn mich auch zuweilen das Gefühl
ängstigt, daß er jetzt fast ausschließlich meiner Leitung anvertraut
ist, so habe ich doch auch desto reichere Freude im Anschauen seiner
leisen und allmählichen, aber sicheren und reichen Entwickelung. Ich
kann mir nicht anders denken, als daß diese Reinheit und dieser
Abel der Gesinnung, diese lautere Frömmigkeit, diese Empfänglichkeit für alles menschlich Schöne und Edle, die große Fassung und
Selbstbeherrschung, der sichere und natürliche Takt, der unerschütter-
liche Gerechtigkeitssinn, die bürgerliche Einfachheit seines Wesens
und endlich die schöne Gabe, durch Blick und Wort die Herzen aller
guten Menschen zu gewinnen — ich kann mir nicht denken, daß alle
diese Gaben nicht dem Volke sollten zum Segen werden, an dessen
Spitze ihn das Schicksal berufen. Doch wie es auch kommen mag,
ich kann der frohen Ueberzeugung sein, daß er jedes thränenschwere
Mißgeschick, das ihm bestimmt sein mag, schuldlos und mit edler
Fassung tragen würde. Es ruht ja auch Deutschlands Schicksal auf
dem Haupte dieses Jünglings. An jenem unvergeßlich schönen
Decembertage, da wir am Fuße der Wartburg die Herzogin von
Orleans besuchten, hatte ich die große Freude, daß mir die edle
Fürstin die herzliche Freude ausdrückte, welche sie an dem Prinzen
gehabt habe, dem Sohne ihrer theuersten Freundin.

Nach unserer Bescheerung gingen wir hinunter in die Waffen-
halle, wo um einen Tannenbaum die im Schlosse einquartierten
Soldaten versammelt waren. Prinzeß Luise vertheilte unter sie
kleine Gaben, und die Leute waren froh und dankbar. Um 7 Uhr
dampften wir wieder herüber, und um 8 Uhr, als in Lübeck der
blaue Karpfen aufgetragen wurde, vereinigten uns die Prachtsäle
des Potsdamer Schlosses, welche mit den kostbarsten Geschenken angefüllt waren. Besonderes Aufsehen erregte eine Tafeluhr, die der
König seiner Gemahlin schenkte. Ueber der Uhr erhebt sich eine
Blumenvase, wo aus der Mitte einer zierlichen Rose bei jedem
Stundenschlage ein kleiner Kolibri hervortaucht, der mit schmettern-
dem Gesange das Publikum ergötzt. Diese Uhr war ursprünglich
für einen unserem Hofe befreundeten Fürsten der Sandwichinseln
bestimmt. Ich weiß nicht, welche Verstimmungen inzwischen eingetreten sind und das Zurückbleiben des Kolibris in Potsdam ver-

anlaßt haben. Eine Beschreibung aller hier aufgeführten Herrlichkeiten wäre freilich eine ergötzliche, aber meine Kräfte bei weitem
übersteigende Stilübung. Ich nahm wieder den königlichen Tribut
meines Briefbeschwerers in Empfang und war froh, am späten
Abend von den Weihnachtsstrapazen ausruhen zu können.

Heute vor Tische haben wir unsere erste Schlittschuhfahrt gehalten. Prinz und Prinzessin von Preußen sind heute nach Berlin
gezogen, wir bleiben bis morgen Mittag.

Soeben komme ich vom Theeabend bei der Königin. Es war
engster Cirkel. Die Königin auf dem Sopha, der König daneben, vor
dem Kupferwerke aufgeschichtet lagen. Neben ihm Humboldt, der erst
aus dem Journal des Débats referirte und dann in der Lektüre von
Chateaubriands Mémoires d'outre-tombe fortfuhr. Für Humboldt ist
das Lesen eine zur Natur gewordene Kinnbackenmuskelbewegung,
er ist unglücklich, wenn ein Anderer, z. B. der Schauspieler Schneider,
liest. Er ist überhaupt ein Despot und will immer den Cirkel beherrschen. Schon das längere Sprechen eines Anderen macht ihn
nervös und veranlaßt ihn, sich über den Mann laut zu beschweren.
Schon während des Thees griff er mehrmals zum Schrecken der
umherlauernden Hofdamen nach dem verhängnißvollen Buche, der
König bittet noch um eine kurze Frist, nach kurzer Zeit ist es
doch in seinen Händen und zugleich das Lesen mit solcher
Geschwindigkeit begonnen, daß kein neuer Aufschub dazwischen
kommen kann. Chateaubriand erzählt mit unglaublicher Umständ-
lichkeit und Eitelkeit seine Abenteuer und beschreibt eine Seereise,
als wenn vor ihm und nach ihm Niemand auf dem Wasser gewesen
wäre. Die Phrasen rauschen unaufhaltsam von Humboldts Lippen;
er liest sehr monoton, und da er zunächst nur den Zweck der Muskel-
bewegung verfolgt, oft selbst ohne zu denken, sodaß er sich verliest,
ohne es zu merken. Der König stößt oft laute Weherufe aus, die
Hofdamen stecken zischelnd die Lockenköpfe zusammen, die Kammerherren sehen sich mit malitiösem Lächeln an, und ein summendes
Geplauder übertönt oft fast die Vorlesung. Der König paßt am
Ende allein noch genau auf und interpellirt den Vorleser. Im
Nebenzimmer zwitschert der fröhliche Uhrkolibri. Jede Unterbrechung wird vom Publikum mit dankbarem Lächeln und tiefen
Athemzügen begrüßt. Das Souper wird aufgetragen, man erholt
sich. Doch kaum sind die letzten Teller hinaus, so ist Humboldt
schon wieder beim Lesen und läßt trotz mehrfacher Aufforderungen

der Majestäten nicht eher ab, als bis der von ihm bezeichnete Absatz erreicht ist. Es hat fast etwas Trauriges, Humboldts Altersschwäche dabei zu bemerken und ihn von den frivolen Zungen des Hofgesindes bespötteln zu sehen. Doch fehlt es natürlich nicht an vielen interessanten Bemerkungen, die er während des Lesens einstreut.

Nach dem Aufstehen um 11 Uhr sprachen die Majestäten noch mit den Einzelnen. Die Königin äußerte mir ihre Befriedigung über den jungen Prinzen. Der König sprach über sein Interesse für Chateaubriand und über ein vorliegendes Werk, das die Gebäude seines Lieblings Palladio betraf.

Dies war der Schlußabend unseres Potsdamer Aufenthaltes, zu dessen Wiederholung uns hoffentlich sobald kein Mißgeschick verurtheilt.

Mittwoch Abend. Berlin.

So sind wir wieder eingezogen, und die alten, treuen Wände meiner Stuben umfangen mich wieder. Gott segne diesen Einzug! Es muß noch Vieles anders werden, um gut zu sein. Noch ist kein Vertrauen da, noch hat „Berlin" einen übeln Klang, ja das „Volk" selbst, das gute deutsche Wort ist in Verachtung gekommen. Noch sieht man nicht ein, wie zwischen Militärterrorismus und Pöbelwirthschaft die Bahn gefunden werden soll, auf der allein wir anständig wandeln können.

Zum 22. März 1849.

Wenn wir Dich je an diesem Tage grüßten,
So ist uns heut', als wenn wir tiefbewegt
Dich doppelt feierlich begrüßen müßten
O Fürst, dem unser Herz in Treue schlägt.

Der Tag ist festlich! Fort mit Gram und Sorgen!
Kein bittrer Schmerz vergälle seine Lust!
Tiefernst, doch freudig feire diesen Morgen,
Demüthig, still, doch Deiner Kraft bewußt!

Gedenk' nicht derer, welche treulos waren,
Die eines Taumels böser Wahn erfaßt,
Sie werden einst der Reue Qual erfahren
Und seufzen unter der Verschuldung Last.

Gedenk' an die, so schmerzumnachtet weinten,
Als Du verließest Deiner Väter Land,
Die sich in Sehnsucht und Gebet vereinten,
Nur fester schlingend ihrer Treue Band,

Die unverrückt nach Albions Küsten schauten,
Auch dort Dich grüßten mit der Liebe Ton
Und jubelnd Ehrenpforten bauten
Dem heimgekehrten theuern Fürstensohn.

Gedenk' der Krieger, die am Dänenwalle
Den alten Ruhm besiegelten mit Blut,
Dein Name tönte laut im Liebesschalle
Und gab den Stürmern neuen Siegesmuth.

Gedenk' der Schaaren, die beim Königsrufe
Sich froh erhoben wie ein einz'ger Mann,
Wie standen sie um Eures Thrones Stufe
Ein muthbeseelter, starker Heeresbann!

Europa sah erstaunt dies Volk der Krieger,
Das stets gewappnet auf den Kampfplatz tritt,
Und Deutschland rief: „Ja das sind uns're Sieger!
Wir folgen freudig Eurem Heldenschritt!"

Der brüderlichen Eintracht alte Triebe
Erwachten neu in unser Aller Blut,
Seht! Deutschland kommt und wirbt um Eure Liebe,
Es schmiegt sich unter Eures Adlers Hut.

O fühlt es ganz, wie herrlicher noch nimmer
Ein Fürstenamt, als wie das Eure ward,
Nicht gilt es einer Krone goldnen Schimmer —
Ein Volk zu retten, welches Eurer harrt.

Ihr seid die Bürgen seiner höchsten Güter,
Der Freiheit Bürgen und des guten Rechts,
So wandelt vor uns als des Landes Hüter
Gedenkend Eures fürstlichen Geschlechts.

Zur Ernte reif sind der Geschichte Saaten,
Die Eure Ahnen in dies Land gesenkt,
Und neue Bahnen winken Euren Thaten,
So habt nicht Ihr — so hat es Gott gelenkt.

Wir seh'n auf Euch mit frohem Angesichte;
Verbannet sei, was Angst und Zweifel schuf.
O horchet auf! Es ruft die Weltgeschichte,
Und Hohenzollern höret ihren Ruf!

Georg Curtius an die Eltern.

Berlin, 5. Januar 1849.

Hier fand ich Ernst wohl und munter vor. Er führte mich in
seinem neu bereicherten Zimmer umher und stellte die Reihe von
neu erworbenen Briefbeschwerern vor mir auf. Den Abend gingen
wir zu Frau Besser.

31. Januar 1849.

In Ernsts Leben tritt heute eine wichtige Veränderung ein.
Oberstleutnant Fischer tritt seine Stelle an, aus der der General
sich zurückzieht. Es muß sich nun zeigen, ob Ernst mit ihm gut
auskommen wird. Jedenfalls gewinnt er durch den Wechsel mehr
freie Zeit für sich und seine Studien, und auch für den Prinzen
ist es viel werth, daß ein kräftiger, in der Politik wohlbewanderter
Mann ihm zur Seite steht. Ueber die Grundsätze der Erziehung
scheinen Beide übereinzustimmen, indem Oberstleutnant Fischer gleich
erklärt hat, er finde seine eigentliche Aufgabe darin, den Prinzen
auf seine eigenen Beine zu stellen.

Berlin, 4. Mai 1849.

Ernst ist nun seit vorgestern im einsamen Schlosse in Potsdam.
Es thut mir leid, ihn nicht mehr hier zu haben, da es so viel zu
besprechen gibt. Doch wird er ja, denke ich, öfters einmal herüber-
kommen, und das herrliche Wetter ladet auch nach Potsdam hinüber.

16. Mai 1849.

Ernst kommt oft herüber, aber meistens nur auf einzelne
Stunden. Jetzt ist er mehr als bisher gebunden, weil der Oberst
Fischer in einer diplomatischen Mission an den Reichsverweser nach
Frankfurt gegangen ist.

Heute steht der Aufruf des Königs „An mein Volk" an allen
Straßenecken und wird begierig, zum Theil andächtig, gelesen. Von
Unruhe ist hier keine Spur, wie überhaupt nicht in den östlichen
Provinzen. Die Gefahr ist sehr groß, aber wer weiß, ob wir nicht
so zu einer festeren deutschen Einheit gelangen, als durch die ein-
fache Annahme der Reichsverfassung?*) Im Süden Deutschlands
zeigen sich die unreinen Elemente jetzt deutlicher. Ehe diese rothen
Republikaner nicht besiegt und gänzlich niedergeschmettert sind,
blüht für Deutschland kein Heil. Eben liest man, daß in Baden die
Republik proklamirt ist, also in einem Staate, der die Verfassung

---

*) Am 28. April hatte Friedrich Wilhelm IV. die Reichsverfassung
endgültig abgelehnt. Am 15. Mai erfolgte die Proklamation des Königs
über die deutsche Verfassung, durch welche die preußische Unionspolitik
eingeleitet wurde.

anerkannt hat. Ein deutliches Zeichen davon, wie wenig der süddeutschen Bewegung die Verfassung gilt.

22. Juni 1849.

Ernst ist nun in Babelsberg, wo ich ihn Sonntag besuchte. Der
Aufenthalt im Freien sagt ihm viel mehr zu, als der in dem langweiligen Potsdam. Der Prinz von Preußen ist am Rhein, die
Prinzessin in Weimar, von wo sie jedoch in einigen Tagen zurückkehren wird, so ist es draußen jetzt sehr still und ungenirt. Gestern
war Ernst ein paar Stunden hier. Er arbeitet jetzt sehr fleißig
und sieht oft etwas auf der Bibliothek nach. Sein Werk geht mit
raschen Schritten seinem Abschluß entgegen.

20. Juli 1849.

Ernst ist wohl und sehr fleißig. Ich wünsche ihm sehnlichst,
daß er zum Oktober aus seiner jetzigen Stellung herauskomme und
sich wieder mit allen Kräften seiner wissenschaftlichen Laufbahn
hingeben möge. Der Prinz wird jetzt selbstständig; sein Beruf ist
das Kriegswesen. Wie jeder junge Mann fühlt er in dem Zeitpunkt,
wo er in das Leben eintritt, sich zu seinem Berufe hingezogen und
weniger von den Studien angezogen, die er bisher trieb. Das war
vorauszusehen und ist ganz natürlich. Darum kann jetzt Ernsts
Einfluß auf ihn nicht so groß sein wie früher, obwohl dasselbe
freundschaftliche Verhältniß besteht. Würde Ernst noch länger bei
ihm bleiben, so könnte ich für beide Theile davon wenig Gewinn
versprechen. Die Zeiten selbst sind friedlichen Studien ungünstig,
und auch für Ernst wird es Zeit, sich seiner wissenschaftlichen Thätigkeit ganz hinzugeben, wenn er wieder in sie eintreten will. Nach
der Rückkehr des Prinzen wird die Sache wohl bald zur Sprache
kommen.

Ernst Curtius an Georg Curtius.*)

Berlin, 27. August 1849.

. . . Radowitz ist der Held des Tages. Man drängte sich gestern
zu den Tribünen, als wenn die Cerrita tanzte. Es war ein selt-
samer Anblick, Prokesch neben der Frau von Radowitz zu sehen,
welcher er die verbindlichsten Sachen über die Rede sagte. Heute
gehe ich mit dem Prinzen in die erste Kammer.

---

*) Der Berlin verlassen hatte, und nach einer Reise durch den Thü-
ringer Wald nach Lübeck gegangen war. Zum 1. Oktober ging er nach
Prag.

Sonnabend war ich bei Niebuhr*) zur Taufe. Ich stand zwischen Präsident Gerlach, General Gerlach, Bethmann-Hollweg. Mir wurde vor schwarz und weiß ganz grau zu Muthe. Morgen gehen wir zur Goethe-Feier ins Theater.

Alexander von Humboldt

in ein zum 2. September 1849 von der Prinzessin von Preußen gestiftetes Album:

„Wie der Vogel auf dem Felsen über dem schäumenden Wasserfall (der letzte der Aturen, den Sie so anmuthig besungen)**) bin ich übrig geblieben aus dem Schiffbruch des alten Geschlechts. Wenn Ihr Blick, theurer Curtius, sich weiden konnte an der griechischen Landschaft, an der innigen Verschmelzung des Starren und Flüssigen, des mit Cypressen oder Oleander geschmückten oder felsigen, luftgefärbten Ufers, des wellenschlagenden, lichtwechselnden, glanzvollen Meeres, wenn die ewige, unwandelbare Größe der freien Natur, in welcher die hingeschiebene Größe von Hellas sich spiegelt, Ihr regsames Gemüth und Ihre Sprache veredelten, ward mir, dem Wandernden, nur zu Theil, an namenlosen Flüssen, in dem dichten und wilden Forst des Orinoco, zwischen schneebedeckten Feuerbergen, in den endlosen Grasfluren und Steppen des Irtysch und Obi zu verweilen. Einsam würde ich mich fühlen, einer der Letzten von dem alten Geschlecht, hätte Freundschaft nicht, die Alles lindernde, mir ihre wohlthätige, süßeste Gabe gespendet. Auf dem kleinen, laubbekränzten Hügel, wo Geist und holde Anmuth walten, ist mir an einem festlichen, von den Edelsten still gefeierten Tage die Freude geworden, dem tieffühlenden Naturmaler von Naxos diese wenigen Zeilen (in ungezähmter Freiheit, cursibus obliquis fluentes)***) aus geradem Sinne dankbar und liebevoll zu widmen."

An den Bruder.

13. September 1849.

Morgen ist Humboldts 80. Geburtstag, welcher in Tegel gefeiert wird, wo die Majestäten essen werden. Die Prinzessin schenkt

---

*) Marcus Niebuhr, damals Kabinettssekretär des Königs.
**) Bezieht sich auf ein Gedicht, welches Humboldt in den „Ansichten der Natur" veröffentlicht hat.
***) Bezieht sich auf Humboldts Schreibweise. Seine Zeilen gingen von links nach rechts in die Höhe.

ihm ein Schreibzeug mit einer Ansicht Weimars. Ich erhielt den
Auftrag, auf den Rücken derselben den Dank der Stadt auszu-
sprechen für die neulich von ihm verfaßte Einleitung zum Album.*)
Ich schrieb also:

> Du hast mit Worten höchster Kraft und Weihe
> Die deutsche Stadt, der Musen frommen Heerd,
> Und ihrer Fürsten, ihrer Dichter Reihe,
> Den Stolz des Vaterlandes, hochgeehrt.
>
> Denn Deine Worte tönen segnend wieder,
> Solang der Mensch auf Deines Geistes Bahn
> Nachsinnet über seiner Erde Glieder,
> Des Himmels Wunder und den Ocean.
>
> Dich grüßt die Stadt, der Du den Ruhm erneuet,
> Du bist ein Denkmal ihrer schönsten Zeit,
> Wenn sie der Größten unsres Volks sich freuet,
> Nennt sie auch Dich mit ew'ger Dankbarkeit.

An den Prinzen Friedrich Wilhelm.

Lübeck, 28. September 1849.

Mein theurer, geliebter Prinz! Es macht mir große Freude,
aus meinem elterlichen Hause, wo man Ihrer mit Liebe und Treue
gedenkt, Ihnen schreiben zu können, umsomehr, da ich während
dieser Tage fortwährend in das vergangene Jahr zurückdenken
muß, da wir uns Ihrer und Ihres feierlichen Gelübdes freuten.
Die Kraft, die Sie damals von Gott erslehten, wird in Ihnen
bleiben und Sie mit getrostem Muth erfüllen, je mehr das Leben
mit immer neuen Ansprüchen an Sie herantritt.

Als wir vorgestern Abend zusammen Thee tranken, wollte ich
Ihnen eine Neuigkeit mittheilen, aber Sie waren von Ihren ritterlichen Thaten so ermüdet, daß ich es vorzog, damit zu warten. Sie
meinten, ich sollte mir in Lübeck eine Frau aussuchen — lieber
Prinz, ich brauche nicht zu suchen, sondern ich habe schon mit Gottes
Hülfe eine Frau gefunden, die Sie auch kennen und lieb haben,
eine Frau, die ich in schweren Zeiten des Unglücks erkannt und
liebgewonnen habe und der ich, so Gott will, ein neues Erbenglück
bereiten werde, es ist die liebe Frau Besser. Ich weiß, mein
guter Prinz, daß Sie diese Nachricht mit innig bewegtem Herzen

---

*) Die Prinzessin hatte ein Album mit Erinnerungen an die klassische
Zeit Weimars zusammengestellt, welches jetzt in einem der Dichterzimmer
des Weimarer Schlosses aufbewahrt wird. Die von Alexander von Humboldt verfaßte Einleitung ist gedruckt in: „Alexander von Humboldt, eine
wissenschaftliche Biographie", herausgegeben von Karl Bruhns. Bd. I,
S. 234—235.

aufnehmen und unser Beider in Liebe gedenken werden. Es war mir unmöglich, länger vor Ihnen ein solches Geheimniß zu haben. Bald bin ich wieder bei Ihnen, dann wollen wir Alles zusammen besprechen.

An den Bruder.

Babelsberg, 16. Oktober 1849.

... Wir leben hier seit Ankunft des Prinzen*) in großer Unruhe, und ich komme leider sehr wenig zum Arbeiten. Erfreulich war des Prinzen Rückkehr, er ist frischer, selbstvertrauender und kräftiger. Sein Einzug in Berlin an der Spitze seines Landwehrbataillons hatte etwas sehr Feierliches, die Haltung der Stadt war musterhaft. Die Kammern kamen beide, um dem Thronerben zu huldigen. Es wurden kurze, kernige Ansprachen gewechselt. Für meinen Zögling war es eine große Freude, seinen Vater so wieder in vollem Ehrenglanze zu sehen.

Heute um 6 Uhr kehrt der Prinz von Preußen aus Berlin hierher zurück und wird an einem von Gyps aufgebauten kolossalen Triumphbogen mit korinthischen Säulen und einer Viktoria oben empfangen. Die ganze Glienicker Brücke wird erleuchtet, die Fontaine wird, von bengalischem Feuer erleuchtet, aus dem Havelspiegel aufsteigen. Nur die winterliche Kälte wird der Begeisterung Einhalt thun. Uebermorgen werden die neuen Schloßräume eingeweiht werden. Um 2 Uhr werden im neuen Palais, in dem Saale, wo der Prinz getauft ist, sämmtliche Ritter des Schwarzen Adlerordens versammelt und, im Beisein des Hofes und der Freunde des Prinzen, der junge Thronerbe in das Kapitel aufgenommen werden. Der König wird ihn dabei feierlich anreden.

Den 19. oder 20. werden wir zur Stadt ziehen, um daselbst noch bis Anfang November zu bleiben. Ich bin noch jung genug, um mich an all dem Tröbel dieser Tage zu amüsiren, doch gesteh' ich gern, daß ich mich herzlich in ein ruhiges Studienleben sehne und daß ich mich auf Bonn wie auf einen stillen Hafen freue.

An Sophie von May.

Bonn, 13. November 1849.

Der Rhein hat uns köstlich empfangen. Eine Reihe glänzender Tage entfaltete vor uns die Schönheit des Stromes und der Berge,

---

*) Nach dem badischen Feldzuge.

sobaß der junge Prinz gleich ein heiteres, großartiges Bild empfing. Sein Einzug ist dadurch ein festlicher geworden und viel
Schweres erleichtert. Ueberhaupt sind wir über die ersten Schwierigkeiten des Eintritts in die neuen Verhältnisse mit größerer Leichtigkeit hinweggekommen, als ich erwartet hatte. Ich bemerke keine
regrets de Potsdam, keinen Widerwillen gegen bürgerliche Kleidung
und ungewohnte Umgebung. Er ging das erste Mal ganz lustig
ins Kolleg mit Senfft*) zusammen, stieg wohlgemuth über verschiedene Tische und Bänke fort und setzte sich in die Mitte der
Studenten, von bunten Mützen, zottigen Bärten und Sammetröcken
umgeben, keiner merkte den Hohenzollern heraus. Selbst Walter
war beim Hereintreten so überrascht, den Prinzen nicht auf dem
freigelassenen Ehrenplatze zu sehen, daß er darüber glücklicher
Weise seine projektirte Anrede ganz vergaß und dieselbe bis zum
nächsten Tage ungesprochen bei sich behalten mußte. Am nächsten
Tage nämlich, am vorigen Sonnabende, war die Immatrikula-
tion. Blume ist der liebenswürdigste Rektor; in wirklich seiner
Anrede begrüßte er den Prinzen, zu dessen Empfang sich mit ihm
der ganze Senat eingestellt hatte. Walter als Dekan der juristischen
Fakultät sagte: „Die Jurisprudenz ist die Wissenschaft der Gerechtigkeit, die Gerechtigkeit ist die Erbtugend der Hohenzollern, darum
gehören Sie vorzugsweise uns an." Den merkwürdigsten Eindruck
machte der Dekan der theologischen Fakultät, Professor Dieringer.
Man sieht es seiner Haltung an, daß er sich schon als Bischof fühlt,
und im vollsten Selbstgefühle stellte er sich dem Prinzen als Landsmann vor, er ist nämlich einer von den Wenigen, welche in Hohen-
zollern-Hechingen geboren sind. Die kurze Anrede unseres jungen
Prinzen war ungesucht, unvorbereitet und sehr ansprechend. Die
Kindlichkeit und Demuth seines Wesens trat recht klar hervor, wie
er seinen Lehrern versprach, ihre Zufriedenheit zu erwerben.

Daß der Eindruck, den er gemacht, ein durchaus erfreulicher
ist, kann ich nach bestem Gewissen behaupten. Senfft ist ein Schatz
für uns, er ist täglich bei dem Prinzen und sitzt neben ihm im
Kolleg. Es kommt darauf an, noch mehr junge Leute heranzuziehen.
Zunächst habe ich meinen Zögling Johannes Brandis empfohlen,
der ein Jahr älter ist als der Prinz und ein in jeder Beziehung
angenehmer, wohlbegabter junger Mensch. Zunächst haben sich

---

*) Dem Freiherrn Senfft von Pilsach, gestorben als Kreisdirektor in
Hagenau im Elsaß.

die drei anderen Prinzen*) sehr an den unserigen herangemacht. Der Prinz von Anhalt wohnt uns am nächsten. Er ist freundlich, gut und anmuthig. Sein Begleiter hat, seit er herzoglich anhaltscher Kammerherr geworden ist, etwas unglaublich Vornehmes bekommen, das ihm bei der im Gasthofe zum Stern erworbenen Wohlbeleibtheit sehr gut steht. Er gab uns gestern ein so opulentes Diner, wie ich es fast noch nie erlebt habe, ich bin heute noch schwach davon. Der Prinz Karl Günther ist gutartig und anspruchslos. Sein Begleiter, Herr von Wartensleben, aus dem Kaiser Franz-Regiment, gefällt mir sehr wohl, er ist gescheut, natürlich und liebenswürdig. Entschieden der begabteste der Prinzen ist der Sachse: leicht, beweglich und gewandt, von sehr angenehmem Aeußeren, viel fragend und wohl unterrichtet. Der Prinz hat ein sehr richtiges Urtheil über seine Standesgenossen. Es wird mir gelingen, daß man später nicht immer wie jetzt von „den Prinzen" als einer unzertrennlichen Gruppe spreche.

An unserem jungen Prinzen habe ich nur Freude gehabt, soweit es meine Person betrifft. Denn er ist zuthunlicher und herzlicher als je. Grüßen Sie Ihre liebe kleine Prinzessin, deren anmuthiges Bild immer vor meinen Augen schwebt!

An den Bruder.

Bonn, December 1849.

... Mir geht die Zeit im Sturmschritt hin. Ich werfe mich mit einer fast leidenschaftlichen Hast täglich auf meine Studien, und täglich kommen wieder von außen so vielerlei Dinge, die mich in Anspruch nehmen und herausreißen in das Leben der geselligen Welt und der Formen. Oh, wie freue ich mich unaussprechlich auf ein stilles Leben der Häuslichkeit und der Wissenschaft! Aber es geht mir sonst ja Alles nach Wunsch.

Durch den Besuch der römischen Rechtsgeschichte bei Walter und die Repetition des Inhalts mit dem Prinzen komme ich auf die leichteste Art in die römischen Alterthümer hinein, für die ich im neuen Jahre mir einen Theil des Heftes ausarbeiten will.

Nachmittags höre ich Ritschls Plautus; seine Methode kennen zu lernen, hat für mich das größte Interesse. Für meine Topo-

---

*) Prinz Georg von Sachsen, Prinz Friedrich von Anhalt-Dessau, Prinz Karl Günther von Schwarzburg-Sondershausen.

graphie habe ich nun die allgemeine Einleitung fast ganz vollendet, aber ich sehe noch immer so unendlich viel zu thun vor mir.

Meine größte Lebensfreude bilden die Nachrichten aus Lübeck.*)
Gott sei Lob und Preis, daß Alles so wohl gelingt. Auguste schreibt
Briefe, die mich zu Thränen rühren, es ist, als ob sie ein neues
Leben begönne, als ob zum ersten Male der Frühling um sie blühte.
Alle scheinen Freude an ihr zu haben, namentlich die Eltern. So
verklärt sich mehr und mehr, was für mich und Auguste unter
schweren Stunden sich zu entwickeln begann. Es bildet sich aus
allen Zweifeln immer klarer in mir das Bewußtsein, daß diese
Frau für mich geboren ist, und daß ich die Blüthe ihres Lebens zu
zeitigen berufen bin.

Clemens Perthes ist meine Freude, und dann die herrlich auf-
wachsende und strebende Nachkommenschaft von Brandis. Dietrich
Brandis ist ein deutscher Jüngling vom edelsten Gepräge. Gestern
lasen wir bei Brandis den Coriolan mit vertheilten Rollen, der
alte Arndt den Coriolanus prächtig!

Coblenz, am zweiten Weihnachtstage 1849.

Ich ging am Strand des Rheines,
Als kaum die Nacht entwich,
Im Glanz des Morgenscheines
Ging er so feierlich.
Die schneebedeckten Schollen,
Die ihm die Schweiz gesandt,
Zog er mit stillem Grollen
Hinab ins flache Land.

O Rhein, Du guter, treuer,
So rief ich hell und laut,
Mein Auge glüht von Feuer,
Wenn es Dein Strömen schaut
So langsam, stolz und prächtig
Und doch so tief bewegt,
So mild und doch so mächtig,
Wenn Gottes Hauch Dich regt.

Wohlan bewähr' aufs neue
Nun Deines Segens Macht,
Empfang in Huld und Treue
Den wir zu Dir gebracht,
Den Enkel großer Ahnen,
Die wohl bei Dir bekannt,
Denn unter ihren Fahnen
Gedeiht Dein reiches Land.

Geht er hinab zu lauschen,
Wie Deine Wellen geh'n,
So laß in ihrem Rauschen
Die alten Sagen weh'n.
Erweck' aus ihren Thürmen
Die Geister, welche dort
Von wilden Kriegesstürmen
Ausruh'n am stillen Ort.

Seit jener Römer Tagen
Sahst Du in Deinem Land
Viel fremde Adler ragen
Und fremder Sitte Tand.
Doch immer zog's Dich wieder
An Deutschlands Herz zurück,
Und theiltest wahr und bieder
Sein Unglück und sein Glück.

Ström' in des Jünglings Seele
Des Eifers helle Gluth,
Daß er beim Kampf nicht fehle,
Wenn's gilt um Deine Fluth,
Daß er das Banner halte
Mit fester Kriegershand,
Daß nie der Feind zerspalte
Von neuem unser Land.

---

*) Wo Auguste besser im Hause der Eltern lebte.

Noch liegt es schmerzumfangen,
Halb träumend und halb wach,
Und harret noch mit Bangen
Auf einen großen Tag,
An dem aus langem Wehe
Und aus Zerrissenheit
Es jugendlich erstehe
Im hochzeitlichen Kleid.

Wann dieser Morgen tage,
Die Weisen ahnen's nicht,
Doch männlich, ohne Klage,
Erharren wir sein Licht.

Aufleuchten mag es blutig,
Mag es im Rosenschein —
Wir wollen stark und muthig
Und fest verbunden sein.

Es steht an Reiches Grenzen
Der Hohenzollern Macht,
Geschmückt mit Siegeskränzen,
Und hält getreue Wacht.
Ein fester Eck- und Leitstein,
Der nimmer wankt und dreht,
Wie dort der Ehrenbreitstein
Im Strom des Rheines steht.

An den Bruder.

Bonn, 9. Januar 1850.

Das Weihnachtsfest waren wir im Coblenzer Schlosse, wo wir
unter den Auspicien des Prinzen von Preußen unsere Weihnachts-
bäume leuchten ließen. Es waren einige herrliche Wintertage,
die ich zu erfreulichen Wanderungen im Rheinthale benutzte. Am
Neujahr waren wir ruhig in Bonn. Am britten begleitete ich den
Prinzen nach Köln, wo wir bis zum 6. blieben und die bortige
Gesellschaft kennen lernten, sowie viele interessante Stadtalter-
thümer, auch wurde ein Ausflug nach Aachen gemacht. Seit dem
6. Januar bin ich wieder in meinem Stubirzimmer und arbeite in
Griechenland und Italien. Ich habe die Vorarbeiten zu den römischen Antiquitäten begonnen und zu diesem Behufe mich mit den
neueren Untersuchungen über altitalische Stämme und Sprachen
bekannt zu machen gesucht.

Von Lübeck habe ich gute Nachrichten; Augustens Briefe sind
mir ein wahres Labsal, die Freude der Eltern an ihr strahlt in
meinem Herzen wieder.

Unter den jungen Docenten hier ist Bernays*) bei weitem der
ausgezeichnetste. Einen so wachen, allseitigen, lebendigen Geist
habe ich nicht leicht kennen gelernt. Seine Auditorien sind überfüllt, er liest jedes Semester neue Kollegien und geht rastlos darauf
aus, alles historisch-philologische Wissen in sich zu vereinigen. Bei
Ritschl höre ich mit Interesse. Er emendirt Vers für Vers, zum
Theil mit ungeheurer Kühnheit. Mit Nicolaus Delius komme ich

---

*) Der Philologe Jakob Bernays, geboren 1824, gestorben am 26. Mai
1881, damals Privatdocent in Bonn, 1853—1866 in Breslau, seit 1866 Oberbibliothekar in Bonn.

häufig zusammen, er arbeitet jetzt mit Schleicher zusammen an
einem gemeinsamen großen sprachvergleichenden Werke über die
europäischen Sprachen.   Dahlmann war in den Ferien hier, er
ist gutes Muths und schwört auf Manteuffel.   Das Ministerium
ist jetzt mit der äußersten Rechten ganz zerfallen, wie diese unter
sich.   Gerlach wüthet, auch von Stahl verlassen, und behauptet,
es sei in beiden Kammern eigentlich gar keine Rechte, er selbst gehöre ins Centrum.   Hier ist der Pius-Verein sehr thätig, um die
Wasser in seine Hand zu bekommen.

Zum Geburtstag des Vaters.
Am 7. März 1850.

Wach auf, mein Lieb, und mit der Luft,
Die frühlingswarm gen Norden eilt,
Mit Lerchenschlag und Veilchenduft
Zieh nach der Heimath unverweilt.

Nach jener Stätte, die für mich
Auf Erden ist der schönste Platz,
Wo ich erfahren innerlich
Der Elternliebe reichsten Schatz.

Wo ich erkannt das eitle Spiel,
An welchem sich ergötzt die Welt,
Und daß ein himmlisch hohes Ziel
Der Menschensohn uns vorgestellt.

O, grüße den, der Alles gab,
Was unsrer Seele Frieden schafft,
Des Glaubens Licht, der Hoffnung Stab,
Der Liebe nimmer müde Kraft,

Des Vatersegens heilig Gut,
Dem ich mich glaubend anvertraut,
Auf welchem die Verheißung ruht,
Daß er den Kindern Häuser baut.

O, bau es uns und glaube mir,
Es wird mein Haus ein stiller Ort,
Darin der Geist, den ich von Dir
Empfangen, lebet fort und fort.

An den Prinzen Friedrich Wilhelm.

                                 Berlin, Mitte März 1850.

   Mein theurer Prinz! So begrüße ich Sie denn zum ersten
Male nach unserem Abschiede mit tiefbewegtem Herzen. Eine Reihe

von Jahren mit ihren ungeheueren Schicksalen liegt hinter uns, eine Zukunft liegt vor uns, bunkler und räthselvoller als je zuvor. Es würde mir schrecklich sein, gerade jetzt von Ihnen zu scheiden, wenn überhaupt geschieden werden müßte.

Aber scheiden kann uns Nichts als eine gegenseitige Entfremdung des Herzens, und die wird von keiner Seite, so Gott will, eintreten. Wenn Sie mit reiferem Urtheile in Ihre frühere Jugend zurückblicken werden, so werden Sie auch über die Lehrer Ihrer Jugend sich ein klares Urtheil bilden. Ein Zeugniß, das weiß ich, werden Sie mir nie versagen können, nämlich, daß ich während der sechstehalb Jahre Tag für Tag unabläßig einem Feinde entgegengearbeitet habe, welcher nicht blos Ihnen, nein, welcher uns Allen von Kindheit an droht, nämlich dem Hange zu behaglicher Ruhe. Daß ich das that, war Ihnen oft lästig und anstößig, aber ich konnte, ich durfte nicht anders, und ich kann Ihnen auch jetzt nichts Anderes zurufen, als daß Sie nun täglich Ihr eigener Ansporn sein mögen, daß Sie von allen Kleinlichkeiten und Aeußerlichkeiten Ihr Herz frei machen und mit männlichem Ernste und voller Kraft Ihre Lebensaufgabe an jedem Morgen neu beginnen. Es wird nicht vielleicht ein anderer Mann Ihnen menschlich noch so nahe treten, wie ich. Gebrauchen Sie mich, so bin ich Ihnen immer mit Allem, was ich bin und kann, zu Diensten, so oft Sie ein freies, einfaches Wort hören wollen. Ich blicke mit innigstem Danke gegen Gott auf die Jahre zurück, in denen er mich täglich mit neuer Gesundheit und frischer Lust zu meinem Berufe gesegnet hat, welchen er mir angewiesen hat. Ja, das fühle ich so tief und wahr, daß Gott mich zu Ihnen geführt hat. An meinem eigenen Leben ist mir das Wunder klar geworden, daß Gott wirklich wie ein Vater unsere Lebenswege ordnet, und wie dankbar bin ich dafür, daß kein Zufall, keine ehrgeizige Bewerbung, keine Gunst und Empfehlung mich an Ihre Seite geführt hat. Darum ist es auch ein Lebensverhältniß geworden, welches für die Ewigkeit wirkt.

Ihre Cousine Charlotte habe ich am Sonntage besucht. Sie war sehr gütig, von rührender Herzlichkeit für Sie. Bei den Majestäten habe ich mich am Sonnabend durch den Grafen Keller melden lassen. Während ich dieses schreibe, werde ich auf heute Mittag nach Charlottenburg befohlen. Alles forscht und fragt nach Ihnen. Mögen alle die Segenswünsche wahr werden, die auf Ihrem theuren Haupte ruhen!

Prinz Friedrich Wilhelm.

Bonn, 24. März 1850.

Mein guter, lieber Curtius! Empfangen Sie und Ihre liebe
Frau meine besten und aufrichtigsten Glückwünsche zu Ihrer nun
gewiß schon vollzogenen Vermählung. Gott segne Sie Beide und
verleihe Ihrem neuen Hausstande all das Glück und die Freude,
welche dem Menschen zu Theil werden können! Wie sehr ich Ihrer
am 22. gedachte, können Sie sich wohl denken; leider verlebte ich
den Tag ganz still in Bonn und durfte noch nicht nach Coblenz;
übermorgen gehe ich dahin ab.

Ihre Eltern und die übrige Familie werden sich gewiß unendlich gefreut haben, Sie wieder in ihrer Mitte zu sehen; hoffentlich
ist die schöne Feier auch recht nach Ihrem Wunsche ausgefallen.

Zugleich sage ich Ihnen meinen herzlichen Dank für Ihr liebes
Schreiben aus Berlin. Sie machten mir eine große Freude und
Ueberraschung. Ihre vortrefflichen Ermahnungen sollen gewiß
von mir nach meinen besten Kräften befolgt werden, und ich muß
jetzt diesen Kampf wider mich selbst umsomehr mit aller Kraft
betreiben, als Niemand mehr da ist, der wie Sie mich antreibt
und ermahnt. Gott wird mir dazu helfen.

Ich habe mir erlaubt, jene gewisse Zeichnung, die ich zu Ihrem
letzten Geburtstage entwarf, noch einmal zu machen und bin jetzt
etwas zufriedener, wenigstens ist es doch eine zu Ende gebrachte
Skizze. Nehmen Sie denn diese kleine Gabe freundlich an und
geben Sie ihr den Platz des alten Blattes. Letzteres möchte ich
eigentlich gern mir von Ihnen zurückerbitten, es ist unvollständig,
und was sollen Sie mit zweien machen? Ist's Ihnen recht, so
schicken Sie mir das alte Blatt zurück, welches nur als Bon im
Album sich befindet.

Für heute muß ich hier schließen. Tausend Liebes Ihrer guten
Frau und allen den Ihrigen, auch Elisabeth.

Gott segne Sie Beide und führe uns bald einmal wieder
glücklich zusammen, denn wie sehr Sie mir fehlen, das glauben
Sie gar nicht.

Leben Sie herzlich wohl!

Ihr alter, treuer Freund

Friedrich Wilhelm.

Auguste Curtius an Sophie von May.

Lübeck, 27. März 1850.

... Als Ernst kam, kam ich ihm so still und ernst entgegen, daß er mich kaum kannte in dieser Ruhe, aber ich will das Wesen sehen, das bei so großen Momenten nicht still und ernst den Weg wandelt, den Gott ihm bezeichnet. Am anderen Tage wurden wir getraut, den Mittag 3 Uhr, am 22. März. Es war eine wunderbar herrliche Feier, der alte Vater und Theodor führten mich, der Prediger sprach über einen Spruch aus dem Hebräerbriefe, daß die echte Liebe in der Wahrheit sei! Wir waren dann ganz unter uns. Am Abend fuhren Ernst und ich nach Travemünde, es war ein furchtbares Wetter, Schnee und Regen mit Sturm und dem lauten Seufzen des Meeres waren unsere Begleiter. Aber diesen Frieden, der über Ernst und mich ausgebreitet war, den kann ich Ihnen nicht beschreiben. Am Sonnabend kamen wir wieder, nachdem wir viele Stunden ganz allein am Meere auf- und abgewandelt waren. Und nun sollten Sie Ernst als Sohn des Hauses sehen, wie ein Kind ist er lustig, seine Mutter, die immer sanft und weich ist, kann sich oft gar nicht beruhigen über seine vielen Späße. Gott erhalte ihn so!

Ich werde Ihnen öfters schreiben, wie wir leben und wie die Wege sich für Ernst bahnen. Der König hat nie so lange, so freundlich und so eingehend mit Ernst geredet als bei dieser Gelegenheit. Wenn ich erst in Berlin bin, so will ich auch der Frau Prinzeß danken für die reichen Gaben. Meinen Liebling, das herrliche Kind, ach, grüßen Sie sie! Dem Prinzen Friedrich geben Sie eine Hand von mir. Ernst hat mir Alles gesagt, was sie Beide noch geredet, ach, der Himmel lasse ihn noch recht oft an den Handschlag denken, den er Ernst gegeben hat! Seit zwei Tagen ist Ernst infolge eines Falles etwas zu kuriren, und da sind wir Beide auf unsere Zimmer gebannt! Es geht ihm aber besser, und hoffentlich wird er heute Abend, wo Jenny Lind kommt, seine ganze Liebenswürdigkeit entwickeln, die Sie ja kennen!

Ernst Curtius an den Prinzen Friedrich Wilhelm.

Berlin, 21. April 1850.

... Loebell war vor einigen Tagen bei mir, ungeduldig Ihnen den Verlauf der europäischen Kulturgeschichte weiter zu entwickeln.

Bei Walter wird es nun Ihre Hauptaufgabe sein, die wichtigsten
Grundsätze und Grundlehren des römischen Rechts sich recht fest
für alle Zeiten einzuprägen. Ein Fürst soll kein gelehrter Jurist
sein, aber die wichtigsten Rechtssätze, die aus dem alten Rom
sich bei uns erhalten und bewährt haben, die müssen einem Fürsten
immer gegenwärtig sein. Bitten Sie Walter recht, Sie auf solche
Grundlehren aufmerksam zu machen und nicht abzulassen, bis sie
Ihr Eigenthum sind. Perthes' Vorträge werden gewiß ihren er-
frischenden Eindruck bei Ihnen nicht verfehlen und der Ernst, mit
welchem er Alles betreibt, wird auch Sie ermuntern, etwas recht
Tüchtiges zu lernen. Es steht einem Fürsten so wohl an, wenn er
über die wichtigsten Rechtsgebräuche seines Volkes wohl unterrichtet ist.

Oft sehne ich mich darnach, mit Ihnen zu sprechen, zu lernen,
zu scherzen, zu fechten und was wir Alles zusammen getrieben.

An den Prinzen Friedrich Wilhelm.

6. Juni 1850.

Meine Vorlesungen machen mir rechte Freude. Auguste holt
mich um 9 Uhr aus dem Kastanienwalde ab, dann gehen wir zusammen in den Thiergarten, gewöhnlich an den Rand des neuen
Sees, dessen Ufer sehr lieblich sind, essen dann und wann eine
„Satte" Milch im Albrechtshofe und kehren um 11 Uhr in die Mark-
grafen-Straße zurück. Das sind unsere Sommerfreuden. Ich habe
hier jetzt einen akademischen Turnverein gebildet, an welchem
Docenten und Studenten Theil nehmen, zweimal die Woche, Mon-
tags und Donnerstags von 7 bis 8 Uhr. Es macht uns Allen
Freude, umsomehr, da wir bei gutem Wetter in einem sehr hübschen
Garten turnen können, der hinter dem Turn- und Fechtsaale der
Eiselenschen Anstalt liegt. Wenn Sie einmal Lust fühlen, mir zu
schreiben, so denken Sie zugleich, daß Sie mir dadurch die größte
Freude machen. Aber schreiben Sie nicht anders, als aus innerem
Triebe. Benutzen Sie die gelegentlichen Briefe, welche Sie mir
schreiben, um sich über das, was Sie innerhalb der letzten Frist
erlebt und gelernt haben, recht klar bewußt zu werden, indem
Sie es mir mittheilen. Ohne dieses Gefühl eines stetigen lebendigen Fortschreitens bleibt ja das Menschenleben öde und traurig.

Zwei Gedichte zum 7. Juni 1850.*)

1.

Das erste Lied nach langem Schweigen
Keimt in der Seele tiefstem Schooß,
Beschämt, sich vor der Welt zu zeigen,
Ringt es sich still und zögernd los.

Wenn ungeahnt ein neues Leben
Sich heimlich uns geoffenbart,
Wir künden es nicht ohne Beben,
Es ist auch für das Wort zu zart.

Bewundernd schau'n wir's an und sinnen
Dem seligen Geheimniß nach,
Und wenn wir's zu versteh'n beginnen,
Dann folgt die Poesie gemach.

So blühet lang die Frühlingsblume
Und duftet durch die laue Nacht,
Bis das Gedicht zu ihrem Ruhme
Die Nachtigall sich ausgedacht.

2.

Wenn sich in frisch bethauten Zweigen
Der Vogel wiegt am kühlen Ort,
So fließt das Lied nach langem Schweigen
In klaren Melodien fort.

So wölbet sich mit sel'ger Kühle
Auch über mir ein Palmenzelt,
Es sondert von dem Marktgewühle
Mir eine stille Liebeswelt.

Da wird es täglich sel'ger drinnen
Und trieft von Frieden wunderbar,
Wie Tag und Nacht die Stunden rinnen,
Es bleibt die Seele frei und klar.

Die Engel steigen auf und nieder,
Sie bringen Licht und Thau herab,
Sie wecken die verstummten Lieder
Mit ihrem goldnen Zauberstab.

Sie heben an und schwellen leise
Zu immer vollerm, tieferm Klang,
Das Leben wird zu Gottes Preise
Ein einz'ger, ew'ger Lobgesang.

---

*) Geburtstag von Auguste Curtius.

Auguste Curtius an den Prinzen Friedrich Wilhelm.*)

28. Juni 1850.

Mein theurer Prinz, hier bitte ich Sie von ganzer Seele, dies kleine Kistchen freundlich aufzunehmen. Wenn seine Einlage Ihnen, mein lieber, verehrter Prinz, nur etwas von der Freude gibt, die ich empfinde, indem ich es Ihnen schicke, so geben Sie mir mit tausendfältigem Maße wieder, was ich mit tiefer Liebe Ihnen darbringe.

Diesmal schreibt Ernst Ihnen nicht. Er steckt so in den römischen Alterthümern, daß ich, um ihn etwas zu genießen, mich entschlossen habe, diese Römer sehr zu lieben und ein recht lebendiges Interesse für ihre Gesetze und Einrichtungen zu haben. So geht die Sache sehr gut, ich lebe immer mit Ernst. Er braucht sich durch den Besitz einer Frau nicht von der ewig jugendlichen Geliebten, der hochgepriesenen Wissenschaft, zu trennen, und ich lerne immer mehr und mehr von dem, den ich lieb habe, wie rasch da das Verstehen kommt! Aber wie oft kommen Stunden, wo Sie, mein theurer Prinz, der Gegenstand unseres Gespräches sind, und da bringt jeder die Liebe mit, die wir Beide als etwas Köstliches bewahren. Und Ernst liebt Sie mehr, als Sie, lieber Prinz, es vielleicht ahnen. Sein Auge leuchtet, wenn wir in den Anlagen, die Gott Ihnen gab, eine so edle, tiefe Bürgschaft für Ihr geliebtes Volk erblicken! Und der, welcher Ihnen diesen Sinn für das Wahre und Edle gab, schütze Sie auch, daß die Welt Sie nicht unsanft berühre, daß Ihre Kraft immer mehr erstarke zu der Aufgabe, zu der seine Gnade Sie berufen hat! Da mein Herz so voll ist Ihnen gegenüber, so werden auch der Worte immer mehr. Leben Sie wohl, mein theurer Prinz, und sagen Sie einmal, ob wir Beide den Mann nicht lieb haben wollen für alle Zeiten, dessen Bild das Kistchen enthält!

Prinz Friedrich Wilhelm.

Bonn, 13. August 1850.

... Gehe ich nun über auf die hier verlebten Tage, so kann ich Ihnen sagen, daß ich mit Befriedigung auf dieselben zurücksehe. Das Kolleg bei Perthes über deutsche Rechtsgeschichte hat mich von Anfang bis zu Ende sehr angesprochen, denn er trug mit

---

*) Mit einem Bilde von Ernst Curtius.

solcher Luft und Liebe vor, daß es eine Freude war, ihn anzuhören.
Mein Heft ist ziemlich vollständig, die Lücken hat leider das eklige
Fieber gerissen, das mich Anfangs Juli befiel und in diesen Tagen
mich wieder schüttelte. In zwei wöchentlichen Privatissimum-Vor-
trägen besprach er mit mir die politischen Verhältnisse der Gegenwart von der französischen Revolution an, ein Thema, das außer
seinem nothwendigen Interesse mir um so lieber war, als ich leider
darin noch wenig bewandert bin; im nächsten Semester fahren
wir hoffentlich fort.

Walters Privatrecht ging gut. Nach den Einleitungswochen
fand ich mich bald hinein und konnte den Stoff bearbeiten. Da,
wo Sie sonst mit Ihrer freundlichen Hülfe mir zur Seite standen,
half jetzt der gute Heinz aus, der auch zuhörte, und so ging's.
Dabei wird auch das preußische Landrecht fortwährend mit dem
alten und neuen römischen Recht verglichen, und so wurden Blicke
in diese Rechtsbücher geworfen, die mir von großem Nutzen sein
werden. Bei Loebell fuhren wir mit der Geschichte fort und stehen
nun bei Rudolf von Habsburg.

Ich habe, das fühle ich selbst, wirklich Fortschritte im Rechts-
studium gemacht und hoffe im nächsten Winter durch Fleiß und
Repetition darin zu verharren. Denn die hiesigen Vergnügungen
will ich soweit wie möglich vereinfachen und kürzen, sonst geht's
nicht. Im Sommer konnte man nicht im Hause bleiben. Für
das nächste Semester ist mir der Studienplan noch nicht vorgelegt,
ich werde wahrscheinlich Staatsrecht, deutsches Recht und Politik
hören. . . .

Auguste Curtius an Sophie von May.

Helgoland, 21. August 1850.

Seit acht Tagen haben wir Berlin verlassen, wo es heiß und
öde war, die Gemüther traurig und verstimmt. Ernst war doch
angegriffen von der Hitze und dem angestrengten Lesen, so beschlossen wir, erst 14 Tage hierher zu gehen und dann zu den
Eltern nach Lübeck.

Am Donnerstag, dem 15. August, schifften wir erst auf der
Elbe und dann in die offene See diesem wunderschönen Felsen
zu. Eine Zeit lang sahen wir Nichts als Wasser und den tiefblauen
Himmel. Ernst und ich setzten uns vorn an das Bugspriet, um

recht allein zu sein, und lasen im Plutarch die Lebensbeschrei-
bung des Perikles. Da wir Beide wohl waren, ging es ganz gut.

Sonntag hatten wir einen schönen Tag. Die Wellen waren
hoch und das Meer so herrlich smaragdgrün. Am Abend fing der
Wind an heftiger zu wehen, schwere Wolken zogen auf, und Alles
deutete auf Sturm. Das Schreien der Möwen war merkwürdig,
wie sie ängstlich um die Insel herumflogen. Am Montag früh
war die See entsetzlich anzusehen, oft ganz finster, dann der grellste
Sonnenstrahl, wie hohe schwankende Gebirge sahen die Wellen
aus. Auf der höchsten Spitze des Landes, beinahe 300 Fuß hoch,
wurden wir vom Wasser bespritzt und flogen uns Steine ins Gesicht.
Der Montag war aber nur der Vorbote des ernsten Dienstags.
Am Morgen früh kamen mehrere Schiffe zu Gesicht, viele verloren
sich, aber zwei sollten ihren Untergang vor unseren Augen finden.
Das Schauspiel war entsetzlich. Der Menschen waren viele, aber
keiner konnte retten, das Meer verschlang Alles. Das eine Schiff
ist mit Mann und Maus untergegangen, das andere liegt als
Wrack vor uns, nur drei Menschen sind gerettet. Heute ist Alles
gut, das Meer still und klar, als ob es Nichts gethan!

Zwei Sonette, auf Helgoland gedichtet.

Ich glaube gern, was sich das Volk erzählet,
Und horche gläubig hin, wenn spät im Düstern
Die Schiffer von der alten Insel flüstern,
Die sich das Meer zur Beute hat erwählet.

Ich sah die Woge, die sich rastlos quälet,
Nach neuem Staub vom Inselleibe lüstern,
Rothschäumend wie ein Roß mit wilden Nüstern,
Bis Meer und Land sich ganz und gar vermählet.

Und geh ich Sonntags an des Meeres Saume,
So läutet hell der Thurm des Inselrandes,
Und leis'res Echo aus dem Wellenschaume,

Als wenn noch eingedenk des heil'gen Bandes
Antwort ertheilten, wie in mattem Traume,
Die Schwesterkirchen des versunk'nen Landes!

*   *   *

Es schlägt das Meer mit ungestümen Wogen
An dieses Felseneilands dürren Strand,
Der kalte Sturm hält uns auf ihm gebannt,
Schaumwellen hat es rings um uns gezogen.

Und jener wundervolle Friedensbogen,
Der gestern sich mit seinem lichten Band
So tröstend über unser Haupt gespannt,
Der Friedensbote hat uns arg betrogen.

Doch jener Frieden, der von Gottes Gnaden
Um unsre Herzen milde sich gewoben,
Er blieb uns treu an diesen Seegestaden.

Sein Bogen steht im hellsten Glanze broben,
Wie Sterne sich in klarem Aether baden,
Wenn Sturm und Wellen unter ihnen toben.

Ernst Curtius an den Bruder.

Berlin, Ende 1850.

Ich wollte Dir lange schreiben, und so Vieles bewegt mein Herz, was ich Dir mittheilen möchte. Vor allem ist es die Sorge um das Leben unserer geliebten Mutter. Augenblickliche Gefahr ist nicht zu erkennen, aber ob wir noch einmal die theure Mutter gesund und mit klarem Geiste wiedersehen werden, das ist doch zweifelhaft, und vielleicht bleibt als Folge des Schlaganfalles eine Lähmung des Gehirns zurück, wodurch der beste Theil und der geistige Inhalt des Lebens versiegt. Doch wollen wir die Hoffnung auf Genesung noch nicht aufgeben.

Meine Erfahrungen an der Universität haben mich sehr niedergeschlagen gemacht. Zu den römischen Alterthümern meldeten sich so Wenige, daß ich nach der zweiten Vorlesung aufhörte. Die griechische Kunstgeschichte lese ich auf meiner Stube vor einem eifrigen, aber, wie Du denken kannst kleinen Auditorium. Meine griechische Geographie ist sehr stark und eifrig besucht. Trendelenburg machte mich darauf aufmerksam, daß das Bedürfniß nach römischen Alterthümern durch die drei Vorlesungen des letzten Sommers erschöpft sei, und für griechische Kunst ist ja keine Lust da, wenigstens nicht so viel, daß die Jünglinge dafür ihr Geld zu Markte tragen mögen. Ich dachte schon, zur Belebung dieser Studien beitragen zu können, doch dazu bin ich noch nicht weit genug. Auf jeden Fall will ich mich durch die Resultate meiner Privata nicht entmuthigen lassen und ruhig warten, bis sich der rechte Platz für mich öffnet. Die gewonnene Zeit gehört ganz meinem Buche, dessen 14. Bogen gesetzt wird. Ich habe genug zu thun, dem Setzer immer Futter bereit zu halten. Alle wissenschaftlichen Arbeiten aber und alle Privatangelegenheiten

verschwinden vor den ungeheuren heranschreitenden Ereignissen,
denen man ins Auge sehen muß. Die ganze Universität wird bald
geleert sein, und die Physiognomie der ganzen Stadt ist eine
andere geworden. Ich habe Deiner und Amaliens*) dabei immer
gedenken müssen, und ich hoffe auch Euretwegen, daß das Schlimmste
nicht eintreten möge, obwohl man kaum begreift, wie diese Spannung wieder vorübergehen soll.

An den Prinzen Friedrich Wilhelm.

15. November 1850.

Theurer Prinz! Wie könnte ich anders als täglich Ihrer gebenken in diesen Zeiten der verhängnißvollen Entscheidungen! Wie
muß Ihnen die Zeit des Harrens und Wartens, die uns Alle drückt,
schwer werden, und Ihre Gedanken — wie oft müssen sie von den
Studien in das Kriegslager abschweifen, in das Sie so bald gerufen
werden können!

Eben war ich bei Ihrem Herrn Vater. Ich fand ihn in großer
Aufregung, aber fest und entschieden. Er erzählte mir noch von
der letzten Ministerkrisis, dem Ausscheiden von Radowitz, dem Ende
des Grafen Brandenburg und von den heftigen Gemüthsbewegun-
gen, in denen der König geschwankt hat zwischen Nachgiebigkeit
und Entlassung der Minister, welche nach Verlauf weniger Stunden
ihre Meinung vollständig geändert hatten.

Ich hoffe, daß Sie am Rheine wenigstens darin Trost und
Freude finden, daß die Provinz in dieser Aufregung der Geister
sich mehr als je zuvor preußisch zeigt. Der entscheidende Moment
naht unwiderruflich: entweder sinkt Preußen durch Schwäche und
Unentschlossenheit von der halb erstiegenen Stufe einer Großmacht
herunter zu einem fremden Einflüssen untergeordneten Staate
— oder es muß zu seiner Ehre und zur Rettung des protestanti-
schen und verfassungsmäßig geordneten Deutschlands den Kampf
wagen, um seinen historischen Beruf zu erfüllen und der Kern eines
neuen Deutschlands zu werden. In Sachsen, Hessen, Thüringen
sind alle Gemüther bereit, sich mit Preußen zu vereinigen, wenn
es den Kampf unternimmt. Oesterreich aber wird gutwillig nichts
Ordentliches hergeben, denn es gilt seinen Einfluß in Deutschland,

---

*) Georg Curtius hatte sich mit Amalie Reichhelm, der Schwester von
Auguste Curtius, vermählt.

unb eine folche Macht wirb ein Staat wie Oesterreich nie freiwillig
aus den Händen geben. Also die Entscheidung muß kommen, unb
bei dem Gedanken kann fich Niemand beruhigen: Preußen kann
ja bleiben wie und was es ist. Es finkt ober steigt, tertium non
datur. Will man also den Kampf, fo gilt es nur den rechten Moment
festzuhalten, denn ohne nationale Begeisterung kann Preußen den
Krieg nicht führen, unb die Begeisterung läßt fich nicht für be-
liebige Zeiten einsalzen unb aufheben.

Lieber Prinz, ich glaube, Sie stimmen in biesen Punkten mit
mir überein unb Sie bitten mit mir zu Gott, baß Preußen muthig
zu höherer Stellung emporbringe unb nicht die Bahn feiner großen
Fürsten verlasse. Ein Militärstaat, wie man bies Preußen immer
nennt, beffen Ehre nicht gewahrt wird — was bleibt da Gutes?
Wenn Caffel auch noch geräumt würde, das würde die Armee, wie
Ihr Vater selbst fagte, kaum ertragen. Die Kammersitzungen beginnen in acht Tagen. Die Friedenspartei im Ministerium wird
fich schwerlich halten können, wenn man nicht ihr zu Liebe die
Kammern auflösen will. Dazu wird aber der König fich schwerlich
entschließen, da er felbst gegen diese Friedenspartei gewesen ist unb
es vielleicht jetzt schon bereut, Manteuffel nicht, statt Radowitz, den
Abschied gegeben zu haben.

Auguste Curtius an Julie Gelzer in Basel.

7. December 1850.

. . . Nun bin ich fürs erste gebunden, da ich im Sommer bie-
felbe Luft, biefelben schweren Stunden, wie Du fie erlebt, durchleben foll. Mir ist, als müßte ich mein Haupt vor Gott beugen,
baß er mir biese Gnade erwiesen. Ich leide jetzt sehr viel, ich habe
auch ben Husten recht heftig wieder bekommen. Aber bas schadet
Alles nichts, denn Gott gab es mir noch auf Erden zu wissen, was
ein inniges, stilles Glück fei. Wie er will, ob biese Erbenwonne
noch länger bauert ober ob der Faden kurz abgeschnitten wird, bas
fage ich Dir, wo ich auch bin, meiner kannst Du mit feliger Freude
gebenken.

Ernst Curtius an den Prinzen Friedrich Wilhelm.

30. December 1850.

Mein theurer Prinz! Das Jahr geht zu Ende, bas ich mit
Ihnen am Rheine begonnen, unb ba ich biesmal nicht wie fonst

Ihre Hand drücken oder vielmehr von ihr gedrückt werden kann,
so nehmen Sie meinen Neujahrsgruß in dieser schwarzweißen
Form freundlich auf. Ihr liebes Weihnachtsgeschenk kam am
heiligen Abend an und verbreitete große Freude. Meine Frau sagt
Ihnen den herzlichsten Dank für die schöne Gabe. Wie gerne wüßte
ich, wie Ihnen zu Muthe ist in diesen Tagen, die allen Deutschen,
die nicht Oesterreicher sind, schwer aufliegen; einem Prinzen aus
dem Geschlechte der großen Kurfürsten und Könige müssen sie
doppelt und dreifach schwer sein. Gott gebe, daß Sie ungebeugt
der Zukunft entgegengehen, die auf Sie rechnet, daß Sie mit jedem
neuen Jahre männlicher und entschiedener seien und immer klarer
das Wesentliche vom Unwesentlichen im Leben zu trennen wissen!
Gott erhalte und stärke Ihre Gesundheit und verleihe Ihnen einen
guten Muth und einen frohen Blick trotz aller Schwarzenberge!

Prinz Friedrich Wilhelm.

Coblenz, 30. December 1850.

Sie können sich denken, daß von dem Augenblicke an, wo ich
den Fuß wieder auf deutschen Boden setzte,*) unsere politischen
Wirren mich in einer Weise beschäftigt haben, wie selten, und dies
ist nicht im Abnehmen gegenwärtig. Wir haben schwere Tage zu
überwinden gehabt, und daß das neue Jahr uns nicht rosig scheinen
wird, liegt auch außer Zweifel. Nach Dresden**) richten sich alle
Blicke erwartungsvoll, denn da soll über eine endliche Gestaltung
der brennenden Fragen entschieden werden. Ob es aber daselbst
wirklich zu einem eklatanten Resultat für uns kommen wird, welches
uns ehrenvoll ohne Krieg zu einer Großmacht erhebt, das vermag
wohl Niemand zu entscheiden. Schwerlich kann ich mir Oesterreich
so nachgiebig uns gegenüber denken, daß es selbst auf den augenblicklich eingeräumten Punkten bleiben wird und nicht mit neuen
Perfidien uns hintergeht. Ich glaube immer, daß über kurz oder
lang durch das Schwert endlich die Entscheidung herbeigeführt
werden wird, wenn dasselbe energisch geschwungen werden kann.

---

*) Nach einer Reise in die Schweiz, Tirol, Oberitalien und Süd-
frankreich.
**) Wo nach der Olmützer Punktation vom 29. November 1850 Konfe-
renzen über die Bundesreform stattfinden sollten. Diese Konferenzen
wurden am 23. December eröffnet.

Mich hat diese Zeit sehr ernst gestimmt. Ich denke gar nicht an Vergnügen, jedes Fest, an dem man sonst in der Winterzeit Theil nimmt, ist mir zuwider, und nur die Beschäftigung mit meinen Studien in Bonn und mit der Armee gewähren mir Freude und Trost. Ich bin wirklich sehr besorgt, aber nie lasse ich den Muth sinken. Ich setze alle meine Hoffnungen auf Gott allein, der uns noch nie verlassen und der uns auch aus dieser Noth erlösen wird. Aber es wird harte Kämpfe, schwere Opfer kosten, die Jeder dann willig trägt, wenn sie zum glorreichen Ziele führen.

Wie erhebend war das einmüthige Eilen des Volkes zu den Fahnen, als der König die Armee mobil machte! Wie edel die Begeisterung! Das sind Tage, die meinem Herzen unvergeßlich tief eingeprägt sind, denn ich selbst sah ja deutlich genug, wie willig Jeder kam und keine Bande ihn zurückhalten konnten. Die Rhein-provinz hat es recht bewährt, daß jetzt derselbe Patriotismus sie be-seelt gleichwie die alten Provinzen, und so wird sie gewiß auch fortfahren in allen Zeiten, die uns bevorstehen.

In Bezug auf meine Studien habe ich Ihnen noch Einiges mitzutheilen. Ich höre viermal wöchentlich deutsches Privatrecht bei Walter, dreimal Staatsrecht mit den politischen Zeitverhält-nissen bei Perthes, fünfmal Abends Politik bei Dahlmann. Mich spricht das deutsche Privatrecht außerordentlich an, und ganz be-sonders die Stunden von Perthes. Denn er hat in seiner scharfen Weise eine vortreffliche Methode, die Hauptsachen mir einzuprägen, wodurch ich viel lerne und große Freude am Unterricht finde. Loebell, den ich zu erwähnen vergaß, ist auch oft interessant, und ich bin fleißiger als früher.

Ihnen aufrichtig gestanden, fühle ich, daß ich in diesem Jahre doch einige Fortschritte in meiner selbstständigen Entwickelung ge-macht habe. Es geht zwar langsam, aber ich merke doch einige Veränderungen, die zwar noch lange nicht genügend sind, aber doch Früchte Ihrer vortrefflichen Ermahnungen sind, und so hoffe ich jetzt rascher vorwärts zu gehen, da ich gemerkt habe, wie ich es machen muß, und selbst fühle, wieviel mir fehlt.

Wir haben Weihnachten in großer, inniger Freude mit meinem lieben Vater gefeiert, es war so heimlich und harmlos im eigenen Familienkreise, und Jeder fühlte es mit uns. Wie froh bin ich, ihn endlich einmal wiedergesehen zu haben.

Ernst Curtius an den Bruder.

Lübeck, Anfang Januar 1851.

Seit Freitag bin ich hier. Als ich an der Post ausstieg, empfing mich Anton mit der Nachricht von dem Hinscheiden der Mutter. Ich war ja auf Alles gefaßt, doch übermannte es mich, als ich die Treppen des Hauses hinaufstieg, das so lange der Mittelpunkt unseres Lebensglücks gewesen ist, und als ich den alten Vater, von Schmerz gebeugt, in seiner Ecke sitzen sah.

Ich bin täglich mit Vater spazieren gegangen, habe mit ihm gesprochen und gelesen. Er ist nicht unwohl und hat sich in einer festen Stimmung erhalten, wenn auch oft seine tiefen Seufzer verrathen, wie weh ihm im Herzen ist.

Der Saal unten war durch Decken und Blumen zu einem anständigen Raume umgeschaffen. Dort lag die Leiche unserer Mutter mit frieblichem Antlitze, aus dem der Tod die Spuren des Alters und der Krankheit verwischt hatte. Erst heute Morgen wurde der schwarze Sargdeckel aufgelegt, um uns für immer das vergängliche Bild der Mutter zu entziehen. Auf dem Sarge steht die Inschrift: 1. Thess. 4, 14. Wir waren um 5 Uhr auf, um das Haus zu erleuchten und in Ordnung zu bringen. Nach 7 Uhr kamen die Freunde und Verwandten. Sie traten um den Sarg herum, der Choral „Herzlich thut mich verlangen" wurde gespielt. Dann holten Theodor und ich unseren Vater herunter, der sich Lindenberg zur Rechten niedersetzte. Der gute Lindenberg, der uns in Freude und Leid durch das Leben geleitet hat, sprach darüber, wie Sterben dem Christen Gewinn sei, und dankte Gott für alles Gute und alles Schwere, das die Hingeschiedene in ihrem Leben erfahren. Seine Worte waren von rührender Einfachheit und Wahrheit, zum Schlusse fiel der Choral ein: „Wachet auf, ruft uns die Stimme", und wir führten Vater wieder in seine Stube hinauf, um uns dann zum letzten Wege, auf dem wir hienieden unsere Mutter begleiten sollten, anzuschicken. An der offenen Gruft sprach Lindenberg das Vaterunser und den Segen, und der Sarg sank hinunter in die Tiefe. Es war ein feuchter Nebelmorgen, büster und trübe. Wir fuhren rasch zurück. Ich habe auch in Deinem Namen die letzten Kränze und die letzten Grüße der Geliebten nachgesandt, mein theurer Georg. Wir wissen, was wir an ihr hatten. Da war Nichts, was vor der Welt glänzte, aber

ein stiller Schatz des innersten Lebens, eine weibliche Anmuth des
ganzen Wesens, eine ununterbrochene und unbewußte Selbstauf-
opferung im kleinen und großen, so — nicht wahr? — so lieben
wir sie und halten sie in unserem Herzen fest.

Vater spricht viel von seinem nahen Ende; man hört ihn viel
halblaut beten, er ist unbeschreiblich milde und weich. Doch thut
er nichts weniger als seinem Schmerze nachhängen, er arbeitet
ruhig fort und ist in seiner Unterhaltung oft ganz belebt und
vielseitig.

Welche Weihe liegt in solchem Tode! Möge sie bleiben auf
unserem Leben! Kennst Du dies wunderbare Gefühl, wenn man
vom Friedhofe zurückfährt in die Stadt der Lebendigen? Wie
treten da die beiden Welten, denen der Mensch angehört, einander
so nahe und doch so fremd und unvermittelt gegenüber!

Prinz Friedrich Wilhelm.

Bonn, 28. Januar 1851.

Sie werden wohl bereits von Ihrer traurigen Reise nach
Ihrer Vaterstadt zurückgekehrt sein, mein theurer Freund, und in
den Armen Ihrer lieben Frau den Trost und die Erbauung finden,
die treue, liebende Seelen mehr als alles andere Irdische zu geben
vermögen. Lassen Sie mich nun auch hinzutreten und Ihnen
Allen die Theilnahme ausdrücken, die der für Sie empfinden kann,
der Sie von Grund der Seele liebt und schätzt und Alles, was
Ihnen zu Theil wird, in treuer Liebe theilt. Sie wissen, welche
innige Verehrung ich für Ihr Elternhaus besitze, so lange ich das
Glück habe, dasselbe zu kennen, und mit welcher freudigen Dankbarkeit ich der Stunden gedenke, wo mir die Freude zu Theil
ward, im Kreise der Ihrigen zu weilen. Ihre selige, theure Frau
Mutter war für mich stets so freundlich, so aufmerksam gewesen
und hatte sich immer bemüht, mir den Aufenthalt in Lübeck angenehm und erfreulich zu machen, daß ich für sie stets die größte
Verehrung und Hochachtung hegte, und ich versichere Sie, daß
mit dem Gedanken an das gute Lübeck der an Ihre würdigen,
theuren Eltern unauflöslich verbunden war. ...

Gewiß werden auch Sie mit mir den Herrn preisen, der mich
so wunderbar vor der drohenden Todesgefahr bei dem Eisenbahn-

unglück*) beschützte. Seine schirmende Hand waltet sichtlich über
unserem Haus; wir erleben alle Augenblicke die größten Gefahren,
aber er führt uns immer gnädig hindurch.

Am 18. Januar 1850.   (Ordensfest.)

An Auguste Curtius.   (Mit einem schwarzen Schleier.)

> Es lohnt der König seine Treuen
>   Mit bunter Zier.
> Ich sinne früh, Dich zu erfreuen —
>   O gönn' es mir!
>
> Nicht Glanz und Schimmer wirst Du loben,
>   Nicht Band und Stern,
> Doch diese Blumen, schwarzgewoben,
>   O nimm sie gern!
>
> Am vollsten grünt aus schwarzer Erde
>   Die frische Saat,
> Daß sich daran erquicken werde
>   Was Odem hat.
>
> Es wandelt auch auf schwarzem Grunde
>   Der stillen Nacht
> Der Mond mit glanzerfülltem Runde
>   In hoher Pracht.
>
> Weissagend füllet er die Räume
>   Mit seinem Licht,
> Und ob die Sonne lange säume,
>   Sie fehlet nicht.
>
> O laß uns fest vertrau'n auf Jenen,
>   Der Sonnen lenkt
> Und mehr, als wir es ahnend wähnen,
>   Auch unser denkt.

An den Prinzen Friedrich Wilhelm.

Berlin, Ende Januar 1851.

... Ja, mein theurer Prinz, dieser Brief hat mir wahrhaft
wohlgethan, und ich danke Ihnen vom Herzensgrunde dafür, daß
Sie gleich nach Ihrem Unwohlsein an mich gedacht und mir so
tröstlich und herzlich geschrieben haben.

Tief habe ich es beklagt, daß durch die Reise mir die Freude,
mit Ihnen mich zu unterhalten, genommen worden ist. Daß Sie

---

*) Zwischen Gütersloh und Brackwede am 21. Januar 1851. Marga-
retha von Poschinger, Kaiser Friedrich Bd. I, S. 113.

meine Frau befucht und mit ihr fo herzlich verkehrt haben, habe ich
mit Freude gehört. Jedes Zeichen Ihrer Anhänglichkeit ift mir
unausfprechlich theuer, und ich weiß, daß eine folche Gefinnung
von Gott nicht ungefegnet bleiben wird. Ich denke nicht an meine
Perfon dabei, wenn ich behaupte, daß ein Fürft um fo gerechteren
Anfpruch auf die Ehrfurcht feiner Unterthanen hat, je mehr er
felbft denen Pietät und Treue beweift, welchen er fich zur Dankbarkeit verpflichtet glaubt.

Die öffentlichen Zuftände find ja in keiner Beziehung erfreulich.
In den Kammern ift kein anderes Leben als das der Parteien, die
fich fo fchroff gegenüberftehen, daß keine Mittelpartei mehr möglich
ift. Das ift ein fchlimmes Zeichen. Die rechte Seite namentlich
der zweiten Kammer hat es darauf abgefehen, die ganze Verfaffung
und ihr Parlament in Unehre zu bringen. Und eine folche Partei
nennt fich die vorzugsweife „Königliche". Für die Kammern ift
auch wenig Intereffe da, fie leben mechanifch fort, und die Regierung verfagt ihnen immer mehr jede Auskunft auch über innere
und finanzielle Gegenftände. Inzwifchen ftehen die Oefterreicher
auf Deutfchlands Unkoften an der Oftfee, und Preußen hat alle feine
Pofitionen verloren.

Man muß klar fehen, wie die Sachen ftehen, aber darum nicht
den Muth, die Hoffnung, daß es beffer werden könne, finken laffen.
Es ift ja Alles nur ein Antrieb für das jüngere Gefchlecht, Kraft
zu fammeln und zu üben.

Augufte Curtius an Sophie von May.

18. Februar 1851.

... Ich theile Alles mit meinem geliebten Manne, und nun
haben wir ein Geheimniß, wir werden ein kleines Kind im Sommer
haben. Ernft ift gut und herrlich in Allem, was er thut, und das
Schönfte ift, daß man ihm anfühlt, feftgewachfen an das irdifche
Leben ift er nicht. Die Schwingen, die ihn himmelwärts bewegen,
wachfen immer mehr. ...

Diefelbe.

14. März 1851.

Die felige Ruhe meines Herzens läßt mich immer wieder den
etwas mangelhaften Zuftand meines Körpers vergeffen. Ich em-

pfinde jetzt leider oft schwer das hohe Treppensteigen und wage
es weder Ernst noch dem Arzt zu sagen, da ich durchaus nicht
sehe, wie dem Uebel abzuhelfen ist. ....

So still habe ich kaum je einen Winter verlebt, Tag für Tag,
Abend für Abend, mit Mann und Kind zu Haus, um 8 Uhr wird
gewöhnlich eine Suppe gegessen, dann geht Lies zu Bette und
Ernst und ich lesen Etwas, immer was Bezug auf seine Arbeiten
hat. Ernst nennt dies Leben eine paradiesische Freiheit.

An den Prinzen Friedrich Wilhelm.

20. März 1851.

... Wir haben hier viel Trauriges erlebt, zuletzt den früh-
zeitigen Tod von Professor Lachmann.*) Erinnern Sie sich noch
des wunderlichen Mannes mit den langen, blonden Haaren, der
einen Mittag bei Ihnen aß? Ich erzählte Ihnen noch von seinen
Verdiensten um das Nibelungen-Lied. Es war eine schroffe Persönlichkeit, aber aus einem Gusse, edel und wahr, und ein Gelehrter von solchem Umfange und solcher Klarheit des Wissens,
wie es nicht leicht einen zweiten gibt. ...

Mögen Sie unter allen Eindrücken und Erlebnissen des Lebens
an innerer Kraft und Entschlossenheit zunehmen! Lassen Sie keinen
Morgen zum Abend werden, ohne etwas Bestimmtes und Bedeut-
sames gelernt, ohne einen Grundsatz Ihres Lebens neu befestigt,
ohne einem Ihrer Mitmenschen etwas Gutes erwiesen zu haben!
Ich bitte täglich um Gottes Segen für Alles, was Sie thun.

An den Bruder.

21. März 1851.

... Montag haben wir unseren Meister bestattet. Es war
ein erhebendes Trauerfeld. Nur wirklich Leidtragende waren beisammen, die Elite des gelehrten Berlins, Jünglinge, Männer und
Greise, deren weißes Haar im Winde flatterte, als Buttmann den
Segen über das offene Grab sprach. Buttmann, der Mither-
ausgeber des neuen Testaments, sprach kräftig und zu Herzen.

Er hat seinen Tod nicht vorhergesehen, obgleich er meist klar
war bis zu den letzten Tagen. Er war immer mit wissenschaftlichen Deduktionen beschäftigt, ein paar Mal hat er halb im Traum

---

*) Starb am 13. März 1851.

gefragt: „Wo ist denn der Beweis?" Haupt sagte ihm: „Ein Beweis ist nicht da." „So ist es eine Dummheit!"

Mein Buch steht bei Bogen 27, noch drei bis vier — und der
erste Band ist fertig. Ich habe in die Anmerkungen eine Menge
Philologisches hineingearbeitet, auch eine ganze Reihe von Text-
verbesserungen, die ich größtentheils Meinecke vorgelegt habe.
Hoffentlich werden die Philologen dies anerkennen und mein Buch
nicht zu den dilettantischen Kabinettsstücken der Wissenschaft rechnen.

Prinz Friedrich Wilhelm.

Coblenz, 19. April 1851.

... Ich bin nun wieder bei den Meinigen, nachdem ich drei
Wochen länger, als der Beginn der Ferien liegt, in Bonn geblieben
war und dort lernte.

Blicke ich auf das beendete Semester zurück, so kann ich Ihnen
aufrichtig gestehen, daß ich fühle, daß ich einige Fortschritte gemacht
habe. Ich habe mich besser ins Arbeiten finden können und durch
genauere Bekanntschaft mit den Lehrern manche Erleichterung in
den Privatissimen gefunden. Vorzüglich fühlte ich dies bei dem
guten Perthes und bei Walter. Sie werden begreifen, wie Perthes
mir der Liebste von allen Bonnern ist. Ich stehe mit ihm gerade
so, als wäre er mein Lehrer von Kind auf gewesen. Dazu trägt
seine Individualität viel bei, da er mit offenem, geradem, ächt
deutschem Benehmen mir gegenübersteht, mich auf meine Fehler
aufmerksam macht und lobt, wo er's passend findet. Nie werde
ich dankbar genug dafür sein können, daß, nachdem Sie fort waren,
unter meinen Lehrern ein solcher sich fand, der für mich so geeignet
war. Wir haben sowohl die politischen Verhältnisse bis 48—50
als auch die Stellung der politischen Parteien beendigt. ...

Ernst Curtius an den Bruder.

Berlin, Sommer 1851.

Ich brauche Dir nicht erst mein Buch*) zu empfehlen. Es ist
ein Stück meines Lebens, ein Theil von mir; es ist mit einer Wärme
geschrieben, wie wohl selten ein historisch-philologisches Werk geschrieben wird, darin liegt sein Vorzug, vielleicht auch seine Unvoll-

---

*) Peloponnesos — eine historisch-geographische Beschreibung der Halb-
insel. Bd. 1. Gotha 1851.

kommenheit. Ich denke, weiß Gott, nicht zu hoch von dem Werke,
bin auch noch viel zu sehr mit demselben verwachsen, um ein Urtheil
zu haben, aber ich habe das frohe Gefühl, daß ich in einem solchen
Werke meinen Beruf erfülle, daß das mir Gegebene und von mir
Erworbene darin zum allgemeinen Besten zur Anwendung kommt,
und daß die lebendige Anschauung und Aneignung des klassischen
Alterthums auf eine neue Art gefördert wird. Hier erscheint das
Leben der Alten als ein natürlich gewachsenes und ganzes, nicht
nach den abstrakten und deshalb das Verständniß störenden Gesichtspunkten einzelner Disciplinen, Mythologie, Geschichte, Archäologie u. s. w. zerspalten.

Mein Turnverein hat sich dieses Jahr sehr gehoben. Ich habe
den neuen Akademiker Dr. Dubois-Reymond, der hier Docent ist
und sich durch seine physiologischen Forschungen ausgezeichnet hat,
gewonnen, der sehr eifrig Theil nimmt, auch mehrere Studenten,
die trefflich turnen. Als Turnraum haben wir einen dicht be-
schatteten Garten, in welchem wir uns Mittwoch und Sonnabend
um 7 Uhr treffen.

Morgen wird schon Alles für den Empfang des Kindes ein-
gerichtet. Es wird, so Gott will, in der Raphaelecke das Licht der
Welt erblicken, also einerseits sich gleich von den beschränkten Ver-
hältnissen eines deutschen Gelehrten überzeugen, anderseits durch
Kunstanschauungen über die Enge der Räume sich erhoben fühlen.
Es liegt etwas Wunderbares in der Liebe, die man für ein noch
ungeborenes Kind empfinden kann! Diese Elternliebe im eigenen
Herzen gibt eine Ahnung von einer anderen, von der göttlichen
Liebe, die auch mit ihren Gedanken nicht gewartet hat, bis der
Mensch geschaffen war.

An den Prinzen Friedrich Wilhelm.

7. Juli 1851.

Mein theurer Prinz! Mit inniger Freude zeige ich Ihnen
an, daß meine liebe Frau mir heute Mittag um ½1 Uhr einen
gesunden Knaben geboren hat, dem es, wie seiner Mutter, Gott
sei Dank! gut geht. Ich weiß, daß Sie unsere Freude aufrichtig
theilen, darum eile Ich, Ihnen zuerst diese Nachricht zu übersenden,
und bitte Sie, nun dem Kinde ein Plätzchen in Ihrem Herzen
einzuräumen.

Prinz Friedrich Wilhelm.

Potsdam, 8. Juli 1851.

Aus der Tiefe meines Herzens eile ich, Ihnen zu dem frohen Ereigniß in Ihrer lieben Familie meine allerbesten Glückwünsche darzubringen. Möge Gott Ihren Sohn in seinen Schutz nehmen und ihm seinen Segen zu allen guten Werken verleihen! ...

Gott sei gelobt, daß er Alles so gut hat ablaufen lassen, und gebe er jetzt Ihrer lieben Frau Gesundheit und Kraft zurück, daß sie die Freude an ihrem lieben Söhnchen recht ungestört genießen könne! ...

An Sophie von May.

11. Juli 1851.

Wir haben eine schöne, heilige Zeit mit einander verlebt. Wir haben das wundervolle Geschenk Gottes in gemeinschaftlicher, dankbarer Freude empfangen und fühlen uns neu verbunden.

Ich halte täglich mit Freuden meine Vorträge vor einer empfänglichen Jugend in der nahen Universität und kehre jedesmal mit Herzklopfen zurück, um Frau und Kind wiederzusehen.

An den Prinzen Friedrich Wilhelm.

10. August 1851.

Geliebter Prinz! Sie haben meine Freude getheilt, theilen Sie auch meinen Schmerz! Meine geliebte Frau ist in dieser Nacht verschieden — ganz plötzlich und unerwartet. Ich stehe wieder allein im Leben da — mit den zwei Kindern!

Bitte schreiben Sie es Ihren Eltern; ich kann nicht.

Sonntag früh 3 Uhr.

Prinz Friedrich Wilhelm.

Potsdam, Sonntag, 10. August 1851.

Soeben erhielt ich Ihre traurigen Zeilen, mein theurer Freund! und beeile mich, Ihnen meine tiefste Betrübniß über diesen schweren Schlag der göttlichen Vorsehung auszusprechen. Viel Worte kann ich nicht machen, das wissen Sie, aber das kann ich Ihnen sagen, daß mich diese Nachricht so tief erschüttert hat, als wäre mir jemand der Meinigen entrissen worden! ...

Der Segen der Verklärten wird Sie begleiten, und von dort
wird sie mit ihren Gebeten die Schritte des Gatten und der Kinder
leiten, bis einst unser Aller Stunde schlägt.

Nehmen Sie, theurer Curtius, aus diesen dürftigen, eiligen
Worten, die aber aus treuem, theilnehmendem Herzen kommen,
den Ausdruck meiner innigsten Theilnahme entgegen und seien Sie
der treuesten Fürsorge für Sie und Ihre armen Kinder versichert
von Ihrem tief betrübten treuen Freunde

Friedrich Wilhelm.

Alexander von Humboldt.

12. August 1851.

So folgte denn in diesem dunkeln Irrgange des Lebens, mein
theurer Curtius, das herbste Leid auf Freude und Hoffnung. Wo
soll ich Worte hernehmen, Ihnen zu sagen, wie ich von Ihrem
Schmerze — dem gräßlichsten, der Zerstörung des festgegründeten
häuslichen Glücks — mich ergriffen fühle. Die Trauer ist allgemein, auch da, wo man die seltenen Geistes- und Herzensgaben
der Hingeschiedenen nicht persönlich kannte. Mögen Sie die Kraft
haben, sich zweien Liebespfändern zu erhalten! Trost steigt nur von
oben herab, denn an die Linderung, welche die Zeit geben soll,
glaube ich längst nicht mehr. Ich beschwöre Sie, nicht zu antworten, mir aber eine Liebe zu bewahren, die mir um so theurer
ist, als ich weiß, daß ich unablässig sie zu verdienen strebe.

An den Prinzen Friedrich Wilhelm.

Sonntag, 31. August 1851.

Mein theurer Prinz! Sie haben mich durch Ihre freundliche
Zusage sehr erfreut. Ihrem Wunsche gemäß habe ich die Tauf-
handlung auf den Nachmittag, und zwar 6 Uhr, angesetzt. ... Ich
danke Ihnen schon jetzt, daß Sie im Andenken an meine selige Frau
und in treuer Anhänglichkeit an Ihren Lehrer mein Kind auf Ihren
Armen der Kirche Christi darbringen wollen, welche auch das mutter-
lose Kind nicht vergessen wird. Gott erhalte Sie gut und rein,
mein theurer Prinz!

An Sophie von May.

31. August 1851.

... Ich habe mich weder von den durch Augustens Liebe ge-
heiligten Räumen noch von den Kindern trennen können. Ich habe

rüstig mein Tagewerk, das auch ihr so lieb war, wieder begonnen
und lasse jetzt den zweiten Band meines Werkes drucken. Von da
gehen meine Gedanken immer in mein eheliches Leben zurück, und
ich denke und fühle alles Erlebte durch bis zu den letzten Worten,
die sie zu mir sprach: „Ernst, ich sehe Dich nicht mehr." Ich denke
an sie mit tiefster Wehmuth und schmerzlicher Sehnsucht, aber Gott
sei Dank, mit Ruhe und Ergebung. Nichts Bitteres stört mir ihr
Andenken. Wir haben in treuester Liebe für und in einander gelebt.
Gott weiß, warum dieses Band so früh zerrissen werden mußte.
Auguste fühlte immer, daß sie nicht lange auf Erden bleiben würde;
sie wollte immer „nur noch ein wenig bei mir und dem Kinde
bleiben".

An den Prinzen Friedrich Wilhelm.

10. September 1851.

Mein theurer Prinz! Mein Herz treibt mich, Ihnen noch einmal meinen Dank auszusprechen für die Freude, die Sie mir und
den Meinigen am Tauftage gemacht haben. Die ganze wehmüthige
Feier hat mir eine sehr wohlthätige, tröstliche Erinnerung zurück-
gelassen, und daß Sie so gern in einem einfach bürgerlichen Kreise
verkehren, daß Sie sich unbefangen unter uns bewegen, ohne
Jemanden zu beengen, das freut mich so sehr. Gott erhalte Ihnen
diesen einfachen, natürlichen Sinn! . . .

An den Bruder.

Ende September 1851.

In diesem Augenblick habe ich mein Manuskript für Elis fertig
gemacht und eile jetzt zu Dir, um Dir für Deinen Brief vom 12.
herzlich zu danken und zugleich für alle Bruderliebe, die Du mir
erzeigt hast, für Euer Kommen und Euern ganzen Besuch, durch
den mein persönliches Leid erleichternde Theilnahme und gleich-
gestimmte Mittrauer fand. Ich habe mehr zu tragen und zu
kämpfen, als mir die Menschen vielleicht ansehen, denen ich gleichgültig erscheinen mag, weil sie mir gleichgültig sind. Es ist oft
recht dunkel und trübe in mir, und zum ersten Male fühle ich die
über uns verhängte Ungewißheit über das Seelenleben nach dem
Tode wie eine schwere ängstigende Last. Ich hatte mich so schnell
und so ganz in ein häusliches Leben hineingewöhnt, daß ich nie
ohne Wehmuth mir des Abends die dunkle Stube aufschließe, und

auch bei der Arbeit vermisse ich unablässig Augustens liebenswürdige Theilnahme. Ich arbeite jetzt mit einem hastigen Ungestüm,
mich selbst zu vergessen, und oft zu spät gewahrend, daß die eigentlich produktive Arbeitskraft längst erschöpft ist.

Prinz Friedrich Wilhelm.

Bonn, 8. December 1851.

Mein lieber Curtius! Schon lange hatte ich Ihnen einige
Worte von hier zugedacht, ohne die gehörige Muße dazu finden zu
können. Heute bietet sich endlich einmal eine gute Gelegenheit, und
so lassen Sie mich Ihnen Etwas erzählen, wie es mir hier geht!...

Ich finde viele Freude an den diesmaligen Kollegien, die ich
höre. Perthes ist in- und außerhalb der Unterrichtsstunden für
mich lehrreicher als je, und ich suche freudig jede Gelegenheit auf,
mit ihm zu sprechen. Loebell sagt mir in der Litteratur-Geschichte
viel mehr zu wie in der Kultur und liest mir ab und zu Stellen
aus den Schriften derjenigen Männer vor, die er gerade behandelt.

Bauerband, sonst, wie Sie wissen, schüchtern und in sich gekehrt, wird jedesmal Feuer und. Flamme, wenn er mir das
Kriminalrecht vorträgt, man fühlt ihm an, wie sehr er den Stoff
beherrscht, denn er trägt ungemein klar und anschaulich vor. Jedoch
ist es nicht ganz leicht, ihn zu fragen, denn derartige Unterbrechun-
gen scheinen mir ihn zu stören. Dennoch interessirt mich dies
Thema sehr, umsomehr, als ich dabei das neue preußische Straf-
gesetzbuch kennen lerne.

Hälschner im Völkerrecht trägt auch recht fließend vor, doch
habe ich bei ihm am meisten Schwierigkeit, zu folgen, weil er,
scheint mir, nicht so gewohnt ist, privatim zu dociren, wie die
Anderen.

Eigenthümlich, aber doch lehrreich ist Fischers Unterricht über
Fortifikation. Ungewohnt zu lehren, fühlt man ihm die Mühe an,
die er sich gibt, es mir klar zu machen und seine so erregbare, über
sich selbst aufbrausende Natur zu bezähmen. Auch lerne ich bei ihm
ohne Frage, leicht ist's aber nicht.

Das wäre ein kleiner Ueberblick über die Studien, wozu noch
der viermal wöchentlich stattfindende Reitunterricht mit den Officieren des 8. Ulanen-Regiments kommt, der mir große Freude
macht, denn in der Gesellschaft von 14 Officieren geht es munter zu.

Die Geselligkeit ist ganz bedeutend gehoben worden durch den Aufenthalt des liebenswürdigen fürstlich Wiedschen Ehepaares, wo alle Mittwoch offenes Haus gehalten wird und man sonst oft Abends hingehen kann. Da ist es denn äußerst gemüthlich und gesellig.

Eine gar angenehme Bekanntschaft ist mir die Professor Klaussen geworden, die Sie ja gut kennen und die eine gar geistreiche, liebe Frau ist. Von Ihnen haben wir viel gesprochen, was uns sehr erfreulich war, und ich sehe sie immer bei der Fürstin. Dann ist Bunsen wieder hier, den ich so gern habe, wie Sie wissen, ferner unser alter Bekannter Abel, unverändert derselbe, und Roggenbach! der aber leider bald wieder weggeht. Letzterer ist ein ganz ausgezeichneter junger Mann, der für seine Jahre wirklich sehr entwickelt ist. Dabei ist er für Preußen geneigt, und möchte ich wohl, daß er in unsere Dienste käme. Brandis ist wohler, aber ich finde ihn doch magerer und nicht natürlich gesund aussehend, während sein jüngster Bruder unheimlich groß in die Höhe geschossen ist.

Weihnachten ist vor der Thür, und wie lange dauert es dann noch, so ist meine Studienzeit hier um! Wie die Zeit vergeht!

Doch für heute muß ich enden. Leben Sie wohl, lieber Curtius, und grüßen Sie Elisabeth von mir, und meinen kleinen Pathen, wenngleich er's noch nicht versteht, von

Ihrem aufrichtigen Freunde

Friedrich Wilhelm.

Ernst Curtius an den Prinzen Friedrich Wilhelm.

30. December 1851.

... Sie haben ein reiches Jahr hinter sich. Gott gebe Ihnen ein reicheres neues, welches Sie mehr und mehr zu einem Manne heranbildet, auf welchen wir Alle mit Freude und Vertrauen blicken können.

Alle Charakterbildung beginnt damit, daß man genau weiß, was man unter keinen Umständen thun werde, daß man allem Scheine, aller Weichlichkeit und Schwäche absage. Ist man sich darin klar und sicher, dann wird das, was man in einzelnen Fällen zu thun hat, auch klar werden, dann bildet sich auf fester Grundlage ein fester männlicher Wille.

So möchte ich Sie, mein theurer Prinz, von Jahr zu Jahr erstarken sehen zu allem Guten. Ich danke Ihnen für den Trost und für die Freude, welche ich in dem vergangenen Jahre von Ihnen erfahren habe, und bitte Sie, daß Sie Ihren Lehrer auch ferner als Ihren Freund betrachten mögen!

An den Bruder.

Berlin, 2. Januar 1852.

Ich will keinen weiteren Tag dieses Jahres ins Land gehen lassen, ohne Dir, mein theurer Georg, die brüderliche Hand zu reichen und Dir alles Gute aus vollem Herzen zuzurufen. Mögen die Mißtöne, welche in Deinem letzten Briefe zuerst laut wurden, Dir nicht Deine so reich gesegnete Thätigkeit verleiden. Gutes zu thun und den Menschen die höchste Wohlthat zu spenden, die Einer dem Anderen geben kann, Erweckung des geistigen Lebens, ist Dir so reiche Gelegenheit gegeben. Erfreue Dich dieses Glückes, bis die Zeit kommt, wo etwas Anderes und vollkommen Neues Dir zu Theil wird. Laß uns Beide, in so fern von einander liegenden und verschiedenartigen Kreisen, doch in einträchtigem Geiste zusammenwirken wie zwei Apostel einer guten und großen Sache.

Ich danke Gott, daß ich nach allem Leid dieses schweren Jahres, das uns das Elternhaus und mir den eigenen Heerd veröbet hat, doch mit frischer Kraft vorwärts streben kann. Ich preise Gott für die nicht genug zu erkennende Wohlthat, daß ich mit aller Muße und durch keine Lebenssorgen geängstigt den liebsten Beschäftigungen, dem täglichen Umgange mit den Werken des Alterthums, leben kann, und daß mich kein Ehrgeiz quält nach irdischen Dingen. Ich denke oft mit tiefster Beschämung daran, wie ich doch nie ein solches Leben habe erwarten können. Was ich mir wünsche, eine wirksame Lehrthätigkeit, das wird auch schon kommen. Wenigstens kann ich mir sagen, daß die Hindernisse nicht in mir liegen.

Alexander von Humboldt.

9. Januar 1852.

Ich werde, mein theurer Curtius, gewiß die Freude haben können, Sie morgen zu hören, da wir heute Abend schon Potsdam verlassen. Der König, dem ich Ihr schönes Bild und Ihre Topographie von Olympia noch heute Morgen vor seiner Jagd geben werde, hat auch gestern schon, sich des Genusses von Ihrem anmuthigen „Naxos" erinnernd, großen Wunsch gezeigt, Sie zu hören, früher zu essen oder früher in Charlottenburg von der Tafel aufzustehen. An seinem Interesse und guten Willen wird es gewiß nicht fehlen. Da ich aber aus Erfahrung über die Ausführung aller von Raum- und Zeit-Kategorien abhängenden Dinge immer etwas ungläubig bin, so rathe ich Ihnen doch, zur gewöhnlichen Zeit, ¹/₂8 Uhr, zu beginnen.

Mit alter, freundschaftlicher Anhänglichkeit

Potsdam, Freitags.   Ihr A. v. Humboldt.

Derselbe.
                                      11. Januar 1852.

Der böse Schneefall hat mich, theurer Freund, heute Morgen gehindert, bei meiner großen Heiserkeit Sie zu besuchen und Ihnen zu sagen, wie freundlich und sinnig nicht blos der König, sondern auch die Königin mir aufgetragen haben, Ihnen zu danken „für den genußreichen Abend", den Ihr Vortrag Beiden verschaffte. Der König sagte, er wisse nun nicht mehr, ob er Ihr Naxos vorziehen solle, hier hätten Sie tiefer in die Sinnesart des Griechenthums und in das eindringen können, was das Gefühl für das Schöne in einem Volke hervorbringe, bei dem es gleich mächtig Alles beherrsche. Es sind fast seine Worte. In der neuen sogenannten Kultur „denke man sich bei Schönheit immer nur Anmuth". Sie sehen, er war auf Ihrem Wege. Dabei lobte er mit großer Liebenswürdigkeit die Einfachheit und beschreibende Klarheit Ihrer Diktion, die Wohlredenheit, die ihm ein Bild gebe, nun erst könne er sich ein solches von Olympia entwerfen. Bei ihm erhält sich nun Ihr Bild unvertilgbar fest. Beim Weggehen sagte er: „Nun werde ich mit einer Sparbüchse umhergehen und für die Ausgrabungen sammeln." Mit einem Zehntel dessen, was in Potsdam an Theehäusern vertändelt wird, ließe sich viel ausgraben.
                                      Ihr A. v. H.

Ihr Vortrag hat gemacht, daß ich in einer Nacht wieder in Ihrem herrlichen Peloponnes die ganze Einleitung und ganz Arkadien mit allen Noten gelesen habe.

Ernst Curtius an den Bruder.
                                      17. Januar 1852.

... Mein „Olympia" wird Dir nächstens zukommen. Der Druck ist beendet. Außer dem, daß mir die zwei Bogen acht Friedrichsb'or eingetragen haben, habe ich auch andere Freude daran gehabt. Die wahrhaft Gebildeten sind lebhaft ergriffen worden. Ich bin schon mit einem kurzen Mémoire über eine Expedition nach Olympia beschäftigt.

Prinz Friedrich Wilhelm.

Bonn, 30. Januar 1852.

Mein theurer Freund! Mein erster Brief in diesem neuen Jahre, der Ihnen auch meinen allerherzlichsten Glückwunsch bringen soll, geht recht spät von hier ab. Verzeihen Sie es aber einem von der rauschendsten Geselligkeit Geplagten, wenn er durch diesen Umstand noch immer fast keine freie Zeit für sich hat.

Doch nicht minder herzlich gedachte ich Ihrer beim Jahreswechsel, der Ihnen ein besseres als das traurig verstrichene bringen möge! Das wolle Gott Ihnen gnädig verleihen! Ebenso dachte ich am 10. an Sie und sah Sie im Geiste auf dem wohlbekannten Katheder in weißer Halsbinde. Gleichzeitig gab ich hier ein großes Fest von 400 Personen, das durch meine lieben Eltern verherrlicht ward. Viel herzlichen Dank für Ihr „Olympia", das ich in diesen Tagen beginnen will, wo einige Ruhe in Aussicht ist. Glauben Sie aber nicht, daß Ihr Peloponnes im großen Schrank steckt; er begleitet mich überall unter meinem Pulte. Daß Ihre lieben Kinder munter sind, freut mich sehr. Gott gebe Ihnen stets dieselbe Freude an den Kindern!

Die Zeit des Scheidens aus dem fast dreijährigen Aufenthalte rückt heran. Schwer wird mir die Trennung von Perthes werden, an den ich mich von Stunde zu Stunde mehr anschließe; jedes Gespräch mit ihm ist mir lehrreich, und sein großes Interesse an meiner Bildung und Fortentwickelung thut mir wohl und spornt mich auch an, da er mich auf meine Fehler wohl aufmerksam zu machen weiß.

Ueberhaupt muß ich Ihnen gestehen, lieber Curtius, fühle ich es selbst, daß ich gerade in diesem Winter hier in meiner inneren Entwickelung wacker vorwärts schreite. Alle Augenblicke fallen mir nun vernünftige Gedanken ein, als fielen mir Schuppen von den Augen, gar manche Erfahrung im häuslichen und öffentlichen Leben läutert meinen Blick und läßt mich das Leben in seinen Vollkommenheiten und eng damit verbundenen Uebeln erkennen.

Somit werde ich auf die Jahre meines akademischen Lebens immer mit Dankbarkeit gegen Die zurückblicken, welche dasselbe veranlaßten. Denn ich habe gelernt, viel erfahren, und durch eine freie Stellung habe ich die menschlichen Verhältnisse in einem ganz anderen Lichte kennen gelernt, als es in einem ruhigen Daheimsitzen möglich gewesen wäre. Alt und Jung trat mir in seiner alltäglich lernenden und lehrenden Thätigkeit entgegen, und wenn hier auch meistens Theoretisches getrieben wurde, so kann eine später gründlich angewendete Praxis noch großen Segen verleihen.

Sagen Sie mir aber, Geibel heirathet! und ist nach München berufen. Es soll mich herzlich freuen, wenn ihm eine Stellung würde, die ihm gefiele und die ihm Stoff und Zeit zum Dichten böte! . . . .

Ernst Curtius an den Bruder.

Berlin, April 1852.

. . . Heute war der junge Prinz hier und saß eine halbe Stunde bei mir. Sein lebhaftes Gespräch bewies mir zu meiner Freude, daß er wirklich innerlich fortgeschritten ist, daß er freier und klarer sieht und dabei seine kindliche Unbefangenheit sich bewahrt hat. Es war eine frohe Stunde für mich, da ich ihn so wiederfand.

An den Bruder.

Himmelfahrtstag 1852.

. . . Kaum freue ich mich auf die Erholung von angestrengter Schriftstellerei, so kommen schon neue Versuchungen. Die Weidmannsche Buchhandlung, durch den Erfolg ihrer Ausgaben ermuthigt, will die Hauptdisciplinen der Alterthumswissenschaften von einer Reihe von Gelehrten bearbeiten lassen und hat mich aufgefordert, die Griechische Geschichte zu übernehmen in etwa drei Bänden, entsprechend der Römischen Geschichte von Mommsen, die in Arbeit ist, der Mythologie von Jahn u. s. w. Ich erwiderte, daß ich ein solches Anerbieten unmöglich ablehnen könne, aber daß ich „Zeit lassen" zur Bedingung machen müsse. Das nächste Jahr, vom Herbste an gerechnet, sei den Inskriptionen*) gewidmet. Darauf schrieb man mir wieder, daß man schon über meine Geneigtheit erfreut sei.

---

*) Ernst Curtius hatte für die Akademie der Wissenschaften die Redaktion des Schlußbandes des Corpus Inscriptionum Graecarum übernommen.

An benſelben.

Mitte Juni 1852.

... Ich ſitze ſo im Arbeiten, daß ich kaum herauskomme, bei
Tage faſt nie. Meine Kollegien nehmen mich ſehr in Anſpruch
und zugleich die Redaktion von Korinthia.*) Auch iſt's mir ſo öde
im Hauſe, daß ich faſt mit blinder Haſt mich in die Bücher ſtürze.
Nun, bis zum Herbſte werde ich's wohl aushalten.

An benſelben.

Anfang Juli 1852.

Ich lebe nun ganz allein hier, mag auch Niemanden beſuchen,
und in den leeren Räumen umgeben mich die Bilder glücklicher
und ſchwerer Tage. Mittwoch wird es ein Jahr, da Auguſte, aller
Schmerzen vergeſſend, mir ſagte: „Nun habe ich auch Dir Etwas
ſchenken können!" Es war der Gipfel des kurzen Glückes.

An benſelben.

19. Juli 1852.

Seit es nach breiwöchentlicher Dürre endlich gedonnert und
geregnet hat, und ſeit auch in den Anmerkungen zu Argolis endlich
alle ſchwierigen Punkte überwunden ſind, athme ich neu auf und
ſchlürfe ſchon eine Art Ferienluft, obgleich ich vorausſichtlich noch
ſechs gute Wochen an meinen Schreibtiſch gefeſſelt ſein werde.

An benſelben.

Lübeck, 9. Oktober 1852.

Mein lieber Georg! Nachdem wir in Berlin und in Göttingen**)
in naher Gemeinſchaft mit einander haben verkehren können, hat
uns das Schickſal von neuem auseinandergeriſſen — doch hoffentlich
nicht ohne den bleibenden Gewinn uns zurückzulaſſen, daß wir von
neuem unſerer brüderlichen Uebereinſtimmung in allen weſentlichen Punkten unſeres Strebens und Denkens gewiß geworden ſind.

Sonntag Nachmittag nach einem fröhlichen Sympoſion bei
dem trefflichen Profeſſor Baum, wo Schömann, Hanſſen, Waitz
u. A. waren, fuhr ich mit Ullrich und Claſſen nach Hannover.
Von Harburg machte ich einen Abſtecher nach Moorburg, wo ich

---

*) Das Schlußkapitel der Peloponnes Bd. II.
**) Bei der Philologen-Verſammlung.

in dem stillen Pfarrhause von dem Getümmel von Göttingen und der Nachtreise mich ausruhte. Dienstag fuhr ich nach Hamburg, wo ich mich bis 5 Uhr umhertrieb, um nach 9 Uhr in der Fisch-straße anzulangen.

Ich habe hier vorgestern in den altverehrten Räumen der Er-öffnung des Winterhalbjahres beigewohnt. Die Vormittage benutze ich zum Aristophanes, Mittags und Nachmittags gehe ich mit Vater spaziren und suche mit den alten Freunden frühester Jugend zu verkehren. Ich bin immer in einer bewegten Stimmung, wenn ich in dieser Stadt umhergehe.

An denselben.

Berlin, 26. Oktober 1852.

Heute habe ich des gestrigen Wahltages wegen erst anfangen können zu lesen. Für die alte Geschichte hatten sich einstweilen nur vier eingefunden, Einige kommen wohl noch, aber kümmerlich ist und bleibt es. Dagegen waren im Aristophanes gegen 30 Leute. Morgen Abend beginne ich die philologischen Uebungen mit Pindar. Das Verhältniß der Zuhörerzahl bleibt ein ewiges Räthsel. Mein bestes Kolleg bleibt das erste, da ich ganz unbekannt hier ankam, um über römische Alterthümer zu lesen. Auch als ich zuerst alte Ge-schichte las, hatte ich doch 20 Zuhörer. Was hilft's! Man muß sich nicht abschrecken lassen, man muß sich in Resignation darauf vorbereiten, einmal die Alten zu ersetzen, und sich einstweilen da-mit begnügen, daß man doch noch viel mehr zu lernen als zu lehren hat.

Andererseits habe ich eine erfreuliche Anerkennung gefunden. Gestern, nachdem wir um 4 Uhr Anna*) zu Ehren hier gegessen hatten, in Gesellschaft von Anna Neander und Wilhelm Wattenbach, ließen sich Gerhard und Pertz melden. Sie traten mit einiger Feierlichkeit ein und brachten mir die Kunde, daß soeben die historisch-philosophische Klasse der Akademie der Wissenschaften mich mit großer Majorität (19:2) zu ihrem Mitgliede erwählt habe. Die Wahl wird übermorgen über acht Tage vor das Plenum ge-bracht und dann, im Falle der Bestätigung, dem Könige vorgelegt. Zum Glück hatte ich von der ganzen Sache keine Ahnung, ich war

---

*) Die Schwägerin Anna Reichhelm, deren Geburtstag am 25. Ok-tober war.

vollſtändig überraſcht. Lepſius hat mich vorgeſchlagen, lächerlicher
Weiſe hat er am Wahltage ganz vergeſſen, hinzugehen.

Ich habe ein trauriges Gefühl dabei, als müßte es doch nicht
beſonders mit deutſcher Wiſſenſchaft beſtellt ſein, wenn Leute wie
ich ſchon in den Ausſchuß der Gelehrſamkeit eintreten ſollen.

Weidmanns haben ihren Antrag wegen der Griechiſchen Geſchichte erneuert und eine nahe mündliche Beſprechung in Ausſicht
geſtellt. Wenn man mich nicht durch feſte Termine drängt, ſo
werde ich darauf eingehen, umſomehr, da ich an Attila nicht ſofort
denken kann. Heute aß Anna bei uns, und nach Tiſche fuhren wir
nach dem Kirchhofe hinaus, wo nun das Kreuz über dem Grabe
meiner Auguſte aufrecht ſteht zwiſchen den fallenden Blättern. Es
war rechtes Kirchhofswetter. Das Kreuz iſt ſehr ſchön geworden
und ſeine Worte: „Es wird geſäet in Schwachheit und wird auf-
erſtehen in Kraft" haben für mich etwas unglaublich Erhebendes.
So etwas kann kein menſchlicher Verſtand ſich ausdenken, das ſind
Klänge aus der Ewigkeit. Eine unbekannte Liebeshand hatte ein
Myrthenbäumchen auf den Grabhügel gepflanzt, den ein höherer
Lebensbaum überragt.

An denſelben.

3. December 1852.

Ich ſchäme mich faſt, Dir nach ſo langem Schweigen zu ſchreiben.
Mir iſt in dieſer Zeit ſo viel durch den Kopf gegangen, ich habe
der reellen Arbeit ſo viel gehabt, daß ich Entſchuldigung verdiene.
Man denkt immer, man gehe ruhigeren, gemächlicheren Zeiten entgegen — und dann kommt immer Neues und Unerwartetes, die
Zeit des Ausruhens wird nie erreicht. Die Vorleſungen halten
mich ordentlich in Athem. Ariſtophanes iſt ganz gut beſucht, ich
gehe raſch vorwärts, ſo daß ich nach einer Einleitung über die Geſchichte der attiſchen Komödie doch ſchon bei der Parabaſe angelangt
bin. In der alten Geſchichte ſind freilich nur acht, doch betrachte
ich ſolche Vorleſungen wie Studien, und oft fühle ich mich in der
That bedeutenden Fragen der Geſchichte gegenüber noch ſo wenig
vorbereitet, daß ich mich freue, wenn nicht zu viele die Katheder-
floskeln hören, mit denen ich die Lücken eigener Forſchung, die
mir oft während des Vortrages gähnend aufklaffen, kümmerlich
verhülle. Von wie wenig Dingen kann man mit gutem Gewiſſen
ſagen: das habe ich bis auf den Grund ſelbſtändig durchforſcht!

Ich habe nun wieder zu eigener Belehrung das ganze vor-
griechische Alterthum encyklopädisch durchgenommen und behandle
jetzt die griechische Geschichte als Vorstudien meiner „Geschichte der
Griechen", über die ich in diesen Tagen den Kontrakt abschließen
werde. Weidmanns haben sich sehr anständig benommen und ich
konnte nicht ablehnen, obwohl es mir schwer genug wurde, eine
solche Arbeit auf meine Schultern zu nehmen.

Aus Lübeck lauten die Nachrichten gut. Vater ist sehr rüstig,
wenn er auch seiner Augen wegen das Klavierspiel hat aufgeben
müssen, was für die Hausgenossen nicht, aber für ihn Verlust und
Entbehrung ist.

An denselben.

9. December 1852.

... Wir leben hier in aufgeregten Zeiten, aus benen ich Vieles
berichten könnte. Das Merkwürdigste daraus schloß sich an Claras
Geburtstag an, denn am Vorabende des Festtages ereignete es sich,
daß zwei Menschen, die lange, wenn auch nicht kalt, doch still
neben einander hergegangen waren, sich in der Breiten Straße
Nr. 14 allein im Zimmer zusammenfanden. Das Thermometer
stand auf 16 Grad, das Barometer auf „schwül", die Stimmung war
drückend — zur Zerstreuung wurde die Parabase aus ben „Fröschen"
vorgelesen. Die Schwüle stieg — nach einigen Minuten sah man
beide Individuen in einer Umarmung begriffen, welche nicht geeignet war, das Thermometer sinken zu machen, und richtig! in
gesteigerter Gluthhitze schmolzen zwei Menschenherzen zusammen
und machten einen festen Bund mit einander. Das eine Herz gehörte Clara Reichhelm, das andere Deinem glücklichen Bruder.

An Clara Reichhelm. 1852.

Adventslied.

Ist noch Dein Herz beklommen,
So mach' es groß und weit,
Der Herr ist zu uns kommen
In seiner Gnadenzeit.

Eh' noch die Weihnachtskerzen
Sich an einander reih'n,
Warf er in unsre Herzen
Den hellen Freudenschein.

O komm mit mir entgegen,
Der Friedensbote naht,
Streu Palmen seinen Wegen
Und Blumen seinem Pfad.

Er kommt ja nicht im Zorne,
Als Richter kommt er nicht,
Aus seinem Liebesborne
Gibt er nur Gnad' und Licht.

Und wo in seinem Namen
Zwei Hände sich gefügt,
Spricht er sein ewig Amen,
Sein Ja, das nimmer trügt.

Wohlan, das Thor ist offen,
O Herr, kehr' bei uns ein,
Und unser ganzes Hoffen
Soll Dir ergeben sein.

Du wollst an uns das große
Erlösungswunder thun,
Daß wir in Deinem Schooße
Als Gotteskinder ruh'n.

Du bist es, der mit Beben
Durch unsre Seele zieht —
O, mach' aus unserm Leben
Ein Hosiannahlied!

An Clara Reichhelm.

Am 1. Januar 1853.

Wie der Grieche den Kranz aufhing am Pfosten des Hauses,
Daß sich an Farben und Duft freue der kommende Gast,
Also, Geliebte, leg' ich auch Dir die gewundenen Blumen
Als erfreuenden Gruß über die Schwelle des Jahrs.
Muthig schreite hinein, nicht strauchle zitternd der Fuß Dir,
Nicht von Sorge geschwellt schlage das ängstliche Herz!
Führet Dich doch am mächtigen Arm der treuste der Hirten,
Und sein Engel — er geht friedeverkündend voran.
Siehst Du ihn nicht, so fühlest Du doch die göttliche Nähe,
Fühlest den Athem, der mild hauchend die Stirne Dir kühlt.
Ja, der Engel der Liebe hat Dir die Wege bereitet,
Durch das geöffnete Thor siehst Du die Hallen geschmückt.
Folg' ihm freudig hinein, es glänzen die Säulen von Blumen,
Die nicht also verblüh'n wie der vergängliche Kranz.
Denn nicht irdischer Lust sind jene Hallen geweihet,
Sieh', im innersten Raum stehet ein Gottesaltar.
Dort entzünden wir zwei ein reines Feuer, das siegreich
Alles Nebelgewölk theilet mit flammender Kraft.
Dort lobpreisen wir ihn, wenn wir vollendet das Tagwerk,
Dort beim Tagesbeginn beten wir Beide vereint,
Daß Jahr aus Jahr ein uns Gottes Liebe behüte,
Daß er segne den Bund, den wir in Treue gelobt.

An den Bruder.

Ende Februar 1853.

… Das ganze Fest*) war für menschliche Dinge ungewöhnlich
gelungen. Eine Hauptfreude war natürlich Theodors Besuch. Er
war ungemein liebenswürdig und voll treuester Herzlichkeit. Und
mit was für Schätzen beladen kam er! Er brachte eine Kopie von
Vaters Bild, die er selbst geneigt war statt des Originals zu behalten; Vater hatte selbst zu dieser Kopie gesessen. In einem
Prachtrahmen eingefaßt, hängt er mit seinem Ausdruck voll Frieden

---

*) Die Hochzeit mit Clara Reichhelm am 12. Februar.

und milder Würde in der neu gefärbten Wohnstube. Nächst Theodors Anwesenheit war die Art und Weise, wie der junge Prinz an dem ganzen Feste Theil nahm, die Gesundheit, die er auf Clara und mich ausbrachte, für Alle und für mich ganz besonders eine wahre Freude. Die Freundschaft für seinen Erzieher, zu der er sich so warm und wahr bekannte, mußte auf Alle einen tiefen Eindruck machen. Wir haben in der That viel Gutes, viele Liebeszeichen in diesen Tagen empfangen, reich geschmückt haben wir unser neues Leben begonnen zwischen Teppichen, Blumen und anderen Angebinden, von denen unsere kleinen Räume strahlen.

Nach dieser ersten Ehewoche werde ich nun wieder, durch längeres Pausiren erquickt, schärfer arbeiten müssen. Die Rede zum Schinkel-Fest beunruhigt mich wie jede Aufgabe, die gelöst werden muß, ehe man sie recht anzufassen weiß. Ich hoffe auf diejenige Inspiration, die mich noch nie ganz im Stiche gelassen hat, wenn es galt.

An denselben.

Osterabend 1853.

Meine Kollegien habe ich glücklich zu Ende geführt, die alte Geschichte bis Augustus, die zwei Aristophanischen Komödien und dann ein Privatissimum, fast die ganze Reihe der auf Aegineten gedichteten Oden Pindars. Gleichzeitig mußte die versprochene Rede geliefert werden, zu der sich erst wenige Tage vor dem Feste die Gedanken zum Gusse fügten, wie sie Dir in dem übersandten Vortrage vorliegen.*) Ich hatte die Freude, daß eine Versammlung von etwa 250 Menschen allgemein von demselben sich ergriffen fühlte. Der Druck, an den ich gar nicht gedacht hatte, wurde verlangt, und Hertz hatte die Freude, alle Exemplare so rasch vergriffen zu sehen, daß er die schon versendeten von Leipzig mußte zurückkommen lassen.

Alexander von Humboldt.

(Vermuthlich April) 1853.

Ich kann Ihnen, mein theurer Curtius, nicht lebhaft genug ausdrücken, welche innige Freude Sie mir durch Ihr Geschenk**)

---

*) „Die Kunst der Hellenen" in Alterthum und Gegenwart. Bd. I, S. 78.

**) Die Rede über die Kunst der Hellenen.

gemacht, und obgleich Liebe zur Heiterkeit in dem hohen Olymp
die Litteratur zur sterilsten Langenweile und zu pöbelhaftester Possen-
haftigkeit herabgewürdigt hat, so hoffe ich doch, bei einer nahen
Exkursion nach Potsdam einen Abend zum Vorlesen uns mal wieder
zu gewinnen. Der König ist ganz fähig, Ihren Kosmos der Kunstgeschichte zu verstehen und zu bewundern. Sie haben in einem
herrlichen Gemälde eine Fülle historischer Ansichten zusammengedrängt, nicht blos in dem, was man die Ihnen eigenthümliche
harmonische Anmuth der Sprache nennt, nein, in einer geistvoll
scharf bezeichnenden Sprachform, „wie das Erkennen zum Bild,
das Bild zum Erkennen führt," wie das Wort der bildsamste Stoff
der Kunst und zur schöpferischen Thätigkeit, zur Poesie wird. Der
schöne naturhistorische Rückblick auf die unteren Bildungen, in
denen die höheren sich vorspiegeln, über die Stammverbindung als
Staat auftretend, die unvergängliche Lebenskraft der hellenischen
Kunst, Blüthen und Blätter treibend, der Einfluß der klassischen
Bildungen im geselligen Kulturleben. Durch Schinkel ist allerdings
das Verständniß hellenischer Kunstgesetze als Lebensprincip in
Deutschland erwacht, aber auf deutsche Weise auch bei ihm in der
Gedankenwelt gebannt geblieben. Was er selbst ins Leben gerufen,
das hat mich nicht erwärmt, ausgeführt oder für die Akropolis und
die Krim auf dem Papier phantastisch geträumt.

Mit inniger Freundschaft

Ihr

Alexander von Humboldt.

An Georg Curtius.

14. April 1853.

Die Ferien wurden hier durch mancherlei Fremdenbesuch sehr
in Anspruch genommen, und so lieb mir Brandis' Besuch war, die
mich mit manchen Leuten wie Schelling, Cornelius u. A. wieder in
nähere Verbindung gebracht haben, so freue ich mich doch jetzt der
wieder eingetretenen Stille. Ich bin jetzt stark beschäftigt mit der
kritischen und exegetischen Behandlung der griechischen Inschriften,
welche den Regierungen der byzantinischen Kaiser des 8. Jahrhunderts
angehören. An interessantem Detail, das sich auf die Uebergänge
aus dem Heidenthum in das Christenthum bezieht, fehlt es nicht,
auch interessirt es mich, die Diktion der Hellenen in Vers und Prosa
so weit herab zu begleiten. Doch fehlt es natürlich auch nicht an

trockenster, peinlichster Arbeit. Ich hoffe mir das Mechanische dieser Arbeit bald anzueignen, das bleibt die Hauptaufgabe dieses Sommers.

An denselben.

29. Mai 1853.

... Ich blicke mit rechter Dankbarkeit auf die Tage in Lübeck zurück. Auf der Hinreise begrüßte uns Theobor schon in Büchen, die Anderen begrüßten uns am Bahnhofe. Vater führte an seinem Arm Clara zuerst in die alte Stadt ein, in der es ihr zu meiner großen Freude von Anfang bis zu Ende wohl war. Vater fand ich eher jünger als älter; wir unterhielten uns oft bis 11 Uhr Abends über die Gegenstände der Wissenschaft, von denen Du weißt, daß er sie in seiner naiven Weise schätzt und pflegt. Friederike*) liest ihm Episoden des Messias vor, für sich liest er zur Vergleichung Milton und mag sich gern über die epische Charakteristik der Engel und Heiligen unterhalten. Dabei hat er verschiedene Handbücher der Astronomie zur Hand und weidet in kindlicher Freude seine Phantasie in den Welträumen. Damit von dem Altgewohnten Nichts fehle, ereignete sich auch ein plötzlicher Besuch des englischen Ministerresidenten, der Vater verfehlte und nach dessen Wohnung, die die Mädchen zu erfragen versäumt hatten, dann der Alte in heißer Nachmittagsstunde an meinem Arme umhersuchte, bis wir in Stadt Hamburg erfuhren, daß er schon wieder abgereist sei. Daß man solche Pflichten diplomatischer Courtoisie gerade einem Dreiundachtzigjährigen überläßt, ist nur in Lübeck möglich. Den nächsten Tag legte er in ein officielles französisches Schreiben ein englisches Billet, das er mir zur Prüfung vorlegte, auf den Besuch bezüglich. Ich weiß, daß Dich diese kleinen Züge unseres Alten ergötzen, auf dessen Stube es heute noch ebenso hergeht als zu den Zeiten, da wir an dem Thermometer-Fenster unsere Tertianerarbeiten machten. Diese ruhige Gleichförmigkeit des Lebens macht auf mich immer einen erquickenden Eindruck, wenn ich aus dem Berliner Treiben dorthin komme. Den feierlichen Beschluß unseres gemüthlichen Zusammenlebens machte die Abendmahlfeier in der St. Aegidien-Kirche.

---

*) Die Nichte des Vaters Curtius, die ihm nach dem Tode der Gattin das Haus hielt.

An denselben.

28. Juni 1853.

Mein Leben ist ein viel beschäftigtes. Meine geographische
Vorlesung macht mir große Freude, die Theilnahme daran ist recht
erfreulich, und ich erkenne immer mehr, daß das, was ich den
Leuten biete, der Ueberblick über das reiche Sonderleben der Hellenen
im Mutterlande und in den Kolonien, etwas für ihre Studien recht
Ersprießliches ist, das sie sonst in keinem Buche und in keinem
Kolleg finden.

Jetzt muß ich meine akademische Antrittsrede ausarbeiten, die
übermorgen fertig sein muß, damit Böckh danach seine Erwiderung
einrichte. Ich bin sehr begierig, was Böckh sagen wird. Ich selbst
habe die peinliche Aufgabe, über eigene Leistungen öffentlich zu
sprechen, noch vor mir.

An denselben.

29. Juli 1853.

Der Universitätsgang ist jetzt,*) besonders wenn zweimal am
Tage, etwas beschwerlich. Ich gehe oft blos von Geschäftswegen
meine ³/₄ deutsche Meilen am Tage. Unsere Wohnung behagt uns
sehr gut, sie ist hoch, hell, geräumig, neu und elegant. Der Balkon,
der die Größe eines geräumigen Zimmers hat, erlaubt uns in
aller häuslichen Behaglichkeit stundenlang unter freiem Himmel,
vom Staub und Lärmen der Straße entfernt, zuzubringen, in dem
Ueberblicke des Bahnverkehrs, weiter Holzplätze und der ihnen
eigenthümlichen Geschäftigkeit, des Kanals mit einer Reihe be-
wimpelter Masten, und jenseits desselben erhebt sich stolz der Fuß
des Kreuzberges und begrenzt durch seine majestätische Linie den
weiten Horizont. Wir können dort auf das bequemste sub divo essen,
trinken und lesen. Wir lesen jetzt mit einander Washingtons Leben
von Sparker und erfreuen uns an dem wahrhaft antiken, einfach
großen Charakter des Mannes.

Freitag kamen zwei nordamerikanische Professoren hier an,
der eine aus Griechenland kommend, der andere nach Griechenland
gehend. Sie hatten sich Beide in Berlin zufällig getroffen und
Beide führte ihr philhellenisches Herz zu mir. Es machte auf mich

---

*) Nach dem Umzuge von der Markgrafenstraße in die Linkstraße
Nr. 16.

einen eigenthümlichen Eindruck, als ich diese aus den Mississippi-Ländern kommenden Männer mit meinen Arbeiten durchaus vertraut fand. Ueber eine Ausgrabung in Olympia habe ich jetzt mit Böttcher zusammen einen Aufsatz entworfen, der heute und morgen ausgearbeitet und mit einem Brief begleitet an Se. Majestät nach Putbus geschickt wird, wo mehr Muße für dergleichen Dinge ist. Ich knüpfe keine großen Erwartungen daran, doch mußte ich etwas der Art thun. Da schon zum Herbst Schiffe unserer Marine nach dem Mittelmeere gehen, so hoffe ich, daß wenigstens für diese oder jene archäologische Untersuchung dadurch Anlaß gegeben wird. Die Leibniz-Sitzung, die mit dem Geburtstage Friedrichs zusammenfiel, war recht merkwürdig für mich. Ich war sehr gespannt auf die Art, wie Böckh sich über mich aussprechen würde. Der Anfang ließ sich so an, als wenn er kalt, zurückhaltend, selbst etwas gereizt werden wollte. Dann aber nahm er eine so liebenswürdige Wendung warmer Anerkennung meines Strebens, daß ich wahrhaft überrascht und beschämt war. Diesen Formalitäten gegenüber beschäftigt mich unaufhörlich der Gedanke, wie ich in der Akademie etwas Ordentliches für unsere Wissenschaft leisten soll.

Ich habe Lust, zuerst mit einer Geschichte von Delphi hervorzutreten, die mich in den Mittelpunkt der Geschichte der griechischen Staaten und der griechischen Religion hineinführt und so meiner griechischen Geschichte vorarbeitet.

An Clara Curtius. Nach Tabarz in Thüringen.

Anfang August 1853.

Eben war ich aus der heißen Stadt heraus und saß bei meiner sauren Milch, da kam Dein Reisebrief, meine geliebte Clara, und erfüllte mich mit dankbarster Freude. So schnell hatte ich keine Nachricht erwartet. Ich freute mich des köstlichen Reisetags für Dich, des herrlichen Abends, und heute — welch einen Morgen mußt Du am Fuße des Inselberges im Blicke auf die thauigen Wiesen von Tabarz erlebt haben, mit der besten Mutter und der besten Schwester vereinigt. Gott sei Dank, der Dich so gut geleitet und beschützt hat! Der Kondukteur nickte mir noch lange vom Gipfel des abrutschenden Zuges zu, um mir zu betheuern, daß er sich Deiner für fünf Groschen annehmen werde. Zu Hause warf ich mich auf die Arbeiten, um nicht immer an die Bahn zu denken,

ba ich Dir doch nicht helfen konnte. Um 6 Uhr kam Johannes
Brandis und holte mich vom Schreibtisch; wir saßen auf dem
Balkon, gingen zum Turnen, fanden den Turnsaal verschlossen und
zogen dann selbander nach Charlottenburg, wo wir bei Buber
aßen (Schoten mit Kotelette 6 Silbergroschen, Bier 3 Silbergroschen)
und am Kanale nach Hause dämmerten. Es war dort so schön!

An den Bruder.

Groß-Tabarz, 21. August 1853.

Den 12. August schloß ich meine Vorlesung und Abends spät
die letzte Prüfungssession, und nach einer theokritischen Schluß-
sitzung unserer Graeca fuhr ich am Morgen des 13. in das gesegnete
Thüringer Land hinein, das seine ganze herzgewinnende Anmuth
entfaltet hat, um uns zu beglücken. Clärchen und Anna erwarteten
mich am Saume des Waldes unter dem alten Schlosse Tannenberg,
das auf seinem Waldrücken den Eingang zum Gebirge hütet, und
führten mich in das Dorf, wo wir bei unserer guten Mutter seit
acht Tagen das reizendste Stillleben führen, fast immer in Wiese
und Wald, und zu Hause nur, um uns um wohlgefüllte, dampfende
Schüsseln zu versammeln, oder wenn der Regen uns zwang, bei
gemeinsamer Lektüre des Wetters Ungunst zu vergessen. Die ganze
Landschaft ist ein großer Garten, der dichteste Wald hört nur auf,
um gesegneten Matten Platz zu machen, die mit saftigem Grün
sich um den Fuß der Berge legen. Spaziergänge ohne Zahl öffnen
sich nach allen Seiten, und alle sind durchweg erfreuend, abwechselnd
und ohne Beschwerde. Die zahlreichen Dörfer, die zwischen dem
Grün hervorragen, sind reinlich und von harmlosen, zuthunlichen
Menschen bewohnt. Kurz, die Gegend ist geschaffen dazu, einem
semestermüden Professor die willkommenste Ferienmuße darzu-
bieten, und dankbar genieße ich an der Seite der liebsten Menschen
in tiefen Athemzügen die Bergluft, die, von den frischen Bächen
gekühlt, von allen Seiten uns anweht. Dennoch — und fast muß
ich sagen mit schwerem Herzen — dennoch reiße ich mich aus den
liebsten Tagen der schönsten Muße los. Brandis hat mich sehr
aufgefordert, mit ihm einige Tage auf dem Rigi zuzubringen. Ich
reise morgen, nachdem wir die Wartburg gemeinschaftlich besehen,
von Eisenach nach Basel, wo ich mich etwas aufzuhalten gedenke,
um dann mit Brandis auf Rigi-Staffel zusammenzutreffen. . . .

Am Tage vor meiner Abreise aus Berlin war ich bei Humboldt und empfahl ihm zur Uebergabe an den König meinen Plan zur Ausgrabung von Olympia, den begleitenden Brief haben Ritter und Bötticher mit mir unterschrieben. Nun erwarte ich ruhig den Erfolg.

An denselben.

Donnerstag, 22. September 1853.

Auf der Höhe von Gernsheim zwischen Worms und Mainz.

Der Dampfer sucht im Nebel seinen Weg. Alle zwei Minuten wird vorn mit der Glocke angeschlagen, um die unsichtbaren Schiffer vor dem langsam heranbrausenden Holländer zu warnen, nach 4—5 Radschlägen wird immer ein neues „Halt" in die Maschine hinabgeschleudert und bei der fieberhaften Ungeduld, die ich jetzt empfinde, nach Hause zu kommen, ist diese Art der Heimreise eine mehr als erträgliche Geduldprobe, und mir fehlt eine gute Portion von dem sang froid, das ich an meiner holländischen Umgebung wahrnehme. Den Dämon der Ungeduld zu bewältigen, habe ich trotz der unerträglichen Vibration, die im Gegensatze zu ihrem schleichenden Fischblute auf dem Dampfschiffe der Holländer herrscht, zu schreiben versucht. Verzeihe, daß ich Dich, mein theurer Georg, zum Schlachtopfer wähle und Dir einen von der Muße der Langeweile diktirten Brief schreibe, um Dir in Kürze auseinanderzusetzen, wie ich nach Verlauf von vier Wochen endlich auf dem schwimmenden Boden der Niederländer angelangt bin. Du weißt, wie mich alte Pläne und neue Einladungen nach Helvetien führten. Für Clärchen war jetzt ländliche Ruhe das allein Beste, sonst wäre ich nie allein in die Welt hinausgesteuert. Für mich bedurfte es jener heilsamen Erschütterung und Durchrüttelung, die das Wanderleben gewährt. Auf schnellem Bahnfluge eilte ich zu der alten Stadt Basel, der würdigen Hüterin alter Sitte an der Schweizer Pforte. Obgleich so lange losgerissen vom Reiche deutscher Nation, macht sie doch einen so echt deutschen Eindruck, daß man in Bezug auf Sprache und Sitte erst recht nach Deutschland zu kommen glaubt. Zwei köstliche Tage verlebte ich im Kreise der trefflichsten Männer, vor allem Wilhelm Wackernagel, dann der eben aus Griechenland heimgekehrte Wilhelm Vischer, ein ächter Baseler Aristokrat, sein von Verstand und edel von Gesinnung, dann der merkwürdige Bachofen, der mich im „Bulletino" ausführlich recensirt hat, Junggeselle,

Millionär, Romanist, historischer Philologe von sehr origineller
Richtung, der alle klassischen Küstenplätze am Mittelmeer durch-
wandert hat. In der Frühe des dritten Tages fuhr ich mit Gelzer
in den Jura, auf dessen Höhe seine Schwiegermutter einen lieblichen
Landsitz hat und ein sehr gastliches Haus macht. Von hier wanderte
ich auf die Luzerner Straße, erreichte sie dort, wo jetzt der Eisen-
bahntunnel durch den Jura gebrochen wird, und sah dann in
Luzern auf einmal die ganze überraschende, zuerst kaum zu fassende
Naturherrlichkeit der inneren Schweiz vor meinen Augen aufgehen.
Wer hat auch einen Begriff von diesen buchtenreichen Seen mit den
grünen Strömen, die sie ins Land schicken, mit ihren lieblichen
Städten und Dörfern, den frischgrünen Matten, die mit Heerden
geschmückt sich hinanschmiegen an die ernsten Felsberge, die mit
den mannigfachsten Formen sich im See spiegeln. Inmitten derselben ist wie ein mächtiger Wachtthurm auf rundem Fuße der
Rigi aufgerichtet, von den lieblichsten Wäldern und Fluren umkleidet, überall Nahrung spendend und fruchtbar — und an seinem
Gipfel lebte ich in reinster Bergluft acht Tage lang mit Brandis,
tagelang umherschwärmend im Gebirge und in seliger Muße gelagert, um unten die Wohnungen der Menschen, die zur schönsten
Rundsicht ausgebreiteten alten ehrwürdigen Waldkantone, zu überschauen. Täglich, fast stündlich wechselte die Aussicht, oft lag die
ganze Tiefe unter einer dicken Nebelschicht, deren Massen wie Wellen
an den Felsbergen brandeten, und plötzlich zerriß die Decke, und
wir sahen von unserem Olymp durch die Löcher einzelne Theile der
Landschaft. Oft saßen auch wir ganz im Gewölke, täglich erneuerte
sich der Kampf zwischen den Mächten des Lichtes und der Finsterniß.
Nach acht Tagen ruhigen Aufenthaltes ging ich nach Zürich, wo
ich drei sehr angeregte Tage theils im Hause von Sophie von May,
jetzigen Frau von Erlach, theils in Gemeinschaft mit alten Universi-
tätsfreunden zubrachte, die meist in den Parteikämpfen ihre Rolle
gespielt haben. Auch mit Mommsen war ich mehrfach zusammen.
Von Zürich ging ich nach Bern, um in Hoffnung beständigen Wetters
einen Zug ins Oberland zu unternehmen. Bern auf seiner felsigen
Halbinsel, zu zwei Dritteln von der Aare umschäumt, ist eine imposante Stadt von streng historischem Charakter; lauter massive,
graue Steinhäuser mit schwerfälligen Arkaden, ernst, würdevoll,
eine echte Aristokratenstadt. Zündel, der über Aesop geschrieben
hat, war mein liebenswürdiger Führer und Wirth. Er ist Flücht-

ling aus Lausanne, wo er an der Akademie Lehrer des Griechischen
war. In Bern traf ich wieder mit Brandis' zusammen, die sich nach
dem Genfer See gewandt hatten. Voll Freuden schloß ich mich
ihnen an, und sofort begann auch mildes, liebliches, meist heiteres
Wetter, das vom 9. September an mich beglückt hat. Ueber Freiburg, dessen alte Akropole auf jähem Aarfelsen gegründet durch
Eisendraht mit dem Niveau der umliegenden Gegend ausgeglichen
ist, die Jesuitenstadt, die jetzt unter dem Banne eines radikalen
Terrorismus liegt — mit Waffengewalt ließ die Regierung neulich
eine konservativ ausgefallene Wahl vernichten — fuhren wir nach
Bevey, und nie vergesse ich den Eindruck, wie die Schneehäupter
Savoyens zuerst sichtbar wurden. Von dem Joche, wo sich dieser
Blick öffnet, fährt man in eine andere Luft, in ein ander Land,
eine südliche Natur hinein. Aehnlich ist der Eindruck, wenn man
vom Apennin in die eigentliche Italia nach Florenz hinabrollt.
So begrüßte mich auch hier wieder der Lorbeer- und der Granat-
baum der klassischen Welt. Die Schönheit der östlichen Hälfte des
Genfer Sees übersteigt in der That fast Alles, was ich kenne. Der
See selbst hat etwas Meerartiges, durch seine blaue Farbe, seine
Wellenbewegung, die durch periodisches Wachsen und Sinken hervorgebracht wird, seine schön geschwungenen Buchten und durch
die ansehnliche Schifffahrt, nach Westen hin erscheint oft sein blauer
Spiegel unbegrenzt. Um die Einmündung der Rhone erheben sich
mächtige Berge. Die Dent-du-Midi ragt mit Schneegipfeln in die
warme Landschaft hinein, und die Abhänge selbst sind oberhalb
der Weinberge mit herrlichem Baumwuchs bekleidet. Ich wohnte
mit Brandis' acht Tage in dem schönen Dorfe Beytaux bei Chillon,
dessen Kerkerthürme unter meinem Fenster lagen. Dann reiste ich
nach Genf, hatte auf dem Voirons eine nahe, überraschende Aussicht auf den Montblanc und fuhr dann nach einigen sehr lehr-
reichen und genußreichen Tagen zurück nach Beytaux. Den 14.
trennte ich mich von Brandis', um noch etwas vom Hochgebirge zu
sehen. Ich fuhr das Rhone-Thal hinauf, stieg über Leuk auf die
Gemmi, einen der merkwürdigsten Alpenpässe, und gelangte so durch
das Kander-Thal an den Thuner See. Von Interlaken schiffte
ich über den Brienzer See, wanderte von Meiringen an den Reichen-
bach-Fällen zum Rosenlaui-Gletscher, unter dessen azurblauem Eis-
gewölbe man wie in einer Nymphengrotte weilen kann. Auf der
Spitze des Faulhorn sah ich die ganze Kette der Berner Hochalpen

vor mir ausgebreitet, und nachdem ich den Staubbach im Vollmonde
hatte Funken sprühen sehen, kehrte ich rasch über Interlaken und
Thun nach Bern zurück. Bei Solothurn stieg ich über den Weißen-
stein, auf dem ich noch einmal die Alpenkette vom Montblanc bis
zum Säntis überschauen konnte, in das Münster-Thal, das durch
seine Natur und seine Menschen merkwürdig ist. Das Juragebirge
interessirte mich auch durch seine Analogie mit griechischen Forma-
tionen, und so kehrte ich nach Basel zurück, wo ich vorgestern einen
ruhigen Tag mit meinen Freunden verlebte. ... In der Schweiz
habe ich nicht nur durch Bergluft und Wanderung mich recht erfrischt, sondern ich habe auch durch Beobachtung der menschlichen
Zustände daselbst, die alle den Charakter natürlichen Wachsthums
haben, durch eingesammelte Erkundigungen über die Geschichte der
Kantonalrepubliken, die so viel merkwürdige Aehnlichkeit mit
hellenischen Zuständen haben, viel Anregung erfahren, viel Ersprießliches gelernt, das hoffentlich meinen Arbeiten zu gute
kommen wird.

Wir liegen vor Mainz im hellsten Sonnenschein, und der Rheingau öffnet seine Herrlichkeit!

An denselben.

Berlin, 17. Oktober 1853.

... Die Zeit seit meiner Rückkehr habe ich nicht so viel geschafft, als ich mir dachte. Es wurde mir diesmal schwer, mich zu
akklimatisiren, an Stubenluft und Schreibtisch zu gewöhnen. Erst
allmählich bin ich wieder in Zug gekommen und habe namentlich
in den byzantinischen Inschriften mir etwas Luft geschafft. Ich
habe mich zum Behufe meiner alten Geschichte wieder in den Zusammenhang der neueren assyrischen Forschung hineingearbeitet.
In der Forschung nach dem Zusammenhange zwischen Griechenland
und dem Orient suche ich nach festen Anknüpfungspunkten, die nicht
von dogmatischen Auffassungen noch von Etymologien abhängen,
sondern eine in sich überzeugende Wahrheit haben, sowie die von
Böckh nachgewiesene Uebereinstimmung von Maß und Gewicht.
Jedes Kulturvolk, das wir kennen, hat sein Erbtheil überkommen
und das Seinige dazu gethan. So haben auch die Hellenen zuerst
nicht nur einen gemeinsamen Sprachschatz aus ihrer und der verwandten Völker Heimath mitgebracht, sondern auch einen gewissen
Vorrath von Gedanken und Anschauungen, wie sie die vergleichende

Mythologie bei allen indogermanischen Völkern nachweist. Zu diesem Grundkapital rechne ich den bildlosen Dienst eines höchsten Gottes auf Berggipfeln, das Bewußtsein von einem Falle des menschlichen Geschlechts, die Fluthsage und Anderes, was, vorzüglich nach den Veda-Studien, sich als gemeinsam Arisches herausstellen wird. Während nun mit diesem Erbbesitze die Völker Griechenlands in dunkeln autochthonischen Zuständen verharrten, entfalteten sich die Kulturen des Morgenlandes, und von jeder derselben wurden an den griechischen Küsten diejenigen Elemente abgelagert, welche dort als Fruchtkeime ihren Boden finden sollten. Danach würden wir, wenn wir genauere Kunde hätten, die verschiedenen Zeitalter griechischer Vorgeschichte unterscheiden können. Es gab, wie ich jetzt überzeugt bin, zuerst ein Zeitalter ägyptischer Einwirkung, deren Spuren sich besonders in Attika nachweisen lassen, und wenn ich besonders in der Dekabeneintheilung des attischen Monats ägyptische Ueberlieferung erkenne, so würde man wohl den Schluß machen dürfen, daß vor Einführung des ägyptischen Sonnenkalenders die Einwirkung stattgefunden haben müsse. Ich glaube wohl, daß die ganze Idololatrie aus dem Lande hamitischer Kultur nach Griechenland gekommen ist und in vielen Sagen, die auf griechischem Boden ihre Erklärung nicht finden, wie z. B. im Ueberfahren der Todten, läßt sich, glaube ich, mit annähernder Evidenz der Ursprung im Nilthale nachweisen. Die Erklärung des Göttersystems bleibt freilich das Allerschwierigste, und hierbei kann ich nur von dem Grundsatze ausgehen, daß kein Volk sein Eigenstes, seine Götter, von außen herleiten wird, wenn nicht ein entschiedenes Bewußtsein darauf hinleitete. Nachdem so das arische Erbtheil durch ägyptische Kultur modificirt worden ist, treten die entschieden jüngeren Einwirkungen Asiens ein, theils unmittelbare Berührung zwischen griechischen Stämmen und den Assyriern, welche zugleich die chaldäisch-babylonische Kultur bei sich aufgenommen, theils durch Vermittelung der Phönizier, welche mehr als alle Anderen das griechische Land allerseits umlagern, besetzen, ausbeuten. Gegen diese stärkste der äußeren Einwirkungen erfolgt nun die stärkste Reaktion. In dieser Reaktion erwacht das griechische National- gefühl, damit beginnt die griechische Geschichte und die älteste historische Ueberlieferung.

Vorgestern hielt Böckh eine Rede über die der Wissenschaft einzuräumende innere Freiheit, die ungewöhnlich reich an seinen

und edeln Gedanken war und auch wärmer als sonst vorgetragen
wurde. Er war wie immer vorsichtig, sprach sich aber doch mit
großer Entschiedenheit gegen alle Zumuthungen aus, die man an
die Wissenschaft in ihrem Verhältnisse zur Politik stellen könnte,
und eiferte gegen die Begriffe einer katholischen Geschichte, einer
katholischen Philosophie — man könnte ebenso gut von einer katholischen Physik sprechen.

An denselben.

1. December 1853.

Außer meinen Vorlesungen halte ich noch Vorträge vor den
Architekten, welche die schöne Sitte haben, von Seiten ihres Vereins alle Winter einen Gelehrten zu wöchentlichen Vorträgen zu
veranlassen. Es ist eine stattliche Versammlung, an der auch ältere
Künstler wie Rauch, Stüler und Vorgesetzte des Bauwesens Theil
nehmen. Ich gebe einen Extrakt aus Geschichte, Alterthümern und
Topographie von Griechenland, alle Mittwoch Abende von 1/₂8 bis
1/₂9 Uhr. Mir ist es eine angenehme Veranlassung, mich im freien
Vortrage über diese Gegenstände zu üben und das allgemein Wichtige
aus den Studien hervorzuheben.

Ueber den hellenischen Bilderdienst sammle ich nach und nach
Material und Gedanken. Ich finde dieses Thema so gut wie unbe-
rührt. Waren die Hellenen Götzendiener? Wie haben wir uns
den Uebergang zu denken von den bild- und namenlos anbetenden
Pelasgern zu dem bunten Gewirr der späteren Idole? Dieser
Uebergang ist mir undenkbar ohne äußere Einwirkung. Bei allen
arischen Völkern ist der Götzendienst importirt, auch bei den Semiten.
Die Kinder Ham, das sind die eigentlichen Götzendiener. Von den
Hamiten sind auch, direkt oder indirekt, die Keime der Idololatrie
nach Griechenland gebracht. Daher stehen die Idole ältester Gottesdienste so fremd und unvermittelt in der griechischen Bildungs-
Geschichte da; ihre Legenden knüpfen an auswärtige Heroen an.
Unhellenischer Aberglaube klebt daran. Die Hellenen lachen über
die Scheusale, verstecken sie im Souterrain. Ihre Kunst wie ihr
religiöses Gefühl entwickelt sich durchaus unabhängig und im
Gegensatze zu diesen überlieferten Idolen. Ihre Kunstgeschichte ist
die Geschichte einer fortfahrenden Befreiung von diesen Bestimmungen, eine fortschreitende Vernichtung der Idololatrie, denn der Versuch, die geistige Schönheit und Höhe der Gottheit darzustellen, ist

das Gegentheil des Götzendienstes, und die Weisen des Volkes suchen, wie die Propheten des alten Bundes, immer dem Dienste der fremden Götzen zu steuern. Wie hätte Plato so gegen den götzendienerischen Anthropomorphismus eifern können, wenn das ein echt hellenischer Trieb gewesen wäre?

Neulich habe ich zuerst in der Akademie das Wort genommen über die lydischen Königsgräber, in Veranlassung eines Ausgrabeberichts, den der preußische Konsul in Smyrna an den König eingeschickt, und der König durch Niebuhr mir hat übersenden lassen.

An den Bruder.

12. Januar 1854.

... Den 9. März muß ich in einer Gesammtsitzung lesen. Ich habe die Themata allgemeinen Inhaltes, zu denen ich erst noch das Material herbeischaffen und ordnen muß, einstweilen bei Seite geschoben und werde ein bescheideneres Thema, über das ich schon lange gesammelt habe, den Wegebau der Griechen, behandeln, die Einrichtung ihrer Fahrstraßen, die heiligen Straßen, die Handelswege, die Einfassung und Ausstattung der Straßen, die Straßengötter, die Straßenhermen, dann auch die städtischen Straßen in den verschiedenen Epochen mit Berücksichtigung solcher Bauten, die dazu in naher Beziehung stehen, wie Thore und Brücken. Das wird eine in sich abgerundete Monographie über einen noch nicht bearbeiteten Gegenstand und taugt deshalb für eine akademische Abhandlung. Mir strömt immer des Stoffes zu viel von allen Seiten zu, daß ich mit Bedauern täglich fühle, wie wenig Dinge unter den vielen, die man anfaßt, gründlich behandelt werden können.

Nun bin ich in einer neuen unglückseligen Kommission. Unser König bestimmte bei der tausendjährigen Verdun-Feier einen alle fünf Jahr zu vertheilenden Preis von 1000 Thalern Gold für das beste Werk über Deutsche Geschichte. Diese Kommission besteht aus neun Ordinarien und Akademikern unter Schellings Präsidium. Als nun eine Preisvertheilung herannahte, traten plötzlich drei Männer aus, nämlich Pertz, Ranke und Jacob Grimm, die alle drei in höchst charakteristischen Briefen erklärten, daß sie nicht zu den Richtern, sondern den Konkurrenten gehörten. Infolge dieser Erklärung ernannte der Minister Lancizolle, Stahl und mich zu Mitgliedern der Kommission, und ich wurde sogar mit in den Aus-

ſchuß gewählt, welcher die Liſte der konkurrirenden Bücher feſtzu-
ſtellen und die Beurtheilung derſelben zu begründen hat. Welche
peinliche Aufgabe, doppelt peinlich durch den Austritt jener Drei!
Ueber meinen jungen Prinzen laufen gute Nachrichten ein;*)
er durchwandert an Brauns Hand das Forum, wohnt Sitzungen
des Inſtituts bei und macht einen ſehr guten Eindruck auf Italiener
und Deutſche.

An denſelben.

1. Februar 1854.

Die Kommiſſion wegen Ertheilung des Tauſendthalerpreiſes
hat nun ihren Kanon feſtgeſtellt; es ſind zwölf Bücher auf die
engere Liſte gekommen, die zu beurtheilen unſere Aufgabe ſein wird.
Da mir ſolche Erfahrungen neu ſind, ſo unterhielt es mich, die
Menſchen hierbei zu beobachten, unter denen Leute wie Lancizolle
und Stahl zum erſten Male mir näher vor die Augen kommen.
Ich ſehe es kaum anders kommen, als daß zuletzt Ranke und Pertz
um den Preis ringen werden.

An den Prinzen Friedrich Wilhelm.

Berlin, 4. Februar 1854.

Mein theurer Prinz! Da Sie jetzt in der Metropole der
archäologiſchen Studien leben, ſo wage ich es, Ihnen den Abdruck
meines über die Alterthümer von Sardes gehaltenen Vortrages zu
Füßen zu legen. Es wird Sie intereſſiren, von den Rieſenbauten
der lydiſchen Könige zu hören, von den durch preußiſche Beamte
unternommenen Grabungen und den Abſichten unſerer Majeſtät,
dieſe Unterſuchungen fortführen zu laſſen.

Von der lydiſchen Königsdynaſtie erlaube ich mir zugleich Ihren
Blick in die Wohnung eines außerordentlichen Profeſſors (Link-
ſtraße 16) zu lenken, woſelbſt Sie ein vierzehn Tage altes Fräulein
ſich denken können, das ſich Ihrer Huld ganz gehorſamſt empfiehlt.
Meine Frau hat die Entbindung glücklich überſtanden und empfiehlt
ſich Ew. Königlichen Hoheit.

Durch die Gnade Ihrer Frau Mutter habe ich Blätter Ihres
Tagebuches geleſen und mit Freuden daraus Ihr Intereſſe für
Roms Herrlichkeiten erkannt. . . .

---

*) Prinz Friedrich Wilhelm war am 20. December 1853 zu längerem
Aufenthalte in Rom eingetroffen.

Prinz Friedrich Wilhelm.

Rom, 15. Februar 1854.

Empfangen Sie, mein lieber Curtius, meine besten Glückwünsche zu der Geburt Ihres Töchterchens, das Gott segnen möge! Sodann meinen herzlichsten Dank für Ihre beiden Briefe nebst der Uebersendung Ihres Vortrages über lydische Fürstengräber.

Ihr erster Brief kam in der Neujahrsnacht in meine Hände, eben als wir den Beginn des Jahres wachend erlebt hatten. Sehr interessirt haben mich Ihre verschiedenen Andeutungen über praktische Maßregeln, um sich in Rom zu orientiren, und über einzelne archäologische Persönlichkeiten, die ich nach näherer Bekanntschaft vollständig treffend geschildert anerkannte. Ich habe in Dr. Braun einen sehr angenehmen, belehrenden und vernünftigen Cicerone gefunden, der die Güte hat, uns täglich zu begleiten und den Plan zu den Besichtigungen stets so praktisch einzurichten weiß, daß ich nicht ermüde und in dem abwechselnden Anblicken der Kunst und Natur wahren Genuß finde. . . .

An den Bruder.

Berlin, 30. und 31. Mai 1854.

. . . In der Krankheit unserer Mutter*) läßt sich keine Entwickelung erkennen, es ist ein ewiges Schwanken zwischen besser und schlechter, das uns Alle in der peinlichsten Spannung hält. Rechte Hoffnung haben wir Alle nicht mehr, aber es treten von Zeit zu Zeit so gute Momente ein, daß man nicht verzweifeln kann. — Man muß sich hier so recht auf Gnade oder Ungnade in Gottes Hand geben, man kann auch nicht eine Handbreit vor sich sehen, so dunkel ist die nächste Zukunft. . . . Mutter ist in der ruhigsten Fassung. „Ich möchte gern," sagte sie heute, „noch ein paar Jahre bei Euch bleiben, aber ich bin auch bereit, zu gehen. Mir ist viel Gutes geworden." Solche Ruhe ist unser bester Trost.

An denselben.

7. Juli 1854.

Um das Schmerzenslager unserer Mutter stehen wir mit blutendem Herzen und haben unseren Trost nur an dem himmlischen Frieden, dem Morgenhauche einer besseren Welt, der um die bleichen

---

*) Der Schwiegermutter Reichhelm.

Lippen und die fieberheiße Stirn schwebt. Ihr Geist ist klarer als
lange zuvor. Sie denkt und spricht in voller Klarheit, und der
Inhalt ihres Denkens ist nur Liebe.

An denselben.

Mitte Juli 1854.

Das waren schwere Tage. Aber nach diesem Leiden ist es doch
ein Aufathmen, ja wie ein Aufjauchzen, wenn wir die geliebte
Mutter erlöst und dort weilend denken, wo keine Thräne geweint
wird, wo das Erste vergangen und Alles neu ist.

An denselben.

Blankenburg, 31. August 1854.

. . . Bei uns ist eigentlich heute der erste makellos schöne Tag,
aber wir haben doch keinen Tag gehabt, an dem wir nicht die
schönsten Spaziergänge hätten machen können, und Gott sei Dank,
daß unsere kleine Kolonie am Schwarza-Ufer, die gestern vor acht
Tagen sich hier ansiedelte, sich alles Gedeihens erfreut, namentlich
unsere kleine Dorothee, die man nicht ohne Entzücken ansehen
kann. Mir selbst geht es so wohl, daß ich nie anders leben möchte.
Morgens vor 6 Uhr im Mühlbache, dann anderthalb Stunden
Spaziergang und Frühstück. Dann wissenschaftliche Lektüre und
Entwürfe zu den ersten Abschnitten der griechischen Geschichte. Dann
Mittagessen, Lustgang im Walde oder nach einem benachbarten
Dörfchen oder Städtchen. Abends Milchsuppe und Rankes französi-
sche Geschichte, Theil II. Erst wohnten wir Alle zusammen in der
Papiermühle, die am rechten Ufer unter hohen Lindenbäumen hart
am Saume des großen Wildparkes liegt, jetzt habe ich mir in dem
gegenüberliegenden Gasthause, dem „Schwarzburger Hofe“ — im
Lande „Chrysopras“ genannt, weil man hier einst auf Gold und
Edelsteine gegraben hat — eine Stube zum Arbeiten und Schlafen
gemiethet, in der wir auch bei ungünstigem Wetter zu Mittag
essen. Auch des Vormittags sitzt Clärchen mit ihrer Arbeit oft bei
mir drüben, des Abends bin ich immer bei ihr. So ist die gewöhnliche Tageschronik, deren Variationen durch weitere Partien
oder Besuche nicht selten vorkommen. In Blankenburg haust ein
wunderlicher Herr, der Hofrath von Siebold*) aus Göttingen, der

---

*) Eduard Kaspar Jacob von Siebold, Professor der Gynäkologie in
Göttingen (1801—1861) A. D. B. Bd. 34, S. 184. Er gab 1838 Juvenals

mir heute seine Ausgabe der sechsten Satire des Juvenal brachte, über
die er von seinem Standpunkte als Mediziner im Winter lesen will,
indem er an den Frauen der römischen Kaiserzeit die Physiologie und
Psychologie des Weibes dociren will. Er ist eine berbe, frische
Natur, wenn auch etwas zopfig. In Rudolstadt wohnt Immanuel
Bekker, bei dem wir neulich in seiner entzückenden Wohnung Kaffee
tranken, auch Merkel ist bort, der uns neulich mit Bekker besuchte.
In diesen Tagen erwarte ich auch Leist, den ich in Jena besuchte,
mit seiner Frau.*) Sonst leben wir still, von der kleinen Blanken-
burger Badegesellschaft zurückgezogen. Unser Stubennachbar in der
Papiermühle ist der Dr. Schacht**) aus Hamburg, der durch seine
mikroskopischen Beobachtungen des inneren Pflanzenlebens sich Verdienst erworben hat und der uns durch seine musterhaften, zarten
und schönen Pflanzenzeichnungen große Freude macht. Bei meinen
Anfängen der griechischen Geschichte denke ich Deiner oft. . . . Nachdem ich im ersten Kapitel eine Uebersicht der ganzen Räumlichkeit
des ägäischen Meeres gegeben habe, nehme ich im zweiten die
Bewohner vor und gehe hier von der Sprache aus, als dem ältesten
urkundlichen Zeugnisse des Volkes der Hellenen. So gewinne ich
festen Boden und frage nun, was diese Hellenen über ihre Vorzeit,
ihres Landes älteste Bewohner, die Heimath ihrer Götter, die Be-
gründung ihrer Kultur zu sagen wußten. Alles natürlich kurz
zusammengefaßt, und baran schließe ich bann den Versuch, einen
Kern historischer Wahrheit aus diesen Sagen zu gewinnen und nach
Maßgabe unserer heutigen Kenntniß des Orients die Thatsachen
orientalischer Ueberlieferung zusammenzustellen. . . .

Nun, Gott gebe, daß mir etwas gelinge, was des Namens einer
Geschichte der Hellenen würdig sei! Ich habe hier im Schwarza-
lande Lust und Muth dazu bekommen, und bei der begonnenen
Arbeit fühle ich doch, daß ich durch die mir vor der Seele stehende
Natur des Landes und durch die hie und da ins Detail durch-
geführten Studien mehr Hülfsmittel zum Werke in mir trage,

Satiren mit lateinischem Text, metrischer Uebersetzung und Erläuterungen
heraus. Im Winter 1854/55 las er in überfülltem Hörsaale: über vergleichende Psychologie des weiblichen Geschlechts der älteren und neueren
Zeit, wobei die Erklärung der sechsten Satire zu Grunde gelegt wurde.
     *) Tochter Otfried Müllers.
     **) Hermann Schacht, geb. 1814, gest. 1864 als Professor in Bonn,
machte damals im Auftrage der A. b. W. Studien über Anatomie und
Physiologie der Waldbäume. A. D. B. Bb. 30, S. 482.

als ich braußen vor der Arbeit stehend mir dachte. . . . Ich habe
seit Vollendung des Peloponnes ein solches Werk entbehrt, ich bedarf einer Arbeit, die einen gewissen Grad von künstlerischer Komposition in Anspruch nimmt.

An den Vater.

Aus Blankenburg 1854.

Wo sich die Schwarza der Nacht tiefschattiger Waldung entwindet
Und ins offene Land hüpfenden Fußes enteilt,
Weilt Dein Sohn und denket an Dich mit herzlicher Liebe,
Sehnt sich hinüber zu Dir, sehnt Dich herüber zu sich.
Wohl steigt jähe die Wand allseits mit riesigen Tannen,
Doch auch ebneren Pfad bietet das Ufer des Bachs,
Wo Dein matterer Fuß an des Sohnes Seite gelehnet
Ueber schwellendes Gras sonder Beschwer sich ergeht.
Und nach sechzigjähriger Frist entstiege noch einmal
Dir, dem Greise, das Bild, welches den Jüngling entzückt.
Oft auf stillerem Pfad ist mir, als säh' ich die Spuren
Deines Schritts und den Platz, wo Du mit Liebe geruht,
Wo Du im duftigen Tannengehölz tiefathmend dem Bache
Lauschtest, er singet dem Sohn heute das nämliche Lied!
Ja, so bleibt die Natur sich treu in heiliger Einfalt,
Aber die menschliche Welt gähret in wildester Hast.
Kaum erkennst Du das Land, vom dampfenden Wagen umsauset,
Mitten im Forst zieh'n breit schimmernde Straßen entlang,
Und wie hetzt sich der Mensch! Gold preßt er aus jeder Sekunde,
Oder er hascht und rennt gierig nach jedem Genuß.
Oh, wie dank' ich es Dir, daß ich die stilleren Freuden
Kenne, die das Gemüth laben mit reinerer Lust,
Und die Genüsse der Welt mit Dir zu verachten gelernet,
Daß ich mit Weib und Kind selig zu leben versteh',
Still beflissen, das Haus mir zu bauen, wie Du es gelehret,
Dir zu erziehen ein Gott fürchtendes Enkelgeschlecht.
Hier im Grünen, entfernt von staubigen Foliobänden,
Hier entwarf ich das Bild jener hellenischen Welt,
Die in der Schönheit Glanz auch Dir Dein Auge gefesselt,
Wie sie sich spiegelt im Stein oder im Liede Homers,
Bilde mir still zum Werke den Plan, zum Plan die Gedanken,
Und so fügt sich gemach höher und voller der Bau,
Bis ich einst — o harre noch aus! — die Geschichte der Griechen
Deinem prüfenden Blick ganz zu entfalten vermag.
Ach, noch wenig gelang, von Allem, was ich erstrebte,
Und ich schaue beschämt Reihen von Jahren zurück.
Aber, das weißt Du, noch nie, ja, niemals hab' ich gerastet,
Niemals hab' ich dem Trieb inneren Dranges genügt.
Immer sah ich das Ziel hoch über dem Haupte mir schweben,
Immer zog's mich hinauf, höher und weiter zu schau'n,
Und so bleib' es, so lange mir Gott noch Jahre hinzulegt
Und mir den heiteren Trieb rüstigen Schaffens gewährt.

Denn wie die Flamme, so geht rastlos die menschliche Seele
Aufwärts über die Welt zu den Gestirnen empor.
Daher leuchtet auf uns im Sohn die entschleierte Wahrheit
Und enthüllet das Ziel unseres ewigen Heils.
Dorthin pilgern auch wir durch buntverwachsene Wege,
Ist doch der Stern so klar über der Hütte zu seh'n.
Und ein Glaube zuletzt bleibt uns als Kissen, um ruhig
Darauf zu legen das Haupt, wenn uns die Stimme versagt,
Alles Streben und Forschen in einem Seufzer sich auflöst:
Herr, Dein Kind will ich sein — Herr so erbarme Dich mein!

An Clara Curtius.

Weihnachten 1854.

1.

Harte Zeiten kommen wohl,
Doch sie gehen auch vorüber.
Nur dem Armen, der nicht glaubt,
Wird es immer kälter, trüber.

Wem das Kind geboren ist,
Gottes Kind in Stall und Krippe,
Der hat alle Tage nur
Lob und Preis auf seiner Lippe.

Und ihm leuchtet durch die Nacht
Jener Stern am Himmelsbogen,
Dem die Fürsten und die Hirten
Gottgeleitet nachgezogen.

Uns're Fahrt geht unverrückt,
Heute heller, morgen trüber,
Harte Zeiten kommen wohl,
Doch sie gehen auch vorüber.

Und zuletzt, das wissen wir,
Nimmt uns der in seine Hände,
Der uns heut' geboren ist,
Welcher Anfang ist und Ende.

2.

Es sitzt das Volk auf dichten Bänken,
Ein neues Stück wird aufgeführt,
Bald jauchzt es laut den lust'gen Schwänken,
Bald ist es still und tief gerührt.

Es folgt mit Schmerzen, Lust und Staunen,
So oft der Vorhang fällt und steigt,
Den wunderlichen Schicksalslaunen,
Wie sie das bunte Spiel ihm zeigt.

Doch alles Jauchzen, alle Thränen
Sind von dem Dichter vorbedacht,
Und durch das Labyrinth der Scenen
Geht seines Geistes stille Macht.

Und die des Geistes Spur erkannten,
Seh'n auch dem Spiel die Ordnung an,
Und achten froh, mit unverwandten
Gedanken auf des Werkes Plan.

So ist das bunte Menschenleben,
Ein jeder Tag ein neues Bild,
Ein rastlos Auf- und Niederweben,
Wie scheint es doch so wirr und wild!

Doch jeder Blick, der Dich getroffen,
Und jedes gute Menschenwort,
Und jeder Schmerz und jedes Hoffen
Hat seine Zeit und seinen Ort.

O suche nur den großen Dichter,
Der Deines Lebens Plan gedacht.
So wird Dir Alles klarer, lichter,
Es weicht des Zufalls blinde Nacht.

Was Dich erschreckt, wird sich entwildern,
Du schauest nun mit Freud' und Dank,
Du siehst in Deines Lebens Bildern
Den göttlichen Zusammenhang.

An den Bruder.

Berlin, 8. Januar 1855.

... Wir haben den stürmischen Uebergang von 54 in 55 glücklich überstanden. Sylvester-Abend verlebten wir sehr behaglich bei
dem Brandis'schen Ehepaare;*) es sollte dieser Abend der Anfang
eines häufigeren Verkehrs und gegenseitigen Austausches sein, doch
ist wegen des Unwohlseins von Brandis bis jetzt wenig daraus
geworden. Wie es denn immer im Leben zu gehen pflegt, das
Schönste und Beste sind die hoffnungsvollen Anläufe, die man zu
diesem oder jenem nimmt, nachher hinkt die Praxis kläglich hinterdrein. Doch hoffe ich noch, daß unser Verkehr sich zu gegenseitiger
Freude gestalten werde. Für mich hoffe ich auf aristotelische Belehrung für meine Sommervorlesung über die Politik, für welche
ich schon mit Eifer und Freude mich vorzubereiten anfange. Die
Geistesgröße, die in diesem Buche lebt, hat mich wieder ganz in
Erstaunen gesetzt. Die Bücher der Politik müssen noch ganz anders
verarbeitet werden, als bisher geschehen ist. In meiner griechischen
Geschichte habe ich seit Neujahr wieder tüchtig vorwärts gearbeitet.
Ich habe im vierten Abschnitte die kretische Meerherrschaft, die
kleinasiatischen Völker, Darbaner, Jonier, Lykier, dann die Minyer
und Kadmeionen, endlich die Achäer, die thessalischen wie die pelo-
ponnesischen mit der Geschichte der Pelopiden behandelt, als eine
Gruppe ältester Thatsachen griechischer Geschichte, welche aber noch

---

*) Brandis lebte damals in Berlin als Mitglied des Herrenhauses.

nicht unter einander in Verbindung gesetzt werden können. Die Ueberlieferung ist nirgends eine zusammenhängende; es sind nur einzelne leuchtende Punkte der Vergangenheit, die im Gedächtnisse der Menschen geblieben sind. So habe ich diese ältesten Thatsachen kurz skizzirt und mich sorgfältig gehütet, durch Zuthat eigener Phantasie, wozu meine Natur leicht hinneigt, die nebelhaften Umrisse eines Minos, Adrastos oder Agamemnon plastischer, als erlaubt ist, hervortreten zu lassen. Nun stehe ich in dem Abschnitte, der mir am meisten Kopfzerbrechen macht — bin ich über den hinaus, kann ich beim dorischen Volke anfangen und der Gründung der peloponnesischen Staaten, dann bin ich geborgen. In diesem fünften Abschnitte nämlich muß ich nun einen Ueberblick der Kulturwelt geben, wie sie im Homer sich darstellt und wie sie hie und da in uralten Denkmälern des Landes beurkundet wird. Hier gilt es also, den realen, den geschichtlichen Inhalt von Ilias und Odyssee in klaren Umrissen darzustellen. Aber wo hat man hier festen Boden? Man kann sich wohl im allgemeinen sagen, eine in sich so abgeschlossene, so zusammenhängende und konkrete Welt wie die homerische kann weder eine Märchenwelt sein noch eine willkürlich ersonnene. Die homerische Muse ist ein Kind der Mnemosyne, es geht durch den Homer das Gefühl, daß es mit der alten Zeit vorbei sei, und deshalb werden die Züge der alten Helden so treu wie möglich wiedergegeben, darum ist und bleibt Homer eine historische Urkunde. Anderseits aber geht wieder die homerische Dichtung so in das vollkommen Ideale über, verflüchtigt sich in eine poetische Welt, in der Götter und Menschen mit einander auf Du und Du stehen, daß man allen Boden unter den Füßen verliert. Wie schwer ist es, sich da von dem Processe, der mit dem stofflichen Inhalte vorgegangen ist, einen Begriff zu machen! Ich finde die historische Wahrscheinlichkeit der homerischen Welt besonders dadurch erhöht, daß diese Welt keine gleichförmige ist. Der Unterschied zwischen dem Leben in Argos und in Ithaka, überhaupt zwischen der Ostküste und der Westküste Griechenlands beruht doch auf einer in der Hauptsache sicheren Ueberlieferung. Es ist das eine Eigenthümlichkeit des griechischen Volkes, Poesie und Geschichte zu verschmelzen, und darum haben die griechischen Sagen eine ganz andere Substanz, als die italischen Legenden. Als Sekundaner schrieb ich einmal in einem Aufsatze „die kunstvolle Poesie Homers", das strich mir Ackermann dick durch und schrieb „vielmehr kunstlose".

Das ärgerte mich, weil ich das entschiedene, klare Gefühl hatte, daß es Unsinn sei, Homer kunstlos zu nennen. Je älter ich geworden bin, desto lächerlicher kommt es mir vor, von „Kindlichkeit" u. s. w. bei Homer zu sprechen, und ebenso ist es mit der Welt, in der die homerischen Helden leben, von der man noch immer liest und hört, es sei eine Urzeit, eine Zeit der Anfänge, des Werdens, während doch die ganze Kulturwelt eine so in sich fertige, satte und reise ist, daß man gerade Nichts eher vermißt, als das Ursprüngliche, Einfache in den menschlichen Verhältnissen sowohl den Göttern gegenüber als auch im geselligen Leben. Die Götter und Heroen sind schon dergestalt abgesungen und zersungen, daß von der ursprünglichen Theologie wenig übrig geblieben ist, man weiß kaum, vor wem diese Helden ihre Kniee beugten und woran sie glaubten. Das eigentlich Hellenische ist noch nicht da, wenigstens nicht in der bildenden Kunst, da die Kunst wie in Asien nur dem Luxus dient und dem äußeren Schimmer. Das Achilleusschild ist freilich eine Weissagung hellenischer Kunstentfaltung. In Homer erkenne ich die Kultur der Westküstenvölker Kleinasiens abgespiegelt, die vom thyrischen Meere bis zur Propontis sich immer mehr als ein Ganzes darstellen, diese Kultur war zu der Zeit schon eine überreise, und erst mit der frischen Naturkraft, die mit den hellenischen Stämmen vom Pindos herunterkam, beginnt die eigentliche griechische Geschichte. Es ist ein ewig unerschöpfliches Thema dieser Homer, man zerarbeitet sich ganz an ihm, in jedes gebildete Gemüth greift er ein, und am Ende hat Jeder seinen Homer wie seine Bibel.

An denselben.

8. Februar 1855.

. . . Bei der großen Arbeit wird mir noch oft schwindlig, daher ich immer nur auf das Nächste sehe, wie es die Seefahrer machen, um sich die Seekrankheit fern zu halten. Aus der hiesigen Welt weiß ich wenig zu berichten. Es geht seinen Weg fort, so lange noch diese wurmstichige Welt zusammenhält. Wohl dem, der in der Stille ein gutes Werk fördern kann und in seinem Haus es wohl hat!

Prinz Friedrich Wilhelm.

Berlin, 6. April 1855.

Mein lieber Curtius! Es hat mir sehr leid gethan, daß Sie zu wiederholten Malen vergeblich den Versuch machten, mich mit einem

Besuche zu erfreuen. Einmal war ich für die beiden ersten Tage nach Empfang der schmerzlichen Nachricht des Todes meiner armen Cousine von Meiningen*) nach Potsdam gegangen, um dort, umgeben von so vielen theuren Erinnerungen, in der Stille meinem Kummer Raum zu geben, dann aber nahmen hier der Dienst und Korrespondenzen mich gerade in den Tagen bis zu Ihrer Abreise sehr in Anspruch. So bitte ich also um Nachsicht, daß ich Sie auch nicht aufforderte, noch aus der Gesellschaft zu mir zu kommen. Gern hätte ich Sie noch vor dem Verreisen gesehen, da ja auch Sie der theuren Heimgegangenen zugethan waren und ein Zeuge der mit der Kinderzeit entstandenen innigen Zuneigung zwischen uns Beiden gewesen waren. So begreifen Sie auch meinen tiefen Schmerz bei dem Verlust einer Freundin, die mir Schwester war.

Gott hat es so gewollt, und darin allein finde ich Trost, daß, was er thut, wohlgethan ist, und denen, die ihn lieben, alle Dinge zum Besten dienen.

Den Ihrigen meine herzlichsten Empfehlungen, vornehmlich Ihrer Frau und Ihrem lieben Vater.

Wie immer

Ihr aufrichtig ergebener

Friedrich Wilhelm.

In diesen Tagen kam mir gerade Geibels „Auferstehung" in die Hand, wie schön ist's und wie passend zu unserer Stimmung!

Ernst Curtius an den Bruder.

Berlin, 30. April 1855.

. . . Ich bin in voller Arbeit. Meine „Alte Geschichte" ist trotz 7 Uhr recht gut besucht, die Morgenlektion bekommt mir herrlich. Um 1/₂9 Uhr ziehe ich triumphirend nach vollbrachtem Tagewerke in meine Stube ein und habe dann den ganzen Tag vor mir. Auch spare ich dadurch Zeit, daß ich nie besonders zur Bibliothek in die Stadt zu rennen brauche.

An denselben.

24. Mai 1855.

Wir haben während der Osterzeit sehr still gelebt. Meine Vorlesung macht mir rechte Freude. Ich trage jetzt die Anfänge der

---

*) Charlotte, Herzogin von Meiningen, geb. Prinzessin von Preußen, † 30. März 1855.

griechischen Geschichte, natürlich mit besonderem Eifer, vor. Meine
ganze Ansicht über die Jonier ist mir mit allen ihren weitreichenden Konsequenzen erst allmählich klar geworden. Es haben sich
mir eine Menge Räthsel gelöst, seit ich griechische Stämme seit
Urzeiten an der asiatischen Küste sehe. Jetzt sind mir Kadmos und
Danaos klar, und Manches, was ich selbst früher unmittelbarer
Einwirkung und Ansiedelung der Phönizier zuschrieb, solange ich
jenseits nur Nichtgriechen kannte, wie z. B. die Gründung von
Nauplia, die Palamedes-Sage, erkenne ich jetzt als ionische Einwirkung. Mit der Wiederentdeckung der Jonier als der bei der
ursprünglichen Verzweigung des griechischen Volkes in Asien zurückgebliebenen, dann bei Bildung der asiatischen Reiche auf den
Küstensaum vorgeschobenen und nun die jenseitigen Lande allmählich
entdeckenden, besetzenden, erweckenden Griechen — damit sind die
Anfänge der griechischen Geschichte in ein ganz neues Licht gesetzt,
und mir wird selbst oft ganz bange vor den weitreichenden Konsequenzen jener Ansicht, zu der ich, ohne etwas Neues zu suchen,
auf ganz harmlose Weise durch ruhige und, weiß Gott, auf wenig
Gelehrsamkeit Anspruch machende Betrachtung der alten Kultur-
verhältnisse gelangt bin. Ich habe meine Kombinationen immer
von neuem revidirt, wie ein guter Kaufmann seine Rechnung, und
ich wüßte nicht, wo der Fehler, d. h. ein Hauptfehler, ein Grund-
irrthum liegen sollte.

An meinem jungen Prinzen und seiner Familie habe ich rechte
Freude. Die Konfirmation*) war eine wahrhaft erhebende Feier.
Es sind ein Paar wirklich liebenswürdige Geschwister. In dem
Bruder entfaltet sich langsam und still der männliche Wille. Sein
milder, ruhiger Ernst ist sehr wohlthuend, gegen mich ist er unverändert wie ein Freund und läßt nicht die geringste Aenderung in
unserem Verhältnisse eintreten. Auch die Eltern finde ich harmonischer gestimmt als sonst.

An denselben.

Juni 1855.

Ich habe diesen Sommer meine Kräfte angespannt. Die ganze
Jonierabhandlung, an 4—5 Druckbogen, liegt fertig. Es ist eine Geschichte der Jonier vor der ionischen Wanderung,**) das klingt

---

*) Der Prinzessin Louise, nachmaligen Großherzogin von Baden.
**) „Die Jonier vor der ionischen Wanderung." 1855.

seltsam, und doch hoffe ich Alles erweisen zu können. Morgen lese
ich in der Akademie den Anfang der Arbeit „Die Stammsitze der
Jonier", das Ganze denke ich Hertz in Verlag zu geben, um es als
ein Programm der griechischen Geschichte in die Welt zu senden.

An denselben.

Misbroh, 18. August 1855.

Das Leben in Luft, Wald und Wasser thut mir sehr wohl.
Freilich ist das Wetter seit vier Tagen schon rauh, und wenn auch
der Nordost die Wellen so an unser Gestade peitscht, daß wir lauter
kräftige Wellenbäder haben, so sehnt sich doch das Herz nach anderem
Winde, nach weniger Wolken und mehr Sonnenwärme. Wir leben
mit unseren Kindern ganz häuslich. Ich vertrage mich vortrefflich
mit Karl*) und mache mit ihm täglich um 9 Uhr den Badegang und
Nachmittags den Waldgang, der gewöhnlich um Sonnenuntergang
an das Gestade hinabführt.

Ich habe jetzt die Primordien der griechischen Geschichte ganz
bei Seite gelassen, arbeite, soweit man in der Faulenzerei des
Misbroher Phäakenlebens von Arbeiten reden kann, am Thrannen-
kapitel und suche jetzt, nach einer allgemeinen Auseinandersetzung
über die Genesis der Thrannis, die sikhonische, korinthische u. s. w.
darzustellen.

Im Gegensatze zur ältesten Geschichte treiben wir die neueste
und lesen mit ungeheurer Theilnahme Beitzkes Geschichte der Freiheitskriege von 1813 und 14. Er hat das richtige Maß der Darstellung mit großem Takte getroffen, er gibt gerade so viel, als
man wissen muß, um urtheilsfähig zu sein. Es ist viel Schmerz-
liches, was Einem durch die Seele geht, aber ein Drama von
ungeheuerem Ernst und reicher Belehrung.

An denselben.

Berlin, 31. Oktober 1855.

Ich habe die Freude gehabt, in vollen Auditorien meine Vorlesungen zu beginnen. Die römischen Alterthümer scheinen von
gegen 40 frequentirt zu werden, in der „Elektra" sind sämmtliche
Bänke besetzt und auf denselben nicht wenige Juristen und Theologen. Für die historischen Uebungen ist mir gleich eine Arbeit über

---

*) Dem Schwager Karl Reichhelm, Konsistorialrath in Frankfurt a. O.

die Staatsidee des Perikles gebracht worden, und so ist, Gott sei Dank, Alles in gutem Zuge. Nordamerika ist diesmal durch neun Vertreter repräsentirt. ... Nach der langen Ferienmuße mußte zuerst für das Corpus Inscriptionum heftig gearbeitet werden, auch ein Jahresbericht war der Akademie vorzulegen. Ich hoffe jetzt bald freiere Hand zu haben und dann endlich zur griechischen Geschichte zurückkehren zu dürfen, der ich jetzt nur in verstohlenen Stunden einige Zärtlichkeit habe zuwenden können. Ich bin leider, das fühle ich immer mehr, kein Mensch, der viel arbeiten kann. Bei jedem zu starken Büffeln spüre ich die Einbuße an körperlicher und geistiger Frische, und es ist einmal mein Grundsatz, mich unter solchen Umständen nie zur Arbeit zu zwingen.

An die Prinzessin Louise von Preußen.*)

Mit einer Sammlung der Gedichte von Ernst Curtius, die ihr der Prinz Friedrich Wilhelm zu Weihnachten 1855 schenkte.

Ueber dieses Jahres Schwelle
Ehe Du den Schritt gewagt,
Wo in Morgensonnenhelle
Dir ein neues Leben tagt,

Ehe Dir in Deine Hände
Gott bescheert ein neues Glück,
Säume noch und steh' und wende,
Wende still den Blick zurück.

Was an Glück und Glanz der Erden
Auch der Mensch gewinnen mag,
Schön'res kann ihm nimmer werden,
Als ein sel'ger Kindertag.

In den Weisen dieser Lieder,
Die des Bruders Hand Dir weiht,
Tönen alte Klänge wieder,
Echollang der Kinderzeit.

Laß sie weiter Dich begleiten,
Laß sie folgen Deinem Fuß,
In die Fremde Dich geleiten
Mit vertrautem Freundesgruß,

Dich umzieh'n mit leisem Bande,
Daß Du ja zu aller Zeit
Treu verbleibst dem Heimathlande,
Treu der eig'nen Kinderzeit.

*) Die damals mit dem Großherzog Friedrich von Baden verlobt war.

Mit erwartungsreichem Beben,
Halb erwacht und halb im Traum,
Schreitest Du ins volle Leben
Aus der Kindheit stillem Raum.

Doch Dir bleib' auf Deinen Wegen,
Wie ein sel'ger Morgenduft,
Deiner Jugend Heimathsegen,
Deiner Kindheit Friedensluft.

An den Bruder.

Berlin, 7. Januar 1856.

... Der Schluß des alten Jahres ist für die philologische Welt
so erschütternd ernst gewesen, daß man einander Glück wünschen
kann, noch das Licht der Sonne zu sehen.*) Ich höre, daß auch
Schneidewin**) fast hoffnungslos krank ist, und zwar auch Mann
und Frau zusammen, wie es bei Hermann der Fall war, auch soll
er, wie dieser, an Geistesverwirrung leiden. Karl Friedrich Hermann war bei aller Verknöcherung und Pedanterie doch ein wackerer,
ehrenwerther Mann, dessen massenhafte Gelehrsamkeit sich schwer
ersetzt. Als er vor Jahren nach Leipzig wollte, hatte man bei
seiner Nachfolge an mich, als Müllerschen Schüler, gedacht. Ich
bin begierig, ob solche Gedanken wieder auftauchen. Für mich
wäre natürlich ein Ruf nach Göttingen das größte Glück. Otfried
Müllers Lehrstuhl einzunehmen, wäre ein Gedanke, der mich begeistern würde. Wollten sie mich aber hier nicht fortlassen, so
müßten sie mir doch endlich eine anständige Stellung geben und
mich aus der leidigen Nothwendigkeit befreien, durch allerlei
Sklavenarbeit mir meinen Unterhalt zu sichern.

In diesen Ferien habe ich weniger zu Stande gebracht, als ich
mir vorgenommen hatte. Die attische Verfassungsgeschichte macht
zu viel Mühe. Ich komme, wohin ich mich wende, immer dahin,
mich bei der traditionellen Meinung nicht beruhigen zu können.
Ich komme überall auf neue Ansichten, und indem ich diese prüfe
und durcharbeite, vergehen Wochen auf Wochen. Ich habe viel über
die attische Kommunalverfassung nachgedacht und die Reformen
des Kleisthenes, wie viel gehört dazu, sich dies Alles wirklich klar
zu machen. Jetzt mache ich zu dem weitschichtigen Kapitel über

---

*) Karl Friedrich Hermann, † in Göttingen 31. December 1855.
**) Friedrich Wilhelm Schneidewin, † in Göttingen am 11. Januar
1856.

die Kolonisations- und Handelsgeschichte meine Studien. In diesem
Kapitel gebe ich eine Rundschau über alle hellenischen Ansiedelungen
am Mittelmeere, um dann in dem darauf folgenden das Gemeinsame der Bildung, das Zusammenhaltende des hellenischen Volkes
darzustellen. Dann beginnen die Verwickelungen des so ausgebreiteten und zugleich so nahe zusammengehörenden Volkes mit
den Despoten Asiens.

Adolf von Warnstedt.*)

Hannover, 30. Januar 1856.

Hochwohlgeborener Herr! Hochverehrter Herr Professor! Nach
eingeholter Genehmigung Sr. Majestät des Königs hat Seine
Excellenz der Herr Kultusminister und Universitäts - Kurator
von Bothmer mir den ehrenvollen Auftrag ertheilt, Ew. Hochwohlgeboren zu Ostern des Jahres eine ordentliche Professur in der
philosophischen Fakultät der Georg-August-Universität zu Göttingen
für die Lehrfächer der klassischen Philologie und Archäologie hierdurch anzubieten.

Nach den schmerzvollen Prüfungen, welche die Universität
Göttingen betroffen haben, ist es der lebhafte Wunsch des Universi-
tätskuratoriums, einen Mann von Ihrem bewährten Rufe für die
Universität zu gewinnen. Die Blüthe und den Glanz der Georgia
Augusta zu erhalten, betrachtet die Hannoversche Regierung als
ein heiliges Vermächtniß. Eben in Ihrer Berufung, mein verehrter
Herr, glaubt sie diesen Sinn am besten bethätigen zu können. Ihre
bisherigen ausgezeichneten Leistungen auf dem Gebiete der historischen und realen Seite der Alterthumswissenschaften bürgen dafür,
daß das Werk, welches Heyne begonnen, der unvergleichliche Otfried
Müller fortgeführt und der verewigte Karl Friedrich Hermann
eifrig zu fördern gesucht hat, besserer Pflege als der Ihrigen nicht
anvertraut werden kann. Mögen Sie in diesem Rufe auch die
höhere Hand nicht verkennen, welche die Geschicke der Menschen
leitet und bestimmt! Dem Lieblingsschüler Otfried Müllers, dem,
welcher ihm im Leben so nahe stand und auch in den Tagen des
Todes nicht ferne war, wird der Lehrstuhl geboten, von welchem das

---

*) Adolf Eduard Friedrich Johannes von Warnstedt (1813—1894) war
vortragender Rath im Ministerium zu Hannover und bearbeitete die Angelegenheiten der Göttinger Universität.

Werk des Meisters fortzuführen und der alte, ehrwürdige Ruhm
von Göttingen zu steigern ist. Griechische Alterthümer und Geschichte, griechisches und römisches Staatsleben, klassische Litteratur-
geschichte, alte Länder- und Völkerkunde nebst einer von Ew. Hochwohlgeboren selbst zu bemessenden Ausdehnung auf die Exegetica
würde Ihnen ein Feld der Wirksamkeit eröffnen, welches selbst
namhafte Vorzüge vor dem Terrain darbieten dürfte, welches Sie
in Ihrer jetzigen Stellung zur Bearbeitung vor sich haben. Ew.
Hochwohlgeboren werden, wie ich mich überzeugt habe, in den
Kreisen, welche Ihnen nahe treten würden, freudig willkommen
geheißen werden. Eine gesunde, frische, von Natur grünbliche,
ernststrebende, treue Jugend, deren Heranbildung Ihnen mit übertragen werden würde, bietet ein dankenswerthes Arbeitsfeld. Sie
wissen selbst besser, als ich es darstellen kann, daß Otfried Müller
auch in dieser Hinsicht sich in Göttingen heimisch und glücklich
fühlte. ...

An den Bruder.

Berlin, Anfangs Februar 1856.

... Nach mancher Schwankung kam ich zu der Ueberzeugung,
daß mir eine Verpflanzung jetzt heilsam sei und daß ich eine
solche Wirksamkeit nicht zurückweisen dürfe zu meiner eigenen Fortbildung. Darin fand ich die Zustimmung meiner Freunde, und
darin beharrte ich auch, obgleich der Minister mir eine Zulage von
700 Thalern zu gewähren bereit ist. ... Es ist nicht leicht für
mich, hier loszukommen — aber ich gehe mit Gott! Heute gehe ich
zum Prinzen von Preußen, um mir dessen Genehmigung zu diesem
Schritte und durch ihn die des Königs zu erwirken, das ist noch
das Einzige, was mich hier fesselt.

An den Prinzen Friedrich Wilhelm.

20. März 1856.

Mein theurer Prinz! Da es mir nicht gelungen ist, Ew. Königliche Hoheit vor Ihrer Abreise zu sprechen, so bitte ich durch diese
Zeilen um die Gewogenheit, auch diesmal am 22. — den ich so oft
in Wehmuth wie in Freude mit Ihnen zu begehen die Ehre hatte
— der Ueberbringer meines Glückwunsches sein zu wollen, eines
Glückwunsches, welcher ja zugleich auch Ihnen und Ihrer ganzen

hohen Familie gilt. Gott gebe Ihnen ein gesegnetes Fest! Mögen
Sie es Alle in Gesundheit, in dankbarem Bewußtsein des göttlichen
Segens und mit glaubensvollem Blick in die Zukunft feiern!

Was mich betrifft, so wissen Sie, mein theurer Prinz, daß ich
mein Ränzel schnüre, um etwa den 8. April nach Göttingen über-
zusiedeln. Erlauben Sie mir hier mit wenig Worten mitzutheilen,
wie die ganze Sache gekommen ist.

Als ich im Jahre 1844 auf Antrag Ihrer hohen Eltern von
Sr. Majestät dem Könige zu Ihrem Erzieher berufen wurde, fragte
ich den damaligen Minister des Unterrichts, wie die Regierung die
Jahre, welche ich dem unmittelbaren Dienste des Königshauses
widmen würde, betrachten wolle und was ich nach Ablauf jener
Jahre von der Regierung zu erwarten habe. Der Minister antwortete mir, daß darüber in Preußen keine Frage sein könne; die
dem Königshause geleisteten Dienste wären so gut wie dem Staate
geleistet, und wenn ich die Erziehung des Königlichen Thronerben
zur Zufriedenheit des Königlichen Hauses vollendet hätte, so würde
das Ministerium, wenn ich der Universität treu bleiben wolle, es
für seine Pflicht halten, mir sofort an derselben eine ordentliche und
würdige Stellung zu verleihen. Dabei beruhigte ich mich vollkommen, weil ich darin nicht die Stimme eines einzelnen Ministers,
sondern den Grundsatz der preußischen Regierung zu erkennen
glaubte.

Nach meiner Rückkehr in die akademische Thätigkeit hielt ich
es für meine Pflicht, auf die Erfüllung jenes Versprechens für das
erste nicht zu bringen, sondern mir praktisch eine Lehrthätigkeit zu
gründen und mir durch Arbeit die versprochene Stellung zu verdienen. Deshalb wartete ich bis zum Anfange dieses Winters
und schrieb dann an den Minister, er möge jetzt, nachdem ich sechs
Jahre an der Universität gearbeitet hätte, untersuchen, ob ich nicht
Anspruch hätte auf die Verwirklichung jenes im Jahre 1844
gegebenen Versprechens. Mein Ansuchen schien mir und Anderen
so billig, daß ich an eine abschlägige Antwort nicht dachte. Und
dennoch erfuhr ich Mitte Februar, daß der Minister meinen Antrag
abgewiesen und auch trotz der dringenden Vorstellung der philosophischen Fakultät, daß mein Gehalt in schreiendem Mißverhältnisse
zu meiner Wirksamkeit stehe, keine Verbesserung meiner Lage bewilligt habe.

Das hatte ich nicht erwartet; ich sah mich unbillig behandelt und zurückgeſetzt, während doch ſonſt in Preußen Diejenigen, welche den Mitgliedern des Königlichen Hauſes perſönliche langjährige Dienſte zu leiſten die Ehre haben, anders behandelt zu werden pflegen.

An demſelben Tage und in derſelben Stunde, als mir jener abſchlägige Beſcheid bekannt wurde, kam an mich die vertrauens- volle Anfrage, ob ich wohl einen Ruf nach Göttingen annehmen würde. Es war der ehrenvollſte Ruf, der mir werden konnte, und um das Aeußerliche kurz zu erwähnen — ſtatt der 300 Thaler, die mir in Preußen gezahlt wurden, botirte Hannover meine Stelle mit 1700 Thalern.

Nach jener Antwort des preußiſchen Miniſters konnte ich nicht ſchwanken. Ich erklärte, ich würde nach Göttingen gehen, wenn Se. Majeſtät und der Prinz von Preußen nebſt den Seinigen keinen Einſpruch thäten.

Kaum wurde der Göttinger Ruf ruchbar, ſo zog der Miniſter ſeinen noch nicht an mich abgeſandten Beſcheid zurück, und nun wurde ſtatt deſſen gleich eine ordentliche Profeſſur für mich bekretirt und an Gehaltserhöhung in Ausſicht geſtellt, was ich wünſchte.

Inzwiſchen hatte ich aber ſchon meine Zuſage gegeben. Auch kam es mir unwürdig vor, jetzt einen Handel um einige hundert Thaler anzufangen. Ich bat mir alſo von Ihren durchlauchtigſten Eltern und von Ihnen, mein theurer Prinz, die Erlaubniß aus, jenen Ruf annehmen zu dürfen, und gab bei unſerem Miniſter mein Entlaſſungsgeſuch ein.

Ich habe es für meine Pflicht gehalten, Ihnen, mein theurer Prinz, den Thatbeſtand kurz mitzutheilen, indem ich Ihnen über- laſſe, ob Sie davon Ihren hohen Eltern Mittheilung machen wollen oder nicht. Ich gehe mit Freuden nach Göttingen, indem ich dort eine bedeutende Wirkſamkeit finden und als Univerſitätslehrer eine lohnende Thätigkeit und eine größere Förderung erreichen werde. Aber mit Schmerz gehe ich aus Preußen, und ſchmerzlich muß es mir ſein, daß Demjenigen, welcher den Sohn des Prinzen von Preußen erzogen hat, vom Auslande her die erſte wiſſenſchaftliche Anerkennung kommen muß. Mich tröſtet der Gedanke, daß ich auch dort Ihnen mit unverbrüchlicher Treue verbunden bleiben darf und daß ich, wenn man in Preußen einmal meiner Dienſte bedarf, gereiſtere Kräfte und größere Erfahrung anbieten kann. Wenn preußiſche Officiere bis nach der Türkei hin ihre Dienſte angeboten

haben, so werde ich auch als guter Preuße einem deutschen Nachbar-
staate einige Jahre widmen dürfen, umsomehr, da die Universitäten
zu dem Gesammtbesitze des deutschen Volkes gehören und Göttingen
auch von preußischer Jugend besucht wird. Ich darf wohl hoffen,
nach Ihrer Rückkehr noch einmal mit Ihnen reden zu dürfen und
mich zu überzeugen, daß Sie diese kurze Auseinandersetzung meiner
Verhältnisse huldreich aufgenommen haben.

Viertes Kapitel

Göttingen 1856—1868.

———

An Kurd von Schloezer.

Göttingen, 23. April 1856.

Seit wir uns am Potsdamer Bahnhofe trennten, habe ich vielerlei erlebt, doch, Gott sei Dank, nur Gutes. Das Einzige, worüber ich klagen möchte, ist die übermäßig weitläufige, gartenlose Wohnung hier in Göttingen, wo die Leute meist so reizend ländlich wohnen.

In dieser Woche habe ich vor einem überfüllten Auditorium meine Vorlesung eröffnet. Die ersten Zuhörer, die sich melbeten, waren die beiden hessischen Prinzen*) mit ihren Führern. Es ist ein unerwartet starker Zufluß von Studenten gekommen. Ich finde die jungen Leute frisch, kräftig, anständig und meist tüchtig vorbereitet. Es ist ein guter Schlag von Menschen und meist wohlhäbige Leute.

Der Kreis der Kollegen hier ist sehr reich und mannigfaltig, der Empfang von allen Seiten herzlich und entgegenkommend. Die nahe Umgebung der blauen Berge, die das bescheidene Leine=Thal umringen, der fruchtbare Gartenboden, auf dem man geht, die reine Athmosphäre, die man athmet, das Alles thut wohl. Daß wir Manches entbehren, das versteht sich.

———

*) Der verstorbene Großherzog Ludwig IV. von Hessen und sein Bruder Prinz Heinrich.

Alexander von Humboldt.

Frühling 1856.

... Ich nehme den innigsten Antheil an dem Glanze, mit dem Sie auftreten werden, da Ihnen die Natur als Luxus neben der herrlichen Klarheit des Gedankens auch den Wohlklang und Reichthum verliehen hat. Sie fangen ein neues, erfrischendes Leben an, und dessen erfreue ich mich, noch immer ein einiges Deutschland, trotz der uneinigen Fürsten, erträumend. Prinz von Preußen, Vater und Sohn, haben mir Beide noch vorgestern zärtlich von Ihnen gesprochen. ...

An den Bruder.

Pfingsten 1856.

In unserem neu errichteten Hausstande ist trotz der kalten Witterung, die wir schmerzlich empfanden, Alles, Gott sei Dank, gut gegangen, und seit durch die breiten Balkonthüren die warme Sommerluft den großen Dieterichskasten*) erfüllt, ist unser großer Saal meine tägliche Freude und ersetzt, nothdürftig genug, die vermißten Gartenfreuden. Unser geselliges Leben gestaltet sich nur langsam. In der Regel gilt nur Einladen und Eingeladenwerden. Der gesellige Verkehr bewegt sich in hergebrachten Formen. Nun wird sich gewiß auch ein leichterer Verkehr, ein engeres Zusammenleben mit einzelnen Häusern machen lassen, aber das macht sich natürlich nur allmählich und wird dadurch erschwert, daß Männer und Frauen so selten ganz zusammenpassen. Zu den mir liebsten Verkehrsweisen gehören die Männerspaziergänge, zu denen sich bei Waitz alle Sonnabende um 3 Uhr Leute zusammenfinden, um in Weende einzukehren und dann auf Umwegen zurückzuwandern. Bis jetzt kann ich Göttingen noch nicht anders ansehen, als einen Ort, an dem ich vorzügliche Gelegenheit habe, für akademische Lehrthätigkeit eine, wenn auch späte, doch nicht zu späte Ausbildung zu erwerben. So wenig ich es hier ausspreche, so wäre mir jetzt der Gedanke, hier mein Leben lang zu bleiben, peinlich. Man wird hier freilich durch specifisch Hannöversches wenig behelligt und fühlt sich durchaus als Mitglied einer reich ausgestatteten deutschen Gelehrtenrepublik, eines wissenschaftlichen Gemeinwesens, das wahrhaftig ein Jahrhundert ohne Gleichen zurückgelegt hat. Aber ich

---

*) Die Wohnung befand sich in dem Hause der Dieterich'schen Buchhandlung.

fühle mich doch durch die vielfachsten Lebensbeziehungen, die nicht
Willkür von meiner Seite, sondern höherer Rathschluß gestiftet
hat, so an Preußen gekettet, daß ich mir nur dort den Schauplatz
meiner gereisten Kraft denken kann. Dort habe ich ja auch Aussicht, mehr für Wissenschaft und Kunst thun zu können, als anders-
wärts: „Ich sehe," schrieb mir neulich der Prinz von Preußen,
„Ihre jetzige Stellung nur als eine vorübergehende an, die Sie
aber unstreitig eine Zeit lang in neuen und fremden Verhältnissen
nur günstig für sich selbst und Andere ausbeuten werden, um dann
zu uns zurückzukehren. Der Dank, der uns an Sie fesselt, wird
Ihnen überallhin folgen und den Wunsch in uns lebhaft erhalten,
Sie bereinst unter den Augen Dessen thätig zu sehen, der unter
Ihren Augen geleitet aufwuchs." Ich schreibe dies Alles nur, um
Dir meinen Standpunkt klar zu machen. Glaube nur ja nicht,
daß ich nun hier unzufrieden in der Stimmung eines reuigen
Emigranten sitze und über die Grenze schiele — wahrhaftig nein,
sondern ich arbeite froh und frisch, und das Gefühl, hier den jungen
Leuten viel geben zu können, wovon sie noch keine Ahnung haben,
hebt und stärkt mich. Ich habe nun, um mich dem Kuratorium
gefällig zu erweisen, freiwillig auch noch einen Lateiner für das
Seminar übernommen; Tibull wird nach Pfingsten angefangen.
Außerdem bin ich von den Aelteren gebeten worden, ihnen noch
privatim Gelegenheit zu geben, von mir zu lernen, und so werde
ich noch Montag Nachmittag von 6—8 Uhr einen kleinen Kreis zu
philologisch-historischen und archäologischen Uebungen um mich versammeln. Ich fühle mich hier ganz als Universitätslehrer und
wünsche nur, mit wahrer Frucht zu arbeiten. Der Stamm der
Seminaristen, der übrig geblieben ist, verspricht nicht sehr viel,
aber unter den Aspiranten scheinen mir tüchtige Leute zu sein. Im
ganzen sind augenblicklich 18 im Seminar; sie kommen sehr regelmäßig und passen ungeheuer auf. Ich hatte vor dem Lateinsprechen
zuerst einige Scheu, aber nachdem ich anfangs für mich täglich
seitenlang Latein geschrieben habe, geht es jetzt schon ganz geläufig.
Nachdem ich nun den Leuten gezeigt habe, daß ich Latein sprechen
kann, werde ich von dem rigor dieses Usus nachlassen, denn bei
der Göttinger Sitte, daß keine deutsche Silbe im Seminar hörbar
wird, gehen natürlich viel wichtige Interessen verloren. Ein
Hauptgewinn ist hier, daß die Zeit sich weniger verkrümelt und,
so Gott will, werde ich davon die richtige Ausbeute machen. Ich

habe schon die Konflikte der asiatischen Griechen mit Lydien und Persien im Entwurfe durchgearbeitet und strebe eifrig dem Punkte zu, wo nun, von der Naxosschen Revolte an, eine zusammenhängende, eigentlich historische Darstellung beginnen kann. Mein Plan ist, nach den Sommerferien den Druck anfangen zu lassen, und ich sitze jetzt wieder, wie da ich meinen guten Pelops zur Welt förderte, in einem Buchdruckerhause. Hier wird im allgemeinen doch mächtig und tüchtig gearbeitet, namentlich von Waitz, der mir gestern seinen dritten Band*) brachte. Es ist freilich eine monströse Monographie, über neunzig Druckbogen und kaum eine Spanne Zeit von vier Jahren!

In diesen Feiertagen muß ich meine Preisvertheilungsrede**) fertig machen, die mir heute mehr Mühe macht, als ich gestern, da ich die Sache frisch anfaßte, dachte. Mein Gedanke ist, den agonistischen Charakter des griechischen Lebens zu entwickeln und so auf den Inhalt des Festes überzugehen, zu zeigen, wie das ganze griechische Leben ein Wettkampf entfesselter Kräfte gewesen ist, ein Wettkampf zwischen Stämmen und Städten, in Krieg und Frieden, in Kunst und Wissenschaft im Gegensatz zu dem Genußleben des Orients, zur Ueberschätzung des Besitzes, des Habens. Es liegt um so näher, gerade in dieser Seite des griechischen Lebens seinen für alle Zeit vorbildlichen Typus zu erkennen, da Paulus selbst seine korinthischen Christen auf die isthmischen Kämpfe hinweist, um sich daran ein Exempel zu nehmen. Ich denke, dieses Thema eignet sich zum Inhalt einer akademischen Rede, die zugleich einen wissenschaftlich-historischen Inhalt haben und anregen und erheben soll. Und daran, d. h. an Schwung und Anregung fehlt es doch vieler Orten, es sind hausbackene Naturen. Unter den Studenten ist viel süddeutsches, manches fremde Blut. Von den ordentlichen Seminaristen ist nur einer aus Hannover, die anderen Schwaben, Schweizer, Franken. Es sind Griechen und Ungarn hier, die bei mir hören. Ich hoffe viel von Sauppe.***) Ich denke,

---

*) Lübeck unter Jürgen Wullenweber und die europäische Politik. 3 Bde. 1855—56.

**) In Göttingen findet am 4. Juni, dem Geburtstage des Gründers der Universität, eine akademische Feier statt, bei welcher der Professor der Eloquenz die Festrede hält und die Urtheile der Fakultäten über die Preisarbeiten verkündet.

***) Hermann Sauppe, Direktor des Gymnasiums in Weimar, war als Nachfolger Schneidewins nach Göttingen berufen worden.

es soll eine gute philologische Schule sich bilden, und mich hebt
das Gefühl, daß man hier auf mich zählt. In Berlin fühlte ich
mich nur als Supplement-Band der klassischen Professoren.

Höchst anerkennenswerth ist der im ganzen an der Universität
hier herrschende kirchliche Sinn. Der Gottesdienst ist sehr erbaulich.
Männer wie Hildebrand*) und Ehrenfeuchter**) sind auserwählte
Leute. Ich habe eben eine herrliche Pfingstpredigt von Ehrenfeuchter gehört. Es ist viel werth, daß die Theologie hier so würdig
vertreten ist. Auch Dorner,***) der jetzt die zweite Auflage seiner
Christologie drucken läßt, ist ein höchst bedeutender, würdiger und
angenehmer Mann.

An denselben.

5. Juni 1856.

Die Wehmuth, mit der Du über die körperlichen Hemmungen
geistiger Thätigkeit klagst, fühle ich theilnehmend nach, umsomehr,
da ich selbst, wenn ich auch über Störungen meines Wohlbefindens,
Gott sei Dank! fast nie zu klagen habe, schmerzlich empfinde, daß
zu größeren Kraftanstrengungen auch mir die Natur das Vermögen
versagt hat und daß ich deshalb in allen meinen Leistungen so weit
hinter meinen Zielen zurückbleibe. Das ist ein Schmerz, den ich
fast täglich und stündlich empfinde. Man wird ganz am Gelehrten-
berufe irre, wenn man inne wird, mit welcher eigensinnigen Entschiedenheit die Natur uns auf das Bummeln hingewiesen hat als
die eigentliche Bedingung des Wohlseins, und doch, soll man einmal
einen Lehrstuhl mit Ehren ausfüllen, wie ist das mit der dem
äußeren Menschen so wohlthuenden Bummelei zu vereinigen? An
diesem Problem werden wir wohl unser Lebtag zu arbeiten haben.
Für uns fiel an Pfingstfreuden nur eine Tour nach Münden ab;
die war allerdings köstlich in Gemeinschaft mit Ewalds,†) Webers††)

---

*) Superintendent und Pastor an der St. Jacobikirche.
**) Friedrich Ehrenfeuchter (1814—1878). Professor der Theologie und
erster Universitätsprediger, seit 1845 in Göttingen.
***) Der Theologe Isaak August Dorner (1809—1884), seit 1853 in
Göttingen.
†) Der Theologe und Orientalist Heinrich Ewald (1803—1875), 1837
als einer der Göttinger „Sieben" seines Amtes entsetzt, war 1848 nach
Göttingen zurückberufen worden.
††) Der Physiker Wilhelm Weber (1804—1891), ebenfalls einer der
„Sieben", 1849 nach Göttingen zurückberufen.

und Dirichlets,*) die zu den leichten Geschwadern der hiesigen
Gesellschaft gehören, denen wir uns gerne anschließen, sobald einmal gut Wetter ist.

Ich schrieb in den Pfingstferien meine Rede. Die ist gestern
gehalten. Das war meine eigentliche öffentliche Einführung, und
ich darf wohl sagen, daß Alles gut gelungen ist. Die Feier, seit
Jahren ganz heruntergekommen, war glänzend besucht. Unter
Glockengeläute strömte die ganze Bevölkerung zusammen, es wußte
sich Keiner solcher Frequenz zu entsinnen. Hinter den scharlach-
rothen Pedellen zog ich zur Seite des Magnificus in den Saal,
hinter uns die Hessenprinzen mit ihrem Gefolge, dann die lange
Reihe der Professoren. Nach dem Choral hielt ich im Schweiße
meines Angesichtes in der oben und unten gefüllten Aula meine
Rede, die Du nächstens lesen wirst, und verkündigte dann die Preise,
nach jedem Siegesnamen der Musik zum Tusche winkend. Die
Herzlichkeit, mit der mir die besten unserer Männer nachher die
Hand drückten, hat mir wohlgethan. Es war mir eine große
Freude, so zum ersten Male öffentlich im Namen einer deutschen
Universität reden zu dürfen. Der erste Eindruck ist wenigstens ein
guter gewesen.

Inzwischen bin ich in mannigfacher Weise mehr und mehr
mit den hiesigen Verhältnissen verwachsen, und man versäumt
Nichts, um mich so bald und so vollständig wie möglich hier zu
binden. Die Societät hat mich zu ihrem ordentlichen Mitgliede
gewählt, was mir der ehrwürdige Hausmann in einem schönen
Briefe anzeigte, und auch der hiesige Klub, ursprünglich „die Gesellschaft der zwölf Freunde", der alle Freitage umgeht, hat mich
aufgenommen. Morgen bin ich zuerst bei Baum**) als Mitglied,
morgen über acht Tage muß ich schon die Klubbisten materiell und
geistig bewirthen.

Seit es warm ist, sind unsere großen Räume sehr angenehm.
Wie unendlich leicht ist es hier, Leute bei sich zu haben! Sonntag
hatten wir Hessen-Darmstadt hier nebst einigen Professoren und
Studenten, gemischte Gesellschaft, wie sie sich hier selten findet.
Diese Woche sind wir Abend für Abend ausgewesen; zum Theil

---

*) Der Mathematiker Gustav Lejeune-Dirichlet (1805—1859), war 1855
als Gauß' Nachfolger nach Göttingen berufen. Seine Gattin war die
Schwester von Felix Mendelssohn-Bartholdy.

**) Dem Chirurgen Wilhelm Baum (1799—1883), seit 1849 in Göttingen.

waren diese Abendessen wahre Feldzüge voll Strapazen. Aber
diesem Unwesen muß gesteuert werden. Wir haben auch reizende
Gesellschaften mitgemacht, so gestern bei Dorners. Er ist eine Perle
unserer Universität. Auch Ehrenfeuchter liebe ich sehr. Unter
diesen Männern ist ein Leben, in welchem sich wirklich die ideale
Seite des deutschen Universitätslebens verwirklicht, und wenn
solche Männer in herzlicher Weise Clara und mir die Freude,
die sie an und über uns haben, bezeugen, so ist das eine Genugthuung, wie sie mir noch nie zu Theil geworden ist.

An denselben.

Juli 1856.

... Für die Ferien bin ich jetzt entschlossen hier zu bleiben,
ich muß endlich den 1. Band zum Druck bringen. Das soll am
1. Oktober geschehen, und dazu will ich die Ferienmuße anwenden.
Hier ist es ja möglich, inmitten aller Schätze der Wissenschaft zu
bleiben und dabei täglich frische Luft zu athmen, kühle Wellenbäder
zu nehmen und die anmuthigsten Wege durch Ebene und Gebirge
zu machen.

Den Klub habe ich mit Delphica traktirt, die Anklang fanden
und den trefflichen Dorner veranlaßten, gestern einen daran an-
knüpfenden Vortrag über das Verhältniß der hellenischen Prophetie
zu der hebräischen zu halten.

An Besuch fehlt es nicht. Neulich überraschte mich Bethmann-
Hollweg, dem zu Ehren Dorner eine sehr hübsche Gesellschaft gab.
Gestern kam General Fischer,*) mit dem wir auf den Rhons fuhren.
Das Wetter war köstlich, und das weite, fruchtbare Leinethal, vom
Meißner und den anderen Bergen umschlossen, nahm sich statt-
lich aus.

Unsere gestrige Gesellschaft ist glücklich bestanden. Die Leute
sind hier außerordentlich amüsabel, die Gespräche strömen, sobald
nur eine Gruppe von Göttinger Professoren zusammenkommt.

Prinz Friedrich Wilhelm.

Potsdam, 11. Oktober 1856.

Mein theurer Curtius! Was werden Sie von mir denken, daß
Monate verstreichen konnten, ehe ich wieder von mir hören ließ,

---

*) Ehemals militärischer Gouverneur des Prinzen Friedrich Wilhelm.

auch Ihren freundlichen, nach London gerichteten Brief beant-
wortete. Ich bin aber vom ersten Tage meiner Heimkehr aus
Albion an bis zur Abreise nach Moskau zur Krönung ununterbrochen von Dienstgeschäften sehr in Anspruch genommen worden;
dann kam die Krönungsreise, und werden Sie begreifen, wie dort
keine Ruhe oder Zeit blieb.

Nicht minder herzlich habe ich Ihrer gedacht, mir vorgestellt,
wie nicht ohne Schwierigkeit Sie sich im neuen Wirkungskreis an-
siedelten und dann auch der zurückgebliebenen Freunde gewiß häufig
gedacht haben. Ihr freundlicher Brief machte meiner geliebten
Braut auch viele Freude, wie Sie denn überhaupt mehr wie einmal
dort genannt worden sind. Lassen Sie mich denn auch gleich hier
im Namen meiner Schwester ihren Dank aussprechen für das so
überaus gelungene und sinnige Gedicht, welches Sie zur Hochzeitsfeier übersendet haben. Ich übergab es selbst der „Großherzogin!"
und können Sie versichert sein, daß sie sowohl wie mein Schwager
und meine Eltern, wie überhaupt Alle, die es zu sehen bekamen,
laut und lebhaft ihre ganze Freude über diese gelungene Festgabe
äußerte. Meine Schwester wiederholte dies mehrere Male und
trug mir noch namentlich am letzten Tage auf zu danken, bis sie
mehr Zeit selbst haben würde. Hätten Sie meine Schwester in jenen
Tagen gesehen, so würden Sie es nicht als sentimentale Aeußerung
ansehen, wenn ich sage, daß sie wie ein Engel aussah!

13. Oktober 1856.

Neulich unterbrochen, muß ich mehrere Tage später diese Zeilen
wieder aufnehmen. In wenig Tagen bin ich wieder um ein Jahr
älter, und wenn dann noch ein 18. Oktober vorüber sein wird,
findet November 1857, so Gott will, meine Hochzeit statt. Zum
Geburtstage meiner Braut, dem 21. November, gehe ich in diesem
Jahre nach London und kehre zu Weihnachten nach Coblenz zurück,
um dann bis zum Herbste in Breslau mich niederzulassen, woselbst
ich mir das Kommando eines Linienregiments ausgebeten und
gleichzeitig auch die Provinz ein wenig kennen lernen kann.

In Moskau sah ich meinen Vetter-Neffen Louis von Hessen,
der mir öfter von Ihnen sprach. Möge der dortige Aufenthalt
ihm nicht geschadet haben! Ich fand ihn sehr jung und in der
Welt unerfahren, um dorthin zu gehen, zumal in der Begleitung
seines Onkels, des Prinzen Alexander von Hessen, der kein be-

sonbers günstiges Vorbild der Moralität zu sein scheint. Louis scheint mir sonst ein guter, unterrichteter junger Mann zu sein, der aber noch viel sehen muß, ehe er Mann wird.

Sehr bald mache ich meinen Besuch in Hannover, und sobald der Termin feststeht, sollen Sie es erfahren, damit, wenn möglich, wir uns dort wiedersehen können.

Meine Moskauer Reise war höchst interessant und reich an großen Effekten, wie Sie sich denken werden. Aber blenden und imponiren ließ ich mir nicht, und es war ein himmelhoher Unterschied zwischen unserem Hochzeitstage und jenem orientalischen Glanze, wenn man das Gemüth befragt: doch erlebte ich manche recht liebe, unvergeßliche Tage in Rußland, die einer Zeit angehören, die mitzumachen höchst merkwürdig war.

Morgen gehen wir nach Greifswald, um zu jubeln, ich weiß nun mit Universitäten Bescheid, sintemalen ich ja Doctor Oxfordis bin. Hier muß ich für heute enden, indem ich Ihre Frau und Kinder herzlich grüße, Sie aber von ganzer Seele versichere, daß ich wie immer bin und bleibe, mein lieber Curtius, Ihr von ganzem Herzen ergebener

Friedrich Wilhelm.

Ernst Curtius an Kurb von Schloezer.

7. November 1856.

... Gestern war ich in Hannover zu einem Rendez-vous mit meinem jungen Prinzen. Er war von der redseligen Majestät so in Anspruch genommen, daß ich ihn nur nach Mitternacht von $^1/_2$1—1 Uhr sprechen konnte. Aber ich habe eine wahrhafte Freude an dieser Unterredung gehabt. Ich fand sein Gemüth unverändert, seine sonstige Entwickelung aber sehr fortgeschritten.

Der Prinz wird ja auch nach Paris gehen. Das ist eine peinliche Mission. „Erst," sagte er mir, „schickt der König vier Trakehner hin, dann mich."

An die Griechische Gesellschaft in Berlin.

Am 27. November 1856.

Der Graeca send' ich meinen Gruß,
Und wär' ich heut' auf freiem Fuß,
Entledigt von des Amtes Zügeln,
Ich eilte rasch auf Dampfesflügeln

Und träte nach vertrauter Sitte
In meiner alten Freunde Mitte.
Ich brächte ihnen, was ich habe,
Des treuen Herzens volle Gabe,
Das unverrückt der Stunden denkt,
Da wir, in Sophokles versenkt,
Im stillen Hain des Alterthums
Uns freuten seines ew'gen Ruhms
Und der, in edler Anmuth Hülle,
Aufsprießenden Gedankenfülle.

   Nicht leichten Schritts bin ich gegangen,
Mit manchen Banden fest umfangen
Hielt mich die Stadt, die vielbewegte,
Hielt mich das Land, das wohlgepflegte,
Hielt mich der Freunde treuer Sinn.
Wer gäbe solche Schätze hin
Und schaute nicht zurück mit Bangen,
Ja, oft mit schmerzlichem Verlangen!
Doch schrieb ich nicht, um Euch zu klagen,
Das würd' Euch selber nicht behagen,
Da Andres Ihr erwartet habt,
Als Ihr dem Freund den Abschied gabt.
Auch rühm' ich laut, was mir gegeben,
Ein würdig Amt, ein freies Leben,
Ein Kreis von Freunden, treu und gut,
Und steh' ich auch mit zagem Muth
Auf diesem Platz, wo andre Männer,
Gebor'ne Helden, reife Kenner,
Gelehrt — wozu das bange Sorgen!
Ich weiß, daß ich an jedem Morgen
Das Ziel mir hoch und höher stecke
Und nach Vollkommnerem mich strecke.
Auch rühm' ich gern die kleine Stadt,
Die helle, schmucke Gassen hat
Und übers Saatfeld weit verzweigt
So edle Bergeshöhen zeigt,
Gekrönt mit Burgen alter Tage,
An die sich schmiegt des Volkes Sage.
Schwebt doch ein Glanz erlauchter Namen
Um diese Stadt, ein edler Samen
Ist hingestreut und aufgegangen,
Von welchem die Gefilde prangen.
Und heute noch steht Mann bei Mann,
Ein Kreis, wie man ihn wünschen kann.
Es wird geschaffen um die Wette,
Elektrisch wirkt die enge Kette,
Das Leben strömt, die Funken sprüh'n
Und wecken wohl ein stilles Glüh'n,
Es ahnt, es fühlt die junge Seele,
Was ihr auf dieser Erde fehle,

32*

Und hebet sich auf Flügelschwung
Erwachender Begeisterung.
So lebet wohl und denket meiner,
Als sei ich stets der Euren einer!
Und führt mich Gott, wie ich ihn bitte,
Noch einmal froh in Eure Mitte,
An Eure liebe Tafelrunde,
So grüßt den Freund mit Herz und Munde,
So schlaget freudig Hand in Hand
Und zeuget, daß das alte Band
Hellenischer Genossenschaft
Mit einer gottbeseelten Kraft,
Was nah und fern auf dieser Welt,
Für alle Zeit zusammenhält!

An den Prinzen Friedrich Wilhelm.

2. Januar 1857.

Mein theurer Prinz! Ew. Königlichen Hoheit nahe ich spät
mit meinem Neujahrsgruße, aber hoffentlich nicht zu spät. Durch
das letzte Wiedersehen, das mir durch Ihre Güte zu Theil geworden,
sind die alten Beziehungen, welche mein Leben so lange ausgefüllt
haben, wieder so lebendig geworden, daß ich mit erneuter Theilnahme Sie von Ort zu Ort begleitet und in Ihren Reiseerlebnissen
Ihnen zu folgen versucht habe. Welche Freude würde es mir gewesen sein, Sie nach der Reise zu sehen und aus Ihrem Munde
zu vernehmen, wie das Erlebte in London und Paris auf Sie gewirkt hat. Wie viel gereister, wie viel reicher an Weltkenntniß,
wie viel klarer die Zeit beurtheilend werden Sie heimgekehrt sein!
Mit welcher Spannung werden Sie den Neuenburger Verwickelungen gefolgt sein, und in den letzten Tagen wiederum, mit welcher
Rührung werden Sie des geliebten Vaters Jubelfest*) gefeiert und
dabei für Stunden wenigstens vergessen haben, was die Welt in
angstvoller Spannung hält. In allen diesen Stimmungen habe
ich Ihnen zu folgen gesucht, überall den Herzenswunsch festhaltend,
welchen ich als Neujahrswunsch heute aussprechen darf, daß Sie
mit Gottes Hülfe aus allen Freuden und allen Prüfungen des
Lebens immer kräftiger, fester, männlicher hervorgehen, ernst, aber
fröhlich, demüthig vor Gott, aber ohne Furcht vor Menschen, und
in stiller Sammlung sich vorbereitend zu dem Berufe Ihrer Zukunft! ...

*) Das fünfzigjährige Militärjubiläum am 1. Januar 1857.

Prinz Friedrich Wilhelm.

Breslau, 15. Januar 1857.

Mein lieber Curtius! Sie haben mir einen der schönsten und
tiefgefühltesten Neujahrswünsche geschrieben, den ich lange gehört,
und nicht leicht ist es, gebührend demselben eine Antwort zu senden.
Mit welcher Gesinnung ich Alles aufnehme, was von Ihnen gesendet
wird, das wissen Sie gewiß, und so möchte ich Ihnen recht von
Herzen danken für alle die Punkte, die Sie erwähnten und die mein
Herz so vielfach bewegen. Gleichzeitig sende ich Ihnen, Ihrer
Frau und den Kindern auch noch meinen herzlichen Neujahrs-
Glückwunsch.

Seit jenem eigenthümlichen und leider so kurzen Wiedersehen
in Hannover habe ich Mancherlei erlebt und gesehen, was als reiche
Vermehrung der Sammlung von Erfahrungen und Beobachtungen
gelten muß und in der Erinnerung angenehm bleibt. Der Wider-
wille begreiflicher Art, mit welchem ich nach Frankreich und Paris
ging, ward durch die Freundlichkeit der beiden französischen Majestäten sehr gemildert, die man kennen muß, um manche Vorurtheile
zu beseitigen. Beide, in ihren ganz verschiedenen Charakteren, sind
interessante Leute. Der Kaiser, von fast schläfriger Ruhe, macht
einen charakterfesten Eindruck, während die Kaiserin, lebhaften und
heiteren Gemüths, viel Anziehendes besitzt, abgesehen von einem
lieblich schönen Aeußeren. Paris kennen Sie, würden es aber,
meine ich, unglaublich verändert finden, da der allerhöchste Wille
Stadttheile wegbläst und Prachtbauten dagegen im Augenblick auf-
führt. Meiner Auffassung nach ist Paris die schönste und unterhaltendste Stadt, die ich bisher sah, nur sind die großen historischen
Erinnerungen ohne Ausnahme so entsetzlich mit revolutionären
Besudelungen vermengt, daß jenes Volk von Frankreich sich ein
furchtbares, unmenschliches Denkmal seiner Beschaffenheit gesetzt
hat. Glänzend ist der moderne Anstrich aller Verhältnisse, und das
strenge, gegenwärtige Scepter wird, so lange sein Träger lebt,
gewiß nicht weichen. Was aber dann, ist eine gewichtige Frage
an das Schicksal! Die fünf Wochen in England waren meist einer
stillen und häuslichen Zurückgezogenheit gewidmet, und brauche Ich
nicht Ihnen zu schildern, was ein jeder Aufenthalt daselbst mich
für neue glücklich machende Entdeckungen in dem Inneren meiner
heißgeliebten Braut machen läßt. Meines theuren Vaters Jubi-

läumsfeier ist ein unvergeßlich schönes Gegenstück zur silbernen
Hochzeitsfeier, der großen, so allgemeinen Theilnahme wegen. Ihre
Wünsche machten viele Freude, und soll ich Ihnen herzlich für die-
selben danken.

Hier muß ich schließen; es ist der aufgeschobene Tag der Mobil-
machung gegen die Schweiz und ohne Mobilmachungsordre, also
wohl kein Krieg! Leben Sie herzlich wohl und nochmals aufrichtigen
Dank von Ihrem treu anhängenden

Friedrich Wilhelm.

Ernst Curtius an den Bruder.

Göttingen, Anfang Februar 1857.

... Daß ich der Tagesarbeit nicht erliege, siehst Du daran,
daß ich nun tapfer an meiner Geschichte drucke. Einstweilen wird
nur ein Bogen die Woche gesetzt. Sauppe liest eine Revision und
leistet mir dadurch einen außerordentlichen Dienst. Inzwischen
habe ich auch den ganzen Abschnitt über Sparta und die peloponnesische Geschichte fertig gearbeitet. Die Vorlesung über die griechischen
Alterthümer hat mich in Verfassungsfragen natürlich sehr gefördert,
und die specielle Behandlung der westlichen Kolonien hat mich zur
eigenen Ueberraschung manche versтеcktere Beziehungen der verschiedenen Städte erkennen lassen, die auf Handel und Industrie
beruhen. Noch immer aber schwindelt es mir oft im Kopfe, wenn
ich der Aufgabe gedenke, das unermeßliche Material des hellenischen
Volkslebens zu bewältigen und anschaulich darzustellen.

Neulich habe ich auch noch zu einem Vortrage zum Besten des
Frauenvereins mir Zeit abmüßigen müssen. Ich benützte es als
eine Gelegenheit der Uebung im freien Vortrage und als einen
Versuch, den alten Solon in seiner ganzen menschlichen Liebenswürdigkeit vorzuführen.

Nicht blos die Arbeitshäufung hat mich eine Zeit lang bedrückt,
es hat mich auch mehr als sonst Wochen lang ein Kleinmuth, eine
Verzagtheit verfolgt, die meine Kraftanstrengung lähmte. Es
drängt sich dann immer wieder der Gedanke auf, daß ich unfähig
sei, meinen Platz auszufüllen, daß es mir an philologischer Gelehrsamkeit fehle und jetzt die Zeit nicht mehr da sei, die Lücken
auszufüllen. Mein Naturell und meine eigenthümliche Lebens-
führung haben mich von einem eigentlichen Bücherleben immer
ferner gehalten als billig. Ich habe einzelne Seiten des Alter-

thums mit voller Wärme ergriffen, Vieles ganz bei Seite gelassen. Jedes Gespräch mit Sauppe weist mich darauf hin, was eine · eigentlich encyklopädische Philologengelehrsamkeit sei und wie sehr mir eine solche mangele. Dergleichen Selbstbeschauungen haben mich lange niedergedrückt, und an einem Orte wie hier ist es schwerer, sich von solchen Stimmungen los zu machen, namentlich im Winter, wo ich oft viele Tage nur von der Studirstube ins Kolleg gegangen bin und zurück; es fehlen zur Erhebung und Kräftigung Anschauungen der Kunst und Blicke in weitere bewegtere Lebens- kreise. In besseren Stunden kehrt man dann natürlich zu der Ueberzeugung zurück, daß mit trüber Selbstbeschauung Nichts ge- wonnen werde, daß es gelte, mit seinem Pfunde zu wuchern, so lange es Tag ist. Und so steuere ich denn wieder muthig vorwärts und will wenigstens nach Kräften versuchen, mich eines Lehramts würdig zu machen, zu dem man mich berufen hat. Denn so wenig ich namentlich im Seminar mir genüge, so erkenne ich doch, wie die Forderungen, die hier an mich gestellt werden, meine Kräfte, so weit sie noch der Entwickelung fähig sind, nach allen Seiten bilden und üben.

Unsere stille Gelehrtenrepublik ist gegenwärtig auch in die politischen Wirren hereingezogen. Unsere oppositionelle Wahl ist übel vermerkt worden. Jetzt ist der Minister hier in höherem Auftrage, um zu sondiren, ob es möglich sein werde, eine andere Wahl zu veranlassen. Hier herrscht übrigens eine so ruhige, feste Haltung, eine solche Eintracht, daß alle Manöver vergeblich sind. Die sittliche Würde und innere Uebereinstimmung unseres Kollegiums ist für mich das bei weitem Erfreulichste. Auch unser Freitags- klub ist als staatsgefährlich denuncirt worden, als ein Nest schles- wigholsteinischer und gothaischer Sympathien. Gestern hielt Herr- mann*) einen Vortrag über Geschichte der Konkordate. In den früheren Abenden sprach Henle**) höchst ergötzlich über die ver- schiedenen Gattungen des Irrthums in der Mikroskopie, Dorner über die platonische Staatsidee und ihre theilweise Realisirung im Christenthum, Grisebach***) über das Isonzothal und die Aus-

---

*) Der Kriminalist und Kirchenrechtslehrer Emil Herrmann (1812 bis 1885), seit 1847 in Göttingen, später Präsident des preußischen Oberkirchen- raths.
**) Der Anatom Jakob Henle (1809—1885), seit 1852 in Göttingen.
***) Der Botaniker August Grisebach (1814—1879), seit 1841 in Göttingen.

breitung der mediterraneen Flora am Abriatischen Meere. Du
siehst, wie mannigfaltig und anregend diese Abendunterhaltungen
sind, und alle diese Männer wissen mit solcher Meisterschaft ihren
Stoff zu beherrschen, daß man auch in dieser Beziehung den größten
Genuß hat. Im Vortrage ist übrigens Lotze der Meister, dessen
Mikrokosmus Du wohl kennst. Mein letztes Thema war die spar-
tanische Verfassung. Mir ist längst klar geworden, daß weder Lykurg
ein Dorier, noch die Verfassung eine dorische war, in Sparta so
wenig wie in Kreta. Die Dorier sind in das alte achäische Staats-
wesen eingeordnet worden wie eine Kriegerkaste. Das Königthum
ist ein achäisches, nach dem Sturze der Pelopiden aus alten Vasallen-
geschlechtern, so scheint es, besetzt. Die Dorier erhielten Land aus
den alten Domänen; an dem Landbesitz haftete die Dienstpflicht.
Homers Gedichte wurden in Sparta wie in Athen zu politischem
Zwecke benutzt, d. h. zur Stützung der Dynastie. Ich habe Sauppe
den ganzen Abschnitt vorgelesen, und die Hauptsache leuchtete
ihm ein.

An Richard Lepsius in Berlin.

2. März 1857.

Mit Freuden wittere ich jetzt Ferienluft. Ich hatte mir in
diesem Semester zu viele Kollegien aufgehalst und hoffe nun im
Genusse freierer Muße meine Arbeiten fortführen zu können. Es
wird hier übrigens mit strengem Pflichteifer bis an die letzte
Stunde des Semesters gelesen.

An Sauppe habe ich einen sehr lieben Kollegen gewonnen. Er
ist ungemein vielseitig und, Mittheilungen zu empfangen und zu
geben, immer auf das liebenswürdigste aufgelegt. Das Zusammenleben der Professoren ist hier überhaupt der Glanzpunkt des Lebens,
und der Geist, welcher den größeren Theil derselben beseelt und
unter einander verbindet, vortrefflich. Mit Ewald stehen wir durch
seine Frau, die ungemein liebenswürdig und unseres Hauses nächste
Freundin ist, im Verkehr. Er selbst ist nur zu Zeiten genießbar.
Die edelsten und die verkehrtesten Eigenschaften sind in der wunderlichsten Weise bei ihm vereinigt.

An Wilhelm Wattenbach in Breslau.

1. April 1857.

Unter den Freunden hier ist es natürlich vor allem Sauppe,
mit dem ich täglich verkehre. Seiner ganzen Richtung nach ergänzt

er meine Persönlichkeit und meine Schwächen, die mir hier deutlicher
als je zuvor entgegengetreten sind, vortrefflich, und ich lerne in
vollen Zügen von seiner überwiegend litterarischen Gelehrsamkeit.
Besonders nahe steht mir der treffliche Dorner, ein echter Theologe,
immer suchend und forschend und nach dem Höchsten strebend und
mit leiser Gewalt in Allen, die ihm nahe treten, das Gute anregend. Waitz ist treu durch und durch. In seinem Selbstgefühl
kann er wohl Andere verletzen, aber wo ein so männliches Streben,
eine so kernhafte Tüchtigkeit vorhanden ist, muß man die mehr
äußerlichen Dinge, die nicht gefallen, nicht zu schwer nehmen. Er
wirkt vortrefflich auf die jungen Leute und vertritt das historische
Studium in einer Weise, wie es wohl auf keiner anderen Universität
geschieht.

An die Schwägerin Anna Reichhelm.

Frühling 1857.

Du fehlst uns Allen sehr, liebe Anna! Der Winter, den Du
mit uns verlebt hast, war für mich in vieler Hinsicht ein recht
schwerer, weil meine Schultern mir belastet waren und der Sinn
gedrückt. Du nennst mich oft einen eingefleischten Gelehrten. Du
weißt nicht, wie meine Natur fortwährend im Kampfe gegen die
Gelehrsamkeit ist, und wollte oder könnte ich mich ihr hingeben,
so wäre ich der erste Bummler der Welt, aber auch ungleich zufriedener, liebenswürdiger und geistreicher, als ich in der Person
eines Göttinger Professors bin. Denn hier gerade gilt Fachgelehr-
samkeit Alles. So hat Jeder seinen heimlichen Seufzer, Jeder den
Stein, der ihn im Schuh drückt.

An den Bruder.

April 1857.

Die Ferien gehen zu Ende, und ich bin nicht aus dem Umkreise
der Stadt hinausgekommen. Meine einzige Ferienausschweifung
war, daß ich „Soll und Haben" gelesen und mich acht Tage lang
an Antons Tugenden gestärkt und über Veitels häßliche Seele
entsetzt habe. Inzwischen sind bald ein Dutzend Bogen gedruckt
und andere Kapitel druckfertig geworden, darunter auch die Anfänge der attischen Geschichte, die mir mehr Noth gemacht haben, als
man ihnen hoffentlich ansehen wird. Jetzt bin ich glücklich wieder

bei Solon angelangt und will versuchen, Alles, was ich über diesen kolossalen Menschen zusammengedacht habe, in ein Bild zusammenzustellen. Es wird fast Alles, was ich früher niedergeschrieben, wieder umgearbeitet und neu gruppirt, aber ich sehe doch Licht, der Wald geht zu Ende, und ich hoffe zu Gott, im Laufe des Semesters mit dem ersten Bande fertig zu werden.

Lotzes Virtuosität bewunderst Du mit Recht. Er ist ein Mensch, den man studiren muß, so vielseitig wunderlich und tief ist er. Naturforscher, Arzt, Philosoph, Philologe, dabei ein Virtuos im Vortrage, wie mir kaum Aehnliches vorgekommen ist. Dabei zieht sich aber durch sein ganzes Wesen ein leiser Zug der Ironie, der seine Nähe etwas unheimlich macht, und eine gewisse Sophistik, die mich zweifeln läßt, wo der Ernst bei ihm anfängt und aufhört.

An denselben

Bonn, am zweiten Pfingsttage 1857.

Ich schreibe Dir vom Ufer des Rheins, der mit seinem Siebengebirge in allem Glanze, den Gottes Frühlingssonne über ihn ausgießen kann, vor uns liegt.

Die Fahrt nach Mainz, der erste Anblick des Rheins, die Fahrt durch den Rheingau waren so begünstigt wie möglich, und indem ich Clara zum ersten Male diese Herrlichkeiten zeigen konnte, erschienen sie mir selbst großartiger und wundervoller als je zuvor. Wir kamen im Regen nach Bonn, und erst gestern wurde der Himmel wieder hell. Dafür strahlt heute die Welt im vollsten Glanze. Der gute Brandis hat uns eine große Gesellschaft zusammengeladen, die in Medem „zum goldenen Schiffe" tafeln und dann den Drachenfels besteigen soll. Gestern sah ich Welcker und Jahn. Ersteren fand ich ungemein frisch und munter. Er war aber von Boettichers „Baumkultus" so wenig erbaut und, wie mir schien, so mit Unrecht, daß wir darüber an einander kamen. Als ich ihm aber sagte, daß ich Thirlwall für einen größeren Historiker hielte als Grote, war er wieder versöhnt und drückte mir gerührt die Hand.

Prinz Friedrich Wilhelm.

Baden-Baden, 20. Juli 1857.

Mein lieber Curtius! Es ist im Auftrage meiner Mutter, daß ich diese nur flüchtigen Zeilen an Sie richte, um Ihnen den herzlichsten Dank für Ihre treuen, theilnehmenden Glückwünsche zur Geburt des ersten Enkels*) auszusprechen. Mama ist, wie Sie sich denken werden, zu erschöpft durch die eben abgelaufenen neun Tage nebst der anstrengenden Brunnen- und Badekur, um jetzt selbst antworten zu können. Gott sei Dank, kann ich von der jungen Mutter und meinem prächtigen starken Neffen nur die besten Nachrichten geben, da Beide sich im besten Zustande befinden. Die jungen Eltern geben das lieblichste Bild einer glücklichen Ehe, die sichtbar unter Gottes Segen gedeiht; möchte es bereinst auch bei uns ähnlich werden!

Reich an großartigen, erhebenden Eindrücken kehre ich von England zurück; das ich nun nur noch einmal höchstens besuche, bis ich ben 18. Januar 1858 meine heißgeliebte Braut in die neue Heimath werde geleiten dürfen.

Heute muß ich schließen, mich Ihrer Frau aufs beste empfehlend, wie immer Ihr aufrichtig treu ergebener

Friedrich Wilhelm.

P. S. Mit Dr. Max Müller aus Oxford fuhr ich über ben Kanal am 14. in sehr interessantem Gespräch.

Ernst Curtius an ben Prinzen Friedrich Wilhelm.

Göttingen, 17. August 1857.

Mein theurer Prinz! Ew. Königlichen Hoheit liebenswürdige Zeilen aus Baden-Baden haben mich sehr beglückt wie jedes sichtbare Lebenszeichen von Ihnen und jedes Zeichen Ihres gütigen Andenkens. Außer dem Danke dafür ist es eine Bitte, welche mich heute zu Ihnen führt. In acht Tagen wird der erste Band meiner griechischen Geschichte fertig. Es ist ein Buch nicht für Gelehrte, sondern für Alle, welche offenen Sinn für Geschichte haben, ein Buch zum Lesen, ohne Anmerkungen, ohne griechische und lateinische Brocken. Es enthält denselben Stoff, welchen ich Ihnen einst vorzutragen die Ehre hatte. Werden Sie sich also wundern, wenn ich um die Erlaubniß bitte, Ihnen das Buch als ein Zeichen treuester Anhänglichkeit widmen zu dürfen? Ich habe darin das Beste gegeben, was ich habe, und wem sollte ich dies lieber darbringen als Ihnen? Sie haben ja die kleinen Vorträge, welche

---

*) Erbgroßherzog Friedrich von Baden, geboren am 11. Juli 1857.

ich Ihnen überreichen durfte, immer mit so gütigem Interesse aufgenommen. Sie werden auch dem zusammenhängenden Geschichts-
werke Interesse abgewinnen, und zwar nicht blos Ihres alten
Lehrers wegen. Sollten Sie meinem Wunsche gegenüber das geringste Bedenken haben, so betrachten Sie meine Bitte als ungethan!
Haben Sie nur die Gewogenheit, mich bald Ihre Entscheidung
wissen zu lassen, da das Buch in den nächsten Wochen ausgegeben
werden soll. . . .

Prinz Friedrich Wilhelm.

Breslau, 21. August 1857.

Mein lieber Curtius! Ich habe Ihnen sowohl für Ihren
freundlichen Brief als auch für die Absicht, mir Ihr neuestes
litterarisches Werk zu widmen, meinen ebenso herzlichen wie freudigen Dank auszusprechen. Sie werden gewiß überzeugt sein, mit
welcher Gesinnung ich jenes Buch aufnehme, welches mich an Sie
und an die gemeinsam verlebten Jahre meiner Entwickelung erinnert, wenn auch jene Zeit nie aus meiner Erinnerung schwinden
wird, im Verein mit der dankbarsten Anhänglichkeit für Ihre
Person.

Daß Sie mir gerade ein Buch über griechische Geschichte widmen,
möchte ich fast wie eine Art von Abnegation Ihrerseits ansehen,
da es mich stets peinigt, wenn ich gedenke, wie gerade die griechischen
Geschichtsstunden von mir mit recht wenig Fleiß befolgt und Ihnen
dadurch manche unangenehme Stunde bereitet wurde. Namentlich
war es ein gewisses Examen, welches nicht zu den glänzenden gehörte, während das Jahr darauf ich mit der römischen Historie
besser fort konnte.

Nun aber nochmals meinen innigsten Dank für Ihre liebe Aufmerksamkeit und ein herzliches Willkommen im voraus der „Geschichte der Hellenen", wie ich neulich Ihr Werk angekündigt las.
Verzeihen Sie die Kürze dieser Zeilen, aber ich bin jetzt fortwährend
gehetzt durch Regiments- und künftige Hausstands-Angelegenheiten,
angesichts der nächstens beginnenden Herbstmanöver. Mit meinen
besten Empfehlungen an Ihre Frau wie immer Ihr

Friedrich Wilhelm.

Ernst Curtius an den Prinzen Friedrich Wilhelm.

Lübeck, 1. Oktober 1857.

Mein theurer Prinz! Ihrer gütigen Erlaubniß gemäß lege ich
Ihnen hiermit mein Buch zu Füßen. Nehmen Sie es freundlich
auf als einen geringen Beweis meiner treuesten Anhänglichkeit,
und lesen Sie zuweilen darin, aber nie aus Pflichtgefühl, sondern
wenn es Ihnen Freude macht, in den gedruckten Worten des
Lehrers Ihrer Jugend zu gedenken, der bei aller Schwachheit doch
nie etwas Anderes gewollt hat, als Ihr zeitliches und ewiges Heil.

Seit vier Wochen lebe ich in Lübeck, wo Ihrer mit Verehrung
gedacht wird. Eine langwierige Krankheit meiner Frau,[*] die jedoch
in der Besserung ist, fesselt mich hier noch wenigstens acht Tage,
dann kehre ich nach Göttingen zurück.

An denselben.

Lübeck, 8. Oktober 1857.

Erst vor wenigen Tagen schrieb ich Ew. Königl. Hoheit einige
Zeilen, mit welchen ich mein erstes Buch griechischer Geschichte
Ihnen zu Füßen legte. Heute schreibe ich Ihnen, weil ich es vor
mir nicht verantworten könnte, wenn ich Ihnen nicht von dem
Ereignisse Anzeige machen wollte, welches mich und die Meinigen
in tiefe Trauer versetzt hat. Heute haben wir unseren Vater in
seinem 87. Lebensjahre zur Ruhe bestattet. Ihm ist nach einem
vielbewegten Leben die ewige Ruhe zu gönnen, mir ist, wie Sie
denken können, die Auflösung des Elternhauses ein wehmuthsvolles
Ereigniß, und ich darf wohl annehmen, daß Sie, mein theurer
Prinz, an dieser Wehmuth Antheil nehmen, nicht blos aus Interesse
für den Führer Ihrer Jugend, sondern auch, weil Sie selbst den
alten Vater gekannt und als ein theurer Gast in seinem einfachen
Bürgerhause geweilt haben. Sie haben gewiß noch von ihm den
Eindruck des schlichten, würdigen Ehrenmannes, der Nichts für sich
suchte, der mit unermüdlichem Fleiße zum Besten seiner Stadt
wirkte und vor den Augen seines Gottes wandelte. Möchte dieses
Bild in Ihrem Herzen niemals ganz verlöschen!

---

[*] Clara Curtius überstand in Lübeck einen schweren Typhus.

Prinz Friedrich Wilhelm.

Potsdam, 9. Oktober 1857.

Mein theurer Curtius! Eben erhalte ich Ihren Brief mit der traurigen Mittheilung des Todes Ihres ausgezeichneten edelen Vaters. Meiner ganzen und aufrichtigen Theilnahme werden Sie gewiß versichert sein, auch wenn ich nicht in vielen Worten dieselbe hier wiedergebe. Gleich als ich in den Zeitungen die Anzeige und den Nekrolog sah, mußte ich mit ganzem Herzen an Sie denken, da ich ja weiß, wie Sie an Ihrem Vater hingen, den gekannt zu haben mir immer eine ebenso werthe wie angenehme Erinnerung sein wird.

Daß ich nicht mehr schreibe, wollen Sie mir verzeihen. Sie werden aber begreifen, in welche schreckliche Besorgniß der Zustand unseres Königs uns versetzt, der seit dem Aderlaß von dieser Nacht noch sich in einem bedenklichen Zustande befindet. Gott behüte uns vor einem Trauerfall! Er gebe Ihnen aber Kraft und Stärke, die Auflösung des Elternhauses mit jener Ergebung zu tragen, die an den Tag zu legen schon mancher harte Schlag der Vorsehung Ihnen auferlegte.

Grüßen Sie alle die Ihrigen von Ihrem treu ergebenen

Friedrich Wilhelm.

Aus einem Brief des Gymnasial-Direktors Dr. Breier zu Lübeck.*)

Lübeck, 18. Oktober 1857.

Du hast es vielleicht schon aus den Zeitungen erfahren, daß mein alter, väterlicher Freund, der würdige Syndikus Curtius, auch das Zeitliche gesegnet hat. Bei meiner Rückkehr erfuhr ich, daß er an demselben Tage, Freitag, dem 2. Oktober, einen starken Anfall von Kolik bekommen habe und sehr entkräftet davon sei, sodaß man bei seinem Alter um ihn besorgt sein müsse. Am folgenden Morgen kam sein Sohn, der Professor von Göttingen, mir zu sagen, daß es bedenklich mit ihm stehe, denn er liege erschöpft da, und der Arzt habe keine Hoffnung, daß er wieder zu Kräften kommen werde, jedoch könne es noch manchen Tag bis zu seiner Auflösung währen. Das war nun nicht so, denn noch in derselben Nacht hat ihn Gott sanft hinweggenommen. Zu klagen war da

---

*) Abgedruckt in der Allgemeinen Schulzeitung in Darmstadt.

nicht, denn er war reif zur Ernte, und wenn ein Leben voll Mühe und Arbeit zugleich köstlich gewesen, voll und ganz, so war es das seine. Ihm machte der gnädige Herr des Himmels noch seinen letzten Lebensabend reich und schön. Diesen Sommer bezog er sein neu angekauftes bescheidenes Landhaus vor dem Burgthore, dem Friedhofe gegenüber, wo ich noch manchen Abend mit ihm gesessen habe, die stillen Gräber vor uns im Lichte der scheidenden Sonne, an deren nachstrahlender Abendröthe, die den Friedhof verklärte, seine matt gewordenen Augen sich besonders erquickten, und oft bin ich mit ihm zwischen den Gräbern gewandelt. Wir lasen das letzte Jahr Augustins „Confessiones" und dann Thomas a Kempis, wo wir bei dem Kapitel De meditatione mortis stehen geblieben sind. Er brauchte das nicht mehr zu lesen, denn sein Leben war eine beständige meditatio mortis geworden, ohne daß er die volle Rüstigkeit und Lust für seine amtlichen Geschäfte dabei eingebüßt hätte. Denn obgleich mit den Gebrechlichkeiten des Alters, einem schwachen Gesicht, stumpfer gewordenen Gehör und wankenden Tritten behaftet, trieb er mit unermüdlicher Treue seine amtlichen Arbeiten, namentlich die auswärtige Korrespondenz, nahm unausgesetzt Theil an den Senatssitzungen, wie an denen des Obergerichts, und besorgte die Angelegenheiten des Schulwesens. Seine Mußestunden füllten Musik und Lektüre. Mit rührender Andacht spielte er täglich seinen Choral auf dem Fortepiano, bei dem ich ihn mehrmals überraschte. Sonst las ihm seine Nichte Alten, wie gelehrte Sachen, Wissenschaftliches, wie Erbauliches vor. Konnte sie nicht bei ihm sein, so recitirte er für sich und lernte noch immer aus den Klassikern auswendig, in denen er meisterlich bewandert war, oder er brachte seine Gedanken in Verse. Es war ein Friede in diesem Greise, wie die Ruhe nach gethaner Arbeit ihn allein geben kann, ich meine die Arbeit, die in Gott gethan ist, und das war ihm die seine. Lindenberg sprach das an seinem Sarge, den die nächsten Angehörigen und Freunde im Hause umstanden, schön und würdig aus, wie sein ganzes Leben und Wirken mitten durch eine stürmische Zeit fest, gerad, männlich, schlicht und treu gewesen, und wie auch seine innere Entwickelung so ohne Sturm und Drang in ruhigem Gange aus der edelen Begeisterung für das Gute, Wahre und Schöne allmählich und stetig sich emporgearbeitet zu dem festen Glauben an den lebendigen Gott und seinen Erlöser, für den er ein kräftiges Bekenntniß bei einer ernsten Gelegenheit abgelegt, als Lästerzungen

es wagten, den reinen Eifer frommer Seelen anzutasten. Ich habe
mir das nachher erklären lassen. Es war nämlich zur französischen
Zeit, oder bald nachher, wo Geibel, der in dem erstarrten Rationalismus und Pharisäerthum zuerst wieder die Herzen erweckte und dem
Heiland zukehrte, eine Anzahl heilsbedürftiger Seelen um sich
sammelte und mit ihnen Erbauungsstunden hielt. Die Lästerung
hatte das „Konventikel- und Muckerwesen" zur Zielscheibe des
Spottes und Witzes genommen, allerlei ärgerliche Dinge über diese
Abendversammlungen in Umlauf gebracht und edle Namen mit
Koth beworfen. Da hat Curtius, der in den Stürmen der Kriegs-
zeit seinen männlichen Muth und seine Vaterlandstreue glänzend
bewährt hatte, und dessen Gestalt imposant dastand, öffentlich
Zeugniß für den Herrn und seinen Diener abgelegt und die Lästerer
zum Schweigen gebracht.

In früheren Jahren brachte er den Sommer auf dem Lande
bei einer Nichte zu. Dort aber als Gast lebend, entbehrte er, trotz
der schönen Lage des Landsitzes und der Trefflichkeit seiner Wirthin,
einer großen Annehmlichkeit, der Gelegenheit, Andere, namentlich
seine entfernten Söhne und deren Familien bei sich aufzunehmen,
und hatte sich deshalb noch in seinen alten Tagen entschlossen,
jenes Landhaus vor dem Burgthore zu kaufen und für sich einzurichten. Einen Sommer hat er's besessen, aber in diesem Sommer
auch die Freude gehabt, noch alle seine Söhne bei sich zu sehen.
Zuerst weilte der Kieler Professor mit seiner Frau, von Karlsbad
und der Schweiz zurückkehrend, einige Wochen bei ihm; dann kam
von Göttingen Ernst Curtius mit Frau und drei Kindern, die auf-
geweckt, sinnig, dem Großvater herzlich anhingen, der zu den
übrigen Tugenden auch die hatte, seine kleinen Enkel nicht zu ver-
ziehen. In dieser Zeit ging nun dem Alten noch die vollste Freude
auf. Denn außer der Lust mit den Enkeln hatte er an dem Sohne,
der durch Schwung und Kraft des Geistes am meisten dem Vater
gleicht, einen Umgang, der seine Tage sonnig erhellte und reich
machte. Mit ihm konnte er Alles besprechen, von ihm ließ er sich
den eben vollendeten ersten Band seiner griechischen Geschichte vorlesen, und mit ihm, der auf eine schöne Weise die propädeutische
Stellung des Alterthums und namentlich der Griechen in der Geschichte zu erkennen und zu beleuchten weiß, der sinnig die hohen
Vorzüge der griechischen Welt versteht und ans Licht stellt, ohne den
Mittelpunkt aller Geschichte, die Erscheinung Christi, zu verkennen,

ober ohne das Christenthum mit einer bequemen Höflichkeitsformel abzufertigen — mit ihm konnte er auch in allen Stücken harmoniren, die seinem auf das Jenseits gerichteten Blicke immer vor Augen standen. So ist ihm der letzte Abend seines Erdenlebens noch besonders schön hingeflossen, und selbst, daß die Schwiegertochter krank wurde, hat dazu dienen müssen, die Familie zusammen zu halten. Denn Ernst Curtius hatte sich fest entschlossen, mit nach Stuttgart zu gehen, als seiner Frau Unwohlsein ihn nöthigte, sie nicht zu verlassen. Und wie gut, daß es so gekommen; er hätte sonst nicht seinem Vater die Augen zudrücken können. Curtius, der Sohn, ist seit acht Tagen wieder abgereist, die gemeinsamen Erlebnisse haben uns eng verbunden, und wenn ich in seine griechische Geschichte hineinblicke, so lese ich darin nicht blos ein Stück Litteratur, sondern sehe seine idealische Jugendgestalt und des Alten würdiges Patriarchengesicht mich unter den Zeilen anblicken. Der Kieler Sohn kam nur zum Begräbniß, er ist selbst leidend und bedarf der äußersten Schonung. Der Nachlaß ist nicht groß. Denn der Alte war ein Vater der Armen, und Niemand hat gewußt, wie viel und wie Vielen er in der Stille geholfen hat in dem bemüthigen Sinne des Evangeliums, wo die linke Hand nicht sieht, was die rechte thut.

Ernst Curtius an Frau Brandis in Bonn.

Göttingen, 19. Oktober 1857.

. . . Ja freilich ist nur zu danken und zu preisen — aber wie matt ist des Menschen Herz! Nun bin ich mit der halbkranken Frau, selbst geistig und leiblich angegriffen, aus siebenwöchentlicher Abwesenheit zur Arbeit heimgekehrt.

Sie schreiben über meine griechische Geschichte wie eine Großmutter über ein ersehntes Enkelkind mit zärtlichster Liebe. Ach, sie thut mir wohl, diese Liebe, und ich bezeuge Ihnen vor Gott, daß ich, nicht um meiner lumpigen Person sondern um der Sache willen, von Herzen wünsche, daß es mir mit dem Buche gelungen sein möchte. Sie vergleichen mich mit einem Dichter, und das glaube ich auch, daß zu einem solchen Werke, wenn es gelungen heißen soll, mehr Produktionskraft gehört als zu einem Bändchen Liebeslieder und Romanzen.

An Georg Curtius.

Oktober 1857.

Meine Kollegien habe ich heute begonnen, wenigstens die römischen Antiquitäten. Ich bin im ganzen wenig frisch; es ist, als ob, infolge alles Erlebten, eine Erschlaffung sich meiner Lebenskraft bemächtigt hätte. Hoffentlich läßt mich Gott bald wieder zum alten Gefühle freudiger Rüstigkeit gelangen. Zum Dociren habe ich am wenigsten Lust. Am liebsten ginge ich gleich mit aller Kraft an den zweiten Band. Unsere Freunde haben uns mit größter Freundschaft empfangen, sonst will es mir noch gar nicht recht heimisch hier werden. Ich hatte mich durch Freude und Leid wieder ganz auf der Lübecker Erde eingelebt.

Lieber Georg! Ich komme mir so arm vor, seit die beiden Augen erloschen sind, vor denen wir uns täglich im Geist versammelt, die uns folgten mit treuer Liebe und täglicher Fürbitte. Doch ich will nicht klagen, sondern rüstig an die neue Tagesarbeit gehen.

An Theodor Curtius.

8. November 1857.

Nach Allem, was wir zusammen in der letzten Zeit erlebt haben, muß es mir ein Herzensbedürfniß sein, mit Dir fortzuleben und mit den Deinigen. Durch alles Frohe und Traurige, was mir der letzte Aufenthalt in Lübeck brachte, bin ich wie von neuem festgewurzelt im vaterstädtischen Boden, und beim Abschiede war mir zu Muthe, als wenn ich mich von neuem losreißen müßte. Auch hat es lange gedauert, bis ich mich in die hiesigen Verhältnisse wieder einlebte. Jetzt, da es Clara fortdauernd besser geht, Kollegien und Examina in vollem Gange sind, auf meinem Pulte die ersten Bogen des zweiten Bandes im Entwurfe liegen und das stille und unscheinbare, aber innerlich doch viel bewegte Tagewerk eines Professors im regelmäßigen Gange ist, jetzt fühle ich mich körperlich und geistig wieder wohler. Seit acht Tagen gehe ich jeden Nachmittag mit Clara spazieren. Die Kinder gehen zuweilen mit uns. Elisabeth, die nie liebenswürdiger und fröhlicher ist, als wenn sie vollauf zu thun hat, besorgt die Wirthschaft und ist dabei für ihre Konfirmationsstunde, ihre Schule und ihre Musik in vollem Eifer. Friedel hat am Lernen solche Freude, daß ich immer nur zur Mäßigung auffordern muß, und die kleine Dora tummelt sich in seliger Kindeseinfalt und Fröhlichkeit umher.

In stiller Wehmuth gedenken wir der wunderbaren Fügung, welche uns die letzten Herbstferien zu einer Schule der Leiden gemacht, aber uns doch zugleich so viel Unvergeßliches und Tröstliches geschenkt hat, die letzte Vereinigung um unseren seligen Vater und mir vor allem eine so lange, ungestörte und erbauliche Lebensgemeinschaft mit ihm, in welcher ich mir zuletzt noch sein liebes Bild recht in die Seele eingeprägt habe. So ist denn doch, wenn auch in ganz anderer Weise, als wir es gedacht hatten, der Zweck unserer Reise im vollsten Maße erreicht worden, und wir haben jetzt keine andere Aufgabe, als den vollen Segen dieser Zeit unverkürzt in unser Leben hinüber zu nehmen und uns denselben durch keine Kleinigkeiten, die sich bei aller Nichtigkeit doch immer so leicht vordrängen und zu Hauptsachen werden, verkümmern zu lassen. Und Du, mein lieber Theodor, der Du die Lücke am unmittelbarsten fühlst, Du hast darin den besten Trost, daß Du in der Vaterstadt, auf dem Arbeitsfelde, das der Vater zwei Menschenalter hindurch bestellt hat, in seiner Nachfolge und in seinem Geiste fortarbeiten, das Andenken seiner Wirksamkeit und den Segen derselben fortpflanzen darfst. Wie schön, daß seine Thätigkeit von so verwandten, bluts- und geistesverwandten, Personen fortgesetzt wird, wie von Ludwig Roeth und Dir. Halte auch Du Dich nach dem Vorbilde des Alten frisch und frei! Es ist doch für die Geschäfte selbst und die dazu erforderliche Arbeitskraft Nichts wichtiger, als daß man sich die täglichen Dinge nicht über den Kopf wachsen läßt und sich immer Zeit vorbehält, in welcher man den Geist in freierer Benutzung und in höherer Sphäre stärkt und erquickt. Wie gern gedenke ich der Morgengänge, auf denen ich mit Dir von Deinen Arbeiten, Entwürfen und Hoffnungen sprechen konnte, wenn wir die Dampfflottille unserer Vaterstadt Revue passiren ließen und uns an jedem Zeichen des Aufschwunges und Fortschrittes gemeinsam freuten. Gott stärke Dich in Deinem patriotischen Wirken! Ich weiß, daß Niemand uneigennütziger und eifriger für das Gemeinwesen arbeiten kann, und das ist mein brüderlicher Stolz und meine Freude.

Alexander von Humboldt.

Berlin, 25. November 1857.

Wenn dieser Ausdruck herzlichen Dankes für Ihr Andenken und Ihr wichtiges Geschenk so spät erst in Ihre Hände gelangt, so ist

die Urſache davon zwiefach geweſen. Faſt zwei Monate lang vergeblich harrend in der Nähe eines ganz unſichtbar gemachten
Kranken auf die beſtimmtere Entwickelung einer traurigen Er-
ſcheinung, an der Sie noch immer weſentlichen Antheil nehmen,
wollte ich nicht durch meine gar nicht verſcheuchten Beſorgniſſe
die Ihrigen vermehren. In den letzten Wochen hat mich dazu
ein heftiger, durch Erkältung auf der nächtlichen Rückkehr nach
Potsdam mir zugezogener Grippeanfall ſehr unbequem zu einer
Zeit geſtört, wo ich unvorhergeſehen gedrängt wurde, die Hälfte
meiner Phyſik der Erde, das Gegenſtück zu der Uranologie, her-
auszugeben. Seit Montag, dem 23., bin ich nach Berlin mit vielen
ungeleſenen Büchern, wie der König — nach vieler Reſiſtenz, da
er lange mit einem Winteraufenthalte im Potsdamer Schloſſe
drohte — nach Charlottenburg gezogen. Nach dem, was man von
den Kammerbienern und den ſich oft widerſprechenden Aerzten
erfahren kann, der einzigen hiſtoriſchen Quelle, iſt der Geſundheits-
zuſtand des Kranken, ſammt vielem Appetit und vieler Luſt nach
zeittödtendem Spazirenfahren, vollkommen und kräftig hergeſtellt.
Er hat völlige Klarheit der Ideen und des Selbſtbewußtſeins. Aber
es herrſcht noch immer an gewiſſen Tagen eine große Schwierigkeit des ſprachlichen Ausdruckes, Verwirrung von Ortsnamen,
grammatiſchen Verbindungswörtern, Geſchlechtsbeſtimmungen. Er
iſt dann genöthigt, ein ſelbſtgemachtes, kleines Wort- und Namens-
verzeichniß zu konſultiren, wenn er fühlt, daß er ſagt, was er nicht
ſagen ſollte. Dieſer Zuſtand, den er ſich als augenblicklichen Mangel
an Intelligenz betrübender Weiſe exagerirt, reizt zur Heftigkeit und
Irritation. Ein ſolcher moraliſcher Zuſtand iſt ſehr ungleich; im
ganzen aber ſoll er ſich wenig verbeſſern. Werden fünf bis ſechs
Monate abhelfen? . . . Ein ſolches zaghaftes Mitregieren, vielfach
bedingtes Auftreten, Handeln durch Menſchen, die beleidigt haben,
Verſprechen von Allem, was eine neue Regierung jedesmal zu
verheißen ſcheint, macht mich für den edelen, pflichtmäßig ſich hin-
opfernden Prinzen von Preußen ſehr traurig. Sein Benehmen iſt
muſterhaft und das perſönliche Verhältniß zwiſchen dem ganz theil-
nahmloſen Kranken, der viel Faſſung und Charakter zeigenden
Königin, dem Prinzen von Preußen und Ihrem herrlichen Zöglinge,
der den 3. bis 5. November heimkehrt, vortrefflich. Der Letztere
hofft noch, daß Vater und Mutter ihn auf zwei bis drei Tage zur
Vermählung werden begleiten können. . . . Ich zähle alles Einzelne

auf, was den uns doch mit Gewißheit einst wiederkehrenden Aristoteles interessiren muß.

Welch ein vielverheißender Anfang ist Ihr erster, geistreicher Band griechischer Geschichte. Ich habe ihn Zeile für Zeile gelesen. Schon der Abschnitt „Land" ist ein Meisterstück von Naturgemälde. Man athmet — ich will mich rühmen — wie in meinem Mexiko, daß wir ein so wunderbar horizontal und vertikal gegliedertes Land selbst geschaut haben. Sie, der mehr Wissende, l'ami de Pausanias! Dann wie edel, frei und geschmackvoll im Stil, ernst und warm, Otfried Müller genähert, aber von höherer Temperatur. . . .

Ernst Curtius an den Prinzen Friedrich Wilhelm.

29. December 1857.

Ehe dieses Jahr zu Ende neigt, muß ich Ew. Königlichen Hoheit meinen Glückwunsch zum neuen Jahre aussprechen. Diesmal braucht man nicht Vielerlei zu wünschen. Das Vielerlei macht überall keinen Menschen glücklich. Nein, nur das Eine, daß der Bund, den Sie aus herzlicher Liebe vor Gottes Angesicht geschlossen, ein von Gott gesegneter sei, der erfreuende Mittelpunkt Ihres zukünftigen Lebens, der feste Grundstein eines von äußeren Umständen unabhängigen Glückes, die eigentliche Heimath Ihrer Seele! Das verleihe Ihnen Gott! Ich weiß, daß Sie vor Allen, mein theurer Prinz, den Segen einer glücklichen Häuslichkeit würdigen können, und um so heißer ist mein Wunsch, daß Ihnen das kommende Jahr diesen Segen bringen möge. Für einen Fürsten, welcher in die Mitte des bewegtesten Lebens gestellt ist, scheint mir ein stiller Mittelpunkt des häuslichen Glückes, ein heimlicher Heerd, an dem es ihm wohl ist, von doppelter Wichtigkeit zu sein.

Mit meinen Glückwünschen verbinde ich den Dank für die huldvolle Aufnahme und thätige Unterstützung, welche Sie meinem Bruder*) in seiner peinlichen Mission haben zu Theil werden lassen. Mein Bruder ist von der Huld Ew. Königlichen Hoheit tief ergriffen und erfreut. Von dem vorliegenden Falle und meinen heimathlichen Sympathien ganz abgesehen, erkenne ich in dem gütigen und hülfreichen Benehmen der preußischen Fürsten gegen

---

*) Der Senator Theodor Curtius hatte sich in politischen Geschäften in Berlin aufgehalten.

bie kleinen Staaten auch die klügfte und edelfte Politik. Bei Ihnen
aber, mein theurer Prinz, ift es keine berechnende Politik, fondern
der Zug Ihres guten und warmen Herzens, mit welchem Sie noch
viele Seelen der preußifchen Krone erobern werden. Dies Herz
habe ich in Ihnen geliebt von den erften Tagen an, da ich in Ihre
Nähe kam, und jede neue Bethätigung deffelben erfüllt mich mit
neuer Freude.

An Georg Curtius.

31. December 1857.

... Es hat mich wahrhaft gerührt zu fehen, mit welcher Liebe
Du mein Buch gelefen, wie Du auf meine Anfichten prüfend eingegangen bift und aus Deiner Schatzkammer nachgetragen haft,
was fich auf die von mir behandelten Dinge bezog. Es ift ja
natürlich, daß ich fortwährend vom zweiten auf den erften Band
zurückblicke, und bei dem Gefühle des Mißtrauens in die eigenen
Kräfte, der Unficherheit und der Unzufriedenheit, die mich mehr
peinigt, als Du glaubft, ift mir ein Urtheil wie das Deinige ungemein wohlthuend und beruhigend. Man hat ja offenbar doppelte
Arbeit, wenn man fchreibt, um den Männern der Wiffenfchaft zu
genügen und zugleich die große Menge Gebildeter in das Intereffe
hineinzuziehen. Man erftrebt damit das Höchfte, aber es ift doppelt
fchwer, fich und Anderen ganz zu genügen. Von den principiellen
Fragen, die zur Sprache kommen, ift offenbar keine fchwieriger als
die über den gefchichtlichen Werth der Sage, und ich habe eine wahre
Angft davor, daß es mir nicht erfpart werden wird, hierüber weit-
läufiger meine Anfichten auseinanderzufetzen. Es gilt jetzt einmal
für Geiftesftärke, alle „Legenden" als taube Erze über Bord zu
werfen, und wer das nicht thut, wird ohne weiteres auf die Seite
von Gerlach und Konforten gefchoben. Ich bildete mir freilich
ein, fchon durch den Nachweis des unleugbaren großen Zufammen-
hanges in den Lokalfragen die Ungläubigen bekehrt zu haben. In-
deffen ift dies nicht vorauszufagen, und die Litteraten der Grenz-
boten 2c. werden fich diefe Gelegenheit nicht entgehen laffen, um
in meinem Buche eine fchwachgeiftige Rückkehr zu einem antiquirten
Standpunkt nachzuweifen. Sehr pikant fchrieb mir in feiner Weife
Bernays. Er zollt befondere Anerkennung der Afiatifirung des
Europäifchen und der Europäifirung des Afiatifchen, befonders in
der Schilderung der lybifchen Könige, der Art, in der ich die

chorographische und ethnographische Grundlage der Geschichte bloß-
zulegen wisse, dem seinen Gehöre, mit dem ich auf die leisen Athemzüge der im Zuständlichen schlummernden Geschichte zu lauschen
wisse. Er räumt mir mehr Gabe ein, die res als die res gestae zu
schildern. Das Kolonienkapitel sei das gelungenste, während Solon,
Peisistratos und auch Lykurgos an das andere Ende der Skala zu
stellen seien. Hier, meint er, sei zu voller Anschaulichkeit ein
reichlicheres Detail und eine mäßige Reduktion auf die jetzigen
politischen Begriffe nothwendig gewesen.

Meiner Arbeiten wegen mache Dir keine Sorgen! Ich bin
mehr faul als fleißig zu nennen und befinde mich bei meiner jetzigen
Einrichtung eines durchaus freien Nachmittags sehr wohl. Clara
ist noch immer nicht so frisch und kräftig, wie wir es wünschen
möchten. Es hängt ihr eine peinliche Mattigkeit nach, die nicht
weichen will. Die Kinder gedeihen unter Gottes Segen, um dessen
Fortdauer wir beten, und unser Fest war ein glückliches und
ungetrübtes. Wenn ich einmal alle Bücher bei Seite werfe und
mich hinsetze, um kleine Gelegenheitswitze zu machen, habe ich eine
solche innerliche Freude daran, daß ich an meinem Professoren-
berufe ganz irre werde.

Die Ferienmuße habe ich benützt, um allerlei Werke archäologischen Inhalts durchzunehmen, namentlich die letzten Jahrgänge
des römischen Instituts. Mich hat aus diesen Heften die klassische
Luft des Südens angeweht, daß ich Sehnsucht nach einem Römer-
zuge bekommen habe. Wie doch immer neue Schätze dem Boden
entsteigen! Nun sind ja auch die altehrwürdigen Mauern des
Servius Tullius wieder in großer Ausdehnung zu Tage gefördert,
und in Pompeji haben die im Aufblühen versengten Granatblüthen
die Jahreszeit der Zerstörung verrathen.

Prinz Friedrich Wilhelm.

21. Januar 1858.

Mein lieber Curtius! Nur diese flüchtigen zwei Zeilen, um
Ihnen herzlich für den treuen, theilnahmvollen Brief zu danken,
und Sie zu bitten, am 25. zwischen 11 und 12 Uhr Vormittags
meiner in Liebe und alter Gesinnung zu gedenken.

Hiermit möchte ich Sie einladen, vom 8. Februar ab auf einige
Tage nach Berlin zu kommen während der Dauer der Feierlich-

leiten bei unserem Einzuge. Allein ich muß besorgen, daß wir
während jener Tage so gut wie Nichts von einander haben würden
und stelle es Ihnen also ganz frei, ob Sie nicht später, während der
Fasten oder der Osterferien, erst kommen wollen. Auf der Fahrt
von Hannover nach Magdeburg möchte ich Ihnen nicht rathen,
mitzufahren, denn wir werden ermüdet sein und namentlich meine
künftige Gattin der Ruhe bedürfen.

Verzeihen Sie diese Eile, allein in einer Stunde reise ich ab.
Ihre Frau grüßen Sie herzlich und seien Sie versichert, daß auch
als Ehemann unwandelbar derselbe für Sie bleibt Ihr treu ergebener Freund

Friedrich Wilhelm.

Ernst Curtius an den Bruder.

31. Januar 1858.

Ich habe mich diesmal wieder auf dem Eise versucht. Die unter
Wasser gesetzte Maschwiese bot einen schönen Platz dar, und die
weißen Berge bildeten einen malerischen Hintergrund der Landschaft. Eine besondere Bewegung brachte in unsere Kreise das
Hochzeitsfest, das ja nach einer langen Periode meist trauriger
Begebenheiten wieder einmal weite Menschenkreise mit freudigen
Empfindungen erfüllt hat. Gott gebe, daß Heil und Segen sich
daran knüpfe! Daß mir der Prinz von Preußen gerade am Ver-
mählungstage den Orden zustellen ließ, war mir ein Zeichen freundlicher Aufmerksamkeit, und ich konnte zwei Stunden nach Empfang
den potenzirten Vogel an dem Festmahle tragen, welches die hiesigen
Officiere veranstalteten. Die Gesellschaft war freilich in zu exklu-
sivem Sinne zusammengesetzt, indessen thaten Baum*) und ich, was
wir konnten, um dem Fest etwas höheren Schwung zu geben. Am
nächsten Morgen schickte ich dem jungen Ehemanne in den Lan-
casterthurm meinen Glückwunsch und eine Beschreibung unserer
Göttinger Feier.

In unserem Freundeskreise herrscht eine große Theilnahme
für Preußen und seine deutsche Mission, das habe ich wieder recht
erkannt, und hege keinen größeren Wunsch, als daß dieser Schatz
edelster patriotischer Gesinnung nicht ohne Segen und Frucht
verloren gehe. Ich hüte mich vor allen sanguinischen Hoffnungen,

---

*) Baum war Preuße, in Elbing geboren.

aber dennoch erwärmt mich der Gedanke, daß diese große Liebe,
die dem jungen Fürsten entgegengebracht wird, auch noch einmal
dem ganzen Vaterlande zu Gute kommen werde. Für diesen Zweck
zu wirken, wird immer mein Vermögen und meine Kraft bereit
sein, wenn ich auch Opfer dafür bringen müßte. Auf jeden Fall
fühle ich, wie gut es ist, daß ich jetzt ganz außerhalb der preußischen
Verhältnisse stehe.

Ich fühle es Dir theilnehmend nach, wenn Du über Ver-
einsamung klagst. Das ist hier wirklich ganz anders. In jeder
Gesellschaft unserer akademischen Genossenschaft, auf jedem Spazir-
gange, den wir regelmäßig am Sonnabend Nachmittag zusammen
machen, an jedem Freitage hat man Gelegenheit, sich über Leben
und Wissenschaft auszusprechen und vielerlei zu lernen. Vorgestern
hielt Henle einen meisterhaften Vortrag über den Begriff des Gesetzes und der Gesetzmäßigkeit in der Natur, über die Versuche, die
Thiergeschlechter zu klassificiren und die merkwürdigsten Thatsachen,
durch welche die Natur, dem ordnungsliebenden Menschengeiste
gleichsam zum Tort, immer von neuem die aufgestellten Schemata
zerstört. Auch sind jetzt die Mittwochsvorträge im Gang, in denen
Herrmann über Johann von Schwarzenberg, den herrlichen und
geistesverwandten Zeitgenossen Luthers, Sauppe über die Dionysien,
Henle über die Temperamente sprach. Einen unglaublich komischen
Anfang nahmen diese Vorträge, indem infolge eines Mißverständnisses Berthold und Bertheau*) gleichzeitig von den beiden Seiten
des Saales der Rednerbühne zuschritten. Berthold war früher am
Ziele und hielt einen Vortrag über Gifte. Ich werde Anfangs März
einen Vortrag halten, wahrscheinlich über Perikles. Denn, nachdem ich die Zeiten des Themistokles, Aristeides und Kimon bis zur
Auflösung des spartanisch-athenischen Bündnisses (461) theils ausgearbeitet, theils vorläufig durchgearbeitet habe, will ich mich nun
ganz auf den einen Mann koncentriren, um seine Naturgaben, seine
Entwickelung und Politik mir möglichst klar zu machen. Das soll
meine Februararbeit sein, und die Quintessenz dieser Studien will
ich in jenem Vortrage mittheilen. Gelingt es mir damit einigermaßen, so habe ich doch in meinem Werke einen guten Vorsprung
gewonnen.

---

*) Berthold war Arzt und Anatom, Bertheau alttestamentlicher Theo-
loge.

An denselben.

7. März 1858.

Heute ist des seligen Vaters Geburtstag. Was kann ich da Besseres thun, als die brüderliche Gemeinschaft unter uns erneuern, mein theurer Georg, und im Gefühle unserer leiblichen und geistigen Zusammengehörigkeit des Verklärten gedenken, welcher an unseren gemeinsamen Studien und Richtungen immer so große Freude hatte.

Ueber meine Geschichte höre ich das Verschiedenartigste. Die freundlichste Anerkennung wird mir in Briefen zu Theil. Bunsen nennt es ein „civilisirendes Buch" in einem Briefe an Ewald. Aus England und Amerika wird mir unerwartete Zustimmung. Was bei uns gedruckt wird, lautet allerdings wenig ermuthigend. . . .

Ich habe ohne Unterbrechung fortarbeiten können, obwohl ich viel innerlich durchzukämpfen habe. Es sind Zustände halb körperlicher, halb geistiger Natur, in denen es mir unendlich schwer wird, unangenehme Eindrücke zu überwinden und mit frischem Muthe vorwärts zu streben. Es sind dies für mich schwere Prüfungen, umsomehr, als sie derart sind, daß Niemand sie tragen helfen kann; ich kann auch mit keinem Freunde außer mit Dir darüber reden. Gott gebe mir frischen Muth und stärke mir das so oft wankende Vertrauen, daß ich wirklich etwas Ordentliches zu leisten im Stande sei! Hier in Göttingen ist sonst Alles so voll Sicherheit und Selbstbewußtsein, so voll Ueberzeugung vom eigenem, vollgültigem Werthe.

An denselben.

Berlin, 30. März 1858.

Nach vielen unruhigen Tagen bin ich endlich hier in Lepsius' Hause zu kurzer Rast in einen stilleren Hafen eingelaufen. Die ersten acht Tage in Berlin waren eine recht unheimliche Zeit für mich. Man wird gar zu rasch ein Kleinstädter und wird übermannt von der Masse von Häusern und Menschen, welche Einem hier entgegentritt. Zeit und Kraft zersplittert sich ohne rechten Ertrag. Natürlich hatte ich aber auch sehr angenehme Stunden, und wie konnte ich anders, als mit wahrer Freude den jungen Prinzen in seinem häuslichen Glücke sehen und die Liebe wahrnehmen, welche ihm von allen Seiten zu Theil wird. Ich begleitete ihn ein paarmal auf der Straße, es ist merkwürdig, wie ihn

Alles grüßt. Alles, was man von der Zukunft hofft, knüpft sich
an ihn. Die Gegenwart befriedigt Niemand, es ist eine schauerliche
Leere und nur durch schwere Zeiten, welche zu Entschlüssen zwingen,
das fühlt man, kann es besser werden. Am Montage, nachdem ich dem Prinzen von Preußen gratulirt hatte, ging ich nach
Frankfurt, blieb dort den Dienstag und freute mich an der patriarchalischen Stille in Karls*) Hause. Dienstag Abend fuhr ich nach
Breslau und verlebte zwei Tage im Ständehause.**) Wattenbachs
hatten mich wiederholt eingeladen, und ich bereue nicht, den Ausflug gemacht zu haben. Es hat sich dort ein schöner Kreis gebildet.
Ich war die ganzen Tage mit Mommsen, Bernahs, Haase zusammen
und habe viel Anregung davon gehabt. Mommsen und Bernahs
sind ein paar außerordentliche Naturen von einer geistigen Un-
ermüdlichkeit, welche Staunen erregt. Die Stadt hat etwas sehr
Großartiges. Es ist eine geborene Hauptstadt, in welcher das
katholische, protestantische, jüdische, polnische und deutsche Wesen
in naher Berührung zusammentrifft.

Freitag fuhr ich nach Frankfurt zurück, blieb dort Nachmittag
und Abend und kam Sonnabend hier wieder an. Ich fuhr nun
nach der Benblerstraße hinaus, wo ich ein reizendes Stübchen be-
wohne mit freiem, sonnigem Blick über die Gegend. Hier sitze ich
die Vormittage ruhig, arbeite mit Lepsius allerlei, theils ihm bei
Erklärung seiner griechisch-ägyptischen Inschriften helfend, theils
die Grenzgebiete ägyptischer und griechischer Geschichte besprechend.
Lepsius' Haus ist ein unvergleichlich schöner Besitz, und wenn von
irdischen Gütern etwas des Erstrebens würdig ist, so ist es ein
solches wohlgegründetes eigenes Haus, von dem aus man ruhig
die Wirren der Welt anschauen kann. Sonnabend Abend war ich
in einer Gesellschaft bei dem Prinzen Friedrich Wilhelm, Sonntag
und Montag bei der Mutter. Die junge Prinzessin ist eine kleine,
gescheute Person, einfach und natürlich in ihrem Wesen, munter
und frisch. Sie hat schöne, kluge Augen, und der Schwiegervater
sagte mir sehr naiv, er könne selbst noch viel von ihr lernen.

Ueber meine Geschichte schwirren mir die verschiedenartigsten
Urtheile um die Ohren. Die Einen drücken mir die Hand für den

---

*) Der Schwager Karl Reichhelm, war Konsistorialrath in Frank-
furt a. O.
**) Wo Wilhelm Wattenbach, als Vorsteher des Provinzialarchivs,
Dienstwohnung hatte.

Genuß, den sie gehabt haben, die Anderen sind bedenklich, achselzuckend. Nachgerade fängt meine Haut an, hornartig zu werden.
Der eine, große Erfolg ist unzweifelhaft, das Buch wirkt. Das muß
mir die Hauptsache sein. Auch muß ich doch sagen, daß mir von
keiner Seite Irrthümer nachgewiesen sind, und wenn mir so Manche
sagen, sie können sich in diese oder jene meiner Anschauungen nicht
hineinfinden, so bleibt doch immer die Möglichkeit, daß das anfänglich Befremdende allmählich auch ihnen einleuchtet, so denke
ich namentlich über meine Darstellung des Delphischen Einflusses.
Auf jeden Fall will ich mit Gottes Hülfe rüstig weiterarbeiten
und mein Tagewerk thun, so gut ich es vermag.

Gestern Mittag aß ich bei dem jungen Prinzen. Das junge
Ehepaar saß zwischen Droysen und mir. Auch Johannes Brandis*)
war da und Dr. von Stockmar, der Sekretär der Prinzessin, der
Einzige am ganzen Hofe, der daselbst die höheren Interessen vertritt, und zwar ist er dazu mit Allem ausgerüstet. Er ist das erste
Exempel eines wissenschaftlich gebildeten Sekretärs am preußischen
Hofe, und seine Anstellung und persönliche Stellung ist für Johannes Brandis eine gute Antecedenz. Ich sprach mit dem Prinzen
vielerlei und fand ihn für alles Gute zugänglich. So war er
bereit, für die neue Dotirung des römischen Institutes seinen
Einfluß sofort geltend zu machen, und auch für meinen hier neu
angeregten Plan, preußische Schiffe zu antiquarischen Untersuchungen in Griechenland und Kleinasien zu benutzen, fand ich günstiges
Gehör. Gestern Abend hielt Gneist einen Vortrag bei dem Prinzen
und der Prinzeß von Preußen in Gegenwart des jungen Paares
über das Werk von Tocqueville und die Veranlassungen der französischen Revolution, soweit sie in der Zerrüttung der ständischen Verhältnisse liegen. Diese wurden mit den englischen Verhältnissen
verglichen und daraus mit großem Geschick Nutzanwendungen für
die Gegenwart gezogen, welche die anwesende Aristokratie ruhig
anhören mußte. Droysen referirte seinerseits über seine Arbeiten
im preußischen Archiv, und es war eine sehr ungezwungene, belebte
Unterhaltung. Heute Abend versammelt Lepsius eine Gesellschaft
von Freunden in seinem Hause. Er übt eine Gastfreundschaft, die
ihm doch in hohem Grade Ehre macht. Wie Viele gibt es denn,

---

*) Welcher damals Kabinettssekretär der Prinzessin geworden war.
Siehe über ihn Alterthum und Gegenwart Bd. II, S. 278.

die so wie er daran Freude haben, ihren Freunden Angenehmes
zu erweisen?

An Jacob Bernays nach Heidelberg.

Auerbach, 27. August 1858.*)

Ich hoffe sehr, daß wir uns hier und dort zuweilen sehen.
Wenn Sie mit dem Schnellzuge 2 Uhr 50 in Bensheim eintreffen,
so wandeln Sie unter einer Doppelallee von Telegraphenstangen,
welche die königlich bayerische Reichseinheit herstellen, und Nuß-
bäumen in einer halben Stunde nach Auerbach, wo Sie am Bache
aufwärts gehen und so zur Mühle des Herrn Rack gelangen, in
welcher Sie mich finden, der ich hier zu den Füßen eines bengalischen
Tigers**) an meiner Geschichte arbeite und mich sehr freuen würde,
Sie auf unseren Waldbergen umherzuführen. Trendelenburg liebt
freilich mehr die Ebene, was die Berliner „Jejend" nennen, doch
würde er Ihnen zu Liebe seine Niederträchtigkeit gewiß überwinden.

Sehen Sie Bunsen, so sagen Sie ihm, wie dankbar ich für die
gütige Aufnahme bin, die mir bei ihm zu Theil geworden.

An Anna Reichhelm.

Auerbach, Anfangs September 1858.

... Es war mir eine wahre Freude, Clara einmal ein neues
Stück Welt zu zeigen, und ich muß ihr das Zeugniß geben, daß
sie die zwölftägige Reise recht mit offenen Sinnen genossen und
die großen Eindrücke der Schweizer Seen und Alpen lebendig in
sich aufgenommen hat. Johannes Brandis, der Dritte im Bunde,
erhöhte durch seine Liebenswürdigkeit die Freude der Reise, die
in vollem Maße gelungen und von Gott gesegnet war. Ich habe
Clara seit unserer Verheirathung nie so wohl gesehen. Gott gebe,
daß es sich so hält! ... Mit Trendelenburg machen wir täglich
Spaziergänge. Die Gegend ist unbeschreiblich reich und anmuthig,
ein recht gesegnetes Stück deutschen Landes, Gebirge und weite
Ebene zum schönsten Gegensatze vereinigt. Wir wohnen unmittelbar am Gebirge. Vor der einen Seite des Hauses liegt der Garten

---

*) Die Familie verlebte die Universitätsferien in Auerbach an der
Bergstraße.
**) Der als Zimmerschmuck in dem Wohnzimmer aufgestellt war.

mit seinen Lauben, von der anderen führt ein Weg über den Bach,
der unser Badehaus versorgt, unmittelbar in die Berge hinauf, die
voll Waldbidicht und voll schönster Aussichten sind. Oben liegt
die Kirche des Dorfes, das sich in weitem Bogen um die Höhe herum-
zieht. Das ruhige Stillleben mit den Kindern ist sehr behaglich.

An den Bruder.

18. September 1858.

Wir sitzen hier zwischen den Wald- und Weinbergen des Oden-
waldes wie in Abrahams Schooß. Die köstliche Ruhe in dem stillen
Dorfe thut nach dem Reisen sehr wohl. Nachmittags gehen wir
mit Trendelenburg spazieren, der uns gewöhnlich abholt. . . . Ich
habe mit den Heidelbergern viel verkehrt, namentlich mit Bernays,
der dort als Bunsenscher Hofjude alle Ferien zubringt. Er gewinnt
jedes Jahr an Liebenswürdigkeit. Sein Wissen und Können ist
eminent. Bunsen in Charlottenberg ist in der That auch sehens-
würdig. Jeden Abend bewegen sich dort am Theetische Leute der
verschiedensten Länder, und es herrscht eine Freiheit des Verkehrs,
eine Leichtigkeit des Umgangs, die mustergültig ist. Ihm selbst sieht
man die großartige Natur in vollem Maße an. Er steht im Mittelpunkte der Welt und sucht die Räthsel der Gegenwart wie die der
ältesten Vorzeit mit unermüdlichem Eifer zu lösen. Alle Fragen
der Theologie und Philosophie, der Geschichte und Politik bewegen
ihn, und bewunderungswürdig ist die jugendliche Begeisterung in
dem bald siebzigjährigen Greise. Freilich fühlt man wohl, was ihm
zum großen Manne, zum „hero" fehlt. Er ist das Kind einer Zeit,
die mehr als eine frühere von Wissensluft, von Ideen und geistigen
Interessen gährt, aber nicht leicht einen in sich abgeschlossenen
Charakter, einen Mann aus einem Gusse zur Reife bringt.

Die besten Tagesstunden widme ich natürlich meiner Geschichte,
deren Weiterdruck ich im Herbst gern beginnen lassen möchte. Ich
habe mich in den letzten Wochen ganz mit der perikleischen Zeit
beschäftigt und bin über die Art, wie Perikles Athen regiert hat,
zu klareren Vorstellungen gekommen. Er regierte als Stratege, seine
Präsidentschaft war eine kontinuirte Strategie — und dadurch war
er im Stande, Volksversammlungen zu berufen und aufzulösen.
In die Strategie hat Perikles den Schwerpunkt der ganzen Verfassung verlegt.

An denselben

Göttingen, 18. November 1858.

Meine winterliche Thätigkeit ist in gutem Gange. Meine griechischen Alterthümer werden gut besucht, machen mir aber sehr viel Arbeit. Aristoteles' Politik lese ich in meiner Stube vor einer kleinen, aber recht gewählten Zahl von Zuhörern. Im Seminar, wo ich die Bacchen interpretiren lasse, sind diesmal über 20, darunter sind recht tüchtige Leute, die neu eingetreten sind. Da ich nun auch noch ein Publicum über die Griechen in Unteritalien und Sicilien lese, so hätte ich in der That daran allein schon ein volles Tagewerk, dessen einzelne Theile sehr wohl zu einander passen. Wenn ich aber daneben die griechische Geschichte zu schreiben habe, und zu deren Vollendung jetzt eifrigst gedrängt werde, so habe ich freilich oft das Gefühl des Zuviel, und weiß nicht, wie ich die Arbeit bewältigen soll, da ich nun einmal zu Denen gehöre, denen nächtliches Arbeiten unmöglich ist. Ich bin in den letzten Wochen beschäftigt gewesen, die ersten Abschnitte druckfertig zu machen, und habe die Absicht, bald den Druck beginnen zu lassen, während ich die folgenden Abschnitte ausarbeite. Es ist kein leichter Entschluß, sich selbst so vorwärts zu treiben.

Und nun Berlin! Welche merkwürdige Katastrophe! Wer konnte sich früher denken, daß der Prinz von Preußen derjenige Fürst sein würde, der zuerst aus freiem Antriebe und eigenstem Entschlusse ein liberales Ministerium bildet, der die große, intelligente Mehrheit des Landes als maßgebend anerkennt und dem alten Dynasten-Vorurtheile entsagt, daß man auf dem Throne Alles besser wisse als in den unteren Sphären des Lebens. Mich freut es namentlich für meinen jungen Prinzen, daß er nicht unmittelbar aus dem früheren Regimente oder einem dem ähnlichen Reaktionsschlenbrian zur Uebernahme der Regierung berufen wird. Wie schön löst nun der Prinz das Wort, das er mir Ostern sagte, er wolle seinem Sohne die Bahn ebnen und ein ehrliches Verfahren wieder in Preußens öffentliche Zustände einführen. Die Junker sind noch mächtig, die Rothen sind auch gleich wieder bei der Hand, und die auswärtigen Dinge sind auch nicht so leicht zu behandeln, wenn man Ehrgefühl hat, als wenn man Alles geschehen läßt — indeß es ist doch immer, was auch kommen mag, ein großer und schöner Umschwung der Dinge, ein Wiederauferstehen von Preußen.

An denselben.

23. December 1858.

Ich stehe noch der bei weitem größeren Hälfte meines zweiten Bandes gegenüber, und nur die beiden ersten Abschnitte bis zum Beginne der perikleischen Herrschaft liegen fertig da. Es wird mir ungeheuer schwer, die Fülle des Materials zu bewältigen und mir dabei zu genügen. Ueber eine Masse von einzelnen Thatsachen, über eine Menge von Persönlichkeiten, die sämmtlich von den verschiedensten Standpunkten aus behandelt und beurtheilt sind, soll ich meine Meinung aussprechen in kurzen Worten. Ich soll kurz und doch anschaulich, gelehrt und doch populär eine Geschichtsperiode behandeln, die an kulturgeschichtlichem Inhalte unvergleichlich reich ist. Welche Ansprüche treten mir da gegenüber, und wie wenig finde ich das deutsche Gelehrtenpublikum geneigt, das was ich nach meiner Individualität gebe, so gut wie ich es kann, günstig aufzunehmen. Gott gebe mir Kraft, das Werk zu fördern, dessen volle Schwierigkeit ich nicht ahnte, als ich mich dazu anheischig machte! Einstweilen wollen wir Weihnachten feiern und für diese Tage abschütteln, was von irdischen Sorgen uns anhängt!

An denselben.

28. December 1858.

... Ich bin nun eifrigst beschäftigt, alle Muße zusammenzuhalten, um das Ende des peloponnesischen Krieges fertig zu machen. Schon bin ich aus dem Bereiche des Thukydides heraus, dessen Aufhören neue Schwierigkeiten bereitet. Obwohl ich auch, unter uns gesagt, auf Thukydides oft sehr böse geworden bin. Es ist verkehrt, ihn als ein Muster der Historiographie hinzustellen. Wie viel Hauptsachen verschweigt er, während er ganz äußerliche Dinge auf das umständlichste vorträgt! Warum gibt er Nichts über den inneren Zusammenhang der Parteiumtriebe, über die politischen Ansichten z. B. eines Antiphon? Wie lehrreich wäre es, die Theorien der attischen Reaktionäre und Kreuzzeitungsritter kennen zu lernen!

Johannes Brandis war ein paar Tage hier. Er hat sehr wichtige Untersuchungen über das babylonische Münzgewicht gemacht, wodurch Boeckhs Metrologie wesentlich modificirt und zum Glück vereinfacht wird.

Prinz Friedrich Wilhelm.

Berlin, 8. Januar 1859.

Mein lieber Curtius! Sie haben mir zu meinem Geburtstage einen Brief geschrieben, der, abgesehen von Ihren treuen Wünschen, so recht mir aus der Seele gesprochen alle die Gedanken berührte, welche gerade dieser 18. Oktober in mir wach gerufen hatte. Zum Beginn des verflossenen Monats im abgelaufenen guten alten Jahre erhielt ich wieder einen so lieben Brief von Ihnen, der recht in alter Weise und mit dem alten treuen Herzen in unsere ernste Situation einging und die Theilnahme an dem Geschicke meiner Familie, die Sie so oft schon dargelegt, von neuem recht aussprach. ...

Die letzten acht Monate des alten Jahres, das wohl eines der wichtigsten, glücklichsten meines Lebens gewesen ist, reihten sich in merkwürdig ernster, inhaltsreicher Weise an so viele bereits durchgemachte unvergeßliche Erlebnisse. Hatte ich auch schon manchen ernsten Blick in das Leben thun können, bei welchem treu meinende Herzen und Rathschläge mich geleiteten, so war das Erleben der Ereignisse des Regentschaftsantritts meines theuren Vaters und alles das Ernste, Gewichtige, was jene Handlung einleitete und ihr folgte, von ganz anderer Art, an der Seite meiner heißgeliebten Gattin. Der Friede und die selige Beruhigung, die ich stets in meiner Häuslichkeit fand, wenn gewaltige Eindrücke von außen mich bewegten, sind Güter, die ich nicht schildern kann. Ferner empfand ich unendliches Glück in dem großen Vertrauen, mit welchem mein Vater sowohl während der Vorbereitungen zur Regentschaft als auch während der ganzen Zeit nachher und so unausgesetzt mich in alle Verhältnisse einweihte. Sonach hat denn meine Theilnahme an den Berathungen des Staatsministeriums für mich eine doppelt wichtige Bedeutung, und zeigt schon dieser Umstand, daß die Wege, die in einem geordneten Staatsleben gewandelt werden müssen, sogleich betreten wurden. Es freut mich, aus Ihrem Briefe zu ersehen, daß Sie von der Ansprache meines Vaters an die Minister genaue Kenntniß haben, und jene Schrift ist wohl werth, recht bekannt zu werden, da sie mehr sagt, als hundert Zeitungsartikel zu definiren vermöchten. Uebrigens müssen Sie noch wissen, daß Niemand vorher jene Ansprache kannte und mein Vater sie

nicht vierundzwanzig Stunden vor jener Sitzung niederschrieb. Ich
hatte schon früher an der Seite meines Vaters manchen wichtigen
Augenblick erlebt, aber den, als er den Thron vor versammeltem
Landtage zum ersten Male bestieg, wie auch den jener Anrede vergesse ich in meiner Sterbestunde nicht.

Die kuriose Aufregung bei uns, welche den Wahlen voranging,
überraschte mich. Konnte man auch erwarten, daß die Veränderungen in den Verwaltungsprincipien viel günstiges Aufsehen
machen würden, so dachte doch Niemand an so unsinnig ultra-
liberalistische Bewegungen, wie wir es gehört haben. Hoffen wir
jedoch, daß nach nunmehr eingetretener Beruhigung der Mittwoch
zu eröffnende Landtag durch seine Haltung beweisen wird, daß
er weiß, wie angesichts des gespannt aufmerksamen Europas die
Bahnen des Vaterlandes besonnen gewandelt werden müssen! Die
Wahlen sind im allgemeinen dem Ministerium günstig, und Letzteres,
einig und wahr in sich, ist voll Muth und Zuversicht. Der Fürst
von Hohenzollern gibt dem deutschen Fürstenvolk ein Beispiel wie
selten Jemand, und möge er bald viele Nachahmer finden, die
einsehen, daß auch auf dem Gebiete der Verwaltung ein nach-
geborener Fürst seinem Lande nützlich sein kann. Ueberhaupt bin
ich stolz darauf, daß bei uns zwei Mitglieder unseres Hauses mit
Beispielen vorangehen, wie sie nicht häufig in solchen schwierigen
Verhältnissen vorgekommen sind, und gibt es gewiß keinen gut
Denkenden, der nicht meinen Vater mit wahrer Befriedigung an-
blickt. Was meine Familie privatim betrifft, so geht es meiner
Frau jetzt seit 14 Tagen so normalmäßig gut, wie es nur möglich
ist, „unberufen". Die Aerzte sind bis jetzt mit Allem zufrieden,
und steht die Entbindung vom 15. an zu erwarten!! Ich muß
Ihnen eigentlich unglaublich vorkommen als angehender Vater.
Uebrigens bitte ich Eines festzuhalten, daß ich Gott von Grund des
Herzens danke, daß er Kindersegen in Aussicht stellt, und mir ein
Sohn oder eine Tochter gleich lieb sind. Seine Sache ist es zu
entscheiden, ob ein kleiner Stammhalter einst dem Lande nöthig
ist oder nicht. Meine Mutter ist nur ziemlich wohl, aber gönnt
sich wie gewöhnlich keine Ruhe oder Pflege. Doch geht es ihr jetzt
wieder besser. Mein Vater sieht, Gott sei Dank, vortrefflich aus,
und von meiner Schwester haben wir die besten Nachrichten. Meine
Eltern, die sich sehr über Ihre Theilnahme freuten, senden Ihnen
ihre Grüße wie auch meine Frau. Ihrer Gattin und den Kindern

meine besten Empfehlungen! Und nun nochmals tausend besten
Dank für Ihre lieben Briefe von Ihrem aufrichtig treu ergebenen
Friedrich Wilhelm.

Ernst Curtius an den Bruder.

Göttingen, Januar 1859.

... Eine rechte Seelenweide habe ich an Schleiermachers
Briefen. Es ist Manches darin, namentlich seiner Braut Briefe,
das sich gedruckt nicht sonderlich ausnimmt. Aber es tritt Einem
doch in diesen Briefen ein Menschenleben entgegen so frisch und
tief bewegt, so gesund und hochstrebend, daß man daraus einen
geistigen Anhauch verspürt, welcher die tiefste Seele erquickt. Die
Principien, nach denen dieser Mann gelebt hat, treten Einem so
lebendig und in ihrer Wahrheit und Berechtigung so überzeugend
entgegen; man ist beschämt, aber zugleich erhoben. Das ist ein
Leben in höchster Potenz. Ich lese viel mit Clara darin, es gibt
zum Austausche so reichen Stoff. Wir wollen später auch Anderes
von ihm lesen.

Alexander von Humboldt.

Berlin, 16. Februar 1859.

Ihr recht liebenswürdiger polyglotter Amerikaner und der
freundliche Brief, den er mir von Ihnen brachte, mein theurer
Freund, haben Beide herzliche Aufnahme gefunden.

Wie müssen Sie das Glück, das er sich geschaffen,*) mit ihm
genießen! Sie werden uns einst ganz gehören, kommen Sie aber
auch jetzt schon zu uns auf einige Wochen in das freie Neu-Berlin,
wo Sie frischer athmen werden. Sie vereinigen alle geistige und
moralische Anmuth. Meine Kräfte nehmen wieder etwas zu. ...
Die Princeß Royal kann man nicht genug loben.
Ihr
Alexander von Humboldt.

Ernst Curtius an den Bruder.

Göttingen, 6. März 1859.

Endlich, mein theurer Georg, komme ich dazu, Dir zu antworten. Es weht schon eine anmuthige Ferienluft in die letzte
Kollegienwoche herein, das letzte Examen ist abgemacht. Eine

---

*) Gemeint ist jedenfalls der Prinz Friedrich Wilhelm.

34*

Societäts-Arbeit, die ich in aller Geschwindigkeit habe anfertigen
müssen, weil unsere Societät sich an dem Jubiläum in München
zu betheiligen wünschte, liegt hinter mir, und so will ich nicht
säumen, Dir die Erstlinge der gewonnenen Muße darzubringen.
Ich hatte eine Reihe böser Tage, in denen nervöse Kopfschmerzen mich heimsuchten, welche mich recht verzagt machten.
Aber das ist bald überwunden worden, Gott sei Dank! Baum gibt
mir jetzt Stahltropfen, und diese Eisenfresserei bekommt mir gut.
Der schlaffe Winter ist im ganzen nicht heilsam; man hat den
Mangel heller Frosttage verspürt, die uns nordischen Naturen doch
nöthig sind. Sonst ist's in unserem Hause gut gegangen, und wir
haben nur an dem mitzutragen, was über unseren ganzen Kreis
Schweres verhängt ist. Dazu gehört vor allem der nun hoffnungs-
lose Zustand von Dirichlet, der von seiner neunzigjährigen Mutter
gepflegt wird, die alle ihre Kinder überlebt. . . . Ein anderes Ereigniß, das an sich freilich kein trauriges ist, aber dennoch uns Alle
sehr beschäftigt, ist Warnstedts Abgang.*) Es ist für uns ein
unersetzlicher Verlust, denn er war der gute Genius der Georgia
Augusta. Seine Persönlichkeit gab unserer Stellung eine große
Behaglichkeit und Gemüthlichkeit, die nicht zu ersetzen ist, weil alle
allgemeinen und speciellen Angelegenheiten durch ihn freundschaftlich behandelt werden konnten. Nun fehlt jedes Band der Art,
es ist Niemand da, der ein Verständniß für die Dinge hat. Warnstedt
geht, weil man ihn, nachdem er die Nachfolge von Johannes Schulze
abgelehnt hatte, in Hannover unfreundlich behandelt hat. An
inhaltsreicher Wirksamkeit und maßgebendem Einfluß büßt er ein.
Denn das Kuratorium in Bonn ist mehr eine Sinecure als ein
Amt, das eines kräftigen Mannes Zeit ausfüllt.

Der Druck meines zweiten Bandes hat nun begonnen. Die
Ausarbeitung selbst habe ich in den letzten Wochen liegen lassen
müssen, denke aber jetzt in acht Tagen mit voller Kraft und Lust
den Faden wieder aufzunehmen und in den Ferien mich ganz
dieser Aufgabe zu widmen. Hast Du die neue Bearbeitung
von Grote durch Th. Fischer in Königsberg gesehen? Ist diese
Apotheose von Grote nicht eine wahre Manie? Wie kann man dem
trockenen Banquier eine „Gluth des Genius" zuschreiben? Mir

---

*) Sein damals befürchteter Austritt aus dem hannoverschen Dienste
fand nicht statt.

steht dabei der Verstand still. Ich erkenne ja gern den ganzen
Werth einer umsichtigen, nüchternen, gelehrten Behandlung des
Stoffes an, wie sie Grote gegeben hat. Aber es fehlt doch einerseits
die wahre Unbefangenheit des Historikers und andererseits wieder
das eigentliche Verständniß des hellenischen Geistes! Und dann,
welche Willkür und Einseitigkeit der Ueberlieferung gegenüber!
Aber Fleiß und Ausführlichkeit und wortreiche Schaustellung aller
Forschungen, das imponirt immer am meisten! Darüber vergißt
man gern, daß kein einziger Charakter lebendig und persönlich
uns entgegentritt und daß man niemals vom Standpunkte eines
räsonnirenden Beobachters in den Zusammenhang der Dinge hineingezogen wird.

Ich wünsche Dir von Herzen fortdauernde Freude an Deinem
Werke*) und ein mannigfach harmonisches Echo. Kränkungen, wie
ich sie erfahren, verschmerzen sich doch nicht so leicht und lassen
einen Stachel zurück, den man schwer los wird. Streit will ich
mir gern gefallen lassen, aber — doch ich will nicht davon reden,
sondern mich brüderlich freuen an Deinen Erfolgen, auch an dem
der Grammatik, welche ihren Weltgang rüstig fortsetzt und auch
jenseits der Alpen jetzt fester sitzt als das Scepter der Habsburger.

An denselben.

29. April 1859.

Von Berlin sind wir Dienstag zurückgekehrt. Wie unendlich
wohlthuend ist das Leben hier im Vergleich mit Berlin, wo es mir
diesmal recht unheimlich war. Was die inneren Angelegenheiten
betrifft, nichts als Parteileidenschaft, und nach außen hin trostlose
Unentschlossenheit und keine der Macht der Verhältnisse gewachsene
Willenskraft oder Einsicht. Am meisten Freude hatte ich an dem
Regenten, der mit dem edelsten Sinne den Dingen gegenübersteht,
die er freilich auch nicht zu beherrschen im Stande ist. Auf seinem
Tische lag ein Brief des Prinzen Albert, aus dem hervorging, daß
England sich vor einer Landung der französischen Dampferflotte
fürchtet und deshalb à tout prix Frieden mit Frankreich haben will.
Das einzige Gute in Betreff der äußeren Angelegenheiten liegt
darin, daß hier eine ziemliche Uebereinstimmung aller Preußen

---

*) Der Griechischen Etymologie.

herrscht, und namentlich ein allgemeines Vertrauen in die Ruhe und Besonnenheit des Regenten.

Die Geschichte der Perserkriege ist gedruckt, und ich habe die Freude gehabt, daß Lepsius, Abeken und Johannes Brandis damit zufrieden waren.

An Lepsius.

14. Mai 1859.

Mein theurer Lepsius! Was sagen Sie oder was denken Sie von mir, den Sie wochenlang als Ihren Hausgenossen beherbergt, gepflegt und mit Freundschaft verzogen haben, und der noch keinen Gruß seit seiner Abreise Ihnen zugesandt hat?

Es ist schön, wenn man sich überzeugt, daß die Trennung keine Macht hat und daß man bei jedem Wiedersehen in alter Freundschaft und ungestörtem Einvernehmen sich wiederfindet. Die Bendlerstraße war jeden Abend wie ein stiller Hafen, in welchen ich aus dem unheimlichen und ungewohnten Treiben der großen Stadt einlief, und wie gern dehnte ich, selbst auf Kosten Ihrer Studien, die ruhigen Morgenstunden aus, die wir mit einander verplauderten! Ich wollte, Sie brächten auch einmal ein paar Tage bei mir zu. Es würde Ihnen wohl sein in unserem Kreise, der klein und abgegrenzt ist und doch alle menschlichen Interessen lebhaft genug in sich bewegt.

Humboldts Abscheiden scheint den Abschluß stiller Friedenszeiten zu bezeichnen, deren Segen wir genossen, ohne immer dessen recht bewußt zu sein.

An den Bruder.

28. Juli 1859.

Meine Absicht ist, die Ferien ruhig hier zu bleiben. Denn ich muß einmal ein paar Wochen ganz daran setzen, um in voller Muße mein Buch zu fördern. Zehn Bogen sind gedruckt. Der dritte Abschnitt, die Perikleische Zeit, ist fast druckfertig. Ich muß zunächst diesen Abschnitt in voller Muße revidiren und dann die peloponnesische Kriegsgeschichte in Angriff nehmen.

Es war ein Sommer, der Leib und Seele mitnahm, die drückende Hitze von außen, von innen die quälende Sorge um die öffentlichen Dinge. Und wie gern man sich dem Gedanken hingeben möchte,

daß der Frieden von Villafranca den Höhepunkt der Napoleonischen
Macht bildet, den sie nicht lange wird behaupten können, so kann
man sich doch der Sorge nicht erwehren, daß Louis Napoleon für
unser armes Vaterland noch eine schwere Zuchtruthe werden wird.
Und nun mitten in der Bedrängniß und Gefahr von außen der
gänzliche Bankerott im Innern und die völlige Aussichtslosigkeit
auf Besserung der verworrenen Zustände! An allen bewegteren
Plätzen treten die Patrioten zusammen, um über die Lage Deutschlands sich zu berathen, aber Alles bringt nur die Rathlosigkeit und
die entsetzliche Meinungsverschiedenheit recht zu Tage. Ich habe
natürlich das Meinige gethan, um Preußens Verhalten zu vertheidigen. Aber leider kenne ich doch die Verhältnisse genug, um
mich über die Rathlosigkeit des Berliner Kabinetts nicht täuschen
zu können. Das liberale Ministerium hat sich in der auswärtigen
Politik nicht bewährt, es fehlt an Vertrauen zur eigenen Sache,
an Vertrauen zum eigenen Heere. Hier sehen Viele einer vollständigen Auflösung des deutschen Volkes entgegen. So schwarz
kann ich nicht sehen, aber große Noth steht uns bevor. Gott gebe
uns Kraft, sie mit Ehren zu bestehen!

Ich habe mich in der heißen Zeit, wo man weniger zum
Spazierengehen kam, wieder auf die Reitkunst geworfen. Wir haben
einen ausgezeichneten Stallmeister und treffliche junge Pferde.

An denselben.
18. Oktober 1859.

... Unsere Wohnung*) ist, wie man sich eine wünschen mag,
mitten in der Stadt und doch ländlich, zwischen Gärten und einem
freundlichen, traubenreichen Hofe, geschützt und doch frei gelegen,
geräumig und doch heimlich, Alles auf das netteste im Stande.
Meine jetzige Wohnung ist mir auch deshalb so lieb, weil wir Euch,
lieben Geschwister, jetzt die niedlichste und behaglichste Gaststube
anbieten können, so gesund gelegen, daß sie als Kurort benutzt
werden könnte.

An denselben.
2. December 1859.

Ich kann Gott nur von Herzen danken, daß ich mich immer
frisch gefühlt habe, und niemals ist mir eine Ferienreise so gut

---

*) Nach dem Umzuge in das Haus des Weinhändlers Ulrich auf der
Jüdenstraße (jetzt Universitätskuratorium).

bekommen, wie diesmal die ununterbrochen durchgearbeiteten
Ferien. Eine besondere Freude machte es mir, daß es mir bei der
Schiller-Feier gelang, wirklich das Organ der Universität zu sein.
Es war für mich ganz unerwartet und recht beschämend, die Anerkennung zu sehen, welche Männer und Frauen mir zu erkennen
gaben, und die Liebe, die sich dabei gegen mich aussprach. Unsere
Aula-Versammlung war wie eine Gemeinde. Beurtheile den Eindruck
des Ganzen nicht nach dem Wortlaute der kleinen Rede. Es war
eine Stimmung, welche auf Gegenseitigkeit beruhte. Vor und nach
der Schillerei kamen viele Besuche. Die Prinzeß von Preußen kam
durch. Dann blieb Johannes Brandis drei Tage bei uns und weihte
unser reizendes Fremdenstübchen ein. Frau Rathgen*) brachte
einen Abend bei uns zu, an dem ihre ganze Liebenswürdigkeit sich
entfaltete.

Unser neuer Magnificus**) betreibt seine Repräsentationspflich-
ten mit einem Ernst und Eifer ohne Gleichen, und es steht ihm gut
an. Denn er sieht ganz verklärt aus, wenn er seinen Saal voller
Menschen hat, welche sich an der Kochkunst seiner Frau und seiner
eigenen Liebenswürdigkeit erfreuen.

Meine Vorlesungen sind gut besucht, über Erwarten die Kunstgeschichte. Wir haben recht tüchtige und recht viel junge Philologen.
Gestern hatten wir eine für Göttingen glänzende Aufführung
der Schöpfung mit Sängern aus Köln und Frankfurt. Das Leben
in unserem jetzigen Hause behagt uns sehr. Ich freue mich auf
vierzehn ruhige Ferientage. Zu gymnastischen Uebungen ist jetzt
auch ein Verein hier gebildet worden, der sich zweimal wöchentlich
zu Voltigirübungen vereinigt, welche unser Fechtlehrer sehr geschickt
leitet. Es muß dahin kommen, daß in allen Städten Männer-
vereine dieser Art bestehen. Es sind einige Privatdocenten, Buchhändler, Aerzte dabei.

An denselben.

Ende December 1859.

... Eben komme ich von des alten, ehrwürdigen Hausmann***)
Leichenbegängniß. In seinem Auditorium stand der Sarg. Ehrenfeuchter ist ein unübertrefflicher Meister in akademischen Gelegen-

---

*) Cornelia Rathgen, Niebuhrs Tochter.
**) Der Theologe Dorner.
***) Siehe die Anmerkung S. 88.

heitsreden. Er weiß jede Gelegenheit dieser Art für die Gemeinschaft der Universität auszubeuten und das religiöse Leben mit dem
wissenschaftlichen in Einklang zu setzen. ... Trotz der mannigfachen Lücken hat sich doch die Frequenz wieder über 700 gehoben,
und unser jetziger Prorektor Dorner thut Alles, um rechten Gemeinsinn und freundschaftliches Zusammenleben zu pflegen.

An Jacob Bernays.

2. Januar 1860.

Lieber Bernays! Wie ein Schreck durchfuhr es mich, als ich
gestern in einem Briefe unserer Breslauer Freunde die Andeutung
fand, daß Sie sich über mich beschwert hätten. Im Ernste haben
Sie es wohl nicht gethan, aber erschreckt hat es mich, und schleunig
habe ich Ihnen gestern eine langstielige Recension geschickt als
niederschlagendes Pulver. Ich habe so selten Etwas, wovon ich
meine, daß es Ihrem gestrengen Blick genügen könne — und darum
arbeite ich still an meiner Geschichte weiter und denke mir zuweilen
dabei: was wird Bernays dazu sagen? Und beklage dann, daß
ich von Ihnen Nichts habe, und daß Sie nur ein Herz für Heidelberg haben, aber keines für die Georgia Augusta, obwohl es doch
eigentlich unglaublich ist, daß Jacob Bernays die Göttinger Bibliothek nicht kennt. Kommen Sie Ostern ein paar Tage her! Dann
lesen Sie bei mir die gedruckte Hälfte meines zweiten Bandes durch
und geben mir Anlaß, dies und jenes in den Schlußnoten des
Bandes zu ergänzen, zu begründen oder zu berichtigen. Denn ich
habe mich doch veranlaßt gefunden, einige Noten zu geben, um
unserem kritischen Geschlechte zu genügen. Ob ich gut daran gethan
habe, eine ganze Reihe meiner besten Jahre diesem Werke zu
widmen, ist mir freilich nicht immer klar, aber ich arbeite in Gottes
Namen immer weiter und habe doch die Genugthuung, daß mancherlei als Ketzerei und Phantom Verschrieenes allmählich als Wahrheit
den Nachdenkenden einleuchtet. ... Auch habe ich die größte Lust,
für die historische Topographie von Athen neue Fundamente zu
legen und das ganze Thema etwas sauberer und durchsichtiger zu
behandeln, als bisher geschehen ist.

... Sie sehen, mein theurer Bernays, diese kleinen, unver-
schämten Fragen sind nur darauf berechnet, Ihnen ein Briefchen
abzulocken. Denn, wenn Sie nicht antworten, sieht es ja aus, als

wüßten Sie es nicht, und das werden Sie doch nicht auf sich
sitzen laffen!

von Bethmann-Hollweg.

Berlin, 8. Januar 1860.

Ew. Wohlgeboren bringe ich in Erwiderung der freundlichen
Zeilen vom 29. November v. Js. erst so spät meinen Dank für die
Zusendung Ihrer Schiller-Rede, weil ich es nicht in der gewöhnlichen, durch fremde Hand vermittelten, Form thun mochte. Ich
habe darin Sie mit Allem, was mich Ihnen verbindet, wiedergefunden und unterschreibe die Wünsche und Gelübde am Schlusse
aus vollem Herzen!

Bötticher hat Ihnen bereits gesagt, wie die Sache der Akropolis
liegt. Die Kriegsgefahr im Sommer hat sie verzögert. Dann
sollte Böckhs Gutachten ihr eine Unterlage und bestimmte Richtung
geben. Diese zielt nun auf eine Untersuchung an Ort und Stelle.
Glauben Sie, daß der Erfolg die Kosten lohnen wird? Gerhard
spricht sehr warm dafür. Olympia hätte freilich eine ganz andere
Ausbeute gegeben.

Grüßen Sie alle Freunde, besonders Dorner, und sagen Sie
ihnen, sie sollen weder an mir irre noch für mich bange werden.
Meine Aufgabe ist zwar schwieriger, als sie je für einen Unterrichtsminister war, doch verzweifle ich nicht an der guten Sache im Vertrauen auf Gott.

Prinz Friedrich Wilhelm.

Berlin, 18. Januar 1860.

Mein lieber Curtius! Sie müssen mit gewohnter Geduld diesen
Brief erst jetzt ankommen sehen, der ursprünglich gleich nach meinem
Geburtstage von England aus Ihnen für die theuren Worte danken
sollte, mit denen Sie meinen Eintritt in das 29. Lebensjahr begrüßt
hatten. Sie wissen, wie mich Ihre Briefe immer erfreuen, und
wie gern ich die herzliche, warme Sprache derselben vernehme.
Ferner danke ich auch noch nachträglich für Ihre Neujahrswünsche
wie für die Uebersendung Ihrer schönen Rede zum Schiller-Feste,
die zu manchen anderen werthen Schöpfungen Ihres litterarischen
Fleißes in meine Bibliothek gesellt worden ist. Auch von Ihrem
Bruder Georg erhielt ich eine Festrede, zum Geburtstag seines

Monarchen gehalten,*) in welcher er mit großem Geschick die Klippe
umschiffte, welche für einen Deutschen in jenem Dienst sich auf-
thürmt, und sich im allgemeinen Monarchismus ergeht.

Uns Allen geht es, Gott sei Dank, gut. Meine Frau würde
Ihnen in ihrem Aussehen gefallen und ebenso mein herziger Junge,
der als Einjähriger mit jedem Tage neue Beweise der Entwickelung
seines kleinen Verstandes gibt. Gar oft muß ich der Schilderungen
gedenken, die Sie mir machten, als Ihr Kleiner sich zu entwickeln
begann. Gottes Segen ruht auf meinem Hause, und sehen wir
unter seinem Beistande im Sommer neuem Glück entgegen.

Meine Eltern ertragen die Lasten ihres Standes und ihrer
Stellung wunderbar gut. Mama ist in ihrer Art ziemlich wohl,
zehrt aber im Stillen noch immer an dem Verluste meiner unver-
geßlichen Großmutter.**) Von meiner Schwester hören wir Vortreffliches, ja fast als ob die Leiden dieses Herbstes ihr zum Besseren
verholfen hätten.

Meine Frau und ich verkehren viel mit Werder, diskutiren
litterarische Themata und lassen uns Shakespeares Macbeth gerade
jetzt vortragen. Sonst bleibt mir nicht viel freie Zeit des Tages
über, besonders wenn die Ministersitzungen stattfinden. Neulich
sah meine Frau zum ersten Male Lessings Nathan den Weisen,
den wir unbeschreiblich genossen und den Döhring ganz vortrefflich
gab. Viel gedachte ich Ihrer hierbei und unserer einstmaligen
gemeinschaftlichen Lektüre, bei der ich mich eigentlich ungemein
dumm benahm. Sie werden sich gewiß auch freuen, daß Kaulbach
bestimmt als sechstes Gemälde für unser Museumstreppenhaus die
religiöse Bewegung des XVI. Jahrhunderts behandeln soll, also die
Reformation im Vereine mit Amerikas Entdeckung und den sonstigen
großen Bewegungen darstellen wird. Den ersten Entwurf sah ich
bereits, und finden meine Frau und ich ihn herrlich; es ist nichts
Verletzendes für andere Konfessionen in demselben und doch der
reformatorischen Bewegung in Wahrheit das schönste Licht gegeben.

Dergleichen Dinge thun wohl, wenn man sonst inmitten der
politischen Bewegungen nichts wie Aerger und Spannung begegnet,
zu denen leider Ihr gnädigster Herr auch sein reiches Scherflein

---

*) Die am 6. Oktober 1859 in Kiel gehaltene Festrede „über den
König". Kleine Schriften von Georg Curtius Bd. I, S. 57.

**) Maria Paulowna, Wittwe des Großherzogs Karl Friedrich von
Sachsen-Weimar, † 23. Juni 1859.

beiträgt. Doch kommen wird die Zeit, wo dergleichen kleine Häke-
leien dem großen, edeln, vaterländischen Zwecke wie Wachs weichen
müssen.

Unsere Landesvertretung fängt an sich zu besinnen, und die
schroffen Gegner der Richtung von meines Vaters Regierung müssen
schon seinen Räthen durchaus Lob und Achtung zollen, auch sich
von der Lauterkeit und Ehrlichkeit seiner Absichten überzeugen.
Und solche Erfolge sind stabile und bürgen für vernünftigen Fortschritt, wenn Besonnenheit und Vaterlandsliebe den Sieg über
persönliche Leidenschaften erringen.

Dunkel wie 1859 beginnt auch dieses Jahr; mögen trübe Zeiten
auch kommen, so werden diese mich nicht beugen, weil wir einer
gerechten, heiligen Sache dienen, die schließlich die Oberhand gewinnen muß.

Leben Sie wohl, lieber Curtius, grüßen Sie bestens die Ihrigen
und seien Sie der alten Treue und Anhänglichkeit versichert

Ihres aufrichtig ergebenen

Friedrich Wilhelm.

Ernst Curtius an den Bruder.

Göttingen, 30. Januar 1860.

. . . Erst gestern konnte ich wieder zu meiner Geschichte zurückkehren, wo die nachperikleischen Zustände, die Trennung der
Strategie von der Demokratie, die Opposition zwischen Aristokratie
und Banausen, die ganze Umwandlung und Entartung des Demos
mein ganzes Denken beschäftigt. Ich muß hier auf das direkteste
Grote entgegentreten, welcher in Kleon und Konsorten die Interessen der Gewerbetreibenden à la Cobben vertreten glaubt. . . .
Ich setze Alles daran, um bis zum Anfang der Ferien den Abschnitt
bis zum Niklasfrieden fertig zu bringen. In den Ferien hoffe ich
dann mit Muße die unteritalisch-sicilischen Angelegenheiten verarbeiten zu können. Ein neues onus ist mir aufgelegt, indem ich
durch Bethmann-Hollweg aufgefordert bin, in die Neunerkommission
zur Ertheilung des dramatischen Preises einzutreten, und ich habe
in den nächsten acht Tagen noch eine Anzahl dramatischer Produkte
durchzusehen, um eine Liste mit kritischen Winken, wie gewünscht
wird, nach Berlin einsenden zu können. Das Geschäft ist wenig
erfreulich, die ganze Sache unersprießlich, aber ich konnte doch

nicht ablehnen. Bethmann-Hollweg hat mir mehrfach große Aufmerksamkeit erwiesen, und auch die Regentin hat mir, seit unserem
Rendez-vous auf dem hiesigen Bahnhof, wieder mit neuer Lebhaftig-
keit Zeichen ihrer Anhänglichkeit gegeben. Aus ihrem letzten Briefe
kann ich Dir mittheilen, daß sie Deine Rede gelesen und sich „für
die eigenthümliche und sinnreiche Behandlung des Themas sehr
interessirt hat".

An Sophie Wattenbach.

Ostern 1860.

... Von unserem Leben kann ich nur Gutes melden. Wir
wohnen jetzt sehr behaglich zwischen Hof und Garten. Die Kinder
wachsen fröhlich heran. Clara ist so Göttingerin geworden, daß
sie von keinem anderen Wohnsitze mehr hören will. Sie ist eine
geborene Professorin, insofern sie keine größere Freude kennt, als
Studenten um sich zu sehen, mit denen gelesen, gespielt und ge-
wandert wird. Darum ist es in diesem Winter recht munter in
unserem Hause gewesen. Ich wollte, Sie könnten einmal in
unseren Göttinger Kreis hineinblicken, wie heimlich und behaglich
es sich hier lebt, und wie reich und mannigfaltig bewegt doch die
Interessen sind, in denen man sich bewegt.

Wir haben ein so schönes Osterfest. Alle Sträuche brechen auf
einmal hervor. Zum ersten Male lauschen wir hier dem Frühling
im eigenen Garten, der unter unseren Fenstern sich ausbreitet.
Unser heutiger Universitätsgottesdienst war auch so ergreifend und
erhebend. In Ehrenfeuchters Predigten ist eine seltene poetische
Kraft, die mich sehr anzieht und mich immer, wenn ich kalt geworden bin, wieder hereinzieht in den vollen Segen des Christenglaubens, der doch unser Ein und Alles bleibt.

An den Bruder.

2. April 1860.

Bis dahin waren die Ferien so geartet, daß sie nur zum Büffeln
benutzt werden konnten. Ich habe täglich mein Pensum auf der
Bahn abgeritten und mich daher sehr gut befunden. Das köstliche
Wohlbehagen, das man empfindet, wenn man sich nach einem
gelinden Schwitzbade in der Stube umkleidet, ist der beste Beweis,
wie wohlthätig es wirkt. Ich denke diesmal das Reiten ununterbrochen fortzusetzen, denn wenn man sich desselben längere Zeit

entwöhnt, muß man ben Anfang immer burch einige kleine Leiden erkaufen. Dießmal freuen wir uns auf die aus den Ferien heimkehrenden Musensöhne und haben recht viele Wanderungen im Frühjahre vor. Die Zeiten sind so, daß man eigentlich auf Werthpapiere gar keinen Verlaß mehr haben kann; das Weiseste ist also, seine Ueberschüsse so anzulegen, daß sie Einem nicht abhanden kommen können, d. h. sie baldigst zu verthun, für sich und Andere.

An benselben.

16. Mai 1860.

Das Frühjahr ist so wunderbar schön eingetreten, daß man sich ärgert und schämt, ein Stubenhocker zu sein. Am liebsten streifte ich täglich im Walde umher. Wir sind aber noch zu keinem großen Unternehmen gekommen, und ich habe diesmal meine Juni-Rede so leichtsinnig lange hinausgeschoben, daß mir nun das Feuer auf den Nägeln brennt und ich wohl die Pfingsttage werde baran setzen müssen. Meine „Alte Länder- und Völkerkunde" mußte ich in eines der größeren Auditorien verlegen und trage sie daselbst mit Lust und Liebe vor.

Meine kleine Ferienreise war ganz interessant. Die mikrokosmischen Zustände in Bückeburg sind freilich für einen benkenden Menschen unerträglich, besonders weil sie mit so großem Selbstbehagen gehegt werden. Aber alte Freundschaft thut immer wohl, selbst in Bückeburg, und ich war in bem reizend gelegenen Hause von Alexander von Campe, der mit seinem Bruder unter einem Dache wohnt, sehr wohl aufgehoben. Die Brüder geleiteten mich bis zur Porta Westphalica, und ich besah mir dann noch auf eigene Hand das alterthümliche Osnabrück und daselbst das Elternhaus meines verstorbenen Freundes Abeken, besuchte in Münster, bessen Rathhaus und Kirchen ungemein sehenswerth sind, meinen alten Freund Smend, hörte bessen Melanchthon-Predigt und blieb bann noch etwas in Hannover, um die Kästnersche Sammlung zu sehen. Hier habe ich inzwischen an meiner Geschichte wacker fortgebrudt und fortgeschrieben, weiß aber noch immer nicht, ob ich ben zweiten Band, wie ich möchte, bis an das Ende des peloponnesischen Krieges führen kann. Geschieht dies nicht, so wird es schwer, das ganze Werk in drei Bänden zu vollenden, was ich doch sehr wünschte.

Mit Sauppe wird mein Verhältniß immer näher und erfreulicher, und es war mir eine rechte Freude, daß er mich neulich in sehr herzlicher Weise einlud, bei seinem jüngst geborenen Mädchen Gevatter zu stehen.

Unseren geselligen Pflichten nachzukommen, ist nicht ganz leicht. Denn eine Menge von Studiosen ist uns empfohlen, während man doch gern die einmal Bekannten hegt und pflegt und Scheu trägt vor ganz unfruchtbaren Beziehungen.

An denselben.

20. Juli 1860.

Meine Juniusrede*) wurde von Einzelnen als eine Tendenzrede aufgefaßt, aber von den Vernünftigeren nicht. Auch würde ich es mir nie verzeihen, wenn ich den Katheder der akademischen Aula zu einer politischen Tribüne machte und wohlfeilen Liberalismus triebe. Wenn aber die Thatsachen der Geschichte treffen, so ist kein Grund vorhanden, sie deshalb zu verschweigen oder ihre Schärfe abzustumpfen, weil sie Diesen oder Jenen verletzen können.

Mit Emanuel Geibel nach zehnjähriger Trennung wieder einige Tage vereinigt zu sein, war mir eine große Freude. Er war herzlicher, unveränderter, frischer, als ich erwartet hatte. Leider ist er aber doch im Grunde siech und muß fortwährend mediciniren. So sind seinem Pegasus die Flügel gebunden, und er kommt nicht leicht zur Ausführung größerer Werke, zu denen er vielversprechende Entwürfe gemacht hat. Die ungeheuere Leichtigkeit, mit der er Kleinigkeiten producirt, hindert ihn an Größerem, obgleich er auch in lyrischen Gedichten mitunter tief gegriffen hat. Ich suchte ihm recht deutlich zu machen, wie die Poesie, wenn sie eine Macht bleiben solle im Reiche der Geister, den Gedankenstoff, den die Wissenschaft ans Licht gefördert hat, kräftiger sich aneignen und nicht blos damit spielend und tändelnd darüber hingleiten dürfe. Wir haben ihn mehrmals in Gesellschaft bei uns gehabt mit jungem Volk.

Gestern hatte ich aus Wildbad einen Brief des Prinzregenten, der mir ganz außerordentlich gefallen hat. Er charakterisirt darin kurz sein ganzes Regierungsprogramm, spricht bescheiden aber zuversichtlich von dem „kleinen Siege, den er in Baden gewonnen"**) habe, obwohl bei dem bekannten Charakter des „momentanen Herr-

---

*) Die Bedingungen eines glücklichen Staatslebens. Alterthum und Gegenwart Bd. I, S. 301.

**) Im Juni 1860 hatte der Prinz-Regent in Baden-Baden den Besuch Napoleons empfangen.

schers in Frankreich" eine eigentliche Sicherheit nicht vorhanden
sein könne.

von Bethmann-Hollweg.

Berlin, 22. Juli 1860.

Nehmen Sie in Erwiderung Ihrer gefälligen Zeilen vom
22. v. Mts. meinen herzlichen Dank für das schöne Geschenk Ihrer
diesjährigen Preisvertheilungsrede, die mich ebensowohl durch
ihren Inhalt wie als Zeichen Ihres freundlichen Andenkens erfreut hat. Sie sind ein doppelt glücklicher Mann, einmal weil
Ihr Beruf Sie den Blick auf ideale, nur einmal in der Weltgeschichte
dagewesene Zustände heften läßt, und sodann, weil Sie von jenem
Zauberland ein Licht mitbringen, das auch die eiserne Gegenwart
vergoldet. Uns andere armen Menschenkinder, die im täglichen
Kampfe mit den kleinen Erbärmlichkeiten der Letzteren stehen, be-
schleicht leicht der Zweifel, ob denn nicht auch damals dergleichen
gewaltet habe. Aber eben diese Betrachtung kann auch zu der Ueberzeugung führen, daß unserer Zeit das Ideale nicht fehle und daß
es die Aufgabe sei, daran Auge und Herz immer von neuem zu
erquicken, den Arm zur rastlosen Arbeit auf Hoffnung zu stärken.
In der Gemeinschaft dieser Ueberzeugung und aufrichtiger Hochachtung   Bethmann-Hollweg.

Ernst Curtius an den Bruder.

Göttingen, 19. August 1860.

... Ich bin in meiner Arbeit jetzt bis zum Hermokopiden-
Skandale angelangt und suche die Masse des Stoffes, so gut es
geht, zu bewältigen, um bis Mitte September den sicilischen Feldzug zu Ende zu haben. Dann bleibt nur noch der bekeleische Krieg
übrig, und ich hoffe, daß ich bis Jahreswende mit dem bis gegen
50 Bogen anwachsenden Bande fertig werde. Für Berlin*) bin
ich zum Delegirten der Universität erwählt.

An Johannes Brandis.

Berlin, 19. Oktober 1860.

Sehr bedauert habe ich, daß die Prinzessin von Preußen nicht
hier war. Ich bitte Dich, ihr meine Ehrerbietung auszusprechen
und ihr zugleich zu sagen, was ich ihr geschrieben haben würde,

---

*) Jubelfeier der Universität.

wenn ich nicht gefürchtet hätte, zudringlich zu erscheinen, daß die
Betheiligung des Prinzregenten an dem Universitätsfeste von der
Art gewesen sei, daß sie auf alle, namentlich auf die auswärtigen
Festgäste nicht blos den günstigsten, sondern auch einen wahrhaft
erhebenden und begeisternden Eindruck gemacht hat. Ich kann aus
vollem Herzen bezeugen, daß die Anrede des Regenten an die Abgeordneten der deutschen Universitäten das Gelungenste von Allem
war. Man hatte überhaupt den Eindruck von einem Staate, in
welchem Fürst und Volk zusammenstehen und in welchem alle Bedingungen einer stetig wachsenden Größe vorhanden sind, einen
Eindruck, wie er begreiflicher Weise in diesem Augenblick nur in
Berlin gewonnen werden kann. Bitte, sage der Frau Prinzessin,
daß ich dabei nicht aus alter Anhänglichkeit übertreibe.

An den Prinzen Friedrich Wilhelm.

Berlin, 20. Oktober 1860.

Gestatten mir Ew. Königliche Hoheit, ehe ich Berlin verlasse,
mich durch diese Zeilen bei Ihnen zu beurlauben und Ihnen dankend
auszusprechen, wie glücklich es mich gemacht hat, an Ihrem diesjährigen Geburtstage Zeuge Ihres häuslichen Glückes zu sein und
mich von Ihrer treuen Gesinnung aufs neue überzeugt zu haben.
Gott erhalte Ew. Königlichen Hoheit, was Sie besitzen, und mehre
durch seinen Segen Ihr Lebensglück und gebe Ihnen reichliche
Kraft, um Ihrem hohen Berufe immer völliger entgegenzureifen!
Ihrem durchlauchtigsten Vater habe ich durch die Bitte um Ge-
währung einer Audienz nicht lästig fallen wollen. Mein Wunsch
war nur der, Ihm persönlich meinen Dank auszusprechen für den
inhaltsreichen und gnädigen Brief, mit dem er mich geehrt hat,
und für die Ansprache im Palais, welche auf alle Mitglieder
hiesiger und auswärtiger Universitäten den tiefsten Eindruck gemacht hat. Seien Sie, ich bitte Ew. Königliche Hoheit angelegent-
lichst darum, Derjenige, welcher dem durchlauchtigsten Regenten
meine Gefühle ausdrückt.

Zugleich ersuche ich Ew. Königliche·Hoheit, mir gnädigst mittheilen zu lassen, ob der Prinz-Regent sich geneigt gefunden hat,
jetzt oder vielmehr nach seiner Rückkehr von Warschau meinem
unterthänigsten Wunsche wegen des Akropoliswerkes zu willfahren.
Es handelt sich, wie gesagt, nur darum, daß Seine Königliche Hoheit

geruhen mögen, den Unterrichtsminister wissen zu lassen, daß er sich für das von dem Minister angeregte wissenschaftliche Werk interessire und von dessen glücklichem Fortgange bald in Kenntniß gesetzt zu werden wünsche. Die Sache besteht aber wesentlich in zwei Dingen, erstens in einer Reise nach Athen und zweitens in der Herausgabe des Kupferwerkes. Das Werk wird der Regierung des durchlauchtigsten Prinzen zur Ehre gereichen, und es muß bald ausgeführt werden, denn der Professor Bötticher ist schon in der Mitte der fünfziger Jahre. Er ist jetzt mit Zeichenstunden überhäuft, und es läßt sich nicht ermessen, wie lange er noch die Kraft haben wird, ein solches Werk auszuführen, zu dem er vor allen Anderen geeignet ist. Ich weiß, daß Ew. Königliche Hoheit sich keine Mühe verdrießen lassen, wo es sich um die Ehre des Staates und die Pflege der Wissenschaft und Kunst handelt. Darum darf ich auch nicht besorgen, Ihnen durch diese Angelegenheit lästig zu fallen.

Der Prinz-Regent wird sich erinnern, daß ich vor etwa fünf oder sechs Jahren die Ehre gehabt, ihm den Professor Bötticher als Künstler und Landwehrofficier vorzustellen, und daß er damals aus seiner Hand sein großes Werk über griechische Baukunst huldreich entgegennahm. Bötticher hat auch den badischen Feldzug unter Führung Sr. Königl. Hoheit mitgemacht.

An Lepsius.

Göttingen, 14. November 1860.

... Das Alltagsleben hat wieder sein volles Recht. Von dem, was neben den Hauptarbeiten abfällt, habe ich Ihnen neulich eine kleine Probe geschickt in der Recension über Ritters Kleinasien, wo ich die schwierige Aufgabe hatte, dem ehrwürdigen Manne seine volle Ehre zu geben und dabei doch zugleich hervorzuheben, was an seiner Methode mangelhaft ist, ein Punkt, über den man nicht im Klaren zu sein scheint, da man sich seit lange gewöhnt hat, Ritter unbedingt zu loben und zur Nachahmung zu empfehlen.

Ich weiß, daß Ihre Augen wie auch die meinigen in angstvoller Spannung nach Bonn gerichtet sind, wo ein großer, edler Geist sich von der Erde löst. Briefe von Camphausen schildern in höchst ergreifender Weise die Seelenruhe des schwer geprüften Mannes, welche die vielen Verdächtigungen seiner hämischen Feinde, die ihn, nach ihren engherzigen und pharisäischen Christenthumsbegriffen, nie als einen Christen gelten lassen wollten, zu Schanden macht. Gott möge ihm seinen Abschied von der Erde gnädig erleichtern!*)

Zu den amtlichen und wissenschaftlichen Pflichten kommen dieses Jahr mehr als sonst gesellige Leistungen, die auch Kraft in Anspruch nehmen. Besonderen Anlaß dazu geben die neuen Kollegen, welche nun in allen Häusern die Runde machen, Helfferich, Hanssens Nachfolger, und Wiesinger, unser neuerwählter zweiter Universitätsprediger. Ihre gemeinsame gleichzeitige Ankunft hat dadurch eine ganz besondere und seltene Bedeutung, daß die Frauen Schwestern sind, die nun hier an der Leine nach langer Trennung sich wiederfinden. Es sind Enkelinnen von Schubert und Nichten von Leopold Ranke, und dabei ungemein anmuthige, feingebildete Frauen, sodaß die ganze Georgia Augusta in Aufregung ist und in vollem Huldigungszeiser.

An Lepsius.

2. Januar 1861.

... Eben habe ich die Trauerkunde aus Sanssouci erhalten und flehe mit Ihnen zu Gott für das neue Regiment und den Mann, der in schwerer Stunde die Krone der Hohenzollern sich aufs Haupt setzt.

Der Kronprinz.

Berlin, 3. Februar 1861.

Mein lieber Curtius! Für Ihren freundlichen Brief, der in so wunderbarer Vereinigung Jahres- und Thronwechsel für unser Land glückwünschend bedachte, kommt hier ein verspäteter aber recht warmer Dank. Ihr Brief war der allererste, welcher mir unter meinem neuen Titel überbracht wurde, und Sie werden es mir glauben, daß es mich freute, gerade von dem leitenden Freunde meiner Jugendjahre in solchem Augenblick die ersten theilnehmenden Worte zu vernehmen. Meine Eltern, denen ich Ihre Segenswünsche mittheilte, freuten sich derselben und beauftragten mich, Ihnen zu danken. Sollten Sie bereits inzwischen auf anderem Wege jenen Dank erhalten haben, so haben Sie mit mir in diesem

---

*) Bunsen starb am 28. November 1860.

bewegten Augenblick Nachsicht. Wir haben während der eben abgelaufenen vier Wochen eine solche Reihe von gewaltigen Erlebnissen durchgemacht, daß ich glauben möchte, eine Jahresfrist
hinter mir zu haben. Trauer und Gemüthsbewegung wurden von
so mannigfachen, wohlthuenden, aufrichtenden und großartigen
Ereignissen unterbrochen, daß unwillkürlich diese Trauerzeit mir
erscheint, als sei sie durch die hohe Wichtigkeit dieses an sich schon
so ernsten Zeitabschnittes der europäischen Geschichte in den Hintergrund gedrängt.

Selten wohl haben sich so eigenthümliche Umstände um einen
neuen König geschaart, als wir es jetzt sehen. Drei Jahre schon
Regent des Landes, das trotz aller früheren Versehen engherziger
und kurzsichtiger Parteimänner zu einer weltgeschichtlichen Stellung
bestimmt ist, besaß mein Vater ein großes Maß von Vertrauen im
engeren wie im weiteren Vaterlande. Dasselbe zu rechtfertigen,
bot ihm der vergangene Sommer und Herbst hohe Gelegenheit, und
im Inlande wie im Auslande hochgeehrt und geachtet, besteigt er
einen Thron, auf welchem er in seinem reifen Mannesalter, ge-
läutert durch eine wunderbare Reihe von Erfahrungen, nicht erst
einer langen Schule von Versuchen und Prüfungen bedarf.
Preußens Heer, durch ihn zu dem umgebildet, was es in Wahrheit
sein muß und bisher nie vollständig genügend gewesen, kann getrost
den sich heranthürmenden Kriegsgewittern entgegensehen, wiewohl
ein langer Friede in seinen nachtheiligen Folgen gewiß zu empfinden sein wird. Rechtlichkeit, Ehrlichkeit und Gewissenhaftig-
keit, nicht durch bloße Redensarten angekündigt, sondern durch
jahrelange, mühevolle Versuche angestrebt, theilweise schon segen-
bringend eingeführt, beweisen seine Herrschertugenden, und Alles
dies von Männern unterstützt, die zwar menschlich fehlen, wie wir
Alle, aber das Gute, Rechte und Hohe wollen.

Diese Dinge scheinen mir Bürgen zu sein, daß wir, mögen auch
gewaltige Prüfungen kommen, dennoch einer bedeutungsvollen Zukunft entgegensehen dürfen und sollen.

Halten Sie mich nicht für einen geblendeten Hellseher, der sich
Illusionen macht. Ich verkenne keineswegs manche naheliegenden
Fehler und Schäden, aber mit solchen Vorsätzen, wie sie jetzt das
„Suum cuique" umgeben, werden wir auch jener Herr werden. Mich
also Ihnen gegenüber etwas gehen zu lassen, ist mir eine liebe,
alte Gewohnheit, die ich heute ein bischen fortsetze, haben Sie also

alte Nachsicht mit mir! Meine neue Stellung hat mich von der Trauerstunde, die meinem Vater die Krone auf das Haupt drückte, so lebhaft an meine heiligen Verpflichtungen gemahnt, wie die früheren reichen Hinweisungen auf meine Aufgabe noch nie zuvor. Es ist die Wirklichkeit ein ganz anderer Gewissenswecker, als die bloße Aussicht auf das „Dereinst".

Gott möge mir beistehen, mich als der würdige Sohn eines solchen Vaters zu benehmen und ihn in mir die Stütze finden zu lassen, die ich ihm so gern sein will. Mir kommt's vor, als sei ich im letzten Vierteljahr gereifter, klarer, auch vorurtheilsfreier geworden. Möge es also fortschreitend bleiben!

Für heute leben Sie wohl und gedenken Sie meiner — unser Aller recht viel in alter Anhänglichkeit und Fürbitte.

Meine Frau grüßt Sie, und ich sende den Ihrigen und Ihren Kindern meine herzlichsten Empfehlungen als, mein lieber Curtius, Ihr in alter, unveränderlicher Hingebung treu ergebener

Friedrich Wilhelm.

Königin Augusta.

Berlin, 27. Februar 1861.

Wenn ich Ihnen erst heute für den Beweis Ihres treuen Mitgefühls beim ernsten Wendepunkt unseres Schicksals herzlich danke, so liegt diese Verzögerung daran, daß ich Ihnen selbst schreiben wollte, daher mitten unter aufreibenden Pflichten aller Art den günstigen Moment erspähen mußte, der sich erst jetzt darbietet.

Sie wissen, wie frei von Täuschung ich hinsichtlich irdischer Größe bin, wie ernst ich die Aufgaben betrachte, wie wenig Reiz eine veränderte Stellung für mich haben muß, zu der ich die ausreichenden Kräfte vermisse. Sie können mithin am besten die Stimmung ermessen, in welcher ich mich seit dem Jahres- und Thronwechsel befinde und die durch allerlei Veranlassungen wohl noch gedrückter ist, als sie es sonst sein sollte, sobald es sich um eine von Gott gegebene und nach seinem Willen zu erfüllende Stellung handelt. Aber Sie wissen auch, wie dankbar ich jede Wohlthat empfinde, und so muß ich vor allem die wahren Fortschritte meines Sohnes und sein häusliches Glück mit Freude Ihnen erwähnen und mich des Einflusses dankbar erinnern, den Sie auf seine Erziehung ausgeübt haben. Dann blicke ich mit großer Genug-

thuung auf so viele Vorzüge, deren in unserem allgemeinen Vaterlande Preußen speciell theilhaftig ist, und setze mein ganzes Vertrauen hinsichtlich seiner Zukunft auf Gott. Bevor ich Ihnen noch
sage, wie wohlthuend Ihr Brief für mich war, will ich auch noch
dafür danken, daß Sie mir einen so tüchtigen Mann wie Brandis
empfohlen haben, dessen Werth mir jetzt doppelt fühlbar ist. Dann
muß ich Ihnen auch von dem Wiedersehen mit Ihrem Bruder
sprechen, das mich freute. Endlich aber liegt es mir am Herzen,
Ihnen und den Ihrigen für das neu begonnene Jahr alles Gute
zu wünschen, das Sie verdienen und an welchem ich stets aufrichtigen Theil nehme. Der König läßt Sie freundlich grüßen.
Nun aber noch meinen Dank für die Zeilen, in denen sich die Tiefe
Ihres Mitgefühls tröstend und ermuthigend aussprach und die ich
in ernster Zeit mit wahrer Gemüthsbewegung gelesen habe. Gott
helfe uns Allen jetzt und künftig! Meiner unwandelbaren Gesinnung halten Sie sich stets versichert!

Augusta.

Ernst Curtius an den Bruder.

Göttingen, 3. März 1861.

... Mir ist das Semester vorübergerauscht, da ich mit unserem
Doppelseminar, mit einem neuen Kolleg über griechische Numis-
matik und meinen anderen Arbeiten so viel zu thun hatte, daß ich
oft kaum durchzukommen wußte. Nun läuft man wieder in den
Hafen der Ferien ein, und ich bin wenigstens so weit, daß ich in
der ersten Hälfte derselben mein Buch fertig zu haben hoffen kann.
Am liebsten hätte ich unmittelbar nach Vollendung der Arbeit einen
größeren Ausflug gemacht. Das geht nun nicht. Ich will mich
freuen, wenn ich im April noch Zeit gewinne, auf einige Tage nach
Berlin zu kommen, wo ich allerlei zu thun habe. Der Kronprinz
will Bethmann-Hollweg beistehen, das Geld für eine griechische
Reise, an der Bötticher und ich Theil nehmen sollen, zu beschaffen.
Bis dahin habe ich nicht gedrängt, weil ich erst hier meine Arbeit
hinter mir haben wollte. Aber jetzt werde ich alle Mittel auf-
bieten, um den Zweck zu erreichen. Ich habe eine Reihe bestimmter
Punkte zur Untersuchung vorbereitet.

Die angestrengten Semesterarbeiten unterbrach ein kleiner Fast-
nachtsscherz, der sehr glücklich abgelaufen ist. Vom Elternhause
her gährt es immer in mir zu dieser Zeit, und da diesmal besonders

frische und talentvolle junge Leute da waren, so beschloß ich, diese
zur Darstellung eines Originallustspiels zu verwenden. In fünf
Tagen kam ohne Störung meiner Arbeiten zu meiner eigenen Ueberraschung das Lustspiel „Der Ruf" zu Stande, wurde in ebenso
kurzer Zeit eingeübt und bei trefflicher Musikbegleitung unter
Unterstützung des hiesigen Theaterdirektors, der die Kostüme lieferte,
zur größten Ueberraschung des Publikums in unserem Saale mit
bestem Erfolge aufgeführt. Es waren einige sechzig Personen als
Zuschauer da, und Alle sagten,· so etwas wäre in Göttingen noch
nicht dagewesen. Salamanca und Göttingen spielten von Anfang
bis zu Ende durch einander; hiesige Lächerlichkeiten waren auf
spanischen Boden verpflanzt, und eine ernstgehaltene parabasen-
artige Ansprache an das Publikum machte den Schluß. Die jungen
Leute spielten vortrefflich.

An den Kronprinzen.

20. Mai 1861.

Ew. Königlichen Hoheit lege ich hierbei den zweiten Theil
meiner griechischen Geschichte ehrfurchtsvoll zu Füßen und ersuche
Sie, denselben huldvoll entgegennehmen zu wollen. Wenn Sie
einen Blick hineinwerfen, so erinnert Ew. Königl. Hoheit vielleicht
Manches an vergangene Zeiten, da ich das Glück hatte, in Ihrer
Nähe zu weilen. Es ist aber auch der Inhalt an sich kein veralteter,
und für unsere deutschen Verhältnisse liegt mehr als eine ernste
Lehre in der griechischen. . . .

An den Bruder.

23. Mai 1861.

. . . Meine alte Geschichte wird mit großem Eifer gehört,
und mein Exegeticum über Juvenal und Persius ist ganz voll;
es ist dies also doch ein Kolleg, das gelesen werden muß, und ich
werde mich in den Satirikern heimisch zu machen suchen, nachdem
ich mich jetzt mit jugendlichem Leichtsinn ganz unvorbereitet hin-
eingestürzt habe und von der Hand in den Mund lebe. Persius
ist doch über die Gebühr herabgewürdigt, da ein wirklich poetisches
ingenium in ihm war, wenn auch nur ein bescheidener Funke zwischen
viel tobtem Aschenschutte, Juvenal aber ist eine kräftige Volks-
lehrnnatur, in dessen Donnerworten eine große Erhabenheit liegt.

Der alte Siebold,*) der Herausgeber und Uebersetzer des Juvenal, humpelt in jede meiner Vorlesungen, schreibt emsig nach, arbeitet ein Heft zu Hause aus und theilt mir jedes Bedenken mit. ...

Mein zweiter Band ist nun in dieser Woche ausgegeben worden; über die Hälfte der Doppel-Auflage ist, wie mir der Geschäftsführer der Weidmann'schen Buchhandlung schreibt, gleich fest bestellt worden. Ein gutes Stück meines Lebens ist damit abgeschlossen. Gott gebe, daß ich nicht vergeblich gearbeitet habe! Ich bin schon mit dem dritten Bande in meinen Gedanken viel beschäftigt, namentlich mit Sokrates und Platon, die im Anfange desselben ihren Platz finden müssen. Dann wird Demosthenes, wie ein zweiter Perikles, den Mittelpunkt des Bandes bilden.

An Sophie Wattenbach.

16. Juni 1861.

... Göttingen ist mir so lieb geworden, daß ich zittere vor dem Gedanken, es verlassen zu müssen. Es ist ja auch hier vieles Kleinliche und Verkümmerte. Aber das Leben reicht doch heran an das, was man sich von einem Menschenleben denkt. Man lebt in der Luft goldenster Freiheit, findet Verständniß und Anregung bei gleichgesinnten Männern, braucht nicht mehr, als unerläßlich ist, an die Lumpereien der Alltagswelt zu denken, steht mit allen Gauen des Vaterlandes in persönlicher Berührung und findet in ländlicher Umgebung ein Gegengewicht gegen die Federfuchserei. Die Kinder gedeihen. Ausgezeichnete junge Leute schließen sich warm und herzlich an — also was kann man anders thun, als Gott Morgens und Abends ansehen, daß es so bleibe und die Kraft nicht versage!

Der Kronprinz.

London, 2. Juli 1861.

Mein lieber Curtius! Zwei Zeilen nur zunächst des innigen Dankes für Ihr an uns Beide gesendetes neuestes Werk, in welches zu blicken uns leider vor unserer Abreise keine Zeit vergönnt war. Sobann aber sollen Sie aus dem anbei folgenden Schreiben**)

---

*) Siehe die Anmerkung auf Seite 473.
**) Ein an den Kronprinzen gerichtetes Schreiben des Ministers von Beth-mann-Hollweg, in welchem mitgetheilt wird, daß die Mittel für Unter-suchungen Bötticher's auf der Akropolis und für die Herausgabe eines Werkes darüber aus dem Dispositionsfonds bewilligt sind.

erſehen, daß enblich unſere Akropolis-Unternehmung zur Welt gebracht unb botirt worben iſt. Hoffentlich erwächſt hieraus balbigſt
eine wichtige Zuthat zu ben neueren archäologiſchen Forſchungen,
unb ein Scherflein mit beigetragen zu haben, gereicht zur wahren
Freube

            Ihrem treu ergebenen

                              Friedrich Wilhelm.

    Ernſt Curtius an ben Bruder.

                    Göttingen, 3. November 1861.

... Wir haben nun ſchon zwei volle Wochen geleſen, unb
meine Vorleſungen ſind in gutem Zuge, namentlich wirb meine
Kunſtgeſchichte mit rechtem Eiſer gehört. Im Seminar leſe ich
die Iphigenia Taurica, bie mich ſelbſt recht intereſſirt. Für ben
Stiftungstag der Societät, der im November geſeiert wirb, habe
ich eine Arbeit über die Weihgeſchenke der Griechen nach ben Perſer-
kriegen gemacht unb ſtecke jetzt wieder in der griechiſchen Geſchichte,
wo ich die Symptome bes Verfalls im Drama unb in der bilbenben
Kunſt behanbele unb, nachbem ich die Wirkungen der Sophiſtik
verfolgt habe, ben Kampf bes Sokrates gegen bieſe barſtelle. Ich
ſuche bis Jahresſchluß hier noch ſo viel wie möglich zu ſchaffen;
benn mit Beginn bes neuen Jahres wirb wohl die griechiſche Reiſe
ſchon meine Gebanken unb meine Thätigkeit in Anſpruch nehmen.

    Der Anklang, ben meine Vorträge über Kunſtgeſchichte finben,
erweckt in mir ein beſonbers lebhaftes Intereſſe für bies Gebiet
der Alterthumswiſſenſchaft. Da ſoll mir, ſo Gott will, bie Früh-
lingsreiſe rechten Nutzen gewähren.

    An Clara Curtius.

                Zum Geburtstage, 7. December 1861.

Nach der gemeinſamen Beſchäftigung mit Shakeſpeares Sonetten.

        Du hörteſt jüngſt bie herrlichen Sonette
        Aus jenes großen Dichterfürſten Munbe,
        Mit welchem alle Kräfte ſteh'n im Bunbe,
        Dem alle Geiſter bienen um bie Wette.

        Denn wie ein Strom aus tiefem Felſenbette,
        So quillt ſein Lieb unb ſenbet uns bie Kunbe
        Von ſeines Herzens Grunb unb beſſen Wunbe,
        Denn auch ein Herkules trägt ſeine Kette.

Die besten Lieder sind des Schmerzes Söhne,
Der kranken Muschel ist die Perle eigen,
Daß sich darin ihr stilles Weh verschöne.

Drum hab' ich nicht Sonette Dir zu zeigen,
Sei dessen froh, es sind nicht Friedenstöne,
Dem stillen Glück geziemet Dank und Schweigen.

An den Bruder.

13. Januar 1862.

... Der Aufenthalt in Berlin war im ganzen nicht sehr erbaulich und behaglich. Doch habe ich Manches gelernt, die griechischen Pläne festgestellt, den General von Moltke zur Beigabe eines
Generalstabsofficiers veranlaßt, und habe also meine Zeit nicht
verloren. In öffentlichen Dingen gewöhne ich mich allmählich,
Nichts mehr zu hoffen und Nichts zu fürchten, am wenigsten kann
man in diesem Augenblick voraussagen, was kommen wird. Der
König sagt, daß ihm nach den rothen Republikanern keine Leute
so verhaßt seien wie die Kreuzzeitungsleute, aber dennoch macht er
durch seine Angst vor Koncessionen den Ministern das Regieren
fast unmöglich. Die Minister selbst sind unter sich zerfallen. Bethmann-Hollweg war begeistert über den Ausfall der Wahlen, schalt
über die servile Nachgiebigkeit Patows in der Militärfrage, und
dabei gilt er selbst wieder für einen Reaktionär unter seinen
Kollegen. Ich war zweimal des Abends bei Hofe und sah dort
Bernstorff, Schleinitz, Auerswald, Patow u. A. Der Kronprinz
sieht die Dinge vollkommen klar an und beklagte nur, daß der
König selbst die Situation so furchtbar schwer mache. Ueberall ist
Verwirrung und Schwanken, nur die demokratische Partei handelt
klug und planmäßig, sie ist entschlossen, sehr gemäßigt aufzutreten,
um so Terrain zu gewinnen.

Ich bin jetzt sehr in Anspruch genommen, um erstens einen
Abschnitt meines dritten Bandes, den ich einmal in Angriff genommen, fertig zu machen, einige kleinere Arbeiten zu ab-
solviren, und dann zur Reise Alles fertig zu machen. Am
20. Februar denken wir in Wien zusammenzutreffen, außer Bötticher
und Strack noch zwei oder drei Architekten, dann der Major
von Strantz, der sich mir gestern in einem sehr freundlichen
Schreiben zur Disposition stellte, und Vischer aus Basel.*)

---

*) Wilhelm Vischer (1808—1874), Professor der griechischen Sprache
und Litteratur und Ratsherr zu Basel.

Einen ſehr netten Abend habe ich bei dem alten Böckh zugebracht, der an ſeinem Werke über das Sonnenjahr drucken läßt
und ſich über meine Beurtheilung des ſogenannten platäiſchen
Weihgeſchenkes eingehend und beifällig ausſprach.

An den Bruder.

Athen, 12. April 1862.

Ich bin nun ſchon ſeit Wochen in Athen, in denen ich viel erlebt
habe. Anfangs glaubten wir noch immer an die Möglichkeit, durch
die nach Athen vorrückende Inſurrektion verdrängt zu werden, und
hielten unſere Bündel geſchnürt. Indeſſen hat die jetzige Regierung
mit Energie die an vielen Orten ausbrechende Gährung gebändigt;
ſie hält ſich, ohne einen Sieg erfochten zu haben, der Ehre und
Gewinn brächte. Unſere Geſellſchaft wohnt in zwei Hôtels, die
größere Zahl hier im Hôtel de Byzance: Bötticher und ich, drei
junge Architekten, mein theurer Julius Schubring,*) der Major
von Strantz vom Generalſtabe, dem ſich wiederum ein junger
Officier angeſchloſſen hat, Herr von Ende. Im anderen Hôtel
wohnen Strack, Viſcher und ein junger Architekt. Gropius iſt ſchon
abgereiſt. Bötticher hat ſein Studium vorzugsweiſe der Burg
zugewendet. Das Erechtheion iſt bis auf den Felsboden ausgegraben, die Erechtheis freilich noch nicht gefunden, aber manches
Räthſel iſt gelöſt. Im Parthenon iſt der ganze Fußboden zum
erſten Male genau unterſucht. Die innere Säulenſtellung, die
Einfaſſung des Goldelfenbeinbildes, die Begrenzung der ver-
ſchiedenen Räume innerhalb der Cella, die Thüren des Opiſthodoms
ſind weſentlich klarer geworden; ebenſo die Aufſtellung des Kranz-
tiſches mit dem für die Athlotheten beſtimmten Stufenbau. Der
durch die Apſis der chriſtlichen Kirche verbaute Eingang des
Parthenon iſt zum erſten Male wieder freigelegt, und heute ſind
wir über die alte Schwelle feierlich in den Tempel eingezogen.
Der ganze Fußboden der Akropolis wird auf das genaueſte aufgenommen, alle bedeutenderen Reliefs werden abgeformt. In der
Unterſtadt hat Strack im Theater gegraben und eine wohl zu-
ſammenhängende Reihe alter Stufen gefunden in der Nähe der
Orcheſtra. Auf den vorderen Stufen hatte ſich an Ort und Stelle
ein Marmorſitz erhalten, ein Doppelſeſſel, ein Ehrenplatz, dem ſich

---

*) Jetzt Direktor des Catharineums in Lübeck.

vermuthlich andere anschließen. Ich habe meinerseits erstens die Terrassenmauer der sogenannten Pnyx aufgedeckt, dann die ganze Terrasse selbst durch Gräben näher erforscht, sobaß hoffentlich über die Bedeutung dieses merkwürdigsten und ältesten aller Bauwerke Athens neues Licht sich verbreiten wird. Zweitens habe ich den kühnen Gedanken gefaßt, den wirklichen Volksversammlungsplatz der Athener nachzuweisen, und habe zu diesem Zweck am Hügel des Museion verschiedene Gräben gezogen, die noch kein bestimmtes Resultat gegeben haben. Doch haben sie mich in meiner Annahme im allgemeinen auf eine sehr entschiedene Weise bestärkt. Drittens lasse ich einen unterirdischen Gang an der Munichia, den ich in meiner Dissertation zuerst beschrieben habe, eröffnen, um hier einem der größten Werke dieser Art auf die Spur zu kommen. Meine Hauptarbeit aber war die Untersuchung der Mauern, und da hat mir denn mein trefflicher und liebenswürdiger Major so gute Dienste geleistet, daß nun auf einem wesentlich verbesserten Plane von Athen das ganze System der Befestigung verzeichnet ist, Athen, lange Mauern und Häfen. Auch die Zahlenverhältnisse sind so wie sie sein sollen, sobaß in dieser Beziehung eine Menge Unsinn beseitigt und eine Reihe von Problemen hoffentlich definitiv erledigt ist. Außerdem ist das ganze Terrain von Athen wesentlich revidirt und wird ein ganz anderes Bild der alten Stadt gegeben werden können. Gleichzeitig habe ich eine Reihe von topographischen Fragen hier ernstlich vorgenommen und glaube mit wichtigen Punkten ins Klare gekommen zu sein.

Das sind unsere Hauptarbeiten. Daneben gibt es natürlich an einzelnen Kunstwerken, Inschriften, Münzen viel zu thun und zu lernen, und ich habe wohl in keiner Ferienzeit weniger Ferienmuße gehabt als in diesen Osterferien. Ausflüge habe ich bisher nur innerhalb Attika gemacht. Besonders interessant war der Ausflug nach Dekeleia, wovon wir zuerst eine Aufnahme mitbringen.

An den Bruder.

Göttingen, 25. Juni 1862.

... Ich lese meine alte Geographie achtstündig, dazu zum ersten Male Properz. Dazu kommt das doppelte Seminar mit Exegese des Quinctilian und des Hippolytos, sobaß ich die meisten Vormittage drei Stunden vortrage. Dergleichen greift mich körper-

lich nicht im mindesten an. Aber es bleiben meine eigenen Studien
liegen, und ich bin noch gar nicht zur Verarbeitung meines
Reisestoffes gekommen. Ich gehe jetzt daran, die Hauptergebnisse
topographischer Art in einer Societätsabhandlung zusammenzustellen und dann ein kleines Heft attischer Karten zur Herausgabe
vorzubereiten.

An denselben.

Göttingen, 30. September 1862.

... Wir zogen über Augsburg und Füssen nach Hohen-
schwangau, wo wir uns einmietheten, um daselbst längere Zeit zu
bleiben. Zwei Tage waren wundervoll. Wir machten kleine Fuß-
wege bis in Tirol hinein. Dann trat Nebel und Regen ein und
trieb uns aus den Bergen heraus. Wir brachten vier Tage in
München zu, schwelgten in den Sammlungen, genossen eine herrliche Aufführung des „Fidelio" und traten dann eine zweite Gebirgsreise an, über Salzburg, Berchtesgaden, Ramsau, Reichenhall,
Traunstein, eine Reise, die wir beim herrlichsten Wetter im offenen
Wagen und auf kleinen Wanderungen mit größtem Genusse zurück-
legten. Es ist wohl kaum möglich, in wenigen Tagen so viel
Herrliches zu sehen, wie in diesem Berglande. Auch die Salzwerke
haben wir befahren und über und unter der Erde reichen Genuß
gehabt. In München brachten wir dann noch fünf Tage zu, verkehrten mit Kaulbachs, Louis Ascher und anderen Künstlern,
suchten uns die Schätze der Glyptothek und Pinakothek recht anzueignen, fuhren dann nach Regensburg, wo der Dom sowohl wie
die Walhalla meine Erwartungen weit überstiegen. Dann besahen
wir uns noch Nürnberg und Coburg und kehrten gestern von Eisenach
hierher zurück.

An denselben.

14. Oktober 1862.

... Höchst interessant waren mir Deine Mittheilungen aus
Berlin. Du kannst denken, daß mir die Dinge durch den Kopf
gehen!

Du scheinst mir die Verhältnisse in sehr rosigem Lichte zu sehen,
indem Du nach den Eindrücken, die Du im Abgeordnetenhause
erhalten hast, annimmst, daß der Widerstand gegen die Forderungen

der zweiten Kammer bald gebrochen, das Ministerium Bismarck beseitigt und die Ausgleichung zwischen Krone und Parlament erreicht sein würde. Ich kann daran nicht glauben. Zu gewaltige Mächte stehen einem loyalen Konstitutionalismus entgegen. Da kann nur eine allmähliche und gelinde Ausgleichung stattfinden, oder es gibt furchtbare Kämpfe. Die Kammer hat das Hohenzollernsche Königthum an seiner empfindlichsten Stelle, in seiner kriegsherrlichen Eigenschaft, zu beugen versucht. Das konnte nicht gelingen. Darüber konnte Niemand, der die faktischen Verhältnisse einigermaßen kennt, im Zweifel sein. Die Kammer hat die leidige Erbschaft ihrer Vorgängerin, das unselige Kompromiß mit seinen nothwendigen Konsequenzen, nicht übernehmen wollen. Sie war vollkommen im Rechte, aber dieser rücksichtslose Formalismus bringt die ganze Entwickelung Preußens auf lange Zeit, wie ich fürchte, in die bedenklichste Stockung, verleidet dem König seinen ehrlich gemeinten Anlauf zu verfassungstreuer Haltung, bringt den Gegensatz von Heer und Volk zur gefährlichsten Spannung, ruft bei Vielen, auch Unbefangenen, eine Abneigung gegen den Konstitutionalismus hervor und zwingt die Regierung in die gefährlichsten Bahnen hinein. Denn daß eine Rücknahme der neuen Organisation unmöglich sei, konnte Niemand verkennen. Eine in finanzieller Beziehung bessere Organisation wäre gewiß allmählich zu erzielen. Aber sich die zweijährige Dienstzeit von Wortführern der Kammer oktrohiren zu lassen — dazu läßt sich ein preußischer König nun einmal nicht bereit finden, und so lange die Person des Königs der Hauptfaktor im Staatsleben ist, muß man diese, wie sie ist, mit in die Rechnung hereinziehen, die Forcen benutzen, die Schwächen schonen, um für das Ganze ein Resultat zu gewinnen. Nun ist für lange Zeit viel verdorben. . . .

Der Kronprinz.

Im Hafen von Genua, 7. December 1862.

Auf Ihren Brief zu meinem Geburtstag, den ich in Messina Anfang November erhielt, komme ich heute, lieber Curtius, Ihnen herzlich für Alles zu danken, was Sie mir sagten, und ebenso auch für die Art, mit welcher Sie der Gegenwart gedachten. Ich habe auf Ihre Betrachtungen Nichts zu erwidern, weil ich denen Nichts hinzuzufügen weiß.

Unsere schöne, in jeglicher Beziehung genußreiche und gelungene
Reise wird für unser ganzes Leben ein Freudenstrahl erster Größe
bleiben. Für die ernste Gegenwart wird sie aber aufheiternd auf
unsere sonst wahrlich sehr bekümmerten Gemüther wirken. Auch
wird der bevorstehende Winter sicherlich manche Stunde bringen,
wo wir Zerstreuung in Erinnerungen an Tunis, Malta, Neapel,
Rom und Florenz suchen werden.

Sie schreiben, daß Sie gern sich überzeugt hätten, wie die Ereignisse der letzten Zeit auf mein Gemüth gewirkt haben. Ich
kann aber nur einfach sagen, daß ich strebe, klar die Verhältnisse
anzuschauen, vorurtheilsfrei selbige zu beurtheilen und frei von
Parteileidenschaft meiner Ueberzeugung treu zu bleiben. Zurückhaltend im äußeren und auch im inneren Leben, werde ich mehr
schweigen müssen, als früher, außer, wenn ich Gefahren erblicke,
die dadurch erwachsen, daß man sie mit falschen Mitteln zu verscheuchen sucht, wodurch selbige erst geboren werden.

Sie werden mich wohl in diesem scheinbaren Satzlabyrinthe
verstehen, welches ich auf diesem Wege nicht durch eingehende Fäden
zu erschließen wage. Man fehlt aber so vielfach bei uns unter den
besten Beamten in dem ungeschickten Unternehmen einer wichtigen
Sache, daß ich auch für die Zukunft auf keine andere Praxis rechne.

Von Ihren Bekannten und Kollegen sah ich in Rom Henzen,
Brunn, Rossi und den Sohn des „kleinen“ Pindter. Neu war für
mich in der ewigen Stadt die großartige Anlage der französischen
Regierung in der Ausgrabung der Cäsarenpaläste, wo der Architekt
Rosa sich große Verdienste um die Archäologie zu erwerben im
Begriffe steht. Ferner interessirten uns die seit zwei Jahren erst
an der Via Latina entdeckten jüdischen Katakomben und eine ganz
alte christliche Kirche großartigen Basilikastils, tief unter S. Clemente in der Erde stehend, ohnweit S. Giovanni in Laterano. Hierdurch ist S. Clemente verjüngt, welches sonst als älteste Basilika
verehrt wurde. Von dem Entzücken, die alten Bekannten in allen
Städten und Gegenden Italiens wiederzusehen und namentlich
dieselben meiner Frau zeigen zu können, sage ich hier Nichts; wir
müssen uns darüber sprechen! Nun leben Sie wohl, lieber Curtius,
mit herzlichen Grüßen von meiner Frau, wie immer Ihr aufrichtig
treu ergebener

Friedrich Wilhelm.

Ernst Curtius an Richard Lepsius.

21. December 1862.

... Ich habe viel Noth, die Früchte unserer Frühjahrsexpedition, so weit sie in mein Gebiet einschlagen, einzuführen. Doch wird es gelingen, einiges Dauernde zu Stande zu bringen, und nächstens hoffe ich, Ihnen die Erstlinge einsenden zu können. Die Abgüsse aus Athen müssen längst alle in Berlin sein. ...

Der jetzige Enthusiasmus der Griechen für England ist doch eine der fabelhaftesten Erscheinungen. Denn keine Regierung hat den Griechen immer solche Verachtung und Mißgunst gezeigt, wie die englische, keine hat sie so bestohlen. Jetzt wieder um den Löwen von Chaironeia, wenn die Zeitungen nicht lügen. Der jetzigen „Großmuth" wird es auch nicht an Hintergedanken fehlen, welche bald zu Tage treten werden. Ich habe bis dahin einen stillen und trüben Winter verlebt, da meine Frau seit zwei Monaten leidend ist. ... Lasse Gott Ihnen und uns Allen ein helleres Neujahr tagen, auf daß wir wieder freier aufathmen können und fröhlicher in die Zukunft blicken mögen!

An denselben.

17. Januar 1863.

... Ihre freundschaftlichen Andeutungen wegen meiner Rückkehr nach Berlin machen in diesem Augenblick einen eigenthümlichen Eindruck. Wer möchte jetzt, wenn er nicht zum Handeln berufen ist, einen neutralen und so heimlichen Boden, wie unser Göttingen ist, mit Berlin vertauschen! Als Professor kann man wirklich nirgends besser sein, denn Göttingen ist doch einmal, nach menschlichem Maßstabe, ein kräftiges, blühendes und gesundes Ganzes, und es ist eine tägliche Freude, sich als Glied desselben zu fühlen. Das stärkt und erhebt auch. Es ist also nicht bloßer Eigennutz, wenn man nicht weg will. Stille, arbeitsame Semester und anregende Ferienreisen, das ist die Losung eines gesegneten Professorenlebens. Was mich, von meinen Freunden abgesehen, am meisten nach Berlin ziehen würde, das wäre das Museum und die Hoffnung, in Verbindung mit diesem etwas dafür thun zu können, daß in Preußen für eine würdige Pflege der Kunst mehr geschehe. In Ihren Andeutungen erkenne ich aber einen neuen Beweis Ihrer alten, treuen, unveränderten Freundschaft, die mein Stolz und meine Freude ist.

An ben Bruber.

3. April 1863.

Es war mir ein brüberliches Bebürfniß, Dich in Deiner neuen Heimath*) zu sehen, und ich kann Gott nicht genug bafür banken, baß ich Dich so gefunden habe, so rüstig und kräftig, und in einer im ganzen so günstigen Lage. Gott erhalte es so! Es war mir so wohlthuend, in Dein ganzes Treiben wieder einmal einen Blick zu thun und die Umgebung von Häusern und Menschen kennen zu lernen, zwischen benen Du lebst. Das ist boch, Gott sei Dank, noch immer der beste Trost, ben man sich verschaffen kann, wenn man am Vaterlande zagt, baß man hinausgeht und Land und Leute sich ansieht und sich von bem geistigen Leben, bas noch vorhanden ist, überzeugt. Auf ben grauen Zeitungsbögen erhält man immer ein verzerrtes Bild der Gegenwart. Da erscheinen augenblickliche Uebelstände in unverhältnißmäßiger Bedeutung, ba erscheinen alle Skandale vereinigt, und nur die Mißtöne machen sich hörbar. So habe ich mich auch in Leipzig von bem vielen Guten, von bem für gewöhnlich nicht die Rebe ist, und bas boch bas Grundkapital bes Vaterlandes ist, wieder überzeugt. Gegen Berlin war der Leipziger Aufenthalt ein ländliches Ibyll. Wiber meinen Willen wurde ich gleich in die höfischen Geburtstagsfeierlichkeiten hineingezogen. Es war eine Zeit voll Strapazen. Mehrmals kam ich erst um 2 Uhr nach der Benblerstraße wieder heraus. Ich habe hier erst ordentlich wieder ausgeschlafen.

Du kannst Dir benken, baß ich Menschen und Dinge beobachtet habe. Merkwürdig, wie man in Berlin selbst unwillkürlich ruhiger wird. Man sieht, wie die Minister und Geheimräthe sich ihres Lebens freuen, und anberseits auch die Abgeordneten, welche am nächsten Tage den Untergang bes Staates in Aussicht stellen. Ich war mit Sybel zusammen und mit Graf Eulenburg. In unserer Graeca saßen Georg von Bunsen, der eifrige Fortschrittsmann, und Bismarcks Generalsekretär, Herr von Thile, neben einander und interpretirten Aeschylos' Eumeniden. Der König ließ sich die parlamentarischen Einrichtungen der Pnyx auseinandersetzen, während der Kronprinz mir die vergeblichen Bemühungen Bismarcks und Eulenburgs schilberte, seiner Zustimmung gewiß zu werden, weil,

---

*) Leipzig.

wie sie sagten, ihr Werk keine Aufgabe weniger Monde sei, sondern u. s. w.

So habe ich mitten im Treiben der Geschichte gestanden, und da gewinnt man als unparteiischer Beobachter doch die Ueberzeugung, daß die Grundfesten des Staates noch nicht erschüttert sind.

An denselben.

19. Mai 1863.

Meine Kollegien machen mir Freude. Die Satiriker, die ich zum zweiten Male lese, ziehen, wie es scheint, die Leute an. Die alte Geschichte hat mir in ihrem orientalischen Theile wieder viel Mühe gemacht. Nach Pfingsten komme ich zu Griechenland, und da will ich denn diesmal die makedonische Zeit besonders vornehmen. Denn ich bin in der Ausarbeitung des 3. Bandes gerade bis zur Schlacht von Mantinea gekommen und werde mich nun mit ganzem Eifer der Demosthenischen Zeit hingeben. Ich hoffe bis Ostern das Schlachtfeld von Chaironeia zu erreichen. Dann ist die Hauptsache fertig. Besonders schwierig ist die Behandlung des kulturhistorischen und litterarhistorischen Stoffes, welcher immer mehr Beachtung verlangt, je mehr das eigentliche politische Leben an Interesse verliert. Der trübe Eindruck des politischen Zerfalles kann nur dadurch gemildert werden, daß man das unsterbliche Theil, welches sich aus der zerbrechenden Form des äußeren Lebens frei macht, recht zur Geltung kommen läßt. Aber wie schwer ist es z. B., Plato auf wenig Seiten so zu behandeln, daß man nicht im Allgemeinsten und Abgedroschensten hängen bleibt. Nun, auf jeden Fall gewährt dieser Theil der Arbeit einen reichen Genuß, und ich denke gleich an Plato und die gleichzeitigen geistigen Bewegungen heranzugehen und dann erst Demosthenes vorzunehmen, damit seine ethische Größe recht hervortrete. Die anderen großen Geister geben den Staat auf und leben den Idealen. Er hat den heroischen Muth, es noch einmal mit den Athenern zu versuchen. Das Urtheil über ihn recht festzustellen, ist noch immer eine bringende Aufgabe. Man muß nur lesen, wie Sprengel neuerdings wieder den großen Mann abgekanzelt und ihn als einen kurzsichtigen Kleinstädter charakterisirt hat.

Ich bin ganz erfüllt von Hebbels poetischer Größe, die uns in seinen Nibelungen entgegentritt. Man kennt die alten Sagen alle, und doch tritt einem Alles neu entgegen. Es ist die Sprache

der Gegenwart, und doch lebt die heroische Vorzeit vor Einem auf.
Es ist etwas Aeschyleisches in dieser Behandlung des epischen
Stoffes.

Der Kronprinz.

Putbus, 26. Juli 1863.

Meinen besten Dank für die vor wenigen Tagen erhaltene
neueste Schöpfung Ihrer eloquentia*) sende ich Ihnen aus einem
Insularlandestheile Preußens, den Sie mit mir zusammen kennen
lernten, als ich 1845 die See zum ersten Male sah und mir auch
Ihre hanseatische Heimath bekannt wurde. Wie harmonisch lag
damals die Welt vor meinen Augen, und welch einen Gegensatz
bietet in diesem Augenblick meine Stellung zu derjenigen, die ich
noch inne hatte, als Sie zu Ostern mich besuchten.

Von Ihrer Theilnahme bin ich nach wie vor überzeugt und
hoffe auch, daß Sie verstehen werden, wie weit es — wenigstens
nach meiner Auffassung der Dinge — kommen mußte, ehe ich
handelnd redete, wie ich es vor vier Wochen gethan.**) Ich habe
mir nun einmal meinen Standpunkt in unserer parlamentarischen
Zeit klar zu machen gesucht, und wiewohl ich der Letzte bin, der
schablonenmäßig die Verhältnisse anderer Staaten auf den
unsrigen übertragen will, ohne seine Eigenthümlichkeit gelten zu
lassen, so gibt es doch gewisse allgemeine, gleichgeltende Grundsätze,
von denen nicht abgewichen werden darf. So finde ich, daß unsere
Verfassung leicht zu verstehen ist und keiner Paragraphen-Um-
schreibung oder Deutung bedarf, um der Regierung Macht und
Würde zu belassen. Klugheit und rechtzeitiges Verständniß, um
durch zeitgemäßes Nachgeben große Lebensfragen durchzuführen, ist
das, was unseren Staatsmännern fehlt. Sähe mein Herr Vater
sich mit Männern umgeben, die ihn von diesem Standpunkt aus
beriethen und ihm die Dinge vorhielten, wie sie bei uns wirklich
stehen, so würde Alles leichter und besser gehen. Aber jetzt ist das
Losungswort „revolutionäre Umsturzzeit", und „Demokrat" heißt
ziemlich Jeder, der nicht lobt, was die Regierung thut. Wohin das
uns führt, weiß Gott allein, mir steht der Verstand still. Doch

---

*) Die Rede über „Die Freundschaft im Alterthume". Alterthum
und Gegenwart Bd. I, S. 183.
**) Bei der Begrüßung durch die städtischen Behörden in Danzig am
5. Mai 1863. Siehe Margarethe von Poschinger. Kaiser Friedrich Bd. II,
S. 17 ff.

haben bei uns stets die Zeiten ernster Prüfungen den Staat ge-
läutert und unser Vaterland alsbann zu einer besonderen nationalen
Glanzperiode gebracht. Gott gebe, daß dem auch jetzt so sei!

In diesem Sinne deutet der Schlußsatz Ihrer Freundschafts-
rede schwungvoll und wahr auf die Zeitverhältnisse hin und gefällt
mir ebenso gut wie auch die Hinweisung auf die Luft der Freiheit,
der Gemeinsamkeit und des Wetteifers, der nach althellenischer
Weise unsere Hochschulen beleben soll. Innigen Dank für diese
Worte in dieser Zeit! Leben Sie herzlichst wohl und seien Sie der
alten Anhänglichkeit und Freundschaft versichert

Ihres treu ergebenen

Friedrich Wilhelm.

An den Bruder.

Lübeck, 20. September 1863.

... Ueber vier Wochen haben wir auf der Nordseeinsel*) gesessen, mehr als wünschenswerth von Regen und Sturm umtost,
aber doch fast täglich erquickt durch Bad und Luft. Whyk ist
ein ungemein behaglicher Aufenthalt, man hat die Nordsee mit
ihrem ganzen Salzgehalt, aber ohne ihr volles Ungestüm, und
daher kann man so unmittelbar und vertraulich an ihr wohnen.
Zugleich hat man ein prächtiges Inselland mit stattlichen Dörfern
und Kirchen, ausgestattet mit allen Schätzen eines gesegneten
Binnenlandes, mit Bäumen und Gärten, und bewohnt von einem
schönen und wackeren Menschenstamme, der in seiner Sauberkeit
sehr an die Holländer erinnert, ohne deren langweiliges Phlegma
zu besitzen. Wir hatten ein paar sehr behagliche Stuben, und ich
habe täglich mein Stückchen gearbeitet, sodaß meine geschichtliche
Arbeit in dieser Zeit, da ich mich ihr ganz hingeben konnte, doch
gefördert worden ist. Im ganzen war unser Leben dort wie es
sein sollte, still und gleichförmig. Die interessanteste Unterbrechung
war ein Besuch der Hallig Langenees, wo ich in wenig Stunden
viel Merkwürdiges gesehen und erlebt habe. Merkwürdig ist schon
die Art der Ankunft, wenn man, noch mitten im Meere befindlich,
ersucht wird, auszusteigen, und man dann die Stiefel unter die
Achseln nimmt, die Hosen bis über die Kniee aufkrempelt und so
erst durch Meereswellen, dann über den Schlick dem grünen Insel-

---

*) Föhr.

ftrande zupilgert, wo man sich niederläßt, um Toilette zu machen,
während die neugierigen Insulaner die fremden Ankömmlinge
beschauen.

Der Kronprinz.

Inverarah, 1. November 1863.

Mein Dank für die letzten Briefe, die ich von Ihnen, mein
lieber Curtius, erhielt, lautete immer ernst und mit der Gegenwart sehr beschäftigt. Auch dieses Mal komme ich in keiner heiteren
Stimmung zu Ihnen, für Ihre guten Wünsche zu meinem Geburtstage zu danken und aus voller Ueberzeugung mich Ihren Anschauungen über Preußens Lage anzuschließen.

Seit Abgang Ihres Briefes haben die Wahlergebnisse bei uns
ein neues politisches Stadium gebildet, das wohl Niemand eine
Ueberraschung sein konnte. Fast das Schlimmste des Schlimmen
ist das persönliche Eintreten des Königs in den Wahlkampf und
der glänzende Beweis des Mißlingens dieser nicht einmal zur
Manteuffelschen Blüthezeit erdachten Maßregel.

Bismarck hat mir in Gastein gesagt, falls ein neu zu wählendes
Abgeordnetenhaus nicht besser als das aufzulösende würde, sei der
Zeitpunkt gekommen, zu entscheiden, ob in Preußen parlamentarische
Zustände überhaupt beizubehalten wären, was nach seiner Ueberzeugung unmöglich sei. Was wird nun geschehen? Ich weiß es
nicht und suche mich zu verkriechen, wie ich nur kann, weil ich mit
Bismarck Nichts zu thun haben will und doch Alles vermeiden muß,
so lange es irgend geht, einen offenen Bruch mit der Regierung officiell darzuthun! Der König wird seinen Eid nie brechen,
aber es werden ihm wohl Maßregeln anempfohlen werden, die,
wie die Preßverordnungen, dem Scheine nach nicht wider die Verfassung laufen, und da können wir Hübsches erleben. Dennoch
kann Preußen nur aufgehalten werden, nicht aber von der Bahn
ganz abtreten, zu der es von der Vorsehung bestimmt ist, als Vorkämpfer des liberalen Princips Deutschlands Schicksale dereinst
zu leiten. Das ist meine Ueberzeugung.

Wir haben uns hier durch einen höchst angenehmen Aufenthalt
in den schönen Hochlanden zerstreut und reisen noch in denselben
herum. Ich schreibe vom Schlosse des Duke of Argyll, nahe der
Westküste, nicht sehr weit von Glasgow entfernt.

Wahrscheinlich werde ich nächster Tage nach Berlin citirt, um, falls Se. Majestät persönlich den Landtag eröffnet, anwesend sein zu müssen. Der Winter wird heiter werden.

Meine Frau grüßt Sie, und ich bleibe mit unveränderter, alter Anhänglichkeit

Ihr treu ergebener

Friedrich Wilhelm.

Ernst Curtius an den Bruder.

Göttingen, 3. November 1863.

... Meine Vorlesungen sind in gutem Gange: von 8—9 römische Staatsalterthümer, 12—1 Kunstgeschichte, Statius' Sylven im Seminar und dann noch Euripides im Proseminar. Dabei arbeite ich, was ich kann, an meiner Geschichte, laborire an leidigen Recensionen für die „Gelehrten Anzeigen" u. s. w. Bei alledem habe ich noch Sauppes Silberhochzeit nach Kräften verherrlicht. Gestern war der Polterabend. Ich habe ein Lustspiel „Der Sommers in Eleusis" in Scene gesetzt, das gestern in der Krone vor 100 Zuschauern aufgeführt wurde. Die Epheben-Inschriften sind dazu ausgebeutet worden, Herodes Atticus und Gellius spielen darin. Ich habe bei solchen Gelegenheiten an den Studenten Freude, an ihrem frischen Sinn und ihrer Bildsamkeit. Die Aufführung gelang wirklich über Erwarten.

Der Kronprinz.

Berlin, 10. December 1863.

Sie haben mir aus der Seele geredet, mein lieber Curtius, und von ganzem Herzen danke ich Ihnen, daß Sie mir der alten willkommenen Gewohnheit gemäß auch in diesem gewichtigen Augenblick geschrieben haben.

Bereits sehe ich den ersten, günstigen Zeitabschnitt als verloren an, indem Wochen vergingen, ehe man handelte. Die jetzt beschlossene Exekution wird schließlich, fürchte ich, mit der Einsetzung Christians IX. in den Herzogthümern enden, denn jenes Verfahren ist gegründet auf das scheußliche Londoner Protokoll, dessen Beibehaltungsverpflichtung Herr von Bismarck verkündet hat. Letzterer haßt die Augustenburger und kann von seinem Parteistandpunkte aus in dem lebhaft erwachten Nationalbewußtsein Deutschlands nur gefährliche revolutionäre Symptome wittern, die

man beschwichtigen muß. Deshalb sind wir langsam im Handeln
und werden so viel Zeit verlieren, bis die Großmächte in Kopenhagen zu gewissen Scheinconcessionen es bringen. Dann wird man
uns um des Friedens willen, aus Rücksicht für den lauernden
Napoleon, befehlen, daß dies genügt, und wir kehren in die lieblichen
Verhältnisse vor dem Tode Friedrichs VII. zurück. Nichts ist dann
erreicht, die Herzogthümer bleiben ein Heerd künftiger Unruhen in
der Politik, weil Christian IX. des Pöbels von Kopenhagen wegen
nie wird den Herzogthümern in deutscher Weise gerecht werden
können, und wenn dann eine neue Gelegenheit zur Hülfe bereinst
wieder auftaucht, so wird diese sich unter den verwickeltsten und
blutigsten Verhältnissen nur durchführen lassen.

Ich habe meine Ansichten schriftlich nach Berlin wiederholentlich
gesendet. Zu Weihnachten bin ich selber dort, aber Schrift und
Wort vermögen Nichts, und deshalb bin ich in England geblieben,
trotzdem Viele mich nach Berlin wünschten, weil ich eben Nichts
zu entscheiden habe. Höchstens hätte man meiner eventuellen Anwesenheit in Berlin noch den schädlichen Einfluß zu Ungunsten des
Augustenburgers nachgesagt. So stehen die Dinge nun einmal!

Gott gebe, daß ich mich irre! Ich werde der Erste sein, der
sich als falscher Rechner bekennt. Vorläufig haben wir abzuwarten
und die Hoffnung nicht aufzugeben, daß es besser werde, als wir's
vermuthen!

Ich lese die officiöse Norddeutsche Allgemeine, ferner die Volks-
zeitung und die Kreuzzeitung und die Kölner. Wenn die Berliner
Allgemeine Interessantes enthält, schickt Duncker mir dieselbe. Ihre
Empfehlung hinsichtlich der Weserzeitung will ich beherzigen. Nun
leben Sie wohl, grüßen Sie Ihre Frau und die Kinder und verzagen Sie ebenso wenig wie

Ihr treu ergebener

Friedrich Wilhelm.

Ernst Curtius an den Bruder.

Göttingen, 16. December 1863.

... Wer mag jetzt viel schreiben, da Einem das Herz so voll
ist und die Ereignisse sich drängen. Man fühlt, daß man an einem
Wendepunkte deutscher Geschichte steht. Es kann und wird noch viel
gesündigt werden, aber schmählich verlaufen kann doch diese mächtige
Bewegung nicht mehr. Das hoffe und glaube ich, und darum

erfreut mich diese Zeit, man freut sich wieder einmal, ein Deutscher zu sein, und so dunkel es jetzt noch ist, so wittert man doch Morgenluft, die Morgenluft eines neuen Tages, da es keinen Bundestag mehr gibt.

An den Bruder.

24. Januar 1864.

Ich suche dieses Quartal nach Kräften auszubeuten und arbeite, so rasch es geht, an meiner Geschichte fort, sodaß ich hoffe, mit Benutzung der nächsten Ferien Ostern einen wichtigen Abschnitt zurückgelegt zu haben. Das erste Durcharbeiten des Stoffes hat den Reiz, daß man dabei Vielerlei lernt und kursorisch durchließt, die zweite Durcharbeitung dagegen ist die eigentliche Gestaltung, und darin liegt für mich immer der größte Reiz, nachdem man den Gegenstand beherrscht, ihm nunmehr diejenige Gestalt abzugewinnen, in welcher er bleiben soll.

Vorgestern zogen die 180 Holsteiner an unserer Stadt vorüber. Halb Göttingen war auf dem Perron. Es wurden Reden gehalten, Toaste ausgebracht und dann brauste die Schaar weiter, die mit ihren kräftigen Gestalten, vollen Gesichtern und stattlichen Pelzen von nordalbingischem Wohlstande ein sehr günstiges Zeugniß ablegten. Wozu diese Monstredemonstration, das begreift man nicht. Alles um eine Audienz bei Herrn von Kübeck, der Nichts thun kann und will! Viel wichtiger wäre gewesen eine aus den konservativsten Elementen bestehende Deputation nach Berlin, um vor dem Könige persönlich Zeugniß abzulegen, daß die Bewegung keine demokratische sei. „Ach Gott vom Himmel, sieh' darein" — das muß man wirklich alle Stunden beten, es ist eine so grauenhafte Verwirrung, daß man gar nicht sieht, wie sich menschliche Klugheit hindurchfinden soll. Ich muß dabei immer an den Kronprinzen denken. Welche Aufgaben hat er, wenn er seinem wahren königlichen Berufe genügen und diese Parteien beschwichtigen soll!

An denselben.

Anfang April 1864.

Ich arbeite jetzt die philippische Zeit zum zweiten Male durch und besorge die Reinschrift. Damit werde ich hoffentlich in diesem Semester fertig und hoffe dann im nächsten den Druck zu beginnen.

Zugleich habe ich mir meine Junirede disponirt. Dann habe ich
auch schon den zweiten Theil meiner attischen Studien in Angriff
genommen und muß auch den Text für die attischen Karten
schreiben. Ein solches Vielerlei neben den Arbeiten für die Vorlesungen, Recensionen u. A. quält mich sehr, aber es sind lauter
Pflichten, denen ich mich nicht entziehen kann, und Gott wird mir
allmählich durchhelfen, daß ich noch einmal in meinem Leben zum
Genusse ruhigerer Muße gelange. Ich habe das viele Schreiben
eigentlich herzlich satt.

An denselben.

24. August 1864.

Ich arbeite still an meiner Geschichte fort und fülle jetzt die
Lücke aus, welche ich noch zwischen der Zeit des Epaminondas und
der des Demosthenes gelassen hatte. Es ist nicht leicht, diese
Zeiten zu behandeln. Es ist ein solches Gekrümel von kleinen
Thatsachen, die an sich keine historische Bedeutung haben. Sie
müssen nur zusammen ein Bild geben, um den Hintergrund zu
erkennen für die Thaten des Demosthenes. Nebenbei lese ich in
behaglicher Muße Mancherlei und beschäftige mich viel mit Scherzers
Darstellungen aus Oceanien, dem merkwürdigen Untergange der
Autochthonen in Neuseeland, mit Sybels geistvollen Vorträgen, mit
Paul Flemmings lateinischen Gedichten, die ein wunderbares
Spiegelbild seines abenteuernden Wanderlebens geben, mit Burck-
hardts „Kultur der Renaissance", welche, wie alle Burckhardtschen
Sachen, mir zu modern gepfeffert ist, aber in hohem Grade an-
regend und lehrreich.

Göttingen ist todtenstill. Die halbe Stadt ist krank, die andere
in der Genesung, d. h. in Wochen. Denn hier ist Alles so aufs
Semester eingeschult, daß die Frauen, um die Kollegien ihrer
Männer nicht zu stören, in den Ferien Kindbett halten. . . . Mir
ist so ein stilles Ferienleben himmlisch. Es ist der feinste Luxus,
den man treiben kann, wenn man in absoluter Freiheit (wie man
sie nie auf Reisen hat, wo man fast immer von Menschen der
untergeordnetsten Art abhängig ist) sich nur mit dem beschäftigt,
wozu man Lust hat, und in stiller Sammlung des Geistes mit Befriedigung in sich aufnimmt und wiederum gestaltet. Indessen
darf man sich nicht zu sehr verwöhnen. Es gibt so Manches, was
man in Göttingen nicht sehen, nicht kennen lernen kann. Und da

die wissenschaftliche Indolenz so groß ist, daß die Franzosen z. B.
gar nicht daran denken, von ihren reichen Erwerbungen alter Denkmäler auch nur ein Verzeichniß zu veröffentlichen, so ist es eine
Pflicht, wenn man jedes Jahr Kunstgeschichte liest, nach Paris zu
gehen, um sich zu überzeugen von dem, was da eingebracht
worden ist.

An denselben.

9. November 1864.

In Hannover*) fand ich manchen lieben Freund, namentlich
Bernays und Classen, und es war im ganzen so vieles Interessante
da, namentlich Brunn mit reichen Mappen, daß ich gern mich
hätte halten lassen. Doch trieb es mich weiter, und noch in der
Nacht nach dem Festmahle stieg ich in den Bahnzug, kam früh nach
Köln, sah dort Dom und Museum und aß bei Kruse, der beim
Gereon ein Haus gekauft hat. Den Abend kam ich nach Bonn, wo
ich fünf schöne Tage verlebte. Ritschl war ungemein frisch und
liebenswürdig. Bei Jahn lernte ich auch Wachsmuth kennen. Am
meisten Freude hatte ich an dem alten Brandis, welchen ich geistig
unverändert fand. Zweimal war ich bei dem alten Welcker und
plauderte sehr gemüthlich mit ihm. Er diktirt jetzt seine Memoiren
und lebt ganz in den Erinnerungen seiner Jugend. Dann reiste
ich mit Johannes und Bernhard Brandis nach Belgien, wo wir
Lüttich besahen und in Namur einen halben Tag zubrachten, indem
wir die schönen Maasufer bewanderten. Auf dem Bahnhofe trennten
wir uns, und ich fuhr an demselben Abend schon durch das
leuchtende Paris in mein Hôtel am linken Ufer, dem Louvre gegenüber mit herrlicher Aussicht auf halb Paris. Fünfzehn Tage habe
ich dort zugebracht und geschwelgt in den Schätzen der alten Kunst.
Bischer aus Basel kam gleich nach mir an, wir wohnten zusammen
und konnten uns Mancherlei gegenseitig erleichtern.

Ein Ausflug nach Paris ist für einen deutschen Stubengelehrten
eine sehr erspriesliche Unterbrechung seines gewöhnlichen Lebens.
Das Wetter war so köstlich, daß die Pariser Exkursionen wie die
wohlthätigste Fußwanderung wirkten, und abgesehen von dem
Studium der Antiken gewährte mir der Verkehr mit den dortigen
Gelehrten, bei denen ich durch einige Göttinger Schüler auch in
die Häuser eingeführt war, so namentlich mit Paulin Paris, Egger,

---

*) Bei der Philologenversammlung.

Beulé, Brunet de Presle, Maury, Longperier u. A., ein großes Interesse. Die jungen Gelehrten, deren topographische Arbeiten ich bekannt zu machen gesucht hatte, waren sehr aufmerksam, und ich mußte mir schließlich einen neuen Koffer anschaffen, um alle litterarischen Geschenke mitzuführen. Dann suchte ich auch die Stätten der evangelischen Mission auf und verkehrte mehrfach mit den trefflichen Männern, die an deren Spitze stehen, und so habe ich viele bleibende Eindrücke in mich aufgenommen, die mir wichtig sind. Man lebt so leicht, angenehm und gesund in Paris. . . .

Meine Kunstgeschichte wird wiederum auch von Theologen und Juristen gehört. Ich muß sie jetzt alle Winter lesen. Die griechischen Staatsalterthümer lese ich jetzt als Verfassungsgeschichte und habe darin, ich weiß nicht, ob dieser Metonomasie wegen, ungefähr die doppelte Zahl wie sonst. Soviel kann ich ganz zufrieden sein und habe nur darüber zu klagen, daß meine Arbeiten so langsam vorwärts schreiten. Ich muß Alles daran setzen, meine Arbeit über die Agora bis December fertig zu bringen und dann wieder für die Geschichte freie Hand zu haben.

Friedrich Gottlieb Welcker.

Bonn, 15. November 1864.

Mein theurer Freund! Ihnen zu schreiben hatte ich vor, als Sie mir für die letzten „Alten Denkmäler", obgleich sie ohne Brief zu Ihnen gelangt waren, gegen die hergebrachte Gewohnheit schriftlich gedankt und damit die herzlichsten Aeußerungen verbunden hatten. Ich kam in den nächsten Tagen nicht dazu, und wenn Hinausschieben eines Briefes, einer Arbeit bei mir immer gefährlich war, so ist es dies in meinem jetzigen Zustande doppelt, da mein Tag nur 4—5 Stunden hat, in denen alle Geschäfte, wovon schon die Zeitungen und die umlaufenden Zeitschriften einen guten Theil wegnehmen, zusammengedrängt werden müssen. Jetzt fühle ich einen neuen Drang, Ihnen zu schreiben. Es ist die Freude an dem 2. Theil Ihrer griechischen Geschichte, den ich noch nicht gelesen hatte, wie gar vieles Neue in den letzten mehr als britthalb Jahren, das mich reizen mußte. Selten hat mich ein Buch so sehr befriedigt, als dieses schöne Werk. Ich fing an mit der Perikleischen Zeit, welche so einzig dazu geeignet ist, zu zeigen, wie sehr viel durch die Verknüpfung der politischen und der Kunst- und

Kulturgeschichte im Geiste des Forschers gewonnen werden kann. Die, welche gegen diese Anschauung eiferten und behaupteten, daß man über citirte Textesstellen und eine hausbackene Logik nicht hinausgehen dürfe, Idee und Phantasie perhorrescirten, hätten durch ein so scharf gezeichnetes, kunstreiches Gemälde, das doch auf allen Punkten von anerkannter Wahrheit durchdrungen ist, praktisch überzeugt werden müssen von ihrem theoretischen Irrthum. Die Charakteristik der größten und so vieler auch nicht mittelmäßiger Männer scheint mir überall tief erfaßt und glücklich in kurzem Ausdruck anschaulich geschildert. Durch den Kontrast im Großen, z. B. des ionischen Geistes und des attischen, der ionischen Philosophen und des alten Glaubens und der religiösen Dichter, wie im Kleinen und Einzelnen wird sehr viel gewonnen. So viele Züge, welche die Geschichte der Künste wie die der poetischen Arten und Individualitäten aufnehmen wird, haben mich gar sehr erfreut. Als ich zu den Perserkriegen übergegangen war, wo ich weniger innerliche Theilnahme mir glaubte versprechen zu dürfen, fand ich mich nicht weniger erbaut durch die eindringlichen politischen Studien und Zusammenhang, Ordnung und Kombination. Ich kann Ihnen nicht weiter auseinandersetzen, wie sehr ich das Meisterliche und Belehrende dieses zeitgemäßen Buches im ersten Lesen zu erkennen und zu schätzen gelernt zu haben vermeine, zu dem ich auch noch zurückzukehren hoffe, obgleich die neue Reform, die sich in der evangelischen Theologie vorbereitet und womit sich Ideen über Uranfänge der Geisteskultur und die Sokratische und Kantische Philosophie so leicht verknüpfen, mich zu mehr Büchern, als denen ich gewachsen bin, hinzieht.

Ich hoffe, daß Ihr Aufenthalt in Paris und Ihre ganze Reise recht angenehm und fruchtbringend gewesen ist.

Leben Sie recht wohl und freuen Sie sich Ihrer Kräfte des Geistes und des Gemüths. Der Ihrige

J. G. Welcker.

Ernst Curtius an den Bruder.

Göttingen, 14. Januar 1865.

Ich blieb von Sonntag zu Sonntag in Berlin und mußte dann schleunigst heim. Ich machte mit Strack einen Plan der Agora von Athen, der jetzt gestochen wird. Ich war viel unter Leuten. Ich habe mit Mommsen, der besonders liebenswürdig war, mehr

als sonst verkehrt, auch mit Hercher, Kirchhoff, Gerhard u. A. Der
Hof nahm mich sehr in Anspruch. Ich war drei Abende nach
einander beim Könige, den ich niemals so heiter, milde und liebenswürdig fand. Der Kronprinz lud mich zu Tische ein, da er mich
aber fragte, ob ich nichts Anderes vorhätte, und ich ihm darauf
sagte, ich wäre bei Mommsen eingeladen, bat er mich, dieser Einladung zu folgen und nahm mich zur Kronprinzessin hinüber,
mit welcher und dem Prinzen Alfred wir dann eine Stunde ruhig
beim Frühstück saßen und in aller Gemüthlichkeit uns unterhielten.
... Er ist der annexionslustigen Volksstimmung gegenüber durchaus fest und erkennt es als das Ziel preußischer Politik, auf dem
Rechtsboden zu bleiben.

Es ist ein ganz anderes Leben in Berlin. Man fühlt, daß dort
der ganze Schwerpunkt deutscher Geschichte liegt, welche nach langer
Stagnation wieder vorwärts geht. Hier wird gehandelt, hier
werden große Ziele verfolgt, während überall sonst nur raisonnirt
und protestirt wird. Alle, auch die Exminister, auch die Mitglieder
der Opposition, erkennen den ungeheuren Fortschritt an, daß
Preußen wieder Macht hat und Machtbewußtsein. Es wird sich
zeigen, wie nun der innere Kampf verläuft. Die Opposition wird
nicht fortfahren, das zu verlangen, was rein unmöglich ist, oder
sie wird sich selbst und die Verfassung ruiniren. So dunkel noch
der Ausgang dieser Verwickelungen ist, so glaubt doch Alles an
die Zukunft Preußens, und dies Gefühl geht wie ein Lebenshauch
durch das Land und erfrischt Jeden, der in diese Athmosphäre tritt.
Die Freiheiten können zeitweilig verkümmert werden, eine dauernde
Einbuße auf diesem Gebiete ist nicht zu besorgen; aber die Gelegenheiten, Macht zu gewinnen, gehen oft rasch und unwiderbringlich
vorüber. In wie seltenen Momenten der Geschichte ist Beides
gleichzeitig in Blüthe gewesen, innere Freiheit und Macht nach
außen! Unter Perikles waren alle Volksrechte faktisch suspendirt,
und im freien England herrscht der Geldbeutel. Freuen wir uns,
daß wenigstens das Eine jetzt gewonnen ist, und die deutsche Geschichte aus träger Stagnation, aus einer unerträglichen Misere
kleinstaatlicher Eifersüchtelei in neue Bahnen gelenkt ist. Es wäre
Verblendung einer einseitigen Stimmungspolitik, die eminenten
Verdienste dieses Ministeriums in Abrede zu stellen. Es wird mit
einer Energie gearbeitet, es werden bestimmte Ziele mit einer
Geschicklichkeit und Zähigkeit verfolgt, welche die höchste An-

erkennung verlangen. Es wird immer, wenn auch nicht im national-
vereinlichen Sinne, deutsche Politik getrieben. Ich habe mit den
verschiedensten Oppositionsleuten gesprochen, sie müssen der Wahrheit die Ehre geben, die Erfolge anerkennen, gegen welche alle
früheren Minister beschämt zurücktreten müssen, und den mächtigen
Aufschwung, den der Staat in seinen auswärtigen Beziehungen,
Handel, Finanzen genommen hat.

Jetzt stecke ich wieder tief in meinen Universitätsarbeiten und
lasse an meinen attischen Studien drucken. Es kommt mir vor,
als wäre ich aus der Metropolis wieder auf das Land zurückgekehrt.

An Frau Ewald in Göttingen.

März 1865.

Mit Geibels Gedichten.

Von des Freundes Hand geführet
Tritt der Dichter bei Dir ein,
Laß ihn Dir willkommen sein,
Der schon oft Dein Herz gerühret.

Einer lieben Stadt entsprossen,
Nachbarkinder, früh gepaart,
Haben wir nach Knabenart
Unsre Jugend frisch genossen.

Und dann trug uns Kameraden
Eine Barke fern vom Haus
In das Mittelmeer hinaus
Zu Homeros' Felsgestaden.

Und in unvergess'nen Stunden
Haben wir bei Säulenpracht
Alter Zeiten Geistesmacht
Beide tief und ernst empfunden.

Aber während ich mich plage
Mit dem Schutt, der hoch und breit

Deckt die alte Herrlichkeit,
Und mit halbverklung'ner Sage,

Hat es ihm ein Gott gegeben,
Wie ein rechter Musensohn
Auf des Dichters Flügelthron
Ueber Stoff und Staub zu schweben.

Und so laß ich den Poeten,
Der seit früher Kinderzeit
Mir zu jedem Dienst bereit,
Heute mich bei Dir vertreten,

Der vom Engen und vom Kleinen,
Das die Menschenwelt bewegt,
Die befreite Seele trägt
Zu dem Schönen, Großen, Reinen.

Und wenn jemals mit Entzücken
Er Dir hold das Herz erweicht,
Denk' auch Dessen, welcher schweigt
Hinter seines Freundes Rücken.

Wiesbaden.*)

August 1865.

1.

Laß Deine warmen Ströme quellen,
O Mutter Erde, groß und gut,
Nimm mich mit Gunst in Deine Wellen,
Sieh! flehend nah' ich Deiner Fluth.

---

*) Nach einem Podagraanfalle im April 1865 brauchte Ernst Curtius
in den Universitätsferien die Kur in Wiesbaden.

Umhülle gnädig meine Glieder
Und gib durch Deine Wunderkraft
Mir zwei gesunde Beine wieder
Und frisch gebor'ne Lebenskraft.

Ich möcht' noch gern ein bischen reisen
Auf dieser schönen Gotteswelt,
Und Weib und Kind die Wunder weisen,
Die Gott hat um uns aufgestellt.

Noch möcht' ich edle Rosse tummeln,
Wie ich bis dahin gern gethan,
Und ein'ge Wochen harmlos bummeln,
Sobald die Ferien gehen an.

Auch brauch' ich noch zu manchem Werke,
Das ich begonnen, frischen Muth,
Drum gib die alte Jugendstärke,
Das nöth'ge Salz und rothes Blut.

Und endlich — sei mir nur nicht böse —
So schön die Berge mit dem Rhein,
Einmal genügt mir, drum erlöse
Mich gleich von aller meiner Pein.

Dann mach' ich's wie die alten Heiden
Und schicke Dir als Weihegruß —
Du sollst Dich an der Gabe weiden —
Von Marmor einen Vorderfuß.

Er wird hier jährlich abgeladen,
Sobald die Frühlingslüfte weh'n,
Und staunend zeigt man in Wiesbaden
Den neuen Weg: „der großen Zeh'n".

2.

Ach, wie rennen diese Leute
Durch einander nach Genuß,
Gestern dies und And'res heute,
Zu entgeh'n dem Ueberdruß.

Bieten Gold, um Glück zu kaufen,
Bieten ihre Seelenruh,
Jagen irren Blicks und lausen
Dem ersehnten Ziele zu.

Aber nicht wie Schmetterlinge,
Die um uns im Sonnenschein
Auf und ab mit bunter Schwinge
Gaukeln, hascht man Freude ein.

Freude ist die zarte Blüthe,
Die aus dunkeln Grunde sprießt,
Wenn sich tief in das Gemüthe
Gottes Gnadenstrom ergießt.

Freud' ist Friede, die dem armen
Menschenherzen Ruhe schenkt,
Freud' ist himmlisches Erbarmen,
Das sich in die Seele senkt,

Wenn sie durch die Wolkenmassen
Zu den Sonnen aufwärts steigt,
Erd' und Himmel sich umfassen,
Gott und Mensch zusammenneigt.

Dann ist neu der Bund besiegelt
Und das kranke Herz gesund,
Und die ew'ge Liebe spiegelt
Sich in seinem tiefsten Grund.

An Christian August Brandis.

Göttingen, 23. November 1865.

... Ich lese römische Verfassungsgeschichte, in der ich die Gedanken Niebuhrs, welche durch Mommsen u. A. immer unerbittlicher ausgesetzt werden, soweit sie auf einer tiefen Auffassung der staatlichen Dinge beruhen, festzuhalten und mir und Anderen neu zu begründen versuche. In meiner alten Kunstgeschichte habe ich die Freude, immer mehr auch Studenten anderer Fakultäten unter meinen Zuhörern zu sehen, und darum lese ich sie jetzt auch jeden Winter. Daneben arbeite ich in vollem Zuge am 3. Bande meiner Geschichte, der doch wohl in zwei Hälften erscheinen wird. Außerdem bin ich mit Vorbereitung der Herausgabe eines Atlas von Athen beschäftigt, die mir viele Noth macht, weil mich namentlich die Künstler, deren ich dabei bedarf, im Stiche lassen und ich hier in Göttingen mich in dieser Hinsicht sehr rathlos fühle. Gewiß treibt man immer zu Vielerlei, das fühle ich jahraus, jahrein, aber wie soll man das ändern!

An den Bruder.

15. December 1865.

Wir lesen jetzt Abend für Abend in aller Stille mit einander. Mit wahrer Wonne lesen wir die Odyssee in Jacobs' Uebersetzung; mich überrascht diesmal mehr als je der eigenthümliche Charakter, den das Gedicht annimmt von der Ankunft auf Ithaka an. Da beginnt eine ganz andere Durcharbeitung, seine Charakteristik, genauere Motivirung und eine dramatische Bewegung, welche auf einen Zielpunkt hingeht, ganz verschieden von jener loceren Abenteuerreihe, wo ohne Nachtheil einige Geschichten mehr oder weniger stehen könnten.

An den Kronprinzen.

3. Januar 1866.

Ew. Königliche Hoheit haben mich durch das gnädige Schreiben aus Windsor vom 20. November in hohem Grade beglückt. Ich denke in der That nie daran, auf eine Beantwortung meiner Briefe, die ich nach alter und lieber Gewohnheit an Ew. Königliche Hoheit zu schreiben pflege, irgend welchen Anspruch zu machen. Um so dankbarer erkenne ich Ihre Güte an, wenn ich ein sichtbares Zeichen von Ew. Königlichen Hoheit anhänglicher Gesinnung empfange.

Dieser letzte Brief ist mir aber ganz besonders theuer, weil ich darin die hohe, feste und edele Gesinnung erkenne, welche Ew. Königliche Hoheit beseelt, unbeirrt von der Stimmung der Umgebung und vom scheinbaren Glanze der Gegenwart. Auf Preußen ruht die ganze Zukunft des Vaterlandes. Preußen hat noch heute Alles in seiner Hand, aber es muß in sich einig sein, es muß innen und außen Recht und Gerechtigkeit gegen Unrecht und Willkür vertreten, es muß, wie des Königs Mund so wahr gesagt hat, moralische Eroberungen machen. Das ist ja Preußens unvergleichlich schöne Lage, daß es nicht wie Oesterreich auf eine selbstsüchtige Staatspolitik angewiesen ist, sondern daß es alle edelsten Güter des deutschen Volkes zu vertreten hat und dadurch selbst groß und stark wird. Trotz allen Waffenruhmes bleibt Preußen dennoch schwach und gefährdet, wenn es von einer Partei regiert wird, welcher das Recht gleichgültig und die zu Recht bestehende Ordnung verhaßt ist.

Gott erhalte Ew. Königlichen Hoheit den frohen und festen Muth allen Schwierigkeiten gegenüber! „Dem Aufrichtigen läßt es Gott gelingen", das sei Ihr Panier!

Können Ew. Königliche Hoheit Etwas thun, um die, wie es scheint, etwas faule „Nymphe" im Piräus zu wissenschaftlicher Thätigkeit anzutreiben, so würden mit mir viele Alterthumsfreunde dafür die größte Dankbarkeit empfinden. Ich denke doch, daß es Preußen wohl geziemte, auch seine Marine für wissenschaftliche Zwecke zu verwerthen. England und Frankreich sind unablässig thätig in dieser Beziehung. Der jetzige Kriegs- und Marine-Minister, der selbst ein gelehrter Geograph ist, sollte doch dafür Interesse haben.

An den Bruder.

23. Juni 1866.

Seit gestern sind wir wieder mit der übrigen Welt in Verbindung.

König Georg hatte am 14. abstimmen lassen, ohne daran zu denken, daß Preußen diesen Beschluß übelnehmen könnte. Am 15. Abends kamen hier schon die Truppen und der König an. Die Koncentration der Armee ist hier vollzogen worden. Hier war Alles mit Truppen überladen, wir waren mit ihnen im Belagerungszustande, es drohte schon eine Theuerung auszubrechen.

Plötzlich beschloß man einen Rückzug über das Eichsfeld nach Thüringen. Es war ein merkwürdiger Anblick, wie der blinde König in der Mitte seiner Truppen Donnerstag früh die abenteuerliche Anabasis ins preußische Gebiet antrat. Donnerstag war Alles still. Am Freitag rückte das erste Husarenregiment ein und ging weiter, dann Artillerie und zwei Infanterie-Regimenter. Die Truppen hatten hier heute Rasttag. Göben hat hier sein Hauptquartier. Zucht und Ordnung sind vortrefflich. Die Universität ist allerdings in zwei Parteien zerklüftet, aber es ist Alles noch friedlich hergegangen, und nur gestern, da die Preußen gerade einzogen, habe ich meine Vorlesung ausgesetzt.

Drei Ansichten finde ich vertreten: 1. Preußen muß gründlich entkräftet werden, damit Deutschland Ruhe habe, 2. das Bismarcksche Preußen muß büßen für seine Gewaltthätigkeit, 3. jetzt handelt es sich nicht mehr um Bismarck, sondern um Preußen, den einzigen deutschen Großstaat, dessen Niederlage das größte Unglück für Deutschland wäre. Durch den Koalitionsbeschluß vom 14. ist Preußen in den Stand der Nothwehr gedrängt, er hat den eigentlichen Krieg von Deutschen gegen Deutsche entfacht, dadurch ist alles frühere Unrecht absorbirt. So denken sehr Viele bei uns. Eine freiheitsfeindliche Regierung kann in Preußen unmöglich von Bestand sein, die Macht Preußens ist aber nie wiederherzustellen, wenn sie zertrümmert wird.

An den Bruder.

3. August 1866.

Wir haben böse Zeiten durchzumachen. Man sieht schon die Männer zu Märtyrern des Rechts sich vorbereiten, und die Frauen laufen mit Gesichtern herum, die von der Furie der Leidenschaft entstellt sind. Die Parteiansichten stehen sich gegenüber wie zwei Konfessionen. Es sind gemüthliche Anschauungen, von Jugend an eingesogen, von denen sich die Menschen nicht frei machen können. Das Disputiren führt gar nicht zum Ziele. Wer in der jetzigen Wendung der Dinge nicht etwas Providentielles sieht, wer den bisherigen Zustand für leiblich gut ansah, mit dem läßt sich gar keine Verständigung erzielen. Dem erscheint Alles, was geschehen ist, wie frevelhafte Laune und verbrecherischer Ehrgeiz. Mich erfreut die Thatsache, daß ich auf der nationalen Seite im ganzen überall Ruhe, Besonnenheit, Klarheit, Mäßigung finde, während auf der anderen Seite die unsterblichen Motive, die instinktartigen, blinden Triebe des Hasses u. s. w. vorherrschen.

Die Königin schickte mir einen Brief ihres Sohnes vom 4. Juli. Man kann sich wirklich kein sprechenderes Zeugniß für einen edelen, wahrhaft fürstlichen und daher bemüthigen Sinn denken als diesen Brief unmittelbar nach dem kolossalen Siege, den er selbst mit entscheiden half. Er ist der Gegenstand allgemeiner Liebe! Gott erhalte sein theures Leben! Er ist prädestinirt, um nach den Wunden und den rauhen Handgriffen des Krieges die Menschenherzen zu versöhnen.

Der Kronprinz.

Berlin, 8. December 1866.

Mein lieber Curtius! Sie sind mir mit Ihrer treuen Theilnahme auf den verschiedenen Bahnen gefolgt, die ich im Laufe dieses Jahres betreten habe. Es bedarf wohl keiner Versicherung, wie hoch mich jedes Wort Ihrer Briefe erfreute, die mir sowohl während des Feldzuges bis einschließlich meines Geburtstages zugegangen sind.

In Gedanken knüpfte ich gar häufig Gespräche mit Ihnen an und konnte mir auch ziemlich klar denken, wie sonderbar Ihnen zu Muthe gewesen sein muß, als unser theures, großes deutsches Vaterland sich zerfleischte, und schließlich nach den blutigen Siegen unserer Waffen ein Halbwerk zu Stande kam. Wie oft haben wir in gemeinschaftlichen Gesprächen der Zukunft Deutschlands gedacht, ja wie oft redeten Sie zu mir von diesem Kapitel zu einer Zeit, als ich in der lebendigen Regung der deutschen Gemüther nichts weiter als Aufstandsnahrung finden wollte. Jetzt hat die Vorsehung Preußen plötzlich beim Schopfe erfaßt und es um ein so Bedeutendes weiter geschleudert, als seine Lenker es je erstreben konnten, daß hier in Berlin mehr oder minder immer noch Unklarheit, Zaghaftigkeit herrschen. Niemand trachtete, ein Ziel zu erreichen wie dasjenige, welches unser Waffenglück und der gesunde, kernige Sinn unserer Bevölkerung uns zu erlangen ermöglichten. Zwar wird Bismarck wie ein Halbgott angestaunt, der das Alles vorher berechnet, aber mir werden so leicht keine Blender bereitet, und ich harre immer noch der wirklichen Lösung der deutschen Frage, die durch Preußens gegenwärtiges Verhalten wahrlich nicht erreicht werden wird. Man hört hier an maßgebender Stelle

weit mehr die Befriedigung über die Macht- und Gebietsvergröße-
rung Preußens rühmen, als daß ein ernstliches Streben nach bal-
digster Aufnahme der süddeutschen Staaten in den norddeutschen
Bund sich kundgäbe. Die Einverleibung der wirklich feindlich ge-
sinnten Nachbarstaaten war eine traurige Nothwendigkeit nach statt-
gehabtem Blutvergießen und nach der ausharrenden Weigerung,
uns gegenüber wenigstens neutral zu bleiben. Ich bin nie ein
Freund des Annexionsprincips gewesen, aber nach den einmal
vollendeten Thatsachen konnte ich keinen Widerspruch gegen dieselben erheben. Unter vollendeten Thatsachen verstehe ich die
faktische Besiegung unserer verbündeten Gegner. Daß dieser Krieg
aber seit langer Zeit eine angelegte Absicht Bismarcks war, ja
daß die ganze Schärfung des inneren Konfliktes bei uns in einer
solchen Lösung nur ihren Ausgang finden sollte, das war mir
leider schon im Laufe des Winters klar geworden, und ich dächte,
daß ich mich in ähnlichem Sinne auch zu Ihnen ausgesprochen hätte.
Wir trieben und trieben einer gewaltsamen Katastrophe entgegen,
die mein Vater mit allen seinen persönlichen Mitteln zu verhindern
trachtete, ohne zu sehen, daß Andere anders wollten und es auch
erreichten.

„Gott war mit uns, ihm sei die Ehre", so schrieb mein Großvater, Friedrich Wilhelm III., nach Beendigung der Freiheitskriege.
Dasselbe sagten sich mein Vater und ich, als uns die Erfolge klar
waren. Dieser Gedanke muß Einen beseelen, wenn man bedenkt,
was Alles auf dem Spiele stand, wenn wir nicht siegten. Aber
eine glühende Begeisterung muß sich eines jeden Deutschen be-
mächtigen, wenn er bedenkt, was für tüchtiges Mark in den Gliedern
unserer Landsleute, was für eine wirkliche Intelligenz in denen
haftet, die mit ihrer Zeit gehen und die Augen offen haben. Selbst
die Deutschen, die gegen uns fochten, stellten ihren Mann, nur
ihren Führern verdanken wir die schnellen Siege am Main. Solch
ein Volk muß eine hehre Zukunft vor sich haben, ja es muß sich
sagen, daß, wenn es endlich eins ist, seine Ansehen gebietende Bedeutung den Nachbarn saure Stunden bereiten wird, falls einer
derselben Lust empfände, uns anzugreifen.

In wenigen Tagen werden die Vertrauensmänner des norddeutschen Bundes in Berlin die dem Reichstage vorzulegende Verfassung berathen und dürften dann im Februar die Verhandlungen
des Reichstages selbst beginnen. Begierig warte ich auf die Redak-

tion gebachter Berfaffung wie. auch auf ben Grab ber Bollmachten,
bie man ber Nationalbertretung einräumen wirb. Ich traue bem
ganzen Unternehmen noch nicht recht. Alles ist eben möglich, wenn
bie gegenwärtigen Minister es thun, biele Dinge nur gethan werben,
weil sie gebieterisch bon Zeit unb Verhältnissen geforbert werben,
nirgenbs aber offen unb ehrlich zugestanben wirb, baß man mit
ber Zeit Hanb in Hanb als Leiter bes geistigen Entwickelungsganges
gehen muß. So auch sinb bie seltsamen Worte nur erklärlich, bie
in jüngster Zeit bom Ministertische gefallen sinb. Was könnte man
thun, wenn angesehene, offene Charaktere jetzt am Ruber wären.
Bismarck selbst tabelt auf bas schärffte unb laut seine sämmtlichen
Kollegen, aber es wirb boch nicht anbers, unb er behält bieselben
um sich.

Die Zustänbe in Hannover sinb recht betrübenber Art. Ich
rechne es ben Hannoveranern hoch an, baß sie an ihrer vertriebenen Dynastie festhalten („quand même", muß man sagen),
allein alle Demonstrationen werben bie unglückliche königliche
Familie nicht wieber einzusetzen vermögen unb können vielmehr
bem Lanbe nur großen Schaben bereiten. Eben erfahre ich, baß
man zu Verhaftungen höherer Officiere hat schreiten müssen, wo-
nach bie Gerüchte bon geschürten Aufstänben, angeleitet burch ehemalige Officiere, ihre Bestätigung finben bürften. Das ist noch
trauriger unb erst recht erfolglos, zum minbesten gesagt.

Sie würben mir einen großen Gefallen erweisen, wenn Sie
in alter Vertraulichkeit mir Winke über bie Mißgriffe unserer Beamten zukommen ließen. Alles, was geschehen kann, um wenigstens
auf vernünftigem, rechtlichem Wege jenen einverleibten Lanbes-
theilen Wohlthaten, auch Vortheile zufließen zu laffen, werbe ich
gewiß nicht unterlassen, nach Kräften zu förbern. Aber Sie wissen
ja selbst aus Erfahrung, wie gewöhnlich unsere in manchen Dingen
so tüchtigen Beamten Mißgriffe begehen, benen vorgebeugt werben
kann, bie aber ber Gewohnheit nach zu unserem norbbeutschen
Spießbürgerthum gehören.

Ich rechne also auf Ihre freunbschaftlichen Winke.

Meine Frau grüßt Sie herzlich. Es geht ihr wieber gut, so
viel eben ein tiefgebeugtes Mutterherz nach bem Verluste eines
so hoffnungsvollen Kinbes, wie mein kleiner Siegismunb es war,
sich nach einem halben Jahre zu erholen vermag. Es war ihrem
so tief fühlenben Gemüthe wohl eine ber schwersten Prüfungen in

diesem Jahre auferlegt: inmitten der Sorge und Angst um den Gatten in solch einem Kriege auch noch ein Kind zu begraben, ohne den Mann wiedersehen zu können.

Meine Frau und ich werden uns so bald an diese tiefe Lücke, die der Tod in unseren so glücklichen Familienkreis gerissen, nicht gewöhnen können. Die Zeit lindert freilich die herbsten Wunden und hilft den Schmerz ertragen. Wo aber der Tod einmal seine grausige Hand hineingethan hat, da kann ein Elternherz nie wieder seine frühere, frohe Gelassenheit erlangen. Das Andenken an ein verklärtes Kind bleibt ein beständiger Begleiter durch alle Wechselfälle des Lebens in Freude wie im Leid und weckt den Wunsch, bald wieder mit ihm vereint zu sein, täglich von neuem auf.

Mitten in den gewaltigen Entscheidungen dieses Krieges schwebte mir das Bild jenes lieben, kleinen Wesens vor der Seele, und der Gedanke an dasselbe war niemals mächtiger als in den Augenblicken, wo ich meines Sieges gewiß war. Hätte ich nur meiner armen Frau etwas von dem Zwange abgeben können, den meine Verantwortlichkeit mir auferlegte: meinen Schmerz zu verscheuchen, um die Gedanken auf das Wohl des Vaterlandes zu lenken. Man vergißt ja nicht den Schmerz, aber er muß der Pflicht weichen, und das war mir geboten, während meine Frau allein ihrem Kummer und der Sorge lebte.

Mittlerweile ist es Januar 1867 geworden, mein zwanzigmal unterbrochener Brief fängt an, mir förmlich widerlich zu werden wegen seines unzusammenhängenden Charakters. Zudem ist inzwischen abermals ein gar freundlicher Brief von Ihnen zum Jahreswechsel eingelaufen, für den ich aufrichtig danke. Meine Frau grüßt Sie aufs beste und würde sich mit mir freuen, wenn wir Sie bald einmal wieder zu sehen bekämen.

Ihren Bruder*) hier zu sehen, ist uns eine rechte Freude. Denken Sie sich, wie mir zu Muthe war, in dem hanseatischen Geschäftsträger unseren wohlbekannten Dr. Krüger wiederzufinden und noch dazu mit Orden behaftet!

Nun aber leben Sie wohl! Behalten Sie meine Gedankenspähne ja für sich, denn Sie wissen, daß ich mich Ihnen gegenüber immer gehen lasse, wie es vor der Menge nicht möglich ist. Grüßen

---

*) Theodor Curtius, der als Vertreter Lübecks an den Verhandlungen über die Verfassung Theil nahm.

Sie Gattin und Kinder tausendmal von mir und üben Sie Nachsicht wegen des langen Schweigens und seltsamen Geschreibsels
Ihres aufrichtig treu ergebenen

Friedrich Wilhelm.

Berlin, 18. Januar 1867.

Ernst Curtius an Jacob Bernays.
Göttingen, 27. December 1866.

... Freilich hat dies Jahr das Gewicht von einem halben
Dutzend Gemeinjahren, aber es hat auch Den, der es verstehen
konnte, freier, klarer, selbstständiger gemacht, zumal, wenn man
in Göttingen lebte und sich entschließen mußte, eine Menge lieb-
gewordener Verhältnisse und Gewohnheiten dranzugeben, um sich
selbst treu zu sein.

An den Bruder.
15. März 1867.

In vierzehn Tagen hoffe ich mit dem ganzen Band fertig zu
sein. Dann denke ich etwas nach Berlin zu gehen, um mich aus
der alten in die neueste Geschichte zu stürzen und der Größe des
Mannes zu huldigen, welcher die deutsche Geschichte vor dem Ausgang der griechischen bewahrt hat.

An denselben.
2. Juni 1867.

Ich habe meine Festrede machen müssen, auf deren Erfolg ich
diesmal mehr als sonst gespannt bin, da ich doch nicht umhin
konnte, über solche Dinge zu reden, auf deren Betrachtungen die
letzten Zeiten hingeführt haben. Es scheint mir die Aufgabe solcher
Gelegenheitsreden, Tagesfragen von allgemeinerem und höherem
Gesichtspunkte aus zu betrachten. Solche Betrachtungen können
dann auch am ehesten eine Verständigung und Ausgleichung herbeiführen. So kam ich darauf, Wesen und Wirkung der Parteiung
in alter und neuer Zeit ins Auge zu fassen. Dienstag um 3 Uhr
wird die Rede gehalten.

Gestern hielt ich eine kleine Gedächtnißrede auf Gerhard in
unserer Societät. Ich war mehrfach noch an seinem Sterbelager,
er war nie liebenswürdiger.

An denselben.

26. Juli 1867.

Der Tod des alten Brandis hat mich sehr ergriffen. Ich war gerade in den letzten Jahren so viel und so gern in seinem Hause gewesen, es war mir wie ein zweites Vaterhaus; noch um Pfingsten schrieb er mir, meine Stube erwarte mich, ich schob es auf die großen Ferien auf, nun ist es zu spät.

An denselben.

18. Oktober 1867.

Vorgestern forderte mich ein Telegramm des Kronprinzen auf, ihn von Göttingen nach Guntershausen zu begleiten. Er hielt hier um 3 Uhr, stieg aus und unterhielt sich mit Clara und den Kindern. Dann fuhr ich mit ihm und unterhielt mich mit ihm und seiner Frau sehr gut. Ich fand ihn sehr verständig, ernst, liebenswürdig und mittheilend. Wir haben alle öffentliche Dinge auf das offenste besprochen. In Guntershausen wurde dinirt, nach 9 Uhr verabschiedete ich mich und war um 12 Uhr wieder hier. Es war eine Begegnung, die mir große Freude gemacht hat. Der Göttinger Bahnhof war das erste Stück Hannover, das der Kronprinz als Landesthronfolger betrat. Es war mir lieb, daß dies mit mir geschehen ist und ohne daß ein Officier, Soldat oder Polizist zur Stelle war. Der Perron war voll von allerlei Volk, und es fielen auch in der Stille allerlei unehrerbietige Aeußerungen. Aber er stand mit solcher Ruhe, Würde und Güte mitten unter den rothen Mützen, nicht nur an Größe hervorragend, sondern an edlem Anstande, daß unwillkürlich Alles grüßte. Das will bei den Studenten viel sagen. Als wir abfuhren, dachte ich daran, wie leicht ein Mißton hätte eintreten können, und wie peinlich wäre das für mich gewesen, da ich sein Heraustreten veranlaßt hatte.

An Lepsius.

26. November 1867.

Theurer Freund! Mein Herz jubelte, als ich Ihre Schriftzüge nach langer Zeit wieder sah und Ihre Treue aus jedem Worte entgegenleuchtete. Die Freude darüber drängte alle anderen Empfindungen zurück, welche Ihr Brief in mir anregte. Aber auch das ist mir eine Freude gewesen, daß, so wie es hieß, daß Jahn von Bonn fortgehen würde, vom dortigen Kuratorium eine Anfrage an mich erging, ob ich geneigt wäre, nach Bonn zu kommen,

und daß man jetzt wieder in Berlin an mich denkt, wo in der That
Alles darauf ankommt, daß endlich einmal die alte Kunst-
geschichte an der Universität in geeigneter Weise vertreten wird.
Mich plagt kein unruhiger Ehrgeiz. Ich möchte auch nicht das
Mindeste thun, um eine Versetzung zu veranlassen. Aber ich müßte
ein Stock sein, wenn es mich nicht freute, daß man von Seiten der
Fakultät an mich denkt, und wenn dies in Betreff einer vorzugsweise archäologischen Professur geschieht, so würde ich darin eine
Bestätigung meiner Auffassung sehen, daß die Archäologie als
Zweig des Universitätsunterrichts nur fruchtbar sein kann, wenn
sie mit Philologie, Geschichte und Erdkunde in lebendigem Zusammenhange erhalten wird. Wie könnte ich mich mit Brunn
vergleichen, wenn es archäologische Routine und ausgebreitete Denkmälerkunde gilt! Ich fühle nur zu deutlich, daß ich auf eine
specifisch archäologische Professur in der deutschen Metropole keinen
Anspruch machen kann, und glaube daher auch nicht, daß die
Fakultät so beschließen wird, wie Ihre Freundschaft es wünscht.
Daß ich, wenn wirklich ein Ruf nach Berlin an mich ergehen sollte,
sehr ernste Bedenken zu überwinden haben würde, können Sie sich
vielleicht denken. Manche persönlichen Beziehungen würden mir
dort das Leben erschweren, während ich hier, wenn auch die alte
Harmonie, wie es scheint, auf immer, vernichtet ist, doch in einem
wohlbegründeten Wirkungskreise mich glücklich und befriedigt
fühlen darf. Das sagte ich auch meinem geliebten Zöglinge, als
er mich neulich hier abholte, und erklärte ihm offen, daß meine
Wünsche nur auf das Eine noch gerichtet seien, dazu beizutragen,
daß Preußen in seiner neuen Stellung sich auch auf dem Gebiete
der Pflege von Kunst und Wissenschaft durch wohlgeleitete Unternehmungen bewähre, und er versprach mir, die neu anzuregende
Expedition nach Olympia kräftig zu befürworten.

An denselben.

6. Januar 1868.

Bald nach Ihrem Brief erhielt ich das amtliche Berufungs-
schreiben. Wenn die Professur der Archäologie in Berlin ein
Aequivalent sein soll für meine Stellung hier, wo ich im Direktorium
des philologischen Seminars und in der wissenschaftlichen Prü-
fungskommission bin, so kann dies nur durch eine angemessene
Stellung am Museum erreicht werden. Wenn man auf mein

Kommen Gewicht legt, so werden die Differenzen, welche noch übrig sind, wohl noch ihre Erledigung finden.

An denselben.

15. Januar 1868.

... Ich habe nun am Sonntag an den Minister meine Antwort abgeschickt. Ich stellte als ersten Punkt hin, daß ich im Interesse der Sache darauf bestehen müsse, daß das amtliche Verhältniß zwischen dem Museum und der Professur der Archäologie, wie es unter Tölcken, Gerhard, Panofka bestanden habe, nicht aufgelöst werde. Der rechte Segen der wissenschaftlichen Institute der Hauptstadt beruhe auf ihrer Verbindung unter einander. Da es jetzt drei Antikensammlungen gebe, Skulpturen, Gypse und Antiquarium, so hoffte ich, daß mein Verlangen befriedigt werden könne, ohne berechtigte Ansprüche älterer Beamten zu beeinträchtigen.

Nun möchte ich Sie dringend bitten, Ihren ganzen Einfluß darauf zu richten, daß die Verhandlungen wegen des Museums in einer geschickten Weise gemacht werden. Vor allem möchte ich nicht, daß es aussähe, als intriguire ich gegen Bötticher hinter seinem Rücken. Ich habe von keinem Lebenden so viel gelernt wie von Bötticher. Ich kenne seine Schrullen besser als irgend ein Anderer, aber er ist der produktivste Kopf auf dem Gebiete der alten Kunstwissenschaft, den wir seit lange gehabt haben. Ich will um keinen Preis etwas von Ehren und Einkünften auf seine Kosten erlangen. Er muß Direktor der Skulpturen werden, um diese Sammlung hat er sich schon viel Verdienst erworben. Der vernünftigste Ausweg schiene mir immer der zu sein, daß man mir das Antiquarium gäbe. Hier ist am meisten Material für gelehrte Archäologie, und hier kann ich am wenigsten von Anderen abhängig sein.

An den Bruder.

13. Februar 1868.

Wir leben sehr still. Ich revidire jetzt den ersten Band, dessen Anfänge mir natürlich viele Mühe gemacht haben. Erwünscht waren mir in hohem Grade die neu gewonnenen Urkunden aus Aegypten, welche zum ersten Male zweifellos griechische Seestämme, mit den Libyern verbündet, als Feinde der Pharaonen aufführen, namentlich die Tyrrhener und Dardaner, auch die Lykier und, wie

es scheint, die Achäer. Daburch werden die erften feften Anhalts-
punkte gewonnen. Nach 1400 find diefe Stämme fchon in das
Nilthal eingebrungen. Mein Kollege Brugfch ift mir burch allerlei
Nachweifungen fehr förberlich, er ift von ber verbinblichften Ge-
fälligkeit. Er hat eine glänzende Gewandtheit im falonmäßigen
Vortrage unb eine erftaunenswürbige Arbeitskraft. Wenn ich mit
Gottes Hülfe bies arbeitsvolle Semefter glücklich hinter mir habe,
muß ich etwas hinaus, unb ba ich mich nun boch nothwenbig auf
bie archäologifche Profeffur noch etwas vorbereiten muß, fo habe
ich große Luft, gegen Mitte März nach Rom zu gehen.

Morgen Abenb foll ich einen Vortrag vor gemifchtem Publikum im Mufeum halten. Ich werbe bas Mobell ber Akropolis,
wie es Launitz in Gyps gemacht hat, aufftellen unb baran eine
Gefchichte ber Stabt Athen anknüpfen.

An ben Bruber.
Rom, Ofterfonntag 1868.

Ich habe reiche Wochen burchlebt, vom 17. bis 21. März in
Florenz, feitbem in Rom,*) wo wir glücklicher Weife noch auf bem
Kapitol Stuben gefunben haben. Schloezer empfing uns am Bahn-
hofe unb ift feitbem täglich mit unverwüftlichem Eifer uns zur
Hanb gegangen. Er kennt Rom feit vier Jahren unb hat bie Stabt
grünblich burchftubirt. Die Vormittagsftunben bringe ich in ben
Sammlungen zu, bes Nachmittags werben Kirchen befucht unb
Ausflüge gemacht. Abenbs gegen 7 kommen wir gewöhnlich zum
Effen in größerem ober kleinerem Kreife zufammen. Wir effen
zuweilen in einer Zahl von 25 Lanbsleuten, meiftens jungen
Philologen, unb mit Stolz unb Freube fieht man fie hier arbeiten
unb fchaffen.

Für mich war eine Erneuerung meiner faft verblichenen Erinnerungen ganz nothwenbig. Ich habe eine Menge unbekannter
Dinge gefehen, ben jetzigen Stanb ber hiefigen Forfchungen kennen
gelernt. Eine neue Welt bes Alterthums ift aus bem Schutte
bes Palatinus hervorgeftiegen, eine anbere in ben Katakomben
wieber aufgefunben. Die Ausgrabungen, welche auf Koften ber
Königin Augufta im Haine ber fratres arvales gemacht werben, haben
fehr günftige Erfolge gehabt.

*) Die Reife wurbe mit Sauppe gemacht.

An denselben.

Göttingen, Sonntag Exaudi 1868.

Gestern habe ich endlich definitiven Bescheid von Mühler erhalten. Mir ist nun neben der Professur auch die Stelle eines „Archäologen am Königlichen Museum und Mitglieds der Museumskommission" angetragen. Auf jeden Fall komme ich nun in eine ehrenvolle und geschäftlich sehr wenig belastete Stellung an der Anstalt, welche mir in Berlin von jeher besonders am Herzen gelegen hat, und je weniger ich selbst meinen Ruf nach Berlin betrieben habe, je freier ich mich von jedem unruhigen Ehrgeiz fühle, umsomehr gebe ich mich der Hoffnung hin, daß es mir beschieden sein möge, durch Verbindung von Museum und Universität, von Künstlern und Gelehrten, von Archäologie und Geschichte auf dem neuen Terrain, dem ich ja nie fremd geworden bin, etwas Gutes zu wirken und zur Förderung der idealen Interessen in der Hauptstadt Etwas leisten zu können. Gott gebe, daß ich mich nicht täusche und auch nicht das Vertrauen meiner Freunde!

Fünftes Kapitel

Berlin 1868—1896.

———

An den Bruder.

Berlin, Oktober 1868.

Ich habe überall eine sehr warme Aufnahme gefunden. Es ist in der Gelehrtenwelt hier doch mehr gemüthlicher Zusammenhang als man glaubt. Gott gebe nur, daß ich wieder einen recht akademischen Wirkungskreis finde und daß es mir gelinge, hier die hellenische Alterthumskunde etwas in Schwung zu bringen! Die zwölf Göttinger Jahre waren gut, um mich als Lehrer auszubilden und meine größere geschichtliche Arbeit zur Reife zu bringen. Nun kann ich mich freier bewegen und einzelnen Lieblingsaufgaben mit vollerer Muße zuwenden.

An denselben.

22. November 1868.

Gesund ist das Leben hier kolossal, denn bei den täglichen Märschen holt man sich einen Appetit und einen Schlaf, wie ich ihn seit Jahrzehnten nicht gekannt hatte. Zum ruhigen Arbeiten bin ich aber noch wenig gekommen, dagegen habe ich meine Vorlesung mit gutem Erfolg in Gang gebracht.

Großartig war das Schleiermacher-Fest, in seltener Weise zugleich ein wissenschaftliches und ein nationales, ein Universitätsfest und ein städtisches. Es ist durch alle Schichten eine heilsame Erschütterung gegangen und das Bewußtsein der Berliner ist gehoben, indem sie auf Schleiermacher als einen einheimischen Heros stolz zu sein gelernt haben.

An denselben.

23. December 1868.

An meinem ersten Bande habe ich von meiner Rückkehr aus Rom bis in die ersten Monate meines hiesigen Aufenthaltes unausgesetzt gearbeitet, und es ist etwas Anderes daraus geworden. Bei allen Geschichtsanfängen beruht so viel auf einer gewissen intuitiven Anschauung der Dinge, daß man sich nicht mit der Hoffnung schmeicheln darf, sie den Anderen, namentlich den Mitforschern einzureden. Indessen hoffe ich auf steigende Zustimmung und betrachte die dritte Auflage dieses Bandes, des so schnöde verletzerten, als einen kleinen Triumph.

An denselben.

9. Februar 1869.

Obgleich ich hier weniger Amtspflichten habe als in Göttingen, so stürmt die Zeit doch ungleich rascher dahin. Ich habe nur die Morgenstunden, die ich mit einiger Sicherheit mein nennen kann. Um 12 Uhr gehe ich in das Museum, dann in die Universität. Nach Tische ist man infolge der vielen Bewegung in der Regel zu geistiger Anstrengung wenig aufgelegt, und des Abends ist in dieser Karnevalszeit auch wenig auf Ruhe zu rechnen. Dazu kommen noch die Kommissionssitzungen im Museum, zweimal wöchentlich die Akademie, die Fakultätssitzungen u. A. Man muß seine Zeit zusammenhalten, um in der Wissenschaft vorwärts zu kommen. Ich habe bis jetzt nur Kleinigkeiten gemacht.

Gestern habe ich zuerst in der archäologischen Gesellschaft den Vorsitz geführt, welche sehr zahlreich und stattlich ist. Ich hielt einen einleitenden Vortrag über die Wirksamkeit des Duc de Luynes und über Welcker, daran schloß ich einen Ueberblick dessen, was während Welckers Lebenszeit und zum großen Theil durch ihn aus der Archäologie geworden sei. Ich hoffe, daß es mir gelingt, die Gesellschaft neu zu heben und zu einem Centrum der auf alte Kunst gerichteten Interessen zu machen. Im ganzen läßt sich nicht leugnen, daß Berlin in socialer Beziehung sehr vorwärts gekommen ist. Es herrscht ein zwangloser Verkehr der verschiedenen Stände. Die krassen Vorurtheile sind auch im Hofadel und Militär überwunden, und die jetzige Gefahr ist nur, daß die Macht des Geldes alle anderen Mächte überwindet. ...

Programm eines wüsten Tages in Berlin: Donnerstag 1 Uhr

Museum, 2 Uhr Periegese im Museum, 3 Uhr Kolleg, 4 Uhr Diner beim Grafen Schwerin (Schleiermachers Schwiegersohn), ½7 Uhr Fakultät, 9—1 Uhr Ball beim Könige.

An denselben.

19. Februar 1869.

Ich bin in einem Staunen über das, was hier gearbeitet wird, und wenn ich wohl Stunden hatte und habe, in denen ich an meinem Entschlusse der Uebersiedelung irre wurde, so richte ich mich immer daran wieder zurecht, daß ich der höheren Ansprüche, die hier an mich gemacht werden, inne werde. Wenn also noch eine Steigerung meiner Leistungsfähigkeit in meinen Jahren möglich ist, so geschieht es hier. Von Natur bin ich gar nicht für Großstädte geschaffen, und ich ertappe mich zuweilen auf dem Gedanken, wohin man sich nach 6—8 Jahren zurückziehen könnte. Einstweilen will ich sehen, was ich hier leisten kann.

An denselben.

6. Oktober 1869.

Ich habe eine ungemein reiche Ferienzeit durchlebt. Erst 12 Tage in London, dann über drei Wochen in der Umgegend von Newcastle, wo wir in einem Fischerdorfe unweit der Tyne-Mündung badeten, von wo ich durch ganz Northumberland schöne Ausflüge machte und auch das schöne Edinburg besuchte. Dann mit Clara nach London, wo wir uns unweit des British Museum einquartierten und inmitten der Weltstadt im ganzen sehr still und behaglich lebten.

An den Kronprinzen.

30. Oktober 1869.

... Wenn Ew. Königl. Hoheit diesmal auch nur so flüchtig den Boden von Griechenland*) betreten haben, so wird es doch genügen, Ihnen einen Begriff zu geben von der Weihe, welche auf diesem Boden ruht, um Ihre persönliche Theilnahme für alle diesem Lande zugewandten Studien neu zu beleben. Der von Ihnen so huldvoll geförderte Plan einer Ausgrabung von Olympia ist in ein neues Stadium getreten und die von Sr. Majestät berufene Kommission hat schon zu günstigen Aussichten geführt.

---

*) Auf der Reise nach dem Orient bei Gelegenheit der Eröffnung des Suezkanals.

An den Bruder.

Februar 1870.

... Wir haben hier manches Ernste erlebt. Trendelenburg wurde plötzlich mitten in vollem Wirken von einer Lähmung betroffen, die ihm das Sprechen schwer machte. Er war schon im Begriffe, ins Kolleg zu gehen und fragte seine Frau, ob seine Zuhörer ihn wohl verstehen würden. Er hat sich scheinbar rasch erholt, aber er fühlt sich verändert, und sein Wesen hat etwas Umflortes, er ist weich und wehmüthig. Ich mußte für ihn in der Akademie eintreten.

An denselben.

4. April 1870.

... Ich habe in letzter Zeit unendlich viel an mannigfaltigen Arbeiten und Erlebnissen durchgemacht. Gott sei Dank bin ich aus diesem Winter unversehrt in den Ferienhafen eingelaufen, obgleich die Dekanssorgen unausgesetzt fortdauern. Ueber unsere Universität sind viele schwere Wolken aufgezogen. Trendelenburg reist heute ab, er hat Urlaub für das ganze Sommersemester. Gott weiß, ob er je wieder der Alte sein wird! Gustav Magnus ist hoffnungslos. Beide sind vorzugsweise die Träger der akademischen Tradition und fehlen mir ungemein.

Die Olympiaangelegenheit ist jetzt wieder auf ihrem abenteuerlichen Zuge durch alle Ministerien zum Könige zurückgelangt, und bald wird sich entscheiden, ob eine Unternehmung von so idealem Charakter, wie die Aufdeckung eines Tempelbezirks, ohne alle egoistischen Nebenabsichten durchgesetzt werden kann oder nicht. Ich hoffe, es ist nur eine Zeitfrage von wenigen Monaten. Zu zusammenhängenden Arbeiten bin ich natürlich wenig gekommen. Ich habe in diesem Semester ein ganz neues Kolleg über Archäologie der Kunst ausgearbeitet. Im Sommer will ich nur ein Privatum, ganz im Museum, halten in der Stunde vor Oeffnung des Museums und dort ambulando Kunstmythologie vortragen. Es ist nach Form und Inhalt ein erster Versuch, den ich mache. Religionsgeschichtliche Forschungen nehmen mich jetzt besonders in Anspruch, und ich will sehen, wie weit es möglich ist, eine genetische Entwickelung des hellenischen Olymps zu geben, das allmähliche Aufsprossen des Göttergeschlechts, eine wissenschaftliche Theogonie.

An denselben.

31. Juli 1870.

... Jetzt harrt Alles der ersten Ereignisse, welche über den muthmaßlichen Gang des Krieges ein Urtheil möglich machen sollen. Bis dahin steht Alles gut, ist Alles unendlich viel besser gegangen, als man hoffen durfte.

Hier ist man in den leitenden Kreisen sehr ruhig, und namentlich Moltke soll sich mit einer großen Zuversicht aussprechen. Mein Kolleg habe ich gestern geschlossen. Im Museum docire ich noch fort, weil ich dort noch einen Kreis von Zwölf um mich habe.

Es ist heute unheimlich still in den Straßen.

An denselben.

21. August 1870.

... Man lebt schnell in diesen Tagen, wo Einem täglich ein Extrakt von Weltgeschichte kredenzt wird, und man mag gar nicht über das Neueste schreiben, weil es beim Empfange des Briefes schon veraltet ist. Ich habe mich gezwungen, viel zu arbeiten, obwohl man eigentlich die Bücherstube unleidlich findet und den Schauplätzen der Geschichte näher sein möchte. Hier hat man wenigstens die Nachrichten aus erster Hand, und es ist mir eine besondere Freude, des Kronprinzen Briefe zu lesen, von dem ich aus der lautersten Quelle weiß, daß er sich als Feldherr ganz vortrefflich benimmt, und dessen einfache Briefe davon zeugen, daß er seine militärische Aufgabe in ächt menschlicher Weise auffaßt und keinen Augenblick etwas Anderes sucht als den Frieden.

Des Königs Auszug.

August 1870.

Wie zog der König an den Rhein?
Lockt ihn der Schlachten Feuerschein?
Zog er hinaus zu Kampf und Blut
Mit hartem Sinn und wildem Muth?
O nein, ich sah sein Auge naß,
Das war nicht Kampfbegier und Haß.
Er dacht' an jedes Landeskind,
Des rothes Blut zur Erde rinnt.
Ihm ging schon durch sein ahnend Herz
Der Gattinnen, der Mütter Schmerz.
Die Kranken sah er matt und blaß,
Drum war des Königs Auge naß.

Wie zog der König in den Krieg?
Wähnt' er so leicht den blut'gen Sieg?
Verließ er sich auf Mann und Roß
Und seines Donnerrohrs Geschoß?
    O nein, er baute nicht allein
    Auf sich und seiner Krieger Reih'n,
    Er beugte wohl sein greises Haupt,
    Von frischem Lorbeer dicht umlaubt,
    Von allem Uebermuthe fern
    Demüthig vor dem Herrn der Herrn
    Und wollte nur aus seiner Hand
    Den Sieg für unser Vaterland.

So zog der König aus Berlin,
Drum hat ihm Gott den Sieg verlieh'n,
Und seiner Feinde stolze Macht
Vor seinem Schwert zu Fall gebracht.
    Und wie er ging, kehr' er zurück,
    Sein thränenreiches Siegesglück
    Verknüpfe neu mit heil'gem Band
    Den König und das Vaterland!
    So kehr' er aus dem blut'gen Feld,
    Von Gott beschützt, der theure Held,
    Wenn er sein Werk vollendet hat,
    Zurück in seine treue Stadt!

Metz.

August 1870.

O Metz, bei Deinem Namen schauern
Die Herzen all' im deutschen Land,
Und mit der Siegslust geht das Trauern
Um die Gefall'nen Hand in Hand.

Wie fröhlich zogen sie doch Alle
Hinaus in der Begeist'rung Gluth,
Bei Hörnerklang und Liederschalle
Mit frischem, vollem Lebensmuth!

Des deutschen Volkes Jugendblüthe,
Sein Stolz und Hort, sein Blut und Saft,
O, welch ein Schatz von Treu und Güte,
Von Wahrheitsdrang und Heldenkraft!

Gepflegt, ach! unter wie viel Sorgen
Von Tag zu Tag, von Jahr zu Jahr,
Mit Angst behütet und geborgen,
Wo nur ein Leid zu fürchten war!

Und nun so schnell in dichten Garben
Am Felsenrande hingestreckt —
Wer sagt uns, wo und wie sie starben,
Und welcher Hügel Jeden deckt!

Euch ist es wohl. Im vollen Drange
Der Liebe für das Vaterland
Seid Ihr mit jugendheißer Wange
Gefallen auf dem rechten Stand!

Denn höhern Preis kann's nimmer geben
Für den, der nach dem Höchsten ringt,
Als daß er frei und froh das Leben
Als Opfer für die Seinen bringt.

Drum segnen wir die fernen Hügel,
Wo Ihr nun ruht am Felsenhang,
Indeß der Geist auf lichtem Flügel
Durch alle Nebelhüllen drang.

Denn alle dunkeln Erdenstunden
Und eine kurze Todesnoth
Habt Ihr nun selig überwunden
Und schaut in neues Morgenroth.

Eh' Euch des Lebens Last beschweret,
Des Lebens Sorge Euch entweiht,
Seid Ihr als Jünglinge verkläret
Ins Land der ew'gen Jugendzeit.

Doch bleibt Ihr unser. Ein Vermächtniß
Ist Euer Tod für Jedermann,
Und Eure Thaten im Gedächtniß
Wächst unser deutsches Volk heran.

Es schwöret bei dem theuren Blute,
Mit dem Ihr uns den Sieg erwarbt,
Daß es mit felsenhartem Muthe
Einsteht, wofür Ihr kämpfend starbt,

Daß Deutschland, neu durch Euch geworden,
Geweiht durch Eures Blutes Zoll,
Sich nimmermehr in Süd und Norden
Feindselig wieder trennen soll.

Wir wollen treu und wahrhaft immer
Abschwören jedem falschen Schein,
Und Euer Heldentod soll nimmer
Vergessen noch verwirket sein.

An den Kronprinzen nach Versailles zum 18. Oktober.

Mit einer Zeichnung von Strack: Eiche und Lorbeer.

An einem Siegestag geboren,
Bist Du zum Siegen auserkoren,
Und hast mit Deiner festen Hand
Gerettet unser Vaterland.
Nun sei Dir auch von Gott beschieden,
Daß uns durch Dich der edle Frieden,
Des schwer erkauften Sieges Weihe
Zu vollem Segensglück gedeihe,
Daß Nord und Süd in Wohl und Wehe
Auf immer treu zusammenstehe,
Daß jedes fest am Ganzen halte,
Sich jede edle Kraft entfalte,
So wachs' empor, der Eiche gleich,
Das neue deutsche Kaiserreich!

Weihnacht 1870.

Wie der Hirsch mit dürrer Kehle
Auf dem Feld nach Wasser schreit,
Also schmachtet unsre Seele
Auch in dieser bangen Zeit.

Unser Volk, das schwer gekränket
Sich zum Kampf gegürtet hat,
Stehet nun, das Haupt gesenket,
Lorbeermüde, kampfessatt.

Und von jener Himmelskunde,
Welche still von Ort zu Ort
Macht aufs neue ihre Runde,
Hört man nur dies eine Wort:

„Friede, Friede sei auf Erden!"
Ach, wo weilt der Engel Fuß?
Wann soll endlich Wahrheit werden
Der geliebte Weihnachtsgruß?

Und so bleibt am heil'gen Tage
Matt das Herz und unerfreut,
Und das Sehnen und die Klage
Widerstrebt dem Festgeläut?

Nein, das wär' ein schwer Vergehen
An dem theuren Heldenblut.
Weihnacht heißt uns aufwärts sehen,
Weihnachtssinn ist hoher Muth!

Und wir fühlen es lebendig,
Daß nur dem die Palme weht,
Welcher ausharrt und beständig
Siegesmuthig vorwärts geht.

Drum, wenn auch aus Nacht und Morgen
Immer neu der Tag sich dehnt,
Und des Königs Haupt in Sorgen
Auf die Hand sich niederlehnt,

Dennoch steh'n wir ihm zur Seite
Unverdrossen Tag und Nacht,
Im Gebete wie im Streite
Eine unsichtbare Macht.

Mose gleich, der seine Hände
Aufhob wider Amalek,
Also harren wir aufs Ende
Sonder Bangen, sonder Schreck.

Endlich macht sich durch die Wolke
Doch der Sonnenhimmel frei,
Und verkündet wird dem Volke,
Daß die Heimkehr nahe sei.

Wie der Thau die Fluren tränket
Ungeseh'n mit nächt'gem Gruß,
Hat der Friede sich gesenket
Niederwärts mit leisem Fuß.

Wenn die Wunden heilen werden,
Trocknen auch die Thränen sacht,
Friede, Friede herrscht auf Erden
Und der Liebe sel'ge Macht.

An den Bruder.

19. Januar 1871.

... Gestern Abend haben wir unsere alte Graeca neu begründet. Mommsen, Brandis und ich nahmen die Sache in die
Hand. Außer Lepsius haben sich Bunsen, Thile, Grimm, Krüger
angeschlossen. Gestern lasen wir Kant: über das Schöne und Er-
habene. Für das Weitere wurde Aristoteles' Politik gewünscht und
bestimmt.

An denselben.

18. März 1871.

... Den Kaiser durfte ich gestern gleich im Palais begrüßen.
Es ist rührend, den Alten zu sehen, wie er von seinem Siegesglück

selbst ergriffen ist. Selten wirkt das Glänzende in so ethischer Weise wie bei ihm. Die Begeisterung ist ungeheuer und einstimmig. Es ist Einem zu Muthe, als wenn ewig Sonntag wäre. Du siehst wenigstens, daß ich in der rechten Stimmung bin, um Festreden zu halten. Ich fürchte nur, ich werde in einen zu dithyrambischen Ton verfallen. Denn in voller Ruhe ein Thema abkapiteln, ist jetzt nicht möglich.

Des Königs Heimkehr.

Mit Ruhm und Preis gekrönet
Kommst Du aus blut'gem Feld,
Vom Jubelruf umtönet,
Geliebter Fürst und Held!

Du bringst uns, was hienieden
Das Beste allezeit,
Du bringest Sieg und Frieden
Nach hartem Völkerstreit.

Du zogest nicht um Ehre
Und Waffenruhm hinaus,
Du tratest nur zur Wehre
Für unser Land und Haus.

Und doch, mit welcher Beute,
Wie reich an Siegesglück
Kommst Du, o König, heute
Zu Deinem Volk zurück!

Was unterging in Schanden
Ist nun durch Deine Hand
In Ehren auferstanden,
Ein einig Vaterland!

Was wir im Traum geschauet,
Dem ewig Fernen gleich,
Du hast es aufgebauet:
Des deutschen Volkes Reich.

Die abgeriss'nen Glieder
An jenem Strand des Rheins,
Sie wachsen endlich wieder
Mit unserm Volk in eins.

Wir sehen ohne Schämen,
Des Münsters hohen Dom,
Und manches alte Grämen
Versinkt in seinem Strom.

Ja, nach so vielen Sorgen
Steigt aus dem Nebelflor
Ein goldner Frühlingsmorgen,
Ein neuer Tag empor.

Die Luft ist nun gereinigt
Vom alten Hadergeist,
Nord ist mit Süd geeinigt
Und Frieden allermeist.

Mit fröhlichem Vertrauen
Rührt sich des Bürgers Hand,
Zu schaffen und zu bauen
Im neuen Vaterland.

Und sicher allerwegen
Gedeiht der Fluren Saat.
Wer wagt es, Hand zu legen
An Deinen Kaiserstaat?

Die Friedensglocken schallen
Die deutschen Thäler lang,
Und durch die Kirchenhallen
Braust voller Lobgesang.

Denn in des Feindes Landen
Und in der Schlachten Grau'n
Hat Gott zu Dir gestanden,
Er half das Reich erbau'n.

Das Reich, in Kampf geboren,
Geweiht durch so viel Blut,
Es sei uns unverloren
Das höchste Erbengut!

Der Tapferen Vermächtniß
Aus diesem Heldenkrieg,
Ein ewiges Gedächtniß
An Kaiser Wilhelms Sieg!

An den Bruder.

24. Mai 1871.

... Ich stecke jetzt tief im Arbeiten, indem ich endlich Hand daran gelegt habe, das Manuskript für meinen „Weg- und Wasserbau der Hellenen" auszuarbeiten. Darüber habe ich im Laufe von zwanzig Jahren so viel Material angesammelt, daß ich es für meine Pflicht halte, dieses zu produciren. Ich habe auch Freude daran, aber eine viel größere Mühe, als ich erwartet hatte. Ich gehe mit vollem Dampfe vorwärts, um die Hauptarbeit in diesem Semester abzumachen. Denn im Herbst muß ich andere Sachen machen. Von der „Geschichte" müssen Band 3 und dann wieder Band 1 neu aufgelegt werden, und dann ziehen mich eigentlich die mit religionsgeschichtlichen Forschungen verbundenen numismatischen Studien von Allem am meisten an. ... Meine Vorlesungen machen mir diesmal besondere Freude. Meine „Archäologie", die ich theils in der Universität, theils im Museum vortrage, ist trotz der ungünstigen Zeitverhältnisse und trotz der massenhaften Konkurrenz, welche ich von 12 bis 1 Uhr habe, recht gut besucht, und es gelingt mir bei Kleinem auch hier wieder, daß Nichtphilologen, namentlich Juristen, sich mit alter Kunst als einem Humanitätssache beschäftigen. Der Stock der Philologen ist freilich hier, schon der Armuth wegen, banausischer, als anderswo, und es hören fast nur die Wohlhabenden solche Dinge. Mein Juvenal ist überfüllt. Am Museum kann ich doch auch hie und da Gutes anregen und fördern. So habe ich auch die Dürer-Ausstellung zu Stande gebracht, welche recht guten Anklang findet. Ich hielt es umsomehr für meine Pflicht, den Leuten das Wesen deutscher Kunst vor Augen stellen zu lassen, da ich mit Entsetzen sehen mußte, wie man einem Werke wie der Abundantia hier huldigt.

An denselben.

2. August 1871.

In mein Leben ist inzwischen ein neues Ereigniß eingeschlagen. Am Montag ist die Majorität der Stimmen bei der Ersatzwahl für Trendelenburg*) auf mich gefallen. ...

Meine Gesundheit und meine körperlichen Kräfte sind der Art, daß immer nur angestrengtes Stubium ihnen gefährlich wird. Dagegen ist ja, was man Geschäfte nennt, Erholung.

---

*) Der sein Amt als Sekretär der Akademie niedergelegt hatte.

An Clara Curtius.

Wien, August 1871.

Ich lerne zum erften Male Wien kennen, und zwar in der angenehmſten Weiſe. Das hieſige Kunſtleben hat für mich ein großes Intereſſe und ebenſo das ganze geſellige Treiben. Die Menſchen leben hier leicht und angenehm und haben für ihre Papierlappen viel mehr Lebensgenuß, als wir für unſere ſchweren Thaler. Alles, was man ißt und trinkt, iſt vortrefflich und durchaus nicht theuer, Natur- und Kunſtgenuß bieten ſich überall die Hand, und man hat gar keine Ahnung von den Schätzen, die hier aufgeſpeichert ſind. Ueberall tritt Einem entgegen, was dieſe Stadt für eine Geſchichte hat, für eine Fülle von Traditionen im Gegenſatze zu der neuen Kaiſerſtadt an der Spree. Aber freilich, durch das leichtlebige Weſen der hieſigen Menſchen bricht eine tiefe Verſtimmung bei allen ernſteren Leuten durch, es gährt gewaltig in dem ganzen deutſch redenden Reiche. Für mich war es körperlich und geiſtig gut, einmal wieder in die Welt hinauszuſchauen und neue Eindrücke aus Gegenwart und Alterthum auf mich wirken zu laſſen. Angenehmer kann dies nicht geſchehen als hier, wo die von Kunſt und Wiſſenſchaft ermattete Seele Nachmittags in Gottes ſchöner Natur auf die Weide geführt wird und ſich an Wald und Fluß erfreut.

An dieſelbe.*)

Bujukdere, 25. Auguſt 1871.

... Der „Orient", auf dem wir fuhren, iſt ein Prachtſchiff von enormer Größe, wo man vollſtändig und luxuriös beköſtigt wird und in den ſchönſten Hängebetten ſchläft. Stark hat ſich uns angeſchloſſen und ein höchſt liebenswürdiger Florentiner, Profeſſor Marchi. Die Geſellſchaft beſtand meiſtens aus rumäniſchen Familien, die aus den Bädern nach Bukareſt heimkehrten. Wir machten einige intereſſante Bekanntſchaften und fanden bei Oeſterreichern und Rumänen einen feurigen Enthuſiasmus für Deutſchland. Rechts und links die breiteſten, fruchtbarſten Landſtrecken ohne Menſchen! Was ſind hier noch für Kulturaufgaben zu löſen!

---

*) Ernſt Curtius unternahm die Reiſe nach Kleinaſien in Begleitung des Majors im Großen Generalſtabe Regely, des Geheimraths Adler, des Profeſſors Stark aus Heidelberg und ſeiner Schüler Heinrich Gelzer (jetzt Profeſſor in Jena) und Guſtav Hirſchfeld († 1895 als Profeſſor in Königsberg).

Um 11 Uhr Mittwochs kamen wir nach Rustschul, wo die Donau nach Norden umbiegt. Wir landeten am Rustschul-Bahnhofe und wurden nun auf die türkische Eisenbahn gesetzt, auf der wir bei Schumla vorüber durch größtentheils unbebautes Terrain nach Varna fuhren. Hier kamen wir nach eingebrochener Dunkelheit am Strande des Schwarzen Meeres an, stiegen unter Angstgeschrei der Frauen in ein schaukelndes Boot hinunter und wurden durch die trotz aller Windstille wogende See zu dem Dampfschiffe „Trebizonde" hinausgefahren, das uns gleich mit einem opulenten Abendessen bewillkommnete. . . . Um 7 Uhr des anderen Morgens begrüßte ich beim schönsten Wetter die Küsten; um 8 Uhr fuhren wir durch die Symplegaden, und nun war auf einmal Alles verändert. Keine Welle, sondern glattes Fahrwasser, eine Masse von Segel- und Dampfschiffen, beide Küsten mit Villen besät. Endlich tauchte die Hagia Sophia und der Serail auf, und wir fuhren in das Goldene Horn ein. Ich hatte schon mit dem Kommissionär des Hôtel de Byzance accordirt, als der Kawaß der deutschen Gesandtschaft, mit breitem Goldgürtel geschmückt, mir einen Brief reichte, in welchem der Geschäftsträger, Graf Limburg-Stirum, mich bittet, mit Gelzer bei ihm in Bujukdere unseren Aufenthalt zu nehmen. . . . Wir ließen einen Theil unseres Gepäckes zurück und fuhren dann, überall von dem Gesandtschaftstürken begleitet, auf einem der zahllosen Dampfschiffe in dreiviertel Stunden nach Bujukdere, wo der Geschäftsträger uns am Strande bewillkommnete. Wir haben zwei reizende Stuben, die trefflichste Bedienung, angenehmste Unterhaltung. Der Graf ist ein ächter Edelmann, voll Liebe zur Kunst, natürlich und ungezwungen im Verkehr. Herr Testa, der zweite Dragoman, lebt auch hier, und ein Schlesier Dr. Müller, der jüngste Dragoman. Heute bleiben wir ganz stille hier. Um 12 Uhr wird gefrühstückt, um ½8 gegessen, vorher Seefahrt und Seebad. Morgen fahren wir in die Stadt, um die Besichtigung derselben zu beginnen. . . . Eine himmlischere Ferienmuße kann man nicht genießen, als an diesem gottgesegneten Strande des Bosporus. . . .

An dieselbe.

Bujukdere, Sonntag, 27. August 1871.

. . . Um ½5 Uhr wurden wir an den Quai gerufen. Zwei Kaïks (Gondeln) lagen dort, die eine des Gesandten, die andere des ersten Dragomans, jede mit drei Türken bemannt, welche die deutschen Farben trugen. Ich saß mit dem Grafen und Gelzer in der ersten; Testa und Graf Bray, der Gesandtschaftssekretär, folgten uns.

Wir fuhren mit schnellem Ruderschlage dem Schwarzen Meere zu, bogen dann links ab zu einer kleinen Bucht, wo die Fischer im Wasser Holzthürme erbaut haben, um die Züge der Fische zu beobachten. So muß man sich die von Strabo geschilderten Thun-fischwarten denken. Dort legten wir unsere Kleider auf den Felsen ab und stiegen in die Fluth hinein. Es war ein entzückendes Bad, das mich ganz an die Piräusbäder meiner Jugend erinnerte. Wir fuhren in der Abenddämmerung heim. Nach Tisch wurden wir noch einmal gefahren, um den Bosporus in Mondscheinbeleuchtung kennen zu lernen. Gestern (Sonnabend) machten wir uns früh auf, bestiegen das Dampfschiff, das dicht bei unserer Wohnung seinen Landungsplatz hat, und landeten um 7 Uhr bei der Brücke von Pera. Dort trafen uns verabredetermaßen der Dolmetscher der Gesandtschaft, ein sehr geschickter Armenier, Michran Lazarian, und mit ihm Stark und Hirschfeld. Wir nahmen Pferde und ritten nun über die große Schiffbrücke nach dem eigentlichen Konstan-tinopel, dem alten Byzanz, hinein. Auf der Höhe der Halbinsel liegt über dem Meere der Serail, daher die „Hohe Pforte" genannt, von mehrfachen Mauerringen umgeben. Wir ritten durch kleine Waldungen, welche die Abhänge bedecken, um den Serail herum auf die Höhe des alten Hippodroms, welche aus der Zeit des Septimius Severus her immer ein freier Platz geblieben ist, — einst der Schauplatz der Cirkusspiele und der blutigen Bürger-kämpfe, welche sich aus den Cirkusparteien entwickelten —, und noch durch das Monument des Theodosius ausgezeichnet ist, sowie durch das bronzene Schlangengewinde, das man als einen Ueber-rest des Siegesdenkmals von Plataiai ansieht. Du weißt, daß ich gegen diese Annahme protestirt habe, aber bis jetzt noch sehr allein stehe. Der Anblick des Originals war mir sehr interessant, weil die Technik des Erzgusses viel besser ist, als man nach dem Gypsabdrucke anzunehmen geneigt ist, indessen ist das Erz dunkler, als man es bei hellenischen Werken findet, und dann scheinen mir auch die Inschriften nicht vom klassischen Stile zu zeugen. Die vielgerühmte Gleichartigkeit der Schriftzüge bewährte sich nicht, und Gelzer machte die sehr richtige Bemerkung, daß die oberen

Linien schlechter geschrieben seien, die unteren besser. Es wurde eine zweite Besichtigung in der Morgenfrühe verabredet. In der Nähe ist das merkwürdigste aller antiken Monumente, das große Wasserreservoir, ein ungeheures unterirdisches Gewölbe, von Hunderten von Pfeilern getragen, in welchem jetzt Seidenarbeiter ihr Gewerbe betreiben. Die Hallen sind von verschiedener Breite und machen den Eindruck eines verschütteten Riesendomes. Auf der Höhe der ganzen Halbinsel breitet sich der Platz aus, auf welchem sich jetzt vor dem großen, ganz modernen Ministerialgebäude der Seraskierthurm erhebt. Von ihm hat man die großartigste Rundschau. Man sieht auf das Marmarameer, den Schnee des mysischen Olympos, und zu den Füßen das ganze Gewimmel der bunten Weltstadt, welche sich an den beiden Meeren ausbreitet und auf zwei Kontinente. Wir ließen unsere Pferde beim Thurm und gingen in die engen Straßen hinein, wo uns Lazarian in eine armenische Restauration führte und uns mit gebratenen Hühnern und Pilav traktirte.

Dann setzten wir unseren Ritt fort nach der Küste des Marmarameeres, wo die Mauern des alten Byzanz die Küste erreichen und wo noch sieben Thürme von der Befestigung des Konstantinus in mächtigen Ueberresten erhalten sind, welche ein besonderes Fort bildeten und auch als Staatsgefängniß dienten. Wir ritten an der ganzen Außenseite der Mauern entlang, die zum Theil dreifach sind; die alten Thore sind mit den Brücken noch erhalten. Am inneren Rande der Mauern liegen dorfartige Ansiedelungen der Türken, welche Vorstädte von Stambul bilden; außen vor den Mauern breiten sich unabsehliche Friedhöfe aus mit zum Theil umgestürzten Grabsäulen. Es wird wenig Sorgfalt auf dieselben verwendet, und nur der Schmuck von Bäumen und Gartenanlagen ist es, der das Auge erfreut. In den horizontalen Grabsteinen läßt der Türke ein ovales Loch, woraus Pflanzen aufsprießen. Man zeigt das Grab eines gelehrten Mufti, aus dessen Brust ein Lorbeer aufgewachsen ist. Wir machten einen Abstecher in die Stadt hinein, um eine griechische Kapelle zu betrachten, in deren Vorhalle zwei Mosaikkuppeln vollkommen gut erhalten sind; in der Mitte der einen das Brustbild der Mutter Gottes von Bildern der Könige Judas umgeben, in der anderen das Brustbild Christi, darum herum die Bilder der Apostel. Ueber der Eingangsthür überreicht der Stifter knieend das Modell der Kirche der Jungfrau.

Die Türken haben Alles unberührt gelassen. Rings umher die kümmerlichsten, aus Brettern zusammengenagelten Buden, welche das willkommenste Brennmaterial bilden. Auch reitet man überall über ausgebreitete Brandstätten, die noch wüste liegen und wo nur schmutzige, herrenlose Hunde sich herumtreiben. Dann aber auch wieder anmuthige Stadt- oder Gartenhäuser, und in den neuen Quartieren moderne Steinbauten in aller Pracht ausgeführt. Man kann sich keine Stadt denken, welche ein so buntes Gemisch von Barbarei und raffinirtem Luxus darbietet. Türken, Armenier, Juden, Griechen, Zigeuner, Franken — Alles wogt durch einander; man hört in jedem Augenblick die verschiedensten Sprachen sprechen, und die auffallendsten Trachten erregen kein Befremden. Der Familiensinn und der Sinn für Natur ist bei den Türken sehr groß, und überall begegnet man den bis an die Nase verbundenen Frauen, die, in lange bunte Tücher bis an die Füße verhüllt, mit ihren Kindern an der Hand zu Wagen und zu Schiff hinaus- pilgern und sich am Bosporus ganz hart am Wasser reihenweise hinsetzen.

Nachdem wir die ganze Länge der Mauern abgeritten und auch noch das schreckliche Geheul einer Anzahl von Derwischen angehört hatten, ritten wir zu den süßen Wassern von Europa, wo der Sultan ein Lustschloß hat. Wir ritten an dem Fluß entlang, der in die Seebucht des Goldenen Horns einmündet, und kamen enblich in Pera an, nachdem wir von 7 Uhr Morgens bis ½6 Uhr fortwährend im Gange gewesen waren. Wir kamen eben noch zur rechten Zeit, um das letzte Dampfschiff zu erreichen, welches nach Bujukdere führt.

An dieselbe.

Konstantinopel, 29. August 1871.

Gestern, am Montag, umfuhren wir die alte Stadt zu Wasser, um die Lage derselben vom Marmarameer aus genau kennen zu lernen. Die Byzantiner haben ihre Mauern auf die der Griechen, die Türken wieder auf die der Byzantiner gebaut; jetzt werden sie zum Theil niedergerissen, um Platz zu machen für die Eisenbahn, welche von Adrianopel birekt an das Meer führen soll. Wir sahen, wie die alten Marmorlöwen, welche die Balkone der byzantinischen Kaiser schmückten, auf den Sand gesetzt wurden. Wir fuhren bis zu den „Sieben Thürmen", die unmittelbar aus dem Meer aufsteigen, das alte Staatsgefängniß der Osmanen, wo die Gesandten Venedigs zu Zeiten eingesperrt wurden und ihre Langeweile durch Kritzeleien an der Wand milderten, wie die Studenten im Karzer. Wir besahen die sogenannte kleine Hagia Sophia, auch eine übertünchte griechische Kirche, wie der Dom von Aachen gebaut. Gestern Nachmittag fuhren wir nach Bujukdere zurück; das Wetter hatte sich ganz verändert; es stürmte und regnete. Deshalb wurde auch der Ritt, den der Graf für heute früh vorgeschlagen hatte, abgesagt, und ich fuhr wieder gegen 6 Uhr mit Gelzer zur Stadt, besonders um den Ingenieur Humann aufzusuchen, welcher in Bergama wohnt und uns für den Anfang unserer Reise mit Logis, Pferden und Anderem versehen will. Er baut Straßen in der alten Landschaft Aeolis und soll dort wie ein Pascha gebieten. Er wird uns geleiten und mit den neu entdeckten Alterthümern bekannt machen.

An dieselbe.

Bujukdere, Donnerstag, 31. August 1871.

Dienstag um 4 Uhr fuhren wir nach dem Marmarameer, um die Prinzeninseln kennen zu lernen, welche einen kleinen Archipelagus vor der asiatischen Küste bilden. Diese Inseln sind gleichsam Vorstädte von Konstantinopel und erscheinen mit anmuthigen Villen angefüllt, deren Terrassen vom Meere aufsteigen. Es wohnen hier lauter Griechen. Wir brachten die Nacht in einem Wohnhause zu, dessen Garten zum Meere hinabreicht. Wir badeten und schliefen dann in einem sehr lustigen Zimmer, das der Wind durchpfiff. Denn es hatte sich plötzlich das Wetter verändert. Wolken, Sturm und Regen tobten die ganze Nacht. Bei besserem Wetter fuhren wir um 8 Uhr ab und waren schon um ½10 Uhr an der Brücke von Pera. Dort erwarteten uns der Graf und Testa, die uns einen Erlaubnißschein für die Sehenswürdigkeiten verschafft hatten. Wir gingen nun in die Hagia Sophia, den Prachtbau Justinians, dessen ungeheueres Kuppelgewölbe einen mächtigen Eindruck macht, wenn es auch durch die sieben Kalifenschilder verunziert ist. Die Mosaiken sind übermalt, nur hie und da schaut ein Muttergottesbild hindurch. Die Kreuze sind sämmtlich ausgemeißelt, aber die prachtvollen Marmortafeln sind alle noch an der alten Stelle. Wir besahen das schöne Brunnengebäude und das Museum von Alterthümern, welches jetzt in der alten Irenenkirche eingerichtet ist; darunter ein Fragment vom Friese des Mausoleum, ein sehr merkwürdiger Sarkophag mit der Geschichte der Phädra und ein Relief mit Hygieia und Asklepios, der einen Baum in der Linken hält. Ich hoffe Abgüsse und Photographien zu erhalten. Dann durchwanderten wir die großen Höfe des Serail, das der Sultan lange verlassen hat, nachdem sein Palast abgebrannt ist, obgleich hier der schönste Raum und die köstlichste Luft ist.

Wir sahen den sogenannten Thronsessel Justinians, die Bibliothek, den von Edelsteinen überfüllten Kronschatz und endlich die Moschee des Achmed, wo wir eine türkische Predigt anhörten, die vor einem Halbkreis niederkauernder Frauen von einer Kanzel gehalten wurde. Vom vielen Sehen müde, fuhren wir um 5 Uhr nach Bujukdere hinaus.

An dieselbe.

Chanak Kalessi, 5. September 1871.

Donnerstag nahmen wir Abschied von unserem liebenswürdigen Wirthe und dem schönen Bujukdere und stiegen in Pera im Hôtel de Byzance ab, machten mit dem Dampfschiffe noch eine Fahrt durch das Goldene Horn, hin und zurück, aßen in unserem Hôtel und kamen nach Tisch mit den Deutschen in „Stadt Pest" zusammen. Freitag Mittag machten Gelzer, Hirschfeld und ich mit unserem Armenier eine herrliche Fahrt nach Skutari hinüber. Dort nahmen wir Pferde und ritten die Höhen hinauf zu einer prächtigen Aussichtsstelle, wo man Stambul mit allen seinen Seevorstädten und Seestraßen überschaut, dann hinunter nach Chalkedon. Freitag Nachmittag bestiegen wir hier mit Lazarian das französische Schiff, das nach Salonichi geht. Wir waren dort sehr gut aufgehoben, aber der Kapitän zog sich von der Mittagstafel zurück, als er merkte, daß wir Deutsche waren. Wir kreuzten das Marmarameer, fuhren mit der Frühe in die Dardanellen ein und legten um 10 Uhr an dem Hauptorte, Chanak Kalessi, an, wo die Dardanellenkonsuln residiren. Wir besuchten den Amerikaner Calvert, der hier mit mehreren Brüdern lebt, Haus, Landbesitz und eine sehr merkwürdige Sammlung hat. Nachmittags nahmen wir uns ein Boot und segelten aus den Dardanellen heraus, wo sich der herrlichste Blick auf Samothrake und Imbros öffnete, nach dem Vorgebirge

Sigeion, dem heutigen Kumkale. Dort nahmen wir einen Esel
für unser Gepäck und wanderten in der Abendstunde an den „Grab-
hügeln des Achilleus und Patroklos" vorüber, nach Jenischehr, das
dicht bei der alten Stadt Sigeion liegt, um welche sich die Athener
und Lesbier vor Zeiten stritten. Wir schliefen auf dem Boden
eines Khans, auf engem Raum neben einander auf der Erde; der
Wind pfiff durch alle Wände, wir aber standen munter und frisch
auf und wanderten mit unserem Packesel durch das Skamandrosthal aufwärts nach dem Türkendorf Bunarbaschi, ruhten dann die
Mittagsstunden und wanderten Nachmittags mit gespannten Erwartungen auf die Höhen außerhalb des Dorfes, um die Burg
des Priamos aufzusuchen. Der Burghügel zeichnet sich aus der
Entfernung gar nicht aus, aber wir erstaunten, als wir die
mächtigen Mauern fanden, die Herr von Hahn ausgegraben hat,
darunter auch die von ihm so genannte Curtiusstufenmauer. Die
Umwanderung der Burg machte uns die höchste Freude. Die
Aussicht ist unvergleichlich. Nach hinten das obere Skamandrosthal, von grünen Matten umgeben, zwischen den Vorhöhen des
Jba, eine Tiroler Thallandschaft, nach dem Meere zu der herrlichste
Blick auf die Inseln. Man sieht, wie das Hirtenvolk der Dardaner
diesen Berg besetzte und seitdem in die unruhige und blutige Geschichte der Küstenvölker hereingezogen wurde. Die Mauern sind
zum Theil gewaltig, aber so verschiedener Art, daß hier viel mehr
Geschichte vorauszusetzen ist, als die Ueberlieferung sagt. Mit
einbrechender Dunkelheit gingen wir hochbefriedigt heim und aßen
eine Hühnersuppe, welche uns Lazarian gekocht hatte. Wir schliefen
in einem Khane neben rauchenden Türken, welche mit dummer
Neugier die Fremden beim Niederlegen und Schlafen anstarrten.
Montag früh gingen wir zu den Quellen, wo die Troerinnen ihre
Kleider wuschen. Man sieht noch die in Form eines Waschtroges
ausgearbeiteten Felsen. Rings umher sprudeln die Quellen aus
dem Boden wie in der Göttinger Papiermühle; grüner Rasen-
teppich und eine Menge von Bäumen umher — ein entzückender
Platz und ein Hauptbeweis, daß hier auch die bedeutendste Niederlassung in alter Zeit gewesen ist. Dann gingen wir wieder zu
Fuß neben unserem Esel in das Skamandrosthal hinunter, um
nun die andere Thalseite, die östliche, zu besuchen. Hier lag auf
einem vorspringenden breiten Erdhügel das neue Jlion, das unter
den Makedoniern und Römern blühte. Massen von Ruinen bedecken

die Höhen. Man sieht ein Stadium und ein riesiges Amphitheater.
Hier hat Schliemann Mauern aufdecken lassen, in denen er die
Grundfesten vom Palaste des Priamos erkennen will. Auch die
ganze Familie Calvert ficht für diese Ansicht, welche uns unglaublich erscheint. Wir nahmen uns Pferde und ritten auf die Höhen,
welche nach den Darbanellen die Ebene begrenzen. Es sind zwei
Ketten, zwischen ihnen das Thymbriosthal, in welchem der Apollotempel lag, wo Kassandra Priesterin war, und Achilleus fiel. Ueber
die zweite steigend, hatten wir wieder den ganzen Hellespont vor
uns, an den wir hinabstiegen. Ein Malteser ship-chandler unterhält am Strande ein Magazin, aus dem man die Schiffe versorgt,
in der Nähe ein englisches Hospital. Der Malteser, eine urkomische
Figur, würdig, von Dickens beschrieben zu werden, lud uns in
sein Haus und hielt uns so lange zurück, daß wir erst in tiefem
Dunkel durch unüberbrückte Gewässer nach Chanak Kalessi gelangten. Hier konnten wir wieder einmal auf Stühlen sitzen, an
Tischen essen und in Betten schlafen. Heute halten wir hier Ruhe-
tag. Wir wohnen sehr behaglich am Meere; unablässig rauschen
die Wellen des Hellesponts. Darüber sehen wir die Berge von
Abydos, wo man vor einigen Jahren einen Marmorsessel gefunden
hat, den Herr Calvert für den des Xerxes hält. Er ist in Konstantinopel spurlos verschwunden.

An dieselbe.

Smyrna, 15. September 1871.

... Wir waren an Bord eines sehr schönen türkischen Schiffes
sehr gut logirt und hatten das herrlichste Wetter. Der erste Platz
ist immer nur schwach besetzt, und man hat viel Raum. Das Verdeck
ist mit Menschen aller Nationen überladen. Ein Theil wird mit
Vorhängen abgesondert, wo die Frauen ihre Lagerstätte auf-
schlagen. Auf dem übrigen Terrain hausen die Männer, bunt
durch einander auf Teppichen gelagert, halten dort ihre Mahlzeiten, machen ihre Toiletten, singen, spielen, und mitten dazwischen hat ein frommer Muselmann seinen in bestimmte Falten
eingetheilten Gebetsteppich ausgebreitet und macht seine tiefen
Kniebeugungen gen Mekka. Noch einmal weidete ich meine Augen
an der Stadt, welche, sowie man aus ihren schmutzigen Gassen
heraus ist, ein Gesammtbild von überwältigender Schönheit bietet
mit ihren Kuppeln und Cypressenhainen, ihren Meerbuchten und

Meerstraßen, ihrem Wald von Schiffen, zwischen denen unzählige
Gondeln, alle mit bunten Menschen gefüllt, kreuzen. Jede Abfahrt
erfolgt unter unermeßlichem Toben und Schreien; man glaubt
immer, daß ein Dutzend Menschenleben zu Grunde gehen, es handelt
sich aber nur um zu kurz bemessene Trinkgelder, und am Ende
gleitet das Schiff still und ruhig hinaus in die dunkelblaue See,
welche mit göttlicher Herrlichkeit nach wie vor das Land und seine
verkommenen Bewohner umfaßt. Das Marmarameer, das ich
zum drittenmal befuhr, war spiegelglatt. Wir sahen den mysischen
Olymp mit seinem wolkentragenden Gipfel und die hohe Marmor-
insel Prokonnesos und schliefen friedlich in unseren Betten, bis
die Sonne über dem Jdagebirge aufging. Wir lenkten nun in
den Kanal von Mytilene, sahen die Stadt des Arion, dessen Delphine unser Schiff begleiteten, so lange es ihre Lungen gestatteten,
legten vor dem Hafen von Mytilene an und fuhren um 3 Uhr in
den tiefen Golf von Smyrna ein. Nun begann wieder ein Höllen-
lärm. Die Barkenführer kletterten einer über den anderen weg,
um sich die zu prellenden Fremden abzujagen. Wir wären beinahe in ihre Hände gefallen, da zeigte sich eine Gondel mit der
deutschen Trikolore und nahm uns in ihrem Schooße auf. Im
Wirthshause bei einem Schweizer, Peter Müller, fanden wir auch
unsere drei Gefährten, welche eben von der „Niobe" heimkehrten;
wir besuchten Abends noch den Konsul, der sich kürzlich mit einer
Wienerin verheirathet hat, Dr. Lührsen aus Hamburg, und ruhten
dann von unserer Reise aus, so gut es die Mücken erlaubten.
Donnerstag früh besuchten wir die Sammlung des Konsuls Gonzenbach.

Um 12 Uhr holte uns der Konsul in seinem Wagen ab, und
wir hatten Audienz beim Pascha. Die Wache trat ins Gewehr,
als wir eintraten, der Konsul stellte Regely, Adler und mich vor,
und ich hielt eine kurze französische Anrede, welche sich um die Begriffe hommage — haute protection — recherches scientifiques bewegte.
Der mitgenommene Dragoman erwies sich als überflüssig, denn
Said Pascha, ein Mann von kaum fünfzig Jahren, einst ein ge-
wöhnlicher Schreiber, der schon mehrmals Minister gewesen ist
und jetzt im Vorschlag zur Großvezierwürde stand, sprach besser
als wir französisch, und unterhielt sich lebhaft über den Eindruck,
welchen Pompeji auf ihn gemacht habe. Es wurden uns Pfeifen
und Mokka gereicht und alle Erleichterungen versprochen. Nach

Tisch (hier wird um 1 Uhr gegessen) machten wir einen Spaziergang auf den Festungsberg oberhalb Smyrna, den Pagos, wo
Alexander schlummernd die Weisung erhielt, das neue Smyrna zu
gründen. Wir untersuchten die alten Ringmauern, das Stadium
u. s. w. Bald war aber Alles vergessen über der unglaublichen
Schönheit eines Sonnenunterganges, welcher den Golf, die Berge
und Inseln verklärte.

Um ¹/₂8 Uhr war Diner beim Konsul, sehr fein und behaglich.
Den Abend kam noch, vom Pascha gesendet, der vortragende Rath
desselben, Aristarchi, der Neffe des Gesandten in Berlin, und brachte
uns ein Empfehlungsschreiben. Er blieb den Abend und schickte
nach Hause, um ein Kästchen holen zu lassen, in welchem sich ge-
schnittene Steine von auserlesener Schönheit fanden. Auch der
Konsul hatte eine Reihe von kleinen Antiquitäten, und so kamen
wir erst gegen 12 Uhr nach Hause.

Heute (Freitag) nahmen wir eine Barke und fuhren über
den Golf nach der gegenüberliegenden Seite, wo das alte Smyrna
gelegen hat. Hier münden zwei Bäche, welche beide auf den Ruhm
Anspruch machen, der Meles zu sein, der des Homeros Vater genannt wurde. Wir fuhren in den einen hinein und zwischen
seinen Schilfrohren aufwärts bis nahe zu seinem Ursprunge, wo
er aus dem Fuße des Berges auftaucht und einen großen Mühl-
teich bildet. Hier sind neuerdings Skulpturen gefunden, die wir
besahen. Dann gingen wir zu Fuß nach dem anderen Flusse und
rasteten bei der sogenannten Karawanenbrücke, über welche ohne
Unterlaß lange Züge von Kameelen wandeln, jeder von einem
kleinen Esel geführt, denn das Kameel geht nie von selbst vorwärts. Den Hintergrund dieses bunten Treibens bilden die dichten
Cypressengruppen des anliegenden Kirchhofes. Aber das hiesige
geschäftliche Leben bildet nur noch einen schwachen Abglanz der
Handelsblüthe vor dreißig Jahren, ehe die Dampferlinien Beirut
zum Emporium Syriens und des Ostens erhoben und den größten
Theil des Handels der Smyrnioten lahm legten. Damals lagerten
ebenso viele Tausende, als jetzt Hunderte von Kameelen an der
Brücke. Die Konsuln der Großmächte wie der Kleinstaaten, meist
aus den levantinischen oder griechischen Großkaufleuten genommen,
bildeten eine vielbeneidete Macht. „Du mögest Konsul werden“,
war der Wunsch, welchen man bei der Taufe dem neugeborenen
Söhnchen der griechischen Handelsherren zurief. „Konsul“ war

für diese Leute der Inbegriff irdischer Glückseligkeit. Doch von
diesem alten Glanze der Handelsmetropole ist Smyrna längst hin-
abgestiegen.

An dieselbe.

Kassaba, 19. September 1871.

... Sonnabend Mittag fuhren wir zusammen auf der Eisenbahn nach Ephesos. Ein Engländer, Mr. Siney, hält dort ein
refreshment room with accomodation for the night. Wir beritten
das große Ruinenfeld und sahen vor Sonnenuntergang noch die
Stätte, wo Mr. Wood nach mehr als sechsjährigem Graben endlich
die erste Säule des Artemistempels an ihrer Stelle gefunden hat.
Ja, wir sahen auch die ersten Skulpturen des Tempels, die Mr. Wood
selbst noch nicht gesehen hatte, der erst in diesen Tagen zurückgekehrt
ist, um seine Ausgrabungen fortzusetzen.

Am Sonntag sammelten wir uns auf dem Berge, wo die Sage
von den Siebenschläfern zu Hause ist. Der Major stellte seine
Instrumente auf, um die neu gefundenen Alterthümer zu fixiren.
Dann zerstreuten wir uns nach den verschiedenen Seiten, um die
alle Erwartung übersteigende Fülle von Alterthümern auszubeuten.
Den Nachmittag wollten wir nach Smyrna zurück, da kam die
Kunde von den neu gefundenen Reliefs zu unseren Ohren. Adler,
Stark und ich blieben also noch eine Nacht, stiegen am anderen
Morgen auf die Höhe des heiligen Lukas, machten uns dort
die ganze Geschichte der Stadt Ephesos möglichst klar und fuhren
um 11 Uhr nach Smyrna zurück.

Heute um 2 Uhr sind wir nun auf der anderen Eisenbahn
gefahren, die in das Hermosthal hinübersührt. Die Eisenbahnen
sind beide vorzüglich dazu gebaut, um die Fruchternten des westlichen Asiens nach Smyrna zu bringen, namentlich Feigen und
Baumwolle. Wir fuhren ganz um den Meerbusen von Smyrna
herum, bogen um den Fuß des Gebirges Sipylos und erreichten
an der Nordseite desselben das schön gelegene Magnesia, das heutige
Manissa. Senkrecht über demselben erhebt sich der Sipylos mit
seinen ausgezackten Felsgipfeln, wie etwa der Jura sie hat. Weiterhin sahen wir rechts am Felsen die geebnete Felsnische, in welcher
die Mutter Niobe thront, über deren eigentliche Haltung auch
etwas Bestimmteres ermittelt werden konnte.

Der Sipylos bildet die Grenze zwischen Aeolien und Lydien,

zwischen Griechenland und Barbarenland. Die Ebene wird breiter und breiter. Man begreift, daß die lydische Waffenmacht vorzugsweise eine Reitermacht war. Die Ebene ist baumreich und sehr wasserreich. An den Fontänen sieht man, daß hier seit Jahrtausenden derselbe Weg in das Binnenland führt. Darauf deuten auch die zahlreichen Hügelgräber am Wege, denen man zum Theil noch die alte kreisförmige Ummauerung ansieht.

Wir waren an den Chef der Eisenbahnstation empfohlen, einen Dalmatier Fiorewitsch, der uns in den Kaffeegarten von Kassaba führte, uns in glänzender Weise bewirthete und keinerlei Entschädigung annehmen wollte. Er schwärmt so sehr für Deutschland, daß er selbst dem österreichischen Admiral, der neulich hier war, ein Fähnchen mit unseren Farben auf die Torte steckte.

In Kassaba ist die Bahn fürs erste zu Ende. Heute, Mittwoch, früh nach 6 Uhr stiegen wir zu Pferde. Zwei bewaffnete Kawassen sprengten voran, dann der Tatarenwagen mit dem Gepäck, dann unsere Gesellschaft, ein Dragoman und Diener und endlich ein Bursche für die Pferde.

So zogen wir das Hermosthal weiter hinauf und kamen um ½12 Uhr an den Paß der berühmten Felsburg von Sardes, wo jetzt ein so elendes Dorf Namens Sard liegt, daß es unmöglich schien, dort zu bleiben. Wir ritten also noch ein Stück weiter nach Tschiflik, wo ein Kaufmannshaus in Smyrna ein Haus hat, in welchem ein Kommissionär wohnt, der für die Baumwollenernten in der Umgegend sorgt. Hier sind wir freundlich aufgenommen und haben eine saubere Stube. Aber das Unglück ist, daß der Ort so weit von den Ruinen liegt, daß damit viel Zeit verloren geht. Wir müssen sehen, was wir zu Stande bringen. Der Major hat wenigstens den ernsten Willen, und wir Anderen sind bereit, ihn zu unterstützen. Gestern und heute haben wir Regengüsse gehabt; aber es wird immer wieder heiter und ist heute nicht heiß.

Smyrna, Sonnabend.

Ich wollte unterwegs weiterschreiben, aber wir hatten die zwei Tage eine abscheuliche Existenz und waren immerfort in Bewegung. Unser Quartier war äußerlich erträglich, aber wir hatten von Ungeziefer und Anderem zu leiden. Freitag ritten wir in aller Frühe zu den Ruinen, besuchten die Trümmer des Kybeletempels in dem platanenreichen Paktolosthale und erklommen dann im Schweiße unseres Angesichts die Burg. Wir hatten lybische Hitze. Man merkt, daß man von der See entfernt ist. Ein schneidenderer Gegensatz von Einst und Jetzt ist nicht zu denken. Denn hier ist auch der Berg selbst, welcher einst die Wohnstätte der größten menschlichen Herrlichkeit war, von Erdbeben zerrissen und von Regengüssen abgespült, und der Rest bröckelt alle Tage weiter nach. Das Einzige, was sich erhalten hat, sind die zahllosen Hügelgräber, und wie die Wahrzeichen des Landes ragt in der Mitte der ganzen Ebene das Riesengrab des Königs Alyattes, ein großartiges memento mori. Der Major machte oben die ersten genauen Bestimmungen, da die ganze Stadtlage noch niemals aufgenommen worden ist. Wir kamen erst gegen 2 Uhr herunter, wo neben dem Khan unser Diener unter einer großen Eiche ein Mahl bereitet hatte, das aus einem gebratenen Huhn, Früchten und dergleichen bestand. Neugierige Türken umlagerten uns. Nach dem Essen besuchten wir noch einige Ruinenplätze und ritten im Mondschein durch die versumpfte Ebene nach unserem von Morästen umringten Quartier zurück. Die ganze Ebene ist reich an Quellen, und überall sieht man die Ueberreste der alten Berieselungskanäle; aber sie sind zerfallen, das Wasser stockt und verpestet die Luft. Die gesegnetste Ebene der Welt ist größtentheils wüst, und nur wo ein fließendes Wasser ist, da sproßt eine üppige Vegetation. Schon von ferne erkennt man diese Oasen, wo die Reisenden rasten. Man glaubt in Afrika zu sein.

Freitag war in aller Frühe unsere Karawane schon beritten. Der Major stellte diesmal seine Instrumente unten auf und trug die wichtigsten Punkte ein, Hirschfeld ist unschätzbar in seiner geschickten Dienstfertigkeit. Abler und ich maßen und zeichneten zusammen. Stark und Gelzer betheiligten sich in sehr wirksamer Weise, und so gelang es in der kurzen Zeit von 1½ Tagen, die wichtigsten Punkte des alten Sardes festzustellen. Der Major ist sehr liebenswürdig, und die ganze Gesellschaft ist vortrefflich komponirt. Nachdem wir bis Mittag gearbeitet hatten, frühstückten wir wieder an unserem alten Platze und stiegen dann zu Pferde.

Nach sechsstündigem scharfen Ritt kamen wir todtmüde in Kassaba an. Hier empfing uns unser alter Gastfreund. Wir wurden wieder glänzend bewirthet und schliefen in den schönsten Betten. Von solchen Kontrasten des Luxus und der völligsten Barbarei hat man keinen Begriff. Heute (Sonnabend) früh um 6 Uhr ging der Zug ab, und wir fuhren aus der heißen lydischen Ebene, in der es seit dem Frühjahr noch nicht geregnet hat, in die Küstenlandschaft zurück. Am hiesigen Bahnhof hatte der schwedische Konsul Spiegelthal schon für einen Wagen gesorgt, und wir sind jetzt wieder im Hôtel Müller einquartiert.

An dieselbe.

Smyrna, 26. September 1871.

... Vorgestern erlebte ich den ersten ächten Sonntag auf unserer Reise. Um ¹/₂9 Uhr gingen wir, das heißt Abler und ich, zur Kirche, einer Kapelle, die den Holländern gehört. Wir waren beinahe die einzigen Männer, die dem Gottesdienste beiwohnten, den unser Freund Reineck hielt. ... Nachher gingen wir in das Diakonissenheim, und dieser Besuch war der erbaulichste Theil der Sonntagsfeier. Die Direktorin, Schwester Minna, zeigte uns Alles; es ist ein großes Quadrat von Wohnungen und Hofräumen mit Garten, Alles sauber gehalten, zweckmäßig angelegt, in bestem Stande, lustig, wo vierhundert Kinder unterrichtet werden und zweihundert Pensionäre wohnen. Mit sechzehn Thalern kam die Vorsteherin hier an, Friedrich Wilhelm IV. schenkte zehntausend Thaler zum Ankauf des Grundstückes. Jetzt erhält sich die ganze Anstalt vollständig, wird von allen Seiten anerkannt, leistet sehr viel und steht nur nominell unter Kaiserswerth. Aus dem Reinertrag der Anstalt wird noch ein Waisenhaus erhalten, wo ungefähr zwanzig Kinder aller Nationen, darunter zwei getaufte türkische Geschwister, die besten von Allen, als eine kleine evangelische Gemeinde erzogen werden. Nach Tisch holten Reinecks uns ab, wir bestiegen Esel und machten einen herrlichen Ritt rechts von der Karawanenbrücke, das Melesthal hinauf, zu den großen Wasserleitungen, welche in zwei- und dreifacher Bogenstellung das tief eingeschnittene Thal überschreiten. Wir aßen bei Reinecks mit drei Schwestern zu Abend.

Gestern, am Montag, fuhren wir früh um ¹/₂7 Uhr mit einer Barke über den Golf nach Alt-Smyrna, wo auf jetzt öden Trümmerhügeln sehr merkwürdige Ueberreste einer alten Niederlassung vorhanden sind. Da wir sahen, daß die bisherigen Darstellungen ganz ungenügend sind, so beschlossen wir, eine neue Aufnahme zu machen. Zu diesem Zweck blieben der Major und Hirschfeld hier.

Wir rekognoscirten das ganze Terrain bis 2 Uhr, ohne Schatten, über steile Höhen, die mit stechendem Dorngestrüpp bedeckt waren und mit Steingerölle, auf und nieder, bis wir endlich die Küste wieder erreichten und heimfuhren, wo das Mittagessen unser wartete. Um 4 Uhr waren Adler und ich zum Kaffee bei Schwester Minna, dann wurde bei Gonzenbach um Alterthümer vergeblich gehandelt. Um 7 Uhr holte ich Reineck zu Xanthopulos, welcher uns ein sehr üppiges Abendessen vorsetzte, zu welchem auch der Redakteur der hiesigen Zeitung, Samiotakis, und ein Gymnasiallehrer, Protobikos, zwei recht liebenswürdige Männer, eingeladen waren. Frau Xanthopulos ist aus Trapezunt; er hat zwei Knaben, Timotheos und Homeros, und ein kleines Mädchen. Die gebildeten Griechen sind alle für die deutsche Sache begeistert, besonders deshalb, weil sie die Franzosen als Katholiken und Vertreter der römischen Kirche in der Levante hassen.

Heute wurde uns ein schöner Marmorkopf zum Kauf in das Haus gebracht, der Kopf einer vornehmen Römerin aus dem zweiten Jahrhundert n. Chr., ein wohlerhaltener und interessanter Porträtkopf, von dem ich mir eine Photographie ausbat. Dann nahm ich mit Reineck hinter seinem Hause ein Seebad. Er ist von außerordentlicher Dienstfertigkeit und Freundlichkeit.

Smyrna, 6. Oktober 1871.

Am Abend des 26. gingen Adler, Gelzer und ich mit einem kleinen Dampfer nach Dikeli in der Bucht von Mytilene. Der Major, der mit Hirschfeld wunderbar sympathisirt, blieb hier zur Vollendung einer Aufnahme zurück. Am Mittwoch holte uns der Architekt Humann mit seinen Pferden ab, und wir kamen spät Abends, durch die langen Straßen unsere Pferde bergauf hinter uns herziehend, vor seinem Hause an, wo uns eine ächt deutsche Lampe über einem gastlichen Abendtische entgegenleuchtete. Sein Gehülfe Huck, ein Mechaniker, ist verheirathet, und die Frau hält Haus. Der Sohn geht in eine türkische und in eine griechische Schule. Humann baut Landstraßen und ist ein sehr geachteter Mann. Der Gouverneur ritt uns entgegen zur Bewillkommnung.

Wir erklommen am Donnerstag die steile Burg der pergamenischen Könige, die so überreich an Marmorwerken ist, daß lange Zeit vier bis fünf Oesen fortwährend in Arbeit waren, um die Statuenreste in Kalk zu verwandeln. Wir holten verschiedene

Skulpturen aus der Mauer heraus, denn Humann ist wie ein
Pascha, der immer über ein Dutzend Menschen und Pferde kommandirt. In Pergamon ist die reinste Bergluft und keine Spur
von Mücken. Wir waren wie im Himmel und alle Wunden heilten.
Die Stadt ist überfüllt mit Alterthümern, fast kein Haus ohne
Antiken. Unterirdische Bogengänge, viel stattlicher als die Cloaca
maxima von Rom, ziehen sich unter der Stadt hin. Das Ueber-
raschendste aber war, daß wir Ueberreste uralter Ansiedelungen,
deren Felsspuren ich in Athen besonders nachgewiesen habe, an
verschiedenen Stellen auffanden. Adlers Adlerauge kommt mir
immer trefflich zu statten und macht mir die Reise unendlich er-
giebig. Am Freitag untersuchten wir die Unterstadt. Vor der
Stadt liegt ein ungeheurer Tumulus, ein Grabhügel, dessen Umfang 486 Fuß beträgt. Zu demselben führt ein gemauerter Gang.
Wahrscheinlich gab es deren vier. Humann hat den einen aufgraben lassen und wollte, wir sollten bleiben, bis das Centrum,
das eigentliche Grab, gefunden sei. Der Bau ist wahrscheinlich
ein Bau der Attaliden, ein stolzer Königsbau, in dem Stile, den
wir hier erst recht kennen gelernt haben. Wir sind mancherlei
Alterthümer für das Museum geschenkt, andere für Gegengeschenke
versprochen. Die Griechen sind alle für unseren Kaiser enthusias-
mirt. Sonnabend Vormittag schlossen wir unsere pergamenischen
Studien, aßen noch einmal an dem reich besetzten Tisch der Frau
Huck und stiegen auf die trefflichen Pferde von Humann, der uns
selbst begleitete, sein bewaffneter Kawaß voran. Wir ritten durch
die untere Kaïkosebene nach einem türkischen Dorfe am Meerbusen
von Elaia und rückten daselbst noch am Abend in die Wohnung
eines türkischen Bauern, um eine griechische Inschrift abzuklatschen.
Es zeigte sich aber am anderen Morgen, daß der Abdruck miß-
lungen, weil der Stein ganz abgetreten ist. Also beschlossen Gelzer
und ich zu bleiben, und den ganzen Sonntag, von $\frac{1}{2}$7 Uhr Morgens
bis $\frac{1}{2}$5 Uhr Abends, lagen wir Beide auf dem Bauche, über der
im Hofe eingemauerten Platte. Ich merkte, daß meine Nerven
sich gestärkt hatten, sonst hätte ich das nicht ausgehalten. Um
6 Uhr aßen wir bei einem Griechen, schliefen dann bis 12 Uhr;
um 1 Uhr waren wir zu Pferde. Wir ritten in einem Zuge bis
9 Uhr, zum Theil in scharfem Trab, um eine Station der Kassaba-
Eisenbahn zu erreichen. Wir mußten durch den Hermos waten.
Mein Pferd trat in ein Loch — ich wurde bis über die Kniee

naß — aber diese Sonne trocknet in fünf Minuten. Wir kamen
um ¹/₂10 Uhr auf den Bahnhof gesprengt und waren um 11 Uhr
in Smyrna.

Am Dienstag ließ der Konsul Spiegelthal uns zu Ehren zwei
Gräber in Alt-Smyrna öffnen, wo Regely und Hirschfeld schöne
Arbeiten ausgeführt und sehr hübsche Entdeckungen gemacht haben.
Um unsere Zeit möglichst auszunutzen, beschlossen wir noch eine
zweitägige Tour nach Ephesos, weil ein zuverlässiger Situations-
plan noch fehlt. Humann begleitete uns, und so gelang es, in
dem unermeßlichen Ruinenfelde Etwas zu Stande zu bringen,
was zu Hause umsomehr willkommen sein wird, da wir zum ersten
Male die Stelle des Artemistempels eintragen können. Mr. Wood
hat neuerdings auch die mit Skulpturen umgebenen Tempelsäulen
aufgefunden. Wir haben gestern den ganzen Tag und heute fünf
Stunden tüchtig gearbeitet, und der Schweiß der Edeln ist nicht
vergeblich geflossen. Seit heute Mittag sind wir wieder hier und
rüsten jetzt zur Abreise.

An den Bruder.
Berlin, 3. Januar 1872.

. . . Ich habe in diesen Ferien von Morgens bis Abends an
einer Abhandlung über die Alterthümer und Geschichte von Ephesos
gearbeitet und sie erst heute im ersten Entwurfe fertig gemacht.
Am 18. Januar ist meine Reihe, um in der Akademie einen Vortrag zu halten. Ich hatte gleich nach meiner Rückkehr den Vorsitz
übernehmen müssen und war auch dadurch recht beschäftigt. Auf
jeden Fall hat man den Vortheil, durch dieses Amt der Körper-
schaft voller anzugehören und an allen Arbeiten persönlichen Antheil zu nehmen.

An denselben.
27. Februar 1872.

. . . Aus Deinen Briefen weht mich immer die Luft stiller,
gelehrter Muße an, nach welcher ich mich stets vergeblich sehne.
Täglich nehme ich mir vor, äußerlich und innerlich ruhiger zu
leben, und ich lerne auch etwas von dieser Kunst, aber die ruhigen
Stunden müssen so für die Arbeit zusammengehalten werden, daß
das anmuthige Vergnügen des Briefschreibens sehr zu kurz kommt.
Die längeren Tage sind jetzt, da ich früh und Abends bei Licht zu

arbeiten vorsichtig sein muß,*) eine Freude, wie ich es früher nie empfunden habe.

Am Museum habe ich jetzt die Direktion des Antiquariums übernommen und dadurch nicht wenig neue Mühe. Denn ich habe nun die Vasen, Terrakotten, Glas, Bronce und Gemmen zu über- wachen. Man wünscht, daß ich die Stelle definitiv übernehme, was ich natürlich nur thun werde, wenn ich mir einen passenden Assistenten wählen kann. Früher war ich oben mit Bötticher zu- sammen. Jetzt ist es für mich eine sehr angenehme Verbesserung, unten ein sehr behagliches Arbeitszimmer zu haben inmitten der Antikenräume, welche mir immer besonders werth gewesen sind. Jetzt sind in meiner Stube die von mir angekauften großen attischen Lekythen, auf denen reiche, farbige Darstellungen nach Art von Wandgemälden ausgeführt sind. Zu meiner Freude werden sie als ungemein wichtige Erwerbungen allgemein anerkannt und be- wundert. Der Kronprinz**) kommt häufig und gedenkt dann mit großer Zärtlichkeit Alles dessen, was er von mir in diesen Räumen zuerst gelernt hat. Der neue Minister geht energisch vor. Neuer Muth durchströmt die Kreise der Wissenschaft und Kunst. Aber es drohen auch bedenkliche Abwege. Man kennt an gewissen Stellen kein höheres Ziel, als Prinz Albert zu kopiren, man schwärmt für Weltausstellungen, ergeht sich in ungeregeltem Dilettantismus, bespöttelt Schinkel, verleugnet den sittlichen Kern der Kunst und treibt mit dem Strome des Modegeschmackes. Die beliebtesten Rathgeber sind Leute von halber Bildung, auf deren Gedanken man eingehen kann, ohne aus dem Schlendrian des Lebens sich los- zumachen. Ich glaube dadurch nur umsomehr berufen zu sein, ohne Rücksicht auf den augenblicklichen Erfolg die Gesichtspunkte festzuhalten, welche mir die höchsten sind. Ich habe jetzt auch die Gründung eines archäologischen Institutes in Athen in Anregung gebracht, die Sache ist in vollem Gange.

Unter den neu aufgetretenen Persönlichkeiten ist Odo Russel eine der interessantesten, ein Kosmopolit von seltenster Virtuosität. Neulich hatte Brandis Helmholtz, Mommsen, Grimm, Lazarus, Lasker und mich mit ihm vereinigt. Es war ein ächtes Symposion, wo alle Fragen der Politik und Bildung verhandelt wurden. Ich horchte und lernte mit begierigem Ohre, fühlte mich aber doch

---

*) Wegen des beginnenden Augenleidens.
**) Welcher 1871 zum Protektor der Museen ernannt war.

einſam. Die beiden Juden waren mir entſchieden am meiſten
ſympathiſch, weil ſie viel mehr als alle Anderen religiöſe Bildung
als einen weſentlichen Faktor des Volkswohles und der Menſchen-
bildung anerkannten.

An denſelben.

15. April 1872.

Ich wurde aus meiner Ferienmuße plötzlich herausgeriſſen,
indem der Miniſter mich bat, einen Verſuch zu machen, Jacob Burck-
hardt in Baſel für Berlin zu gewinnen. Ich hatte von Anfang an
wenig Hoffnung und konnte auch den in ſeiner Vaterſtadt feſt-
gewachſenen Mann durch keine Beredſamkeit löſen, obwohl er in
jüngeren Jahren große Luſt gehabt hätte, nach Berlin zu kommen.
An ſich war der Verkehr mit dem originellen Manne nicht unerfreulich. Ich mußte ſeine Gründe ehren, und wir ſchieden als
die beſten Freunde. Auf der Rückreiſe beſuchte ich Straßburg und
verlebte dort mit Roggenbach und den neuen Profeſſoren, die ſchon
angekommen waren, Köhler, Baumgarten u. A., ſehr genußreiche
Stunden. Auch in dem neuen Lyceum, welches fröhlich gedeiht,
verkehrte ich mit den Lehrern, welche in ſehr gehobener Stimmung
ſind. Auf den Straßen wogte das Leben einer deutſchen Stadt
fröhlich und ungezwungen, und ich hatte von Allem, was ich hier
ſah, den erfreulichſten Eindruck.

Hier ſetze ich alle Segel ein, um den kleinen Reſt der Ferien
für meine Arbeiten auszubeuten. Meine Beiträge zur Geſchichte
und Topographie von Kleinaſien ſind im Druck. In der nächſten
Klaſſenſitzung habe ich einen Vortrag zu halten, in welchem ich
die Alterthümer von Pergamon behandeln werde. Ich muß alle
Kraft geiſtiger Koncentration anwenden, um gegen die von außen
anſtürmende Unruhe des Lebens und die mannigfachen Konflikte,
denen auch das friedſamſte Gemüth nicht entgehen kann, ſtark zu
ſein und ruhig zu bleiben. Mir iſt das Leben nie ſo ſchwer vorgekommen wie in dem Winterquartal, welches der ſchönen Süd-
fahrt folgte. Aber ich hoffe, jede Prüfung ſo zu beſtehen, daß
des Weſens Kern geläuterter hervorgehe. Das moderne Grün-
dungsfieber hat auch mich ſo ergriffen, daß ich alle Kraft daran
geſetzt habe, den Plan zum archäologiſchen Inſtitut in Athen anzuregen und fertig zu bringen. In dieſer Woche geht ſchon der
ausgearbeitete Antrag an das Miniſterium ab.

An denselben.

Juli 1872.

Meine asiatische Sendung wirst Du richtig erhalten haben.*) Die Herstellung des opusculum hat mir viel zu schaffen gemacht, aber ich hoffe, es zeugt doch davon, was in wenig Wochen geschafft werden kann, wenn man sich rührt. In dem Artikel über Ephesos habe ich meine Ansichten über den Kampf geistlicher und weltlicher Gewalt, der auch in der griechischen Geschichte seine Rolle gespielt hat, etwas ausführlicher behandelt. Erkennt man sie als zutreffend an, so ist das für andere Verhältnisse nicht unwichtig.

Der heiße Sommer war nicht leicht, und ich fühlte mich daher ganz befriedigt, als mich die akademische Wahl zum Deputirten nach München**) traf, welche mich zwingt, Ende des Monats zu schließen.

An denselben.

Glarus, 25. August 1872.

. . . Die Münchener Tage waren reich an mannigfachen Lebenserfahrungen. Sie ließen mich einen Einblick thun in die gewaltige Gährung, in welcher Südbayern begriffen ist. Es hat ein vollständiger Umschwung stattgefunden. Namentlich das von der Gemeinde veranstaltete Fest gab Zeugniß, wie die ganze Bürgerschaft sich in einer Krisis befindet. Der Abfall von Rom ist ein allgemeiner, aber man kann sich auch darüber nicht täuschen, es ist die Manifestation eines religiösen Liberalismus, welcher ebensowenig wie der politische Liberalismus Süddeutschlands im Stande ist, Positives zu schaffen. Döllingers Persönlichkeit zu studiren, war mir sehr interessant. Ich muß seine formale Gewandtheit, seine Gelehrsamkeit, seine ganz sachlich gehaltene, jeden Anflug von Pathos verschmähende Beredsamkeit bewundern. Er ist seiner Natur nach nichts weniger als ein Mann des Volkes. Aber das Volk will eben einen Fahnenträger, und dazu ist er natürlich ungemein geeignet. Sehr anmuthige Episoden im Münchener Leben bildeten die mit der Kaulbachschen Familie verlebten Tage, in welcher auch Louis Asher Jahr aus Jahr ein seine hergebrachte Rolle spielte. Wir waren mit ihnen am Starnberger See, dessen

---

*) „Beiträge zur Geschichte und Topographie Kleinasiens" in den Abhandlungen der Akademie 1872.

**) Jubiläum der Münchener Universität.

Anmuth ich zum erstenmal kennen lernte. Acht Tage saßen
wir dann in Schachen bei Lindau, das anmuthige Seegestade durch-
wandernd, badend, lesend und im ganzen vom schönsten Wetter
begünstigt. Ich wurde bei Gelegenheit der Anwesenheit des
Kronprinzen in Lindau vom Großherzog nach der Mainau eingeladen und brachte daselbst anderthalb sehr schöne Tage zu, in
denen ich unter Leitung des liebenswürdigsten Fürstenpaares auch
Konstanz und Arenaberg besuchte.

An denselben.

Berlin, 13. December 1872.

... Du weißt, es liegt mir viel auf und häuft sich immer
mehr. Bis dahin geht es ja noch mit der körperlichen Wider-
standskraft, und ich würde das Vielerlei meiner Arbeiten viel
schmerzlicher empfinden, wenn ich nicht deutlich fühlte, daß der
Wechsel der Beschäftigungen und die mit dem hiesigen Leben verbundene tägliche Unruhe mich gesund und frisch erhält. Was mich
angreift, ist immer nur eine Reihe ununterbrochener Arbeitsstunden.

In diesen Monaten habe ich meist archäologisch gearbeitet,
indem ich attische Terrakotten und die neuen Funde von Tempel-
skulpturen in Ilion und Ephesos für unsere Zeitung bearbeitet
habe. Nebenbei habe ich den dritten Band meiner griechischen
Geschichte für den neuen Abdruck revidirt. Ueber Band 2 zieht
jetzt bei Teubner eine Wetterwolke auf. Nach der Ankündigung
unter der „künftig erscheinenden" Teubneriana muß das ein
wüthender Angriff werden. Je wüthender, desto besser für mich
natürlich. Aber es kann Einem doch wehe thun, daß jetzt bei uns
aller Orten das Gezänke der Gelehrten wieder in voller Blüthe
steht. Es ist der Aerger über die in Deutschland nicht durch-
gedrungenen Ansichten Grotes, der sich bei einer Gruppe junger
Gelehrten Luft macht. Zum Glück muß man auch des Thukydides
Autorität anfechten, um mich zu widerlegen und mich einer „leicht-
fertigen Verunglimpfung des athenischen Volkscharakters" zu über-
führen. ... An der Universität sind noch immer gegen dreihundert Philologen, aber es herrscht unter ihnen eine sehr banausi-
sche Richtung. In Göttingen war schließlich kaum ein einziger der
dort studirenden Philologen, welcher nicht eine Vorlesung über
Kunstgeschichte hörte. Hier vielleicht kaum der sechste Theil. Und
dann ist das Schlimme, daß die mit alter Kunst sich Befassenden

wieder der Philologie gern den Rücken kehren. Die schöne Verbindung zwischen Archäologie, Geschichte und Philologie, wie ich
sie bei einer Reihe meiner Göttinger Schüler sich hatte entwickeln
sehen, gelingt hier fast nie.

Unsere kleinen Gelehrtenkreise sind recht im Gange und machen
mir viel Freude. Zum Mittwoch Abend sind Nitzsch und Adler
beigetreten. Nitzsch ist mir ein sehr lieber Freund, er ist immer
frisch und heiter. An der Graeca nehmen Zeller und Schöne Theil.
Zeller hat mich ganz überrascht durch seine geistige Lebendigkeit.
Er ist von ungemein wachem Geist, überall zu Hause und höchst
mittheilsam. Schöne ist frisch und sehr thätig. Er scheint zum
Geschäftsmann eine natürliche Befähigung zu haben und jetzt schon
mit den Aktenbündeln in einem zärtlichen Verhältnisse zu stehen,
so behaglich lagert er in ihrer Mitte. Lord Russel ist jetzt auch
der Graeca beigetreten, in der die Acharner gelesen werden.

Am 1. November bin ich zum Direktor der Sammlungen des
Antiquariums ernannt worden.

Kronprinz Friedrich Wilhelm.

Wiesbaden,*) 2. Januar 1873.

Mein lieber Curtius! Eben treffen Ihre freundlichen Zeilen
aus Anlaß des Jahreswechsels ein, und komme ich gleich, für dieselben wie auch für den Brief zu danken, mit welchem Sie
Justis Winkelmann begleiteten.

Zunächst Ihnen und den Ihrigen Glück und Zufriedenheit
im neuen Jahre von ganzem Herzen, zugleich im Namen meiner
Frau. Sodann die Hoffnung, daß Ihnen Ihre Stellung als Vorsteher unseres Antiquariums behagen wird. Ich gestehe, daß ich
mir dieselbe schon lange für Sie wünschte und nicht wenig glücklich
bin, Sie in denselben Räumen walten zu sehen, in welchen Sie
mich als Knaben anlernten und belehrten. Hoffentlich gelingt es
mit der Zeit, die Sammlung aus der Kellerwirthschaft in das
richtige Tageslicht zu befördern. Doch wird es auch meinem
Streben nur allmählich gelingen, weil wir erst Räume für Unter-
bringung so mancher Gegenstände, z. B. Kunstgewerbe und Ethno-
graphie, schaffen müssen, die nicht in dieses Museum gehören.

---

*) Wo der Kronprinz zur Kur verweilte nach der Erkrankung in Karls-
ruhe im November 1872.

Was meine Person betrifft, so kann ich ohne Scheu mich als Rekonvalescenten bezeichnen, der sich in der Nachkur befindet. Ich fühle keine Beschwerden, und der Arzt findet nichts Anstößiges beim Untersuchen. Dennoch muß ich noch längere Zeit mich gänzlich ruhig verhalten, vor Allem also fern vom Berliner Getriebe bleiben, namentlich so lange man sich des Karnevals „erfreut".

Ich denke, etwa in den zwanziger Tagen des Februar wieder auf der Berliner Schaubühne aufzutreten, begierig, wie sich dann Kanzler, Ministerpräsidenten, Abgeordnete und Gesetzesvorlagen ausnehmen werden.

Meine Krankheit hätte gefährlich werden können, wenn das Uebel nicht sofort richtig erkannt und erfaßt wurde. So ist Vielem vorgebeugt worden, und hoffe ich nach meinen hiesigen Bädern wieder gestärkt als der Alte mich Ihnen vorzustellen.

Ich habe schon Manches in Justi gelesen, fühle mich lebhaft durch dieses Buch angeregt und namentlich durch die kunstgeschichtlichen Abschnitte angezogen. Freilich haben Sie Recht, daß Winkelmann häufig in den Hintergrund tritt, aber dafür sind doch die von ihm handelnden Stellen für Laien höchst belehrend und interessant.

Außer jenem Lesen beschäftige ich mich, so gut ich's kann, mit den socialen Fragen und den darauf bezüglichen Schriften.

Leben Sie wohl, lieber Curtius, in alter Anhänglichkeit

Ihr treu ergebener

Friedrich Wilhelm.

An den Bruder.

Berlin, 26. März 1873.

Meine Königsrede*) habe ich am Sonnabend glücklich losgelassen und habe diesmal noch mehr als sonst eine freudige und erfreuende Zustimmung gewonnen. Der Tag wurde hier in der That mit großartiger Begeisterung gefeiert. Die Pietät für den Kaiser, die Liebe für den Sohn, das sind wirklich tiefgehende Empfindungen, welche die Masse durchdringen und sie erheben. Der Monsterfackelzug war ganz großartig. Der Kronprinz ist äußerlich schmaler und älter, innerlich ernster und reifer geworden. Ich habe rechte Freude an ihm gehabt. Bei einem Mittagessen

---

*) Ueber den Gruß. Alterthum und Gegenwart Bd. I, S. 237.

von 160 Personen bewegte er sich mit voller Freiheit und Frische zwischen den Leuten umher, und Sonntag sah ich ihn ganz im Kreise der Seinen, da die Kinder zur Nachfeier ein Stück aufführten, und zwar den Goethe'schen Bürgergeneral, bei dessen Einübung Werder als Regisseur vortrefflich gewirkt hatte. Die beiden Kaiserenkel spielten mit großer Frische und geistigem Verständniß, und es war nicht uninteressant, den deutschen Thronerben mit der Jacobinermütze zu sehen und mit größter Zungenfertigkeit die Theorien von 1789 vortragen zu hören.

Mit Brandis bin ich sehr in wissenschaftlicher Gemeinschaft. Er hat in letzter Woche das kyprische Alphabet fast vollständig entziffert und läßt seine Untersuchung jetzt drucken. Erfreulich ist mir die in vollem Zuge begriffene Gründung des Instituts in Athen.

An denselben.

9. Mai 1873.

Am Ferienschlusse machte ich noch einen kleinen Ausflug nach Lübeck, um einen lange versprochenen Besuch bei Theodor auszuführen. Die Einkehr im brüderlichen Hause hat mir sehr wohl gethan. Ich machte wieder, wie sonst, die Frühgänge um und durch die Stadt mit Theodor, der ohne Nomenclator jeden Begegnenden mit Namen begrüßen kann und Amtswürde mit republikanischer Kordialität in vortrefflicher Weise zu verbinden versteht. Die Stadt ist wie eine alte Eiche, die auf einmal wieder frische Zweige treibt. Die Vorstädte breiten sich mit ihren Villen in das Umland aus, die Schiffe drängen sich im Hafen. Die altersgrauen Bauten putzen sich und säubern sich, um die neue Aera anzuschauen. Die schiefen Thürme werden gerade gezogen, die alten Eingänge erneuert. Diese von innen herauskommende Neugestaltung, die ruhig und harmonisch fortschreitet, macht einen sehr wohlthuenden Eindruck, und man fühlt doppelt schwer, was Einem hier fehlt, wo Alles so chaotisch ist und so unendlich schwer sich gestaltet.

An denselben.

18. Juli 1873.

Johannes Brandis*) habe ich seit seinem 4. Jahre unausgesetzt geistig oder auch körperlich, vor Augen gehabt. Als Student schloß

---

*) † am 8. Juli 1873.

er sich von neuem an mich an, erst in Bonn, dann in Berlin. Seitdem hat seine Stellung bei Hofe, die ich ihm so zurechtlegen konnte, daß er der Wissenschaft erhalten blieb, uns auch in nahe Berührung gebracht, und seine Liebe, seine Treue, seine Wärme waren mir gegenüber immer dieselbe. Was Anderen an ihm steif und förmlich erschien, hing mit seiner Kränklichkeit zusammen, deren Gefühl ihn nie ganz verließ. Auch fehlte ihm bei seinen vielen Gaben die Gabe, sich mündlich und schriftlich leicht mittheilen zu können. Daher erkannte ich früh, daß er zum Katheder nicht geschaffen sei. Er war aber ein forschender Kopf ersten Ranges. Er hatte Alles, was mir fehlt, und das will viel sagen. Ich hatte immer auf die Zeit gehofft, wo er freier sein würde. Er hat große Arbeiten unvollendet gelassen, die Niemand fortsetzen kann. Sein erstes Manuskript über die Entzifferung der kyprischen Inschriften liegt in meinen Händen, und ich muß es nun zum Drucke besorgen ohne seine nachbessernde Hand. Ich hatte auch für sein gemüthliches Leben so viel von seinem höheren Lebensalter erwartet. Es ging eine gewisse Disharmonie durch sein inneres Leben. Als Knabe einer gewissen weichen Religiosität zugewandt, war er dann in das Gegentheil umgeschlagen und in eine nicht indifferente, sondern sogar feindliche Stimmung gegen alles Christliche gerathen. . . . Sein geistiger Zustand beschäftigte mich ununterbrochen, und aus diesem und vielen anderen Gründen war mein Verhältniß zu ihm ein ganz besonders inhaltreiches, auch abgesehen von dem wissenschaftlichen Austausche, der immer lebhafter geworden ist. So ist ein ganzes Stück meines Lebens mit ihm ins Grab gegangen. Wir waren uns gegenseitig unentbehrlich, und ich fühle mich schmerzlich verwaist.

An denselben.

Oktober 1873.

Wir haben eine von allem Segen der Gestirne begleitete Reise gemacht über den Gotthard ins Tessinthal, dessen Schönheit mich überraschte. Lugano, Bellaggio, Mailand wurden in aller Muße genossen. In Brescia fesselte uns der volle Reiz einer vom Fremdengetümmel weniger berührten ächt italienischen Stadt, die trotz ihrer verhältnißmäßigen Kleinheit so viel Paläste und Kunstschätze enthält. Von Verona konnten wir dem Reize nicht widerstehen, Venedig zu besuchen, wo wir vier himmlische Tage verbrachten. Dann ging es über Innsbruck, Nürnberg, Bamberg heim. Gott sei Dank! Alles gelang nach Wunsch, und wir haben eine rechte Erquickung gehabt.

Hier lebe ich natürlich wieder in der ganzen Unruhe eines vielbeschäftigten Daseins. Meine Hauptthätigkeit koncentrirt sich um die Vollendung des ersten Bandes der griechischen Geschichte und um die Lebensskizze von Johannes Brandis,*) die ich vor dem Beginn der Vorlesungen vollenden möchte. Viel fremde Professoren zogen durch Berlin, namentlich die zur Vereinbarung über die Redaktion der Monumenta historiae Germanica berufene Kommission. Ich war namentlich mit Waitz, Sickel, Bluhme viel zusammen und freute mich an ihnen und an dem Gelingen des schwierigen Werkes der Verständigung. Unsere Akademie wird nun wirklich das Centrum für die weitere Fortführung des Werkes unter Betheiligung der Wiener und Münchener. Hier ist also wieder ein Stück Großdeutschland gerettet.

Die Organisation des Instituts in Athen nimmt mich jetzt in Anspruch. ... Anders als mit Kampf und Mühe geht es nun einmal nicht. Vielleicht gelingt es mir noch in meinen alten Tagen, die Ruhe zu gewinnen, welche man hier nöthig hat, um ohne unnöthige Selbstverzehrung sein Tagewerk zu bestellen.

An denselben.

8. Februar 1874.

Heute ist der erste Tag, wo ich von eiligen Arbeiten, die auf Tag und Stunde fertig sein mußten, aufathmen kann. Dein letzter Brief hat mir so große Freude gemacht, und ganz besonders lieb war es mir, daß Dich meine Lebensskizze von Brandis so angesprochen hat, wie Du es aussprichst. Es ist mir in der That eine große Befriedigung gewesen, daß die kleine Schrift in den verschiedensten Kreisen wirksam gewesen ist. Seitdem habe ich die thzilenischen Inschriften bearbeitet,**) dann am Gedächtnißtage Friedrichs des Großen in der Akademie geredet und endlich gestern meinen Vortrag über Ephesos in der Singakademie***) gehalten — und unter welchen Eindrücken habe ich die letzte Arbeit vollendet! Haupt†) hat mich durch sein barsches Wesen oft verletzt. Aber

---

*) Alterthum und Gegenwart Bd. I, S. 278.
**) Monatsberichte der A. b. W. 1874 S. 1—20.
***) Alterthum und Gegenwart Bd. II, S. 98.
†) † am 5. Februar 1874.

durch seine rauhe Außenseite brach doch immer der Zug eines
edeln, selbstlosen Charakters hinburch. Er konnte auch mir gegenüber warm und herzlich sein. Diese Sonnenblicke waren für mich
um so erquickender, da in ihnen die Wärme des Gemüths unwillkürlich zum Ausbruck kam, und es bleibt mir eine theure Erinnerung, daß er, als wir zusammen aus der letzten öffentlichen Sitzung
der Akademie kamen, mir ein Zeichen seiner Befriedigung gab,
wie es selten genug war. Seitdem sah ich ihn nicht wieder. Mit
Haupt ist nicht nur ein Mann dahin gegangen, wie er nicht
wieder zu finden ist, sondern ein ganzes Geschlecht. Diese kolossale
Litteraturkenntniß mit virtuoser Meisterschaft in verschiedenen,
weit entlegenen Fächern, die geniale Geistesgegenwart, mit der
er über sein Wissen verfügte, die schneidige Schärfe seines Urtheils
und seines Ausdruckes in Wort und Schrift — dabei freilich wieder
eine Einseitigkeit und Befangenheit in der Würdigung von Richtungen, die ihm fremd waren, und ein unbeugsamer Eigensinn,
der ihn oft ungerecht machte.

In Sachen der Akademie fallen nun wieder neue Arbeiten auf
mein Haupt. Haupt war das lebendige Gedächtniß der Akademie,
und er hatte einen rastlosen Eifer und eine umfassende Kenntniß
der Geschäfte im großen und kleinen. Jetzt weiß ich gar nicht,
wie es werden soll, da ich mich vorläufig bereit erklärt habe, wenn
die Olympia-Angelegenheit es erfordert, im Frühjahr nach Athen
zu gehen.

An denselben.

24. März 1874.

Morgen Nachmittag reise ich über Görlitz nach Wien, wo ich
Donnerstag noch die samothrakischen Alterthümer sehen will, Freitag nach Triest, Sonnabend um 2 Uhr nach Corfu, von da mit
dem griechischen Dampfer nach Patras.

Ich freue mich, der Träger eines Auftrages zu sein, der die
erste Regung idealer Bestrebungen des Deutschen Reiches auf dem
Gebiete der Wissenschaft ist. Der Kronprinz ist ganz begeistert für
die Sache. Gott gebe, daß das Werk gelinge! Adler geht mit mir.

An Clara Curtius.

Palmsonntag, 29. März 1874.

An Bord der „Galathea". Unsere schlanke „Galathea" gleitet
so sacht über die sonnige Fluth, als wenn man auf der Havel

führe. Nur die Delphine, welche ihre krummen Rücken sonnen,
mahnen daran, daß man auf anderen Gewässern fährt, und ebenso
die fernen Gestade, die bald von der dalmatischen Küste, bald an
der italienischen Seite am Rande des Horizonts auftauchen. Gestern
Abend umschwärmten uns italienische Fischer, die mehrere kleine
Geschwader bildeten, Fischer von Chioggia, die weit hinunter das
Meer befahren, um die Fische aufzujagen, welche sich aus der
Nähe der Städte flüchten und im weiten Meere ihres Lebens sicher
zu sein glauben. Sowie man auf der Mittelmeerroute ist, sind
alle Gedanken und Gespräche dem Orient zugewendet. Es wird
nur von Smyrna, Konstantinopel, Athen gesprochen, von Türken
und Griechen.

Montag früh.

Ich habe in meiner Koje sanft geschlafen, und wie ich aufs
Verdeck stieg, lagen die Schneeberge von Albanien vor uns, auf
die wir von der italienischen Seite zufuhren. Die alten Akro-
keraunia, die Heimath der Epiroten, in neuerer Zeit einer der be-
rüchtigsten Klephthensitze, die Schlupfwinkel der Chimarioten, welche
mit ihren kleinen Barken auf die Vorüberfahrenden losstürzten
und die Schiffe plünderten. Jetzt fahren wir harmlos an den
stillen, menschenleeren Bergen vorüber, die mit ihren weißen Kuppen
und Schluchten aus dem blauen Wasser aufsteigen, wie die Alpen
aus dem Vierwaldstätter See. Eine solche Reise ist ein himmlisches
Ausruhen. Wie dankbar bin ich für diese stillen, heiteren Frühlingstage!

Athen, Osterabend 1874.

Dienstag früh machten wir mit dem englischen Konsul in Corfu
eine Seefahrt auf seiner Dampfjacht. Um 5 Uhr fuhren wir ab.
In der Nacht langten wir in Argostoli an. Den Morgen früh
lagen wir vor Zante. Die Stadt ist wie ein kleines Neapel an
der Bucht gelagert. Die Bootsleute von Zante stürmten wie die
Piraten von allen Seiten auf das Schiff und brachten große
Blumensträuße mit den prachtvollsten Rosen. Man sieht am Ufer
neu angelegte Fabriken zum Auspressen der Oliven, ein Zeichen
des Fortschrittes. Sonst wird's den Zantioten langweilig auf
ihrer Insel und sie wandern viel nach Patras aus. Um 2 Uhr
waren wir in Patras. Die Stadt hat sich mächtig vergrößert, ein
großer Damm geht ins Meer hinaus, eine Anzahl von Dampf-

schiffen lag auf der Rhede. Wir suchten unseren Konsul auf und
machten dann eine Wanderung durch die Stadt, um nach Alterthümern zu forschen. Ich begegnete durch Zufall einem Lehrer
des Gymnasiums, bald hatte sich ein ganzer Zug von Patranern
angeschlossen, und wir sahen einige merkwürdige Sachen, namentlich einen neu ausgegrabenen Sarkophag mit ungewöhnlichen Darstellungen. Um 6 aßen wir in unserem Hôtel, nach 7 gingen wir
zu unserem Konsul, der uns in seine Familie einführte. Gegen
11 Uhr ließen wir uns an das Schiff rudern, am anderen Morgen
um 5 Uhr ankerten wir vor Korinth. Um 7 Uhr fuhren wir über
den Isthmos, und um 10 Uhr ging die „Iris" von Kalamaki in
See. Das Wetter war unverändert schön. Bald zeigte sich die
Spitze von Aegina und dann allmählich die Berge von Athen. Um
2 Uhr fuhren wir in den Piräus ein. Wir fuhren im Wagen hinauf
und staunten über die Menge neuer Gebäude vor Athen und in
Athen. Wir gingen zum Gesandten und aßen dann im Hôtel.
Es war Vollmond, und wir gingen auf die Burg und durchwanderten die ganze Ruinenstätte in aller Muße mit höchstem
Genuß.

Gestern, am Charfreitag, gingen wir um 10 Uhr in die Schloßkapelle. Nach dem Frühstück machte ich mit dem Gesandten Besuch
bei dem Minister des Auswärtigen, Herrn Delyannis. Das war
ein sehr peinlicher, langer Besuch. Denn derselbe erklärte, daß
zu einer Konvention kaiserliche Vollmachten nöthig seien, die weder
Wagner noch ich hatten. Also muß wieder von neuem nach Berlin
telegraphirt werden. Ich thue aber Alles, damit keine Verzögerung
eintrete.

Es wird entsetzlich viel gebaut, und der Charakter des Ursprünglichen mehr und mehr entstellt, namentlich an der Ilisosseite,
die früher einen unberührten, ländlichen Charakter hatte. Aber
Luft und Himmel sind unzerstörbar, und die Säulen der Tempel
stehen noch unverrückt. Wie lange, wer weiß es? Denn die Zerstörung schreitet unaufhaltsam vorwärts, und wo einst hochgesinnte,
schöne Menschen wandelten, treiben jetzt Gelbjuden ihr schmutziges
Gewerbe.

										Athen, 11. April 1874.
Da wir den Abend mit dem Kommandanten des „Meteor"
bei Wagner speisten, entschlossen wir uns rasch, von seiner Auf-

forderung Gebrauch zu machen und mit dem Schiffe nach Sunion
zu fahren. Um 11 Uhr fuhren wir nach dem Piräus, eine Schaluppe erwartete uns, und um 12 Uhr dampften wir in die weite
See hinaus. Ich schlief sehr gut in der Kajüte des Kapitäns, die
Anderen sind alle seekrank gewesen, denn das Schiff schaukelte
sehr, und mir segelte die ganze Tasse Kaffee, die der Bursche auf
den Tisch gestellt hatte, unter das Kopfkissen. In aller Frühe
stiegen wir bei Kap Sunion aus, studirten vier Stunden lang die
Ruinen des Tempels, frühstückten unten an der Bucht und fuhren
sodann in den Kanal zwischen Attika und der Insel Helena hinein.
Dort nahmen wir Abschied von unseren liebenswürdigen Officieren
und landeten in der kleinen Uferstadt Ergastiri, welche jetzt das
Centrum des neu eingeführten Bergwerksbetriebes ist. Als wir
mit der deutschen Flagge dort vor Anker gingen, war Alles in
Aufregung und flaggte. Wir wurden bei dem Betriebsdirektor in
sein Haus aufgenommen. Ein deutscher Chemiker besorgte uns
Wagen und Pferde zur Besichtigung des nahe gelegenen Thorikos
und seiner Ruinen. Ich machte den ersten schönen Ritt. Nachmittags fuhren wir auf der Eisenbahn ins Gebirge hinauf. Es
sind von Pinus maritima schön bewachsene Höhen, wo wir die alten
Schachte sahen, in denen die Sklaven einst herumkrochen (man sieht
noch die blankgescheuerten Wände des silberhaltigen Gesteins), die
großen Schlackenhaufen, aus denen jetzt das Blei gewonnen wird,
und die wohl erhaltenen Kanäle, in welchen die alten Athener die
Erze auswuschen. Heute früh um 5 Uhr machten wir uns auf
und fuhren in acht Stunden nach Athen.

Am Ostersonntage waren wir in der Kirche, und später
hatte ich mit dem Gesandten Audienz bei dem Könige. Montag machten wir eine Tour nach dem Südende des Hymettos,
wo eine tiefe Felsgrotte eine Reihe alter Heiligthümer
und Inschriften unverletzt aufbewahrt. Auch die benachbarten
Gräber aus alter Zeit wurden für den Atlas gemessen und gezeichnet. Die Angelegenheit Olympia hat, wie sich erwarten ließ,
mancherlei Verzögerungen erfahren, erstens durch das griechische
Osterfest, an dem heute zu Ehren unseres Heilandes zahllose Flinten-
schüsse erschallen, und durch die Abwesenheit eines Theiles der
Minister, die aufs Land gegangen sind, zweitens dadurch, daß
das Ministerium die Grundbesitzer in Olympia aufgefordert hat,
sich schriftlich darüber zu erklären, ob sie bereit sind, sich für eine

bestimmte Entschädigung ihres Terrains zu entäußern. Diese Erklärung wird in den nächsten Tagen erwartet. Anfangs der nächsten
Woche soll nun, wenn der Ministerconseil wieder vollzählig ist,
die officielle Unterzeichnung des Vertrages stattfinden, welche nach
Aussage der maßgebenden Beamten keinerlei wesentliche Schwierigkeiten mehr darbietet.

Athen, 18. April 1874.

Dienstag wurden wir eingeladen, mit König und Königin
nach ihrem neuen Landsitz bei Dekeleia zu fahren. Es war ein
unvergleichlich schöner Tag, oben Wald- und Bergluft und die
herrlichsten Blicke bis über die See. Der König schafft daselbst
mit allem Ernste eine gute Landwirthschaft, dabei gräbt er Alterthümer aus und weiß in der ganzen Gegend sehr gut Bescheid.

Wegen unseres Vertrages haben wir neulich die entscheidende
Sitzung gehabt und sind über alles Wesentliche übereingekommen,
sodaß voraussichtlich am Montag die Unterzeichnung stattfinden
kann. Morgen hat uns das Ministerium eingeladen, eine Lustfahrt nach Aegina zu machen auf einem hellenischen Dampfboote.
Man will uns dort auf dem Gute des jetzigen Ministerpräsidenten
bewirthen und uns des Abends wieder zurückbringen. Man läßt
es an keiner Aufmerksamkeit fehlen, und die Stimmung, daß
Griechenland am Deutschen Reiche seine beste Stütze habe, ist die
allgemein verbreitete. Welch ein Land ist dies gewesen! Aber
ich muß, trotz Herrn Staatsrath Hehn, immer darauf zurückkommen,
daß sich das Klima wesentlich verändert hat. Auf diesem trockenen
Boden, in dieser trockenen Sonnengluth hätten die alten Athener
nicht so viel arbeiten können! In Tatoi spürt man, wie das Klima
einmal gewesen sein muß. Attika ist so wunderbar reich organisirt, daß es in seiner Ebene selbst ein eigenes, kleines Oberland
besitzt mit allen Reizen einer Gebirgsathmosphäre und Gebirgs-
vegetation. Dort geht man im Schatten dichter Pinien; es ist
die Pinus maritima, welche nicht so hoch und stattlich ist wie die
italienische Pinie, aber ein wunderbares, saftiges Grün hat und
einen herrlichen Duft aushaucht, welcher auch die Bienen um die
Stämme sammelt. An Alterthümern ist der Boden so reich, daß
einzelne Männer, wie z. B. der russische Gesandte, innerhalb
³/₄ Jahren ein ganzes Museum neu entdeckter Skulpturen und
Terrakotten haben bilden können.

Athen, 25. April 1874.

Endlich heute soll unterzeichnet werden. Ich hatte in Berlin vergeblich darauf hinzuwirken versucht beim Kronprinzen, daß Bismarck meine Instruktionen unterzeichne. Die athenischen Kleinstädter hatten sich dadurch zurückgesetzt gefühlt, daß Bülow gezeichnet hatte, und hatten schon den Vertrag so mundiren lassen, daß anstatt ihres Ministers des Auswärtigen der Unterstaatssekretär unterzeichnen sollte. Dagegen wurde energisch Protest erhoben. Alles mußte von neuem umgeschrieben werden, und so soll der feierliche Akt erst heute um 1/₂4 Uhr vor sich gehen. Vorher soll noch Verabschiedung bei Hofe stattfinden, nachher Diner bei Wagner.

Am Sonntag um 6 Uhr hielt der Wagen vor unserer Thüre, der uns zu der vom Ministerium veranstalteten Lustfahrt abholen sollte. Um 7 erwartete uns am Quai des Piräus der Minister Nikolopulos mit dem ehrwürdigen Philosophen Philippos Joannes. Eine Schaluppe führte uns an Bord des königlichen Kriegsdampfers Paralos, und an dem herrlichsten Sonntagsmorgen fuhren wir über die Spiegelfläche des saronischen Golfs auf Aegina zu. Wir landeten in der Bucht zu Füßen des Tempels, kletterten die Höhe hinauf und verweilten drei Stunden unter den Säulen der Athena. Es kann Einem in keiner Kirche feierlicher zu Muthe sein, als uns auf diesen alten Tempelresten war. Bei heller Morgenluft sahen wir die attische Küste und die Akropolis deutlich vor Augen. Welch eine Fülle von Geschichte hat sich an diesem Golf entwickelt! Seit meinem ersten Aufenthalte in Griechenland hatte ich den Tempel nicht wiedergesehen. Der Vergleich mit den attischen Gebäuden war mir, namentlich in Gemeinschaft mit Abler, ungemein lehrreich. Wir suchten alle Kennzeichen zusammen, um über das Alter des Gebäudes und die Bestimmung seiner Räumlichkeiten ein Urtheil zu gewinnen, und die Entstehung des Tempels in der Zeit vor den Perserkriegen wurde uns immer wahrscheinlicher. Wir fuhren dann zwischen Aegina und der peloponnesischen Küste hindurch und legten vor dem heutigen Städtchen vor Anker. Wir schifften uns aus und besuchten die Villa des Ministerpräsidenten Bulgaris, des Schwiegervaters von Nikolopulos. Sein Sohn machte dort den Wirth, da der Alte verhindert war, mitzukommen. Wir hielten Siesta und besuchten dann die Anlagen. Das Terrain ist dem alten Bulgaris von den Aegineten geschenkt worden, weil er sich um Verbesserung ihrer Lage verdient gemacht hat. Er ist ein Hydriot und hat noch eine Stellung wie eine Art Häuptling durch seinen Wohlstand und seinen Familienzusammenhang. Er hat die Absetzung des Königs Otto vorzugsweise betrieben und ist auch jetzt noch immer von Zeit zu Zeit Präsident des Ministeriums, ohne sich lange behaupten zu können. Er trägt noch immer das griechische Insulanerkostüm mit dem langen Kaftan, ein moderner Jonier. Seine kleine Villa hat eine wundervolle Lage am Meere. Man sieht auf der einen Seite deutlich bis Korinth, auf der anderen nach Kalauria und Hydra. Nachmittags gingen wir zu Fuß in die nahe Stadt, wo eine Panegyris zu Ehren des heiligen Thomas war und am Hafen Reigentänze aufgeführt wurden. Wir besuchten die Gebäude aus Kapodistrias' Zeit, wo Aegina die Hauptstadt des Reiches war. In dem großen Schulgebäude sind jetzt flüchtige Kreter angesiedelt, deren Frauen und Kinder traurig auf den Thürstufen saßen. Wie wir durch das Städtchen gingen, schlossen sich allmählich alle Honoratioren an, Demarch und Hafeninspektor und Schullehrer. Wir besahen die Ueberreste des Aphrodite-Tempels und die Dämme des Hafens, hinter denen einst die Aegineten den Athenern trotzten. An der Spitze des einen Molo liegt eine nur zu Schiffe zugängliche Nikolaoskapelle. Es war unter dem harmlosen Inselvölkchen ganz behaglich, und unser Philosoph meinte, hierher müsse man sich aus dem bunten Leben zurückziehen, um in stillem Frieden seine Tage zu beschließen. Die Schaluppe holte uns zum Schiffe ab. Wir wurden daselbst auf das stattlichste bewirthet und glitten in der herrlichsten Mondnacht über die See hin, bis uns der Piräus in seinen Armen aufnahm. Unter dem Glanze bengalischer Flammen, die das Schiff bekränzten, wurden wir entlassen. Die Officiere wie die Mannschaften machten einen vortrefflichen Eindruck, und die ganze Excursion war in der That ein vorzüglicher Beweis öffentlicher Gastfreundschaft.

An Bord des „Syros", 27. April 1874.

Gestern Abend kamen wir erst um 10 Uhr auf der Rhede von Patras an. Kaum hatten wir Anker geworfen, so meldete sich ein Matrose des vor Patras stationirten Kanonenbootes und fragte, wann wir den anderen Tag fahren wollten. Auch der Sohn des deutschen Konsuls kam an Bord und besorgte uns eine große Barke. Wir bilden jetzt eine kleine Kolonie. Wir haben einen Feldmesser

aus Dalmatien, einen Reisecourier in Feß und Fustanella, Namens
Dimitrios Anemojannis, der in Olympia für Betten, Kost u. s. w.
zu sorgen hat, und der hat wieder einen Koch in seinem Dienst.
In Patras waren wir ganz gut logirt und schliefen herrlich. Wie
ich Morgens meine Fenster öffnete, lag der ganze Hafen im
Morgenlicht vor mir mit den Bergen Aetoliens im Hintergrunde.
Zum Frühstück kam Konsul Hamburger und ein Bauunternehmer,
mit dem wir wegen des Baues eines Hauses in Olympia unter-
handeln mußten. Dann machten wir noch Einkäufe für die Wildniß, in die wir uns begeben, und Punkt 9 Uhr holte uns die Barke
an Bord des Kriegsschiffes, das für diese Woche uns zur Verfügung gestellt ist. Ich muß gestehen, daß wir in dieser Beziehung
mit einer Zuvorkommenheit behandelt sind, welche Alles über-
bietet, was wir zu hoffen berechtigt waren. Der Kapitän begrüßte
uns auf seinem sehr sauberen Schiffe und stellte uns seine Kajüte
zur Verfügung, wo wir ihn zum Frühstück einluden. Es war eine
köstliche Fahrt um Kap Glarenka herum. Dann wurde die See
bewegter, weil die Strömung von Kephallenia in den Kanal von
Zante hineindrängt. Dann wurde es wieder ganz still. Dabei
ist die Luft sehr frisch, und man erholt sich hier köstlich von dem
Staub und der Hitze der Hauptstadt. Die Fahrt ist übrigens beinahe noch einmal so lang, als wir gedacht hatten. Wir kamen
erst um $\frac{1}{2}$8 in dem Hafen von Katakolo an, wohin wir uns schon
zu 4 Uhr Pferde von Pyrgos bestellt hatten. Wir werden also erst
spät in Pyrgos ankommen, von wo wir morgen früh Olympia
erreichen werden. Das Schiff bleibt in Katakolo und wartet auf
uns, um uns Ende der Woche in Zante abzusetzen. Unser Kapitän
ist ein alter Hydriot, ein schlichter, biederer Mann, die Mannschaft
ist in bester Ordnung. Wenn man vor den Griechen Respekt haben
will, muß man sie auf ihren Kriegsschiffen sehen.

Druwa bei Olympia, 29. April 1874.

Gestern Mittag kamen wir mit einer Karawane von zwölf
Pferden hier an. Druwa ist ein Dorf, das erst vor 30 Jahren sich
hier angesiedelt hat auf einer Höhe über dem Alpheiosthale. Man
sieht von hier das ganze Alpheiosthal. Auf steilen Wegen steigt
man hinunter. Gestern Nachmittag haben wir zum ersten Male
die Gegend durchmustert, heute den ganzen Tag unten gearbeitet.
Die ganze Gegend ist in Aufregung und erwartet eine neue Aera

des Ruhmes und Wohlstandes. Wir lassen einige Gräben ziehen und zur Probe kleine Grabungen machen.

Heute haben wir Sturm und Regen, ein ächt deutsches Aprilwetter, welches zu der Landschaft, die an Thüringen erinnert, vortrefflich paßt.

Corfu, 5. Mai 1874.

Am Sonnabend um 12 Uhr setzte sich in strömendem Regen unsere Karawane in Bewegung, eine Ehrenwache holte uns aus Phrgos ab, ein Reiter von Druwa begleitete uns, die Kosten für dies Ehrengeleite finden wir aber nachher immer auf unseren Rechnungen. Am Sonntag fuhren wir nach dem Hafen Katakolo, wo unser Kanonenboot auf uns wartete. Wir fuhren in drei Stunden nach Zante. In Zante besuchten wir die nächste Umgegend der Stadt, besahen eine Antikensammlung, sahen auf dem Markte eine Volksbelustigung an, die sogenannte Tombola, eine Lotterie nach italienischem Muster, dann fuhren wir auf unseren „Shros" zurück, speisten dort mit den liebenswürdigen Officieren und schliefen auf dem Schiffe. Morgens um 5 Uhr kam der hellenische Postdampfer von Patras. Nun nahmen wir Abschied von unseren Officieren und entließen unser Gefolge, das wir für Olympia mitgenommen hatten. Um 11 Uhr ankerten wir in Corfu.

Neapel, 10. Mai 1874.

Welch ein Wetter! Den dritten Tag in Neapel und noch Nichts vom Besuv gesehen! Diese Nacht pfiff mir der Sturm ins Bett um die Ohren, und heute früh trieft es wieder ganz munter.

Vorgestern gingen wir in Pompeji mit unseren Regenschirmen durch die sauberen Straßen. Die Trottoirs und Schrittsteine, die über den Damm gehen, leisteten die besten Dienste, und wenn es zu toll wurde, traten wir bei Cornelius Rufus oder einem anderen wackeren Bürger ein, der uns alle seine Räume öffnete. Ein Haus, welches ausnahmsweise seine Decke behalten hat, hat der treffliche Fiorelli wiederherstellen lassen. Die verkohlten Balken sind durch neue ersetzt, und ein kleines Erkerzimmer im oberen Stockwerk ist hergestellt, wo die gute Hausfrau wohnte, während der Mann unten das Verkaufsmagazin besorgte. Wir musterten die neu aufgegrabenen Theile, die Hauptstraße mit ihren eleganten Häusern, das Geheimrathsviertel von Pompeji, und die Nebenstraßen mit ihren unglaublich kleinen Löchern. Aber auch hier welcher Komfort! Immer ein kleiner Springbrunnen im Hofe und dabei fünf wohlerhaltene Hähne zur Vertheilung des Wassers in alle Stuben. Ein großes Bad ist neu entdeckt mit allen Einrichtungen für warme und kalte Bäder. Alle Nischen sind erhalten, die bestimmt waren, in zweckmäßiger Höhe und Größe, zur Ablegung der Kleider zu dienen. Die Frauenbäder waren aber, in einer sehr wenig galanten Weise, gegen die der anderen Seite sehr vernachlässigt. Die reizendsten Wandgemälde gehen dort rettungslos zu Grunde. Man hat deren so viel in Neapel, daß man gar nicht darauf achtet. Man kann im Museum von dem Kopf der Medea und den Augen der Juno gar nicht loskommen.

Von Pompeji kamen wir nach Salerno. Dort sahen wir das Grab Gregors VII., der hier endlich Ruhe fand, und die herrlichen Arbeiten aus der Zeit des Robert Guiscard. Bei Fackellicht besahen wir die Reliefs am Altare, die römischen Sarkophage, die Mosaiken, die Bronzethüre aus Konstantinopel mit Figuren in Silber.

Das Meer stürmte wild an die Felsufer von Salerno, wo wir den anderen Tag um 6 Uhr den Wagen bestiegen, in Decken eingehüllt, um die Küste entlang nach Süden zu fahren, nach der Stadt des Poseidon, wo einst die Rosen zweimal im Jahre blühten. Jetzt ragen drei mächtige dorische Tempel aus der sumpfigen Wildniß, welche ein salziger Bach, wie ihn Poseidon liebte, durchfließt. Hinten erhebt sich die steile Wand der samnitischen Berge, über welche die Landstraße nach der Mutterstadt Sybaris führte, vorn das weite, jetzt hafenlose Meer, einst eine der besuchtesten Rheden der Welt. Gerade wie wir uns näherten, brach die Sonne durch und bestrahlte die gigantischen Trümmer, welche dem vorzüglichen Travertingestein ihre wunderbare Erhaltung danken. Es sieht Alles etwas bäuerisch aus, wenn man von den Marmortempeln Athens kommt, aber der Eindruck des Wuchtigen, des strengen, männlichen Ernstes ist hier noch größer. Ich habe viel an den Tempeln gelernt, und ein hervorragender Platz der alten Geschichte ist mir zum ersten Male deutlich geworden. Um 3 Uhr verließen wir den Platz, wo jetzt nur Kunstfreunde und Büffel mit Vorliebe weiden, und jagten der nächsten Eisenbahnstation, Battapaglia, zu. Von dort kamen wir über Salerno gestern Abend heim, um uns an einem späten Mittagsmahl und herrlichem Falerner

von ben Anstrengungen und ber Kälte eines neapolitanischen Mai-
tages zu erholen.

Un ben Bruder

Berlin, 17. Juni 1874.

Heute schöpfe ich etwas freier Athem, seit die mit Zeichnungen
ausgestattete Denkschrift über Olympia nebst Kostenanschlag fertig
geworden ist. Sie geht nun an ben Bundesrath, und es ist noch
meine Absicht, im Oktober die Ausgrabungen anfangen zu lassen.
Mit bem zweiten Bande ber griechischen Geschichte bin ich jetzt
bis in die Mitte gekommen. Endlich wird zum ersten Male, mit
einem Gesammtregister versehen, das ganze Buch, so Gott will,
zum Herbst fertig, mein armes, viel gescholtenes Buch, von bem
ich aber doch schwach genug bin, zu glauben, daß es eine gute
Aussaat ist, die weithin ihre Früchte trägt.

Ich habe in Athen farbige Terrakotten gekauft, die Alles über-
treffen, was wir von anmuthigen Werken aus bem griechischen
Alterthum besitzen, so frisch und unverletzt, als wenn sie eben
aus bem Atelier kämen. Die stillen Räume des Museums sind
meine tägliche Freude.

Jetzt suche ich meine Abhandlung über ben Wappengebrauch
und Wappenstil*) bei ben Griechen fertig zu machen, für die ich
lange gesammelt habe. Es knüpft sich dies auch an eine Arbeit
von Brandis an, ber auf gewissen Münzzeichen griechischer Städte
Privatwappen nachgewiesen hat, die, wo sie vorkommen, auf
aristokratische Institutionen schließen lassen und so auch ein ge-
schichtliches Interesse barbieten. Meine periegetischen Morgen-
vorträge im Museum, die ich im Sommer zu halten pflege, schlagen
mehr und mehr an. Es ist eigentlich die einzige Art, bem banausi-
schen Brodstudium ber Philologen etwas entgegenzuwirken.

Un Clara Curtius.

Chiusi, 25. September 1874.**)

Gestern um 4 Uhr fuhr ich nach Orvieto, wo wir um 10 Uhr
ankamen. Heute früh um 6 Uhr war ich schon mit ben ersten
Meßbesuchern im Dom und brachte bort zwei unvergleichliche

---

*) In ben Abhandlungen ber K. A. b. W. Phil.-hist. Klasse 1874,
S. 179.

**) Von einer im Interesse des Museums unternommenen Reise, zur
Bestellung von Gypsabgüssen in ben Museen kleinerer italienischer Städte.

Stunden zu. Die Kapelle, von Signorelli und Fra Angelico aus-
gemalt, ist etwas Einziges und geht mir in vieler Beziehung noch
über die Sistina. Alles vortrefflich erhalten, Alles aus einem
Gusse, großartig gedacht, kühn und klar dargestellt. Die Zeichen
des nahenden Gerichts, die Plagen und Aengste des Menschen-
geschlechts, die Erscheinung des Antichrists, die Auferstehung der
Gerechten und der Verdammten, der Sturz des Antichrists, die
Verklärung der Seligen — dabei immer die Hinweisung auf die
große, göttliche Weltordnung durch Sibyllen und Propheten, und
unten auch die Dichter des Alterthums, von Scenen ihrer Werke
umgeben, auch sie in Beziehung zu den letzten Tagen, namentlich
Hesiodos begierig hinaufschauend zu den Dingen, die sich oben begeben. Was waren das für Menschen, die solche Gedanken (die
Michel Angelo nachher aufgenommen) denken und ausführen
konnten! Die großen dramatischen Scenen von Signorelli und
oben auf Goldgrund die seligen Friedensgestalten von Fiesole!
Ich habe nie etwas Ergreifenderes gesehen als die Verklärung der
Seligen, wo die Engel kommen und den langgequälten Menschen-
kindern die Stirn streicheln und sie hinaufgeleiten in die ewige
Harmonie!

Um 8 Uhr hatte ich mir einen Wagen bestellt, um die neu
entdeckten Grotten auf dem gegenüberliegenden Berge zu sehen,
und lernte bei dieser Gelegenheit die ganze Umgegend dieser
wunderbaren Stadt kennen, die wie eine große Akropolis auf einem
einsamen Tuffhügel liegt. Um 2 Uhr kam ich in Chiusi an. Ich
besuchte das Museum, dann das unterirdische Labyrinth der Stadt,
die alte Burg, von der man den See von Clusium und den
Trasimenus sehen kann, sah mehrere Sammlungen und umwanderte
im Mondschein die etruskischen Mauern der alten Königsstadt des
Porsenna.

La Spezia, 27. September 1874.

Am Sonnabend Morgen machte ich mit dem besten der scavatori
von Chiusi einen Rundgang um die alte Stadt. Einzelne Berge
sind ganz ausgehöhlt und enthalten in drei Ringen über einander
Reihen von Gräbern, in denen sich noch der alte Stuck mit den
Gemälden vortrefflich erhalten hat. Eines gilt für das Familiengrab des Porsenna. Eines heißt das „Sepolcro della scimia", weil
ein affenartiges Thier, das Sinnbild des bösen Geistes, an eine

Kette gebunden zu sehen ist. Auch die Stadt selbst ist von unterirdischen Gängen durchzogen, die ein Labyrinth bilden und jetzt
den Bürgern als Keller dienen, in denen sie ihre geschlachteten
Thiere aufhängen, mit denen der herumtappende Antiquarius oft
in unangenehme Berührung kommt.

Um ¹/₅5 Uhr war ich in Siena, wo ich noch in der Werkstätte
des Domes die Antiken sah, namentlich die drei Grazien, die Raphael
nachgeahmt hat. Gestern Morgen fuhr ich in der Richtung auf
Florenz bis Poggibonsi. Dort nahm ich einen Einspänner und fuhr
in vier Stunden nach Volterra, einer der ältesten und größten
der etruskischen zwölf Städte, 1600 Fuß über dem Meere. Da
wohnen noch heute innerhalb der alt-etruskischen Mauern die
Volterraner in engen Straßen und Höfen und kastellartigen Häusern
zusammen, eine kräftige, schöne Bürgergemeinde, stolz auf ihren
alten Ruhm und auf ihre frische Bergluft. Die einheimischen
Patricier, die einst den Freistaat regierten, suchen jetzt ihren Ruhm
darin, die Alterthümer der Stadt zu beschreiben, Ausgrabungen
zu machen und das Museum zu beschenken. Es ist außerordentlich
reich und merkwürdig. Ein großes Familiengrab ist auf Ver-
anstaltung des trefflichen Inghirami mit seinem ganzen Inventar
vollständig erhalten, 42 Aschenurnen in zwei Reihen über einander
mit lauter Reliefs aus der griechischen Heldensage. Die Gräber
selbst, in Tuff ausgehauen, haben keine Gemälde, auch keine
griechischen Vasen. Bei Mondschein betrachteten wir noch die
ungeheueren etruskischen Mauern. Die ganze Bürgerschaft wandelte auf den Terrassen der Bergstadt umher, von denen man das
Meer weithin überblickt mit Corsica und Elba.

Heute früh mußte ich um 3 Uhr aufstehen, denn um 3¹/₂ Uhr
geht die diligenza nach Cecina hinunter, dem alten Hafenplatz der
Volterraner, jetzt Eisenbahnstation auf der Maremmenbahn, welche
Livorno und Civitavecchia verbindet. Mittags war ich zwei Stunden
ganz still in dem unvergleichlichen Campo Santo von Pisa und in
dem herrlichen Dom, dann bei furchtbarer Hitze weiter nach Massa
Carrara und Spezia.

Mein Herz jubelte wie ein altes Griechenherz, als ich die herrliche Meeresbucht vor mir hatte. Von meiner Stube im Hôtel
Milano übersehe ich die ganze Bucht, von Bergen und Vorgebirgen
halbmondförmig eingeschlossen, ein Meerbusen wie der von Neapel,
aber viel stiller, behaglicher. Ich nahm mir eine Barke und fuhr

zu einem der Bäder. Mein Barkenführer war ein prächtiger Mensch, mit dem ich gleich verabredete, morgen früh um 5 Uhr quer über die Bucht nach Porto Venere zu fahren und der Insel Palmaria. Ihr kennt doch mein Platensches Lieblingsgedicht? Der Ort ist aber auch für alte Geschichte sehr wichtig, wie mir hier erst deutlich geworden ist.

Es sind merkwürdig wenig Fremde hier. Ein wundervoll harmloses Leben! Alles plaudert mit einander, singt, spielt. Keiner scheint Sorgen zu haben oder Arbeit, die ihn quält. Dabei die Natur so wunderbar groß, die Luft so klar und still. Ich habe mir eigentlich vorgenommen, mich auf Naturgenuß gar nicht einzulassen, weil ich mich dann immer schäme, allein zu sein — aber zuweilen wird es Einem doch recht schwer, die schöne Gotteswelt nicht zu genießen.

La Spezia.

Denkst Du des Golfs, so stolz und prächtig,
Geschmieget in des Landes Schooß,
So traulich still und doch so mächtig,
So nah umgrenzt und doch so groß?

Um ihn die Höh'n mit sieben Buchten,
Im Hintergrund die Marmorwand,
Wohin Du siehst, in allen Schluchten
Da trieft von Wein und Oel das Land.

Hier lockt Dich Lericis Gestade
Mit seinen Grotten an der See,
Und dort mit seinem Klippenpfade
Das alte Porto Venere!

Auf glattem Spiegel fliegt behende
Von Ort zu Ort der leichte Kahn —
Und draußen, ohne Ziel und Ende,
Dehnt sich der weite Ocean.

Wer faßt es ganz? Wer mag es schildern,
Was hier sich an einander reiht,
Dies Wechselspiel von Bild und Bildern,
Die Fluth von Mannigfaltigkeit?

Und doch — die Lust am bunten Glanze
Ist's nicht, die Dich so tief durchdringt,
Die Harmonie ist's, die das Ganze
Aus Vielem hold zusammenschlingt,

Die Ruhe, die dem Golf beschieden,
Des klare Fluth kein Sturm erregt,
Ja, dieser sel'ge Gottesfrieden,
Der über Land und Meer sich legt.

So sei das Leben eng umgrenzet,
Bewegt, doch in der Tiefe still
Von Liebessegen mild umkränzet,
So klein, so groß, wie Gott es will.

Doch jenseits dieser engen Schranken
Da dehnt sich über Raum und Zeit
Das Endziel unserer Gedanken,
Die Geisterwelt der Ewigkeit.

So sei es uns von Gott beschieden,
Daß, ist das Tagewerk gethan,
Auch unser Leben so in Frieden
Ausströmen kann zum Ocean.

      An den Bruder.

             Berlin, 13. December 1874.

... Eine schwere Sorge hat mir die Erkrankung von Professor Matz*) verursacht, der mein Kollege und Nachbar ist, und im Begriffe war, die Redaktion der archäologischen Zeitung zu übernehmen. Durch seine Nähe sowie durch meinen Assistenten Dr. Treu war meine Stellung hier außerordentlich viel angenehmer und leichter geworden, sodaß ich mit Sorge daran denke, den einen der treuen Genossen wieder entbehren zu sollen.

Der Vertrag über Olympia ist hier mit Glanz durchgegangen. Die ersten Anordnungen für die vorzunehmenden Bauten sind schon getroffen. Mit dem hiesigen Gesandten Rizo Rhangabés komme ich viel zusammen. Er studirt jetzt kyprisch und ist auch Mitglied unserer Graeca, in der wir Oedipus auf Kolonos lesen. An der Universität geht es im ganzen vorwärts, wenigstens gewinne ich mit meiner Kunstgeschichte an Boden. Im Museum wird jetzt mächtig angekauft.

      An denselben.

             19. Februar 1875.

Ich bin zum Abgeordneten unserer Universität nach Leyden**) bestimmt, wohin ich Sonnabend abreisen werde. Ich bin begierig, bei der Gelegenheit die Stadt Scaligers und Ruhnkens zu sehen.

---

*) Friedrich Matz, geboren 1843 in Lübeck, seit Sommer 1874 Professor in Berlin, † am 30. December 1874.
**) Jubiläum der Universität.

Kronprinz Friedrich Wilhelm.

16. März 1875.

Herzlichsten Dank, mein lieber Curtius, für die Uebersendung der 4. Auflage Ihrer griechischen Geschichte nebst den die Bücher begleitenden freundlichen Zeilen.

Alles, was aus Ihrer Feder stammt, ist mir willkommen, das wissen Sie, namentlich freut es mich aber, wenn eine Reihe von Auflagen desselben Werkes Zeugniß dafür gibt, daß Ihre wissenschaftlichen Leistungen die richtige Würdigung finden.

Was im besonderen nun die griechische Geschichte betrifft, so will ich Ihnen beichten, daß ich bei Nennung derselben niemals das Gefühl bösen Gewissens Ihnen gegenüber ganz verwinden kann. Grund dazu ist die Empfindung, daß ich während meiner Knabenjahre, gerade als Sie mich mit jenem Thema vertraut zu machen bestrebt waren, Ihnen besonders schwere Stunden bereitete! Ein Anderes ist es freilich, wenn Sie von dem klassisch Schönen und Erhabenen sprechen wollen, auf welches, und zwar Sie ganz allein, mich während meiner Jugendzeit aufmerksam zu machen verstanden. In der Erinnerung an jenen Theil griechischer Anleitung empfinde ich keine Bedrückung, ja im Gegentheil, nach meinen schwachen Kräften bin ich sogar bewußt, mit Ihnen einen Strang zu ziehen — möge es mir nur gelingen, behülflich zu werden, und mich ihrer Lehren würdig zu erweisen! In alter Anhänglichkeit und Dankbarkeit

Ihr treu ergebener

Friedrich Wilhelm.

Ernst Curtius an den Bruder.

1. Mai 1875.

Gott sei Dank, daß Du aus Berlin einen guten Eindruck heimgebracht hast. Man hat hier doch das Gefühl, daß Alles vorwärts geht. Ich lerne täglich mehr, mich des Guten zu freuen, das das Leben bietet, ohne mich durch die vielen Unvollkommenheiten stören zu lassen. Meine Vorlesungen sind diesmal trotz des Sommers besser im Gange als früher. Die ideale Sphäre, in welche mich das Museum versetzt, empfinde ich täglich als ein Glück, und meine kleinen Arbeiten erfreuen mich, weil ich dabei selbst an Erkenntniß wachse und in stiller Hoffnung lebe, daß die Anschauungen griechischer Geistesgeschichte, die sich mir bilden, allmählich doch sich

Bahn brechen werden, wenn auch viel Abneigung gegen das Verständniß geschichtlicher Zusammenhänge bei den Philologen vorhanden ist, deren Mehrzahl Mikrologen sind.

An denselben.

Chateau d'Oex, 12. September 1875.

Ich hatte viel schöne Muße. Am Achensee habe ich einen
Aufsatz über die griechische Kunst in Indien im Dienste des Budbhis-
mus*) redigirt und hier für die „International Review" in Amerika
auf Wunsch der Redaktion einen Aufsatz über Olympia geschrieben.
Jetzt suche ich eine Arbeit abzurunden, welche ich am 12. Oktober
in der Akademie vortragen muß, über die Plastik der Griechen an
Brunnen und Quellen.**) Ich hoffe, daß mir das noch gelingt,
trotz aller Reiseunruhe, die noch zu bestehen ist.

An denselben.

29. December 1875.

Es ist ein unaussprechliches Glück für mich, daß so früh die
Funde auf dem Boden beginnen,***) dessen Ausbeutung ich seit einem
Menschenalter als unabweisliche Pflicht gefordert hatte. Jetzt sind
alle Sorgen geschwunden und alle Schwierigkeiten gehoben. Man
sieht, daß nach dem durch Erdbeben herbeigeführten Tempelsturze
die Marmorwerke liegen geblieben sind, wie sie fielen. Sie sind
weder zu Kalk verbrannt noch verbaut und, ohne daß Menschen
dazu gekommen sind, haben die Herbstregen ungestört die Erde der
entwaldeten Höhen heruntergespült und damit die Trümmer in
einen Mantel gehüllt, dessen 12—15 Fuß dicke Masse wir jetzt
zuerst gelüftet haben. Der letzte Brief vom 16. brachte schon
Meldung von Skulpturenfunden, wie die Skizze eines prachtvollen
Torso. Dann am 20. der Fund der messenischen Nike des Paionios,
das erste urkundlich bezeugte Werk eines Meisters des 5. Jahrhunderts, und am 24. schon die ersten Giebelstatuen von der Ost-
und Westseite. Ueber den Fund des 20. kann ich schon Sonntag
den näheren Bericht haben.

Wenn man die Nike und den Klabeos sofort erkannte, kann die

---

*) Gesammelte Abhandlungen Bd. II, S. 235.
**) Abh. der A. b. W. Phil.-hist. Klasse 1876, Abth. 1, S. 139.
***) Die Ausgrabungen waren im Herbst 1875 begonnen worden.

Zerstörung, welche der Sturz verursachte, nicht so gar schlimm sein, und hoffentlich findet man die disjecta membra nach und nach zusammen.

Schon jetzt kann man sagen, daß seit der Auffindung von Herculanum keine ähnliche Epoche der Denkmälerkunde dagewesen ist, und hier handelt es sich um eine andere Kunstwelt als die vom Vesuv begrabene.

Der Kaiser ließ mich schon am 2. Weihnachtstage rufen, um ihm von allem Bericht zu erstatten, und zeigte die freudigste Theilnahme, wie sie mir auch von allen Seiten entgegenströmt.

So geht es in der Welt!

Das Glück wird immer als das größte Verdienst anerkannt; nach dem, was man durch stille, entsagungsvolle Arbeit zu Stande bringt, fragen Wenige.

An denselben.

21. Mai 1876.

... Mein Atlas von Athen ist in voller Ausarbeitung begriffen. Auch sind vom Ministerium Mk. 20000 bewilligt, um die Fortsetzung der Triangulation und Aufnahme von Attika zu ermöglichen. Das ist mir eine große Befriedigung. Wenn nur Griechenland ruhig bleibt, sodaß unsere Arbeiten an keiner Stelle gestört werden.

An denselben.

25. Juli 1876.

Meine Absicht ist, für den Winter Urlaub zu nehmen, um in Ruhe meine topographischen Arbeiten über Athen zu vollenden und zugleich Olympia selbst in die Hand zu nehmen. Natürlich hängt Alles von der politischen Lage des Orients ab.

An denselben.

Pyrgos, 27. December 1876.

Nachdem ich erst Mykene besucht hatte, fuhr ich am 14. über Patras hierher, wo mich Hirschfeld und die Architekten abholten. In der Altis wurde ich sehr festlich aufgenommen und von dem griechischen Kommissar feierlich angeredet. An demselben Tage wurden zwei sehr merkwürdige Köpfe gefunden, einer vom östlichen und einer vom westlichen Giebel. Es war ein köstlicher Tag für mich.

... Ich wollte heute Abend schon zur See in Patras eintreffen, aber die See war für das Kanonenboot, das von Zante herüberkam, mich zu holen, zu bewegt, und so muß ich zu Pferde zwei Tagereisen nach Patras machen, um mich dort einzuschiffen und, so Gott will, Sonntag, den 31., in Athen bei den Meinigen zu sein. Das ist das Schlimmste in Griechenland, daß man so sehr von dem Wetter abhängig ist. Ist es gut, so ist das Reisen eine reine Freude, im umgekehrten Sinne eine starke Strapaze. Ich habe schon viele Stunden im Regen auf dem Pferde zubringen müssen.

An Clara Curtius.

Zum Geburtstag in Athen, 7. December 1876.

Hab' ich heute leere Hände,
Kann ich doch vor Dir besteh'n,
Denn ich bring' als Festesspende
Einen Winter in Athen.

Lange hab' ich wohl gesäumet,
Niemals schien es rechte Zeit,
Endlich ist, was kühn geträumet,
Eine volle Wirklichkeit.

Und wir wandeln nun zusammen
Wo ich, fern vom Vaterland,
Einst erglüht in Jugendflammen
Meine zweite Heimath fand.

Um uns her in ernstem Zuge
Zieh'n sich Berg' und Inseln hin,
Jedes Bild zu höherm Fluge
Wecket es den innern Sinn.

Hier, so ruft es uns entgegen,
Ist ein jeder Schritt geweiht,
Und es grüßen allerwegen
Geister der Vergangenheit.

Hier, hier können wir es ahnen,
Was der Mensch erreichen kann,
Wenn sein Geist auf lichten Bahnen,
Frei von winterlichem Bann,

In das hohe Reich des Schönen,
Das uns fern zu Häupten schwebt,
Kräftig sich kann eingewöhnen
Und sich heimisch eingelebt.

Und so segne Gott in Gnaden,
Der durch Meer und Sturmesweh'n
Uns geführt auf sichern Pfaden,
Diesen Winter in Athen!

Kronprinz Friedrich Wilhelm.

Berlin, 21. Februar 1877.

Mein lieber Curtius! Sie haben mich durch Ihre freundlichen Zeilen aus Anlaß des glücklich bestandenen Abiturientenexamens meines ältesten Sohnes sehr erfreut, und danke ich Ihnen aufrichtig, daß Sie inmitten der Herrlichkeit, die Hellas Ihnen darbietet, auch der väterlichen Freuden Ihres ehemaligen Zöglings gedachten.

Lange hat mich Nichts so glücklich gemacht als die Nachricht, daß mein Sohn sich das Zeugniß der Reife als Gymnasiast erworben und nun gleich allen Söhnen von Gebildeten befähigt erscheint, seinen selbständigen Gang durchs Leben zu unternehmen. Möchte diese erste Leistung des Jünglings, der fortan mehr und mehr der väterlichen Gewalt entwächst, die erste Stufe zu einem würdigen Leben werden, das durch Pflichttreue und ächte hingebende Vaterlandsliebe sich auszeichnet und ihn als sittlich bewährten Mann erkennen läßt. Ich muß dabei an die Worte denken, welche Sie einst für die Uebersendung einer meiner letzten schriftlichen Aufsätze an meine Mutter aufsetzten, ehe ich der Schule im Hause entwuchs, und welche „wenn sich die ersten Blüthen zeigen am Baume, den wir treu gepflegt" anfingen, weil ich nun in der Lage bin, ein Gleiches an meiner eigenen Pflanze wahrzunehmen, obgleich Wilhelm leichter als ich lernte und es mit achtzehn Jahren viel weiter brachte, als ich in jenem Alter vermochte. Heinrich erlangte die Reife zur Obersekunda und somit die Eintrittsbefähigung für die Marine, deren Mitglied er Ende April wird, sodaß ich auf einmal zwei Söhne aus dem Hause gebe und fast gleichzeitig zwei Kinder, Charlotte und Heinrich, einsegnen lasse.

Mein mehrfach unterbrochener Brief läuft Gefahr, antiquirt zu werden, ich rechne aber auf Ihre Nachsicht, wenn ich den Schluß dieser Zeilen verschob. Mittlerweile theilten Sie uns im Norden Weilenden wieder viel Erfreuliches über neue Ergebnisse Ihrer olympischen Forschungen mit, zu deren Ausgrabung ich herzlich Glück wünsche, denn jedes noch so geringe Bruchstück, welches Zeugniß für die zutreffenden Berechnungen unserer Archäologen gibt, heiße ich willkommen.

Von hier habe ich zunächst aus dem Museumsbereich Nichts zu erzählen, außer daß die Arbeiten zu einem zweiten Oberlichtsaal der Gemäldegallerie im Gange sind.

... Die Akademie der Künste sieht ihre Hoffnung auf einen Neubau auf der Museumsinsel völlig scheitern, weil die technische Baudeputation sich gegen die Orthschen schönen Pläne aussprach, auf Deutsch: weil kabalirt und intriguirt ward!

Im Reiche mehren sich die Anzeichen kühner, partikularistischer Sondergelüste, während der Orient sein Fragezeichen aufrecht erhält. Ich hoffe, wir kommen um die Kriegsgefahr herum. Denn

wenn auch Deutschland nicht an russisch-türkischen Kämpfen sich
zu betheiligen hat, kann man doch nie wissen, ob ein entbrannter
Kampf localisirt bleibt.

Sie sind der Quelle näher als wir, hören aber wohl weniger
als die außerhalb der südöstlichen Halbinsel Europas Wohnenden,
wofür wir Sie beneiden.

Möchte es Ihnen und den Ihrigen fortdauernd gut gehen und
Sie Alle körperlich und geistig erfrischt und gestärkt in die Heimath
zurückkehren.

Meine Frau grüßt Sie bestens, und ich bin in alter Anhänglichkeit und Dankbarkeit

Ihr aufrichtig ergebener

Friedrich Wilhelm.

Ernst Curtius an den Bruder.

Athen, 4. März 1877.

Die gemeinsame Arbeit mit Kaupert*) ist für mich eine sehr
genußreiche. Wir gehen gewöhnlich vor 10 Uhr schon ins Freie
und rekognosciren das Terrain. An einem geeigneten Platze, meist
im Freien, wird gefrühstückt und erst nach 5 Uhr in die Stadt
zurückgekehrt, wo um 6 Uhr die Mahlzeit gehalten wird. Leider
ist das Wetter in den letzten Tagen wieder sehr unfreundlich. Gestern
haben wir sogar unseren ganzen Marsch im Schneegestöber gemacht, zusammen mit dem Hofgartendirektor Schmidt, der uns
die ilisischen Wasserleitungen zeigen wollte. Heute, Sonntag früh,
strahlt die Sonne wieder in voller Herrlichkeit, und ich hoffe, daß
wir nun endlich vollen Frühling haben werden.

Mein Atlas von Athen schwillt allmählich zu einem ganz an-
sehnlichen Hefte an, das, so Gott will, im Sommer erscheinen soll.
In Verbindung damit wird das Handbuch der Topographie und
Alterthümer von Athen vorbereitet, in welchem ich alle meine
attischen Studien zusammenfassen will.

An denselben.

Berlin, 9. Juni 1877.

Ich habe mich durch Hitze und Kälte glücklich durchgeschlagen
und habe an dem Umgang mit Männern der Wissenschaft und

---

*) Johann August Kaupert, Geheimer Kriegsrath im Großen General-
stab, geboren den 9. Mai 1822 in Kassel, gestorben den 11. Februar 1899
in Berlin.

Kunst wie an der Freude am Verkehr mit der Jugend für Dieses,
das ich entbehre, reichen Ersatz gefunden. Geradezu überraschend
war mir der warme, festliche Empfang, der dem Heimkehrenden zu
Theil wurde. Alle Räthe unseres Ministeriums nahmen daran
Theil. In Bezug auf Olympia hat der Artikel von Neuem einen
Umschwung hervorgebracht, so sind die Deutschen!

Sommer 1877.

Babelsberg.

An die Kaiserin Augusta nach einem Besuche auf Schloß Babelsberg.

Mit stiller Lust begrüß' ich wieder
Dein liebes Wald- und Wiesengrün:
Ich hör' im Busch die alten Lieder,
Ich sehe Deine Blumen blüh'n.

Und zwischen milden Hügelrücken
Lehnt sich wie sonst die blaue Fluth,
Mit ihren Kähnen, ihren Brücken,
So frisch bei voller Sommergluth.

Ich sah im Laub die Thürme ragen,
Weit herrschend über Flur und Land,
Und unten, wie in alten Tagen,
Das stille Haus am Havelstrand.

Im Zwinger tauscht nach alter Sitte
Das Reh mit seiner Herrin Gruß,
Es setzt der Pfau mit Feierschritte
Bis in den Saal den kecken Fuß.

Wohl eilt das Leben so geschwinde,
Wie auf dem Meer die Welle treibt,
Das feste Wort fliegt in die Winde,
Was ist's, das unser Eigen bleibt?

Hier denk' ich immer an das Eine,
Das keinem Wechsel unterliegt,
Das frei von allem eitlen Scheine
Im Kampf besteht und endlich siegt.

Die alte Huld ist stets die neue,
Ein reiner Ton, der nie verklingt,
Das ist das schöne Band der Treue,
Das Einst und Jetzt zusammenschlingt.

An den Bruder.

Harzburg, 21. September 1877.

Gleich nach meiner Heimkehr wird die Aufstellung der Gyps-
abgüsse bewerkstelligt werden. Das ist eine sehr schwierige Aufgabe, von der ich noch nicht weiß, ob sie gelingen wird. Aber sie muß
versucht werden. Ich habe es durchgesetzt, daß der große Raum
vor der Nordwand des Campo Santo am Dom dazu her-
gegeben wird.

An denselben.

Berlin, 7. Oktober 1877.

Ich hatte acht herrliche Tage am Rhein. Das Getümmel*) war
so groß, daß ich der Einzelnen nicht recht froh wurde. Mich
erfreute das Wiedersehen mit vielen wackeren Männern, die sich
mir als Schüler vorstellten, und ich hatte in der That von dem
Treiben und Streben der deutschen Gymnasiallehrer einen wohlthuenden Eindruck. Der Aufbau der olympischen Skulpturen macht
viel Arbeit, aber auch große Freude.

An denselben.

25. Oktober 1877.

Wir haben jetzt ein ganzes kyprisches Museum aufgestellt.
Ich bin seit 14 Tagen ganz davon in Anspruch genommen, die
Olympia-Ausstellung fertig zu stellen. Morgen wird sie dem Publi-
kum geöffnet.

Der Atlas von Athen ist nun auch fertig. Keines meiner Kinder
hat mir so viel Freude gemacht. Zehn Jahre Arbeit stecken darin.
Jetzt gehen drei Officiere nach Athen, um die Aufnahme der
Ebene zu vollenden.

An denselben.

1. Januar 1878.

Wir erleben Beide, jeder in seiner Weise, daß gewisse Richtungen und Strömungen sich geltend machen, mit denen wir uns
nicht mehr im Einklang fühlen. Darum ist aber das, was wir
vertreten, nicht veraltet, und ich lege meinerseits frisch die Hand
an das Werk, um mit stetiger Anstrengung das durchzuführen,
wozu ich glaube, berufen zu sein. Es gilt jetzt durchaus für wahre
Wissenschaft, Stoff zu sammeln, einzelne Fakta festzustellen, den

---

*) Bei der Philologen-Versammlung in Wiesbaden.

Blick auf lauter besondere Probleme zu beschränken, unbekümmert um den Zusammenhang der Dinge, welchen man mit heimlicher Freude preisgibt. Das ist ein gewisser materialistischer Zug in der Wissenschaft, dessen demoralisirender Einfluß nicht zu verkennen ist. Er raubt unseren Studien den Charakter der ächten Humanität. Ich halte es für meine Pflicht, so lange die Kraft vorhält, diesem aphoristischen Arbeiten gegenüber die ächte Synthesis zu vertreten, die immer vom Einzelnen zum Ganzen strebt. Das ist einmal meine Natur, und ich denke, dies Streben hat auch sein unveräußerliches Recht.

Die Photographie vom Praxiteles war unsere schönste Weihnachtsfreude. Sie ist leider nicht gut genug, um als solche verbreitet werden zu können, aber sie genügt, um die Originalität zweifellos zu erweisen, und insofern ist dieser Fund die Blüthe und Krone aller Funde in Olympia. Denn das Werk ist fortan das einzige bezeugte Werk eines der größten Meister des Alterthums, und zwar in einem seltenen Zustand der Erhaltung. Vorgestern legte ich das Bild dem Kaiser und der Kaiserin vor, die sich herzlich daran freuten.

An den Kronprinzen.

Mit der ersten Photographie des Hermes.

Mein Name war in aller Munde,
Wo man die Kunst in Ehren hält,
Doch ging nur eine dunkle Kunde
Von meinem Schaffen durch die Welt.

Die Formen, die mein Geist gefunden,
Die Schönheit, die mein Blick erfaßt,
Was ich erstrebte, war verschwunden,
Zu einem Schattenbild erblaßt.

Nun aber ist, was lang verloren,
Aus tiefer Grabesnacht befreit,
Mein Hermes stehet neugeboren
Vor Euch in Jugendherrlichkeit.

Nun seht Ihr, wie ich warmes Leben
In kalte Marmoradern trug,
Wie ich den Augen Licht gegeben,
Der Brust den tiefen Athemzug.

Und habt Ihr nun die Kunstgedanken
In meinem Marmor aufgespürt,
So tretet mit mir in die Schranken
Und zeigt, wie Ihr den Meißel führt.

So wirkt, was lang im Grab geborgen,
Neu glänzt des Lebens Sonne mir,
Und diesen Auferstehungsmorgen,
Dies neue Leben dank' ich Dir.

An den Bruder.

20. Mai 1878.

In Olympia schreiten die topographischen Entdeckungen sehr glücklich vorwärts, die zu Ende gehende dritte Campagne braucht sich nicht zu schämen, wenn auch große Skulpturenfunde und umfänglichere Inschriften schmerzlich vermißt werden.

Gestern hatten wir rechte Freude an dem „Prinzen von Homburg". Es ist gar nicht zu sagen, wie mächtig das Stück wirkt! Ein Stück ohne alle Intrigue, ohne alle Schlechtigkeiten und doch so spannend bis ans Ende für das größte Publikum.

An denselben.

Juli 1878.

... Gestern Abend war zum ersten Male wieder*) Theeabend bei der Großherzogin. Die Kaiserin dankte im Namen des Kaisers für die in der Akademie gesprochenen Worte. Der geringe Zuwachs an Kräften wird bemerkt und macht immer Sorge. Schön ist, wie Vater und Sohn jetzt einander so nahe stehen. Früher hatte Letzterer immer die Sorge, sich nur mit Nichts zu kompromittiren, ganz intakt zu bleiben, um mit voller Freiheit eintreten zu können. Jetzt steht er auf einmal mitten darin. Rührend ist zu sehen, wie jetzt die Familie zusammenhält. Die Tochter ließ vorgestern Tannenzweige aus ihrem Schwarzwalde kommen, um in die Krankenstube bessere Luft und frischen Waldhauch einzuführen. Wahnsinnig ist das Gebahren der Hochkonservativen, die Verlästerung Aller, die nur etwas nach Liberalismus schmecken, die Großherzogin war auch sehr unzufrieden damit. Der Kronprinz ist sehr ernst geworden, er machte aber einen sehr guten Eindruck.

---

*) Nach dem Attentat.

An denselben.

10. December 1878.

... Die Heimkehr*) ist über alles Erwarten glücklich von Statten gegangen. Gestern Abend war wieder ein kleiner Thee, und heute haben wir von Seiten der Universität und der Akademie gratulirt. Der Kaiser ist ganz wunderbar frisch und läßt im Gespräch auch keine Spur von Mattigkeit und Vergeßlichkeit erkennen. Gott sei Dank, ist auch der Empfang so gut gelungen wie denkbar. Meine Kollegien sind voller denn je, selbst ein abgelegenes Privatum, wie Quellenkunde der griechischen Geschichte.

An denselben.

9. April 1879.

Jetzt nimmt mich ganz die Vollendung des Atlas von Athen in Anspruch mit den unzähligen Kleinigkeiten, die dabei zu beobachten sind. Die treue Genossenschaft meines guten Kaupert ist mir eine wahre Freude, der bis dahin ganz in Militärkarten aufgegangen ist und sich der alten Topographie mit wahrem Enthusiasmus hingibt. Er ergänzt mein Können und Wissen in so vollkommener Weise, daß ich nie glücklicher gearbeitet habe. Das Werk soll ein Zeugniß ablegen, wie Generalstab und Akademie zusammen schaffen können. Der alte Moltke spricht auch immer davon, wenn ich ihm beim Kaiser begegne.

An denselben.

1. August 1879.

Der neue Grundriß von Olympia ist schon gezeichnet und macht einen sehr befriedigenden Eindruck. Die ganze Altis liegt vor Augen. Eine Reihe vorzüglicher Köpfe ist gefunden, einige Gestalten, wie die des Klabeos, sind jetzt vollständig lebendig geworden. Aber zur Wiederherstellung der Giebel fehlt leider noch viel, und es ist eine ungemein schwierige Aufgabe, die letzte Rate so zu verwenden, daß der Hauptzweck noch möglichst erreicht wird. Ich muß natürlich nächstes Frühjahr hin, um an Ort und Stelle das Facit zu ziehen von fünfjähriger Arbeit. Nach den Ferien gebe ich auf Wunsch von Hertz meine Vorträge über Olympia zusammen heraus und werde die Gelegenheit benutzen, über den jetzigen Stand des Unternehmens mich auszusprechen. Dann werde

---

*) Kaiser Wilhelms.

ich mich, so Gott will, ganz der Topographie von Attika hingeben. Das Buch möchte ich gern noch machen, weil ich das Gefühl habe, daß es so, wie ich es jetzt mit Hülfe von Kaupert machen kann, nicht leicht zu Stande kommen wird. Zum Feierabend kommt man nun einmal nicht, und warum soll man der Lust des Schaffens und Wirkens entsagen, solange Einem Gott die Kraft erhält?

An denselben.
Schönfels ob Zug, 26. August 1879.

Seit drei Tagen sitzen wir auf dem Zugerberg und schauen auf die Bergseen zu unseren Füßen und die Alpengipfel jenseits der Seen. Der Aufenthalt zeichnet sich dadurch aus, daß man neben Nah- und Fernsichten, wie sie der Rigi bietet, einen landschaftlich angenehmen Ort bewohnt mit Wäldern und vielen schönen Wegen.

Ich fördere nach Kräften den Druck des 2. Bandes meiner Geschichte, dessen Korrekturbogen wöchentlich in zwei Sendungen einlaufen. Andere kleinere Arbeiten bereite ich vor, namentlich stecke ich wieder in den mythologischen Dingen. ... Wie kann man Sprache und Mythen in gleicher Weise behandeln! Der Bau der Sprache erhält sich bei den verwandten Völkern, und keine Kulturentwickelung vermag das überlieferte Material wesentlich umzuändern. Aber die religiösen Vorstellungen — wie entwickeln und verändern sie sich mit den verschiedenen Kulturstufen und unter den Einwirkungen des Auslandes! Von ihrer Sprache würden die Hellenen nie gesagt haben, daß sie dieselbe von anderen Völkern hätten, die Heimath ihrer Götter ist — mit Ausnahme des Zeus — immer ausländisch. Die olympischen Götter sind in ihren Persönlichkeiten Bilder der entwickelten Nationalität. Wie viel Stufen sind durchlaufen worden, bis der olympische Götterstaat fertig war! ... In jedem Olympier steckt erstens ein Kern von Göttlichkeit, eine göttliche Substanz, die angebetet wurde, und zweitens eine bunte Hülle von poetischer Zuthat. Jeder Olympier ist einmal ein ganzer Gott gewesen, denn nur zu einem Gotte, der für allmächtig gehalten wird, können die Völker beten. Es gab in Thrakien Stämme, bei denen Hermes der einzige, der Hauptgott war. Die thrakischen Könige leiteten ihr Geschlecht von Hermes ab. Was hat dieser Urhermes, der die Erde und die Heerden fruchtbar macht, mit den Winden zu thun? Aus solchen elementaren

Kräften entstehen Dämonen wie die Boreaden, die Kentauren, ein Aiolos u. A., aber kein Olympier. Kein Gott ist seinem ursprünglichen Wesen nach ein Diener. Das sind Funktionen, welche dem verjüngten Hermes angedichtet sind, den man allmählich zu einem Ebenbilde des hellenischen Volkes in seinen Tugenden und Schwächen machte.

Die Leute haben meistens gar keine Vorstellung von dem, was Religion ist, von dem Unterschiede zwischen Religion und Poesie, von dem allmählichen Werden der Götter und der verhältnißmäßig späten Zeit, in welcher die Dodekarchie eingerichtet ist, deren System dazu führte, Jedem besondere Funktionen anzudichten. Wie spielt schon Homer mit den Götterpuppen und galt den ernsteren Hellenen für einen Verderber der väterlichen Religion.

> An denselben.
> Bevey, 21. September 1879.

... Es fällt mir nicht ein, das gemeinsame Erbtheil der arischen Völker auf Zeus zu beschränken. Der Nymphendienst ist uralt. Auch viel Natursymbolisches ist zweifellos. Aber das Natürliche ist nie die Substanz des Religiösen. Die Dichterphantasie macht die Olympier zu Spiegelbildern des Volkscharakters. Das Unterscheiden des religiösen Kernes und der poetischen Ausstattung ist die Hauptaufgabe der Wissenschaft.

> An Heinrich Kruse.
> Bevey, 23. September 1879.

Wir leben hier in der schönen Seelandschaft, in welcher Du einst, nach abgeschütteltem Schulmeisterstaube, Deine Freiheit wiederfandest und Deine Geistesflügel regtest. Alle Reize von Gebirge und Ebene, von Fels und Wasser, vom Süden mit seiner Vegetation, seinem Himmel und seinem Formenreichthum, und vom Norden mit seinen grünen Matten sind hier verbunden. Wir haben geschwelgt in der Fülle des Schönen und reißen uns mit Schmerzen los. Dazu kommen so viele Anregungen von Freunden und neuen Bekanntschaften neben der größten Stille, in der ich meine Arbeiten fortgeführt habe. Wir machen noch ein paar Besuche bei Freunden in Genf und Basel, und dann geht es heim an die Arbeit. Ach, so viel wartet auf mich!! Wie lange werden noch die Kräfte reichen! Dann werden auch zwei alte Freunde wieder zusammenkommen,

der eine mit Seesalz*) aufgefrischt, der andere mit Schweizer Bergluft, und werden sich wieder die Hand reichen, um in alter Treue
mit einander weiter zu pilgern durch dieses bunte Menschenleben,
so lange es Gott gewährt.

An den Bruber.

Berlin, 31. December 1879.

Pergamon ist jetzt in Aller Munde. Man schwelgt in dieser
unabsehlichen Masse von Originalen und fühlt sich auf einmal
London. ebenbürtig. Ein ganzes Stück alter Kunstgeschichte ist neu
erobert. Es ist nicht mehr der alte Glaube, nicht mehr die Poesie
und das edle Maß in diesen Werken, es ist die Rhetorik der alexan-
brinischen Periode — aber es ist eine Kühnheit, eine Bravour der
Technik, die man bewundern muß.

In Olympia geht leider der Anfang der Winter-Campagne fast
immer unter Regenwetter zum größten Theile ganz verloren.
Doch sind schon mehrere Giebelstatuen wesentlich ergänzt worden
und die Untersuchung des Heratempels liefert für die Kunstgeschichte
wichtige Resultate. Man kann hier an den verschiedenen Säulen
die Entstehungsgeschichte des Tempels nachweisen, welcher der
älteste Mittelpunkt des Kultus im Alpheiosthale war.

Du hast aus Band II meiner Geschichte vielleicht gesehen, daß
ich stark daran gearbeitet habe. Das Zeitalter des Perikles hat
doch hoffentlich an Deutlichkeit gewonnen.

An benselben.

2. Februar 1880.

Die kurze Fahrt**) hat mich recht erfrischt, nachdem sich zuletzt
die Arbeiten etwas gehäuft hatten. Dazu kamen vielerlei Gemüths-
bewegungen.

Der Reichskanzler hat plötzlich den Antrag auf einen Supple-
mentar-Kredit von 90000 Mark, welcher schon angenommen war
und dem Bundesrathe vorlag, kassirt. Nun haben wir Nichts
und müssen im April—Mai abbrechen. Ich thue natürlich, was
möglich ist. Aber auch der Kronprinz hat vergeblich bei Bismarck
petitionirt: „Es sei sehr schwierig zu machen," während gar keine

---

*) Heinrich Kruse brauchte Seebäder auf Sylt.
**) Ein Ausflug nach Dresden.

Schwierigkeiten vorliegen. Es scheint ihm auf einmal eingefallen zu sein — angesichts der Pergamener — daß unser Vertrag ein zu ungünstiger sei und dergl. Nun hat in der That keiner der Räthe den Muth, mit ihm darüber zu sprechen. . . . Ich hoffe auf einige glückliche Funde. Jetzt hacken wir das Centrum der Altis auf und finden wunderbare alte Thonbilder der Hera u. s. w., aber das hilft uns nicht dem großen Publikum gegenüber. Ich denke Ende März mit Adler zu reisen und den April über in Olympia zu bleiben.

Am Donnerstag*) habe ich preußische und athenische Geschichte verglichen in einer so überfüllten Zuhörerschaft, daß die chinesische Gesandtschaft unter den Akademikern Platz nehmen mußte. Die Kaiserin saß vorne an und war von dem, was ich über Aristoteles' Staatsidee sagte, so überrascht, daß sie mich bat, ihr die Aristotelische Definition vom Staat in einem Excerpte mitzutheilen.

In Olympia sind jetzt so alte Hera-Idole gefunden, daß hier Hera von Aphrodite gar nicht zu unterscheiden ist. So zeigen jetzt auch die Denkmäler, daß die weiblichen Gottheiten ursprünglich Eines waren und nur allmählich durch Lokalisirung differenzirt und individualisiert sind. Wir haben jetzt auch aus Athen Athena-Bilder, welche noch durchaus keines der späteren Athena-Attribute haben. Es ist die himmlische, d. i. kosmische Gottheit, die von den semitischen Völkern herüber gekommen ist als weibliches Wesen zu dem arischen Manngotte Zeus.

An denselben.

12. März 1880.

Ich bin in angestrengter Anspannung und sehne mich nach der Ruhe des Waggons und Dampfschiffes. Der Kaiser hat, ohne daß ich ein Gesuch an ihn gerichtet, proprio motu entschieden, daß man Olympia nicht fallen lassen dürfe. Er hat am Ende noch 80 000 Mark für dieses Jahr herausgeschlagen.

Aus der Festrede in der Universität am 22. März 1880.**)

In diesem Frühjahr geht die Frist zu Ende, welche das Deutsche Reich für die Durchforschung des Bodens von Olympia gesetzt hat,

---

*) In der öffentlichen Sitzung der Akademie vom 29. Januar 1880 zur Feier des Jahrestages Friedrichs II.: „Die Entwickelung des preußischen Staates nach den Analogien der griechischen Geschichte." Alterthum und Gegenwart Bd. II, S. 209.

**) Alterthum und Gegenwart Bd. II, S. 185.

unb bas große Werk, zu welchem der Kronprinz in Erinnerung
einer jugenblichen Anregung ben Anstoß gab, hat Kaiser Wilhelm
nicht nur von Anfang mit lebenbigstem Antheil begleitet, sondern
er hat auch in diesen Tagen, ba ein vorzeitiger Abbruch ben Erfolg
jahrelanger Arbeiten zu beeinträchtigen brohte, ohne von Bitt=
gesuchen gebrängt zu werden, aus eigenster Selbstbestimmung be=
schlossen, bas Werk nicht fallen zu lassen. Was im Namen bes
Staates begonnen ist, so bachte er in königlichem Sinne, muß auch
mit beutscher Ausbauer einem würbigen Ziele entgegengeführt
werben. Der siegekrönte Fürst hat auch biese bescheibenen Er=
folge für bes Reiches Ehre nicht gering geschätzt. Seiner Spenbe
verbanken wir es, baß bie Kaiserfahne heute noch fröhlich auf
bem beutschen Hause am Alpheios flattert, unb baß wir, statt bas
Zeichen zum Rückzug zu geben, mit gesteigerten Kräften bie Arbeit
abschließen können.

An Clara Curtius.

Ostersonntag (28. März 1880) früh, an
Borb bes „Mars", Höhe von Durazzo.

Mir ist es wunderbar gut gegangen, unb ich habe nur zu
banken aus vollem Herzen. Auf glatter Spiegelfläche sinb wir
von Triest bis heute gefahren auf einem ausgezeichneten Schiffe
in kleiner Gesellschaft. Wir sinb aus ber Abria heraus unb schneiben
jetzt bie Linie, auf welcher bie Römer von Brinbisi nach Dyrrhachium
übersetzten. Links erheben sich hinter ben Küsteninseln bie mäch=
tigen Schneeberge bes Pinbos, bes Gebirgskammes ber griechischen
Halbinsel. Von Stunbe zu Stunbe wirb bie Luft heiterer unb
wärmer. Um 4 Uhr kommen wir nach Corfu. . . .

An bieselbe.

Olympia, 3. April 1880.

Wir hatten von Zante eine herrliche Fahrt in offenem Segel=
schiff. In vier Stunben kamen wir nach Katakolo. Wir blieben
bie Nacht in Pyrgos. Gestern früh bei herrlichstem Wetter nach
Olympia. Unterwegs empfingen uns bie jungen Leute, in Olympia
Treu unb Frau nebst Mr. Newton. Charalampos stieg auf ben
Tisch unb hielt eine Rebe. 450 Arbeiter bonnerten auf bas Wohl

des Kaisers, das ich mit einem Dank und Hoch auf König Georg erwiderte.

Olympia, 22. April 1880.

Gott sei Dank ist Alles gut gegangen. Das Wetter ist herrlich, jeder Athemzug Wonne. Der Frühling zieht endlich ein. Die Platanenblätter und Feigenblätter kommen schüchtern heraus, der Ginster bedeckt die Höhen mit gelbem Schimmer, und auch die Oleanderblüthen melden sich an. Zartes Weinlaub grüßt auf allen Höhen, die überall urbar gemacht werden, und die immergrünen Pinien sehen so frisch aus, als ob sie eben herausgekommen wären.

Die altberühmte Rennbahn ist jetzt vor allem Anderen, was mein Interesse in Spannung hält. Es sind die Steine an Ort und Stelle wieder frei gelegt, von denen die Läufer ausliefen und wohin sie schweißbedeckt anlangten. Zwanzig in einer Reihe konnten zusammen laufen. Man sieht noch die Löcher, in denen die Pfeiler standen, welche die vier Fuß breiten Standplätze von einander trennten.

Heute machten wir einen Spaziergang in das Klabeosthal. Dr. Martin, der Arzt, der viel auf den Dörfern herumgeht, führte uns. Unterwegs begegnete uns ein Ehepaar mit einem kranken Kinde. Martin verordnete einen Trank. Dann führten uns die Leute in ihr Haus, ein verhältnißmäßig großes Haus, aber natürlich ohne Stuhl und Tisch. Einige bemalte Holzkisten und auf einander gehäufte, selbstgewirkte Teppiche, die zu einer künftigen Aussteuer dienen, waren der einzige Schmuck.

24. April 1880.

Ich richte mich so ein, daß ich Morgens nach dem Kaffee gleich hinabsteige, vor 7 Uhr, und dann um 11 Uhr hinaufreite. Nach dem Frühstück wird Siesta gehalten und dann geschrieben und gelesen, bis ich zwischen 3 und 4 Uhr von neuem hinuntersteige und mit Dunkelwerden wieder hinauf und immer zu Fuß. Unten gibt es immer neue Gegenstände zu beobachten, obgleich seit acht Tagen große Ebbe herrscht trotz der 500 Arbeiter. Freilich geht kein Tag verloren. Denn unser Grundriß von Olympia vervollständigt sich ununterbrochen. Ein kleiner Erdaltar fesselt jetzt meine Aufmerksamkeit. Er ist wenigstens ein Dutzend Mal mit einer dünnen Stuckschicht neu überzogen, und jede Schicht trägt an drei Seiten Blätterornament und auf der Vorderseite die

Dedikation an einen Heros. Da die Blätter Lorbeerblätter sind,
so muß es der Altar eines Heros der Weissagung sein, und ich
erkenne darin den Ahnherrn der Jamiben, Jamos. Wir ziehen
nun eine Schicht nach der anderen ab. Heute kamen wir auf die
vierte. Da waren die Blätter schon besser gemalt, und zwischen
den Blättern war eine große Rose, die Grabesrose, die Ihr auf
den attischen Grabsteinen kennt. Die Heroen wurden als Verstorbene angesehen und verehrt.

An dieselbe.

Patras, 9. Mai 1880.

So bin ich wieder hier, wo ich am 7. März 1837 zum ersten
Mal griechischen Boden betreten habe. Donnerstag Abend fanden
wir noch den Kopf der Hippodameia, und am Abend gaben uns
die jungen Leute ein Zauberfest mit bunten Lampen in der Garten-
laube. Mein Herz ist voll von Freude und Dank. Die letzten
Ausgrabungen waren an Einzelfunden nicht reich, aber ich habe
die frohe Ueberzeugung gewonnen, daß wir würdig abschließen
können. Dazu werden Zeit und Mittel noch ausreichen. Die
jungen Leute haben Alle ihre volle Pflicht gethan, und wir können
mit gerechtem Stolze auf das Geleistete sehen. Es wird von allen
Sachverständigen in der ganzen Welt anerkannt werden als ein
Werk, das den Deutschen Ehre macht und Licht schafft nach allen
Seiten. Ich selbst habe in der täglichen Berührung mit den Alterthümern von Olympia viel gelernt und ganz neue Anschauungen
gewonnen. Ich bin in stillem Herzen dankbar für das Gelingen
unseres Werkes und weiß, daß ein reicher Segen darauf ruht,
der sich immer mehr geltend machen wird. Mancher Lücken
ungeachtet habe ich das sichere Gefühl, daß wir jetzt abschließen
müßten, wenn wir auch noch Tausende haben könnten.

An den Bruder.

Berlin, 30. Mai 1880.

Gestern sah ich das Standbild von K. O. Müller vollendet im
Atelier. Es soll in der Halle des Museums aufgestellt werden.
Ich habe seinerzeit für die Aufstellung dieser Statue gewirkt. Ich
denke, der Mann verdient es, wenn auch jetzt im ganzen miß-
günstig über ihn geurtheilt wird. Die ideale Auffassung der klassischen Alterthumskunde repräsentirt er doch in seltener Weise.

42*

Einen wahrhaft bedeutenden Eindruck macht die Feuerbach-Ausstellung. Man hat den Inhalt eines ganzen Künstlerlebens vor Augen, eines auf das Höchste gerichteten, wenn es auch nur in einzelnen Lichtblicken zu voller Schönheit entfaltet vorliegt.

An denselben.

19. Juni 1880.

Meinen alten Freund Strack*) vermisse ich schmerzlich, mit dem ich so viel in innigster Gemeinschaft geforscht und gearbeitet habe. Das sind meine schönsten Erinnerungen, wie ich mit ihm zusammen für den „Peloponnes" die alten Städte, Märkte und Tempel aufbaute.

Clara Curtius an Heinrich Kruse.

Berlin, 20. Juli 1880.

... Wir haben gestern eine kurze, aber köstliche Feier gehabt. Um 9 Uhr wurde in der herrlichen Vorhalle des Museums Otfried Müllers Standbild geweiht. Es war still auf dem Platze. Die Sonne leuchtete goldig durch die Säulen, und das weiße Marmorbild sah so ideal und hehr aus, als dürfe es gar nicht in Berlin stehen. Ernst sprach herrlich, so warm und ergriffen, denn dieser sein hochgestellter Lehrer vertritt die einzig wahre Richtung des Kunststudiums, die jetzt so oft herabgezogen wird, weil die Menschen nicht die geistige Kraft haben, ihr zu folgen. Ich hätte Sie herbeigewünscht.

Ernst Curtius an den Bruder.

Ragaz,**) 3. September 1880.

Das Bad ist sehr schön. Man liegt im strömenden Wasser und fühlt sich unmittelbar unter dem Einflusse einer heilsamen Naturkraft, deren Wirksamkeit sich dem lauernden Blicke der chemischen Analyse vollkommen entzieht. Nach manchen Regentagen ist es auch hier sonnenhell geworden, und wir wandern fleißig auf den waldigen Höhen, die das Rheinthal beherrschen.

---

*) Johann Heinrich Strack, Hofbaurath, Professor der Akademie der Künste, Lehrer an der Artillerie- und Ingenieurschule zu Berlin, gest. Juni 1880.
**) Wo nach einem Anfall von Podagra eine Kur gemacht wurde.

An denselben.

Berlin, 23. December 1880.

Wir rüsteten uns schon zum schleunigen Abmarsch aus Olympia, als unvermuthet eine hiesige Dame mir 20000 Mark in das Haus schickte, damit wir nicht von Geldmangel gedrängt und zu vorzeitigem Abschluß genöthigt wären. Jetzt können wir noch zwei Monate mit frischen Kräften arbeiten. Es kommen fast jeden Sonnabend neue Funde oder wissenschaftliche Ermittelungen zu Tage, die von großem Interesse sind. Die bauliche Einrichtung des inneren Zeustempels ist erst jetzt klar geworden.

An Jacob Bernays.

20. April 1881.

Haben Sie herzlichen Dank für Ihre treue Gesinnung! Es war mir, als wenn keine Wochen vergangen wären seit unserem letzten Beisammensein, und doch lagen Jahre dazwischen, und welche Jahre!

Das ganze Drama von Olympia hat sich seitdem abgespielt. Der Reiz der Neuheit der Ueberraschungen ist jetzt vorüber; es beginnt die ernstere, schwierigere Aufgabe, das Gewonnene zu verwerthen, den Schatz zu verarbeiten und auszumünzen. Noch ahnen nur Wenige, welche neuen Einblicke in die alte Kulturwelt geöffnet sind. Athen steigt in seiner Einzigartigkeit immer mehr, aber ein wichtiges Stück Athen lernen wir in der Altis kennen.

Daß meine Geschichte fünf sehr starke Auflagen erlebt hat und sich immer mehr auch bei den mißgünstigen Romanen Bahn bricht, ist ein Erfolg, den ich dankbar anerkenne und der mich dafür tröstet, daß die zünftigen Gelehrten naserümpfend an ihr vorübergehen. Denn der gute deutsche Gelehrte zuckt die Achseln, wenn ein Buch lesbar ist und dem Verfasser nicht die Schweißtropfen auf der Stirne perlen. Ich bin mir bewußt, keine Mühe gescheut zu haben, aber ich habe es für eine würdige Aufgabe gehalten, die Arbeit nicht zur Schau zu stellen. So ist doch einmal wieder ein Werk da, das alle wahrhaft Gebildeten von Anfang bis zu Ende durchlesen. Die stete Kluft zwischen Gelehrten und Laien ist ein arges Stück Barbarei.

Es ist mir eine wahre Freude gewesen, Sie so frisch und gesund zu sehen und Ihre Bibliothek in einer so glänzenden

Metamorphose. Ich hoffe jetzt öfters an den Rhein zu kommen, da ich in Olympia nicht mehr als Renner aufzutreten brauche. Ich werde mich bei Ihnen trösten über das mir entrückte Griechenland.

An den Bruder.

10. Mai 1881.

Ich bin jetzt damit beschäftigt, an die Ausarbeitung der Topographie von Athen Hand anzulegen. Ich habe das Gefühl, daß ich diese Arbeit, wenn es mir vergönnt ist, noch zu erledigen suchen muß. Der junge Dr. Milchhöfer ist mein Assistent dabei, er ist unter den Jüngeren der Einzige, der sich ernster mit Topographie beschäftigt hat.

An denselben.

Nach einem Aufenthalt in Blankenberghe.

Paris, Hôtel du Louvre, 20. September 1881.

Wir hatten an der See sehr wechselndes Wetter, aber der Aufenthalt hat uns doch sehr wohlgethan. Ich habe mich tapfer mit der Brandung herumgeschlagen. Wir sahen Brügge, Gent, Antwerpen, Brüssel. Antwerpen lernte ich erst jetzt kennen und erfreute mich aufrichtig an diesem norddeutschen Venedig, an seiner Kathedrale, seinem herrlichen Museum, wo man Rubens erst in seiner Größe kennen lernt, und an seinen Ueberresten des Mittelalters. Hier bin ich zum ersten Male in einem Monstrehôtel. Es interessirt mich, den ganzen Mechanismus kennen zu lernen. Es ist eine kleine Stadt für sich, und in unserer Stube kann ich bei so vollkommener Ruhe arbeiten, daß man in einem Kloster zu sein glaubt.

An Clara Curtius.

Mit einem Reliefbilde von Athen, am 7. December 1881.

Der Boden, den wir Beide lieben,
Athenas vielgeliebtes Land,
Ist tief in unsre Brust geschrieben,
Ein still verborgnes, theures Pfand.

Wohl ist's in nebelgraue Ferne
Jetzt weit von uns hinweggerückt;
Uns glänzen nicht die goldnen Sterne,
Nicht Berg und Meer, die uns entzückt.

> Doch wie der Aar auf sicherm Flügel
> Hoch über dem Gebirge schwebt,
> Tief unter sich die duft'gen Hügel
> Und was auf Erden lebt und webt,
>
> So liegt auch hier zu Deinen Füßen
> Das vielgeliebte Griechenland,
> Und bringt zu Dir mit stillem Grüßen,
> So oft Du naheft, unverwandt.

An den Bruder.

Berlin, 23. December 1881.

Ich bin jetzt in der That ein rastlos geplagter Mann. Denn es kommt viel und Unliebsames zusammen, an der Universität*) wie in der Akademie und auf dem Museum. Das Parteitreiben ist wieder aufgewacht, der dumme Gegensatz von „Antisemiten" und ihren Gegnern ist in voller Blüthe.

Zweimal habe ich dem Kaiser über Olympia Vortrag halten müssen des Abends beim Thee. Das waren wirklich einzige Stunden wegen des gemüthlichen Eingehens des alten Herrn auf den Gegenstand. Ich muß jetzt wöchentlich wenigstens einmal des Abends da sein, da Kaiser und Kaiserin Beide sich schonen und nur mit ganz bekannten Personen zusammen zu seien lieben. So bin ich von früh bis spät Abends eigentlich nie meiner selbst Herr. Körperlich bekommt mir diese Unruhe ganz gut, aber ich empfinde oft eine tiefe Sehnsucht nach größerer Ruhe und Sammlung.

An denselben.

1. März 1882.

Du mußt dieses Jahr schon etwas Geduld mit uns haben und mir nicht zürnen, wenn ich seit Weihnachten nicht geschrieben habe. Jetzt ist das Schlimmste vorüber, und ich danke Gott, daß ich bis dahin glücklich durchgekommen bin. Es ist mir gelungen, allerlei Uebelstände unseres Universitätslebens einigermaßen zu mildern und manche innere Konflikte zu beseitigen. Dabei habe ich die Erfahrung gemacht, daß die Gegensätze der Parteien unter den Professoren viel erbitterter sind als in der Jugend, deren Wortführer sich vernünftig und versöhnlich gezeigt haben.

Vorigen Sonntag haben wir auch unser Rektoratsdiner glücklich abgemacht, an dem Goßler, Friedberg, Lucanus, Rhangabé, Krüger

---

*) Während des Rektorats.

und dreißig Kollegen Theil nahmen. Die Vorlesungen gehen zu Ende, und die Rede am 22. hat Weizsäcker für mich übernommen. Nun kann ich schon etwas freier aufathmen. Auch die Angelegenheiten von Olympia sind in gutem Gange. Unsere Eingabe wegen Herstellung des definitiven Werkes ist abgegangen und wird, von dem Unterrichtsministerium befürwortet, dem Reichskanzler unterbreitet. Unsere Karten und Pläne von Olympia erscheinen als besondere Ausgabe in nächster Zeit. Die plastische Rekonstruktion der Giebelfelder schreitet vorwärts.

An denselben.

17. Oktober 1882.

Hierbei ein Brief meines Zöglings, für den ich, ohne es Jemand zu sagen, in Gedanken meine letzte Rede*) komponirt habe.

Der Kronprinz.

Potsdam, 14. Oktober 1882.

Nur wer wie Sie, mein lieber Curtius, die Plagen und Leiden einer Prinzenerziehung mit allen dazu gehörigen Widerwärtigkeiten kennen lernen mußte, vermag die Stellung des Fürsten zu den Leistungen der Wissenschaft milde und zugleich anerkennend zu beurtheilen.

Deshalb war ich nicht wenig erbaut, aus Ihrer am 3. August gehaltenen Festrede die Anerkennung zu entnehmen, daß es für fürstliche Laien keine Kleinigkeit ist, den Anforderungen der Gelehrten gerecht zu werden, ihr Verdienst richtig zu würdigen und dementsprechend hülfreich und fördersam sein zu können.

Eine officielle Antwort geht an den Rektor ab, ich aber danke Ihnen auf diesem Wege nicht allein für die meinen Vorfahren gezollte Anerkennung, sondern auch dafür, daß Sie die Schöpfung meines Großvaters als den aus der Blüthe klassischer Vergangenheit stammenden nicht nachstehend bezeichneten.

Des Königs nicht leicht zu schildernde Persönlichkeit ließ in Zeiten der Noth das Walten großer Geister unter seinen Zeit-

---

*) „Der Beruf des Fürsten." Rede am 3. August 1882. Alterthum und Gegenwart Bd. III, S. 68.

genossen gewähren. Das einmal Geschaffene konnte späteren Strömungen standhaft widerstehen, welche heute kaum mehr beachtet
werden. Somit blieb das Große und Gute erhalten und knüpfte
sich fest an den Namen des Stifters.

Höher noch erachte ich die in ruhigen Zeiten aus eigenster
Liebe zur Sache gethanen Schöpfungen, welche dem Zwecke zu
dienen berufen sind.

Auf Wiedersehen in einigen Tagen; ich konnte aber mich nicht
enthalten, unter dem unmittelbaren Eindruck des Durchlesens den
Empfindungen Ausdruck zu geben, welche Ihre Rede hervorrief
bei Ihrem unwandelbar, dankbar und treu ergebenen

Friedrich Wilhelm.

Ernst Curtius an den Bruder.

Berlin, Januar 1883.

In der ersten Neujahrswoche mußte ich ein Versprechen erfüllen, das ich vor Zeiten gegeben habe. Ich fuhr Mittwoch nach
Barmen, hielt dort einen Vortrag, bei dem ich die beiden Giebel
von Olympia aufstellte, und am Freitag erklärte ich den Elber-
feldern die Stadtgeschichte Athens an ihren Denkmälern. Ich habe
in sehr merkwürdige Lebenskreise einen Einblick gethan, viel Freundlichkeit erfahren und die Freude gehabt, daß in beiden Städten
sofort Männer sich fanden, welche die Abgüsse der Giebelstatuen für
ihre Städte bestellten. Es herrscht dort ein ganz republikanisches
Leben. Bürgersinn schafft Alles, und man geht nicht wie bei uns
mit jeder Kleinigkeit an das Ministerium.

Ich habe jetzt die Ausarbeitung der Topographie von Athen
begonnen. Gott gebe, daß ich das Werk noch ausführe!

An denselben.

18. Februar 1883.

Der Kronprinz, dem ich nur einen sehr bescheidenen Festgruß
zugesandt hatte, ließ mich am 25.*) noch spät Abends zu sich bitten,
wo er mich mit den Seinigen empfing und mir sagte, er habe den
Tag nicht beschließen können, ohne mir die Hand zu geben. An
demselben Tage erhielt ich einen Brief des Hofpianoforte-Fabri-
kanten Duysen, der sich (in so liebenswürdiger Weise, daß man

---

*) Silberne Hochzeit des Kronprinzen.

nicht ablehnen konnte) ausbat, mir ein Instrument verehren zu
dürfen, da er an diesem Tage das Bedürfniß fühle, in irgend
einer Weise seine Theilnahme an dem Feste bethätigen zu können.

An denselben.

10. Juni 1883.

Ich war in Lübeck und Hamburg. Es that mir wohl, die
Pfingsttage im brüderlichen Hause zuzubringen und alle Bilder
der Vergangenheit wieder einmal auf mich einwirken zu lassen.
Es waren die ersten Frühlingstage, und wir erfreuten uns wieder
zusammen an Travemündes Wellenschlag und an dem Waldes-
rauschen von Israelsdorf und Schwartau.

Hier theilt sich meine wissenschaftliche Arbeit zwischen Olympia
und Athen. Die glücklich fortschreitende Restaurationsarbeit des
Giebels gewährt mir eine große Befriedigung. Das abschließende
Gesammtwerk wird nun organisirt.

An Heinrich Kruse.

Sommer 1883.

. . . Es arbeitet sich schlecht bei der unaufhörlichen Hitze, und
doch muß ich, so gut es geht, von Morgen bis Abend mein Metier
treiben. Es kommt mir zuweilen eine Lust, Feierabend zu machen
und den Rest der Erdentage dem eigenen Genius zu leben. Aber
wer weiß, ob es gut ist? Der Mensch weiß ja niemals, was ihm
frommt, und so lange die Jugend kommt, darf man sich ihr doch
nicht selbstsüchtig entziehen.

An den Bruder.

September 1883.*)

Es waren drei schöne Wochen, die wir am Oeresunde in Wald-
und Uferlandschaft zubrachten. Ich machte schöne Streifzüge nach
Fredensborg und Frederiksborg sowie am Ufer des Sundes. Der
86jährige Madvig, den ich dort im Kreise der Seinen fand, ist
ein großartiger Mann von unerschütterter Kraft, wenn auch sein
Auge geschwächt ist. In Kopenhagen wurde ich durch den Direktor
der Kunstakademie, Melbahl, sehr freundlich empfangen. Er führte
mich nach Carlsberg zu dem reichen Bierbrauer Jacobsen, welcher

---

*) Nach einem Aufenthalte in Hellebaek bei Kopenhagen.

der Kunstmäcen in Dänemark ist. Er hat in seiner Villa einen glasbedeckten Hof mit lauter Originalskulpturen aus Marmor, darunter auch einige Antiken von erstem Range. Nicht ohne Bewunderung habe ich die Energie der Männer kennen gelernt, welche unter den ungünstigsten Verhältnissen die idealsten Bestrebungen durchführen, und auf das dankbarste mußte ich die Gastfreundschaft anerkennen, die mir erwiesen wurde.

An denselben.

22. December 1883.

Vielleicht hast Du nicht ungern gelesen, was ich über Böckh und Otfried Müller in den Herbstferien geschrieben habe.*) Ein solcher stetiger Gedankenaustausch zwischen zwei so verschieden gearteten Männern ist doch sehr merkwürdig und für die jetzige Generation beschämend.

Am Winckelmannstage entwickelte ich in meinem Festvortrage, wie das stille Eleusis die Ergänzung von Athen gewesen sei, ein kleiner, ganz alterthümlicher Geschlechterstaat, in dessen Heiligthümern eine innerliche Religiosität ihre Nahrung fand, wie sie sich in neu aufgefundenen Inschriften bezeugt, ein merkwürdiger Gegensatz gegen den zerfahrenen Polytheismus. Und nun die Anwendung, die Perikles von den eleusinischen Heiligthümern macht! Diese Urkunde wirft ein ganz neues Licht auf seine Politik. Ich habe Wochen lang ganz in Eleusis gelebt.**) Die Vorlesungen machen mir rechte Freude. Dreimal wird in diesem Semester die griechische Kunstgeschichte gelesen, und doch habe ich nie so viel Studenten gehabt. Es ist jetzt ein Zug zu den Alterthümern.

An denselben.

Baden-Baden, 16. April 1884.

Urplötzlich brach die Gürtelrose bei mir aus, welche sehr gelinde auftrat, aber doch beschwerlich war, zumal da gleichzeitig die Sitzungen der Centraldirektion des archäologischen Instituts meine Anwesenheit verlangten. Nun sitze ich hier am Abhange des Schwarzwaldes, da der Arzt eine Zeit der Erholung wünschte und auch die hiesigen Bäder für günstig hielt, um die Unbequemlichkeiten zu beseitigen, welche sich an die Rose anschließen.

---

*) Alterthum und Gegenwart. Bd. III, S. 156.
**) Denselben Gegenstand behandelte die Rede am 22. März 1884: Athen und Eleusis. Alterthum und Gegenwart Bd. III, S. 110.

Emanuel Geibels Tod hat mich natürlich tief ergriffen. Ich wäre gern nach Lübeck gegangen, aber der Arzt verbot es entschieden. Die allgemeine Theilnahme hat mich überrascht und erfreut. Es ist ein Zeugniß des idealen Zuges, der noch im Volke ist. Es lebte das Bewußtsein davon wieder auf, was ein Dichter seinem Volke sein kann, und wenn Geibel dies auch nicht im vollsten und höchsten Sinne gewesen ist, so ist doch seine Popularität so groß, so ungetrübt und unbestritten, wie bei keinem anderen der lebenden Poeten. Seine Poesie ist doch mit dem Besten, was im deutschen Volke lebt, mit Religion und Vaterlandsliebe, verschmolzen, und er hat seine Gaben niemals herabgewürdigt, den Moderichtungen der Gegenwart zu fröhnen. Ich habe, da ich ihn mehr als Andere von Kindheit auf beobachten konnte, höhere Ansprüche an ihn gestellt als Andere, ja als er selbst. Ich hatte immer das Gefühl, daß er noch Höheres hätte leisten können. Denn er hatte bei aller Lebendigkeit und Tiefe des Gemüthes doch eine große Bequemlichkeit und ein gewisses Phlegma. Er bewegte sich gern in den Geleisen, die ihm geläufig waren, und scheute solche Ermannung, wie sie z. B. die Vollendung der Albigenser erfordert hätte — aber wer will da richten! Das Uebermaß von Muße ist ihm schädlich geworden, und dann hat ja auch frühzeitig ein Keim von Krankheit in ihm gelegen, welcher die Frische seiner Produktion beeinträchtigte.

Ein geborener Dichter ist er gewesen, und auch auf seinem Ende hat noch ein Segen geruht, in der tiefen Trauer, die so aus innerem Zuge die Besten des Volkes an seinem Grabe vereinigt.

Der Kronprinz.

Berlin, 25. April 1884.

Mein lieber Curtius! An demselben Tage, an welchem Sie Berlin verließen und mir Ihre Abreise durch einen freundlichen Brief mittheilten, war es meine Absicht gewesen, Sie aufzusuchen, um tief bewegt, wie ich durch Geibels Heimgang gestimmt bin, über diesen Verlust zu reden. Meine aufrichtige Verehrung für unseren ächten deutschen, patriotischen Dichter kennen Sie seit vielen Jahrzehnten, verdanke ich doch gerade Ihnen die Bekanntschaft mit dem theuren Manne, deshalb wissen Sie auch, daß ich seinen Tod von ganzem Herzen beklage.

Meinem Geschmack nach haben Wenige gleich ihm es verstanden, das Harren, die sehnliche Erwartung dessen, was 1870/71 uns brachte, in dichterische Weisen zu fassen. Vollends aber gebührt ihm der Ruhm, als ächter Herold des Reiches die Wiederherstellung desselben und des Kaiserthums würdig besungen zu haben. Geibels Dichtungen waren stets meine Begleiter, seitdem Sie mich mit denselben vertraut machten. Jetzt aber, wo im vorgerückten Alter ich gern zurückschaue auf Zeiten, die harmlose und freudige Stunden enthielten, wird die Erinnerung an den Dichter, der sogar unseren Jugendkreis anzuregen nicht scheute, mir von besonderem Werth zeitlebens bleiben.

Da ich selbst verreise, schiebe ich diese Zeilen nicht länger auf, füge aber die besten Wünsche für einen guten Erfolg Ihrer Badener Kur hinzu als Ihr aufrichtig treu ergebener

Friedrich Wilhelm.

Ernst Curtius an den Bruder.

25. Juli 1884.

Es waren schwere Wochen, die hinter mir liegen, das lange Sterbelager von Richard Lepsius, der wie ein Held mit dem Tode rang und ohne Klage mit ruhiger Fassung hinübergegangen ist.*) Mit Lepsius ist einer von denen hingegangen, die mit den größten Zeiten ächter Gelehrsamkeit zusammenhingen. Er faßte Alles von einem hohen Standpunkte auf, deshalb kam man gehoben von jedem Gespräch.

Der Kaiser hat uns aus dem preußischen Dispositionsfonds 15 000 Mark gegeben zur Restauration der olympischen Gypse. Jetzt ist der Former, der die Pergamener zusammengesetzt hat, beschäftigt, auch kleine Stücke am richtigen Ort anzubringen. Er hat schon Gutes geleistet. Ich sehe mit stiller Wonne die Glieder wachsen. Wenn keine Stücke mehr vorhanden sind, werden nach und nach einige größere Restaurationen vorgenommen, um so die Giebelfelder allmählich etwas mundgerechter zu machen. Zugleich ist es nöthig, Restaurationen zu versuchen, um sich durch den Augenschein über gewisse Motive der Figuren klar zu werden.

An denselben.

Glion, 20. September 1884.

In Saßnitz wurde das Fest**) in kleinem Kreise gefeiert. Das

---

*) Richard Lepsius starb am 10. Juli 1884.

**) Der 70. Geburtstag.

Sammelbuch war mir natürlich eine große Freude. Im Oktober wird eine Art Uebergabe der Büste an mich beabsichtigt. Vergeblich habe ich unter der Hand dagegen operirt. Du kannst Dir denken, wie peinlich mir der Gedanke ist, Mittelpunkt eines solchen demonstrativen Aktes zu sein. Nun, wer weiß, was noch dazwischen kommt.

Den Siebenundzwanzig.*)

Wehmuthsvoll durchdacht' ich den Lauf der entschwundenen Jahre,
Dachte des Maßes von Kraft, welches dem Menschen gesetzt,
Fragte mich still, wie lang' wirst Du Dein Feld noch bestellen,
Bis auch Dir vom Pflug sinkt die ermattende Hand?
Da kam Euer Geschenk. Am Klippengestade der Ostsee
Bracht es der Herold mir, welchem die Botschaft vertraut.
Und es entschwand, wie Nebel zerrinnt im sonnigen Lichte,
Was bei der Wende des Jahrs meine Gedanken getrübt.
Mein Werk endet ja nicht mit dem, so fühlt' ich lebendig,
Was ich schüchtern begann, als ich den Samen gestreut.
Dichtere Saat als der Kühnste geahnt, steht wogend im Felde,
Hundertfältig vermehrt gab es der Boden zurück.
Siehe, wie Hand in Hand sich reih'n die Glieder der Kette,
Welche der Tiefe des Borns lauteres Wasser enthebt.
Und die Fackel des Lichts — sie wird vom Nachbar dem Nachbar
Brennend gereicht, taghell leuchtet der himmlische Schein.
Lieblicher konntet Ihr nicht die Stirne des Freundes bekränzen,
Konntet erquickender nicht heben des Zweifelnden Muth.
Treten die Jüngeren so im Chor an die Seite der Alten,
Zieht ein Leben sich voll durch das Vergängliche hin,
Blüht unsterbliches Wesen, wo sonst nur des Todes Gewalt herrscht,
Und das Vereinzelte schließt sich zum unendlichen Ring.

Aus dem Dank an die Spender der Marmorbüste.

Berlin, 26. Oktober 1884.

... In dem zerfahrenen Menschenleben voll Unruhe und Streit sind ja das die köstlichsten Sonnenblicke, wenn einmal über alle trennenden Räume, über die Scheidewände von Stand und Nationalität hinweg aus innerem Triebe eine geistige Gemeinschaft sich offenbart, eine volle Harmonie, ein einträchtiges Streben nach den höchsten Gütern menschlicher Gesittung und Bildung.

Indem ich mich inmitten einer solchen Gemeinschaft fühlen darf, hat mein Leben eine höhere Weihe empfangen, und die herzliche Anerkennung meines Strebens aus nahen und fernen Kreisen

---

*) Welche einen Sammelband historischer und philologischer Aufsätze zur Feier des 2. September 1884 herausgegeben hatten.

ist mir, was den Hellenen der Olympische Kranz war, der schönste Lohn meiner wissenschaftlichen Arbeit.

An den Bruder.

1. Januar 1885.

Wie unsicher unser Menschenleben sei, daran bin ich ernst gemahnt worden. Wohlgemuth eilte ich über die Französische Straße und hatte schon meinen rechten Fuß auf das Trottoir der Markgrafenstraße gesetzt, als mich eine plötzlich umbiegende Droschke in die Flanke faßte und umwarf. Wie durch ein Wunder bin ich vor einem Schenkelbruch bewahrt worden. Ich saß noch zwei Stunden nachher in der Fakultät, dann erst merkte ich die Folgen. Ich muß mich selbst darüber wundern, wie wenig erschrocken ich in jener unangenehmen Lage war. Nachdem die Vorderräder meine Füße überfahren hatten, dachte ich ganz ruhig darüber nach, wie es wohl mit den Hinterrädern sein werde! Ich hoffe in der nächsten Woche meine Schuldigkeit wieder thun zu können. An Besuchen und Freundschaftsbezeugungen hat es nicht gefehlt. Berlin ist wirklich kein solches Häuserchaos, wie man gewöhnlich annimmt, sondern es gehen doch die unsichtbaren Fäden der Sympathie von Heerd zu Heerd.

Nach Lesung von Aeschylus' Agamemnon.

3. Januar 1885.

Aufs neue ist, was Du gesungen
Von Agamemnons Opfermahl,
Tief in die Seele mir gedrungen,
Als hört' ich es zum ersten Mal.

Ich sah erglüh'n die Flammenzeichen,
Die weithin über Land und Meer,
Von Berg zu Berg herüberreichen,
Zu melden der Achäer Heer.

Der Heeresfürst auf Purpurbahnen,
Den Göttern gleich an Glanz und Glück,
Kehrt arglos in die Burg der Ahnen
Zum lang' entbehrten Heerd zurück.

Kassandra aber steht erstarret,
Und vor der Schwelle stockt der Tritt,
Sie weiß, was drinnen ihrer harret,
Sie höret der Erinyen Tritt.

Wie fühlen, Jungfrau, wir Dein Trauern,
Wie ist uns mit Dir angst und bang,
Wir folgen unter leisem Schauern
Dir auf dem letzten Lebensgang!

Das sind nicht Märchen alter Tage,
Um die sich wob der Dichtung Kleid,
Es ist der Kern uralter Sage,
Von Menschenglück und Menschenleid,

Der Kern, der immer unveraltet
Der Inhalt uns'res Daseins bleibt
Und, wie er täglich sich gestaltet,
Auch täglich neue Blüthen treibt.

Dich aber grüß' ich, hoher Meister,
Dem ich so tief verbunden bin,
Du schreitest durch das Reich der Geister
Wie ein Unsterblicher dahin.

Wer faßt es tiefer, sagt es reiner,
Was uns'rer Seelen Grund durchbebt,
Du bist so nah, wie unser einer,
Der vor Jahrtausenden gelebt.

Das ist der Sieg des wahrhaft Schönen,
Daß er dem Lebensstrome gleicht,
Der zu den fernsten Enkelsöhnen
Mit seinen Segenskräften reicht.

Hier ist das wahre Menschenleben
Erhaben über Raum und Zeit,
Der Geister schrankenloses Weben,
Ein Athemzug der Ewigkeit.

An den Bruder.

23. Januar 1885.

Ich muß wieder liegend schreiben. 1½ Wochen war ich in vollem Gange. Ich muß mich der wiedergeschenkten Beweglichkeit wohl zu unvorsichtig erfreut haben, am Dienstag trat ein böser Rückfall des Podagra ein, und ich bin wieder ein gefesselter Prometheus.

Wir lesen mit größter Freude Grimms und Dahlmanns Briefe. Jacob schaut man tief ins Herz hinein.

An denselben.

30. Mai 1885.

Ich werde mich in meinen alten Tagen noch tüchtig meiner Haut zu wehren haben. Das spüre ich bei Durchsicht des ersten Bandes,*) fürchte mich aber vor keinem Gegner.

---

*) Der griechischen Geschichte, von der eine neue Auflage gedruckt wurde.

An benselben.

31. Juli 1885.

Ich bleibe die nächsten Wochen ruhig hier und mache die Rede
zu Böckhs Geburtstag, der ich mich nicht habe entziehen können.
Ich lebe schon ganz in Plato und Pindar und suche mir die Arbeit
so belehrend und genußreich als möglich zu machen.

Böckhs Leistungsfähigkeit, die Summe seiner Leistungen, die
geniale Sicherheit seines Urtheils und sein Sinn für das Einfache
und Wahre sind doch fast beispiellos.

An Kurd von Schloezer.

6. Februar 1886.

Unser Reichstagsbaumeister Walloth geht auf einige Wochen
nach Rom und legt großen Werth darauf, Dir bekannt zu werden.
Es ist ein hochbegabter Mann von energischer Kraft, ein phantasie-
reicher Baumeister in der Weise des Palladio, voll Interesse für
Kunst und Geschichte. Für jeden Wink in Betreff der Alterthümer
Roms wird er Dir dankbar sein, und ich hoffe, daß Du an der
Bekanntschaft mit ihm Freude haben wirst.

Der Kronprinz.

Potsdam, 26. Juni 1886.

Mein lieber Curtius! Ganz im engsten Vertrauen wende ich
mich heute als Petent an Sie als einen der stimmfähigen Ritter
der Friedensklasse des Ordens pour le mérite, um für Verleihung
des gedachten Ordens an Gustav Freytag zu werben.

Meines Erachtens gehört derselbe zu den hervorragendsten
Größen innerhalb unserer Litteratur, welcher ebenso für die
nationale Richtung wie auch für die gute und gesunde Strömung,
von der nur edle und hohe Gedanken ausgehen, erfolgreich
gewirkt hat.

Wie er für den Verfasser des besten modernen Lustspiels gilt,
so darf man seine Bilder aus der deutschen Vergangenheit nebst
den „Ahnen" sicherlich als eine nationale Dichtung ersten Ranges
ansehen, wie wir wohl keine zweite besitzen, und welche ihm einen
höchst ehrenvollen Namen für alle Zeiten in unserer Litteratur-
geschichte sichern.

Bedenkt man nun, daß seit Uhland und Rückert kein deutscher
Dichter (leider auch Geibel nicht) den Orden erhielt, so bin ich

der Meinung, daß jetzt, wo durch Rankes Heimgang eine Vakanz eingetreten ist, die erwünschte Gelegenheit sich bietet, gedachtem Musensohn eine hohe Auszeichnung zukommen zu lassen.

Ich bitte Sie daher aufrichtig, meinen Wunsch zu beherzigen und nach Belieben denselben unter Ihren Ordensgenossen bekannt werden zu lassen, denn eine Berücksichtigung meiner Anregung würde mir zu großer Freude gereichen!

In alter Anhänglichkeit und Dankbarkeit Ihr aufrichtig treu ergebener

Friedrich Wilhelm.

An den Kronprinzen.

28. Mai 1887.

Ew. Kaiserl. und Königl. Hoheit werden mir huldreichst gestatten, das auszusprechen, was schon lange mein Herz bewegt. Schon als ich in der bunteln Einsamkeit der Augenklinik*) gefangen war und dort mit innigem Danke die Zeichen einer so gnädigen Theilnahme empfing, vernahm ich die erste Kunde von dem peinlichen Halsübel Ew. K. Hoheit, und seitdem waren meine Gedanken täglich und stündlich damit beschäftigt. Erst in den letzten Tagen erhielt ich durch die Frau Großherzogin endlich eine genaue und zuverlässige Kunde. Aus ihrem Munde hörte ich auch, wie ruhig und gefaßt Ew. K. Hoheit die schwere Geduldsprobe ertragen, und nun kann ich es mir nicht versagen, auch meinerseits meine innige Antheilnahme zum Ausdruck zu bringen und die herzlichsten Wünsche auszusprechen. Gott gebe, daß wir bald von einer glücklichen Ueberwindung oder fortschreitenden Milderung des Uebels die ersehnte Kunde erhalten!

Aus vergangenen Tagen erinnere ich mich, wie unter Reichardts, des begeisterten Musikdirektors, Leitung die Stimme Ew. K. und K. Hoheit sich zuerst so kräftig und volltönend entwickelte, daß der Kaiser damals bei einem der kleinen Examina, denen Raupach als Vertrauensmann beizuwohnen pflegte, erklärte, er würde Manches von dem, was sein Sohn geleistet habe, seinerseits nicht zu leisten vermögen, am wenigsten aber von Allem den Vortrag im Gesange, was dem alten Reichardt und seinem Freunde, dem General von Unruh, zu besonderer Befriedigung gereichte.

*) Infolge einer Staaroperation.

Wie ich für ein neu erschlossenes Augenlicht Gott zu danken habe, so möge auch Ew. K. Hoheit der volle Brustton einer männlichen Stimme bald wieder von neuem geschenkt werden, und die in der Ertragung dieser peinlichen Heimsuchung bewiesene Geduld sich reich und voll belohnen! Das ist aus treuem Herzen der innigste Wunsch, den ich zum Pfingstfeste ausspreche.

Der Kronprinz.

Potsdam, 13. Juli 1887.

Nur das mir ärztlicherseits auferlegte Schweigen hat mich genöthigt, eine Begegnung mit Ihnen zu unterlassen, die ich sonst so gern herbeigeführt hätte!

Schriftlich also meinen herzlichen Dank für Ihre freundlichen Worte der Theilnahme an meiner recht lange dauernden Heiserkeit, deren Beseitigung indessen Dr. Morell Mackenzie in Aussicht stellt. Zu diesem Unternehmen begebe ich mich am heutigen Abend nach England, wo ich Landeinsamkeit in der Nähe Londons und auf der Insel Wight aufsuche und meinen Arzt mit Leichtigkeit erreichen kann.

Ob meine Stimme wieder dasjenige leisten wird, was, wie Sie es so hübsch erzählen, einstmals Reichardt zu Stande brachte, ist wohl so bald nicht zu entscheiden. Möchte dieses Organ aber in Verbindung mit denjenigen, die Sie bei mir zu wecken vermochten, mir noch Anlaß geben, Gutes und Nutzbringendes in Frieden zu vollführen!

In der Hoffnung, zur Zeit des Spätsommers Ihnen recht klar in beide Augen schauen zu können, auf daß alle die Sorgen, welche wir für Sie empfanden, für immer verscheucht sein mögen, bin ich in alter Anhänglichkeit Ihr dankbarer, treu ergebener

Friedrich Wilhelm.

Der Kronprinz.

San Remo, 17. November 1887.

Mein lieber Curtius! Ich bin in Beantwortung der zu meinem Geburtstage eingegangenen Wünsche durch eine peinliche Störung meiner Genesung aufgehalten worden, deren Bekanntwerden in der Heimath viel Aufregung hervorrief. Nun aber die schlimmen Anzeichen nebst den sie begleitenden Schwellungen bedeutend zurückgingen, kehre ich zu meiner geregelten Lebensweise zurück und sage Ihnen recht herzlichen Dank für Ihre gerade vor vier Wochen an mich gerichteten Zeilen.

Wenn der liebe Gott so will, kann ja trotz mannigfacher Schwankungen meine Gesundheit sich allmählich wieder befestigen, also daß ich mit der Zeit hoffen darf, meine Kräfte wieder ·den mir obliegenden Pflichten zu widmen. Mir hat seine hülfreiche Hand schon so oft beigestanden, daß auch jetzt mein Vertrauen zu seiner Hülfe nicht erschüttert ist. Aber freilich, der Gedanke, an dieses herrliche Klima festgebannt zu sein, ist kein leichter, wenn man erst im Anbeginn der winterlichen Jahreszeit sich befindet. Dafür aber genießen wir das ungestörte, gemüthliche Familienleben, gerade so still und regelmäßig, wie wir es lieben, wobei ich nicht genug rühmen kann, wie heroisch und mit welchem Sachverständniß meine Frau mich pflegt, unterstützt von Sir Morell Mackenzie nebst seinem Assistenten Dr. Hovell, welche Beide sich unser volles Vertrauen erworben haben.

Nun grüßen Sie, bitte, Gattin und Familie, ebenso Ihre Kollegen am Museum, und seien Sie der unwandelbaren Anhänglichkeit versichert

Ihres treu ergebenen

Friedrich Wilhelm.

Ernst Curtius an den Sohn.

25. Februar 1888.

Ich bin tief erschüttert über den jähen Todesfall im Kaiserhause.*) Einen an Geist und Körper so glücklich ausgestatteten Jüngling ins Grab legen zu müssen, ist für Eltern und Großeltern unendlich schwer. Ich bin häufig mit ihm zusammengetroffen und habe auch gesehen, daß er des Kaisers besonderer Liebling war.

Und was für Katastrophen gehen wir noch entgegen! Und wie wird das unsäglich Schwere dadurch noch so erschwert und verbittert, daß um das Krankenlager so viel Uneinigkeit, Verstimmung und Verbitterung herrscht!

Welche Aufgabe ist es für mich, jetzt die Universitätsrede zum 22. vorzubereiten! Wer weiß, was bis dahin geschieht!

---

*) Tod des Prinzen Ludwig Wilhelm von Baden.

Kaiser Friedrich.

Charlottenburg, 2. April 1888.

Mein lieber Curtius! Auf Ihren schönen an mich gerichteten Brief aus Anlaß des Heimganges meines geliebten Vaters folgte bald die Rede, welche Sie zu seinem Andenken am 22. März gehalten haben.*)

Ich danke also für zwei Ergüsse Ihres Herzens in dieser Zeit der erschütternden Eindrücke.

Nicht besser jedoch weiß ich denselben zu fassen, als daß ich von meinem Standpunkte aus behaupte, daß Niemand den in Gott ruhenden Kaiser so zu kennzeichnen vermochte wie Sie, der Sie Jahre lang ein theures Mitglied unseres Hausstandes gewesen sind. In jedem Worte Ihrer Rede finde ich Mahnungen aus alten Zeiten, gestützt auf persönliche Erlebnisse, aber auch treffliche Darstellungen des inneren Lebens meines Vaters. Daß Sie zwei Strophen aus Ihrem schönen Gedichte mit aufnahmen, freute mich.

Besonders aber hebe ich die Stelle hervor, in welcher Sie sagen, daß durch den Heimgegangenen wir nicht nur mächtiger und ruhmreicher, sondern auch innerlich freier, reiner und besser geworden sind!

Mehr kann ich nicht schreiben, ich mußte aber Ihnen sagen, wie mich Ihre Worte bewegt haben, der ich in unwandelbarer Anhänglichkeit und Dankbarkeit bin Ihr wohlgeneigter

Friedrich, I. R.

Ernst Curtius an den Sohn.

Sonntag, 8. April 1888.

Eben komme ich aus Charlottenburg. Der Kaiser hatte mir telegraphiren lassen, daß heute um 10 Uhr Gottesdienst in der Schloßkapelle sei. Nach demselben wurde ich aufgefordert, in die Gemächer des Kaisers zu kommen. Er umarmte mich auf das herzlichste. Seine Haltung ist vorzüglich. Sein Gesicht zeigt eine wunderbar tief ergreifende Verbindung von Hoheit und Milde. Das Gespräch ist natürlich ein sehr behindertes, die kurzen Bleistiftnotizen sind in der Schnelligkeit schwer zu lesen.

---

*) Alterthum und Gegenwart Bb. III, S. 1.

An den Enkel.

.   .   Zum 2. Geburtstage.   April 1888.

Ich sende Dir heute, da wir Deinen Geburtstag feiern, meine
herzlichsten Glückwünsche.   Heute lesen Dir die Eltern   meine
Worte vor und sagen Dir, daß Dein Großvater täglich und stündlich
Deiner gedenkt und Gott bittet, daß er Dich gedeihen lasse an
Seele und Leib.   Ich sehe täglich Dein Bild an und freue mich
auf die Tage, wo wir mit einander gehen und plaudern können
und Ball spielen.   Ich grüße Dich und die kleine Schwester.   Denke
auch zuweilen an mich!

An Louise Curtius.

10. Mai 1888.

Ich habe an allen Kindergestalten, die mir jetzt wieder so
zahlreich im Thiergarten begegnen, meine Freude, und bei jedem
denke ich an meine Enkel, die unter Gottes Schutz so lieblich
aufblühen, und die höchste Lebensfreude, die mir werden könnte,
die Entfaltung der keimenden Kräfte zu belauschen, wird mir nicht
zu Theil.   Aber ich klage nicht, sondern danke täglich für Gottes
Segen, wenn wir zusammen die Bibel lesen, und stelle sie jeden
neuen Tag unter seinen Schutz.

Pfingsten denken wir an einen Ausflug in den Thüringer
Wald, mit dem wir einen Einblick in das Goethe-Haus zu verbinden gedenken.   Etwas Ferienmuße muß ich mir verschaffen.
Denn ich habe selten in meinem Leben so durchgearbeitet wie in
diesem Halbjahr.   Die neue Auflage der griechischen Geschichte
Band 3 geht mit Dampf, und dabei das Werk über Athen, das alle
meine Gedanken in Anspruch nimmt.

Wir leben in einem unheimlichen Provisorium, dessen Gegensatz zu dem, was wir gehabt haben, den peinlichsten Eindruck macht.
Uns steht in Demuth zu erwarten, was Gott verhängt, nur diese
wahnsinnig hervorgerufenen und frevelhaft geschürten Gegensätze
der Nationalitäten!!   Und das Alles um das Sterbelager eines
Fürsten, dem unter solchen Umständen Kaiser Wilhelms Nachfolger
zu sein beschieden ist!   Du kannst Dir denken, wie mir dabei zu
Muthe ist.

Morgenlied.

Sonnabend vor Pfingsten, 19. Mai 1888, in der Nieder-Lößnitz
bei Dresden.

Ich grüße Dich, Du heil'ger Morgen,
Aus einer stillbewegten Brust,
Noch lebig aller Tagessorgen,
Noch unberührt von Leid und Lust.

Der Nacht geheimnißvoller Segen
Verhüllt noch duftig Feld und Au,
Und sieh', noch glänzet allerwegen
Auf jedem Blatt sein Tröpfchen Thau.

Kein böses Wort hat mich erschrecket,
Das diese reine Luft entweiht,
Noch ist der Boden unbeflecket
Von arger That, von Haß und Streit.

Ich fühle nur in Frühlingswonne,
Wie Erd' und Himmel sich vereint,
Und einer Liebe gold'ne Sonne
Auf Alles, was erschaffen, scheint.

Einst werde ich den Morgen grüßen,
Der nach der Erdennacht uns tagt,
Dann liegt die Welt zu unsern Füßen,
Vom neuen Himmel überragt.

Da lösen sich die Widersprüche,
Die mich gequält so lang und bang,
Durch alle Risse, alle Brüche
Erkenn' ich den Zusammenhang.

Das Schwergewichte meiner Glieder
War eine Fessel, die ich trug,
Und mit urkräftigem Gefieder
Wagt meine Seele höhern Flug.

Im Geiste seh' ich alles Todte,
Wie sich's verklärt nach dieser Zeit,
Und jeder Morgen ist ein Bote
Der seligen Unsterblichkeit.

An den Sohn.

Berlin, 6. Juli 1888.

Wir haben so viel Ungeheueres erlebt, daß man schreckhaft und
zaghaft geworden ist und seine Lieben um so inniger und wärmer
der göttlichen Obhut anheimgibt. Ich mußte ohne Ruh und Rast

Alles rasch herstellen, was die schwere Zeit forderte, und bin wenigstens badurch belohnt, daß es eine stimmungsvolle Feier war und eine dankbare Versammlung.*) Hoffentlich bin ich nun von den Leichenbitterdiensten frei.

Ich stecke noch tief in der Arbeit und werde wahrscheinlich vor dem 13. August nicht fortkommen. Unser Quartier in Gastein ist bestellt.

An die Schwägerin Anna Reichhelm.

1. Januar 1889.

Ich benutze die Ferienzeit, um für den neuen Reichsfesttag, den 27. Januar, mich zu rüsten. Ich bin diesmal mehr als sonst aus mir herausgegangen. Ich konnte nicht anders als für die Gegenwart und von derselben reden wollen, und warum soll man immer um das herumgehen, was man für die Hauptsache hält. Vielleicht gefällt es nicht Allen, aber das schadet nichts. Was hat man in diesem Jahre Alles durchgemacht! Mich durchbebt noch immer ein erschütterndes Gefühl, wenn ich aus den Schaufenstern der Läden meinen Kronprinzen mich anblicken sehe und ich aller der Sorgen und Erwartungen gedenke, die auf dieses Leben gerichtet waren, das so im Mittelpunkte der Zeitgeschichte stand.

Ich war um den Jahresschluß voll damit beschäftigt, meine Geschichte in 6. Auflage fertig zu stellen, und nun stehe ich meiner letzten großen Aufgabe gegenüber, ein der Stadt Athen würdiges Werk über Athen zu schreiben. Vielleicht gibt mir Gott noch Gnade dazu, es zu vollenden, ehe die Kräfte sinken.

Vorige Woche führte ich die Kaiserin im Museum herum, wo sie ganz unerwartet erschien. Ihre holdselige Anmuth war entzückend; sie war so bescheiden, so einfach weiblich.

Aus der Rede am 27. Januar 1889.**)

... Und wo ist unser Elternhaus?

Ein Alterthumsforscher, welcher griechische Geschichte schreibt, ist in seinem guten Rechte, wenn er mit den Kämpfen abschließt,

---

*) Die Trauerfeier der Universität für Kaiser Friedrich. Alterthum und Gegenwart Bd. III, S. 12.

**) „Die Bürgschaften der Zukunft." Alterthum und Gegenwart Bd. III, S. 47.

in welchen die Griechen zuletzt mit gesammelter Volkskraft ihre Unabhängigkeit vertraten. Denn alle späteren Regungen selbst-ständiger Kraft sind durch äußere Verhältnisse veranlaßte Unter-brechungen politischer Abhängigkeit und von vorübergehender Be-deutung. Die zusammenhängende Geschichte ist mit Chaironeia zu Ende.

Es gibt aber auch einen anderen Standpunkt der Betrachtung. Denn wer kann behaupten, daß mit der Unabhängigkeit ihrer Staaten das geschichtliche Leben der Hellenen abgeschlossen ist! Treten sie doch, nachdem in blutigem Wettringen um Vorherrschaft und Großmachtstellung die Städte in kurzer Frist ihre Kräfte erschöpft haben, erst recht in den Mittelpunkt der alten Welt! Als Platon von dem Staate sich ablehrte, der seinen Lehrer getödtet, verließ er seiner Vaterstadt einen Glanz, der alle Großthaten der Vorfahren überbaurte, und Söhne ferner Barbarenländer bauten den Musen Altäre im Haine der Akademie. Jetzt reiften ja erst die Früchte, welche der Boden von Hellas für die Menschheit her-vorzubringen berufen war, und Aristoteles ist weit entfernt, den Untergang der Bürgerstaaten zu beklagen. Er sieht darin den Anbruch eines neuen Tages, den Beginn der Weltherrschaft, zu welcher das Volk durch seine Gaben zweifellos berufen sei. Er war der Erste, der mit königlichem Auge Alles überblickte, was es geleistet hatte, aber nicht so, wie man im Hause eines Ver-storbenen das Erbe inventarisirt, sondern gleich weiter bauend, des Volkes geschichtlichen Beruf weiter führend. Denn er sammelte nicht nur die Urkunden von dem, was hier zuerst in allen Gattungen der Dichtkunst gereift war, sondern machte diesen Rückblick zur Grundlage einer Poetik; er brachte nicht nur alle Verfassungen, welche von der patriarchalischen Monarchie bis zur demokratischen Massenherrschaft hier zuerst, wie in einer Versuchsstation, neben und nach einander voll entwickelt waren, in eine vergleichende Uebersicht, sondern entwickelte daraus eine Staatslehre, welche bis heute das Werk ist, von dem jede wissenschaftliche Politik ausgehen muß. So arbeitete der hellenische Geist nach dem Unter-gang des Staates mit neuer Energie weiter, und an das, was wir im engeren Sinne Volksgeschichte nennen, knüpfte sich nun ohne Unterbrechung eine neue, inhaltreiche Lebensentwickelung. Sie erfolgte freilich nicht in der Weise, wie der große Denker gehofft hatte, denn äußerlich erfolgte ein Bruch, wie er nicht schroffer gedacht werden konnte. Aber das Nachleben des Volkes, die nachhaltige Kraft seines Geistes, der in Aristoteles zuerst das ganze Gebiet menschlichen Erkennens umfaßte, hat sich in dem Grabe bewährt, daß wir noch heute inmitten jener geistigen Bewegung stehen, welche mit Plato und Aristoteles begonnen hat. Ja, die Beziehungen unserer Wissenschaften, auch der ferner stehenden, zu Hellas vervielfältigen sich immer mehr durch neue Funde. Die Römer pilgerten einst nach Athen, um im Areopag und den Tafeln Solons die ehrwürdigen Vorbilder ihres öffentlichen Rechtes zu ehren; jetzt haben die Gesetzurkunden von Gortys ganz neue, für vergleichende Rechtswissenschaft wichtige Einblicke in altgriechisches Privatrecht eröffnet. Der denkende Theologe folgt mit unermüdeter Theilnahme den Anschauungen, welche sich in ihrem ernsten Suchen nach Wahrheit die Weisen Griechenlands über Gott und Unsterblichkeit gebildet haben, und es bleibt eine der wichtigsten Aufgaben, den Einfluß des hellenischen Gedankens auf die Entwickelung der christlichen Lehre immer schärfer zu erkennen.

Auch die Wissenschaften, in denen neuere Forschung alles Ueberlieferte am meisten überboten hat, können sich nicht von Athen lösen. Aus Euklid ist nicht mehr zu lernen, aber kein Mathematiker wird es vergessen, daß seine Wissenschaft in der attischen Akademie aus der Sphäre des praktischen Gebrauches in die der Erkenntniß erhoben und mit ihren höchsten Aufgaben vertraut geworden ist, und wie Plato auch die Sternkunde, die zum Gebrauch der täglichen Arbeit zu Wasser und zu Lande gepflegt worden war, geadelt hat, indem er sie in eine philosophische Weltbetrachtung hereinzog. Kenntniß der Pflanzenwelt und des Thierkörpers, Gesundheitspflege und Heilkunde — ist nicht die gesammte Naturforschung demselben Boden entsprossen, auf dem die dichtende und bildende Kunst sowie alle Geisteswissenschaften zu Hause sind?

Hier ist also das Land, zu dem wir Alle ein Heimathsgefühl haben; hier ist, so dürfen wir sagen, „der Ströme Mutterhaus", welche von hier, allmählich anschwellend, durch alle Kulturvölker und alle Jahrhunderte gezogen sind. Es ist also nicht blos ein historisches Interesse, das uns zu den Quellen führt, wie ein Philologe nach dem ersten Druck eines Autors sucht; auch nicht blos ein Gefühl der Pietät, die wir den gründenden Heroen der Vorzeit schulden. Wir empfangen auch bei jedem Rückblick den frischen Anhauch jenes idealen Strebens, das alle Zweige des

Erkennens als ein lebendiges Ganze umfaßte. Das ist das beste
Mittel gegen die Gefahr einer zunehmenden Entfremdung der
Gelehrten unter einander und eines unsere Einheit zerreißenden
Partikularismus. Es ist der beste Schutz gegen jede Anwandlung
eines das fachmäßige Virtuosenthum überschätzenden Handwerk-
sinnes. Es ist zugleich die Ueberlieferung und die Weihe unserer
Universitäten, welche auf diesem gemeinsamen Boden gegründet
sind. Darum pflegt auch nach altem Herkommen noch heute bei
gemeinsamen Feierlichkeiten ein Vertreter des klassischen Alterthums ihr Sprecher zu sein.

Aber ist es noch heute so?

Wenn ich bedenke, wie es nach der glorreichen Einigung des
Vaterlandes unter allgemein freudiger Zustimmung das erste große
Friedenswerk von Kaiser und Reich war, den Boden Olympias
vom Schutt zu befreien, wenn ich der gespannten Theilnahme
gedenke, mit welcher man den Entdeckungen unseres berühmten
Landsmannes Heinrich Schliemann auf dem Boden der homerischen
Vorzeit ununterbrochen gefolgt ist, und mit welchem Stolz man die ·
Giganten von Pergamon in unseren Museen bewillkommnete, wenn
ich mich in befreundeten Kreisen umschaue und sehe, wie die geistig
freiesten und feinsinnigsten unter den Meistern der verschiedensten
Fächer mit Vorliebe an der Erinnerung des klassischen Jugendunterrichtes festhalten und einen Genuß darin finden, in ihren
Mußestunden mit Freunden griechisch zu lesen — dann habe ich
den Eindruck, daß von einer Umkehr, einem Abfalle nicht die Rede
sein könne. Man schwärmt wohl nicht mehr wie in der Zeit
Herders, der jede Marmorbüste, die aus dem Boden gezogen wurde,
mit Thränen der Rührung umarmen wollte, aber mit ernsterem
Geschichtssinn folgt man den wunderbaren Entdeckungen unserer
Tage, und es ist nach meiner Ansicht unbesonnen und voreilig,
bei jedem Zeichen von Kaltsinn oder bei jedem Widerspruch, welcher
laut wird, gleich die Thatsache zu verkünden, mit dem, was uns
früher vereinigte, sei es nun vorbei, das Jahrhundert Winckel-
manns sei gewesen, und die Liebe zu Homer und Sophokles, welche
die Edelsten des Volkes verband, im Aussterben begriffen. Ja
man will diese Wendung sogar als eine nothwendige und zeit-
gemäße darstellen.

Es ist so leicht zu lockern und zu lösen, so schwer neue Bande
zu finden, welche Volksgenossen einigen, und mit jeder Erschütte-

rung des Altgewohnten und Gemeinsamen wird die Zukunft des Vaterlandes gefährdet.

Wenn ein Schiff leck ist, wirft man auch die werthvollste Ladung über Bord, um die Mannschaft zu retten. Ist es denn aber mit dem Volke, wie es um seinen Kaiser Wilhelm in Krieg und Frieden geistig gerüstet zusammenstand, so bestellt, daß man an seiner Bildung irre werden und ängstlich nach Reformen umschauen muß?

Zu bessern gibt es immer. Der Unterricht im Griechischen und Lateinischen muß lebendiger und geschichtlicher werden, und man muß es, wie ich glaube, zu erreichen suchen, daß auf der obersten Stufe des gemeinsamen Jugendunterrichtes mehr Freiheit gegeben werde. Die Schlußprüfung, welche an Jeden, wes Geistes Kind er ist, unterschiedslos und unerbittlich dieselben Forderungen stellt, legt einen Zwang auf, der leicht dahin wirkt, den beginnenden Flügelschlag des Geistes zu lähmen, und in der schönsten Zeit des Lebens die freie Liebe zur Erkenntniß dämpft. Unsere Jünglinge sollen keine Dutzendmenschen werden; sie müssen, wenn ihre besonderen Anlagen sich zu erkennen geben, auch Freiheit haben, sie zu entfalten.

Das sind Probleme, die verschiedener Beurtheilung unterworfen sind. In der Hauptsache aber schwanken wir nicht, indem wir die gemeinsame Grundlage unserer wissenschaftlichen Bildung, wie wir sie aus der Zeit der Reformatoren von unseren Vätern empfangen haben, als ein theures Kleinod hüten wollen, das auch von wesentlicher Bedeutung ist, um die Fortdauer öffentlicher Wohlfahrt zu sichern.

Es kann mir nicht einfallen, klassische Bildung und Religion als Unterpfänder einer gedeihlichen Zukunft auf eine Stufe zu stellen; aber beide sind weltbewegende Kräfte, die durch Nichts zu ersetzen sind. Beide sind von Völkern des Alterthums ausgegangen, die, nachdem sie äußerlich verfallen waren, ihr geistiges Eigenthum, gleichsam ihr besseres Selbst, der Menschheit als Erbe übergaben. Beide haben endlich das gemein, daß sie zu Zeiten ihr Ansehen einbüßen und für abgethan gelten. Sie gleichen aber den Flüssen Griechenlands, die, vom Gebirg herabkommend, in eine Kluft versinken und eine Strecke unter dürrem Kalkboden verborgen hinfließen, bis sie plötzlich mit voller Kraft neugeboren hervorbrechen und üppigen Pflanzenwuchs hervorrufen.

Wie oft hat man das Christenthum wie ein abgetragenes Kleid

befeitigt geglaubt und hört auch heute sagen, es sei durch das
naturwissenschaftliche Denken der Gegenwart überwunden! Gewiß
hat jede Zeit ihre besonderen wissenschaftlichen Aufgaben, und
in den verschiedenen Epochen werden bald die einen, bald die
anderen Organe des Geistes vorwiegend ausgebildet. Die höchste
unserer Aufgaben aber ist die, keines derselben verkümmern zu
lassen, damit ununterbrochen eine Geisteskraft die andere ergänze
und wie an einem gesunden Körper alle Organe harmonisch wirken,
auf daß an Verstand und Gemüth, in Kopf und Herz alle Blüthen
zur Entfaltung gelangen, deren Keime in uns ruhen, damit der
volle und ganze Mensch fröhlich gedeihe unter dem Segen der
großen Kulturmächte, für die wir mit aller menschlichen Klugheit
kein Surrogat zu beschaffen im Stande sind, so wenig wie für
den Regen und Thau, von dem das Gedeihen unserer Bodenfrüchte
abhängt. Dann wird auch zwischen Gelehrten und Ungelehrten
keine Spaltung eintreten, welche die Einheit des Volkes zerstört
und die Zukunft unserer Staaten gefährdet. . . .

        An Clara Curtius.
                        Ostermontag 1889, Thann.*)
    Nach dem gestrigen Regen war es heute herrlich frisch. Gleich
nach 9 Uhr fuhren wir auf der Chaussee nach Steinbach; dann in
die Berge hinauf. Die Tannen dufteten in der Sonne, und der
Rasenboden war ganz mit Veilchen bedeckt, die ganze Luft ein
Blumenduft. Ich danke Gott, daß ich noch so frisch wandern kann,
von ganzem Herzen. Es ist wunderbar, wie sich Alles hier schön
ausnimmt, wenn Frühjahr ist. Mir ist zu Muthe wie einem alten
Ackergaul, der auf die Weide geschickt wird. Hoffentlich bleibt davon
Etwas übrig für den Sommer.
    In den Festtagen haben wir zu unserer Erbauung aus Claus
Harms gelesen. Schön sind die Osterbetrachtungen von Baum-
garten in der Christlichen Welt.

        An Louise Curtius.
                        Berlin, Ende April 1889.
    Mein Herz ist voll Dank gegen Gott, daß ich mich in diesen
vierzehn Tagen so erfrischen konnte. Ich empfinde die Vater- und

---

*) Von einem Ferienaufenthalte im Hause des Sohnes.

Großvaterfreuden wie ein täglich neu Geschenktes und lasse mich dadurch kräftigen und ermuthigen, was mir noch an Lebenskraft gegönnt ist, frisch und fröhlich zu verwenden. Morgen beginne ich in meinem neuen Auditorium meine Vorlesungen und spinne emsig den Faden der Geschichte von Athen, der Stadt der Städte, weiter, den ich auch bei den Morgenwanderungen in den Wäldern von Thann nicht aus der Hand habe gleiten lassen. Daß ich mit Euch das Erwachen dieses Frühlings erleben durfte, ist mir ein Schatz theurer Erinnerungen, die mich neu mit Euch verbunden haben.

An Anna Reichhelm.

Langenbruck, 5. September 1889.

Sehr ernst war unser Empfang in der Schweiz, da ich am ersten Morgen in der Zeitung die Nachricht von der Beerbigung des alten Freundes las,*) der uns immer so gastlich in seinem Waldhause aufnahm.

Ich habe hier die ländlichste Erquickung, ohne meiner Arbeit, die mir nun einmal Lebensbedingung ist, ganz untreu zu werden. Ich weiß ja nicht, wie viel mir vom letzten Viertel eines Jahrhunderts gegönnt ist.

An Clara Curtius.

Thann, September 1889.

Nachdem wir von unserer Appenzeller Wanderung nach Konstanz zurückgekehrt waren, begannen wir unsere Uferwanderungen am unteren See. Das sind köstliche Landschaften, abseiten der großen Fremdenzüge, voll von malerischen Höhen, Wäldern und Wiesen und überall von denkwürdigen Ueberresten der deutschen Vorzeit angefüllt.

An die Großherzogin von Baden.

9. Januar 1890.

Todtenfeier für die Kaiserin Augusta.

Sie ruht so sanft, von Rosenduft umwoben,
Und Feierklänge tönen durch den Saal,
Was können wir, als Gott im Himmel loben,
Der sie erlöset von der Erde Qual.

---

*) Heinrich Gelzer starb am 15. August 1889.

Wir athmen kaum, ben Schlummer nicht zu stören,
Stumm schauen wir ins theure Angesicht,
Wir glauben noch bas letzte Wort zu hören,
Das sie zum Abschied ihrer Lieben spricht:

Was weinet Ihr? Der Tob ist nicht bas Ende
Von bem, was unser Menschenleben ist,
Er trägt uns aufwärts in bes Vaters Hände,
Der Heimgang ist er aus ber Pilgerfrist.

Vorbei ist nur, was an ber Scholle klebet,
Was unsern Geist in harte Fesseln zwingt,
Befreiet ist, was göttlich in uns lebet
Unb banbenlos zu seinem Ursprung bringt.

Verklungen ist mein Seufzen unb mein Sorgen,
Unb was ich täglich meinem Gott geklagt,
O, gönnet mir ben sel'gen Frühlingsmorgen,
Den Sonnenaufgang, ber so herrlich tagt.

Wir sind ja von einanber nicht geschieben,
Die Liebe bleibet aus ber bunkeln Zeit,
Sie führet uns zu jenem Gottesfrieden,
Der uns vereinigt in ber Ewigkeit!

An Clara Curtius.

Bevey, September 1890.

Wir haben hier lauter unvergleichliche Sonnentage, mit
schönster Morgen- unb Abendfrische. An unb auf bem See ist
es immer kühl, bie Luft so klar, baß sich auch ber Jupiter mit
hellem Strahl im Wasser spiegelt.

Gestern fuhren wir an bas savoyische Ufer hinüber, nach
St. Gingolf. Welch ein Unterschieb! Drüben ist Alles wilbe, rauhe
Natur, sich selbst überlassen. Wilbe Bäche stürzen polternb herunter, keine Rebe gebeiht, auch wenig Weibeland. Wir stiegen an
bem Wilbbache, ber ben Kanton Wallis von Frankreich trennt, ins
Gebirge hinauf. Hier tritt Frankreich uns als ein rauhes Alpen-
land entgegen, während auf ber Schweizer Seite ein Uebermaß
von Kultur, Wohlstanb unb Luxus herrscht.

Der Tag geht bahin unter stiller Beschäftigung unb anmuthigen
Wanberungen. Wo man geht unb steht, hat man einen herz-
erfreuenben Umblick. Es ist eine wunderbar gesegnete Landschaft,
unb bie mächtige Wasserfläche gibt bem Ganzen eine so wohl-
thuenbe Ruhe. Gestern machten wir einen Rundgang in Clarens
unb saßen lange unter ben großen Bäumen oben auf bem Thâtelarb.

Unten liegt der schöne Friedhof mit dem Grabe von Alexander
Vinet. Wie sympathisch sind mir diese evangelischen Romanen,
geistig so frei und voll entwickelt und von tiefer Frömmigkeit.
Abends sangen und tanzten Italiener und Italienerinnen, was
sich in der Säulenhalle des Hôtels wie eine Reminiscenz aus klassischer Zeit ausnahm. Der gleichmäßige, natürliche Rhythmus in
Spiel und Tanz mit den einfachsten Instrumenten hat einen
eigenen Zauber.

An dieselbe.

Genf, 20. September 1890.

Gestern fuhren wir bei herrlichstem Sonnenschein nach Lausanne,
Evian, Nyon. Die Uferstädte leuchteten zwischen den Rebenhügeln,
und lustige Geschwader von Möwen umschwirrten unser Schiff,
von Brodspenden gelockt, die sie aus der blauen Fluth aufsuchten,
wie Seesperlinge.

In Genf besahen wir das prachtvolle Museum Ariana des
Herrn Revilliard, der mich einst zur Eröffnung desselben eingeladen
hatte, ein Werk der Pietät gegen seine Mutter. Es ist eine kunter-
bunte Sammlung aller möglichen Raritäten, aber es sind auch
schöne Sachen darunter, und das Schönste daran ist der Sinn
für das Große und Monumentale, der sich in den alten Genfer
Geschlechtern noch erhalten hat.

An dieselbe.

Thann, 26. September 1890.

Ich schicke Dir einen Abzug des ersten Bogens meiner „Stadt
Athen". Ein paar Stunden des Nachdenkens täglich thun mir
immer körperlich gut. Darum bitte ich bringend, mir meine geistige
Arbeit nicht zu verleiden und zu bekämpfen. Ich will ja Niemand
bekehren — aber ich habe eine Verpflichtung, ein Bild von Athen
darzustellen, so gut ich kann. Länger, tiefer hat sich kein Lebender
damit beschäftigt. Man hat ein Recht, dies von mir zu fordern.
Und ist es nicht gut, daß es jetzt vorwärts geht, und sollen wir
uns nicht dessen freuen, daß mir die Arbeitslust erhalten ist? Einen
schöneren Gegenstand kann man doch auf der Welt nicht finden.
Das Buch wird diesseits und jenseits des Meeres eifrig gelesen werden.

An Clara Curtius.

Bad Langenschwalbach, 21. Mai 1891.*)

Montag Abend sind wir glücklich hier angekommen. Wir fanden Schnee hier oben. Gestern aber wurde es warm, und heute haben wir den vollen Frühlingssegen genossen. Du kannst Dir denken, wie dankbar froh wir Beiden durch die Bergwälder wanderten. Wir sind immer mit Dir geistig zusammen. Deinen lieben Brief las ich Dora unter den Bäumen vor, die hier erst beginnen ihr Laub zu entfalten. Das stille Zusammenleben Thür an Thür mit Dora ist reizend. Sie sorgt für mich wie eine Tochter und wie eine Mutter.

Wir leben ganz in den Moltke'schen Briefen.**) Es ist ein unerschöpflicher Schatz der lehrreichsten Beobachtungen und der inhaltreichsten Betrachtungen! Wie lernt man Menschen und Welt kennen! Es soll mir eine rechte Freude sein, den wissenschaftlichen Geist dieses Mannes mit warmer Liebe zum Verständniß zu bringen, und zu zeigen, wie die Entwickelung dieser geistigen Kraft mit den vorzüglichsten Leistungen der großen Männer in den ersten Jahrzehnten dieses Jahrhunderts, Karl Ritter, Leopold von Buch, Alexander von Humboldt innerlich zusammenhängt.

An dieselbe.

Berlin, 14. Juli 1891.

Glaube nicht, daß ich zu viel arbeite. Die geistige Arbeit ist krafterhaltend ebenso wie körperliche Bewegung und Muskelanstrengung. Ich könnte mir gar kein Wohlsein denken ohne Spannung des Geistes auf ein zu erreichendes Ziel. Man muß jeden Augenblick Etwas vor Augen haben, dem man nachstrebt.

An Anna Reichhelm.***)

25. December 1891.

Heute ist es wieder still geworden, wie nach einem Sturme. Es war ein gottgesegnetes Doppelfest, so reich an Erlebnissen, daß

---

*) Ernst Curtius hatte das Pfingstfest im Hause seines Schwiegersohnes Richard Lepsius in Darmstadt gefeiert und seine Tochter Dora Lepsius nach dem Bad Schwalbach begleitet, wo diese die Kur gebrauchen sollte.

**) Zur Vorbereitung der Gedächtnißrede für Moltke in der Akademie am 2. Juli 1891. Alterthum und Gegenwart Bd. III, S. 27.

***) Nach dem Doktorjubiläum am 22. December 1891.

es schwer zu schildern ist, weil es erlebt sein mußte. Unsere
Zimmer waren voll wie eine Börse, aber es ging Alles sehr vertraulich zu. Wundervoll war die ganz unerwartete Einleitung
des Festes. Denke Dir, daß Rudorff am Morgen noch in der
Hochschule Probe halten ließ und dann mit seinem Männer- und
Mädchenchor herüberzog und drei köstliche Bach-Choräle vortrug,
zuletzt: „Wachet auf, ruft uns die Stimme." Die zwei letzten hörte
der Minister Graf Zedlitz noch mit an, der das Handschreiben des
Kaisers vorlas, der mich als den Freund seines Vaters ehrte.
Universität und Akademie waren sehr vollständig vertreten, für
mich ein wohlthuendes Zeugniß dafür, daß die Amtsgenossen sich
aus Liebe an der Feier betheiligten. Der Rektor mit dem Senat
begrüßten mich lateinisch und deutsch. Das Merkwürdigste war
der Moment, da Mommsen mit den Sekretären der Akademie vor
mich trat. Er fing an die Adresse zu lesen, dann that er den
Text plötzlich bei Seite und sagte, er müsse sprechen, statt zu lesen.
Und nun brach wie durch einen zerrissenen Damm eine wahre
Beredsamkeit, in der er mich feierte als den, der immer und
überall, wie ein ächter Historiker, aus den Einzelheiten zum Ganzen
strebte. Waren wir Beide, einander nahe gegenübergestellt inmitten eines vollen Männerkreises, Anfangs etwas beklommen
und befangen, so änderte sich Alles, als Mommsen von einem
inneren Drange, der ihn selbst zu überwältigen schien, ergriffen,
aus vollem Herzen so warm redete. Unsere Augen begegneten sich,
ich dankte ihm aus vollem Herzen, und alle Anwesenden waren
von diesem Duo offenbar besonders ergriffen, da die gründliche
Verschiedenheit unserer Charaktere sich natürlich oft in allerlei
kleinen Reibungen offenbart hatte. Er war auch gegen Clara sehr
freundlich, legte Ernst Robert die Hand auf seinen schwarzen Kopf
und sagte ihm: „Mache Deinem Namen Ehre." Diels begrüßte
mich im Namen der philosophischen Fakultät. Ich schicke Dir die
Adresse in einem Abzuge, weil sie wohl die am meisten lesbare
ist. Ach, nicht wahr? Ihr glaubt nur Eins nicht, daß ich damit
renommiren will? Ich glaube ja selbst nicht an das, was in
diesem Schriftstücke steht, aber es wird Euch doch interessieren,
wie man Euren Freund beurtheilt. Auch Schöne, von dem ganzen
Stabe des Museums begleitet, las und sprach dann mit bewegter
Stimme von dem Geiste und dem Erfolge, mit dem ich die Sammlungen verwaltet hätte, und ich konnte ihm der Wahrheit gemäß

sagen, daß ich noch keinen Morgen in die Säulenhalle des Museums eingetreten sei, ohne Gott dafür zu danken, daß ich nicht blos von der Bücherstube aus mit dem Alterthum im Verkehr stehe, sondern in täglicher Anschauung seiner Kunstwerke. Robert brachte mir als Abgeordneter der Universität Halle das erneuerte Doktordiplom, indem er aus dem Protokoll meiner Doktorprüfung allerlei ergötzliche Züge beibrachte. Adler sprach als Vertreter der Mittwochsgesellschaft, die mir ein schönes, mit seinen Sinnsprüchen ausgestattetes Portraitalbum überreichte, wofür ich ihm, dem Genossen bei der Olympia-Ausgrabung, danken konnte. Der Sprecher der griechischen Gesellschaft war Wilhelm Wattenbach, welcher in einer alle Anwesenden sehr ansprechenden Weise Gedichte vorlas, die ich in einer Art von Katzenjammer geschrieben hatte, um nach den griechischen Jahren die Zeit des Staatsexamens und des Schulamtskandidaten zu schildern. Es war Vielen ganz neu, wie ich mich Jahre lang in wenig erfreulichen Zuständen hatte durchquälen müssen.

Alle unsere Bekannten luden wir zum Abend ein. Da war wieder Alles voll. Ich versteckte mich, weil ich Angst hatte, wie Alles werden sollte, aber siehe da, wie ich um ½10 Uhr in meinen eigenen Räumen mich umzuschauen wagte, saß Alles behaglich in vier Stuben an wohlbesetzten Tischen. Treitschke erhob sich und sagte, von Ernst Curtius sei genug die Rede gewesen, er bringe die Gesundheit der Frau aus, die schwer heimgesucht sei, aber doch Alle so gastlich bewirthe. Ich dankte für alle Liebe, die uns geworden, im Namen von Clara und mir.

An Louise Curtius.

15. Februar 1892.

Nach den begonnenen Vorträgen*) erfolgte eine zweite Heimsuchung mit heftigen Gliederschmerzen und gänzlicher Schlaflosigkeit, sobaß ich wieder ganz Patient bin und nur bei gutem Wetter etwas ausgehen kann, von aller Welt abgeschlossen. Eine schwere Geduldsprobe bei großer Erschöpfung.

---

*) Zu Beginn des Jahres erkrankte Ernst Curtius an einer schweren, lange dauernden Influenza.

An Anna Reichhelm.

17. Februar 1892.

Mit mir ist es nicht besser. Ruhelose, schmerzvolle Nächte, eine nach der anderen, ohne Aussicht auf Aenderung.

An Louise Curtius.

12. März 1892.

„Gott segne Dir Beides,
Liebes und Leibes."

Wie tief hat mich Dein farbiger Spruch ergriffen und erquickt. Wir haben schwere Tage. Clara hatte heftige Augenschmerzen. Sie fuhr zu Schweigger. Er erkannte ein ernstes Uebel und sprach von einer Operation. Heute soll die zweite Berathung stattfinden. Ihr fühlt mein Herz klopfen und verzeiht, daß ich nicht mehr schreibe.

An Anna Reichhelm.

31. März 1892.

Dein lieber Brief traf mich gerade in einer sehr gedrückten Stimmung. Denn vor acht Tagen war ich hoffnungsreich und dankbar. Ich hatte ohne alle Schlafmittel zwei verhältnißmäßig ruhige Nächte. Ich schlief bis in den Morgen hinein und konnte mich dem Eindruck hingeben, daß meine gute Natur sich kräftig Selbsthülfe geschafft habe. Ich war glücklich wie ein Kind.

Dann aber folgten wieder ganz schlaflose Nächte, nach denen ich mich sehr ermattet fühlte. Es kommt Alles darauf an, guten Muth zu behalten. . . . Es ist nichts Außerordentliches vorhanden, was Sorge hervorruft. Geduld wird vielleicht noch eine Zeit lang nöthig sein, bis endlich eine Luftveränderung das Beste thun wird.

An Clara Curtius.

Thann, Ostersonntag 1892.

Ich sitze hier still in meiner sonnigen Stube mit dem Blick auf die Berge. Ich habe die Kinder in die Kirche gehen lassen, deren Gedränge und dicke Luft ich scheue, weil ich möglichst nur freie Athemzüge thun will. Ich war schon zwischen 7 und 8 braußen im Freien. Gestern konnte ich schon die Waldhöhen ohne Mühe ersteigen. Mein Lebensmuth richtet sich wieder auf.

Das verflossene Quartal war ein schwerwiegendes, es hat tief
in mein Leben eingegriffen. Die Gebrechlichkeit des menschlichen
Daseins ist mir nie so entgegengetreten. Ich bin viel ernster, ent-
sagender geworden bei dem Doppelleiden in unserem Hause. Niemals ist mir der Abschied schwerer geworden, aber es kommt wieder
neuer Muth. Mein Tagewerk ist, wie ich jetzt glaube, nicht abgebrochen, ich darf noch einen Schluß hinzufügen.

Das Wetter wird wieder milder, und unsere Wege dehnen
sich von Tag zu Tag aus. Ich habe mir noch alle Arbeiten fern
gehalten und werde erst in nächster Woche ganz sachte anfangen,
meine Drucksachen wieder aufzunehmen.

An dieselbe.

Thann, Mai 1892.

... Der Leib gehört dem Reiche des Todes an. Das fühlen
wir täglich bei jedem leiseren und lauteren Anklopfen. Wir können
Nichts thun, als uns so anschicken, daß wir mit Freuden auf die
Befreiung von diesem Leibe des Todes hinblicken.

Mit größtem Interesse las ich heute in der Christlichen Welt
den Aufsatz über Flemmings Verse: so sei nun Seele deine!
Vielen ganz unverständlich, mir aus dem Herzen gesprochen, ein
theures Lieblingswort!

Die Seele ist nur ihr eigen und frei, wenn sie in ihrem Elemente
ist, d. h. in Gott, zu dem sie geschaffen ist. Da ist sie zu Hause,
wie der Fisch im Wasser.

An die Schwägerin Cäcilie Curtius.

Thann, 14. Juni 1892.

Mit tiefem Dankgefühle kann ich es aussprechen, daß der
ländliche Aufenthalt hier mit den täglich mehrmaligen Waldgängen
im Gebirge mich von den Plagen der Influenza ganz wiederhergestellt hat.

Hier habe ich endlich wieder ruhig schlafen gelernt und die
alte Geistesfrische wiedergewonnen. Es ist nur noch von der Steif-
heit der Glieder etwas übrig geblieben, und deshalb soll ich noch
auf einige Wochen die Bäder von Gastein benutzen. Ich muß
mich fügen, obgleich ich keine Lust zu so weiten Fahrten habe.

Wir haben schöne Ausflüge in der Umgegend gemacht, im Baseler Münster die Johannispaſſion von Bach herrlich aufführen hören und die Vogeſen mehrfach durchſtreift.

An Louiſe Curtius.

Schwalbach, 7. September 1892.

Ich bin jetzt beſchäftigt, die merkwürdigen Entdeckungen, welche die mit der Austrocknung des Kopaiſchen Seethals in Böotien beauftragten franzöſiſchen Ingenieure gemacht haben, für die älteſte Kultur- und Staatengeſchichte zu verwerthen.*) Es knüpfen ſich weltgeſchichtliche Ausblicke an unſcheinbare Denkmäler.

An den Sohn.

Berlin, Oktober 1892.

Ich habe noch immer ganz im ſtillen fortgelebt und mich für meine Vorleſungen möglichſt geſchont. Ich habe über Nichts zu klagen, als daß mein Auge noch immer nicht dienſtfähig iſt, ich fahre fort, den Aerzten zu vertrauen und hoffe im Frühjahr wieder ſelbſtſtändig ordentlich leſen zu können. Wie ich mich inzwiſchen abquälen muß und was ich an Zeit und Kraft täglich einbüße, könnt Ihr Euch denken.

An denſelben.

13. Januar 1893.

Ich bin noch immer einer harten Geduldsprobe unterzogen. Mein Auge beſſert ſich zuſehends, aber ſehr allmählich. Es iſt innerlich geſund, aber von einem Katarrh umflort. Trotzdem habe ich meine Thätigkeit ununterbrochen fortgeſetzt. Keine Vorleſung iſt ausgefallen und ich habe zwei Vorträge in der archäologiſchen Geſellſchaft gehalten.

Ich verſitze noch immer lange, müßige Stunden vor meinem Schreibtiſch, mit meiner engeren Gedankenwelt beſchäftigt. Ich ſchicke Dir einige Recenſionen meines Athen.

Dieſe Welt ſtiller Studien iſt doch noch der einzige größere Lebenskreis, in dem man ſich wohlfühlen kann.

---

*) Die Deichbauten der Minyer. Geſ. Abhandlungen Bd. I, S. 266.

Könnt Ihr denn meine Klaue lesen? Ich kann mich schwer
entschließen, an meine Liebsten zu diktiren. Ein Schelm gibt's
besser als er's hat.

An denselben.

13. März 1893.

... Das Modell des Zeustempels, das in natürlicher Größe
braußen im Ausstellungspark vor zehn Jahren aufgerichtet wurde,
wollte man jetzt niederreißen, weil der Platz anders verwerthet
werden sollte. Es ist das einzige Modell dieser Art, allerdings nur
von der Vorhalle und dem Pronaos, aber doch sehr lehrreich, ein
Schmuck der Stadt und das einzige sichtbare Denkmal jener glorreichen Zeit von Kaiser Wilhelm und seinem Sohne. Die Vor-
nahme des Abbruchs zu hemmen, ist mir glücklich gelungen, aber
weitere Erfolge sind sehr zweifelhaft. Ich möchte gern eine Art
Olympia-Museum anschließen, das jetzige, neu geplante, provi-
sorische ist sehr kümmerlich.

In den Osterferien muß ich hier bleiben. Ich habe mich verpflichtet, bei den sogenannten Ferienkursen die Gymnasiallehrer
im Museum herumzuführen. Auch muß ich die zwei Bände „Gesammelte Abhandlungen" jetzt rasch fördern. Ich erhoffe und
ersehne von den Frühlingslüften Besserung meiner Sehkraft. Zuweilen gelingt mir das Lesen ganz gut, dann versagt wieder das
Auge.

Vor acht Tagen hörten wir eine herrliche Todtenfestkantate
von Herzogenberg, in die er seinen ganzen Wittwerschmerz hinein-
gelegt hat.

Tischrede bei der Feier des Geburtstages im Freundes-
kreise in Böckstein bei Gastein am 2. September 1893.

Der Menschen Lebensläufe trennen sich nach zwei Richtungen.
Die Einen haben von Anfang an einen gleichmäßigen, sich allmählich erweiternden und vertiefenden Gang, die Anderen werden,
wie unser Gasteiner Wasser, nach gewaltsamen Katastrophen in
ganz neue Bahnen gelenkt. Wenn ich auf mein Leben zurückblicke
— und man darf wohl, wenn man in das achtzigste Jahr eintritt,
ohne Unbescheidenheit von dem selbst Erlebten sprechen —, so
hat es von Anfang an eine gleiche Richtung gehabt; es wurzelt

696 Fünftes Kapitel. [1833

im Vaterhause und in der Vaterstadt. Eine Stadt wie Lübeck muß den Sinn für Geschichte wecken. Unter dem gewaltigen Eindruck seiner Kirchenbauten wird man sich dessen bewußt, was es für Triebe und Kräfte sind, welche den menschlichen Geist zu den höchsten Leistungen fähig machen. Mein Vater war von je ein treuer Freund antiker Poesie, und noch hochbetagt las er mit mir, wenn ich als Göttinger Professor die Ferien bei ihm zubrachte, seinen Lieblingsdichter Virgil. Als ich Quartaner des Catharineums war, richteten die bunten Umschläge der Schulhefte, welche Marco Bozzaris und die Brander der Hybrioten vorstellten, meine Phantasie auf das Wiederaufleben des Griechenvolkes, und ich trug von unserem strengen Gymnasialdirektor eine derbe Ohrfeige davon, weil ich bekennen mußte, daß ich eine Sammlung für die Griechen in der Klasse veranstaltet hatte.

Als Student wurde ich vorzugsweise durch Otfried Müller zu einem begeisterten Studium des altgriechischen Lebens entflammt. Die durch ihn mir lebendig gewordenen Gedichte Pindars recitirte ich mir auf dem Göttinger Wall, und in den Tempelhallen der Akropolis wurde ich einheimisch. Ich suchte mir zu verschaffen, was an Abbildungen hellenischer Lokale zu haben war, und als ich voll Sehnsucht nach Hellas als Schüler Böckhs in Berlin weilte, kam plötzlich ein Brief meines väterlichen Freundes Brandis in Bonn mit der Aufforderung, ihn nach Athen zu begleiten. Meine schönsten Träume erfüllten sich unerwartet, und im Anfang 1837 rollte unser schwerbeladener Familienomnibus von Frankfurt aus dem damals noch gänzlich unbekannten, von allen Verkehrsstraßen abgelegenen Hellas zu. Von Ancona ging es zur See nach Patras, dem einzigen Landungsplatze eines Dampfschiffes. Ein Kanonenboot brachte uns an den Isthmus, ein Karawanenzug, bei dem Kameele das Gepäck trugen, führte uns nach Athen, das sich aus dem Schutte zu erheben begann. Vier Jahre frischester Jugend auf dem Boden von Athen ganz der Erkenntniß des Alterthums in seinem lebensvollen Zusammenhange hingegeben — das war eine inhaltsreiche Zeit, die damit abschloß, daß ich den theuren Mann, der mich in das hellenische Alterthum eingeführt hatte, auf dem Kolonos bestattete, und als ich seinem Sarge folgte, gelobte ich mir, nach meinen Kräften das zu erstatten, was unsere Wissenschaft an ihm so früh verloren hatte.

An Athen knüpft sich Alles an, was sich im Vaterlande an

neuen Lebenswendungen für mich ergab. Ein öffentlicher Vortrag
über die Akropolis erweckte in der Mutter des preußischen Thronerben den Gedanken, mich für die Erziehung ihres Sohnes zu
gewinnen. So trat zum ersten Male ein hellenischer Philologe in
den Kreis des Hohenzollernhauses, und als nach dem blutigen
Völkerkampfe der edle Wunsch sich regte, nun auch ein ächtes
Friedenswerk in Angriff zu nehmen, da erwachte in dem Kronprinzen der Eindruck eines Vortrages über Olympia. Der Träger
der Kaiserkrone ergriff den Gedanken mit ruhmwürdiger Energie,
der allen hellenischen Sympathien fernstehende Kanzler beauftragte
den Professor mit Abschluß eines Vertrages mit der Krone Griechenland, und der junge Reichstag bewilligte, ohne daß eine Stimme
des Widerspruches laut wurde, Hunderttausende von Thalern für
eine nationale Unternehmung, bei welcher nach den Staatsgesetzen
von Hellas Nichts zu erwerben war als der Ruhm, zum ersten
Male einen der an Denkmälern reichsten Plätze von Altgriechen-
land mit seinen Tempeln, Bildwerken und Inschriften vollständig
frei zu legen. Eines der für alle Zeit denkwürdigsten Stücke Weltgeschichte wurde durch deutsche Arbeit mit überraschendem Erfolge
aufgeklärt.

So hat sich von dem Tage an, da der Brief aus Bonn in die
Stube des Studenten kam, Alles in ununterbrochener Folge entwickelt, sodaß ich nur dem Rufe zu folgen hatte, der immer, wenn
die richtige Zeit da war, an mich erging. Um das Gelübbe am
Grabe Otfried Müllers um so pflichtmäßiger erfüllen zu können,
wurde mir die Ehre zu Theil, auf den Lehrstuhl des theuren
Meisters berufen zu werden, und in die Hauptstadt des Deutschen
Reiches heimgekehrt, konnte ich die Aufgabe erfüllen helfen, welche
seit Winckelmann die Sehnsucht aller Freunde des klassischen Alterthums gewesen ist.

So darf ich also auf mein Leben zurückblicken, in welchem ich
mich wie nach einem wohlgeordneten Plane gnadenvoll geführt
fühle, und von den ersten Eindrücken in unserer Marienkirche und
in dem Vaterhause, von dem ersten Martyrium des Quartaners
für die Erhebung der Griechen, steht bis auf den heutigen Tag
Alles in einem harmonischen Zusammenhange, was ich mit tiefem
Dank gegen Gott und Alle, die mich dabei gefördert haben,
demüthig und freudig anerkenne.

An den Sohn.

Berlin, 16. November 1893.

Ich habe so lange Verlangen, mit Euch zu reden! Wie viel ist geschehen, seit wir uns getrennt haben.*) Ich zog so fröhlich hier ein und fühlte mich wohler und frischer als je zuvor. Ich nahm meinen Paulus**) rasch in Angriff und, wie ich halb fertig war, fiel der Schatten über mein Auge, und ich mußte mich in einen Zustand von Unselbstständigkeit langsam hineinleben. Mit blindem Auge hielt ich meinen Vortrag in der Akademie und rüstete mich dann zum Winckelmann-Feste. Wenige Tage vorher kam der Anfall von Influenza, und mein junger Freund Hans von Fritze mußte meine Skizze vorlesen. Auch dieser Anfall ist glücklich verlaufen. Es kam gar nicht zu einem Ausbruch der Krankheit, und mit innigem Danke gegen Gott konnte ich am Donnerstag wieder vor meine Zuhörer treten, die mich auf das liebevollste empfingen. So habe ich mehr zu danken als zu klagen. Meine neue Diät besteht darin, daß ich mich nach der Tischzeit jeder Arbeit enthalte.

An Anna Reichhelm.

8. März 1894.

Morgen gegen Abend werde ich in die Klinik wandern.***) Wir haben zwei geräumige Zimmer, in dem Nebenzimmer wird Elisabeth sich einquartieren, sobaß ich eine Art Häuslichkeit habe. Sonnabend Vormittag macht Schweigger die Operation. Die ersten Tage werde ich natürlich im Bett zubringen müssen, doch hofft er mir bald einige Bewegung gestatten zu können, und in der nächsten Woche werden meine beiden Assistenten,†) die mir den ganzen Winter hindurch die treuesten Dienste geleistet haben, jeden Vormittag mir mit einer zusammenhängenden Lektüre zur Seite sein. Du kannst denken, daß mir, dem Bewegung, Thätigkeit und freie Luft ein solches Lebensbedürfniß sind, die dunkle, wochenlange Haft

---

*) Bald nach der Heimkehr verlor Ernst Curtius infolge einer Netzhautablösung den Gebrauch des operirten Auges, sobaß er, da das andere Auge staarblind war, während des Winters 1893 auf 1894 vollkommen blind war.

**) Paulus in Athen. Ges. Abh. Bd. II, S. 527.

***) Für die zweite Staaroperation.

†) Dr. Alfred Hillert und Dr. Hans Wachtler. Der Letztere, jetzt Oberlehrer an der Ritterakademie zu Brandenburg, hat Ernst Curtius bis zu seinem Ende als treuer Gehülfe zur Seite gestanden.

schwer vor Augen steht, doch wird Gott mir Kraft geben, stille aus-
zuharren und die Prüfung in Geduld zu bestehen. Du wirst mir
darin gewiß Recht geben, daß ich Alles thun muß, um aus dem
Zustande einer so peinlichen Unbeholfenheit mich zu befreien.

An den Sohn.

Ende März 1894.

Ich stehe noch immer unter der Aufsicht meiner Kliniker und
darf das neu sehende Auge noch nicht zum Schreiben und Lesen
gebrauchen. Aber der erste Versuch mit der Brille zeigte schon
den besten Erfolg. Ich kann mich wieder an den grünen Bäumen
erfreuen und habe für die zweite Maiwoche meine Vorlesungen
angekündigt.

Bei dem Abschied aus der Klinik.

Ich denke gern der dunkeln Stunden,
In denen ich zum zweiten Mal
Erneuten Jugendmuth gefunden
Und eines neuen Morgens Strahl.

Den Himmel kann ich wieder schauen,
Mit seinem lichten Sternenheer,
Es streut der Frühling auf die Auen
Die vollen Blüthen vor mir her.

So send' ich meines Dankes Segen
Dem Hause, wo die Nacht verschwand,
Und nehme zu den letzten Wegen
Getrost den Stab in meine Hand.

An Louise Curtius.

2. Mai 1894.

Ich bin seit Sonntag in ein neues Stadium eingetreten, ich
darf die Fernbrille tragen, und mit derselben kann ich ohne Beschwerde ausgehen und Besuche machen. Ich war heute auf dem
Museum. Ich habe dieser Tage das Vorwort zum zweiten Bande
meiner gesammelten Abhandlungen geschrieben und habe darin
meinen wissenschaftlichen Entwickelungsgang und jetzigen Standpunkt etwas näher erörtert.

An dieselbe.

Ende Mai 1894.

Ich darf jetzt wieder schreiben, erst mit der Fernbrille. Die Lesebrille wird mir erst Ende der Woche angepaßt. Das Pfingstfest war ein Fest der Befreiung für mich, aber auch ein Trauerfest. Ich ging am Sonntag Mittag zu Schloezer herüber, um ihm, der sich an meinem Anblick erfreut, einen Festgruß zu bringen, da stand ich unerwartet an dem Todtenbett. Am Ostersonntag hatte er sich hingelegt. Es war herzergreifend, den Mann, der immer gesund war, plötzlich so hinschwinden zu sehen.

An Friedrich und Louise Curtius.

2. Juni 1894.

Herzlichen Dank, meine geliebten Kinder, für Eure Briefe, in denen sich die Freude über den neuen Anblick der väterlichen Handschrift so rührend ausspricht. Ja, Gott sei Dank, ich bewege mich wieder frei und schaue die Wunder des Frühlings an, die niemals schöner waren als in diesem Jahre. „Ihre Augen sind nicht zum Studiren", mit den Worten entließ mich Schweigger. Mein Fernblick läßt Nichts zu wünschen übrig. Doch betrachte ich demüthig das neue Lebensglück nur als ein geliehenes. Das Uebel, das unversehens mein linkes Auge betroffen, kann auch das rechte befallen. Die Aerzte sagen, es sei kein Grund vorhanden, dies anzunehmen. Also wäre es Schwäche, sich darüber Sorge zu machen.

An Louise Curtius.

Ende Juli 1894.

Die letzten Semesterwochen nehmen mich sehr in Anspruch, und ich freue mich, Mitte nächster Woche zu schließen. Ich habe den Sommer scharf durchgearbeitet. Es ist mir peinlich, keinerlei Maßstab dafür zu haben, wie lange ich mein Auge anstrengen soll. Es gibt keine warnenden Anzeichen. Schreiben greift mich gar nicht an, vor längerem Lesen hüte ich mich.

Meine Hauptarbeit ist, meinen Text für das große Werk über Olympia fertig zu machen. Das ist noch eine lange Arbeit, die langsam vorwärts geht. Aber meine jungen Assistenten sind wohl eingeschult. Ich habe eine tägliche Freude daran, mit ihnen zu

verkehren, weil es zur gegenseitigen Förderung geschieht, und wenn
ich oft Gefahr laufe, an der gedeihlichen Zukunft des Vaterlandes
zu zweifeln, so richtet mich das Zusammensein mit der Jugend
immer wieder auf. Aber freilich sind es nur solche, die mir
sympathisch entgegenkommen.

Gestern Vormittag war ich mit Broichers und Schmollers in
der Kaiser-Wilhelmsgedächtnißkirche, wo uns der Baumeister,
Schwechten, herumführte. Ein herrlicher Bau aus lauter solidem
Gestein, würdig und schön ausgeführt. Alles arbeitet mit Lust
daran, und die aus der Kölner Dombauhütte stammenden Stein-
metzen hauen nach eigenem Gefallen die sprossenden Blätter aus
den Säulenkapitellen heraus. Wie schön wäre es, wenn dies unser
Dom würde, während nun ein neues Ungeheuer emporwächst, an
dessen Baustelle ich täglich vorüber muß!

An Clara Curtius.

Regensburg, 15. August 1894.

Gestern*) haben wir ganz mit Albrecht Dürer und Peter Vischer
gelebt. Dann oben auf der Burg, wo die Hohenzollern angefangen
haben, in die Geschichte einzugreifen. Abends zog uns Kainz in
das Sommertheater. Heute früh im Dom mußte ich immer Deiner
gedenken. Ueberwältigend sind diese Gotteshallen! Es ist eine
Welt für sich, so groß, so harmonisch. Ein Gedicht in Quadern.
Dann sahen wir die Alterthümer von Castra Regina, tranken einen
Frühschoppen mit der ganzen Landbevölkerung, die zu Mariä
Himmelfahrt hereingekommen, und sahen den Saal des Reichstages und die alten Thürme, in denen sich die Patricier gegen
schlimme Nachbarn vertheidigten. Um 3 Uhr fuhren wir zur
Walhalla.

An dieselbe.

Linz, 17. August 1894.

In Regensburg ergriff mich besonders der Gedenkstein der
Frau Tucher aus Nürnberg von Peter Vischer, wo Christus dargestellt ist, wie ihm die beiden Schwestern des Lazarus entgegenkommen, ein Bronzerelief. Von Regensburg Vormittags nach
Passau, wo Karl V. gezwungen wurde, mit Moritz von Sachsen den

---

*) In Nürnberg.

Vertrag abzuschließen, durch den in Deutschland die Religions-
freiheit begründet wurde. Passau liegt herrlich auf einer Landzunge, an deren Spitze der mächtige Inn, ein wilder Bergsohn,
in die ruhiger fluthende Donau mündet, von hohem Waldufer überragt. Wir aßen vor dem Rathhauskeller auf der belebten Straße,
an welcher die Dampfschiffe liegen, die nach Wien fahren. Um
3 Uhr betraten wir auf dem Schiff den österreichischen Boden.
Wir fuhren stundenlang durch einsame Waldgegenden. Dann öffnet
sich das Stromthal, die Landschaft wird milder, offener. Im
Hintergrunde erscheinen die kärntischen Alpen, und man landet
um 7 Uhr am Quai von Linz, der Hauptstadt von Oberösterreich,
schön gelagert an dem herrlichen Strom im Mittelpunkt von Land-
und Wasserwegen. Es lebt sich wundervoll in diesen österreichischen
Landen, die den Uebergang bilden zur Levante und ihrem dolce far
niente. Man wird mit ausgesuchter Höflichkeit behandelt. Hier
herrscht Jahr aus Jahr ein eine behagliche Ferienstimmung, darum
ist es für einen alten Professor hier vorzüglich.

An dieselbe.

Lend, 18. August 1894.

Von Linz fuhren wir nach Gmunden, von dort über den
Traunsee, an dessen schönen Ufern Toscana und Hannover ihre
Kronen zu vergessen suchen. Gestern Abend erreichten wir Ischl,
das Centrum des Salzkammergutes, von lauter Bergseen, schäumenden Strömen und Waldbergen umgeben. Heute sind wir auf
herrlichem Wege nach Salzburg gefahren.

An dieselbe.

Gastein, 19. August 1894.

Wir blieben die Nacht in Hofgastein, wo das Hôtel Moser in
einem alten Klostergebäude eingerichtet ist. Die Zimmer sind
herrlich gewölbt und zeugen von dem alten Reichthum dieses
Thales, ehe es unter das Joch des Salzburger Bisthums kam.
Auf dem Friedhofe sind aus jener Zeit, da das Evangelium ganz
harmlos von der Bevölkerung aufgenommen wurde, eine Reihe
von deutschen Bibelsprüchen neben den lateinischen Formeln der
römischen Kirche. Um 8 Uhr fuhren wir in einem Einspänner
ab, bogen von der großen Straße links ab und gingen bei herr-

lichem klaren Morgenhimmel den alten Fahrweg hinauf zu Mühl-
berger, wo wir wie alte Bekannte begrüßt wurden. Ich habe
meine alte Stube nach vorn. Ich bin wieder ganz entzückt von
Luft und Aussicht. Gegen 11 Uhr gingen wir in die alte, liebe
Kirche, wo ein mir unbekannter Mann über den Kaufmann und
die köstliche Perle predigte. Sehr eigenartig und wahr betonte er,
daß der Kaufmann erst andere, gute Perlen suchte, ehe er die wahre
gefunden. Also lasse Gott es jedem aufrichtig Suchenden an seinem
Segen nicht fehlen.

So Gott will, sollen mir die drei Wochen hier wohlthun. Wir
werden stiller leben, und ich werde nur auf gut gebahnten Wegen
wandeln, meinen Jahren entsprechend, wie ein alter Philosoph.

An dieselbe.

Gastein, Ende August 1894.

In tiefer Demuth erkenne ich Gottes Gnade, die mir noch
heute vergönnt, mich seiner Schöpfung zu freuen, selbstständig
wieder umherzuwandern und meine Geistesarbeit ungeschwächt
fortzuführen. Der Geburtstag ist ja nur eine äußerliche Epoche,
aber je näher er kommt, umsomehr umfängt mich eine stille Andacht, und alles Selbstsüchtige schweigt in mir. Eine Liebesgabe
ist aus dem fernen Makedonien bei mir eingelaufen. Herzen
schlagen für mich, die ich, ohne es zu ahnen, erwärmt habe. Ich
fühle mich so wenig in Einklang mit der modernen Welt und begreife nicht, warum sie mir huldigt und mich liebt. Es ist eine
Flamme, die ich nicht entzündet habe. Darum ist auch keine Spur
von Selbstbefriedigung in mir, sondern nur Dank gegen Gott, der
mir etwas gegeben hat, das nicht zu mir, sondern zu ihm hin-
führt. Du kennst von Allen am besten, was für ein schwaches
Geschöpf ich bin, und deshalb danke ich Dir auch am meisten für
Deine Liebe, und denke am Abend und am Morgen zuletzt und
zuerst an Dich, die Du mir täglich mein Schlafkissen zurecht legst
und auch bei Nacht auf jede Bewegung achtest. Gott lohne es Dir!

An Anna Reichhelm.

1. September 1894.

... Was mich betrifft, so kann ich es nicht besser haben.
Aus dem Schlafe springe ich auf, um aus der Hinterthür unseres
Stockwerkes ins Freie zu kommen, und um ½7 Uhr bin ich schon

oben am Waldrande, ins Thal hinabschauend, wo Wolken und
Sonnenlicht mit einander ringen. Dann wird still gearbeitet, um
10 Uhr Bad, dann Ruhe, dann wieder vor dem Essen ein kleiner
Weg. Nach Tisch Briefe u. dgl. und dann noch ein größerer Ausgang auf die Höhen, bis mir nach der Abendkost Friedrich vorliest.
Wir haben den ersten Kreuzzug von Sybel ganz gelesen und haben
jetzt Filtsch: „Goethes religiöse Entwickelung" angefangen, ein Buch
voll Inhalt und unerschöpflich anregend zum Nachdenken. Mittags
und Abends finden wir vielerlei Gesellschaft von Professoren aller
Fakultäten. Unsere liebe evangelische Kapelle ist auch gut versorgt durch den Superintendenten Breithaupt, sie ist Sonntags
gedrängt voll. Wie könnte ich es besser haben in der Welt, wenn
ich einmal von den Meinigen geschieden sein soll!

Mir graut vor äußerlichen Ehren. Ich habe nie nach
Ehren ausgeschaut. Was ich gedacht, gesprochen, geschrieben, es
ist mit innerer Nothwendigkeit geboren, wie aus der Brust eines
Poeten.

An Louise Curtius.

Gastein, 8. September 1894.

Ich bin noch wie im Rausche von Allem, was der 2. September
veranlaßt hat, aber es soll kein Katzenjammer dem Rausche folgen,
sondern ein gestärktes Gottvertrauen, eine wärmere Menschen-
liebe, ein tieferes Dankgefühl.

An den Bürgermeister von Lübeck.

Der Festgruß, den Sie mir im Namen meiner Vaterstadt dargebracht haben, hat mich tief gerührt. Der geliebten Stadt, der
mein Vater und mein Bruder ihr Leben gewidmet haben, in
meiner Weise dienen zu können, und kein unwürdiger Sohn der
alten Hansastadt zu sein, ist immer der leitende Gesichtspunkt
für mein Leben gewesen.

An die Stifter der Büste für Olympia.

Den Freunden, die, weit zerstreut im deutschen Vaterlande
oder fern von der Heimath lebend, sich einmüthig verbunden haben,
zu meinem achtzigsten Geburtstage eine Marmorbüste von mir
in Olympia aufstellen zu lassen, sage ich hierdurch meinen wärmsten

Dank, da ich nicht, wie ich möchte, Jedem münblich ausssprechen
kann, wie dieser schöne Ausdruck geistiger Gemeinschaft und liebe-
voller Theilnahme mein Herz auf das tiefste bewegt und erfreut
hat. Dem ersten Friedenswerke des Deutschen Reiches ist dadurch
auf griechischem Boden ein bleibendes Denkmal geschaffen.

Thann i. E., 11. September 1894.

An Anna Reichhelm.
Berlin, 26. Oktober 1894.

... Treitschkes neuen Band lesen wir täglich zusammen. Er
versteht es doch wunderbar, den geistigen Inhalt des Erlebten
barzustellen. Welcher König ist von so an Geist und Gemüth her-
vorragenden Männern umgeben gewesen und selbst so voll des
reinsten Strebens wie Friedrich Wilhelm IV.! Der äußere Erfolg
steht im umgekehrten Verhältniß zu dem inneren Wollen. Weniger
tief angelegten und weniger idealen Naturen ist nachher Alles
viel besser gelungen. Man lernt viel über die menschlichen Dinge.

Mir bekommt Nr. 80 einstweilen ganz gut. Ich tummele mich
frisch herum und beginne morgen meine Vorlesungen und halte
auch in der Akademie einen Vortrag. Aber wie ich mein neues
Augenlicht nur wie ein geliehenes Gut betrachte, so nehme ich
jebe frische Stunde wie ein Gnadengeschenk hin und danke Gott
für die reichen Freuden, die mir an Kindern und Enkeln zu Theil
geworden sind, und suche mich in stiller Sammlung des Segens,
so weit ich kann, würdig zu machen.

An Anna Reichhelm.
November 1894.

Ich danke Dir herzlich für Deine Theilnahme an dem verlebten Fest.*) Ich danke Gott von Herzen, daß ich Alles glücklich
bestanden habe und daß ich heute so flott meine Pflichten als Lehrer
thun kann wie vor fünfzig Jahren. Das ist eine Gnade Gottes,
und wenn ich Anfangs jebe Ovation ablehnen wollte, so freue ich
mich, es nicht gethan zu haben. Denn ich hätte die Menschen betrübt, wenn ich schnöbe zurückgewiesen hätte, was mir in Liebe
geboten wurde. Es ging wirklich einmal ein warmer Zug durch

---

*) Dem fünfzigjährigen Professorenjubiläum am 6. November.

ben großen Saal des Kaiserhofes, wo die Freundinnen des Hauses
hinter einer Blumenwand den Reden lauschten, die der Minister
begann und Treitschke schloß.

An den Sohn.

Anfang Januar 1895.

Ich habe jetzt viel zu arbeiten, um meine Geschichte von Olympia
auszugestalten. Immer neue Gesichtspunkte tauchen auf und
machen den Gegenstand mir immer lieber. Es ist ein guter Abschluß meiner litterarischen Thätigkeit. Gott gebe, daß ich ihn
noch fertig bringe!

An denselben.

19. Februar 1895.*)

Durch tägliche Massage werden die zerstoßenen Knochen wieder
ins Rechte gefügt, die Geschwulst nimmt ab. Der Kern meines
Lebens ist nicht angefochten, und ich genieße täglich mit vollem
Behagen, was mir aufgetischt und kredenzt wird. Nach der Massage
gehe ich täglich spazieren in der benachbarten Straße. Nur ein
Kreuz habe ich schwer zu tragen; alle sonst wirksamen Schlafmittel
haben versagt, und ich liege von Abend bis Morgen wach auf
meinem Lager, von allerlei Beschwerden der Lahmheit gefoltert,
sodaß ich Gott danke, wenn ich wieder auf den Beinen bin und mit
meinen jungen Leuten zusammen arbeiten kann, so lange es geht.
Denn natürlich bin ich müde und mürbe, ich schlafe auch bei Tage
hie und da ein halbes Stündchen. So schleppe ich meine Tage hin,
innerlich gesund, äußerlich krank, unfrei und mit Beschwerden belastet. Sie sind aber kleiner Art und werden überwunden werden
mit Gottes Hülfe. Die herzliche Theilnahme gibt mir Lebensmuth.
Ich fühle noch ein großes Pensum vor mir.

An denselben.

März 1895.

Ich habe drei harte Wochen hinter mir. Ich hoffe zu Gott,
daß das Schlimmste überwunden ist. Die beiden letzten Nächte
waren etwas besser. Ohne Schlafmittel habe ich doch stunden-

---

*) Ernst Curtius war durch einen Schlitten überfahren worden und
hatte Quetschungen erlitten, die längeres Leiden verursachten.

weise schlafen können und schöpfe seitdem wieder frischen Lebensmuth.

Auf mein verstümmeltes Kolleg schaue ich mit tiefer Wehmuth.
Es war Alles im besten Zuge. Die Studenten haben mir eine
rührende Zuneigung erwiesen. Man darf doch noch nicht jammern
über das Absterben des idealen Sinnes in der deutschen Jugend.

An Louise Curtius.

Baden-Baden, April 1895.

Gestern sind wir hier angekommen. Die Fahrt in den vollen
Frühling hinein war herrlich.

Weinholds begrüßten uns gleich. Abends gingen wir in das
Krokodil, wo wir Weinholds, Ribbecks u. A. trafen. Dann lasen
wir noch zusammen — und dann hatte ich die erste wirklich erquickliche Nacht. Gott sei Dank! Ich schlief, bis die helle Sonne
zum Fenster hineinschien. Dann machte ich einen Spaziergang
durch das volle Grün. . . .

An dieselbe.

Berlin, 23. Juni 1895.

Ich habe wieder einen Theil der Geschichte von Olympia, die
mein letztes Arbeitsthema ist, in der archäologischen Gesellschaft,
und einen anderen als akademischen Vortrag bearbeitet. Ich hätte
mich freilich schon längst als Veteran dispensiren lassen können,
aber es macht mir Freude, noch meine Pflicht thun zu können.

Wir haben unseren Balkon diesmal mehr als sonst benutzen
können und freuen uns des Blickes auf die wunderbar dichte Wald-
masse des Thiergartens.

An Clara Curtius.

Gastein, Ende August 1895.

Ich tauche mich immer mit einer gewissen Begeisterung in
den wunderbar klaren Wasserspiegel. Wallach*) meint, die Heil-
wirkung beruhe ganz auf seiner Reinheit. Weil ohne alle
chemisch nachzuweisenden Bestandtheile, bringe es um so tiefer in
die Poren ein. Wie gern glaubt man an diesen Triumph der

---

*) Professor der Chemie in Göttingen, mit dem in Gastein täglich ver-
kehrt wurde.

Lauterkeit! . . . Friedrich ist unermüdlich im Vorlesen. Von Sybel
haben wir schöne Aufsätze gelesen. Jetzt Colligny,*) der uns sehr
fesselt. Die Belagerung und Einnahme von St. Quentin (die, wie
Du weißt, auch in Goethes Egmont vorkommt) würde Dich, die
begeisterte Freundin blutiger Vorgänge, entzücken. Nun kommen
die Zeiten der Hugenotten. Auch mit meinen Arbeiten komme
ich täglich vorwärts. . . . Ach, ich habe nur Sehnsucht, Euch bei
mir zu haben! Wie würde es Dora hier gefallen! Denkt Euch
recht was Schönes aus, je entzückender, desto besser! Noch ist der
Alte des Genusses fähig, und es ist ja eine wunderbare Gnade,
daß wir noch zusammen sein können auf dieser reich geschmückten
Erde. Wie können wir Gott genug danken für unsere Kinder und
Enkel! Er wolle uns noch eine Zeit lang beisammen lassen und
uns behüten, daß wir des Dankes keine Stunde vergessen!

An dieselbe.

Gastein, 2. September 1895.

Heute, in herrlicher Morgenfrische, stieg ich auf die Höhen
und schaute von oben auf Badgastein und das im Nebel liegende
Hofgastein hinunter. Meine Seele war still vor Gott, und tiefes
Dankgefühl erfüllte sie, daß ich in hohem Alter frisch und klar
um mich blickend in Gottes Schöpfung wandeln konnte, voll Dank
gegen Dich, meine geliebte Clara, die Du alle meine Schwächen
besser als alle Anderen kennst und doch mit nimmer müder Liebe
auf jedem Tageswerke mich geleitest und jeden Abend mein Ruhe-
lager ordnest. Demüthig preisen wir Gott, der jeden Schaden
abgewendet, aus jeder Trübsal uns emporgehoben und alle Beschwerden des Erdenlebens tröstend gemildert hat!

An den Sohn.

Berlin, 31. Oktober 1895.

Der Semesteranfang hat mich sehr in Anspruch genommen.
Ich habe mit frischer Kraft meine Vorlesungen angefangen. Meine
Geschichte von Olympia mache ich jetzt, von Anfang anhebend, druckfertig. Das geht freilich langsamer, als ich dachte, weil es so
schwer ist, ein größeres Manuskript zu Stande zu bringen, wenn
man es nicht mit eigenen Augen durchsehen kann, und ich muß

---

*) Von Erich Marcks.

noch immer mehr Gebuld lernen. Wir leben, nach wie vor, ohne
Zeitungen. Wenn Du also Etwas findest, was mich interessirt,
so mache mich darauf aufmerksam, damit ich in meinen alten Tagen
nicht gar zu dumm werde.

An denselben.

29. November 1895.

Ich bin jeden Tag von neuem dankbar, daß es mir bis jetzt
vergönnt war, ohne Störung meinem Beruf obzuliegen. Ich führe
jetzt auch meine Zuhörer wieder im Museum herum und bereite
mich vor, Montag, den 9., unserer Winckelmann-Feier zu präsidiren.
Was ich vortrage, muß ich immer vollkommen frei vorbringen, denn
meine Augen werden immer schwächer und lehren mich improvi-
siren. Natürlich habe ich den Stoff gehörig durchgearbeitet; ich
will im Abriß den Schluß geben von meiner Geschichte von Olympia,
„Olympia in römischer Zeit", um zu zeigen, wie Griechen und
Römer sich hier mit einander verschmolzen haben, und die Hellenen,
aller Mittel beraubt, doch zuletzt den Sieg davongetragen haben,
indem die stolzen Weltbezwinger sich vor ihrer Kunst und Wissenschaft beugten. Es ist nicht leicht, vor einer buntgemischten Versammlung ein so großes Thema übersichtlich zu behandeln und
zu einem geschickten Ende zu führen, aber es wird schon gehen,
und es soll mir eine wohlthuende Empfindung sein, Montag von
8 bis 8½ Eure guten Gedanken mir nahe zu wissen.

An denselben.

Mitte December 1895.*)

Es war ein ernstes memento mori, eine Kongestion mit einer
Gehirnaffektion, in deren Folgen dauernde Lähmungen eintreten.
Wir haben also Gott zu danken, daß keine Spur zurückgeblieben
ist. Das erste große Weihnachtsgeschenk! Ich habe die Vorlesungen
bis zum 6. Januar vertagt.

An den Sohn.

1. Januar 1896.

Wir begrüßen Euch herzlich vom väterlichen Heerde und
wünschen Euch gesegneten Eintritt in das neue Jahr, nach-

---

*) Nach einem Anfall von Besinnungslosigkeit.

bem das alte, wechselreiche zu Ende gegangen ist. Ich bin, Gott
sei Dank, frisch hereingekommen, ohne eine Spur von Nachwirkung,
aber doch ernster gestimmt und zur Vorsicht geschult. Ich gebe
alles Unnöthige auf, habe auch das Präsidium unserer Gesellschaft
gekündigt und will alle meine Kraft zusammenhalten, um, so
lange es geht, meine Vorträge fortzusetzen und meine Geschichte
von Olympia zu vollenden. Beides kann kein Anderer.

An Louise Curtius.

Februar 1896.*)

... Ich fühlte mich krank und hinfällig, wie ich mich noch
nie gefühlt hatte. Dazu kam, daß gerade am Mittwoch, wo ich in
Verzweiflung zum Arzt schickte, weil ich mir nicht zu helfen wußte,
die Mittwochsgesellschaft zum Abend zu uns kam und von mir
wissenschaftlich unterhalten zu werden erwartete. Es ist Alles
unendlich viel besser gegangen, als sich erwarten ließ. Keiner
merkte mir ein Deficit an, und ich habe Tag für Tag meine Vorträge halten können. Ein alter Professor nimmt es mit dem
zähesten Droschkengaul auf. Noch acht Tage — dann sind alle
Amtsgeschäfte vorüber, und ich muß sehen, was sich im Frühjahr
thun läßt. Bei zunehmender Baufälligkeit des Körpers wird man
nur immer mehr an die Scholle gebunden, und der frohen Wander-
lust wird man entsagen müssen.

An den Sohn.

Ende März 1896.

Es ist mir nicht leicht, mich in das neue Leben hineinzufinden;
ich bin ja ein anderer Mensch. Ich fühle in einem fort den
tückischen Feind, der in meinem Leibe sitzt und Unheil brütet. Es
ist ja auch kaum zu denken, daß ich jemals wieder zu einem freien
Dasein kommen werde. Mein Kopf und mein Herz sind noch
im alten Gang, und ich muß es lernen, damit dankbar zufrieden
zu sein. Meine Geschichte von Olympia wächst täglich um ein
gutes Stück. Die Stunden von 9—11 sind die besten des Tages.
Ich hatte so sehr auf die Wärme gehofft, nun ist sie urplötzlich
ins Land gekommen und scheint zu Anfang nicht wohlthuend zu
wirken, sie macht mich müde und matt.

---

*) Nach dem Beginn der letzten Krankheit.

An denselben.

1. April 1896.

Rauh sind die Tage inwendig und auswendig, und ich weiß Euch von hier nichts Schönes zu berichten. Mein Befinden hat sich insofern gebessert, als meine Nächte ruhiger sind. Sonst ist der Zustand immer schwer und ernst. Ich muß mich schonen, aber ich weiß nicht recht, in welchem Maße und ob alle Vorsicht eine Besserung in Aussicht stellt. Mein bester Trost ist die regelmäßig fortschreitende Arbeit.

Ich nehme allmählich langsam von der sichtbaren Welt Abschied und hoffe zu Gott, daß es mir gelingen wird, diesen Abschied ruhig durchzuführen, mit ernstem Blick in die Zukunft. Ich fürchte, daß schon Ihr nicht mehr im Stande seid, Alles zu lesen; eine Revision des Geschriebenen ist mir unmöglich.

Hermann Grimm ist jetzt der zuthunlichste von Allen. Er sprudelt von Gedanken und verlangt jetzt einen vollständigen Zeus-Tempel, eine deutsche Walhalla bei Berlin.

An denselben.

Ostersonntag, 5. April 1896.

Der Ostermorgen leuchtet in vollem Glanz, aber kalt und ernst. Ihr wißt, ich gehe jetzt durch eine ernste Schule durch. Ich muß mich durchringen durch peinliche Zustände, welche bei Tag und Nacht mich immer in Aufregung halten. Aber ich verzage nicht; ich habe in meinen alten Tagen viel nachzulernen, und wenn ich auf Männer wie Treitschke blicke, so schlage ich beschämt die Augen nieder. Ich kann ja noch immer meine Geisteskräfte voll verwerthen, und ich darf hoffen, daß die Wärme wohlthun wird.

An denselben.

Mitte April 1896.

Ich bin immer tiefer in mein Krankheitsleben hineingekommen. Seit gestern habe ich einen Krankenpfleger, der mich des Nachts mit ärztlicher Hülfe versorgt. ... Ich bin so betrübt, daß ich nicht noch mehr für mich in der Bibel lesen kann. Ich sehne mich immer nach den gewaltigen Worten des Paulus über den Glauben des Abraham, die ich mit Dir in Gastein las. Das Leben wird enger und enger, und sollte doch immer freier, immer höher und weiter werden. Gott öffne uns den Wolkenschleier, um hinauf-zuschauen in die ewige Klarheit der Kinder Gottes, die das volle Leben in seinem Sohne haben!

An denselben.

21. April 1896.

Heute früh kann ich Dir mit Dank und Freude zurufen: Gott hat es gut mit mir gemacht! Schmerz und Beschwerden sind gewichen, und ich bin von einer ruhigen Nacht erquickt erstanden. Es sind also doch noch immer neue Spuren von Lebenskraft vor-handen. Wir dürfen unsere Hoffnung nicht aufgeben. Ich kann ja bis jetzt noch jeden Tag mit gleicher Geisteskraft arbeiten.

Der Schmerz um Treitschke liegt wie eine dunkle Wolke über mir! Wer kann sich in den Gedanken finden, daß dieser gewaltige Mann so dahingerafft werden soll in der Blüthe seiner Kraft! Er kann sich selbst nicht in die Härte des Schicksals finden, das ihn verfolgt. Vorstellungen, die nicht religiöser Art sind, bekämpfen sich mit der Sprache des Glaubens. Gott gebe, daß sich auch an einem solchen Manne die weltüberwindende Kraft des Glaubens bewähre! Ich muß mir immer den theuren Mann seinem Gott gegenüber denken.

Ach, ich hätte Euch so viel zu schreiben, aber es geht mit der Feder so schlecht!

An denselben.

19. Mai 1896.

Heute haben wir erreicht, was wir seit lange beabsichtigt hatten. Unser lieber Nachbar, der Generalsuperintendent Braun, hat uns um 10 Uhr besucht, um uns das heilige Abendmahl zu spenden. Es war ein wundervoll erbaulicher Akt. Erst eine kleine Anrede über den barmherzigen Hohenpriester im Hebräerbriefe und dann die Spende selbst, die er so würdevoll vollzog, daß man den tiefen Eindruck eines Sakramentes hatte, einer heiligen Handlung, in der sich das Geistige wirklich vollzieht, und zwei Welten mit ein-ander in eine geheimnißvolle Wechselwirkung treten.

Wenn ich mit Olympia fertig bin, mache ich mich noch einmal daran, die Elektra fertig zu machen, meine erste wissenschaftliche

Arbeit, und suche sie dahin zu erweitern, daß ich ihr innerhalb der Reihe Sophokleischer Dramen ihre Stelle anzuweisen suche.

An denselben.

23. Mai 1896.

Mein Leben ist ein so vollkommen anderes geworden, daß ich mich selbst noch nicht hineinfinden kann. Früher gehörte der ganze, reiche Tag mir, von Morgen bis Abend, und ich erledigte Stunde auf Stunde eine Reihe mannigfaltiger Aufgaben. Jetzt habe ich nur die Morgenstunden von 9 bis 11½, in denen ich nach meinem Willen wirke und schaffe und ein wirkliches Activum bin. Nachher kommt immer das Bestimmende von außen, ich bin das Passivum und suche aus dem, was mir geboten wird, das Wichtige zusammenzufassen. Da kann man das Maß nicht bestimmen, bald lange Oede, bald Gedränge und Unruhe.

Die Nächte und Tage sind seit einiger Zeit besser, ruhiger, schmerzloser — aber ich fühle mich so unsicher in meinem Lebensbesitze. Wichtige Organe sind so wesentlich geschwächt, daß ich mich gar nicht zu einem kräftigen Wunsche ermannen kann, noch lange hier zu verweilen. Ich habe keine andere Sehnsucht, kein anderes Gebet, als in Frieden einzukehren zu dem ewigen Leben durch Gottes Barmherzigkeit. Von Kindheit an bin ich auf das ewige Ziel hingewiesen; ich habe keine Entschuldigung. Und doch kommen mir noch so viele Gedanken, die mir nicht leicht sind: wie verhält sich die Fülle der Gedankenwelt, in der wir unser Leben zugebracht haben, zu der Stille der Ewigkeit, dem Anschauen Gottes? Es ist doch das geistige Leben mit allen Keimen, die in ihm enthalten sind, ein so auf Produktivität angelegtes, daß die Menge von Interessen, Gesichtspunkten, Studienkreisen, in denen wir uns bewegen, nicht Etwas sein kann, was gegen Gottes Willen und mit den höchsten Interessen des Menschengeistes im Widerspruch ist.

An denselben.

6. Juni 1896.

Aus unserem Leben ist nichts Besonderes zu melden. Die Nächte waren mit Hülfe der unentbehrlichen Mittel ruhig, das Gesammtbefinden günstig. Trotz der Hitze konnte ich täglich mein Pensum Olympia erledigen.

An denselben.

28. Juni 1896.

Ihr könnt Euch denken, daß ich bei meinem siechen Körper bei dieser Hitze viel zu leiden habe. Der Zustand ändert sich nicht, nach den Aerzten bessert er sich sogar, doch wird es in der Hauptsache nicht anders. Ich werde nie wieder ein freier Mann werden und mit Kindern und Enkeln herumschwärmen können. Ich muß still und ernst auf das Ende schauen und meine irdischen Aufgaben abzuschließen suchen.

Die letzten Verse.

Wie der Vogel auf dem Baum,
Der sich müb' am Tage sang,
Nur noch zwitschert leis im Traum,
Daß es in die Nacht verklang —

Also werden meine Lieder
Leiser gegen meine Nacht,
Und die lauten sing' ich wieder,
Wenn mein neuer Tag erwacht.

Ernst Curtius starb am 11. Juli 1896.

Verlag von Julius Springer in Berlin N.

Bürgermeister Curtius.

Lebensbild eines hanseatischen Staatsmannes im 19. Jahrhundert.

Herausgegeben von
Dr. Paul Curtius.

Mit dem Bildniß Theodor Curtius' in Kupferätzung.
Preis M. 8,—; in Leinwand gebunden M. 4,—.

Lebenserinnerungen

von
Werner von Siemens.

Dritte Auflage.

Mit dem Bildniß des Verfassers in Kupferätzung.
Preis M. 6,—; in Halbleder gebunden M. 7,—.

Wilhelm Siemens.

Von William Pole,
Ehrensekretär der „Institution of Civil Engineers".

Mit Porträts, Abbildungen und einer Karte.
Preis M. 8,—; in Leinwand geb. M. 9,20.

Das Leben des Staatsraths Kunth.

Von Friedrich und Paul Goldschmidt.

Zweite vermehrte Auflage.

Mit dem Bildniß Kunth's und einer Abbildung seiner Grabstätte.
Preis M. 6,—; gebunden M. 7,—.

Justus Erich Bollmann.

Ein Lebensbild aus zwei Welttheilen.

Von Friedrich Kapp.

Mit dem Bildniß Bollmann's in Stahlstich.
Preis M. 9,—.

Christian Gottfried Ehrenberg.

Ein Vertreter deutscher Naturforschung im neunzehnten Jahrhundert.
1795—1876.

Nach seinen Reiseberichten, seinem Briefwechsel mit A. v. Humboldt, v. Chamisso, Darwin,
v. Martius u. a., Familienaufzeichnungen, sowie anderm handschriftlichen Material.

Von Max Laue.

Mit dem Bildniß Ehrenbergs in Kupferätzung.
Preis M. 5,—.

Denkwürdigkeiten von Heinrich und Amalie Beguelin

aus den Jahren 1807—1813.

nebst
Briefen von Gneisenau und Hardenberg.

Herausgegeben
von Adolf Ernst,
Professor an der Königlichen Technischen Hochschule zu Stuttgart.

Mit dem Bildniß von Amalie von Beguelin.
Preis M. 5,—; in elegantem Halblederband M. 7,—.

Zu beziehen durch jede Buchhandlung.

Verlag von Julius Springer in Berlin N.

Olympia.
Das Fest und seine Stätte.
Nach den Berichten der Alten und den Ergebnissen der deutschen Ausgrabungen.
Von Adolf Boetticher.
Mit 95 Holzschn. und 91 Tafeln in Kupferradirung, Lichtdruck, Lithographie etc.
Zweite durchgesehene und erweiterte Auflage.
In elegantem Leinenband M. 20,—.

Die Akropolis von Athen.
Nach den Berichten der Alten und den neuesten Erforschungen.
Von Adolf Boetticher.
Mit zahlreichen Abbildungen im Text und 36 Tafeln.
In elegantem Leinenband M. 20,—.

Zwei reich und künstlerisch ausgestattete Werke, weniger für Gelehrte bestimmt, als für den grossen Kreis der Gebildeten aller Stände, welchen die Beschäftigung mit dem klassischen Alterthum Freude und Erholung bietet.

Reisebriefe aus Palästina.
Von Dr. H. Freiherrn von Soden,
Professor an der Universität, Prediger an der Jerusalemerkirche zu Berlin.
Zweite Auflage.
In Leinwand gebunden Preis M. 8,—.

Italien und die Italiener.
Betrachtungen und Studien über die politischen, wirthschaftlichen und sozialen Zustände Italiens.
Von P. D. Fischer.
Zweite Auflage.
Preis M. 7,—; elegant in Halbleder gebunden M. 9,—.

Betrachtungen eines in Deutschland reisenden Deutschen.
Von P. D. Fischer.
Zweite vermehrte Auflage.
Elegant gebunden M. 8,—.

Erlebnisse eines alten Parlamentariers
im Revolutionsjahre 1848.
Von Peter Reichensperger,
Mitglied des Reichstages.
Preis M. 5,—; in Leinwand gebunden M. 6,—.

Erinnerungen aus den Jahren 1848 bis 1850.
Von Wilhelm Oechelhäuser.
Preis M. 2,—.

Forstästhetik.
Von Heinrich von Salisch.
Zweite vermehrte Auflage.
Mit 16 Lichtdruckbildern und zahlreichen in den Text gedruckten Abbildungen.
Preis M. 7,—; in Leinwand gebunden M. 8,—.

Zu beziehen durch jede Buchhandlung.